COLLECTION OFFICIELLE

DES

ORDONNANCES DE POLICE.

PARIS. — IMPRIMERIE DE PAUL DUPONT.

COLLECTION OFFICIELLE

DES

ORDONNANCES DE POLICE

Depuis 1800 jusqu'à 1844,

IMPRIMÉE PAR ORDRE

De M. Gabriel Delessert,

PAIR DE FRANCE, CONSEILLER D'ÉTAT, PRÉFET DE POLICE.

TOME PREMIER.

PARIS,

LIBRAIRIE ADMINISTRATIVE DE PAUL DUPONT,

RUE DE GRENELLE-SAINT-HONORÉ, 55.

1844.

AVERTISSEMENT.

————o⊛o————

La collection officielle des ordonnances de police, imprimée par ordre de M. Gabriel Delessert, pair de France, conseiller d'Etat, préfet de police, embrasse, dans un ordre chronologique, toutes les ordonnances rendues depuis la constitution définitive de la préfecture, en 1800, jusqu'à l'année 1844 inclusivement, c'est-à-dire un espace de quarante-cinq années. La collection comprend aussi un certain nombre d'actes qui, sous le titre d'arrêtés, d'instructions et de consignes, forment le complément nécessaire des ordonnances de police.

La pensée qui a présidé à ce travail n'a pas été, comme on le voit, de faire une sorte de Code de police dont on aurait systématiquement exclu toutes les ordonnances abrogées ou tombées en désuétude, mais de réunir, pour en former un ensemble complet et bien coordonné, des actes épars jusqu'ici dans des recueils incomplets et dépourvus d'unité. Dès lors, sans avoir à prononcer sur la valeur des ordonnances, au point de vue de leur application actuelle, sans rechercher et consacrer des abrogations implicitement déduites de dispositions contraires, on a dû se borner à constater seulement les abrogations expressément formulées par les ordonnances elles-mêmes.

La pensée d'un travail de codification écartée, on comprendra qu'il était néanmoins impossible d'imprimer textuellement et intégralement toutes les ordonnances, sous peine de tomber dans des répétitions trop fréquentes ou de descendre parfois dans des dispositions de détail absolument dénuées d'intérêt. Pour éviter ce double écueil et se garder en même temps de faire disparaître la trace d'aucun acte, on a supprimé le dispositif d'un assez grand nombre d'ordonnances, tout en conservant scrupuleusement une mention sommaire de leur date et de leur objet. Ces ordonnances sont de trois natures et correspondent à trois catégories :

1° Les ordonnances qu'on peut appeler de renouvellement, c'est-à-dire celles qui rappellent ou reproduisent les prescriptions d'ordonnances existantes, et celles qui statuent, à des époques périodiques, sur les mêmes objets et le plus souvent dans les mêmes termes, telles que les ordonnances concernant la police des bains en rivière, la police des chiens, l'arrosement, le balayage de la voie publique ;

2° Les ordonnances qui, rendues en vue d'un objet tout à fait transitoire, n'offrent d'ailleurs aucun intérêt historique ou administratif et pour lesquelles la seule mention de la date et du titre équivaut presque au texte même, telles que les ordonnances tendant à interdire momentanément la circulation sur certaines parties de la voie publique ;

3° Enfin, les ordonnances qui ne sont en réalité que de simples formules ayant pour objet de prescrire l'impression et la publication d'actes législatifs.

En ce qui concerne spécialement les ordonnances de renouvellement, il importe d'ajouter que la première et la dernière ordonnance de chaque série distincte, l'une à titre de point de départ, l'autre comme donnant le dernier état des dispositions de police, devaient être et ont été, dans tous les cas, textuellement imprimées. On s'est même toujours fait une loi d'insérer textuellement aussi chacune des ordonnances intermédiaires dans lesquelles un examen comparatif avait préalablement mis à même de constater des différences notables. En un mot, dans ce système, les textes à peu près identiques disparaissent en grande partie, tandis que tous les textes essentiels subsistent ; de telle sorte qu'il est possible, dans une même série, de renouer la chaîne interrompue des ordonnances de renouvellement et d'en ressaisir ainsi les transformations principales.

Une seule dérogation à ce mode de procéder a été admise pour les ordonnances concernant la taxe périodique du pain. La taxe du pain étant, en effet, depuis longtemps réglée tous les quinze jours par des ordonnances spéciales, il a paru plus utile en même temps que plus court d'en présenter le résumé sous la forme d'un tableau général annexé au dernier volume de la collection et qui permet de suivre sans interruption les modifications successives que cette matière a subies.

Un système général de renvois est appliqué dans la collection. Toutes les fois que des ordonnances ne se rencontrent pas isolées, mais réglementent un même objet de police dans sa généralité ou dans ses détails, modifient ou complètent les ordonnances précédemment rendues sur cet objet ou sont elles-mêmes modifiées ou complétées par des ordonnances postérieures, il a paru bon de placer au-dessous de chacune de ces ordonnances des renvois à l'aide desquels on pût immédiatement, sans le secours ultérieur de la table générale (1), se reporter aux actes complémentaires et parcourir rapidement l'ensemble de la matière. Dans la crainte cependant que l'étendue de certaines séries d'ordonnances n'entraînât des renvois multipliés à l'excès, on s'est abstenu en général, et autant que la relation des actes l'a pu permettre, de faire des renvois aux ordonnances antérieures, sans négliger jamais de renvoyer aux ordonnances postérieures, comme à celles qui ont naturellement le plus de valeur et d'autorité.

Les ordonnances de renouvellement sont, comme les autres, accompagnées de renvois. On comprendra seulement que si, dans une même série, bien entendu, les ordonnances dont la date et le titre sont seuls conservés renvoient aux ordonnances dont les dispositions restent entières, il ne doit pas y avoir réciprocité dans le renvoi, c'est-à-dire que les secondes ne doivent pas renvoyer aux premières.

Les actes fondamentaux qui constituent la préfecture de police et déterminent les attributions du préfet formaient l'introduction

_____

(1) Indépendamment de la table partielle qui termine chaque volume, une table générale donne le résumé de la collection dans son ensemble. Cette table a le double avantage de présenter la série chronologique de toutes les ordonnances rendues sur chaque matière distincte, et d'en contenir l'analyse alphabétique et raisonnée.

naturelle de la collection : ils ont été placés en tête du premier volume. La collection est, en outre, suivie d'un *Appendice* qui donne, par ordre chronologique, le texte de tous les actes législatifs dont les ordonnances de police ont à diverses époques prescrit l'impression et la publication. L'appendice contient encore un certain nombre d'anciennes ordonnances, d'arrêtés du gouvernement, de décrets, de lois, d'ordonnances royales, visés dans le préambule des ordonnances ou cités à la suite de leurs dispositions, et enfin quelques autres actes de la même nature, qui, sans être ni visés ni cités dans les ordonnances, se rattachent néanmoins assez directement aux objets que les lois ont confiés à la vigilance et à l'autorité du préfet de police. Toutefois, afin d'éviter une trop grande complication de notes, on n'a renvoyé à l'Appendice, dans le cours de la collection, que pour les actes législatifs dont l'impression est prescrite par les ordonnances elles-mêmes.

LISTE CHRONOLOGIQUE

DES PRÉFETS DE POLICE.

I.

M. **DUBOIS**, membre du bureau central ;
    P. de P. du 17 ventôse an VIII (8 mars 1800) au 14 octobre 1810.

II.

M. **PASQUIER**, conseiller d'État ;
    P. de P. du 14 octobre 1810 au 13 mai 1814.

III.

M. **BEUGNOT**, directeur gén. exerçant les fonctions de préfet de police ;
    Du 13 mai 1814 au 3 décembre 1814.

IV.

M. **D'ANDRÉ**, directeur gén. exerçant les fonctions de préfet de police ;
    Du 3 décembre 1814 au 14 mars 1815.

V.

M. **BOURRIENNE**, conseiller d'État ;
    P. de P. du 14 mars 1815 au 20 mars 1815.

VI.

M. **RÉAL**, conseiller d'État ;
    P. de P. du 20 mars 1815 au 3 juillet 1815.

VII.

M. **COURTIN**, procureur imp. près le tribunal de 1re instance de la Seine ;
    P. de P. du 3 juillet 1815 au 9 juillet 1815.

VIII.

M. **DECAZES**, conseiller à la cour royale de Paris ;
    P. de P. du 9 juillet 1815 au 29 septembre 1815.

IX.

M. **ANGLÈS**, ministre d'État ;
    P. de P. du 29 septembre 1815 au 20 décembre 1821.

X.

M. **DELAVAU**, conseiller à la cour royale de Paris ;
    P. de P. du 20 décembre 1821 au 6 janvier 1828.

XI.

M. **DEBELLEYME**, procur. du roi près le trib. de 1re instance de la Seine ;
P. de P. du 6 janvier 1828 au 13 août 1829.

XII.

M. **MANGIN**, conseiller à la cour de cassation ;
P. de P. du 13 août 1829 au 30 juillet 1830.

XIII.

M. **BAVOUX**, député de la Seine ;
P. de P. du 30 juillet 1830 au 1er août 1830.

XIV.

M. **GIROD** (de l'Ain), conseiller à la cour royale de Paris ;
P. de P. du 1er août 1830 au 7 novembre 1830.

XV.

M. **TREILHARD**, préfet du département de la Seine-Inférieure ;
P. de P. du 7 novembre 1830 au 26 décembre 1830.

XVI.

M. **BAUDE**, sous-secrétaire d'État au ministère de l'intérieur ;
P. de P. du 26 décembre 1830 au 21 février 1831.

XVII.

M. **VIVIEN**, procureur général près la cour royale d'Amiens ;
P. de P. du 21 février 1831 au 17 septembre 1831.

XVIII.

M. **SAULNIER**, préfet du département de la Mayenne ;
P. de P. du 17 septembre 1831 au 15 octobre 1831.

XIX.

M. **GISQUET**, secrétaire général de la préfecture de police ;
Préfet par intérim (15 octobre 1831).
P. de P. du 26 novembre 1831 au 10 septembre 1836.

XX.

M. **GABRIEL DELESSERT**, préfet du département d'Eure-et-Loir ;
P. de P. le 10 septembre 1836.

ATTRIBUTIONS

DU PRÉFET DE POLICE.

⚬

LOI DU 28 PLUVIOSE AN VIII (17 FÉVRIER 1800)

Concernant

LA DIVISION DU TERRITOIRE FRANÇAIS ET L'ADMINISTRATION.

16. A Paris, dans chacun des arrondissements municipaux, un maire et deux adjoints seront chargés de la partie administrative et des fonctions relatives à l'état civil.

Un préfet de police sera chargé de ce qui concerne la police, et aura sous ses ordres des commissaires distribués dans les douze municipalités.

⚬

ARRÊTÉ

QUI RÈGLE LES ATTRIBUTIONS DU PRÉFET DE POLICE DE PARIS.

Du 12 messidor an VIII (1er juillet 1800) de la République française une et indivisible.

Les consuls de la république, sur le rapport du ministre de la police, le conseil d'Etat entendu,

Arrêtent :

SECTION Ire.

DISPOSITIONS GÉNÉRALES.

1. Le préfet de police exercera ses fonctions, ainsi qu'elles sont déterminées ci-après, sous l'autorité immédiate des ministres ; il correspondra directement avec eux pour les objets qui dépendent de leurs départements respectifs.

2. Le préfet de police pourra publier de nouveau les lois et règlements de police et rendre les ordonnances tendant à en assurer l'exécution (1).

---

(1) En vertu de cette attribution et des pouvoirs généraux qu'il tient de l'article 16 de la loi précitée du 28 pluviôse an VIII, le préfet de police est appelé à concourir à l'exécution des lois et des règlements d'administration publique, notamment en ce qui concerne *les sociétés anonymes, les enfants trouvés*, la police *des ponts à bascule et du roulage, le travail des enfants dans les manufactures, les machines à vapeur, les chemins de fer*, etc.

SECTION II.

POLICE GÉNÉRALE.

Passe-ports (1).

3. Il délivrera les passe-ports pour voyager de Paris dans l'intérieur de la république.

Il visera les passe-ports des voyageurs.

Les militaires ou marins qui auront obtenu des congés limités ou absolus, et qui voudront résider ou séjourner à Paris, seront tenus, indépendamment des formalités prescrites par les règlements militaires, de faire viser leurs permissions ou congés par le préfet de police.

Cartes de sûreté.

4. Il délivrera les cartes de sûreté et d'hospitalité.

S'il a besoin à cet effet de renseignements, il pourra faire prendre communication par les commissaires de police, ou demander des extraits des registres civiques, des tableaux de population que tiennent les municipalités et des états d'indigents : les bureaux de bienfaisance lui donneront copie de leurs états de distribution.

Permissions de séjourner à Paris. — Mendicité, vagabondage.

5. Il accordera les permissions de séjour aux voyageurs qui veulent résider à Paris plus de trois jours.

Il fera exécuter les lois sur la mendicité et le vagabondage.

En conséquence, il pourra envoyer les mendiants, vagabonds et gens sans aveu aux maisons de détention, même à celles qui sont hors de Paris, dans l'enceinte du département de la Seine.

Dans ce dernier cas, les individus détenus par ordre du préfet de police ne pourront être mis en liberté que d'après son autorisation.

Il fera délivrer, s'il y a lieu, aux indigents sans travail, qui veulent retourner dans leur domicile, les secours autorisés par la loi du 13 juin 1790 (2).

Police des prisons (3).

6. Le préfet de police aura la police des prisons, maisons d'arrêts, de justice, de force et de correction de la ville de Paris.

Il continuera de l'exercer dans la maison de Bicêtre.

Il aura la nomination des concierges, gardiens et guichetiers de ces maisons.

Il délivrera les permissions de communiquer avec les détenus pour faits de police.

Il fera délivrer aux détenus indigents, à l'expiration du temps de détention porté en leurs jugements, les secours pour se rendre à leur domicile, suivant l'arrêté du 23 vendémiaire an v.

Maisons publiques.

7. Il fera exécuter les lois et règlements de police concernant les hôtels garnis et les logeurs.

---

(1) Voir, à l'appendice, les lois des 10 vendémiaire an iv, 28 vendémiaire an vi, et les décrets des 18 septembre 1807 et 11 juillet 1810.— Pour les passe-ports à l'étranger, voir article 3 de l'arrêté de brumaire an ix.

(2) Voir, à l'appendice, l'article 7 du décret du 13 juin 1790.

(3) Voir, à l'appendice, le titre IV de l'ordonnance royale du 9 avril 1819.

8. Il se conformera, pour ce qui regarde la police des maisons de jeu, à ce qui est prescrit par la loi du 22 juillet 1791 (1).

9. En conformité de la même loi du 22 juillet 1791, il fera surveiller les maisons de débauche, ceux qui y résideront ou s'y trouveront.

Attroupements.

10. Il prendra les mesures propres à prévenir ou dissiper les attroupements, les coalitions d'ouvriers pour cesser leur travail on enchérir le prix des journées, les réunions tumultueuses ou menaçant la tranquillité publique.

Police de la librairie et imprimerie.

11. Il fera exécuter les lois de police sur l'imprimerie et la librairie, en tout ce qui concerne les offenses faites aux mœurs et à l'honnêteté publique.

Police des théâtres.

12. Il aura la police des théâtres en ce qui touche la sûreté des personnes, les précautions à prendre pour prévenir les accidents et assurer le maintien de la tranquillité et du bon ordre, tant au dedans qu'au dehors.

Vente de poudres et salpêtres.

13. Il surveillera la distribution et la vente des poudres et salpêtres.

Émigrés.

14. Il fera exécuter, en ce qui concerne la police, les lois relatives aux émigrés.

15. Il délivrera les certificats de résidence.

16. Il délivrera les actes de notoriété aux citoyens qui ont voyagé ou séjourné en pays étranger, et qui réclament les exceptions portées par l'article 2 de la loi du 25 brumaire an III.

Cultes.

17. Il recevra les déclarations des ministres des cultes et leur promesse de fidélité à la constitution de l'an VIII, ordonnée par la loi, même lorsqu'ils n'auraient pas prêté les serments prescrits par les lois antérieures.

Il surveillera les lieux où l'on se réunit pour l'exercice des cultes.

Port d'armes.

18. Il recevra les déclarations et délivrera les permissions pour port d'armes à feu, pour l'entrée et la sortie de Paris avec fusils de chasse (2).

Recherches des déserteurs.

19. Il fera faire la recherche des militaires ou marins déserteurs, et des prisonniers de guerre évadés.

Fêtes républicaines.

20. Il fera observer les lois et arrêtés sur les fêtes républicaines.

---

(1) Voir, à l'appendice, l'article 10 de cette loi, et la constitution du 22 frimaire an VIII, article 76.

(2) Voir, à l'appendice, la loi du 3 mai 1844 concernant la police de la chasse.

SECTION III.

POLICE MUNICIPALE.

Petite voirie.

21. Le préfet de police sera chargé de tout ce qui a rapport à la petite voirie, sauf le recours au ministre de l'intérieur contre ses décisions.

Il aura à cet effet, sous ses ordres, un commissaire chargé de surveiller, permettre ou défendre :

L'ouverture des boutiques, étaux de boucherie et de charcuterie ;

L'établissement des auvents ou constructions du même genre qui prennent sur la voie publique ;

L'établissement des échoppes ou étalages mobiles ;

D'ordonner la démolition ou réparation des bâtiments menaçant ruine.

Liberté et sûreté de la voie publique.

22. Le préfet de police procurera la liberté et sûreté de la voie publique, et sera chargé à cet effet :

D'empêcher que personne n'y commette de dégradation ; de la faire éclairer ;

De faire surveiller le balayage auquel les habitants sont tenus devant leurs maisons, et de le faire faire aux frais de la ville dans les places et la circonférence des jardins et édifices publics ;

De faire sabler, s'il survient du verglas, et déblayer, au dégel, les ponts et lieux glissants des rues ; d'empêcher qu'on n'expose rien sur les toits ou fenêtres qui puisse blesser les passants en tombant.

Il fera observer les règlements sur l'établissement des conduits pour les eaux de pluie et les gouttières.

Il empêchera qu'on n'y laisse vaguer des furieux, des insensés (1), des animaux malfaisants ou dangereux ;

Qu'on ne blesse les citoyens par la marche trop rapide des chevaux ou des voitures ;

Qu'on n'obstrue la libre circulation en arrêtant ou déchargeant des voitures et marchandises devant les maisons, dans les rues étroites, ou de toute autre manière.

Le préfet de police fera effectuer l'enlèvement des boues, matières malsaines, neiges, glaces, décombres, vases sur les bords de la rivière après les crues des eaux.

Il fera faire les arrosements dans la ville, dans les lieux et dans la saison convenables.

Salubrité de la cité.

23. Il assurera la salubrité de la ville,

En prenant des mesures pour prévenir et arrêter les épidémies, les épizooties, les maladies contagieuses ;

En faisant observer les règlements de police sur les inhumations ;

En faisant enfouir les cadavres d'animaux morts, surveiller les fosses vétérinaires, la construction, entretien et vidange des fosses d'aisances ;

En faisant arrêter, visiter les animaux suspects de mal contagieux, et mettre à mort ceux qui en seront atteints ;

En surveillant les échaudoirs, fondoirs, salles de dissection et la basse-geôle ;

En empêchant d'établir, dans l'intérieur de Paris, des ateliers, manufactures, laboratoires ou maisons de santé, qui doivent être hors de l'enceinte des villes, selon les lois et règlements (2) ;

---

(1) Voir, à l'appendice, la loi sur les aliénés, du 30 juin—6 juillet 1838.

(2) Voir, à l'appendice, le décret du 15 octobre 1810, et l'ordonnance du roi du 15 février 1815.

En empêchant qu'on ne jette ou dépose dans les rues aucune substance malsaine ;

En faisant saisir ou détruire dans les halles, marchés ou boutiques, chez les bouchers, boulangers, marchands de vin, brasseurs, limonadiers, épiciers-droguistes, apothicaires ou tous autres, les comestibles ou médicaments gâtés, corrompus ou nuisibles.

Incendies, débordements, accidents sur la rivière.

24. Il sera chargé de prendre les mesures propres à prévenir ou arrêter les incendies.

Il donnera des ordres aux pompiers, requerra les ouvriers charpentiers, couvreurs; requerra la force publique et en déterminera l'emploi.

Il aura la surveillance du corps des pompiers, le placement et la distribution des corps de garde et magasins des pompes, réservoirs, tonneaux, seaux à incendies, machines et ustensiles de tout genre destinés à les arrêter.

En cas de débordements et débâcles, il ordonnera les mesures de précaution, telles que déménagement des maisons menacées, rupture de glaces, garage de bateaux.

Il sera chargé de faire administrer les secours aux noyés.

Il déterminera à cet effet le placement des boîtes fumigatoires et autres moyens de secours.

Il accordera et fera payer les gratifications et récompenses promises par les lois et règlements à ceux qui retirent les noyés de l'eau.

Police de la Bourse et du change (1).

25. Il aura la police de la Bourse et des lieux publics où se réunissent les agents de change, courtiers, échangeurs et ceux qui négocient et trafiquent sur les effets publics.

Sûreté du commerce.

26. Il procurera la sûreté du commerce en faisant faire des visites chez les fabricants et les marchands pour vérifier les balances, poids et mesures, et faire saisir ceux qui ne seront pas exacts ou étalonnés;

En faisant inspecter les magasins, boutiques et ateliers des orfèvres et bijoutiers, pour assurer la marque des matières d'or et d'argent et l'exécution des lois sur la garantie.

Indépendamment de ses fonctions ordinaires sur les poids et mesures, le préfet de police fera exécuter les lois qui prescrivent l'emploi des nouveaux poids et mesures.

Taxes et mercuriales.

27. Il fera observer les taxes légalement faites et publiées.

28. Il fera tenir les registres des mercuriales et constater le cours des denrées de première nécessité.

Libre circulation des subsistances.

29. Il assurera la libre circulation des subsistances suivant les lois.

Patentes.

30. Il exigera la représentation des patentes des marchands forains.

Il pourra se faire représenter les patentes des marchands domiciliés.

(1) Voir, à l'appendice, les arrêtés des 29 germinal an IX (19 avril 1801) et 27 prairial an X (16 juin 1802).

Marchandises prohibées.

51. Il fera saisir les marchandises prohibées par les lois.

Surveillance des places et lieux publics.

52. Il fera veiller spécialement les foires, marchés, halles, places publiques, et les marchands forains, colporteurs, revendeurs, porte-faix, commissionnaires;

La rivière, les chemins de halage, les ports, chantiers, quais, berges, gares, estacades, les coches, galiotes, les établissements qui sont sur la rivière pour les blanchisseries, le laminage, ou autres travaux, les magasins de charbon, les passages d'eau, bacs, batelets, les bains publics, les écoles de natation, et les mariniers, ouvriers arrimeurs, chargeurs, déchargeurs, tireurs de bois, pêcheurs et blanchisseurs;

Les abreuvoirs, puisoirs, fontaines, pompes, et les porteurs d'eau;

Les places où se tiennent les voitures publiques pour la ville et la campagne, et les cochers, postillons, charretiers, brouetteurs, porteurs de chaises, porte-falots;

Les encans et maisons de prêt ou monts-de-piété, et les fripiers, brocanteurs, prêteurs sur gage;

Le bureau des nourrices, les nourrices et les meneurs.

Approvisionnements.

53. Il fera inspecter les marchés, ports et lieux d'arrivage des comestibles, boissons et denrées dans l'intérieur de la ville.

Il continuera de faire inspecter, comme par le passé, les marchés où se vendent les bestiaux pour l'approvisionnement de Paris, à Sceaux, Poissy, la Chapelle et Saint-Denis.

Il rendra compte au ministre de l'intérieur des connaissances qu'il aura recueillies, par ses inspections, sur l'état des approvisionnements de la ville de Paris.

Protection et préservation des monuments et édifices publics.

54. Il fera veiller à ce que personne n'altère ou dégrade les monuments et édifices publics appartenant à la nation ou à la cité.

Il indiquera au préfet du département et requerra les opérations, changements ou constructions qu'il croira nécessaires à la sûreté ou salubrité des prisons et maisons de détention qui seront sous sa surveillance.

Il requerra aussi, quand il y aura lieu, les réparations et l'entretien des corps de garde de la force armée sédentaire;

Des corps de garde des pompiers, des pompes, machines et ustensiles;

Des halles et marchés;

Des voiries et égouts;

Des fontaines, regards, aqueducs, conduits, pompes à feu et autres;

Des murs de clôture;

Des carrières sous la ville et hors les murs;

Des ports, quais, abreuvoirs, bords, francs-bords, puisoirs, gares, estacades, et des établissements et machines placés près de la rivière pour porter secours aux noyés;

De la Bourse;

Des temples ou églises destinés aux cultes.

SECTION IV.

Des agents qui sont subordonnés au préfet de police; de ceux qu'il peut requérir ou employer.

55. Le préfet de police aura sous ses ordres :

Les commissaires de police;

Les officiers de paix ;
Les commissaires de police de la bourse ;
Le commissaire chargé de la petite voirie ;
Les commissaires et inspecteurs des halles et marchés ;
Les inspecteurs des ports.

36. Il aura à sa disposition, pour l'exercice de la police, la garde nationale et la gendarmerie ;
Il pourra requérir la force armée en activité ;
Il correspondra pour le service de la garde nationale, pour la distribution des corps de garde de la ville de Paris, avec le commandant militaire de Paris et le commandant de la dix-septième division militaire.

37. Les commissaires de police exerceront, aux termes de la loi, le droit de décerner des mandats d'amener, et auront au surplus tous les droits qui leur sont attribués par la loi du 3 brumaire an IV, et par les dispositions de celle du 28 juillet 1791, qui ne sont pas abrogées ;
Ils exerceront la police judiciaire pour tous les délits dont la peine n'excède pas trois jours de prison et une amende de trois journées de travail.
Ils seront chargés de rechercher les délits de cette nature ;
D'en recevoir la dénonciation ou la plainte ;
D'en dresser procès-verbal ;
D'en recueillir les preuves;
De poursuivre les prévenus au tribunal de police municipale.
Ils rempliront, à cet égard, les fonctions précédemment attribuées aux commissaires du gouvernement.
Le commissaire qui aura dressé le procès-verbal, reçu la dénonciation ou la plainte, sera chargé, selon la loi du 27 ventôse, des fonctions de la partie publique.
En cas d'empêchement, il sera remplacé par l'un de ses trois collègues du même arrondissement, et, au besoin, par un commissaire d'un autre arrondissement, désigné par le préfet de police.

38. Le préfet de police et ses agents pourront faire saisir et traduire aux tribunaux de police correctionnelle les personnes prévenues de délits du ressort de ces tribunaux.

39. Ils pourront faire saisir et remettre aux officiers chargés de l'administration de la justice criminelle, les individus surpris en flagrant délit, arrêtés à la clameur publique, ou prévenus de délits qui sont du ressort de la justice criminelle.

SECTION V.

Recette, dépense, comptabilité.

40. Le préfet de police ordonnancera, sous l'autorité du ministre de l'intérieur, les dépenses de réparation et entretien à faire à l'hôtel de la préfecture de police.

41. Il sera chargé, sous les ordres du ministre de l'intérieur, de faire les marchés, baux, adjudications et dépenses nécessaires pour le balayage, l'enlèvement des boues, l'arrosage et l'illumination de la ville.

42. Il sera chargé de même de régler et d'arrêter les dépenses pour les visites d'officiers de santé et artistes vétérinaires, transport de malades et blessés, transport de cadavres, retrait de noyés et frais de fourrière.

43. Il ordonnera les dépenses extraordinaires en cas d'incendie, débordements et débâcles.

44. Il réglera, sous l'autorité du ministre de la police, le nombre et le traitement des employés de ses bureaux et de ceux des agents sous ses ordres qui ne sont pas institués, et dont le nombre n'est pas déterminé par les lois.

b

45. Les dépenses générales de la préfecture de police, ainsi fixées par les ministres de l'intérieur et de la police seront acquittées sur les centimes additionnels aux contributions, et sur les autres revenus de la commune de Paris, et ordonnancées par le préfet de police.

Le conseil général du département en emploiera à cet effet le montant dans l'état des dépenses générales de la commune de Paris.

46. Il sera ouvert, en conséquence, au préfet de police un crédit annuel du montant de ses dépenses, sur la caisse du receveur général du département de la Seine, faisant les fonctions de receveur de la ville de Paris.

47. Le ministre de l'intérieur mettra, chaque mois, à la disposition du préfet de police, sur ce crédit, les fonds nécessaires pour l'acquit de ses ordonnances.

48. Le préfet de police aura entrée au conseil général de département pour y présenter ses états de dépense de l'année, tels qu'ils auront été réglés par les ministres de l'intérieur et de la police.

49. Il y présentera aussi le compte des dépenses de l'année précédente, conformément aux dispositions de la loi du 28 pluviôse, sur les dépenses communales et départementales (1).

SECTION VI.

Costume du préfet de police et de ses agents.

50. Le préfet et les commissaires de police porteront le costume qui a été réglé par les arrêtés des consuls (2).

Les ministres de l'intérieur et de la police sont chargés de l'exécution du présent règlement, qui sera inséré au *Bulletin des Lois.*

En l'absence du premier consul,

Le second consul, *signé* CAMBACÉRÈS.

Par le second consul :

Le secrétaire d'État, signé Hugues B. MARET.

Le ministre de la police générale, signé FOUCHÉ.

----

(1) La loi du 20 avril 1834, sur l'organisation municipale de la ville de Paris, porte, Titre III, article 11 : « Le corps municipal de Paris se compose du préfet du département de la Seine, du *préfet de police*, des maires, des adjoints et des conseillers élus par la ville de Paris.

Article 16. « Le *préfet de* la Seine et le *préfet de police* peuvent assister aux séances du conseil municipal; ils y ont voix consultative. »

(2) Arrêté du 17 ventôse an VIII (8 mars 1800), article 13 :
« Le préfet de police de Paris et les commissaires généraux seront vêtus, dans l'exercice de
« leurs fonctions, comme il suit : habit bleu; veste, culotte ou pantalon rouge; collet, poches
« et parements de l'habit brodés en argent, suivant les dessins déterminés pour les habits du
« gouvernement; écharpe blanche, franges d'argent; chapeau français, bordé d'argent; une
« arme. »

ARRÊTÉ

PORTANT QUE L'AUTORITÉ DU PRÉFET DE POLICE DE PARIS S'ÉTENDRA SUR TOUT LE DÉPARTEMENT DE LA SEINE, ET SUR LES COMMUNES DE SAINT-CLOUD, MEUDON ET SÈVRES (1).

Du 3 brumaire an IX (25 octobre 1800) de la République française, une et indivisible.

Les consuls de la république, le conseil d'État entendu,

Arrêtent:

1. Le préfet de police de Paris exercera son autorité dans toute l'étendue du département de la Seine et dans les communes de Saint-Cloud, Meudon et Sèvres, du département de Seine-et-Oise, en ce qui touche les fonctions qui lui sont attribuées par l'arrêté des consuls du 12 messidor an VIII.

> Art. V. Sur la mendicité et le vagabondage;
> VI, § 1, 2, 3. Sur la police des prisons;
> VII, VIII et IX. Sur les maisons publiques;
> X. Sur les attroupements;
> XI. Sur la librairie et l'imprimerie;
> XIII. Sur les poudres et salpêtres;
> XIV. Sur les émigrés;
> XIX. Sur la recherche des militaires et marins déserteurs, prisonniers de guerre, mais par droit de suite, lorsqu'ils se seront réfugiés de Paris dans les autres communes du département;
> XXIII. Sur la salubrité;
> XXIV, § 4. Sur les débordements et débâcles;
> XXVI. Sur la sûreté du commerce;
> XXXII, § 1, 2, 3. Sur la surveillance des places, lieux publics;
> XXXIII. Sur les approvisionnements.

2. Le préfet de police aura, à cet effet, sous ses ordres, pour cette partie de ses attributions seulement, les maires et adjoints des communes et les commissaires de police dans les lieux où il y en a d'établis (2), il cor-

---

(1) La loi du 18 juillet 1837, porte:

Art. 10. Le maire est chargé, sous la surveillance de l'administration supérieure, de la police municipale, de la police rurale et de la voirie municipale.

Art. 11. Il prend des arrêtés, à l'effet d'ordonner les mesures locales sur les objets confiés par les lois à sa vigilance et à son autorité.......

Une interprétation erronée de ces articles et dans laquelle on oubliait la situation exceptionnelle créée par les arrêtés du 12 messidor an VIII et du 3 brumaire an IX, avait fait considérer ce dernier arrêté comme abrogé par la loi précitée du 18 juillet 1837. La question soumise au conseil d'Etat, ce conseil, dans sa séance du 29 mai 1839, a été d'avis que la loi de 1837 ne dérogeait point à l'arrêté de brumaire an IX, et qu'en conséquence cet arrêté devait être maintenu.

« J'ai été d'autant plus de cet avis, dit le ministre de l'intérieur en transmettant au préfet de police copie de la décision du conseil d'Etat, qu'on ne peut se dissimuler qu'affaiblir l'autorité de la police dans les communes rurales du département de la Seine, pourrait avoir les plus grands inconvénients. Je vous invite donc à prendre l'avis précité pour base des instructions que vous auriez à donner aux maires du département. » (*Lettre du 22 juillet* 1839.)

(2) « Les sous-préfets de Sceaux et de Saint-Denis ne doivent pas se borner à correspondre avec le préfet de police, mais ils doivent lui obéir à l'instant même et faire exécuter tous les ordres qui leur sont transmis de sa part, pour la police de la commune de Paris et pour celle des communes environnantes.

Ce droit, qui lui est attribué par l'arrêté des consuls du 12 messidor an VIII et par celui ad-

respondra avec eux directement ou par l'intermédiaire des officiers publics sous ses ordres; et il pourra requérir immédiatement, ou par ses agents, l'assistance de la garde nationale desdites communes.

3. Le préfet de police remplacera le préfet du département de la Seine, pour la délivrance des passe-ports à l'étranger.

4. Les ministres de l'intérieur et de la police sont chargés de l'exécution du présent arrêté, qui sera imprimé au *Bulletin des Lois*.

Le premier consul, signé BONAPARTE.

Par le premier consul :

Le secrétaire d'État, signé HUGUES B. MARET.

Le ministre de la justice, signé ABRIAL.

Pour copie conforme :

Le préfet de police, signé DUBOIS.

Le secrétaire général adjoint, signé BAUVE.

---

ditionnel du 8 brumaire suivant, serait illusoire, si le préfet de police n'avait dans ses mains tous les moyens que le gouvernement a entendu lui donner pour assurer l'action de la police.

D'après ces deux arrêtés, qui sont la base de ses attributions, la police générale du département de la Seine lui appartient incontestablement. Il est légalement investi de tous les objets généraux de police et de tout ce qui a rapport au maintien de l'ordre public, à la sûreté et à la tranquillité des arrondissements communaux.

Le droit de chasse et le port d'armes appartiennent exclusivement au préfet de police, qui est seul compétent pour juger dans quelles circonstances et à quelles personnes il convient de les accorder sans danger ou sans inconvénient pour la chose publique........

. Le gouvernement, en attribuant au préfet de police tout ce qui concerne la police et en chargeant le préfet de la Seine de tout ce qui est relatif à l'administration, a voulu donner à la police la force et l'unité dont elle a besoin et dégager les fonctions administratives de tout ce qui pouvait les distraire. »

(*Décision du ministre de la police générale du 25 fruct. an IX*) (12 sept. 1801).

ARRÊTÉ

DU 3 BRUMAIRE AN IX (25 OCTOBRE 1800.)

1. Le préfet de police de Paris exercera son autorité dans toute l'étendue du département de la Seine et dans les communes de Saint-Cloud, Meudon et Sèvres du département de Seine-et-Oise, en ce qui touche les fonctions qui lui sont attribuées par l'arrêté des consuls du 12 messidor an VIII.

Art. V. Sur la mendicité et le vagabondage (1);
VI, § 1, 2, 3. Sur la police des prisons (2);
VII, VIII et IX. Sur les maisons publiques (3);
X. Sur les attroupements (4) ;
XI. Sur la librairie et l'imprimerie (5);
XIII. Sur les poudres et salpêtres (6);

---

(1) Art. V. (Arrêté du 12 messidor an VIII.)

§ 1. Il fera exécuter les lois sur la mendicité et le vagabondage.

§ 2. En conséquence, il pourra envoyer les mendiants, vagabonds et gens sans aveu, aux maisons de détention, même à celles qui sont hors de Paris, dans l'enceinte du département de la Seine.

§ 3. Dans ce dernier cas, les individus détenus par ordre du préfet de police ne pourront être mis en liberté que d'après son autorisation.

§ 4. Il fera délivrer, s'il y a lieu, aux indigents sans travail qui veulent retourner dans leur domicile, les secours autorisés par la loi du 30 mai—13 juin 1790.

(2) Art. VI. (12 messidor an VIII.)

§ 1. Le préfet de police aura la police des prisons, maisons d'arrêt, de justice, de force et de correction de la ville de Paris (a).

§ 2. Il continuera de l'exercer dans la maison de Bicêtre.

§ 3. Il aura la nomination des concierges, gardiens et guichetiers de ces maisons.

(3) Art. VII. (12 messidor an VIII.)

Il fera exécuter les lois et règlements de police concernant les hôtels garnis et les logeurs.

Art. VIII.

Il se conformera, pour ce qui regarde la police des maisons de jeu, à ce qui est prescrit par la loi du 19—22 juillet 1791 (b).

Art. IX.

En conformité de la même loi du 19—22 juillet 1791, il fera surveiller les maisons de débauche, ceux qui y résideront ou s'y trouveront.

(4) Art. X. (12 messidor an VIII.)

Il prendra les mesures propres à prévenir ou dissiper les attroupements, les coalitions d'ouvriers pour cesser leur travail ou enchérir le prix des journées, les réunions tumultueuses ou menaçant la tranquillité publique.

(5) Art. XI. (12 messidor an VIII.)

Il fera exécuter les lois de police sur l'imprimerie et la librairie, en tout ce qui concerne les offenses faites aux mœurs et à l'honnêteté publique.

(6) Art. XIII. (12 messidor an VIII.)

Il surveillera la distribution et la vente des poudres et salpêtres.

(a) Voir, à l'appendice, l'ordonnance du roi du 9 avril 1819.
(b) Voir cette loi à l'appendice.

XIV. Sur les émigrés (1);

XIX. Sur la recherche des militaires et marins déserteurs, prisonniers de guerre, mais par droit de suite, lorsqu'ils se seront réfugiés de Paris dans les autres communes du département (2);

XXIII. Sur la salubrité (3);

XXIV. § 4. Sur les débordements et débâcles (4);

XXVI. Sur la sûreté du commerce (5);

XXXII. §§ 1, 2, 3. Sur la surveillance des places, lieux publics (6);

XXXIII. Sur les approvisionnements (7).

2. Le préfet de police aura, à cet effet, sous ses ordres, pour cette partie de ses attributions seulement, les maires et adjoints des communes, et les commissaires de police dans les lieux où il y en aura d'établis; il

---

(1) Art. XIV. (12 messidor an VIII.)

Il fera exécuter, en ce qui concerne la police, les lois relatives aux émigrés.

(2) Art. XIX. (12 messidor an VIII.)

Il fera la recherche des militaires ou marins déserteurs, et des prisonniers de guerre évadés.

(3) Art. XXIII. (12 messidor an VIII.)

Il assurera la salubrité de la ville.

En prenant des mesures pour prévenir et arrêter les épidémies, les épizooties, les maladies contagieuses; en faisant observer les règlements de police sur les inhumations; en faisant enfouir les cadavres d'animaux morts, surveiller les fosses vétérinaires, la construction, entretien et vidange des fosses d'aisance; en faisant arrêter, visiter les animaux suspects de mal contagieux, et mettre à mort ceux qui en seront atteints; en surveillant les échaudoirs, fondoirs, salles de dissection et la basse geôle; en empêchant d'établir dans l'intérieur de Paris, des ateliers, manufactures, laboratoires ou maisons de santé, qui doivent être hors de l'enceinte des villes, selon les lois et règlements; en empêchant qu'on ne jette ou dépose dans les rues aucune substance malsaine; en faisant saisir et détruire dans les halles, marchés et boutiques, chez les bouchers, boulangers, marchands de vin, brasseurs, limonadiers, épiciers-droguistes, apothicaires ou tous autres, les comestibles ou médicaments gâtés, corrompus et nuisibles.

(4) Art. XXIV. (12 messidor an VIII.)

§ 4. En cas de débordements et débâcles, il ordonnera les mesures de précaution, telles que déménagement des maisons menacées, rupture de glaces, garage de bateaux.

(5) Art. XXVI. (12 messidor an VIII.)

§ 1. Il procurera la sûreté du commerce, en faisant faire des visites chez les fabricants et les marchands, pour vérifier les balances, poids et mesures, et faire saisir ceux qui ne seront pas ou exacts ou étalonnés.

§ 2. En faisant inspecter les magasins, boutiques et ateliers des orfèvres et bijoutiers, pour assurer la marque des matières d'or et d'argent, et l'exécution des lois sur la garantie.

§ 3. Indépendamment de ses fonctions ordinaires sur les poids et mesures, le préfet de police fera exécuter les lois qui prescrivent l'emploi des nouveaux poids et mesures.

(6) Art. XXXII. (12 messidor an VIII.)

§ 1. Il fera surveiller spécialement les foires, marchés, halles, places publiques, et les marchands forains, colporteurs, revendeurs, portefaix, commissionnaires.

§ 2. La rivière, les chemins de halage, les ponts, chantiers, quais, berges, gares, estacades, les coches, galiotes; les établissements qui sont sur la rivière, pour les blanchisseries, le laminage ou autres travaux; les magasins de charbon, les passages d'eau, bacs, batelets, les bains publics, les écoles de natation, et les mariniers, ouvriers, arrimeurs, chargeurs, déchargeurs, tireurs de bois, pêcheurs et blanchisseurs.

§ 3. Les abreuvoirs, puisoirs, fontaines, pompes, et les porteurs d'eau.

(7) Art. XXXIII. (12 messidor an VIII.)

§ 1. Il fera inspecter les marchés, ports et lieux d'arrivage des comestibles, boissons et denrées, dans l'intérieur de la ville.

§ 2. Il continuera de faire inspecter, comme par le passé, les marchés où se vendent les bestiaux pour l'approvisionnement de Paris, à Sceaux, Poissy, La Chapelle et Saint-Denis.

§ 3. Il rendra compte au ministre de l'intérieur des connaissances qu'il aura recueillies par ses inspections sur l'état des approvisionnements de la ville de Paris.

correspondra avec eux directement ou par l'intermédiaire des officiers publics sous ses ordres ; et il pourra requérir immédiatement, ou par ses agents, l'assistance de la garde nationale desdites communes.

3. Le préfet de police remplacera le préfet du département de la Seine pour la délivrance des passe-ports à l'étranger.

4. Les ministres de l'intérieur et de la police sont chargés de l'exécution du présent arrêté, qui sera imprimé au *Bulletin des Lois.*

Le premier consul, signé BONAPARTE.

Par le premier consul :

Le secrétaire d'Etat , signé HUGUES B. MARET.

Le ministre de la justice, signé ABRIAL.

ARRÊTÉ

DU 6 MESSIDOR AN X (25 JUIN 1802), RELATIF A LA TENUE DES SÉANCES DU CONSEIL DE PRÉFECTURE DU DÉPARTEMENT DE LA SEINE POUR LES AFFAIRES CONTENTIEUSES D'ADMINISTRATION ET DE POLICE.

2. Le même conseil (conseil de préfecture), présidé par le préfet de police, connaîtra, dans une séance qui aura lieu le vendredi de chaque semaine, de toutes les affaires contentieuses administratives qui sont dans les attributions du préfet de police, d'après le règlement des consuls du 12 messidor et autres postérieurs, et les dispositions de la loi du 29 floréal an x.

3. Les séances tenues d'après l'article 2, auront lieu dans une des salles de la préfecture de police. Le secrétaire général de la préfecture de police y remplira les fonctions qu'a remplies jusqu'aujourd'hui le secrétaire général de la préfecture du département.

ARRÊTÉ

PORTANT NOMINATION DU PRÉFET DE POLICE.

Paris, le 17 ventôse an VIII (8 mars 1800).

Bonaparte, premier consul de la république,

Vu les articles 14 et 16 de la loi du 28 pluviôse dernier, concernant la division du territoire de la république et de l'administration ;

En vertu de l'article 18 de la même loi, et sur la présentation du ministre de la police générale,

Arrête :

1. Le citoyen Dubois, membre du bureau central du canton de Paris, est nommé préfet de police à Paris.

2. Le ministre de la police générale est chargé de l'exécution du présent arrêté, qui sera inséré au *Bulletin des lois*.

Signé BONAPARTE.

COLLECTION

OFFICIELLE

DES ORDONNANCES

DE LA

PRÉFECTURE DE POLICE.

1800.

N° **1**. — *Arrêté concernant les recettes des spectacles , bals , concerts , etc.* (1).

Paris, le 23 ventôse an VIII (14 mars 1800).

Le préfet de police,

Vu les articles 3 et 6 de la loi du 7 frimaire an V, portant établissement d'un droit sur le prix des billets d'entrée dans les spectacles, bals, fêtes, etc.; les lois postérieures prorogeant l'exécution de la loi précitée; l'arrêté du gouvernement du 29 frimaire an V, qui chargeait le bureau central de faire justifier du produit de cette perception, et d'en vérifier l'exactitude; et les divers arrêtés du bureau central déléguant aux administrations municipales des douze arrondissements l'exercice de cette surveillance et vérification;

Considérant que la surveillance des recettes des spectacles, bals, etc., auparavant déléguée aux administrateurs municipaux, lorsqu'ils étaient au nombre de sept, avec l'autorisation spéciale de certifier les états desdites recettes, et d'en prélever la portion appartenant aux indigents, pour être ensuite le produit versé dans la caisse du caissier général de bienfaisance, serait d'une exécution impossible, parce qu'il n'y a plus qu'un maire et deux adjoints par municipalité, et que cette surveillance paraît naturellement devoir être confiée aux membres des comités de bienfaisance, qui ne cessent de donner des preuves de leur zèle et de leur sollicitude pour l'intérêt des pauvres ;

Arrête:

1. Les comités de bienfaisance nommeront un ou plusieurs de leurs membres pour surveiller, dans leurs divisions respectives , la recette des spectacles, bals, concerts, etc.

2. Les membres chargés de pouvoirs à cet effet assisteront aux comptes rendus, chaque jour, par les buralistes des différents bureaux de recettes, et autres personnes préposées à la vente des billets de supplément et d'abonnement, et à la location des loges.

3. Ils certifieront les états de recette qu'ils adresseront, le lendemain, au préfet de police.

4. Ils feront certifier les mêmes états par les caissiers des divers

---

(1) V. l'ord. du 13 déc. 1843.

TOME I.

1

établissements compris dans la loi qui ordonne la perception du droit des indigents, et ils leur feront en outre souscrire, chaque jour, une reconnaissance de la portion de recette appartenant aux indigents, et restant entre les mains desdits caissiers qui s'en reconnaissent dépositaires.

5. Les feuilles de recettes, ainsi certifiées, et les reconnaissances des caissiers, seront envoyées, chaque jour, au préfet de police, qui fera suivre le recouvrement par le caissier général de bienfaisance, avec l'activité que commandent impérieusement les besoins des pauvres.

6. Des diverses feuilles de recettes, adressées par les comités de bienfaisance, il sera formé, au bureau des mœurs, un état général et journalier, lequel, certifié par le chef dudit bureau, sera remis au caissier des indigents.

7. L'état général du produit du droit des indigents sera envoyé, chaque décade, au ministre de l'intérieur et à l'agent comptable.

8. La portion des pauvres provenant des recettes qui pourraient être faites dans des établissements qui n'auraient point de caissiers responsables, ou à des représentations dramatiques, bals, fêtes, concerts et autres exercices donnés momentanément et par extraordinaire, sera prélevée, à l'instant même, par les membres des comités de bienfaisance, qui en adresseront l'état certifié au préfet de police, et en verseront le produit dans la caisse du caissier général de bienfaisance.

9. Le présent arrêté sera envoyé aux comités de bienfaisance chargés de son exécution, à l'agent comptable des indigents et au caissier général de bienfaisance ; il sera en outre notifié aux entrepreneurs et caissiers des établissements compris dans la loi précitée.

Le préfet de police, DUBOIS.

—————————◦—————————

N° **2.** — *Consigne générale pour la garde des ports dans Paris* (1).

Paris, le 27 ventôse an VIII (18 mars 1800).

Le préfet de police,

Considérant qu'il est nécessaire de tenir exactement la main à l'exécution de différents articles des règlements, concernant la police de la rivière et des ports dans Paris, afin d'y maintenir le bon ordre et la sûreté, et de veiller d'une manière plus certaine à la conservation des approvisionnements de cette grande commune, croit devoir rappeler ces articles, et en faire l'objet d'une consigne générale pour la garde des ports.

1. A compter du 1er vendémiaire jusqu'au 30 ventôse, les ports sont ouverts depuis sept heures du matin jusqu'à midi, et depuis deux heures de l'après-midi jusqu'à cinq heures du soir.

Et depuis le 1er germinal jusqu'à la fin de l'année, ils sont ouverts depuis six heures du matin jusqu'à midi, et depuis deux heures de l'après-midi jusqu'à sept heures du soir. (*Arr. du bureau central du 3 complémentaire an IV, art. 1.*)

2. Hors le temps fixé ci-dessus pour l'ouverture et la fermeture des ports, et dans les heures appelées intermédiaires (de midi à deux heures), destinées au repos, il ne doit être fait aucune vente, ni enlevé aucunes denrées et marchandises des ports (à l'exception, toutefois, des trains de bois à brûler et de charpente, dont le tirage et le trans-

—————————

(1) V. les ord. des 24 mars 1824, 26 mars 1829 et 25 octobre 1840.

port se font depuis le point du jour jusqu'au soir, à la fermeture du port), sans un permis par écrit du préfet de police.

Les inspecteurs de la navigation et des ports pourront délivrer des permis, dans les cas d'urgence.

Les jours de décadi et de fêtes nationales, il ne doit être fait aucun travail sur les ports et berges, à moins d'urgence ou d'un service public, et en vertu d'un permis par écrit. (*Arr. du bureau central du 3 complémentaire an IV, art. 2 et 3 , et loi du 17 therm. an VI.*)

3. Aucune marchandise ne peut être déchargée du bateau à terre , s'il n'en a été fait la déclaration aux bureaux établis à cet effet sur les ports, et si le permis de décharger n'a été déposé au corps de garde le plus voisin du déchargement. (*Arr. du 2 fruct. an II, art. 4 , et du 12 brum. an III , art. 1 et 4.*)

4. Il est défendu aux passeurs d'eau et à tout marinier de conduire les personnes ou transporter des marchandises sur la rivière, avant ou après le jour. (*Ord. du mois de déc. 1672, chap. 2 , art. 2 , et chap. 5, art. 8 ; arr. du bureau central du 22 germ. an V, art. 7, et autre du même jour, art. 5.*)

5. Dans tous les temps, un bachot ou batelet ne doit contenir que seize personnes, y compris les passeurs, et ceux-ci doivent maintenir l'ordre dans leurs batelets, et même désigner à la garde ceux qui, par des imprudences, exposeraient la sûreté des passagers. (*Loi du 16 brum. an V, au tarif ; arr. du bureau central du 12 flor. an VI, art. 7 et 9.*)

6. La pêche sur la rivière , pendant la nuit, est défendue.(*Ord. des eaux et forêts d'août 1669, tit. 31, art. 5.*)

Elle est interdite en tout temps dans le petit bras de la rivière, depuis le terrain jusqu'au dessous du Petit-Pont. (*Arr. du bureau central du 1er complémentaire an IV.*)

7. Les ports étant uniquement destinés aux marchandises venant par eau , il ne peut y en être déposé aucune venant par terre , à moins que ce ne soit pour les embarquer. (*Ord. de déc. 1672, chap. 3 , art. 22.*)

8. Un homme ne peut mener à l'abreuvoir plus de trois chevaux à la fois ; on doit empêcher que les chevaux n'y soient conduits par des enfants, et on doit veiller à ce qu'ils n'entrent dans l'eau et n'en sortent qu'au pas. (*Décl. du roi du 28 avril 1782 ; arr. du 13 août 1793.*)

La garde doit empêcher que l'on ne se place dans l'enceinte des abreuvoirs pour y laver du linge. (*Ord. du ci-devant bureau de la ville du 23 déc. 1763.*)

9. Il est expressément défendu de déchirer ou casser aucuns bateaux et toues vides sur les ports, quais et berges dans Paris, si ce n'est à l'île des Cignes, sans un permis par écrit du préfet de police. (*Arr. du 29 fruct. an III.*)

10. Il est également défendu de les tirer à terre pour les raccommoder ou les goudronner , sans avoir obtenu une permission par écrit. (*Loi du 3 brum. an IV, art. 685, 2e alinéa.*)

11. Afin de prévenir les incendies, la garde doit veiller avec attention à ce qu'il ne soit porté ni fait du feu, même dans des chaufferettes et chaudrons grillés, sur la rivière, les trains et bateaux (excepté les bateaux foncets), sur les ports, quais et berges, et à ce qu'il ne soit tiré des fusées, pétards, boîtes, pistolets et autres armes à feu. (*Ord. du ci-devant bureau de la ville des 23 janv. 1781 et 16 mai 1783 , et arr. du bureau central du 3 therm. an VII.*)

12. Les commandants de poste veilleront à ce que les baraques et petits bâtiments placés sur les ports soient fermés à la chute du jour, à ce que personne n'y passe la nuit, et enfin à ce qu'ils ne soient pas ouverts avant le jour.

13. Il ne doit être déposé aucuns matériaux ni gravois sur les ports, sans un permis du préfet de police.

Et quant aux baquets et autres voitures vides qu'il est d'usage d'y placer, il ne pourra en être déposé que dans les endroits des ports désignés à cet effet, et de manière à ne pas gêner la libre circulation. (*Loi du 3 brum. an IV, art.* 605, 2e *alinéa.*)

14. Il est défendu de déposer et laisser séjourner sur les ports, berges et sur les bords de la rivière, aucuns matériaux, comme pierre, moellons, pavés, pièces de charpente, bois, fers et autres, qui, pouvant être submergés par la crue subite des eaux, exposeraient les bateaux à être endommagés et à périr avec leurs chargements.

Il est également défendu d'embarrasser les anneaux qui servent à fermer les cordes, et enfin de fatiguer ou détacher les anneaux ou les cordes. (*Arr. du bureau central du* 4 *frim. an* VIII, *art.* 7.)

15. Le mesurage et la vente des bois à brûler sont défendus sur les ports, quais et berges dans Paris. (*Arr. du* 17 *prair. an* III, *art.* 2.)

16. Il est défendu d'emporter des bûches, perches, harts et débris de bois de dessus les ports dans Paris; les ouvriers à qui il revient de ces perches et harts, après leur journée finie, ne peuvent les sortir qu'à l'épaule et non dans des voitures, et ils sont tenus de se faire reconnaître aux factionnaires par les marchands de bois ou leurs préposés. (*Arr. du bureau central du* 22 *germ. an* VI.)

17. Le repêchage des bois à brûler qui s'échappent des trains, même de ceux qui proviendraient de trains ou bateaux naufragés, est interdit à toutes personnes, excepté aux préposés commissionnés à cet effet, qui doivent les ramasser et les déposer sur les berges, dans des endroits qui leur sont désignés. (*Ord. de police du ci-devant bureau de la ville du* 18 *avril* 1758, *et arr. du bureau central du* 5 *therm. an* VII.)

18. Il ne doit être établi aucune espèce de jeux ou spectacles ambulants, ni formé d'attroupement sur les ports et berges; et dans le cas où il s'en formerait, la garde doit dissiper les rassemblements, faire cesser les jeux et en éloigner les spectacles. (*Loi du* 3 *brum. an* IV, *art.* 605, 2e *alinéa.*)

19. Il est défendu de monter et de s'asseoir sur les sacs de grains et farines, ballots et caisses de marchandises déposés sur les ports, et de se promener entre les piles de bois, et enfin de monter sur les bateaux et bachots. (*Ord. du ci-devant bureau de la ville du* 20 *mai* 1785.)

Pendant la nuit, la garde doit interdire le passage sur les ports et berges, si ce n'est aux propriétaires et gardiens des bateaux ou marchandises, et dans les cas de besoin seulement; ils devront alors être munis d'une lanterne. (*Arr. du bureau central du* 3 *complémentaire an* IV, *art.* 4.)

Il est défendu à tous ouvriers de s'introduire sur les ports et berges avant le jour. (*Arr. du bureau central du* 3 *complémentaire an* IV, *art.* 5.)

20. Personne ne doit se baigner hors l'enceinte des bains publics ou particuliers établis dans la rivière. (*Arr. du bureau central du* 25 *flor. an* VII.)

21. Toute corporation et toute taxe d'ouvrages étant abolies par la loi, le travail est libre sur la rivière et sur les ports, et le prix doit en être réglé de gré à gré entre les propriétaires et les ouvriers; la garde doit faire cesser les rixes, et prévenir les voies de fait qui pourraient avoir lieu, soit pour empêcher les propriétaires de faire travailler qui bon leur semble, soit pour troubler les ouvriers dans leur travail. (*Loi du* 17 *juin* 1791, *et arr. du* 9 *flor. an* II.)

22. Lorsqu'on indiquera à la garde des ports l'endroit où une personne sera tombée à l'eau et où elle aura été repêchée, elle s'y rendra à l'instant, fera apporter le noyé au corps de garde ou dans un lieu voisin le plus commode pour lui faire administrer les secours nécessaires, et, dans l'intervalle, elle fera avertir un officier de santé, le commissaire de police et l'inspecteur des ports de l'arrondissement.

23. Le bruit des voitures, l'éloignement des sentinelles, le besoin d'indiquer que les secours sont plus ou moins pressants, ont déterminé à suppléer à l'insuffisance de la voix, par le moyen des sifflets qui doivent être attachés dans les guérites.

Un coup de sifflet indique l'appel de la garde du poste.

Deux coups annoncent qu'il y a danger imminent.

Trois coups annoncent une personne tombée à l'eau et en danger de périr, un bateau coulé à fond ou incendié.

Dans ces deux derniers cas, la garde de tous les postes voisins s'empressera de sortir, pour donner, avec toute la célérité possible, les secours qui seront en son pouvoir.

24. La présente sera envoyée au commandant de la place de Paris, avec invitation d'en faire l'objet d'une consigne à la force armée de garde sur les ports.

Elle sera imprimée et affichée partout où besoin sera, et placée dans les cadres destinés aux consignes qui se trouvent dans les corps de garde bordant la rivière.

Et enfin elle sera envoyée aux fonctionnaires publics et aux préposés de l'administration, pour leur servir d'instruction sur la police de la rivière et des ports.

Le préfet de police, DUBOIS.

N° **3.** — *Arrêté concernant la tenue de la foire aux jambons* (1).

Paris, le 8 germinal an VIII (29 mars 1800).

Le préfet de police,

Considérant qu'il importe pour le commerce de la charcuterie et pour les consommateurs que la foire aux jambons, lard et autres viandes de cochon, qui, depuis un temps immémorial, tient sur la place de la Cité, soit fixée à une époque qui concilie les avantages de tous ;

Arrête :

1. La foire ci-dessus désignée aura lieu, tous les ans, du 11 au 19 germinal.

2. Le commissaire de police de la division de la Cité et le contrôleur en chef des marchés sont chargés de l'exécution du présent arrêté.

Le préfet de police, DUBOIS.

N° **4.** — *Arrêté concernant le commerce de la viande* (2).

Paris, le 9 germinal an VIII (30 mars 1800).

Le préfet de police,

Informé qu'au mépris des règlements, il s'est établi sur les divers points de cette commune des détaillants de viande de toute espèce,

---

(1) V. les ord. des 24 fév. 1813, 12 avril 1832, 11 mars 1833, 17 mars 1834, et 7 avril 1843.
(2) V. les ord. des 25 brum. an XII (17 nov. 1803) 15 juillet et 5 nov. 1808, 26 mars 1811, 25 nov. 1817, 25 nov. 1823, 3 oct. 1827 et 25 mars 1830.

qu'il arrive journellement qu'on en colporte dans les rues ; que la plupart du temps cette viande provient d'animaux morts naturellement ou n'ayant pas l'âge requis pour entrer dans la consommation , ou de vaches et de brebis pleines ou propres à la propagation . ou de porcs ladres ; que les détaillants de viande étant ainsi disséminés , trouvent plus de facilité pour se soustraire à l'action de la police , et qu'il en résulte que, sous le prétexte du bas prix , le public est souvent trompé et sur la qualité et sur le poids des viandes ;

Considérant que si l'intérêt général exige impérieusement qu'il soit pris des mesures efficaces pour empêcher la dépopulation des différentes espèces de bestiaux, ainsi que pour ménager et mettre à profit toutes les ressources qu'ils peuvent fournir , il n'est pas moins instant pour la santé des consommateurs , et surtout dans les circonstances actuelles, où des maladies épidémiques se sont manifestées dans plusieurs cantons de la république , de faire cesser les désordres funestes qui se sont introduits dans l'abattage des bestiaux , et les pertes qui résultent de la putréfaction des viandes , dans le temps des grandes chaleurs, d'autant que ces inconvénients graves ont excité des plaintes universelles; que le plus sûr moyen d'obtenir un résultat aussi salutaire est de soumettre la vente de la viande à une surveillance active et rigoureuse ;

Considérant que si l'exercice d'une industrie légale mérite une protection spéciale , les fraudes, la mauvaise foi et les abus de tous genres ne peuvent être trop sévèrement proscrits et réprimés;

Arrête ce qui suit :

1. On ne peut exercer le commerce de la boucherie et de la charcuterie que dans des établissements propres à cet usage, et spécialement autorisés par le préfet de police.

2. Il est expressément défendu de débiter aucune espèce de viande quelconque dans les rues , aux portes des promenades , des établissements publics, dans des allées , sous des portes cochères et sur des éventaires.

3. Les seuls bouchers et charcutiers forains, munis de patentes , et les détaillants commissionnés par le préfet de police, auront le droit, savoir : les premiers , de vendre en gros de la viande et du porc frais , et les autres d'en débiter sur les places publiques, et aux conditions ci-après indiquées.

4. La principale partie de l'ancienne halle au blé, qui se trouve située entre les rues de la Tonnellerie, de la Fromagerie et de la Cordonnerie, est le seul marché affecté, dans la commune de Paris, pour la vente en gros de la viande de boucherie et du porc frais et salé. La vente aura lieu tous les jours, depuis la pointe du jour jusqu'à midi.

5. Les marchés et places réservés pour la vente au détail de la viande de boucherie et de porc frais et salé , demeurent provisoirement fixés au nombre de neuf;

Savoir:

1° Le Marché-Neuf, division de la Cité;
2° Partie de l'emplacement de l'ancienne halle au blé;
3° Le marché Martin ;
4° Le marché des Enfants-Rouges;
5° Le marché des Droits-de-l'Homme, ci-devant cimetière St-Jean;
6° Le marché Beauveau, faubourg Antoine;
7° La place Maubert ;
8° La rue de Fourcy, le long du mur du ci-devant monastère de Sainte-Geneviève;
9° Le marché de la ci-devant Abbaye St-Germain.

6. La vente au détail de toute espèce de viande aura lieu tous les jours, depuis la pointe du jour jusqu'au coucher du soleil, à l'exception des décadis et des fêtes nationales, qu'elle cessera à midi. (*Arr. du bureau central du 19 frim. an VII, art. 2 et 3.*)

7. Aucun boucher et charcutier, propriétaire ou locataire, soit d'un échaudoir, soit d'un étal ou boutique, ne pourra jouir d'une place de vente sur quelqu'un des marchés ci-dessus désignés qui appartiennent à la commune; ceux qui en occuperaient seront tenus de les évacuer de suite, et dans le cas où ils négligeraient de le faire, il sera donné des ordres pour l'enlèvement de leurs ustensiles.

8. Toute place, accordée par le préfet de police, qui sera deux jours de suite, ou trois jours sur dix, sans être garnie et occupée en personne par le détaillant qui l'aura obtenue, sera réputée vacante, et il en sera disposé immédiatement.

9. Il est très-expressément défendu aux bouchers et charcutiers de vendre des viandes gâtées ou corrompues, à peine de confiscation et d'amende. (*Art. 20 du tit. 1er de la loi du 19-22 juill. 1791.*)

10. Il est pareillement défendu aux bouchers et charcutiers d'acheter, vendre et débiter aucuns veaux âgés de moins de quatre décades ou de plus de sept, comme aussi de tuer aucunes vaches pleines et autres en état de porter, et au-dessous de l'âge de huit ans, ni des brebis propres à la propagation, et enfin de vendre ou laisser vendre des veaux trouvés dans les entrailles des vaches qu'ils auront tuées; le tout à peine de confiscation des marchandises, et de 300 fr. d'amende contre les contrevenants. (*Arr. du conseil du 4 avril 1720, et art. 7 des lettres patentes du 1er juin 1782.*)

11. Les détaillants de viande établiront leurs étalages aux places qui leur seront désignées par le contrôleur des halles et marchés, sans qu'ils puissent les dépasser dans aucun cas; et ils auront d'ailleurs le soin de disposer leurs étalages de manière à ne point gêner la voie publique.

12. Il sera fait l'inspection la plus exacte des viandes exposées en vente, ainsi que des balances et poids, dont les marchands bouchers et détaillants sont tenus de se servir.

13. Toutes dispositions des arrêtés du bureau central, qui se trouveraient contraires à celles du présent, demeurent annulées.

14. Les contrevenants aux dispositions ci-dessus, outre les mesures d'exécution qui pourront être prises contre eux par voie administrative, seront, suivant l'exigence des cas, poursuivis devant les tribunaux de police, conformément à la loi du 19-22 juillet 1791, au Code des délits et des peines du 3 brumaire an 4, et autres lois, ordonnances et règlements de police, non abrogés, qui leur seront applicables, et notamment à l'arrêt du conseil du 4 avril 1720, et aux lettres patentes du 1er juin 1782.

15. Les commissaires de police et les préposés sur les halles et marchés sont spécialement chargés, sous leur responsabilité, de tenir strictement la main à l'exécution du présent qui sera imprimé et affiché.

Le préfet de police, DUBOIS.

No **5.** — *Arrêté concernant la police des bains en rivière* (1).

Paris, le 29 germinal an VIII (19 avril 1800).

Le préfet de police,
Considérant qu'au moment où la saison des bains approche, il est

(1) V. les ord. des 5 floréal an IX (25 avril 1801), 18 germ. an XI (8 avril 1803), 20 mai 1839 et 25 oct. 1840 (art. 187 et suiv. et 225).

indispensable de prendre des précautions qui, en assurant le maintien des mœurs et du bon ordre, puissent prévenir les accidents qui sont toujours l'effet de l'inexpérience ou de l'imprudence des baigneurs;

Arrête ce qui suit :

1. Nul ne doit se baigner dans la rivière, si ce n'est dans des bains couverts.

2. Il est défendu de sortir nu des bains, et de se montrer dans cet état sur les trains et bateaux, sur les graviers et bords de la rivière, sur les digues, crèches et avant-becs des ponts.

3. Il ne doit être établi des bains en rivière que d'après une permission expresse du préfet de police; les personnes qui voudront en former lui présenteront à cet effet leur demande.

La permission ne sera accordée qu'après que les renseignements nécessaires auront été pris; elle servira pour une année seulement.

4. Les bains seront établis dans les endroits désignés par les permissions, et ils devront être achevés dans l'espace d'une décade.

On ne pourra y employer que des bateaux de bonne construction et sans défectuosité.

Ils seront exactement couverts de bannes, qui tomberont jusqu'au niveau de la rivière.

Ils seront entourés de planches clouées sur des pieux dans l'intérieur, et jusqu'à la surface de l'eau, afin que les baigneurs ne puissent en sortir, ni être exposés aux regards du public.

Il sera formé des chemins solides et bordés de perches, à hauteur d'appui, pour arriver dans l'intérieur des bateaux à bains.

Il y aura continuellement un bachot en bon état, attaché à chaque bain, pour porter des secours, en cas de besoin.

Les bateaux et bains seront tenus en bon état et garnis de tous les ustensiles nécessaires, pendant toute la saison des bains.

Il sera placé, dans l'intérieur des bains, des piquets auxquels des cordes seront attachées, afin de donner aux baigneurs la facilité d'aller et venir dans le bain avec sûreté et commodité.

On ne pourra commencer à se baigner dans les bains en rivière, qu'après qu'ils auront été visités par le commissaire de police et par l'inspecteur des ports, qui constateront par procès-verbal si les conditions prescrites ont été remplies.

Dans le cas où les propriétaires des bains ne se conformeraient pas à toutes les dispositions du présent arrêté, la permission leur sera retirée.

5. Les bains des hommes seront séparés et éloignés de ceux des femmes; il sera pratiqué des chemins différents pour y arriver.

Il est défendu aux hommes de s'introduire dans les bains des femmes, et aux femmes d'entrer dans les bains des hommes.

6. Il est défendu à toute personne étant en bachot ou batelet, de s'approcher des bains.

7. Il ne pourra point être tiré de sable à une distance moindre que vingt mètres des bains en rivière.

8. Les bains seront fermés depuis dix heures du soir jusqu'au point du jour.

9. Il ne pourra être exigé des baigneurs plus de quinze centimes par personne, dans les bains en commun, et plus de six décimes par personne, dans les bains particuliers.

10. Lorsque la saison des bains sera finie, les propriétaires des bains retireront les pieux, perches et autres objets qui pourraient nuire à la navigation.

11 Il est défendu à tous mariniers, bachoteurs et autres propriétaires des batelets ou bachots, de les louer ou de les prêter à des particuliers qui voudraient se baigner hors des bains publics, excepté néanmoins dans les cas ci-après :

12. Les personnes qui, pour raison de santé, sont dans la nécessité de prendre des bains en pleine rivière, peuvent s'y baigner, à la charge de ne se servir que de batelets couverts de bannes, et de n'établir ces bains qu'aux endroits désignés dans les permis qui seront délivrés par le préfet de police, et enfin de se conformer aux dispositions du présent qui leur sont applicables.

13. Il est enjoint aux commissaires de police des divisions qui bordent la rivière, de faire de fréquentes visites, 1° dans les bains publics, afin d'y surveiller le maintien du bon ordre et de la décence ; et 2° dans les lieux en vue du public où il y aurait des rassemblements de baigneurs, afin de les faire retirer, et de constater les contraventions.

14. Les inspecteurs des ports feront leur rapport sur les abus et délits qui pourraient avoir lieu, relativement aux bains, dans leurs arrondissements respectifs.

15. Il sera pris, contre les contrevenants aux dispositions du présent arrêté, telles mesures administratives qu'il appartiendra ; ils seront en outre poursuivis conformément à la loi du 19-22 juillet 1791, au Code des délits et des peines, du 3 brumaire an ıv, et aux autres lois et règlements de police qui leur seront applicables.

16. Le présent arrêté sera imprimé, publié et affiché ; il sera envoyé aux autorités qui doivent en connaître, et aux officiers et préposés de police, pour que chacun, en ce qui le concerne, tienne strictement la main à son exécution.

Il sera également envoyé au commandant de la place, pour que, d'après une consigne particulière à la force armée de garde sur les ports, il fasse placer des factionnaires dans les lieux les plus convenables sur les bords de la rivière, pour assurer son exécution.

Le préfet de police, DUBOIS.

N° **6.** — *Arrêté concernant les étalages mobiles* (1).

Paris, le 3 floréal an vııı (23 avril 1800).

Le préfet de police,

Considérant que les ponts, les quais, les rues et les places publiques de la ville de Paris sont embarrassés par une multitude d'échoppes et d'étalages mobiles qui gênent la circulation et compromettent la sûreté des citoyens ;

Considérant que les accidents multipliés qui en sont résultés ont excité de justes plaintes ;

Considérant, d'ailleurs, que la plupart de ces sortes d'établissements n'ont point été autorisés ; que ceux qui les occupent portent un préjudice réel au trésor public en étalant des marchandises neuves ou des étoffes en pièces, et qu'ils anéantissent par là le commerce des marchands en boutiques, qui payent de fortes contributions ;

Voulant, cependant, venir au secours des indigents,

Arrête ce qui suit :

1. Toutes les permissions d'échoppes et d'étalages mobiles, délivrées jusqu'à ce jour, sont annulées.

Ceux qui en sont porteurs les remettront, sur-le-champ, aux commissaires de police.

---

(1) V. les ord. des 8 nov. 1819, 21 août, 31 oct. et 2 déc. 1822, 19 juin 1830 et 20 janv. 1832.

2. A compter du premier prairial prochain, les échoppiers ou étalagistes qui n'auront pas obtenu de nouvelle permission seront tenus de se retirer dans les vingt-quatre heures : en cas de refus, ils seront conduits, avec leurs ustensiles et effets d'étalage, à la préfecture de police, et ils seront en outre poursuivis devant les tribunaux, conformément à l'art. 9 ci-après.

3. Ceux qui voudront obtenir des permissions d'échoppes ou d'étalages mobiles présenteront au préfet de police un mémoire à cet effet.

Ce mémoire énoncera :

1° Les noms, prénoms, âge et demeure du pétitionnaire ;
2° S'il est marié ou veuf, père de famille ou célibataire ;
3° S'il est infirme ;
4° L'état qu'il exerçait ;
5° La nature des objets qu'il se propose de vendre ;
6° L'emplacement qu'il désire occuper.

Ce mémoire devra être appuyé d'un certificat du bureau de bienfaisance de l'arrondissement, portant que le pétitionnaire n'a aucun moyen d'existence.

4. L'étendue des échoppes et des étalages mobiles sera proportionnée aux localités et à l'espèce des marchandises.

5. Les permissions ne seront valables que pendant l'année seulement, et ne pourront servir qu'aux personnes au nom desquelles elles auront été délivrées.

Elles seront délivrées à la charge par l'échoppier ou l'étalagiste :

1° De ne pas excéder les dimensions prescrites par ces permissions ;
2° De placer au haut des échoppes, ou dans l'endroit le plus apparent des étalages, des écriteaux portant les noms des étalagistes et les numéros des permissions ;
3° D'occuper tous les jours en personne les places qui leur auront été accordées, sans pouvoir les céder, prêter, louer ni vendre ;
4° De n'étaler que les marchandises désignées ;
5° De se retirer et rendre place libre et nette au premier ordre qui en sera donné par le préfet de police ;
6° De ne pouvoir réunir deux places, sous tel prétexte que ce soit ;
7° Enfin, de se conformer aux lois et règlements de police.

6. Lorsqu'un échoppier ou un étalagiste aura été une décade sans occuper sa place, sa permission demeurera annulée, à moins de maladie légalement constatée : en ce cas, il devra en prévenir le commissaire de police de l'arrondissement, dans les trois premiers jours de son absence.

7. Il ne pourra être étalé sur la voie publique des mousselines, toiles et mouchoirs neufs ou en pièces, ni aucun objet tenant à la grosse mercerie.

8. Aucune permission d'échoppes ou d'étalages mobiles ne sera accordée sur les endroits ci-après, savoir :

Les ponts (le terre-plein du Pont-Neuf excepté);
Le quai Pelletier ;
Celui du Louvre;
Le Carrousel et les environs du palais des Tuileries;
Les boulevards, excepté le long des contre-allées, en dedans des barrières.

9. Les contraventions seront constatées par des procès-verbaux, et dénoncées aux tribunaux compétents, pour être poursuivies conformément aux lois.

10. Le présent arrêté sera imprimé, publié et affiché.

11. Les commissaires de police, les officiers de paix et les préposés de la préfecture, chacun en ce qui le concerne, sont chargés de tenir la main à son exécution.

12. Le commandant temporaire de la place est requis de leur faire prêter main-forte, en cas de besoin.

Le préfet de police, DUBOIS.

N° **7.** — *Arrêté concernant la levée des cadavres trouvés dans la rivière ou ailleurs* (1).

Paris, le 9 floréal an VIII (29 avril 1800).

Le préfet de police,

Considérant qu'il importe à l'ordre social et à l'état civil des citoyens de faciliter, autant que possible, la recherche et la connaissance des personnes disparues ; que le moyen d'atteindre ce but important est d'établir des formalités, soit pour constater la levée des cadavres trouvés dans la rivière ou ailleurs, soit pour connaître les causes de la mort ;

Considérant aussi qu'il est juste de récompenser le dévouement de ceux qui exposent leur vie pour retirer de l'eau une personne noyée, qui, par des secours bien administrés, peut être rappelée à la vie,

Arrête ce qui suit :

1. Lorsqu'un cadavre aura été retiré de l'eau, ou aura été trouvé en tout autre endroit, dans l'intérieur de cette commune et dans les cantons ruraux environnants, le juge de paix, le commissaire de police, ou l'officier de gendarmerie le plus voisin doit en être prévenu sur-le-champ, et requis de se transporter sur le lieu, à l'effet de dresser procès-verbal de la levée du cadavre.

Un officier de santé y sera appelé pour constater le genre et la cause de la mort ; son rapport sera consigné au procès-verbal.

Ce procès-verbal sera envoyé dans les vingt-quatre heures à la préfecture de police avec les papiers et effets qui auront pu être trouvés sur l'individu.

2. Si l'individu donne encore quelques signes de vie, on procédera de suite, si c'est un noyé, ainsi qu'il est prescrit par l'instruction concernant les secours à donner aux noyés, et, dans tout autre cas, l'officier de santé indiquera les secours nécessaires.

3. L'extrait du procès-verbal de la levée d'un cadavre énonçant l'endroit où il aura été trouvé, les causes de sa mort, son signalement et celui de ses vêtements, sera envoyé de suite, avec le cadavre et ses vêtements, au greffier de la basse-geôle du ci-devant Châtelet de Paris, qui donnera un reçu du tout.

4. Si le corps est reconnu au moment de la levée, il en sera fait mention dans le procès-verbal de la manière la plus circonstanciée, pour prévenir toutes erreurs, et la remise pourra en être faite de suite aux personnes qui le réclameront, lesquelles, si elles en ont la faculté, payeront les frais de repêchage, si c'est un noyé, et ceux de visite du cadavre ; dans le cas contraire, ces frais seront acquittés ainsi qu'il est dit en l'art. 13.

5. Si le greffier de la basse-geôle ne trouvait pas les causes de la mort énoncées dans l'extrait du procès-verbal qui doit lui être remis

(1) V. les ord. des 9 flor. an VIII (29 avril 1800), p. 13, 2 déc. 1822 et 1er janv. 1836, l'instruction y annexée et l'arrêté du même jour.

avec le cadavre, aux termes de l'art. 3 ci-dessus, il lui est enjoint de requérir de suite un officier de santé pour constater ces causes ; il transmettra sans délai, au préfet de police, le rapport de l'officier de santé.

6. Aussitôt la réception du cadavre à la basse-geôle, il sera exposé nu aux regards du public, avec les précautions dues à la décence et aux mœurs ; ses vêtements seront suspendus à côté, pour aider à la reconnaissance ; cette exposition durera trois jours.

7. Les trois jours d'exposition révolus, le cadavre sera inhumé en la manière accoutumée, en vertu d'un ordre du préfet de police, portant le signalement du cadavre, l'endroit où il a été trouvé, et la cause présumée de sa mort.

8. En cas de reconnaissance du cadavre à la basse-geôle, ceux qui le reconnaîtront en feront leur déclaration devant le juge de paix ou le commissaire de police le plus voisin, qui leur en délivrera expédition.

Sur le vu de cette déclaration, le préfet de police ordonnera la remise du cadavre, et son inhumation en la manière accoutumée, sous les noms indiqués pour lui appartenir.

Les réclamants payeront, s'ils en ont la faculté, les frais de repêchage et de visite du cadavre, ceux de son transport à la basse-geôle et de son inhumation, sinon ils seront acquittés ainsi qu'il est dit en l'art. 13 ci-après.

Les vêtements et autres effets trouvés sur le cadavre leur seront remis.

9. Tous les procès-verbaux relatifs aux cadavres envoyés à la basse-geôle, ainsi que les ordres d'inhumation, seront inscrits sur un registre tenu à cet effet à la préfecture de police.

10. Il sera aussi tenu à la basse-geôle un registre où seront inscrits, jour par jour, la date de l'entrée des cadavres, leur signalement et les causes présumées de leur mort, ainsi que la date de leur sortie, soit pour être inhumés, soit pour être remis aux réclamants.

11. Les vêtements des cadavres non reconnus ni réclamés resteront à la basse-geôle, sauf à être statué par le préfet de police sur leur destination.

12. Lorsqu'il sera trouvé dans la rivière des portions de cadavre, celui qui les aura repêchées en donnera sur-le-champ avis au commissaire de police le plus voisin, et il sera procédé de la même manière que pour un cadavre entier.

13. Les frais de repêchage d'un cadavre et ceux de son transport à la basse-geôle, ainsi que le salaire de l'officier de santé, lorsqu'ils n'auront été acquittés par personne, faute de facultés, le seront par le préfet de police, trois jours après la remise à cette administration, du procès-verbal de la levée dudit cadavre, et sur le vu d'un certificat particulier délivré à cet effet aux pêcheurs et porteurs par l'officier public qui aura fait la levée.

Ces frais seront fixés, savoir :

A quinze francs pour le repêchage d'un cadavre ;

A cinq francs pour la visite de l'officier de santé ;

Et depuis trois jusqu'à cinq francs pour le transport à la basse-geôle, suivant la distance plus ou moins grande, ou autres circonstances, lesquelles seront relatées dans le certificat mentionné en l'article ci-dessus.

Il sera payé vingt-cinq francs pour le repêchage d'un noyé lorsqu'il aura été rappelé à la vie.

14. Les déclarations relatives aux personnes disparues de leur domicile seront reçues à la préfecture de police, sur un registre tenu à cet effet, et il en sera délivré de suite un extrait au greffier de la basse-geôle, en ce qui concerne le signalement de la personne perdue.

15. Il est expressément enjoint au greffier de la basse-geôle de vérifier, aussitôt l'arrivée d'un cadavre à la basse-geôle, si son signalement ne se trouverait pas conforme à l'un de ceux portés aux déclarations mentionnées en l'article précédent, auquel cas il en fera prévenir de suite la personne qui aura fait ladite déclaration, avec invitation de venir reconnaître le cadavre, pour être ensuite procédé ainsi qu'il est dit en l'art. 8.

16. Lorsqu'une personne blessée aura été trouvée sur la voie publique, il sera de suite appelé un officier de santé pour administrer les secours les plus pressants, ou constater le genre et la cause de l'accident.

Il en sera dressé procès-verbal par le commissaire de police ou le juge de paix, qui, suivant les circonstances, ordonnera le transport de la personne blessée ou malade, soit à son domicile, soit à l'hospice d'Humanité.

Les frais dudit transport seront payés ainsi qu'il est dit en l'art. 13.

17. L'officier public qui aura ordonné ledit transport veillera à ce que le brancard qui aura été employé à cet effet soit rétabli au poste où il aura été pris.

18. Le présent arrêté sera imprimé et affiché dans tous les corps de garde de cette commune, ainsi que dans l'intérieur de la basse-geôle et dans les autres endroits accoutumés; il sera également affiché dans les cantons riverains enclavés dans le département de la Seine.

Il sera adressé aux juges de paix, aux commissaires de police et au commandant en chef de la gendarmerie nationale, et aux autres autorités civiles et militaires, ainsi qu'au greffier de la basse-geôle, pour en maintenir l'exécution, chacun en ce qui le concerne.

Le préfet de police, DUBOIS.

———————————◉———————————

N° **8.** — *Arrêté concernant les secours à administrer aux noyés pour les rappeler à la vie, et les moyens de se servir des boîtes fumigatoires* (1).

Paris, le 9 floréal an VIII (29 avril 1800).

Le préfet de police,

Informé des succès multipliés qu'ont obtenus jusqu'ici les moyens fournis par les boîtes fumigatoires, déposées dans les différents corps de garde riverains, pour secourir et rappeler à la vie les personnes noyées;

Considérant que l'efficacité de ces secours dépend principalement de la manière de les administrer, et qu'il est intéressant que les procédés en soient généralement connus;

Considérant aussi qu'il est juste de récompenser le zèle et le dévouement de ceux qui ont rappelé à la vie un citoyen après avoir exposé la leur pour le retirer de l'eau,

Arrête ce qui suit :

1. Lorsqu'un marinier, ou toute autre personne, aura retiré de l'eau un noyé, il en fera donner avis, sur-le-champ, au commissaire de police le plus voisin.

_____

(1) V. les ord. des 9 flor. an VIII (29 avril 1800), p. 11, 2 déc. 1822, 1er janv. 1836, l'instruction y annexée et l'arrêté du même jour.

Si le noyé est mort, il sera procédé, ainsi qu'il est prescrit par l'arrêté en date de ce jour, concernant les cadavres trouvés dans la rivière.

Mais si, quoique sans connaissance, le noyé n'a pas des signes de mort certains et évidents, il doit sur-le-champ recevoir des secours.

Il est expressément recommandé, dans ce cas, de ne point le mettre les pieds en haut et la tête en bas, sous prétexte de lui faire rejeter l'eau qu'il pourrait avoir avalée ; ce procédé est tellement dangereux, qu'il peut ôter la vie à celui qui ne l'aurait pas encore perdue.

2. En attendant l'arrivée des secours, le noyé sera tenu couché sur le côté, la tête un peu inclinée, pour lui faire rejeter, dans les premiers moments, l'eau qu'il pourrait avoir avalée.

3. Le noyé sera de suite, et dans la même position, transporté dans le corps de garde le plus voisin où se trouvera une boîte fumigatoire ; il y sera sur-le-champ déshabillé et tenu chaudement.

4. Un officier de santé sera aussitôt appelé, et on procédera, sans aucun délai, même sans attendre l'officier de santé, à l'administration des secours fournis par la boîte fumigatoire.

5. La boîte fumigatoire doit contenir tous les objets dont le détail est ci-après, et qui se trouvent classés suivant l'ordre dans lequel on doit se servir desdits objets,

Savoir :

1° Deux frottoirs de flanelle ;

2° Un bonnet de laine ;

3° Une couverture de laine ;

4° Deux bouteilles contenant de l'eau-de-vie camphrée, animée avec de l'alcali fluor ou esprit volatil de sel ammoniac ; un gobelet d'étain ;

5° Une canule à bouche, avec son tuyau de peau ;

6° Une cuiller de fer étamé ;

7° Un flacon contenant de l'alcali fluor, ou esprit volatil de sel ammoniac ;

8° Une petite boîte renfermant plusieurs paquets d'émétique de dix-huit centigrammes (trois grains) chacun ;

9° Le corps de la machine fumigatoire ;

10° Un soufflet à une âme, pour être adapté à la machine ;

11° Quatre rouleaux de tabac à fumer, de quinze grammes (une demi-once) chacun ;

12° Une pierre à fusil, de l'amadou, un fer à briquet et une boîte d'allumettes en bois blanc ;

13° Un tuyau et une canule fumigatoire, un autre de supplément, et une aiguille à dégorger ;

14° Des plumes pour chatouiller le dedans du nez et de la gorge ;

15° Deux bandes à saigner ;

Il y a aussi dans la boîte un nouet de soufre et de camphre pour la conservation des ustensiles de laine.

6. Les secours doivent être administrés de la manière suivante :

1° Déshabiller le noyé, le bien essuyer avec des frottoirs de laine, pour lui dessécher toute la surface du corps, ainsi que la tête qu'on lui couvrira avec le bonnet de laine ; l'envelopper avec la couverture de laine.

2° Le coucher sur une paillasse ou matelas, la tête plus élevée que le corps, avec attention de ne pas le laisser longtemps sur le dos, mais le tenir plutôt sur l'un ou l'autre côté ; l'agiter doucement ; le frotter dans tous les sens avec l'autre frottoir qu'on imbibera d'eau-de-vie camphrée, animée avec l'esprit volatil de sel ammoniac ; incliner de temps en temps sa tête pour le rejet de l'eau.

Les frictions sur le ventre et la poitrine doivent être faites de bas en haut, les autres peuvent l'être dans tous les sens.

3° Pendant les frictions, introduire de l'air chaud par la bouche du noyé; on se sert pour cela de la canule à bouche, avec la précaution, quand on reprend haleine, de serrer, avec les doigts, le tuyau de peau de la canule, afin d'éviter d'aspirer les exhalaisons qui pourraient sortir de l'estomac du noyé.

Pendant cette opération, on pince les narines du noyé, pour éviter que l'air chaud qu'on introduit ne se perde en entier par le nez; mais il faut aussi lâcher de temps en temps les doigts pour laisser échapper l'air par intervalle.

Si les dents sont tellement serrées qu'on ne puisse y introduire la canule, on se sert, pour les desserrer, du manche de la cuiller de fer étamée; il faut employer ce moyen avec la plus grande prudence, pour éviter de disloquer la mâchoire; on doit aussi conserver l'écartement des dents avec un petit morceau de bois de l'épaisseur de la tige de la canule, afin d'en faciliter l'introduction.

4° Pendant les frictions et l'insufflation ci-dessus détaillées, faire respirer au noyé de l'alcali fluor ou esprit volatil de sel ammoniac; on se sert pour cela de rouleaux de papier tortillés en forme de mèches, qu'on trempe dans un flacon d'alcali fluor; on les présente sous le nez du noyé, on les lui introduit même dans les narines, on réitère plusieurs fois cette opération, à laquelle le noyé est plus ou moins sensible, relativement à son existence quelconque.

5° Faire avaler, en même temps, s'il est possible, au noyé, une cuillerée à café de l'eau-de-vie camphrée animée qui se trouve dans la boîte; on se sert pour cela de la cuiller de fer étamée; si le noyé avale, on lui en complète une cuillerée entière. S'il en résulte des soulèvements d'estomac sans vomissement réel, ce qui fatiguerait inutilement le noyé, on lui fait avaler successivement trois grains d'émétique dissous dans trois ou quatre cuillerées d'eau; s'il vomit par ce moyen, il faut aider par de l'eau tiède.

Si le remède opère par les selles, il faut, pour diminuer le vomissement et fortifier le noyé, lui faire avaler encore de l'eau-de-vie camphrée; elle décompose alors l'émétique, le rend sans effet et équivaut à un cordial agissant par les sueurs et les urines.

6° En cas d'insuffisance des secours ci-dessus détaillés, il faut faire usage de la machine fumigatoire de la manière ci-après:

Humecter du tabac comme si on voulait le fumer, en charger le corps de la machine, l'allumer avec un morceau d'amadou ou un charbon, adapter le soufflet à la machine; quand on voit que la fumée sort abondamment par la cheminée et par le bec du chapiteau, y adapter le tuyau fumigatoire, au bout duquel on ajuste la canule qu'on porte dans le fondement du noyé.

En faisant mouvoir le soufflet, on introduit de la fumée de tabac dans les intestins du noyé; si la canule se bouche en rencontrant des matières dans les gros intestins, ce qu'on reconnaîtra par la filtration de la fumée au travers des jointures de la machine et par la résistance du soufflet, alors on donne la canule à nettoyer et on substitue, de suite, celle de supplément.

Après un quart d'heure de fumigation, on détache le tuyau fumigatoire du bec de la machine, on présente ce bec au nez et à la bouche du noyé; et, avec quelques coups de soufflet, on lui introduit de la fumée de tabac dans les narines et dans la gorge, afin d'irriter ces parties.

On reprend ensuite la fumigation par le fondement, ainsi que l'introduction, dans le nez, de mèches de papier imbibé d'alkali fluor.

On se sert aussi de plumes pour chatouiller le dedans du nez et de la gorge.

7° Indépendamment de tous les secours qu'on vient d'indiquer, la saignée est quelquefois très-nécessaire, ce qui rend indispensable l'appel d'un officier de santé; mais la saignée ne peut être jugée telle que dans le cas où les vaisseaux du noyé sont gonflés, qu'il a le visage pourpre ou violet, et qu'il a les yeux étincelants; alors la saignée à la jugulaire est plus convenable que toute autre, et elle ne doit pas être trop copieuse d'abord, sauf à y revenir ensuite, après avoir simplement désempli les vaisseaux.

8° Tous ces secours doivent, autant que possible, être continués longtemps ensemble, et de manière que l'un ne préjudicie pas à l'autre.

Il est très-essentiel que ceux qui les administrent connaissent parfaitement la marche à suivre, ce qui rend encore nécessaire la présence d'un officier de santé pour diriger cette marche.

Lorsque les secours auront été administrés constamment et pendant environ deux heures sur un noyé qui n'aura montré aucuns signes extérieurs de mort, en le retirant de l'eau, on ne doit point désespérer de le rappeler à la vie, ni par conséquent l'abandonner, avant de s'être assuré qu'il n'existe plus; à cet effet, on lui écartera les paupières pour lui découvrir les yeux; s'ils paraissent brillants, on continuera les secours; s'ils sont ternes et éteints, on peut le juger mort sans ressource. Ce n'est souvent qu'après deux heures, et même plus, d'un travail pénible et non interrompu, que les premiers signes de vie commencent à se manifester.

7. Lorsque par l'efficacité des secours le noyé aura été rappelé à la vie, il sera de suite interrogé par le commissaire de police sur ses noms, prénoms, profession et domicile, et sur les circonstances qui ont occasionné sa submersion.

S'il a besoin de secours ultérieurs, il sera conduit ou transporté chez lui, s'il a un domicile connu, sinon au grand hospice de l'Humanité.

8. Si le noyé n'est pas rappelé à la vie, et s'il n'est ni réclamé ni reconnu, et qu'aucun indice ne fasse connaître son domicile, il sera de suite transporté à la basse-geôle du ci-devant Châtelet de Paris, avec ses vêtements, pour y être exposé aux regards du public pendant trois jours et inhumé le quatrième, le tout ainsi qu'il est prescrit par l'arrêté du préfet de police, en date de ce jour, concernant les cadavres trouvés dans la rivière.

9. L'expédition du procès-verbal du repêchage d'un noyé et de toutes les circonstances qui l'auront précédé, accompagné et suivi, sera envoyée dans les vingt-quatre heures au préfet de police.

10. Lorsque l'administration des secours terminée, le commissaire de police qui y aura assisté veillera avec le plus grand soin à la conservation, au nettoiement et à la réintégration, dans la boîte, de tous les ustensiles et médicaments; le procès-verbal de l'opération fera mention des objets qui pourraient y manquer ou qui auraient besoin de réparations.

11. Le dépôt et la conservation des boîtes fumigatoires sont mis sous la responsabilité personnelle des commandants des différents postes où existent ces précieux établissements.

Il leur est expressément enjoint d'empêcher qu'aucun citoyen de garde se permette d'ouvrir les boîtes fumigatoires, d'y rien déranger, d'employer ou enlever aucun des objets et ustensiles renfermés dans ces boîtes.

12. Pour récompenser le zèle des citoyens qui auront repêché un noyé, il leur sera alloué, savoir:

1° Pour le repêchage d'un noyé qui sera rappelé à la vie, vingt-cinq francs, et s'il n'est pas rappelé à la vie, quinze francs:

2° Dix francs pour le salaire de l'officier de santé qui aura suivi et coopéré à l'administration des secours, et cinq francs si le noyé n'est pas rappelé à la vie ;

3° Pour le transport du noyé, soit à son domicile, soit dans un hospice, soit à la basse-geôle, s'il est mort, il sera payé depuis trois jusqu'à cinq francs, suivant la distance, ce qui sera arbitré par le commissaire de police qui aura assisté à l'opération.

13. Les récompenses ci-dessus seront payées, sur-le-champ, par la personne rappelée à la vie ou par sa famille, si elles en ont la faculté ; dans le cas d'impossibilité, ce qui sera constaté par le commissaire de police, ces récompenses seront acquittées par le préfet de police, trois jours après la réception du procès-verbal, et sur le vu d'un certificat particulier délivré par le commissaire de police aux personnes à qui cesdites récompenses sont dues.

14. Le présent arrêté sera imprimé et affiché, chaque année, dans toutes les rues de cette commune et dans tous les corps de garde; il en sera envoyé aux commissaires de police et juges de paix, et il en sera déposé deux exemplaires dans chaque boîte fumigatoire.

Le préfet de police, DUBOIS.

N° 9. — *Ordonnance* (1) *qui prescrit l'impression et la publication de la décision du ministre de l'intérieur, du 18 floréal an* VIII *(8 mai 1800), concernant le bachotage* (2).

Paris, le 6 prairial an VIII (26 mai 1800).

N° 10. — *Ordonnance concernant les conscrits et les réquisitionnaires.*

Paris, le 11 prairial an VIII (31 mai 1800).

Le préfet de police,

Considérant que c'est par le concours de toutes les autorités que les lois reçoivent leur entière exécution; vu la loi du 17 ventôse et les lettres du ministre de la guerre des 23 et 29 floréal dernier,

Arrête :

1. Les quarante-neuf commissaires de police, les vingt-quatre officiers de paix, et les inspecteurs de police de la commune de Paris, aideront, par tous les moyens qui sont en leur pouvoir, les maires et adjoints des douze arrondissements de Paris, dans la recherche des conscrits et réquisitionnaires qui tenteraient de se soustraire à l'exécution de la loi précitée.

2. Ils tiendront la main à l'entière exécution des art. 6, 11, 12, 13 et 14 de l'arrêté du préfet du département de la Seine, du 7 prairial présent mois, relatifs auxdits conscrits et réquisitionnaires.

3. Ils dénonceront au préfet de police tous hôteliers, logeurs en garni et autres contrevenants à l'art. 14 dudit arrêté.

4. L'arrêté du préfet du département de la Seine et le présent ar-

---

(1) V. les ord. des 11 brum. an XI (2 nov. 1802), 18 prair. an XI (7 juin 1803), 23 therm. an XII (11 août 1804) et 25 oct. 1840 (art. 172 et suiv.).

(2) V. cette décision à l'appendice.

rêté seront affichés dans le lieu le plus apparent du bureau des passe-
ports de la préfecture de police.

5. Le présent arrêté sera imprimé, affiché et envoyé au capitaine
de la gendarmerie, aux maires des douze arrondissements de Paris,
aux quarante-neuf commissaires de police, et aux vingt-quatre officiers de paix.

Il sera en outre adressé aux ministres de la police générale et de la
guerre, au préfet du département de la Seine, et au général division-
naire commandant d'armes de la place de Paris.

Le préfet de police, DUBOIS.

―――――――――――

N° **11.** — *Arrêté concernant le commerce des beurres, fromages
et œufs* (1).

Paris, le 23 prairial an VIII (12 juin 1800).

Le préfet de police,

Informé qu'il s'est introduit des désordres de toute espèce dans le
commerce des beurres, fromages et œufs sur les halles et marchés;

Considérant combien il est nécessaire et urgent de prendre des
mesures efficaces pour réprimer ces désordres, qui préjudicient également aux intérêts des marchands forains et des consommateurs, et
dont la tolérance prolongée pourrait compromettre la tranquillité
publique;

Considérant que le plus sûr moyen d'atteindre ce but important,
c'est de remettre en vigueur les dispositions des anciens règlements
relatifs à la vente des beurres, fromages et œufs, qui peuvent se concilier avec la législation actuelle, et de rappeler en même temps les
articles des lois nouvelles qui y sont applicables;

Arrête ce qui suit :

1. La partie des halles, située entre les petits piliers de la Tonnellerie, les piliers d'Etain, le carreau de la Marée et la rue de la
Fromagerie, ainsi que le terrain dit la Pointe Saint-Eustache, demeurent spécialement affectés à la vente des beurres, œufs, et fromages de Brie, de Neufchâtel et de Marolles.

2. Cet emplacement se divise en deux parties :

La première, destinée exclusivement aux marchands forains, sans
qu'aucun détaillant puisse y être établi sous tel prétexte que ce soit,
comprend tout l'espace situé entre les petits piliers de la Tonnellerie
et les piliers d'Etain jusqu'à la rue des Prêcheurs, et depuis le ruisseau qui descend de cette rue jusqu'à celle de la Fromagerie.

La seconde partie, destinée aux détaillants, comprend le carreau de
l'ancienne halle à la Saline et le terrain dit la Pointe Saint-Eustache.

3. Les marchands forains qui approvisionnent la commune de
Paris, en beurres, fromages et œufs, sont tenus de les apporter sur le
carreau de la halle, dans l'emplacement désigné par la première disposition de l'article précédent. Ils ne peuvent, sous aucun prétexte,
amener ces sortes de denrées sur d'autres marchés. (*Ord. de police du
25 juin 1757, art.* 1.)

4. Il est défendu d'aller au-devant des voitures pour acheter ou
arrhor les beurres, fromages et œufs destinés pour le carreau de la

―――――――――――

(1) V. les ord. des 28 mai 1806, 3 déc. 1807, les deux ord. du 18 juin 1823, et les ord. des
19 mai 1826 et 22 sept. 1830.

halle. (*Ord. du mois de déc.* 1672, *chap.* 3, *art.* 2; *arr. du cons. du 25 juill.* 1746, *et arr. de la municip. du 26 mai* 1791.)

5. Pour prévenir tous abus et difficultés à cet égard, les marchands forains devront rapporter des lettres de voitures en bonne forme, ou des factures visées par les administrations municipales des lieux de leur départ. (*Ord. du 23 mars* 1748, *art.* 2, *et autre du 25 juin* 1757, *art.* 2, 5, *et* 6.)

6. La vente en gros aura lieu, tous les jours impairs de la décade, (à l'exception des jours de fêtes nationales) depuis la pointe du jour jusqu'à midi.

Celle en détail continuera d'avoir lieu tous les jours, depuis la pointe du jour jusqu'au coucher du soleil; mais elle cessera à midi, les jours de décadi et de fêtes nationales. (*Arr. du bureau central du 19 frim. an* VII, *art.* 6.)

7. L'ouverture et la fermeture de la vente en gros seront annoncées au son de la cloche. (*Ord. du 25 juin* 1757, *art.* 8 *et* 9; *règl. de la municip. du 19 frim. an* II, *tit.* 4, *art.* 2, *et arr. du bureau central du 5 flor. an* IV, *art.* 12.)

8. Aucun acheteur ne devra entrer sur la partie du marché affectée à la vente en gros, avant l'ouverture de la vente.

9. Aussitôt que les voitures auront été déchargées, elles devront être conduites dans les rues spécialement affectées à leur stationnement. (*Arr. du bureau central du 5 flor. an* IV, *art.* 6, *et autre du 2 brum. an* VI.)

10. Nulles voitures autres que celles chargées de beurres, fromages et œufs, ne pourront traverser le carreau pendant la tenue du marché pour la vente en gros. (*Arr. du comité de sûreté générale du 12 fruct. an* III, *art.* 4, *et arr. du bureau central du 5 flor. an* IV, *art.* 28.)

11. Il est expressément défendu à tous rouliers et voituriers de décharger et charger sur l'emplacement de la halle aux beurres, fromages et œufs, d'autres espèces de marchandises quelconques.

Les chevaux et voitures des contrevenants pourront être mis en fourrière par les commissaires de police, et les contrevenants seront en outre poursuivis comme embarrassant la voie publique. (*Ord. du* 11 *août* 1778, *art.* 1, *et loi du 3 brum. an* IV, *art.* 605.)

12. Toutes constructions et placements d'étalages sont défendus, à moins d'une autorisation expresse du préfet de police. Les contrevenants seront contraints de démolir les constructions et d'enlever les étalages, et ils seront irrévocablement privés de leurs places.

13. Les facteurs employés par le commerce demeurent fixés provisoirement au nombre de quatre.

14. Ils ne pourront s'établir à la halle sans une autorisation formelle du préfet de police, et ils devront se renfermer dans les places qui leur seront assignées.

15. Les marchands forains sont libres de se servir de tel facteur que bon leur semble. Tout facteur qui chercherait à gêner la liberté du commerce sera remplacé.

16. Les beurres, fromages et œufs exposés sur le carreau ne pourront être enlevés qu'après que le prix en aura été fait à haute et intelligible voix. (*Ord. du 25 juin* 1757, *art.* 8, *et arr. du parlem. du* 21 *juill.* 1759.)

17. Les facteurs ne doivent point hausser le prix des denrées, lorsque le forain l'aura établi. (*Ord. du 25 juin* 1757, *art.* 8 *et* 14.)

18. Les facteurs inscriront sur des feuilles, les espèces, quantités et prix des marchandises vendues. Ils en remettront, chaque jour, des extraits certifiés au contrôleur des marchés. Ils lui communiqueront, en cas de contestation, leurs feuilles et registres de vente. (*Ord. du 25 juin* 1757, *art.* 8.)

19. Les feuilles et registres devront être sur papier timbré, et

les registres cotés et parafés. (*Ord. du mois de mars* 1673, *tit.* 3, *art.* 3, *et loi du* 13 *brum. an* VII, *tit.* 2, *art.* 12.)

20. Les facteurs feront apporter sur le marché, demi-heure avant l'ouverture de la vente, toutes les denrées qui leur auront été adressées, et il leur est expressément défendu de faire chez eux aucun commerce de ces mêmes denrées. (*Ord. du mois de déc.* 1672, *chap.* 4, *art.* 27.)

21. Pendant la première heure de la vente, toutes les denrées ayant une destination particulière et bien constatée devront être enlevées et conduites aux adresses indiquées.

22. Les denrées invendues dans la journée pourront être emmagasinées, mais les marchands ou facteurs seront tenus d'en faire leur déclaration au contrôleur, ainsi que de la quantité et du lieu où ils voudront les déposer. (*Règl. de la municip. du* 19 *frim. an* II, *art.* 6.)

23. Les pois, haricots et fèves en cosses, qu'on est dans l'usage d'apporter par sachées sur le marché aux beurres, fromages et œufs, ne pourront être déposés que le long des petits piliers de la Tonnellerie et des piliers d'Etain, et suivant l'ordre qui sera indiqué par le contrôleur.

24. Toute marchandise, achetée en gros, ne pourra être vendue qu'au détail et sur l'emplacement affecté au détail. (*Ord. du mois de déc.* 1672, *chap.* 3, *art.* 23.)

25. Les détaillants ne pourront, sous tel prétexte que ce soit, se faire adresser des beurres, fromages et œufs sur le carreau de la halle. (*Arr. du cons. d'état du* 25 *juill.* 1746, *et arr. de la municip. du* 3 *mess. an* II, *art.* 15.)

26. La vente en détail des beurres, fromages et œufs continuera d'avoir lieu sur tous les marchés où il est d'usage d'en vendre, et la durée de la vente pourra être la même que sur le carreau de la halle.

27. Il est expressément défendu de vendre dans les rues, à des places fixes, des beurres, fromages et œufs. Il sera donné des ordres pour l'enlèvement des étalages des individus qui se permettraient de le faire, et ils seront en outre poursuivis devant les tribunaux. (*Ord. de police du* 25 *juin* 1757, *et loi du* 3 *brum. an* IV.)

28. Les beurres dénaturés ou avariés, les fromages et les œufs reconnus mauvais, qui seront exposés en vente, devront être saisis. (*Ord. du mois de déc.* 1672, *chap.* 3, *art.* 19; *autre du* 25 *juin* 1757, *art.* 15, *et loi du* 19-22 *juill.* 1791, *art.* 20 *du tit.* 1).

29. Il sera pris contre les contrevenants aux dispositions ci-dessus telles mesures de police administrative qu'il appartiendra. Ils seront en outre poursuivis conformément à la loi du 19—22 juillet 1791, au code des délits et des peines, du 3 brumaire an IV, et autres lois, ordonnances et règlements de police qui leur seront applicables, et notamment aux ordonnances de décembre 1672 et 25 juin 1757.

30. Le présent arrêté sera imprimé, publié et affiché partout où besoin sera. Il sera envoyé aux autorités qui doivent en connaître, aux officiers et préposés de police, pour que chacun, en ce qui le concerne, tienne exactement la main à son exécution.

Le préfet de police, DUBOIS.

N° 12. — *Ordonnance concernant la suppression de la place des carrosses de louage au devant du Palais-Égalité, et qui substitue à cette place celle rue du Lycée.*

Paris, le 23 prairial an VIII (12 juin 1800).

Le préfet de police,

Vu la lettre de la commission des inspecteurs du palais du Tribunat, du 15 de ce mois, relative à la suppression de la place affectée au stationnement pour les voitures de louage, place du Palais-Égalité ;

Considérant qu'indépendamment des convenances du tribunat, la sûreté de la voie publique exige ce déplacement ;

Ordonne ce qui suit :

1. A compter de ce jour, la place affectée au stationnement des carrosses de louage, place du Palais-Égalité, est supprimée ; cette place sera remplacée par celle ci-après :

Rue du Lycée. Il y sera placé trente voitures, savoir : cinq le long du trottoir, depuis le coin de la rue Honoré, vis-à-vis la maison numérotée 1093, sur laquelle seront peints ces mots : *tête de la place,* jusqu'à l'extrémité du même trottoir, où seront peints ces mots : *limite de la première file.*

Deux, depuis la maison numérotée 1080, sur laquelle seront peints ces mots *suite de la place,* jusqu'à la porte qui communique aux galeries, sur laquelle seront peints ces mots : *limite de la seconde file.*

Et vingt-trois, depuis la maison numérotée 1070, jusqu'au bout de la rue, vis-à-vis de la maison numérotée 106, sur laquelle seront peints ces mots : *fin de la place.*

2. L'intervalle qui sépare les deux premières files, dans lequel est comprise la porte dite la Cour-des-Fontaines, devra rester parfaitement libre ; il en sera de même pour toutes les autres issues qui aboutissent à cette rue.

5. Il est expressément défendu aux cochers de faire stationner leurs carrosses, pour être loués, sur la place du Palais-Égalité ni sur aucun autre endroit que ceux à ce affectés, à peine d'être arrêtés et poursuivis comme embarrassant la voie publique.

4. Les commissaires de police, les officiers de paix et autres préposés à la police, sont spécialement chargés de l'exécution de la présente, qui sera imprimée et affichée sur toutes les places affectées au stationnement des carrosses de louage.

Le préfet de police, DUBOIS.

————————⊙————————

N° 13.—*Arrêté concernant les voitures des marchands forains* (1).

Paris, le 1er messidor an VIII (20 juin 1800).

Le préfet de police,

Informé de l'embarras résultant du placement des voitures des marchands forains qui approvisionnent les halles ;

Considérant qu'il importe de rétablir l'ordre dans le service des halles et marchés, de faciliter la circulation de la voie publique et d'assurer aux approvisionneurs la protection qui leur est due, sans nuire aux intérêts des marchands établis en boutique ;

(1) V. les ord. des 13 juin 1808, 19 mai 1813, 31 déc. 1817, 28 janv. 1829, 21 janv. 1832, 29 oct. et 19 déc. 1836 et 27 sept. 1842.

Considérant, en outre, que le placement du grand nombre de voitures qui arrivent en tout temps sur les halles et marchés, et surtout pendant la saison des fruits et légumes, nécessite quelques dispositions nouvelles dont l'expérience a démontré la nécessité;

Arrête ce qui suit :

1. A compter du 10 messidor présent mois, les marchands forains qui amènent du fruit et des légumes sur le carreau des Innocents, placeront ou feront placer leurs voitures sur le terrain dit Jacques-la-Boucherie, situé entre la rue des Arcis, la rue du Crucifix et celle des Écrivains, division des Lombards.

2. Les propriétaires de ce terrain sont autorisés à percevoir desdits marchands forains, pour la garde de leurs voitures, une rétribution qui ne pourra excéder quinze centimes, taux établi par l'usage pour chaque voiture non attelée. En conséquence, ils seront garants et responsables de celles perdues ou égarées et de tous autres dommages qui pourraient résulter par le fait ou la négligence des gardiens que les propriétaires dudit terrain y établiront à leurs frais.

3. Celles des voitures de fruits et légumes que ledit emplacement ne contiendrait pas, seront rangées rue de la Ferronnerie, du côté affecté au placement des fiacres; rue des Mauvaises-Paroles, le long des murs de la halle aux Draps et dans la rue Denis, depuis le coin de la rue aux Fers jusqu'à celle de la Grande-Truanderie.

4. Ne pourront néanmoins lesdites voitures stationner dans les rues indiquées en l'article précédent, qu'autant que le terrain Jacques-la-Boucherie sera entièrement plein et occupé, sous peine d'être saisies comme embarrassant la voie publique.

5. Les voitures de pois et fromages seront placées dans les rues de la Tonnellerie, de la Grande et Petite-Friperie, dans celles du Jour, Française et Bon-Conseil; elles pourront cependant être rangées concurremment avec les voitures de fruits et légumes, le long des murs de la halle aux Draps et dans la rue Saint-Denis, à l'endroit indiqué en l'art. 3.

6. Il ne sera placé de voitures, sous aucun prétexte, dans la partie de la rue Saint-Denis qui se trouve entre la rue Aubry-le-Boucher et la rue Trousse-Vache, en face du carreau des Innocents, sous les peines portées en l'art. 4.

7. Il est enjoint, sous les mêmes peines, aux conducteurs des voitures de beurre et œufs, qui arrivent à différentes heures de la journée, de les conduire, aussitôt après leur déchargement, le long du mur de la rue d'Angivilliers ou sur la petite place du Louvre, du côté de la rue du Coq, sans pouvoir, sous aucun prétexte, les recharger sur place.

8. Il est défendu à tous cochers de carrosses de louage de traverser, dans quelque moment que ce soit, le marché des Innocents, comme aussi de se présenter sur la place de fiacres de la rue de la Ferronnerie, avant l'heure fixée par l'article 12, pour le départ des marchands forains.

9. Les voitures de marée continueront d'être placées dans la rue Montorgueil, depuis la rue Tiquetonne jusqu'à celle du Bout-du-Monde.

Il n'en sera placé aucune dans la partie de la rue Montorgueil, depuis celle Tiquetonne jusqu'à la pointe Saint-Eustache.

10. Les marchands de beurre, d'œufs et de marée, qui n'auraient pas fini leur vente, et qui ne seraient pas en état de partir aux heures fixées par l'article 12 ci-après, ainsi que les voituriers qui amènent les huîtres, feront ranger leurs voitures aux endroits à ce affectés, à la file les unes des autres, de manière à ne pas embarrasser la voie publique.

11. Tous marchands forains, boulangers, bouchers et autres, seront tenus de faire retirer leurs voitures des carreaux et du quartier des halles, aussitôt après la décharge des denrées ou marchandises.

Il leur est enjoint de ne les déposer que sur les emplacements et dans les rues désignées par le présent arrêté, et jamais sur plus d'un seul rang, dans telle rue que ce soit. Ils seront, en outre, tenus d'en dételer les chevaux, afin qu'elles occupent moins d'espace sur les endroits à ce affectés.

12. Défenses leur sont faites de laisser leurs voitures dans les rues après huit heures du matin, depuis le 1er germinal jusqu'au 1er vendémiaire, et après neuf heures, depuis le 1er vendémiaire jusqu'au 1er germinal ; sont exceptées, néanmoins, celles des marchands de beurre et œufs indiquées en l'article 7.

13. Les aubergistes qui reçoivent les chevaux des marchands forains, leurs garçons et tous autres gardiens seront tenus de veiller à ce que les voitures soient rangées de manière à ne point entraver la circulation, et à laisser entièrement libre l'entrée des maisons et boutiques.

14. Il est expressément défendu de laisser des voitures, soit de nuit, soit de jour, sur les carreaux des halles, au pourtour de la halle aux grains, dans la rue de Viarmes et dans celles du Four-Honoré, de la Grande-Truanderie, aux Fers, Traînée, Honoré, Mondétour, Pirouette, des Prouvaires, de la Lingerie, de la Fromagerie, de la Cossonnerie, des Prêcheurs, de la Chanvrerie, le marché aux Poirées, la place du Légat et autres emplacements non autorisés par le présent arrêté ; comme aussi d'attacher aucuns chevaux, mulets ou autres bêtes de somme dans ces différentes rues ou carrefours qui doivent être entièrement libres et vacants, tant pour le dégagement des halles que pour la circulation publique.

15. Les contrevenants aux dispositions ci-dessus, et, en général, les conducteurs de toutes autres voitures trouvées en contravention, seront poursuivis et punis conformément à l'article 605 de la loi du 3 brumaire an IV et autres ordonnances de police non abrogées ; en cas de récidive, ils seront traduits à la police correctionnelle, suivant l'article 607 de la même loi.

16. Indépendamment des mesures énoncées en l'article précédent, les voitures et chevaux embarrassant la voie publique seront, par voie de police administrative, arrêtés et mis en fourrière, pour sûreté de l'amende encourue, jusqu'après le jugement de l'affaire, si mieux n'aiment les propriétaires consigner l'équivalent de l'amende entre les mains d'un receveur du droit d'enregistrement, laquelle ne leur sera remboursée que sur la représentation du jugement qui les aura acquittés, si le cas y échoit.

17. Conformément à l'article 9, titre 2, de la loi du 3 nivôse an VI, tout marchand forain sera tenu d'avoir à sa voiture une plaque de métal sur laquelle ses nom, prénoms et demeure seront inscrits en caractères apparents. Cette plaque sera clouée en avant de la roue, au côté gauche de la voiture, à peine de 25 fr. d'amende, qui sera double, si la plaque portait soit un nom, soit un domicile faux ou supposé.

18. Tous arrêtés antérieurs, en ce qui peut être contraire au présent, sont annulés.

19. Les commissaires de police, notamment ceux de l'arrondissement des halles, les contrôleur et préposés des marchés, les officiers de paix et les préposés à l'arrangement des voitures demeurent spécialement chargés de l'exécution du présent arrêté qui sera imprimé, publié, affiché et envoyé aux autorités constituées appelées à concourir à son exécution, et au commandant temporaire de la place qui est requis de faire prêter main-forte, au besoin.

Le préfet de police, DUBOIS.

N° **14.**—*Arrêté concernant le marché aux plantes, fleurs sur tige, arbustes et graines (1).*

Paris, le 16 messidor an VIII (5 juillet 1800).

Le préfet de police,

Vu la nécessité et l'urgence de réprimer les désordres qui se sont introduits sur le marché aux plantes, fleurs sur tige, arbustes et graines;

Arrête ce qui suit :

1. Le marché aux plantes, fleurs sur tige, arbustes et graines est maintenu provisoirement sur le quai de la Mégisserie. Il tiendra des deux côtés du quai, et dans toute sa longueur, mais de manière à ne point causer d'embarras, ni aux marchands en boutique, ni aux étalagistes de ferraille, placés momentanément le long du parapet, à la charge expresse par ces derniers de ne point empiéter sur le terrain affecté au marché.

2. Il sera laissé, au milieu de la chaussée, un espace suffisant pour la libre circulation de deux voitures de front.

3. L'emplacement affecté au marché aux plantes, fleurs sur tige, arbustes et graines, se divise en deux parties :

La première, destinée aux marchands forains, s'étend depuis le Châtelet et le Pont-au-Change jusqu'à la rue des Fuseaux ;

La seconde partie, réservée aux détaillans, s'étend depuis la rue des Fuseaux jusqu'à la hauteur de la rue de la Monnaie et du Pont-Neuf.

4. Le marché aura lieu trois fois par décade; savoir: les tridi, sextidi, et nonidi, depuis le lever jusqu'au coucher du soleil. (*Arr. du bureau central du 19 frim. an VII, art. 14.*)

5. Aucun marchand forain ne pourra vendre sur l'emplacement réservé aux détaillants, et réciproquement les détaillans ne pourront étaler sur l'emplacement destiné aux marchands forains.

6. Les places sur la partie du terrain affecté à la vente en gros seront dévolues, à chaque marché, au premier arrivant.

7. Tout individu qui voudra occuper une place de détaillant sur le marché aux plantes, fleurs sur tige, arbustes et graines, devra en obtenir la permission du préfet de police.

8. Dans le cas où des détaillants seraient convaincus d'avoir trompé le public dans la vente des fleurs sur tige, plantes et arbustes, ils seront privés de leurs places.

9. Les porteurs ou hottiers dans l'usage de stationner sur le quai de la Mégisserie, qui y causeraient de l'embarras ou du trouble, seront conduits à la préfecture de police.

10. Il sera pris envers les contrevenants aux dispositions ci-dessus telles mesures de police administrative qu'il appartiendra. Ils seront en outre dénoncés aux tribunaux compétents, pour être poursuivis conformément aux lois.

11. Le présent arrêté sera imprimé et affiché. Il sera envoyé aux autorités qui doivent en connaître, aux officiers et préposés de police, pour que chacun, en ce qui le concerne, tienne strictement la main à son exécution.

Le préfet de police, DUBOIS.

---

(1) V. les ord. des 25 germinal an IX (15 avril 1801), 7 juillet 1809, 5 août 1809, 10 juin 1824, 11 août 1836.

N° **15**. — *Arrêté portant défense de tirer des fusées, pétards,
boîtes, bombes, etc., à peine de 400 fr. d'amende* (1).

Paris, le 17 messidor an VIII (6 juillet 1800).

Le préfet de police,

Informé que des artificiers, marchands merciers et autres, fabriquent, vendent ou débitent des pièces d'artifice, sans avoir rempli les formalités prescrites par les règlements de police;

Informé en outre que, malgré les défenses expresses qui existent à ce sujet, beaucoup de personnes se permettent, dans les jours de fêtes et réjouissances publiques, de tirer des fusées, pétards, boîtes, bombes, ainsi que des coups de fusils, pistolets et autres armes à feu;

Considérant que ces abus compromettent la sûreté publique, et qu'indépendamment des dangers du feu, les citoyens sont exposés à une infinité d'inconvénients, tels que d'être effrayés, blessés ou incommodés par l'explosion de la poudre, la chute des baguettes, les écarts des chevaux effrayés par le bruit, etc.

Arrête ce qui suit:

1. Il est expressément défendu à tous artificiers, marchands merciers ou autres de fabriquer, vendre ou débiter, dans l'intérieur de Paris, aucunes pièces d'artifice, sans avoir obtenu du préfet de police la permission nécessaire à cet effet.

Tout entrepreneur de fêtes publiques devra également obtenir du préfet de police la permission de tirer des feux d'artifice dans l'enceinte du local destiné auxdites fêtes.

2. Il est encore défendu à qui que ce soit de tirer aucuns pétards, boîtes, bombes, ainsi que des coups de fusils, pistolets et autres armes à feu, soit de nuit, soit de jour, tant dans les rues, places et promenades publiques, que dans l'intérieur des maisons, cours et jardins, et par les fenêtres (2).

Les pères et mères, et les maîtres de pensions ou d'apprentissage, seront tenus, sous leur responsabilité, d'empêcher leurs enfants, pensionnaires, apprentis, compagnons ou gens de confiance, de se livrer à ces amusements dangereux.

3. Les contrevenants aux articles précédents seront arrêtés et traduits devant un officier de police judiciaire, pour être procédé à leur égard, conformément à l'ordonnance de police du 15 novembre 1781 non abrogée, qui prononce une amende de 400 fr. dont les pères et mères et les chefs de maisons sont civilement responsables.

Les marchandises seront en outre saisies et déposées en lieu de sûreté.

4. Tous arrêtés antérieurs, en ce qui peut être contraire aux dispositions ci-dessus, sont annulés.

5. Le présent arrêté sera lu, publié, imprimé, affiché et envoyé à toutes les autorités constituées, chargées de concourir à son exécution, ainsi qu'au général de division commandant d'armes de la place de Paris, et au capitaine de la gendarmerie nationale, qui sont requis de prêter main-forte au besoin.

Le préfet de police, DUBOIS.

---

(1) V. l'ord. du 26 juill. 1813.

(2) V. l'ord. du 8 août 1829, art. 77.

N° **16.** — *Ordonnance concernant l'anniversaire du 14 Juillet, fête de la Concorde* (1).

Paris, le 23 messidor an VIII (12 juillet 1800).

Le préfet de police,

Vu le programme arrêté par le ministre de l'intérieur pour la célébration des fêtes du 14 juillet et de la Concorde, qui doivent avoir lieu le même jour, 25 messidor, présent mois,

Arrête ce qui suit :

1. Les 24 et 25 messidor, les rues de Paris, notamment celles que le cortége devra parcourir, seront, avant neuf heures du matin, nettoyées et débarrassées de toutes boues et immondices, ainsi que des matériaux qui pourraient en gêner la libre circulation.

Les mêmes dispositions seront exécutées dans toutes les rues et chemins aboutissant au temple de Mars (aux Invalides) et au Champ-de-Mars.

2. Les habitants seront tenus d'arroser ou de faire arroser exactement au-devant de leurs maisons.

L'entrepreneur de l'arrosement mettra, de son côté, toute l'exactitude possible dans la partie du même service qui est à sa charge.

3. Le 24 messidor, depuis trois heures après midi, le passage des voitures sera interdit sur les quais des Orfévres, des Morfondus et de Gèvres, les ponts au Change et de la Raison, dans les rues de la Barillerie, de la Juiverie, de la Lanterne; la circulation n'y sera rétablie qu'une heure après la pose de la première pierre du quai de la Pelleterie.

Aucun étranger au cortége ne pourra, sous quelque prétexte que ce soit, s'introduire sur le terrain destiné au nouveau quai de la Pelleterie, ni dans les bâtiments en ruine sur ce terrain; il est défendu d'en approcher soit en bateau, soit en batelet ou autrement; à cet effet, la navigation dans le bassin du Pont-au-Change au Pont-Notre-Dame, est interdite ledit jour 24 messidor.

4. Aucune voiture ne pourra circuler ni stationner, le 25 messidor jusqu'au lendemain à trois heures du matin, dans les rues Honoré, de l'Echelle, Nicaise, de la Convention, de la Révolution, de Varenne, de Bourgogne et sur le Carrousel, la place de Grève, celle Vendôme, de la Concorde, du Corps-Législatif, les Champs-Elysées, les quais du Louvre, des Tuileries, de la Conférence, de Voltaire et d'Orsay, le Pont-Neuf, celui National et celui de la Révolution, la grande avenue des Champs-Elysées jusqu'à l'ancienne barrière, le cours et la partie du quai jusqu'à l'allée des Veuves, la place des Invalides, les bords de la rivière, depuis le pont de la Révolution jusqu'au Champ-de-Mars, et toutes les rues qui conduisent de l'esplanade des Invalides au Champ-de-Mars.

5. Les voitures qui arriveront à Paris par la barrière de Passy seront tenues de suivre l'allée des Veuves et la rue de Marigny, pour aboutir à la place Beauveau, faubourg Honoré; celles qui arriveront par la barrière de Chaillot seront également tenues de suivre la rue Marigny pour aboutir au même endroit.

6. Sont exceptées des dispositions ci-dessus, les voitures des sénateurs, des membres du corps législatif, du tribunat et du corps diplomatique, lesquelles pourront passer librement partout, si lesdits

(1) V. l'ord. du 24 messid. an XII (13 juill. 1804.)

membres sont en costume, ou sur la représentation de leur médaille.

7. Les autorités qui se rendront au Champ-de-Mars devront arriver par les avenues du dôme des Invalides à la grille de l'Ecole-Militaire.

8. Les voitures des particuliers ou de louage ne pourront arriver au Champ-de-Mars que par les rues de Babylone, de Sèvres ou de Vaugirard et sur une file, par l'avenue à gauche qui conduit au côté latéral du Champ-de-Mars, en face la plaine de Grenelle, où elles pourront stationner pour attendre les personnes qu'elles auront amenées.

9. Il est ordonné à tous cochers de conduire doucement leurs chevaux sur une seule file; il leur est fait défense de couper d'autres voitures. Les maîtres sont invités à recommander à leurs cochers d'obéir exactement à ces injonctions et défenses.

10. Le passage de la rivière en bachots ou batelets ne pourra avoir lieu, ledit jour 25 messidor, depuis le pont de la Révolution jusqu'à la sortie de Paris, qu'aux trois endroits ordinaires, savoir : au port des Invalides, à Chaillot et à la barrière des Bons-Hommes.

Les adjudicataires et fermiers de ces passages d'eau sont chargés de se pourvoir de bachots et mariniers en nombre suffisant, pour que le service de ces passages se fasse avec sûreté et célérité.

11. Il ne pourra être admis dans chaque bachot plus de douze personnes; il est enjoint aux passeurs d'eau d'y tenir la main, et de désigner aux officiers de police ou à la garde ceux qui, par imprudence, compromettraient la sûreté des passagers.

12. Le feu d'artifice devant être tiré sur le pont de la Révolution, il est défendu à tous mariniers, propriétaires ou gardiens de bateaux ou trains, de stationner au-dessus ni au-dessous dudit pont, à une distance de moins de cent mètres; le bateau destiné au service de l'artificier pourra seul être placé près dudit pont.

13. On ne pourra faire stationner, le 25 messidor, aucuns cabriolets des environs de Paris, sur le quai des Tuileries.

14. Les voitures qui conduiront les autorités constituées, à l'hôtel de la Marine, seront tenues, aussitôt après le déchargement des personnes qu'elles auront amenées, de se retirer dans la grande avenue des Champs-Elysées, sans qu'aucune puisse stationner sur la place de la Concorde, ou rues adjacentes.

15. Pour le maintien des dispositions ci-dessus, il sera placé dans les endroits désignés une force armée suffisante.

Il sera mis spécialement, le 24, à la disposition des commissaires de police des divisions des Arcis et de la Cité, un détachement d'infanterie; et le 25, à la disposition des commissaires de police des Tuileries, des Champs-Elysées, de la place Vendôme et des Invalides, des détachements d'infanterie et de cavalerie, pour les seconder dans l'exécution des mesures de police dont ils sont chargés.

16. Les Champs-Elysées, les Tuileries et les établissements publics devant être illuminés, la nuit du 25 au 26 de ce mois, les habitants de cette commune sont invités à illuminer également la façade de leurs maisons.

17. Conformément aux lois et règlements de police, les boutiques, magasins et ateliers seront fermés, le 25 messidor, et tous travaux, dans les rues ou autres endroits à la vue du public, seront interdits; aucunes marchandises, autres que les comestibles et les fleurs, ne seront exposées en vente dans les rues et places publiques; il ne sera fait aucun travail, vente, enlèvement ni transport de matériaux ou marchandises sur les ports et dans les chantiers.

18. Les commissaires de police tiendront la main à l'exécution des règlements qui défendent de tirer des fusées, pétards, boîtes et autres pièces d'artifice dans les rues, promenades, places publiques, cours, ou par les fenêtres des maisons.

Ils feront arrêter les contrevenants et les feront conduire à la préfecture de police, pour être pris contre eux telle mesure qu'il appartiendra.

19. Le général de division commandant d'armes de la place de Paris, et le capitaine de la gendarmerie nationale , sont requis de prendre toutes les mesures convenables pour la pleine et entière exécution du présent arrêté.

Le préfet de police, DUBOIS.

N° **17.** — *Ordonnance concernant la vente du lait dans Paris* (1).

Paris, le 23 messidor an viii (12 juillet 1800).

Le préfet de police,
Informé des abus qui se commettent dans la vente du lait ;
Considérant que cette denrée étant d'un usage presque universel, et surtout d'une nécessité indispensable pour les enfants, il importe d'en assurer la sanité et la fidélité dans la distribution, et par conséquent de faire revivre les dispositions des anciens règlements de police relatifs à ce genre de commerce; qu'il importe également d'obliger tous ceux qui s'y livrent de se servir exclusivement des nouvelles mesures de capacité;

Ordonne :

1. Il est défendu à toutes personnes vendant du lait, d'en déposer, sous tel prétexte que ce soit, dans des vaisseaux de cuivre, à peine de confiscation et de trois cents francs d'amende. (*Déclar. du 13 juin 1777, art. 1.*)

2. Il est pareillement défendu d'exposer en vente du lait aigre, écrémé, mélangé avec de l'eau, de la farine et des jaunes d'œufs, et autres corps étrangers, à peine de deux cents francs d'amende pour chaque contravention. (*Ord. du 20 avril 1742, art. 3.*)

3. Les marchands de lait sont tenus de se servir des mesures nouvelles et légales, à peine d'être poursuivis conformément à la loi du 1er vendémiaire an iv.

4. Il sera fait l'inspection la plus exacte chez les nourrisseurs de vaches, et tous autres faisant le commerce du lait.
Il sera fait de semblables visites au sujet des laitières qui vendent dans les places publiques et les rues.

5. Il sera pris envers les contrevenants aux dispositions ci-dessus telles mesures de police administrative qu'il appartiendra. Ils seront en outre poursuivis conformément à la déclaration du 13 juin 1777, à l'ordonnance du 20 avril 1742, à la loi du 1er vendémiaire an iv, et autres qui leur seront applicables.

6. La présente ordonnance sera imprimée, publiée et affichée partout où besoin sera. Elle sera envoyée aux autorités qui doivent en connaître, aux commissaires de police et aux préposés de la Préfecture, pour que chacun, en ce qui le concerne, tienne exactement la main à son exécution.

Le préfet de police, DUBOIS.

---

(1) V. l'ord. du 20 juill. 1813.

N° **18.**—*Ordonnance concernant les courses au Champ-de-Mars* (1).

Paris, le 29 messidor an VIII (18 juillet 1800).

Le préfet de police,

Vu que les courses annoncées par le programme de la fête du 14 juillet auront lieu, demain décadi, 30 messidor, à cinq heures précises, au Champ-de-Mars;

Et devant par tous les moyens qui sont en son pouvoir, assurer l'ordre et la tranquillité publique;

Ordonne ce qui suit:

1. A compter de midi, aucune voiture ne pourra circuler ni stationner, le 30 messidor, sur le bord de la rivière, depuis le pont de la Révolution jusqu'au Champ-de-Mars, dans les rues Dominique et de l'Université, à partir de celle de Bourgogne seulement, jusqu'au Champ-de-Mars, et dans toutes celles qui conduisent de l'esplanade des Invalides au Champ-de-Mars.

2. Les autorités constituées qui se rendront au Champ-de-Mars devront arriver par les avenues du Dôme des Invalides et de l'École-Militaire.

Les voitures des particuliers ou de louage ne pourront arriver au Champ-de-Mars que par les mêmes avenues, sur une seule file à droite: elles s'en retourneront de suite par les mêmes avenues, sur une file, en suivant leur droite.

3. Les carrosses des particuliers qui attendront les personnes qu'ils auront amenées ne pourront stationner ailleurs que dans l'une des avenues des Invalides dite de Breteuil, derrière le dôme, et au côté latéral du Champ-de-Mars, en face la plaine de Grenelle, sans pouvoir aller au-devant des personnes; en conséquence, ils ne pourront charger que sur place.

4. Il est ordonné à tous cochers de conduire doucement leurs chevaux; il leur est fait défense de couper d'autres voitures. Les maîtres sont invités à recommander à leurs cochers d'obéir exactement à ces injonctions et défenses.

5. Le passage de la rivière en bachots ou batelets ne pourra avoir lieu ledit jour 30 messidor, depuis le pont de la Révolution jusqu'à la sortie de Paris, qu'aux trois endroits ordinaires; savoir, au port des Invalides, à Chaillot et à la barrière des Bons-Hommes.

Les adjudicataires et fermiers de ces passages d'eau sont chargés de se pourvoir de bachots et mariniers en nombre suffisant pour que le service de ces passages se fasse avec sûreté et célérité.

Le service du passage devra cesser à la chute du jour et même plus tôt, si le cas l'exige, afin de prévenir tous accidents.

6. Il ne pourra être admis, dans chaque bachot, plus de douze personnes, il est enjoint aux passeurs d'eau de désigner aux officiers de police ou à la garde ceux qui, par imprudence, compromettraient la sûreté des passagers.

7. Les habitants seront tenus d'arroser ou de faire arroser exactement au-devant de leurs maisons.

L'entrepreneur de l'arrosement mettra, de son côté, toute l'exactitude possible dans la partie du même service qui est à sa charge.

8. Pour le maintien des dispositions ci-dessus, il sera placé dans les endroits désignés une force armée suffisante.

9. Les commissaires de police et les officiers de paix tiendront la

(1) V. l'avis du 11 oct. 1843.

main à l'exécution de la présente ordonnance, et feront leur rapport dans le jour contre les contrevenants.

10. Le général de division commandant d'armes de la place de Paris et le capitaine de la gendarmerie nationale sont requis de prendre toutes les mesures convenables pour la pleine et entière exécution des présentes.

Le préfet de police, DUBOIS.

N° **19**.— *Avis concernant les passe-ports* (1).

Paris, le 13 thermidor an VIII (1er août 1800).

L'arrêté des consuls de la république, en date du 12 messidor dernier, charge le préfet de police,

De délivrer les passe-ports pour voyager de Paris dans l'intérieur de la république;

De viser les passe-ports des voyageurs;

De délivrer les cartes de sûreté;

D'accorder les permissions de séjour aux voyageurs qui veulent résider à Paris plus de trois jours;

De délivrer les certificats de résidence,

Et de délivrer les actes de notoriété aux citoyens qui ont voyagé ou séjourné en pays étranger, et qui réclament les exceptions portées par l'art. 2 de la loi du 25 brumaire an III.

Le mode que le préfet de police a adopté pour la délivrance de ces actes, loin de fatiguer les citoyens, leur causera au contraire beaucoup moins d'embarras et de démarches que dans les municipalités.

Ceux qui voudront obtenir des passe-ports pour voyager dans l'intérieur s'adresseront aux commissaires de police de leurs divisions respectives, et se feront assister de deux témoins domiciliés s'ils ne sont pas notoirement connus.

Ceux qui voudront obtenir des permissions de séjour suivront la même marche, déduiront les motifs et la durée de leur séjour, et donneront les autres renseignements qui leur seront demandés.

Ceux qui demanderont le renouvellement de leurs cartes de sûreté égarées ou perdues, en feront la déclaration comme par le passé, et se feront assister, devant les commissaires de police de leurs divisions respectives, de quatre témoins qui certifieront leur moralité.

Lorsque les réclamants auront satisfait à ces formalités, les commissaires de police leur en délivreront un certificat détaillé.

Les passe-ports, les permissions de séjour, et les cartes de sûreté égarées ou perdues, seront délivrés et accordés par la préfecture de police sur le vu de ce certificat.

Les cartes de sûreté sur les résidences obtenues seront délivrées par le préfet sur une autorisation du ministre de la police générale.

Les passe-ports des voyageurs seront visés directement à la préfecture.

Quant aux certificats de résidence et aux actes de notoriété, le préfet de police s'est exclusivement réservé toutes les opérations qui y sont relatives. En conséquence, les requérants et leurs témoins se rendront à la préfecture.

La délivrance des actes ci-dessus détaillés aura lieu à la préfecture de police à compter du 16 thermidor présent mois.

Le préfet de police, DUBOIS.

(1) V. les ord. des 8 avril 1808 et 25 avril 1812.

Nᵒ **20**. — *Ordonnance concernant l'arrosement* (1).

Paris, le 14 thermidor an VIII (2 août 1800).

Le préfet de police,
Considérant que les chaleurs et la sécheresse qui en résulte rendent le pavé difficile et dangereux pour la circulation ;
Considérant, en outre, que les eaux stagnantes des ruisseaux produisent, plus particulièrement pendant la saison de l'été, des exhalaisons contraires à la salubrité de l'air et nuisibles à la santé des citoyens ;
Ordonne :
1. Conformément aux ordonnances et règlements de police non abrogés, et notamment à ceux des 23 mai 1787 et 8 mai 1789, il est ordonné aux habitants de cette commune d'arroser pendant les jours de chaleur, le matin et à deux heures après midi, la partie de la voie publique qui se trouve devant leurs maisons, boutiques, jardins et autres emplacements en dépendant, et de faire couler les eaux des ruisseaux pour éviter leur stagnation.
2. Il est expressément défendu de se servir de l'eau stagnante des ruisseaux pour ledit arrosement.
3. Les sonneurs pour le balayage seront tenus de parcourir, aux heures ci-dessus indiquées, les rues de la division à laquelle ils sont attachés pour avertir les citoyens d'arroser.
4. Les commissaires de police dresseront des procès-verbaux des contraventions, et demeurent autorisés à faire lesdits arrosements aux frais des contrevenants, qui seront en outre poursuivis conformément aux lois par-devant les tribunaux compétents ; et sera la présente ordonnance imprimée, lue, publiée et affichée dans toute l'étendue de cette commune.

Le préfet de police, DUBOIS.

———————————◇———————————

Nᵒ **21**. — *Ordonnance concernant la vente des huîtres* (2).

Paris, le 1ᵉʳ fructidor an VIII (19 août 1800).
Le préfet de police,
Considérant que, pour prévenir les abus dans la vente des huîtres à l'écaille, il importe de rappeler les dispositions non abrogées des règlements de police rendus sur cette matière ;
Ordonne ce qui suit :
1. Les huîtres amenées à Paris continueront d'être vendues aux endroits qui leur sont affectés, savoir :
Celles venant par eau, à l'endroit du port Nicolas, appelé le Port-aux-Huîtres ;
Et celles venant par terre, dans la rue Montorgueil, près la cour Mandar.
2. Les huîtres devront être exposées en vente de la même manière et dans les mêmes paniers qu'il est d'usage de les expédier ; et elles

—————————————————————

(1) V. les ord. des 17 mai 1834, 1ᵉʳ juin 1837 et 27 juin 1843.
(2) V. les ord. des 29 fruct. an IX (16 sept. 1801) et 21 févr. 1811.

devront être livrées aux acheteurs directement, sans aucun intermédiaire, et telles enfin qu'elles auront été amenées, c'est-à-dire bonnes, loyales, marchandes et non mélangées.

3. Les commissaires de police, le commissaire des halles et marchés, et les inspecteurs des ports, sont autorisés à examiner si les huîtres sont saines, et, à cet effet, d'en faire ouvrir quelques-unes qui seront prises au hasard.

4. Les huîtres gâtées venues par bateau seront jetées à la rivière, aux endroits désignés, et celles amenées par terre, qui seraient gâtées, seront conduites à la voirie, le tout aux frais du vendeur, procès-verbal préalablement dressé, l'expertise, si elle a eu lieu, constatée, et expédition du procès-verbal remise dans le jour à la préfecture de police.

5. Il ne pourra être transporté ni exposé en vente, à la rue Montorgueil, des huîtres venues par eau, ni conduit et vendu sur le port, des huîtres venues par terre.

6. Les bateaux d'huîtres ne pourront rester à port, ni garder planches pour la vente plus de cinq jours, après lequel temps toutes les huîtres qui resteraient dans lesdits bateaux, de même que celles qui auraient été pendant le cours de la vente jugées défectueuses en les sonnant, seront jetées à la rivière, dans la forme indiquée ci-dessus.

7. Il est défendu à tous individus d'aller au-devant des acheteurs et de s'entremettre pour leur procurer des huîtres, ainsi que d'entrer dans les barques. Les huîtres seront portées sur la berge et livrées aux acheteurs, après les avoir sonnées.

8. A l'égard de la vente des huîtres amenées par terre, il est également défendu d'aller au-devant des voitures, sous prétexte d'acheter ou retenir des paniers d'huîtres, comme aussi de les acheter, choisir ou marquer sur les voitures, avant que la vente en gros soit ouverte, et de remettre les paniers à ceux qui prétendraient les avoir marqués ou retenus, soit en route, soit dans les voitures.

9. Chaque panier d'huîtres blanches devra contenir 48 douzaines, et le demi-panier, et le quart à proportion.

10. La vente des huîtres en bateau aura lieu tous les jours sans exception, aux heures déterminées pour la vente des marchandises sur les ports.

Quant à la vente des huîtres à la rue Montorgueil, elle ne se fera que dans la matinée, depuis sept heures jusqu'à dix.

Pendant les heures de la vente, il ne pourra être vendu ni au regrat, ni au détail, des paniers d'huîtres, dans les endroits ci-dessus désignés.

Les paniers d'huîtres invendus pourront être déposés par le marchand chez qui bon lui semblera, pour y être vendus comme les autres comestibles.

11. Il est défendu d'exposer en vente et de crier des huîtres en public, depuis le premier floréal jusqu'au premier vendémiaire.

12. Il sera pris envers les contrevenants aux dispositions ci-dessus telles mesures administratives qu'il appartiendra; ils seront en outre poursuivis conformément à la loi du 19-22 juillet 1791, au Code des délits et des peines du 3 brumaire an iv, et aux autres lois et règlements de police qui leur seront applicables, et notamment aux ordonnances des 12 septembre 1788 et 23 septembre 1790.

13. La présente ordonnance sera imprimée, publiée et affichée; elle sera envoyée aux autorités qui doivent en connaître, aux officiers de police et aux préposés de la préfecture, pour que, chacun en ce qui le concerne, en assure la stricte exécution.

Le préfet de police, DUBOIS.

N° **22.** — *Ordonnance concernant le changement à faire aux stères et doubles stères (1).*

Paris, le 1er fructidor an viii (19 août 1800).

Le préfet de police,

Vu les lettres du ministre de l'intérieur des 3 floréal et 15 prairial derniers, desquelles il résulte que, sur la demande des marchands de bois, le ministre a décidé qu'attendu la difficulté reconnue de changer la longueur de la bûche des bois de chauffage, sans de grands inconvénients pour la formation des trains, le flottage et l'empilage, l'excédant qui avait été laissé à la membrure destinée au mesurage, est devenu inutile, et qu'on peut le supprimer;

La lettre du ministre de l'intérieur, du 5 messidor, par laquelle, en adressant au préfet une note ou instruction sur le mode d'opérer le changement des stères et doubles stères qui sont dans les chantiers, il le charge de la transmettre circulairement à tous les marchands de bois, de leur fixer un délai pour faire vérifier et poinçonner leurs membrures, et l'époque à laquelle le mesurage ne pourra se faire qu'avec les membrures réduites;

Considérant qu'en opérant le changement proposé par les marchands de bois, et autorisé par le ministre de l'intérieur, le mesurage des bois de chauffage ne continuera pas moins de se faire dans les dimensions métriques;

Ordonne ce qui suit:

L'instruction adressée au préfet par le ministre de l'intérieur sur le changement à faire par les marchands de bois aux stères et doubles stères qui sont dans leurs chantiers, sera imprimée; il en sera envoyé à tous les marchands de bois un exemplaire, ainsi que de la présente ordonnance. Il leur est enjoint de s'y conformer avant le 30 fructidor prochain, et de faire vérifier et poinçonner les membrures avant le 1er vendémiaire; à l'expiration de ce délai, le mesurage ne pourra plus se faire que dans les membrures réduites.

Il est enjoint aux marchands d'en avoir un nombre suffisant pour le service de leurs chantiers.

Il sera pris envers les contrevenants telles mesures administratives qu'il appartiendra.

Le préfet de police, DUBOIS.

N° **23.** — *Ordonnance concernant les chefs de pensionnats, les maîtres des écoles particulières et toutes les institutrices.*

Paris, le 14 fructidor an viii (1er septembre 1800).

Le préfet de police,

Vu la circulaire du ministre de l'intérieur, en date du 8 de ce mois, portant que l'arrêté des consuls du 7 thermidor dernier, relatif à l'observation des décadis par les autorités constituées et les fonctionnaires publics, et applicable aux instituteurs primaires, l'est également aux chefs de pensionnats, aux maîtres des écoles particulières et à toutes les institutrices;

(1) V. les ord. des 18 fruct. an ix (5 sept. 1801), 2 juill. 1812, 18 mars 1816 et 30 déc. 1839.

Enjoint aux commissaires de police et aux officiers de paix de veiller à la pleine et entière exécution de la décision du ministre de l'intérieur, de constater les contraventions qui pourraient avoir lieu, et d'envoyer leurs procès-verbaux et rapports à la préfecture de police, pour être pris par le préfet les mesures ordonnées par les lois contre les contrevenants.

La présente ordonnance sera imprimée, affichée et envoyée aux autorités qui doivent en connaître, aux officiers de police et aux préposés de la préfecture, pour que chacun, en ce qui le concerne, puisse concourir à en assurer l'exécution.

Le préfet de police, DUBOIS.

N° **24.** — *Ordonnance qui prescrit la réimpression et la publication de l'arrêté du bureau central, du* 19 *frimaire an VII* (9 *décembre* 1798) (1).

Paris, le 26 fructidor an viii (13 septembre 1800).

Le préfet de police,

Informé que plusieurs individus ont cru que l'arrêté du bureau central, du 19 frimaire de l'an vii, concernant les jours de marchés, ne devait plus avoir d'exécution, d'après l'arrêté des consuls, du 7 thermidor dernier, relatif à l'observation des jours fériés, prévient ses concitoyens que cette opinion est une erreur ;

L'article 4 de l'arrêté des consuls porte : « Les jours de foire et marché restent fixés conformément à l'Annuaire républicain et aux arrêtés des administrations centrales et municipales.

« En cas de réclamation pour un changement, les jours de foire se règlent par les consuls, sur le rapport du ministre de l'intérieur et sur l'avis du préfet. Les jours de marché se règlent par le ministre de l'intérieur sur l'avis du préfet, selon les intérêts du commerce, la commodité des habitants, et les jours et dates portés au calendrier républicain. »

En conséquence, le préfet de police ordonne que ledit arrêté du bureau central sera réimprimé, publié et affiché, pour être exécuté selon sa forme et teneur, dans toutes les dispositions ci-après.

Le préfet de police, DUBOIS.

Suit la teneur de l'arrêté du bureau central :

Pain.

1. La vente du pain, sur les places et marchés affectés à ce commerce, aura lieu tous les jours, depuis la pointe du jour jusqu'au coucher du soleil.

Elle cessera à midi, les jours de décadi et de fêtes nationales.

Viandes et tripes.

2. La vente de la viande et des tripes aura également lieu, tous les jours, sur les marchés affectés à ces genres de commerce, depuis la pointe du jour jusqu'au coucher du soleil.

Elle cessera à midi, les jours de décadi et de fêtes nationales.

---

(1) V. l'ord. du 3 fruct. an ix (21 août 1801).

Porc frais et salé, lard, jambons, etc.

5. Il en sera de même pour la vente du porc frais, du lard, des jambons et pour celle de toutes viandes de cochon salé.

Il y aura, en outre, une foire particulière pour cette espèce de comestibles, qui tiendra sur la place de la Cité, pendant les cinq premiers jours de floréal de chaque année, depuis le lever jusqu'au coucher du soleil.

Volaille, gibier, issues de volaille et de veaux.

4. Le marché de la volaille et du gibier continuera d'avoir lieu, les jours impairs de la décade, pour les ventes en gros, depuis la pointe du jour jusqu'à deux heures de relevée.

La vente en détail aura lieu tous les jours, excepté les décadis et les jours de fêtes nationales, depuis le lever jusqu'au coucher du soleil. (Par décision du bureau central, du 16 germinal an VII, les détaillants de volaille sont autorisés à vendre les jours de décadi jusqu'à midi.)

Il en sera de même pour le débit des issues de volailles, ainsi que des langues, têtes et pieds de veaux. (Par décision de la même autorité, du 3 pluviôse an VII, les débitants d'issues de volailles, etc., sont pareillement autorisés à vendre, les jours de décadi jusqu'à midi.)

Légumes, fruits et fleurs.

5. La vente en gros des légumes, des fruits et des fleurs aura lieu, tous les jours, depuis la pointe du jour jusqu'à dix heures du matin, à dater du 1er vendémiaire jusqu'au 1er germinal, et jusqu'à neuf heures seulement pendant le reste de l'année.

Celle en détail tiendra tous les jours, depuis le lever du soleil jusqu'à son coucher.

Beurre, fromage et œufs.

6. La vente en gros du beurre, du fromage et des œufs aura lieu tous les jours impairs de la décade, à l'exception des fêtes nationales, depuis le lever du soleil jusqu'à midi.

Celle en détail continuera d'avoir lieu tous les jours, depuis le lever du soleil jusqu'à son coucher, excepté les décadis et les jours de fêtes nationales, qu'elle cessera à midi.

Marée.

7. La vente en gros de la marée aura lieu tous les jours, à mesure des arrivages.

Elle cessera à midi, les jours de décadi et de fêtes nationales.

Quant à celle en détail, elle se fera également tous les jours, depuis neuf heures du matin jusqu'au coucher du soleil.

Huîtres.

La vente en gros des huîtres qui arrivent par terre aura lieu jusqu'à dix heures du matin.

Poissons d'eau douce.

8. La vente du poisson d'eau douce se fera tous les jours, depuis le lever jusqu'au coucher du soleil.

Elle cessera à midi, les jours de décadi et de fêtes nationales.

Chevaux et porcs vivants.

9. Le marché aux chevaux et celui des porcs vivants tiendront les 4,

8, 12, 16, 21, 25 et 29 de chaque mois, savoir : celui des chevaux, depuis deux heures après midi, à compter du 1ᵉʳ vendémiaire jusqu'au 1ᵉʳ germinal, et depuis trois heures jusqu'à la nuit, à dater du 1ᵉʳ germinal jusqu'au 1ᵉʳ vendémiaire ; et celui des porcs, depuis onze heures du matin jusqu'à trois heures de relevée.

Veaux.

10. La vente des veaux vivants aura lieu les 4, 8, 12, 16, 19, 23, 26 et 28 de chaque mois, depuis dix heures du matin jusqu'à trois heures, à dater du 1ᵉʳ vendémiaire jusqu'au 1ᵉʳ germinal ; et pendant le reste de l'année, depuis neuf heures jusqu'à deux.

Suifs.

Le marché aux suifs tiendra les 2, 9, 17 et 24 de chaque mois, depuis onze heures du matin jusqu'à deux heures après-midi.

Fourrages.

11. Les marchés aux fourrages auront lieu tous les jours, excepté les décadis et les jours de fêtes nationales, sur les différents emplacements affectés à ce genre de commerce, depuis neuf heures du matin jusqu'à trois heures de relevée, pendant toute l'année.

Ports et chantiers, Etape, halle aux vins.

12. Les ports et chantiers, l'étape et la halle aux vins seront ouverts tous les jours, hors les décadis et les fêtes nationales, depuis sept heures du matin jusqu'à midi, et depuis deux heures de relevée jusqu'à cinq, à compter du 1ᵉʳ vendémiaire jusqu'au 30 ventôse. Ils seront également ouverts depuis six heures du matin jusqu'à midi, et depuis deux heures de relevée jusqu'à sept, à dater du 1ᵉʳ germinal jusqu'à la fin de l'année.

Arrivages par eau.

13. La vente de toutes les marchandises qui arrivent par eau et dont le commerce se fait dans les bateaux, sur les ports ou sur les berges, aura lieu tous les jours et aux heures fixées par l'article précédent, pour l'ouverture des ports.

Plantes, fleurs et arbustes.

14. Le marché aux plantes, fleurs et arbustes, qui tient sur le quai de la Mégisserie, aura lieu trois fois par décade, savoir : les tridi, sextidi et nonidi, depuis le lever du soleil jusqu'à son coucher.

Halle aux grains et farines.

15. Il y aura, à la Halle aux grains et farines, trois marchés par décade, pour la vente des grains, grenailles et légumes secs, savoir : les primidi, quartidi et septidi.

La vente de l'avoine aura lieu à neuf heures, celle des menus grains à dix heures, et celle des blé, seigle et orge à midi ; le tout jusqu'à cinq heures, conformément à l'arrêté du directoire exécutif du 29 brumaire an iv.

En exécution du même arrêté, la vente des farines, tant en gros qu'en détail, aura lieu tous les jours, à l'exception des décadis et des fêtes nationales, depuis deux heures jusqu'à cinq.

Celle en détail pourra commencer à neuf heures du matin, les jours ordinaires de marché aux grains.

La halle sera, en outre, ouverte tous les jours, hors les décadis et fêtes nationales, pour la réception des grains et farines arrivant à Paris.

Halle aux draps et aux toiles.

16. La Halle aux draps et aux toiles sera ouverte tous les jours, excepté les décadis et les fêtes nationales, depuis neuf heures du matin jusqu'à quatre ; hors de ces heures, elle sera fermée au public, et l'on ne pourra y recevoir que les marchandises qui pourraient arriver avant ou après.

Halle aux cuirs.

17. La Halle aux cuirs sera également ouverte tous les jours, savoir : depuis neuf heures du matin jusqu'à midi, et depuis deux heures de relevée jusqu'à quatre, à compter du 1er vendémiaire jusqu'au 1er germinal ; et depuis huit heures du matin jusqu'à onze, et l'après-dînée, depuis deux heures jusqu'à cinq pour la réception et la vente des marchandises, à dater du 1er germinal jusqu'au 1er vendémiaire. Néanmoins, on y recevra, à toute heure du jour, les marchandises arrivant des départements.

Bourse.

18. La Bourse tiendra tous les jours, excepté les décadis et les fêtes nationales, depuis une heure jusqu'à deux de l'après-midi, conformément à l'arrêté du directoire exécutif du 2 ventôse an IV.

Marché aux hardes.

19. Le marché aux hardes tiendra le primidi de chaque décade, depuis neuf heures du matin jusqu'à quatre, à compter du 1er vendémiaire jusqu'au 1er germinal, et depuis neuf heures jusqu'à sept, à dater du 1er germinal jusqu'au 1er vendémiaire.

Dans le cas où il y aurait une fête nationale le jour où le marché devrait tenir, il sera remis au septidi.

Foire Germain.

20. La foire Germain, division du Luxembourg, tiendra pendant quinze jours consécutifs, depuis le 1er jusqu'au 15 ventôse de chaque année inclusivement.

Défense générale.

21. Il est expressément défendu d'étaler ni de vendre, soit en gros, soit en détail, tant dans les marchés que partout ailleurs sur la voie publique, à des jours et heures autres que ceux fixés par le présent arrêté.

Explication pour les marchés qui tomberaient des jours de fêtes.

22. Dans le cas où il y aurait des fêtes nationales les jours où les marchés devront tenir, ils seront remis au lendemain, lorsqu'il n'y aura qu'un, deux ou trois marchés, par décade, de la même espèce de marchandise ou de comestible. Si, au contraire, les jours de vente ont lieu quatre ou cinq fois et plus par décade, les marchés seront remis aux marchés suivants.

Le présent article n'est point applicable à la fixation du marché aux hardes.

Tenue des marchés pendant les jours complémentaires.

23. Quant aux jours complémentaires, les marchés auront lieu de la même manière que pour les autres jours correspondants de la décade, et ce jusqu'à ce qu'il en soit autrement ordonné,

Pénalité.

24. Les contrevenants, outre les mesures qui pourront être prises contre eux par voie administrative, seront poursuivis conformément à l'article 605 du Code des délits et des peines, du 3 brumaire an IV, à la loi du 17 thermidor et à celle du 23 fructidor dernier, concernant l'observation de l'Annuaire républicain,

25. Les commissaires de police et les préposés du bureau central sont chargés de tenir la main à l'exécution du présent arrêté, qui sera imprimé et affiché.

Pour extrait conforme,

Le secrétaire général, PIIS.

N° **25**. — *Ordonnance concernant la fête de la fondation de la république* (1).

Paris, le 29 fructidor an VIII (16 septembre 1800).

Le préfet de police,

Vu le programme adopté par les consuls, le 18 de ce mois, pour la fête du 1er vendémiaire an IX, ensemble le développement du programme arrêté par le ministre de l'intérieur,

Ordonne ce qui suit :

1. Le dernier jour complémentaire et le premier vendémiaire, les rues de Paris, notamment celles que le cortége devra parcourir, et la place des Victoires, seront, avant huit heures du matin, nettoyées et débarrassées de toutes boues et immondices, ainsi que des matériaux qui pourraient en gêner la libre circulation.

Les mêmes dispositions seront exécutées dans toutes les rues et chemins aboutissant au Temple de Mars (aux Invalides), et au Champ-de-Mars.

2. Le dernier jour complémentaire, le passage des voitures sera interdit, depuis midi, dans la rue des Petits-Augustins, sur les quais à partir de la rue Guénégaud jusqu'à la place du corps législatif, et ensuite dans les rues de Bourgogne, de Varennes, la place et le boulevard des Invalides jusqu'au Temple de Mars, sur le pont National et celui de la Révolution, dans les rues des Marais, du Colombier, Jacob, de l'Université, ainsi que dans toutes celles situées entre les rues et les quais ci-dessus, telles que les rues de Verneuil, de Lille, de Beaune, de Poitiers, de Courty et portions de celles des Saints-Pères, du Bac et de Belle-Chasse ; la circulation n'y sera rétablie qu'une heure après le passage du cortége, énoncé en l'art. 7 du développement du programme.

3. Aucune voiture ne pourra circuler ni stationner, le premier vendémiaire jusqu'au lendemain, sur la place des Victoires et dans les rues adjacentes, telles que celles des Petits-Pères, Notre-Dame-des-Victoires, du Mail, des Fossés-Montmartre, du Petit-Reposoir, Pagevin, Verderet, des Vieux-Augustins, Coq-Héron, Coquillière, du Bouloi, Croix-des-Petits-Champs, et ensuite les rues du Coq, la petite place de la Liberté, celle des colonnades du Louvre, les quais jusques et compris la place de Grève, ceux des Orfévres, de l'Horloge du Palais, et tous les autres quais et ponts en descendant sur les deux rives de la Seine ; la grande avenue des Champs-Elysées, la place de la Con-

(1) V. l'ord. du quatrième jour compl. an XI (21 sept. 1803).

corde, la rue de la Révolution, la partie du boulevard jusqu'à la rue Caumartin, celles des Capucines, Neuve-des-Petits-Champs, ainsi que dans toutes les rues ou portions de rues et places intermédiaires, notamment celles Honoré, des Bons-Enfants, de la Loi, Traversière, Helvétius, Saint-Roch, Nicaise, Neuve du Luxembourg, les places Vendôme, du Tribunat et le Carrousel; comme aussi sur la place du corps législatif, dans les rues de Bourgogne, de Varennes et toutes celles qui conduisent de la place des Invalides au Champ-de-Mars.

4. Les voitures qui, le premier vendémiaire, arriveront à Paris par la barrière de Passy, seront tenues de suivre l'allée des Veuves et la rue de Marigny, pour aboutir à la place Beauveau, faubourg Honoré; celles qui arriveront par la barrière de Chaillot seront également tenues de suivre la rue de Marigny pour aboutir au même endroit.

5. Sont exceptées des dispositions ci-dessus, les voitures des autorités, des administrations et des fonctionnaires des départements appelés à concourir à la fête.

6. Les voitures qui conduiront les membres des autorités, des administrations et des fonctionnaires des départements, à la place des Victoires, seront rangées sur une seule file, aussitôt après que les personnes amenées seront descendues dans les rues des Fossés-Montmartre, du Mail et Notre-Dame-des-Victoires, sans qu'elles puissent stationner sur la place des Victoires ou sur aucune des autres rues adjacentes.

7. Les voitures des autorités, des administrations et des fonctionnaires des départements qui se rendront au Champ-de-Mars, devront arriver par les avenues du Dôme des Invalides à la grille de l'Ecole-Militaire; lesdites voitures se rangeront ensuite dans l'avenue dite de Breteuil.

8. Il est ordonné à tous cochers de conduire doucement leurs chevaux sur une seule file; il leur est fait défense de couper d'autres voitures; les propriétaires sont invités à recommander à leurs cochers de se conformer exactement à ces injonctions et défenses.

9. Le passage de la rivière en bachots ou batelets ne pourra avoir lieu, lesdits jours, cinquième complémentaire et premier vendémiaire, depuis le pont de la Révolution jusqu'à la sortie de Paris, qu'aux trois endroits ordinaires; savoir, au port des Invalides, à Chaillot et à la barrière des Bons-Hommes.

Les adjudicataires ou fermiers de ces passages d'eau sont tenus de se pourvoir de bachots et mariniers, en nombre suffisant, pour que le service de ces passages se fasse avec sûreté et célérité.

10. Il ne pourra être admis, dans chaque bachot, plus de douze personnes; il est enjoint aux passeurs d'eau de tenir la main et de désigner aux commissaires de police ou à la garde ceux qui, par imprudence, compromettraient la sûreté des passagers.

11. Le feu d'artifice devant être tiré sur le pont de la Révolution, il est défendu à tous mariniers, propriétaires ou gardiens de bateaux ou trains, de stationner au-dessus ni au-dessous dudit pont, à une distance de moins de cent mètres; le bateau destiné au service de l'artificier pourra seul être placé près dudit pont.

12. Pour le maintien des dispositions ci-dessus, il sera placé dans les endroits désignés une force armée suffisante.

Il sera mis spécialement, le dernier jour complémentaire, à la disposition des commissaires de police des divisions de l'Unité, de la fontaine de Grenelle et des Invalides, un détachement d'infanterie; et le premier vendémiaire, à la disposition des commissaires de police des divisions du Mail, des Tuileries, des Champs-Elysées et des Invalides, des détachements d'infanterie et de cavalerie, pour les seconder dans l'exécution des mesures de police dont ils sont chargés

13. Les Champs-Elysées, les Tuileries et les établissements publics devant être illuminés la nuit du 1er au 2 vendémiaire, les habitants de cette commune sont invités à illuminer également la façade de leurs maisons.

14. Aucune voiture ne pourra circuler dans Paris pendant tout le temps des illuminations.

15. Les commissaires de police et les officiers de paix tiendront la main à l'exécution des règlements qui défendent de tirer des fusées, pétards, boîtes et autres pièces d'artifice, dans les rues, promenades, places publiques, cours, ou par les fenêtres des maisons.

Ils feront arrêter et conduire les contrevenants à la préfecture de police.

16. La présente ordonnance sera imprimée, affichée et envoyée aux autorités qui doivent en connaître, aux officiers de police, et aux préposés de la préfecture.

17. Le général commandant d'armes de la place de Paris et le capitaine de la gendarmerie nationale sont requis de prendre toutes les mesures nécessaires pour la pleine et entière exécution de la présente ordonnance.

Le préfet de police, DUBOIS.

N° 26. — *Ordonnance concernant la surveillance et le travail sur la rivière et sur les ports* (1).

Paris, le cinquième jour complémentaire an viii (22 septembre 1800).

N° 27. — *Ordonnance concernant le commerce des veaux* (2).

Paris, le 6 vendémiaire an ix (28 septembre 1800).

Le préfet de police,

Vu les articles 32 et 33 de l'arrêté des consuls, du 12 messidor dernier, qui lui attribuent l'inspection et la surveillance des halles et marchés de Paris, ainsi que des marchés de Sceaux, de Poissy, et de La Chapelle-Saint-Denis;

Informé qu'il s'est introduit des abus dans le commerce des veaux; et considérant combien il importe de les réprimer, en faisant revivre les dispositions non abrogées des anciens règlements rendus sur cette matière;

Ordonne ce qui suit :

1. La halle aux veaux, division des Plantes, demeure affectée, comme par le passé, à la vente des veaux.

2. Le marché aux veaux tiendra les 4, 8, 12, 16, 19, 23, 26 et 28 de chaque mois.

Quant aux jours complémentaires, le marché aura lieu de la même manière que pour les autres jours correspondants de la décade, jusqu'à ce qu'il en soit autrement ordonné. (*Arr. du bureau central du* 19 *frim. an* vii, *art.* 10 *et* 23.) (3).

---

(1) V. les ord. des 24 mars 1824, 26 mars 1829 et 25 oct. 1840.

(2) V. les ord. des 1er mai 1809, 18 juill. et 14 déc. 1826 et 5 janv. 1829.

(3) Rapporté. V. l'ord. du 3 fruct. an ix (21 août 1800).

3. Les marchands forains qui approvisionnent la ville de Paris en veaux, sont tenus de les conduire directement à la halle; ils ne peuvent, sous aucun prétexte, en amener ni en vendre ailleurs, à peine de confiscation des bestiaux, et de 100 fr. d'amende. (*Lettres patentes du 1er juin 1782, art. 23.*)

4. Il est défendu aux bouchers d'aller au-devant des marchands forains qui amènent des veaux à la halle, et d'en acheter ou arrher dans tout autre lieu, sous les peines portées en l'article précédent, aux termes des mêmes lettres patentes.

5. Pourront néanmoins les bouchers continuer d'acheter des veaux au marché de Poissy pour l'approvisionnement de Paris; et, afin de prévenir tous abus et difficultés, les bouchers qui auront acheté des veaux sur ce marché devront en rapporter des certificats de l'inspecteur, lesquels certificats, énonçant la quantité de veaux et les noms des acheteurs, seront remis, à l'entrée dans Paris, aux préposés de la régie de l'octroi.

6. Conformément à la règle établie pour les bœufs provenant du marché de Poissy, les veaux achetés sur ce marché, qui seront destinés pour Paris, ne pourront y être introduits que par les barrières du Roule et de Mousseaux.

7. Au fur et à mesure de leur arrivée à la halle de Paris, les marchands déclareront au préposé sur le marché le nombre des veaux qu'ils auront amenés, et ils occuperont les places affectées aux différentes sortes de veaux.

8. Entre les places occupées par chaque marchand, il sera laissé un espace de soixante-six centimètres (deux pieds environ), pour faciliter la circulation des acheteurs.

9. Chaque marchand aura une marque particulière pour connaître ses veaux, et les empêcher de se mêler avec d'autres.

10. Les marchands surveilleront leurs veaux, et ils ne les abandonneront qu'après en avoir effectué la vente et la livraison.

11. Il leur est expressément défendu d'exposer en vente des veaux âgés de moins de quatre décades, à peine de confiscation et de 300 fr. d'amende. (*Lettres patentes du 1er juin 1782, art. 7.*)

12. L'ouverture et la fermeture de la vente des veaux sera faite au son d'une cloche; elle aura lieu depuis dix heures du matin jusqu'à trois, depuis le 1er vendémiaire jusqu'au 30 ventôse; et pendant le reste de l'année, depuis neuf jusqu'à deux.

13. Avant l'heure de la vente, le commissaire des halles et marchés, ou le préposé commis par lui, examinera tous les veaux pour s'assurer s'ils sont en état d'être livrés à la consommation.

14. Il est expressément défendu de vendre et d'acheter aucuns veaux avant l'ouverture et après la fermeture du marché, sous peine de confiscation des veaux, et de 50 francs d'amende pour chaque contravention. (*Ord. de police du 21 déc. 1787, art. 3.*)

15. Les veaux qui n'auront pu être vendus, seront déposés dans les caves de la halle, immédiatement après la fermeture du marché; et ils seront exposés en vente, le lendemain, depuis onze heures jusqu'à deux, ainsi qu'il se pratiquait autrefois.

16. Il est défendu d'allumer du feu dans l'enceinte et au pourtour de la halle au veaux, à peine de 100 francs d'amende. (*Ord. du 15 nov. 1781, art. 7.*)

17. Il sera statué, par une ordonnance particulière, sur le régime du marché aux suifs; en attendant, il tiendra comme par le passé.

18. Il sera pris envers les contrevenants aux dispositions ci-dessus telles mesures de police administrative qu'il appartiendra; ils seront en outre traduits devant les tribunaux compétents, pour être poursuivis conformément aux lois et aux règlements de police.

19. La présente ordonnance sera imprimée et affichée dans Paris, et aux marchés de Sceaux, de Poissy, et de La Chapelle-Saint-Denis ; elle sera envoyée aux autorités qui doivent en connaître, aux officiers de police, et aux préposés de la préfecture, pour que chacun, en ce qui le concerne, en assure la stricte exécution.

Le préfet de police, DUBOIS.

N° **28**. — *Ordonnance concernant les carrosses de place, et la fixation du salaire des cochers* (1).

Paris, le 11 vendémiaire an IX (3 octobre 1800).

Le préfet de police ,

Vu l'article 32 de l'arrêté des consuls de la république, du 12 messidor an VIII, qui charge le préfet de police de la surveillance des places et lieux publics ;

Informé que les loueurs de carrosses de place et leurs cochers contreviennent journellement aux lois et règlements de police ;

Considérant que de leur exécution dépend la sûreté publique,

Ordonne ce qui suit :

§ 1er.—Des loueurs de carrosses de place.

1. Toutes permissions délivrées jusqu'à ce jour, pour le stationnement des carrosses de louage, sur les places à ce affectées dans Paris, sont annulées. En conséquence, tout loueur de carrosses de place est tenu de fournir, à la préfecture de police, dans un mois, à compter du jour de la publication de la présente ordonnance , la déclaration de ses carrosses, à l'effet d'obtenir une nouvelle permission de stationnement.

2. Tout loueur de carrosses de place, convaincu d'avoir omis de faire la déclaration de ses carrosses, ou d'en avoir fait une fausse, sera puni de la confiscation desdits carrosses et harnais, et d'une amende de 100 francs au moins, et de 1,000 francs au plus. (*Art. 72 de la loi du 9 vend. an VI.*)

3. Les carrosses de place, déclarés ainsi qu'il est dit en l'article 1er ci-dessus, seront, en vertu de la loi du 9 vendémiaire an VI précitée, estampillés d'un numéro indiqué par le préfet de police , et qui sera peint en noir et à l'huile en haut du panneau de derrière attenant à l'impériale, ainsi qu'au milieu des deux petits panneaux du bas, à côté de la portière et attenant au derrière de la voiture.

Le numéro sera aussi placé en dedans du carrosse, sur un ruban de fil blanc, attaché sur le devant, au-dessous de l'impériale.

4. Il est défendu aux loueurs de s'immiscer en rien dans le numérotage de leurs carrosses : cette opération sera faite à leurs frais par un préposé de la préfecture de police.

5. Il est fait expresses défenses à tout loueur de voitures, de faire stationner sur la voie publique, et à tous cochers de conduire aucuns carrosses de place qui ne seraient pas numérotés, ainsi qu'il est dit en l'art. 3 ci-dessus , à peine de confiscation desdits carrosses , et de 100 francs d'amende, tant contre les propriétaires que contre les cochers solidairement. (*Art. 13 de l'ord. de police du 1er juill. 1774.*)

---

(1) Rapportée. V. l'ord. du 15 janv. 1841, les arr. des 15 janv. et 18 fév. 1841, et l'ord. du 25 mai 1842.

6. Lorsqu'un loueur de carrosses de place voudra vendre ou faire cesser de rouler un ou plusieurs de ses carrosses, il en fera préalablement sa déclaration à la préfecture de police, où il rapportera, en même temps, sa permission de stationnement; lesdits carrosses seront à l'instant désestampillés, et certificat en sera délivré au déclarant.

Tout loueur qui, sans avoir rempli ces formalités, vendrait un carrosse, et toute personne qui l'aurait acheté, seront punis de 50 francs d'amende. (*Art. 15 de l'ord. de police précitée.*)

7. Pour assurer d'autant mieux l'exécution de l'article 6 ci-dessus, et pour éviter tout double numéro, les carrosses de place qui seront trouvés chez les selliers, carrossiers, dépeceurs, déchireurs de voitures, ferrailleurs ou tous autres, sans déclaration préalable, ou sans avoir été désestampillés, seront saisis. (*Art. 16 de la même ord. de police.*)

8. Il ne pourra être exposé sur les places que des carrosses bien conditionnés, garnis de bonnes soupentes et de tout ce qui est nécessaire pour la sûreté des personnes qui s'en servent, et attelés de bons chevaux; le tout à peine de confiscation des carrosses. (*Art. 1 de l'ord. de police précitée.*)

9. Pour assurer l'exécution de l'article précédent, il sera fait de fréquentes visites de tous les carrosses de place en activité de roulage, par des experts nommés à cet effet par le préfet de police, et assistés des commissaires de police.

10. Toutes les fois qu'un loueur de carrosses de place changera de domicile, il fera préalablement sa déclaration à la préfecture de police, à peine d'être rayé de la liste des loueurs de carrosses de place.

§ II.—Des cochers de place.

11. Il est défendu aux loueurs de confier la conduite de leurs carrosses à des cochers qui n'auraient pas atteint l'âge de dix-huit ans, et qui n'auraient pas la force et l'expérience nécessaires, à peine de 300 francs d'amende, et d'être civilement responsables des faits desdits cochers. (*Art. 8 de l'ord. précitée.*)

12. Tout loueur de carrosses de place, en prenant un cocher à son service, devra lui remettre la permission de stationnement spéciale au carrosse dont il lui confiera la conduite; laquelle permission sera annexée à un exemplaire de la présente ordonnance.

Le cocher lui remettra en échange le livret dont il devra être porteur, aux termes de l'art. 13 ci-après.

13. Tout cocher de place est tenu de se pourvoir d'un livret, qui lui sera délivré par le préfet de police, sur l'attestation d'un loueur de carrosses.

Ce livret restera entre les mains du loueur, pendant tout le temps que le cocher demeurera à son service.

Le loueur y inscrira la date de l'entrée du cocher chez lui, et celle de la sortie.

14. Les loueurs de carrosses seront tenus de représenter à toute réquisition autant de livrets qu'ils auront de cochers à leur service.

Ils seront en outre tenus d'indiquer les noms et domiciles des cochers, et le numéro du carrosse confié, chaque jour, à chacun d'eux.

15. Lorsqu'un cocher sortira de chez un loueur, celui-ci remettra son livret et le cocher lui rendra la permission de stationnement que le loueur aura dû lui confier pour conduire le carrosse désigné en ladite permission, aux termes de l'art. 12 ci-dessus.

16. Chaque fois qu'un cocher changera de loueur, il sera tenu, avant d'entrer chez le nouveau loueur, de faire viser son livret à la préfecture de police.

17. Il est expressément défendu aux loueurs de prendre à leur service aucun cocher qui ne serait pas porteur du livret mentionné en l'art. 13 ci-dessus, ou dont le livret ne serait pas visé à la préfecture de police, dans le cas prévu en l'article précédent.

18. Tout cocher de place est tenu d'exhiber, à toute réquisition, soit aux personnes qu'il conduira, soit aux préposés du préfet de police ou de la régie de l'enregistrement, la permission de stationnement du carrosse qu'il conduira, à laquelle sera annexé un exemplaire de la présente ordonnance.

19. Il est expressément défendu aux cochers de place de laisser conduire leur carrosse par quelque personne que ce soit, à peine de 50 francs d'amende. (*Art. 7 de l'ord. précitée.*)

20. Il est enjoint aux cochers de visiter, immédiatement après chaque course, l'intérieur de leur carrosse, et de remettre de suite, à la personne qu'ils auront conduite, les effets qu'elle aurait pu y laisser.

21. A défaut de possibilité de la remise prescrite en l'article précédent, il est enjoint aux cochers de faire, dans le jour, à la préfecture de police, la déclaration et la remise des effets qu'ils auront trouvés dans leurs carrosses, à peine, contre lesdits cochers, de 300 francs d'amende, et d'être poursuivis comme recéleurs. (*Art. 20 de l'ord. de police du 1er juill. 1774, déjà citée.*)

22. Il est enjoint aux cochers de ne faire stationner leurs carrosses que sur les places à ce affectées, de s'y tenir bien rangés, en état de marcher à la première réquisition ; comme aussi de laisser un passage libre entre les maisons et la file des carrosses, ainsi qu'entre chacun desdits carrosses ; de laisser également libre le débouché de toutes les rues, culs-de-sac, issues et portes cochères, et de prendre toujours la queue de la file en arrivant sur la place.

23. Tous cochers dont le carrosse sera stationné sur une des places à ce affectées, et ceux qui viendront se ranger sur les endroits de la voie publique où il leur est permis de se placer pour la sortie des spectacles et fêtes publiques, ne pourront, sous aucun prétexte, refuser de marcher à toute réquisition.

24. Il est expressément défendu aux cochers d'exiger, dans aucun cas, et sous quelque prétexte que ce soit, même lorsqu'ils seront pris dans les rues, d'autres ni plus forts salaires que ceux fixés par l'article 28 et les suivants.

25. Aucun cocher ne pourra faire stationner son carrosse sur les places à ce affectées, depuis minuit jusqu'à six heures du matin.

26. Sont exceptées des dispositions de l'article précédent, les places :

1° De la rue de la Révolution ;
2° De la rue Montmartre, côté de la rue du Croissant ;
3° De la rue Denis ;
4° De la rue Culture-Catherine ;
5° Du quai de la Grève ;
6° De la rue de Sèvres, près la Croix-Rouge ;
7° Du quai des Augustins ;
8° De la place Maubert.

Les cochers pourront y faire stationner leurs carrosses depuis minuit jusqu'à six heures du matin.

Pour jouir des exceptions ci-dessus, les cochers seront tenus, avant de stationner sur lesdites places, de faire inscrire leurs noms et les numéros de leurs carrosses sur la feuille de rapport du commandant du poste le plus voisin de la place où ils stationneront.

27. Les personnes qui auront à se plaindre d'un cocher sont invitées à en donner connaissance, soit au préfet de police, soit aux commissaires de police, en indiquant le numéro du carrosse, ainsi que le jour, le lieu et l'heure auxquels il aura été pris et quitté, sans préjudice des poursuites qu'elles seront dans le cas d'exercer pour la réparation du tort qu'elles auront éprouvé.

§ III. — Tarif du salaire des cochers de place.

28. Les cochers seront payés, soit à la course, soit à l'heure, pendant le jour, depuis six heures du matin jusqu'à minuit, ainsi qu'il suit :
Pour chaque course dans l'intérieur de Paris...... 1 fr. 50 c. (30 s.)
Pour la première heure............................ 2 »
Pour chacune des suivantes....................... 1   50   (30 s.)
Pour aller à Bicêtre............................ 4 »
Pour y aller, y rester une heure et en revenir..... 6 »
Dans les deux derniers cas ci-dessus, le droit de passe sera à la charge du cocher.

29. Les cochers pris avant minuit, et gardés passé ladite heure, recevront, à compter de minuit, 50 centimes (10 sous) en sus des prix ci-dessus fixés.
Ceux qui, après minuit, seront pris sur une des huit places indiquées par l'art. 26 ci-dessus, seront payés à raison du double desdits prix fixés en l'art. 28.

30. Toutes les fois que, pendant une course, un cocher aura été détourné de son chemin, il sera censé pris à l'heure, et payé sur ce taux, sans qu'il puisse lui être payé moins d'une heure.

31. Lorsqu'un cocher, qu'on aura fait venir de la place, sera renvoyé sans être employé, il lui sera payé une demi-course.

§ IV. — Dispositions générales.

52. Dans tous les cas de contraventions aux dispositions de la présente ordonnance, les carrosses seront conduits à la préfecture de police.
Il sera pris contre les loueurs et contre les cochers telle mesure administrative qu'il appartiendra, sans préjudice des poursuites à exercer contre eux, par-devant les tribunaux, conformément aux lois, notamment aux art. 26 des titres 1 et 2 de la loi du 19-22 juillet 1791, qui prononcent l'amende et la prison contre ceux qui, par imprudence ou par la rapidité de leurs chevaux, auront blessé quelqu'un.

55. La présente ordonnance sera imprimée, affichée et envoyée aux autorités qui en doivent connaître, aux tribunaux compétents, au général commandant d'armes de la place, au capitaine commandant la gendarmerie nationale, aux commissaires de police, aux officiers de paix et aux préposés de la préfecture, pour que chacun, en ce qui le concerne, en assure la stricte exécution.

Le préfet de police, DUBOIS.

N° **29**. — *Instruction pour l'inspecteur général de la navigation et des ports, les inspecteurs particuliers, les préposés aux arrivages par eau, et les dégustateurs* (1).

Paris, le 4 brumaire an IX (26 octobre 1800).

Les approvisionnements de cette grande commune dépendent essentiellement du maintien du bon ordre sur la rivière et sur les ports, et de la conservation des denrées et marchandises qui y sont déposées. Il est donc extrêmement important d'établir à cet égard une surveillance exacte; et le meilleur moyen d'y parvenir est de déterminer, d'une manière précise, les fonctions des divers préposés auxquels elle est confiée; c'est le but de la présente instruction.

Inspecteur général de la navigation et des ports, et inspecteurs particuliers.

1. Les fonctions de l'inspecteur général et des inspecteurs particuliers de la navigation et des ports consistent principalement à veiller à l'exécution des lois et règlements de police qui concernent la rivière, les ports, quais et berges; à requérir les commissaires de police de constater les contraventions; à faire des rapports de tout ce qui vient à leur connaissance relativement au service dont ils sont chargés; à maintenir l'ordre sur la rivière et les ports; à faire exécuter les décisions et ordres du préfet, qui leur sont adressés, et à en rendre compte.

Leur surveillance s'étend sur la rivière, les ports et berges; elle s'étend aussi sur les ponts, les trottoirs et les quais, depuis le parapet jusqu'au ruisseau, qui fait la séparation avec la chaussée ou le pavé principal.

Elle est divisée en quatre arrondissements, savoir :

Celui des ports du haut, rive droite ;

Il s'étend depuis la barrière de la Râpée jusqu'au Pont-au-Change inclusivement. Il comprend l'île Louviers, la grande estacade, l'île de la Fraternité, en descendant le long des quais de l'Union et de la République jusqu'à l'emplacement du ci-devant Pont-Rouge, et la partie droite de l'île de la Cité.

Le bureau sera placé au port de la Grève, le plus près du corps de garde que faire se pourra.

Celui des ports du haut, rive gauche.

Il commence à la barrière de la Gare et finit au Pont-Michel. Il comprend la partie gauche de l'île de la Fraternité, depuis l'estacade jusqu'à l'emplacement du ci-devant Pont-Rouge, la partie gauche de l'île de la Cité jusqu'au Pont-Michel inclusivement, et la halle aux vins.

Le bureau est placé sur le Port-Bernard, vis-à-vis de la halle.

L'arrondissement des ports du bas, rive droite.

Il s'étend depuis le Pont-au-Change, jusqu'à la barrière des Bons-Hommes. Il comprend la partie droite de l'île du Palais jusqu'au massif du Pont-Neuf.

Le bureau est au Port-Nicolas, près le corps de garde.

Enfin l'arrondissement des ports du bas, rive gauche.

Il s'étend depuis le Pont-Michel jusqu'à la barrière de la Cunette, et comprend la partie gauche de l'île du Palais jusqu'au massif du Pont-Neuf inclusivement.

Le bureau est placé au port de la Grenouillère, près du corps de garde.

---

(1) V. les arr. des 21 août 1816 et 20 juin 1832.

L'inspecteur général a son bureau en sa demeure.

2. Les inspecteurs particuliers alterneront pour leur service.

L'alternat aura lieu tous les six mois, à compter du 1ᵉʳ vendémiaire dernier ; il s'opérera circulairement, dans l'ordre ci-après :

L'inspecteur du haut, rive droite, passera, le 1ᵉʳ germinal prochain, dans l'arrondissement du bas, même rive.

L'inspecteur de l'arrondissement du bas, rive droite, passera dans celui du bas, rive gauche.

L'inspecteur de l'arrondissement du bas, rive gauche, passera dans celui du haut, même rive.

L'inspecteur de l'arrondissement du haut, rive gauche, passera dans celui du haut, rive droite ; et ainsi successivement.

3. L'inspecteur général, les inspecteurs particuliers et les autres préposés se rendront tous les jours, à l'exception des décadis et des jours de fêtes nationales, dans leurs bureaux, avant l'ouverture des ports. Chaque inspecteur particulier fera sonner, par les préposés aux arrivages, dans son arrondissement, la cloche destinée à marquer les heures de travail sur les ports.

Il devra y avoir quelqu'un, dans les bureaux, pendant tout le temps que les ports seront ouverts, à l'exception cependant du bureau de l'inspecteur particulier de l'arrondissement du bas, rive gauche.

4. En cas de maladie, ou de tout autre empêchement, l'inspecteur général sera remplacé par celui des inspecteurs particuliers qui sera désigné par le préfet ; et quant aux autres préposés, l'inspecteur général prendra les mesures convenables pour que le service ne souffre pas de leur absence, et il en rendra compte.

5. Lorsqu'une inspection se trouvera surchargée, l'inspecteur général pourra y faire passer l'inspecteur le moins occupé, à la charge d'en rendre compte immédiatement.

Il pourra également, lorsque les circonstances l'exigeront, donner l'ordre aux inspecteurs particuliers, et aux autres préposés de se porter, les jours de décadis et de fêtes nationales, sur les parties des ports et de la rivière où leur présence serait nécessaire.

6. Chaque inspecteur particulier fera des tournées dans toute l'étendue de son arrondissement, le plus souvent qu'il lui sera possible, en observant de se tenir plus particulièrement sur les ports où les travaux sont le plus en activité.

7. L'inspecteur général fera de son côté des tournées dans les divers arrondissements, et visera les registres des inspecteurs et des autres préposés.

8. Les inspecteurs particuliers et les autres préposés recueilleront tout ce qui viendra à leur connaissance relativement au service qui leur est confié, ainsi que tous les faits qui peuvent intéresser l'administration. Ils en rendront compte par écrit à l'inspecteur général, qui en fera rapport au préfet.

9. L'inspecteur général sera en outre tenu de faire des rapports des événements importants qui parviendraient à sa connaissance par toute autre voie que celle des préposés, et de transmettre les observations qu'il jugera nécessaires relativement aux réparations des ports, aux entraves que la navigation éprouverait, aux facilités qu'il conviendrait de lui donner, à toutes les causes présentes ou éventuelles de disettes ou d'abondance, de trouble ou de tranquillité, et enfin sur tous les objets confiés à sa surveillance.

10. S'il arrivait quelque événement extraordinaire sur la rivière ou sur les ports, comme naufrage ou incendie, il en sera sur-le-champ donné connaissance à l'inspecteur général, au commissaire de police et au préfet.

L'inspecteur général prendra provisoirement les mesures nécessaires, et en rendra compte de suite au préfet.

11. L'inspecteur général tiendra la main à ce que les décisions et les
ordres qu'il recevra du préfet, soient exécutés avec exactitude et célérité; il peut, à cet effet, en cas de besoin, requérir la force armée de
lui prêter main-forte.

Il pourra même dans les cas urgents, et seulement en ce qui concerne le service de la rivière, des ports et de la halle aux vins, donner
provisoirement des ordres sous le titre de consigne.

Il pourra aussi, en cas d'urgence ou de péril imminent, accorder
les permissions nécessaires, mais il en rendra compte sur-le-champ au
préfet pour avoir son approbation.

12. L'inspecteur général tiendra deux registres : sur l'un il fera
enregistrer sommairement toutes les pièces qu'il recevra ou qu'il
visera ; et sur l'autre il fera transcrire tous ses rapports et sa correspondance.

13. Les inspecteurs particuliers doivent se faire représenter par
les conducteurs des bateaux les passavants qu'ils ont dû obtenir à leur
passage à la Râpée.

Ils donneront les permis de mettre en décharge.

Ils tiendront un seul registre, sur lequel ils enregistreront leurs
rapports et leur correspondance.

Préposés aux arrivages par eau à la Râpée et à la barrière de la Cunette.

14. Les préposés aux arrivages par eau, établis à la barrière de la
Râpée et à celle de la Cunette, sont sous la surveillance immédiate de
l'inspecteur général. Ils sont chargés de recevoir la déclaration de tous
les bateaux et trains qui arrivent pour l'approvisionnement de Paris,
ou qui sont destinés à passer debout ; de viser les lettres de voitures,
et de délivrer des passavants aux conducteurs pour qu'ils puissent
lâcher ou garer leurs bateaux ou trains dans les ports qui leur seront
désignés, suivant leur tour d'enregistrement ou d'arrivage.

15. Le préposé en chef aux arrivages à la Râpée doit distribuer son
service de manière qu'il y ait toujours deux préposés et deux mariniers
en exercice, depuis le point du jour jusqu'à la nuit, savoir : un des
préposés dans le bureau pour y recevoir les déclarations des conducteurs ou propriétaires de bateaux ou trains arrivants, les enregistrer,
viser les lettres de voitures, et délivrer les passavants ou les passe-debout nécessaires ; et l'autre préposé et un marinier, pris alternativement, pour aller au-devant des bateaux et des trains qui entrent,
obliger les conducteurs à en faire la déclaration, ou constater leur
négligence ou leur refus ; et enfin veiller à ce qu'ils garent aux
lieux indiqués.

16. Le préposé en chef aux arrivages à la barrière de la Cunette,
réglera son service de manière qu'il y ait, pendant tout le jour, un
préposé et un marinier prêts à aller au-devant des bateaux qui mon-
tent ou descendent, recevoir les déclarations, viser les lettres de voitures et délivrer des passavants, et à ce qu'il y ait, pendant la nuit,
un préposé et un marinier en exercice pour empêcher la sortie des
bateaux et des trains, ou constater les contraventions.

17. Les préposés aux arrivages tant du haut que du bas, veilleront à ce qu'il ne sorte de Paris aucun bateau chargé de bois ou de
charbon de bois, ni aucun train de bois de chauffage, sans un ordre
du préfet.

Dans le cas où ils n'auraient pu empêcher la sortie de trains ou de
bateaux chargés de ces combustibles, ils les suivront, autant que faire
se pourra, et s'ils les voyaient garer, ils inviteront le maire du lieu
ou son adjoint à constater le fait, et à consigner provisoirement les

trains ou les bateaux, aux frais et risques de la marchandise, et à leur remettre la copie des procès-verbaux qu'ils enverront de suite à l'inspecteur général, qui les transmettra au préfet.

18. Ils auront un registre sur lequel ils transcriront leurs rapports et leur correspondance.

19. Le préposé en chef aux arrivages du haut dressera, chaque jour, l'état des arrivages de la veille; il l'enverra à l'inspecteur général, qui le fera parvenir au préfet.

Un double de cet état sera aussi remis à l'inspecteur général, qui en fera faire des extraits pour les inspecteurs particuliers, afin que chacun d'eux connaisse les bateaux et les trains destinés pour son arrondissement.

Le préposé en chef aux arrivages du haut adressera aussi au contrôleur général du recensement et du mesurage des bois et charbons, un extrait de l'état des bois de chauffage et des charbons de toute espèce arrivés à Paris.

Le préposé aux arrivages du bas dressera les mêmes états et extraits; mais il est autorisé à ne les remettre que deux fois par décade : le primidi et le sextidi.

Préposés aux arrivages par eau sur les ports.

20. Les préposés aux arrivages sur les ports n'étant qu'au nombre de trois, dont un pour l'arrondissement du haut, rive droite, un pour l'arrondissement du haut, rive gauche, et l'autre pour l'arrondissement du bas, rive droite, l'inspecteur particulier de l'arrondissement du bas, rive gauche, est tenu d'en remplir les fonctions.

21. Chacun de ces préposés est sous la surveillance immédiate de l'inspecteur particulier de son arrondissement, et le supplée en cas de besoin.

22. Il doit se rendre, tous les jours, au bureau de l'inspecteur particulier avant l'ouverture des ports, et n'en sortir qu'après la fermeture.

23. Les préposés aux arrivages sur les ports sont chargés de recevoir la déclaration des marchandises et denrées qui doivent être déchargées sur les ports, de vérifier les lettres de voitures, et d'enregistrer toutes les denrées et marchandises par quantité et espèces, sur un registre qu'ils sont obligés de tenir.

24. Ils dresseront, chaque jour, d'après ce registre, l'état des marchandises et denrées déchargées la veille; cet état sera visé par l'inspecteur particulier, et envoyé à l'inspecteur général, qui le transmettra au préfet.

25. Les inspecteurs particuliers et les préposés aux arrivages sur les ports sont chargés de prendre les renseignements nécessaires pour connaître les prix des différentes denrées ou marchandises vendues sur les ports, et notamment de celles sujettes aux droits d'octroi, à l'exception cependant du vin, du bois de chauffage et des charbons. Ils doivent en tenir note, et en former état par chaque décade: ils l'enverront, le primidi, à l'inspecteur général, qui le transmettra au préfet.

N. B. Ces états étant destinés à concourir à la formation du registre des Mercuriales, l'inspecteur général, les inspecteurs particuliers et les préposés aux arrivages sur les ports ne sauraient prendre trop de précautions pour parvenir à se procurer des renseignements certains.

Dégustateurs.

26. Les dégustateurs sont chargés de goûter tous les vins qui arrivent et se déchargent sur les ports ou à la Halle aux vins.

Ils doivent aussi déguster les vins qui se trouvent dans les magasins et chez les marchands de l'intérieur.

I. 4

27. Leur service sur les ports et à la halle sera réglé, tous les mois, par l'inspecteur général de la navigation et des ports, qui devra en rendre compte au préfet.

28. Sur les ordres de l'inspecteur général, les dégustateurs pourront requérir les commissaires de police des divisions qui leur seront désignées, de les assister dans les visites qu'ils devront faire chez les marchands de vin et dans les magasins de l'intérieur.

Les dégustateurs remettront à l'inspecteur général des rapports de leurs opérations, immédiatement après qu'elles seront terminées, et l'inspecteur général en rendra compte au préfet.

29. Les dégustateurs tiendront deux registres : dans l'un, ils transcriront leurs rapports, et, dans l'autre, ils porteront les prix courants et journaliers des vins ; ils y inséreront aussi la note des quantités de vins entrées, chaque jour, à la halle.

30. Les primidi et sextidi de chaque décade, ils dresseront, d'après leur registre, l'état des prix qu'auront valu les vins, pendant les cinq jours précédents, en distinguant les crus des vins, leurs espèces et leurs qualités, et en indiquant de quelle récolte ils proviennent.

Chaque primidi, ils donneront l'état des vins qui seront entrés dans la halle, ou qui en seront sortis pendant la décade précédente, en ayant soin de distinguer les vins venant des ports de ceux arrivés par terre. Ils remettront ces états à l'inspecteur général, qui les visera et les transmettra au préfet. L'inspecteur général fera, relativement à ces états, les observations qu'il croira convenables ; mais il ne pourra rien y changer.

31. Le bureau des dégustateurs est placé auprès du corps de garde de la halle aux vins.

Ils sont tenus de s'y rendre, tous les jours, avant l'ouverture des ports et de ne quitter qu'après la fermeture. Ils s'arrangeront de manière qu'il y ait toujours quelqu'un au bureau ou à proximité du bureau, soit pour répondre au public, soit pour recevoir les ordres qui leur seront transmis.

Ils s'entendront également pour que, les décadis et les jours de fêtes nationales, il y ait un d'entre eux au bureau pour surveiller l'arrivage à la halle.

Dispositions générales.

32. L'inspecteur général, les inspecteurs particuliers et les autres préposés ne peuvent s'absenter sans un congé par écrit du préfet.

33. Il leur est expressément défendu de faire le commerce des denrées ou marchandises qu'ils sont chargés d'inspecter.

Ils ne doivent pas perdre de vue qu'une des plus importantes de leurs fonctions est de régler les différends qui s'élèvent, sur les ports ou à la halle aux vins, entre les mariniers, les marchands, les acheteurs, les charretiers et les autres ouvriers des ports, et qu'ils doivent faire tout ce qui peut dépendre d'eux pour les concilier.

34. Ils auront soin, chacun en ce qui le concerne, d'enliasser, pour les représenter lorsqu'ils en seront requis par le préfet, les règlements, décisions, ordres et généralement toutes les pièces qui leur seront transmises.

35. Ils tiendront la main à l'exécution des lois et règlements qui concernent le service dont ils sont chargés.

Les inspecteurs particuliers et les autres préposés sur les ports ou à la halle aux vins, rendront compte régulièrement à l'inspecteur général de ce qu'ils auront fait pour l'exécution des ordres qu'ils auront reçus.

36. La présente instruction sera imprimée au nombre de trois cents exemplaires in-4°.

L'inspecteur général en remettra un exemplaire à chacun des inspecteurs particuliers et des autres préposés qui sont sous ses ordres. Il les préviendra que le préfet se fera rendre un compte rigoureux de l'exécution.

Le préfet de police, DUBOIS.

N° **30.** — *Ordonnance concernant les permis de port d'armes.*

Paris, le 7 brumaire an ix (29 octobre 1800).

Le préfet de police,
Vu les arrêtés des consuls des 12 messidor an viii et 3 brumaire présent mois,

Ordonne ce qui suit :

1. Tous les permis de port d'armes, accordés jusqu'à ce jour par les sous-préfets ou les maires du département de la Seine, et les maires des communes de Saint-Cloud, Sèvres et Meudon, et même ceux accordés à la Préfecture de Police, sont et demeurent annulés.

2. Tout citoyen désirant jouir ou continuer de jouir du port d'armes, même de fusils de chasse, devra se présenter à la Préfecture de Police pour en obtenir l'autorisation, qui ne sera accordée que sur les certificats des maires ou commissaires de police, et sous leur responsabilité.

3. Toutes personnes portant des armes, et qui ne se seront pas conformées aux dispositions des deux articles précédents, seront arrêtées et conduites à la Préfecture de Police.

4. Le général commandant les 15e et 17e divisions militaires, le général commandant d'armes de la place de Paris, les capitaines de la gendarmerie nationale, dans les départements de la Seine et de Seine-et-Oise, sont requis de donner tous les ordres nécessaires pour la stricte exécution de la présente ordonnance, qui sera imprimée et affichée dans l'étendue du département de la Seine, et dans les communes de Saint-Cloud, Sèvres et Meudon.

Le préfet de police, DUBOIS.

N° **31.** — *Ordonnance concernant la police extérieure et intérieure des spectacles* (1).

Paris, le 8 brumaire an ix (30 octobre 1800).

Le préfet de police,
Vu l'art. 12 de l'arrêté des consuls du 12 messidor an viii, qui lui attribue la police des théâtres, en ce qui touche la sûreté des personnes, et le charge des précautions à prendre pour prévenir les accidents, et assurer le maintien de la tranquillité et du bon ordre, tant au dedans qu'au dehors ;

---

(1) V. les ord. des 16 juin 1806, 10 août 1807, 6 juill. 1816, 23 et 27 mars 1817 ; l'arr. du 2 déc. 1824, les ord. des 12 fév. 1828, 31 janv. et 9 juin 1829 ; l'arr. du 8 fév. 1831, les ord. des 26 déc. 1832, 3 oct. 1837, 17 mai et 22 nov. 1838 ; l'arr. du 10 déc. 1841 ; la consigne du 14 juin 1842 et l'arr. du 23 nov. 1843.

Vu pareillement l'art. 2 du même arrêté;

Ordonne ce qui suit :

1. Nul théâtre public ne peut être ouvert dans la commune de Paris, sans que les entrepreneurs en aient fait préalablement leur déclaration à la Préfecture de Police. (*Loi du 19 janv. 1791, art. 1.*)

2. L'ouverture n'en sera permise qu'après qu'il aura été constaté que la salle est solidement construite, que les précautions relatives aux incendies et ordonnées par l'arrêté du 1er germinal an vii, ont été prises, et qu'il ne se trouve, rien sous les péristyles et vestibules, qui puisse en aucune manière gêner la circulation.

3. Tout spectacle actuellement ouvert, ou qui pourrait l'être par la suite, sera fermé à l'instant, si les entrepreneurs, au mépris de l'arrêté précité, négligeaient, un seul jour, d'entretenir les réservoirs pleins d'eau, les pompes en état, et de surveiller les personnes qui doivent constamment être prêtes à porter des secours.

4. Les entrepreneurs de spectacles ne pourront faire distribuer un nombre de billets excédant celui des individus que leurs salles peuvent contenir.

5. Les entrepreneurs feront fermer exactement, pendant la durée du spectacle, les portes de communication des salles aux foyers particuliers et loges des artistes, où il ne doit être admis aucune personne étrangère au service du théâtre.

6. À la fin du spectacle, les entrepreneurs feront ouvrir toutes les portes pour faciliter la prompte sortie des citoyens.

7. Il ne pourra être annoncé, dans l'intérieur des salles de spectacle, par les libraires ou colporteurs, d'autres ouvrages que des pièces de théâtre.

8. Il est défendu de s'arrêter dans les péristyles et vestibules servant d'entrée aux théâtres. (*Ord. du 24 déc. 1769.*)

9. Il est expressément défendu à quelque personne que ce soit d'acheter des billets aux bureaux ou ailleurs pour les revendre au public.

10. Il est défendu à tous ceux qui assistent aux spectacles d'y commettre aucun désordre, d'y faire du bruit, d'interrompre les acteurs pendant la représentation, et de circuler dans les corridors de manière à troubler l'ordre. (*Ord. précitée.*)

11. Nul ne peut avoir le chapeau sur la tête lorsque la toile est levée. (*Ord. précitée.*)

12. Il y aura, pour le service du public, des commissionnaires reconnus par le préfet de police : ils pourront seuls stationner à l'entrée des théâtres.

13. Les voitures ne pourront arriver aux différents théâtres que par les rues désignées dans les consignes.

Il est expressément défendu aux cochers de quitter, sous quelque prétexte que ce soit, les rênes de leurs chevaux, pendant que descendront ou remonteront les personnes qu'ils auront amenées.

14. Les voitures destinées à attendre jusqu'à la fin du spectacle, iront se placer dans les lieux destinés à cet effet.

15. À la sortie du spectacle, les voitures qui auront attendu, ne pourront se mettre en mouvement que quand la première foule sera écoulée. Le commandant du détachement de service déterminera l'instant où les voitures pourront être appelées.

16. Les voitures de place qui, pendant le spectacle, ne se seront pas rangées avec les voitures qui auront attendu, ne pourront charger qu'après le défilé.

17. Aucune voiture ne pourra aller plus vite qu'au pas, et sur une seule file, jusqu'à ce qu'elle soit sortie des rues environnant le spectacle.

18. Les conducteurs de voiture qui ne se conformeront pas aux dispositions de la présente ordonnance seront traduits au tribunal de police pour y être punis comme embarrassant la voie publique ; et s'il en était résulté des accidents, ils seront traduits au tribunal de police correctionnelle, pour y être punis conformément à l'art. 16 du tit. Ier de la loi du 22 juillet 1791.

Dans l'un et l'autre cas, leurs voitures et chevaux pourront être saisis pour sûreté de l'amende encourue. S'il est résulté des accidents, les conducteurs pourront être arrêtés et retenus jusqu'au jugement, en vertu de l'art. 28 du même titre de la loi précitée.

19. Il y aura, près de tous les théâtres, une garde extérieure. (*Loi du 19 janv. 1791, art. 7.*)

20. Les jours de première représentation, de reprise, de début ou de représentation extraordinaire, la garde sera augmentée dans les proportions jugées nécessaires pour le service.

21. Il sera établi, dans chaque théâtre, un corps de garde.

Il y sera pareillement établi un bureau pour les officiers de police.

22. Une heure avant le lever de la toile, il sera placé des factionnaires, en nombre suffisant, dans les lieux où ils seront jugés nécessaires pour faciliter la circulation des voitures et exécuter les consignes. Ces factionnaires ne pourront se retirer qu'après l'entière évacuation de la salle.

23. La garde ne pénétrera dans l'intérieur des salles que dans le cas où la sûreté publique serait compromise, et sur la réquisition expresse de l'officier de police. (*Loi du 19 janv. 1791, art. 7.*)

24. Tout citoyen sera tenu d'obéir provisoirement à l'officier de police. (*Loi précitée.*)

25. Tout citoyen invité par l'officier de police ou sommé par lui de sortir de l'intérieur de la salle, se rendra sur-le-champ au bureau de police pour y donner les explications qui pourront lui être demandées.

26. Les citoyens composant la garde de service ne pourront circuler ni s'arrêter dans les corridors des théâtres ; ils devront rester constamment au lieu qui leur sera désigné par le commandant du détachement.

27. La présente ordonnance sera imprimée, affichée dans toute la commune de Paris, et particulièrement à l'extérieur et dans l'intérieur des théâtres, et envoyée aux tribunaux compétents, au général commandant d'armes de la place, aux commissaires de police, aux officiers de paix et aux préposés de la Préfecture, pour que chacun, en ce qui le concerne, en assure l'exécution.

Le préfet de police, DUBOIS.

N° **32.** — *Ordonnance concernant le travestissement des femmes.*

Paris, le 16 brumaire an IX (7 novembre 1800).

Le préfet de police,

Informé que beaucoup de femmes se travestissent ; et persuadé qu'aucune d'elles ne quitte les habits de son sexe que pour cause de santé ;

Considérant que les femmes travesties sont exposées à une infinité de désagréments, et même aux méprises des agents de la police, si elles ne sont pas munies d'une autorisation spéciale qu'elles puissent représenter au besoin ;

Considérant que cette autorisation doit être uniforme, et que, jusqu'à ce jour, des permissions différentes ont été accordées par diverses autorités;

Considérant, enfin, que toute femme qui, après la publication de la présente ordonnance, s'habillerait en homme, sans avoir rempli les formalités prescrites, donnerait lieu de croire qu'elle aurait l'intention coupable d'abuser de son travestissement ;

Ordonne ce qui suit :

1. Toutes les permissions de travestissement accordées jusqu'à ce jour, par les sous-préfets ou les maires du département de la Seine, et les maires des communes de Saint-Cloud, Sèvres et Meudon, et même celles accordées à la préfecture de police, sont et demeurent annulées.

2. Toute femme, désirant s'habiller en homme, devra se présenter à la préfecture de police pour en obtenir l'autorisation.

3. Cette autorisation ne sera donnée que sur le certificat d'un officier de santé, dont la signature sera dûment légalisée, et en outre sur l'attestation des maires ou commissaires de police, portant les nom et prénoms, profession et demeure de la requérante.

4. Toute femme trouvée travestie et qui ne se sera pas conformée aux dispositions des articles précédents, sera arrêtée et conduite à la préfecture de police.

5. La présente ordonnance sera imprimée, affichée dans toute l'étendue du département de la Seine et dans les communes de Saint-Cloud, Sèvres et Meudon, et envoyée au général commandant les 15e et 17e divisions militaires, au général commandant d'armes de la place de Paris, aux capitaines de la gendarmerie dans les départements de la Seine et de Seine-et-Oise, aux maires, aux commissaires de police et aux officiers de paix, pour que chacun, en ce qui le concerne, en assure l'exécution.

Le préfet de police, DUBOIS.

N° 33. — *Ordonnance concernant la vente des fruits dans les ports de Paris* (1).

Paris, le 19 brumaire au IX (10 novembre 1800).

Le préfet de police,

Vu les articles 32 et 33 de l'arrêté des consuls du 12 messidor an 8, qui lui attribuent la surveillance de la rivière et des ports, et l'inspection des comestibles, boissons et denrées;

Vu pareillement l'art. 2 du même arrêté ;

Considérant qu'il s'est introduit beaucoup d'abus dans la vente des fruits arrivant par eau ; que, pour les faire cesser et empêcher qu'ils se renouvellent, il importe de remettre en vigueur les dispositions des anciens règlements rendus sur cette matière, qui n'ont pas été abrogées, et qui peuvent se concilier avec les bases de la législation actuelle ;

Ordonne ce qui suit :

1. Les fruits amenés par eau continueront d'être vendus dans la partie du port Tournelle qui leur est spécialement affectée.

---

(1) V. les ord des 23 fruct. an XII (10 sept. 1804), 2 oct. 1823, 10 oct. 1835 et 22 nov. 1842.

La partie du port réservée à ce commerce demeure fixée à cent mètres de longueur. Elle comprend tout l'espace situé depuis l'alignement de la face d'amont de la pompe épuratoire jusqu'à la goulette de l'escalier des grands degrés.

Le bateaux devront y être placés en boyard.

Des cent mètres qui composent le port aux fruits, les quarante d'aval seront destinés à recevoir les bateaux dits de Thomery. Mais, dans les cas de besoin, les cent mètres seront occupés par les gros bateaux, et alors ceux de Thomery se placeront dans toute la longueur du port des grands degrés, dans l'avau-terre des bateaux de blanchisseuses.

2. Il est défendu à toutes personnes d'aller au-devant des bateaux de fruits et d'en acheter avant qu'ils soient mis à port et en vente. (*Ord. de 1672, chap. 3, art. 2; ord. de police du 2 déc. 1774.*)

3. Les propriétaires et conducteurs des bateaux de fruits sont tenus, à leur arrivée dans Paris, de faire au bureau des arrivages par eau, établi à la Rapée, la déclaration de leurs marchandises, de se munir du passavant d'usage, de garer leurs bateaux sur la rive droite, dans le port au-dessous de la patache, et de ne descendre au port aux fruits qu'après avoir obtenu le permis de l'inspecteur des ports. (*Ord. de 1672, chap. 3, art. 3.*)

Les bateaux de Thomery doivent descendre à la place qui leur est affectée sans avoir besoin de garer.

Les bateaux qui seraient mis à port sans avoir été enregistrés à la Rapée, ou sans permis de l'inspecteur des ports, avant leur tour, ou dans une partie du port qui ne leur serait pas destinée, seront retirés et passés sur l'autre rive, aux frais et risques de la marchandise, pour y rester jusqu'au moment où, les formalités étant remplies, il y aura place au port.

4. Dans le cas où les arrivages seraient tellement abondants que le port affecté à la vente et au déchargement des fruits se trouverait insuffisant pour contenir tous les bateaux, il pourra en être garé dans le haut port de l'Hôpital; mais sous la condition expresse que le déchargement n'aura lieu qu'en vertu d'une permission spéciale du préfet de police.

5. Aussitôt qu'un bateau de fruits aura été mis à port, la vente devra s'ouvrir et être continuée sans interruption.

Dans le cas où l'on ne se conformerait pas à cette disposition, le bateau sera retiré et passé sur la rive opposée, et celui qui sera en tour de passer, prendra sa place.

Le bateau retiré ne pourra être remis à port qu'après tous les bateaux qui se trouveraient à cette époque entrés dans Paris.

6. Il est défendu de vendre les fruits en gros ou par bateiées. La vente se fera dans les bateaux en détail ou par panier, et aux heures fixées pour le travail sur les ports. (*Ord. des 2 déc. 1774 et 7 déc. 1787, et du 5ᵉ jour complémentaire an VIII, concernant la surveillance et le travail sur la rivière et sur les ports, art. 1.*)

7. Il ne doit être mis en vente que des fruits bons et non défectueux; ils seront visités par le commissaire des halles et marchés, et, en son absence, par le préposé par lui commis à cet effet. S'il s'en trouve de défectueux, ils seront saisis, et procès-verbal en sera dressé par le commissaire de police, qui en transmettra expédition au préfet. (*Ord. de 1672, chap. 3, art. 19; loi des 19-22 juill. 1791, art. 20.*)

8. Les fruits doivent être exposés en vente de la même manière et dans les mêmes paniers qu'il est d'usage de les expédier.

Il est fait défense aux marchands de mêler les fruits de différentes qualités et de mettre au fond des paniers des fruits d'une espèce et d'une qualité inférieures à celles des fruits qui sont au-dessus; comme aussi de mettre dans les paniers d'autres bouchons que ceux qui sont nécessaires pour la conservation des fruits. (*Ord. de 1672, chap. 3, art. 20, et du 17 juin 1778, art.* 1.)

9. Les marchands fourniront à leurs frais les planches nécessaires pour que les acheteurs entrent dans les bateaux avec sûreté et facilité, sinon il y sera pourvu à leurs frais et risques.

10. Les marchands mesureront eux-mêmes les fruits dans les bateaux, ou les feront mesurer à leurs frais par des personnes dont ils répondront.

11. Les acheteurs ayant le droit de sortir eux-mêmes du bateau, les fruits qu'ils ont achetés, ou de les faire sortir par les porteurs avec lesquels ils auront traité de gré à gré, tout porteur qui, par force, par subtilité ou autrement, sortirait les fruits du bateau malgré l'acheteur, ou qui exigerait un salaire plus fort que celui convenu de gré à gré, sera poursuivi suivant la rigueur des lois. (*Loi du 17 juin* 1791.)

12. Il est défendu de se porter en foule et d'entrer avec presse et confusion dans les bateaux de fruits, de fouiller dans les paniers, de gâter ou endommager les fruits, d'en emporter sans les avoir payés, de s'injurier ou maltraiter réciproquement, et de causer aucun trouble ou désordre. (*Ord. des 2 déc.* 1774 *et 7 déc.* 1787.)

13. Il est défendu d'acheter les fruits sur le port pour les y revendre; ils doivent être enlevés immédiatement après qu'ils ont été achetés. Il ne peut, sous aucun prétexte, en être déposé sur la berge du port ou aux environs sur la voie publique. (*Ord. de* 1672, *chap.* 3, *art.* 23, *et du 2 déc.* 1774.)

14. Il sera pris envers les contrevenants aux dispositions ci-dessus, telles mesures de police administrative qu'il appartiendra, sans préjudice des poursuites à exercer contre eux, pardevant les tribunaux, conformément aux lois des 17 juin et 19-22 juillet 1791, du 3 brumaire an IV, et aux autres lois et règlements qui leur seront applicables, et notamment à l'ordonnance de 1672 et à celles des 2 décembre 1774, 17 juin 1778 et 7 décembre 1787.

15. La présente ordonnance sera imprimée, affichée, publiée sur les ports et aux halles et marchés de cette ville, et envoyée aux tribunaux compétents, au général commandant d'armes de la place, au capitaine commandant la gendarmerie nationale, aux commissaires de police, aux officiers de paix, et aux préposés de la préfecture, pour que chacun, en ce qui le concerne, en assure la stricte exécution.

Le préfet de police, DUBOIS.

N° **34**. — *Ordonnance concernant la police de la rivière et des ports, aux approches de l'hiver et dans les temps des glaces, grosses eaux et débâcles* (1).

Paris, le 4 frimaire an IX (25 novembre 1800).

Le préfet de police,

Vu les arrêtés des consuls en date des 12 messidor an 8 et 3 brumaire dernier;

---

(1) V. les ord. des 1er déc. 1838, 5 déc. 1839 et 25 oct. 1840 (art. 203 et suiv.).

Considérant qu'il importe essentiellement de prendre à l'avance des précautions pour prévenir les accidents que les glaces, les grosses eaux et les débâcles pourraient occasionner dans Paris et aux environs,

Ordonne ce qui suit :

1. A compter de ce jour jusqu'au temps où il n'y aura rien à craindre des glaces, toute la partie de la rivière fermée par les estacades est destinée à servir de gare aux bateaux chargés de denrées et marchandises, aux boutiques à poisson, et spécialement aux bateaux de charbon qui, ayant plus de comble, sont plus exposés aux accidents. (*Ord. de police du* 26 *nov.* 1784, *art.* 1.)

2. Les propriétaires, voituriers par eau, ou gardiens des bateaux chargés de denrées et marchandises, sont tenus de les garer dans la partie de la rivière sus-désignée, de la manière qui leur sera indiquée par l'inspecteur général de la navigation et des ports, et d'y attendre leur tour de mise à port et en décharge, suivant leur numéro d'arrivage. (*Ord. du* 26 *nov.* 1784, *art.* 2.)

3. Les marchands, facteurs et triqueurs de poissons ne devront avoir et tenir sur la rivière, audit lieu, ni ailleurs, plus grande quantité de boutiques ou magasins à poisson que ce qui est nécessaire à leur commerce. Il leur est enjoint de les ranger de manière à laisser un passage suffisant pour le lâchage des bateaux qui descendent par le Pont-Marie, de retirer du port les boutiques vides, et de les placer dans les endroits où elles ne puissent gêner la navigation. (*Ord. du* 26 *nov.* 1784, *art.* 4.)

4. Lorsque la rivière commence à charrier, il est enjoint à tous marchands, propriétaires, voituriers par eau, ou gardiens des bateaux étant dans l'étendue des ports de Paris et aux environs, de faire aussitôt mettre à terre les marchandises dont leurs bateaux seraient chargés, et de les ranger de la manière qui sera estimée la plus convenable ; à défaut par eux d'en faire le déchargement sur la sommation qui leur en sera faite par les commissaires de police, ou par l'inspecteur général et par les inspecteurs particuliers de la navigation et des ports, il y sera pourvu à leurs frais et risques. (*Ord. de police du* 29 *nov.* 1788.)

5. Il est aussi expressément ordonné à tous marchands, propriétaires, voituriers par eau et gardiens des bateaux, ainsi qu'à ceux qui tiennent les bateaux à lessive ou à bains, les moulins, usines et autres, de les fermer et amarrer, avec bonnes et suffisantes cordes, aux anneaux et pieux placés le long des ports et quais, même de faire deux fois par jour casser les glaces autour desdits bateaux, moulins et usines; et, faute par lesdits propriétaires, voituriers et gardiens de le faire, il y sera pourvu à leurs frais et risques. (*Ord. du* 29 *nov.* 1788.)

6. Sont tenus en tous temps, les marchands, voituriers par eau, propriétaires ou gardiens, de faire retirer des ports les bateaux aussitôt après leur déchargement, de les faire remonter ou descendre aux gares ordinaires à ce destinées, de les y fermer et amarrer solidement; sinon, et, à faute de ce faire dans les délais fixés par les règlements, et après l'avertissement donné à cet effet par l'inspecteur général ou les inspecteurs particuliers de la navigation et des ports, les bateaux vides seront, sur les ordres du préfet, à l'instant retirés des ports, et remontés ou descendus aux gares ordinaires aux frais et risques des contrevenants.

Les bateaux, les bascules et toues qui seront jugés hors d'état de servir, et marqués à cet effet du marteau de déchirage, seront déchirés sur place ou dans les endroits qui seront désignés par le préfet.

Les bateaux vides exposés à des dangers, ou qui pourraient en occasionner, seront également déchirés sur un ordre du préfet. (*Ord. de 1672, chap. 4, art. 14, et du 29 nov. 1788.*)

7. Il est défendu de déposer et laisser séjourner sur les ports, berges et sur les bords de la rivière, aucuns matériaux, comme pierres, moellons, pavés, pièces de charpente, bois, fers et autres, qui, pouvant être submergés par la crue subite des eaux, exposeraient les bateaux à être endommagés et à périr avec leur chargement. Les matériaux qui s'y trouveraient déposés seront retirés de suite de la manière indiquée en l'art. 6.

8. Il est enjoint à toutes personnes qui auront repêché des bois, des débris de bateaux, des marchandises ou autres objets naufragés, d'en faire la déclaration dans les vingt-quatre heures, savoir :

Dans Paris, aux commissaires de police des divisions riveraines, ou à l'inspecteur général et aux inspecteurs particuliers de la navigation et des ports ;

Et au dehors de Paris (dans les communes soumises à la surveillance du préfet de police, par l'arrêté des consuls du 3 brumaire dernier), aux maires et adjoints desdites communes, ou à la gendarmerie, qui en donneront connaissance sans retard au préfet de police.

Les personnes qui ne feraient pas les déclarations dans le délai fixé seront privées de tout salaire pour le repêchage.

Et celles qui s'attribueraient, cacheraient ou vendraient tout ou partie des objets repêchés, seront, ainsi que les acheteurs ou receleurs, poursuivis suivant la rigueur des lois. (*Ord. du 25 fév. 1784.*)

9. Il sera pris envers les contrevenants aux dispositions ci-dessus telles mesures de police administrative qu'il appartiendra, sans préjudice des poursuites à exercer contre eux pardevant les tribunaux, conformément à la loi du 3 brumaire an iv, et aux autres lois et règlements de police qui leur seront applicables, et notamment à l'ordonnance de décembre 1672, et aux ordonnances des 25 février et 26 novembre 1784, et du 29 novembre 1788.

10. La présente ordonnance sera imprimée, publiée et affichée dans Paris, dans les communes riveraines du département de la Seine, et dans celles de Saint-Cloud, Sèvres et Meudon, et envoyée aux tribunaux compétents, au général commandant les 15e et 17e divisions militaires, au général commandant d'armes de la place de Paris, aux capitaines commandant la gendarmerie nationale dans les départements de la Seine et de Seine-et-Oise, aux maires des communes riveraines (extrà-muros), aux commissaires de police, aux officiers de paix et aux préposés de la préfecture de police, pour que chacun, en ce qui le concerne, en assure la stricte exécution.

Le préfet de police, DUBOIS.

N° **35.** — *Ordonnance concernant les heures de vente du bois de chauffage pendant l'hiver* (1).

Paris, le 8 frimaire an ix (29 novembre 1800).

Le préfet de police,

Vu les représentations qui lui ont été faites concernant la fixation des heures pour la vente du bois de chauffage ;

---

(1) V. les ord. des 15 mai 1809, 1er sept., 1er et 15 nov 1834, 15 déc. 1835 et 6 juin 1837.

Considérant, 1º que, dans la rigoureuse saison de l'hiver, les jours étant extrêmement courts, la vente dans les chantiers ne peut commencer avant huit heures du matin, et se prolonger au delà de quatre heures du soir, de sorte qu'en observant strictement l'exécution des règlements qui défendent de vendre et d'enlever du bois, de midi à deux heures, il ne reste qu'environ six heures par jour pour la vente;

2º Qu'en permettant de vendre dans les deux heures intermédiaires, pendant les mois de frimaire, nivôse et pluviôse, il en résultera une plus grande commodité pour le public, plus de facilité pour les marchands, et plus de sûreté pour le transport du bois dans Paris;

3º Qu'attendu que, dans les autres saisons, les heures fixées pour la vente se trouvant plus que suffisantes, il serait inutile de supprimer les heures intermédiaires pendant le reste de l'année, d'autant que cette mesure ne pourrait que contribuer à affaiblir les moyens de la surveillance établie dans cette partie du service;

Ordonne ce qui suit:

1. A compter de ce jour jusqu'au 29 pluviôse inclusivement, les chantiers de bois de chauffage seront ouverts, tous les jours de travail, depuis huit heures du matin jusqu'à quatre du soir, sans interruption, pour la vente et l'enlèvement des bois.

2. Pendant tout le reste de l'année, les marchands de bois seront tenus de se conformer aux dispositions des règlements qui fixent les heures de vente et d'enlèvement des bois dans les chantiers.

3. La présente ordonnance sera imprimée, affichée et envoyée aux tribunaux compétents, au général commandant d'armes de la place de Paris, aux commissaires de police, aux officiers de paix et aux préposés de la préfecture de police, pour que chacun, en ce qui le concerne, en assure la stricte exécution.

Le préfet de police, DUBOIS.

Nº **36.**— *Ordonnance concernant l'ordre à suivre par les voitures à l'arrivée et à la sortie du Théâtre-Français.*

Paris, le 9 frimaire an ix (30 novembre 1800).

Le préfet de police,

Vu l'article 12 de l'arrêté des consuls, du 12 messidor an viii, qui lui attribue la police des théâtres, en ce qui touche la sûreté des personnes, et le charge des précautions à prendre pour prévenir les accidents et assurer le maintien de la tranquillité et du bon ordre, tant au dedans qu'au dehors;

Ordonne ce qui suit:

1. Les voitures ne pourront arriver au Théâtre-Français de la république que par les rues de la Loi et Honoré.

2. Celles qui ne devront pas attendre la sortie, s'en iront par ces mêmes rues, en suivant exactement la droite.

3. Les voitures destinées à attendre la sortie, se rangeront sur une seule file dans la rue de Quiberon.

4. Pour aller prendre la file dans ladite rue, elles s'y rendront en suivant la rue de la Loi, à droite, jusqu'à celle Neuve-des-Petits-Champs, la rue Neuve-des-Petits-Champs, à droite, jusqu'au perron du Palais-Égalité, et elles descendront dans la rue de Quiberon par le perron.

5. Si quelquefois il arrivait que toutes les voitures ne pussent être contenues dans la rue de Quiberon, celles qui n'y trouveraient pas de place stationneraient dans la rue Villedot.

6. Il sera posé des factionnaires avant l'ouverture des bureaux de distribution, pour maintenir l'ordre ci-dessus.

7. Depuis le moment où il sera placé des factionnaires dans la rue de Quiberon, aucune voiture ne pourra entrer dans ladite rue (par la rue de la Loi), excepté celles qui conduiraient des personnes qui y seraient domiciliées, sans néanmoins pouvoir y stationner.

8. A la sortie du spectacle, les voitures qui auront attendu, ne pourront se mettre en mouvement que quand la première foule sera écoulée; le commandant du détachement de service déterminera l'instant où les voitures pourront être appelées.

9. Les voitures rangées dans la rue de Quiberon s'avanceront au pas, l'une après l'autre, à mesure qu'elles seront appelées pour charger, le long de la galerie latérale du théâtre et devant le péristyle.

10. Elles défileront par la rue de la Loi, du côté de celle Honoré.

11. Aucune voiture ne pourra aller plus vite qu'au pas, et sur une seule file, jusqu'à ce qu'elle soit sortie des rues environnant ledit théâtre.

12. Les voitures de place qui étaient dans l'usage de stationner rue Honoré, à partir du palais du Tribunat, jusqu'au coin de la rue de la Loi, et dans ladite rue de la Loi jusqu'au théâtre, pour attendre la sortie du spectacle, cesseront de s'y placer.

Elles ne pourront arriver aux galeries du théâtre qu'en suivant, par la rue de Quiberon, la file des voitures qui auront attendu, et charger après le défilé.

13. Une heure avant le lever de la toile, aucune voiture de place, à vide, ne pourra entrer dans la rue de la Loi, à partir de la rue Honoré jusqu'à celle Neuve-des-Petits-Champs.

14. Il est expressément défendu aux cochers de quitter, sous quelque prétexte que ce soit, les rênes de leurs chevaux, pendant que descendront ou remonteront les personnes qu'ils auront amenées.

15. Toutes les voitures qui entreront dans la rue de la Loi, par la rue Neuve-des-Petits-Champs, depuis le moment où sont placés les factionnaires, suivront exactement la droite de ladite rue.

16. Les conducteurs de voitures qui ne se conformeront pas aux dispositions de la présente ordonnance, seront traduits au tribunal de police, pour y être punis comme embarrassant la voie publique, et, s'il en était résulté des accidents, ils seront traduits au tribunal de police correctionnelle, pour y être punis conformément à l'article 16, titre Ier, de la loi du 22 juillet 1791.

Dans l'un et l'autre cas, leurs voitures et chevaux pourront être saisis pour sûreté de l'amende encourue; s'il est résulté des accidents, les conducteurs pourront être arrêtés et retenus jusqu'au jugement, en vertu de l'article 28 du même titre de la loi précitée.

17. Conformément à l'article 22 de l'ordonnance du 8 brumaire an IX, et pour le maintien de toutes les dispositions ci-dessus, il sera placé des factionnaires ainsi qu'il suit :

Sous le péristyle du théâtre	2
Au passage et descente de la rue de Quiberon	1
A la tête des voitures, même rue	1
Au passage Duchêne	1
A la fontaine de la rue de la Loi	1
A l'entrée de la rue de la Loi, par celle Honoré	2
A l'entrée de la rue des Boucheries, du côté de celle Honoré	1

18. La présente ordonnance sera imprimée, affichée à l'extérieur du Théâtre-Français de la république et dans toutes les rues environnantes, et envoyée au général commandant d'armes de la place de Paris, aux commissaires de police et aux officiers de paix, pour que chacun, en ce qui le concerne, en assure l'exécution.

Le préfet de police, DUBOIS.

N° **37.** — *Ordonnance concernant le balayage des rues* (1).

Paris, le 22 frimaire an IX (13 décembre 1800).

Le préfet de police,
Vu l'article 22 de l'arrêté des consuls du 12 messidor dernier, qui le charge de faire surveiller le balayage auquel les habitants sont tenus devant leurs maisons;

Ordonne ce qui suit :

1. Tous les propriétaires ou locataires sont tenus de faire balayer régulièrement tous les jours au devant de leurs maisons, boutiques, cours, jardins et autres emplacements.
Le balayage se fera jusqu'au ruisseau dans les rues à deux pavés, et jusqu'au milieu de la chaussée dans les autres rues.
Les boues et immondices seront mises en tas; nul ne pourra les pousser devant les propriétés voisines. (*Art.* 1 *de l'ord. du* 8 *nov.* 1780.)

2. Ceux qui auront relevé les boues ou immondices près des bornes et ceux qui sont obligés, par les localités, de les mettre en tas près des ruisseaux, jetteront la quantité d'eau suffisante pour en dissiper les traces; savoir : les premiers, aussitôt après le balayage, et les autres après le passage des voitures du nettoiement.

3. Le balayage sera terminé à huit heures du matin, depuis le 1er vendémiaire jusqu'au 1er germinal, et à sept heures au plus tard, à dater du 1er germinal jusqu'à la fin de l'année. (*Art.* 1 *de l'ord. du* 8 *nov.* 1780.)

4. Il est défendu de pousser ou de jeter les boues et immondices dans les ruisseaux.

5. Nul ne pourra déposer dans les rues aucunes ordures et immondices, provenant de l'intérieur des maisons, après le passage des voitures du nettoiement. (*Art.* 10 *de l'arrêt du* 30 *avril* 1663.)

6. Les étalagistes qui occupent des places dans les rues et sur les halles et marchés, sont tenus, matin et soir, de les balayer et de les rendre nettes. (*Art.* 14 *de l'arrêt de* 1663.)

7. Conformément aux anciennes ordonnances de police, il est défendu à qui que ce soit de déposer dans les rues aucunes ordures ou immondices autres que celles qui doivent être enlevées par l'entrepreneur du nettoiement.

8. Les verres, bouteilles cassées et morceaux de glaces seront déposés le long des maisons, séparément des boues et immondices. (*Art.* 17 *de la même ord.*)

9. Il est expressément défendu de rien jeter dans les rues par les fenêtres et croisées. (*Art.* 8 *de la même ord.*)

10. Les habitants de la campagne et autres qui ramassent, dans

(1) V. les ord. des 22 niv. an XI (12 janv. 1803), 14 nov. 1817, 29 oct. 1836, 28 oct. 1839 et 1er avril 1843.

Paris, des immondices et du petit fumier, ne pourront le faire que de grand matin ; ils se serviront de charrettes closes en planches, claies ou toiles.

Ceux qui enlèvent du fumier-litière sont tenus de le contenir sur leurs charrettes, par des bannes. (*Art. 15 de l'arrêt du 30 avril 1663.*)

11. Dans les temps de neige et de gelée, les propriétaires ou locataires sont tenus de balayer la neige et de casser les glaces au-devant de leurs maisons, boutiques, cours, jardins et autres emplacements, jusques et compris le ruisseau.

Ils mettront en tas ces neiges et glaces ; et, en cas de verglas, ils jetteront des cendres, du sable ou des gravois pour obvier aux accidents. (*Art. 2 de l'ord. du 8 nov. 1780.*)

12. Ils ne pourront déposer dans les rues, aucunes neige et glaces provenant de leurs cours ou de l'intérieur de leurs habitations. (*Art. 2 de la même ord.*)

13. Les concierges, portiers et gardiens des maisons nationales et de tous établissements publics, chacun en ce qui le concerne, sont personnellement responsables de l'exécution des dispositions ci-dessus.

14. Il sera pris envers les contrevenants aux dispositions ci-dessus telles mesures de police administrative qu'il appartiendra, sans préjudice des poursuites à exercer contre eux par-devant les tribunaux, conformément aux lois et règlements de police.

15. La présente ordonnance sera imprimée, publiée, affichée et envoyée aux autorités qui doivent en connaître, aux tribunaux compétents, aux commissaires de police, aux officiers de paix et aux préposés de la préfecture, pour que chacun, en ce qui le concerne, en assure la stricte exécution.

Le préfet de police, DUBOIS.

N° **38.**—*Ordonnance concernant la répression de la mendicité* (1).

Paris, le 30 frimaire an ix (21 décembre 1800).

Le préfet de police,

Informé que des individus de l'un et l'autre sexe s'introduisent dans les maisons particulières et publiques, et parviennent à se faire donner quelques pièces de monnaie, soit en excitant la commisération par le récit de malheurs vrais ou supposés, soit en félicitant sur une fête, un mariage ou autre événement ;

Informé qu'il est des individus qui, plus coupables encore, se permettent, sous les mêmes prétextes, d'arrêter les passants et les voyageurs dans les rues et sur les routes ;

Considérant que ces individus sont de véritables mendiants, qui doivent être d'autant plus sévèrement poursuivis que leur délit est presque toujours accompagné de circonstances aggravantes ;

Vu l'article 5 de l'arrêté des consuls du 12 messidor an viii, qui charge le préfet de police de faire exécuter les lois sur la mendicité et le vagabondage,

Ordonne ce qui suit :

1. Les individus qui se présenteront dans les maisons publiques, violeront l'asile des citoyens ou les arrêteront dans les rues et sur les routes pour, sous quelque prétexte que ce soit, extorquer quelques

---

(1) V. les ord. des 7 janv. 1809 et 20 sept. 1828.

pièces de monnaie, seront arrêtés et conduits à la préfecture de police.

2. En vertu des dispositions de l'art. 5 de l'arrêté précité, ils seront envoyés dans les maisons de détention établies pour la répression de la mendicité.

3. Si leur délit se trouve accompagné des circonstances aggravantes prévues par la loi, ils seront traduits devant les tribunaux, pour être punis conformément aux art. 23 et 24 du titre 2 de la loi du 22 juillet 1791.

4. La présente ordonnance sera imprimée, publiée, affichée dans toute l'étendue du département de la Seine et dans les communes de Saint-Cloud, Sèvres et Meudon, et envoyée au général commandant les quinzième et dix-septième divisions militaires, au général commandant d'armes de la place de Paris, aux capitaines de la gendarmerie dans les départements de la Seine et de Seine-et-Oise, aux maires des douze arrondissements de Paris, à ceux des communes du département de la Seine (*extra muros*), et des communes de Saint-Cloud, Sèvres et Meudon, aux commissaires de police et aux officiers de paix pour que chacun, en ce qui le concerne, en assure l'exécution.

Le préfet de police, DUBOIS.

1801.

N° **39.** — *Avis concernant les militaires et marins.*

Paris, le 18 nivôse an ix (8 janvier 1801).

Le préfet de police, en vertu de l'article 3 de la section 2ᵉ de l'arrêté des consuls du 12 messidor dernier ;

Ordonne à tous militaires ou marins, de quelque grade et de quelque arme qu'ils soient, qui ont obtenu des congés limités ou absolus, et qui veulent résider ou séjourner à Paris, dans les communes rurales du département de la Seine, ou dans celles de Saint-Cloud, Sèvres et Meudon, de se présenter sur-le-champ à la préfecture de police, pour y faire viser leurs congés ou permissions, indépendamment des formalités auxquelles ils sont tenus par les règlements militaires.

Les contrevenants au présent ordre seront arrêtés conformément aux lois et règlements de police.

Le préfet de police, DUBOIS.

N° **40.** — *Ordonnance concernant les étrangers à la commune de Paris* (1).

Paris, le 18 nivôse an IX (8 janvier 1801).

Le préfet de police,

Informé que des propriétaires, principaux locataires, concierges ou portiers de maisons reçoivent, à titre de parents ou d'amis, des individus étrangers à la commune de Paris, sans en faire, dans les vingt-quatre heures, la déclaration prescrite par la loi du 27 ventôse an IV;

Considérant qu'il importe à la sûreté publique et au maintien du bon ordre, de rappeler aux citoyens de Paris et aux étrangers qui s'y rendent les obligations respectives que cette loi leur impose;

En vertu de l'article 2 de l'arrêté des consuls du 12 messidor an VIII, et de l'article 1er de celui du 3 brumaire dernier;

Ordonne ce qui suit:

1. Conformément aux dispositions de la loi du 27 ventôse an IV, les personnes étrangères à la commune de Paris, et qui viennent y séjourner, seront tenues de déclarer, dans les vingt-quatre heures, devant les commissaires de police, leurs nom, prénoms, âge, profession ou état, leur domicile ordinaire, leur demeure à Paris et d'exhiber leur passe-port.

2. Les citoyens domiciliés à Paris, qui auront des étrangers logés dans leurs maisons, et les concierges ou portiers de maison non habitée sont pareillement tenus de faire, dans le même délai, devant les commissaires de police, leur déclaration de chaque étranger à la commune de Paris, logé chez eux.

3. Les commissaires de police adresseront, chaque jour, au préfet de police l'état desdites déclarations.

4. Dans les communes rurales du département de la Seine et dans les communes de Saint-Cloud, Sèvres et Meudon, ces déclarations auront lieu devant les maires et adjoints qui en transmettront, toutes les décades, un état au préfet de police.

5. Ceux qui négligeront de faire la déclaration prescrite, seront dénoncés au tribunal de police correctionnelle, pour être punis conformément à l'article 3 de la loi du 27 ventôse an IV, qui prononce trois mois d'emprisonnement pour la première fois et six mois d'emprisonnement en cas de récidive.

6. Ceux qui auront fait une fausse déclaration, seront également dénoncés au tribunal de police correctionnelle, conformément à l'article 4 de la même loi, qui prononce six mois d'emprisonnement pour la première fois et une année de détention en cas de récidive.

7. Les commissaires de police, à Paris, et les maires et adjoints dans les communes rurales du département de la Seine et dans celles de Saint-Cloud, Sèvres et Meudon, constateront les contraventions par des procès-verbaux dont ils adresseront expédition au commissaire du gouvernement près le tribunal de première instance.

Ils sont chargés, sous leur responsabilité, de veiller à l'exécution de la loi sus-énoncée, et de rendre compte de leurs opérations au préfet de police.

8. Les officiers de paix concourront à l'exécution de la présente ordonnance par tous les moyens qui sont en leur pouvoir.

Le préfet de police, DUBOIS.

---

(1) V. les ord. des 25 pluv. an XI (14 fév. 1803), 10 juin 1820, 19 nov. 1831 et 15 juin 1832.

N° **41.** — *Ordonnance concernant les diligences et voitures publiques.*

Paris, le 25 nivôse an ix (15 janvier 1801).

Le préfet de police,

Vu l'arrêté des consuls, en date du 17 nivôse présent mois, qui ordonne qu'aucune diligence, partant à jour fixe, ne pourra voyager qu'elle n'ait quatre soldats, commandés par un caporal ou sergent, sur l'impériale, et qu'elle ne soit accompagnée, la nuit, de deux gendarmes au moins : et voulant en assurer l'exécution,

Ordonne ce qui suit :

1. Les entrepreneurs de diligences se rendront, dans le jour de la publication de la présente ordonnance, à la préfecture de police.

Ils y déclareront le nombre de leurs voitures.

Les déclarations contiendront, en outre, le lieu de la destination desdites voitures, l'heure de leur départ et celle de leur arrivée.

2. L'état des diligences sera envoyé aux commissaires de police.

Chacun d'eux, accompagné d'un sellier, se rendra de suite chez les entrepreneurs de son arrondissement.

Il fera examiner les voitures, constatera leur solidité suffisante pour recevoir cinq militaires sur l'impériale, et transmettra sur-le-champ son rapport à la préfecture de police.

3. D'après ce rapport, il sera délivré aux entrepreneurs des laissez-passer en vertu desquels il leur sera accordé par l'autorité militaire l'escorte voulue par l'arrêté des consuls.

4. Les voitures ainsi escortées pourront seules transporter des fonds, soit publics, soit particuliers.

5. Les voitures qui seraient jugées ne pouvoir contenir les cinq militaires ne pourront voyager jusqu'à ce que les entrepreneurs soient en état de se conformer à l'article 1er de l'arrêté du 17 nivôse, et en aient justifié au préfet de police.

6. Sont exceptées des dispositions ci-dessus les voitures qui partent et arrivent dans le même jour à leur destination.

7. Les entrepreneurs des voitures comprises en l'article précédent sont également tenus, dans les vingt-quatre heures, de se présenter à la préfecture de police, d'y faire leur déclaration et d'obtenir des laissez-passer.

8. Les voitures dites des environs de Paris, telles que cabriolets, gondoles, guinguettes, continueront de circuler librement.

9. La présente ordonnance sera imprimée, publiée et affichée dans Paris, dans les communes rurales du département de la Seine et dans celles de Saint-Cloud, Sèvres et Meudon.

Les commissaires de police à Paris, et les maires et adjoints dans les cantons ruraux, les officiers de paix et les préposés de la préfecture de police sont chargés, chacun en ce qui le concerne, de veiller à son exécution.

Le commandant général des quinzième et dix-septième divisions militaires, le commandant d'armes de la place de Paris et les capitaines de gendarmerie dans les départements de la Seine et de Seine-et-Oise sont requis de leur faire prêter main-forte au besoin.

Le préfet de police, DUBOIS.

N° **42.** — *Ordonnance concernant l'échenillage* (1).

Paris, le 2 pluviôse an ix (22 janvier 1801).

Le préfet de police,

Vu la loi du 26 ventôse an iv, qui ordonne que l'échenillage des arbres sera fait, chaque année, avant le 1er ventôse;

Considérant qu'il est à craindre que la température trop douce de l'hiver ne compromette les subsistances, en facilitant le développement des insectes qui détruisent les récoltes ;

Considérant aussi qu'en s'attachant aux plantes et aux herbes dont les animaux se nourrissent, la grande quantité de ces insectes pourrait occasionner des maladies épizootiques ;

En vertu de l'article 2 de l'arrêté des consuls du 12 messidor an viii, et de l'article 1er de celui du 3 brumaire dernier ;

Ordonne ce qui suit :

1. La loi du 26 ventôse an iv (2), qui ordonne que l'échenillage des arbres sera fait, chaque année, avant le 1er ventôse, sera imprimée, publiée et affichée.

2. Les commissaires de police, à Paris, les maires et adjoints des communes rurales du département de la Seine et celles de Sèvres, Saint-Cloud et Meudon sont chargés d'en surveiller l'exécution.

3. Ils constateront toutes les contraventions par des procès-verbaux qu'ils adresseront aux tribunaux compétents, et rendront compte de leurs opérations au préfet de police.

Le préfet de police, DUBOIS.

N° **43.** — *Ordonnance concernant les colporteurs* (3).

Paris, le 4 pluviôse an ix (24 janvier 1801).

Le préfet de police,

Informé que les colporteurs de journaux et autres feuilles contreviennent journellement aux lois et règlements de police qui les concernent ;

Vu les articles 2 et 11 de l'arrêté des consuls de la république du 12 messidor an viii;

Ordonne ce qui suit :

1. Toutes les permissions de colporteurs de journaux et autres feuilles, accordées jusqu'à ce jour tant pour Paris que pour les communes rurales du département de la Seine, et celles de Saint-Cloud, Sèvres et Meudon, sont annulées.

En conséquence, tout colporteur est tenu, dans le délai d'une décade, à compter du jour de la publication de la présente ordonnance, de déposer à la préfecture de police la permission qui lui a été délivrée précédemment, à l'effet d'en obtenir une nouvelle, en remplissant les formalités dont il sera parlé ci-après.

2. Tout individu qui désire obtenir une permission de colporteur

---

(1) V. l'ord. du 29 janv. 1810 et l'arr. du 1er mars 1837.

(2) V. cette loi à l'appendice.

(3) V. les ord. des 16 nov. 1829, 26 juill. et 12 nov. 1830, 9 avr., 29 juin et 27 déc. 1831, 19 oct. 1833, 22 févr. 1834 et 19 oct. 1839.

justifiera qu'il demeure au moins depuis un an dans le département de la Seine ou dans les communes de Sèvres, Saint-Cloud et Meudon, et qu'il s'y est toujours bien comporté.

Il fournira, à cet effet, un certificat signé de trois témoins domiciliés, dont un devra être imprimeur patenté.

Les prénoms, noms, demeures et états des témoins seront rappelés dans ledit certificat.

3. Nul individu ne peut être colporteur s'il ne sait lire. (*Règl. du 28 févr. 1723, art. 69.*)

4. Tout colporteur est tenu d'avoir sur son habit une plaque de cuivre sur laquelle sera gravé le mot COLPORTEUR, avec le numéro de sa permission. (*Règl. précité, art. 74.*)

5. Il est défendu aux colporteurs de céder ou prêter leurs plaques ou permissions, sous quelque prétexte que ce soit. (*Ord. de police du 16 avr. 1740.*)

6. Les colporteurs sont tenus de représenter leur permission chaque fois qu'ils en seront requis par les commissaires de police, officiers de paix, préposés de la préfecture de police, et par tous autres chargés de tenir la main à l'exécution de la présente ordonnance.

7. Dans le cas de changement de demeure, les colporteurs doivent en faire la déclaration à la préfecture. Ils la feront en outre, savoir : ceux qui demeurent à Paris, devant les commissaires de police de leur ancien et nouveau domicile; et ceux qui résident dans les communes rurales, devant les maires de leur ancienne et nouvelle habitation.

8. Les colporteurs ne pourront crier, vendre et débiter que les journaux et tous actes émanés des autorités constituées.

9. Il est défendu à tout individu d'annoncer dans les rues, carrefours et autres lieux publics, aucun journal, autrement que par le titre général qui le distingue des autres journaux. (*Loi du 5 niv. an v, art. 1.*)

10. Il est également défendu d'annoncer aucune loi, aucun jugement, ou autres actes d'une autorité constituée, autrement que par le titre donné auxdits actes, soit par l'autorité de laquelle ils émanent, soit par celle qui a le droit de les publier. (*Loi précitée, art. 2.*)

11. Les colporteurs ne pourront s'arrêter sur la voie publique.

12. Dans tous les cas de contravention aux dispositions ci-dessus, les colporteurs seront amenés à la préfecture de police, et il sera pris envers les contrevenants telle mesure administrative qu'il appartiendra; les plaques et permissions pourront même leur être retirées, sans préjudice des poursuites à exercer par-devant les tribunaux, conformément aux lois et règlements de police.

13. La présente ordonnance sera imprimée, publiée et affichée dans Paris, dans les communes rurales du département de la Seine, et dans celles de Saint-Cloud, Sèvres et Meudon.

Les commissaires de police de Paris, et les maires et adjoints dans les communes rurales, les officiers de paix et les préposés de la préfecture de police sont chargés, chacun en ce qui le concerne, de veiller à son exécution.

Le commandant général de la première division militaire, le commandant d'armes de la place de Paris et les capitaines de gendarmerie dans les départements de la Seine et de Seine-et-Oise sont requis de leur prêter main-forte au besoin.

Le préfet de police, DUBOIS.

N° **44.** — *Ordonnance concernant les loueurs de chevaux, de cabriolets et autres voitures* (1).

Paris, le 13 pluviôse an IX (2 février 1801).

Le préfet de police,
Informé que les vols de diligences et d'autres délits qui se commettent aux environs de Paris proviennent en grande partie de la facilité avec laquelle les individus qui se rendent coupables de ces vols se procurent des chevaux et des voitures ;
Voulant obvier à cet inconvénient,

Ordonne ce qui suit :

1. A compter du jour de la publication de la présente ordonnauce, les citoyens qui exercent la profession de loueurs de chevaux, de cabriolets on autres voitures, seront tenus d'en faire la déclaration à la préfecture de police.

2. Ceux qui désireront louer des chevaux, des cabriolets ou autres voitures, ne pourront en obtenir qu'en exhibant aux loueurs les passe-ports ou cartes de sûreté dont ils seront munis.

3. Les loueurs ouvriront un registre où ils inscriront les noms, prénoms, professions et demeures des individus auxquels ils auront loué des chevaux, des cabriolets ou autres voitures.

4. Ils enverront, chaque jour, un extrait certifié de ce registre à la préfecture de police.

5. Les contrevenants seront amenés à la préfecture de police pour être pris contre eux telles mesures administratives qu'il appartiendra, et ils seront traduits, s'il y a lieu, devant les tribunaux.

6. La présente ordonnauce sera imprimée, publiée et affichée.

Les commissaires de police à Paris, les maires et adjoints des communes rurales du département de la Seine, et de celles de Saint-Cloud, Sèvres et Meudon, les officiers de paix et les préposés de la préfecture de police sont chargés, chacun en ce qui le concerne, de tenir la main à son exécution.

Le général commandant de la première division militaire, le commandant d'armes de la place de Paris et les capitaines de gendarmerie dans les départements de la Seine et de Seine-et-Oise sont requis de leur faire prêter main-forte en cas de besoin.

Le préfet de police, DUBOIS.

N° **45.** — *Ordonnance concernant les cabriolets* (2).

Paris, le 16 pluviôse an IX (5 février 1801).

Le préfet de police,
Vu les articles 22 et 32 et l'article 1er des arrêtés des consuls des 12 messidor an VIII et 3 brumaire an IX ;
Considérant que la liberté et la sûreté de la voie publique sont jour-

---

(1) Rapportée. — V. l'ord. du 15 janv. 1841, les arr. des 15 janv. et 18 févr. 1841 et l'ord. du 25 mai 1842.
(2) Rapportée. — V. l'ord. du 15 janv. 1841, les arr. des 15 janv. et 18 févr. 1841 et l'ord. du 25 mai 1842.

nellement compromises par les cabriolets qui stationnent et circulent dans Paris, et voulant rétablir l'ordre en cette partie,

Ordonne ce qui suit :

Anciennes déclarations annulées.

1. A compter du 15 germinal prochain, toutes déclarations faites, soit au bureau central, soit à la préfecture de police, par des citoyens propriétaires de cabriolets à leur usage personnel ou à l'usage du public, seront nulles et comme non avenues.

Nouvelles déclarations.

2. Avant l'expiration du terme fixé par l'article précédent, toute personne domiciliée à Paris, ainsi que dans les cantons ruraux du département de la Seine et dans les communes de Sèvres, Meudon et Saint-Cloud, qui sera propriétaire d'un cabriolet pour son usage particulier, en fera sa déclaration à la préfecture de police.

3. Sont tenues de la même déclaration toutes personnes domiciliées à Paris qui donneront à loyer, soit sur place, soit dans leur domicile, des cabriolets pour circuler dans l'intérieur de cette commune, comme aussi ceux qui tiendront, sur la voie publique ou dans des bureaux, des cabriolets et autres voitures pour les environs de Paris.

4. Les propriétaires de cabriolets de louage domiciliés dans les communes rurales du département de la Seine et à Sèvres, Meudon et Saint-Cloud, ainsi que ceux domiciliés dans toute autre commune, qui voudront faire stationner leurs cabriolets à Paris, sur la voie publique, ou tenir des bureaux de cabriolets et autres voitures pour les environs de Paris, feront aussi la déclaration de leurs voitures à la préfecture de police ; ils y joindront un certificat du maire de la commune de leur résidence, qui constatera qu'ils sont propriétaires d'un ou plusieurs cabriolets ou autres voitures, et l'usage auquel ils les destinent.

5. Il sera délivré à ceux qui feront les déclarations prescrites par les trois articles précédents, des numéros destinés à être placés sur leurs cabriolets, ainsi qu'il sera ci-après expliqué.

Numérotage des cabriolets.

Cabriolets particuliers et de remise.

6. Les cabriolets destinés uniquement à l'usage personnel de leurs propriétaires, ainsi que ceux tenus sous remise pour être loués à des particuliers à la journée, au mois ou à l'année, seront numérotés au-dessous de la capote, sur le panneau de derrière et sur les deux panneaux de côté.

Les numéros seront en chiffres arabes noirs de huit centimètres (trois pouces) de hauteur sur $0^m00,678$ centi-millimètres (trois lignes) de plein, dans un carré long, fond blanc ; le tout à l'huile.

Cabriolets de place pour l'intérieur.

7. Les cabriolets destinés à stationner sur la voie publique, pour être loués et circuler dans l'intérieur de Paris, seront numérotés, aux frais des propriétaires, par un préposé de la préfecture de police, commis à cet effet.

Cabriolets pour l'extérieur.

8. Les cabriolets et autres voitures suspendues, dites des environs de Paris, qui stationnent sur la voie publique ou qui peuvent être prises dans les bureaux particuliers, seront également numérotés par un préposé de la préfecture de police.

Dispositions particulières aux cabriolets particuliers et de remise.

Cabriolets qui ne peuvent être loués sur place.

9. Il est expressément défendu aux propriétaires et conducteurs des cabriolets mentionnés en l'article 6 ci-dessus, de les exposer ni faire stationner sur aucun endroit de la voie publique pour être loués.

Dispositions particulières aux cabriolets de place pour l'intérieur.

Où pourront stationner les cabriolets de place.

10. Les cabriolets de place désignés en l'article 7 ci-dessus ne pourront stationner sur la voie publique, pour être loués, ailleurs que dans les endroits ci-après indiqués, savoir :

1° Rue du Muséum-des-Arts, à droite en entrant, depuis l'angle rentrant formé par le parapet d'un fossé, jusqu'à la rue du Chantre ;

2° Rue Taitbout, côté gauche, en entrant par le boulevard, jusqu'au n° 33;

3° Rue Cérutti, aussi à gauche, en entrant par le boulevard, jusqu'au n° 3 ;

4° Rue Lepelletier, à droite, en entrant par le boulevard, le long du trottoir, jusqu'au n° 2 ; et en retour, d'équerre, rue Pinon ;

5° Rue Basse-du-Rempart, le long du mur de terrasse du boulevard, à partir de la rue du Mont-Blanc ;

6° Rue des Champs-Elysées, à gauche, en entrant par la place, et le surplus à droite, dans l'enfoncement formé par le pavillon de la Colonnade, jusqu'au n° 3 ;

7° Quai Malaquais, le long du trottoir, à partir de la descente qui se trouve en face de la rue des Petits-Augustins.

Prix des Courses.

11. Tout conducteur de cabriolets qui sera pris et loué sur la voie publique, pour circuler dans l'intérieur de Paris, ne pourra exiger d'autres ni plus forts salaires que ceux fixés ci-après,

SAVOIR :

Pour chaque course..................... 1 fr.
Pour la première heure.................... 1 fr. 25 c.
Pour chacune des suivantes................ 1 fr.

Les cochers conduiront eux-mêmes.

12. Il est enjoint à tout propriétaire ou cocher d'un cabriolet de place de conduire lui-même son cabriolet.

Places des cabriolets à l'extérieur.

13. Les cabriolets et autres voitures suspendues, dites des environs de Paris, ne pourront stationner, pour être loués, ailleurs que sur les places ci-après,

SAVOIR :

1° Quai et division des Tuileries ;
2° Rue Basse, porte Denis, division Poissonnière;
3° Rue Jean-Beausire, division de l'Indivisibilité ;
4° Rue des Thermes-d'Enfer, division des Thermes.

Défense d'aller au-devant des voyageurs.

14. Il est expressément défendu aux conducteurs des cabriolets et autres voitures mentionnées en l'article précédent, d'aller au-devant des voyageurs et d'employer aucune violence pour les attirer et obtenir d'eux la préférence.

Les conducteurs devront rester à la tête de leurs chevaux, sur les places désignées en l'article précédent, et y attendre que les voyageurs se présentent pour louer leurs voitures.

Responsabilité pour les effets.

15. Les propriétaires et conducteurs desdits cabriolets et autres voitures sont personnellement responsables des effets que les voyageurs leur auront confiés, ainsi que des accidents qui pourraient arriver en route, par le défaut de solidité de leurs voitures, harnais et autres objets en dépendant.

Cabriolets pour l'extérieur assimilés aux carrosses de place.

16. L'ordonnance de police du 11 vendémiaire dernier, concernant les carrosses de place, est applicable à tous les propriétaires et conducteurs de cabriolets de louage, en ce qui n'est pas contraire aux dispositions de la présente.

Dispositions générales.

Lanternes et grelots.

17. Nul cabriolet ne peut circuler dans Paris, pendant la nuit, sans être garni de deux lanternes allumées adaptées à chaque côté de la caisse.

Il sera aussi adapté au col du cheval, le jour comme la nuit, un fort grelot mobile dont le bruit puisse avertir les passants.

Conduite des chevaux.

18. Tout citoyen menant un cabriolet dans les rues d'une commune est tenu de conduire son cheval au petit trot. Il ne pourra le conduire autrement qu'au pas dans les marchés, ainsi que dans les rues étroites où deux voitures ne peuvent passer de front.

Accidents.

19. En cas d'accidents occasionnés par un cabriolet, la personne à qui il aura été délivré le numéro qui se trouvera sur ledit cabriolet sera responsable des accidents, à moins qu'elle n'ait fait à la préfecture de police une déclaration de la vente de son cabriolet et des noms et demeure de celui qui l'aurait acheté.

Changement de domicile.

20. Tous propriétaires de cabriolets, soit particuliers, soit de louage, inscrits à la préfecture de police, sont tenus, lorsqu'ils changeront de domicile, d'en faire leur déclaration,

SAVOIR :

Ceux qui résident à Paris, aux commissaires de police de leur ancien et nouveau domicile; et ceux qui résident hors de Paris, aux maires de leur ancienne et nouvelle habitation, pour ladite déclaration être transmise de suite au préfet de police.

Cabriolets venant des départements.

21. Les personnes qui n'ont point d'habitation dans le département de la Seine ni dans les communes de Sèvres, Meudon et Saint-

Cloud, et qui viendront à Paris avec un cabriolet à leur usage particulier, exhiberont leur passeport, dans le cas où leur cabriolet serait arrêté comme ne portant pas de numéros, lanternes ni grelot.

Contraventions.

22. Dans tous les cas de contravention aux dispositions de la présente ordonnance, les cabriolets seront conduits à la préfecture de police.

Il sera pris contre leurs propriétaires ou conducteurs telle mesure administrative qu'il appartiendra, sans préjudice des poursuites à exercer contre eux devant les tribunaux.

23. Il n'est point dérogé à l'ordonnance de police du 13 de ce mois, concernant les loueurs de chevaux, de cabriolets et autres voitures, laquelle continuera d'être exécutée selon sa forme et teneur, sous les peines y portées.

24. La présente ordonnance sera imprimée, publiée et affichée dans Paris, dans les communes rurales dudit département de la Seine, et dans celles de Saint-Cloud, Sèvres et Meudon.

Les commissaires de police, à Paris, et les maires, adjoints des communes rurales, les officiers de paix et les préposés de la préfecture de police sont chargés, chacun en ce qui le concerne, de veiller à son exécution.

Le général commandant de la première division militaire, le commandant d'armes de la place de Paris et les capitaines de gendarmerie dans les départements de la Seine et de Seine-et-Oise sont requis de leur faire prêter main-forte en cas de besoin.

Le préfet de police, DUBOIS.

N° **46.** — *Ordonnance concernant la vente et la préparation des drogues et médicaments* (1).

Paris, le 18 pluviôse an ix (7 février 1801).

Le préfet de police,

Considérant que la loi du 17 avril 1791 porte que les lois, statuts et règlements relatifs à l'exercice de la pharmacie continueront d'être exécutés suivant leur forme et teneur;

Considérant qu'il s'est introduit dans la préparation et la vente des drogues et médicaments des abus dont les résultats peuvent être très-funestes, et qu'il importe, par conséquent, de prendre des mesures aussi promptes qu'efficaces pour réprimer ces abus;

Vu les articles 2 et 23 de l'arrêté des consuls du 12 messidor an viii,

Ordonne ce qui suit :

1. Les pharmaciens munis de titres d'admission au ci-devant collége, ou à l'école gratuite de pharmacie de Paris, pourront seuls avoir laboratoire et officine ouverte dans cette ville pour préparer, manipuler et vendre les compositions et mixtions médicinales, ainsi que les drogues simples, sauf les exceptions contenues en l'article 5 ci-après. (*Déclar. du 25 avr. 1777, art. 1, et loi du 17 avril 1791.*)

2. Dans les dix jours, à compter de celui de la publication de la présente ordonnance, l'école gratuite de pharmacie remettra au préfet

---

(1) V. les ord. des 12 pluv. an xi (1er févr. 1803) et 9 niv. an xii (31 déc. 1803).

de police les noms et demeures de tous ses membres, avec la date de leur admission, pour être inscrits sur un tableau qui sera dressé à cet effet. (*Déclar. du 25 avr. 1777, art. 3.*)

3. Tous ceux qui, à l'avenir, prétendraient avoir le droit de tenir laboratoire et officine ouverte, pour exercer la pharmacie dans la ville de Paris, seront tenus, avant de commencer aucuns travaux et de faire aucunes ventes, de remettre au préfet de police leurs titres d'admission à l'école gratuite de pharmacie. (*Mêmes déclar. et art.*)

4. Il est défendu aux épiciers et à tous autres de fabriquer, vendre et débiter aucuns sels, compositions ou préparations entrant au corps humain, en forme de médicaments, ni de faire aucune mixtion de drogues simples, pour administrer en forme de médecine, sous peine de 500 francs d'amende. (*Même déclar., art. 6.*)

5. Les épiciers continueront d'avoir le droit et la faculté de faire le commerce en gros des drogues simples, sans qu'ils puissent en vendre et débiter au poids médicinal, mais seulement au poids de commerce : il leur est néanmoins permis de vendre en détail et au poids médicinal, la manne, la casse, la rhubarbe et le séné, ainsi que les bois et racines, le tout en nature, sans préparation, manipulation ni mixtion, sous peine de 500 francs d'amende et de plus grande peine en cas de récidive. (*Même déclar., art. 5.*)

6. Il est expressément défendu aux pharmaciens, aux épiciers et à tous autres, de distribuer l'arsenic, le réagal, le sublimé et autres drogues réputées poisons, si ce n'est à des personnes connues et domiciliées, auxquelles ces drogues sont nécessaires pour leur profession, sous peine de 3,000 francs d'amende. (*Edit du mois de juill. 1682, art. 7, et déclar. du 25 avr. 1777, art. 9.*)

7. Les pharmaciens et les épiciers tiendront un registre qui sera parafé par le commissaire de police de la division de leur domicile, sur lequel registre les personnes qui seront dans le cas d'acheter des drogues dont il s'agit en l'article précédent, écriront de suite et sans aucun blanc, leurs noms, qualités et demeures, l'année, le mois et le jour où elles auront pris de ces drogues, avec la quantité qui leur aura été délivrée et l'emploi qu'elles se proposent d'en faire, le tout à peine de 3,000 francs d'amende. (*Edit du mois de juill. 1682, art. 7, et déclar. du 25 avr. 1777, art. 9.*)

8. A l'égard des individus qui ne sauront pas écrire, mais qui seront connus, les pharmaciens et les épiciers feront eux-mêmes, sur le registre, l'inscription voulue par l'article précédent.

Quant aux individus étrangers et inconnus, il ne leur sera délivré aucunes desdites drogues, s'ils ne sont accompagnés de personnes domiciliées ou connues, qui signeront sur le registre.

Le tout sous peine de 3,000 francs d'amende. (*Edit du mois de juill. 1682, art. 7, et déclar. du 25 avr. 1777, art. 9.*)

9. Tous poisons et drogues dangereuses seront tenus et gardés en lieux sûrs et séparés, dont le chef seul aura la clef, sans que les femmes, enfants, garçons ou apprentis et domestiques en puissent disposer, vendre ou débiter, sous les peines portées aux art. 6, 7 et 8. (*Même déclar., art. 10.*)

10. Les commissaires de police, assistés des gens de l'art, nommés par le préfet, feront des visites chez les pharmaciens, les épiciers-droguistes et tous autres, pour assurer l'exécution des lois rappelées par la présente ordonnance et pour vérifier si les drogues ne sont ni gâtées, ni corrompues, ni détériorées. (*Même déclar., art. 6, et loi du 22 juill. 1791, art. 13 et 21.*)

11. Lors des visites ordonnées par l'article précédent, les pharmaciens, les épiciers-droguistes et tous autres vendant des drogues ou compositions médicinales, seront tenus de les représenter. (*Mêmes déclar. et art.*)

12. Les commissaires de police dresseront des procès-verbaux de leurs visites ; ils constateront les contraventions ; ils apposeront les scellés sur les boîtes, vases ou caisses qui renfermeront les drogues saisies ; et si besoin est, ils les déposeront dans un lieu sûr et fermé, à la garde de ceux dans la maison ou la boutique desquels lesdites drogues auront été trouvées ; ou, à leur défaut, à la garde des personnes qui répondront pour eux, à la charge de les représenter à toutes réquisitions.

13. Il sera pris envers les contrevenants aux dispositions ci-dessus telles mesures administratives qu'il appartiendra, sans préjudice des poursuites à exercer contre eux devant les tribunaux.

14. La présente ordonnance sera imprimée, publiée, affichée dans Paris et envoyée aux tribunaux compétents, aux commissaires de police, aux officiers de paix et aux préposés de la préfecture, pour que chacun, en ce qui le concerne, en assure la stricte exécution.

Le général commandant d'armes de la place de Paris est requis de leur faire prêter main-forte en cas de besoin.

Le préfet de police, DUBOIS.

N° **47.** — *Ordonnance concernant les travestissements et déguisements pendant les jours dits du Carnaval* (1).

Paris, le 21 pluviôse an IX (10 février 1801).

Le préfet de police,

Informé que pendant les jours dits du Carnaval des individus se proposent de paraître en public déguisés ou travestis ;

Considérant que ce genre de divertissement ne serait contraire aux lois qu'autant qu'il troublerait l'ordre public et compromettrait la tranquillité ;

Considérant que, si, d'un côté, ce divertissement ne doit pas être interdit aux citoyens honnêtes et paisibles, de l'autre, il est du devoir de l'autorité de prévenir les abus qui pourraient en résulter ;

Vu les articles 2, 10 et 22 de l'arrêté des consuls de la république du 12 messidor an VIII ;

Ordonne ce qui suit :

1. Les individus qui, déguisés ou travestis, voudraient, pendant les jours dits du Carnaval, parcourir les rues et se montrer dans les lieux publics, ne pourront y paraître sous le masque.

2. Il est défendu à toute personne déguisée ou travestie de porter aucune arme.

3. Nul ne pourra prendre des déguisements qui seraient de nature à troubler l'ordre public.

4. Il est défendu à tout individu déguisé ou travesti d'arrêter les passants, d'insulter qui que ce soit par des plaisanteries indécentes et déplacées, et de s'introduire par violence dans les boutiques et maisons des citoyens.

5. Tous contrevenants aux dispositions ci-dessus seront arrêtés et amenés à la préfecture de police, et il sera pris contre eux telles mesures administratives qu'il appartiendra, sans préjudice des poursuites à exercer devant les tribunaux pour le délit qu'ils pourraient avoir commis.

---

(1) V. les ord. des 10 févr. 1828, 10 févr. 1830 et 23 févr. 1843.

6. La présente ordonnance sera imprimée et affichée dans Paris.

Les commissaires de police, les officiers de paix et les préposés de la préfecture de police sont chargés, chacun en ce qui le concerne, de tenir la main à son exécution.

Le général commandant de la première division militaire, le commandant d'armes de la place de Paris et le capitaine de la gendarmerie dans le département de la Seine sont requis de leur faire prêter main-forte en cas de besoin.

Le préfet de police, DUBOIS.

———————————

N° 48. — *Ordonnance qui prescrit la réimpression et la publication des articles 11, 12, 13 et 14 de l'ordonnance du 22 frimaire an ix (13 décembre 1800), relatifs aux neiges et glaces (1).*

Paris, le 26 pluviôse an ix (15 février 1801).

———————————

N° 49. — *Ordonnance concernant les bureaux de remplacement pour les réquisitionnaires et conscrits.*

Paris, le 29 pluviôse an ix (18 février 1801).

Le préfet de police,

Considérant que les délais accordés par la loi du 17 ventôse an VIII aux réquisitionnaires et conscrits, pour se faire remplacer, sont expirés;

Que les établissements particuliers, connus sous le nom de bureaux de remplacement de réquisitionnaires et conscrits, n'ont et ne peuvent plus avoir d'objet;

Que leur existence prolongée au delà du terme fixé par la loi susdatée donne lieu à une foule d'abus qu'il est instant de réprimer;

Ordonne ce qui suit :

1. A compter du premier ventôse prochain, tous les bureaux de remplacement de conscrits et réquisitionnaires sont supprimés.

2. Il n'en pourra être ouvert aucun à l'avenir.

3. Les propriétaires de ces établissements seront tenus de faire disparaître sur-le-champ les tableaux indicatifs placés au-devant de leurs habitations ou de leurs bureaux.

4. La présente ordonnance sera imprimée et affichée dans tout le département de la Seine, les communes de Sèvres, Meudon et Saint-Cloud.

Les commissaires de police à Paris, les maires et adjoints des communes rurales du département de la Seine, et de celles de Sèvres, Meudon et Saint-Cloud, les officiers de paix et les préposés de la préfecture de police, sont chargés, chacun en ce qui le concerne, de tenir la main à son exécution.

Le général commandant la première division militaire, le général commandant d'armes de la place de Paris. le chef de la première division de gendarmerie nationale, sont requis de leur faire prêter mainforte en cas de besoin.

Le préfet de police, DUBOIS.

———————————

(1) V. les ord. des 7 janv. 1835, 26 déc. 1836, 14 déc. 1838, et 7 déc. 1842.

N° **50.** — *Ordonnance concernant les carrières* (1).

Paris, le 2 ventôse an IX (21 février 1801).

Le préfet de police,

Considérant combien il importe à la sûreté des personnes et des propriétés de surveiller l'exécution des règlements de police concernant les carrières;

Considérant que les communications qui pourraient exister entre les carrières sous Paris et celles hors des murs faciliteraient l'introduction des marchandises prohibées et de celles sujettes au droit d'octroi;

Considérant, enfin, que les carrières, si leurs propriétaires négligeaient de les fermer et de prendre les précautions convenables, pourraient devenir un précipice pour les passants et un asile pour les malfaiteurs;

Vu l'article 2 de l'arrêté des consuls de la république, du 12 messidor an VIII;

Vu pareillement l'arrêté du 3 brumaire dernier;

Ordonne ce qui suit:

1. Il sera fait des visites dans toutes les carrières du département de la Seine et des communes de Sèvres, Saint-Cloud et Meudon, par des préposés de la préfecture de police; en conséquence, les inspecteurs et commis à la surveillance des carrières anciennement exploitées, et dont le gouvernement, pour l'intérêt public, a cru devoir spécialement s'occuper, ainsi que les propriétaires et locataires de celles en activité d'exploitation, et de toutes autres carrières exploitées et dont les travaux sont suspendus ou abandonnés, seront tenus, chaque fois qu'ils en seront requis, de conduire les préposés qui procéderont à ces visites, de leur donner tous renseignements nécessaires et de représenter les plans qu'ils pourront avoir à leur disposition.

2. Les carrières dont l'exploitation est terminée seront condamnées par les propriétaires.

Celles dont les travaux sont suspendus ou abandonnés seront également condamnées, si mieux n'aiment les propriétaires, dans un mois à compter du jour de la publication de la présente ordonnance, les remettre en activité d'exploitation, en se conformant aux lois et règlements de police concernant les carrières; le tout à peine de 500 francs d'amende. (*Ord. de police du 1er mai 1779.*)

3. Tous individus qui, pour l'exploitation des carrières, ont obtenu des permissions de l'autorité compétente, et ceux qui en obtiendront par la suite, seront tenus d'en faire la déclaration au préfet de police, dans le délai de dix jours à partir de la publication de la présente ordonnance, pour les premiers, et pour les seconds, du jour de l'obtention desdites permissions.

4. Les préposés de la préfecture de police surveilleront lesdites exploitations, à l'effet de constater si elles se font conformément aux lois et règlements de police concernant les carrières.

5. Les carrières exploitées par cavage ou à puits seront fermées à la clef et couvertes de madriers suffisants, attachés les uns aux autres avec chaînes de fer contenues par des cadenas, pendant la nuit et les jours de cessation de travail.

Pour celles dont l'exploitation se fait à découvert, il sera établi, au-

---

(1) V. l'ord. du 23 vent. an X (14 mars 1802).

devant des tranchées, des barrières en planches ou pierres, pour prévenir les accidents : le tout à peine de 500 francs d'amende. (*Ord. de
police du* 1er *mai* 1779.)

6. Les propriétaires ou locataires des carrières ne pourront en
combler les trous de service sans, au préalable, en avoir fait la déclaration au préfet de police, sous les peines portées en l'article précédent. (*Même ord. de police.*)

7. Dans aucuns cas, les carrières ne pourront être condamnées
que visite préalable n'en ait été faite par les préposés de la préfecture
de police, pour s'assurer si elles ont été exploitées suivant les règlements et si elles ne présentent aucun danger pour la sûreté publique,
sous les mêmes peines que dessus. (*Ord. de police précitée.*)

8. Les entrepreneurs et tous autres qui, en construisant ou réparant un bâtiment, et notamment lors de la fouille des puits, découvriront quelques carrières ou des excavations souterraines, en avertiront de suite le préfet de police.

9. En cas de contraventions aux dispositions ci-dessus et aux lois et
règlements de police concernant les carrières, il sera pris envers les
contrevenants telles mesures administratives qu'il appartiendra, sans
préjudice des poursuites à exercer contre eux par-devant les tribunaux.

10. La présente ordonnance sera imprimée, publiée, affichée dans
Paris, dans les communes rurales du département de la Seine et de
celles de Saint-Cloud, Sèvres et Meudon.

Les commissaires de police et les maires et adjoints des communes
rurales, les officiers de paix et les préposés de la préfecture de police
sont chargés, chacun en ce qui le concerne , de veiller à son exécution.

Le général commandant de la première division militaire, le général
commandant d'armes de la place de Paris et le chef de la première
division de gendarmerie sont requis de leur faire prêter main-forte en
cas de besoin.

Le préfet de police, DUBOIS.

N° **51.** — *Ordonnance concernant le rétablissement des noms des
rues qui sont effacés, et le numérotage des maisons* (1).

Paris, le 16 ventôse an IX (7 mars 1801).

Le préfet de police,
Considérant que les noms de différentes rues de Paris sont effacés ;
Considérant aussi que le numérotage actuel des maisons ne présente
pas tous les avantages dont cette mesure était susceptible ;
Vu l'arrêté du 12 messidor dernier, ensemble la décision du minis-
tre de l'intérieur, en date du 8 de ce mois ;

Ordonne ce qui suit :

1. Les noms des rues qui sont effacés seront rétablis d'une manière lisible.

2. Tous les numéros actuellement existants sur les maisons ou bâtiments , dans Paris , seront supprimés.

3. Les maisons et bâtiments seront de nouveau numérotés, en

---

(1) V. l'ord. du 9 juin 1824 concernant les saillies.

suivant, pour chaque rue, une seule série de numéros, dans les dimensions ci-après déterminées.

4. Il ne sera établi qu'un numéro par chaque maison ou bâtiment,
lors même qu'il y aurait plusieurs entrées sur une même rue.

5. Les numéros seront en chiffres arabes noirs, de 16 centimètres
(6 pouces) de haut, sur 27 millimètres (12 lignes) de plein, dans un
carré long, fond gris-blanc; le tout à l'huile.

Ces numéros seront placés à l'entrée principale de chaque maison,
à 3 mètres de hauteur ou environ.

6. Le numérotage sera exécuté aux frais des propriétaires, d'après
une adjudication faite au rabais, et sous la direction du commissaire
de la petite voirie.

Les propriétaires ne seront tenus de payer que sur l'état arrêté par
le préfet de police.

7. Il est défendu d'effacer les numéros qui seront apposés sur les
maisons ou bâtiments, et d'en substituer d'autres.

En cas de contraventions, les numéros seront rétablis aux frais des
propriétaires, sous la direction du commissaire de la petite voirie.

8. La présente ordonnance sera imprimée, publiée et affichée
dans Paris.

Les commissaires de police, les officiers de paix, le commissaire de
la petite voirie et les autres préposés de la préfecture de police sont
chargés, chacun en ce qui le concerne, d'en assurer l'exécution.

Le préfet de police, DUBOIS.

N° **52.** — *Ordonnance concernant les officiers de santé* (1).

Paris, le 17 ventôse an ix (8 mars 1801).

Le préfet de police,

Informé que des officiers de santé ne font point la déclaration
des personnes blessées auxquelles ils ont administré des secours;

Informé aussi que les officiers de santé en chef des hospices négligent cette formalité pour les blessés reçus dans les hospices;

Considérant qu'il importe d'autant plus de maintenir l'exécution
des règlements de police rendus sur cet objet, qu'ils tendent à prévenir de graves inconvénients;

Que la police a toujours intérêt de connaître la cause des blessures
que des individus peuvent avoir reçues, ainsi que les circonstances
qui y ont donné lieu;

Qu'en négligeant de faire la déclaration prescrite, les officiers de
santé pourraient involontairement soustraire des coupables aux recherches et à l'action de la justice;

Que cette déclaration devient indispensable surtout lorsque les
blessés se font traiter chez les officiers de santé, puisqu'ils pourraient
mourir des suites de leurs blessures sans que leurs familles en eus-
sent connaissance, si lesdits officiers de santé n'avaient obtenu d'eux
aucuns renseignements;

Et qu'enfin la police doit être instruite de tous les événements qui
intéressent la sûreté publique et individuelle;

Vu l'article 2 de l'arrêté des consuls du 12 messidor an viii;

Ordonne ce qui suit :

1. Tous les officiers de santé de Paris et ceux des communes rura-

---

(1) V. l'ord. du 25 août 1806, art. 6 et 7, et celle du 9 juin 1832.

les du département de la Seine, et de celles de Sèvres, Saint-Cloud et Meudon, qui auront administré des secours à des blessés, seront tenus d'en faire sur-le-champ la déclaration aux commissaires de police, ou aux maires et adjoints extrà-muros, sous peine de 300 fr. d'amende. (*Edit de déc.* 1666 *et ord. de police du 4 nov.* 1788.)

2. Cette déclaration contiendra les noms, prénoms, professions et demeures de tous les individus qui auront fait appeler les officiers de santé pour panser leurs blessures, ou qui se seront fait transporter chez lesdits officiers de santé pour y être traités.

Elle indiquera aussi la cause des blessures, leur gravité et les circonstances qui y auront donné lieu.

3. Les officiers de santé en chef des hospices de Paris feront la même déclaration pour tous les individus blessés qui auront été admis dans les hospices, sous peine de 200 fr. d'amende. (*Edit de déc.* 1666.)

4. Les commissaires de police et les maires et adjoints extrà-muros inscriront sur des registres les déclarations qu'ils auront reçues, et en transmettront de suite copie au préfet de police.

5. Les contraventions seront constatées par des procès-verbaux, et dénoncées aux tribunaux compétents.

La présente ordonnance sera imprimée, publiée et affichée.

Les commissaires de police à Paris, et les maires et adjoints des communes rurales du département de la Seine, et de celles de Sèvres, Saint-Cloud et Meudon, les officiers de paix et les préposés de la préfecture de police sont chargés, chacun en ce qui le concerne, de veiller à son exécution.

Le préfet de police, DUBOIS.

N° **53.** — *Ordonnance concernant la surveillance et le travail sur la rivière et sur les ports* (1).

Paris, le 27 ventôse an IX (18 mars 1801).

N° **54.** — *Ordonnance concernant la publication de la paix.*

Paris, le 28 ventôse an IX (19 mars 1801).

Le préfet de police,

Vu l'article 20 de l'arrêté des consuls du 12 messidor an VIII;

Ordonne ce qui suit :

1. Le 30 ventôse, les rues de Paris, notamment celles que le cortége devra parcourir, seront, avant huit heures du matin, nettoyées et débarrassées de toutes boues et immondices, ainsi que des matériaux qui pourraient en gêner la libre circulation.

2. Aucunes voitures ne pourront circuler ni stationner dans Paris, le même jour, depuis neuf heures du matin jusqu'au lendemain trois heures du matin.

Sont exceptées les diligences, les messageries, les voitures dont le service se fait par les postes et les charrettes employées aux approvisionnements.

---

(1) V. les ord. des 24 mars 1824, 26 mars 1829 et 25 oct. 1840.

3. Les voitures comprises en l'exception ci-dessus ne pourront néanmoins circuler ni stationner, pendant le défilé du cortège, soit dans les rues où il passera, soit dans celles adjacentes.

4. Conformément aux règlements de police, il est défendu de tirer des fusées, pétards, boîtes, et autres pièces d'artifice, dans les rues, promenades, places publiques, cours, ou par les fenêtres des maisons.

5. La présente ordonnance sera imprimée et affichée.

Les commissaires de police, les officiers de paix et les préposés de la préfecture de police sont chargés, chacun eu ce qui le concerne, d'en assurer l'exécution.

Le général commandant d'armes de la place de Paris et le chef de la première division de gendarmerie sont requis de leur faire prêter main-forte en cas de besoin.

Le préfet de police, DUBOIS.

N° 55. — *Ordonnance concernant les illuminations du* 30 *ventôse, jour de la publication de la paix.*

Paris, le 28 ventôse an ix (19 mars 1801).

Le préfet de police,

Vu l'arrêté des consuls de la république, concernant la publication de la paix;

Ordonne ce qui suit :

1. Tous les habitants de Paris feront illuminer leurs maisons et bâtiments décadi prochain 30 ventôse, à la chute du jour.

2. Les commissaires de police, les officiers de paix et les préposés de la préfecture de police sont chargés, chacun en ce qui le concerne, de veiller à l'exécution de la présente ordonnance.

Le préfet de police, DUBOIS.

N° 56. — *Ordonnance concernant l'ordre à suivre lors du défilé des voitures qui iront à Longchamp* (1).

Paris, le 7 germinal an ix (28 mars 1801).

Le préfet de police,

Voulant assurer le bon ordre, et pourvoir à la sûreté publique, lors du défilé des voitures qui iront à Longchamp les 11, 12 et 13 de ce mois,

Ordonne ce qui suit :

1. L'avenue des Champs-Elysées, à partir de la place de la Concorde jusqu'à la grille du bois de Boulogne, est exclusivement réservée, les 11, 12 et 13 de ce mois, depuis deux heures après midi jusqu'à la clôture de la promenade, pour les personnes en voiture qui iront à Longchamp.

Toutes autres voitures et charrettes qui voudront entrer ou sortir de Paris, aux jours et heures ci-dessus, seront tenues de prendre les barrières du Roule et de Passy.

---

(1) V. l'ord. du 10 avr. 1843.

2. Les voitures qui iront au bois de Boulogne partiront sur deux files, l'une à droite et l'autre à gauche du pavé ; elles se réuniront, sur une seule file, hors la barrière et dans le bois, en prenant toujours à droite.

Celles qui reviendront du bois prendront également la droite jusqu'à la barrière, et suivront ensuite le pavé jusqu'à la place de la Concorde.

3. Les personnes à cheval ne pourront, sous aucun prétexte, rompre la file des voitures.

4. Les voitures ni les chevaux ne pourront circuler dans les contre-allées, qui sont exclusivement réservées aux citoyens à pied.

5. Les conducteurs de voitures qui refuseront de se conformer aux dispositions de la présente ordonnance, seront punis conformément à la loi, et s'il en était résulté des accidents, ils seront traduits au tribunal correctionnel, conformément à l'article 16 du titre Ier de la loi du 22 juillet 1791, qui prononce huit jours de prison, et une amende qui ne peut être au-dessous de 300 francs.

Dans l'un et l'autre cas, leurs voitures et chevaux pourront être saisis et conduits en fourrière pour sûreté de l'amende encourue.

Les conducteurs pourront être saisis et retenus jusqu'au jugement, dans le cas prévu par l'article 28 du même titre de la loi précitée.

6. La présente ordonnance sera imprimée et affichée.

Les commissaires de police à Paris, et les maires et adjoints des communes de Passy, Boulogne, Auteuil et Neuilly, les officiers de paix et les préposés de la préfecture, sont chargés, chacun en ce qui le concerne, de veiller à son exécution.

Le général commandant de la première division militaire, le commandant d'armes de la place de Paris et le capitaine de la gendarmerie nationale du département de la Seine, sont requis d'y concourir et de prêter main-forte à cet effet.

Le préfet de police, DUBOIS.

No **57.** — *Ordonnance concernant le marché aux fleurs et arbustes* (1).

Paris, le 25 germinal an ix (15 avril 1801).

Le préfet de police,

Considérant qu'il est nécessaire et urgent de prendre des mesures pour réprimer les abus qui se sont introduits sur le marché aux fleurs et arbustes ;

Vu les articles 2, 32 et 33 de l'arrêté des consuls de la république, du 12 messidor an viii,

Ordonne ce qui suit :

1. L'exposition en vente des arbrisseaux, arbustes, plants, fleurs sur tige, oignons de fleurs et graines, continuera d'avoir lieu sur le quai de la Mégisserie, qui demeure provisoirement affecté à cet usage.

Le marché tiendra des deux côtés du quai, et dans toute sa longueur, mais de manière à ne point causer d'embarras aux marchands en boutique.

2. Il sera laissé, au milieu de la chaussée, un espace suffisant pour la libre circulation de deux voitures de front.

3. L'emplacement affecté à la tenue du marché se divise en deux parties :

---

(1) V. les ord. des 7 juill. et 5 août 1809, 10 juin 1824 et 11 août 1836.

La première, destinée aux pépiniéristes des communes environnantes et aux maraîchers, s'étend le long des maisons, depuis la place des Trois-Maries jusqu'à la rue de la Sonnerie.

La seconde partie, réservée aux jardiniers fleuristes de Paris, s'étend le long du parapet, depuis les marches du trottoir en retour du Pont-Neuf, en face de la maison n° 4, jusques et en face de la rue de la Sonnerie.

4. Le marché tiendra les 3, 6 et 9 de chaque décade, et les deuxième et cinquième jours complémentaires.

Le quai de la Mégisserie sera, ces jours-là, affecté exclusivement à la vente des fleurs et arbustes, etc. En conséquence, les ferrailleurs et tous autres étalagistes ne pourront s'y établir, nonobstant toutes permissions qu'ils auraient obtenues précédemment.

5. La vente aura lieu depuis le point du jour jusqu'à midi seulement pour les pépiniéristes et maraîchers, et depuis le lever jusqu'au coucher du soleil, pour les jardiniers fleuristes de Paris.

6. Aucun pépiniériste et maraîcher ne pourra vendre sur l'emplacement réservé aux jardiniers fleuristes de Paris, et réciproquement ces derniers ne pourront étaler sur l'emplacement destiné aux pépiniéristes et maraîchers.

7. Les places sur la partie du terrain affecté aux pépiniéristes et maraîchers seront dévolues, à chaque marché, au premier occupant.

8. Tout pépiniériste qui voudra amener sur le marché des arbrisseaux et arbustes sera tenu de se munir d'un certificat du maire de sa commune, constatant sa qualité de cultivateur. (*Lettres patentes du 16 déc. 1576, art. 14.*)

9. Tout pépiniériste est également tenu de marquer ses arbrisseaux et arbustes; ceux qui seront amenés sans être marqués seront retenus jusqu'à ce que le conducteur ait justifié qu'ils lui appartiennent, ou de qui il les tient.

10. Il ne pourra être exposé en vente des arbrisseaux et arbustes que depuis le 1er brumaire jusqu'au 1er germinal.

11. Les jardiniers fleuristes de Paris qui désireront occuper des places sur le marché ne pourront en obtenir la permission qu'en justifiant qu'ils cultivent et exploitent par eux-mêmes vingt-cinq ares (un demi-arpent au moins), en culture de fleurs et arbustes.

12. Il sera accordé à chaque jardinier fleuriste, pour l'exposition de sa marchandise, tout l'espace existant depuis le ruisseau jusqu'au parapet, sur trois à quatre mètres de longueur.

13. Aucun jardinier fleuriste ne pourra empiéter sur la place d'un autre; les places seront en conséquence marquées et numérotées.

14. En cas d'exposition en vente d'arbustes et de fleurs empotés la veille, d'arbustes, de plants et de fleurs dont les racines seraient gelées ou gâtées, et d'arbustes dont les fleurs seraient fichées, ces objets seront saisis et transportés à la préfecture de police.

Dans le cas où il en aurait été vendu, il en sera dressé procès-verbal, pour être, les contrevenants, poursuivis conformément aux lois.

15. Les pépiniéristes, maraîchers et jardiniers fleuristes ne pourront, sous aucun prétexte, stationner ailleurs que sur le quai de la Mégisserie; ils devront, dans tous les cas, y exposer, vendre et débiter leurs marchandises, les jours fixés pour la tenue du marché, sous peine d'être poursuivis comme embarrassant la voie publique, (*Loi du 3 brum. an iv, art. 605.*)

16. Tous les marchands ci-dessus désignés seront tenus de faire retirer leurs voitures et chevaux, du quai de la Mégisserie, aussitôt après le déchargement des marchandises.

Ils pourront conduire leurs voitures sur le Pont-au-Change, où elles seront rangées le long du trottoir, côté d'aval.

17. Les voitures et chevaux embarrassant la voie publique seront, par voie de police administrative, arrêtés et mis en fourrière pour sûreté de l'amende encourue, jusqu'après le jugement de la contravention, si mieux n'aiment les contrevenants, consigner l'équivalent de l'amende entre les mains d'un receveur du droit d'enregistrement, laquelle ne leur sera remboursée que sur la représentation du jugement qui les aura acquittés, si le cas y échoit.

18. Il est défendu aux conducteurs de bœufs et demoutons de les faire passer sur le quai de la Mégisserie, les jours affectés à la tenue du marché.

19. Les porteurs ou hottiers dans l'usage de stationner sur le quai de la Mégisserie, qui y causeraient des troubles et de l'embarras, seront conduits à la préfecture de police.

20. Il sera pris envers les contrevenants aux dispositions ci-dessus telles mesures de police administrative qu'il appartiendra; ils seront en outre traduits devant les tribunaux, pour être punis conformément aux lois.

21. La présente ordonnance sera imprimée, affichée et envoyée aux autorités qui doivent en connaître, aux officiers de police et aux préposés de la préfecture, pour que chacun, en ce qui le concerne, en assure la stricte exécution.

Le général commandant d'armes de la place de Paris est requis de leur faire prêter main-forte en cas de besoin.

Le préfet de police, DUBOIS.

N° **58.** — *Ordonnance concernant les bains dans la rivière* (1).

Paris, le 5 floréal an IX (25 avril 1801).

Le préfet de police,

Considérant que, dans la saison des bains, il est indispensable de prendre des précautions qui, en assurant le maintien des mœurs et du bon ordre, puissent prévenir les accidents qui trop souvent sont l'effet de l'inexpérience ou de l'imprudence;

Vu les articles 2 et 32 de l'arrêté des consuls de la république, du 12 messidor an VIII;

Vu aussi l'arrêté des consuls en date du 3 brumaire suivant;

Ordonne ce qui suit:

1. Il est défendu à toutes personnes de se baigner dans la rivière, si ce n'est dans des bains couverts.

Il est pareillement défendu de sortir et de se montrer nu hors desdits bains.

2. Il ne sera établi de bains dans la rivière que d'après une permission du préfet de police.

3. Les bains ne pourront être établis que dans les endroits désignés par les permissions.

Ils seront exactement clos et couverts, de manière que les baigneurs ne puissent être vus du public.

Ils seront entourés de planches jusqu'à la surface de l'eau.

On n'y emploiera que des bateaux de bonne construction et sans défectuosités.

Il sera formé des chemins solides et bordés de perches, à hauteur d'appui, pour arriver dans les bateaux à bains.

---

(1) V. les ord. des 18 germ. an XI (8 avril 1803), 20 mai 1839 et 25 oct. 1840 (art. 187 et suiv., et 225.)

Il y aura continuellement un bachot attaché à chaque bain, pour porter des secours en cas de besoin.

Les bateaux et bains seront tenus en bon état et garnis de tous les ustensiles nécessaires.

Il sera placé, dans l'intérieur, des piquets auxquels des cordes seront attachées, afin de donner aux baigneurs la facilité d'aller et de venir avec sûreté et commodité.

Les bains ne seront ouverts au public qu'après qu'ils auront été visités à Paris par un commissaire de police, et dans les communes rurales riveraines, par les maires et adjoints.

Cette visite sera faite de concert avec l'inspecteur général de la navigation et des ports, assisté d'un charpentier de bateaux; le procès-verbal qui en sera dressé constatera si les conditions prescrites ont été remplies.

4. Les bains des hommes seront séparés et éloignés de ceux des femmes; il sera pratiqué des chemins différents pour y arriver.

5. Les bains seront fermés depuis dix heures du soir jusqu'au point du jour.

6. Il ne pourra être exigé des baigneurs plus de quinze centimes par personne, dans les bains en commun, et plus de soixante centimes par personne, dans les bains particuliers.

7. Il est défendu à tous mariniers, bachoteurs et autres propriétaires de bachots ou batelets, de louer ou de prêter leurs bachots ou batelets à des particuliers qui voudraient se baigner hors des bains publics.

8. Les personnes qui, pour raison de santé, ou pour se perfectionner dans l'art de nager, seront dans le cas de se baigner en pleine rivière, ne pourront s'y baigner qu'aux endroits désignés dans les permis délivrés à cet effet, et à la charge de se soumettre aux conditions qui leur seront imposées.

9. Il est défendu à toutes personnes, étant en bachots ou batelets, de s'approcher des bains.

10. Il ne pourra être tiré du sable à une distance moindre de vingt mètres des bains en rivière.

11. Lorsque la saison des bains sera finie, les propriétaires retireront les pieux, perches et autres objets qui pourraient nuire à la navigation.

12. Il sera pris envers les contrevenants telles mesures administratives qu'il appartiendra; ils pourront, en conséquence, être amenés à la préfecture de police, ou devant les maires et adjoints dans les communes rurales riveraines, et même traduits devant les tribunaux, pour être punis conformément à la loi du 22 juillet 1791, au Code des délits et des peines, du 3 brumaire an IV, et aux autres lois et règlements de police qui leur seront applicables.

13. La présente ordonnance sera imprimée et affichée à Paris, dans les communes rurales-riveraines du département de la Seine, et dans celles de Sèvres, Saint-Cloud et Meudon; elle sera envoyée aux autorités qui doivent en connaître, aux commissaires de police, aux maires et adjoints des communes riveraines, aux officiers de paix, à l'inspecteur général de la navigation et des ports, et aux autres préposés de la préfecture, pour que chacun, en ce qui le concerne, tienne strictement la main à son exécution.

Le général commandant de la 1re division militaire, le général commandant d'armes de la place de Paris, et le chef de la première division de la gendarmerie nationale, sont requis de prendre toutes les mesures nécessaires pour la pleine et entière exécution des dispositions ci-dessus.

Le préfet de police, DUBOIS.

N° **59**. — *Ordonnance concernant l'usage et l'emploi des laminoirs, moutons, presses, balanciers et coupoirs.*

Paris, le 4 prairial an ix (24 mai 1801).

Le préfet de police,

Vu l'arrêté des consuls, en date du 3 germinal dernier, concernant
la fabrication et l'emploi des moutons, laminoirs, presses, balanciers
et coupoirs;

Ordonne ce qui suit ;

1. L'arrêté des consuls en date du 3 germinal dernier (1), concernant
la fabrication, la vente et l'emploi des laminoirs, moutons, presses,
balanciers et coupoirs, sera imprimé, publié et affiché.

2. Ceux qui se servent de ces instruments ne pourront continuer à
en faire usage sans en avoir obtenu la permission du préfet de police.

Ils lui adresseront à cet effet une pétition énonciative de leurs noms,
prénoms, professions et demeures, ainsi que des lieux où sont situés
leurs manufactures ou ateliers. Ils remettront cette pétition au commissaire de police de leur division, avec les plans figurés et l'état des
dimensions de chacune de leurs machines.

5. Les commissaires de police prendront des renseignements tant
sur l'existence des établissements où les laminoirs, moutons, presses,
balanciers et coupoirs sont employés, que sur la nécessité pour les
pétitionnaires d'en avoir à leur usage. Ils en dresseront procès-verbal,
qui contiendra leur avis, et l'enverront, avec toutes les pièces, au
préfet de police.

4. Ceux qui, pour l'exercice de leur profession, auront besoin de
pareilles machines, ne pourront en faire usage qu'après en avoir obtenu la permission.

Pour l'obtenir, ils se conformeront aux dispositions de l'article 2
ci-dessus.

Ils seront tenus, en outre, d'indiquer les personnes qui devront
leur fournir lesdites machines.

5. Les permissions seront enregistrées par les commissaires de police, sur des registres ouverts à cet effet. Mention de cet enregistrement sera faite sur lesdites permissions.

6. Ceux qui changeront de domicile sans sortir de leur division, en
avertiront le commissaire de police. Ceux qui changeront de division
en préviendront les commissaires de leur ancien et de leur nouveau
domicile.

7. Il est défendu aux graveurs, serruriers, forgerons, fondeurs et
autres, de fabriquer des laminoirs, moutons, presses, balanciers et
coupoirs.

Ils pourront néanmoins en fabriquer pour les manufacturiers, orfévres, horlogers et tous autres qui leur justifieront d'une permission
du préfet de police.

Dans ce cas, ils se feront remettre ladite permission et ne la rendront qu'à l'instant où ils livreront les machines fabriquées.

Le tout à peine de 1,000 francs d'amende et de confiscation. (*Art.* 7
des lettres patentes du 28 *juill.* 1783.)

8. Les graveurs, forgerons, serruriers ou autres qui auraient actuellement en leur possession des laminoirs, moutons, presses, balanciers et coupoirs, ne pourront les conserver qu'à la charge d'en faire

---

(1) V. cet arrêté à l'appendice.

leur déclaration, conformément à l'article 2, et ils ne pourront les vendre sans une permission, sous les peines portées par les lettres patentes rappelées ci-dessus.

9. Ceux qui voudraient cesser de faire usage de ces machines seront tenus d'en faire leur déclaration, et ils ne pourront les vendre qu'à ceux qui seraient munis d'une permission du préfet de police.

10. Ceux qui auront obtenu la permission d'avoir chez eux des laminoirs, moutons, presses, balanciers et coupoirs, seront tenus de les placer dans leurs ateliers aux endroits les plus apparents, et sur la rue, autant que faire se pourra, en observant toutefois de les tenir dans des endroits fermant à clef lorsqu'ils ne s'en serviront pas.

Il leur est défendu d'en faire usage avant cinq heures du matin et après neuf heures du soir, comme aussi de les employer à tout autre travail que celui qu'ils auront indiqué dans leur déclaration, sous peine de révocation des permissions accordées, et d'être contraints à déposer leurs machines à la préfecture de police.

11. Les commissaires de police et officiers de paix feront des visites chez les manufacturiers, orfévres, horlogers, graveurs, fourbisseurs, serruriers, forgerons, fondeurs, ferrailleurs, ouvriers et tous autres, à l'effet de surveiller l'exécution des dispositions ci-dessus.

12. Le commandant de la place et le chef de la première division de la gendarmerie sont requis de leur faire prêter main-forte en cas de besoin.

Le préfet de police, DUBOIS.

N° **60**. — *Ordonnance concernant l'interruption provisoire de la navigation sous le pont au Change, pour cause de réparation à ce pont.*

Paris, le 14 messidor an IX (3 juillet 1801).

N° **61**. — *Ordonnance concernant la rivière de Bièvre, les ruisseaux, sources, fontaines et boires qui y affluent* (1).

Paris, le 19 messidor an IX (8 juillet 1801).

Le préfet de police,

Vu les arrêtés des consuls des 12 messidor an VIII, 25 vendémiaire et 3 brumaire an IX;

Vu aussi l'arrêté du ministre de l'intérieur du 12 floréal dernier;

Considérant qu'il est de la plus grande importance, soit pour la salubrité de Paris et des communes riveraines de la Bièvre, soit pour l'intérêt d'un nombre considérable de manufacturiers, fabricants, chefs d'ateliers, meuniers et blanchisseurs, de prendre des mesures pour la conservation des eaux de cette rivière;

Que pour faire cesser les abus qui se sont introduits, il est indispensable de veiller à ce que les eaux des ruisseaux, sources et fontaines

---

(1) V. les ord. des 19 messid. an IX (8 juill. 1801), p. 91, 26 messid. an X (15 juill. 1802) et 31 juill. 1838.

qui y affluent ne soient arrêtées ni détournées, et de supprimer les saignées, prises d'eau et canaux établis sans titres ;

Considérant que l'arrêté des consuls du 25 vendémiaire dernier, concernant la rivière de Bièvre, prescrit l'exécution d'anciens règlements, dont il est essentiel de renouveler différentes dispositions;

Ordonne ce qui suit :

1. Dans le département de la Seine, le cours des eaux de la rivière de Bièvre et des sources et ruisseaux y affluant sera tenu libre, même dans les canaux particuliers où elles passent.

Les prises d'eau et les saignées et ouvertures qui ont été faites sans titre légal aux berges de la rivière et des sources et ruisseaux, seront supprimées aux frais des propriétaires riverains dans la quinzaine de la publication de la présente ordonnance.

Seront aussi supprimés, aux frais des propriétaires et dans le même délai, les arbres, arbustes et généralement tous les objets qui gèneraient le cours de l'eau. (*Art. 19 de l'arrêt du 26 fév. 1732, et art. 2 de l'arr. des consuls du 25 vend. an IX.*)

2. Il est défendu de jeter dans la rivière des matières fécales, de la paille, du fumier, des gravois, des bouteilles cassées et autres immondices qui pourraient en obstruer le cours, corrompre les eaux ou blesser les personnes qui feraient le curage.

3. Il est défendu de construire des latrines qui auraient leur chute, soit dans la rivière vive ou morte, soit dans le faux rû.

Les propriétaires qui en auraient fait construire sont tenus de les supprimer dans le mois, à compter de la publication de la présente ordonnance.

Le tout sous les peines portées par l'article 36 de l'arrêt de 1732.

4. Il est défendu de jeter des immondices dans les ruisseaux qui se rendent à la rivière de Bièvre et au faux rû, sous les peines portées par l'article 50 du même arrêt.

5. Les propriétaires de terrains clos, traversés par la rivière, tiendront leurs grilles dégagées, de manière que rien ne forme obstacle au libre passage des eaux.

6. Il ne pourra être ouvert de canaux ou bassins, ni fait aucune saignée ou batardeau, soit au lit de la rivière, soit aux sources ou aux canaux y affluant, sous les peines portées par les articles 20 et 21 de l'arrêt de 1732.

7. Dans le mois, à compter du jour de la publication de la présente ordonnance, tous propriétaires de canaux et bassins actuellement existants, alimentés par la rivière ou par les fontaines, sources et ruisseaux y affluant, seront tenus de justifier de leurs titres au préfet de police.

Ce délai passé, seront supprimés les canaux et bassins dont les propriétaires n'auraient pas satisfait à la disposition précédente.

Ceux même qui auraient produit leurs titres devront faire exécuter tous les changements qni seront jugés nécessaires.

Leurs canaux et bassins seront entretenus de telle manière qu'ils rendent le même volume d'eau qu'ils reçoivent. (*Art. 24 de l'arrêt de 1732, et art. 2 de l'arr. du 25 vend. an IX.*)

8. Les propriétaires des héritages qui bordent la Bièvre seront tenus de laisser, sur chaque rive, une berge d'un mètre trente-trois centimètres de plate-forme, et de deux mètres d'empatement; elle aura soixante-six centimètres au-dessus des eaux d'été, sinon il y sera pourvu à leurs frais. (*Art. 42 de l'arrêt de 1732.*)

9. Les berges seront entretenues par les meuniers, en remontant d'un moulin à l'autre, et fortifiées de manière que, dans aucun cas, les eaux ne puissent se répandre dans les prés ou ailleurs, sous les peines portées par l'article 33 de l'arrêt de 1732, et par l'article 2 de l'arrêté du 25 vendémiaire an IX.

10. Les appentis établis sur les berges pour l'exploitation des tanneries, mégisseries et autres ateliers, seront entretenus en bon état par les propriétaires. Les pieux ou piliers qui les supportent seront placés à deux décimètres du bord de la rivière.

Il sera laissé sur la berge un espace libre et suffisant pour pouvoir la parcourir facilement. (*Art. 74 de l'arrêt du 28 fév.* 1716.)

11. La berge de la Bièvre, au coin du clos Laurenchet, et la vanne qui y est établie, continueront d'être entretenues aux frais des intéressés à la conservation de la rivière, de façon que cet endroit ne puisse servir d'abreuvoir aux bestiaux, et que les eaux ne se répandent pas dans la prairie de Gentilly.

En conséquence, la vanne sera tenue fermée et ne pourra être levée que sur l'ordre du préfet de police. (*Art. 44 de l'arrêt de* 1732.)

12. Toutes personnes qui voudront construire ou reconforter soit un bâtiment, soit un mur le long de la rivière, seront tenues de se conformer à l'article 26 de l'arrêt de 1732.

Elles ne pourront commencer aucuns travaux sans en avoir obtenu la permission du préfet de police.

Les propriétaires de bâtiments ou murs actuellement existants, qui ne justifieront pas des permissions qui ont dû leur être accordées, seront, s'il y a lieu, poursuivis conformément à l'arrêt précité.

13. Les moulins établis sur la rivière de Bièvre, dans tout le département de la Seine, resteront dans l'état où ils ont été mis, en exécution de l'article 6 de l'arrêt de 1732.

S'il a été fait aux vannes, déversoirs ou déchargeoirs quelques changements autres que ceux prescrits, les moulins seront, aux frais des propriétaires, remis dans l'état où ils doivent être, et ce, dans le mois à compter de la publication de la présente ordonnance.

A cet effet, il sera procédé aux vérifications nécessaires pour connaître les changements et innovations qui ont eu lieu.

14. Les fausses vannes, qui servent de déversoirs aux moulins établis sur la rivière, seront armées d'une bande de fer plat, rivée, étalonnée et marquée P P dans la hauteur et la largeur des vannes. Le poinçon sera remis à l'inspecteur général de la navigation et des ports, pour servir à l'étalonnage; il sera ensuite déposé à la préfecture de police.

Tout meunier qui se servirait de fausses vannes non étalonnées, ou qui les surhausserait par un moyen quelconque, sera poursuivi conformément aux lois. (*Art. 14 et 30 de l'arrêt de* 1732.)

15. Le chemin des dalles du moulin des prés et le déversoir du pré Triplet, continueront d'être entretenus aux frais des intéressés. En conséquence, il sera fait un devis estimatif de la dépense à laquelle la réparation du chemin donnera lieu. (*Art. 18 de l'arrêt de* 1732.)

16. Il est défendu de faire rouir du chanvre ou du lin dans la rivière de Bièvre et dans les ruisseaux y affluant, sous les peines portées par l'article 30 de l'arrêt de 1732.

17. Il est fait défense à tous blanchisseurs de toile de s'établir dans la prairie de Gentilly ou autres le long de la Bièvre, même dans le Clos-Payen, sous les peines portées par l'article 29 du même arrêt, et par l'article 2 de l'arrêté du 25 vendémiaire an IX.

18. Le blanchissage de lessive continuera d'être toléré tant sur la rivière vive que sur la rivière morte; cependant aucun blanchisseur ni blanchisseuse ne pourra, quinzaine après la publication de la présente ordonnance, y établir des tonneaux ou les conserver, qu'au préalable il n'en ait obtenu la permission du préfet de police.

Les permissions seront renouvelées tous les ans, dans le courant de messidor.

Les tonneaux dont les propriétaires ne se seront pas présentés dans la quinzaine seront censés abandonnés. (*Ord. du 1ᵉʳ mars 1754, confirmée par arrêt du 4 mai 1756.*)

19. Les tonneaux seront établis dans les places fixées par les permissions. Ils ne pourront, dans aucun cas, être arrachés; ils seront comblés, soit qu'ils aient été abandonnés, soit que les permissions aient été retirées.

20. Les tonneaux seront numérotés. Les personnes qui seront pourvues de permissions, feront attacher à chacun de leurs tonneaux une plaque de fer-blanc sur laquelle seront portés leur nom et le numéro qui leur aura été donné, sinon la permission leur sera retirée. (*Ord. de 1754.*)

21. Il sera payé pour chaque tonneau sur la rivière vive, cinq francs, et sur la rivière morte, trois francs;

Le produit en sera employé aux frais d'entretien de la Bièvre et des sources, boires et ruisseaux y affluant.

Le surplus des frais sera imposé, supporté et perçu ainsi qu'il est prescrit par l'arrêté des consuls du 25 vendémiaire an IX. (*Ord. de 1754, confirmée par l'arrêt de 1756.*)

22. Les tanneurs et mégissiers ne pourront jeter ou faire jeter dans la rivière les eaux claires de leurs plains avant cinq heures du soir en été et sept en hiver.

Ils ne pourront laver la bourre de leurs cuirs avant midi et ailleurs que le long de leurs maisons.

Il leur est défendu de bouiller leurs plains pour en faire couler la chaux dans ladite rivière, comme aussi d'y jeter aucunes immondices, décharnures, cornes et cornichons.

Le tout sous les peines portées par les articles 53 et 38 de l'arrêt de 1732.

23. Il est enjoint aux tanneurs et aux mégissiers de faire égoutter leurs morts-plains, décharnures, cornes et cornichons et de les faire transporter aux champs dans un tombereau, le primidi de chaque décade, sous les peines portées par l'article 39 de l'arrêt de 1732.

24. Les tanneurs ne pourront gêner par leurs cuirs le cours de l'eau; ils laisseront au milieu de la rivière un espace d'un mètre au moins de largeur.

25. Les teinturiers établis le long de la Bièvre feront un trou suffisant pour y recevoir les vidanges de leurs ateliers, en sorte qu'elles ne puissent avoir aucune communication avec le lit de la rivière, si ce n'est par l'écoulement des eaux claires qui pourront sortir par-dessus les bords du trou.

Tous les primidis, le lieu de dépôt sera nettoyé, et les vidanges seront enlevées et conduites aux champs.

Il est défendu d'en jeter dans la rivière, sous les peines portées par l'article 37 de l'arrêt de 1732.

26. La rigole qui porte les eaux de teinture au pont Hippolyte, ainsi que les gouttières qui y communiquent, seront réparées, mises en état et entretenues par les teinturiers. (*Art. 84 de l'arrêt de 1716.*)

27. Les amidonniers, les maroquiniers et les fabricants de bleu de Prusse ne pourront laisser couler que des eaux claires. A cet effet, ils sont tenus d'avoir dans leurs maisons trois réservoirs pour que leurs eaux, en passant de l'un à l'autre, y laissent leurs sédiments.

28. Les amidonniers, les maroquiniers et autres manufacturiers ou chefs d'ateliers dont les eaux se jettent dans le faux rû, seront tenus de l'entretenir et de le faire curer à leurs frais, sans préjudice de leur portion contributoire, comme intéressés à la conservation de la Bièvre.

29. Il sera passé à la préfecture de police un marché au rabais pour le curage, l'entretien et le nettoiement du faux rû.

Le nettoiement se fera, chaque décadi, depuis dix heures du matin jusqu'à midi.

30. Il sera fait, tous les ans, dans le courant de fructidor, un curage général de la rivière de Bièvre tant morte que vive et des conduits, des sources, fontaines et ruisseaux qui y affluent. (*Art. 41 de l'arr. de 1732, et art. 2 de l'arr. du 25 vend. an* ix.)

31. Hors de Paris, le curage sera fait aux frais des meuniers et des propriétaires riverains, et dans Paris aux frais des meuniers et des propriétaires d'héritages et des maisons des deux côtés de la rivière. (*Art. 41 de l'arr. de 1732.*)

32. Il sera fait un marché au rabais par mètre courant du curage à vif fond de la Bièvre.

33. Les propriétaires et meuniers pourront faire curer eux-mêmes les parties qui sont à leur charge ; mais ils devront, chacun en ce qui le concerne, y faire travailler en même temps que les ouvriers de l'entrepreneur, sans pouvoir entraver ou retarder ses opérations, l'entrepreneur étant chargé de faire tout ce qui ne sera pas fait ou qui serait mal fait.

Ceux qui auront profité de la faculté ci-dessus accordée, ne payeront que leur portion contributoire dans les frais des batardeaux construits par l'entrepreneur et dans les frais généraux faits pour la conservation des eaux.

34. Il sera dressé, en présence de l'inspecteur général de la navigation et des ports, procès-verbal des opérations du curage général, savoir : dans Paris, par le commissaire de police de la division du Finistère, et hors de Paris par les maires et adjoints des communes riveraines. Il y sera fait mention des personnes qui auront fait curer les parties qui les concernent.

35. Il est défendu de jeter dans la rivière les immondices provenant du curage, sous les peines portées par l'article 47 de l'arrêt de 1732.

36. Toutes les immondices qui proviendront du curage, tant de la Bièvre hors de Paris que des ruisseaux qui y affluent, seront mises sur les bords pour les soutenir et les fortifier, de manière cependant qu'elles ne puissent pas retomber dans le lit de la rivière ou des ruisseaux, sous les peines portées par l'article 43 du même arrêt.

37. Les habitants du faubourg Marcel établis le long de la Bièvre seront tenus, chacun en ce qui le concerne, de faire enlever, à la fin de fructidor de chaque année, les immondices qui seront provenues du curage, et de les faire transporter aux champs, sous les peines portées par l'article 46 de l'arrêt de 1732.

38. Il sera pourvu au curage de l'an ix par des dispositions particulières.

39. Conformément à l'article 4 de l'arrêté des consuls du 25 vendémiaire dernier, il sera incessamment nommé des commissaires, pris parmi les intéressés, pour faire les rôles de répartition des frais que nécessitent la conservation et l'entretien des eaux.

40. L'inspecteur général de la navigation et des ports, l'ingénieur hydraulique, l'architecte commissaire de la petite voirie et l'inspecteur particulier de la rivière de Bièvre, visiteront, le plus fréquemment qu'il sera possible, ladite rivière et les sources, ruisseaux et boires qui y affluent ; à cet effet, les propriétaires des maisons et enclos riverains seront obligés de leur donner entrée, sous les peines portées par l'article 58 de l'arrêt de 1732.

41. La présente ordonnance sera imprimée ; elle sera publiée et affichée dans Paris et dans les communes riveraines de la Bièvre et des ruisseaux qui y affluent dans le département de la Seine.

Les maires de ces communes, les commissaires de police, les officiers de paix, l'inspecteur général de la navigation et des ports et les autres préposés de la préfecture de police sont chargés, chacun en ce qui le concerne, de tenir la main à son exécution.

Le général commandant de la première division militaire, le commandant d'armes de la place de Paris et le chef de la première division de gendarmerie sont requis de leur faire prêter main-forte au besoin.

Le préfet de police, DUBOIS.

Vu et approuvé :

Le ministre de l'intérieur, CHAPTAL.

N° **62**. — *Ordonnance concernant le curage de la Bièvre pour l'an* ix (1).

Paris, le 19 messidor an ix (8 juillet 1801).

Le préfet de police,

Vu l'article 38 de son ordonnance de ce jour, portant qu'il sera pourvu, pour l'an ix, au curage de la rivière de Bièvre, par des dispositions particulières ;

Ordonne ce qui suit :

1. Le curage de la Bièvre, pour la présente année, sera fait de la manière suivante :

Du 15 au 30 thermidor, on curera à vif fond les fontaines des Godel, de Bua et des Moulins, et les boires qui peuvent amener les eaux de Sceaux.

Du 1er au 15 fructidor, la rivière morte sera curée dans toutes ses parties. Celle qui se trouve au-dessus d'Antony, qui est totalement comblée, sera creusée ; on curera le ruisseau de Wissous, depuis la limite du département de la Seine, jusqu'à son embouchure, ainsi que tous autres ruisseaux, sources, fontaines et boires qui affluent à la Bièvre.

Du 16 au 30 fructidor, la rivière vive sera curée depuis le dessous du moulin de Gentilly jusqu'à la Seine : pour cet effet, la vanne Laurenchet sera levée, et la rivière sera coupée pour passer dans la rivière morte.

Du premier jour complémentaire au 1er vendémiaire, le curage se fera depuis le moulin de Gentilly jusqu'à celui de la Roche.

Du 2 au 5 vendémiaire, depuis le moulin de la Roche jusqu'à celui de Bernis, après avoir préalablement fait ouvrir les boires des coupes qui communiqueront aux rivières mortes, au-dessus des moulins d'Arcueil, Cachant et Lay.

Et du 6 au 10 du même mois, depuis Bernis jusqu'à la limite du département de la Seine.

2. A cet effet, l'inspecteur général de la navigation et des ports, l'ingénieur hydraulique, l'architecte commissaire de la petite voirie et l'inspecteur particulier de la Bièvre sont autorisés à prendre un nombre suffisant d'ouvriers pour effectuer le curage, sans qu'il soit dérogé à la faculté accordée par l'article 33 de l'ordonnance de ce jour ; ils sont autorisés à traiter de gré à gré pour le salaire des ouvriers.

3. Les procès-verbaux qui seront dressés conformément à l'article 34 constateront le nombre des ouvriers qui auront été employés, le salaire qui aura été convenu et l'étendue du curage effectué, en désignant avec soin la portion dont chaque propriétaire est tenu.

4. La présente ordonnance sera imprimée : elle sera publiée et

---

(1) V. les ord. des 26 messid. an x (15 juill. 1802) et 31 juill. 1838.

affichée dans Paris et dans les communes riveraines de la Bièvre et des ruisseaux qui y affluent, dans le département de la Seine.

Les maires de ces communes, les commissaires de police, les officiers de paix, l'inspecteur général de la navigation et des ports et les autres préposés de la préfecture de police sont chargés, chacun en ce qui le concerne, de tenir la main à son exécution.

Le général commandant de la première division militaire, le commandant d'armes de la place de Paris, et le chef de la première division de gendarmerie sont requis de leur faire prêter main-forte au besoin.

Le préfet de police, DUBOIS.

Vu et approuvé :

Le ministre de l'intérieur, CHAPTAL.

N° **63**. — *Ordonnance concernant l'anniversaire du 14 juillet* (1).

Paris, le 19 messidor an ix (8 juillet 1801).

N° **64**. — *Ordonnance concernant la police de la Bourse* (2).

Paris, le 1er thermidor an ix (20 juillet 1801).

Le préfet de police,

Vu l'article 25 de l'arrêté des consuls du 12 messidor an viii, qui lui confère la police de la bourse ;

Vu aussi les articles 14 et 19 de l'arrêté des consuls du 29 germinal dernier ;

Ordonne ce qui suit :

1. La bourse tiendra tous les jours, excepté les jours de repos indiqués par la loi ; elle tiendra depuis deux heures jusqu'à trois heures pour les ventes et les achats ; et depuis trois heures jusqu'à quatre pour les opérations de banque et les négociations de lettres de change et d'effets publics.

2. L'ouverture et la fermeture de la bourse seront annoncées au son de la cloche.

3. Il y aura, à chaque séance de la bourse, un commissaire de police, chargé de maintenir l'ordre, tant à l'intérieur qu'à l'extérieur, lequel, en cas de trouble ou d'excès commis, ou sur la demande motivée par écrit des syndics et adjoints, requerra la force armée, et dressera procès-verbal des faits et des moyens de répression qu'il aura employés.

Ce procès-verbal sera transmis de suite au préfet de police, qui statuera suivant l'exigence des cas.

4. Les agents de change et courtiers de commerce se réuniront à la bourse, pour, en présence du commissaire de police, procéder à

---

(1) V. l'ord. du 24 messid. an xii (13 juill. 1804).

(2) V. les ord. des 29 fruct. an x (16 sept. 1802), 2 oct. 1809, 18 mars 1818, 14 avril 1819, 24 janv. 1823, 2 nov. 1826 et 12 janv. 1831.

l'élection d'un syndic et de six adjoints, qui, conformément à l'article 15 de l'arrêté du 29 germinal, exerceront une police intérieure, rechercheront les contraventions aux lois et règlements, et les déféreront à l'autorité publique par l'intermédiaire du commissaire de police.

La durée des fonctions du syndic et des six adjoints sera de trois mois.

Il sera procédé à leur renouvellement par la voie de l'élection, dans la forme ci-dessus prescrite.

5. La bourse est ouverte à tous les citoyens jouissant de leurs droits politiques, et aux étrangers.

6. Sont exclus de la bourse les individus condamnés à des peines afflictives ou infamantes, et ceux qui sont ou ont été en faillite, et ne sont point réhabilités.

7. Les noms et demeures de tous les agents de change et courtiers de commerce seront inscrits sur un tableau placé dans un lieu apparent de la bourse. (*Arr. des consuls du 29 germ. an* IX, *art.* 10.)

8. Il est défendu, sous les peines portées par l'article 13 de l'arrêt du conseil du 26 novembre 1781, à toute personne autre que les agents de change et courtiers de commerce nommés par le gouvernement, de s'immiscer dans les négociations d'effets publics et papiers de commerce, et de s'entremettre dans les achats et ventes de marchandises, matières premières ou métalliques, soit dans l'intérieur, soit à l'extérieur de la bourse.

Les commissaires de police sont spécialement chargés de veiller à ce qu'il ne soit pas contrevenu à la présente disposition ; ils constateront les contraventions.

9. Il sera néanmoins permis aux marchands, négociants, banquiers et autres, qui sont dans l'usage d'aller à la bourse, de négocier entre eux les lettres de change, billets au porteur et billets à ordre, sans l'entremise des agents de change, en se conformant aux règlements. (*Arrêt du 26 nov.* 1781, *art.* 14.)

10. Lorsque deux agents de change seront d'accord d'une négociation à la bourse, ils devront se donner réciproquement leurs billets par lesquels l'un promettra de fournir les effets négociés, et l'autre le prix des mêmes effets. (*Arrêt du conseil du 24 sept.* 1724, *art.* 30.)

11. Les agents de change et courtiers seront tenus de fournir, avant leur sortie de la bourse, à ceux qui les auront employés, un bordereau, signé d'eux, des négociations et opérations qu'ils auront faites. (*Arrêt du conseil du 24 sept.* 1724, *art.* 31.)

12. Il est défendu aux agents de change et courtiers de commerce de se faire suppléer ou représenter dans l'intérieur du parquet de la bourse. Il est enjoint aux syndics, aux adjoints et au commissaire de police d'interdire l'entrée du parquet à tout individu autre que les agents de change et courtiers de commerce.

13. Il ne pourra être fait à la bourse, après le son de la cloche de retraite, aucune négociation. (*Arrêt du conseil du 27 nov.* 1781, *art.* 12.)

14. Les noms des agents de change et courtiers, destitués ou révoqués, seront inscrits sur un tableau exposé à la bourse. (*Arrêt du conseil du 24 sept.* 1724, *art.* 41.)

15. Le cours des marchandises et des matières métalliques et celui des effets publics ne pourront être établis que d'après les achats de vente et négociations faites ou rappelées sur le parquet.

16. Il y aura pour le service de la bourse un crieur public.

Ce crieur sera nommé par les syndics et les adjoints ; il annoncera les cotes des effets publics négociés sur le parquet.

Dans le cas où le crieur prévariquerait dans ses fonctions, il sera destitué par le préfet de police, d'après le procès-verbal du commissaire de la bourse ; et il sera pris contre lui telles autres mesures administratives qu'il appartiendra.

17. A la fin de chaque séance de la bourse, les agents de change se réuniront dans le parquet de la bourse :

1° Pour vérifier les cotes des effets publics ;

2° Pour en faire arrêter le cours par le syndic et un adjoint, ou par deux adjoints, en cas d'absence du syndic.

3° Pour faire constater dans la même forme le cours du change.

La même réunion aura lieu de la part des courtiers de commerce, pour la vérification des cotes des marchandises et matières premières ou métalliques, et pour en faire constater le cours par leur syndic et un adjoint, ou par deux adjoints, en cas d'absence du syndic.

Les réunions ci-dessus mentionnées auront lieu en présence du commissaire de police, qui portera sur un registre le cours arrêté par les agents de change et les courtiers de commerce, chacun pour ce qui le concerne.

18. Il est expressément défendu à tous individus de se réunir dans les rues, dans les jardins publics, cafés et autres lieux, pour y faire des négociations publiques de banque, de finance et de commerce. (*Arrêt du conseil du 24 sept. 1724 , art. 13, et autre du 7 août 1785 , art. 1 et 2.*)

19. La présente ordonnance sera soumise à l'approbation du ministre de l'intérieur.

20. Elle sera imprimée, publiée et affichée ; elle sera envoyée aux autorités qui doivent en connaître, aux officiers de police et aux préposés de la préfecture, pour que chacun, en ce qui le concerne, en assure l'exécution.

Le général commandant d'armes de la place est requis de leur faire prêter main-forte au besoin.

Le préfet de police, DUBOIS.

Vu et approuvé :

Le ministre de l'intérieur, CHAPTAL.

N° **65.** — *Ordonnance concernant la tenue des marchés aux vaches laitières à la Chapelle-Saint-Denis et à la plaine des Sablons , commune de Neuilly* (1).

Paris, le 2 thermidor an IX (21 juillet 1801).

Le préfet de police,

Informé qu'il s'est introduit des abus dans le commerce des vaches laitières ;

Considérant qu'il importe d'autant plus de réprimer ces abus qu'ils pourraient avoir les suites les plus funestes ;

Vu les articles 2 et 33 de l'arrêté des consuls de la république, du 12 messidor an VIII, et l'article 1er de celui du 3 brumaire suivant ;

Vu aussi l'arrêté des consuls du 7 thermidor an VIII, ensemble la décision du ministre de l'intérieur, du 17 pluviôse an IX ;

Ordonne ce qui suit :

1. Il y aura, dans le département de la Seine, deux endroits affectés à l'exposition en vente des vaches laitières.

---

(1) V. l'ord. du 12 therm. an X (31 juill. 1802).

L'un de ces marchés tiendra à la Chapelle-Saint-Denis, et l'autre à la plaine des Sablons, commune de Neuilly, dans des emplacements pavés et disposés à cet effet.

2. Le nombre des marchés aux vaches laitières demeure fixé à quatre par mois. Ils tiendront alternativement dans les endroits ci-dessus désignés, et ils auront lieu le lendemain de celui de Sceaux, ou le surlendemain, dans le cas où le lendemain se trouverait être un jour de décadi.

3. L'ouverture et la fermeture des marchés aux vaches laitières seront annoncées au son d'une cloche que les propriétaires des emplacements de ces marchés seront tenus d'y faire établir à leurs frais.

4. Les marchés seront ouverts à dix heures du matin, depuis le 1er vendémiaire jusqu'au 1er germinal; et à huit heures, depuis le 1er germinal jusqu'au 1er vendémiaire.

La clôture s'en fera, dans tous les temps, à trois heures de relevée.

5. Il est défendu aux propriétaires des emplacements des marchés, d'y répandre de la paille, du fumier et autres matières; il leur est enjoint d'y entretenir constamment la plus grande propreté; faute par eux de se conformer à ces dispositions, il y sera pourvu à leurs frais.

6. Il est défendu d'exposer en vente des vaches laitières ailleurs que sur les marchés, même d'en vendre et faire vendre dans les étables; le tout à peine de 200 francs d'amende, tant contre les vendeurs que contre les acheteurs. (*Ord. du 8 avril 1752, art. 2, et du 29 janv. 1768, art. 3.*)

7. On ne pourra acheter dans les marchés ci-dessus désignés aucunes vaches pour les tuer, à peine de 200 fr. d'amende. (*Ord. du 29 janv. 1768, art. 4, et du 25 mai 1784, art. 4.*)

8. Les vaches grasses propres à la boucherie, devant être conduites sur les marchés de Sceaux et de Poissy, il ne pourra en être amené ni vendu sur les marchés de la Chapelle-Saint-Denis et de la plaine des Sablons, ainsi que dans les lieux environnants.

9. Il est défendu d'exposer sur les marchés des vaches laitières qui se trouveraient dans les cas redhibitoires, et même celles qui, sans être dans les cas redhibitoires, seraient atteintes d'une maladie quelconque.

10. Les nourrisseurs de vaches, actuellement domiciliés dans les faubourgs de Paris, ne pourront les y faire entrer que dans le jour, avant le coucher du soleil, et par les barrières de Saint-Denis et du Roule.

11. Pour prévenir tous abus et difficultés, à cet égard, les nourrisseurs qui auront acheté des vaches sur lesdits marchés, et qui voudront les faire entrer dans Paris, devront en rapporter des certificats de l'inspecteur, lesquels certificats, énonçant la quantité de vaches, leur signalement et le nom des acheteurs, devront être visés par les préposés de la régie de l'octroi aux barrières, et représentés aux préposés de la préfecture de police à toute réquisition.

12. Il y aura sur chaque marché un inspecteur chargé d'y maintenir le bon ordre, de visiter les vaches et de délivrer les certificats prescrits par l'article précédent.

13. Il sera pris envers les contrevenants aux dispositions ci-dessus, telles mesures administratives qu'il appartiendra, sans préjudice des poursuites à exercer contre eux devant les tribunaux.

14. La présente ordonnance sera imprimée; elle sera publiée et affichée dans Paris, dans les communes rurales du département de la Seine, et dans celles de Sèvres, Saint-Cloud et Meudon.

Les commissaires de police à Paris, et les maires dans les cantons ruraux, les officiers de paix, le commissaire des halles et marchés et les autres préposés de la préfecture de police sont chargés, chacun en ce qui le concerne, de tenir la main à son exécution.

Le général commandant de la première division militaire, le commandant d'armes de la place de Paris, et le chef de la première division de gendarmerie, sont requis de leur faire prêter main-forte au besoin.

Le préfet de police, DUBOIS.

N° **66**. — *Ordonnance concernant les affiches et les afficheurs* (1).

Paris, le 8 thermidor an IX (26 juillet 1801).

Le préfet de police,

Informé des contraventions journalières faites aux lois et règlements de police concernant les affiches et les afficheurs ;

Vu les articles 2 et 11 de l'arrêté des consuls de la république, du 12 messidor an VIII ;

Ordonne ce qui suit :

1. Les affiches des actes émanés de l'autorité publique peuvent seules être imprimées sur papier blanc ordinaire, et celles faites par des particuliers ne doivent l'être que sur papier de couleur. (*Loi du 28 juill.* 1791).

2. Les affiches des particuliers ne pourront être placardées dans les lieux exclusivement destinés à recevoir celles des lois et actes de l'autorité publique. (*Loi du 22 mai* 1791.)

Ces lieux sont désignés par des tables en marbre noir, sur lesquelles sont gravés ces mots : *Lois et actes de l'autorité publique.*

3. Il ne doit être placardé aucune affiche qu'elle ne porte le nom de l'auteur et de l'imprimeur.

4. Toutes les affiches autres que celles d'actes émanés de l'autorité publique, quelle que soit leur nature ou leur objet, devront être timbrées, conformément à la loi du 9 vendémiaire an VI.

5. Dans dix jours, à dater de la publication de la présente ordonnance, nul ne pourra être afficheur dans la ville de Paris, dans les communes rurales du département de la Seine et celles de Saint-Cloud, Sèvres et Meudon, sans en avoir obtenu la permission du préfet de police.

6. La permission voulue en l'article précédent ne sera accordée qu'à celui qui justifiera : 1° d'un domicile au moins d'un an dans le département de la Seine ou dans les communes de Saint-Cloud, Sèvres et Meudon ; 2° d'un certificat de bonne conduite, signé de trois témoins domiciliés, dont un devra être imprimeur patenté ; 3° de l'avis du commissaire de police de la division sur laquelle il réside, ou du maire de la commune qu'il habite.

Les prénoms, noms, demeures et états des témoins seront rappelés dans ledit certificat.

7. Tout afficheur est tenu d'avoir une plaque de cuivre, sur laquelle sera gravé le mot *Afficheur*, avec le numéro de sa permission.

Il la portera sur son habit d'une manière apparente. (*Arr. du conseil du 13 sept.* 1722.)

8. Il est défendu aux afficheurs de céder ou prêter leurs plaques

(1) V. les ord. des 21 mai 1823, 28 nov. 1829, 23 août et 12 déc. 1830, 4 août 1836 et 8 nov. 1841.

ou permissions, sous quelque prétexte que ce soit. (*Ord. de police du 16 avril* 1740.)

9. Les afficheurs sont tenus, avant d'afficher, de déposer à la préfecture de police un exemplaire de chacune des différentes affiches qu'ils placardent, et d'apposer leur signature au bas dudit exemplaire. (*Arr. du conseil précité.*)

10. Défenses expresses sont faites aux afficheurs de placarder les affiches des particuliers dans les lieux réservés aux affiches des actes émanés de l'autorité publique.

11. Il leur est également défendu de placarder aucune affiche de particuliers qui ne serait pas sur papier de couleur ou qui n'aurait pas été soumise au timbre.

12. Les afficheurs sont tenus de représenter leur permission chaque fois qu'ils en seront requis par le commissaire de police, les officiers de paix, préposés de la préfecture de police, et par tous autres chargés de tenir la main à l'exécution de la présente ordonnance.

13. Dans le cas de changement de demeure, les afficheurs doivent en faire la déclaration à la préfecture de police. Ils le feront en outre, savoir : ceux qui demeurent à Paris, devant les commissaires de police de leur ancien et nouveau domicile; et ceux qui résident dans les communes rurales, devant les maires de leur ancienne et nouvelle habitation.

14. Dans tous les cas de contravention aux dispositions ci-dessus, les afficheurs seront amenés à la préfecture de police, et il sera pris envers les contrevenants telle mesure administrative qu'il appartiendra; les plaques et permissions pourront même leur être retirées, sans préjudice des poursuites à exercer par-devant les tribunaux, conformément aux lois et règlements de police.

15. La présente ordonnance sera imprimée, publiée et affichée dans Paris, dans les communes rurales du département de la Seine et dans celles de Saint-Cloud, Sèvres et Meudon.

Les commissaires de police de Paris, les maires et adjoints dans les communes rurales, les officiers de paix et les préposés de la préfecture de police sont chargés, chacun en ce qui le concerne, de veiller à son exécution.

Le général commandant de la première division militaire, le général commandant d'armes de la place de Paris et le chef de la première division de la gendarmerie nationale sont requis de leur faire prêter main-forte au besoin.

Le préfet de police, DUBOIS.

N° 67. — *Ordonnance concernant le commerce des fruits, légumes, herbages, fleurs en bottes et plantes usuelles* (1).

Paris, le 14 thermidor an IX (2 août 1801).

Le préfet de police,

Informé des désordres qui se sont introduits dans le commerce des fruits, légumes, herbages et plantes usuelles;

Considérant la nécessité et l'urgence de prendre des mesures pour réprimer ces désordres;

Vu les articles 2 et 33 de l'arrêté des consuls du 12 messidor an VIII et l'article 1 de celui du 3 brumaire suivant;

---

(1) V. les ord. des 25 nov. 1817, 31 oct. 1825, 21 sept. 1829, 28 mars et 5 avril 1831 et 28 juin 1833.

Ordonne ce qui suit :

1. La partie des halles du centre connue sous le nom de Cimetière des Innocents, les rues de la Lingerie, de la Ferronnerie, des Fourreurs et de Saint-Honoré jusqu'à celle des Prouvaires, la rue de la Poterie, la place dite le Légat, la rue aux Fers, la rue du Marché-aux-Poirées et le terrain dit la Pointe Saint-Eustache, demeurent spécialement affectés à l'exposition en vente des fruits, légumes, herbages, fleurs en bottes et plantes usuelles.

2. Ces emplacements se divisent en trois parties principales :

La première, destinée à la vente en gros des fruits, légumes, herbages et plantes usuelles, et au commerce des fleurs, comprend le terrain du Cimetière des Innocents, les rues aux Fers, de la Ferronnerie, des Fourreurs et de Saint-Honoré jusqu'à celle des Prouvaires, la rue de la Lingerie et celle de la Poterie.

La seconde partie, destinée à la vente au détail des fruits, légumes, herbages et plantes usuelles, comprend le pourtour du carreau des Innocents, sur deux rangs d'étalages, la rue de la Poterie et la place dite le Légat.

La troisième partie, réservée à la vente au détail des légumes, herbages et poirées seulement, comprend le Marché aux Poirées et le terrain dit la Pointe Saint-Eustache.

3. L'emplacement destiné à la vente en gros des fruits, légumes, herbages et plantes usuelles est divisé en plusieurs parties. Chaque partie est affectée à la vente des denrées de même nature, et les marchands sont tenus de s'y placer dans l'ordre indiqué par le commissaire des halles et marchés.

Aussitôt après le déchargement des voitures, elles doivent être conduites sur les emplacements affectés à leur stationnement. (*Arr. du 1er mess. an* VIII, *art.* **1** *et* 3.)

4. La vente en gros des fruits, légumes, herbages et plantes usuelles aura lieu tous les jours, comme par le passé.

L'ouverture du marché sera annoncée au son de la cloche.

Une heure après l'ouverture, la cloche sera sonnée une seconde fois.

5. La vente cessera à 10 heures du matin, du 1er vendémiaire au 1er germinal, et à 9 heures pendant le reste de l'année.

La fermeture sera annoncée au son de la cloche.

6. Pendant la première heure du marché, les préposés de la préfecture feront la vérification des denrées exposées en vente. (*Ord. du* 17 *juin* 1778, *art.* 1.)

7. Pendant ce même intervalle, les denrées à destinations particulières, bien constatées, devront être enlevées, et celles exposées en vente seront examinées par les acheteurs.

8. Les marchandises achetées ne pourront être enlevées que quand le prix en aura été convenu entre le vendeur et l'acheteur, et qu'après le second coup de cloche.

9. Les vendeurs et les acheteurs sont libres de faire enlever leurs marchandises par qui bon leur semble.

10. Les marchands forains ne peuvent se rendre que sur les marchés établis pour la vente des denrées qu'ils apportent ; il leur est défendu d'en vendre ou de recevoir des arrhes, sur les routes, dans les rues, dans les auberges, dans les cafés et partout ailleurs. (*Ord. du* 17 *juin* 1778. *art.* 1 *et* 2.)

11. Il est défendu d'aller au-devant des voitures pour acheter ou pour arrher aucune espèce de denrées. (*Ord. du Châtelet du* 28 *sept.* 1590, *de déc.* 1672, *chap.* 3, *art.* 2, *et du* 17 *juin* 1778, *art.* 3.)

12. Il est défendu de se jeter sur les marchandises avant ou après leur déchargement sur les carreaux. (*Ord. du 25 juin 1757, 6 mars 1758 et 17 juin 1778.*)

13. Il est défendu aux marchands forains d'emmagasiner dans Paris les denrées qu'ils auront amenées. (*Ord. du Châtelet du 28 sept. 1590, de 1691, art. 6, et du 15 fév. 1721.*)

14. Les marchands forains ne pourront vendre que par eux-mêmes ou par des personnes de leur famille les denrées qu'ils amèneront sur les carreaux. (*Ord. du Châtelet du 28 sept. 1590.*)

15. Il est défendu d'apporter au marché et de vendre des fruits et des légumes pourris et défectueux, ainsi que de mauvaise qualité. (*Ord. du 15 fév. 1721, et loi du 22 juill. 1791, tit. 1, art. 20.*)

16. Il est défendu de mettre au fond des paniers des fruits d'une espèce et d'une qualité inférieures à celles des fruits qui sont au-dessus; comme aussi de mettre dans les paniers d'autres bouchons que ceux qui sont nécessaires à la conservation des fruits. (*Ord. de 1672, chap. 3, art. 28, et du 17 juin 1778, art. 1.*)

17. Les marchands forains seront tenus de se retirer des carreaux immédiatement après la vente et l'enlèvement de leurs denrées, et pour le plus tard aux heures désignées en l'art. 5 pour la fermeture de la vente en gros. (*Ord. du 15 fév. 1721, règl. du 2 mai 1790, art. 2 et 8.*)

18. Le regrat est prohibé sur les carreaux. En conséquence, toute marchandise achetée en gros ne doit y être vendue qu'au détail et dans l'emplacement affecté au détail. (*Ord. de déc. 1672, chap. 3, art. 23.*)

19. La vente au détail des fruits, légumes, herbages et plantes usuelles aura lieu tous les jours, depuis le lever jusqu'au coucher du soleil.

20. Nul ne pourra s'installer sur le carreau pour la vente au détail des denrées sans la permission du préfet de police.

21. Aucun détaillant ne pourra, sous aucun prétexte, réunir deux places, faire plusieurs commerces, ni avoir de boutique dans Paris.

22. Les détaillants ne pourront faire aucune association avec les marchands forains pour la vente de leurs denrées. (*Ord. de 1691, art. 5, et du 17 juin 1778, art. 6.*)

23. Il est défendu à tout détaillant de faire venir des denrées à sa destination sur le carreau.

24. Tout détaillant sera tenu d'acheter par lui-même.

25. Ceux qui voudront obtenir des places devront produire des certificats des commissaires de police de leurs divisionnaires respectives, qui attestent leur bonne conduite et leur résidence à Paris depuis un an.

26. Les détaillants seront obligés de mettre au-devant de leurs étalages un écriteau portant leurs noms et les numéros de leurs places.

27. Toute place qui sera, deux jours de suite ou trois sur dix, sans être occupée en personne par le détaillant qui l'aura obtenue, sera réputée vacante, et il en sera disposé immédiatement, à moins que le détaillant n'ait justifié d'un empêchement légitime.

28. Il ne pourra être placé de parasols, lits de sangle, tables, tréteaux et autres étalages quelconques que par les marchands et détaillants, ou sur la demande expresse qu'ils en feront aux particuliers qui sont dans l'usage d'en louer.

29. Les marchands et détaillants ne pourront établir d'étalages à demeure : ils devront enlever, chaque jour, tout ce qui aura servi à leurs étalages.

30. Il sera pris envers les contrevenants aux dispositions ci-dessus telles mesures administratives qu'il appartiendra, sans préjudice des poursuites à exercer contre eux devant les tribunaux.

31. La présente ordonnance sera imprimée; elle sera publiée et affichée dans Paris, dans les communes rurales du département de la Seine et dans celles de Sèvres, Saint-Cloud et Meudon.

Les commissaires de police, à Paris, les maires dans les communes rurales, les officiers de paix, le commissaire des halles et marchés, et les autres préposés de la préfecture de police sont chargés, chacun en ce qui le concerne, de tenir la main à son exécution.

Le général commandant de la première division militaire, le commandant d'armes de la place de Paris et le chef de la première division de gendarmerie sont requis de leur faire prêter main-forte au besoin.

Le préfet de police, DUBOIS.

N° **68**. — *Ordonnance concernant la nouvelle fixation des jours de marchés* (1).

Paris, le 3 fructidor an ix (21 août 1801).

Le préfet de police,

Informé qu'il a été fait un nouvelle fixation des jours de marchés dans les départements qui approvisionnent la ville de Paris;

Considérant combien il importe de faire concorder les principaux marchés de cette commune avec ceux des départements dont il s'agit, d'autant que cette mesure est fortement réclamée par le commerce;

Vu les articles 2 et 33 de l'arrêté des consuls du 12 messidor an viii, et l'article 4 de l'arrêté du 7 thermidor suivant;

Vu aussi la décision du ministre de l'intérieur du 27 germinal dernier;

Ordonne ce qui suit:

1. L'arrêté du bureau central du 19 frimaire an vii, portant fixation des jours de marchés, et dont l'exécution a été maintenue par l'ordonnance de police du 26 fructidor an viii, est rapporté en ce qui concerne les marchés aux grains et farines, à la volaille et au gibier, aux beurres, fromages et œufs, aux chevaux, aux suifs et aux hardes.

L'article 2 de l'ordonnance de police du 6 vendémiaire an ix, concernant le commerce des veaux, est également rapporté.

2. Ces marchés auront lieu les mêmes jours qu'ils tenaient avant les arrêté et ordonnances précités, à l'exception du marché aux suifs qui tiendra la veille du jour du marché aux bestiaux à Poissy.

Dans le cas où ces marchés tomberaient à des jours de repos indiqués par la loi, ils seront avancés ou reculés ainsi qu'il est déterminé par l'article suivant.

3. Lorsque les marchés aux grains et aux chevaux tomberont à des jours de repos indiqués par la loi, ils tiendront la veille; les marchés aux veaux, à la volaille et au gibier, aux suifs et aux hardes, seront remis au lendemain.

Grains et farines.

4. La vente de l'avoine commencera à neuf heures du matin; celle des menus grains, à dix heures, et celle du froment, du seigle et de l'orge, à midi. Ces ventes cesseront à cinq heures.

La vente des farines en gros et au détail aura lieu depuis deux heures jusqu'à cinq.

(1) V. l'ord. du 26 fruct. an viii (13 sept. 1800).

La vente au détail des farines pourra commencer à neuf heures du matin, les jours de marchés aux grains.

Veaux.

5. Le marché aux veaux tiendra depuis dix heures du matin jusqu'à trois, du 1er vendémiaire au 1er germinal, et depuis neuf heures jusqu'à deux pendant le reste de l'année.

Volaille et gibier.

6. Le marché à la volaille et au gibier tiendra depuis la pointe du jour jusqu'à deux heures.

La vente au détail aura lieu depuis le lever jusqu'au coucher du soleil. Elle cessera à midi les jours de repos indiqués par la loi.

Beurres, fromages et œufs.

7. La vente en gros des beurres, fromages et œufs commencera à la pointe du jour, et elle sera fermée à deux heures.

Celle au détail continuera d'avoir lieu depuis la pointe du jour jusqu'au coucher du soleil. Elle cessera à midi les jours de repos indiqués par la loi.

Chevaux.

8. Le marché aux chevaux sera ouvert à deux heures et il ne fermera qu'à la nuit, du 1er vendémiaire au 1er germinal.

Pendant le reste de l'année, le marché commencera à trois heures et il ne sera fermé qu'une heure après le coucher du soleil.

Suifs.

9. Le marché aux suifs tiendra depuis onze heures du matin jusqu'à deux.

Hardes.

10. Le marché aux hardes aura lieu depuis huit heures du matin jusqu'à quatre, du 1er vendémiaire au 1er germinal, et à sept heures jusqu'à quatre, pendant le reste de l'année.

11. Il n'est rien changé à la fixation des jours des autres marchés de la commune de Paris; ces marchés continueront d'avoir lieu comme à présent.

Pénalité.

12. Il sera pris envers les contrevenants aux dispositions ci-dessus telles mesures administratives qu'il appartiendra, sans préjudice des poursuites à exercer contre eux devant les tribunaux, conformément aux lois du 3 brumaire an IV, 17 thermidor et 23 fructidor an VI.

13. La présente ordonnance sera soumise à l'approbation du ministre de l'intérieur.

14. Elle sera imprimée, publiée et affichée dans Paris, dans les communes rurales du département de la Seine et dans celles de Sèvres, Saint-Cloud et Meudon.

Les commissaires de police, les officiers de paix, le commissaire des halles et marchés et les autres préposés de la préfecture sont chargés, chacun en ce qui le concerne, de tenir la main à son exécution.

Le général commandant d'armes de la place est requis de leur faire prêter main-forte au besoin.

Le préfet de police, DUBOIS.

Vu et approuvé :

Le ministre de l'intérieur, CHAPTAL.

1801.

N° **69.** — *Ordonnance concernant l'interruption provisoire de la navigation entre le Pont-Neuf et le passage d'eau des Quatre-Nations.*

Paris, le 5 fructidor an IX (23 août 1801).

N° **70.** — *Avis concernant les fêtes de Saint-Cloud* (1).

Paris, le 12 fructidor an IX (30 août 1801).

Le préfet de police

Prévient que, pour la sûreté des personnes qui pourront se porter avec affluence à Saint-Cloud, les 19, 20, 21 et 26 fructidor, il a pris les mesures suivantes :

Les 19, 20, 21 et 26 de ce mois, les charrettes et voitures, dites des environs de Paris, ne pourront passer sur le pont de Saint-Cloud que jusqu'à midi.

Toutes autres voitures qui se rendraient à Saint-Cloud pourront passer le pont de Saint-Cloud sur une seule file, depuis midi jusqu'à six heures.

Ce pont sera interdit aux voitures, depuis six heures du soir jusqu'à huit.

Les voitures qui ne passeront pas le pont de Saint-Cloud ne pourront suivre que jusqu'à la demi-lune ; elles seront ensuite rangées à droite du chemin dit la Reine ou dans la plaine de Boulogne.

Celles qui auront passé le pont de Saint-Cloud stationneront sur la rive gauche de la Seine ou sur le mail.

A huit heures du soir, le pont de Saint-Cloud sera libre pour le retour seulement ; les voitures formeront une seule file.

Celles qui, de Saint-Cloud, se rendront à Paris, avant huit heures du soir, suivront la route pavée conduisant de Saint-Cloud à Sèvres.

Celles qui arriveront par Sèvres suivront une seule file et stationneront en dehors de la grille, le long du mur du parc.

L'arrivée et le retour par le pont de Sèvres seront libres à toute heure.

Les bachots ou batelets, pour le service de Paris à Saint-Cloud, partiront de la rive droite de la Seine, près le pont National.

Il ne sera admis dans chaque bachot ou batelet plus de douze personnes.

Les mariniers ou conducteurs de galiotes ne chargeront ni ne recevront aucune personne en route.

Les marchands de comestibles et autres, qui voudront étaler et vendre dans le parc ou dans les avenues, rues et places de Saint-Cloud, devront en obtenir la permission du maire de cette commune, qui leur indiquera les endroits où ils se placeront.

Le préfet de police, DUBOIS.

---

(1) V. les ord. des 10 fruct. an X (28 août 1802) et 6 sept. 1843.

N° **71.**—*Ordonnance concernant l'émission des nouveaux poids* (1).

Paris, le 18 fructidor an IX (5 septembre 1801).

Le préfet de police,

Vu l'article 25 de l'arrêté des consuls du 12 messidor an VIII, les arrêtés du 7 floréal précédent, des 13 brumaire et 29 prairial an IX, ensemble la décision du ministre de l'intérieur du 12 thermidor dernier ;

Ordonne ce qui suit :

1. Le système décimal des poids sera mis à exécution dans le département de la Seine et dans les communes de Saint-Cloud, Sèvres et Meudon, à l'époque du 1er vendémiaire prochain. (*Arr. des consuls du* 13 *brum. an* IX, *art.* 1.)

2. Passé l'époque du 1er vendémiaire prochain, nul ne pourra faire usage dans le commerce des poids anciens.

3. Il ne pourra être employé dans le commerce aucuns poids qui ne seraient pas revêtus du poinçon de la république, et qui ne porteraient pas d'une manière distincte et lisible les noms qui leur sont propres ou l'indication de leur valeur, avec la marque particulière du fabricant. (*Loi du* 18 *germ. an* III, *art.* 16, *et arr. des consuls du* 13 *brum. an* IX, *art.* 6.)

4. Conformément à l'article 10 de l'arrêté des consuls du 29 prairial dernier, la vérification des poids sera faite à la préfecture de police.

5. Il ne sera poinçonné que des poids d'une, deux ou cinq unités décimales. (*Loi du* 18 *germ. an* III, *art.* 8.)

6. En exécution de l'article 24 de la loi du 18 germinal an III, il ne sera poinçonné aucun poids venant de l'étranger.

7. Pour faciliter, néanmoins, et accélérer le remplacement des anciens poids, les propriétaires sont autorisés à faire charger provisoirement, mais pour cette fois seulement, ceux de 50 livres, pour les porter à 25 kilogrammes.

Ces poids ainsi réajustés ne seront admis à la vérification qu'autant que les chiffres indiquant leur ancienne valeur auront été enlevés ou mutilés, et que l'indication de la valeur nouvelle sera insculpée ou gravée sur l'anneau. (*Décis. du min. de l'int. du* 12 *therm. an* IX.)

8. Les balanciers et tous autres qui ajusteraient des poids auront chacun une marque particulière.

Cette marque sera insculpée, à la préfecture de police, sur une planche de cuivre à ce destinée. (*Décis. du min. de l'int. du* 22 *prair. an* IX.)

9. Il sera pris envers les contrevenants aux dispositions ci-dessus telles mesures administratives qu'il appartiendra; ils seront, en outre, traduits au tribunal de police correctionnelle, pour être poursuivis conformément aux lois.

10. La présente ordonnance sera soumise à l'approbation du ministre de l'intérieur.

11. Elle sera imprimée, publiée et affichée dans Paris, dans les communes rurales du département de la Seine et dans celles de Sèvres, Saint-Cloud et Meudon.

Les commissaires de police, à Paris, et les maires dans les commu-

---

(1) V. les ord. des 2 juill. 1812, 18 mars 1816 et 30 déc. 1839.

nes rurales, les officiers de paix, les inspecteurs des poids et mesures et les autres préposés de la préfecture de police sont chargés, chacun en ce qui le concerne, de tenir la main à son exécution.

Le général commandant la première division militaire, le commandant d'armes de la place de Paris et le chef de la première division de la gendarmerie sont requis de leur faire prêter main-forte au besoin.

Le préfet de police, DUBOIS.

Vu et approuvé.

Le ministre de l'intérieur , CHAPTAL.

N° **72**. — *Ordonnance concernant la fête de la fondation de la république* (1).

Paris, le 26 fructidor an ix (13 septembre 1801).

N° **73**. — *Ordonnance concernant la vente des huîtres* (2).

Paris, le 29 fructidor an ix (16 septembre 1801).

Le préfet de police,

Vu les articles 2, 23, 32 et 33 de l'arrêté des consuls du 12 messidor an viii ;

Considérant que, pour prévenir les abus dans la vente des huîtres, il importe de rappeler les règlements de police rendus sur cette matière ;

Ordonne ce qui suit :

1. Les huîtres amenées à Paris continueront d'être exposées en vente dans les endroits affectés à cet usage, savoir :

Celles venant par eau, à l'endroit du port Nicolas appelé port aux huîtres ;

Et celles venant par terre, dans la rue Montorgueil, près la cour Mandar.

2. La vente des huîtres en bateau aura lieu tous les jours, aux heures déterminées pour la vente des marchandises sur les ports.

Quant à la vente des huîtres à la rue Montorgueil, elle ne se fera que dans la matinée, depuis sept heures jusqu'à dix.

Pendant les heures de la vente, il ne pourra être vendu au **regrat** ni au détail des huîtres dans les endroits ci-dessus désignés.

5. Les huîtres exposées en vente devront être de bonne qualité ; elles seront livrées directement aux acheteurs, et de la même manière qu'elles auront été expédiées ; celles arrivées par terre ne pourront être changées de paniers. (*Lois du 22 juill. 1791, tit. 1, art. 20, et du 3 brum. an IV, art. 615, et ord. de police du 12 sept. 1788, art. 1*.)

4. Le commissaire des halles et marchés s'assurera si les huîtres sont saines, et, à cet effet, il en fera ouvrir quelques-unes prises au hasard. (*Ord. de police du 12 sept. 1788, art. 7 et 8*.)

---

(1) V. l'ord. du quatrième jour complémentaire an xi (21 sept. 1803).

(2) V. l'ord. du 21 février 1811.

5. Les huîtres gâtées venues par bateau seront jetées à la rivière, aux endroits désignés par l'inspecteur général de la navigation et des ports ; et celles amenées par terre, qui seraient gâtées, seront transportées à la voirie, procès-verbal préalablement dressé et l'expertise, si elle a lieu, constatée. Dans l'un et l'autre cas, les frais seront à la charge du propriétaire.

6. Il ne pourra être transporté ni exposé en vente, à la rue Montorgueil, des huîtres venues par eau, ni conduit et vendu sur le port des huîtres venues par terre.

7. Les bateaux d'huîtres ne pourront rester à port ni garder planches pour la vente plus de cinq jours, après lequel temps toutes les huîtres qui resteraient dans lesdits bateaux seront jetées à la rivière, dans la forme indiquée par l'article 5. (*Ord. de police du 12 sept. 1788, art. 12.*)

8. Il est défendu à tous individus d'aller au-devant des acheteurs et de s'entremettre pour leur procurer des huîtres. (*Ord. de déc. 1672, chap. 3, art. 2.*)

9. Les marchands fourniront à leurs frais les planches nécessaires pour que les acheteurs entrent dans les bateaux avec sûreté et facilité, sinon il y sera pourvu à leurs frais. Il est, en conséquence, défendu à tous gens de peine d'exiger aucun droit de planche, sous tel prétexte que ce soit.

10. Il est également défendu d'aller au-devant des voitures d'huîtres arrivées par terre, sous prétexte d'acheter ou de retenir des paniers d'huîtres ; comme aussi de les acheter, choisir ou marquer sur les voitures, avant que la vente soit ouverte, et de remettre les paniers à ceux qui prétendraient les avoir marqués ou retenus, soit en route, soit dans les voitures. (*Ord. de déc. 1672, chap. 3, art. 2, et ord. de police du 12 sept. 1788, art. 3.*)

11. Chaque panier d'huîtres blanches devra contenir quarante-huit douzaines. (*Ord. de police du 12 sept. 1788, art. 7.*)

12. Tout marchand ou facteur à qui il restera des paniers d'huîtres invendus, en fera la déclaration au commissaire des halles et marchés. Cette déclaration devra spécifier la quantité et l'espèce des huîtres, et indiquer le lieu où elles seront mises en resserre.

13. Il est défendu d'exposer en vente et de crier des huîtres, depuis le 1er floréal jusqu'au 30 fructidor.

14. Il sera pris envers les contrevenants aux dispositions ci-dessus telles mesures administratives qu'il appartiendra, sans préjudice des poursuites à exercer contre eux devant les tribunaux, conformément aux lois et ordonnances de police qui leur seront applicables.

15. La présente ordonnance sera imprimée, publiée et affichée.

Les commissaires de police, les officiers de paix, le commissaire des halles et marchés, l'inspecteur général de la navigation et des ports et les autres préposés de la préfecture sont chargés, chacun en ce qui le concerne, de tenir la main à son exécution.

Le général commandant d'armes de la place de Paris et le chef de la première division de gendarmerie sont requis de leur faire prêter main-forte au besoin.

Le préfet de police, DUBOIS.

N° **74.** — *Ordonnance concernant la surveillance de la rivière, des ports, de la halle aux vins et des chantiers* (1).

Paris, le deuxième jour complémentaire de l'an IX (19 septembre 1801).

N° **75.** — *Ordonnance qui prescrit l'impression et la publication des articles 6 (section* 4*) et* 21 *(titre* 2*) de la loi du 6 octobre* 1791, *relatifs au grapillage* (2).

Paris, le 7 vendémiaire an x (29 septembre 1801).

N° **76.** — *Ordonnance concernant la conduite, le partage et le triage des bestiaux venant des marchés de Sceaux et de Poissy* (3).

Paris, le 11 vendémiaire an x (3 octobre 1801).

Le préfet de police,

Considérant que le défaut de précautions dans la conduite des bestiaux amenés des marchés de Sceaux et de Poissy, et dans le partage et le triage qui s'en font entre les bouchers de Paris, peut occasionner des accidents qu'il importe de prévenir ;

Considérant qu'il existe, à cet égard, des règlements dont il est nécessaire d'assurer l'exécution ;

Vu les articles 2, 22 et 33 de l'arrêté des consuls du 12 messidor an VIII, et l'arrêté du 3 brumaire suivant ;

Ordonne ce qui suit :

1. Les bestiaux achetés sur les marchés de Sceaux et de Poissy, pour l'approvisionnement de Paris, devront y être conduits directement, et par les routes ordinaires, à peine de deux cents francs d'amende. (*Ord. du 18 mars 1777, art. 6.*)

2. Les bandes de bœufs seront formées séparément de celles des vaches, et il ne pourra être compris dans chaque bande plus de quarante bœufs ou vaches, à peine de deux cents francs d'amende. (*Ord. du 18 mars 1777, art. 6.*)

3. Nul ne peut s'immiscer dans la conduite des bestiaux sans en avoir obtenu la permission du préfet de police ; les conducteurs doivent être âgés au moins de dix-huit ans. (*Ord. du 18 mars 1777, art. 4.*)

4. Les conducteurs actuels sont tenus de se pourvoir de la permission exigée par l'article précédent, dans les dix jours qui suivront la publication de la présente ordonnance.

5. Il y aura, par chaque bande, deux conducteurs au moins, dont l'un devant, pour empêcher qu'il ne se détourne aucun bœuf ou vache, et

---

(1) V. les ord. des 24 mars 1824, 26 mars 1829 et 25 oct. 1840.

(2) V. cette loi à l'appendice.

(3) V. les ord. des 21 niv. an XI (11 janv. 1803), 23 vent. an XI (14 mars 1803), 30 vent. an XI (21 mars 1803), l'avis du 16 juin 1806 et les ord. des 31 mars 1810, 15 mars 1819, 25 janv. 1823, 30 déc. 1833, 3 mai 1834, 31 août 1836 et 18 janv. 1843.

veiller à la sûreté des passants; l'autre derrière, pour toucher les
bœufs ou vaches.

6. Les conducteurs de bestiaux achetés par les bouchers de Paris ne
pourront se charger de conduire ceux achetés par les bouchers de
campagne, ni les conducteurs de bestiaux destinés pour la campagne
se charger de ceux destinés pour Paris, à peine de deux cents francs
d'amende. (*Ord. du* 18 *mars* 1777, *art.* 9.)

7. Il est défendu aux conducteurs de forcer les bestiaux dans leur
marche, à peine de demeurer responsables, en leurs propres et privés
noms, des bestiaux qui pourraient être estropiés ou mourir sur les
routes, et à peine de deux cent cinq francs d'amende. (*Ord. du* 18 *mars*
1777, *art.* 7.)

8. Les taureaux seront attachés à une charrette et conduits de cette
manière aux tueries.

9. Les bestiaux achetés dans les marchés de Sceaux et de Poissy, et
destinés pour Paris, ne peuvent y être introduits que de jour, et seulement par les barrières ci-après désignées; savoir : ceux venant du
marché de Sceaux, par la barrière d'Orléans, et ceux venant de Poissy,
par les barrières du Roule et de Mousseaux, à peine de trois cents
francs d'amende. (*Ord. du* 18 *mars* 1777, *art.* 8.)

10. Les conducteurs des bestiaux appartenants aux bouchers de
Paris devront faire, hors les barrières, ou entre les deux barrières
(ancienne et nouvelle), le partage de ceux destinés pour des arrondissements différents, et les diriger séparément.

11. Le triage des bestiaux pour les divers bouchers ne pourra se
faire ailleurs qu'aux endroits ci-après désignés :

LIEUX DU TRIAGE.	Quartiers pour lesquels les bestiaux sont destinés.
Rue du faubourg Saint-Honoré, dans l'espace compris entre l'égout vis-à-vis la rue Verte, et celui près la rue de la Réunion.	La Pologne.
Rue du Bout-du-Monde.	L'Égout Montmartre.
Rue du Ponceau.	La rue St-Martin.
Rue Meslée.	Le Marais.
Cul-de-Sac Guémenée.	Le coin St-Paul.
Rue de la Roquette.	Faubourg Saint-Antoine.
Place devant l'Ecole de Santé.	Rue des Boucheries, faubourg Saint-Germain.
Rue de Sèvres.	La Croix-Rouge.
Le Pont-aux-Change.	L'apport-Paris.
Le Champ des Capucins.	La Montagne Sainte-Geneviève.

12. Les conducteurs de bestiaux ne pourront, sous tel prétexte
que ce soit, les laisser stationner sur les ponts, places publiques, dans
les rues et autres endroits que ceux ci-dessus désignés.

13. Les propriétaires et les conducteurs des bestiaux demeurent civilement responsables des événements fâcheux qui surviendraient par
la négligence de quelqu'une des précautions ci-dessus prescrites.

14. Les bouchers sont tenus de faire mettre des entraves aux bœufs
qu'ils feront conduire de leurs bouveries à l'abreuvoir ou partout ailleurs. Il leur est défendu de les envoyer à l'abreuvoir, pendant l'été,
après six heures, et en hiver, passé huit heures du matin, à peine de
trois cents francs d'amende. (*Ord. du* 5 *août* 1785.)

15. Il sera pris, envers les contrevenants aux dispositions ci-dessus,
telles mesures administratives qu'il appartiendra, sans préjudice des
poursuites à exercer contre eux devant les tribunaux.

16. La présente ordonnance sera imprimée; elle sera publiée et

affichée dans Paris, dans les communes rurales du département de la Seine, et dans celles de Sèvres, Saint-Cloud, Meudon et Poissy, département de Seine-et-Oise.

Les sous-préfets de Sceaux et de Saint-Denis, les maires et adjoints dans les communes rurales et dans celles de Saint-Cloud, Sèvres, Meudon et Poissy, les commissaires de police, à Paris, les officiers de paix, le commissaire des halles et marchés et les autres préposés de la préfecture de police sont chargés, chacun en ce qui le concerne, de tenir la main à son exécution.

Le général commandant la première division militaire, le général commandant d'armes de la place de Paris et le chef de la première division de gendarmerie sont requis de leur prêter main-forte au besoin.

Le préfet de police, DUBOIS.

N° **77.**— *Ordonnance concernant le claveau des moutons* (1).

Paris, le 16 vendémiaire an x (8 octobre 1801).

Le préfet de police,
Vu les articles 2, 23 et 33 de l'arrêté des consuls du 12 messidor an VIII, et celui du 3 brumaire an IX,

Ordonne ce qui suit :

1. Dans les communes rurales du département de la Seine, et dans celles de Saint-Cloud, Sèvres et Meudon, département de Seine-et-Oise, les propriétaires ou dépositaires de moutons atteints du claveau sont tenus d'en faire sur-le-champ la déclaration aux maires de leurs communes respectives, et d'en indiquer exactement le nombre, à peine de cent francs d'amende.

2. Pour s'assurer si les propriétaires ou dépositaires de moutons se sont conformés à l'article précédent, tous les troupeaux seront visités en présence du maire, par des experts nommés à cet effet.

3. Les troupeaux dans lesquels il y aura des animaux malades seront séparément cantonnés en plein air, ou dans des bergeries particulières, suivant les circonstances.

Les lieux du cantonnement ou les bergeries seront indiqués par les maires, de concert avec les notables des communes et les propriétaires des troupeaux.

4. Il est expressément défendu de laisser vaguer les moutons malades, dans les parcours et sur les routes, et de les laisser communiquer avec les moutons qui sont sains.

5. Les troupeaux de moutons atteints du claveau, qui seront rencontrés au pâturage, sur les terres de parcours ou de vaine pâture, autres que celles destinées pour le cantonnement, pourront être saisis par les gardes champêtres, et même par toutes autres personnes, et conduits dans l'endroit qui sera indiqué par le maire.

6. Il est défendu d'amener sur les marchés de Sceaux et de Poissy et à la foire Saint-Denis, des moutons atteints du claveau, à peine de trois cents francs d'amende.

7. Les moutons amenés sur les marchés de Sceaux et de Poissy et à la foire Saint-Denis seront visités par des experts, avant leur exposition en vente sur lesdits marchés.

(1) V. l'ord. du 18 fév. 1815, l'instr. du 26 mars 1816, et l'ord. du 31 août 1842.

8. Si, en contravention aux deux articles précédents, des moutons atteints du claveau sont amenés sur les marchés, ils seront traités dans des endroits particuliers, aux frais des propriétaires.

9. Les moutons qui pourront être soupçonnés atteints du claveau, soit pour avoir fait partie d'un troupeau infecté de cette maladie, soit pour avoir communiqué avec un troupeau malade, seront renvoyés dans les lieux d'où ils auront été amenés.

10. Lors du renvoi des moutons, les propriétaires ou conducteurs devront prendre toutes les précautions nécessaires pour les empêcher de communiquer avec les moutons sains, soit sur les routes, soit dans les bergeries.

11. Les bergeries et autres lieux dans lesquels auront séjourné des troupeaux de moutons atteints du claveau ne pourront servir qu'après avoir été désinfectés, sous la surveillance des maires, d'après les procédés ci-après indiqués.

12. Les moutons morts du claveau seront enfouis, dans le jour, avec leur peau et laine, à un mètre trente-quatre centimètres de profondeur (quatre pieds), hors de l'enceinte des communes ; le tout aux frais des propriétaires.

13. Il sera pris envers les contrevenants aux dispositions ci-dessus telles mesures administratives qu'il appartiendra, sans préjudice des poursuites à exercer contre eux devant les tribunaux, conformément à la loi du 6 octobre 1791, et aux arrêts des 19 juillet 1746, 23 décembre 1778 et 16 juillet 1784.

14. La présente ordonnance sera imprimée ; elle sera publiée et affichée dans Paris, dans les communes rurales du département de la Seine, et dans celles de Saint-Cloud, Sèvres, Meudon et Poissy, département de Seine-et-Oise.

Les sous-préfets de Sceaux et de Saint-Denis, les maires et adjoints dans les communes rurales et dans celles de Saint Cloud, Sèvres, Meudon et Poissy, les commissaires de police, à Paris, les officiers de paix, les commissaires des halles et marchés et les autres préposés de la préfecture de police sont chargés, chacun en ce qui le concerne, de tenir la main à son exécution.

Le général commandant de la première division militaire, le général commandant d'armes de la place de Paris et le chef de la première division de gendarmerie sont requis de leur faire prêter main-forte au besoin.

Le préfet de police, DUBOIS.

DÉSINFECTION DES BERGERIES.

La propreté, la libre circulation de l'air, le lavage à grande eau, et les fumigations minérales sont les bases de toute désinfection.

On balayera l'aire, les murs et les planchers des bergeries ; on n'y laissera ni fumier ni fourrages, ni toiles d'araignées, ni aucune matière combustible.

On ouvrira les portes et les fenêtres pour faciliter la libre circulation de l'air ; on pratiquera même des ouvertures, si celles qui existent ne suffisent pas.

Les murs, à la hauteur d'un mètre (trois pieds), seront lavés à grande eau, avec des balais, jusqu'à ce qu'ils soient parfaitement nettoyés.

La terre de l'aire des bergeries sera enlevée de six centimètres (deux pouces) d'épaisseur, renouvelée et rebattue.

On y fera ensuite la fumigation suivante :

On portera dans les bergeries un réchaud rempli de charbons allumés, sur lequel on mettra une terrine à moitié pleine de cendres.

On posera sur cette cendre une autre terrine ou un vase large quelconque dans lequel on mettra douze grammes (quatre onces environ) de sel commun un peu humide ; on versera dessus neuf grammes (trois onces environ) d'huile de vitriol ; on fermera les portes et les fenêtres, et on se retirera aussitôt, pour ne pas respirer la vapeur très-abondante qui se dégage, et qui bientôt remplira tout le local. On n'ouvrira que lorsque la vapeur sera entièrement dissipée ; on pourra alors y faire rentrer les moutons.

Cette fumigation peut être faite pendant que les animaux seront aux champs ; il suffira d'ouvrir les portes et les fenêtres un moment avant que les moutons rentrent dans les bergeries.

Toutes autres fumigations de plantes aromatiques sont inutiles, elles ne servent qu'à déplacer une odeur par une autre.

N° **78**. — *Ordonnance qui prescrit la réimpression des articles 2, 3, 4, 5, 6, 7, 8 et 9 de l'ordonnance du 2 ventôse an IX (21 février 1801), concernant les carrières* (1).

Paris, le 16 vendémiaire an x (8 octobre 1801).

N° **79**. — *Ordonnance concernant les voituriers, rouliers, charretiers et autres* (2).

Paris, le 28 vendémiaire an x (20 octobre 1801).

Le préfet de police,

Informé qu'il arrive beaucoup d'accidents dans Paris, par la surcharge des voitures et l'imprudence des conducteurs ;

Informé aussi que les rouliers, voituriers et charretiers commettent des désordres sur les routes du département de la Seine et dans les communes de Sèvres, Meudon et Saint-Cloud ;

Considérant combien il importe de faire revivre les règlements de police qui les concernent ;

Vu les arrêtés des consuls en date des 12 messidor an VIII et 3 brumaire an IX ;

Ordonne ce qui suit :

1. Les charrettes, chariots et autres voitures dont se servent les rouliers, voituriers et conducteurs doivent être bien conditionnés et entretenus en bon état.

Les commissaires de police, à Paris, et les maires, dans les arrondissements communaux, assistés des gens de l'art, pourront en faire la visite, toutes les fois que les circonstances l'exigeront. (*Art. 1 de l'ord. du* 21 *déc.* 1787.)

2. Toute voiture de charge doit être garnie de ridelles ou planches de clôture pour contenir les objets composant le chargement, à peine de cent francs d'amende et de confiscation des matériaux, voitures et chevaux. (*Art. 3 de l'ord. du* 21 *déc.* 1787.)

3. Les voitures qui transportent du bois, des planches, des pierres, moellons et tous autres objets qui peuvent facilement se dé-

---

(1) V. l'ord. du 23 vent. an x (14 mars 1802).

(2) V. les ord. des 21 flor. an x (11 mai 1802), 11 nov. 1808, 13 janv. 1812 et 28 août 1816.

tacher, et par leur chute occasionner des accidents, ne pourront être chargées au-dessus des ridelles. (*Art.* 3 *de l'ord. du* 21 *déc.* 1787.)

4. Les voitures qui transportent des moellons ou des pierres de meulières ne peuvent être chargées au delà d'un mètre et demi cube (43 à 44 pieds cubes), à peine de cent francs d'amende et de confiscation des matériaux, voitures et chevaux. (*Art.* 3 *de l'ord. du* 21 *déc.* 1787.)

5. Il est défendu aux carriers et autres, qui conduisent ou font voiturer des pierres dures, de faire charger sur une voiture ordinaire à deux roues plus d'un mètre cube de pierre (28 à 30 pieds cubes), sous peine de cent francs d'amende et de confiscation des matériaux, voitures et chevaux.

Ceux qui chargent sur des binards sont seuls exceptés de cette disposition. (*Ord. du* 5 *déc.* 1738, *arrêt du* 29 *sept.* 1747, *ord. du* 21 *déc.* 1787.)

6. Les gravatiers et ceux qui enlèvent les décombres et démolitions des bâtiments ne peuvent surcharger leurs tombereaux en excédant le débord des planches. (*Ord. du* 5 *oct.* 1738, *arrêt du* 29 *sept.* 1747, *ord. du* 21 *déc.* 1787.)

7. Il est défendu aux voituriers et charretiers de monter dans leurs voitures, ou de s'en éloigner ; ils se tiendront à la tête de leurs chevaux, à peine de trente francs d'amende. (*Ord. du* 4 *févr.* 1786.)

8. Il est également défendu aux rouliers, voituriers, charretiers et autres de retarder la marche des courriers de la malle et des voitures de postes.

En conséquence, ils seront tenus de leur céder le pavé, à peine de trente francs d'amende. (*Ord. du* 4 *févr.* 1786.)

9. Les rouliers, voituriers et charretiers sont tenus de céder la moitié du pavé aux voitures des voyageurs, à peine de cinquante francs d'amende. (*Ord. du* 17 *juill.* 1781.)

10. Aucune voiture attelée ou non attelée ne pourra stationner sur la voie publique. (*Ord. du* 17 *juill.* 1781.)

Néanmoins sont provisoirement maintenues les dispositions de l'ordonnance de police du 1er messidor an viii, concernant les voitures des marchands forains, ainsi que l'article 13 de l'ordonnance du 2me jour complémentaire dernier, relatif aux haquets et autres voitures vides et non attelées qu'il est d'usage de placer sur les ports.

11. Lorsque, dans les communes rurales, les cours des aubergistes ne seront pas assez spacieuses pour contenir toutes les voitures des rouliers qui logeront chez eux, ils pourront les laisser stationner sur le bord des routes ; mais il leur est enjoint de les faire ranger de manière à ce que la circulation soit entièrement libre. (*Ord. du* 17 *juill.* 1781.)

Dans ce dernier cas, une lanterne sera placée de manière que les voitures restées sur la voie publique soient aperçues des voyageurs, à peine de cinquante francs d'amende, et de toutes pertes, dépens, dommages et intérêts. (*Ord. du* 17 *juill.* 1781.)

12. Il est défendu de faire circuler des charrettes, tombereaux, haquets et autres voitures de charge, même lorsqu'elles sont vides, sur les boulevards, *intrà-muros*, à l'exception de la partie comprise entre la route de Fontainebleau et le quai hors Tournelle. (*Ord. du* 19 *févr.* 1790.)

13. Les propriétaires de charrettes, chariots, haquets, tombereaux, carrioles et de toutes autres voitures de charrois ou transports sont tenus, conformément à la loi du 3 nivôse an 6, de faire peindre leurs noms et demeures en caractères apparents sur une plaque de métal placée en avant de la roue et au côté gauche de leurs voitures, à peine de vingt-cinq francs d'amende.

Cette peine sera double, si la plaque porte soit un nom, soit un domicile supposé.

14. Les aubergistes, rouliers, voituriers, charretiers et autres sont tenus d'avoir, dans leurs écuries, des lanternes pour prévenir les accidents du feu.

Il leur est défendu de porter de la lumière dans lesdites écuries ou autres lieux renfermant des matières combustibles, à moins qu'elle ne soit dans une lanterne bien fermée.

Le tout à peine de deux cents francs d'amende. (*Ord. du 10 févr. 1735.*)

15. Les propriétaires de charrettes, voitures et chevaux seront civilement garants et responsables des faits de leurs commis, préposés ou domestiques. (*Art. 9 de l'ord. du 21 déc. 1787.*)

16. Les contrevenants aux dispositions ci-dessus seront poursuivis et punis conformément aux lois.

17. Pour assurer l'exécution des mesures énoncées en l'article précédent, les voitures et chevaux seront, par voie de police administrative, arrêtés et mis en fourrière jusqu'après le jugement de l'affaire, pour sûreté de l'amende encourue, si mieux n'aiment, les contrevenants, consigner l'équivalent de l'amende à laquelle ils pourraient être condamnés.

18. La présente ordonnance sera imprimée; elle sera publiée et affichée à Paris, dans les communes rurales du département de la Seine, et dans celles de Sèvres, Meudon et Saint-Cloud, du département de Seine-et-Oise.

Les sous-préfets de Saint-Denis et Sceaux, les commissaires de police, à Paris, les maires et adjoints des communes rurales du département de la Seine et de celles de Sèvres, Saint-Cloud et Meudon, les officiers de la gendarmerie, les officiers de paix et tous les préposés de la préfecture sont chargés d'en surveiller l'exécution.

Le général commandant de la première division militaire, le général commandant d'armes de la place de Paris et le chef de la première division de gendarmerie sont requis de leur faire prêter main-forte au besoin.

Le préfet de police, DUBOIS.

Nº **80.** — *Ordonnance concernant la vente des fruits dans les ports de Paris* (1).

Paris, le 1er brumaire an x (23 octobre 1801).

Nº **81.** — *Ordonnance concernant les cours de dissection* (2).

Paris, le 1er brumaire an x (23 octobre 1801).

Le préfet de police,

Vu l'arrêté du directoire exécutif du 3 vendémiaire an 7;

Vu pareillement les instructions du ministre de l'intérieur, du 17 du même mois;

Vu aussi l'article 23 de l'arrêté des consuls du 12 messidor an VIII;

---

(1) V. les ord. des 23 fruct. an XII (10 sept. 1804), 2 oct. 1823, 10 oct. 1835 et 22 nov. 1842.

(2) V. les ord. des 11 janv. 1815 et 25 nov. 1834.

Ordonne ce qui suit :

1. Les cours de dissection ne pourront commencer qu'au 1er brumaire, et finiront avant le 1er floréal de chaque année.

2. Il est défendu d'ouvrir aucune salle de dissection, aucun laboratoire d'anatomie, sans l'autorisation du préfet de police.

3. Cette autorisation ne sera accordée qu'autant que les lieux désignés pour l'établissement ne présenteront aucun inconvénient ; à cet effet, un rapport *de commodo et incommodo* sera fait par un commissaire de police assisté des gens de l'art, et de l'inspecteur général de la salubrité.

4. Il ne pourra être disséqué de sujets morts de maladie contagieuse, ou déjà en état de putréfaction.

5. Les cadavres seront portés dans les salles de dissection, ou laboratoires d'anatomie, dans des voitures couvertes, et entre neuf et dix heures du soir.

Il est enjoint de transporter, avec les mêmes précautions, les débris des corps, aux lieux destinés à les recevoir.

6. Il sera pris envers les contrevenants aux dispositions ci-dessus telles mesures de police administrative qu'il appartiendra, sans préjudice des poursuites à exercer contre eux, par-devant les tribunaux, conformément aux lois et règlements de police.

7. La présente ordonnance sera imprimée et affichée ; elle sera envoyée aux autorités qui doivent en connaître, aux officiers de police, à l'inspecteur général de la salubrité, et aux autres préposés de la préfecture, pour que chacun, en ce qui le concerne, en assure la stricte exécution.

Le préfet de police, DUBOIS.

N° **82.** — *Avis concernant le ramonage* (1).

Paris, le 3 brumaire an x (25 octobre 1801).

Le préfet de police recommande aux propriétaires, locataires et sous-locataires des maisons de faire ramoner souvent leurs cheminées et surtout celles des cuisines, fours et fondoirs qui exigent plus de précautions.

Il les prévient qu'indépendamment des amendes auxquelles ils s'exposent par le défaut de ramonage, ils peuvent être passibles de dommages-intérêts, lorsque le feu s'est manifesté par leur négligence.

Le préfet de police, DUBOIS.

N° **83.** — *Ordonnance concernant la fête de la Paix.*

Paris, le 9 brumaire an x (31 octobre 1801).

Le préfet de police,

Vu le programme arrêté par le ministre de l'intérieur pour la célébration de la fête de la Paix ;

(1) V. l'avis du 10 janv. 1828 et l'ord. du 24 nov. 1843.

Ordonne ce qui suit :

1. Le 18 brumaire, les rues, quais, places et ponts seront balayés et débarrassés avant huit heures du matin.

2. Les voitures qui arriveront à Paris par la barrière de Passy fileront par la rue de Chaillot et celle d'Angoulême.

Celles qui arriveront par la route de Neuilly suivront également la rue d'Angoulême.

3. Aucune voiture ne pourra circuler ni stationner sur le Pont-Neuf et sur ceux des Tuileries et de la Concorde.

Les voitures ne pourront pareillement circuler ni stationner,

SAVOIR :

Pour la rive droite de la Seine, sur les quais, rues et places qui, à partir du Pont-au-Change jusqu'au quai de Chaillot, se trouvent à gauche des rues Saint-Denis, de la Ferronnerie, Saint-Honoré, faubourg Honoré, d'Angoulême et Chaillot ;

Et pour la rive gauche, sur les quais, rues et places qui, à partir du Pont-au-Change jusqu'au passage d'eau des Invalides, se trouvent à droite des rues Saint-Barthélemy, de la Barillerie, de la place du Pont-Saint-Michel et des rues Saint-André-des-Arts, de Bussy, de Seine, du Colombier, Jacob, de l'Université et de la place des Invalides.

4. Les voitures qui devront se rendre au palais du gouvernement ne pourront passer que sur les ponts dont la communication n'est point interdite ; elles arriveront au palais par la rue Nicaise, et sortiront par celle de l'Echelle.

5. La navigation sera interrompue les 15, 16, 17 et 18 brumaire, depuis le Pont-Neuf jusqu'au pont de la Concorde.

Elle sera de plus interrompue les 19 et 20; mais seulement depuis le Pont-Neuf jusqu'à celui des Tuileries.

6. Le passage de la rivière en bachots ou batelets sera interdit, le 18 brumaire, entre le Pont-Neuf et celui des Tuileries.

Il ne pourra avoir lieu qu'aux endroits ci-après, savoir : au port des Invalides, à Chaillot et à la barrière des Bons-Hommes.

Les fermiers de ces passages sont tenus de se pourvoir de bachots et mariniers en nombre suffisant pour que le service se fasse avec sûreté et célérité.

7. Il ne pourra être admis dans chaque bachot ou batelet plus de douze personnes ; il est enjoint aux passeurs d'y tenir la main et de désigner aux officiers de police ou à la garde les individus qui, par imprudence ou témérité, compromettraient la sûreté des passagers.

8. Le jour de la fête, il sera placé, en tête du Pont-Neuf et du pont de la Concorde, des bachots dans chacun desquels il y aura trois mariniers et deux hommes de garde, pour empêcher tout particulier d'entrer dans les deux bassins réservés à la fête.

9. Il est défendu aux mariniers de service de recevoir dans leurs bachots aucune autre personne que celles employées pour la fête.

10. Il est défendu de franchir les barrières qui auront été posées pour prévenir les accidents.

Il est également défendu de monter sur les arbres et de les dégrader, et de monter sur les piles de bois dans les chantiers et sur les parapets.

11. La nuit du 18 au 19 brumaire, les habitants de Paris illumineront la façade de leurs maisons.

12. Pour la sûreté des citoyens, aucune voiture ne pourra circuler dans Paris, depuis cinq heures du soir jusqu'au lendemain matin.

Sont exceptés de la présente disposition les courriers de la malle, les diligences et les voitures comprises en l'article 4.

13. Les commissaires de police tiendront la main à l'exécution des règlements qui défendent de tirer des fusées, pétards, boîtes, bombes et autres pièces d'artifice dans les rues, promenades, places publiques, cours et jardins ou par les fenêtres des maisons.

Ils feront arrêter et conduire les contrevenants à la préfecture de police.

14. Il sera mis à la disposition des commissaires de police des divisions des Champs-Elysées, des Tuileries, des Invalides, de la fontaine de Grenelle, de l'Unité, du Pont Neuf et du Muséum, des détachements d'infanterie et de cavalerie pour les seconder dans l'exécution des mesures de police dont ils sont chargés.

15. Le général de la première division militaire, le général commandant d'armes de la place de Paris et le chef de la première division de gendarmerie nationale sont requis de prendre les mesures nécessaires pour la pleine et entière exécution de la présente ordonnance.

Elle sera imprimée, publiée et affichée, et envoyée aux autorités qui doivent en connaître, aux officiers de police, à l'inspecteur général de la navigation et des ports et aux préposés de la préfecture, pour que chacun, en ce qui le concerne, en assure l'exécution.

Le préfet de police, DUBOIS.

N° **84.** — *Ordonnance qui prescrit la réimpression par extrait et la publication de l'ordonnance du 16 pluviôse an 9 (5 février 1801) concernant les cabriolets* (1).

Paris, le 13 brumaire an x (4 novembre 1801).

N° **85.** — *Avis concernant l'interruption provisoire de la navigation depuis le Pont-Neuf jusqu'au pont de la Concorde.*

Paris, le 13 brumaire an x (4 novembre 1801).

N° **86.** — *Ordonnance concernant les marchandises prohibées.*

Paris, le 13 brumaire an x (4 novembre 1801).

Le préfet de police,

Vu les arrêtés des consuls des 12 messidor an viii, 3 brumaire et 3 fructidor an ix;

Vu la lettre du ministre de l'intérieur en date du 15 vendémiaire an x;

Ordonne ce qui suit :

1. L'arrêté des consuls du 3 fructidor an ix, relatif à l'exécution de la loi du 10 brumaire an v, qui prohibe l'importation et la vente des marchandises anglaises, sera publié et affiché dans le département de la Seine et dans les communes de Sèvres, Meudon et Saint-Cloud.

2 Tous fabricant, négociant, marchand, commissionnaire, dépositaire et autre, demeurant dans le département de la Seine et dans les

---

(1) Rapportée.—V. l'ord. du 15 janv. 1841, les arrêtés des 15 janv. et 18 fév. 1841 et l'ord. du 25 mai 1842.

communes de Sèvres, Meudon et Saint-Cloud, sont tenus de faire, dans le délai de quinze jours, à compter de la publication de la présente ordonnance, la déclaration des basins, piqués, mousselines, toiles, draps et velours de coton qu'ils pourront avoir chez eux.

Ces déclarations seront faites, savoir : pour Paris, à la préfecture de police ;

Pour les arrondissements de Sceaux et Saint-Denis, aux sous-préfectures de ces arrondissements ;

Et pour les communes de Sèvres, Meudon et Saint-Cloud, devant les maires et adjoints de ces communes.

3. Les déclarations seront signées ; elles énonceront le nombre de pièces ou de coupons de chaque espèce et leurs dimensions.

Les propriétaires seront tenus de déclarer le nom de la fabrique desdits tissus et du vendeur ;

Les dépositaires, d'indiquer la personne qui leur aura remis ce dépôt ;

Et les commissionnaires, celui de qui ils ont reçu la marchandise, et quelle est sa destination ultérieure.

4. Avant l'apposition de l'estampille, les marchandises qui ne porteront point le caractère de nationalité, et qui ne seront pas accompagnées d'une facture certifiée véritable par la municipalité, fussent-elles même comprises dans les déclarations, seront soumises à un examen ultérieur.

Dans ce cas, ces marchandises seront mises sous les scellés et laissées à la garde du propriétaire jusqu'à la décision à intervenir.

5. Tout fabricant des étoffes désignées dans l'article 2 sera également tenu de faire sa déclaration ; il ne pourra apprêter ou blanchir lesdites étoffes qu'elles n'aient été estampillées.

6. D'après les déclarations ordonnées par les articles 2 et 5 ci-dessus, des commissaires nommés à cet effet se transporteront dans les fabriques, boutiques et magasins, pour apposer sur les pièces et coupons déclarés les estampilles ordonnées par l'arrêté des consuls du 3 fructidor dernier, savoir : celle portant en exergue ces mots : *Arrêté des Consuls*, et en légende ceux-ci : *Du 3 fructidor an IX*, sur les étoffes actuellement en magasin ;

Et celle portant en exergue ces mots : *Fabrication française*, et en légende ceux-ci : *Arrêté du 3 fructidor an IX*, sur les étoffes actuellement en fabrication, ou qui seront par la suite fabriquées.

7. Les commissaires chargés de l'apposition des estampilles seront assistés, à Paris, par des commissaires de police, et par les maires dans les communes rurales du département de la Seine et dans celles de Sèvres, Meudon et Saint-Cloud.

8. Les commissaires de police ou les maires dresseront procès-verbal de leurs opérations ; ils y indiqueront la nature et la quantité des marchandises estampillées.

9. Dans le cas de refus de la part des marchands ou fabricants d'obtempérer à la réquisition qui leur serait faite de laisser apposer l'estampille sur les marchandises de leurs fabriques ou magasins, les maires ou commissaires de police en dresseront procès-verbal, qui sera transmis sans délai au préfet de police.

10. La présente ordonnance sera imprimée, publiée et affichée dans toute l'étendue du département de la Seine et dans les communes de Sèvres, Meudon et Saint-Cloud.

Les sous-préfets, les maires des communes rurales du département de la Seine et ceux des communes de Sèvres, Meudon et Saint-Cloud, les commissaires de police, les officiers de paix et les préposés de la préfecture sont chargés, chacun en ce qui le concerne, d'en assurer la stricte exécution.

Le général commandant de la première division militaire, le chef de la première division de la gendarmerie nationale, le général commandant d'armes de la place de Paris sont requis de leur faire prêter main-forte au besoin.

Le préfet de police, DUBOIS.

N° **87.** — *Ordonnance concernant la police de la rivière et des ports pendant l'hiver, et dans les temps des glaces, grosses eaux et débâcles* (1).

Paris, le 14 brumaire an x (5 novembre 1801).

N° **88.** — *Ordonnance qui prescrit la réimpression et la publication de l'ordonnance du 22 frimaire an* ix (7 novembre 1801), *concernant le balayage* (2).

Paris, le 16 brumaire an x (7 novembre 1801).

N° **89.** — *Ordonnance concernant le commerce de la boulangerie* (3).

Paris, le 16 brumaire an x (7 novembre 1801).

Le préfet de police,

Vu l'arrêté des consuls du 19 vendémiaire dernier, concernant les boulangers de Paris, le procès-verbal de nomination de leurs syndics en date du 1er brumaire présent mois, et les soumissions faites en conséquence par six cent quarante-un boulangers;

Ordonne ce qui suit :

1. Les quinze sacs de farine de première qualité, du poids de 15 myriagrammes 90 hectogrammes (325 livres), que les boulangers soumissionnaires doivent fournir à titre de garantie, seront versés au magasin Elisabeth avant le 1er frimaire prochain.

Il est enjoint aux boulangers de justifier de ce versement aussitôt qu'il aura été opéré. Ils rapporteront à cet effet, à la préfecture de police, un récépissé du garde-magasin, dûment visé par le contrôleur de la halle aux grains et farines et par les syndics.

2. Les boulangers qui n'ont pas encore fait leur soumission, et qui désirent continuer leur état, sont tenus de se présenter à la préfecture de police pour remplir cette formalité, et d'effectuer au magasin Elisabeth, dans le délai prescrit, leur dépôt de garantie.

---

(1) V. les ord. des 1er décembre 1838, 5 déc. 1839 et 25 oct. 1840 (art. 203 et suiv.).

(2) V. les ord. des 22 niv. an xi (12 janv. 1803), 14 nov. 1817, 29 oct. 1836, 28 oct. 1839 et 1er avril 1843.

(3) V. les ord. des 23 vent. an xi (14 mars 1803), 10 mars 1808 et 28 fév. 1815, l'arr. du 16 déc. 1816, l'ord. du 9 juin 1817, l'arr. du 21 nov. 1818, les ord. des 13 avril 1819, 24 juin 1823 et 8 avril 1824, les arr. des 27 mai 1827 et 20 mai 1837, l'ord. du 2 nov. 1840 et l'arr. du 29 août 1842.

3. Les boulangers qui auront satisfait aux dispositions ci-dessus recevront, à la préfecture de police, la permission d'exercer leur profession, conformément à l'article 1er de l'arrêté précité des consuls.

Ceux qui ne seront pas munis de cette permission ne pourront continuer leur état, et leurs fours seront démolis.

4. Les commissaires de police feront, à compter dudit jour 1er frimaire prochain, et au moins une fois par décade, des visites chez tous les boulangers de leurs divisions respectives, pour, conformément aux paragraphes 2, 3, 4, 5 et 6 de l'article 2 de l'arrêté des consuls dudit jour 19 vendémiaire dernier, et à la soumission par eux faite, constater si lesdits boulangers ont chez eux l'approvisionnement particulier de farine auquel ils sont tenus en raison du nombre de fournées de pain que chaque boulanger doit faire par jour. Les commissaires de police dresseront des procès-verbaux desdites visites, et ils les transmettront au préfet dans les vingt-quatre heures de leur rédaction.

5. A l'avenir, aucun établissement de boulangerie ne pourra être formé et mis en activité sans une permission spéciale du préfet de police.

Il est défendu à tout architecte, entrepreneur de bâtiments, maçon et à tous autres, de construire des fours de boulangerie, sans s'être préalablement fait représenter la permission énoncée en l'article 3.

6. La présente ordonnance sera imprimée, publiée et affichée. Les commissaires de police, l'architecte de la préfecture, le contrôleur de la halle aux grains et farines, et les syndics des boulangers, sont chargés, chacun en ce qui le concerne, de tenir sévèrement la main à son exécution.

Le général commandant d'armes de la place de Paris et le chef de la première division de gendarmerie sont requis de leur faire prêter main-forte au besoin.

Le préfet de police, DUBOIS.

No **90.** — *Avis concernant l'abattage des chiens errants* (1).

Paris, le 4 frimaire an x (25 novembre 1801).

Le préfet de police prévient les habitants de Paris qu'il a pris des mesures pour la destruction des chiens errants; il invite en conséquence ceux qui ont des chiens à les tenir enfermés.

Les marchands forains et autres fréquentant les halles et marchés, qui sont dans l'usage d'amener des chiens avec eux, les tiendront attachés sous leurs voitures.

Le préfet de police, DUBOIS.

No **91.** — *Ordonnance concernant le commerce de la marée* (2).

Paris, le 9 frimaire an x (30 novembre 1801).

Le préfet de police,

Informé des désordres qui se sont introduits dans le commerce de la marée;

---

(1) V. les ord. des 25 mai 1808 et 23 juin 1832.

(2) V. les ord. des 9 frim. an x (30 nov. 1801), p. 122, 21 fév. 1811, 7 fév. 1822, et 2 janv. 1840.

Considérant combien il importe de remettre en vigueur les dispositions des anciens règlements rendus sur cette matière ;

Vu les articles 2, 32 et 33 de l'arrêté des consuls du 12 messidor an VIII ;

Ordonne ce qui suit :

1. La partie des halles du centre, connue sous le nom de parquet de la marée, demeure exclusivement affectée à la vente en gros de la marée.

2. Le nombre des places de vente est provisoirement fixé à six.

3. Au fur et à mesure de l'arrivée des voitures de marée, elles seront distribuées indistinctement, sans choix, et en nombre égal, autant que possible, aux places de vente.

Aussitôt après le déchargement, les voitures seront conduites dans les endroits affectés à leur stationnement. (*Arrêt du 10 mai 1785, art. 4, et arr. du 1er messid. an VIII, art. 9.*)

4. La vente en gros de la marée commencera à cinq heures du matin, depuis le 1er vendémiaire jusqu'au 30 ventôse, et à quatre heures du matin, depuis le 1er germinal jusqu'au 1er vendémiaire.

5. La marée sera visitée par le commissaire des halles et marchés, avant qu'elle soit mise en vente. Si elle est gâtée ou corrompue, il en sera dressé procès-verbal par le commissaire de police, qui en ordonnera la saisie. (*Arrêt du 31 déc. 1776, art. 2, et loi du 22 juill. 1791, tit. 1, art. 20.*)

6. La marée continuera d'être vendue au plus offrant et dernier enchérisseur. (*Arrêt du 31 déc. 1776, art. 1.*)

7. Chaque article de vente sera exposé à découvert, sur l'une des places établies par l'article 2 de la présente ordonnance.

8. Sont exceptés des dispositions des deux articles précédents les paniers dits Calais, qui continueront à être vendus sur les voitures.

Les paniers de chaque voiture seront vendus à un prix fixe. Pour déterminer ce prix, on prendra au hasard, sur la voiture mise en vente, des paniers, dont la marée sera versée sur l'une des places, et adjugée à l'enchère.

9. Si tous les paniers dits Calais d'une même voiture n'étaient pas vendus au prix de la première enchère, un nouveau prix sera fixé, conformément à l'article précédent.

10. Tous les employés à la vente en gros de la marée sont supprimés. Le service se fera désormais suivant l'organisation déterminée par la présente ordonnance.

11. La vente en gros de la marée sera faite provisoirement par six facteurs ou factrices, et par un nombre suffisant d'employés.

12. Les facteurs ou factrices et les autres employés de la marée ne pourront exercer sans une commission spéciale du préfet de police.

13. La première place de facteur ou de factrice qui deviendra vacante sera supprimée.

Lorsque dans la suite il y aura lieu à remplacement, le préfet nommera à la place vacante. Il choisira parmi trois candidats présentés par les facteurs ou factrices.

14. Pour la sûreté du service, les facteurs ou factrices verseront, dans la caisse de la marée, chacun une somme de six mille francs en trois payements égaux : le premier, avant que la commission leur soit délivrée ; le second, dans les six mois ; et le troisième, avant la fin de l'année.

15. Les acheteurs payeront aux facteurs ou factrices,

SAVOIR :

Sur les articles de marée vendus trois francs et au-dessous, quinze centimes pour le crédit, et dix centimes pour le comptant ;

Sur les articles vendus au-dessus de trois francs jusques et compris sept francs, vingt centimes pour le crédit, et quinze centimes pour le comptant ;

Et sur les articles au-dessus de sept francs, vingt-cinq centimes pour le crédit, et vingt centimes pour le comptant. (*Ord. du 4 juill. 1724, art.* 6 ; *arrêts des 8 juin 1734, art.* 15, *et 14 août 1783, art.* 8.)

16. Les facteurs ou factrices feront bourse commune.

17. Les facteurs ou factrices et les employés de la marée, à l'exception du caissier et du commis de caisse, se rendront tous les jours sur le carreau de la halle, une heure avant l'ouverture de la vente. L'appel en sera fait par le commissaire des halles et marchés.

18. Les employés qui ne se trouveront pas à l'appel, qui s'absenteront pendant le cours de la vente, ou qui se retireront avant qu'elle soit finie, seront punis par une retenue de leurs appointements ou salaires, qui sera déterminée par le préfet de police.

Les sommes retenues seront versées à la caisse de la marée pour être appliquées ainsi qu'il sera dit ci-après. (*Arrêt du 10 mai 1785, art.* 3 *et* 7.)

19. Il est expressément défendu aux facteurs, à tous employés et gens de peine attachés au service de la marée et à leurs femmes, de se faire adjuger directement ou indirectement aucun article de vente, et de se livrer, sous tel prétexte que ce soit, au commerce de la marée. (*Arrêts des 31 déc. 1776, art.* 6, *et 14 août 1783, art.* 11.)

20. Il est défendu aux employés de la marée, sous peine de destitution, de recevoir aucun poisson, comme aussi d'exiger la moindre rétribution pécuniaire, soit du marchand, soit des facteurs, soit des acheteurs. (*Arrêt du 31 déc. 1776, art.* 4.)

21. Les employés, à l'exception des facteurs ou factrices, changeront de places de vente tous les mois, et plus souvent s'il est nécessaire.

22. Il est ordonné aux mareyeurs de faire faire leurs paniers de même hauteur et largeur qu'il a été d'usage et de règle jusqu'à ce jour. (*Arrêt du 9 mai 1776.*)

23. Il est enjoint aux mareyeurs de remplir les paniers également, et de poisson de même espèce et qualité, sous peine de confiscation, et de dix francs d'amende pour chaque contravention. (*Arrêt du 9 mai 1776.*)

24. Il leur est expressément défendu de mettre dans le fond des paniers des bouchons de paille de plus de onze centimètres (4 pouces environ) de hauteur, à peine de confiscation, et de dix francs d'amende pour chaque contravention. (*Arrêts des 9 mai 1776, et 26 août 1780, art.* 7.)

25. Pour assurer l'exécution des deux articles précédents, des paniers de la même marchandise seront versés par intervalle, et à distance les uns des autres.

26. Les marchands ou les voituriers qui amèneront de la marée à Paris devront être porteurs de lettres de voiture énonçant le nombre des paniers, les espèces de poissons, le lieu, le jour et l'heure du départ. Ces lettres de voiture seront signées par les expéditeurs ou autres personnes par eux autorisées.

27. Les mareyeurs qui éprouveraient en route des pertes de chevaux, ou dont la marchandise se trouverait corrompue, en arrivant à Paris, pourront être indemnisés. (*Arrêt du 10 mai 1785, art. 8.*)

28. Aucune indemnité ne sera accordée aux mareyeurs que pour accidents causés par force majeure.

Les mareyeurs qui prétendront à une indemnité seront tenus de rapporter des procès-verbaux des autorités des lieux où les accidents seront survenus. (*Arrêt du 10 mai 1785, art. 11.*)

29. Il sera accordé des pensions de retraite aux employés de la marée. (*Arrêt du 10 mai 1785, art. 8.*)

30. Les employés de la marée n'auront droit à la pension de retraite qu'après vingt-cinq ans de service, et qu'autant qu'ils seraient incapables d'exercer plus longtemps, à cause de leur âge ou de leurs infirmités.

Cette pension sera accordée par le préfet de police, sur la demande collective des employés. Elle ne pourra, dans aucun cas, excéder la somme de trois cents francs. (*Arrêt du 10 mai 1785, art. 12.*)

31. Le prélèvement de quatre pour cent continuera d'avoir lieu sur le produit des ventes revenant aux mareyeurs. Il servira au payement des employés, à leurs pensions de retraite, et aux indemnités accordées aux mareyeurs.

32. Sur ce prélèvement, il sera retenu par le caissier de la marée cinq centimes par franc. Deux cinquièmes sont affectés aux indemnités des mareyeurs, et les trois autres cinquièmes, réunis au montant des retenues faites dans le cas prévu par l'article 18 de la présente ordonnance, serviront aux pensions de retraite des employés. (*Arrêt du 10 mai 1785, art. 8.*)

33. Il est défendu aux détailleresses et autres de se coaliser pour retarder la vente de la marée, en affaiblir le prix, et empêcher qu'elle ne soit portée à sa juste valeur. (*Arrêt du 8 juin 1734, art. 16.*)

34. Il est défendu de rapporter des paniers, après l'adjudication, sous prétexte que la marchandise est gâtée, ou corrompue, ou qu'elle diffère en qualité.

35. Le regrat de la marée est prohibé. En conséquence aucun article vendu en gros ne pourra être vendu qu'au détail, et sur les carreaux affectés au détail. (*Ord. de déc. 1672, chap. 3, art. 23.*)

36. Il est défendu de vendre de la marée, dans les rues, à des places fixes. (*Loi du 3 brum. an IV, art. 605.*)

37. Il est défendu de prendre ou retenir les mannes sur lesquelles on verse et expose la marée, de les emporter dans les divers marchés, ou partout ailleurs, sous peine d'être poursuivi comme coupable de vol. (*Arrêt du 8 juin 1734, art. 12.*)

38. Il est défendu d'entrer avec des réchauds sur le parquet de la marée, et d'appliquer des lumières contre les échoppes, à peine de cinquante francs d'amende pour la première fois, et de plus forte en cas de récidive. (*Arrêt du 26 août 1780, art. 8.*)

39. Il sera pris envers les contrevenants aux dispositions ci-dessus telles mesures de police administrative qu'il appartiendra, sans préjudice des poursuites à exercer contre eux devant les tribunaux, conformément aux lois et aux règlements de police qui leur seront applicables.

40. La présente ordonnance sera imprimée, publiée et affichée.

Les commissaires de police, les officiers de paix, le commissaire des halles et marchés et les autres préposés de la préfecture de police sont chargés, chacun en ce qui le concerne, de tenir la main à son exécution.

Le général commandant de la première division militaire, le général commandant d'armes de la place de Paris et le chef de légion de la gendarmerie sont requis de leur faire prêter main - forte au besoin.

Le préfet de police, DUBOIS.

Vu et approuvé.

Le ministre de l'intérieur, CHAPTAL.

N° 92. — *Ordonnance concernant les fonctions des préposés à la vente de la marée* (1).

Paris, le 9 frimaire an x (3o novembre 1801).

Le préfet de police,

Vu son ordonnance de ce jour concernant le commerce de la marée ;

Ordonne ce qui suit :

1. Les facteurs ou factrices souscriront entre eux un acte de société, qui sera soumis à l'approbation du préfet de police.

2. Indépendamment des six facteurs ou factrices, il y aura provisoirement soixante-douze employés, dont six contrôleurs, six commis-vendeurs, douze crieurs, douze compteurs, cinq verseurs, seize forts, douze gardeuses, un caissier, un commis teneur de livres, et un commis extérieur.

3. Les compteurs monteront sur les voitures pour en retirer les paniers. Ils tiendront un carnet où seront inscrits le nombre des paniers, et les espèces de poissons apportés par chaque marchand ; ils en donneront communication à ce dernier pour le vérifier.

Les compteurs ne descendront des voitures qu'après avoir rendu compte aux commis-vendeurs du nombre de paniers qu'ils auront délivrés.

Ils sont tenus de fournir la quantité suffisante de mannes pour verser et exposer en vente la marée.

4. Les forts recevront les paniers des voitures, les mettront à terre, les porteront aux verseurs et aux places de vente, conformément aux ordres qui leur seront donnés. Ils devront en outre placer les voitures à leur arrivée, et en dégager le parquet de la marée, quand la marchandise aura été vendue.

5. Les gardeuses veilleront à ce qu'il ne s'égare aucun des paniers de marée déposés à leurs places.

6. Les verseurs ouvriront les paniers qui leur seront remis. Ils en mettront la marchandise en petits lots sur des mannes, et les exposeront sur les bancs pour être adjugés à l'enchère.

7. Les crieurs mettront à prix chaque lot de marée, annonceront à haute voix et recevront les enchères.

8. Les commis-vendeurs adjugeront les lots de marée exposés en vente aux places auxquelles ils seront attachés. Ils porteront de suite, et sans aucun blanc, sur un registre coté et paraphé, les noms des mareyeurs, la quantité de paniers de petite marée, les espèces de poissons de grosse marée, le prix de chaque article vendu, le nom des acquéreurs et ceux des facteurs ou factrices comptables. (*Arrêts des 31 déc.* 1776, *art.* 3, *et* 14 *août* 1783, *art.* 9.)

(1) V. les ord. des 9 frim. an x (3o nov. 1801), p. 119, 21 fév. 1811, 7 fév 1822 et 2 janv. 1840.

Les facteurs ou factrices et les contrôleurs tiendront chacun un semblable registre.

9. Immédiatement après la vente, les facteurs ou factrices remettront leurs registres ou tablettes au bureau du caissier.

Le caissier examinera s'il y a conformité, et, dans le cas de différence, il prendra pour constant le résultat de deux contre un.

Il fera le compte de chaque marchand sur le registre des vendeurs.

Il inscrira le compte en détail sur un registre particulier.

Il déposera dans une bourse le montant de la vente du poisson de chaque marchand, et il la lui fera remettre par un contrôleur.

Il joindra à cette bourse un bordereau énonçant le jour, l'année de la vente, le nom du marchand, la quantité de paniers vendus, le montant de ladite vente, les frais retenus sur cette somme et le net de celle qui revient à chaque mareyeur.

10. Le caissier remettra tous les mois, au préfet de police, l'état de situation de sa caisse, et un compte par bref état de trois en trois mois.

11. La présente ordonnance sera imprimée.

Le commissaire de police de la division des marchés, le commissaire des halles et marchés et les autres préposés de la préfecture de police sont chargés, chacun en ce qui le concerne, de tenir la main à son exécution.

Le préfet de police, DUBOIS.

———————————

N° **93**. — *Ordonnance concernant les neiges et glaces* (1).

Paris, le 5 nivôse an x (26 décembre 1801).

———————————

1802.

———

N° **94**. — *Ordonnance qui prescrit l'impression et la publication des articles* 11, 12, 13 *et* 14 *de l'ordonnance du* 22 *frimaire an* IX (13 *décembre* 1800), *relatifs aux glaces et neiges* (2).

Paris, le 15 nivôse an x (5 janvier 1802).

———————————

N° **95**. — *Ordonnance qui prescrit la réimpression et la publication par extrait de l'ordonnance du* 16 *pluviôse an* IX (5 *février* 1801) *concernant les cabriolets* (3).

Paris, le 16 nivôse an x (6 janvier 1802).

———————————

(1) V. les ord. des 7 janv. 1835, 26 déc. 1836, 14 déc. 1838 et 7 déc. 1842.
(2) V. les ord. des 7 janv. 1835, 26 déc. 1836, 14 déc. 1838 et 7 déc. 1842.
(3) Rapportée.— V. l'ord. du 15 janv. 1841, les arr. des 15 janv. et 18 fév. 1841 et l'ord. du 25 mai 1842.

N° **96**. — *Ordonnance concernant la police extérieure et intérieure des spectacles* (1).

Paris, le 29 nivôse an **x** (19 janvier 1802).

N° **97**. — *Ordonnance concernant la vente du pain sur les marchés* (2).

Paris, le 14 pluviôse an x (3 février 1802).

Le préfet de police,

Informé des désordres qui se sont introduits dans la vente du pain sur les places publiques ;

Considérant qu'il est d'autant plus nécessaire de réprimer ces désordres, qu'ils portent un préjudice notable aux consommateurs ;

Vu les articles 2, 32 et 33 de l'arrêté des consuls du 12 messidor an viii, et l'article 4 de l'arrêté du 7 thermidor de la même année ;

Ordonne ce qui suit :

1. Le nombre des marchés affectés à la vente du pain dans Paris demeure fixé à dix ;

Savoir :

Le marché Beauveau, au faubourg Saint-Antoine ;
Le marché de la Culture-Sainte-Catherine ;
Le marché du Cimetière-Saint-Jean ;
Le marché Saint-Martin-des-Champs ;
Les grands et petits Piliers de la Tonnellerie ;
Le marché Neuf de la Cité ;
La place Maubert ;
Le marché de l'Abbaye-Saint-Germain ;
Le marché de la Vallée ;
Le marché d'Aguesseau, porte Saint-Honoré.

2. La vente du pain sur les emplacements ci-dessus désignés aura lieu les 1er, 4 et 8 de chaque décade, à compter du 1er germinal prochain, depuis le lever jusqu'au coucher du soleil.

3. Il ne sera exposé sur les marchés que du pain de bonne qualité, bien cuit et du poids de deux, trois, quatre et six kilogrammes (4, 6, 8 et 12 livres environ).

4. Les seuls boulangers de Paris et des communes environnantes, exploitant four et boutique, seront concurremment admis à vendre du pain sur les marchés.

5. Les uns et les autres ne pourront s'y établir sans une permission spéciale du préfet de police.

6. Les boulangers qui désireront vendre du pain sur les marchés devront se pourvoir de la permission exigée par l'article précédent, dans quinze jours au plus tard, à compter de celui de la publication de la présente ordonnance.

7. Ceux qui obtiendront ces sortes de permissions seront tenus de

(1) V. les ord. des 16 juin 1806, 10 août 1807, 6 juill. 1816, 23 et 27 mars 1817, l'arr. du 2 déc. 1824, les ord. des 12 fév. 1828, 31 janv. et 9 juin 1829, l'arr. du 8 fév. 1831, les ord. des 26 déc. 1832, 3 oct. 1837, 17 mai et 22 nov. 1838, l'arr. du 10 déc. 1841, la consigne du 14 juin 1842 et l'arr. du 23 nov. 1843.

(2) V. les ord. des 17 nov. 1808, 15, 31 oct. et 10 nov. 1828.

garnir suffisamment leurs places tous les jours de marchés, et de mettre au-devant de leurs étalages leurs noms et les numéros de leurs places, le tout sous peine de révocation des permissions.

8. Il est enjoint aux boulangers de représenter leurs permissions aux commissaires de police et aux préposés de la préfecture de police, toutes les fois qu'ils en seront requis.

9. Les boulangers qui voudront quitter leurs places seront obligés d'en prévenir, un mois à l'avance, le commissaire des halles et marchés.

10. Il est défendu de vendre au regrat du pain dans quelque lieu que ce soit, et aux boulangers d'en vendre ailleurs que dans leurs établissements de boulangerie, et sur les marchés affectés à ce genre de commerce.

11. Il sera pris, envers les contrevenants aux dispositions ci-dessus, telles mesures de police administrative qu'il appartiendra, sans préjudice des poursuites à exercer contre eux devant les tribunaux, conformément aux lois et aux règlements de police qui leur sont applicables, et notamment aux lettres patentes du 1er avril 1783, et aux lois des 3 brumaire an VI, 17 thermidor et 23 fructidor an VI.

12. La présente ordonnance sera soumise à l'approbation du ministre de l'intérieur.

13. Elle sera imprimée, publiée et affichée dans Paris, dans les communes rurales du département de la Seine, et dans celles de Saint-Cloud, Sèvres et Meudon.

Les commissaires de police, les officiers de paix, le commissaire des halles et marchés et les autres préposés de la préfecture de police sont chargés, chacun en ce qui le concerne, de tenir la main à son exécution.

Le général commandant d'armes de la place de Paris est requis de leur prêter main-forte au besoin.

Le préfet de police, DUBOIS.

Vu et approuvé:

Le ministre de l'intérieur, CHAPTAL.

N° **98**. — *Ordonnance concernant les masques pendant le Carnaval* (1).

Paris, le 18 pluviôse an x (7 février 1802).

N° **99**. — *Ordonnance concernant l'épuisement de l'eau dans les caves.*

Paris, le 24 pluviôse an x (13 février 1802).

Le préfet de police,

Considérant que l'inondation de cette année nécessite des mesures particulières;

Vu les articles 21 et 23 de l'arrêté des consuls du 12 messidor an VIII;

Ordonne ce qui suit:

1. Aussitôt la publication de la présente ordonnance, les pro-

(1) V. les ord. des 10 fév. 1828, 10 fév. 1830 et 23 fév. 1843.

priétaires feront épuiser l'eau qui serait encore dans les caves et sou-
terrains de leurs maisons ; ils feront aussi enlever les vases et limons
qui s'y trouveraient : le tout à peine de quatre cents francs d'amende.
(*Ord. de police du 28 janv. 1741.*)

2. Faute par les propriétaires de satisfaire à l'article précédent, les
locataires sont tenus de faire vider leurs caves, sauf à eux à retenir,
sur leurs loyers, le montant des salaires qu'ils auront payés aux ouvriers. (*Ord. du 14 mai 1701.*)

3. Toute fosse d'aisance dégradée sera réparée.

Les puits dont l'eau serait corrompue seront curés et réparés au
besoin, à peine de cinq cents francs d'amende. (*Ord. du 14 mai 1701.*)

4. Dans deux décades, à compter de la publication de la présente
ordonnance, les propriétaires devront avoir fait toutes réparations
nécessaires aux fondations de leurs maisons.

Elles seront faites, sans délai, en cas de péril imminent : le tout à
peine de quatre cents francs d'amende. (*Ord. du 28 janv. 1741.*)

5. L'architecte commissaire de la petite voirie est spécialement
chargé de suivre l'exécution de la présente ordonnance, qui sera imprimée, publiée et affichée.

Les commissaires de police, assistés des gens de l'art, feront au
besoin toutes visites nécessaires, et constateront les contraventions
par des procès-verbaux qu'ils transmettront au préfet de police.

Le général commandant d'armes de la place de Paris et les chefs de
la gendarmerie nationale sont requis de leur prêter main-forte en cas
de besoin.

Le préfet de police, DUBOIS.

N° **100.** — *Ordonnance* (1) *qui prescrit la réimpression et la publication de la loi du 26 ventôse an IV (16 mars 1796) concernant
l'échenillage* (2).

Paris, le 26 pluviôse an x (15 février 1802).

N° **101.** — *Ordonnance concernant la prohibition de la chasse* (3).

Paris, le 2 ventôse an x (21 février 1802).

Le préfet de police,
Vu la loi du 30 avril 1790 ;
Les arrêtés des consuls des 12 messidor an VIII et 3 brumaire an IX ;
Et la décision du ministre de la police générale, en date du 25 fruc-
tidor an IX ;

Ordonne ce qui suit :

1. L'exercice de la chasse sur les terres non closes, même en
jachères, est défendu à toutes personnes dans l'étendue du département de la Seine, à compter du 1er germinal prochain jusqu'au
1er vendémiaire an XI exclusivement, à peine de vingt francs d'amende
et de la confiscation des armes, conformément aux articles 1, 2, 5 de
la loi susdatée.

(1) V. l'ord. du 29 janv. 1810 et l'arr. du 1er mars 1837.
(2) V. cette loi à l'appendice.
(3) V. l'ord. du 23 fév. 1843.

2. Les propriétaires ou possesseurs pourront chasser ou faire chasser, sans chiens courants, dans leurs bois ou forêts.

Ils pourront encore, ainsi que leurs fermiers, détruire le gibier dans les récoltes non closes, en se servant de filets ou autres moyens qui ne puissent pas nuire aux fruits de la terre, comme aussi repousser avec des armes à feu les bêtes fauves qui se répandraient dans lesdites récoltes. (*Art. 14 et 15 de la même loi.*)

3. La présente ordonnance sera imprimée, publiée et affichée dans toute l'étendue du département de la Seine.

Les sous-préfets de Sceaux et de Saint-Denis, les maires des communes rurales du département de la Seine, les commissaires de police, les officiers de paix et les préposés de la préfecture sont chargés, chacun en ce qui le concerne, d'en assurer la stricte exécution.

Le général commandant la première division militaire, les chefs de la gendarmerie nationale, le général commandant d'armes de la place de Paris sont requis de leur faire prêter main-forte au besoin.

Le préfet de police, DUBOIS.

No **102.** — *Ordonnance concernant la surveillance de la rivière, des ports, de la halle aux vins et des chantiers* (1).

Paris, le 21 ventôse an x (12 mars 1802).

No **103.** — *Ordonnance concernant les carrières.*

Paris, le 23 ventôse an x (14 mars 1802).

Le préfet de police,

Considérant combien il importe à la sûreté des personnes et des propriétés de surveiller l'exécution des règlements de police concernant les carrières;

Considérant que les communications qui pourraient exister entre les carrières sous Paris et celles hors des murs faciliteraient l'introduction des marchandises prohibées et celles sujettes au droit d'octroi;

Considérant, enfin, que les carrières, si leurs propriétaires négligeaient de les fermer et de prendre les précautions convenables, pourraient devenir un précipice pour les passants et un asile pour les malfaiteurs;

Vu l'article 2 de l'arrêté des consuls de la république du 12 messidor an VIII;

Vu pareillement l'arrêté du 3 brumaire an IX;

Et la décision du ministre de la police générale du 25 fructidor dernier;

Ordonne ce qui suit:

1. Il est défendu d'ouvrir dans Paris aucune carrière.

Il est enjoint à tous propriétaires de celles existantes d'en cesser l'exploitation.

2. Il est défendu de cuire du plâtre dans Paris.

3. Il sera fait des visites dans toutes les carrières du département

---

(1) V. les ord. des 24 mars 1824, 26 mars 1829 et 25 oct. 1840.

de la Seine et des communes de Sèvres, Saint-Cloud et Meudon, par des préposés de la préfecture de police.

4. Les carrières dont l'exploitation est terminée ou abandonnée seront condamnées par les propriétaires.

5. Tous individus qui, pour l'exploitation des carrières, ont obtenu des permissions de l'autorité compétente, et ceux qui en obtiendront par la suite, seront tenus d'en faire la déclaration au préfet de police dans le délai de dix jours, à partir de la publication de la présente ordonnance, pour les premiers; et pour les seconds, du jour de l'obtention desdites permissions.

6. Les préposés de la préfecture de police surveilleront lesdites exploitations, à l'effet de constater si elles se font conformément aux lois et règlements de police concernant les carrières.

7. Pendant la cessation des travaux, les carrières exploitées par cavage ou à puits seront fermées de manière qu'il ne puisse arriver aucun accident.

Pour les carrières dont l'exploitation se fait à découvert, il sera établi des barrières au-devant des tranchées; le tout à peine de cinq cents francs d'amende. (*Ord. de police du 1er mai 1779.*)

8. Aucunes carrières ne pourront être condamnées sans avoir été visitées par les préposés de la préfecture de police; à cet effet, tous propriétaires ou locataires, avant de les fermer, seront tenus d'en faire leur déclaration, sous les peines portées en l'article précédent. (*Même ord. de police.*)

9. Les entrepreneurs et tous autres qui, en construisant ou réparant un bâtiment, et notamment lors de la fouille des puits, découvriront quelques carrières ou des excavations souterraines, en avertiront de suite le préfet de police.

10. En cas de contravention aux dispositions ci-dessus et aux lois et règlements de police concernant les carrières, il sera pris, envers les contrevenants, telles mesures administratives qu'il appartiendra, sans préjudice des poursuites à exercer contre eux par-devant les tribunaux.

11. La présente ordonnance sera imprimée, publiée et affichée dans Paris, dans les communes rurales du département de la Seine, et de celles de Saint-Cloud, Sèvres et Meudon.

Les sous-préfets de Sceaux et Saint-Denis, les commissaires de police, les maires et adjoints des communes rurales, les officiers de paix et les préposés de la préfecture de police sont chargés, chacun en ce qui le concerne, de veiller à son exécution.

Le général commandant la première division militaire, le général commandant d'armes de la place de Paris et le chef de la première division de gendarmerie sont requis de leur faire prêter main-forte en cas de besoin.

Le préfet de police, DUBOIS.

Nº **104.**— *Ordonnance concernant la vente du lait* (1).

Paris, le 26 ventôse an x (17 mars 1802).

---

(1) V. l'ord. du 20 juill. 1813.

N° **105**. — *Ordonnance concernant l'arrivée, le dépôt et la vente des bois de chauffage dans Paris* (1).

Paris, le 27 ventôse an x (18 mars 1802).

Le préfet de police,
Vu les articles 2 et 32 de l'arrêté des consuls du 12 messidor an viii ;
Ordonne ce qui suit :

TITRE 1er.
Établissement des chantiers.

1. Tous les bois de chauffage qui arrivent pour l'approvisionnement de Paris, et qui sont destinés à être vendus, doivent être déposés dans des chantiers.

2. Les chantiers seront établis hors des anciennes limites de Paris, et, autant que faire se pourra, sur des terrains peu éloignés de la Seine.

En conséquence, il n'en sera formé que dans les cinq arrondissements ci-après désignés et limités.

3. Le premier arrondissement, dit Saint-Antoine, est limité par le port de la Rapée, depuis la barrière ; par la rue des Fossés-Saint-Antoine, à droite ; les boulevards, à droite ; et la rue du Faubourg-du-Temple, à droite, jusqu'à la barrière du Temple.

Le deuxième arrondissement, dit Saint-Bernard, est limité par la Seine, depuis la barrière de l'Hôpital jusqu'à la rue des Fossés-Saint-Bernard; et par la gauche des rues des Fossés-Saint-Bernard, du faubourg Saint-Victor, du Jardin-des-Plantes et du Marché-aux-Chevaux jusqu'à la barrière des Deux-Moulins.

Le troisième arrondissement est l'île Louviers.

Le quatrième arrondissement, dit Saint-Honoré, est limité par la route de Versailles, à partir de la barrière des Bons-Hommes jusqu'à la place de la Concorde ; par la place de la Concorde et par la gauche de la rue de la Concorde, du boulevard et des rues Caumartin, Thiroux, Sainte-Croix, Saint-Lazare et Clichy, jusqu'à la barrière de Clichy.

Le cinquième arrondissement, dit de la Grenouillère, est limité par la Seine, depuis la barrière de la Cunette jusqu'à l'esplanade des Invalides, par l'esplanade et le boulevard à droite jusqu'à la barrière de la chaussée du Maine.

4. Les chantiers formés ailleurs que sur des terrains compris dans les cinq arrondissements ci-dessus déterminés sont supprimés.

5. Sont conservés, quant à présent :

1° Le chantier du cardinal Lemoine et le grand chantier du faubourg, situés quai Bernard ;

2° Les trois chantiers actuellement établis sur l'emplacement de la Bastille.

3° Le chantier de l'Etoile, le grand chantier de la Grenouillère et ceux du Croissant et de l'Ecu, situés sur le quai d'Orsay, à condition que l'exploitation de ces quatre chantiers ne pourra se faire que du côté du quai.

6. Il sera fixé des délais, à l'expiration desquels on ne pourra plus faire entrer de bois dans les chantiers supprimés. A l'égard de ceux conservés, quant à présent, par l'article 5, leur suppression définitive

---

(1) Rapportée.—V. les ord. des 1er sept., 1er et 15 nov. 1834, 15 déc. 1835 et 6 juin 1837.

n'aura lieu qu'après que les parties intéressées auront été prévenues dix-huit mois d'avance.

7. Il ne peut être tenu aucun chantier de bois de chauffage dans Paris sans une permission spéciale du préfet de police. (*Déclaration du 7 mai 1732.*)

8. Toutes permissions accordées jusqu'à présent sont annulées.

9. Dans le mois, à compter du jour de la publication de la présente ordonnance, tout marchand qui voudra continuer son commerce sera tenu de demander une nouvelle permission.

Il joindra à sa pétition un plan figuré du local avec indication des dimensions et des tenants et aboutissants.

10. Il ne pourra être établi de chantier que sur des terrains éloignés des maisons et assez étendus pour que les bois puissent y être rangés en piles, séparées suivant leurs qualités, et que la dessication des bois flottés puisse s'y faire aisément et sans danger pour le voisinage.

TITRE II.

Arrivée, garage, lâchage, mise à port et tirage des bois.

11. Les bateaux chargés de bois et les trains doivent être garés au-dessus de Paris, et ne peuvent être descendus qu'à leur tour d'arrivage et lorsqu'il y aura place suffisante dans les ports.

12. Les trains doivent être fermés, tant dans les gares qu'aux ports de Paris, avec bonnes et suffisantes cordes, à des pieux solides, en sorte qu'ils ne puissent se détacher.

On ne pourra amarrer plus d'un couplage avec les mêmes cordes, à peine de 500 fr. d'amende contre les contrevenants qui, en outre, seront tenus de toutes pertes et dommages-intérêts. (*Ord. du bureau de la ville du 23 mai 1729.*)

13. Il est défendu d'embarrasser par aucun bois les pieux et anneaux qui servent à amarrer les trains et les bateaux.

14. Il est défendu aux maîtres de berge de déferler aucun train appartenant aux marchands pour lesquels ils travaillent, sans en avertir les maîtres de berge des autres marchands qui auront des trains fermés sur les mêmes pieux. (*Ord. des prévôts des marchands et échevins de Paris, du 13 avril 1737.*)

15. Le lâchage des trains pour les ports de Paris ne peut commencer avant le jour, et doit cesser une heure avant le coucher du soleil.

16. Il est défendu de descendre les trains par couplage.

A partir de la gare, tout train sera conduit par quatre mariniers au moins. (*Sentences du bureau de la ville des 10 mai 1748 et 6 juin 1760.*)

17. Les bois seront tirés dans les ports ordinaires sans qu'un marchand puisse avoir au port plus de deux trains à la fois.

Les marchands qui tirent leurs bois vis-à-vis de la rue des Fossés-Saint-Bernard ne pourront, entre eux tous, avoir à ce port plus de deux trains à la fois, ou un bateau de bois neuf, sauf à eux à tirer et débarder leurs bois immédiatement au-dessous du passage d'eau du Jardin-des-Plantes.

18. Les bois qui arriveront à destination particulière ne pourront être déchargés qu'aux ports qui seront indiqués, et à la charge de l'enlèvement immédiat.

Ils ne seront rentrés chez les propriétaires que d'après une permission du préfet.

19. Il est défendu de faire arriver et garer aucun train dans les parties de port réservées pour les passages d'eau et pour les coches de la haute Seine.

Il est également défendu de faire garer aucun train vis-à-vis de la partie pavée du port de la halle aux vins. Les contrevenants au présent article seront punis conformément à l'ordonnance de police du 30 juin 1789, qui prononce une amende de 200 fr., et les trains seront retirés aux frais et risques des propriétaires.

20. Les bois doivent être chargés au bas de la berge.

Cependant, au port de la Grenouillère, les bois pourront être déposés sur le haut de la berge, à condition qu'ils seront enlevés dans le jour et qu'il n'en sera point placé sur la chaussée. (*Ord. du bureau de la ville du* 1er *avril* 1738.)

21. Il est défendu aux marchands de faire conduire leurs bois ailleurs que dans leurs chantiers sans une permission du préfet de police.

22. Aucuns bois ne peuvent être vendus sur bateaux, ni être empilés, mesurés ou vendus sur la berge; ils doivent être enlevés au fur et à mesure du déchargement.

TITRE III.

Arrivage, garage et vente des bateaux de fagots et cotrets.

23. Les fagots et les cotrets peuvent être vendus sur bateaux dans les ports qui sont affectés à leur vente.

Ces ports sont : celui des Miramiones, en tête du port aux Tuiles, où il ne pourra être mis qu'un seul bateau à la fois, ou deux barquettes ou toues en boyard ;

Et le port de l'Ecole, où il ne pourra pas être mis plus de trois bateaux ou de quatre barquettes ou toues placées en boyard.

24. Les bateaux de fagots ou de cotrets ne pourront être mis à port qu'à leur tour.

Ceux qui arrivent du haut prendront leur rang à leur entrée dans Paris, au bureau des arrivages par eau, établi à la Rapée, et seront garés au-dessous de la barrière de l'Hôpital.

Ceux qui arrivent par la basse Seine prendront rang d'arrivage à leur passage à la patache d'aval, et gareront rive gauche, au-dessus de la patache.

25. Les propriétaires des bateaux de fagots ou de cotrets arrivant du haut déclareront au bureau des arrivages, en prenant rang d'arrivage, quel est celui des ports des Miramiones ou de l'Ecole pour lequel leurs bateaux sont destinés, et mention de leur déclaration sera faite, tant sur le passavant qui leur sera délivré que sur le registre du bureau et sur la feuille envoyée à la préfecture.

26. Les bateaux de fagots ou de cotrets venant du haut, qui seront destinés pour le port de l'Ecole, ne pourront y être descendus qu'autant que le port des Miramiones se trouvera garni.

27. Tout bateau de fagots ou de cotrets qui ne sera pas conduit à son tour au port indiqué, perdra son rang d'arrivage et ne pourra être vendu qu'après tous les bateaux de fagots et cotrets alors enregistrés.

28. Un bateau de fagots ou de cotrets ne peut pas rester en vente plus d'un mois.

Après ce délai, les fagots non vendus seront enlevés, transportés dans un chantier et le bateau sera retiré du port, le tout aux frais et risques du propriétaire.

TITRE IV.

Placement, empilage, mesurage, vente et recensement des bois.

29. Dans les chantiers, les bois seront placés à huit mètres au moins de distance de tous bâtiments et des rues, ruelles ou passages publics et à quatre mètres au moins de toutes autres clôtures.

. Il est défendu de déposer dans lesdits espaces des planches, harts ou autres débris de trains ou de bateaux, bois de charpente ou d'ouvrage, et enfin de faire usage de tout ou de partie desdits espaces, à peine de 500 francs d'amende et de confiscation des bois qui y seraient placés. (*Ord. de police du* 13 *avril* 1744.)

30. Il est enjoint aux marchands de vendre par préférence les bois actuellement déposés dans les espaces déterminés par l'article précédent.

Tous ces bois devront être vendus avant le 1er vendémiaire prochain. Ceux qui, après ce délai, ne se trouveraient pas aux distances prescrites, seront retirés aux frais et risques des propriétaires.

31. Les bois seront empilés solidement avec grenons de deux longueurs de bûche à chaque encoignure.

Les théâtres et piles ne pourront être élevés à plus de 10 mètres 40 centimètres, à peine de confiscation. (*Arr. du 24 juill.* 1725 , *art.* 7 *et* 8.)

32. Les théâtres seront faits d'aplomb ; les marchands sont tenus de lier, à distances convenables, les roseaux avec le corps des piles par le moyen de perches et de bûches qui y seront entrelacées et formeront des espèces de grilles. (*Sentence du bureau de la ville du* 15 *oct.* 1777.)

33. Les bois seront empilés séparément et à un mètre au moins de distance, selon leurs différentes qualités, de manière que les bois neufs soient distingués des bois flottés, les bois durs des bois blancs et la menuise des autres bois. La vente des bois de différentes qualités ne pourra se faire du même côté.

La distance d'un mètre au moins sera également observée entre les piles de bois de même qualité, s'ils appartiennent à différents marchands. (*Arr. du 24 juill.* 1725, *art.* 7 *et* 8.)

34. Les bois dits de Sens ne pourront, sous aucun prétexte, être empilés avec du bois neuf.

35. Il est enjoint aux marchands de bois de mettre à chaque pile, en lieu apparent, une plaque indiquant, en caractères lisibles, la qualité du bois dont la pile est composée, à peine de 500 francs d'amende. (*Arr. du* 30 *déc.* 1785.)

36. Quiconque fera arriver des bois à Paris, sera tenu de rapporter des lettres de voiture en bonne forme et de les représenter aux bureaux des arrivages.

Elles devront indiquer les quantités et qualités des bois, le lieu de leur chargement, l'époque du départ, les noms de la personne qui fait l'envoi, de celle à laquelle les bois sont adressés et du marinier chargé de les conduire. (*Ord. de* 1672, *art.* 8 *et* 9 *du* 2e *chap., et ord. du bureau de la ville du* 23 *déc.* 1737, *art.* 11.)

37. Il est enjoint à tout marchand de bois de remettre, chaque jour, la note du mouvement de son chantier. Cette note désignera exactement la qualité des bois entrés et des bois sortis.

38. Il est fait défense aux marchands de fendre aucune bûche qui n'aurait pas plus de cinq décimètres de circonférence.

Le bois de bouleau pourra cependant être fendu, mais seulement en cas de nécessité pour sa conservation et d'après une permission du préfet de police. (*Art.* 7 *de la déclaration du* 8 *juill.* 1784.)

39. Il est défendu de faire le triage du bois appelé communément bois de raye, même sous le prétexte de le réserver pour les charrons, les tourneurs et autres ouvriers, à peine de 3,000 francs d'amende. (*Ord. de police du* 23 *août* 1785.)

40. Il est défendu de fumer dans les chantiers et d'y porter du feu, même dans des chaudrons grillés.

Dans le cas où, pendant la nuit, les marchands seraient obligés d'aller dans leurs chantiers, ils pourront y porter de la lumière, mais seulement dans des lanternes fermées.

41. Il ne doit être vendu aucun bois flotté qui ne soit resté déposé, au moins pendant quarante jours, dans un chantier.

Si, cependant, il était suffisamment ressuyé avant ce délai, il pourra être vendu, mais seulement par permission du préfet de police.

42. Aucun bois de chauffage ne doit être conduit d'un chantier dans un autre, à moins que les deux chantiers n'appartiennent au même marchand, et qu'il ne se fasse point de vente dans le chantier d'où l'on fera sortir le bois.

43. Les bois de chauffage ne doivent pas être enlevés d'un chantier sans mesurage préalable, à moins d'une permission spéciale du préfet de police.

44. Les seules membrures dont les marchands puissent se servir pour le mesurage du bois sont : le stère et le double stère, dûment étalonnés et marqués au poinçon de la république.

45. Il est ordonné aux marchands de mesurer le bois dans la membrure du double stère, à moins que le stère simple ne soit indispensable ou qu'il ne soit expressément demandé par l'acheteur.

46. Pour que le mesurage se fasse avec célérité, les marchands seront tenus d'avoir, à chaque vente, un stère double ; mais il ne pourra pas y avoir plus de deux stères simples dans chaque chantier.

47. Les marchands sont tenus d'avoir, à chaque mesure, deux soustraits en bois équarri, de deux mètres deux décimètres de longueur pour le double stère, d'un mètre deux décimètres de longueur pour le simple stère et d'une épaisseur égale à celle de la sole des membrures ; ces sous-traits doivent être étalonnés et marqués au poinçon de la république.

48. Lors du mesurage du bois, la membrure et les sous-traits doivent être placés sur un terrain égal.

Il est défendu aux marchands et à leurs garçons de chantier de placer aucune cale ou coin sous la sole de la mesure ni sous les soustraits. (*Art. 9 de l'ord. du bureau de la ville du 6 juill. 1784.*)

49. Les marchands ne doivent mettre aucun bois dans les membrures qu'en présence de l'acheteur, et pendant les heures fixées pour la vente par les ordonnances de police.

50. Ils sont tenus de fournir, à leurs frais, les mesures et les cordeurs.

51. Il est défendu de mettre dans la membrure aucun bois de corde qui n'ait la longueur requise et qui ne soit, au moins, de seize centimètres de circonférence. (*Art. 7 de la déclaration du 8 juill. 1784.*)

TITRE V.

Des bois de menuise.

52. Les bois qui ont moins de seize centimètres de circonférence, sont réputés menuise et doivent être empilés et vendus séparément ou convertis en fagots ou cotrets. (*Ord. de 1672, art. 2 du chap. 7.*)

53. Les perches et étoffes de trains doivent être converties en falourdes.

54. Il est défendu aux marchands de bois de refuser de vendre en détail les fagots de bois de menuise et les falourdes de perches, à peine de 50 francs d'amende pour chaque contravention. Les préposés au mesurage y tiendront strictement la main. (*Arr. du 24 juill. 1725, art. 6.*)

55. Les théâtres et piles de bois seront abattus avec les précautions nécessaires.

Les bois qui forment les piles d'ailes doivent être vendus avec ceux qui composent le reste des théâtres; en conséquence, les piles d'ailes seront jetées à terre au fur et à mesure de la vente des théâtres.

56. Le mesurage des bois à brûler est surveillé par les préposés de la préfecture de police; ils doivent le faire rectifier ou le rectifier eux-mêmes.

Ils s'opposeront à ce qu'il soit mis dans la membrure des bois tellement tortus, que la mesure en éprouve une trop grande diminution.

Le marchand devra se conformer à ce qui lui aura été prescrit à cet égard par le préposé.

57. La présente ordonnance sera soumise à l'approbation du ministre de l'intérieur.

58. Il sera pris envers les contrevenants telles mesures de police administrative qu'il appartiendra, sans préjudice des poursuites à exercer contre eux devant les tribunaux, conformément aux lois et aux règlements de police qui leur sont applicables.

59. La présente ordonnance sera imprimée, publiée et affichée.

Les commissaires de police, les officiers de paix, l'inspecteur général de la navigation et des ports et le contrôleur général du recensement et du mesurage des bois et charbons sont chargés, chacun en ce qui le concerne, de tenir la main à ce qu'elle soit strictement exécutée.

Le général commandant d'armes de la place de Paris et le chef de la première division de gendarmerie sont requis de leur prêter main-forte, au besoin.

Le préfet de police, DUBOIS.

Vu et homologué :

Le ministre de l'intérieur, CHAPTAL.

No **106**. — *Ordonnance concernant les brocanteurs* (1).

Paris, le 4 germinal an x (25 mars 1802).

Le préfet de police,

Vu les articles 2, 10, 22 et 32 de l'arrêté des consuls du 12 messidor an VIII;

Ordonne ce qui suit :

1. Nul ne pourra faire l'état de brocanteur sans une permission spéciale du préfet de police. (*Décl. du 29 mars 1778, art. 1.*)

2. Dans le délai d'un mois, à compter du jour de la publication de la présente ordonnance, les brocanteurs se présenteront à la préfecture de police, pour s'y faire enregistrer et obtenir la permission exigée par l'article précédent, à peine de confiscation de leurs marchandises et de 10 francs d'amende. (*Décl. précitée, même article.*)

3. Il ne sera accordé de permission qu'à ceux qui sauront lire et écrire et qui justifieront: 1° de leur domicile à Paris, au moins depuis un an ; 2° d'un certificat de bonne conduite, signé de trois témoins dont un sera membre du bureau de bienfaisance ou de deux membres dudit bureau. Ce certificat devra être visé par le commissaire de police de la division sur laquelle les réclamants résideront.

4. Tout brocanteur est tenu d'avoir une plaque de cuivre sur laquelle sera gravé le mot *Brocanteur*, avec le numéro de la permission.

---

(1) V. les ord. des 15 nov. 1822, 5 sept. 1828 et 15 juin 1831.

Il portera la plaque sur son habit, d'une manière apparente. (*Décl. précitée, art.* 2.)

5. Il est défendu aux brocanteurs de céder, vendre ou prêter leurs plaques et permissions, sous les peines portées par les règlements de police.

6. Il est enjoint aux brocanteurs de représenter leurs permissions toutes les fois qu'ils en seront requis par les commissaires de police, les officiers de paix et les préposés de la préfecture de police.

7. Tout brocanteur devra avoir un registre coté et parafé par le commissaire de police de sa division, sur lequel il inscrira exactement, jour par jour, sans aucun blanc ni rature, les objets qu'il aura achetés et vendus. (*Ord. du 8 nov.* 1780, *art.* 2.)

8. Il est défendu aux brocanteurs d'acheter des hardes, meubles, linges, livres, bijoux et autres objets des enfants et des domestiques, à moins d'un consentement par écrit de leurs pères, mères, tuteurs ou des personnes qu'ils servent.

Il est également défendu aux brocanteurs d'acheter des effets quelconques des personnes dont les noms et domiciles ne leur seraient pas parfaitement connus.

Le tout à peine de 400 fr. d'amende et de répondre, en leur propre et privé nom, des effets volés. (*Ord. précitée, art.* 1 *et* 2.)

9. Les brocanteurs ne pourront acheter ni vendre des marchandises neuves, des matières d'or et d'argent, à l'exception toutefois des vieux galons ou vieilles hardes brodées ou tissues d'or et d'argent. (*Décl. du 29 mars* 1778, *art.* 6.)

10. Les brocanteurs sont tenus de porter leurs marchandises sur leurs bras et à découvert, sans pouvoir les déposer ni étaler en place fixe. (*Décl. précitée, art.* 5.)

11. Il est défendu aux brocanteurs de se rassembler dans les halles, marchés et places publiques et de s'arrêter dans les rues.

12. Il sera pris envers les contrevenants aux dispositions ci-dessus telles mesures de police administrative qu'il appartiendra, sans préjudice des poursuites à exercer contre eux devant les tribunaux, conformément aux lois et aux règlements de police qui leur sont applicables.

13. La présente ordonnance sera imprimée, publiée et affichée.

Elle sera transmise aux maires de Paris, présidents des bureaux de bienfaisance.

Les commissaires de police, les officiers de paix, le commissaire des halles et marchés et les autres préposés de la préfecture sont chargés, chacun en ce qui le concerne, de tenir la main à son exécution.

Le général commandant d'armes de la place de Paris est requis de leur faire prêter main-forte au besoin.

Le préfet de police, DUBOIS.

———————————⊛———————————

N° **107.** — *Ordonnance concernant les bains dans la rivière* (1).

Paris, le 12 germinal an x (2 avril 1802).

_____

(1) V. les ord. des 18 germinal an xi (8 avril 1803), 20 mai 1839 et 25 oct. 1840 art. 187 et suiv., et 225).

No **108**. — *Ordonnance concernant la livrée des domestiques* (1).

Paris, le 15 germinal an x (5 avril 1802).

Le préfet de police,
Vu les rapports des commissaires de police et des officiers de paix ;

Ordonne ce qui suit :

1. Les domestiques attachés au service des étrangers pourront porter, avec leur livrée, des chapeaux bordés en or ou argent, si la livrée est en galons de soie ou de laine.

2. Ceux dont la livrée est en or ou argent, ne pourront porter d'épaulettes ni de chapeaux à la française bordés en or ou argent.

3. Les domestiques ayant un habit uni ne pourront porter ni épaulettes ni chapeaux bordés en or ou argent.

4. Tout contrevenant aux dispositions ci-dessus sera traduit à la préfecture de police.

5. Les sous-préfets de Saint-Denis et de Sceaux, les maires de Saint-Cloud, Sèvres et Meudon, les commissaires de police, les officiers de paix et les autres agents de la préfecture de police sont chargés de l'exécution de la présente ordonnance qui sera imprimée, publiée et affichée.

Le général commandant la première division militaire, le général de division commandant d'armes de la place et les commandants de la légion de gendarmerie d'élite et de la gendarmerie nationale des départements de la Seine et de Seine-et-Oise sont requis d'en assurer l'exécution par tous les moyens qui sont en leur pouvoir.

Le préfet de police, DUBOIS.

———————◇———————

N° **109**. — *Ordonnance concernant l'ordre à suivre lors du défilé des voitures qui iront à Longchamp* (2).

Paris, le 17 germinal an x (7 avril 1802).

———————◇———————

N° **110**. — *Ordonnance pour la cérémonie du dimanche 28 germinal an* x, *à l'occasion de la promulgation de la loi sur les cultes.*

Paris, le 25 germinal an x (15 avril 1802).

Le préfet de police,

Ordonne ce qui suit :

1. Le dimanche 28 germinal, les rues, quais, places et ponts seront balayés et débarrassés avant sept heures du matin.

2. A compter de huit heures du matin, aucunes voitures, autres que celles des personnes appelées au palais du gouvernement, ne pourront passer sur la place du Carrousel.

(1) V. les ord. des 22 nov. 1810 et 23 janv. 1811.

(2) V. l'ord. du 10 avril 1843.

3. Les voitures qui devront se rendre au palais du gouvernement, ne pourront y arriver que par le quai des Tuileries et le guichet Marigny ou par la rue de l'Echelle.

4. A compter de neuf heures du matin, aucunes voitures, autres que celles des personnes appelées à la cérémonie, ne pourront circuler, stationner ni arriver rues de Malte, Marceau, Saint-Nicaise, Saint-Honoré, à partir de celle de l'Echelle jusques et y compris les rues du Roule, de la Monnaie, le Pont-Neuf, le quai des Orfévres, la rue Saint-Louis, le Marché-Neuf et les rues du Marché-Palu et Neuve-Notre-Dame.

A compter de dix heures du matin, la circulation, le stationnement et l'arrivée des voitures sont également interdits sur le pont dit du Petit-Châtelet, rue de la Juiverie, pont Notre-Dame, pont au Change et pont Saint-Michel, quais de Gèvres, de la Ferraille, de l'Ecole, du Louvre, des Tuileries et le pont des Tuileries.

La circulation n'y sera rétablie qu'une heure après le retour du cortége.

5. Les voitures des particuliers qui se rendront à Notre-Dame, ne pourront y arriver que jusqu'à neuf heures du matin; elles arriveront au Parvis par la rue Neuve-Notre-Dame.

Elles fileront ensuite par les rues Saint-Christophe et de la Calandre et par celle de la Barillerie.

Lesdites voitures, destinées à attendre la fin de la cérémonie, ne pourront stationner que dans les cours du Palais-de-Justice.

6. Les voitures des autorités constituées et autres, invitées à la cérémonie, devront être arrivées à Notre-Dame, avant dix heures du matin.

Elles stationneront dans le cloître, et la tête de la file sera placée au guichet du cloître aboutissant à la rue des Marmouzets.

Dans le cas où ce local se trouverait insuffisant, le commandant du détachement de service fera filer lesdites voitures par les rues des Marmouzets et de la Vieille-Draperie, sur la place du Palais-de-Justice et le pont au Change où elles stationneront.

7. Les voitures du clergé stationneront dans les cours de l'Archevêché.

8. Les voitures du gouvernement et de son cortége seront les seules qui stationneront sur la place du Parvis.

Elles seront placées de manière qu'à la fin de la cérémonie, le retour ait lieu par les rues Neuve-Notre-Dame, la rue du Marché-Palu, le Marché-Neuf, la rue Saint-Louis, le quai des Orfévres, le Pont-Neuf, les rues du Roule, de la Monnaie, Saint-Honoré à gauche, la place du Tribunat, la rue de Malte et la place du Carrousel.

9. Après le départ des voitures du gouvernement et de son cortége, celles qui auront stationné dans le Cloître-Notre-Dame et les cours de l'Archevêché, rentreront sur la place du Parvis et fileront par les rues Neuve-Notre-Dame et du Marché-Palu. par le Marché-Neuf, la rue Saint-Louis, le quai des Orfévres et le Pont-Neuf.

10. Les voitures qui, n'ayant pu rester dans le Cloître, auraient filé, conformément à l'article 6, par les rues des Marmouzets, de la Vieille-Draperie, et qui auraient stationné sur la place du Palais-de-Justice et le pont au Change, ne pourront revenir au parvis Notre-Dame, après le départ du cortége, que par les rues de la Barillerie, de la Calandre et Saint-Christophe. Elles fileront par la rue Neuve-Notre-Dame, et pourront prendre les ponts et rues à gauche.

11. Les voitures désignées dans l'article 5, qui auront stationné dans les cours du Palais-de-Justice, ne pourront se mettre en mouvement, pour retourner au parvis Notre-Dame, qu'après le défilé des voitures énoncées en l'article précédent et lorsque le commandant du

détachement de service aura déterminé l'instant de leur départ.

Elles suivront les mêmes rues et défileront ainsi qu'il est dit dans l'article précédent.

12. A compter de dix heures précises du matin, nulle personne à pied ne pourra stationner ni circuler sur la place du Parvis-Notre-Dame, dans les rues Neuve-Notre-Dame, Saint-Christophe et de la Juiverie et sur le petit pont de l'Hôtel-Dieu.

13. Nulle personne non invitée à la cérémonie ne peut occuper les places, tribunes et galeries réservées aux autorités constituées et autres personnes invitées.

Quand les parties de l'église Notre-Dame, non réservées aux autorités constituées et autres personnes invitées à la cérémonie, seront remplies par le public, le commandant du détachement de service donnera l'ordre de ne laisser arriver personne à pied par le petit pont de l'Hôtel-Dieu et par les passages d'eau tant de l'île Saint-Louis au Terrain, que de la Grève au carré Saint-Landry.

14. Ces passages resteront toujours libres pour se retirer.

15. Les cochers dont les voitures seront en stationnement ne pourront, sous quelque prétexte que ce soit, quitter les rênes de leurs chevaux.

16. La nuit du 28 au 29 germinal, les habitants de Paris illumineront la façade de leurs maisons.

17. Pour la sûreté des citoyens, aucune voiture ne pourra circuler dans Paris, depuis sept heures du soir jusqu'au lendemain matin.

Sont exceptés les voitures qui devront se rendre au Palais du gouvernement, les courriers de la malle et les diligences.

18. Les commissaires de police tiendront la main à l'exécution des règlements qui défendent de tirer des fusées, pétards, boîtes, bombes, pièces d'artifice dans les rues, promenades, places publiques, cours et jardins ou par les fenêtres des maisons.

Ils feront arrêter et conduire les contrevenants à la préfecture de police.

19. Il sera mis à la disposition des commissaires de police des divisions des Tuileries, de la Butte-des-Moulins, de la Halle-au-Blé, des Gardes-Françaises, du Muséum, des Arcis, de la Fidélité, de la Cité, du Pont-Neuf, des Thermes, du Théâtre-Français et de l'Unité, des détachements d'infanterie et de cavalerie pour les seconder dans les mesures de police dont ils sont chargés.

20. Le général commandant la première division militaire, le général de division commandant d'armes de la place et les commandants de la légion de gendarmerie d'élite et de la gendarmerie nationale du département de la Seine sont requis de prendre les mesures nécessaires pour la pleine et entière exécution de la présente ordonnance.

Elle sera imprimée, publiée, affichée et envoyée aux autorités qui doivent en connaître, aux officiers de police et aux préposés de la préfecture, pour que chacun, en ce qui le concerne, en assure l'exécution.

Le préfet de police, DUBOIS.

N° 111. — *Ordonnance concernant l'arrivée, le dépôt et la vente des bois de chauffage à l'île Louviers* (1).

Paris, le 1er floréal an x (21 avril 1802).

Le préfet de police,
Vu les articles 2, 32 et 33 de l'arrêté des consuls, du 12 messidor an VIII;
Ordonne ce qui suit :

1. L'île Louviers est destinée au dépôt et à la vente des bois neufs de chauffage. Il ne peut y être tiré ni déposé aucuns bois flottés, à œuvrer ou de charpente, ni déchargé aucune autre marchandise, sans une permission spéciale du préfet de police.

2. Il ne doit être déposé dans l'île Louviers aucuns bois venus par terre, ou qui auraient été déchargés ailleurs que sur les ports de l'île.

3. Les permissions en vertu desquelles les marchands jouissent de places dans l'île, sont révoquées.

Tout marchand qui voudra obtenir une nouvelle permission sera tenu de se pourvoir devant le préfet, dans un mois, à compter du jour de la publication de la présente ordonnance.

4. L'île Louviers est divisée en massifs, suivant le plan annexé à la présente ordonnance.

Les massifs numérotés 1, 2, 3, 4, 5, 6, 7, 8, 9, 10, 11, 12, 13, 14, 15, 16, 17, 18, 19 et 20 seront accordés pour places de vente aux marchands qui auront obtenu la permission d'y faire leur débit habituel.

Ceux numérotés 21, 22 et 23, sont réservés pour la vente momentanée des bois des marchands forains.

Ceux numérotés 24, 25, 26, 27, 28, 29, 30, 31, 32, 33, 34, 35 et 36 formeront les places de dépôt, dites de débord.

Ceux numérotés 37, 38, 39 et 40 seront destinés au dépôt et à la vente des fagots et cotrets.

Les deux pointes de l'île sont réservées pour y décharger les bateaux en danger, ou qui auraient besoin d'être allégés.

5. Un marchand, ou une raison de commerce, n'aura qu'une place de vente dans l'île ; mais il pourra lui être accordé, suivant l'importance de son commerce, un emplacement pour lui servir de chantier de débord.

6. Il est défendu aux marchands, à compter de la publication de la présente ordonnance, de déposer du bois sur les places qu'ils devront quitter.

Ils seront tenus de les céder aussitôt qu'elles seront vides, sans pouvoir néanmoins les conserver au delà du 1er fructidor prochain.

Passé ce délai, les bois qui se trouveraient sur ces places seront enlevés aux frais et risques des propriétaires.

7. Pour obtenir des places de vente habituelle, les marchands justifieront qu'ils ont des bois en suffisante quantité pour les garnir pendant un an.

Ils seront tenus, au 1er ventôse de chaque année, de justifier qu'ils sont en état de faire un pareil approvisionnement.

8. Au 1er fructidor de chaque année, les places doivent être garnies suffisamment. Celles qui ne le seraient pas à cette époque seront données à d'autres marchands, à moins qu'il n'y ait eu empêchement légitime à l'arrivage des bois ; ce que le marchand devra justifier.

(1) V. les ord. des 15 mai 1809 et 4 mai 1812. — Suppression de ce marché par ord. roy. du 10 février-4 mars 1841.

9. Il est défendu à tout marchand de déposer ou de vendre sur sa place aucuns bois qui ne lui appartiendraient pas.

10. Il est défendu à tout marchand d'occuper aucune place dans l'île Louviers sous des noms interposés, et à toute personne de prêter son nom à cet effet, à peine, contre les uns et les autres, de 500 francs d'amende. (*Ord. du bureau de la ville du 23 déc.* 1737, *art.* 8.)

11. Les marchands forains qui seront dans le cas de débiter momentanément des bois à Paris, se pourvoiront devant le préfet de police pour obtenir un emplacement sur les massifs réservés pour eux par l'article 4 de la présente ordonnance.

12. Il ne leur sera accordé qu'une étendue de terrain proportionnée à la quantité de bois qu'ils auront dans les ports de Paris au moment où ils présenteront leur pétition.

13. Le temps pendant lequel les bois pourront rester sur cet emplacement sera déterminé par la permission. Passé ce temps, les bois qui s'y trouveraient seront enlevés et déposés dans un chantier, aux frais et risques des propriétaires.

14. Les forains ne pourront, dans aucun cas, déposer sur le terrain qui leur aura été accordé d'autres bois que ceux mentionnés dans la permission qu'ils auront obtenue.

15. Il ne pourra être formé que deux rangs de bateaux ou quatre rangs de toues le long des berges de la grande rivière, et un seul rang de bateaux ou deux rangs de toues, tant au-dessous de la grande estacade que dans le bras du mail.

Ces bateaux seront placés à cul pendant les uns des autres.

16. Il est enjoint aux marchands d'empiler leurs bois avec solidité, sans que les plats-bords, qui seront employés pour faire l'empilage, puissent être placés sur les berges et les rues.

Ils seront tenus de laisser entre les piles et les bornes, un espace libre d'un mètre au moins de profondeur sur toute la largeur de leurs places.

La montre des bois, les membrures et les sous-traits doivent être placés dans cet espace. (*Ord. du* 23 *déc.* 1737, *art.* **12.**)

17. Chaque marchand sera tenu de mettre à sa place, en lieu apparent, un tableau indiquant, en caractères lisibles, son nom et le numéro de sa place.

18. Pour que le mesurage se fasse avec célérité, les marchands seront tenus d'avoir au moins une membrure de stère double à chaque vente; mais il ne pourra pas y avoir plus d'un stère simple à chaque place.

19. Il est défendu de sortir des bois de l'île Louviers, pour les conduire dans d'autres chantiers.

20. Il ne doit rien être embarqué sur les ports de l'île Louviers, sans une permission du préfet.

21. Il est défendu de placer aucuns bois sur les berges, ni dans les rues et ruelles, même sous prétexte de montre. (*Ord. du* 23 *déc.* 1737, *art.* 13.)

22. Il est défendu aux voituriers d'entrer avec leurs voitures dans l'île, à moins qu'ils n'y soient appelés par les marchands ou par les acheteurs.

Les voitures n'y pourront rester que le temps nécessaire à leur chargement.

23. Il est défendu de faire passer aucune voiture sur les chemins conservés au bord de la rivière.

24. Il est défendu de sortir de l'île plus de deux stères de bois à la fois sur une seule voiture.

25. Les marchands qui auront obtenu des places dans l'île feront, à frais communs, balayer les rues et ruelles, et enlever et transporter aux champs les boues. (*Ord. du 23 déc.* 1737, *art.* 16.)

26. Les marchands de bois de l'île Louviers se conformeront à l'ordonnance du 27 ventôse dernier, concernant la police des chantiers dans Paris, quant aux dispositions qui leur sont applicables.

27. Il sera pris envers les contrevenants telles mesures de police administrative qu'il appartiendra, sans préjudice des poursuites à exercer contre eux devant les tribunaux, conformément aux lois et aux règlements de police qui leur sont applicables.

28. La présente ordonnance sera imprimée, publiée et affichée.

Les commissaires de police, les officiers de paix, le contrôleur général du recensement et du mesurage des bois et charbons, et l'inspecteur général de la navigation et des ports, sont chargés, chacun en ce qui le concerne, de tenir la main à ce qu'elle soit strictement exécutée.

Le général commandant la première division militaire, le général de division commandant d'armes de la place, et les commandants de la légion de gendarmerie d'élite et de la gendarmerie nationale du département de la Seine sont requis de leur faire prêter main-forte au besoin.

Le préfet de police, DUBOIS.

N° **112.** — *Ordonnance concernant les voituriers et charretiers travaillant sur les ports et dans les chantiers* (1).

Paris, le 21 floréal an x (11 mai 1802).

Le conseiller d'État, préfet de police,

Vu les articles 2, 22, 32 et 33 de l'arrêté des consuls du 12 messidor an VIII ;

Ordonne ce qui suit :

1. Tout voiturier par terre, qui voudra se servir de voitures sur les ports de Paris, et pour le transport des bois, est tenu de faire, à la préfecture de police, dans quinze jours, à compter de celui de la publication de la présente ordonnance, la déclaration de ses nom, surnoms et demeure, et du nombre des voitures qui lui appartiennent.

2. Conformément à l'article 9 de la loi du 3 nivôse an VI, tout propriétaire de voitures employées sur les ports ou pour les chantiers est tenu de faire peindre, sur une plaque de métal, en caractères apparents et lisibles, son nom et son domicile. Cette plaque sera clouée en avant de la roue, et au côté gauche de la voiture, à peine de 25 fr. d'amende.

L'amende sera double si la plaque portait un nom ou un domicile faux ou supposé.

Il fera peindre sur la même plaque le numéro qui lui aura été désigné par le préfet de police.

3. Aucune voiture sans ridelles ne doit être employée au transport des bois.

4. Il est défendu aux voituriers de faire trotter ou galoper leurs chevaux ou mulets, et de s'éloigner de leurs voitures. Ils doivent se tenir à la tête de leurs chevaux ; le tout à peine de 100 fr. d'amende. (*Ord. du 21 déc.* 1787, *art.* 1.)

5. Il est défendu aux voituriers de confier la conduite de leurs charrettes ou haquets à des enfans, à peine de 100 d'amende et d'être civilement responsables des événements. (*Ord. du 30 mars* 1759.)

---

(1) V. les ord. des 11 nov. 1808, 13 janv. 1812, 28 août 1816 et 2 avril 1819.

6. Il est défendu aux voituriers, aux charretiers, à leurs femmes, à leurs enfans, aux scieurs de bois et autres ouvriers de se rassembler et de se coaliser pour empêcher les acheteurs de choisir le voiturier qui leur convient. (*Ord. du 31 août 1787, art. 3.*)

7. Il leur est également défendu de se servir d'aucunes personnes à eux attitrées, vulgairement connues sous les noms de chercheurs et de chercheuses, pour aller au-devant des acheteurs, et leur proposer un marchand de préférence à un autre, à peine de 300 francs d'amende contre les voituriers et charretiers, et de 50 francs contre les chercheurs et chercheuses. (*Arrêt du 24 juill. 1725, art. 15.*)

8. Les charretiers ne doivent entrer dans les chantiers qu'autant qu'ils y sont appelés par les marchands ou par les acheteurs.

Ils ne peuvent charger leurs voitures que dans les heures où la vente est ouverte sur les ports et dans les chantiers.

Ils ne doivent s'immiscer en aucune manière au cordage et au mesurage des bois. (*Ord. du 31 août 1787, art. 3.*)

9. Il est défendu aux charretiers de recevoir des marchands la gratification, connue vulgairement sous le nom de nivet, pour leur amener des acheteurs et leur procureur du débit. (*Ord. du 31 août 1787, art.*)

10. Il est défendu aux marchands de bois d'envoyer des voituriers, des garçons de chantiers ou autres personnes au-devant des acheteurs pour solliciter la préférence, au préjudice des autres marchands, ou d'autoriser cette manœuvre par un salaire ou une rétribution quelconque, à peine de 100 francs d'amende. (*Ord. du 31 août 1787.*)

11. Il est défendu aux voituriers et charretiers de détourner ou laisser détourner aucune partie des marchandises chargées sur leurs voitures, à peine d'être poursuivis devant les tribunaux, comme coupables de vol.

12. Il leur est enjoint de conduire directement chez les acheteurs les marchandises dont le transport leur est confié, sans qu'ils puissent s'arrêter en route.

Ils sont tenus de ramasser les portions de marchandises qui seraient tombées, et de les remettre sur la voiture.

Ils ne pourront exiger pour le transport que le prix qui aura été convenu de gré à gré.

Le tout à peine de 50 francs d'amende pour chaque contravention. (*Ord. du 31 août 1787, art. 4.*)

13. Les voituriers et charretiers travaillant sur les ports ou dans les chantiers, sont tenus au surplus de se conformer à l'ordonnance de police du 28 vendémiaire dernier, et spécialement aux articles 1, 3, 7, 12 et 14.

14. Il sera pris envers les contrevenants telles mesures de police administrative qu'il appartiendra, sans préjudice des poursuites à exercer contre eux devant les tribunaux, conformément aux lois et aux règlements de police qui leur sont applicables.

15. La présente ordonnance sera imprimée, publiée et affichée.

Les commissaires de police, les officiers de paix, l'inspecteur général de la navigation et des ports, le contrôleur général du recensement et du mesurage des bois et charbons, et les autres préposés de la préfecture de police sont chargés, chacun en ce qui le concerne, de tenir la main à ce qu'elle soit strictement exécutée.

Le général commandant la première division militaire, le général commandant d'armes de la place de Paris et les commandants de la légion de gendarmerie d'élite et de la gendarmerie nationale du département de la Seine sont requis de leur faire prêter main-forte au besoin.

Le conseiller d'Etat, préfet de police, **DUBOIS.**

N° **113**. — *Ordonnance qui prescrit la réimpression et la publica-tion de l'ordonnance du 18 fructidor an* ix (5 *septembre* 1801), *concernant l'émission de nouveaux poids* (1).

Paris, le 23 prairial an x (12 juin 1802).

———————◎———————

N° **114**. — *Ordonnance concernant les établissements des vache-ries dans la ville de Paris* (2).

Paris, le 23 prairial an x (12 juin 1802).

Le conseiller d'État, préfet de police,
Considérant qu'en général les établissements de vacheries dans Paris sont nuisibles, mais qu'il peut en être toléré dans quelques quartiers sans inconvénient ;
Vu l'art. 3 du titre 11 de la loi du 24 août 1790, et l'art. 23 de l'ar-rêté des consuls de la république du 12 messidor an viii ;

Ordonne ce qui suit :

1. Il ne peut exister dans Paris aucune vacherie sans une permis-sion spéciale du préfet de police.
2. Tous nourrisseurs de vaches, à Paris, sont tenus de se pourvoir devant le préfet de police, dans le mois, à compter du jour de la pu-blication de la présente ordonnance.
3. A l'avenir, nul ne pourra établir de vacherie dans Paris sans en avoir préalablement obtenu la permission.
4. Il sera pris envers les contrevenants aux dispositions ci-dessus telles mesures de police administrative qu'il appartiendra, sans pré-judice des poursuites à exercer contre eux devant les tribunaux, con-formément aux lois et aux règlements qui leur sont applicables.
5. La présente ordonnance sera imprimée, publiée et affichée.
Les commissaires de police, les officiers de paix, le commissaire des halles et marchés, l'inspecteur général de la salubrité, et les au-tres préposés de la préfecture de police sont chargés, chacun en ce qui le concerne, de tenir la main à son exécution.
Le général commandant la première division militaire, le général commandant d'armes de la place de Paris et les commandants de la légion de gendarmerie d'élite et de la gendarmerie nationale du dé-partement de la Seine sont requis de leur faire prêter main-forte au besoin.

Le conseiller d'Etat, préfet de police, DUBOIS.

————————

INSTRUCTION POUR L'EXÉCUTION DE L'ORDONNANCE DE POLICE DU
23 PRAIRIAL AN X, CONCERNANT LES VACHERIES DANS PARIS.

D'après l'ordonnance du 23 prairial an x, aucune vacherie ne peut exister dans Paris sans une permission spéciale du conseiller d'État,

————————

(1) V. les ord. des 2 juill. 1812, 18 mars 1816 et 30 déc. 1839.
(2) V. les ord. des 25 juill. 1822 et 27 fév. 1838.

préfet de police ; mais il ne suffit pas d'en faire la demande pour l'obtenir ; il faut que l'établissement qu'on désire conserver ou former réunisse les conditions requises.

Il est très-important, sous tous les rapports, que les vacheries soient convenablement placées et bien disposées. L'exécution rigoureuse de ces mesures devient encore plus pressante dans Paris. Si les nourrisseurs de vaches avaient été forcés de s'y conformer, il ne s'élèverait pas des plaintes multipliées contre leurs établissements.

Il est une autre précaution à prendre qui n'est pas moins essentielle : la salubrité veut que les vacheries soient tenues avec le plus grand soin ; s'il en était autrement, il en résulterait des maladies qui pourraient atteindre les personnes comme les animaux.

En général, les bâtiments des vacheries existantes dans Paris n'ont été ni construits ni disposés pour cet usage ; ils ne présentent aucune commodité pour la distribution des fourrages et l'enlèvement des fumiers ; les étables sont basses et si resserrées que l'air y pénètre difficilement, ce qui les rend humides et malsaines.

La plupart de ces établissements se trouvent dans les quartiers les plus peuplés et les moins aérés, dans des rues étroites et dont les maisons sont fort élevées.

Il est hors de doute que, dans les circonstances actuelles, des considérations majeures réclament pour les habitants de Paris la conservation des ressources journalières que les vacheries leur procurent. Mais cela ne doit point empêcher de remédier aux inconvénients qu'elles entraînent. Pour obtenir ce résultat, il n'y a point d'autre parti à prendre que de reléguer, autant que possible, les vacheries dans les faubourgs, dans des rues peu fréquentées et bien percées. Comme d'ailleurs une pareille mesure ne peut recevoir son exécution que graduellement et d'après une connaissance exacte des localités, il est préalablement nécessaire de procéder au recensement général des vacheries qui existent dans la ville de Paris : ce recensement devra indiquer l'emplacement et l'état de chaque vacherie, la grandeur, la hauteur et l'exposition des étables ; si elles ont ou non des ouvertures pour le renouvellement de l'air ; s'il y a un puits et une cour pavée, si la rue est assez large, et si les urines des vaches y ont leur écoulement. En un mot, ce recensement devra contenir toutes les observations auxquelles les localités pourront donner lieu.

Il convient d'ajouter que les vacheries susceptibles d'être conservées, et celles qui seront établies par la suite, ne pourront avoir moins de deux mètres et demi de hauteur (7 pieds 8 pouces et demi environ). Quant à la longueur et à la largeur, elles doivent être proportionnées au nombre de vaches. Par exemple, les étables destinées à recevoir quatre vaches auront au moins quatre mètres et demi de longueur (14 pieds 6 pouces environ), et ainsi progressivement.

Pour rendre les étables saines, il est nécessaire que le sol en soit plus élevé que celui de la cour, qu'il soit en pente, et qu'on pratique dans les étables de trois mètres jusqu'à huit une fenêtre assez grande, et à la hauteur d'un mètre environ, pour que l'air puisse se renouveler et circuler librement. Cette fenêtre doit être placée, autant que le local le permettra, du côté opposé à la porte d'entrée, afin d'établir un courant d'air. Si la vacherie est isolée, deux fenêtres, placées aux extrémités et en face l'une de l'autre, donneront encore plus de salubrité.

Dans les étables de huit mètres et au-dessus, il sera indispensable d'ouvrir deux fenêtres, trois dans celles de quinze à vingt mètres, et même davantage selon le besoin.

La sûreté publique et l'intérêt des propriétaires exigent également que l'on prenne des précautions relativement aux dépôts de fourrages établis près des vacheries ; ces dépôts devront être séparés des étables par un mur en maçonnerie, s'ils se trouvent placés à côté, et par un plancher recouvert en carreaux, s'ils sont au-dessus. Il ne devra y avoir au même étage aucun ménage ayant âtre, cheminée, poêle ou fourneau.

Les commissaires de police et les préposés de la préfecture, chargés de visiter les vacheries existantes et les localités destinées à des établissements de ce genre, règleront leur conduite d'après la présente instruction ; ils y prendront les principales bases des rapports qu'ils auront à faire ; ils auront soin d'entrer dans tous les détails nécessaires et convenables pour motiver une décision.

Fait à la préfecture de police, le 23 prairial an x de la république française.

Le conseiller d'État, préfet de police, DUBOIS.

N° **115.** — *Ordonnance concernant le commerce des porcs* (1).

Paris, le 23 prairial an x (12 juin 1802).

Le conseiller d'État, préfet de police,

Vu les articles 2, 23 et 33 de l'arrêté des consuls du 12 messidor an VIII, l'article 1 de celui du 3 brumaire suivant, et la décision du ministre de l'intérieur en date du 12 du présent mois ;

Ordonne ce qui suit :

1. A compter du 7 messidor prochain, le Marché aux Porcs cessera d'avoir lieu sur le terrain attenant au Marché aux Chevaux.

Il est transféré à la Maison-Blanche, territoire de la commune de Gentilly, dans l'emplacement disposé à cet effet.

2. Il est enjoint aux marchands forains et autres faisant le commerce des porcs de les conduire directement au marché pour y être exposés en vente.

3. Dans le département de la Seine, il est défendu de vendre et d'acheter des porcs ailleurs que sur le marché ci-dessus désigné et dans les foires établies à cet effet, à peine de trois cents francs d'amende pour chaque contravention. (*Ord. du 22 nov. 1727.*)

4. Les marchands sont tenus de faire au préposé chargé de la surveillance du marché la déclaration des porcs qu'ils y amèneront.

Il sera fait une déclaration particulière des porcs nourris avec des résidus d'amidon.

5. Il est défendu de conclure l'achat d'aucun porc avant l'ouverture de la vente.

6. Le marché tiendra, les mercredis et samedis, depuis dix heures du matin jusqu'à trois heures de relevée.

7. Une demi-heure avant l'ouverture de la vente, le préposé chargé de la surveillance du marché fera la visite des porcs qui y auront été amenés. Cette visite sera annoncée au son d'une cloche.

Il est enjoint à cet effet aux marchands de faire sortir leurs porcs des étables, et de les exposer sur le marché, à peine de trois cents francs d'amende. (*Ord. du 22 nov. 1727.*)

8. L'ouverture de la vente sera pareillement annoncée au son d'une cloche.

(1) V. les ord. des 30 avril et 3 juill. 1806, 25 et 27 sept. 1815, 24 nov. 1819, 1er avril 1821, 3 déc. 1829 et 12 juin 1843.

9. Aucuns marchands, propriétaires ou conducteurs de porcs ne pourront les tenir hors du marché pendant les heures prescrites pour la vente, à moins qu'ils n'aient été achetés et marqués sur le marché.

10. Nul ne pourra acheter les porcs sur le marché pour les y revendre à peine de deux cents francs d'amende. (*Lettres patentes du 26 août 1783, art. 13.*)

11. La fermeture du marché sera annoncée au son de la cloche.

12. Il est défendu de vendre ou d'acheter des porcs après la fermeture du marché, à peine de trois cents francs d'amende. (*Ord. du 22 nov. 1727.*)

13. Les charcutiers qui auront acheté des porcs sur le marché devront en rapporter des certificats du préposé de la préfecture de police, lesquels certificats, énonçant la quantité de porcs et les noms des acheteurs, seront remis à l'entrée dans Paris aux employés de la régie de l'octroi.

14. Les porcs achetés au marché, qui seront destinés pour Paris, ne pourront y être introduits que de jour et par la barrière de Fontainebleau.

15. Les porcs qui n'auront pu être vendus seront déposés dans les étables dépendantes du marché, pour être exposés en vente au marché suivant. (*Ord. du 22 nov. 1727.*)

16. Conformément à l'arrêt du conseil du 27 janvier 1788, les concessionnaires du marché aux porcs ne pourront exiger, sous peine de concussion, plus de dix centimes (deux sols) par nuit pour chaque porc qui sera mis dans les toits à porcs, non compris la nourriture, qui pourra leur être fournie au prix convenu.

17. Il sera pris envers les contrevenants aux dispositions ci-dessus telles mesures de police administrative qu'il appartiendra, sans préjudice des poursuites à exercer contre eux devant les tribunaux, conformément aux lois et aux règlements qui leur sont applicables.

18. La présente ordonnance sera imprimée, publiée et affichée. Les sous-préfets de Sceaux et de Saint-Denis, les maires et adjoints des communes rurales du département de la Seine, les commissaires de police, à Paris, les officiers de paix, le commissaire des halles et marchés et les autres préposés de la préfecture de police sont chargés, chacun en ce qui le concerne, de tenir la main à son exécution.

Le général commandant la première division militaire, le général commandant d'armes de la place de Paris et les chefs de légion de gendarmerie d'élite et de la gendarmerie nationale du département de la Seine sont requis de leur faire prêter main-forte au besoin.

Le conseiller d'Etat, préfet de police, DUBOIS.

N° **116.** — *Ordonnance concernant la fête de l'anniversaire du 14 juillet* (1).

Paris, le 20 messidor an x (9 juillet 1802).

---

(1) V. l'ord. du 24 messidor an XII (13 juill. 1804).

N° **117**. — *Ordonnance concernant le commerce du foin et de la paille* (1).

Paris, le 23 messidor an x (12 juillet 1802).

Le conseiller d'État, préfet de police,
Vu les articles 2, 24, 32 et 33 de l'arrêté des consuls du 12 messidor au viii;

Ordonne ce qui suit :

1. Les foins et les pailles arrivant par terre et destinés à être vendus seront exposés dans les endroits ci-après désignés,
Savoir :
1° Dans la rue du Faubourg-Saint-Martin, côté de la division de Bondy, à partir de l'ancienne barrière jusqu'à l'hospice des vieillards ;
2° Dans la rue de Beauveau, depuis l'entrée du marché de Beauveau par la rue Lenoir jusqu'à la rue de Charenton, et dans la rue du Marché, depuis la fontaine jusques et compris la rue d'Aligre ;
3° Dans la rue d'Enfer, entre l'ancienne et la nouvelle barrière.
Les voitures seront rangées de manière à ne pas gêner la circulation.

2. Les foins et les pailles arrivant par eau seront exposés en vente sur les ports ci-après désignés,
Savoir :
1° A la Râpée, dans la partie supérieure de l'ancien port des pierres à plâtre, dans un espace de trente-six à quarante mètres ;
2° Au port de la Grève, entre la rue Geoffroy-Lasnier et la rue des Barres, dans un espace de trente-six à quarante mètres ;
3° Au port de la Tournelle, au-dessus du port aux cotrets, dans un espace de cinquante mètres ;
4° Au port de la Grenouillère, vis-à-vis la rue de Belle-Chasse.
Les bateaux seront, autant que possible, rangés en boyard et de manière à ne pas gêner le service de la navigation.

3. Il est défendu de vendre du foin et de la paille sur la voie publique partout ailleurs que sur les places et ports ci-dessus désignés. (*Ord. de police du 7 juill.* 1786, *art.* 3 *et* 4.)

4. Il est défendu d'acheter du foin et de la paille sur les marchés et ports pour les y revendre. (*Ord. du* 6 *oct.* 1632 *et de déc.* 1672, *chap.* 3, *art.* 23.)

5. Il est défendu d'aller au-devant des voitures et bateaux chargés de foin et de paille, de les arrher ou de les acheter, et d'apporter empêchement à leur arrivée sur les places et ports. (*Ord. de* 1672, *chap.* 3, *art.* 2, *et du* 7 *juill.* 1786, *art.* 4.)

6. Les conducteurs de bateaux chargés de foin ou de paille sont tenus d'en faire la déclaration aux préposés aux arrivages ; ils indiqueront les ports où ils désirent se rendre, mais ils ne pourront descendre qu'après avoir obtenu un passavant.

7. Les bateaux qui arriveraient à port sans déclaration préalable ou sans passavant, ou sans permis de l'inspecteur, ou dans un port non affecté à leur destination, seront remontés au-dessus de Paris, aux frais et risques de la marchandise.

---

(1) V. les ord. des 12 janv. 1816, 25 mars 1828, 30 oct. 1829, 6 fév. 1830 et 13 sept. 1834.

8. Aussitôt qu'un bateau de foin ou de paille aura été mis à port, la vente devra s'ouvrir et être continuée sans interruption.

Dans le cas où un marchand ne se conformerait point à cette disposition, le bateau sera retiré du port, et celui qui sera en tour de passer prendra sa place.

Le bateau retiré ne pourra être remis à port qu'après tous les bateaux qui se trouvaient, à cette époque, entrés dans Paris en destination pour le même port.

9. Les foins et les pailles doivent être enlevés au fur et à mesure de leur déchargement. Il ne peut en être déposé ni vendu sur la berge.

10. Si les foins ou les pailles amenés en bateau étaient mouillés et avaient besoin d'être étendus sur le port pour être séchés et bottelés, il ne pourra être procédé à ces opérations que d'après un permis de l'inspecteur.

11. Il est défendu aux botteleurs d'entrer dans les bateaux sans y être appelés par les vendeurs ou les acheteurs, qui sont libres d'employer qui bon leur semble pour faner, botteler et enlever leurs foins.

12. Il est défendu de jeter dans la rivière du foin ou de la paille, à peine de trois cents francs d'amende. (*Ord. de* 1672, *chap.* 16, *art.* 3.)

13. La vente des foins et des pailles aura lieu sur les places ou marchés, tous les jours, excepté les jours de repos indiqués par la loi,

Savoir :

Du 1er vendémiaire au 30 ventôse, depuis huit heures du matin jusqu'à midi;

Et du 1er germinal jusqu'à la fin de l'année, depuis six heures du matin jusqu'à midi.

Elle aura lieu sur les ports, les jours et aux heures déterminés pour la vente des marchandises arrivées par eau.

14. Les foins et les pailles qui arriveraient sur les marchés ou dans les ports pour des destinations particulières, constatées par lettres de voiture, devront être enlevés sans retard et conduits directement aux destinations indiquées par les lettres de voiture.

15. Les bottes de foin doivent être composées de foin d'une même nature et qualité; il doit en être de même des bottes de paille. Il est défendu d'y introduire des matières avariées, de mauvaises herbes ou de la litière, le tout à peine de confiscation et de trois cents francs d'amende. (*Ord. de* 1672, *chap.* 3, *art.* 19, *et du* 17 *juill.* 1786, *art.* 5.)

16. Depuis la récolte jusqu'au 1er vendémiaire, chaque botte de foin nouveau sera du poids au moins de six kilogrammes et demi (treize livres environ), et chaque botte de foin vieux de cinq kilogrammes (dix livres environ).

Depuis le 1er vendémiaire jusqu'au 1er germinal, chaque botte de foin, tant vieux que nouveau, sera au moins du poids de cinq kilogrammes et demi (onze livres environ); et depuis le 1er germinal jusqu'à la récolte, chaque botte de foin, tant vieux que nouveau, sera au moins du poids de cinq kilogrammes (dix livres environ).

Les bottes de paille doivent être, en tout temps, au moins de cinq kilogrammes (dix livres environ).

Le tout à peine de confiscation et de trois cents francs d'amende. (*Ord. du* 7 *juill.* 1786, *art.* 5.)

17. Les bottes qui n'auraient pas le poids requis, et celles qui seraient composées de foin ou de paille de mauvaise qualité, seront saisies; il en sera dressé procès-verbal par le commissaire de police qui le transmettra au préfet.

18. Il est défendu d'établir des magasins ou dépôts de fourrages dans des parties de maisons autres que les greniers; il ne devra y avoir au même étage aucun ménage ou habitation ayant âtre, cheminée, poêle ou fourneau, à peine de confiscation et de cent francs d'amende. (*Ord. du 15 nov.* 1781, *art.* 9.)

19. Il est défendu de fumer dans les magasins ou dépôts de foin ou de paille, et d'y porter de la lumière, à moins que ce ne soit dans des lanternes bien fermées, sous peine de deux cents francs d'amende. (*Ord. du 15 nov.* 1781, *art.* 5.)

20. Il sera pris envers les contrevenants aux dispositions ci-dessus telles mesures de police administrative qu'il appartiendra, sans préjudice des poursuites à exercer contre eux devant les tribunaux, conformément aux lois et aux règlements qui leur sont applicables.

21. La présente ordonnance sera imprimée, publiée et affichée.

Les commissaires de police, les officiers de paix, le commissaire des halles et marchés, l'inspecteur général de la navigation et des ports et les autres préposés de la préfecture de police sont chargés, chacun en ce qui le concerne, de tenir la main à son exécution.

Le général commandant la première division militaire, le général commandant d'armes de la place de Paris et les commandants de la légion de gendarmerie d'élite et de la gendarmerie nationale du département de la Seine sont requis de leur faire prêter main-forte au besoin.

Le conseiller d'Etat, préfet de police, DUBOIS.

N° **118.**—*Ordonnance concernant le dépôt et l'embarquement des pierres à plâtre au port de la Râpée* (1).

Paris, le 23 messidor an x (12 juillet 1802).

Le conseiller d'État, préfet de police,
Considérant que la construction du pont du Jardin-des-Plantes et le dépôt des matériaux pour cette construction exigent qu'il soit fait des changements dans la distribution du port de la Râpée ;
Vu l'article 32 de l'arrêté des consuls du 12 messidor an viii et l'article 1 de celui du 3 brumaire an ix ;

Ordonne ce qui suit :

1. A compter du jour de la publication de la présente ordonnance, le dépôt des pierres à plâtre cessera provisoirement d'avoir lieu au port de la Râpée, près l'ancienne barrière.

2. Les pierres à plâtre actuellement déposées audit port seront enlevées avant le 30 thermidor prochain ; faute par les propriétaires de s'être conformés à cette disposition dans le délai prescrit, l'enlèvement desdites pierres sera fait aux frais et risques de la marchandise.

3. Les pierres à plâtre seront provisoirement déposées le long du mur de clôture de Paris, entre la barrière de la Râpée et la barrière des Poules, dans les endroits et de la manière qui seront indiqués.

Il ne pourra pas en être déposé sans la permission spéciale du préfet de police.

4. Les pierres à plâtre seront embarquées au port de la Rapée immédiatement au-dessus de la nouvelle barrière.

5. Le port où se faisait l'embarquement des pierres à plâtre est af-

---

(1) V. l'ord. du 19 avril 1819.

fecté, savoir : la partie supérieure, dans une étendue de trente-six à quarante mètres, à la vente et au déchargement des fourrages, et le surplus au tirage des bois.

6. Il sera pris envers les contrevenants aux dispositions ci-dessus telles mesures de police administrative qu'il appartiendra, sans préjudice des poursuites à exercer contre eux devant les tribunaux, conformément aux lois et aux règlements qui leur sont applicables.

7. La présente ordonnance sera imprimée, publiée et affichée.

Le sous-préfet de Sceaux, les maire et adjoint de la commune de Bercy, les commissaires de police, à Paris, les officiers de paix, l'inspecteur général de la navigation et des ports et les autres préposés de la préfecture de police sont chargés, chacun en ce qui le concerne, de tenir la main à son exécution.

Le général commandant la première division militaire, le général commandant d'armes de la place de Paris et les chefs de légion de la gendarmerie d'élite et de la gendarmerie nationale du département de la Seine sont requis de leur faire prêter main-forte au besoin.

Le conseiller d'Etat, préfet de police, DUBOIS.

———————————◇————————————

N° **119.** — *Ordonnance concernant le curage de la Bièvre* (1).

Paris, le 26 messidor an x (15 juillet 1802).

Le conseiller d'État, préfet de police,

Vu les arrêtés des consuls des 12 messidor an VIII, 25 vendémiaire et 3 brumaire an IX ;

Vu aussi l'arrêté du ministre de l'intérieur du 12 floréal an IX ;

Considérant que la conservation des eaux de la Bièvre dépend essentiellement du curage annuel de cette rivière et de ses affluents ;

Que ce curage n'a jamais été bien fait tant que les propriétaires riverains ont eu la faculté de curer eux-mêmes le long de leurs propriétés ; que, l'année dernière, on a été obligé de le refaire dans certaines parties ;

Qu'il importe qu'il soit exécuté par des ouvriers habitués à ce travail, et, autant que possible, en totalité par les mêmes ouvriers ;

Que la plus économique et la meilleure manière de remplir cet objet est d'en charger des entrepreneurs par des adjudications au rabais ;

Ordonne ce qui suit :

1. Le curage de la Bièvre et de ses affluents, pour la présente année, sera donné à l'entreprise.

Il sera mis en adjudication au rabais et partagé en trois lots.

2. Les adjudicataires seront chargés de faire le curage en totalité, sans que les propriétaires riverains puissent s'immiscer dans ce travail, même le long de leurs propriétés.

3. Les époques où le curage sera fait dans chaque partie seront déterminées par le cahier des charges.

4. La présente ordonnance sera imprimée et affichée dans les communes riveraines de la Bièvre et dans Paris.

Le sous-préfet de Sceaux, les maires des communes riveraines, les

———————————————————————————

(1) V. l'ord. du 31 juill. 1838.

commissaires de police, à Paris, les officiers de paix, l'inspecteur général de la navigation et des ports, l'inspecteur de la Bièvre et les autres préposés de la préfecture de police sont chargés, chacun en ce qui le concerne, de tenir la main à son exécution.

Le général commandant la première division militaire, le général commandant d'armes de la place de Paris et les chefs de légion de la gendarmerie d'élite et de la gendarmerie nationale du département de la Seine sont requis de leur faire prêter main-forte au besoin.

Le conseiller d'État, préfet de police, DUBOIS.

Vu et approuvé :

Le ministre de l'intérieur, CHAPTAL.

No **120.** — *Ordonnance qui prescrit la réimpression et la publication de l'ordonnance du 2 ventôse an x (21 février 1802), concernant la prohibition de la chasse (1).*

Paris, le 12 thermidor an x (31 juillet 1802).

No **121.** — *Ordonnance concernant la tenue des marchés aux vaches laitières, à la Chapelle-Saint-Denis et à la Maison-Blanche, commune de Gentilly.*

Paris, le 12 thermidor an x (31 juillet 1802).

Le conseiller d'État, préfet de police,

Vu les articles 2 et 33 de l'arrêté des consuls du 12 messidor an VIII, l'article 1 de celui du 3 brumaire suivant, et la décision du ministre de l'intérieur du 12 prairial dernier ;

Ordonne ce qui suit :

1. Il y aura dans le département de la Seine deux endroits affectés à l'exposition en vente des vaches laitières.

L'un de ces marchés continuera de tenir à la Chapelle-Saint-Denis, l'autre sera établi à la Maison-Blanche, commune de Gentilly.

2. Le marché de la Chapelle-Saint-Denis tiendra tous les mardis, comme par le passé, et celui de la Maison-Blanche tous les samedis, à compter du 26 du présent mois de thermidor.

3. Les marchés seront ouverts depuis dix heures du matin jusqu'à trois heures de relevée.

L'ouverture et la fermeture seront annoncées au son d'une cloche.

4. Il est défendu aux propriétaires des emplacements des marchés d'y laisser de la paille, du fumier et autres matières.

Il leur est enjoint d'entretenir la plus grande propreté sur les marchés.

Faute par eux de se conformer à ces dispositions, il y sera pourvu à leurs frais.

5. Il est défendu d'exposer en vente des vaches laitières ailleurs que sur les marchés autorisés à cet effet, même d'en vendre et faire vendre dans les étables ; le tout à peine de deux cents francs d'amende,

(1) V. l'ord. du 23 fév. 1843.

tant contre les vendeurs que contre les acheteurs. (*Ord. du 8 avril* 1752, *art. 2, et du 29 janv.* 1768, *art. 3.*)

6. On ne pourra acheter dans les marchés ci-dessus désignés aucunes vaches pour les tuer, à peine de deux cents francs d'amende. (*Ord. du 29 janv.* 1768, *art. 4, et du 25 mai* 1784, *art. 4.*)

7. Les vaches grasses propres à la boucherie devant être conduites sur les marchés de Sceaux et de Poissy, il ne pourra en être amené ni vendu sur les marchés de la Chapelle-Saint-Denis et de la Maison-Blanche, ainsi que dans les lieux environnants.

8. Il est défendu d'exposer sur les marchés des vaches laitières qui se trouveraient dans les cas rédhibitoires, et même celles qui, sans être dans les cas rédhibitoires, seraient atteintes d'une maladie quelconque.

9. Il y aura sur chaque marché un préposé chargé d'y maintenir le bon ordre, de visiter les vaches et de délivrer les certificats prescrits par l'article 11.

10. Les vaches laitières achetées sur les marchés et qui seront destinées pour Paris ne pourront y être introduites que de jour, avant le coucher du soleil, et par les barrières de Saint-Denis et de Fontainebleau.

11. Pour prévenir tous abus et difficultés à cet égard, les nourrisseurs qui auront acheté des vaches sur lesdits marchés, et qui voudront les faire entrer dans Paris, devront en rapporter des certificats du préposé, lesquels certificats, énonçant la quantité de vaches, leur signalement et le nom des acheteurs, seront visés par les employés de la régie et de l'octroi, aux barrières, et représentés aux préposés de la préfecture de police, à toute réquisition.

12. Conformément à l'arrêt du conseil du 25 décembre 1784, les propriétaires des marchés aux vaches laitières de la Chapelle-Saint-Denis et de la Maison-Blanche ne pourront exiger plus de trente centimes (six sols) de droit d'attache pour chaque vache amenée aux marchés, non compris la nourriture, qui pourra leur être fournie au prix convenu.

13. Il sera pris envers les contrevenants aux dispositions ci-dessus telles mesures de police administrative qu'il appartiendra, sans préjudice des poursuites à exercer contre eux devant les tribunaux, conformément aux lois et aux règlements qui leur sont applicables.

14. La présente ordonnance sera imprimée, publiée et affichée.

Les sous-préfets des arrondissements de Sceaux et de Saint-Denis, les maires et adjoints des communes rurales du département de la Seine et de celles de Saint-Cloud, Sèvres et Meudon, les commissaires de police, à Paris, les officiers de paix, le commissaire des halles et marchés et les autres préposés de la préfecture de police sont chargés, chacun en ce qui le concerne, de tenir la main à son exécution.

Le général commandant la première division militaire, le général commandant d'armes de la place de Paris et les chefs de légion de gendarmerie d'élite et de la gendarmerie nationale du département de la Seine sont requis de leur faire prêter main-forte au besoin.

Le conseiller d'État, préfet de police, DUBOIS.

N° **122.** — *Ordonnance concernant la publication des deux sénatus-consultes des 14 et 16 thermidor an x.*

Paris, le 24 thermidor an x (12 août 1802).

Le conseiller d'État, préfet de police,

Ordonne ce qui suit :

1. Le dimanche 27 thermidor, à sept heures précises du matin,
les deux sénatus-consultes des 14 et 16 thermidor présent mois
seront proclamés solennellement dans la ville de Paris, dans toutes
les communes rurales du département de la Seine, et dans celles de
Sèvres, Meudon et Saint-Cloud, du département de Seine-et-Oise.

2. Ledit jour, 27 thermidor, les rues, quais, places et ponts seront
balayés et débarrassés avant six heures du matin.

3. Les rues, quais, places, ponts et promenades seront arrosés.

Les habitants se conformeront à cette disposition, en ce qui les
concerne.

4. Le soir dudit jour, 27 thermidor, les habitants de Paris illumineront la façade de leurs maisons.

5. Pour la sûreté des citoyens, aucune voiture ne pourra circuler
dans Paris, depuis huit heures du soir jusqu'au lendemain matin.

Sont exceptés de la présente disposition, les voitures qui doivent
se rendre au palais du gouvernement, les courriers de la malle et les
diligences.

6. Les commissaires de police tiendront la main à l'exécution des
règlements qui défendent de tirer des fusées, pétards, boîtes, bombes
et autres pièces d'artifice, dans les rues, promenades, places publiques, cours et jardins ou par les fenêtres des maisons.

7. La présente ordonnance sera imprimée, affichée et envoyée aux
sous-préfets des arrondissements de Sceaux et de Saint-Denis, aux maires des communes rurales du département de la Seine, et des communes de Sèvres, Meudon et Saint-Cloud, du département de Seine-et-
Oise ; aux commissaires de police, aux officiers de paix et aux préposés de la préfecture, pour que chacun, en ce qui le concerne, en assure l'exécution.

Le général commandant la première division militaire, le général
commandant d'armes de la place de Paris et les chefs de légion de la
gendarmerie d'élite et de la gendarmerie nationale du département
de la Seine sont requis de leur faire prêter main-forte au besoin.

Le conseiller d'État, préfet de police, DUBOIS.

N° **123.** — *Ordonnance contenant des mesures de sûreté relativement aux feux d'artifice qui seront tirés le 27 thermidor.*

Paris, le 26 thermidor an x (14 août 1802).

Le conseiller d'État, préfet,

Considérant que, le 27 du présent mois de thermidor, il sera tiré des
feux d'artifice sur le Pont-Neuf, à la place de Grève et aux Champs-
Élysées ;

Qu'il importe de prendre à cet égard des mesures de sûreté ;

Ordonne ce qui suit :

Le 27 thermidor, depuis cinq heures du soir jusqu'à onze, il sera placé trois bachots dans le bassin au dessous du Pont-Neuf. Ils seront montés chacun par deux fusiliers et deux mariniers nageurs, destinés à porter secours au besoin.

Il en sera placé deux autres au Pont-Neuf, montés chacun de deux mariniers et de deux fusiliers, pour empêcher que personne ne s'introduise sur la rivière au-dessous du pont par le grand bras.

A la même heure, les bains d'été établis au bas des quais des Morfondus, de l'Ecole et de la Monnaie seront évacués, et les bannes qui les couvrent seront enlevées.

A sept heures, le bateau à bains chauds placé sous le Pont-Neuf sera évacué.

Une des pompes à incendie sera placée près de ce bateau à bains; elle sera montée par quatre pompiers.

L'autre sera placée du côté de la Samaritaine et sera montée par quatre pompiers et quatre mariniers, pour la conduire partout où il serait nécessaire.

L'inspecteur général de la navigation et des ports est chargé de prendre les mesures pour se procurer les cinq bachots dont il s'agit, de traiter de gré à gré pour leur location, pour le salaire des mariniers qui les monteront et pour le placement des deux pompes à incendie.

Il est enjoint aux propriétaires des bains d'été ci-dessus indiqués, et des bateaux à lessive et autres placés au bas du quai de la Vallée, à l'Arche-Marion, au port de l'Ecole et au port de la Grève, à partir de la rue de Long-Pont jusqu'au pont Notre-Dame, de placer, depuis sept heures du soir jusqu'à onze, savoir, sur chaque bateau chargé de fagots, de coterets ou de charbon de bois, six hommes avec des seaux, et sur chacun des autres bateaux, deux hommes avec des seaux; Faute par les propriétaires des bateaux d'y faire trouver le nombre d'hommes ci-dessus déterminé, il en sera placé à leurs frais par l'inspecteur général de la navigation et des ports, qui se concertera à cet égard avec le commissaire de police.

Il est défendu à toutes autres personnes de s'introduire sur lesdits bateaux, et aux propriétaires d'y laisser entrer personne, sous telles peines qu'il appartiendra.

Il est également défendu de se placer sur les bords de la rivière, entre le Pont-Neuf et le pont des Arts.

A sept heures du soir, le passage d'eau des Invalides sera fermé. Il est défendu aux fermiers des droits de passage et à toutes autres personnes de passer la rivière en bachot, sous telles peines qu'il appartiendra.

Le général commandant d'armes de la place de Paris est requis de faire trouver, à cinq heures précises du soir, cent cinquante hommes de troupes de ligne dans la cour du bâtiment des Quatre-Nations, lesquels seront à la disposition de l'inspecteur général de la navigation et des ports et des commissaires de police des divisions de l'Unité et du Muséum, et cinquante hommes à l'Hôtel-de-Ville, à la disposition de l'inspecteur général de la navigation et des ports et des commissaires de police des divisions des Arcis et de la Fidélité.

Dans le cas d'accidents imprévus, l'inspecteur général de la navigation et des ports est autorisé à prendre telles autres mesures qu'il appartiendra, à la charge d'en rendre compte sur-le-champ au conseiller d'Etat, préfet.

Les commissaires de police et l'inspecteur général de la navigation et des ports rendront compte de l'exécution de la présente ordonnance.

Le conseiller d'Etat, préfet de police, DUBOIS.

N° **124.** — *Ordonnance concernant l'interruption provisoire de la navigation au pont du Jardin-des-Plantes.*

Paris, le 29 thermidor an x (17 août 1802).

———⟨⊙⟩———

N° **125.** — *Ordonnance qui prescrit l'impression et la publication des articles 1, 2 et 3 de l'ordonnance du 8 thermidor an ix (27 juillet 1801), concernant les affiches* (1).

Paris, le 5 fructidor an x (23 août 1802).

———⟨⊙⟩———

N° **126.** — *Ordonnance concernant les mesures de police à observer à l'occasion des fêtes de Saint-Cloud* (2).

Paris, le 10 fructidor an x (28 août 1802).

Le conseiller d'État, préfet de police,
Vu l'arrêté des consuls du 3 brumaire an ix ;

Ordonne ce qui suit.

1. Les 20, 21 et 25 de ce mois, les charrettes et voitures dites des environs de Paris ne pourront passer sur le pont de Saint-Cloud que jusqu'à midi.

2. Toutes les autres voitures qui se rendraient à Saint-Cloud pourront passer le pont de Saint-Cloud sur une seule file, depuis midi jusqu'à six heures.

Ce pont sera interdit aux voitures depuis six heures du soir jusqu'à huit.

3. Les voitures qui ne passeront pas le pont de Saint-Cloud ne pourront suivre que jusqu'à la demi-lune ; elles seront ensuite rangées à droite du chemin dit de la Reine, ou dans la plaine de Boulogne.

Celles qui auront passé le pont de Saint-Cloud stationneront de droite et de gauche sur la rive de la Seine.

4. A huit heures du soir, le pont de Saint-Cloud sera libre pour le retour seulement ; les voitures formeront une seule file.

Celles qui de Saint-Cloud se rendront à Paris, avant huit heures du soir, reviendront par Neuilly ou par Sèvres.

Celles qui arriveront par Sèvres suivront sur une seule file et stationneront en dehors de la grille, le long du mur du parc.

5. L'arrivée et le retour par le pont de Sèvres seront libres à toute heure.

6. Les bachots ou batelets pour le service de Saint-Cloud partiront de la rive droite de la Seine, près le Pont-National.

Il ne sera admis dans chaque bachot ou batelet plus de douze personnes.

Il est défendu aux conducteurs desdits bachots ou batelets, ainsi

_____

(1) V. les ord. des 21 mai 1823, 28 nov. 1829, 23 août et 12 déc. 1830, 4 août 1836 et 8 nov. 1841.

(2) V. l'ord. du 6 sept. 1843.

qu'aux mariniers et conducteurs de galiotes, de recevoir aucune personne en route.

7. Les marchands qui voudront étaler et vendre dans les rues et
places de Saint-Cloud devront en obtenir la permission du maire de
cette commune, qui leur indiquera les endroits où ils se placeront.

8. Les maires des communes *extrà muros*, ceux de Saint-Cloud et
de Sèvres, les commissaires de police, les officiers de paix et les préposés de la préfecture de police sont chargés, chacun en ce qui le
concerne, d'en assurer la stricte exécution.

Le général commandant la première division militaire, le général commandant d'armes de la place de Paris et les chefs de légion de gendarmerie d'élite et de la gendarmerie nationale du département de la
Seine et de celui de Seine-et-Oise sont requis de leur faire prêter
main-forte au besoin.

Le conseiller d'Etat, préfet de police, DUBOIS.

N° **127.** — *Ordonnance concernant la vente des huîtres* (1).

Paris, le 16 fructidor an x (3 septembre 1802).

N° **128.** — *Ordonnance concernant la fête de la fondation de la
république* (2).

Paris, le 26 fructidor an x (13 septembre 1802).

N° **129.** — *Ordonnance concernant la vérification annuelle des
mesures pour le bois de chauffage, pour les grains et autres
matières sèches* (3).

Paris, le 26 fructidor an x (13 septembre 1802).

Le conseiller d'État, préfet de police,

Considérant que, dans le département de la Seine, les nouvelles
mesures pour le bois de chauffage, pour les grains et autres matières
sèches, sont en émission depuis plusieurs années; que ces sortes de
mesures s'altèrent par l'usage, et que, pour prévenir les abus qu'il en
résulterait, il importe qu'elles soient dûment vérifiées et poinçonnées
à des époques périodiques, ainsi qu'il se pratiquait autrefois;

Vu les articles 2 et 26 de l'arrêté des consuls du 12 messidor an VIII,
l'article 1 de l'arrêté du 3 brumaire suivant, et l'article 10 de celui du
29 prairial de la même année;

Vu aussi la décision du ministre de l'intérieur du 15 thermidor
dernier;

Ordonne ce qui suit:

1. A compter de l'an XI, il sera procédé, chaque année, dans

(1) V. les ord. des 29 fruct. an IX (16 sept. 1801) et 21 fév. 1811.
(2) V. l'ord. du quatrième jour complémentaire an XI (21 sept. 1803).
(3) V. les ord. des 8 sept. et 23 nov. 1807, 14 déc. 1820, 15 déc. 1825, 27 octob. et
29 nov. 1826 et 23 nov. 1842.

les mois de vendémiaire, brumaire et frimaire, à la vérification des mesures pour le bois de chauffage, pour les grains et autres matières sèches, dans le département de la Seine, et dans les communes de Saint-Cloud, Sèvres et Meudon, département de Seine-et-Oise.

2. Après que les mesures auront été vérifiées et reconnues justes, elles seront empreintes du poinçon de la république et d'une lettre de l'alphabet.

La lettre A servira pour l'an xi, et successivement les autres lettres pour les années suivantes.

3. Il est enjoint à toutes personnes se servant des mesures pour les grains et autres matières sèches de les rapporter, dans le délai prescrit par l'article 1, au bureau de vérification établi rue Saint-Louis, près la préfecture de police, pour être lesdites mesures vérifiées, poinçonnées et marquées à la lettre de l'année.

Les propriétaires de ces mesures seront tenus, avant de les présenter à la vérification, de faire rajuster celles qui pourraient en avoir besoin.

4. Les mesures pour le bois de chauffage seront vérifiées, poinçonnées et marquées sur les lieux, dans le délai ci-dessus fixé et aux époques qui seront indiquées.

Les marchands de bois feront préalablement rajuster les mesures qui en auront besoin.

5. Il est défendu de se servir de mesures qui n'auraient point été poinçonnées et marquées à la lettre de l'année, sous les peines portées par les lois et règlements.

6. Il sera pris envers les contrevenants aux dispositions ci-dessus telles mesures de police administrative qu'il appartiendra, sans préjudice des poursuites à exercer contre eux devant les tribunaux, conformément aux lois et aux ordonnances qui leur sont applicables.

7. La présente ordonnance sera imprimée, publiée et affichée.

Les sous-préfets des arrondissements de Sceaux et de Saint-Denis, les maires et adjoints dans les communes rurales du département de la Seine, et dans celles de Saint-Cloud, Sèvres et Meudon, les commissaires de police, à Paris, les officiers de paix, les inspecteurs des poids et mesures et les autres préposés de la préfecture de police sont chargés, chacun en ce qui le concerne, de tenir la main à son exécution.

Le général commandant la première division militaire, le général commandant d'armes de la place de Paris et les chefs de légion de la gendarmerie d'élite et de la gendarmerie nationale du département de la Seine sont requis de leur faire prêter main-forte au besoin.

Le conseiller d'Etat, préfet de police, DUBOIS.

Nº **130.** — *Ordonnance concernant la police de la Bourse* (1).

Paris, le 29 fructidor an x (16 septembre 1802).

Le conseiller d'Etat, préfet de police,
Vu les articles 2 et 25 de l'arrêté des consuls du 12 messidor an VIII et l'article 14 de celui du 29 germinal an IX ;

---

(1) V. les ord. des 2 oct. 1809, 18 mars 1818, 14 avril 1819, 24 janv. 1823, 2 nov. 1826 et 12 janv. 1831.

Vu aussi la délibération prise le 2 thermidor dernier, en exécution de l'article 2 de l'arrêté des consuls du 27 prairial précédent ;

Ordonne ce qui suit :

1. L'arrêté des consuls du 27 prairial an x, concernant les bourses de commerce, sera réimprimé, publié et affiché.

Les syndic et adjoints des agents de change, les syndic et adjoints des courtiers de commerce de Paris, les commissaires de police et les officiers de paix sont chargés, chacun en ce qui le concerne, d'en surveiller l'exécution et d'en rendre compte au préfet de police.

2. La Bourse tiendra tous les jours, depuis deux heures jusqu'à trois, excepté les jours de repos indiqués par la loi.

3. L'ouverture et la fermeture de la Bourse seront annoncées au son d'une cloche.

4. Il ne pourra être fait à la Bourse, après le son de la cloche de retraite, aucune négociation. (*Arrêt du conseil du 26 nov. 1781, art. 12.*)

5. La présente ordonnance sera imprimée, publiée et affichée.

Les commissaires de police, les officiers de paix et les préposés de la préfecture de police sont chargés, chacun en ce qui le concerne, de tenir la main à son exécution.

Le général commandant d'armes de la place de Paris et les chefs de légion de la gendarmerie d'élite et de la gendarmerie nationale du département de la Seine sont requis de leur faire prêter main-forte au besoin.

Le conseiller d'État, préfet de police, DUBOIS.

N° **131.** — *Ordonnance concernant la surveillance de la rivière, des ports, de la halle aux vins et des chantiers* (1).

Paris, le 29 fructidor an x (19 septembre 1802).

N° **132.** — *Ordonnance qui prescrit l'impression et la publication des articles 6 (sect. 4) et 21 (titre 2) de la loi du 6 octobre 1791, relatifs au grapillage* (2).

Paris, le deuxième jour complémentaire an x (19 septembre 1802).

N° **133.** — *Ordonnance concernant le commerce de la boucherie* (3).

Paris, le 16 vendémiaire an xi (8 octobre 1802).

Le conseiller d'État, préfet de police,

Vu l'arrêté des consuls de la république, du 8 du présent mois de

(1) V. les ord. des 24 mars 1824, 26 mars 1829 et 25 oct. 1840.

(2) V. cette loi à l'appendice.

(3) V. les ord. des 15 frimaire an xi (6 déc. 1802), 15 nivôse an xi (5 janvier 1803), 25 brumaire an xii (17 nov. 1803), 29 janvier 1811, 3 nov. 1829 et 25 mars 1830.

vendémiaire, portant règlement pour l'exercice de la profession de boucher à Paris.

Ordonne ce qui suit :

1. L'arrêté des consuls précité sera imprimé, publié et affiché (1).

2. Conformément à l'article 1er dudit arrêté, tous les individus exerçant aujourd'hui la profession de boucher à Paris sont tenus de se présenter, avec leur patente, à la préfecture de police, d'ici au 1er brumaire prochain, terme de rigueur, depuis dix heures du matin jusqu'à quatre heures de relevée, pour s'y faire inscrire, déclarer s'ils entendent continuer leur commerce, et fournir, pour chaque étal, dans le délai prescrit, le cautionnement exigé par l'article 5.

3. En exécution de l'article 3 du même arrêté, il sera procédé, le quatre brumaire prochain, à la préfecture de police, et à midi précis, à la nomination d'un syndic et de six adjoints des bouchers.

4. L'arrêté des consuls du 8 vendémiaire et la présente ordonnance seront notifiés, dans le jour, par les commissaires de police, à chacun des bouchers établis dans la ville de Paris.

Il sera dressé procès-verbal de la notification, et il sera transmis de suite au conseiller d'État, préfet de police.

5. La présente ordonnance sera imprimée, publiée et affichée.

Le conseiller d'Etat, préfet de police, DUBOIS.

———————————

N° **134**. — *Ordonnance qui prescrit la réimpression et la publication de l'ordonnance du 22 frimaire an 9 (7 nov. 1801), concernant le balayage des rues* (2).

Paris, le 20 vendémiaire an xi (12 octobre 1802).

———————————

N° **135**. — *Ordonnance concernant les cours de dissection* (3).

Paris, le 22 vendémiaire an xi (14 octobre 1802).

———————————

N° **136**. — *Ordonnance qui prescrit l'impression et la publication de l'arrêté des consuls du 27 prairial an 9 (16 juin 1801), concernant les défenses faites aux entrepreneurs de voitures libres, de transporter les lettres, journaux, etc.* (4).

Paris, le 3 brumaire an xi (25 octobre 1802).

———————————

(1) V. cet arr. à l'appendice.

(2) V. les ord. des 22 nivôse an xi (12 janvier 1803), 14 nov. 1817, 29 oct. 1836, 28 oct. 1839, 1er avril 1843.

(3) V. les ord. des 11 janv. 1815 et 25 nov. 1834.

(4) V. cet arr. à l'appendice.

N° **137**. — *Ordonnance concernant les noirs et mulâtres.*

Paris, le 3 brumaire an xi (25 octobre 1802).

Le conseiller d'État, préfet de police,

Vu l'arrêté des consuls, en date du 13 messidor an x, portant défense aux noirs, mulâtres et autres gens de couleur, d'entrer sans autorisation sur le territoire continental de la république;

Vu pareillement l'article 2 de l'arrêté du 12 messidor an viii;

Ordonne ce qui suit:

1. L'arrêté des consuls, en date du 13 messidor an x, portant défense aux noirs, mulâtres et autres gens de couleur, d'entrer sans autorisation sur le territoire continental de la république, sera imprimé, publié et affiché dans le département de la Seine et dans les communes de Sèvres, Meudon et Saint-Cloud, du département de Seine-et-Oise (1).

2. Les Français et les étrangers domiciliés ou séjournant dans le département de la Seine ou dans les communes de Saint-Cloud, Sèvres et Meudon seront tenus de faire, dans le délai de dix jours, la déclaration des noirs, mulâtres et autres gens de couleur de l'un et de l'autre sexe qui étaient à leur service au 17 vendémiaire dernier, époque de la publication dudit arrêté.

A Paris, cette déclaration sera faite devant les commissaires de police, et dans les communes rurales, devant les maires et adjoints, qui en délivreront certificat. La déclaration sera appuyée de l'attestation de deux témoins domiciliés.

Sur la représentation du certificat des commissaires de police ou des maires et adjoints, il sera délivré, à la préfecture de police, une carte particulière aux noirs, mulâtres et autres gens de couleur qui se trouveront compris dans la déclaration.

3. Les noirs, mulâtres et autres gens de couleur de l'un et de l'autre sexe qui, à compter dudit jour 17 vendémiaire dernier, entreront dans le département de la Seine ou dans les communes de Sèvres, Meudon et Saint-Cloud, seront tenus, dans les trois jours de leur arrivée, de faire viser à la préfecture de police les autorisations spéciales qu'ils auront obtenues, soit des magistrats des colonies d'où ils seraient partis, soit du ministre de la marine et des colonies.

4. Les noirs, mulâtres et autres gens de couleur de l'un et de l'autre sexe qui s'introduiront dans le département de la Seine ou dans les communes de Sèvres, Meudon et Saint-Cloud, sans être munis de l'autorisation désignée en l'article 2 de l'arrêté du 13 messidor dernier, seront arrêtés et conduits à la préfecture de police.

5. Les sous-préfets des arrondissements de Sceaux et de Saint-Denis, les commissaires de police, à Paris, les maires et adjoints dans les communes rurales du département de la Seine, et ceux des communes de Sèvres, Meudon et Saint-Cloud, les officiers de paix et les préposés de la préfecture de police sont chargés, chacun en ce qui le concerne, d'assurer l'exécution des dispositions ci-dessus.

6. Le général commandant la première division militaire, le général commandant d'armes de la place de Paris et les chefs de légion de la gendarmerie d'élite et de la gendarmerie nationale du département de la Seine et de celui de Seine-et-Oise sont requis de leur faire prêter main-forte au besoin.

Le conseiller d'Etat, préfet de police, DUBOIS.

(1) V. cet arr. à l'appendice.

N° **138**. — *Ordonnance concernant la police de la rivière et des ports, pendant l'hiver, et dans les temps de glaces, grosses eaux et débâcles* (1).

Paris, le 11 brumaire an xi (2 nov. 1802).

———————

N° **139**.— *Ordonnance pour faire visiter les passages d'eau et les coches dans tout le département de la Seine* (2).

Paris, le 11 brumaire an xi (2 nov. 1802).

Le conseiller d'État, préfet de police,

Considérant qu'il est de la plus grande importance de veiller à ce que le service des passages d'eau et des coches se fasse avec sûreté;

Que, pour prévenir les dangers, il est indispensable de faire visiter souvent les coches, bacs, bachots, levées, porte-chemins, trailles, cordages, ustensiles et agrès pour en constater l'état, et de s'assurer que les pilotes et autres mariniers qui y sont employés sont suffisamment expérimentés;

Que cette vérification, nécessaire en tout temps, l'est principalement à l'approche de l'hiver, où il devient essentiel que les mariniers prennent plus de précautions, et que les bateaux et leurs équipages aient toute la solidité convenable;

Ordonne ce qui suit:

1. Il sera procédé, dans le plus court délai, à la visite des bacs, bachots, trailles, bascules, cordages, ustensiles et agrès employés aux différents passages d'eau dans le département de la Seine et des communes de Saint-Cloud, Sèvres et Meudon, du département de Seine-et-Oise, à l'effet d'en vérifier l'état et constater s'ils ont la solidité nécessaire pour transporter le public sans danger.

2. Cette visite sera faite par l'inspecteur général de la navigation et des ports, par l'ingénieur hydraulique, et par le citoyen Dagnet, charpentier de bateaux, en présence des maires ou adjoints dans les communes rurales, du commissaire de police de la division de l'Arsenal, qui est commis à cet effet pour ce qui concerne le passage de la rue Traversière et celui du Jardin-des-Plantes et les coches d'eau, et en présence du commissaire de police de la division de la Fraternité, commis à cet effet pour ce qui concerne les deux passages de la Cité, ceux des Quatre-Nations, des Invalides, de Chaillot et de la barrière de la Cunette.

3. Les entrepreneurs des coches, les adjudicataires des droits de passages, chacun en ce qui le concerne, seront appelés à cette visite, pour y assister, si bon leur semble, et faire les dires et observations qu'ils jugeront convenables, lesquels seront consignés dans les procès-verbaux qui seront dressés par les commissaires de police ou les maires.

4. Dans le cas où il se trouverait des bateaux, des ustensiles ou des agrès en mauvais état, et qui pourraient faire craindre un péril imminent, le commissaire de police ou le maire est autorisé, en se con-

(1) V. les ord. des 1er déc. 1838, 5 déc. 1839 et 25 oct. 1840 (art. 203 et suiv.).

(2) V. les ord. des 18 prairial an xi (7 juin 1803), 23 thermidor an xii (11 août 1804) et 25 oct. 1840 (art. 169 à 182).

certant avec l'inspecteur général, à interdire provisoirement le passage ou l'usage des bacs, bachots ou coches, dans lesquels le public ne pourrait pas être transporté avec sûreté, jusqu'à ce que les bacs, coches, bachots, trailles, cordes et bascules, qui se trouveraient en mauvais état, aient été réparés, ou qu'il ait été autrement ordonné par le conseiller d'État, préfet; à la charge par le maire ou le commissaire de police, et l'inspecteur-général, de rendre compte de suite au conseiller d'État, préfet, des mesures qu'ils auront prises à cet égard, et des motifs qui les y auront déterminés.

5. Il sera fait en même temps examen des pilotes et des mariniers employés à la conduite des coches, ainsi que des mariniers attachés au service des bacs et bachots des passages d'eau, et pris des renseignements sur leur expérience et leur bonne conduite.

6. Les commissaires de police, ci-dessus commis, et les maires ou adjoints, dresseront, chacun en ce qui le concerne, procès-verbal de ces opérations, et le transmettront au conseiller d'État, préfet.

L'ingénieur hydraulique et l'inspecteur général de la navigation et des ports lui rendront aussi compte par écrit de l'exécution de la présente ordonnance, qui sera imprimée et affichée.

Le conseiller d'Etat, préfet de police, DUBOIS.

N° **140**. — *Ordonnance concernant le commerce des toiles et des draps à la halle* (1).

Paris, le 13 brumaire an xi (4 nov. 1802).

Le conseiller d'État, préfet de police,

Considérant que l'intérêt des manufactures et celui de l'approvisionnement de Paris exigent que la halle aux toiles et aux draps soit rendue à son institution primitive;

Vu les articles 2, 26 et 32 de l'arrêté des consuls, du 12 messidor an VIII;

Ordonne ce qui suit:

1. La halle aux toiles et aux draps, située rue de la Poterie, division des Marchés, demeure affectée à la vente en gros de ces sortes de marchandises.

2. Les toiles et les draps seront reçus à la halle, depuis huit heures du matin jusqu'à cinq heures du soir, du 1er vendémiaire au 30 ventôse; et, depuis sept heures du matin jusqu'à six heures du soir, du 1er germinal au 1er vendémiaire.

3. La partie basse de la halle est destinée à la vente en gros des toiles et toileries.

La partie haute est réservée à la vente de la draperie.

4. Il est défendu de déposer et de vendre des toiles dans la partie haute de la halle.

5. Il est pareillement défendu de déposer et de vendre des draps et autres étoffes dans la partie basse de la halle.

Il ne sera reçu à la halle que des marchandises en balles, bannettes, ballots ou caisses.

Les voituriers ou conducteurs seront tenus de rapporter des let-

(1) V. les ord. des 25 brumaire an xi (16 nov. 1802), 14 brumaire an xiv (5 nov. 1805), 29 avril et 25 juin 1808 et 18 oct. 1836.

tres de voitures en bonne forme , et de les représenter à toute réquisition. (*Arr. du conseil du 15 mars 1746, art. 23.*)

6. Les lettres de voitures devront indiquer les quantités et espèces de marchandises , le lieu du chargement , l'époque du départ, les noms de l'expéditeur et du conducteur.

7. Il y aura dans la halle deux entrepôts séparés , l'un pour le déballage et l'emballage des toiles , l'autre pour le déballage et l'emballage des draps.

8. Les toiles et les draps seront visités pour s'assurer si les pièces sont conformes à l'énoncé des lettres de voitures, et si elles sont revêtues des marques prescrites par l'article 19 ci-après.

9. Il est défendu de recevoir d'autres marchandises que celles destinées à être vendues sous la halle.

10. Les fabricants et les marchands forains qui réuniront les conditions requises pour être admis à la halle , y seront placés à mesure de leur arrivée.

11. Il est défendu de vendre au détail sous la halle. Il ne pourra y être vendu que des pièces ayant cap et queue. (*Arr. du conseil du 15 mars 1746, art. 36.*)

12. Il est défendu aux fabricants et aux marchands forains de se céder ou vendre des toiles et des draps , les uns aux autres , sous la halle, à peine de confiscation des marchandises, et de cent francs d'amende pour chaque contrevenant. (*Arr. du conseil du 2 févr. 1780, art. 4.*)

13. Les toiles et les draps seront mesurés par des préposés assermentés. Ils enregistreront les pièces qu'ils mesureront , les noms des vendeurs et des acheteurs. Les frais de mesurage seront à la charge du vendeur. (*Arr. du conseil du 15 mars 1746, art. 31 et 32.*)

14. On ne pourra enlever de la halle aucune partie de marchandise , sans en avoir préalablement fait la déclaration.

15. L'ouverture et la fermeture de la vente seront annoncées au son d'une cloche.

16. La vente des toiles ne se fera sous la halle qu'une fois par mois, et seulement pendant cinq francs et consécutifs.

Elle s'ouvrira le lundi de la première semaine de chaque mois ; et elle aura lieu depuis neuf heures du matin jusqu'à quatre heures du soir.

17. La vente des draps aura lieu tous les jours, excepté les jours de repos , depuis neuf heures du matin jusqu'à quatre.

18. Les fabricants de toiles et les marchands forains ne peuvent amener à la halle que des toiles de leurs fabriques, ou confectionnées dans le pays qu'ils habitent.

19. Pour être reçues à la halle, les toiles devront être empreintes, en cap et en queue, de la marque des fabricants et des noms , prénoms et lieux du domicile des marchands forains.

20. Il ne sera admis à la halle que des fabricants et des marchands forains domiciliés dans des pays de fabrique ; ils devront justifier de leur domicile. (*Arr. du conseil des 15 mars 1746 , art. 39, et 2 févr. 1780, art. 3.*)

Les marchands fréquentant la halle seront en outre tenus de représenter leur patente.

21. Il est enjoint à ceux qui occupent actuellement des places sous la halle, et qui ne pourront justifier qu'ils sont fabricants ou marchands forains , de se retirer de la halle , dans quinze jours , à compter de celui de la publication de la présente ordonnance.

22. Les fabricants et les marchands forains seront tenus de faire par eux-mêmes la vente des toiles qu'ils auront apportées sous la halle, à peine de 300 fr. d'amende et d'exclusion de la halle. (*Arr. du 15 mars 1746, art. 8.*)

Ils pourront néanmoins, en cas de maladie ou d'autre empêchement légitime et constaté, commettre en leur place pour la vente des toiles leurs femmes, leurs enfants ou autres gens de leur famille.

23. Les toiles non vendues seront remballées, cachetées et laissées en dépôt à la halle pour être exposées à la prochaine vente. (*Arr. du conseil du 15 mars 1746, art. 37.*)

La présente ordonnance sera soumise à l'approbation du ministre de l'intérieur.

Elle recevra son exécution à compter du 6 nivôse prochain.

24. Il sera pris envers les contrevenants aux dispositions ci-dessus telles mesures de police administrative qu'il appartiendra, sans préjudice des poursuites à exercer contre eux par-devant les tribunaux, conformément aux lois et aux règlements qui leur sont applicables.

25. La présente ordonnance sera imprimée, publiée et affichée.

Les commissaires de police, les officiers de paix, le commissaire des halles et marchés et les autres préposés de la préfecture de police sont chargés, chacun en ce qui le concerne, de tenir la main à son exécution.

Le général commandant d'armes de la place de Paris et les chefs de légion de la gendarmerie d'élite et de la gendarmerie nationale du département de la Seine sont requis de leur faire prêter main-forte au besoin.

Le conseiller d'État, préfet de police, DUBOIS.

Vu et approuvé par le ministre de l'intérieur.

N° **141.** — *Ordonnance concernant les fonctions des préposés à la halle aux toiles et aux draps* (1).

Paris, le 25 brumaire an xi (16 nov. 1802).

Le conseiller d'État, préfet,

Vu son ordonnance du 13 du présent mois de brumaire, concernant le commerce des toiles et des draps à la halle,

Ordonne ce qui suit :

1. Tous les employés à la halle aux toiles et aux draps sont supprimés. Le service se fera désormais suivant l'organisation ci-après déterminée.

2. Le commissaire des halles et marchés est chargé de la surveillance de la halle aux toiles et aux draps.

Il aura sous sa direction immédiate un commis inspecteur qui logera dans la halle, deux commis-sous-inspecteurs, six mesureurs et dix forts.

Un des forts remplira les fonctions de concierge.

3. Le commissaire est autorisé à suspendre ceux des mesureurs et des forts qui donneraient des sujets de plainte, à la charge d'en rendre compte de suite.

4. Les inspecteurs et sous-inspecteurs inscriront, sur des registres

---

(1) V. les ord. des 13 brumaire an xi (4 nov. 1802), 14 brumaire an xiv (5 nov. 1805), 29 avril et 25 juin 1808 et 18 oct. 1836.

cotés et parafés, les marchandises à l'entrée et à la sortie de la halle. Ils surveilleront les mesureurs et les forts.

5. Le concierge ouvrira et fermera les portes de la halle. Il sonnera la cloche pour l'ouverture et la fermeture de la vente aux heures prescrites.

Il veillera à à ce que les voitures de marchandises soient introduites sous la halle, à mesure de leur arrivée, et à ce qu'elles n'y restent que le temps nécessaire pour le déchargement.

Il ne permettra la sortie d'aucunes marchandises sans un laissez-passer de l'inspecteur.

6. Les mesureurs devront se trouver tous les jours à la halle à huit heures du matin.

7. Ils porteront sur un registre coté et parafé toutes les pièces qu'ils mesureront. Ils remettront chaque jour, à l'inspecteur, un bulletin indicatif du nombre de pièces qu'ils auront métrées, de la quantité de mètres de chacune, et des noms des vendeurs et des acheteurs.

8. Ils seront tenus d'aider les inspecteurs dans la réception des marchandises.

9. Les mesureurs feront entre eux bourse commune, ainsi que les forts.

10. Les seuls forts munis de permission du préfet de police seront admis à la halle.

Ils ne pourront exiger d'autres salaires que ceux fixés par le tarif qui sera arrêté.

11. Les forts devront se rendre à la halle tous les jours à huit heures du matin. Ils ne pourront en sortir pendant le temps de l'ouverture, si ce n'est pour le service, ou avec la permission de l'inspecteur.

12. Il leur est défendu de déplacer les marchandises avant que la déclaration en ait été faite à l'inspecteur.

13. Les marchandises ne devront être déballées qu'en présence des propriétaires et de l'inspecteur.

14. Les marchandises destinées pour la halle haute y seront montées aussitôt après la visite.

15. Quand les forts seront occupés à ouvrir ou à refaire des paquets ou caisses, ils ne pourront les quitter qu'après l'entier déballage ou emballage, afin d'éviter la confusion des marchandises.

16. Il leur est enjoint de porter directement les marchandises chez les personnes désignées dans les billets de sortie.

17. Lorsqu'il se présentera un voyage à faire, le premier fort requis sera tenu de marcher.

Les inspecteurs veilleront néanmoins à ce que les forts fassent alternativement le service.

18. Ils devront couvrir leurs voitures ou crochets d'une toile cirée qui puisse garantir les marchandises des injures du temps.

19. Après la fermeture de la halle, les forts ne pourront point en sortir de marchandises.

20. Les forts ne laisseront point de paille dans les entrepôts.

Ils balayeront tous les jours la halle basse; ils y jetteront de l'eau pour que la poussière ne gâte pas les marchandises.

Ils balayeront l'escalier de la halle haute deux fois par semaine, les lundi et jeudi.

Ils entretiendront propres les écritoires, les chandeliers et les mouchettes des bureaux.

21. Les forts seront tenus, toutes les fois qu'ils en seront requis, de balayer la place de chaque marchand.

22. Ils ne pourront retenir à leur profit aucun emballage, comme toiles cirées, serpillières, cordes, caisses, etc.

Dans le cas où ces objets leur seraient abandonnés, il leur est défendu de les vendre sous la halle.

23. Il leur est défendu d'introduire leurs femmes à la halle, de faire cuire aucuns aliments dans les poêles, et de fumer dans ladite halle.

24. A la fermeture de la halle, l'inspecteur fera avec le concierge une tournée dans les halles hautes et basses, pour s'assurer si tout est en ordre.

Une seconde visite sera faite à onze heures.

25. La présente ordonnance sera imprimée et affichée dans la halle.

Le commissaire de police de la division des Marchés, le commissaire des halles et marchés, et les autres préposés de la préfecture de police sont chargés, chacun en ce qui le concerne, de tenir la main à son exécution.

Le conseiller d'Etat, préfet de police, DUBOIS.

────────────

N° **142.** — *Ordonnance concernant les gouttières saillantes* (1).

Paris, le 26 brumaire an XI (17 novembre 1802).

Le conseiller d'État, préfet de police,

Vu l'article 29, titre 1er de la loi du 22 juillet 1791, qui maintient les règlements de voirie, ensemble l'article 21 de l'arrêté des consuls du 12 messidor an VIII ;

Ordonne ce qui suit :

1. Il est défendu d'établir dans Paris aucunes gouttières en saillie sur la voie publique, à peine de confiscation des gouttières et d'amende contre les propriétaires et leurs entrepreneurs. (*Art.* 1 *de l'ord. du* 13 *juill.* 1764, *art.* 18, *tit.* 1 *de la loi du* 22 *juill.* 1791.)

2. Les gouttières saillantes déjà établies seront supprimées lorsqu'on fera reconstruire, en tout ou partie, les murs de face ou les toitures des bâtiments, où elles existent, sous les peines portées en l'article précédent. (*Art.* 2 *de la même ord.*)

3. Dans le cas où les propriétaires de maisons voudraient remplacer les gouttières saillantes par des conduites ou des tuyaux de descente adaptés aux murs de face, ils seront tenus de se pourvoir d'une permission du préfet de police. (*Art.* 3 *de la même ord.*)

4. Il sera pris envers les contrevenants aux dispositions ci-dessus telles mesures administratives qu'il appartiendra, sans préjudice des poursuites devant les tribunaux.

5. La présente ordonnance sera imprimée, publiée et affichée.

Les commissaires de police, les officiers de paix, l'architecte commissaire de la petite voirie et tous autres préposés de la préfecture de police, sont chargés, chacun en ce qui le concerne, de tenir la main à son exécution.

Le général de division commandant d'armes de la place de Paris est requis de leur faire prêter main-forte au besoin.

Le conseiller d'Etat, préfet de police, DUBOIS.

────────────

N° **143.** — *Ordonnance concernant la mendicité* (2).

Paris, le 10 frimaire an XI (1er décembre 1802).

────────────

(1) V. l'ord. du 30 nov. 1831 et les arr. des 1er août et 1er avril 1832.

(2) V. les ord. des 7 janv. 1809 et 20 sept. 1828.

N° **144.** — *Ordonnance concernant les gens de mer prévenus de désertion.*

Paris, le 13 frimaire an xi (4 décembre 1802).

Le conseiller d'État, préfet de police,

Vu l'arrêté des consuls du 5 brumaire qui enjoint aux gens de mer, prévenus de désertion, de se présenter dans leurs quartiers respectifs pour se faire réintégrer sur leurs matricules ;

Vu l'article 2 de l'arrêté des consuls, en date du 12 messidor an viii ;

Ordonne ce qui suit :

1. L'arrêté des consuls, en date du 5 brumaire an xi (1), qui enjoint aux gens de mer prévenus de désertion de se présenter dans leurs quartiers respectifs pour se faire réintégrer sur leurs matricules, sera imprimé, publié et affiché dans le département de la Seine et dans les communes de Sèvres, Meudon et Saint-Cloud, du département de Seine-et-Oise.

2. Tous officiers, mariniers, timoniers, matelots, novices, mousses et ouvriers déserteurs des vaisseaux et autres bâtimens de l'État, ainsi que des ports et arsenaux de la république, qui se trouveraient dans l'étendue du département de la Seine ou dans les communes de Sèvres, Meudon et Saint-Cloud, du département de Seine-et-Oise, sont tenus de se présenter à la préfecture de police dans le délai de deux mois à compter du 29 brumaire dernier, époque de la publication dudit arrêté, pour faire leur déclaration qu'ils veulent profiter du bénéfice de l'amnistie.

Il leur sera délivré des feuilles de route pour se rendre dans leurs quartiers respectifs, où ils doivent, conformément à l'article 1er, être réintégrés sur leurs matricules, pour être employés sur les vaisseaux quand ils y seront appelés.

3. A l'expiration du délai fixé par l'article précédent, tout marin qui n'aura point satisfait aux dispositions de l'arrêté des consuls susdaté, et de la présente ordonnance, sera arrêté et conduit à la préfecture de police.

4. Les sous-préfets des arrondissements de Sceaux et de Saint-Denis, les commissaires de police à Paris, les maires et adjoints dans les communes rurales du département de la Seine, et ceux des communes de Sèvres, Meudon et Saint-Cloud, les officiers de paix, et les préposés de la préfecture de police sont chargés, chacun en ce qui le concerne, d'assurer l'exécution des dispositions ci-dessus.

5. Le général commandant la première division militaire, le général commandant d'armes de la place de Paris, et les chefs de légion de la gendarmerie d'élite et de la gendarmerie nationale du département de la Seine et de celui de Seine-et-Oise, sont requis de leur faire prêter main-forte au besoin.

Le conseiller d'État, préfet de police, DUBOIS.

(1) V. cet arr. à l'appendice.

N° **145**. — *Ordonnance concernant le commerce de la boucherie* (1).

Paris, le 15 frimaire an xı (6 décembre 1802).

Le conseiller d'État, préfet de police,

Vu 1° l'arrêté des consuls, du 8 vendémiaire dernier, portant règlement pour l'exercice de la profession de boucher à Paris (2) ;

2° Le procès-verbal de nomination des syndic et adjoints des bouchers, du 4 du mois de brumaire ;

3° Les inscriptions et le classement des bouchers, qui ont été faits en exécution de l'arrêté précité ;

4° La nomination du caissier des fonds provenant du cautionnement des bouchers ;

Ordonne ce qui suit :

1. Toutes permissions pour faire le commerce de la boucherie et la vente de la viande dans Paris sont et demeurent annulées à dater du 1er nivôse prochain.

2. Passé ce délai, aucun boucher ne pourra continuer d'exercer sa profession sans en avoir obtenu la permission du préfet de police.

3. Pour obtenir la permission requise par l'article précédent, le boucher inscrit à la préfecture de police devra justifier du versement du sixième de son cautionnement, à raison de la classe dans laquelle il se trouve porté dans l'état arrêté par le conseiller d'État, préfet de police, conformément à l'article 5 de l'arrêté des consuls, du 8 vendémiaire dernier.

4. Le premier sixième du cautionnement sera versé, avant le 1er nivôse prochain, dans la caisse établie à cet effet, hôtel Jabach, rue Neuve Saint-Méry.

Les autres sixièmes seront versés successivement de mois en mois.

5. Au mois de germinal de chaque année, il sera procédé à la révision du classement des bouchers.

6. La présente ordonnance sera notifiée, dans le jour, aux bouchers par les commissaires de police qui leur feront connaître en même temps les classes dans lesquelles ils se trouvent portés.

7. Il sera pris envers les contrevenants aux dispositions ci-dessus telles mesures de police administrative qu'il appartiendra.

8. La présente ordonnance sera imprimée et affichée.

Les commissaires de police sont chargés d'en surveiller l'exécution, et de dresser tous procès-verbaux nécessaires.

Le conseiller d'État, préfet de police, DUBOIS.

(1) V. les ord. des 15 niv. an xı (5 janv. 1803), 25 brum. an xıı (17 nov. 1803), 29 janv. 1811, 3 nov. 1829 et 25 mars 1830.

(2) V. cet arr. à l'appendice.

1803.

N° **146.**— *Ordonnance concernant les vidangeurs* (1).

Paris, le 13 nivôse an XI (3 janvier 1803).

Le conseiller d'Etat, préfet de police,
Vu l'article 29, titre I de la loi du 22 juillet 1791, qui maintient les règlements de police sur la salubrité, ensemble l'article 23 de l'arrêté des consuls du 12 messidor an VIII ;

Ordonne ce qui suit :

1. Nul ne peut être entrepreneur de vidanges sans une permission du préfet de police.

2. Les vidangeurs, pour obtenir cette permission, devront justifier qu'ils sont pourvus, en nombre suffisant, de voitures, tinettes, seaux et autres ustensiles nécessaires.

3. Les ouvriers vidangeurs sont tenus de se faire enregistrer à la préfecture de police ; il leur sera délivré un certificat de leur enregistrement qu'ils représenteront aux entrepreneurs en entrant à leur service.

4. Les voitures seront garnies de traverses assez solides, de manière que les tinettes ne puissent tomber, le tout à peine de cinquante francs d'amende. (*Art. 10 du règl. du 5 août 1786.*)

5. Les tinettes seront tenues en bon état, à peine de dix francs d'amende par chaque tinette trouvée défectueuse. (*Art. 9 du règl. du 5 août 1786.*)

6. Les voitures, tinettes et autres ustensiles ne pourront être déposés qu'aux environs de la voirie de Montfaucon et dans les autres endroits qui seront désignés, au besoin, par le préfet de police.

7. Les tinettes seront rangées, sur les ateliers, de manière que la voie publique n'en soit pas embarrassée, à peine de trois cents francs d'amende. (*Art. 8 de l'ord. de police du 18 oct. 1771.*)

Il sera néanmoins, dans tous les cas, laissé une ou deux tinettes, avec une lanterne allumée, à la porte de la maison où se fera la vidange.

8. Il est défendu aux vidangeurs de puiser de l'eau avec les seaux ou éponges des fosses ; en conséquence, il sera porté dans chaque atelier un seau qui ne servira qu'à cet usage ; le tout à peine de dix francs d'amende. (*Art. 15 du règl. du 5 août 1786.*)

9. Chaque entrepreneur sera tenu de donner à la préfecture de police, tous les jours, avant midi, une note des vidanges qu'il devra faire la nuit suivante, à peine de cinquante francs d'amende. (*Art. 7 du règl. du 5 août 1786.*)

---

(1) V. les ord. des 24 août 1808, 5 avril 1809, 23 oct. 1819, 4 juin 1831, 5 juin 1834, l'arr. du 6 juin de la même année, et l'ord. du 23 sept. 1843.

10. Aucune fosse ne sera ouverte les samedis et veilles de fêtes, qu'autant que la vidange pourra en être achevée dans la même nuit, à peine de deux cents francs d'amende. (*Art.* 13 *du règl. du* 5 *août* 1786.)

11. Les voitures de vidanges chargées ou non chargées ne pourront circuler dans Paris qu'à compter de dix heures du soir, pendant les six premiers mois de l'année, et depuis onze heures du soir pendant les six autres mois.

Le travail des vidangeurs ne pourra commencer qu'une heure après.

12. L'entrepreneur, ou l'un de ses ouvriers, sera présent à l'ouverture de la fosse.

Lorsqu'il n'aura pu en trouver la clef, il n'en fera crever la voûte qu'en présence d'un commissaire de police, assisté d'un homme de l'art.

13. Les ouvriers ne pourront être moins de quatre à chaque atelier.

Ceux qui descendront dans les fosses seront attachés avec des sangles et une corde que tiendront les ouvriers placés à l'extérieur.

14. Les matières seront mises dans des tinettes bien hermétiquement fermées, à peine de cinq cents francs d'amende. (*Art.* 6 *du règl. du* 18 *oct.* 1771.)

15. Il est défendu aux vidangeurs de répandre ces matières sur la voie publique, et de les jeter soit dans les égouts, soit dans la rivière, à peine de cinq cents francs d'amende. (*Art.* 12 *du règl. du* 5 *août* 1786.)

16. Il est enjoint aux vidangeurs de conduire directement leurs voitures à la voirie de Montfaucon; ils suivront les rues aboutissant à la barrière du Combat.

Il leur est défendu de jeter aucune paille ou fumier dans les bassins de la voirie.

17. Les vidangeurs devront terminer leur travail à 7 heures du matin pendant les six premiers mois de l'année, et à 5 heures du matin pendant les six autres mois.

Les voitures de vidanges ne pourront circuler plus d'une heure après.

18. Les vidangeurs, après leur travail, sont tenus de laver les emplacements qu'ils auront occupés, à peine de trois cents francs d'amende. (*Art.* 5 *de l'ord. du* 18 *oct.* 1771.)

19. Les entrepreneurs feront nettoyer, à la voirie, les tinettes aussitôt qu'elles auront été vidées, à peine de dix francs d'amende par chaque tinette non lavée. (*Art.* 9 *du règl. du* 5 *août* 1786.)

20. Si un entrepreneur, sous un prétexte quelconque, prétendait ne pouvoir faire ou continuer la vidange d'une fosse d'aisance, il sera tenu d'en faire de suite sa déclaration chez un commissaire de police, qui la transmettra au préfet de police.

21. Les vidangeurs qui trouveront dans les fosses soit des objets qui pourraient indiquer un délit, soit des effets quelconques, en feront dans le jour leur déclaration chez un commissaire de police, à peine de trois cents francs d'amende. (*Art.* 13 *de l'ord. de police de* 1780.)

Il leur sera accordé, s'il y a lieu, une récompense.

22. Il est défendu aux ouvriers, sous aucun prétexte, de demander de l'argent, de l'eau-de-vie, ni aucune autre chose.

23. L'entrepreneur demandera au propriétaire ou principal locataire, un certificat que le travail a été bien fait et qu'il ne s'y est rien passé contre le bon ordre; il en justifiera au préfet de police.

24. Il sera pris envers les contrevenants aux dispositions ci-dessus telles mesures qu'il appartiendra.

25. La présente ordonnance sera imprimée, publiée et affichée.

Les commissaires de police, les officiers de paix, l'inspecteur général de la salubrité, et tous les autres préposés de la préfecture de police, sont chargés, chacun en ce qui le concerne, de tenir la main à son exécution.

Le général de division, commandant d'armes de la place de Paris, est requis de leur faire prêter main-forte au besoin.

Le conseiller d'Etat, préfet de police, DUBOIS.

N° **147.** — *Ordonnance concernant le commerce de la boucherie dans Paris* (1).

Paris, le 15 nivôse au xi (5 janvier 1803).

Le conseiller d'Etat, préfet de police.

Vu les articles 2, 21 et 23 de l'arrêté des consuls du 12 messidor au VIII, ensemble l'arrêté du 8 vendémiaire dernier, portant règlement pour l'exercice de la profession de boucher à Paris (2);

Ordonne ce qui suit :

1. Il ne peut exister dans Paris aucun étal de boucherie, aucun échaudoir ou tuerie, et aucun fondoir, sans une permission spéciale du préfet de police.

Lorsqu'il y a lieu de faire de nouvelles dispositions dans ces sortes d'établissements, les bouchers doivent également en obtenir l'autorisation du préfet de police. (*Voir l'instruction ci-après.*)

2. Il est défendu d'abattre des bestiaux ailleurs que dans les échaudoirs autorisés.

3. Il est défendu de vendre de la viande ailleurs que dans des étaux et sur le carreau désigné à cet effet à la halle.

4. Un boucher ne peut exploiter à la fois plus de trois étaux. Il doit les tenir pour son compte personnel et les garnir des trois espèces de viande. (*Lettres patentes du 1er juin 1782, art. 2, 12, 13 et 14.*)

5. Aucun boucher ne peut quitter son commerce que six mois après en avoir fait la déclaration au préfet de police. (*Arr. des consuls du 8 vend. dernier, art.* 13.)

6. Tout boucher qui abandonnera son commerce sans avoir rempli la condition prescrite par l'article précédent, perdra son cautionnement. (*Arr. précité, art.* 14.)

7. Il ne pourra être vendu de la viande de boucherie, à la halle, que deux jours de la semaine, à compter du 1er pluviôse prochain. (*Arr. précité, art.* 19.)

8. La vente de la viande à la halle aura lieu les mercredis et les samedis, depuis le lever jusqu'au coucher du soleil.

9. Les bouchers de Paris, munis de permission du préfet de police, et les bouchers forains auront seuls la faculté de faire le commerce et la vente de la viande sur le carreau de ladite halle.

La viande devra y être apportée directement et elle devra y être vendue dans le jour.

---

(1) V. les ord. des 25 brum. an XII (17 nov. 1803), 15 juill. 1808, 29 janv. 1811, 3 nov. 1829 et 25 mars 1830.

(2) V. cet arr. à l'appendice.

10. Il est défendu d'exposer en vente des viandes insalubres ou corrompues, sous peine de confiscation.

11. Il sera pris envers les contrevenants aux dispositions ci-dessus telles mesures de police administrative qu'il appartiendra, sans préjudice des poursuites à exercer contre eux par-devant les tribunaux, conformément aux lois et règlements qui leur sont applicables.

12. La présente ordonnance sera imprimée, publiée et affichée.

Les commissaires de police, les officiers de paix, le commissaire des halles et marchés, et les autres préposés de la préfecture de police, sont chargés, chacun en ce qui le concerne, de tenir la main à son exécution.

Le général commandant d'armes de la place de Paris, et les chefs de légion de la gendarmerie d'élite et de la gendarmerie nationale du département de la Seine, sont requis de leur faire prêter main-forte au besoin.

Le conseiller d'Etat, préfet de police, DUBOIS.

INSTRUCTION CONCERNANT LES DISPOSITIONS REQUISES POUR LES ÉTABLISSEMENTS DE BOUCHERIE.

L'article 1er de l'ordonnance du 15 nivôse, concernant le commerce de la boucherie, porte qu'aucun étal, aucun échaudoir et aucun fondoir ne peuvent exister dans Paris sans une permission spéciale du préfet de police; mais, pour obtenir cette permission, il faut que l'établissement qu'on désire conserver ou former réunisse les conditions requises.

Le préfet de police croit devoir faire connaître les dispositions générales jugées nécessaires pour la conservation ou pour la formation des étaux, des échaudoirs et des fondoirs, afin d'éviter aux bouchers des frais considérables de location et autres qui seraient en pure perte.

Un étal doit avoir au moins deux mètres et demi de hauteur, sur trois et demi de largeur et quatre de profondeur. Il ne suffit pas que le local soit disposé d'une manière convenable et qu'il soit tenu avec propreté, il faut encore que l'air y circule librement et même transversalement. Cette précaution devient plus nécessaire à l'égard d'un étal ouvert au sud ou à l'ouest, parce que l'air en est mou et peu propre à la conservation de la viande.

Il ne peut y avoir dans un étal ni âtre, ni cheminée, ni fourneau, et toute chambre à coucher doit en être éloignée ou séparée par des murs sans communication directe.

La sûreté et la salubrité exigent qu'il ne soit formé de nouveaux échaudoirs qu'au delà des limites déterminées, au nord, par les anciens boulevards, c'est-à-dire à partir de la porte Saint-Antoine jusqu'à la place de la Concorde, et au midi, par les rues du Bac, de Sainte-Placide, du Regard, de Notre-Dame-des-Champs, du Cimetière-Saint-Jacques, de l'Estrapade, Copeau et de Seine.

Tout échaudoir doit être placé dans une cour suffisante, bien pavée, très-aérée et où il existe un bon puits. Le local aura au moins six mètres et demi de long, sur quatre de large et trois de haut.

La circulation de l'air est aussi nécessaire dans un échaudoir que dans un étal. Il importe surtout qu'un échaudoir soit dallé en pierres jointes au ciment; qu'il y soit établi un puisard assez grand ou une auge pour recevoir le sang des bestiaux. La bouverie, l'étable à veaux et la bergerie seront réunies dans la même cour; le sol en sera plus élevé, et ils devront être rapprochés de l'échaudoir autant que possible.

Les bouchers sont tenus de faire enlever tous les jours la voirie. Les règlements de police veulent en outre qu'elle soit déposée dans un endroit à ce destiné, et que les eaux sales ne soient vidées que pendant la nuit, depuis neuf heures du soir jusqu'à deux heures du matin.

L'entrée principale de l'établissement doit être facile et commode pour les bœufs; elle ne peut être commune à aucune autre exploitation.

Plusieurs bouchers fondent des suifs en branche. Il convient donc qu'ils puissent faire construire des fondoirs à portée des échaudoirs; mais on ne saurait être trop sévère sur le choix des emplacements pour les fondoirs. Il importe qu'ils soient placés dans des bâtiments isolés et dans des cours, afin que l'air puisse y circuler librement et que l'accès en soit très-facile.

Le fourneau doit être construit suivant les règles de l'art, et surmonté d'une hotte, avec un conduite de cheminée, en briques, qui sera plus ou moins élevée en raison des localités.

Telles sont les précautions générales à prendre pour les établissements de boucherie. Les motifs les plus puissants en réclament l'observation rigoureuse. Les commissaires de police et les préposés de la préfecture, chargés de les visiter, régleront leur conduite d'après la présente instruction. Ils y prendront les principales bases des rapports qu'ils auront à faire. Ils auront soin d'entrer dans tous les détails nécessaires et convenables pour motiver une décision.

Le conseiller d'Etat, préfet de police, DUBOIS.

———————— ◈ ————————

N° **148**. — *Ordonnance concernant la conduite, le partage et le triage des bestiaux achetés sur les marchés de Sceaux et de Poissy* (1).

Paris, le 21 nivôse an XI (11 janvier 1803).

Le conseiller d'Etat, préfet de police,

Vu les articles 2, 22 et 33 de l'arrêté des consuls du 12 messidor an VIII, et l'arrêté du 3 brumaire suivant;

Ordonne ce qui suit:

1. Les bestiaux achetés sur les marchés de Sceaux et de Poissy, pour l'approvisionnement de Paris, devront y être amenés directement par les routes ordinaires, à peine de deux cents francs d'amende. (*Ord. du 18 mars 1777, art. 6.*)

2. Des bandes de bœufs seront formées séparément de celles des vaches. Chaque bande ne pourra être composée de plus de quarante bœufs ou de quarante vaches, à peine de deux cents francs d'amende. (*Ord. précitée, même art.*)

3. Nul ne peut s'immiscer dans la conduite des bestiaux sans en avoir obtenu la permission du préfet de police. Les conducteurs doivent être âgés au moins de dix-huit ans. (*Ord. précitée, art. 4.*)

Pourront néanmoins les bouchers conduire eux-mêmes les bestiaux qu'ils auront achetés.

4. Il y aura par chaque bande deux conducteurs au moins, pour

———————————————————

(1) V. l'avis du 16 juin 1806, les ord. des 31 mars 1810, 15 mars 1819, 25 janv. 1823, 30 déc. 1833, 3 mai 1834, 31 août 1836 et 18 janv. 1843.

empêcher qu'il ne se détourne aucun bœuf ou vache, et pour prévenir tous accidents.

5. Les conducteurs de bestiaux achetés par les bouchers de Paris, ne pourront se charger de conduire ceux achetés par les bouchers de campagne, ni les conducteurs des bestiaux destinés pour la campagne, se charger de ceux destinés pour Paris, à peine de deux cents francs d'amende. (*Ord. précitée, art.* 9.)

6. Il est défendu aux conducteurs de bestiaux de les mener autrement qu'au pas, à peine de deux cents francs d'amende, et d'être personnellement responsables de tous accidents. (*Ord. précitée, art.* 7.)

7. Les taureaux seront attachés à une charrette, et conduits de cette manière aux tueries.

8. Les bestiaux achetés dans les marchés de Sceaux et de Poissy, et destinés pour Paris, ne peuvent y être introduits que de jour, et seulement par les barrières ci-après désignées, savoir : ceux achetés sur le marché de Sceaux, par la barrière d'Orléans; et ceux achetés sur le marché de Poissy, par les barrières du Roule et de Mousseaux, à peine de trois cents francs d'amende. (*Ord. précitée, art.* 8.)

9. Les conducteurs de bestiaux appartenant aux bouchers de Paris devront faire, hors les barrières, ou entre les deux barrières (ancienne et nouvelle), le partage des bestiaux destinés pour des arrondissements différents, et les diriger séparément.

10. Le triage des bestiaux pour les divers bouchers ne pourra se faire ailleurs qu'aux endroits ci-après désignés :

LIEUX DU TRIAGE.	Quartiers pour lesquels les bestiaux sont destinés.
Rue du faubourg Saint-Honoré, dans l'espace compris entre l'égout vis-à-vis la rue Verte, et celui près la rue de la Réunion.	La Pologne.
Rue du Ponceau.	La rue Saint-Martin.
Rue Meslée.	Le Marais.
Cul-de-sac Guéménée.	Le coin Saint-Paul.
Rue de la Roquette.	Faubourg Saint-Antoine.
Place de l'Ecole de Santé.	Rue des Boucheries, faubourg Saint-Germain.
Rue de Sèvres.	La Croix-Rouge.
Champ des Capucins.	La Montagne Sainte-Geneviève.

11. Les conducteurs des bestiaux ne pourront, sous tel prétexte que ce soit, les laisser stationner sur les ponts, places publiques, dans les rues et autres endroits que ceux ci-dessus désignés.

12. Il sera pris envers les contrevenants aux dispositions ci-dessus telles mesures de police administrative qu'il appartiendra, sans préjudice des poursuites à exercer contre eux par-devant les tribunaux, conformément aux lois et aux règlements qui leur sont applicables.

13. La présente ordonnance sera imprimée, publiée et affichée; elle sera notifiée, dans le jour, aux syndic et adjoints des bouchers de Paris.

Les sous-préfets des arrondissements de Sceaux et de Saint-Denis, les maires et adjoints dans les communes rurales et dans celles de Saint-Cloud, Sèvres, Meudon et Poissy, les commissaires de police à Paris, les officiers de paix, le commissaire des halles et marchés et les autres préposés de la préfecture de police sont chargés, chacun en ce qui le concerne, de tenir la main à son exécution.

Le général commandant la première division militaire, le général commandant d'armes de la place de Paris et les chefs de légion de la gendarmerie d'élite et de la gendarmerie nationale du département de la Seine et de celui de Seine-et-Oise sont requis de leur faire prêter main-forte au besoin.

Le conseiller d'Etat, préfet de police, DUBOIS.

——————⊷◉⊶——————

N° **149.** — *Ordonnance concernant le commerce des veaux* (1).

Paris, le 21 nivôse an xi (11 janvier 1803).

——————⊷◉⊶——————

N° **150.** — *Ordonnance concernant le balayage des rues* (2).

Paris, le 22 nivôse an xi (12 janvier 1803).

Le conseiller d'État, préfet de police,

Vu l'article 22 de l'arrêté des consuls, du 12 messidor an viii, qui le charge de surveiller le balayage, auquel les habitants sont tenus, devant leurs maisons :

Ordonne ce qui suit :

1. Tous les propriétaires ou locataires sont tenus de faire balayer régulièrement, tous les jours, au-devant de leurs maisons, boutiques, cours, jardins et autres emplacements.

Le balayage se fera à partir du ruisseau, dans les rues à deux pavés. Les boues et immondices seront mises en tas, près des murs.

Dans les rues à chaussée, le balayage se fera depuis le milieu de la chaussée. Les boues et immondices seront mises en tas, près des ruisseaux.

Nul ne pourra pousser les boues et immondices devant les propriétés de ses voisins.

2. Aussitôt après le passage des voitures du nettoiement, les propriétaires ou locataires jetteront la quantité d'eau suffisante, pour dissiper la trace des tas de boues.

3. Le balayage sera terminé à huit heures du matin, depuis le premier vendémiaire jusqu'au premier germinal, et à sept heures au plus tard, à dater du premier germinal jusqu'à la fin de l'année.

4. Nul ne pourra déposer, dans les rues, aucunes ordures et immondices, provenant de l'intérieur des maisons, après le passage des voitures du nettoiement.

5. Les étalagistes qui occupent, avec autorisation de la police, des places dans les rues et sur les halles et marchés, sont tenus, matin et soir, de les balayer et de les rendre nettes, sous peine d'en être expulsés.

6. Conformément aux anciennes ordonnances de police, il est défendu de déposer dans les rues aucunes ordures ou immondices, autres que celles qui doivent être enlevées par l'entrepreneur du nettoiement.

7. Les verres, bouteilles cassées et morceaux de glaces seront déposés le long des maisons, séparément des boues et immondices.

———————————————————————

(1) V. les ord. des 1ᵉʳ mai 1809, 18 juill. et 14 déc. 1826 et 5 janv. 1829.

(2) V. les ord. des 14 nov. 1817, 29 oct. 1836, 28 oct. 1839 et 1ᵉʳ avril 1843.

8. Il est expressément défendu de rien jeter dans les rues, par les fenêtres et croisées.

9. Les habitants de la campagne et autres qui ramassent, dans Paris, des immondices et du petit fumier, ne pourront le faire que de grand matin; ils se serviront de charrettes closes en planches, claies ou toiles.

Ceux qui enlèvent du fumier-litière sont tenus de le contenir sur leurs charrettes par des bannes.

10. Dans les temps de neige et de gelée, les propriétaires ou locataires sont tenus de balayer la neige et de casser les glaces au-devant de leurs maisons, boutiques, cours, jardins et autres emplacements, jusques et compris le ruisseau.

Ils mettront en tas ces neiges et glaces; et, en cas de verglas, ils jetteront des cendres, du sable ou des gravois pour obvier aux accidents.

11. Ils ne pourront déposer dans les rues aucunes neiges et glaces provenant de leurs cours, ou de l'intérieur de leurs habitations.

12. Les concierges, portiers et gardiens des maisons nationales et de tous les établissements publics, chacun en ce qui le concerne, sont personnellement responsables de l'exécution des dispositions ci-dessus.

13. Il sera pris, envers les contrevenants aux dispositions ci-dessus, telles mesures de police administrative qu'il appartiendra, sans préjudice des poursuites à exercer contre eux, par-devant les tribunaux, conformément aux lois et règlements de police.

14. La présente ordonnance sera imprimée, publiée et affichée.

Les commissaires de police, les officiers de paix, le commissaire de la petite voirie, l'inspecteur général de la salubrité et les autres préposés de la préfecture de police, sont chargés, chacun en ce qui le concerne, de tenir le main à son exécution.

Le général commandant d'armes de la place de Paris, et les chefs de légion de la gendarmerie d'élite et de la gendarmerie nationale du département de la Seine, sont requis de leur faire prêter main-forte au besoin.

Le conseiller d'Etat, préfet de police, DUBOIS.

N° **151.** — *Avis concernant le ramonage* (1).

Paris, le 24 nivôse an xi (14 janvier 1803).

N° **152.** — *Ordonnance concernant les masques pendant le carnaval* (2).

Paris, le 12 pluviôse an xi (1er février 1803).

N° **153.**—*Ordonnance concernant la préparation et la vente des drogues et médicaments* (3).

Paris, le 12 pluviôse an xi (1er février 1803).

Le conseiller d'Etat, préfet,
Informé que des individus se permettent, sans titre légal, de tenir

(1) V. l'avis du 10 janv. 1828 et l'ord. du 24 nov. 1843.
(2) V. les ord. des 10 fév. 1828, 10 fév. 1830 et 23 fév. 1843.
(3) V. les ord. des 18 pluv. an ix (7 fév. 1801) 9 niv. an xii (31 déc. 1803) et 31 oct. 1820.

officine de pharmacie dans Paris, et d'autres de débiter, sous le prétexte de découvertes utiles à l'humanité, des mixtions et préparations médicinales, au mépris des règlements de police, et notamment de l'article 1er de l'ordonnance du 18 pluviôse an ix, concernant la vente et la préparation des drogues et médicaments ;

Vu l'article 23 de l'arrêté des consuls, du 12 messidor an **viii** ;

Ordonne ce qui suit :

1. L'état nominatif des pharmaciens admis au collége de pharmacie de Paris, et qui, aux termes de l'article 1er de l'ordonnance précitée du 18 pluviôse an ix, peuvent seuls avoir laboratoire et officine ouverte dans cette ville, sera imprimé et envoyé aux commissaires de police.

2. A la réception de cet état, les commissaires de police feront des visites chez les individus qui se permettent de préparer, manipuler ou vendre des compositions et mixtions médicinales, et qui ne sont pas compris dans ledit état.

3. Les commissaires de police sommeront les individus désignés dans l'article précédent de leur exhiber les titres en vertu desquels ils exercent la pharmacie et débitent des remèdes, ou de justifier dans cinq jours, à compter de celui de la notification, qu'ils se sont pourvus près du collége de pharmacie pour être admis à exercer cette profession.

4. Les commissaires de police dresseront procès-verbal de la sommation. Ils y feront mention des titres qui leur auront été représentés, ainsi que des dires et déclarations des parties. Le procès-verbal sera transmis au conseiller d'Etat, préfet, pour être statué ce qu'il appartiendra.

5. La présente ordonnance sera imprimée et affichée.

Les commissaires de police sont chargés de l'exécution.

Le général commandant d'armes de la place de Paris et les chefs de légion de la gendarmerie d'élite et de la gendarmerie nationale du département de la Seine sont requis de leur faire prêter main-forte en cas de besoin.

Le conseiller d'Etat, préfet de police, DUBOIS.

N° 154. — *Ordonnance concernant les glaces.*

[Paris, le 22 pluviôse an xi (11 février 1803).]

Le conseiller d'Etat, préfet de police,

Informé que, depuis que la rivière est gelée, des personnes y passent continuellement ; que d'autres plus imprudentes s'exposent à glisser et à patiner sur la glace, et courent le risque de périr dans des endroits où elle a peu de consistance ;

Ordonne ce qui suit :

1. Il est défendu à toutes personnes de passer la rivière sur la glace, d'y glisser ou patiner, et enfin d'aller sur la rivière, pendant tout le temps qu'elle sera gelée, à moins que ce ne soit pour y exécuter des travaux ordonnés par les règlements.

2. Les contrevenants seront amenés à la préfecture de police, et poursuivis conformément aux anciens règlements, et notamment à l'ordonnance du 9 décembre 1788, qui prononce l'amende de 6 francs pour la première fois, et de 50 francs en cas de récidive.

3. La présente ordonnance sera imprimée, publiée et affichée.

TOME I.   12

Les commissaires de police, les officiers de paix, l'inspecteur général de la navigation et des ports, et les autres préposés de la préfecture de police, sont chargés, chacun en ce qui le concerne, de tenir la main à son exécution.

Le général commandant d'armes de la place de Paris et les chefs de légion de la gendarmerie d'élite et de la gendarmerie nationale du département de la Seine sont requis de leur faire prêter main-forte au besoin.

Le général commandant d'armes de la place est en outre requis de faire placer des factionnaires en nombre suffisant sur les bords de la rivière, pour en défendre l'approche aux passants et aux patineurs.

Le conseiller d'Etat, préfet de police, DUBOIS.

N° **155.** — *Ordonnance concernant les aubergistes, les maîtres d'hôtels garnis et les logeurs* (1).

Paris, le 25 pluviôse an xi (14 février 1803).

Le conseiller d'Etat, préfet de police,

Vu les articles 2 et 7 de l'arrêté des consuls en date du 12 messidor an viii;

Ordonne ce qui suit:

1. Ceux qui veulent exercer l'état d'aubergiste, de maître d'hôtel garni ou de logeur, doivent faire une déclaration à la préfecture de police; ouvrir, pour l'inscription des voyageurs français ou des étrangers, un registre en papier timbré, coté et parafé par le commissaire de police de la division, et placer au-dessus de la porte de leur maison, en lieu apparent, et en gros caractères, un tableau indicatif de l'état qu'ils exercent. (*Loi du 22 juill.* 1791, *tit.* 5, *art.* 1.)

2. Les aubergistes, maîtres d'hôtels garnis et logeurs inscriront, jour par jour, de suite et sans aucun blanc, sur le registre à ce destiné, les noms, âges, qualités, domicile habituel, profession, date d'entrée et de sortie de tous ceux qui couchent chez eux, même une seule nuit. (*Loi du 22 juill.* 1791, *art.* 5.)

3. Il leur est expressément défendu de donner retraite aux vagabonds, mendiants et gens sans aveu. (*Loi du 10 vend. an* iv.)

4. Les aubergistes, maîtres d'hôtels garnis et logeurs représenteront leurs registres toutes les fois qu'ils en seront requis, soit aux commissaires de police qui y apposeront leur visa, soit aux officiers de paix ou aux préposés de la préfecture de police qui pourront aussi les viser. (*Loi du 22 juill.* 1791, *tit.* 1, *art.* 5.)

5. Faute de se conformer aux dispositions ci-dessus, les aubergistes, maîtres d'hôtels garnis et les logeurs, encourront les amendes prononcées par les lois.

Ils seront, en outre, civilement responsables des désordres et délits commis par ceux qui logeraient dans leurs maisons. (*Loi du 22 juill.* 1791, *art.* 6.)

6. Les aubergistes, maîtres d'hôtels garnis et logeurs, porteront chaque jour au commissaire de police de la division le relevé par eux certifié de leurs registres.

7. Ils porteront également tous les jours avant midi, au commissaire

---

(1) V. les ord. des 10 juin 1820, 19 nov. 1831 et 15 juin 1832.

de police, les passe-ports des voyageurs français qui seront arrivés dans leurs auberges, hôtels ou maisons garnies.

En échange de chaque passe-port le commissaire de police leur remettra un bulletin, avec lequel les voyageurs se présenteront, dans les trois jours de leur arrivée, à la préfecture de police, pour y retirer leurs passe-ports et obtenir un visa ou un permis de séjour.

8. Les passe-ports seront laissés à la disposition des voyageurs étrangers à la France, afin que, dans les trois jours de leur arrivée, ils puissent se faire reconnaître par l'ambassadeur, ministre, envoyé ou chargé d'affaires de leur gouvernement, et obtenir, à la préfecture de police, un visa ou un permis de séjour.

Le visa ou permis de séjour ne sera accordé aux sujets des puissances représentées auprès du gouvernement français, que d'après la reconnaissance de leurs ambassadeurs, ministres, envoyés ou chargés d'affaires respectifs;

Et aux sujets des puissances non représentées, que sur une attestation de banquiers ou de deux citoyens notoirement connus.

9. Il sera pris, envers les contrevenants aux dispositions ci-dessus, telle mesure de police administrative qu'il appartiendra, sans préjudice des poursuites à exercer contre eux, par-devant les tribunaux, conformément aux lois et aux ordonnances qui leur sont applicables.

10. La présente ordonnance sera imprimée, publiée et affichée partout où besoin sera.

Les commissaires de police, les officiers de paix et les préposés de la préfecture de police sont chargés, chacun en ce qui le concerne, de tenir la main à son exécution, qui aura lieu à compter du 1er ventôse prochain.

Le général commandant d'armes de Paris et les chefs de légion de la gendarmerie d'élite et de la gendarmerie nationale du département de la Seine sont requis de leur faire prêter main-forte au besoin.

Le conseiller d'Etat, préfet de police, DUBOIS.

N° **156**. — *Ordonnance concernant les étrangers à la ville de Paris, qui logent dans des maisons particulières* (1).

Paris, le 25 pluviôse an xi (14 février 1803).

Le conseiller d'Etat, préfet de police,

Considérant que des individus, étrangers à la ville de Paris, logent à titre de parents ou d'amis, dans des maisons particulières, et que les propriétaires, principaux locataires, concierges ou portiers de ces maisons négligent d'en faire la déclaration, conformément à la loi du 27 ventôse an iv;

Vu l'article 2 de l'arrêté des consuls du 12 messidor an viii;

Ordonne ce qui suit:

1. Les propriétaires, principaux locataires, concierges ou portiers de maisons non habitées, qui auront des étrangers à cette commune logés chez eux, seront tenus, conformément à l'article 2 de la loi du 27 ventôse an iv, d'en faire la déclaration, dans les vingt-quatre heures de leur arrivée, chez le commissaire de police de leur division.

(1) V. les ord. des 10 juin 1820, 19 nov. 1831 et 15 juin 1832.

2. Ils porteront en même temps au commissaire de police les passe-ports des individus logés dans leurs maisons.

En échange de chaque passe-port, le commissaire de police leur remettra un bulletin, avec lequel les étrangers à la ville de Paris se présenteront, dans les trois jours de leur arrivée, à la préfecture de police, pour y retirer leurs passe-ports, et obtenir un visa de départ ou un permis de séjour.

3. Il sera pris envers les contrevenants telle mesure de police administrative qu'il appartiendra, sans préjudice des poursuites à exercer contre eux devant les tribunaux.

4. La présente ordonnance sera imprimée, publiée et affichée.

Les commissaires de police, les officiers de paix, et les préposés de la préfecture de police sont chargés, chacun en ce qui le concerne, d'en surveiller l'exécution.

Le conseiller d'Etat, préfet de police, DUBOIS.

N° **157.** — *Ordonnance* (1) *qui prescrit la réimpression et la publication de la loi du 26 ventôse an IV (16 mars 1796) concernant l'échenillage* (2).

Paris, le 26 pluviôse an xi (15 février 1803).

N° **158.** — *Ordonnance concernant la prohibition de la chasse* (3).

Paris, le 9 ventôse an xi (28 février 1803).

N° **159.** — *Ordonnance concernant le service de la navigation au passage des ponts de Paris* (4).

Paris, le 12 ventôse an xi (3 mars 1803).

Le conseiller d'État, préfet de police,

Vu l'arrêté du ministre de l'intérieur du 16 pluviôse dernier, concernant l'organisation de la navigation au passage des ponts de Paris;

Ordonne ce qui suit :

1. L'arrêté du ministre de l'intérieur, du 16 pluviôse dernier, sera affiché dans Paris et spécialement aux gares et sur les ports, ponts et quais.

2. Les aides que les chefs des ponts de Paris s'adjoindront, devront

(1) V. l'ord. du 29 janv. 1810 et l'arr. du 1er mars 1837.

(2) V. cette loi à l'appendice.

(3) V. l'ord. du 23 fév. 1843.

(4) V. les ord. des 6 juin 1807, 22 mai et 13 déc. 1811, 15 oct. 1812, le cahier des charges du chef des ponts de Paris, du 22 avril 1822, les ord. des 19 juill. 1822, 30 juin 1827, 31 mai 1838 et 25 oct. 1840 (art. 31 et suiv. et cahier des charges du chef des ponts).

être munis d'un certificat d'expérience, de capacité et de bonne conduite qui leur sera délivré par l'inspecteur général de la navigation et
des ports, et ils ne pourront entrer en fonctions qu'après avoir justifié de ce certificat.

3. Des plaques de fer-blanc, sur lesquelles seront inscrits les prix
attribués pour le salaire des chefs de ponts, seront posées à la porte du
bureau des arrivages par eau, à la Râpée, aux bureaux des inspecteurs
des ports établis à la Grève, au quai Saint-Bernard, au port Saint-Nicolas et au bureau du contrôleur général des bois et charbons à l'île
Louviers. Il en sera mis également au pont de la Tournelle, au Pont-
Marie et à celui des Tuileries.

4. Dans le cas où l'inspecteur général et les inspecteurs de la navigation et des ports s'apercevraient qu'il fût exigé par les chefs de
ponts ou par leurs aides de plus fortes sommes que celles fixées par le
tarif, ils en rendront compte sur-le-champ au préfet de police.

5. Il est enjoint aux chefs de ponts de tenir un registre sur lequel
ils transcriront les déclarations ou réquisitions qui leur seront faites
par les marchands ou voituriers pour la descente des bateaux. La date
de la déclaration déterminera le rang pour le lâchage.

Le marchand ou voiturier pourra renoncer à son rang ; mais, en ce
cas, il prendra le tour de celui auquel il l'aura cédé.

6. L'inspecteur général de la navigation et des ports est chargé de
surveiller la conduite des chefs de ponts, et il en rendra compte au
préfet de police.

7 Les marchands ou voituriers ont le droit de descendre leurs bateaux jusqu'à la gare de la Femme-sans-tête ou jusqu'au port des
Grands-Degrés, sans employer les chefs de ponts.

8. L'inspecteur général et les inspecteurs de la navigation et des
ports se feront représenter les lettres de voiture dont les conducteurs
de bateaux doivent être porteurs, conformément aux articles 8 et 9 du
chapitre 2 de l'ordonnance de 1672 et à l'article 15 de l'arrêté du ministre de l'intérieur du 16 pluviôse dernier.

9. Dans le cas où les chefs de ponts laisseraient plus de trois bateaux
vides dans les ports du bas, ces vidanges seront remontées à leurs frais et
risques.

10. Les chefs de ponts ne pourront faire aucun remontage des ports
du bas sans en avoir prévenu, la veille, l'inspecteur général de la navigation et des ports, et le remontage ne sera commencé qu'après que
le drapeau aura été arboré sur le pont de la Tournelle.

11. Il sera pris envers les contrevenants aux dispositions ci-dessus
telles mesures de police administrative qu'il appartiendra, sans préjudice des poursuites à exercer contre eux par-devant les tribunaux,
conformément aux lois et règlements de police qui leur sont applicables.

12. La présente ordonnance sera imprimée, publiée et affichée.

Les commissaires de police, les officiers de paix, l'inspecteur général de la navigation et des ports et les autres préposés de la préfecture
de police sont chargés, chacun en ce qui le concerne, de tenir la main
à son exécution.

Le général commandant d'armes de la place de Paris et les chefs de
légion de la gendarmerie d'élite et de la gendarmerie nationale du département de la Seine sont requis de leur faire prêter main-forte au
besoin.

Le conseiller d'Etat, préfet de police, DUBOIS.

N° **160.** — *Ordonnance concernant la vente des falourdes, fagots et cotrets* (1).

Paris, le 21 ventôse an XI (12 mars 1803).

Le conseiller d'État, préfet de police,

Vu les articles 2 et 32 de l'arrêté des consuls du 12 messidor an VIII;

Ordonne ce qui suit :

1. Tous ceux qui voudront vendre des falourdes, fagots et cotrets dans Paris, ailleurs que dans les chantiers et sur les bateaux, seront tenus d'en obtenir la permission du préfet de police.

2. Ceux qui font actuellement ce commerce devront se pourvoir d'une permission, dans le mois, à compter de la publication de la présente ordonnance.

3. Les regrattiers ne pourront avoir chez eux à la fois plus de seize stères de bois de corde neuf ou flotté, y compris le bois destiné à leur consommation particulière, à peine de 300 francs d'amende. (*Ord. du 29 sept.* 1784, *art.* 5.)

4. Il est défendu aux regrattiers de vendre le bois de corde autrement qu'à la falourde.

5. Les falourdes de bois de corde auront quatre-vingts centimètres de circonférence et cinquante-cinq à cinquante-huit centimètres de longueur, à peine de 100 francs d'amende. (*Ord. précitée, art.* 2.)

6. Ces falourdes doivent être composées ou de bois blanc ou de bois dur, neuf ou flotté.

Il est défendu de faire aucun mélange de ces différentes sortes de bois, à peine de 100 francs d'amende. (*Ord. précitée, art.* 2.)

7. Chaque falourde de perches doit avoir un mètre quatorze centimètres de longueur et un mètre de circonférence, à peine de 500 francs d'amende. (*Ord. précitée, art.* 5.)

8. Les fagots de menuise auront un mètre quatorze centimètres de longueur et soixante-dix centimètres de grosseur. (*Ord. précitée, art.* 5.)

9. Les fagots de bois taillis doivent avoir un mètre quatorze centimètres de longueur et cinquante centimètres de tour, et être garnis de leurs parements et remplis en dedans de bois et non de feuilles. (*Arr. du 10 juin* 1633, *art.* 2.)

10. Les cotrets doivent avoir soixante-six centimètres de longueur et cinquante centimètres de circonférence, à peine de confiscation. (*Arr. du 10 juin* 1633, *art.* 2, *et ord. du 2 juill.* 1741, *art.* 5.)

11. Il est enjoint aux marchands de bois et aux regrattiers d'avoir une chaîne graduée suivant les dimensions ci-après déterminées.

Elle devra être dûment vérifiée et revêtue du poinçon de la république;

Elle aura un mètre de longueur et sera divisée en trois parties : la première de quatre-vingts centimètres; la deuxième de soixante-dix centimètres et la troisième de cinquante.

Les chaînons seront d'un centimètre de longueur.

Les demi-décimètres seront distingués par un chaînon jaune.

Il sera adapté à la chaîne de petits anneaux pendants et correspondant aux divisions prescrites.

Ces anneaux seront aplatis pour recevoir le poinçon de la république.

---

(1) V. les ord. des 27 oct. 1824 et 27 juin 1829.

Aux bouts de la chaîne que les marchands de bois, tenant chantier, seront obligés d'avoir, il y aura deux anneaux de cuivre.

L'un de ces anneaux aura intérieurement seize centimètres de circonférence.

Il servira à vérifier les bois qui, étant réputés menuise, ne peuvent pas être mis dans la membrure.

12. Il est défendu aux regrattiers d'exposer en vente aucunes falourdes, fagots ou cotrets qui aient été diminués, sous les peines portées par la loi.

13. Il est défendu aux regrattiers de vendre d'autres bois à brûler que ceux dont les dénominations et les dimensions sont déterminées par la présente ordonnance, à peine de 500 francs d'amende. (*Ord. du 29 sept. 1784, art. 6.*)

14. Il est défendu aux regrattiers d'avoir du feu dans les endroits où leurs bois sont déposés.

Ils ne pourront y porter de la lumière que dans des lanternes fermées.

15. Il est défendu de colporter et de vendre, dans les rues de Paris, aucune espèce de bois et spécialement aucune falourde, fagot ou cotret, à peine de confiscation et de 100 francs d'amende. (*Ord. du 13 nov. 1787.*)

16. Il sera pris envers les contrevenants aux dispositions ci-dessus telles mesures de police administrative qu'il appartiendra, sans préjudice des poursuites à exercer contre eux par-devant les tribunaux, conformément aux lois et aux règlements qui leur sont applicables.

17. La présente ordonnance sera imprimée, publiée et affichée.

Les commissaires de police, les officiers de paix, le contrôleur général du recensement et du mesurage des bois et charbons et les autres préposés de la préfecture de police sont chargés, chacun en ce qui le concerne, de tenir la main à son exécution.

Le général commandant d'armes de la place de Paris et les chefs de légion de la gendarmerie d'élite et de la gendarmerie nationale du département de la Seine sont requis de leur faire prêter main-forte, au besoin.

Le conseiller d'Etat, préfet de police, DUBOIS.

N° **161.** — *Ordonnance concernant la surveillance de la rivière, des ports, de la Halle aux vins, des chantiers et de la place d'Aval* (1).

Paris, le 21 ventôse an xi (12 mars 1803).

N° **162.** — *Ordonnance concernant l'approvisionnement des marchés de Sceaux et de Poissy et de la Halle aux veaux de Paris* (2).

Paris, le 23 ventôse an xi (14 mars 1803).

Le conseiller d'État, préfet de police,
Vu l'arrêté du ministre de l'intérieur, en date du 19 ventôse présent

(1) V. les ord. des 24 mars 1824, 26 mars 1829 et 25 oct. 1840.
(2) V. les ord. des 21 niv. an xi (11 janv. 1803), 30 vent. an xi (21 mars 1803), l'avis du 16 juin 1806 et les ord. des 31 mars 1810, 15 mars 1819, 25 janv. 1823, 30 déc. 1833, 3 mai 1834, 31 août 1836 et 18 janv. 1843.

mois, concernant l'approvisionnement des marchés de Sceaux et de Poissy et de la Halle aux veaux de Paris ;

Ordonne ce qui suit :

L'arrêté du ministre de l'intérieur, en date du 19 ventôse, sera imprimé, publié et affiché dans le département de la Seine et dans les communes de Saint-Cloud, Sèvres, Meudon et Poissy du département de Seine-et-Oise.

Les sous-préfets des arrondissements de Saint-Denis et de Sceaux, les maires et adjoints des communes rurales du département de la Seine, et de celles de Saint-Cloud, Sèvres, Meudon et Poissy du département de Seine-et-Oise, les commissaires de police à Paris, les officiers de paix, le commissaire des halles et marchés et les autres préposés de la préfecture de police sont chargés, chacun en ce qui le concerne, de tenir la main à son exécution.

Le général commandant la première division militaire, le général commandant d'armes de la place de Paris et les chefs de légion de la gendarmerie d'élite et de la gendarmerie nationale des départements de la Seine et de Seine-et-Oise sont requis d'assurer l'exécution dudit arrêté par tous les moyens qui sont en leur pouvoir.

Le conseiller d'Etat, *préfet de police*, DUBOIS.

N° **163.** — *Ordonnance concernant les garçons boulangers* (1).

Paris, le 23 ventôse an xi (14 mars 1803).

Le conseiller d'État, préfet de police,
Vu l'article 2 de l'arrêté des consuls, en date du 12 messidor an viii;

Ordonne ce qui suit :

1. Les garçons boulangers, à Paris, sont tenus de se faire inscrire.

2. Pour l'exécution de l'article précédent, il sera établi un bureau particulier près le commissaire de police de la division des Marchés.

Ce bureau sera chargé de délivrer aux garçons boulangers les livrets dont il sera question ci-après.

3. Pour se faire inscrire, les garçons boulangers devront produire les papiers dont ils se trouveront munis.

4. Tous les garçons boulangers sont tenus de se faire inscrire dans un mois, à compter de la publication de la présente ordonnance.

5. Les garçons boulangers qui viendront à Paris pour y exercer leur état, se feront inscrire, dans les trois jours de leur arrivée, au bureau établi par l'article 2, sans préjudice des autres formalités auxquelles sont astreints par les lois et règlements de police tous individus arrivant à Paris.

6. Il sera remis un livret à tout garçon boulanger, lors de son inscription.

Ce livret contiendra le signalement du garçon boulanger, et il y sera fait mention de son inscription.

7. Les boulangers se feront remettre les livrets des garçons, à l'in-

---

(1) V. l'ord. du 13 avril 1819 et l'arr. du 27 mai 1827.

stant qu'ils entreront à leur service. Ils y inscriront ou y feront inscrire l'entrée des garçons chez eux.

8. Les livrets seront déposés, dans les vingt-quatre heures, au bureau du commissaire de police de la division sur laquelle les garçons se trouveront placés. Les livrets y resteront tant que les garçons travailleront chez les mêmes boulangers.

9. Aucun garçon ne pourra quitter le boulanger chez lequel il travaille, sans l'avoir averti cinq jours d'avance. Le boulanger devra lui en délivrer un certificat. En cas de refus, le garçon se retirera devant le commissaire de police qui recevra sa déclaration. S'il survient des difficultés, le commissaire de police statuera, sauf le recours au préfet de police, s'il y a lieu.

10. Lorsqu'un garçon boulanger sortira de boutique, son livret ne lui sera rendu qu'après que le commissaire de police y aura fait mention de sa sortie.

11. Tout garçon boulanger qui voudra cesser d'exercer son état, en fera la déclaration au bureau d'inscription.

12. Pour faciliter aux boulangers les moyens de se procurer des garçons et aux garçons les moyens de se placer, il y aura près du bureau d'inscription un bureau de placement.

13. Il sera pris envers les contrevenants aux dispositions ci-dessus telle mesure de police administrative qu'il appartiendra, sans préjudice des poursuites à exercer contre eux par-devant les tribunaux, conformément aux lois et aux règlements qui leur sont applicables et notamment à l'ordonnance du 17 août 1781, qui prononce une amende de 20 francs.

14. La présente ordonnance sera imprimée, publiée et affichée. Elle sera notifiée aux syndics des boulangers.

Les commissaires de police, les officiers de paix, le contrôleur de la halle aux grains et farines, et les autres préposés de la préfecture de police sont chargés, chacun en ce qui le concerne, de tenir la main à son exécution.

Le général commandant d'armes de la place de Paris et les chefs de légion de la gendarmerie d'élite et de la gendarmerie nationale du département de la Seine sont requis de leur faire prêter main-forte au besoin.

Le conseiller d'Etat, préfet de police, DUBOIS.

───────◦───────

N° **164.** — *Ordonnance concernant la police des marchés de Sceaux et de Poissy* (1).

Paris, le 30 ventôse an xi (21 mars 1803).

Le conseiller d'Etat, préfet de police,

Vu 1° les articles 2 et 33 de l'arrêté des consuls du 12 messidor an viii et l'article 1er de celui du 3 brumaire suivant;

2° L'article 17 de l'arrêté des consuls du 8 vendémiaire an xi, et l'arrêté du ministre de l'intérieur du 19 ventôse dernier;

Ordonne ce qui suit:

1. La vente des bœufs, des vaches grasses, des veaux et des mou-

─────────────────────────

(1) V. les ord. des 21 niv. an xi (11 janv. 1803), l'avis du 16 juin 1806 et les ord. des 31 mars 1810, 15 mars 1819, 25 janv. 1823, 30 déc. 1833, 3 mai 1834, 31 août 1836 et 18 janv. 1843.

tons pour l'approvisionnement de Paris, continuera d'avoir lieu sur les marchés de Sceaux et de Poissy.

2. Ces marchés tiendront, comme par le passé, savoir : celui de Sceaux le lundi, et celui de Poissy le jeudi de chaque semaine.

3. Les propriétaires ou les conducteurs de bestiaux feront, en arrivant aux marchés, la déclaration des bestiaux qu'ils auront amenés. Cette déclaration sera vérifiée et portée sur un registre. (*Ord. du 20 juin 1749, art.* 1.)

4. Les bestiaux qui arriveront au marché après l'ouverture de la vente, n'y seront pas admis.

L'admission pourra néanmoins en être permise par le préposé chargé de la surveillance des marchés, si les conducteurs justifient de causes légitimes de retard.

5. Il est défendu de vendre des taureaux dans l'intérieur des marchés de Sceaux et de Poissy.

6. Les bœufs, vaches, veaux et moutons seront placés sur les marchés une heure avant l'ouverture de la vente.

Les bœufs et vaches seront cordés suivant l'usage. Il sera laissé un espace suffisant entre chaque bande, pour que les acheteurs puissent circuler librement.

7. Il est enjoint aux fermiers des parquets des marchés de Sceaux et de Poissy de pourvoir au placement de tous les moutons qui seront amenés.

Le placement sera réglé d'après l'ordre des déclarations enregistrées. Les moutons de renvoi du dernier marché seront toujours placés de préférence.

8. Le placement des moutons dans les parquets commencera à onze heures du matin. Il sera annoncé au son d'une cloche. Un second avertissement aura lieu, à midi, pour faire avancer les moutons qui ne seraient pas entrés dans le marché.

9. L'ouverture et la fermeture de la vente seront annoncées au son d'une cloche.

L'ouverture de la vente sur le marché de Poissy aura lieu à huit heures du matin pour les bœufs et les vaches, à dix heures pour les veaux, et à une heure pour les moutons.

L'ouverture de la vente sur le marché de Sceaux se fera à neuf heures pour les bœufs et les vaches, et à une heure pour les moutons.

La vente sera fermée à quatre heures sur l'un et l'autre marché.

10. Il est défendu de vendre et d'acheter des bestiaux sur les marchés, avant l'ouverture de la vente.

Il est également défendu de vendre et d'acheter, en aucun temps, des bestiaux dans les auberges, bouveries, bergeries et hors des marchés.

Le tout à peine de 100 fr. d'amende. (*Ord. du 16 mars 1657, art.* 4 *et* 5; *lettres patentes des 18 fév.* 1743, *art.* 23, *et* 1er *juin* 1782, *art.* 21.)

11. Les bestiaux seront visités avant l'ouverture de la vente pour s'assurer s'ils sont ou non susceptibles d'être livrés à la boucherie.

12. Les bestiaux qui n'auront pas l'âge requis, ou qui seront trop maigres pour être livrés à la boucherie, seront renvoyés aux herbages et marqués de la lettre R.

13. Il est défendu d'acheter des bestiaux sur les marchés de Sceaux et de Poissy, pour les revendre sur pied, à peine de confiscation et de 100 francs d'amende. (*Arr. du 28 mai* 1608; *lettres patentes des 18 fév.* 1743, *art.* 27, *et* 1er *juin* 1782, *art.* 24.)

14. Il est défendu d'exposer sur les marchés des bestiaux qui se trouveraient dans les cas redhibitoires.

15. Si un bœuf vient à mourir dans les neuf jours de la vente, les causes de la mort seront constatées par procès-verbal, pour assurer l'action de garantie contre le vendeur. (*Lettres patentes du 1er juin 1782, art.* 27.)

16. Les bouchers qui achèteront des bestiaux, de personnes qui ne fréquentent pas habituellement les marchés de Sceaux et de Poissy, auront la faculté de déposer le prix d'un ou de plusieurs bœufs dans la caisse des fonds du cautionnement des bouchers.

Ce dépôt n'aura point lieu, si le vendeur fournit caution suffisante.

Dans le cas du dépôt, les fonds seront remis au vendeur, à l'expiration des neuf jours de la vente, s'il n'a été exercé aucune action en garantie. (*Lettres patentes du* 1er *juin* 1782, *art.* 28.)

17. Les bestiaux qui n'auront pas été admis et ceux qui n'auront pas été vendus seront renvoyés au marché suivant, soit à Sceaux, soit à Poissy. Le renvoi des bestiaux non vendus sera indiqué au son de la cloche, à quatre heures de relevée. (*Ord. du* 21 *mars* 1744, *art.* 5.)

18. Aussitôt le renvoi sonné, les propriétaires ou les conducteurs des bestiaux seront tenus de faire, au préposé chargé de la surveillance du marché, la déclaration des bestiaux qui n'auront pas été vendus.

Il sera délivré aux propriétaires ou aux conducteurs des billets de renvoi, lesquels énonceront les quantités, les qualités, le signalement et le poids présumé des bestiaux. Les conducteurs s'obligeront de les représenter au marché suivant, à peine de 50 francs d'amende. (*Ord. des* 14 *avril* 1769 *et* 18 *mars* 1777, *art.* 2.)

Sont exceptés les bestiaux qui auront été exposés trois fois consécutivement sur les marché, à la charge par les propriétaires ou les conducteurs de se munir d'un billet de renvoi, le tout à peine de 100 francs d'amende. (*Lettres patentes des* 18 *fév.* 1743, *art.* 28, *et* 1er *juin* 1782, *art.* 25.)

19. Les bestiaux achetés aux marchés ne pourront être conduits que par les bouviers ou par les bouchers, conformément à l'article 3 de l'ordonnance du 21 nivôse dernier.

Les bœufs qui se trouveraient trop fatigués seront confiés à un bouvier spécialement chargé de les conduire à leur destination, séparément et avec les précautions requises.

20. Nul ne pourra faire sortir du marché des bestiaux qu'après qu'ils auront été marqués, soit de la marque d'achat, soit de celle de renvoi.

21. Les bouchers et les conducteurs ne pourront emmener les bestiaux qu'après avoir obtenu des bulletins d'achat du préposé chargé de la surveillance des marchés.

Ces bulletins feront mention du nombre et de l'espèce des bestiaux, ainsi que des lieux où ils seront conduits.

Ils seront représentés aux employés de l'octroi aux barrières et aux préposés de la préfecture de police, à toute réquisition.

Le tout sous peine de confiscation des bestiaux et de 300 francs d'amende. (*Ord. des* 20 *juin* 1749, *art.* 5 ; 14 *avril* 1769, *art.*4, *et* 18 *mars* 1777, *art.* 5.)

22. Les bœufs achetés sur le marché de Poissy pour l'approvisionnement de Paris, qui, dans l'intervalle d'un marché à l'autre, n'auront pas été conduits à leur destination, ne pourront partir les jours de marché qu'avec la première bande des bœufs achetés sur le marché du jour.

23. Il sera pris envers les contrevenants aux dispositions ci-dessus telle mesure de police administrative qu'il appartiendra, sans préjudice des poursuites à exercer contre eux par-devant les tribunaux, conformément aux lois et aux règlements de police qui leur sont applicables.

24. La présente ordonnance sera imprimée, publiée et affichée.

Elle sera notifiée aux régisseurs de l'octroi et aux syndics et adjoints des bouchers.

Les sous-préfets des arrondissements de Sceaux et de Saint-Denis, les maires et adjoints des communes rurales du département de la Seine, de celles de Saint-Cloud, Sèvres, Meudon et Poissy du département de Seine-et-Oise, les commissaires de police à Paris, les officiers de paix, le commissaire des halles et marchés et les autres préposés de la préfecture de police sont chargés, chacun en ce qui le concerne, de tenir la main à son exécution.

Le général commandant de la première division militaire, le général commandant d'armes de la place de Paris et les chefs de légion de la gendarmerie d'élite et de la gendarmerie nationale des départements de la Seine et de Seine-et-Oise sont requis de leur faire prêter main-forte au besoin.

Le conseiller d'Etat, préfet de police, DUBOIS.

N° **165**. — *Ordonnance concernant les colporteurs* (1).

Paris, le 17 germinal an XI (7 avril 1803).

N° **166**. — *Ordonnance concernant les bains dans la rivière, et les écoles de natation* (2).

Paris, le 18 germinal an XI (8 avril 1803).

Le conseiller d'État, préfet de police,

Vu les articles 2 et 32 de l'arrêté des consuls en date du 12 messidor an VIII ;

Ordonne ce qui suit :

TITRE PREMIER.

Bains dans la rivière.

1. Il est défendu à toutes personnes de se baigner dans la rivière, si ce n'est dans des bains couverts.

Il est pareillement défendu de sortir et de se montrer nu hors des bains.

2. Il ne sera établi de bains dans la rivière que d'après une permission du préfet de police.

3. Les bains ne pourront être établis que dans les endroits désignés par les permissions.

Ils seront clos et couverts, de manière que les baigneurs ne puissent être vus du public.

Ils seront entourés de planches.

Il sera formé des chemins solides et bordés de perches, à hauteur d'appui, pour arriver dans les bateaux à bains.

Un bachot, muni de ses agrès, sera continuellement attaché à chaque bain, pour porter des secours, en cas de besoin.

Les bateaux et les bains seront tenus en bon état, et garnis de tous les ustensiles nécessaires.

---

(1) V. les ord. des 4 pluv. an IX (24 janv. 1801), 16 nov. 1829, 26 juill. et 12 nov. 1830, 9 avril, 29 juin et 27 déc. 1831, 19 oct. 1833, 22 fév. 1834 et 19 oct. 1839.

(2) V. les ord. des 20 mai 1839 et 25 oct. 1840 (art. 187 et suiv. et 225).

Il sera placé, dans l'intérieur, des piquets, auxquels des cordes seront attachées pour la commodité des baigneurs.

Les bains ne seront ouverts au public qu'après qu'ils auront été visités par l'inspecteur général de la navigation et des ports, assisté d'un charpentier de bateaux.

4. Les bains des hommes seront séparés et éloignés de ceux des femmes. Il sera pratiqué des chemins différents pour y arriver.

5. Les bains seront fermés depuis dix heures du soir jusqu'au point du jour.

6. Il ne pourra être exigé des baigneurs plus de quinze centimes par personne, dans les bains en commun, et plus de soixante centimes par personne, dans les bains particuliers.

7. Il est défendu à tous mariniers, bachoteurs et autres propriétaires de bachots ou batelets, de louer ou de prêter leurs bachots ou batelets à des particuliers qui voudraient se baigner hors des bains publics.

8. Les personnes qui, pour raison de santé, ou pour se perfectionner dans l'art de nager, seront dans le cas de se baigner en pleine rivière, ne pourront s'y baigner qu'aux endroits désignés dans les permissions délivrées à cet effet, et à la charge de se soumettre aux conditions qui leur seront imposées.

9. Il est défendu à toutes personnes, étant en bachots ou batelets, de s'approcher des bains.

10. Il ne pourra être tiré du sable à une distance moindre que vingt mètres des bains en rivière.

11. Lorsque la saison des bains sera finie, les propriétaires retireront les pieux, perches et autres objets qui pourraient nuire à la navigation.

TITRE SECOND.

Ecoles de natation.

12. Le deuxième paragraphe de l'article 1er, l'article 2, les paragraphes 2, 3, 4, 5, 6 et 8 de l'article 3, et les articles 5, 8, 9 et 10 sont applicables aux écoles de natation.

13. Il est enjoint de placer autour des écoles de natation, à l'intérieur, un filet assez fort pour empêcher les élèves de passer sous les bateaux.

14. Personne ne doit paraître sans caleçon dans les écoles de natation.

15. Il est défendu aux femmes d'y entrer.

16. Il sera pris envers les contrevenants aux dispositions ci-dessus, telles mesures de police administrative qu'il appartiendra, sans préjudice des poursuites à exercer contre eux par-devant les tribunaux, conformément aux lois et aux règlements qui leur sont applicables.

17. La présente ordonnance sera imprimée, publiée et affichée. ·

Les commissaires de police, les officiers de paix, l'inspecteur général de la navigation et des ports, et les autres préposés de la préfecture de police, sont chargés, chacun en ce qui le concerne, de tenir la main à son exécution.

Le général commandant d'armes de la place de Paris et les chefs de légion de la gendarmerie d'élite et de la gendarmerie nationale du département de la Seine sont requis de leur faire prêter main-forte au besoin.

Le général commandant d'armes de la place est en outre requis d'en donner la consigne aux corps de garde bordant la rivière.

Le conseiller d'Etat, préfet de police, DUBOIS.

N° **167.** — *Ordonnance concernant le repêchage des bois de chauffage sur les rivières dans le ressort de la préfecture de police* (1).

Paris, le 7 floréal an xi (27 avril 1803).

Le conseiller d'État, préfet,

Vu les articles 2 et 32 de l'arrêté des consuls, du 12 messidor an viii, et les articles 1 et 2 de l'arrêté du 3 brumaire an ix ;

Ordonne ce qui suit :

1. Le repêchage des bois de chauffage qui s'échappent des trains sur les rivières, dans le ressort de la préfecture de police, sera fait par des préposés nommés par le commerce du bois flotté et commissionnés par le préfet de police.

2. Les commissions ne seront valables que pour un an.

En cas de révocation ou de démission, les commissions seront remises à l'agent général du commerce.

3. Les commissions délivrées jusqu'à présent sont annulées. Il est enjoint aux préposés qui en étaient pourvus de les rapporter à la préfecture de police, ou de les remettre à l'agent général du commerce, dans huit jours, à compter de celui de la publication de la présente ordonnance,

4. Le service des préposés au repêchage sera réglé par le commerce.

5. Leur salaire sera fixé de gré à gré entre eux et le commerce.

6. Les préposés au repêchage ne pourront appliquer à leur profit aucuns bois repêchés.

7. Il est défendu à toutes personnes autres que les préposés de repêcher des bois.

Il est également défendu d'acheter ou de cacher des bois qui auraient été repêchés, sous peine d'être poursuivi et puni comme voleur. (*Ord. des 13 juin 1739 et 18 avril 1758.*)

8. Néanmoins, dans le cas de naufrage de trains ou de bateaux, il est permis de repêcher les bois ; mais il est enjoint à tous ceux qui auront repêché des bois, des débris de bateaux, des marchandises ou autres objets naufragés, d'en faire la déclaration dans les vingt-quatre heures, savoir :

Dans Paris, aux commissaires de police ou à l'inspecteur général, ou à l'inspecteur général adjoint, ou aux inspecteurs particuliers de la navigation et des ports ;

Et dans les communes rurales du ressort de la préfecture de police, aux maires ou à l'inspecteur général adjoint de la navigation et des ports (*extrà muros*), en résidence à la maison de Seine près Saint-Denis, ou à la gendarmerie, qui en donneront connaissance au préfet de police.

Ceux qui s'attribueraient, cacheraient ou vendraient, en totalité ou en partie, des objets repêchés, seront, ainsi que les acheteurs ou receleurs, poursuivis suivant la rigueur des lois. (*Ord. des 11 janv. 1741 et 25 fév. 1784.*)

9. Il sera pris envers les contrevenants aux dispositions ci-dessus telle mesure de police administrative qu'il appartiendra, sans préjudice des poursuites à exercer contre eux par-devant les tribunaux, conformément aux lois et aux règlements de police qui leur sont applicables.

10. La présente ordonnance sera imprimée, publiée et affichée.

---

(1) V. l'arr. du 28 avril 1838 et l'ord. du 25 oct. 1840 (art. 194 à 196).

Les sous-préfets des arrondissements de Saint-Denis et de Sceaux, les maires et adjoints des communes rurales du département de la Seine, et de celles de Saint-Cloud, Sèvres et Meudon, les commissaires de police à Paris, les officiers de paix, l'inspecteur général de la navigation et des ports, et les autres préposés de la préfecture de police, sont chargés, chacun en ce qui le concerne, de tenir la main à son exécution.

Le général commandant la première division militaire, le général commandant d'armes de la place de Paris, et les chefs de légion de la gendarmerie d'élite et de la première légion de la gendarmerie nationale, sont requis de leur faire prêter main-forte au besoin.

Le conseiller d'Etat, préfet de police, DUBOIS.

———————◆———————

N° **168.** — *Ordonnance concernant l'exercice de la pharmacie et la vente des plantes médicinales* (1).

Paris, le 9 floréal an xi (29 avril 1803).

Le conseiller d'État, préfet de police,
Vu la loi du 21 germinal dernier, contenant organisation des écoles de pharmacie ;

Ordonne, pour l'exécution de ladite loi, les dispositions suivantes :

1. Les articles 6, 7, 16, 21, 25, 27, 28, 29, 30, 32, 33, 34, 35, 36 et 37 de la loi précitée (2) seront imprimés, publiés et affichés dans le ressort de la préfecture de police.

2. Les pharmaciens ayant officine ouverte dans le ressort de la préfecture de Police, adresseront au préfet de police, avant le 2 thermidor prochain, copie légalisée de leur titre.

5. A l'avenir, ceux qui se feront recevoir pharmaciens, et qui désireront s'établir dans le département de la Seine, ou dans les communes de Saint-Cloud, Sèvres et Meudon, présenteront leur diplôme au préfet de police, dans un mois au plus tard après leur réception, et ils prêteront devant lui le serment requis.

4. Les pharmaciens reçus, soit par une autre école que celle de Paris, soit par un jury, et qui viendront s'établir dans le ressort de la Préfecture de Police, seront tenus de se faire inscrire à l'école de pharmacie, et de justifier de leur titre au préfet de police, dans un mois, à compter du jour de leur résidence.

5. Les registres que les pharmaciens et les épiciers doivent tenir conformément à l'art. 35 de la loi seront cotés et parafés, savoir : à Paris, par les commissaires de police du domicile des pharmaciens et épiciers; dans les arrondissements de Saint-Denis et de Sceaux, par les sous-préfets, et dans les communes de Saint-Cloud, Sèvres et Meudon, par les maires.

6. L'école de pharmacie adressera au préfet de police, dans le courant de fructidor de chaque année, la liste des pharmaciens.

7. L'école de pharmacie adressera pareillement au préfet de police, à compter du 1er vendémiaire an xii, et successivement de six mois en six mois, la liste des élèves en pharmacie inscrits sur le registre de l'école.

---

(1) V. les ord. des 17 frim. an xii, 16 vent. an xiii, et 4 oct. 1806.
(2) V. cette loi à l'appendice.

8. Dans les communes rurales du département de la Seine, et dans celles de Saint-Cloud, Sèvres et Meudon, les élèves domiciliés chez les pharmaciens seront inscrits sur un registre tenu à cet effet par les maires; la liste en sera adressée, tous les six mois, au préfet de police.

ᴉᴛ **9.** Il est défendu aux pharmaciens de faire, dans leurs officines, aucun autre commerce ou débit que celui des drogues et préparations médicinales.

10. Tout individu ayant officine de pharmacie actuellement ouverte sans titre légal, et qui n'aurait pas été reçu pharmacien dans le délai fixé par la loi, cessera la préparation et la vente des drogues et médicaments.

11. Les officiers de santé reçus et établis dans les communes rurales du département de la Seine et dans celles de Saint-Cloud, Sèvres et Meudon, qui, dans le cas prévu par l'art. 27 de la loi, voudront user de la faculté de fournir des médicaments simples ou composés aux personnes près desquelles ils seront appelés, en feront la déclaration aux sous-préfets des arrondissements de Saint-Denis et de Sceaux, et dans les communes de Saint-Cloud, Sèvres et Meudon, aux maires de ces communes.

12. Tous ceux qui exercent ou qui voudront exercer la profession d'herboriste dans le ressort de la préfecture de police seront tenus de faire enregistrer leur certificat d'examen à la préfecture de police, dans un mois au plus tard après leur examen.

13. Il est défendu à toutes personnes autres que les herboristes qui auront justifié d'un certificat d'examen de vendre des plantes ou des parties de plantes médicinales indigènes.

14. Il sera pris envers les contrevenants aux dispositions ci-dessus telles mesures de police administrative qu'il appartiendra, sans préjudice des poursuites à exercer contre eux par-devant les tribunaux, conformément à la loi.

15. La présente ordonnance sera imprimée, publiée et affichée.

Les sous-préfets des arrondissements de Saint-Denis et de Sceaux, les maires des communes rurales du département de la Seine et de celles de Saint-Cloud, Sèvres et Meudon, les commissaires de police à Paris, les officiers de paix et les préposés de la préfecture de police sont chargés, chacun en ce qui le concerne, de tenir la main à son exécution.

Le général commandant la première division militaire, le général commandant d'armes de la place de Paris et les chefs de légion de la gendarmerie d'élite et de la première légion de la gendarmerie nationale sont requis de leur faire prêter main-forte au besoin.

Le conseiller d'Etat, préfet de police, DUBOIS.

N° **169.** — *Ordonnance concernant les bachots et batelets, les bachoteurs et les passages d'eau sur la Seine et sur la Marne, dans le ressort de la préfecture de police* (1).

Paris, le 18 prairial an xi (7 juin 1803).

Le conseiller d'État, préfet de police,

Vu les articles 2 et 32 de l'arrêté des consuls du 12 messidor an viii, et l'article 1er de celui du 3 brumaire an ix;

---

(1) V. les ord. des 23 therm. an xii (xi août 1804) et 25 oct. 1840 (art. 169 à 182).

Ordonne ce qui suit :

TITRE Ier.

Dispositions générales.

1. Les batelets et bachots dont on voudra faire usage sur les rivières de Seine-et-Marne, dans le ressort de la préfecture de police, devront être de forme plate, avoir au moins huit mètres de longueur, être bordés, avoir un plancher et des levées, et être de construction solide.

Il est défendu de se servir de gondoles, pirogues, chaloupes, sabots et autres petits bateaux de cette espèce.

2. Il est défendu d'avoir aucun bachot ou batelet sur la Seine ou sur la Marne, dans le ressort de la préfecture de police, sans une permission du préfet de police.

Néanmoins les permissions d'avoir bachot ou batelet, délivrées jusqu'à ce jour, continueront d'avoir leur effet jusqu'au 1er thermidor prochain.

3. Pour obtenir la permission d'avoir des bachots ou batelets, on devra présenter une pétition au préfet de police.

La pétition indiquera le nombre de batelets nécessaires au pétitionnaire et les motifs de la demande; elle sera remise, pour Paris, à l'inspecteur général de la navigation et des ports; et dans les communes riveraines, au maire.

Le maire l'adressera au sous-préfet d'arrondissement, qui la transmettra au préfet de police.

4. Les batelets ou bachots seront numérotés. Les propriétaires seront tenus de faire peindre, sur les côtés extérieurs de leurs batelets, les numéros qui leur seront indiqués par les permissions.

TITRE II.

Des bachoteurs.

5. Indépendamment des conditions requises pour obtenir permission d'avoir bachot, les mariniers qui voudront être bachoteurs seront tenus de se pourvoir d'une autorisation spéciale du préfet de police.

Ils devront être âgés au moins de dix-huit ans, savoir nager, et rapporter un certificat de quatre anciens mariniers-conducteurs, constatant qu'ils sont capables de conduire sur les fleuves et rivières.

6. Les bachots destinés à conduire le public seront fréquemment visités par l'inspecteur général.

Ceux qui ne seront pas en bon état ne pourront être employés au bachotage qu'après avoir été réparés.

Ceux qui seront hors d'état de servir seront consignés pour être déchirés.

7. Tout bachoteur est tenu de conduire lui-même son bachot,

Il peut néanmoins se faire remplacer par un autre bachoteur, dont il sera responsable.

8. Les bachoteurs ne pourront conduire ni admettre dans leurs bachots plus de seize personnes à la fois, eux compris, à peine de 50 fr. d'amende.

9. Il est enjoint aux bachoteurs de maintenir l'ordre dans leurs bachots, et de désigner aux officiers de police, aux préposés de la préfecture, ou à la force armée, ceux qui, par des imprudences, exposeraient la sûreté des voyageurs, à peine de 50 fr. d'amende.

10. Les bachoteurs sont tenus de conduire les voyageurs jusqu'au lieu de leur destination.

Il leur est défendu de les forcer à descendre en d'autres endroits que ceux accoutumés, à peine de 50 fr. d'amende pour la première fois, et d'être exclus du bachotage en cas de récidive.

11. Les bachoteurs doivent, lorsqu'ils conduisent le public, être porteurs de leur permission, et la représenter toutes les fois qu'ils en seront légalement requis.

12. Le point du départ des bachoteurs, pour la basse Seine, est au pont des Tuileries, à la suite des galiotes, dans une étendue d'environ quarante mètres.

Il leur est défendu d'embarquer qui que ce soit ailleurs, même en route.

13. Les bachoteurs, pour la basse Seine, chargeront par rang d'arrivée au port.

14. Les bachoteurs ne pourront faire aborder et garer leurs bachots au pont de Sèvres, que le long de la rive droite, au-dessus du port des Galiotes.

15. Il ne pourra être exigé de chaque voyageur plus de 50 centimes pour Sèvres ou pour Saint-Cloud.

TITRE III.

Des passages d'eau.

16. Il est défendu de passer le public sur la Seine et sur la Marne ailleurs qu'aux endroits accoutumés.

17. Pour que le service se fasse avec sûreté, il ne pourra être employé que des bacs et bachots solides.

Les chemins, porte-chemins, trailles, cordages et agrès nécessaires seront entretenus en bon état.

18. Il est enjoint à ceux qui tiennent les passages d'eau d'afficher, de l'un et de l'autre côté de la rivière, sur un poteau placé en lieu apparent, le tarif des droits de passage arrêté par la loi du 16 brumaire an v.

Il leur est défendu d'exiger de plus fortes sommes, sous les peines portées par la loi du 6 frimaire an vii.

19. Tout passeur est tenu de partir à l'instant où il y a cinq personnes dans son batelet.

Il doit également passer, si une, deux, trois ou quatre personnes l'exigent.

Dans ce dernier cas, le complément du droit doit être payé par le passager ou les passagers qui auront voulu partir.

20. Les dispositions des articles 5, 6, 8 et 9 de la présente ordonnance sont applicables à tous les mariniers employés aux passages d'eau.

21. Il sera pris envers les contrevenants aux dispositions ci-dessus telles mesures de police administrative qu'il appartiendra, sans préjudice des poursuites à exercer contre eux par-devant les tribunaux, conformément aux lois et aux règlements qui leur sont applicables.

22. La présente ordonnance sera imprimée, publiée et affichée.

Les sous-préfets des arrondissements de Sceaux et de Saint-Denis, les maires et adjoints des communes rurales du ressort de la préfecture de police, les commissaires de police, à Paris, les officiers de paix, l'inspecteur général de la navigation et des ports et les autres préposés de la préfecture de police sont chargés, chacun en ce qui le concerne, de tenir la main à son exécution.

Le général commandant la première division militaire, le général commandant d'armes de la place de Paris et les chefs de légion de la gendarmerie d'élite et de la gendarmerie nationale des départements de la Seine et de Seine-et-Oise sont requis de leur faire prêter main-forte au besoin.

Le conseiller d'Etat, préfet de police, DUBOIS.

————————⊛————————

N° **170**. — *Ordonnance concernant la fête de l'anniversaire du 14 juillet* (1).

Paris, le 22 messidor an xi (11 juillet 1803).

————————⊛————————

N° **171**. — *Ordonnance concernant l'arrosement* (2).

Paris, le 23 messidor an xi (12 juillet 1803).

————————⊛————————

N° **172**. — *Ordonnance pour interrompre la navigation, savoir: par l'arche avalante du Pont-Neuf, le 28 messidor an xi, et par la maîtresse-arche du pont de la Tournelle, le 1er thermidor suivant.*

Paris, le 26 messidor an xi (15 juillet 1803).

————————⊛————————

N° **173**. — *Ordonnance concernant le curage de la Bièvre* (3).

Paris, le 27 messidor an xi (16 juillet 1803).

————————⊛————————

N° **174**. — *Ordonnance concernant le recouvrement du rôle des dépenses faites pour la conservation des eaux de la rivière de Bièvre.*

Paris, le 30 messidor an xi (19 juillet 1803).

Le conseiller d'Etat, préfet de police,
Vu les arrêtés des consuls des 12 messidor et 16 thermidor an viii, 25 vendémiaire et 3 brumaire an ix ;
L'arrêté du ministre de l'intérieur du 12 floréal suivant,
Et la loi du 14 floréal an xi ;

Ordonne ce qui suit :

1. Le recouvrement du rôle des dépenses faites pour le curage et l'entretien de la Bièvre est confié à un receveur choisi parmi les intéressés à la conservation des eaux de cette rivière, et nommé par le préfet de police.

—————————————————————

(1) V. l'ord. du 24 messidor an xii (13 juill. 1804).
(2) V. les ord. des 17 mai 1834, 1er juin 1837 et 27 juin 1843.
(3) V. l'ordonnance du 31 juill. 1838.

2. Le receveur décernera les contraintes nécessaires contre les re-
devables en retard.

3. Un porteur de contraintes sera chargé exclusivement de l'exécution de toutes les contraintes qui seront décernées par le receveur
du rôle des dépenses de la Bièvre.

Il sera nommé par le préfet de police.

4. Le porteur de contraintes fera seul les fonctions d'huissier pour
tous les actes relatifs au recouvrement dudit rôle.

Il ne pourra mettre aucune contrainte à exécution, dans le ressort
de la préfecture, si elle n'a été visée par le préfet de police.

5. Le receveur du rôle enverra au moins deux avertissements au
contribuable avant d'employer la voie de la contrainte. Ces avertissements seront donnés sans frais.

6. Il sera fait par le porteur de contraintes, au contribuable qui,
après avoir été dûment averti, ne se sera point libéré, sommation d'acquitter, dans trois jours, le montant de sa cotisation.

7. A défaut de payement dans le délai de trois jours, le receveur
décernera la contrainte et la remettra au porteur de contraintes pour
être exécutée.

8. Le porteur de la contrainte établira un garnisaire au domicile du
contribuable y désigné. Il en dressera procès-verbal, dont copie sera
remise tant à la partie qu'au garnisaire.

Le contribuable sera tenu de donner au garnisaire la nourriture, le
logement, place au feu et à la chandelle, outre sa journée.

9. Les actes ci-dessus ne sont assujettis ni au timbre, ni à l'enregistrement. (Arrêté des consuls du 16 therm. an VIII.)

10. Si dans les trois jours de l'établissement de garnison à son domicile le contribuable ne s'est pas libéré, le receveur en adressera
son certificat au préfet de police.

11. Sur ce certificat, le préfet de police rendra une ordonnance
afin de saisie-exécution et vente des meubles du contribuable en
retard.

12. Cette ordonnance sera notifiée au contribuable par le porteur
de contraintes, avec commandement de payer de suite. Sur le refus,
il passera outre à la saisie pour laquelle il se fera assister de deux
témoins.

13. Si dans les dix jours de la saisie le payement du principal et
des frais n'a point été effectué, il sera, par le porteur de contraintes,
procédé au récolement et à la vente des meubles saisis, après commandement préalable.

14. La vente sera précédée de toutes publications nécessaires.

15. Le produit total de la vente sera versé, par le porteur de contraintes, ès mains du receveur, qui en donnera quittance.

Les frais de poursuites seront acquittés par ce dernier, après qu'ils
auront été réglés par le préfet de police.

Le surplus du produit de la vente, si surplus il y a, le principal et
les frais payés, sera remis par le receveur au contribuable.

16. Il est défendu aux porteurs de contraintes, garnisaire et gardien de recevoir des contribuables, et à ceux-ci de leur remettre le
montant de leurs cotes pour les verser ès mains du receveur.

17. Les frais de poursuites sont réglés ainsi qu'il suit :

Pour la sommation...................................... » fr. 25 c.
Pour le procès-verbal d'établissement de garnison et
deux copies... 1 »
Pour chaque journée du garnisaire, outre la nourri-
ture et le logement................................... » 50
Pour le commandement................................ » 50

Pour le procès-verbal de saisie et copie, vacations com-
prises... 1 50
   A chacun des témoins............................. 1 »
Pour chaque journée du gardien à la saisie, outre le
logement 1 50
Pour le procès-verbal de récolement, vacations comprises et copie.. 1 50
Pour signification de vente tant à la partie qu'au gardien.. » 50
Pour procès-verbal d'affiche avec dénonciation à la
partie.. 1 50
Pour le procès-verbal de vente, vacations comprises
et copie... 3 »

Le tout indépendamment des frais de timbre, enregistrement et impression d'affiches.

18. La présente ordonnance sera imprimée et affichée dans Paris
et dans les communes riveraines de la Bièvre.

Le sous-préfet de Sceaux, les maires des communes riveraines, les
commissaires de police, à Paris, les officiers de paix, l'inspecteur de la
Bièvre et les autres préposés de la préfecture de police sont chargés,
chacun en ce qui le concerne, de tenir la main à son exécution.

Le général commandant la première division militaire, le général
commandant d'armes de la place de Paris, le chef de légion de la gendarmerie d'élite et le chef de la première légion de la gendarmerie nationale sont requis de leur faire prêter main-forte au besoin.

Le conseiller d'Etat, préfet de police, DUBOIS.

———————————————— ◊ ————————————————

N° **175.** — *Ordonnance concernant l'ouverture de la chasse* (1).

Paris, le 17 thermidor an XI (5 août 1803).

Le conseiller d'État, préfet de police,
Vu la loi du 30 avril 1790 ;
Les arrêtés des consuls des 12 messidor an VIII et 3 brumaire an IX;
Et la décision du ministre de la police générale, en date du 25 fruc-
tidor an IX;
Ordonne ce qui suit :

1. La chasse, cette année, sera ouverte, le 15 fructidor prochain,
dans le département de la Seine et sur le territoire des communes
de Sèvres, Saint-Cloud et Meudon.

2. Il est néanmoins défendu de chasser dans les vignes avant que la
vendange soit terminée.

3. Nul ne peut chasser s'il n'a obtenu un port d'armes du préfet de
police, et s'il n'est propriétaire ou porteur d'une permission accordée
par le propriétaire du bien sur lequel il chasse.

4. Les permissions accordées par les propriétaires devront être visées par les maires.

5. Tout chasseur, à la première réquisition des gendarmes et de
tous agents de l'autorité, sera tenu de justifier de ses droits.

6. Toute personne qui chasserait avant les époques ci-dessus fixées
pour l'ouverture de la chasse, ou qui, après lesdites époques, contre-

————————————————

(1) V. les ord. des 27 août 1806, 18 août 1812 et 22 août 1843.

viendrait à la présente ordonnance, sera poursuivie et punie conformément aux art. 1, 2 et 5 de la loi du 30 avril 1790.

7. La présente ordonnance sera imprimée, publiée et affichée dans toute l'étendue du département de la Seine.

Les sous-préfets de Sceaux et de Saint-Denis, les maires des communes rurales du département de la Seine, les commissaires de police, les officiers de paix et les préposés de la préfecture de police sont chargés, chacun en ce qui le concerne, d'en assurer la stricte exécution.

Le général commandant la première division militaire, les chefs de la gendarmerie d'élite et de la gendarmerie nationale, le général commandant d'armes de la place de Paris sont requis de leur faire prêter main-forte au besoin.

Le conseiller d'Etat, préfet de police, DUBOIS.

N° **176.**— *Ordonnance portant défenses de tirer des fusées, pétards, boîtes, bombes, etc.* (1).

Paris, le 23 thermidor an xi (11 août 1803).

Le conseiller d'État, préfet de police,
Vu l'article 24 de l'arrêté des consuls du 12 messidor an viii;

Ordonne ce qui suit :

1. Nul ne pourra, sous quelque prétexte que ce soit, tirer dans des maisons particulières, cours, jardins et terrains en dépendant, aucune pièce d'artifice, sans une permission du préfet de police.

2. Il est défendu de tirer, sur la voie publique, des fusées, pétards, boîtes, bombes et autre artifice.

3. Les pères et mères et les chefs de maison sont civilement responsables, suivant la loi, des contraventions aux dispositions ci-dessus.

4. Il sera pris envers les contrevenants telles mesures administratives qu'il appartiendra, sans préjudice des poursuites à exercer par-devant les tribunaux.

5. La présente ordonnance sera imprimée, publiée et affichée.

Les sous-préfets des arrondissements de Sceaux et de Saint-Denis, les maires et adjoints des communes rurales du ressort de la préfecture de police, les commissaires de police, à Paris, les officiers de paix et les autres préposés de la préfecture de police sont chargés, chacun en ce qui le concerne, de tenir la main à son exécution.

Le général commandant la première division militaire, le général commandant d'armes de la place de Paris et les chefs de légion de la gendarmerie d'élite et de la gendarmerie nationale des départements de la Seine et de Seine-et-Oise sont requis de leur faire prêter main-forte au besoin.

Le conseiller d'Etat, préfet de police, DUBOIS.

---

(1) V. les ord. des 26 juill. 1813 et 8 août 1829, art. 77.

N° **177**. — *Ordonnance concernant l'illumination du 15 août, à l'occasion de la fête du premier consul.*

Paris, le 26 thermidor an xi (14 août 1803).

Le conseiller d'État, préfet de police,

Ordonne ce qui suit :

1. Le palais du gouvernement et tous les établissements publics devant être illuminés la nuit du 27 au 28 de ce mois, aucune voiture ne pourra circuler dans Paris ledit jour 27 thermidor, depuis sept heures du soir jusqu'au lendemain matin.

Sont exceptés de la présente disposition les voitures du gouvernement, les courriers de la malle et les diligences.

2. La présente ordonnance sera imprimée, publiée et affichée.

Les commissaires de police, les officiers de paix et les autres préposés de la préfecture de police sont chargés, chacun en ce qui le concerne, de tenir la main à son exécution.

Le général commandant la première division militaire, le général commandant d'armes de la place de Paris et les chefs de légion de la gendarmerie d'élite et de la gendarmerie nationale du département de la Seine sont requis de leur faire prêter main-forte au besoin.

Le conseiller d'Etat, préfet de police, DUBOIS.

───────※───────

N° **178**. — *Ordonnance concernant la vérification annuelle des mesures pour le bois de chauffage, pour les grains et autres matières sèches* (1).

Paris, le 1er fructidor an xi (19 août 1803).

───────※───────

N° **179**. — *Ordonnance concernant les bestiaux malades* (2).

Paris, le 5 fructidor an xi (23 août 1803).

Le conseiller d'État, préfet de police,

Vu les articles 2, 23 et 33 de l'arrêté des consuls du 12 messidor an viii et celui du 3 brumaire an ix ;

Ordonne ce qui suit :

1. Dans les communes rurales du ressort de la préfecture de police, les propriétaires ou dépositaires de moutons, de bêtes à cornes et chevaux atteints de maladie, sont tenus d'en faire sur-le-champ la déclaration aux maires de leurs communes respectives, et d'en indiquer exactement le nombre, à peine de cent francs d'amende.

2. Pour s'assurer si les propriétaires ou dépositaires de bestiaux se sont conformés à l'article précédent, les animaux malades seront visités, en présence du maire, par des experts nommés à cet effet.

_____

(1) V. les ord. des 8 sept. et 23 nov. 1807, 14 déc. 1820, 15 déc. 1825, 27 oct. et 29 nov. 1826, 23 nov. 1842 et 1er déc. 1843.

(2) V. l'ord. du 18 fév. 1815, l'instr. du 26 mars 1816, et les ord. des 16 avril 1825 et 31 août 1842.

3. Les animaux malades seront séparés dans les bergeries, étables, ou écuries particulières, suivant les circonstances.

4. Il est expressément défendu de laisser vaguer les animaux malades, dans les parcours et sur les routes, et de les laisser communiquer avec les animaux qui sont sains.

5. Les animaux malades qui seront rencontrés au pâturage, sur les terres de parcours ou de vaine pâture, seront saisis par les gardes champêtres, et même par toutes autres personnes, et conduits dans l'endroit qui sera indiqué par le maire.

6. Il est défendu d'amener sur les marchés de Sceaux et de Poissy, de la Chapelle-Saint-Denis, de la Maison-Blanche, à la halle aux veaux de Paris, au marché aux chevaux et à la foire Saint-Denis, des animaux atteints de maladie, à peine de 300 fr. d'amende.

7. Les animaux amenés sur ces marchés seront visités par des experts, avant leur exposition en vente sur lesdits marchés.

8. Si, en contravention aux deux articles précédents, des animaux atteints de maladies sont amenés sur les marchés, ils seront traités dans des endroits particuliers, aux frais des propriétaires.

9. Les bergeries, bouveries et écuries, dans lesquelles auront séjourné des animaux malades, ne pourront servir qu'après avoir été désinfectées, sous la surveillance des maires, d'après les procédés indiqués à la suite de la présente ordonnance.

10. Les animaux morts seront enfouis, dans le jour, avec leurs peaux et laines, à un mètre trente-quatre centimètres (quatre pieds), hors de l'enceinte des communes; le tout aux frais des propriétaires.

11. Il sera pris envers les contrevenants aux dispositions ci-dessus telles mesures de police administrative qu'il appartiendra, sans préjudice des poursuites à exercer contre eux par-devant les tribunaux, conformément à la loi du 6 octobre 1791, et aux arrêts des 19 juillet 1746, 23 décembre 1778, et 16 juillet 1784.

12. La présente ordonnance sera imprimée; elle sera publiée et affichée dans Paris et dans les communes rurales du ressort de la préfecture de police.

Les sous-préfets de Saint-Denis et de Sceaux, les maires et adjoints dans les communes rurales du ressort de la préfecture de police, les commissaires de police, à Paris, les officiers de paix, le commissaire des halles et marchés et les autres préposés de la préfecture de police sont chargés, chacun en ce qui le concerne, de tenir la main à son exécution.

Le général commandant la première division militaire, le général commandant d'armes de la place de Paris, le chef de légion de la gendarmerie d'élite et le chef de la première légion de la gendarmerie nationale sont requis de leur faire prêter main-forte au besoin.

Le conseiller d'Etat, préfet de police, DUBOIS.

INSTRUCTION.

Le charbon suit constamment les grandes chaleurs et les grandes sécheresses.

Il est le résultat d'une nourriture trop échauffante ou mal conditionnée, d'une mauvaise boisson, de travaux forcés, et de la malpropreté des logements des animaux.

Il les attaque tous indistinctement, mais plus particulièrement les moutons, les bœufs et les chevaux.

Quelques animaux en ont déjà été affectés dans plusieurs communes du département de la Seine et dans les marchés.

Les animaux qui en sont atteints meurent quelquefois sur-le-champ et avant qu'on ait pu s'apercevoir qu'ils étaient malades,

Il est très-dangereux de saigner, de fouiller ou de dépouiller les animaux malades ou morts.

Plusieurs personnes sont mortes ou ont été grièvement malades pour s'être livrées à ces opérations.

Dans les circonstances actuelles, les ravages de cette maladie étant à craindre, il est important de les prévenir; les moyens en sont simples, peu dispendieux, et à la portée de tous les habitants des campagnes.

1° Il sera urgent, de la part des propriétaires, de se conformer à l'article premier de l'ordonnance ci-dessus, et de faire appeler sur-le-champ le vétérinaire pour constater la maladie et ordonner le traitement convenable, si l'animal en est susceptible.

2° S'il n'est pas possible de donner de la nourriture verte aux animaux, il faudra avoir soin d'asperger leurs fourrages avec de l'eau, dans laquelle on aurait fait fondre une poignée de sel de cuisine par seau, et où l'on ajoutera un verre de vinaigre.

3° L'eau étant généralement mauvaise en ce moment, dans la plupart des campagnes, il faut la corriger avant de la faire boire, en y mêlant du son de froment ou de la farine d'orge, avec une bonne pincée de sel et un demi-verre de vinaigre par seau.

4° Les animaux qui vont aux champs n'y seront conduits que le matin et le soir; on les rentrera dans le milieu du jour.

5° Il faudra éviter, le plus possible, les bords des grandes routes, où ils respirent constamment une poussière épaisse et étouffante.

6° Ceux qui travaillent seront ménagés. Souvent les travaux de la moisson ont été interrompus, parce que les propriétaires avaient forcé leurs animaux, trop peu nombreux, pour se hâter de rentrer leur récolte.

7° Les habitations des animaux seront nettoyées, lavées, s'il en est besoin, bien aérées, et on y répandra du vinaigre, une ou deux fois par jour, surtout lorsqu'ils y rentreront pendant la chaleur.

8° Enfin celles où il y aura eu des animaux malades ou morts seront désinfectées de la manière suivante :

Désinfection des bergeries, bouveries, écuries, etc.

La propreté, la libre circulation de l'air, le lavage à grande eau, et les fumigations minérales sont les bases de toute désinfection.

On balayera l'aire, les murs et les planchers des bergeries, bouveries et écuries; on n'y laissera ni fumier, ni fourrages, ni toiles d'araignées, ni aucune matière combustible.

On ouvrira les portes et les fenêtres pour faciliter la libre circulation de l'air; on pratiquera même des ouvertures, si celles qui existent ne suffisent pas.

Les murs à la hauteur d'un mètre (trois pieds) seront lavés à grande eau, avec des balais, jusqu'à ce qu'ils soient parfaitement nettoyés.

La terre de l'aire des bergeries, bouveries et écuries, sera enlevée de six centimètres (deux pouces) d'épaisseur, renouvelée et rebattue.

On y fera ensuite la fumigation suivante :

On portera dans les bergeries, bouveries et écuries, un réchaud rempli de charbons allumés, sur lequel on mettra une terrine à moitié pleine de cendre.

On posera sur cette cendre une autre terrine ou un vase large quelconque, dans lequel on mettra 125 grammes (quatre onces environ) de sel commun un peu humide; on versera 93 grammes (trois onces environ) d'huile de vitriol; on fermera les portes et les fenêtres, et on se retirera aussitôt, pour ne pas respirer la vapeur très-abondante qui se dégage, et qui bientôt remplira tout le local. On n'ouvrira que lorsque la vapeur sera entièrement dissipée; on pourra alors y faire entrer les animaux.

Cette fumigation peut être faite pendant que les animaux seront aux champs; il suffira d'ouvrir les portes et les fenêtres un moment avant que les animaux rentrent dans les bergeries, bouveries et écuries.

Toutes autres fumigations de plantes aromatiques sont inutiles; elles ne servent qu'à déplacer une odeur par une autre.

N° **180**. — *Ordonnance concernant l'ouverture de la chasse* (1).

Paris, le 7 fructidor an XI (25 août 1803).

N° **181**.—*Ordonnance concernant les mesures de police à observer à l'occasion des fêtes de Saint-Cloud* (2).

Paris, le 18 fructidor an XI (5 septembre 1803).

N° **182**. — *Ordonnance pour faire écouler les eaux stagnantes dans le petit bras de la Seine, depuis la pointe orientale de l'île de la Cité jusqu'au Pont-Neuf, et pour empêcher de fouiller dans le lit de la rivière.*

Paris, le 29 fructidor an XI (16 septembre 1803).

Le conseiller d'État, préfet de police,

Vu le rapport de l'ingénieur en chef des ponts et chaussées, de l'ingénieur hydraulique et de l'inspecteur général de la navigation et des ports, du 29 du présent mois de fructidor;

Considérant que dans le petit bras de la rivière, depuis la pointe orientale de l'île de la Cité jusqu'au Pont-Neuf, il n'y a presque plus de courant; que l'eau y croupit et pourrait occasionner des exhalaisons incommodes et même dangereuses; qu'il importe, en conséquence, d'y rétablir momentanément un courant qui puisse enlever les eaux stagnantes et les remplacer par des eaux nouvelles;

Considérant que, sous prétexte de faire des recherches, un grand nombre de particuliers fouillent le gravier aux bords de la rivière, et y font des trous qui détruisent l'adhérence du sol et occasionneraient, par la suite, des affouillements dans certains endroits, et des attérissements dans d'autres;

Ordonne ce qui suit:

Il sera formé, au pont de la Cité, un barrage de bateaux, afin de faire refluer l'eau dans le petit bras de la rivière.

L'opération sera commencée le second jour complémentaire dans la

---

(1) V. les ord. des 27 août 1806, 18 août 1812 et 22 août 1843.

(2) V. l'ord. du 6 sept. 1843.

soirée, et sera dirigée par l'ingénieur en chef des ponts et chaussées, l'ingénieur hydraulique et l'inspecteur général de la navigation et des ports.

L'inspecteur général de la navigation et des ports est chargé de procurer les bateaux, cordages et agrès nécessaires, et de traiter de gré à gré tant pour la location que pour le lâchage.

La navigation par le pont de la Cité sera interrompue tant que le barrage subsistera, et il sera arboré sur le pont de la Tournelle un drapeau pour prévenir de cette mesure les mariniers.

En conséquence, il est défendu de lâcher et faire passer sous le pont de la Cité aucuns bateaux ni trains, de quelque espèce que ce soit, tant que les bateaux du barrage ne seront pas retirés ; sinon il sera pris contre les propriétaires, mariniers, conducteurs ou lâcheurs de bateaux ou de trains telles mesures qu'il appartiendra, et ils demeureront responsables de toutes pertes, dommages et intérêts.

Il est défendu de faire aucunes fouilles, ni creux dans la rivière ou sur les bords, sous tel prétexte que ce soit. Les personnes qui ne se conformeraient pas à cette disposition seront arrêtées et conduites à la préfecture de police.

La présente ordonnance sera imprimée et affichée.

Les commissaires de police, les officiers de paix, l'inspecteur général de la navigation et des ports et les autres préposés de la préfecture de police sont chargés, chacun en ce qui le concerne, de tenir la main à son exécution.

Le général commandant d'armes de la place de Paris, le chef de légion de la gendarmerie d'élite et le chef de la première légion de la gendarmerie nationale sont requis de leur faire prêter main-forte au besoin.

Le conseiller d'Etat, préfet de police , DUBOIS.

———————————

N° **183.**— *Ordonnance qui prescrit l'impression et la publication des articles 6 (section 4) et 21 (titre 2) de la loi du 6 octobre 1791 , relatifs au grappillage (1).*

Paris, le troisième jour complémentaire de l'an xi (20 septembre 1803).

———————————

N° **184.** — *Instruction concernant la surveillance de la rivière , des ports, de la halle aux vins, des chantiers et de la place d'Aval (2).*

Paris, le troisième jour complémentaire de l'an xi (20 septembre 1803).

———————————

(1) V. cette loi à l'appendice.

(2) V. les ord. des 24 mars 1824, 26 mars 1829 et 25 oct. 1840.

N° **185**. — *Ordonnance concernant la fête de la fondation de la république.*

Paris, le quatrième jour complémentaire de l'an xi (21 septembre 1803).

Le conseiller d'État, préfet de police,

Vu le programme arrêté par le ministre de l'intérieur pour la fête du 1er vendémiaire ;

Ordonne ce qui suit :

1. Le 1er vendémiaire, la voie publique sera balayée et débarrassée avant huit heures du matin.

2. Depuis la même heure jusqu'après la cérémonie de la pose de la première pierre du portique de l'Hôtel-Dieu, les voitures ne pourront stationner ni circuler sur le quai des Orfévres, à partir du Pont-Neuf, ni dans la rue Saint-Louis, le Marché-Neuf, rue Neuve et Parvis-Notre-Dame.

3. Le palais du Gouvernement et la place de la Concorde devant être illuminés la nuit du 1er au 2 vendémiaire, aucune voiture ne pourra stationner ni circuler depuis six heures du soir jusqu'au lendemain matin, sur les quais de l'École, du Louvre, des Tuileries, les ponts des Tuileries et de la Concorde, la place et la rue de la Concorde, ni dans aucunes des autres rues qui se trouvent à droite de la rue Saint-Honoré, depuis la porte Saint-Honoré jusqu'à la rue de l'Arbre-Sec.

4. Les voitures qui, de la rive gauche de la Seine, doivent se rendre au palais du Gouvernement, y arriveront par le Pont-Neuf, les rues de la Monnaie, du Roule, Saint-Honoré et de l'Echelle.

En retournant, elles suivront la même route.

Les voitures qui, de la rive droite de la Seine, doivent pareillement se rendre au palais du Gouvernement, y arriveront par la rue de l'Echelle, et retourneront par la même rue.

5. Les commissaires de police tiendront la main à l'exécution des règlements qui défendent de tirer des fusées, pétards, boîtes, bombes et autres pièces d'artifice dans les rues, promenades, places publiques, cours et jardins, ou par les fenêtres des maisons.

6. Il sera mis une force armée suffisante à la disposition des commissaires de police des divisions des Champs-Elysées, des Tuileries, du Muséum, des Gardes-Françaises et de la place Vendôme, pour les seconder dans l'exécution des mesures de police dont ils sont chargés.

7. La présente ordonnance sera imprimée, publiée et affichée.

Les commissaires de police, les officiers de paix et les préposés de la préfecture de police sont chargés, chacun en ce qui le concerne, de tenir la main à son exécution.

Le général commandant la première division militaire et de la place de Paris et les chefs de légion de la gendarmerie d'élite et de la gendarmerie nationale du département de la Seine sont requis de leur faire prêter main-forte au besoin.

Le conseiller d'Etat, préfet de police, DUBOIS.

N° 186. — *Avis concernant l'abattage des chiens errants* (1).

Paris, le 13 vendémiaire an XII (6 octobre 1803).

———————◦———————

N° 187. — *Ordonnance concernant les cours de dissection* (2).

Paris, le 24 vendémiaire an XII (17 octobre 1803).

———————◦———————

N° 188. — *Ordonnance concernant le commerce de la boucherie dans les communes rurales du ressort de la préfecture de police.*

Paris, le 24 vendémiaire an XII (17 octobre 1803).

Le conseiller d'État, préfet de police,

Vu 1° l'article 2 de l'arrêté des consuls du 12 messidor an VIII et l'article 1er de celui du 3 brumaire an IX;

2° Les arrêts du conseil des 27 décembre 1707 et 15 novembre 1712, et les ordonnances de police des 18 octobre 1727, 13 octobre 1728, et 23 octobre 1734;

Ordonne ce qui suit:

1. Nul ne peut exercer la profession de boucher dans les communes rurales du ressort de la préfecture de police, sans une permission spéciale du préfet de police.

2. Pour obtenir cette permission, les bouchers devront présenter une pétition au préfet de police.

La pétition indiquera les noms, prénoms des réclamants, et les lieux où ils se proposeront de former leurs établissements. Elle sera remise aux maires, qui l'adresseront aux sous-préfets, et ceux-ci la transmettront au préfet de police.

3. Il sera pris envers les contrevenants telles mesures de police administrative qu'il appartiendra, sans préjudice des poursuites à exercer contre eux par-devant les tribunaux, conformément aux lois et aux règlements qui leur sont applicables.

4. La présente ordonnance sera imprimée, publiée et affichée.

Les sous-préfets des arrondissements de Saint-Denis et de Sceaux, les maires et adjoints des communes rurales du ressort de la préfecture de police, le commissaire des halles et marchés et les autres préposés de la préfecture de police sont chargés, chacun en ce qui le concerne, de tenir la main à son exécution.

Le général commandant la première division militaire, le chef de légion de la gendarmerie d'élite et le chef de la première légion de la gendarmerie nationale sont requis de leur faire prêter main-forte au besoin.

Le conseiller d'État, préfet de police, DUBOIS.

———————

(1) V. les ord. des 25 mai 1808 et 23 juin 1832.

(2) V. les ord. des 11 janv. 1815 et 25 nov. 1834.

N° **189.**—*Ordonnance portant établissement d'un marché à Paris pour la vente des vaches propres à la boucherie* (1).

Paris, le 3 brumaire an XII (26 octobre 1803).

Le conseiller d'État, préfet de police,

Considérant, 1° que d'après les règlements, les bouchers établis dans le ressort de la préfecture de police ne doivent s'approvisionner ailleurs que sur les marchés de Sceaux et de Poissy;

2° Qu'il arrive souvent que des vaches propres à la boucherie ne peuvent être conduites sur ces marchés, et qu'il importe d'empêcher qu'elles soient vendues clandestinement;

Vu les articles 2, 32 et 33 de l'arrêté des consuls du 12 messidor an VIII, et l'article 1er de celui du 3 brumaire an IX,

Ordonne ce qui suit :

1. Dans le ressort de la préfecture de police, les vaches propres à la boucherie continueront d'être conduites et exposées en vente sur les marchés de Sceaux et de Poissy.

2. Néanmoins les propriétaires des vaches propres à la boucherie pourront les exposer en vente les jours ci-après désignés, sur les emplacements suivants;

SAVOIR :

1° Partie de l'emplacement du marché aux chevaux, côté du corps de garde, division du Finistère;

2° Le long du mur de la rue des Grésillons, à la Pologne, division du Roule.

3. Ces marchés tiendront alternativement tous les vendredis, pendant six mois consécutifs, à compter du mois de pluviôse prochain.

La vente sera ouverte depuis midi jusqu'au coucher du soleil.

L'ouverture et la fermeture seront annoncées au son d'une cloche.

Le premier marché aura lieu le 6 pluviôse prochain, sur le terrain dépendant du marché aux chevaux.

4. Il est expressément défendu de vendre et d'acheter des vaches propres à la boucherie partout ailleurs que sur les marchés affectés à cette destination.

5. Il sera pris envers les contrevenants aux dispositions ci-dessus telles mesures de police administrative qu'il appartiendra, sans préjudice des poursuites à exercer contre eux par-devant les tribunaux, conformément aux lois et aux règlements qui leur sont applicables.

6. La présente ordonnance sera soumise à l'approbation du ministre de l'intérieur.

7. Elle sera imprimée, publiée et affichée.

Les sous-préfets des arrondissements de Saint-Denis et de Sceaux, les maires et adjoints des communes rurales du ressort de la préfecture de police, les commissaires de police, à Paris, les officiers de paix, le commissaire des halles et marchés, les autres préposés de la préfecture de police et les syndic et adjoints des bouchers sont chargés, chacun en ce qui le concerne, de tenir la main à l'exécution.

Le général commandant la première division militaire, le général commandant d'armes de la place de Paris et les chefs de légion de la

_____

(1) V. les ord. des 29 janv. 1806, 22 déc. 1807 et 29 oct. 1836.

gendarmerie d'élite et de la première légion de la gendarmerie nationale sont requis de leur faire prêter main-forte au besoin.

Le conseiller d'Etat, préfet de police, DUBOIS.

Vu et approuvé,

Le ministre de l'intérieur, CHAPTAL.

———————◦———————

N° **190.** — *Ordonnance concernant la police de la rivière et des ports, pendant l'hiver, et dans les temps de glaces, grosses eaux et débâcles* (1).

Paris, le 12 brumaire an xii (4 novembre 1803).

———————◦———————

N° **191.** — *Ordonnance concernant le balayage des rues* (2).

Paris, le 20 brumaire an xii (12 novembre 1803).

———————◦———————

N° **192.** — *Ordonnance concernant la vente, la préparation et la cuisson des tripes* (3).

Paris, le 25 brumaire an xii (17 novembre 1803).

Le conseiller d'État, préfet de police,
Vu les articles 2 et 23 de l'arrêté des consuls du 12 messidor an viii, et celui du 3 brumaire an ix.

Ordonne ce qui suit :

1. Les issues de bœufs, vaches et moutons continueront d'être vendues aux tripières, qui les débiteront comme par le passé. (*Lettres patentes du 1er juin 1782, art. 8.*)

2. Les issues seront délivrées entières et en bon état. Elles devront être composées,

SAVOIR :

1° Celles de bœufs ou vaches, des quatre pieds, de la panse, de la franche mule, de la mamelle, des feuillets, muffles et palais ;
2° Celles de mouton, de la tête avec la langue, des quatre pieds, de la panse et de la caillette.

3. Les bouchers ne pourront vendre en détail, sous tel prétexte que ce soit, aucune partie des issues désignées en l'article précédent.

4. Il est expressément défendu de préparer et de faire cuire des issues dans le ressort de la préfecture de police partout ailleurs que dans des établissements autorisés à cet effet.

———————

(1) V. les ord. des 1er déc. 1838, 5 déc. 1839 et 25 oct. 1840 (art. 203 et suiv.).
(2) V. les ord. des 14 nov. 1817, 29 oct. 1836, 28 oct. 1839 et 1er avril 1843.
(3) V. les ord. des 11 janv. 1813, 25 nov. 1819, 19 juill. 1824 et 25 mars 1830.

5. Les tripières sont tenues d'enlever, chaque jour, les issues chez les bouchers et de les faire transporter dans les lieux où elles devront être préparées.

6. Il sera pris envers les contrevenants aux dispositions ci-dessus telles mesures de police administrative qu'il appartiendra, sans préjudice des poursuites à exercer contre eux par-devant les tribunaux, conformément aux lois et aux règlements de police qui leur sont applicables.

7. La présente ordonnance sera imprimée, publiée et affichée.

Les sous-préfets des arrondissements de Saint-Denis et de Sceaux, les maires et adjoints dans les communes rurales du ressort de la préfecture de police, les commissaires de police, à Paris, les officiers de paix, le commissaire des halles et marchés et les autres préposés de la préfecture de police et les syndic et adjoints des bouchers sont chargés, chacun en ce qui le concerne, de tenir la main à son exécution.

Le général commandant la première division militaire, le général commandant d'armes de la place de Paris, les chefs de légion de la gendarmerie d'élite et de la première légion de la gendarmerie nationale sont requis de leur faire prêter main-forte au besoin.

Le conseiller d'Etat, préfet de police, DUBOIS.

———————————— ❦ ————————————

N° **193.** — *Ordonnance portant suppression de la vente en gros de la viande sur le carreau de la halle à Paris* (1).

Paris, le 25 brumaire an xii (17 novembre 1803).

Le conseiller d'État, préfet de police,

Considérant que la vente en gros de la viande sur le carreau de la halle à Paris est un véritable regrat qui tourne au détriment du consommateur ;

Vu l'arrêté des consuls du 12 messidor an viii, l'arrêté du 8 vendémiaire an xi, portant règlement pour l'exercice de la profession de boucher à Paris, et la décision du ministre de l'intérieur, du 3 du présent mois de brumaire ;

Ordonne ce qui suit :

1. A compter du 1er nivôse prochain, il est expressément défendu de vendre en gros de la viande sur le carreau de la halle.

La vente de la viande en détail continuera d'y avoir lieu, conformément à l'ordonnance du 15 nivôse an xi.

2. Il sera pris envers les contrevenants, telles mesures de police administrative qu'il appartiendra, sans préjudice des poursuites à exercer contre eux par-devant les tribunaux, conformément aux lois et aux règlements de police qui leur sont applicables.

3. La présente ordonnance sera imprimée, publiée et affichée.

Les sous-préfets des arrondissement de Saint-Denis et de Sceaux, les maires et adjoints dans les communes rurales du ressort de la préfecture de police, les commissaires de police, à Paris, les officiers de paix, le commissaire des halles et marchés, les autres préposés de

———————————————————————————————

(1) V. les ord. des 15 juill. et 5 nov. 1808, 26 mars 1811, 25 nov. 1817, 25 nov. 1823, 3 oct. 1827 et 25 mars 1830.

la préfecture et les syndic et adjoints des bouchers sont chargés, chacun en ce qui le concerne, de tenir la main à son exécution.

Le général commandant la première division militaire, le général commandant d'armes de la place de Paris, les chefs de légion de la gendarmerie d'élite et de la première légion de la gendarmerie nationale sont requis de leur faire prêter main-forte au besoin.

Le conseiller d'État, préfet de police, DUBOIS.

N° **194**. — *Ordonnance concernant les étaliers et les garçons bouchers* (1).

Paris, le 25 brumaire an XII (17 novembre 1803).

Le conseiller d'État, préfet de police,
Vu les articles 2 et 10 de l'arrêté des consuls, du 12 messidor an VIII ;

Ordonne ce qui suit :

1. Les étaliers et les garçons bouchers, à Paris, sont tenus de se faire inscrire au bureau du commissaire de police de la division des Marchés.

2. Il sera délivré aux étaliers et aux garçons bouchers les livrets dont il sera question ci-après.

3. Pour se faire inscrire, les étaliers et les garçons bouchers produiront leurs papiers.

4. Les étaliers et les garçons bouchers se feront inscrire, dans un mois, à compter du jour de la publication de la présente ordonnance.

5. Les garçons bouchers qui viendront à Paris pour y exercer leur état seront tenus de se faire inscrire, dans les trois jours de leur arrivée, sans préjudice des autres formalités auxquelles sont astreints, par les lois et règlements de police, tous individus arrivant à Paris.

6. Il sera remis un livret à tout étalier ou garçon boucher, lors de son inscription.

Ce livret contiendra le signalement de l'étalier ou du garçon boucher. Il y sera fait mention de son inscription.

7. Les bouchers se feront remettre les livrets des étaliers et garçons bouchers, à l'instant où ils entreront à leur service. Ils y inscriront ou y feront inscrire leur entrée chez eux.

8. Les livrets seront déposés, dans les vingt-quatre heures, au bureau du commissaire de police de la division sur laquelle les étaliers et les garçons bouchers seront placés. Les livrets y resteront tant qu'ils travailleront chez les mêmes bouchers.

9. Aucun étalier ou garçon boucher ne pourra quitter le boucher chez lequel il travaille, sans l'avoir averti à l'avance, savoir : l'étalier, un mois, et le garçon, au moins huit jours. Le boucher devra lui en délivrer un certificat. En cas de refus, l'étalier ou le garçon boucher se retirera devant le commissaire de police qui recevra sa déclaration. S'il survient des difficultés, le commissaire de police statuera, sauf le recours au préfet de police, s'il y a lieu.

10. Lorsqu'un étalier ou garçon boucher sortira de chez un bou-

---

(1) V. les ord. des 29 janv. 1811, 3 nov. 1829 et 25 mars 1830.

cher, son livret ne lui sera rendu qu'après que le commissaire de police y aura fait mention de sa sortie.

11. Lorsqu'un étalier quittera un étal où il aura resté deux mois consécutifs, il sera tenu de laisser au moins quatre établissements entre le nouveau où il entrera, et ceux de tous les bouchers chez lesquels il aura travaillé.

Il ne pourra revenir travailler sur la même division, qu'un an après qu'il en sera sorti.

12. Tout étalier ou garçon boucher qui voudra cesser d'exercer son état en fera la déclaration au bureau d'inscription.

13. Il est enjoint aux garçons bouchers de saigner et de dépouiller les bestiaux, de manière que les cuirs et les peaux soient intacts et sans hachure.

14. Il sera pris envers les contrevenants aux dispositions ci-dessus telles mesures de police administrative qu'il appartiendra, sans préjudice des poursuites à exercer contre eux par-devant les tribunaux, conformément aux lois et aux règlements de police qui leur sont applicables, et notamment à l'ordonnance du 10 octobre 1777, qui prononce une amende de vingt francs.

15. La présente ordonnance sera imprimée, publiée et affichée.

Les commissaires de police, les officiers de paix, le commissaire des halles et marchés, les autres préposés de la préfecture de police et les syndic et adjoints des bouchers sont chargés, chacun en ce qui le concerne, de tenir la main à son exécution.

Le général commandant d'armes de la place de Paris, les chefs de légion de la gendarmerie d'élite et de la première légion de la gendarmerie nationale sont requis de leur faire prêter main-forte au besoin.

Le conseiller d'Etat, préfet de police, DUBOIS.

N° **195.** — Avis concernant le ramonage (1).

Paris, le 30 brumaire an xii (22 novembre 1803).

N° **196.** — Ordonnance concernant l'exercice de la pharmacie, et la vente des plantes médicinales (2).

Paris, le 17 frimaire an xii (9 décembre 1803).

Le conseiller d'État, préfet de police,

Vu 1° La loi du 21 germinal an xi, contenant organisation des écoles de pharmacie ;

2° L'arrêté du gouvernement du 25 thermidor an xi, portant règlement sur les écoles de pharmacie ;

3° La lettre du ministre de l'intérieur, du 30 brumaire dernier, annonçant que l'école de pharmacie, à Paris, est installée dans le local anciennement occupé par le collège de pharmacie, rue de l'Arbalète, division de l'Observatoire ;

---

(1) V. l'avis du 10 janv. 1828 et l'ord. du 24 nov. 1843.

(2) V. les ord. des 9 flor. an xi (29 avril 1803), 16 vent. an xiii (7 mars 1805) et 4 oct. 1806.

Ordonne ce qui suit :

1. Il est enjoint à tous les élèves en pharmacie de se faire inscrire à l'école de pharmacie, dans un mois, à compter du jour de la publication de la présente ordonnance.

Les pharmaciens chez lesquels les élèves demeurent sont responsables de l'exécution.

2. Les élèves en pharmacie, qui viendront à Paris pour étudier, se feront inscrire, dans les dix jours de leur arrivée, à l'école de pharmacie, sans préjudice des autres formalités auxquelles sont astreints par les lois et règlements de police tous les individus qui arrivent à Paris.

3. Deux docteurs et professeurs de l'école de médecine, accompagnés des membres de l'école de pharmacie, et assistés d'un commissaire de police, feront des visites chez les pharmaciens, les droguistes et les épiciers, conformément à la loi et à l'arrêté précités.

4. Tout individu vendant des plantes ou parties de plantes médicinales indigènes, fraîches ou sèches, est tenu de se présenter, dans un mois, à l'école de pharmacie pour s'y faire inscrire et subir l'examen requis.

Celui qui ne se serait pas présenté dans le délai fixé ne pourra continuer la profession d'herboriste.

5. Tout individu ayant officine de pharmacie ouverte à Paris, sans titre légal, se présentera, dans trois mois, à l'école de pharmacie pour y subir ses examens et y être reçu.

Celui qui ne se serait pas présenté, dans le délai fixé, cessera la préparation et la vente des drogues et médicaments.

6. A l'avenir, nul ne pourra, sous tel prétexte que ce soit, ouvrir officine de pharmacie, dans le ressort de la préfecture de police, sans avoir préalablement rempli toutes les formalités prescrites.

7. Tout débit au poids médicinal, toute distribution de drogues et de préparations médicamenteuses sur des théâtres et étalages, dans les places publiques, foires et marchés, toute annonce et affiche imprimée indiquant des remèdes secrets, sous quelque dénomination que ce soit, sont sévèrement prohibés.

8. L'ordonnance du 9 floréal an XI, concernant l'exercice de la pharmacie et la vente des plantes médicinales, continuera de recevoir son exécution ; et, à cet effet, elle sera réimprimée et affichée de nouveau.

9. Il sera pris envers les contrevenants aux dispositions ci-dessus telles mesures de police administrative qu'il appartiendra, sans préjudice des poursuites à exercer contre eux, par-devant les tribunaux, conformément aux lois et aux règlements qui leur sont applicables.

10. La présente ordonnance sera imprimée, publiée et affichée.

Elle sera notifiée aux directeurs et professeurs des écoles de médecine et de pharmacie.

Les sous-préfets des arrondissements de Saint-Denis et de Sceaux, les maires et adjoints des communes rurales du ressort de la préfecture de police, les commissaires de police, à Paris, les officiers de paix et les préposés de la préfecture de police sont chargés, chacun en ce qui le concerne, de tenir la main à son exécution.

Le général commandant la première division militaire, le général commandant d'armes de la place de Paris et les chefs de légion de la gendarmerie d'élite et de la première légion de la gendarmerie nationale sont requis de leur faire prêter main-forte au besoin.

Le conseiller d'Etat, préfet de police, DUBOIS.

N° **197**. — *Ordonnance concernant les porteurs d'eau* (1).

Paris, le 25 frimaire an xii (17 décembre 1803).

Le conseiller d'État, préfet de police,
Vu l'article 32 de l'arrêté des consuls, du 12 messidor an viii ;
Ordonne ce qui suit :

1. Nul ne pourra être porteur d'eau, soit à bretelles, soit à tonneau, sans être enregistré.

Il est enjoint à tout porteur d'eau de se présenter, à cet effet, dans le délai de quinze jours, à dater de la publication de la présente ordonnance, chez le commissaire de police de sa division.

2. Toutes permissions délivrées jusqu'à ce jour sont annulées.

3. En cas de changement de domicile, les porteurs d'eau en feront leur déclaration dans le délai de trois jours, au commissaire de police de leur division, à peine d'être rayés de la liste des porteurs d'eau.

4. Lorsqu'un porteur d'eau cessera l'exercice de son état, il en fera également la déclaration au commissaire de police de sa division.

5. Les porteurs d'eau à tonneau feront peindre leurs noms et demeure sur le fond de leur tonneau.

6. Il est défendu aux porteurs d'eau à tonneau de puiser aux fontaines publiques, à peine de cinquante francs d'amende; ils puiseront, soit à la rivière, soit aux pompes épuratoires. (*Ord. de police du 14 juin 1731.*)

7. En cas d'incendie, tous porteurs d'eau à tonneau seront tenus de marcher à la première réquisition et de se porter au lieu de l'incendie, avec leurs tonneaux, pour fournir les secours nécessaires ; à cet effet, ils rentreront, chaque jour, leurs tonneaux pleins. (*Art. 17 de la loi du 22 juill. 1791.*)

Ils recevront une indemnité.

8. Les porteurs d'eau à tonneau sont responsables des personnes qu'ils emploient à la conduite de leurs voitures ou à la distribution de l'eau.

9. Les porteurs d'eau à bretelles ne pourront puiser à la rivière qu'aux puisoirs autorisés à cet effet par le préfet de police.

Ils pourront puiser aux fontaines publiques.

En cas de concurrence avec des particuliers, ceux-ci puiseront les premiers.

10. Il est défendu aux porteurs d'eau à bretelles de puiser après dix heures du soir aux fontaines publiques, hors les cas d'incendie.

11. Il sera pris envers les contrevenants aux dispositions ci-dessus telles mesures de police administrative qu'il appartiendra, sans préjudice des poursuites à exercer contre eux devant les tribunaux, conformément aux lois et ordonnances de police.

12. La présente ordonnance sera imprimée, publiée et affichée.

Les commissaires de police, l'inspecteur général de la navigation et des ports, l'ingénieur hydraulique, les officiers de paix et les autres préposés de la préfecture de police sont chargés, chacun en ce qui le concerne, de tenir la main à son exécution.

Le général commandant la première division militaire, le général commandant d'armes de la place de Paris et les chefs de légion de la gendarmerie d'élite et de la première légion de la gendarmerie nationale sont requis de leur faire prêter main-forte au besoin.

Le conseiller d'État, préfet de police, DUBOIS.

---

(1) V. l'arr. du 4 juin 1811 et les ord. des 28 juill. 1819, 24 oct. 1829, 14 juin 1833, 30 mars 1837 et 15 avril 1843.

N° **198.** — *Ordonnance concernant le balayage des rues* (1).

Paris, le 6 nivôse an xii (28 décembre 1803).

N° **199.** — *Ordonnance concernant la vente des substances vénéneuses* (2).

Paris, le 9 nivôse an xii (31 décembre 1803).

Le conseiller d'État, préfet de police,

Vu les articles 34 et 35 de la loi du 21 germinal an xi, contenant organisation des écoles de pharmacie, dont la teneur suit :

« Les substances vénéneuses et notamment l'arsenic, le réalgar, le « sublimé corrosif, seront tenues, dans les officines des pharmaciens « et les boutiques des épiciers, dans des lieux sûrs et séparés dont « les pharmaciens et épiciers seuls auront la clef, sans qu'aucun autre « individu qu'eux puisse en disposer. Ces substances ne pourront être « vendues qu'à des personnes connues et domiciliées, qui pourraient en « avoir besoin pour leur profession ou pour cause connue, sous peine « de trois mille francs d'amende de la part des vendeurs contrevenants.

« Les pharmaciens et épiciers tiendront un registre coté et parafé « par le maire ou le commissaire de police, sur lequel registre ceux « qui seront dans le cas d'acheter des substances vénéneuses inscriront « de suite, sans aucun blanc, leurs noms, qualités et demeures, la na- « ture et la quantité des drogues qui leur ont été délivrées, l'emploi « qu'ils se proposent d'en faire et la date exacte du jour de leur achat, « le tout à peine de trois mille francs d'amende contre les contreve- « nants. Les pharmaciens et les épiciers seront tenus de faire eux- « mêmes l'inscription, lorsqu'ils vendront ces substances à des indi- « vidus qui ne sauront point écrire et qu'ils connaîtront comme ayant « besoin de ces mêmes substances. »

Ordonne ce qui suit :

1. Toutes personnes qui fabriquent et vendent, et toutes personnes autorisées à débiter les substances minérales vénéneuses dénom- mées dans l'état à la suite de la présente ordonnance, sont tenues de se conformer aux articles 34 et 35 de la loi précitée, et qui se trouvent ci-dessus relatés.

2. Il sera pris envers les contrevenants telles mesures de police ad- ministrative qu'il appartiendra, sans préjudice des poursuites à exer- cer contre eux par-devant les tribunaux, conformément aux lois et aux règlements qui leur sont applicables et notamment à la loi du 21 ger- minal an xi, qui prononce une amende de trois mille francs.

5. La présente ordonnance sera imprimée, publiée et affichée.

Elle sera notifiée aux directeurs et professeurs des écoles de méde- cine et de pharmacie.

Les sous-préfets des arrondissements de Saint-Denis et de Sceaux, les maires et adjoints des communes rurales du ressort de la préfecture de police, les commissaires de police, à Paris, les officiers de paix et les

(1) V. les ord. des 14 nov. 1817, 29 oct. 1836, 28 oct. 1839 et 1er avril 1843.

(2) V. les ord. des 18 pluv. an ix (7 févr. 1801), 12 pluv. au xi (1er févr. 1803) et 31 oct. 1820.

préposés de la préfecture de police sont chargés, chacun en ce qui le concerne, de tenir la main à son exécution.

Le général commandant la première division militaire, le général commandant d'armes de la place de Paris, les chefs de légion de la gendarmerie d'élite et de la première légion de la gendarmerie nationale sont requis de leur faire prêter main-forte au besoin.

Le conseiller d'Etat, préfet de police, DUBOIS.

ÉTAT DES SUBSTANCES MINÉRALES

RÉPUTÉES VÉNÉNEUSES.

Anciennes dénominations.	Nouvelles dénominations.	Anciennes dénominations.	Nouvelles dénominations.
Eau forte.......... Eau seconde......... Acide nitreux........ Esprit de nitre.......	Acide nitrique.	Foie d'antimoine..... Crocus metallorum....	Sulfure vitreux d'antimoine.
Esprit de vitriol...... Huile de vitriol.......	Acide sulfurique.	Précipité rouge.......	Oxyde de mercure.
Acide marin.......... Esprit de sel.........	Acide muriatique.	Sublimé corrosif.....	Muriate sur-oxygéné de mercure.
Arsenic blanc........ Arsenic noir......... Régule d'arsenic...... Poudre de cobalt.....	Oxydes d'arsenic.	Couperose blanche.... Vitriol blanc.........	Sulfate de zinc.
Orpin................ Orpiment............ Réalgar.............	Sulfures d'arsenic.	Céruse............... Blanc de plomb....... Minium.............. Massicot............ Litharge............	Oxydes de plomb.
Magistère de bismuth.	Oxyde de bismuth	Vert-de-gris.........	Oxyde de cuivre.
Emétique............	Tartrite de potasse antimonié.	Verdet.............. Cristaux de Vénus.....	Acétate de cuivre.
		Vitriol bleu..........	Sulfate de cuivre.
Verre d'antimoine....	Oxyde d'antimoine vitreux.	Pierre infernale......	Nitrate d'argent fondu.
		Pierre à cautère......	Potasse caustique.

Fait et arrêté à la Préfecture de police, le 9 nivôse an XII de la république.

Le conseiller d'Etat, préfet de police, DUBOIS.

1804.

N° **200.** — *Ordonnance concernant la vente en gros et en détail de plantes médicinales indigènes, fraîches ou sèches* (1).

Paris, le 14 nivôse an XII (5 janvier 1804).

Le conseiller d'État, préfet de police,

Vu 1° les articles 2 et 33 de l'arrêté des consuls du 12 messidor an VIII et l'article 1er de celui du 3 brumaire suivant ;

2° L'article 37 de la loi du 21 germinal an XI, contenant organisation des écoles de pharmacie, et l'article 46 de l'arrêté du gouvernement du 25 thermidor dernier, portant règlement pour l'exercice de la pharmacie.

Ordonne ce qui suit :

1. Le marché aux plantes médicinales indigènes, fraîches ou sèches, continuera de tenir dans la rue de la Poterie, le long de la Halle aux Draps et aux Toiles.

2. Ce marché aura lieu, tous les jours, depuis le lever du soleil jusqu'à midi, du 1er vendémiaire au 1er germinal ; et depuis le lever du soleil jusqu'à dix heures du matin, du 1er germinal au 1er vendémiaire.

3. Les plantes ne pourront être vendues que par bottes de chaque espèce.

4. Il est défendu à tous autres qu'à ceux qui sont dans l'usage de cultiver ou de recueillir les plantes médicinales, d'en exposer en vente sur le marché.

5. L'ouverture et la clôture du marché seront annoncées au son d'une cloche.

6. Il est défendu à tous autres qu'aux herboristes, légalement reçus, de vendre en détail des plantes ou des parties de plantes médicinales indigènes, fraîches ou sèches.

Cette disposition n'est point applicable aux pharmaciens qui ont le droit de vendre toutes sortes de plantes médicinales, exotiques et indigènes.

7. A compter du 1er germinal prochain, nul herboriste ne pourra cumuler d'autre commerce que celui de grainetier.

8. Conformément à l'article 46 de l'arrêté du gouvernement du 25 thermidor an XI, il sera fait annuellement des visites chez les herboristes par le directeur de l'école de pharmacie, le professeur de botanique et l'un des professeurs de l'école de médecine, assistés d'un commissaire de police.

9. Il sera pris envers les contrevenants aux dispositions ci-dessus telles mesures de police administrative qu'il appartiendra, sans préjudice des poursuites à exercer contre eux, par-devant les tribunaux, conformément aux lois et aux règlements qui leur sont applicables.

---

(1) V. les ord. des 8 nov. 1810 et 25 nov. 1813.

10. La présente ordonnance sera imprimée, publiée et affichée.

Elle sera notifiée aux directeurs et professeurs des écoles de médecine et de pharmacie.

Les sous-préfets des arrondissements de Saint-Denis et de Sceaux, les maires et adjoints des communes rurales du ressort de la préfecture de police, les commissaires de police, à Paris, les officiers de paix, le commissaire des halles et marchés et les autres préposés de la préfecture de police sont chargés, chacun en ce qui le concerne, de tenir la main à son exécution.

Le général commandant la première division militaire, le général commandant d'armes de la place de Paris et les chefs de légion de la gendarmerie d'élite et de la première légion de la gendarmerie nationale sont requis de leur faire prêter main-forte au besoin.

Le conseiller d'État, préfet de police, DUBOIS.

N° **201.** — *Ordonnance* (1) *qui prescrit la réimpression et la publication de la loi du 26 ventôse an* iv (16 *mars* 1796) *concernant l'échenillage* (2).

Paris, le 28 nivôse an xii (19 janvier 1804).

N° **202.** — *Ordonnance concernant les officiers de santé* (3).

Paris, le 4 pluviôse an xii (25 janvier 1804).

N° **203.** — *Ordonnance concernant les masques pendant le carnaval* (4).

Paris, le 6 pluviôse an xii (27 janvier 1804).

N° **204.** — *Ordonnance concernant la vente du lait* (5).

Paris, le 7 pluviôse an xii (28 janvier 1804).

(1) V. l'ord. du 29 janv. 1810 et l'arr. du 1er mars 1837.
(2) V. cette loi à l'appendice.
(3) V. les ord. des 17 vent. an ix (8 mars 1801), 25 août 1806, art. 6 et 7, et 9 juin 1832.
(4) V. les ord. des 10 fév. 1828, 10 fév. 1830 et 23 fév. 1843.
(5) V. l'ord. du 20 juill. 1813.

N° **205.** — *Ordonnance concernant les ouvriers* (1).

Paris, le 20 pluviôse an XII (10 février 1804).

Le conseiller d'État, préfet de police,

Vu, 1° les articles 2 et 10 de l'arrêté des consuls du 12 messidor an VIII et l'article 1er de celui du 3 brumaire an IX ;

2° La loi du 22 germinal an XI, relative aux manufactures, fabriques et ateliers, et l'arrêté du gouvernement du 9 frimaire an XII ;

3° La lettre du ministre de l'intérieur du 4 nivôse suivant ;

Ordonne ce qui suit :

1. Les articles 6, 7, 8, 9, 10, 11, 12, 13, 14 et 15 de la loi du 22 germinal an XI, et l'arrêté du gouvernement du 9 frimaire an XII, seront imprimés, publiés et affichés (2).

2. Les ouvriers domiciliés dans le ressort de la préfecture de police seront tenus de se pourvoir d'un livret : savoir, à Paris, dans les délais qui seront fixés par des avis particuliers pour chaque classe d'ouvriers ; et dans les communes rurales, dans un mois, à compter du jour de la publication de la présente ordonnance.

Ce livret sera délivré à Paris par les commissaires de police préposés à cet effet, et dans les communes rurales par les maires ou adjoints.

3. Le livret portera en tête le timbre de la préfecture de police, les nom et prénoms de l'ouvrier, son âge, le lieu de sa naissance, son signalement, la désignation de sa profession et le nom du maître chez lequel il travaillera au moment où le livret lui sera accordé.

4. Les maires des communes rurales enverront à la préfecture de police, les 1er et 15 de chaque mois, un état des livrets qu'ils auront délivrés.

5. Il sera payé par chaque ouvrier la somme de 75 centimes pour le prix de son livret.

Ce livret, sur papier libre, sera coté et parafé sans frais.

6. Tout ouvrier qui viendra travailler dans le ressort de la préfecture de police sera tenu, indépendamment des formalités exigées par les lois et règlements concernant les passe-ports, de se présenter, dans les trois jours de son arrivée à Paris, devant le commissaire de police préposé pour les ouvriers de sa classe, et, dans les communes rurales, devant le maire ou adjoint, à l'effet d'obtenir un livret.

7. Les maîtres devront faire inscrire leurs apprentis et produire leurs contrats d'engagement dont il sera fait mention au registre d'inscription : savoir, à Paris, dans les délais qui seront déterminés pour les ouvriers de chaque classe, et dans les communes rurales, dans le délai fixé par l'article 2.

8. En sortant d'apprentissage, l'ouvrier sera tenu de se pourvoir d'un livret, sur lequel il sera fait mention de son congé d'acquit.

9. Il est défendu à tout individu qui emploie des ouvriers d'en admettre aucun, après l'expiration des délais fixés pour l'obtention des livrets, s'il n'est pourvu d'un livret, et s'il n'y est fait mention du congé de son dernier maître, à peine de dommages-intérêts envers celui-ci. (*Loi du 22 germinal an XI, art.* **12.**)

Aussitôt après l'admission d'un ouvrier, le maître sera tenu de faire

---

(1) V. les ord. des 26 sept. 1806, 21 déc. 1816, 25 mars 1818, 18 juin 1822, 1er avril 1831 et 30 déc. 1834.

(2) V. cette loi et cet arrêté à l'appendice.

viser le livret par le commissaire de police de l'arrondissement de son domicile et par le maire dans les communes rurales.

10. Tout ouvrier sortant d'une manufacture, d'une fabrique, d'un atelier ou d'une boutique, après avoir rempli ses engagements, sera tenu de faire porter son congé sur son livret, et de faire viser ce livret à Paris par le commissaire de police préposé pour les ouvriers de sa classe, et dans les communes rurales, par le maire ou l'adjoint.

11. Tout ouvrier qui désirera voyager sera tenu, 1° de faire viser son dernier congé, à Paris, par le commissaire de police préposé pour les ouvriers de sa classe; et dans les communes rurales, par le maire ou l'adjoint;

2° De prendre un permis de voyager, qui sera inscrit à la suite de ce visa, et qui sera délivré, à Paris, à la préfecture de police, et dans les communes rurales, par le maire ou l'adjoint.

Les permis délivrés par les maires ou adjoints seront visés à la préfecture de police.

12. Tout ouvrier qui aura perdu son livret ne pourra en obtenir un second que sur le certificat d'acquit des deux derniers maîtres chez lesquels il aura travaillé. Ce certificat devra énoncer s'il était libre de tous engagements envers d'autres maîtres.

Si le livret a été perdu en voyage ou au retour d'un voyage, le duplicata n'en sera délivré que sur une attestation de moralité donnée par quatre maîtres patentés, de la même profession.

13. Il sera établi à Paris des bureaux de placement pour les classes d'ouvriers à l'égard desquelles ils seront jugés nécessaires.

14. Il sera pris envers les contrevenants aux dispositions de la présente ordonnance telles mesures de police administrative qu'il appartiendra, sans préjudice des poursuites à exercer contre eux, conformément à la loi du 22 germinal an XI et à l'arrêté du gouvernement du 9 frimaire an XII.

15. La présente ordonnance sera imprimée, publiée et affichée.

Les sous-préfets des arrondissements de Saint-Denis et de Sceaux, les maires et adjoints des communes rurales du ressort de la préfecture de police, les commissaires de police, à Paris, les officiers de paix et les préposés de la préfecture de police sont chargés, chacun en ce qui le concerne, de tenir la main à son exécution.

16. Les officiers commandant la gendarmerie nationale du ressort de la préfecture de police et les officiers commandant la garde municipale de Paris sont requis de leur faire prêter main-forte au besoin.

Le conseiller d'Etat, préfet de police, DUBOIS.

N° **206.** — *Ordonnance concernant le commerce du charbon de bois* (1).

Paris, le 20 pluviôse an XII (10 février 1804).

Le conseiller d'État, préfet de police.

Vu les articles 2, 26 et 32 de l'arrêté des consuls du 12 messidor an VIII, et l'article 1er de l'arrêté du 3 brumaire an IX ;

(1) V. les ord. des 5 vent. an XII (25 fév. 1804), 4 vend. an XIV (26 sept. 1805), 18 mars 1808, 2 déc. 1812, 4 janv. 1813, 24 fév. 1817, 25 mars 1833, 15 déc. 1834 et 25 oct. 1840 (art. 100 et suiv.)

Ordonne ce qui suit :

1. Le charbon de bois destiné à l'approvisionnement de Paris doit y être conduit directement.

2. Le charbon amené à Paris ne peut y être vendu qu'aux places et ports à ce destinés.

3. Il est enjoint à tout conducteur de charbon, soit par terre, soit par eau, pour l'approvisionnement de Paris, d'être porteur de lettres de voiture en règle. (*Ord. de 1672, chap. 2, art. 8 ; arrêté du 28 juin 1778, et ord. du 11 septembre 1789, art. 8.*)

4. Il est défendu d'aller au-devant du charbon destiné pour l'approvisionnement de Paris et d'en acheter en route, sous peine de confiscation de la marchandise contre le vendeur et de la perte du prix contre l'acheteur. (*Ord. de décembre 1672, chap. 3, art. 2.*)

5. Il est défendu de faire aucun magasin ou entrepôt de charbon de bois dans Paris, à peine de confiscation. (*Ord. de 1672, chap. 21, art. 3.*)

6. Il est défendu de faire arriver du charbon, soit par eau, soit par terre, à une destination particulière.

Cependant les propriétaires pourront faire transporter chez eux le charbon qui proviendra de leur cru et qu'ils auront fait fabriquer pour leur compte et pour leur consommation seulement, à la charge d'en justifier par un certificat du maire de la commune où le charbon aura été fabriqué et de faire entrer le charbon par la barrière qui leur sera désignée par la permission qu'ils obtiendront du préfet de police.

Dans le cas où lesdits propriétaires ne rapporteraient pas la preuve requise, leur charbon sera conduit aux places de vente, et y sera vendu à tout venant et de la manière accoutumée. (*Ord. du 19 juin 1755, confirmée par arrêt du 16 juill. 1776.*)

7. Le charbon amené par eau doit être vendu sur bateau.

8. Le charbon de bois voituré par eau sera distingué par la désignation des rivières qui serviront à le transporter,

Savoir :

Yonne, Haute-Loire, Marne, Haute-Seine, Basse-Loire et canaux, Aube, Ourcq, Aisne, Oise et Basse-Seine. (*Arrêté du 23 floréal an vi.*)

9. Sont compris dans les charbons de Basse-Loire et des canaux, ceux qui sont chargés sur la rive droite de la Loire, depuis le port de Cosne exclusivement jusqu'à l'embouchure du canal d'Orléans. (*Arrêté du ministre de l'intérieur du 3 thermidor an viii.*)

10. Le charbon qui sera chargé sur l'Aube, au-dessous de la vanne d'Anglure, sera vendu comme charbon de Haute-Seine. (*Arrêté du ministre de l'intérieur du 5 fructidor an viii, art. 3.*)

11. Les bateaux de charbon en arrivant à Paris seront garés au-dessous de la grande estacade et du Pont-Marie, de la manière qui sera indiquée par l'inspecteur général de la navigation et des ports.

12. Le tour de vente de chaque bateau de charbon est réglé d'après les formes établies par l'art. 3 de l'arrêté du 23 floréal an vi et autres décisions ultérieures.

13. Les ports de vente du charbon de bois sont ceux de la Tournelle, de l'ancienne place aux Veaux, de la Grève, de l'Ecole, des Quatre-Nations et de Bonaparte.

14. Il ne pourra être mis en vente que dix-sept bateaux à la fois, et dans l'ordre suivant :

3 A la Tournelle.............. { 1 d'Yonne, 1 de Haute-Loire et 1 de Marne, alternativement avec 1 d'Ourcq.

4 A l'ancienne place aux Veaux. { 1 d'Yonne, 1 de Marne, 1 de Haute-Loire et 1 des canaux.

4 A l'Ecole................	{ 1 d'Yonne, 1 de Marne, 1 de Seine et 1 des canaux.
3 Aux Quatre-Nations........	{ 1 de Marne, 1 de la Haute-Loire et 1 des canaux.
2 A la Grève................	{ 1 Barquette ou un couplage d'Aube, et 1 couplage des autres rivières.
1 Au port de Bonaparte.......	{ de la Basse-Seine, de l'Oise ou de l'Aisne.

15. Dans l'alternat entre la Marne et l'Ourcq, pour une place au port de la Tournelle, trois flûtes d'Ourcq équivaudront à un bateau de Marne.

16. Tout bateau de charbon qui serait mis en vente avant son tour, ou à un port autre que celui qui aura été indiqué, sera retiré et remonté aux gares, aux frais et risques du propriétaire.

Il ne pourra être remis en vente qu'après tous les bateaux de la liste sur laquelle il sera inscrit.

17. Un marchand ayant plusieurs bateaux de charbon ne pourra en mettre en vente un à la place d'un autre qu'autant que le bateau qu'il substituerait n'excéderait pas le chargement du bateau remplacé, qu'il serait de la même rivière et que le charbon proviendrait du même ordinaire.

Ce changement ne pourra avoir lieu que par permission du préfet de police.

18. Lorsque la vente d'un bateau de charbon aura commencé, elle ne pourra être suspendue, sinon le bateau sera retiré du port et remonté aux gares, aux frais et risques du marchand, et ne sera remis en vente qu'à la fin de la liste.

19. Les bateaux que les marchands négligeraient ou refuseraient de mettre en vente à leur tour ne pourront être vendus qu'après que la liste sur laquelle ils seraient portés sera épuisée.

20. S'il y avait nécessité d'alléger un bateau, l'allége aura le même rang que le bateau et sera vendue immédiatement avant ou après le bateau allégé, comme en faisant partie.

21. Dans le cas où quelques places de vente ne seraient pas garnies par les rivières auxquelles elles sont affectées, le préfet de police déterminera la rivière qui devra les occuper momentanément.

22. Aucun bateau de charbon ne pourra être mis en vente que sur un permis de décharge, qui sera délivré par l'inspecteur général de la navigation et des ports.

23. Le charbon voituré par terre ne doit entrer que par les barrières de Charenton, Vincennes, la Villette, Monceaux, Roule, Bons-Hommes, Ecole-Militaire, Chaussée du Maine et Fontainebleau.

24. Le charbon amené par terre doit être conduit directement, déposé et vendu dans les places à ce destinées. (*Arrêt du conseil du 21 mars 1667, et ord. de décembre 1672, chap. 21, art. 1 et 3.*)

25. Il est défendu de vendre ou distribuer du charbon et de faire séjourner dans aucun lieu de Paris les voitures qui en sont chargées, à peine de cinq cents francs d'amende et de confiscation. (*Ord. de 1672, chap. 21, art. 3, et ord. du 19 juin 1755, confirmée par arrêt du 16 juillet 1776.*)

26. Il sera établi, aux places de vente, des facteurs pour la réception et la vente du charbon. Ils seront nommés par le préfet de police.

27. Les marchands forains pourront vendre eux-mêmes les charbons qu'ils feront arriver aux places de vente; mais ils ne pourront en faire vendre par d'autres agents que les facteurs nommés par le préfet de police.

28. Les heures d'ouverture et celles de cessation de travail dans les places de vente du charbon, sont les mêmes que celles prescrites pour les ports.

29. Aucun charbon ne peut être livré ni enlevé sans avoir été préalablement mesuré.

30. Il est enjoint de se servir, pour le mesurage du charbon, de pelles de la forme usitée d'ancienneté et conformes au modèle déposé à la préfecture de police.

Il est défendu d'en avoir d'autres aux places de vente et dans les bateaux.

31. Il est défendu d'établir plus d'une mesure sur chaque bateau de charbon, sans une permission expresse du préfet.

32. Le préfet de police déterminera le nombre de mesures qui seront mises en activité dans chaque place de vente.

33. Le mesurage est fait par les garçons de pelle, aux frais du marchand.

Il est surveillé par les préposés de la préfecture de police. L'acheteur a aussi le droit de surveiller le mesurage; mais il lui est défendu de toucher à la mesure, soit pour fouler le charbon, soit pour le briser.

34. La mesure doit être remplie, charbon sur bord, et non comble.

35. Les fumerons ne doivent pas être mis dans la mesure avec le charbon; ils seront vendus séparément. Il est défendu aux marchands d'en vendre aux garçons de pelle et aux porteurs.

36. Il est défendu de cribler les braises.

Lorsqu'un bateau sera vidé, ou que le charbon arrivé par terre à la place de vente aura été vendu, les braises doivent être livrées aux consommateurs.

La mesure en *sera faite sur bord*, comme du charbon.

Dans le cas où il ne se présenterait aucun consommateur pour acheter les braises, elles pourront être vendues aux regrattiers; mais il est expressément défendu aux garçons de pelle et aux porteurs d'en enlever pour leur compte. (*Ord. du 19 juin* 1755.)

37. Il est défendu d'enlever du charbon en voiture, sans une permission du préfet.

38. Dans le mois, à compter de la publication de la présente ordonnance, les porteurs de charbon devront être pourvus d'une médaille qui leur sera délivrée à la préfecture de police.

Il leur est enjoint d'avoir leur médaille suspendue à leur veste, et de manière qu'elle soit apparente.

Ils ne pourront charger du charbon, soit dans les places de vente, soit dans les bateaux, sans être porteurs de leur médaille.

Dans le cas où ils porteraient du charbon sans avoir leur médaille, ils seront arrêtés et conduits à la préfecture de police.

39. Les garçons de pelle devront aussi porter une médaille; elle sera différente de celle des porteurs. Ils sont tenus de s'en pourvoir dans le mois.

40. En cas de changement de domicile, les garçons de pelle et les porteurs de charbon en feront la déclaration, dans le délai de trois jours, au commissaire de police de leur division, à peine d'être rayés de la liste.

Lorsqu'un garçon de pelle ou un porteur cessera l'exercice de son état, il en fera également la déclaration au commissaire de police de sa division; et il lui remettra sa médaille.

41. Les porteurs de charbon ne peuvent être garçons de pelle. Il est défendu aux marchands de les employer à cet ouvrage.

42. Il est défendu aux porteurs d'avoir des sacs qui contiennent

moins de deux hectolitres. Il leur est enjoint de les entretenir en bon état.

43. Il est défendu aux porteurs de charbon d'être plus de cinq à la fois dans un bateau.

44. Il leur est défendu d'entrer dans les bateaux pendant les heures intermédiaires.

45. Les porteurs de charbon ne doivent pas s'immiscer dans le mesurage. Il leur est défendu de mettre du charbon dans la mesure ou d'en ôter, à peine de cinquante francs d'amende. (*Ord. du 15 janv.* 1720.)

46. Aussitôt que le charbon est mesuré et mis en sac, il doit être enlevé.

Il est défendu aux porteurs de laisser, sous tel prétexte que ce soit, des sacs de charbon dans les bateaux, dans les places de vente, sur les quais, sur aucune partie de la voie publique et en dépôt dans des maisons.

Il est défendu à tout particulier de recevoir lesdits dépôts, à peine de trois cents francs d'amende. (*Ord. du 8 juin* 1787.)

47. Il est enjoint aux porteurs de porter directement le charbon à sa destination, à peine de cinquante francs d'amende. (*Ord. du 19 déc.* 1747.)

48. Il est défendu de porter du charbon d'un port à un autre, ou d'une place de vente à une autre, à peine de cinquante francs d'amende. (*Ord. du 19 déc.* 1747.)

49. Il est fait défense aux porteurs de charbon de soustraire aucune partie du charbon qu'ils sont chargés de porter, à peine d'être poursuivis conformément aux lois.

50. Il est défendu à tout porteur de charbon d'en entrer, même à col, dans Paris, sous peine d'interdiction de travail sur les ports et dans les places de vente.

51. Il est défendu de porter des sacs de charbon pendant la nuit.

52. Il est défendu de vendre du charbon dans les rues, soit en gros, soit en détail, en voiture ou autrement.

53. Il est défendu de faire le commerce de charbon en détail, sans en avoir fait la déclaration à la préfecture de police et sans en avoir obtenu la permission.

54. Les personnes qui font actuellement ce commerce devront en faire la déclaration et en obtenir la permission au plus tard dans le mois, à compter du jour de la publication de la présente ordonnance.

55. Il est défendu aux regrattiers d'avoir chez eux plus de douze hectolitres de charbon ou de poussier, y compris leur consommation, à peine de trois cents francs d'amende. (*Règl. du 3 déc.* 1666, *et ord. de déc.* 1672, *chap.* 22, *art.* 6.)

56. Les regrattiers ne peuvent vendre le charbon à l'hectolitre ni au sac, mais seulement aux petites mesures, c'est-à-dire au décalitre ou au demi-décalitre.

Ces mesures doivent être revêtues du poinçon de la république.

57. Il est défendu aux regrattiers de faire du feu dans les endroits où ils déposent leur charbon.

58. Il est défendu aux garçons de pelle, aux porteurs de charbon, à leurs femmes et à leurs enfants de faire le commerce de charbon en détail, à peine de cent francs d'amende et de confiscation. (*Ord. du 19 juin* 1755.)

59. La présente ordonnance sera imprimée, publiée et affichée.

Les sous-préfets des arrondissements de Saint-Denis et de Sceaux, les maires et adjoints des communes rurales du ressort de la préfecture de police, les commissaires de police, à Paris, les officiers de paix, l'inspecteur général de la navigation et des ports, le contrôleur général du recensement et du mesurage des bois et charbons, les inspecteurs des poids et mesures et les autres préposés de la préfecture de police sont chargés, chacun en ce qui le concerne, de tenir la main à son exécution.

Le conseiller d'Etat, préfet de police, DUBOIS.

———————◦———————

N° **207**. — *Ordonnance qui prescrit la réimpression de l'ordonnance du 25 pluviôse an XI (14 février 1803), concernant les étrangers à la ville de Paris qui logent dans des maisons particulières* (1).

Paris, le 26 pluviôse an XII (16 février 1804).

———————◦———————

N° **208**. — *Ordonnance qui distingue les barrières par lesquelles doivent entrer les charbons destinés pour chaque place de vente* (2).

Paris, le 5 ventôse an XII (25 février 1804).

Le conseiller d'État, préfet de police,

Vu son ordonnance du 20 pluviôse dernier, concernant le commerce du charbon de bois ;

Ordonne ce qui suit :

Le charbon de bois, amené par terre pour l'approvisionnement de Paris, doit être directement conduit aux places destinées à la vente du charbon ;

Savoir :

Celui arrivant par les barrières de Charenton, Vincennes, la Villette et Fontainebleau, à la place située rue d'Aval.

Et celui arrivant par les barrières de Monceaux, Roule, Bons-Hommes, Ecole-Militaire et Chaussée du Maine, à la place située rue Cisalpine.

Tout charbon qui serait trouvé dans une autre direction sera saisi, envoyé à une place de vente et consigné sous la surveillance du concierge.

La présente ordonnance sera imprimée et affichée.

Les commissaires de police, les officiers de paix, le contrôleur général du recensement et du mesurage des bois et charbons et les autres préposés de la préfecture de police sont chargés, chacun en ce qui le concerne, de tenir la main à son exécution.

Le conseiller d'Etat, préfet de police, DUBOIS.

———————◦———————

N° **209**. — *Ordonnance concernant la prohibition de la chasse* (3).

Paris, le 21 ventôse an XII (12 mars 1804).

———————

(1) V. les ord. des 10 juin 1820, 19 nov. 1831 et 15 juin 1832.

(2) V. les ord. des 4 vendém. au XIV (26 sept. 1805), 2 déc. 1812, 24 fév. 1817, 25 mars 1833 et 15 déc. 1834.

(3) V. l'ord. du 23 fév. 1843.

Nº **210.** — *Ordonnance concernant le commerce de la volaille,*
du gibier, etc. (1).

Paris, le 22 ventôse an XII (13 mars 1804).

Le conseiller d'État, préfet de police,

Vu les articles 2 et 32 de l'arrête des consuls du 12 messidor an
VIII et l'arrêté du 3 brumaire, an IX ;

Ordonne ce qui suit :

1. Le quai de la Vallée, à partir du Pont-Neuf, jusqu'à la rue
Pavée, demeure provisoirement affecté à la vente en gros et en détail
de la volaille, du gibier, du veau de rivière, du mouton de pré-salé,
des agneaux, des chevreaux et des cochons de lait.

2. Cet emplacement se divise en deux parties :

La première, destinée à la vente en gros, comprend le terrain
situé depuis l'escalier des porteurs d'eau jusqu'à la rue Pavée ;

La deuxième partie, destinée à la vente en détail, comprend le
terrain situé depuis le Pont-Neuf jusqu'à l'escalier des porteurs
d'eau.

3. Le marché tiendra les mercredis et samedis, depuis le lever du
soleil jusqu'à deux heures.

Les marchands forains pourront néanmoins faire vendre, les lundis et vendredis, les marchandises relevées aux marchés précédents, et qui auront été mises en resserre ; mais cette vente n'aura lieu
que jusqu'à midi.

4. L'ouverture et la fermeture de la vente seront annoncées au son
d'une cloche.

5. La vente de la volaille vivante, des agneaux, des chevreaux et
des cochons de lait ne commencera qu'une heure après l'ouverture
du marché.

6. La vente des agneaux n'aura lieu que depuis le 1er nivôse jusqu'au 1er prairial. Il est défendu d'en amener, vendre, acheter et
débiter pendant le reste de l'année, à peine de confiscation et de
deux cents francs d'amende. (*Lettres patentes du 1er juin 1782, art. 5.*)

7. Il ne pourra être exposé en vente, sur le marché, des cochons
âgés de plus de deux mois.

8. Il est défendu d'exposer en vente aucune pièce de volaille ou
gibier défectueuse, vidée, dégraissée, écrétée, écourtée et soufflée,
sous peine de confiscation et de cent francs d'amende. (*Lettres patentes
du 1er nov. 1781, art. 14.*)

9. La vente en gros de la volaille et du gibier ne pourra avoir lieu
que sur le carreau de la Vallée.

Il est défendu aux marchands forains d'en décharger et d'en vendre
sur d'autres marchés et partout ailleurs, à peine de trois cents francs
d'amende. (*Ord. du 26 juill. 1782, art. 1.*)

10. Les voitures qui arriveront la veille du marché, ou pendant la
nuit qui précédera le marché, resteront chargées, sur le carreau, jusqu'au matin. Les conducteurs et gardiens veilleront à ce que les
voitures n'embarrassent point la voie publique.

11. Il est défendu aux marchands forains de remporter du carreau
aucune pièce de volaille et gibier, à peine de confiscation et de cent
francs d'amende. (*Lettres patentes du 1er nov. 1781, art. 14.*)

12. Immédiatement après la clôture de la vente, les marchandises

(1) V. les ord. des 21 fév. 1811, 27 janv. 1812, 23 avril 1816 et 20 avril 1820.

qui n'auront pas été vendues seront mises en resserre. Les marchands et les facteurs seront tenus de faire préalablement au commissaire des halles et marchés la déclaration des quantités, qualités et espèces de marchandises.

13. En arrivant sur le carreau, tout marchand ou conducteur sera tenu de remettre au commissaire des halles et marchés le mémoire ou bordereau des marchandises qu'il amènera. Ce mémoire ou bordereau devra énoncer le nombre des paniers, les quantités, les espèces et les qualités des marchandises.

14. Les marchands forains ouvriront leurs paniers une demi-heure avant l'ouverture de la vente pour la visite des marchandises. (*Lettres patentes du 1er nov. 1781, art. 19.*)

15. Les feuilles de vente seront vérifiées par deux employés préposés à cet effet.

16. Aussitôt que les facteurs auront fini la vente des marchandises, les marchands forains enlèveront du carreau leurs paniers, cages et cageots vides.

17. Les seuls marchands forains et les employés du commerce pourront entrer sur le carreau avant l'ouverture de la vente.

18. Les marchands forains sont libres de se servir des facteurs qu'il leur plaira.

Tout facteur qui chercherait à gêner la liberté du commerce sera destitué.

19. Il est défendu d'aller au-devant des voitures chargées de volaille, gibier, agneaux et cochons de lait pour en acheter ou arrher, à peine de confiscation et de cent francs d'amende. (*Lettres patentes du 1er nov. 1781, art. 15.*)

20. Tout rôtisseur, traiteur, pâtissier ou détaillant a le droit d'exiger le lotissage des marchandises.

21. Toute personne participant au lotissage ne pourra commettre qui que ce soit pour copartager ou augmenter son lot. (*Ord. du 28 juill. 1778, art. 10.*)

22. La vente en détail aura lieu toute la journée.

23. Toute marchandise achetée en gros ne pourra être vendue sur le carreau qu'en détail et sur l'emplacement affecté au détail.

24. Il est défendu aux détaillants de tuer, sur le carreau de la Vallée, des agneaux, des cochons de lait, et toute espèce de volaille, à l'exception du pigeon.

25. Il est défendu de colporter de la volaille morte ou vivante et du gibier sur aucun point de la voie publique, à peine de confiscation et de deux cents francs d'amende. (*Lettres patentes du 1er nov. 1781, art. 12.*)

26. Tous les employés à la vente en gros de la volaille et du gibier sont supprimés. Le service se fera désormais suivant l'organisation ci-après déterminée.

27. Pour assurer le service, la caisse de la volaille et du gibier est rétablie.

28. Le caissier sera tenu de fournir un cautionnement de la somme de cinquante mille francs en immeubles ou en cinq pour cent consolidé.

29. La vente en gros de la volaille et du gibier sera faite par huit facteurs et dix-huit commis, dont deux vérificateurs.

30. Le caissier, les facteurs, les commis et les vérificateurs seront nommés par le préfet de police.

31. Il sera versé par chaque facteur, dans la caisse de la volaille et du gibier, une somme de neuf mille francs en trois payements égaux: le premier avant la délivrance de la commission; le second dans un mois, à compter du jour où le premier aura été effectué; et le troisième dans le mois suivant.

Il sera versé une somme de deux mille francs par chaque commis, avant son entrée en exercice.

32. Il est défendu aux facteurs de hausser le prix que le marchand forain aura établi. Ils doivent faire enregistrer le prix de la marchandise au fur et à mesure de la vente, et avant qu'elle soit enlevée.

33. S'il survenait des difficultés entre les forains et les facteurs au sujet de la vente des marchandises, les facteurs seront tenus de communiquer leurs feuilles et registres de vente au commissaire des halles et marchés, qui statuera, sauf le recours au préfet de police, s'il y a lieu.

34. Le produit de chaque vente sera versé dans la caisse.

35. Aussitôt après la vente des marchandises soit au comptant, soit au crédit, le montant en sera payé au propriétaire, sauf la retenue autorisée par l'article suivant.

36. Il sera fait un prélèvement de deux et demi pour cent sur le produit de chaque vente.

37. Sur ce prélèvement il sera fait une remise d'un et demi pour cent aux facteurs, pour leur tenir lieu de salaire, peines, soins et frais.

Le surplus sera appliqué au salaire des employés, à leurs pensions de retraite, et aux indemnités à accorder aux marchands forains.

38. Sur la remise d'un et demi pour cent, accordée aux facteurs, il sera mis en réserve cinq centimes par franc, et le montant en sera partagé également entre eux à la fin de chaque année.

39. Les marchands forains dans l'usage d'approvisionner la ville de Paris, qui éprouveraient en route des pertes de chevaux, pourront être indemnisés.

40. Aucune indemnité ne sera accordée que pour accidents causés par force majeure.

Les marchands forains qui prétendront à une indemnité seront tenus de produire des procès-verbaux des autorités des lieux où les accidents seront survenus.

41. Il sera accordé des pensions de retraite aux employés du commerce de la volaille et du gibier.

42. Les employés n'auront droit à la pension de retraite qu'après vingt ans de service ou qu'autant qu'ils seraient incapables de continuer d'exercer à cause de leur âge avancé ou de leurs infirmités.

La pension ne pourra, dans aucun cas, excéder la somme de trois cents francs.

43. La présente ordonnance sera soumise à l'approbation du ministre de l'intérieur.

44. Il sera pris envers les contrevenants aux dispositions ci-dessus telles mesures de police administrative qu'il appartiendra, sans préjudice des poursuites à exercer contre eux par-devant les tribunaux, conformément aux lois et aux règlements qui leur sont applicables.

45. La présente ordonnance sera imprimée, publiée et affichée.

Les commissaires de police, les officiers de paix, le commissaire des halles et marchés et les autres préposés de la préfecture de police sont chargés, chacun en ce qui le concerne, de tenir la main à l'exécution.

Le conseiller d'Etat, préfet de police, DUBOIS.

Vu et approuvé

Le ministre de l'intérieur, CHAPTAL.

N° **211.** — *Instruction concernant la surveillance de la rivière, des ports, de la halle aux vins, des chantiers, et des places de vente du charbon* (1).

Paris, le 29 ventôse an XII (20 mars 1804).

⸺⸺⸺⸺⸺⸺⸺⸺⸺

N° **212.** — *Ordonnance concernant l'ordre à suivre lors du défilé des voitures qui iront à Longchamp* (2).

Paris, le 1er germinal an XII (22 mars 1804).

⸺⸺⸺⸺⸺⸺⸺⸺⸺

N° **213.** — *Ordonnance qui prescrit l'impression et la publication des art. 5, 6, 7, 8, 9, 10, 11, 12, 14, 15 et 18 du titre 1er de l'ordonnance du mois d'août 1669, des art. 12, 14 et 15, titre 5, de la loi du 14 floréal an X (4 mai 1802) et de l'art. 1 de l'arrêté du gouvernement du 17 nivôse an XII (8 janvier 1804), relatifs à la police de la pêche* (3).

Paris, le 5 germinal an XII (26 mars 1804).

⸺⸺⸺⸺⸺⸺⸺⸺⸺

N° **214.** — *Ordonnance concernant le placement des garçons perruquiers* (4).

Paris, le 12 germinal an XII (2 avril 1804).

Le conseiller d'État, préfet de police,

Vu les articles 2 et 10 de l'arrêté des consuls du 12 messidor an VIII, l'arrêté du gouvernement du 9 frimaire an XII et l'article 13 de l'ordonnance de police du 20 pluviôse dernier ;

Ordonne ce qui suit :

1. Il sera établi à Paris un bureau de placement pour les garçons perruquiers et coiffeurs de femmes.

2. Le citoyen Capella (Joseph-Antoine), demeurant rue de Thionville, n° 1840, division de l'Unité, est nommé préposé au placement desdits garçons.

3. A compter de la publication de la présente ordonnance, il est défendu à toutes autres personnes de s'immiscer dans le placement des garçons perruquiers et coiffeurs de femmes, à peine de deux cents francs d'amende. (*Ord. du 18 juill.* 1781.)

4. Il est défendu aux perruquiers et coiffeurs de femmes de se pourvoir de garçons ou aides s'ils ne sont porteurs d'un bulletin de placement, à peine de deux cents francs d'amende. (*Même ord.*)

───────────────────

(1) V. les ord. des 24 mars 1824, 26 mars 1829 et 25 oct. 1840.

(2) V. l'ord. du 10 avril 1843.

(3) V. à l'appendice cette ord., cette loi et cet arr.

(4) V. l'ord. du 4 sept. 1806.

5. Il ne sera délivré de bulletin de placement à aucun garçon ou aide, s'il n'est pourvu d'un livret.

6. Aucun garçon perruquier ne pourra sortir de boutique, sans en avoir prévenu son maître cinq jours à l'avance.

7. Aucun garçon sorti de boutique ne pourra être placé dans une autre, s'il n'existe entre ces boutiques l'intervalle de deux divisions.

8. Les aides sont exceptés des deux dispositions précédentes.

N'est réputé aide que celui qui travaille moins de cinq jours consécutifs dans la même boutique.

9. La rétribution pour le placement de chaque garçon perruquier ou coiffeur de femmes est fixée à un franc cinquante centimes.

Les aides payeront seulement le quart de cette rétribution.

10. Il sera pris envers les contrevenants aux dispositions ci-dessus telles mesures de police administrative qu'il appartiendra, sans préjudice des poursuites à exercer contre eux par-devant les tribunaux, conformément aux lois et règlements qui leur sont applicables.

11. La présente ordonnance sera imprimée, publiée et affichée.

Les commissaires de police, les officiers de paix et les préposés de la préfecture de police sont chargés, chacun en ce qui le concerne, de tenir la main à son exécution.

Le conseiller d'Etat, préfet de police, DUBOIS.

N° **215.** — *Ordonnance concernant les amnistiés.*

Paris, le 25 germinal an XII (15 avril 1804).

Le conseiller d'État, préfet de police,

Ordonne ce qui suit :

1. Tous individus amnistiés par suite de la guerre civile, qui se trouvent actuellement, soit à Paris, soit dans les communes rurales du département de la Seine, et dans celles de Sèvres, Meudon et Saint-Cloud du département de Seine-et-Oise, sont tenus de se présenter dans le délai de trois jours, à compter de la publication de la présente ordonnance, au secrétariat général de la préfecture de police pour y faire leur déclaration et faire viser de nouveau leurs actes d'amnistie et leurs passe-ports ou permis de séjour.

2. Les déclarations contiendront les noms, prénoms des déclarants, leurs domiciles et professions avant et depuis la révolution ; les lieux où sont situées leurs propriétés, les motifs qui les ont amenés et les retiennent dans le département de la Seine, ou dans les communes de Sèvres, Meudon et Saint-Cloud.

3. Les individus ci-dessus désignés demeureront en surveillance et ne pourront changer de domicile, sans y être expressément autorisés par le conseiller d'Etat, préfet de police, à peine d'être arrêtés.

4. Le bureau pour recevoir les déclarations ci-dessus prescrites, sera ouvert depuis neuf heures du matin jusqu'à quatre heures après midi, et depuis six heures du soir jusqu'à neuf.

5. La présente ordonnance sera de suite imprimée, lue, publiée et affichée dans toute l'étendue du ressort de la préfecture de police.

Les sous-préfets de Saint-Denis et de Sceaux, les commissaires de police et les officiers de paix, à Paris, les maires des communes rurales ci-dessus désignées, chacun en ce qui le concerne, tiendront la main à sa stricte et entière exécution, et en certifieront le conseiller d'Etat, préfet de police, dans les vingt-quatre heures.

Le conseiller d'Etat, préfet de police, DUBOIS.

N° **216**. — *Ordonnance concernant les bains dans la rivière et les écoles de natation* (1).

Paris, le 27 germinal an XII (17 avril 1804).

N° **217**. — *Ordonnance concernant le commerce de la charcuterie* (2).

Paris, le 4 floréal an XII (24 avril 1804).

Le conseiller d'État, préfet de police,

Vu les articles 2, 10, 21, et 23 de l'arrêté des consuls du 12 messidor an VIII et l'article 1er de celui du 3 brumaire an IX;

Ordonne ce qui suit:

1. La vente du porc frais et salé et des issues de porc continuera d'avoir lieu à l'ancienne halle au blé, et au marché Saint-Germain, dans les emplacements affectés à cette destination.

2. La vente en gros et en détail du porc et des issues de porc aura lieu les mercredis et samedis.

Elle sera ouverte à sept heures du matin, du 1er vendémiaire au 1er germinal, et à six heures pendant le reste de l'année.

La vente en gros cessera à midi, et celle en détail à cinq heures.

3. L'ouverture et la fermeture de la vente seront annoncées au son d'une cloche.

4. La visite des viandes exposées en vente sera faite avant l'ouverture de la vente. (*Lettres patentes du 26 août 1783, art. 12.*)

5. Il est défendu de revendre sur les marchés la viande de porc qui y aura été achetée soit en gros, soit en détail, sous peine de saisie et de deux cents francs d'amende. (*Lettres patentes du 26 août 1783, art. 6 et 13.*)

6. Il est défendu de colporter et de vendre dans les rues et places, ou de maison en maison, du porc frais et salé, ainsi que toute espèce de viande de charcuterie, sous peine de saisie et de deux cents francs d'amende. (*Lettres patentes du 26 août 1783, art. 6 et 10.*)

7. Les charcutiers établis dans le ressort de la préfecture de police auront seuls la faculté d'amener et de vendre sur les marchés le porc frais et salé et les issues de porc.

8. Il ne peut être formé, dans le ressort de la préfecture de police, aucun établissement de charcuterie, sans une permission spéciale du préfet.

9. Il est défendu d'abattre et de brûler des porcs ailleurs que dans des échaudoirs autorisés à cet effet. (*Lettres patentes du 26 août 1783, art. 11.*)

---

(1) V. les ord. des 20 mai 1839 et 25 oct. 1840 (art. 187 et suiv. et 225).

(2) V. les ord. des 29 janv. 1811 et 19 déc. 1835.

10. Il est enjoint aux charcutiers de tenir leurs chaudières et autres ustensiles dans la plus grande propreté, sous peine de saisie des ustensiles et d'amende. (*Lettres patentes du 26 août 1783. art. 5.*)

11. Les charcutiers ne peuvent acheter des issues de bœufs, veaux et moutons que pour les employer dans la préparation des viandes de charcuterie. (*Lettres patentes du 26 août 1783, art. 4.*)

12. La foire aux jambons aura lieu, comme par le passé, le mardi de la semaine sainte, sur le parvis Notre-Dame, division de la Cité.

Les charcutiers peuvent y exposer en vente toute espèce de marchandises de leur profession, à l'exception du porc frais. (*Lettres patentes du 26 août 1783, art. 7.*)

13. Les garçons charcutiers sont tenus de se pourvoir de livrets, dans un mois, à compter du jour de la publication de la présente ordonnance.

Les livrets seront délivrés par le commissaire de police de la division des Marchés.

14. Aucun garçon charcutier ne pourra quitter le maître chez lequel il travaille, sans l'avoir averti au moins huit jours d'avance. Le maître devra lui en donner un certificat. En cas de refus, le garçon charcutier se retirera devant le commissaire de police qui recevra sa déclaration. S'il survient des difficultés, le commissaire de police statuera, sauf le recours au préfet de police, s'il y a lieu.

15. Il sera pris envers les contrevenants aux dispositions ci-dessus telles mesures de police administrative qu'il appartiendra, sans préjudice des poursuites à exercer contre eux par-devant les tribunaux, conformément aux lois et aux règlements qui leur sont applicables.

16. La présente ordonnance sera imprimée, publiée et affichée.

Les sous-préfets des arrondissements de Saint-Denis et de Sceaux, les maires et adjoints des communes rurales du ressort de la préfecture de police, les commissaires de police, à Paris, les officiers de paix, le commissaire des halles et marchés et les autres préposés de la préfecture de police sont chargés, chacun en ce qui le concerne, de tenir la main à son exécution.

Le conseiller d'État, préfet de police, DUBOIS.

N° **218.** — *Ordonnance concernant le placement des garçons marchands de vin et garçons marchands de vin traiteurs* (1).

Paris, le 6 floréal an XII (26 avril 1804).

Le conseiller d'État, préfet de police,

Vu les articles 2 et 10 de l'arrêté des consuls du 12 messidor an VIII et l'article 13 de l'ordonnance du 20 pluviôse dernier;

Ordonne ce qui suit :

1. Il sera établi à Paris un bureau de placement pour les garçons marchands de vin et garçons marchands de vin traiteurs.

2. Le citoyen Guydamour (Jean-Nicolas), demeurant quai de la République, n° 23, île et division de la Fraternité, est nommé préposé au placement desdits garçons.

(1) V. l'ord. du 7 flor. an XII (27 avril 1804).

3. A compter de la publication de la présente ordonnance, il est défendu à toutes autres personnes de s'immiscer dans le placement des garçons marchands de vin, à peine de cent francs d'amende. (*Arr. du 18 janv. 1752, art. 2.*)

4. Il ne sera délivré de bulletin de placement à aucun garçon, s'il n'est pourvu d'un livret.

5. La rétribution pour le placement de chaque garçon marchand de vin est fixée à deux francs.

6. Il sera pris envers les contrevenants aux dispositions ci-dessus telles mesures de police administrative qu'il appartiendra, sans préjudice des poursuites à exercer contre eux par-devant les tribunaux, conformément aux lois et aux règlements qui leur sont applicables.

7. La présente ordonnance sera imprimée, publiée et affichée.

Les commissaires de police, les officiers de paix, l'inspecteur général des boissons et les autres préposés de la préfecture de police sont chargés, chacun en ce qui le concerne, de tenir la main à son exécution.

Le conseiller d'Etat, préfet de police, DUBOIS.

N° **219.**—*Ordonnance concernant la police des garçons marchands de vin et garçons marchands de vin traiteurs* (1).

Paris, le 7 floréal an xii (27 avril 1804).

Le conseiller d'État, préfet de police,
Vu les articles 2 et 10 de l'arrêté des consuls du **12** messidor an **viii**, et l'article 1er de celui du **3** brumaire, an **ix**;

Ordonne ce qui suit:

1. Aucun garçon marchand de vin ou garçon marchand de vin traiteur ne peut quitter le marchand chez lequel il est placé, sans l'avoir averti au moins huit jours d'avance, si ce n'est du consentement du marchand. Dans tous les cas, ce dernier devra lui en délivrer un certificat. (*Ord. du 15 mars 1779, art. 5.*)

2. Il ne peut sortir de chaque boutique, plus d'un garçon par semaine, si ce n'est du consentement du marchand. (*Ord. précitée, art. 15.*)

3. Tout garçon marchand de vin qui sortira de chez un marchand ne pourra, pendant l'espace d'une année, entrer chez un autre marchand, s'il n'existe un intervalle de quinze boutiques du même commerce entre le marchand qu'il aura quitté et celui chez lequel il entrera. (*Même ord., art. 6.*)

4. Tout garçon marchand de vin, ou fils de marchand de vin, qui désirera acquérir ou former un établissement, sera tenu de laisser entre sa boutique et celle du marchand qu'il aura quitté un intervalle de trois cent quatre-vingt-dix mètres(200 toises environ) en tout sens. (*Lettres patentes du 7 sept. 1780, art. 14.*)

5. Il sera pris envers les contrevenants aux dispositions ci-dessus telles mesures de police administrative qu'il appartiendra, sans préjudice des poursuites à exercer contre eux par-devant les tribunaux, conformément aux lois et aux règlements qui leur sont applicables, et notamment à l'ordonnance du 15 mars 1779.

6. La présente ordonnance sera imprimée, publiée et affichée.

Les sous-préfets des arrondissements de Saint-Denis et de Sceaux,

(1) V. l'ord. du 6 flor. an xii (26 avril 1804).

les maires et adjoints des communes rurales du ressort de la préfecture de police, les commissaires de police, à Paris, les officiers de paix, l'inspecteur général des boissons et les autres préposés de la préfecture de police sont chargés, chacun en ce qui le concerne, de tenir la main à son exécution.

Le conseiller d'Etat, préfet de police, DUBOIS.

N° **220.** — *Ordonnance concernant la fabrication des médailles.*

Paris, le 22 flor. an xii (12 mai 1804).

Le conseiller d'État, préfet de police,

Ordonne ce qui suit :

1. L'arrêté du gouvernement, en date du 5 germinal dernier (1), relatif à la fabrication des médailles, sera réimprimé, publié et affiché dans le ressort de la préfecture de police.

2. Les sous-préfets des arrondissements de Saint-Denis et de Sceaux, les maires et adjoints des communes rurales du ressort de la préfecture de police, les commissaires de police à Paris, les officiers de paix et les préposés de la préfecture de police en assureront, chacun en ce qui le concerne, la stricte exécution.

3. Les contraventions seront constatées par des procès-verbaux, pour être poursuivies devant les tribunaux compétents et punies conformément aux lois.

Le conseiller d'Etat, préfet de police, DUBOIS.

N° **221.** — *Ordonnance concernant la proclamation du sénatus-consulte du 28 floréal.*

Paris, le 29 floréal an xii (19 mai 1804).

Le conseiller d'État, préfet de police,

Vu le programme imprimé par ordre du chancelier du sénat, sur la marche du cortége pour la proclamation du décret du sénat, rendu à la suite du sénatus-consulte organique en date du jour d'hier;

Ordonne ce qui suit :

1. Le 30 floréal présent mois, les rues, quais, places et ponts seront balayés et débarrassés avant huit heures du matin.

2. Les rues, quais, places, ponts et promenades seront arrosés.

Les habitants se conformeront à cette disposition en ce qui les concerne.

3. A compter de huit heures du matin jusqu'après la rentrée du cortége au palais du sénat, aucune voiture ne pourra circuler ni stationner, savoir :

Rue de Vaugirard, à droite et à gauche, dans toute l'étendue du palais du sénat;

Rues de Tournon, de Saint-Sulpice, des Aveugles, place Saint-Sulpice;

Rue du Vieux-Colombier, carrefour de la Croix-Rouge;

Rues de Grenelle et de Bourgogne, la rue de l'Université, depuis le

(2) V. cet arrêté à l'appendice.

quinconce des Invalides jusqu'à la rue de Belle-Chasse , la place du Corps-Législatif ;

Le quai Bonaparte, depuis l'esplanade des Invalides jusqu'à la rue de Belle-Chasse ;

Le pont de la Concorde, le quai de la Conférence depuis ce pont jusqu'à l'allée des Veuves ;

La place de la Concorde, l'avenue des Champs-Elysées depuis l'allée des Veuves jusqu'à la place ;

Rues de la Concorde, du faubourg Saint-Honoré à gauche jusqu'à la rue de la Madeleine ;

Le boulevard de la Madeleine, rue Neuve-des-Capucines et la place Vendôme ;

Rue Saint-Honoré, depuis celle de la Concorde jusqu'à la barrière des Sergents ;

La place du palais du Tribunat, la rue de Malte, la place du Carrousel, les quais depuis le pont de la Concorde sans discontinuation, jusques et compris la place de l'Hôtel-de-Ville ;

Le pont Notre-Dame, le pont au Change, la rue Saint-Barthélemi ;

La place du Palais-de-Justice, les rues de la Vieille-Draperie, de la Barillerie, de Saint-Louis ;

Le quai des Orfèvres, le Pont-Neuf, la rue de Thionville, des Fossés-Saint-Germain-des-Prés, rue et place de l'Odéon jusqu'au palais du sénat.

4. La présente ordonnance sera imprimée, publiée et affichée.

Les commissaires de police, les officiers de paix et les préposés de la préfecture de police sont chargés, chacun en ce qui le concerne, de tenir la main à son exécution.

Le conseiller d'Etat , préfet de police, DUBOIS.

N° **222.** — *Ordonnance concernant le vote relatif à l'hérédité de la dignité impériale.*

Paris, le 1er prairial an xii (21 mai 1804).

Le conseiller d'État, préfet de police,

Vu le décret impérial, portant règlement sur le mode de présentation à l'acceptation du peuple, de la proposition énoncée article 142 du sénatus-consulte organique du 28 floréal an xii ;

Ordonne ce qui suit :

1. Demain 2 prairial , il sera ouvert, au secrétariat général de la préfecture de police , un registre pour recevoir le vœu des Français sur la proposition suivante :

« Le peuple veut l'hérédité de la dignité impériale dans la descen-
« dance directe, naturelle, légitime et adoptive de Napoléon Bonaparte,
« et dans la descendance directe, naturelle et légitime de Joseph Bo-
« naparte et de Louis Bonaparte, ainsi qu'il est réglé par le sénatus-
« consulte organique du 28 floréal an xii. »

2. Le 3 prairial, semblables registres seront ouverts aux bureaux de tous les commissaires de police de Paris.

3. Ces registres resteront ouverts jusqu'au 17 prairial inclusivement, tous les jours, sans exception, depuis neuf heures du matin jusqu'à dix heures du soir.

4. Les votes seront constatés par la signature du votant, et s'il ne

sait pas signer ou ne peut signer, par la signature du dépositaire du registre.

5. Dans les deux jours qui suivront l'expiration du temps donné pour voter, chaque commissaire de police arrêtera le registre, portera au bas le relevé des votes, certifiera le tout et l'adressera au préfet de police.

6. La présente ordonnance sera imprimée et affichée.

Il en sera adressé un exemplaire aux commissaires de police, chargés de concourir à son exécution.

Le conseiller d'Etat, préfet de police, DUBOIS.

N° **223.** — *Règlement relatif au service intérieur des maisons d'arrêt de la Force, des Madelonnettes, des maisons de justice, et de Sainte-Pélagie.*

Paris, le 19 prairial an xii (8 juin 1804).

Le conseiller d'État, préfet de police,
Vu l'article 6 de l'arrêté des consuls du 12 messidor an viii;
Arrête ce qui suit:

1. Les concierges des maisons d'arrêt de la Force, des Madelonnettes, des maisons de justice, et Sainte-Pélagie, sont autorisés à fournir, aux prix ci-après fixés, aux détenus en santé, qui le désireront et qui ne sont point condamnés, un excédant aux lits que fournit le gouvernement à tous les prisonniers.

2. Cet excédant, composé d'un matelas, d'une paire de draps, d'une couverture et d'un traversin, autres que ceux de la maison, sera payé neuf francs par mois. La chambre où est placé le lit ne peut jamais, et en aucun cas, augmenter le prix de cet excédant.

Si le propriétaire sort de prison au bout de dix jours, il n'est tenu de payer que le tiers de cette somme;

Au bout de quinze jours, que la moitié;

Au bout de vingt jours, que les deux tiers;

Et enfin le mois, s'il reste plus de vingt jours.

S'il reste moins de dix jours, il payera également le tiers du prix du mois.

3. Pour l'avantage des détenus, les concierges de ces maisons sont également autorisés à fournir à manger à ceux qui le désireront.

4. Le prix des aliments est fixé à l'avance et indiqué par plats, de manière que chaque détenu peut prendre ce qui lui convient.

5. Les concierges peuvent, à cet effet, réunir, pour le diner seulement, les détenus dans une pièce commune.

6. L'heure du diner, pour les détenus qui se réunissent dans cette salle, est fixé depuis trois heures jusqu'à cinq en été, et depuis deux jusqu'à quatre en hiver.

7. Les détenus qui ne veulent pas se réunir dans la salle commune peuvent prendre également des aliments, aux mêmes prix, et manger dans leurs chambres.

8. Le concierge ni sa famille, ni aucun employé de la maison, ne peut manger avec les détenus; cependant, lui ou un employé, commis par lui, doit assister au diner des détenus réunis dans la salle commune, pour y maintenir le bon ordre.

9. Aucune personne du dehors ne peut être admise à manger avec les détenus, quoiqu'elle ait obtenu une permission pour communiquer avec eux.

10. Les communications des personnes munies de permissions avec les détenus ne peuvent avoir lieu que dans les parloirs, et pendant une heure seulement, ou dans le greffe, en présence du concierge ou d'un employé commis par lui, et sur un ordre exprès.

11. Les concierges ne peuvent détourner, sous quelque prétexte que ce soit, les employés salariés par le gouvernement du service qui leur est assigné par leurs fonctions.

12. Il n'est point dérogé par le présent arrêté à celui du 27 vendémiaire an X, relatif aux prisonniers pour dettes détenus à Sainte-Pélagie.

13. Le présent arrêté sera imprimé et affiché dans lesdites maisons.

Les commissaires de police, chargés spécialement de la surveillance de ces maisons, et les inspecteurs général et adjoint des prisons sont chargés de veiller à son exécution.

Le conseiller d'État, préfet de police, DUBOIS.

N° 224. — *Ordonnance concernant le commerce du bois à brûler dans les communes rurales du ressort de la préfecture de police.*

Paris, le 20 prairial an XII (9 juin 1804).

Le conseiller d'État, préfet de police,

Vu les articles 1er et 2 de l'arrêté du gouvernement du 3 brumaire an IX;

Ordonne ce qui suit :

1. Il ne peut être tenu aucun chantier de bois de chauffage hors de Paris, dans le ressort de la préfecture de police, sans une permission du préfet de police.

2. Toutes les permissions accordées jusqu'à ce jour sont annulées.

3. Dans le mois, à compter du jour de la publication de la présente ordonnance, tout marchand de bois qui voudra continuer son commerce sera tenu de demander une nouvelle permission.

Il joindra à sa pétition un plan figuré du local, avec indication des dimensions et des tenants et aboutissants.

4. Il est défendu de décharger hors de Paris aucun bateau chargé de bois, et de tirer aucun train, sans une permission du préfet de police.

Les marchands de bois dans les communes rurales approvisionneront leurs chantiers avec des bois arrivant par terre et directement des forêts.

Il leur est défendu de les approvisionner avec des bois neufs ou flottés, fagots ou cotrets, destinés à l'approvisionnement de Paris, sans une permission du préfet de police.

5. Il est enjoint aux marchands d'empiler solidement leurs bois, de faire leurs théâtres d'aplomb, de lier, à distances convenables, les roseaux avec le corps des piles par le moyen de perches et de bûches qui y seront entrelacées et formeront des espèces de grilles.

6. Les bois seront placés à quatre mètres au moins de distance de tous bâtiments, des rues, ruelles ou passages publics et de toutes autres clôtures des chantiers.

7. Les seules membrures dont les marchands puissent se servir pour le mesurage du bois sont le stère et le double stère dûment étalonnés et poinçonnés.

8. Il est ordonné aux marchands de mesurer le bois dans la membrure du double stère, à moins que le stère simple ne soit indispensable, ou qu'il ne soit expressément demandé par l'acheteur.

9. Les marchands sont tenus d'avoir à chaque mesure deux soustraits en bois équarri de deux mètres deux décimètres de longueur pour le double stère; deux mètres deux centimètres pour le simple stère, et d'une épaisseur égale à celle de la sole des membrures. Ces sous-traits doivent être étalonnés et poinçonnés.

10. Lors du mesurage, la membrure et les soustraits doivent être placés sur un terrain égal.

Il est défendu aux marchands et à leurs garçons de chantier de placer aucune cale ou coin sous la sole de la mesure ni sous les sous-traits.

11. Les marchands sont tenus de fournir à leurs frais les mesures et les cordeurs.

12. Il est enjoint à tous marchands ayant chantier dans les communes rurales, de tenir des registres cotés et parafés par le sous-préfet de l'arrondissement, sur lesquels ils inscriront, jour par jour, les arrivages et la vente des bois dans leurs chantiers; ils les représenteront aux préposés de la préfecture de police, toutes les fois qu'ils en seront requis.

Ils leur donneront, tous les quinze jours, le relevé des arrivages et de la vente, à peine de révocation des permissions.

Dans les communes de Meudon, Sèvres et Saint-Cloud, les registres des marchands de bois seront cotés et parafés par les maires ou par leurs adjoints.

13. Il sera pris envers les contrevenants telles mesures de police administrative qu'il appartiendra, sans préjudice des poursuites à exercer contre eux par-devant les tribunaux, conformément aux lois et aux règlements qui leur sont applicables.

14. La présente ordonnance sera imprimée, publiée et affichée.

Les sous-préfets des arrondissements de Saint-Denis et de Sceaux, les maires et adjoints des communes rurales du ressort de la préfecture de police, le contrôleur général du recensement et du mesurage des bois et charbons, l'inspecteur général de la navigation et des ports et les autres préposés de la préfecture de police sont chargés, chacun en ce qui le concerne, de tenir la main à son exécution.

Le conseiller d'État, préfet de police, DUBOIS.

N° **225.** — *Ordonnance concernant le commerce de la boulangerie dans les communes rurales du ressort de la préfecture de police.*

Paris, le 25 prairial an XII (14 juin 1804).

Le conseiller d'État, préfet de police,
Vu les articles 2 et 33 de l'arrêté des consuls du 12 messidor an VIII et les art. 1 et 2 de celui du 3 brumaire an IX;

Ordonne ce qui suit :

1. Nul ne peut exercer la profession de boulanger dans les communes rurales du ressort de la préfecture de police, sans une permission du préfet de police.

2. Pour obtenir cette permission, les boulangers devront présenter une pétition au préfet de police.

La pétition indiquera les noms et prénoms des requérants, et les lieux où ils tiennent ou se proposent de former leurs établissements. Elle sera remise aux maires, qui l'adresseront aux sous-préfets, et ceux-ci au préfet de police.

3. Il est enjoint aux boulangers de tenir leurs boutiques suffisamment garnies de pain.

4. Les boulangers ne pourront exposer du pain en vente ailleurs que dans leurs établissements ou aux marchés à ce destinés.

Il est défendu de crier, vendre et colporter du pain sur toute autre partie de la voie publique.

5. Aucun boulanger ne pourra quitter son commerce que trois mois après en avoir fait la déclaration au préfet de police.

Tout boulanger qui ne se conformerait pas à cette disposition ne pourra reprendre l'exercice de sa profession.

6. Aucun boulanger ne pourra cumuler en même temps la profession de meunier.

7. Il sera pris envers les contrevenants telles mesures de police administrative qu'il appartiendra, sans préjudice des poursuites à exercer contre eux par-devant les tribunaux, conformément aux lois et aux règlements qui leur sont applicables.

8. La présente ordonnance sera imprimée, publiée et affichée.

Les sous-préfets des arrondissements de Saint-Denis et de Sceaux, les maires et adjoints des communes rurales du ressort de la préfecture de police, le contrôleur de la halle aux grains et farines et les autres préposés de la préfecture de police sont chargés, chacun en ce qui le concerne, de tenir la main à son exécution.

Le conseiller d'Etat, préfet de police, DUBOIS.

N° **226.** — *Ordonnance concernant le placement des garçons distillateurs, limonadiers, vinaigriers, détaillants d'eau-de-vie et de liqueurs, pâtissiers, traiteurs, restaurateurs et rôtisseurs.*

Paris, le 25 prairial an XII (14 juin 1804).

Le conseiller d'État, préfet de police,

Vu les articles 2 et 10 de l'arrêté des consuls du 12 messidor an VIII et l'art. 13 de l'ordonnance de police du 20 pluviôse dernier;

Ordonne ce qui suit :

1. Il sera établi à Paris un bureau de placement pour les garçons distillateurs, limonadiers, vinaigriers, détaillants d'eau-de-vie et de liqueurs, pâtissiers, traiteurs, restaurateurs et rôtisseurs.

2. Le sieur Hébray (Jean), demeurant rue de la Michodière, n° 1, au coin du boulevard d'Antin, division Lepelletier, est nommé préposé au placement desdits garçons.

3. A compter de la publication de la présente ordonnance, il est défendu à toutes autres personnes de s'immiscer dans le placement des garçons distillateurs, limonadiers, vinaigriers, détaillants d'eau-de-vie et de liqueurs, pâtissiers, traiteurs, restaurateurs et rôtisseurs.

4. Il ne sera délivré de bulletin de placement à aucun garçon s'il n'est pourvu d'un livret.

5. La rétribution pour le placement de chaque garçon distillateur, limonadier, vinaigrier, détaillant d'eau-de-vie et de liqueurs, pâtissier, traiteur, restaurateur et rôtisseur, est fixée à un franc cinquante centimes.

6, Il sera pris envers les contrevenants aux dispositions ci-dessus telles mesures de police administrative qu'il appartiendra, sans préjudice des poursuites à exercer contre eux par-devant les tribunaux, conformément aux lois et aux règlements qui leur sont applicables, et notamment aux ordonnances des 22 juillet 1778 et 6 mars 1779.

7. La présente ordonnance sera imprimée, publiée et affichée.

Les commissaires de police, les officiers de paix, le commissaire des halles et marchés, l'inspecteur général des boissons et les autres préposés de la préfecture de police, sont chargés, chacun en ce qui le concerne, de tenir la main à son exécution.

Le conseiller d'Etat, préfet de police, DUBOIS.

N° 227. — *Ordonnance concernant les auvents, appentis, plafonds et autres constructions en saillie sur les boulevards intérieurs de Paris (approuvée le 21 fructidor an xII par le ministre de l'intérieur par intérim) (1).*

Paris, le 29 prairial an xII (18 juin 1804).

Le conseiller d'État, préfet de police,

Vu les règlements de voirie, dont les dispositions sont maintenues par l'article 29, titre 1 de la loi du 22 juillet 1791 ;

Ensemble l'article 21 de l'arrêté des consuls du 12 messidor an vIII ;

Vu également la lettre du ministre de l'intérieur, en date du quatrième jour complémentaire de l'an xI ;

Ordonne ce qui suit :

1. Tous auvents, appentis, plafonds, baraques et échoppes construits sans autorisation sur les boulevards intérieurs de Paris, depuis le 3 floréal an vIII, seront supprimés sans délai.

2. Les propriétaires ou locataires de maisons qui ont outrepassé les dimensions de leurs permissions seront tenus de se réduire et de s'y conformer aussi sans délai.

3. Avant le 1er vendémiaire an xIV, les baraques, appentis et échoppes, construits hors l'alignement des maisons et bâtiments du boulevard, seront démolis.

4. Dans le même délai, les auvents qui ont plus de quatre-vingt-un centimètres (2 pieds et demi) seront réduits.

Néanmoins il devra être observé, entre les auvents et les arbres, une distance de trente-deux centimètres (un pied).

Il est défendu d'en réparer ou d'en établir aucun sans une permission du préfet de police.

5. Les autres objets, tels que tableaux servant d'enseignes, devantures de boutique, étalages des marchands en boutique et autres de ce genre, seront autorisés suivant les saillies d'usage.

6. Faute par les propriétaires ou locataires de faire les suppressions ou réductions ordonnées par les articles ci-dessus, et dans les délais déterminés, il y sera mis d'office des ouvriers à leurs frais par l'architecte de la préfecture de police.

7. La présente ordonnance sera imprimée, publiée, affichée et no-

---

(1) V. les ord. des 9 juin 1824, 14 sept. 1833, et les arr. des 18 fév. 1837 et 11 oct. 1839.

tifiée à tous les propriétaires et locataires des maisons et boutiques sises sur les boulevards.

8. Les commissaires de police, les officiers de paix, l'architecte-commissaire de la petite voirie et tous les autres préposés de la préfecture de police sont chargés, chacun en ce qui le concerne, de tenir la main à son exécution.

Le conseiller d'Etat, préfet de police, DUBOIS.

N° **228**. — *Ordonnance concernant le déchirage des bateaux, dans le ressort de la préfecture de police, hors de Paris* (1).

Paris, le 30 prairial an XII (19 juin 1804).

Le conseiller d'État, préfet de police,

Informé qu'on déchire des bateaux sur les ports de la Seine, dans des parties destinées au chemin de halage ;

Considérant que des clous et des éclisses qui proviennent de ces déchirages peuvent blesser les chevaux de trait et occasionner des accidents ;

Ordonne ce qui suit :

1. Dans le ressort de la préfecture de police, hors de Paris, il ne pourra être déchiré aucun bateau sur les bords de la Seine ou de la Marne, dans les parties où se fait le halage, sans une permission du préfet de police.

Les bois provenant des bateaux déchirés sans permission seront consignés jusqu'à ce qu'il ait été statué par le préfet.

2. Il sera pris envers les contrevenants telles mesures de police administrative qu'il appartiendra, sans préjudice des poursuites à exercer contre eux par-devant les tribunaux, conformément aux lois et aux règlements qui leur sont applicables.

3. La présente ordonnance sera imprimée, publiée et affichée.

Les sous-préfets des arrondissements de Saint-Denis et de Sceaux, les maires et adjoints des communes rurales du ressort de la préfecture de police, l'inspecteur général de la navigation et des ports et les autres préposés de la préfecture de police sont chargés, chacun en ce qui le concerne, de tenir la main à son exécution.

Le conseiller d'Etat, préfet de police, DUBOIS.

N° **229**. — *Ordonnance concernant les cabriolets* (2).

Paris, le 1er messidor an XII (20 juin 1804).

Le conseiller d'Etat, préfet de police,

Vu les articles 22 et 32, et l'art. 1er des arrêtés des consuls des 12 messidor an VIII et 3 brumaire an IX ;

Ordonne ce qui suit :

1. Toute personne domiciliée dans le département de la Seine, ainsi

---

(1) V. les ord. des 1er oct. 1813 et 25 oct. 1840 (art. 196 et suiv.)

(2) Rapportée. — V. l'ord. du 15 janv. 1841, les arr. des 15 janv. et 18 fév. 1841, et les ord. des 25 mai 1842 et 20 avril 1843.

que dans les communes de Meudon, Sèvres et Saint-Cloud, qui sera propriétaire d'un cabriolet pour son usage particulier, ne pourra le faire circuler sans une déclaration préalable à la préfecture de police.

2. Sont tenus à la même déclaration tous loueurs de cabriolets, soit sur place, soit à domicile, soit dans des bureaux, tant pour l'intérieur que pour les environs de Paris.

3. Les cabriolets dont la déclaration aura été faite en exécution des deux articles précédents seront numérotés ainsi qu'il sera dit ci-après.

4. Les propriétaires de cabriolets destinés à leur usage particulier les feront numéroter au dessous de la capote, sur le panneau de derrière et sur les deux panneaux de côté.

Les numéros seront en chiffres arabes de quatre-vingt-un millimètres (3 pouces) de hauteur sur sept millimètres (3 lignes fortes) de plein.

Ils seront soit de métal blanc, soit peints à l'huile, de couleur tranchante.

5. Le numérotage des cabriolets de louage non estampillés sera fait, par un préposé de la préfecture de police, en chiffres arabes noirs de onze centimètres (4 pouces) de hauteur sur neuf millimètres (4 lignes) de plein, dans un écusson ovale, fond blanc, le tout à l'huile.

Le numéro sera aussi placé en dedans du cabriolet, sur un ruban de fil blanc attaché au-dessous de l'impériale.

6. Tout loueur de cabriolets, en prenant un conducteur à son service, devra lui remettre la permission de stationnement délivrée pour le cabriolet, dont il lui confiera la conduite.

Le conducteur lui remettra en échange le livret dont il devra être porteur, aux termes de l'article 14 ci-après.

Le loueur inscrira sur ce livret la date de l'entrée du conducteur chez lui et celle de la sortie.

7. Les loueurs seront tenus de représenter à toutes réquisitions les livrets des conducteurs qu'ils auront à leur service, et d'indiquer leurs noms et domiciles, ainsi que le numéro du cabriolet confié à chacun d'eux.

8. Les loueurs de cabriolets sous remise ou dans des bureaux ouvriront un registre où ils inscriront les noms, prénoms, professions et demeures des individus auxquels ils auront loué leurs voitures, ainsi que les effets qui leur seront confiés.

9. Les cabriolets de place ne pourront stationner sur la voie publique, pour circuler dans Paris, que dans les endroits ci-après, savoir :

1° Rue Taitbout, côté gauche, en entrant par le boulevard jusqu'au n° 33.

2° Rue Lepelletier, à droite en entrant par le boulevard, le long du trottoir jusqu'au n° 2, et en retour d'équerre rue Pinon.

3° Rue des Champs-Elysées, à gauche en entrant par la place, et le surplus à droite dans l'enfoncement formé par le pavillon de la colonnade jusqu'au n° 3.

10. Tout conducteur de cabriolets pris sur la voie publique, pour circuler dans l'intérieur de Paris, ne pourra exiger de plus forts salaires que ceux fixés ci-après :

Pour chaque course.................. 1 fr. » c.
Pour la première heure.............. 1   25
Pour chacune des suivantes 1   »

11. Toutes les fois que, pendant une course, un conducteur de cabriolet de place aura été détourné de son chemin, il sera censé pris à l'heure et payé sur ce taux, sans qu'il puisse lui être payé moins d'une heure.

12. Les cabriolets et autres voitures suspendues, dits des environs de Paris, ne pourront stationner que sur les places ci-après, savoir :

1° Quai et division des Tuileries ;

2° Rue Basse, porte Saint-Denis, division Poissonnière ;

3° Rue Jean-Beau-Sire, division de l'Indivisibilité ;

4° Rue des Thermes-d'Enfer, division des Thermes.

13. Il est expressément défendu aux conducteurs de cabriolets et autres voitures mentionnées en l'article précédent, d'aller au-devant des voyageurs pour les attirer et obtenir d'eux la préférence.

Ils resteront à la tête de leurs chevaux, et y attendront que les voyageurs se présentent pour louer leurs voitures.

14. Tout conducteur de cabriolet de louage est tenu de se pourvoir d'un livret, qui lui sera délivré à la préfecture de police sur l'attestation du loueur.

15. Les conducteurs de cabriolets de louage sont tenus d'exhiber à toute réquisition, soit aux personnes qu'ils conduiront, soit aux préposés de la préfecture de police ou de la régie d'enregistrement, la permission de stationnement, à laquelle sera annexé un exemplaire de la présente ordonnance.

16. Il est enjoint aux conducteurs de cabriolets de louage de visiter, immédiatement après chaque course, l'intérieur de leur voiture, et de remettre de suite à la personne qu'ils auront conduite les effets qu'elle aurait pu y laisser.

17. A défaut de possibilité de la remise prescrite par l'article précédent, il est enjoint aux conducteurs de cabriolets de louage de faire, dans le jour, à la préfecture de police, la déclaration et remise des effets qu'ils auront trouvés dans leur voiture, à peine contre lesdits conducteurs de trois cents francs d'amende et d'être poursuivis comme receleurs. (*Art. 20 de l'ord. du 1er juillet* 1774.)

18. Tout conducteur de cabriolet de louage stationné sur une des places à ce affectées ne pourra, sous aucun prétexte, refuser de marcher à toute réquisition.

19. Il est défendu à tout propriétaire ou conducteur de cabriolet de laisser conduire son cabriolet par des femmes ou des enfants âgés de moins de dix-huit ans.

20. Nul cabriolet ne peut circuler dans Paris pendant la nuit sans être garni de deux lanternes allumées, adaptées à chaque côté de la caisse.

Il sera aussi adapté au col du cheval, le jour comme la nuit, un fort grelot mobile dont le bruit puisse avertir les passants.

21. Les cabriolets appartenant à des personnes domiciliées hors du ressort de la préfecture de police, ne pourront être arrêtés pour défaut de numéro, lanterne ou grelot, s'il est justifié par le propriétaire d'un passe-port indicatif du lieu de son domicile.

22. Les propriétaires des cabriolets, soit particuliers, soit de louage, sont tenus, lorsqu'ils changeront de domicile, d'en faire leur déclaration,

Savoir :

Ceux qui résident à Paris, aux commissaires de police de leur ancien et nouveau domicile, et ceux qui résident hors de Paris, aux maires de leur ancienne et nouvelle habitation ; pour ladite déclaration être transmise de suite à la préfecture de police.

23. Aucun cabriolet numéroté ne pourra être vendu, sans une déclaration préalable à la préfecture de police, tant par le vendeur que par l'acheteur.

24. Il sera pris envers les contrevenants aux dispositions ci-dessus telles mesures de police administrative qu'il appartiendra, sans préjudice des poursuites à exercer contre eux devant les tribunaux.

25. La présente ordonnance sera imprimée, publiée et affichée dans Paris, dans les communes rurales du département de la Seine et celles de Saint-Cloud, Sèvres et Meudon.

Les sous-préfets des arrondissements de Saint-Denis et de Sceaux, les maires et adjoints des communes rurales du ressort de la préfecture de police, les commissaires de police, à Paris, les officiers de paix et les autres préposés de la préfecture de police sont chargés, chacun en ce qui le concerne, de tenir la main à son exécution.

Le conseiller d'Etat, préfet de police, DUBOIS.

N° **230.** — *Ordonnance concernant l'arrosement* (1).

Paris, le 8 messidor an XII (27 juin 1804).

N° **231.** — *Ordonnance concernant les décès et sépultures* (2).

Paris, le 14 messidor an XII (3 juillet 1804).

Le conseiller d'État, préfet de police,

Vu l'article 23 de l'arrêté des consuls du 12 messidor an VIII; celui du 3 brumaire an IX et la décision du ministre de la police générale du 25 fructidor an IX ;

Ordonne ce qui suit :

1. Les articles 77, 81 et 82 du Code civil, relatifs aux décès et inhumations; et les articles 1, 4, 5, 6, 8, 9, 14, 16, 17, 18 et 19 du décret impérial, en date du 25 prairial dernier, sur les sépultures, seront réimprimés, publiés et affichés dans le ressort de la préfecture de police (3).

2. Toutes les fois que, dans les cas prévus par les règlements de police, une personne décédée devra être inhumée avant le délai de vingt-quatre heures fixé par l'art. 77 du Code civil, l'inhumation n'aura lieu que sur l'avis des médecins et chirurgiens qui auront suivi la maladie, ou de ceux préposés à la visite des personnes décédées.

Cet avis sera envoyé à l'officier de police et à l'officier de l'état civil.

3. Dans le cas de mort violente, s'il reste certitude ou même soupçon de délit, l'inhumation pourra être retardée par l'officier de police.

4. Si au contraire il ne reste ni certitude ni soupçon de délit, l'officier de police se conformera de suite aux dispositions de l'art. 82 du Code civil.

5. Si les symptômes d'une maladie avaient donné l'indication de quelque épidémie ou mal contagieux, l'ouverture du cadavre pourra être ordonnée d'office, ou à la réquisition des médecins ou chirurgiens qui auront suivi la maladie.

6. Dans le cas où l'incertitude des caractères d'une maladie aurait empêché d'en connaître la cause, les médecins et chirurgiens qui, pour les progrès de l'art, désireraient faire l'ouverture du cadavre, ne pourront y procéder que du consentement de la famille, et après en avoir prévenu l'officier de police.

---

(1) V. les ord. des 17 mai 1834, 1er juin 1837 et 27 juin 1843.
(2) V. les ord. des 25 janv. 1838 et 6 déc. 1839 concernant le moulage.
(3) V. ce décret à l'appendice.

7. Indépendamment des précautions ordonnées par l'art. 81 du Code civil, les corps dont est question dans cet article seront inhumés au cimetière, dans une fosse isolée.

8. Les enlèvements de cadavres des cimetières et des sépultures particulières sont formellement interdits, sous les peines portées par les lois, hors les cas d'exhumations légalement autorisées.

9. Il est expressément défendu aux fossoyeurs et à tous autres d'enlever les draps ou linceuls dans lesquels les défunts auront été ensevelis.

10. Des visites fréquentes seront faites dans les cimetières, pour en assurer la salubrité et la sûreté.

11. Nulle inhumation ne pourra avoir lieu dans une propriété particulière, sans une permission expresse.

La propriété devra être close de murs d'une hauteur suffisante.

La permission ne sera accordée qu'après qu'il aura été reconnu, par la visite des lieux, qu'ils ne présentent aucun inconvénient.

12. Le lieu consacré à une sépulture particulière devra y être affecté pendant tout le temps jugé nécessaire, d'après la nature du terrain.

13. Les fosses qui serviront aux inhumations dans les propriétés particulières, auront les mêmes dimensions que celles ordonnées, pour les fosses dans les cimetières, par l'art. 4 du décret impérial.

14. Dans le cas de la vente d'un terrain où se trouverait une sépulture particulière, le nouveau propriétaire sera tenu de se conformer aux conditions imposées lors de la sépulture, si mieux il n'aime obtenir la permission d'exhumer les restes, et les faire transporter d'une manière convenable dans les lieux à ce destinés.

15. Il sera pris envers les contrevenants aux dispositions ci-dessus telles mesures de police administrative qu'il appartiendra, sans préjudice des poursuites à exercer contre eux devant les tribunaux.

16. La présente ordonnance sera imprimée, publiée et affichée.

Les sous-préfets des arrondissements de Saint-Denis et de Sceaux, les maires et adjoints des communes rurales du ressort de la préfecture de police, les commissaires de police, à Paris, les officiers de paix et les autres préposés de la préfecture de police sont chargés, chacun en ce qui le concerne, de tenir la main à son exécution.

Le conseiller d'Etat, préfet de police, DUBOIS.

N° **232.** — *Ordonnance concernant le curage de la Bièvre* (1).

Paris, le 21 messidor an XII (10 juillet 1804).

N° **233.**—*Ordonnance concernant la fête du 14 juillet.*

Paris, le 24 messidor an XII (13 juillet 1804).

Le conseiller d'État, préfet de police,
Chargé du quatrième arrondissement de la police générale de l'empire,

---

(1) V. l'ord. du 31 juill. 1838.

Ordonne ce qui suit :

1. Le programme arrêté pour la célébration de la fête du 14 juillet sera imprimé, publié et affiché.

2. Le dimanche 26 messidor, jour de la célébration de la fête, les rues, quais, places et ponts seront balayés et débarrassés avant sept heures du matin.

3. Les rues, quais, places, ponts et promenades seront arrosés.

Les habitants se conformeront à cette disposition en ce qui les concerne.

4. A compter de huit heures du matin jusqu'après la rentrée du cortége, aucune voiture ne pourra circuler ni stationner, savoir :

Sur la place du Carrousel, les quais du Louvre et des Tuileries, la place de la Concorde, les ponts des Tuileries et de la Concorde, le quai Bonaparte, et l'esplanade des Invalides jusqu'au Gros-Caillou.

Sont exceptées de la présente disposition les voitures du gouvernement, des membres de la Légion d'honneur et des personnes invitées à la cérémonie,

Les voitures seront rangées dans l'avenue de l'Ecole Militaire aux Invalides.

5. Les voitures des environs de Paris ne pourront stationner, ledit jour 26 messidor, que depuis la demi-lune du quai de la Conférence, en descendant sur le quai de Chaillot.

6. Le passage de la rivière en bachots ou batelets ne pourra avoir lieu, ledit jour 26 messidor, depuis le pont de la Concorde jusqu'à la sortie de Paris, qu'aux trois endroits ordinaires, savoir:

Au port des Invalides, à Chaillot et à la barrière des Bons-Hommes.

Les adjudicataires et fermiers de ces passages d'eau se pourvoiront de bachots et mariniers en nombre suffisant pour que le service du passage se fasse avec sûreté et célérité.

7. Il ne pourra être admis dans chaque bachot ou batelet plus de douze personnes. Il est enjoint aux passeurs d'eau ou mariniers de désigner aux officiers de police ou à la garde les individus qui, par imprudence, compromettraient la sûreté des passagers.

8. Toute circulation sera interdite sur le Pont-Neuf, le 26 messidor, à compter de quatre heures du matin jusqu'au lendemain lundi à pareille heure.

9. Ledit jour 26 messidor, à sept heures du soir, le pont des Arts sera évacué, et le passage en sera interdit au public.

10. Depuis cinq heures du soir jusqu'à onze, des bachots seront placés dans les bassins près le Pont-Neuf, pour interdire l'entrée desdits bassins, et porter du secours au besoin.

Ces bachots seront montés chacun par deux fusiliers et deux mariniers nageurs.

Ils seront placés aux endroits qui seront indiqués par l'inspecteur général de la navigation et des ports.

A cinq heures du soir, les bains d'été établis au bas des quais des Morfondus, de l'Ecole et de la Monnaie, seront évacués, et les bannes qui les couvrent seront enlevées.

A sept heures, le bateau à bains chauds, placé sous le Pont-Neuf, sera évacué.

La pompe à incendie sera placée près la Samaritaine; elle sera montée par quatre pompiers et par quatre mariniers pour porter secours en cas de besoin.

Il est enjoint aux propriétaires des bains d'été ci-dessus indiqués, et des bateaux à lessive et autres places au bas du quai de la Vallée, à l'Arche-Marion et au port de l'Ecole, de placer, depuis sept heures du soir jusqu'à onze, savoir: sur chaque bateau chargé de fagots, de cotrets ou de charbons de bois, six hommes avec des seaux, et, sur chacun des autres bateaux, deux hommes avec des seaux ; faute par les propriétaires des bateaux d'y faire trouver le nombre d'hommes ci-dessus déterminé, il en sera placé à leurs frais par l'inspecteur général de la navigation et des ports, qui se concertera à cet égard avec le commissaire de police.

Il est défendu à toutes autres personnes de s'introduire sur lesdits bateaux, et aux propriétaires d'y laisser entrer personne, sous telles peines qu'il appartiendra.

Il est également défendu de se placer sur les berges de la rivière, entre le Pont-Neuf et le pont des Arts.

En cas de besoin, l'inspecteur général de la navigation et des ports est autorisé à prendre telles autres mesures qu'il appartiendra, à la charge d'en rendre compte sur-le-champ au conseiller d'État, préfet.

11. Le même jour, depuis sept heures du soir jusqu'au lendemain quatre heures du matin, les voitures ne pourront circuler ni stationner, savoir :

Sur les quais de la rive droite de la Seine, depuis le pont au Change jusqu'au pont de la Concorde exclusivement ;

Sur les quais de la rive gauche de la Seine, depuis le pont de la Concorde jusqu'au pont Saint-Michel aussi exclusivement.

Sont exceptés de cette disposition les voitures du gouvernement, les courriers de la malle et les diligences.

Les ponts au Change, Saint-Michel et de la Concorde resteront libres pour la circulation.

12. La présente ordonnance sera imprimée, publiée et affichée.

L'inspecteur général de la police, les commissaires de police, l'inspecteur général de la navigation et des ports, les officiers de paix et les autres préposés de la préfecture de police sont chargés, chacun en ce qui le concerne, de tenir la main à son exécution.

Le conseiller d'État, préfet de police, DUBOIS.

ADDITION A L'ORDONNANCE DE POLICE DU 24 MESSIDOR AN XII.

Le conseiller d'État, préfet de police, chargé du quatrième arrondissement de la police générale de l'empire ;

Vu le supplément au programme ci-dessus ;

Ordonne ce qui suit :

1. Les voitures qui arriveront aux Invalides, après dix heures du matin, et dès que la haie sera formée, entreront par la porte de la boulangerie, et se rangeront sur le boulevard des Invalides, à gauche, à partir de la rue de Grenelle jusqu'à la rue de Varennes et en remontant.

Les voitures qui arriveront avant dix heures du matin, stationneront dans l'avenue de l'École Militaire aux Invalides, à droite, conformément à l'article 4 de l'ordonnance précitée.

2. Depuis sept heures du soir jusqu'au lendemain quatre heures du matin, outre les dispositions ordonnées par l'article 11 de ladite ordonnance du 24 de ce mois, aucunes voitures, excepté celles du gouvernement, ne pourront stationner ou circuler sur la place du Carrousel et sur celle de la Concorde.

Le conseiller d'État, préfet de police, DUBOIS.

N° **234**. — *Ordonnance concernant le placement des ouvriers orfévres, joailliers, bijoutiers, lapidaires, batteurs d'or, tireurs d'or, horlogers, laveurs de cendres, fondeurs sur métaux, graveurs sur métaux, ciseleurs sur métaux, doreurs sur métaux, arquebusiers, fourbisseurs, couteliers, et tourneurs en métaux.*

Paris, le 29 messidor an XII (18 juillet 1804).

Le conseiller d'État, préfet de police, chargé du quatrième arrondissement de la police générale de l'empire,

Vu les art. 2 et 10 de l'arrêté des consuls du 12 messidor an VIII et l'art. 13 de l'ordonnance de police du 20 pluviôse dernier,

Ordonne ce qui suit :

1. Il sera établi, à Paris, un bureau de placement pour les ouvriers orfévres, joailliers, bijoutiers, lapidaires, batteurs d'or, tireurs d'or, horlogers, laveurs de cendres, fondeurs sur métaux, graveurs sur métaux, doreurs sur métaux, arquebusiers, fourbisseurs, couteliers et tourneurs en métaux.

2. Madame Péron, née Nyon, demeurant rue des Grands-Augustins, n° 31, près le quai de la Vallée, division du Théâtre-Français, est préposée au placement desdits ouvriers.

3. A compter de la publication de la présente ordonnance, il est défendu à toutes autres personnes de s'immiscer dans le placement des ouvriers des professions ci-dessus désignées.

4. Il ne sera délivré de bulletin de placement à aucun ouvrier, s'il n'est pourvu d'un livret.

5. La rétribution pour le placement de chaque ouvrier est fixée à un franc cinquante centimes.

6. Il sera pris envers les contrevenants aux dispositions ci-dessus telles mesures de police qu'il appartiendra, sans préjudice des poursuites à exercer contre eux par-devant les tribunaux, conformément aux lois et aux règlements qui leur sont applicables.

7. La présente ordonnance sera imprimée, publiée et affichée.

Les commissaires de police, l'inspecteur général de la police du quatrième arrondissement de la police générale de l'empire, les officiers de paix, l'inspecteur général des bureaux de placement des garçons et ouvriers, et les autres préposés de la préfecture de police sont chargés, chacun en ce qui le concerne, de tenir la main à son exécution.

Le conseiller d'Etat, préfet de police, DUBOIS.

———

N° **235**. — *Ordonnance concernant le placement des garçons cordonniers, bottiers, tanneurs-hongroyeurs, mégissiers, peaussiers, parcheminiers et maroquiniers.*

Paris, le 29 messidor an XII (18 juillet 1804).

Le conseiller d'État, préfet de police, chargé du quatrième arrondissement de la police générale de l'empire,

Vu les articles 2 et 10 de l'arrêté des consuls du 12 messidor an VIII et l'article 13 de l'ordonnance de police du 20 pluviôse dernier;

Ordonne ce qui suit :

1. Il sera établi, à Paris, un bureau de placement pour les garçons cordonniers, bottiers, tanneurs-hongroyeurs, mégissiers, peaussiers, parcheminiers et maroquiniers.

2. Le sieur Lemoyne, demeurant rue Mandar, n° 12, division du Contrat-Social, est nommé préposé au placement desdits garçons.

3. A compter de la publication de la présente ordonnance, il est défendu à toutes autres personnes de s'immiscer dans le placement des garçons des professions ci-dessus désignées.

4. Il ne sera délivré de bulletin de placement à aucun garçon, s'il n'est pourvu d'un livret.

5. La rétribution pour le placement de chaque garçon est fixée à cinquante centimes.

6. Il sera pris envers les contrevenants aux dispositions ci-dessus telles mesures de police administrative qu'il appartiendra, sans préjudice des poursuites à exercer contre eux par-devant les tribunaux, conformément aux lois et aux règlements qui leur sont applicables.

7. La présente ordonnance sera imprimée, publiée et affichée.

Les commissaires de police, l'inspecteur général de la police du quatrième arrondissement de la police générale de l'empire, les officiers de paix, l'inspecteur général des bureaux de placement des garçons et ouvriers et les autres préposés de la préfecture de police sont chargés, chacun en ce qui le concerne, de tenir la main à son exécution.

Le conseiller d'État, préfet de police, DUBOIS.

———————————◦———————————

N° **236.** — *Ordonnance concernant le placement des ouvriers serruriers, taillandiers, ferblantiers, chaudronniers, balanciers, cloutiers, potiers d'étain, éperonniers, machinistes et mécaniciens, batteurs de ressorts et épingliers.*

Paris, le 29 messidor an XII (18 juillet 1804).

Le conseiller d'État, préfet de police, chargé du quatrième arrondissement de la police générale de l'empire,

Vu les articles 2 et 10 de l'arrêté des consuls du 12 messidor an VIII et l'article 13 de l'ordonnance de police du 20 pluviôse dernier;

Ordonne ce qui suit :

1. Il sera établi, à Paris, un bureau de placement pour les ouvriers serruriers, taillandiers, ferblantiers, chaudronniers, balanciers, cloutiers, potiers d'étain, éperonniers, machinistes et mécaniciens, batteurs de ressorts et épingliers.

2. Le sieur Viton, demeurant rue de la Croix, n° 8, vis-à-vis la rue des Fontaines, division des Gravilliers, est nommé préposé au placement desdits ouvriers.

3. A compter de la publication de la présente ordonnance, il est défendu à toutes autres personnes de s'immiscer dans le placement des ouvriers des professions ci-dessus désignées.

4. Il ne sera délivré de bulletin de placement à aucun ouvrier, s'il n'est pourvu d'un livret.

5. La rétribution pour le placement de chaque ouvrier est fixée à soixante-quinze centimes.

6. Il sera pris envers les contrevenants aux dispositions ci-dessus telles mesures de police administrative qu'il appartiendra, sans préjudice des poursuites à exercer contre eux par-devant les tribunaux, conformément aux lois et aux règlements qui leur sont applicables.

7. La présente ordonnance sera imprimée, publiée et affichée.

Les commissaires de police, l'inspecteur général de la police du quatrième arrondissement de la police générale de l'empire, les officiers de paix, l'inspecteur général des bureaux de placement des garçons et ouvriers et les autres préposés de la préfecture de police sont chargés, chacun en ce qui le concerne, de tenir la main à son exécution.

Le conseiller d'Etat, préfet de police, DUBOIS.

N° **237.** — *Ordonnance concernant le placement des garçons tailleurs d'habits, fripiers, gantiers, culottiers et ceinturiers.*

Paris, le 29 messidor an xii (18 juillet 1804).

Le conseiller d'État, préfet de police, chargé du quatrième arrondissement de la police générale de l'empire,

Vu les articles 2 et 10 de l'arrêté des consuls du 12 messidor an viii, et l'article 13 de l'ordonnance de police du 20 pluviôse dernier ;

Ordonne ce qui suit :

1. Il sera établi, à Paris, un bureau de placement pour les garçons tailleurs d'habits, fripiers, gantiers, culottiers et ceinturiers.

2. Le sieur Wiéthoff, demeurant rue Bailleul, n° 238, division des Gardes-Françaises, est nommé préposé au placement desdits garçons.

3. A compter de la publication de la présente ordonnance, il est défendu à toutes autres personnes de s'immiscer dans le placement des garçons des professions ci-dessus désignées.

4. Il ne sera délivré de bulletin de placement à aucun garçon, s'il n'est pourvu d'un livret.

5. La rétribution pour le placement de chaque garçon est fixée à un franc vingt-cinq centimes.

6. Il sera pris envers les contrevenants aux dispositions ci-dessus telles mesures de police administrative qu'il appartiendra, sans préjudice des poursuites à exercer contre eux par-devant les tribunaux, conformément aux lois et aux règlements qui leur sont applicables.

7. La présente ordonnance sera imprimée, publiée et affichée.

Les commissaires de police, l'inspecteur général de la police du quatrième arrondissement de la police générale de l'empire, les officiers de paix, l'inspecteur général des bureaux de placement des garçons et ouvriers et les autres préposés de la préfecture de police sont chargés, chacun en ce qui le concerne, de tenir la main à son exécution.

Le conseiller d'Etat, préfet de police, DUBOIS.

N° **238.** — *Ordonnance concernant le placement des garçons tapissiers, miroitiers et batteurs d'étain pour glaces, layetiers, coffretiers et gaîniers, fabricants de parasols, boursiers, brossiers, ébénistes et menuisiers en meubles et tourneurs en bois.*

Paris, le 29 messidor an xii (18 juillet 1804).

Le conseiller d'État, préfet de police, chargé du quatrième arrondissement de la police générale de l'empire,

Vu les articles 2 et 10 de l'arrêté des consuls du 12 messidor an VIII, et l'article 13 de l'ordonnance de police du 20 pluviôse dernier ;

Ordonne ce qui suit :

1. Il sera établi, à Paris, un bureau de placement pour les garçons tapissiers, miroitiers et batteurs d'étain pour les glaces, layetiers, coffretiers et gainiers, fabricants de parasols, boursiers, brossiers, ébénistes et menuisiers en meubles et tourneurs en bois.

2. Madame Germain née Méré, demeurant rue des Lavandières, n° 86, division des marchés, est préposée au placement desdits garçons.

3. A compter de la publication de la présente ordonnance, il est défendu à toutes autres personnes de s'immiscer dans le placement des garçons des professions ci-dessus désignées.

4. Il ne sera délivré de bulletin de placement à aucun garçon, s'il n'est pourvu d'un livret.

5. La rétribution pour le placement de chaque garçon est fixée à un franc cinquante centimes.

6. Il sera pris envers les contrevenants aux dispositions ci-dessus telles mesures de police administrative qu'il appartiendra, sans préjudice des poursuites à exercer contre eux par-devant les tribunaux, conformément aux lois et règlements qui leur sont applicables.

7. La présente ordonnance sera imprimée, publiée et affichée.

Les commissaires de police, l'inspecteur général de la police du quatrième arrondissement de la police générale de l'empire, les officiers de paix, l'inspecteur général des bureaux de placement des garçons et ouvriers et les autres préposés de la préfecture de police sont chargés, chacun en ce qui le concerne, de tenir la main à son exécution.

Le conseiller d'Etat, préfet de police, DUBOIS.

N° **239.** — *Ordonnance concernant le placement des ouvriers selliers, bourreliers, carrossiers, menuisiers en carrosses, charrons, maréchaux ferrants et maréchaux grossiers.*

Paris, le 29 messidor an XII (18 juillet 1804).

Le conseiller d'État, préfet de police, chargé du quatrième arrondissement de la police générale de l'empire ,

Vu les articles 2 et 10 de l'arrêté des consuls du 12 messidor an VIII, et l'article 13 de l'ordonnance de police du 20 pluviôse dernier ;

Ordonne ce qui suit :

1. Il sera établi dans Paris un bureau de placement pour les ouvriers, selliers, bourreliers, carrossiers, menuisiers en carrosses, charrons, maréchaux ferrants et maréchaux grossiers.

2. Mademoiselle Parlon, demeurant rue Serpente, n° 5, division du Théâtre-Français, est préposée au placement desdits ouvriers.

3. A compter de la publication de la présente ordonnance, il est défendu à toutes autres personnes de s'immiscer dans le placement des ouvriers des professions ci-dessus désignées.

4. Il ne sera délivré de bulletin de placement à aucun ouvrier, s'il n'est pourvu d'un livret.

5. La rétribution pour le placement de chaque ouvrier est fixée à un franc cinquante centimes.

6. Il sera pris envers les contrevenants aux dispositions ci-dessus telles mesures de police administrative qu'il appartiendra, sans préjudice des poursuites à exercer contre eux par-devant les tribunaux, conformément aux lois et règlements qui leur sont applicables.

7. La présente ordonnance sera imprimée, publiée et affichée.

Les commissaires de police, l'inspecteur général de la police du quatrième arrondissement de la police générale de l'empire, les officiers de paix, l'inspecteur général des bureaux de placement des garçons et ouvriers et les autres préposés de la préfecture de police sont chargés, chacun en ce qui le concerne, de tenir la main à son exécution.

Le conseiller d'Etat, préfet de police, DUBOIS.

N° **240**. — *Ordonnance concernant le placement des ouvriers imprimeurs en lettres, imprimeurs en taille douce, imprimeurs sur toiles, sur étoffes et autres genres, brocheurs et relieurs, doreurs et marbreurs sur tranche, graveurs en bois, fondeurs en caractères, planeurs en cuivre, papetiers, colleurs, cartiers, cartonniers, fabricants de papiers peints, fabricants d'encre, fabricants de crayons, fabricants de cire et de pains à cacheter.*

Paris, le 29 messidor an XII (18 juillet 1804).

Le conseiller d'État, préfet de police, chargé du quatrième arrondissement de la police générale de l'empire,

Vu les articles 2 et 10 de l'arrêté des consuls du 12 messidor an VIII, et l'article 13 de l'ordonnance de police du 20 pluviôse dernier;

Ordonne ce qui suit:

1. Il sera établi, à Paris, un bureau de placement pour les ouvriers imprimeurs en lettres, imprimeurs en taille douce, imprimeurs sur toiles, sur étoffes et autres genres, brocheurs et relieurs, doreurs et marbreurs sur tranche, graveurs en bois, fondeurs en caractères, planeurs en cuivre, papetiers, colleurs, cartiers, cartonniers, fabricants de papiers peints, fabricants d'encre, fabricants de crayons, fabricants de cire et de pains à cacheter.

2. Le sieur Bertrand-Pottier, demeurant rue Galande, n° 56, division du Panthéon, est nommé préposé au placement desdits ouvriers.

3. A compter de la publication de la présente ordonnance, il est défendu à toutes autres personnes de s'immiscer dans le placement des ouvriers des professions ci-dessus désignées.

4. Il ne sera délivré de bulletin de placement à aucun ouvrier, s'il n'est pourvu d'un livret.

5. La rétribution pour le placement de chaque ouvrier est fixée à un franc.

6. Il sera pris envers les contrevenants aux dispositions ci-dessus telles mesures de police administrative qu'il appartiendra, sans préjudice des poursuites à exercer contre eux par-devant les tribunaux, conformément aux lois et aux règlements qui leur sont applicables.

7. La présente ordonnance sera imprimée, publiée et affichée.

Les commissaires de police, l'inspecteur général de la police du quatrième arrondissement de la police générale de l'empire, les officiers de paix, l'inspecteur général des bureaux de placement des garçons et ouvriers et les autres préposés de la préfecture de police sont chargés, chacun en ce qui le concerne, de tenir la main à son exécution.

Le conseiller d'Etat, préfet de police, DUBOIS.

N° **241.** — *Ordonnance concernant le placement des garçons chapeliers, fouleurs, fourreurs, apprêteurs, coupeurs de poil, bonnetiers, fabricants de toiles et d'étoffes de coton, fileurs de laine et de coton et toutes autres professions relatives aux manufactures de ce genre, fabricants d'étoffes de laine et de couvertures, teinturiers et dégraisseurs.*

Paris, le 29 messidor an xii (18 juillet 1804).

Le conseiller d'État, préfet de police, chargé du quatrième arrondissement de la police générale de l'empire,
Vu les articles 2 et 10 de l'arrêté des consuls du 12 messidor an viii, et l'article 13 de l'ordonnance de police du 20 pluviôse dernier;

Ordonne ce qui suit :

1. Il sera établi, à Paris, un bureau de placement pour les garçons chapeliers, fouleurs, fourreurs, apprêteurs, coupeurs de poil, bonnetiers, fabricants de toile et d'étoffes de coton, fileurs de laine et de coton et toutes autres professions relatives aux manufactures de ce genre, fabricants d'étoffes de laine et de couvertures, teinturiers et dégraisseurs.

2. Madame veuve Louvet, demeurant rue Galande, n° 40, division du Panthéon, est préposée au placement desdits garçons.

3. A compter de la publication de la présente ordonnance, il est défendu à toutes autres personnes de s'immiscer dans le placement des garçons des professions ci-dessus désignées.

4. Il ne sera délivré de bulletin de placement à aucun garçon, s'il n'est pourvu d'un livret.

5. La rétribution pour le placement de chaque garçon est fixée à un franc.

6. Il sera pris envers les contrevenants aux dispositions ci-dessus telles mesures de police administrative qu'il appartiendra, sans préjudice des poursuites à exercer contre eux par-devant les tribunaux, conformément aux lois et règlements qui leur sont applicables.

7. La présente ordonnance sera imprimée, publiée et affichée.

Les commissaires de police, l'inspecteur général de la police du quatrième arrondissement de la police générale de l'empire, les officiers de paix, l'inspecteur général des bureaux de placement des garçons et ouvriers et les autres préposés de la préfecture de police sont chargés, chacun en ce qui le concerne, de tenir la main à son exécution.

Le conseiller d'Etat, préfet de police, DUBOIS.

N° **242.** — *Ordonnance concernant le placement des ouvriers peintres, doreurs sur bois, sculpteurs, marbriers, poêliers-fumistes, salpêtriers, couvreurs, plombiers, fontainiers, carreleurs, paveurs, charpentiers en bâtiments, menuisiers en bâtiments et parqueteurs.*

Paris, le 29 messidor an xii (18 juillet 1804).

Le conseiller d'État, préfet de police, chargé du quatrième arrondissement de la police générale de l'empire,

Vu les articles 2 et 10 de l'arrêté des consuls du 12 messidor an VIII,
et l'article 13 de l'ordonnance de police du 20 pluviôse dernier;

Ordonne ce qui suit :

1. Il sera établi, à Paris, un bureau de placement pour les ouvriers
peintres, doreurs sur bois, sculpteurs, marbriers, poêliers-fumistes,
salpêtriers, couvreurs, plombiers, fontainiers, carreleurs, paveurs,
charpentiers en bâtiments, menuisiers en bâtiments et parqueteurs.

2. Madame Caylus, née Lemaugin, demeurant rue du Cherche-Midi,
n° 783, près le carrefour de la Croix-Rouge, est préposée au placement
desdits ouvriers.

3. A compter de la publication de la présente ordonnance, il est
défendu à toutes autres personnes de s'immiscer dans le placement
des ouvriers des professions ci-dessus désignées.

4. Il ne sera délivré de bulletin de placement à aucun ouvrier, s'il
n'est pourvu d'un livret.

5. La rétribution pour le placement de chaque ouvrier est fixée
à soixante-quinze centimes.

6. Il sera pris envers les contrevenants aux dispositions ci-dessus
telles mesures de police administrative qu'il appartiendra, sans préjudice des poursuites à exercer contre eux par-devant les tribunaux,
conformément aux lois et aux règlements qui leur sont applicables.

7. La présente ordonnance sera imprimée, publiée et affichée.

Les commissaires de police, l'inspecteur général de la police du
quatrième arrondissement de la police générale de l'empire, les officiers de paix, l'inspecteur général des bureaux de placement des garçons et ouvriers et les autres préposés de la préfecture de police
sont chargés, chacun en ce qui le concerne, de tenir la main à son
exécution.

Le conseiller d'Etat, préfet de police, DUBOIS.

N° **243.** — *Ordonnance concernant le placement des ouvriers fabricants de gaze, tissutiers-rubaniers, passementiers-boutonniers,
plumassiers, fleuristes, brodeurs, amidonniers, parfumeurs, ta-
bletiers, luthiers, éventaillistes et fabricants de cannes.*

Paris, le 22 thermidor an XII (10 août 1804).

Le conseiller d'État, préfet de police, chargé du quatrième arrondissement de la police générale de l'empire,

Vu les articles 2 et 10 de l'arrêté des consuls du 12 messidor
an VIII et l'article 13 de l'ordonnance de police du 20 pluviôse dernier;

Ordonne, ce qui suit :

1. Il sera établi, à Paris, un bureau de placement pour les ouvriers
fabricants de gaze, tissutiers-rubaniers, passementiers-boutonniers,
plumassiers, fleuristes, brodeurs, amidonniers, parfumeurs, table-
tiers, luthiers, éventaillistes et fabricants de cannes.

2. Le sieur Wandal (Michel) demeurant rue de la Grande-Truanderie,
n° 7, division de Bon-Conseil, est nommé préposé au placement desdits ouvriers.

3. A compter de la publication de la présente ordonnance, il est
défendu à toutes autres personnes de s'immiscer dans le placement
des ouvriers des professions ci-dessus désignées.

4. Il ne sera délivré de bulletin de placement à aucun ouvrier,
s'il n'est pourvu d'un livret.

5 La rétribution pour le placement de chaque ouvrier est fixée à un franc.

6. Il sera pris envers les contrevenants aux dispositions ci-dessus telles mesures de police administrative qu'il appartiendra, sans préjudice des poursuites à exercer contre eux par-devant les tribunaux, conformément aux lois et aux règlements qui leur sont applicables.

7. La présente ordonnance sera imprimée, publiée et affichée.

Les commissaires de police, l'inspecteur général de la police du quatrième arrondissement de la police générale de l'empire, les officiers de paix, l'inspecteur général des bureaux de placement des garçons et ouvriers et les autres préposés de la préfecture de police sont chargés, chacun en ce qui le concerne, de tenir la main à son exécution.

Le conseiller d'Etat, préfet de police, DUBOIS.

———————— ◦ ————————

N° **244.** — *Ordonnance concernant la visite des bachots ou batelets sur les rivières de Seine et Marne, dans le ressort de la préfecture de police* (1).

Paris, le 23 thermidor an XII (11 août 1804).

Le conseiller d'État, préfet de police, chargé du quatrième arrondissement de la police générale de l'empire,
Vu l'ordonnance de police du 18 prairial an XI ;

Ordonne ce qui suit :

1. Il sera procédé incessamment, par l'inspecteur général de la navigation et des ports, à la visite de tous les bachots ou batelets sur la Seine et sur la Marne, dans le ressort de la préfecture de police, à l'effet de vérifier et constater s'ils sont numérotés, et s'ils réunissent les conditions requises.

2. Tous les bachots ou batelets, qui n'auraient point de numéro ou qui en porteraient un autre que celui indiqué par la permission, seront consignés aux frais et risques des propriétaires.

Il en sera de même des bachots ou batelets qui seraient hors d'état de servir, ou qui ne seraient pas de construction usitée dans le ressort de la préfecture de police, sur les rivières de Seine et Marne, comme gondoles, pirogues, sabots, petites chaloupes et autres petits bateaux de cette espèce.

3. Il sera dressé procès-verbal des contraventions.

4. La présente ordonnance sera imprimée et affichée.

Les sous-préfets des arrondissements de Saint-Denis et de Sceaux, les maires et adjoints des communes rurales du ressort de la préfecture de police sont chargés, chacun en ce qui le concerne, de concourir à son exécution, et de déférer aux réquisitions qui pourront leur être adressées par l'inspecteur général de la navigation et des ports.

Le conseiller d'Etat, préfet de police, DUBOIS.

——————————————————————————

(1) V. l'ord. du 25 oct. 1840 (art. 172 et suiv.).

N° **245**. — *Ordonnance concernant la translation de la Morgue sur la place du Marché-Neuf* (1).

Paris, le 29 thermidor an XII (17 août 1804).

Le conseiller d'État, préfet de police, chargé du quatrième arrondissement de la police générale de l'empire,

Considérant que depuis longtemps on a reconnu la nécessité de supprimer la basse-geôle du ci-devant Châtelet, et d'établir la Morgue dans un local disposé plus convenablement ;

Ordonne ce qui suit :

1. A compter du 1er fructidor prochain, la basse-geôle du ci-devant Châtelet sera et demeurera fermée.

2. A compter du même jour, les cadavres retirés de la rivière, ou trouvés ailleurs, dans le ressort de la préfecture de police, et qui n'auraient pas été réclamés, seront transportés et déposés dans la nouvelle Morgue, établie sur la place du Marché-Neuf, division de la Cité.

Ils y resteront exposés pendant trois jours, à moins qu'ils n'aient été reconnus et réclamés dans un moindre délai.

Ils ne pourront être inhumés sans un ordre du préfet de police.

3. L'arrêté du 9 floréal an VIII, concernant la levée des cadavres, continuera d'être exécuté en tout ce qui n'est pas contraire aux dispositions ci-dessus.

4. La présente ordonnance sera imprimée, publiée et affichée.

Les sous-préfets des arrondissements de Saint-Denis et de Sceaux, les maires et adjoints des communes rurales du ressort de la préfecture de police, les commissaires de police, les officiers de paix et les autres préposés de la préfecture de police sont chargés, chacun en ce qui le concerne, de tenir la main à son exécution.

Le conseiller d'État, préfet de police, DUBOIS.

———————⟨◦⟩———————

N° **246**. — *Ordonnance concernant le placement des étaliers et garçons bouchers, charcutiers, chandeliers et ouvriers fabricants de suif brun.*

Paris, le 3 fructidor an XII (21 août 1804).

Le conseiller d'État, préfet de police, chargé du quatrième arrondissement de la police générale de l'empire,

Vu les articles 2 et 10 de l'arrêté des consuls du 12 messidor an VIII et l'article 13 de l'ordonnance de police du 20 pluviôse dernier ;

Ordonne ce qui suit :

1. Il sera établi, à Paris, à la halle aux veaux, division du Jardin-des-Plantes, un bureau de placement pour les étaliers et garçons bouchers, charcutiers, chandeliers et ouvriers fabricants de suif brun.

2. Le sieur Ortillon est nommé préposé au placement desdits étaliers, garçons et ouvriers.

3. A compter de la publication de la présente ordonnance, il est dé-

_____

(1) V. les ord. des 2 déc. 1822 et 1er janv. 1836, l'instruction y annexée et l'arr. du même jour.

fendu à toutes autres personnes de s'immiscer dans le placement des étaliers, garçons et ouvriers ci-dessus désignés.

4. Il ne sera délivré de bulletin de placement à aucun étalier, garçon ou ouvrier, s'il n'est pourvu d'un livret.

5. La rétribution pour le placement de chaque étalier, garçon ou ouvrier est fixée à un franc.

6. Il sera pris envers les contrevenants aux dispositions ci-dessus telles mesures de police administrative qu'il appartiendra, sans préjudice des poursuites à exercer contre eux par-devant les tribunaux, conformément aux lois et aux règlements qui leur sont applicables.

7. La présente ordonnance sera imprimée, publiée et affichée.

Les commissaires de police, l'inspecteur général de la police du quatrième arrondissement de la police générale de l'empire, les officiers de paix, l'inspecteur général des bureaux de placement des garçons et ouvriers et les autres préposés de la préfecture de police sont chargés, chacun en ce qui le concerne, de tenir la main à son exécution.

Le conseiller d'Etat, préfet de police, DUBOIS.

N° **247.** — *Ordonnance concernant la vérification annuelle des mesures pour le bois de chauffage, pour les grains et autres matières sèches* (1).

Paris, le 9 fructidor an XII (27 août 1804).

N° **248.** — *Ordonnance concernant l'ouverture de la chasse* (2).

Paris, le 9 fructidor an XII (27 août 1804).

N° **249.** — *Ordonnance qui prescrit l'impression et la publication du décret du 25 thermidor an 12 (13 août 1804), relatif aux pièces de 3 liv., 24 sous, 12 sous et 6 sous* (3).

Paris, le 11 fructidor an XII (29 août 1804).

N° **250.** — *Ordonnance concernant les mesures de police qui devront être observées à Saint-Cloud les 21, 22 et 29 fructidor et 1er vendémiaire prochain* (4).

Paris, le 12 fructidor an XII (30 août 1804).

---

(1) V. les ord. des 8 sept. et 23 nov. 1807, 14 déc. 1820, 15 déc. 1825, 27 oct. et 29 nov. 1826, 23 nov. 1840, 23 nov. 1842 et 1er déc. 1843.

(2) V. les ord. des 27 août 1806, 18 août 1812 et 22 août 1843.

(3) V. ce décret à l'appendice.

(4) V. l'ord. du 6 sept. 1843.

N° **251.**—*Ordonnance concernant les orfévres, la surveillance du titre et la perception des droits de garantie des matières et ouvrages d'or et d'argent* (1).

Paris, le 18 fructidor an xII (5 septembre 1804).

Le conseiller d'État, préfet de police, chargé du quatrième arrondissement de la police générale de l'empire,

Ordonne ce qui suit :

1. Les art. 4, 5, 6, 8, 72, 74, 75, 79, 95 et 101 de la loi du 19 brumaire an vI (2), relative à la surveillance du titre et à la perception des droits de garantie des matières et ouvrages d'or et d'argent ; extrait de la délibération de l'administration des monnaies, du 17 nivôse suivant, et extrait de l'arrêté du 1er messidor (3) de la même année, seront réimprimés, publiés et affichés avec la présente ordonnance.

Il en sera remis des exemplaires aux fabricants d'ouvrages d'or et d'argent, pour être placés dans le lieu le plus apparent de leur magasin ou boutique, conformément à l'article 78 de la loi précitée.

2. A compter du jour de la publication de la présente ordonnance, ceux qui voudront exercer, dans le ressort de la préfecture de police, la profession de fabricants d'ouvrages d'or et d'argent, de plaqué et de doublé, se présenteront à la préfecture de police pour y faire insculper leur poinçon particulier, avec leurs noms, prénoms et symbole.

Il leur sera délivré un certificat d'insculpation, qui sera visé, à Paris, par les commissaires de police, et dans les communes rurales, par les maires ou adjoints.

Ils seront tenus de justifier de ce certificat au bureau de garantie, établi hôtel des Monnaies.

3. Les registres que les fabricants et marchands d'or et d'argent, ouvré ou non ouvré, doivent avoir, conformément à l'art. 74 de la loi du 19 brumaire an vI, seront cotés et parafés, à Paris, par les commissaires de police, et dans les communes rurales par les maires ou adjoints.

4. Les sous-préfets des arrondissements de Sceaux et de Saint-Denis, les maires et adjoints des communes rurales du ressort de la préfecture de police, les commissaires de police à Paris, l'inspecteur général de la police du quatrième arrondissement de la police générale de l'empire, les officiers de paix et les préposés de la préfecture de police ont chargés, chacun en ce qui le concerne, de tenir la main à l'exécution de la présente ordonnance.

Le conseiller d'Etat, préfet de police, DUBOIS.

---

(1) V. les ord. des 28 sept. 1806, 1er sep. 1809 et 6 avril 1811.
(2) V. cette loi à l'appendice.
(3) V. ces extraits à l'appendice.

N° **252.** — *Ordonnance concernant la vente des fruits dans les ports de Paris* (1).

Paris, le 23 fructidor an XII (10 septembre 1804).

Le conseiller d'État, préfet de police, chargé du quatrième arrondissement de la police générale de l'empire,

Vu les art. 2, 32 et 33 de l'arrêté du 12 messidor an VIII, et l'art. 1 de l'arrêté du 3 brumaire an IX,

Ordonne ce qui suit :

1. Les fruits amenés par eau continueront d'être vendus sur le bas port Tournelle.

L'emplacement affecté à ce commerce comprend tout l'espace à partir de la place accordée aux marchands forains pour le dépôt et la vente des tuiles, par ordonnance du 29 germinal dernier, jusqu'à la goulette de l'escalier des Grands-Degrés.

Il pourra également être placé des bateaux chargés de fruits, au port aux Tuiles.

Les bateaux dits de Thomery seront placés en aval.

Ceux qui ne pourraient pas l'être seront descendus au port des Petits-Degrés, entre les bateaux à lessive et le Pont-aux-Doubles.

Les toues et bateaux devront être mis en boyard.

Dans le cas où les arrivages seraient tellement abondants que le port affecté à la vente et au déchargement des fruits se trouverait insuffisant pour contenir tous ces bateaux, il pourra en être garé dans le haut port de l'Hôpital, mais sous la condition expresse que le déchargement n'aura lieu qu'en vertu d'une permission spéciale du préfet de police.

2. Il est défendu à toutes personnes d'aller au-devant des bateaux de fruits, et d'en acheter avant qu'ils soient mis à port et en vente. (*Ord. de* 1672, *chap.* 3, *art.* 2 *et du* 2 *déc.* 1774.)

3. Les propriétaires et conducteurs de bateaux chargés de fruits sont tenus, à leur arrivée dans Paris, de faire, au bureau des arrivages par eau, établi à la Râpée, la déclaration de leurs marchandises, de se munir du passavant requis, et de garer leurs bateaux sur la rive droite dans le port, au-dessous de la patache. Ils ne pourront descendre leurs bateaux au port aux fruits qu'après en avoir obtenu le permis de l'inspecteur général de la navigation et des ports. (*Ord. de* 1672, *chap.* 3, *art.* 3.)

Les bateaux qui seraient mis à port sans avoir été enregistrés à la Râpée ou sans permis de l'inspecteur général, avant leur tour ou dans toute autre partie du port Tournelle que celle affectée au commerce des fruits, seront retirés et passés sur la rive opposée, aux frais et risques de la marchandise, pour y rester jusqu'au moment où les formalités auront été remplies, et qu'il y aura place au port.

4. Aussitôt qu'un bateau de fruits aura été mis à port, la vente devra s'ouvrir et être continuée sans interruption.

Dans le cas où l'on ne se conformerait pas à cette disposition, le bateau sera retiré et passé sur la rive opposée, et celui qui sera en tour de passer prendra sa place.

Le bateau retiré ne pourra être remis à port qu'après tous les bateaux de même nature qui se trouveraient, à cette époque, entrés dans Paris.

---

(1) V. les ord. des 2 oct. 1823, 10 oct. 1835 et 22 nov. 1842.

5. Il est défendu de vendre les fruits en gros ou par batelées. (*Ord. des 2 déc. 1774 et 7 déc. 1787.*)

Les fruits en paniers seront exposés sur la berge. Le commissaire des halles et marchés aura soin de les faire ranger de manière à ne pas nuire à la circulation des acheteurs.

La vente se fera aux heures fixées pour le travail sur les ports par l'instruction du 29 ventôse dernier.

6. Il est défendu d'exposer en vente des fruits gâtés. (*Loi du 22 juillet 1791, titre 1er, art. 20.*)

7. Les fruits doivent être exposés en vente de la même manière et dans les mêmes paniers qu'il est d'usage de les expédier.

Il est fait défense aux marchands de mettre au fond des paniers des fruits d'une espèce et d'une qualité inférieure à celles des fruits qui sont au-dessus, comme aussi de mettre dans les paniers d'autres bouchons que ceux qui sont nécessaires pour la conservation des fruits. (*Ord. de 1672, chap. 3, art. 20, et du 17 juin 1778, art. 1.*)

8. Il est défendu de se porter en foule dans les bateaux de fruits, ou dans le marché sur la berge, de fouiller dans les paniers, de gâter ou endommager les fruits, d'en emporter avant qu'ils soient payés, et de causer aucun trouble ou désordre. (*Ord. des 2 déc. 1774, et 7 déc. 1787.*)

9. Les fruits en grenier ne pourront être sortis des bateaux que par les acheteurs ou par les porteurs qu'ils en chargeront.

10. Les fruits doivent être enlevés immédiatement après qu'ils auront été achetés. Il ne peut en être déposé sur aucune partie de la voie publique, ni vendu ailleurs que dans des boutiques et sur les marchés affectés à la vente au détail des menues denrées. (*Ord. de déc. 1672, chap. 3, art. 23, et du 2 déc. 1774.*)

11. Il est défendu de jeter en rivière les bouchons, paille, fougère et autres matières servant à couvrir ou à conserver les fruits. (*Ord. de déc. 1672, chap. 1er, art. 9.*)

12. Il sera pris envers les contrevenants aux dispositions ci-dessus telles mesures de police administrative qu'il appartiendra, sans préjudice de poursuites à exercer contre eux par-devant les tribunaux, conformément aux lois et aux règlements qui leur sont applicables.

13. La présente ordonnance sera imprimée, publiée et affichée.

Le préfet de l'arrondissement de Sceaux, les maires et adjoints des communes rurales du ressort de la préfecture de police, les commissaires de police à Paris, l'inspecteur général de la police du quatrième arrondissement de la police générale de l'empire, les officiers de paix, l'inspecteur général de la navigation et des ports, le commissaire des halles et marchés et les autres préposés de la préfecture de police sont chargés, chacun en ce qui le concerne, de tenir la main à son exécution.

Le conseiller d'Etat, préfet de police, DUBOIS.

N° **253.** — *Ordonnance concernant la vente des huîtres dans Paris* (1).

Paris, le 24 fructidor an XII (11 septembre 1804).

---

(1) V. les ord. des 29 fruct. an IX (16 sept. 1801) et 21 fév. 1811.

N° 254. — *Ordonnance concernant le grapillage et le ban de vendange* (1).

Paris, le troisième jour complémentaire an xii (20 septembre 1804).

N° 255. — *Instruction concernant la surveillance de la rivière, des ports, de la halle aux vins, des chantiers, et des places de vente du charbon* (2).

Paris, le troisième jour complémentaire an xii (20 septembre 180

N° 256. — *Ordonnance concernant le placement des garçons épiciers, confiseurs, chocolatiers et ouvriers fabricants de bougie.*

Paris, le 10 vendémiaire an xiii (2 octobre 1804).

Le conseiller d'État, préfet de police, chargé du quatrième arrondissement de la police générale de l'empire ,

Vu les articles 2 et 10 de l'arrêté du 12 messidor an viii, et l'article 13 de l'ordonnance de police du 20 pluviôse dernier ,

Ordonne ce qui suit :

1. Il sera établi, à Paris, un bureau de placement pour les garçons épiciers, confiseurs, chocolatiers, et les ouvriers fabricants de bougie.

2. Le sieur Cretté, demeurant rue des Lombards , n° 23, division des Lombards, est nommé préposé au placement desdits garçons et ouvriers.

3. A compter de la publication de la présente ordonnance, il est défendu à toutes autres personnes de s'immiscer dans le placement des garçons et ouvriers des professions ci-dessus désignées.

4. Il ne sera délivré de bulletin de placement à aucun garçon ou ouvrier, s'il n'est pourvu d'un livret.

5. La rétribution pour le placement de chaque garçon ou ouvrier est fixée à 1 franc 50 centimes.

6. Il sera pris envers les contrevenants aux dispositions ci-dessus telles mesures de police administrative qu'il appartiendra, sans préjudice des poursuites à exercer contre eux par-devant les tribunaux, conformément aux lois et aux règlements qui leur sont applicables.

7. La présente ordonnance sera imprimée, publiée et affichée.

Les commissaires de police, l'inspecteur général de la police du quatrième arrondissement de la police générale de l'empire , les officiers de paix, l'inspecteur général des bureaux de placement des garçons et ouvriers, et les autres préposés de la préfecture de police sont chargés, chacun en ce qui le concerne, de tenir la main à son exécution.

Le conseiller d'État, préfet de police, DUBOIS.

(1) V. l'ord. du 13 septembre 1806.

(2) V. les ord. des 24 mars 1824, 26 mars 1829 et 25 oct. 1840.

N° 257. — *Ordonnance concernant le remblai du quai Desaix.*

Paris, le 22 vendémiaire an XIII (14 octobre 1804).

N° 258. — *Avis aux ouvriers des ports* (1).

Paris, le 28 vendémiaire an XIII (20 octobre 1804).

Les ouvriers sont prévenus que pour travailler habituellement sur la rivière et sur les ports, dans le ressort de la préfecture de police, ils sont tenus de se pourvoir d'une médaille. Ils devront, à cet effet, s'adresser au bureau établi chez l'inspecteur général de la navigation et des ports, quai de la Liberté, n° 7, île de la Fraternité.

A compter du 2 brumaire prochain, le bureau sera ouvert tous les jours, excepté les jours de repos, depuis huit heures du matin jusqu'à trois heures après midi.

Le conseiller d'Etat, préfet de police, DUBOIS.

N° 259. — *Ordonnance concernant le remblai du quai Bonaparte.*

Paris, le 12 brumaire an XIII (3 novembre 1804).

N° 260. — *Ordonnance qui prescrit la réimpression et la publication par extrait des ordonnances des 11 vendémiaire an IX (3 octobre 1800) et 1ᵉʳ messidor an XII (20 juin 1804) concernant les cabriolets* (2).

Paris, le 18 brumaire an XIII (9 novembre 1804).

N° 261. — *Ordonnance concernant les militaires et marins en voyage.*

Paris, le 20 brumaire an XIII (11 novembre 1804).

Le conseiller d'État, préfet de police, chargé du quatrième arrondissement de la police générale de l'empire,

Vu l'article 3 de la section deuxième de l'arrêté du gouvernement du 12 messidor an VIII;

Ordonne ce qui suit:

1. Tous militaires ou marins, de quelque grade et de quelque arme qu'ils soient, voyageant isolément et non avec leurs corps, sont tenus,

---

(1) V. l'ord. du 25 oct. 1840.
(2) Rapportée. — V. l'ord. du 15 janv. 1841, les arr. des 15 janv. et 18 fév. 1841 et l'ord. du 25 mai 1842.

en arrivant à Paris, de se présenter, dans les vingt-quatre heures, à la préfecture de police, pour y faire viser leurs congés ou permissions.

Les gardes nationales appelées à la cérémonie du sacre et couronnement de S. M. l'Empereur, devront également se présenter, à leur arrivée à Paris, à la préfecture de police, et y faire viser leurs passe-ports ou permissions, sous les peines portées par les lois et règlements de police.

Le tout indépendamment des formalités auxquelles ils sont tous tenus par les règlements militaires.

2. La présente ordonnance sera imprimée et affichée.

Les commissaires de police, l'inspecteur général du quatrième arrondissement de la police générale de l'empire, les officiers de paix, et les autres préposés de la préfecture de police sont chargés, chacun en ce qui le concerne, de tenir la main à son exécution.

Le conseiller d'Etat, préfet de police, DUBOIS.

N° **262**. — *Ordonnance concernant des mesures à prendre avant l'époque du couronnement de S. M. l'Empereur.*

Paris, le 22 brumaire an xiii (13 novembre 1804).

Le conseiller d'État, préfet de police, chargé du quatrième arrondissement de la police générale de l'empire,

Informé qu'un grand nombre de propriétaires et locataires de maisons situées sur les boulevards par lesquels passera le cortége le jour du couronnement de S. M. l'Empereur, se proposent d'établir au-devant desdites maisons des amphithéâtres, estrades et autres saillies ;

Désirant leur faciliter les moyens de jouir du spectacle de cette auguste cérémonie et répondre à leur empressement ;

Ordonne ce qui suit :

1. Il pourra être établi des amphithéâtres, estrades et autres saillies sur les boulevards depuis la porte Saint-Denis jusques et compris le boulevard de la Madeleine, dans les parties retranchées par des barrières ou palissades.

2. Les constructions de ce genre ne pourront être faites qu'en vertu d'une permission spéciale du préfet de police.

Pour obtenir cette permission, on sera tenu de présenter une pétition et de produire à l'appui le consentement du propriétaire avec le plan de la construction.

La permission sera délivrée au bureau de l'architecte commissaire de la petite voirie, d'après l'avis du commissaire de police.

3. Les constructions devront être faites de manière à ce qu'elles ne puissent causer aucune dégradation aux arbres du boulevard. Elles devront être terminées cinq jours au moins avant le couronnement.

4. Ceux qui auront obtenu des permissions seront tenus de se conformer aux conditions y portées, à peine de voir leurs constructions démolies.

5. Toute construction faite sans permission sera détruite à l'instant aux frais de celui qui l'aura établie.

6. Il est défendu d'établir des amphithéâtres, estrades et autres saillies sur la voie publique, dans les rues, sur les quais et places par lesquels passera le cortége.

7. L'architecte commissaire de la petite voirie est responsable de la solidité des constructions et de l'exécution de la présente ordonnance.

8. Il sera pris envers les contrevenants aux dispositions ci-dessus,

telles mesures de police administrative qu'il appartiendra, sans préjudice des poursuites à exercer contre eux par-devant les tribunaux, conformément aux lois et aux règlements qui leur sont applicables.

9. La présente ordonnance sera imprimée, publiée et affichée.

Les commissaires de police, l'inspecteur général de la police du quatrième arrondissement de la police générale de l'empire, les officiers de paix, les préposés de la préfecture de police sont chargés, chacun en ce qui le concerne, de tenir la main à son exécution.

Le conseiller d'Etat, préfet de police, DUBOIS.

N° **263**. — *Avis concernant le ramonage* (1).

Paris, le 23 brumaire au XIII (14 novembre 1804).

N° **264**. — *Ordonnance concernant la police de la rivière et des ports, pendant l'hiver et dans les temps de glaces, grosses eaux et débâcles* (2).

Paris, le 25 brumaire an XIII (16 novembre 1804).

N° **265**. — *Ordonnance concernant la vente des veaux provenant des vaches nourries dans Paris* (3).

Paris, le 28 brumaire an XIII (19 novembre 1804).

Le conseiller d'Etat, préfet de police, chargé du 4e arrondissement de la police générale de l'empire,

Vu les art. **32** et **33** de l'arrêté du **12** messidor an VIII;

Ordonne ce qui suit :

1. Les veaux provenant des vaches nourries dans Paris, et qui n'auront pas l'âge requis pour être livrés à la consommation, ne pourront être vendus qu'à des nourrisseurs établis dans des communes rurales.

Ces veaux seront exposés en vente, à la halle, dans l'emplacement qui sera désigné.

La vente s'en fera les mardis et vendredis, en même temps que celle des veaux destinés à la boucherie.

2. Il est enjoint aux nourrisseurs de vaches laitières dans Paris de faire aux commissaires de police de leurs divisions respectives la déclaration de celles qui seront pleines.

Les veaux seront visités quelques jours avant d'être exposés en vente.

Cette visite sera faite par le commissaire des halles et marchés.

3. Il sera pris envers les contrevenants aux dispositions ci-dessus,

(1) V. l'avis du 10 janv. 1828 et l'ord. du 24 nov. 1843.
(2) V. les ord. des 1er déc. 1838, 5 déc. 1839 et 25 oct. 1840 (art. 203 et suiv.)
(3) V. l'ord. du 29 juill. 1813.

telles mesures de police administrative qu'il appartiendra, saus préjudice des poursuites à exercer contre eux par-devant les tribunaux,
conformément aux lois et règlements qui leur sont applicables.

4. La présente ordonnance sera imprimée, publiée et affichée.

Les commissaires de police, l'inspecteur général de la police du
4ᵉ arrondissement de la police générale de l'empire, les officiers de
paix, le commissaire des halles et marchés, les autres préposés de la
préfecture de police, et les syndic et adjoints des bouchers sont chargés,
chacun en ce qui le concerne, de tenir la main à son exécution.

Le conseiller d'Etat, préfet de police, DUBOIS.

—————————◦—————————

N° 266. — *Ordonnance concernant des mesures relatives au couronnement de LL. MM. Impériales, et aux fêtes et réjouissances
qui doivent avoir lieu.*

Paris, le 8 frimaire an XIII (29 novembre 1804).

Le conseiller d'Etat, préfet de police, chargé du 4ᵉ arrondissement
de la police générale de l'empire,

Vu les programmes relatifs au couronnement de leurs majestés impériales, aux fêtes et réjouissances qui doivent avoir lieu;

Ordonne ce qui suit :

SECTION Iʳᵉ.

1. Les fossés des boulevards, depuis la rue Saint-Denis jusqu'à
la porte Saint-Honoré, seront comblés avant dimanche prochain,
11 frimaire.

2. Le samedi 10 frimaire, veille du jour fixé pour le couronnement
de leurs majestés impériales, il sera fait, de 4 à 5 heures du soir, un
balayage extraordinaire :

1° Sur la place du Carrousel, dans les rues Saint-Nicaise et Saint-
Honoré, à partir de celle de l'Echelle jusques et y compris la rue du
Roule, dans la rue de la Monnaie, sur la place des Trois-Maries, le
Pont-Neuf, la place Dauphine, le quai des Orfévres, dans la rue Saint-
Louis, le marché et la rue du Marché-Neuf et la rue Neuve-Notre-
Dame, le Parvis et le ci-devant Cloître-Notre-Dame;

2° Sur la place du Palais-de-Justice, dans les rues de la Barillerie,
de la Calandre et Saint-Christophe;

3° Dans les rues de Tournon, du Brave, des Quatre-Vents, de l'Egalité, des Fossés-Saint-Germain-des-Prés, sur le carrefour de Bussy et
dans la rue de Thionville;

4° Sur la place du Corps-Législatif, dans la rue de Bourgogne, à
partir de cette place jusqu'au pont de la Concorde, sur les quais
Bonaparte, Voltaire, Malaquais, des Quatre-Nations et de la Monnaie;

5° Dans la rue de Lille, depuis la rue de Bourgogne jusqu'à celle du
Bac, et dans la rue du Bac, à partir de la rue de Lille jusqu'au pont
des Tuileries;

6° Sur le pont au Change, la place du Châtelet, dans la rue Saint-
Denis, sur le boulevard du Nord, à partir de la porte Saint-Denis
jusques et compris la porte Saint-Honoré, dans la rue et sur la place
de la Concorde.

3. Les habitants des rues désignées en l'article précédent sont
tenus, chacun en ce qui le concerne, de faire effectuer ce balayage.

4. Depuis l'heure fixée pour ce balayage extraordinaire jusqu'au
lundi matin, 12 frimaire, il est défendu de déposer aucunes ordures,

et de jeter ou de laisser couler aucunes eaux ménagères sur les parties de la voie publiques ci-dessus désignées.

5. Les spectacles donneront *gratis;* ils commenceront tous à la même heure.

SECTION II.

6. Le dimanche 11 frimaire, à compter de 8 heures du matin, aucunes voitures autres que celles des cortéges ne pourront circuler ni stationner dans les rues Planche-Mibray, Des Arcis, Saint-Martin, sur les boulevards, depuis la porte Saint-Martin jusques et compris la porte Saint-Honoré, dans les rues basses qui longent cette partie des boulevards, la rue du Faubourg-Saint-Honoré jusques et compris celle des Champs-Elysées, la place de la Concorde, le pont de la Concorde, la rue de Bourgogne jusques et compris la place du Corps-Législatif, la rue de Lille depuis la rue de Bourgogne jusqu'à celle des Saints-Pères, la rue des Saints-Pères, la Croix-Rouge, la rue du Vieux-Colombier jusques et compris la rue Cassette, la rue de Vaugirard depuis la rue Cassette jusqu'à la rue de l'Egalité, la rue de l'Egalité, la rue des Fossés-Saint-Germain-des-Prés, la rue Saint-André-des-Arcs, les rues de la Huchette, de la Bucherie et des Grands-Degrés, les quais des Miramionnes, de la Tournelle et Saint-Bernard jusqu'à la rue de Seine, le pont de la Tournelle, l'île Saint-Louis, le pont Marie, les quais Saint-Paul, de la Grève et Pelletier.

La circulation des voitures est interdite sur toutes les parties de la voie publique qui se trouvent dans l'enceinte ci-dessus déterminée. Sont néanmoins exceptées, jusqu'à 9 heures, les voitures qui se rendront au palais impérial.

7. Il est défendu de traverser la rivière pour s'introduire dans la Cité. Le passage d'eau de la Grève au port Saint-Landry sera fermé.

8. Le cortége du sénat conservateur se rendra à la Métropole par les rues de Tournon, des Quatre-Vents, de l'Egalité, des Fossés-Saint-Germain, la rue de Thionville, le Pont-Neuf, le quai des Orfévres, la rue Saint-Louis, le Marché-Neuf, la rue Neuve-N.-Dame et le Parvis.

Le cortége du conseil d'Etat s'y rendra par le Carrousel, les rues Saint-Nicaise, Saint-Honoré, du Roule, le Pont-Neuf, le quai des Orfévres, la rue Saint-Louis, le Marché-Neuf, la rue Neuve-Notre-Dame et le Parvis.

Le cortége du corps législatif s'y rendra par la rue de Bourgogne, les quais Bonaparte, Voltaire, Malaquais, des Quatre-Nations, de la Monnaie, le Pont-Neuf, le quai des Orfévres, la rue Saint-Louis, le Marché-Neuf, la rue Neuve-Notre-Dame et le Parvis

Le cortége du tribunat s'y rendra par le rues Saint-Honoré, du Roule, le Pont-Neuf, le quai des Orfévres, la rue Saint-Louis, le Marché-Neuf, la rue Neuve-Notre-Dame et le Parvis.

9. La cour de cassation, la comptabilité nationale, les membres des tribunaux et des administrations, et ceux des députations électorales, ainsi que tous autres fonctionnaires publics appelés par lettres closes, qui se réuniront au Palais-de-Justice, se rendront à la Métropole par le grand escalier du Palais-de-Justice, la rue de la Barillerie à droite, les rues de la Calandre, Saint-Christophe et le Parvis.

10. Il est défendu de traverser les cortéges.

11. Les boulevards, les rues, quais places et ponts par où passeront les cortéges seront sablés.

12. Aussitôt après leur arrivée à la Métropole, les voitures du sénat, du conseil d'Etat, du corps législatif et du tribunat fileront par le pont de la Cité et les quais de l'Egalité, de la Liberté et de l'Union jusqu'au pont Marie.

Elles seront rangées sur les quais de l'Union et de la Liberté sur une ligne perpendiculaire aux parapets.

Les voitures du corps diplomatique fileront par le pont de la Cité et la rue Saint-Louis jusqu'à celle des Deux-Ponts ; elles suivront la rue des Deux-Ponts à gauche jusque sur le quai de la république où elles stationneront en tête des voitures du sénat.

13. Les voitures des autorités qui doivent se réunir au Palais-de-Justice pourront y arriver jusqu'à 7 heures du matin ; elles fileront ensuite par les rues de la Vieille-Draperie, de la Lanterne, le pont Notre-Dame, le quai Pelletier, et pourront stationner sur le port aux Blés et le quai des Ormes jusqu'au pont Marie.

14. Il est défendu aux cochers de quitter les rênes de leurs chevaux.

15. Les voitures du corps diplomatique, du sénat, du conseil d'Etat, du corps législatif, du tribunat et des différentes autorités, se mettront en mouvement après le départ du cortège impérial.

Elles reviendront charger à la Métropole dans l'ordre de leur stationnement.

16. Le soir du dimanche 11 frimaire, les habitants de Paris illumineront la façade de leurs maisons.

17. Aucune voiture ne pourra circuler dans Paris, le dimanche 11 frimaire, depuis 6 heures du soir jusqu'au lendemain matin.

Sont exceptées les voitures des personnes qui auront obtenu des escortes.

Sont également exceptés les courriers de la malle et les diligences.

SECTION III.

18. Le lundi 12 frimaire, à compter de 8 heures du matin, aucune voiture ne pourra circuler ni stationner sur la place et dans la rue de la Concorde, sur les boulevards du nord, depuis la porte Saint-Honoré jusqu'à l'Arsenal, et dans les rues basses qui longent cette partie des boulevards.

Néanmoins les voitures pourront traverser les boulevards en suivant les rues Saint-Martin, du Faubourg-Saint-Martin, Montmartre et faubourg Montmartre, mais seulement jusqu'à 4 heures du soir.

19. Le même jour 12 frimaire, depuis 5 heures du soir jusqu'à minuit, les voitures ne pourront circuler ni stationner, savoir :

1° Sur les quais de la rive droite de la Seine, depuis la barrière de Versailles jusqu'au Pont-Neuf exclusivement ;

2° Sur les quais de la rive gauche de la Seine, depuis la pompe à feu du Gros-Caillou jusqu'à la rue de Thionville, aussi exclusivement.

20. Il est défendu de se placer sur les berges des deux rives de la Seine, et spécialement depuis le pont des Tuileries jusqu'aux pompes à feu de Chaillot et du Gros-Caillou.

Il sera établi une barrière à chacun des trois passages par lesquels on descend à la rivière, au-dessus et au-dessous du pont de la Concorde.

Il en sera placé une autre depuis le trottoir d'aval du pont de la Concorde, rive gauche, jusqu'au-dessous de l'égout ; et à l'extrémité, une petite barrière en retour jusqu'au bord de l'eau.

Les bateaux, batelets ou trains seront éloignés de 200 mètres au moins du pont de la Concorde.

21. Des bachots seront placés dans les bassins près le pont de la Concorde, pour interdire l'entrée desdits bassins et porter du secours au besoin.

Ces bachots seront montés par des mariniers nageurs.

Dispositions générales.

22. Les dimanche 11 et lundi 12 frimaire, aucunes voitures dites des

environs de Paris, ne pourront stationner sur le quai de la Conférence
que depuis la demi-lune qui borde ce quai jusqu'à la barrière de
Versailles.

23. Il est défendu de monter sur les monuments et édifices publics,
sur les toits des maisons, les entablements, les auvents et les barrières
au-devant des maisons, sur les trains et bateaux, et sur les théâtres
et piles de bois dans les chantiers.

Il est également défendu de monter sur les arbres des boulevards
et des autres promenades publiques ou de les dégrader.

24. Il est défendu de tirer des fusées, pétards, boîtes, bombes et
autres pièces d'artifice dans les rues, promenades, places publiques,
cours et jardins, ou par les fenêtres des maisons.

25. Les pères et mères et les chefs de maisons sont civilement
responsables des faits de leurs enfants et de leurs ouvriers ou domestiques.

26. Il sera placé des pompes, tonneaux et seaux à incendie en
nombre suffisant dans tous les endroits qui seront jugés convenables.

Il est défendu aux pompiers de quitter leurs pompes.

27. Il sera pris envers les contrevenants telles mesures de police
administrative qu'il appartiendra, sans préjudice des poursuites à
exercer contre eux par-devant les tribunaux, conformément aux lois
et aux règlements qui leur sont applicables.

28. La présente ordonnance sera imprimée, publiée et affichée.

Les commissaires de police, l'inspecteur général de police du 4ᵉ arrondissement de la police générale de l'empire, les officiers de paix, le
commandant et les ingénieurs du corps des pompiers, l'architecte
commissaire de la petite voirie, l'inspecteur général de la navigation et
des ports, l'inspecteur général de la salubrité, et les autres préposés
de la préfecture de police sont chargés, chacun en ce qui le concerne,
de tenir la main à son exécution.

Le conseiller d'Etat, préfet de police, DUBOIS.

N° **267.** — *Ordonnance concernant la cérémonie de la distribution
des aigles, au Champ-de-Mars.*

Paris, le 13 frimaire an XIII (4 décembre 1804).

Le conseiller d'Etat, préfet de police, chargé du 4ᵉ arrondissement
de la police générale de l'empire,

Vu le programme relatif à la cérémonie de la distribution des aigles,
au Champ-de-Mars;

Ordonne ce qui suit :

1. Le mercredi 14 frimaire, les rues, ponts, quais et places par où
passeront les cortéges seront débarrassés et balayés avant 8 heures
du matin.

2. A compter de 9 heures du matin, aucunes voitures ne pourront
circuler ni stationner dans les rues, sur les quais, places et ponts par
où passeront les cortéges.

La circulation n'y sera rétablie qu'après le retour des cortéges.

3. Les routes que parcourront les cortéges seront sablées.

4. Les habitants casseront les glaces devant leurs maisons et les
relèveront le long des murs.

Il leur est défendu de jeter ou répandre aucunes eaux.

Ils jetteront des cendres dans tous les endroits qui n'auront pu être
sablés.

5. Il est défendu de traverser les cortéges.

6. Il est défendu de monter sur les arbres des boulevards et des autres promenades publiques ou de les dégrader.

Il est également défendu de monter sur les parapets des ponts et quais, ainsi que sur les piles de bois dans les chantiers.

7. Le passage de la rivière en bachots ou batelets ne pourra avoir lieu depuis le pont de la Concorde jusqu'à la barrière des Bons-Hommes, qu'aux trois endroits ci-après, savoir :

Au port des Invalides, à Chaillot et à la barrière.

Les adjudicataires des droits de ces passages sont tenus de se pourvoir de bachots en nombre suffisant pour que le service se fasse avec sûreté et célérité.

8. Il ne pourra être admis dans chaque bachot plus de douze personnes. Il est enjoint aux passeurs d'eau d'y maintenir l'ordre et même de désigner aux officiers de police ou à la garde les individus qui, par des imprudences, exposeraient la sûreté des passagers.

A 4 heures du soir, tous les passages par eau seront interdits.

9. Il sera pris envers les contrevenants telles mesures de police administrative qu'il appartiendra, sans préjudice des poursuites à exercer contre eux par-devant les tribunaux, conformément aux lois et aux règlements qui leur sont applicables.

10. La présente ordonnance sera imprimée, publiée et affichée.

Les commissaires de police, l'inspecteur général de police du 4e arrondissement de la police générale de l'empire, les officiers de paix, l'inspecteur général de la navigation et des ports, l'inspecteur général de la salubrité, et les autres préposés de la préfecture de police, sont chargés, chacun en ce qui le concerne, de tenir la main à son exécution.

Le conseiller d'Etat, préfet de police, DUBOIS.

No **268.** — *Ordonnance concernant les mesures de police relatives à la fête qui sera donnée demain, jeudi, par le sénat conservateur, à l'occasion du couronnement de LL. MM. Impériales.*

Paris, le 21 frimaire an XIII (12 décembre 1804).

Le conseiller d'État, préfet de police, chargé du quatrième arrondissement de la police générale de l'empire,

Ordonne ce qui suit :

1. Le jeudi 22 frimaire, à compter d'une heure de l'après midi, aucunes voitures ne pourront circuler ni stationner dans les rues d'Enfer, Saint-Dominique, Saint-Thomas, la place Saint-Michel, les rues des Francs-Bourgeois, des Fossés-Monsieur-le-Prince, du Théâtre-Français, de l'Egalité, de Tournon, du Pot-de-Fer, Férou et de l'Ouest.

Sont exceptés les courriers de la malle et des diligences.

Les voitures de charge et celles des voyageurs qui entreront à Paris par la rue d'Enfer, fileront par la rue de la Bourbe et celle du Faubourg Saint-Jacques.

2. Les personnes qui se rendront à pied à la fête entreront dans le jardin par la grille de la rue d'Enfer, en face la rue Saint-Dominique, la cour des Fontaines derrière l'Odéon, la grille de la rue de Vaugirard et celle sur la rue de l'Ouest.

3. Les personnes qui se rendront en voiture au jardin du Sénat, ne pourront arriver que par les rues du Regard, Cassette, de Vaugirard et des Citoyennes ; elles entreront par la grille de cette dernière rue.

Les voitures seront rangées dans les rues de Fleurus et Notre-Dame-des-Champs.

4. Les voitures des personnes qui se rendront au palais de S. A. I. monseigneur le grand électeur passeront par les rues des Fossoyeurs et Garancière.

5. Il sera pris envers les contrevenants telles mesures de police administrative qu'il appartiendra sans préjudice des poursuites à exercer contre eux par devant les tribunaux conformément aux lois et aux règlements.

6. La présente ordonnance sera imprimée et affichée.

Les commissaires de police, l'inspecteur général de police du quatrième arrondissement de la police générale de l'empire, les officiers de paix et les préposés de la préfecture de police sont chargés, chacun en ce qui le concerne, de tenir la main à son exécution.

Le conseiller d'Etat, préfet de police, DUBOIS.

N° **269.** — *Ordonnance concernant des mesures de police relatives à la fête qui sera donnée à LL. MM. Impériales par la ville de Paris, le dimanche 25 frimaire.*

Paris, le 22 frimaire an XIII (13 décembre 1804).

Le conseiller d'État, préfet de police, chargé du quatrième arrondissement de la police général de l'empire,

Ordonne ce qui suit :

1. Le dimanche 25 frimaire la voie publique sera balayée et débarrassée avant huit heures du matin.

2. Les places Saint-Jacques-la-Boucherie, du Parvis-Notre-Dame et du Marché-Saint-Jean seront débarrassées avant midi.

3. A la même heure les places Beauveau, de Vendôme, des Victoires, du marché des Innocens, du Marché-Neuf, de la rotonde du Temple, de la Bastille, des Vosges, de la Fidélité à Saint-Laurent, de l'Estrapade, de l'Odéon et du corps législatif, disposées pour des réjouissances publique seront également débarrassées.

4. Les personnes invitées au déjeûner du corps municipal se rendront à l'Hôtel-de-Ville par le quai Pelletier. Leurs voitures longeront les décorations en face de l'Hôtel-de-Ville pour venir s'arrêter au pied du grand escalier et fileront ensuite par l'arcade Saint-Jean, les rues du Martois, du Monceau, la place Beaudoyer et la rue Saint-Antoine.

Elles seront rangées depuis le corps de garde de la place Birague, en remontant la rue St-Antoine. La tête de la file des voitures sera près du corps de garde.

5. A compter de trois heures de l'après midi aucunes voitures ne pourront circuler ni stationner sur les quais de l'Ecole, des galeries du Louvre, sur la place du Carrousel, dans les rues Saint-Nicaise et Saint-Honoré, à partir de celle de l'Echelle jusques et compris la rue du Roule, dans la rue de la Monnaie, sur la place des Trois-Maries, le Pont-Neuf, le quai de la Mégisserie, la place du Châtelet, le Pont-au-Change, le quai de Gèvres, le pont Notre-Dame, le quai Pelletier et la place de l'Hôtel-de-Ville.

6. Les rues, quai et places ci-dessus désignés seront sablés.

Il est défendu d'y déposer aucunes ordures et d'y jeter ou laisser couler aucunes eaux ménagères, à compter de huit heures du matin jusqu'au lundi 26 frimaire.

7. Il est défendu de traverser les cortèges.

8. Indépendamment des rues, places et quais où la circulation est interdite par l'article 5, aucunes voitures, à compter de trois heures après midi, ne pourront circuler ni stationner sur le port au Blé, le quai des Ormes jusques au pont Marie exclusivement, dans les rues du Mouton, des deux Portes-Saint-Jean, du Coq, des Coquilles, de la Coutellerie, de la Poterie, de la Vannerie, Jean-de-l'Epine, de la Tacherie, Saint-Bon, de la Lanterne et Jean-Pain-Mollet jusques et compris celle des Ecrivains et la place Saint-Jacques-la-Boucherie.

9. Les voitures des personnes qui, des quartiers situés sur la rive droite de la Seine, se rendront au bal donné par la ville, ne pourront y arriver que par les rues de Turenne, Culture-Sainte-Catherine, Saint-Antoine, la place Baudoyer, les rues du Pourtour, du Monceau-Saint-Gervais et du Tourniquet Saint-Jean.

Les voitures des personnes, qui, des quartiers situés sur la rive gauche de la Seine, se rendront au bal, y arriveront par l'île Saint-Louis, le Pont-Marie, les rues des Nonandières, de Fourcy, Saint-Antoine à gauche, la place Baudoyer, la rue du Pourtour, du Monceau-Saint-Gervais et du Tourniquet-Saint-Jean.

A partir de la rue de Fourcy, toutes ces voitures ne formeront qu'une seule file jusqu'à la rue du Tourniquet.

Aussitôt après le déchargement, les voitures fileront par les rues de Vieilles-Garnisons, de la Tixéranderie, à droite le marché Saint-Jean, la rue Bourtibourg, la rue Sainte-Croix-de-la-Bretonnerie à droite, la Vieille-rue-du-Temple à gauche, et le boulevard jusques à la rue Saint-Antoine, où elles stationneront à la suite des voitures des personnes invitées au déjeuner du corps municipal.

10. Les personnes qui se rendront en voiture à l'Hôtel-de-Ville, présenteront leurs billets d'invitation partout où elles en seront requises.

11. Il est défendu aux cochers de quitter les rênes de leurs chevaux.

12. Les voitures stationnées dans les lieux désignés par les articles 4 et 9 ne pourront être mises en mouvement qu'après le départ du cortége impérial pour reprendre à l'Hôtel-de-Ville les personnes qu'elles auront amenées.

Ces voitures fileront par les rues Saint-Antoine, du Pourtour, du Monceau-Saint-Gervais, du Martois et l'Arcade-Saint-Jean jusqu'au perron de l'Hôtel-de-Ville où le chargement aura lieu : elles suivront les quais.

13. Pendant toute la journée du 25 frimaire le passage par eau de la Grève au port Saint-Landry sera interdit.

14. Tous les bateaux tant chargés que vides placés depuis le pont Notre-Dame jusqu'à la pointe occidentale de l'île de la Fraternité et la rue de Long-Pont seront remontés.

Les bateaux à lessive du bas port de la Grève seront descendus près le pont Notre-Dame.

Il est enjoint aux propriétaires de ces bateaux de faire placer sur chacun deux mariniers munis de seaux.

15. Les marchandises, les sous-traits, les baraques et tous les bureaux qui sont sur le port au Blé seront enlevés.

16. Il est défendu de laisser aucuns haquets, charrettes et autres voitures sur les ports et quais de la rive droite de la Seine, depuis l'Arsenal jusqu'au pont des Tuileries.

17. Des barrières seront placées au bord de la rivière le long du port au Blé, et au passage qui communique de la place de Grève à la rue du Mouton, derrière les constructions élevées pour la fête.

Il en sera également placé dans la Cité, à l'extrémité des rues et passages qui aboutissent à l'emplacement sur lequel sera tiré le feu d'artifice.

18. Des pompes, des tonneaux et seaux à incendie seront placés en nombre suffisant partout où il sera jugé convenable.

Il est défendu aux pompiers de quitter leurs pompes ou leur poste.

19. Des bachots seront placés sur la rivière au-dessus et au-dessous du lieu où sera tiré le feu d'artifice pour porter du secours au besoin, et faciliter le service des pompiers.

Ces bachots seront montés par des mariniers nageurs.

20. Il est défendu de monter sur les monuments et édifices publics, sur les toits des maisons, les entablements, les auvents, sur les trains et bateaux, les parapets des quais et des ponts, et sur l'échafaud élevé au-devant du portail Saint-Gervais.

Il est également défendu de s'introduire sur les terrains et dans les maisons en démolition sur le quai Napoléon.

21. Le soir du dimanche 25 frimaire les habitants de Paris sont invités à illuminer la façade de leurs maisons.

22. La circulation des voitures, autres que celles des personnes invitées à la fête sera interdite pendant la nuit du 25 au 26 frimaire.

Sont exceptés les courriers de la malle et les diligences.

23. Les commissaires de police veilleront à ce que l'ordre soit maintenu pendant le tirage des loteries qui aura lieu sur les différentes places diposées pour les réjouissances publiques et désignées en l'article 3 ci-dessus.

Dans le cas où il y aurait du trouble, les commissaires de police feront suspendre le tirage jusqu'à ce que l'ordre soit rétabli.

24. Il est défendu à tous particuliers de tirer des fusées, pétards, boîtes, bombes et autres pièces d'artifice dans les rues, promenades, places publiques, cours et jardins ou par les fenêtres des maisons.

25. Les pères et mères et les chefs de maisons sont civilement responsables des faits de leurs enfants et de leurs ouvriers ou domestiques.

26. Il sera pris envers les contrevenants telles mesures de police administrative qu'il appartiendra, sans préjudice des poursuites à exercer contre eux par-devant les tribunaux, conformément aux lois et aux règlements qui leur sont applicables.

27. La présente ordonnance sera imprimée, publiée et affichée.

Les commissaires de police, l'inspecteur général de police du quatrième arrondissement de la police générale de l'empire, les officiers de paix, les commandants et ingénieurs du corps des pompiers, l'architecte commissaire de la petite voirie, l'inspecteur général de la navigation et des ports, l'inspecteur général de la salubrité et les autres préposés de la préfecture de police sont chargés, chacun en ce qui le concerne, de tenir la main à son exécution.

Le conseiller d'État, préfet de police, DUBOIS.

N° **270.** — *Ordonnance concernant l'ouverture de la session du corps législatif* (1).

Paris, le 5 nivôse an XIII (26 décembre 1804).

Le conseiller d'État, préfet de police, chargé du quatrième arrondissement de la police générale de l'empire,

---

(1) V. les ord. des 1er déc. 1809 et 31 mai 1814.

Vu le cérémonial pour l'ouverture de la session du corps législatif;
Ordonne ce qui suit:

1. Le jeudi 6 nivôse, les rues, ponts, quais et places par où passeront les cortéges seront débarrassés et balayés avant huit heures du matin.

2. A compter de dix heures du matin, aucunes voitures ne pourront circuler, ni stationner dans les rues, sur les quais, places et ponts par où passeront les cortéges.

La circulation n'y sera rétablie qu'après leur retour.

3. Il est défendu de traverser les cortéges.

Il est également défendu de monter sur les parapets des ponts et des quais.

4. Il sera pris envers les contrevenants telles mesures de police administrative qu'il appartiendra sans préjudice des poursuites à exercer contre eux par-devant les tribunaux, conformément aux lois et aux règlements qui leur sont applicables.

5. La présente ordonnance sera imprimée, publiée et affichée.

Les commissaires de police, l'inspecteur général de police du quatrième arrondissement de la police générale de l'empire, les officiers de paix, l'inspecteur général de la salubrité et les autres préposés de la préfecture de police sont chargés, chacun en ce qui le concerne, de tenir la main à son exécution.

Le conseiller d'Etat, préfet de police, DUBOIS.

1805.

No **271.**—*Ordonnance concernant l'échenillage* (1).

Paris, le 20 nivôse an XIII (10 janvier 1805).

No **272.** — *Ordonnance concernant les messageries et voitures publiques à destination fixe et faisant le service d'une même route* (2).

Paris, le 24 nivôse an XIII (14 janvier 1805).

Le conseiller d'État, préfet de police, chargé du quatrième arrondissement de la police générale de l'empire,

Vu la loi du 9 vendémiaire an VI;

Vu aussi les articles 2 et 32 de l'arrêté du 12 messidor an VIII;

(1) V. l'ord. du 29 janv. 1810 et l'arr. du 1er mars 1837.

(2) V. les ord. des 17 prair. an XIII (6 juin 1805), 20 sept. 1808, 12 sept. 1816, 29 déc. 1817, 4 avril 1820, 27 août 1821, 14 août 1824, 15 mars 1826, 25 oct. 1827, 19 août 1828 et 18 avril 1843.

Ordonne ce qui suit :

1. A Paris, les entrepreneurs de messageries et voitures publiques à destination fixe et faisant le service d'une même route, sont tenus de faire à la préfecture de police, dans la quinzaine de la publication de la présente ordonnance, la déclaration de leurs voitures.

Cette déclaration énoncera la nature et l'espèce des voitures ;
Le jour et l'heure de leur départ de Paris ;
Le lieu de leur destination ;
Le jour et l'heure de leur retour ;
Et le nombre de personnes que chaque voiture peut contenir.
Le tout sous les peines prononcées par la loi du 9 vendémiaire an VI.

2. Ceux qui, à l'avenir, voudront former une entreprise de messageries ou voitures publiques de même nature que celles désignées en l'article précédent, seront tenus de faire préalablement la même déclaration.

3. Cette déclaration sera renouvelée dans les huit premiers jours de chaque année, par les entrepreneurs de messageries ou voitures publiques qui voudront continuer leur entreprise.

4. Lorsqu'un entrepreneur de messageries ou voitures publiques augmentera ou diminuera le nombre de ses voitures, changera le lieu de sa résidence ou transférera son entreprise dans une autre division, il en fera la déclaration dans les trois jours.

5. Il sera remis aux entrepreneurs un certificat de leur déclaration.
Ce certificat sera visé par le commissaire de police de la division du lieu de l'établissement.

6. Chaque voiture portera intérieurement, sur une plaque de fer-blanc, le nom de l'entrepreneur et l'indication du nombre de places qu'elle doit contenir.

Les voitures dépendant de la même entreprise seront, en outre, distinguées les unes des autres par un numéro de série placé au-dessus du numéro indicatif du nombre de places.

7. Il est défendu de recevoir dans les messageries et voitures publiques un plus grand nombre de voyageurs que celui désigné dans la déclaration.

8. Les entrepreneurs de messageries et voitures publiques auront un registre en papier timbré, coté et parafé par un commissaire de police.

Ils y enregistreront, jour par jour, les noms et prénoms des voyageurs, leur profession et le lieu de leur domicile habituel, sans préjudice de l'exécution des lois et règlements sur la police des passeports.

9. Ils y enregistreront également les ballots, malles et paquets dont le transport leur sera confié.

10. Un tableau, placé dans l'endroit le plus apparent du bureau, indiquera le prix des places et du transport des effets et marchandises.

Il sera délivré au voyageur ou au propriétaire des effets et marchandises un bulletin sur lequel mention sera faite du lieu de la destination, du prix de la place ou du transport et de la somme payée d'avance.

11. Les entrepreneurs de messageries ou voitures publiques ne pourront employer que des voitures solides, en bon état et pourvues de tout ce qui est nécessaire à la sûreté des voyageurs.

Ils seront garants et responsables de tous les accidents qui pourraient arriver par leur négligence ou par la surcharge des ballots et marchandises.

12. Il sera procédé par des experts, au moins quatre fois chaque année, en présence d'un commissaire de police, à la visite des messageries et voitures publiques.

13. Les commissaires de police pourront interdire provisoirement l'usage des voitures reconnues hors d'état de servir, sauf à en rendre compte dans les vingt-quatre heures.

14. Les conducteurs de messageries et de voitures publiques devront être âgés de dix-huit ans au moins.

Ils sont tenus de se pourvoir d'un livret à la préfecture de police.

Les conducteurs actuellement en activité de service devront être munis d'un livret avant le 1er ventôse prochain.

Il leur est défendu de prendre en route aucun voyageur ni de recevoir aucun paquet sans en faire mention sur leur feuille, dans la forme prescrite par les articles 8 et 9.

15. Les articles 1, 2, 3, 4, 5, 9, 11 et 12 ci-dessus sont applicables aux entrepreneurs des coches d'eau et des galiotes établis à Paris.

16. La visite des coches d'eau et des galiotes sera faite dans la forme prescrite par l'article 12, en présence de l'inspecteur général de la navigation et des ports.

17. L'inspecteur général de la navigation et des ports pourra interdire provisoirement l'usage des coches d'eau ou galiotes qui seront reconnus hors d'état de servir, sauf à en rendre compte dans les vingt-quatre heures.

Ces coches ou galiotes seront amarrés et fermés dans la partie du port qu'il aura désignée.

18. Il sera pris envers les contrevenants telles mesures de police administrative qu'il appartiendra, sans préjudice des poursuites à exercer contre eux par-devant les tribunaux.

19. La présente ordonnance sera imprimée, publiée et affichée.

Les commissaires de police, l'inspecteur général de police du quatrième arrondissement de la police générale de l'empire, les officiers de paix, l'inspecteur général de la navigation et des ports, et les autres préposés de la préfecture de police sont chargés, chacun en ce qui le concerne, de tenir la main à son exécution.

Le conseiller d'Etat, préfet de police, DUBOIS.

———————◦———————

N° **273.** — *Ordonnance qui prescrit l'impression et la publication de la loi du 18 nivôse an* xiii *(8 janvier 1805), relative à l'achèvement de la démolition des bâtiments nationaux dans l'enceinte des villes* (1).

Paris, le 9 pluviôse an xiii (29 janvier 1805).

———————◦———————

N° **274.** — *Ordonnance concernant les masques pendant le Carnaval* (2).

Paris, le 13 pluviôse an xiii (2 février 1805).

---

(1) V. cette loi à l'appendice.
(2) V. les ord. des 10 fév. 1828, 10 fév. 1830 et 23 fév. 1843.

N° **275.** — *Ordonnance relative aux poudres de guerre.*

Paris, le 4 ventôse an XIII (23 février 1805).

Le conseiller d'État, chargé du quatrième arrondissement de la police générale de l'empire, préfet de police, et l'un des commandants de la Légion d'honneur,

Vu le décret impérial du 23 pluviôse dernier, qui interdit la vente des poudres de guerre;

Ordonne ce qui suit :

1. Le décret impérial du 23 pluviôse dernier, qui interdit la vente des poudres de guerre, sera imprimé, publié et affiché dans le ressort de la préfecture de police (1).

2. Dans la huitaine, à compter de ce jour, les citoyens commissionnés par l'administration des poudres justifieront du versement dans les magasins de l'administration des poudres, de toute la poudre de guerre qu'ils peuvent avoir à leur disposition.

Cette justification sera faite, pour Paris, à la préfecture de police, et, dans les communes rurales, aux sous-préfets.

3. La déclaration prescrite par l'article 3 du décret impérial du 23 pluviôse aux citoyens non commissionnés, qui ont à leur disposition de la poudre de guerre, sera reçue, pour Paris, à la préfecture de police, et, dans les communes rurales, par les sous-préfets.

4. Il sera pris envers les contrevenants telles mesures de police administrative qu'il appartiendra, indépendamment des poursuites judiciaires à exercer contre eux par-devant les tribunaux.

5. Les sous-préfets des arrondissements de Saint-Denis et de Sceaux, les maires et adjoints des communes rurales du ressort de la préfecture de police, les commissaires de police, à Paris, l'inspecteur général du quatrième arrondissement de la police générale de l'empire, les officiers de paix et les préposés de la préfecture de police sont chargés, chacun en ce qui le concerne, de veiller à l'exécution du décret impérial susdaté et de la présente ordonnance.

Le conseiller d'Etat, préfet de police, DUBOIS.

———————————

N° **276.** — *Ordonnance qui prescrit l'impression et la publication de la loi du 29 pluviôse an* XIII, *interprétative de l'article* 36 *de la loi du 21 germinal an* XI *sur la police de la pharmacie* (2).

Paris, le 16 ventôse an XIII (7 mars 1805).

———————————

N° **277.** — *Ordonnance concernant la prohibition de la chasse* (3).

Paris, le 20 ventôse an XIII (11 mars 1805).

———————————

(1) V. ce décret à l'appendice.
(2) V. ces lois à l'appendice.
(3) V. l'ord. du 23 fév. 1843.

N° **278**. — *Ordonnance concernant les officiers de santé* (1).

Paris, le 25 ventôse an XIII (16 mars 1805).

N° **279**. — *Ordonnance concernant les mesures de police qui devront être observées à Saint-Cloud, dimanche 3 germinal, à l'occasion de la fête de S. M. l'Impératrice et du baptême de S. A. I. le prince Napoléon-Louis.*

Paris, le 3o ventôse an XIII (21 mars 1805).

Le conseiller d'Etat, chargé du quatrième arrondissement de la police générale de l'empire, préfet de police, et l'un des commandants de la Légion d'honneur,

Ordonne ce qui suit :

1. Dimanche prochain 3 germinal, les charrettes et voitures dites des environs de Paris ne pourront passer sur le pont de Saint-Cloud que jusqu'à dix heures du matin.

Les autres voitures y passeront sur une seule file.

2. Les voitures qui ne passeront pas le pont de Saint-Cloud ne pourront suivre que jusqu'à la demi-lune. Elles seront ensuite rangées à droite du chemin dit de la Reine, ou dans la plaine de Boulogne.

Celles qui auront passé le pont de Saint-Cloud stationneront de droite et de gauche, sur la rive de la Seine

3. Les voitures qui arriveront par Sèvres suivront sur une seule file et stationneront en dehors de la grille, le long du mur du parc, sur le bord de la route de Versailles.

4. Les voitures destinées pour le palais de Saint-Cloud stationneront à droite et à gauche de la grande avenue.

5. A compter de dix heures du matin, aucune voiture ne pourra arriver de Sèvres à Saint-Cloud par la route entre les murs du parc et la rivière.

6. Les galiotes, bachots ou batelets pour le service de Saint-Cloud partiront de la rive droite de la Seine, au-dessous du pont des Tuileries.

Il ne sera admis, dans chaque bachot ou batelet, plus de douze personnes.

Il ne pourra être exigé de chaque voyageur plus de soixante centimes pour Sèvres ou pour Saint-Cloud.

Il est défendu aux conducteurs desdits bachots ou batelets, ainsi qu'aux mariniers et conducteurs de galiotes, de recevoir aucunes personnes en route.

7. Les bacholeurs ne pourront faire aborder et garer leurs bachots au pont de Sèvres que le long de la rive droite, au-dessus du pont des galiotes.

8. Les marchands qui voudront étaler et vendre dans les rues et places de Saint-Cloud devront en obtenir la permission du maire de cette commune, qui leur indiquera les endroits où ils se placeront.

9. La présente ordonnance sera imprimée et affichée.

---

(1) V. les ord. des 25 août 1806, art. 6 et 7, et 9 juin 1832.

Les maires des communes de Passy, Auteuil, Boulogne, Meudon, Vaugirard, Saint-Cloud et Sèvres, les commissaires de police, à Paris, l'inspecteur général du quatrième arrondissement de la police générale de l'empire, les officiers de paix, l'inspecteur général de la navigation et des ports, et les autres préposés de la préfecture de police sont chargés, chacun en ce qui le concerne, d'en surveiller l'exécution.

Le conseiller d'Etat, préfet de police, DUBOIS.

———————◆———————

N° **280.** — *Ordonnance concernant le repêchage des bois de chauffage sur les rivières, dans le ressort de la préfecture de police* (1).

Paris, le 5 germinal an XIII (26 mars 1805).

———————◆———————

N° **281.** — *Ordonnance concernant l'ordre à suivre lors du défilé des voitures qui iront à Longchamp* (2).

Paris, le 13 germinal an XIII (3 avril 1805).

———————◆———————

N° **282.** — *Ordonnance concernant le remblai d'une avenue dans la pépinière des Chartreux, près le jardin du Sénat.*

Paris, le 19 germinal an XIII (9 avril 1805).

———————◆———————

N° **283.** — *Ordonnance concernant les bains dans la rivière et les écoles de natation* (3).

Paris, le 19 germinal an XIII (9 avril 1805).

———————◆———————

N° **284.** — *Avis concernant les bateaux amarrés à la Râpée* (4).

Paris, le 25 germinal an XIII (15 avril 1805).

Les mariniers qui amènent des bateaux de vin pour l'approvisionnement de Paris les garent sans aucune précaution à la Râpée; quelquefois douze ou quinze bateaux se trouvent attachés les uns aux

—————————————————————————

(1) V. l'arr. du 28 avril 1838 et l'ord. du 25 oct. 1840 (art. 194 à 196).
(2) V. l'ord. du 10 avril 1843.
(3) V. les ord. des 20 mai 1839 et 25 oct. 1840 (art. 187 et suiv. et 225).
(4) V. l'ord. du 25 oct. 1840.

autres et ne sont fermés qu'avec une seule corde qui supporte toute la charge. Des bateaux ont été emportés par les eaux, et auraient été totalement perdus si ces événements avaient eu lieu pendant la nuit.

Pour prévenir ces accidents, il est enjoint aux mariniers de garer leurs bateaux de vin depuis le pâté de Bercy jusqu'à l'île Poulette.

Il leur est défendu d'en garer plus de quinze à la Râpée.

Ils ne doivent en fermer aucun sur la boutique de repêche.

Un bateau ne doit pas tenir planche plus de trois jours à la Râpée, sinon il sera remonté à la Gare, ou descendu à Paris, aux frais et risques des mariniers et des propriétaires.

Enfin, il est enjoint aux mariniers d'avoir dans chaque bateau des cordes suffisantes.

L'exécution de ces mesures, dont la surveillance est confiée à l'inspecteur général et aux inspecteurs particuliers de la navigation et des ports, suffira pour ramener l'ordre dans cette partie.

Le conseiller d'Etat, préfet de police, DUBOIS.

N° **285.** — *Ordonnance autorisant les commissaires de police à faire procéder par un serrurier à l'ouverture des portes donnant sur les égouts* (1).

Paris, le 1er floréal an XIII (21 avril 1805).

Le conseiller d'État, chargé du quatrième arrondissement de la police générale de l'empire, préfet de police, et l'un des commandants de la Légion d'honneur,

Vu la lettre du conseiller d'État, préfet de la Seine, en date du 23 germinal dernier, et l'arrêté par lui pris le 20 du même mois, concernant les réparations des parties d'égouts situées sous des propriétés particulières;

Vu l'article 16 de la loi du 28 pluviôse an VIII et l'arrêté du gouvernement du 12 messidor de la même année;

Désirant concourir par tous les moyens qui sont en son pouvoir à assurer l'exécution de l'arrêt du conseil d'état du 22 janvier 1785,

Ordonne ce qui suit:

Sur la réquisition par écrit de l'architecte de la ville, tout commissaire de police de Paris est autorisé, en cas de refus par les propriétaires ou principaux locataires, à faire faire par un serrurier, en présence dudit architecte, toutes ouvertures de portes nécessaires dans les maisons particulières assises sur un corps ou embranchement d'égout; il en dressera procès-verbal, dont une expédition sera par lui remise à l'architecte de la ville.

Le conseiller d'Etat, préfet de police, DUBOIS.

N° **286.** — *Ordonnance concernant les bateaux à lessive* (2).

Paris, le 19 floréal an XIII (9 mai 1805).

Le conseiller d'État, chargé du quatrième arrondissement de la po-

(1) V. l'ord. du 18 mai 1829.
(2) V. l'ord. du 25 oct. 1840 (art. 184, 185 et 186).

lice générale de l'empire, préfet de police, et l'un des commandants de la Légion d'honneur,

Vu les articles 2 et 31 de l'arrêté du 12 messidor an VIII,

Ordonne ce qui suit :

1. Il ne peut être établi dans Paris aucun bateau à lessive, sans une permission du préfet de police.

2. Les permissions de tenir bateaux à lessive accordées jusqu'à présent sont révoquées.

5. Les propriétaires des bateaux à lessive seront tenus de se pourvoir de permissions, dans un mois au plus tard, à compter du jour de la publication de la présente ordonnance.

Ils indiqueront, dans leurs pétitions, le nombre et les dimensions de leurs bateaux et l'emplacement qu'ils occupent.

4. Les permissions de tenir bateaux à lessive ne seront accordées qu'à condition qu'il y sera réservé des places où les indigents pourront laver leur linge sans payer aucune rétribution.

Le nombre de places sera fixé par le préfet de police, en proportion de la grandeur et du produit présumé des bateaux.

5. Il est défendu d'étendre du linge sur les berges.

Les pierres, tréteaux, planches, perches et autres ustensiles qui seraient placés sur les bords de la rivière pour laver, étendre ou sécher le linge, seront enlevés.

6. Il sera pris envers les contrevenants aux dispositions ci-dessus telle mesure de police administrative qu'il appartiendra, sans préjudice des poursuites à exercer contre eux par-devant les tribunaux, conformément aux lois et aux règlements qui leur sont applicables.

7. La présente ordonnance sera imprimée, publiée et affichée.

Les commissaires de police, l'inspecteur général du quatrième arrondissement de la police générale de l'empire, les officiers de paix, l'inspecteur général de la navigation et des ports, et les autres préposés de la préfecture de police sont chargés, chacun en ce qui le concerne, d'en surveiller l'exécution.

Le conseiller d'Etat, préfet de police, DUBOIS.

———————————

N° **287.** — *Ordonnance concernant l'arrosement* (1).

Paris, le 12 prairial an XIII (1er juin 1805).

———————————

N° **288.** — *Ordonnance concernant les entrepreneurs de messageries* (2).

Paris, le 17 prairial an XIII (6 juin 1805).

Le conseiller d'État, chargé du quatrième arrondissement de la police générale de l'empire, préfet de police, et l'un des commandants de la Légion d'honneur,

———————————

(1) V. les ord. des 17 mai 1834, 1er juin 1837 et 27 juin 1843.

(2) V. les ord. des 20 sept. 1808, 12 sept. 1816, 29 déc. 1817, 4 avril 1820, 27 août 1821, 14 août 1824, 15 mars 1826, 26 oct. 1827, 19 août 1828 et 18 avril 1843.

Vu le décret impérial du 30 floréal an XIII, concernant les entrepreneurs de diligences ou messageries qui voudraient employer les chevaux de poste,

Ordonne ce qui suit :

1. L'article 5 du décret impérial du 30 floréal dernier, concernant les entrepreneurs de diligences ou messageries, sera publié et affiché dans le ressort de la préfecture de police (1).

2. Toute personne qui, conformément à l'article 5 du décret impérial susdaté, aura obtenu l'approbation de sa majesté, pour établir une entreprise de diligences ou messageries, sera tenue d'en justifier et de la faire enregistrer à la préfecture de police avant la mise en activité de son établissement.

3. La présente ordonnance sera imprimée, publiée et affichée.

Les commissaires de police, l'inspecteur général de police du quatrième arrondissement de la police générale de l'empire, les officiers de paix et les préposés de la préfecture de police sont chargés, chacun en ce qui le concerne, de tenir la main à son exécution.

Le conseiller d'Etat, préfet de police, DUBOIS.

———————◦———————

N° 289. — *Ordonnance qui prescrit la publication d'un décret du 20 floréal an XIII, contenant règlement sur la guimperie, les étoffes d'or et d'argent et les velours (2).*

Paris, le 28 prairial an XIII (17 juin 1805).

———————◦———————

N° 290. — *Ordonnance concernant les coutres des charrues et les pinces et leviers des carriers (3).*

Paris, le 9 messidor an XIII (28 juin 1805).

———————◦———————

N° 291. — *Ordonnance concernant un remblai à faire à la culée du pont du Jardin-des-Plantes, du côté de l'Arsenal.*

Paris, le 24 messidor an XIII (13 juillet 1805).

———————◦———————

N° 292. — *Ordonnance concernant le lâchage des bateaux et trains, pendant la construction des cintres du pont du Jardin-des-Plantes.*

Paris, le 30 messidor an XIII (19 juillet 1805).

———

(1) V. ce décret à l'appendice.
(2) V. ce décret à l'appendice.
(3) V. l'ord. du 18 nov. 1814.

N° **293**. — *Ordonnance concernant le glanage.*

Paris, le 4 thermidor an XIII (23 juillet 1805).

Le conseiller d'État, chargé du quatrième arrondissement de la police générale de l'empire, préfet de police, et l'un des commandants de la Légion d'honneur,

Vu les arrêtés du gouvernement des 12 messidor an VIII et 3 brumaire an IX,

Ordonne ce qui suit :

1. L'article 6 de la 4ᵉ section du titre 1, et l'article 21 du titre 2 de la loi du 6 octobre 1791, concernant les biens et usages ruraux et la police rurale, seront réimprimés, publiés et affichés avec la présente ordonnance (1).

2. Il est défendu aux glaneurs d'entrer dans les champs avant l'entier enlèvement de la moisson.

Le glanage est interdit dans tout enclos rural. (*Loi du 6 oct. 1791, tit. 1, sect. 4, art. 6, et tit. 2, art. 21.*)

3. Il est défendu de glaner avant le lever et après le coucher du soleil. (*Arrêt du 7 juin 1779.*)

4. Il sera pris envers les contrevenants telles mesures de police administrative qu'il appartiendra, sans préjudice des poursuites à exercer contre eux par-devant les tribunaux, conformément aux lois et aux règlements qui leur sont applicables.

5. La présente ordonnance sera imprimée, publiée et affichée.

Les sous-préfets des arrondissements de Saint-Denis et de Sceaux, les maires et adjoints des communes rurales du ressort de la préfecture de police, l'inspecteur général du quatrième arrondissement de la police générale de l'empire, les gardes champêtres et les préposés de la préfecture de police sont chargés, chacun en ce qui le concerne, de tenir la main à son exécution.

Le conseiller d'État, préfet de police, DUBOIS.

N° **294**. — *Ordonnance concernant le curage de la Bièvre* (2).

Paris, le 5 thermidor an XIII (24 juillet 1805).

N° **295**. — *Ordonnance qui prescrit l'impression et la publication du décret impérial du 9 messidor an XIII (28 juin 1805), concernant le recèlement des marins déserteurs* (3).

Paris, le 7 thermidor an XIII (26 juillet 1805).

---

(1) V. cette loi à l'appendice.
(2) V. l'ord. du 31 juill. 1838.
(3) V. ce décret à l'appendice.

N° **296.** — *Ordonnance concernant les remèdes secrets* (1).

Paris, le 10 thermidor an XIII (29 juillet 1805).

Le conseiller d'État, chargé du quatrième arrondissement de la police générale de l'empire, préfet de police, et l'un des commandants de la Légion d'honneur,

Vu 1° la loi du 21 germinal an XI, contenant organisation des écoles de pharmacie;

2° La loi du 29 pluviôse an XIII;

3° Et le décret impérial du 25 prairial dernier, relatif à l'annonce et à la vente des remèdes secrets,

Ordonne ce qui suit :

1. Le décret impérial du 25 prairial an XIII, relatif à l'annonce et à la vente des remèdes secrets, sera réimprimé, publié et affiché (2).

2. Dans un mois, à compter du jour de la publication de la présente ordonnance, les auteurs et propriétaires de remèdes secrets approuvés, et dont la distribution a été permise dans les formes usitées antérieurement à la loi du 21 germinal an XI, qui, d'après l'article 2 du décret impérial du 25 prairial, voudront vendre ces remèdes par eux-mêmes dans le ressort de la préfecture de police, sont tenus de justifier du titre original en vertu duquel ils se proposent de vendre, et d'en déposer une copie dûment collationnée. Le titre original sera rendu après avoir été visé.

Sont astreints aux mêmes formalités ceux qui voudront vendre par eux-mêmes des préparations et remèdes qui, d'après l'avis des écoles ou sociétés de médecine, ou de médecins commis à cet effet depuis ladite loi, ont été approuvés, et dont la distribution a été permise par le gouvernement.

3. La justification prescrite par l'article précédent sera faite, savoir :

A Paris, devant le préfet de police;

Dans les communes rurales du département de la Seine, devant les sous-préfets;

Et dans les communes de Saint-Cloud, Sèvres et Meudon, du département de Seine-et-Oise, devant les maires.

4. A l'avenir, les auteurs et propriétaires de remèdes secrets qui voudront vendre par eux-mêmes, dans le ressort de la préfecture de police, des préparations et remèdes qui, d'après l'avis des écoles ou sociétés de médecine, ou de médecins commis à cet effet, seront approuvés, et dont la distribution sera permise par le gouvernement, justifieront de la permission qui leur aura été accordée.

Cette justification, qui sera faite dans les formes déterminées par les articles 2 et 3 ci-dessus, devra avoir lieu dans les cinq jours de la délivrance de la permission.

5. Les sous-préfets des arrondissements de Saint-Denis et de Sceaux, les maires et adjoints des communes de Saint-Cloud, Sèvres et Meudon rendront compte au préfet de police des *visa* qu'ils auront donnés, conformément aux articles 2 et 3 ci-dessus. Ils lui transmettront en même temps les copies de titres qui auront été déposées entre leurs mains.

6. Les auteurs et propriétaires de remèdes secrets qui voudront

---

(1) V. les ord. des 28 août et 22 nov. 1810, et 21 juin 1828.
(2) V. ce décret à l'appendice.

les faire vendre et distribuer dans le ressort de la préfecture de police, par des préposés, adresseront au préfet de police une pétition dans laquelle ils indiqueront les noms, prénoms, âges, professions et demeures desdits préposés, pour être agréés s'il y a lieu.

Lorsque les préposés seront agréés, il leur en sera délivré un certificat qui sera visé, à Paris, par les commissaires de police, et dans les communes rurales du ressort de la préfecture de police, par les maires.

Les préposés devront toujours être porteurs de ce certificat pour le représenter à toute réquisition.

7. Les contraventions seront constatées par des procès-verbaux qui seront transmis au préfet de police.

8. Il sera pris envers les contrevenants telles mesures de police administrative qu'il appartiendra, sans préjudice des poursuites à exercer contre eux par-devant les tribunaux, conformément aux lois.

9. La présente ordonnance sera imprimée, publiée et affichée.

Ampliation en sera adressée aux directeurs et professeurs des écoles de médecine et de pharmacie.

Les sous-préfets des arrondissements de Saint-Denis et de Sceaux, les maires et adjoints des communes rurales du ressort de la préfecture de police, les commissaires de police, à Paris, l'inspecteur général du quatrième arrondissement de la police générale de l'empire ' les officiers de paix et les préposés de la préfecture de police sont chargés, chacun en ce qui le concerne, de tenir la main à son exécution.

Le conseiller d'État, préfet de police, DUBOIS.

———————◦———————

N° **297.** — *Ordonnance concernant les rouliers, les marchands et les prêteurs sur nantissement* (1).

Paris, le 14 thermidor an XIII (2 août 1805).

Le conseiller d'État, chargé du quatrième arrondissement de la police générale de l'empire, préfet de police, et l'un des commandants de la Légion d'honneur,

Informé que des rouliers ont abusé de la confiance du commerce en vendant à leur profit ou en engageant dans des maisons de prêt les marchandises qu'ils étaient chargés d'apporter à destination;

Informé pareillement que des marchands et des prêteurs sur nantissement négligent de vérifier la propriété des marchandises ou effets qu'on leur apporte, et par là favorisent les vols,

Ordonne ce qui suit:

1. Les négociants et marchands domiciliés dans le ressort de la préfecture de police ne peuvent acheter les marchandises ou autres objets quelconques qui leur sont offerts par des individus dont ils ne connaissent point les noms et demeures.

Il leur est défendu d'en faire l'acquisition avant d'avoir exigé et obtenu le cautionnement d'une personne connue, à peine de quatre cents francs d'amende, et en outre d'être civilement responsables de tous dommages-intérêts. En cas de récidive, ils seront poursuivis et punis comme recéleurs. (*Ord. des 18 juin* 1698 *et 8 nov.* 1780.)

2. Il leur est également défendu, sous les mêmes peines, d'acheter les marchandises ou autres objets quelconques qui leur seront offerts par

———————

(1) V. l'ord. du 18 therm. an XIII (6 août 1805).

des individus auxquels la loi n'accorde pas le droit de disposer, ou qui vivent sous la dépendance d'un tiers, à moins que ces individus ne justifient du consentement du mari, si c'est une femme, du père ou tuteur, si c'est un mineur, ou du maître, si c'est un domestique.

3. Les prêteurs sur nantissement seront tenus, avant de consommer le prêt, de s'assurer que la propriété des marchandises ou autres objets offerts en nantissement réside dans la personne de l'emprunteur; il leur est enjoint de se conformer à cet égard aux règlements qui leur sont applicables et aux dispositions précédentes.

4. Les marchandises ou autres objets présumés provenir de vols seront retenus et portés chez le commissaire de police de la division, qui fera toutes poursuites de droit et en rendra compte.

5. Les contraventions seront constatées par des procès-verbaux qui seront transmis dans les vingt-quatre heures au préfet de police.

6. Il sera pris envers les contrevenants telles mesures de police administrative qu'il appartiendra, sans préjudice des poursuites à exercer contre eux par-devant les tribunaux, conformément aux lois.

7. La présente ordonnance sera imprimée, publiée et affichée.

Ampliation en sera adressée au conseil d'administration du Mont-de-Piété.

Les sous-préfets des arrondissements de Saint-Denis et de Sceaux, les maires et adjoints des communes rurales du ressort de la préfecture de police, les commissaires de police, à Paris, l'inspecteur général du quatrième arrondissement de la police générale de l'empire, les officiers de paix et les préposés de la préfecture de police sont chargés, chacun en ce qui le concerne, de tenir la main à son exécution.

Le conseiller d'État, préfet de police, DUBOIS.

———————◦———————

N° **298.** — *Ordonnance concernant la clôture et la liquidation des maisons de prêt actuellement existantes dans la ville de Paris.*

Paris, le 18 thermidor an XIII (6 août 1805).

Le conseiller d'État, chargé du quatrième arrondissement de la police générale de l'empire, préfet de police, et l'un des commandants de la Légion d'honneur,

Vu le décret impérial rendu à Saint-Cloud, le 8 thermidor an XIII, concernant la clôture et la liquidation des maisons de prêt actuellement existantes dans la ville de Paris,

Ordonne ce qui suit :

1. Le décret impérial du 8 thermidor présent mois, concernant la clôture et liquidation des maisons de prêt actuellement existantes à Paris, sera imprimé, publié et affiché (1).

2. Les commissaires de police notifieront, dans le jour, à tous les prêteurs sur nantissement, le décret impérial du 8 thermidor, et procéderont de suite à la clôture de leurs registres, après en avoir dressé un état sommaire, conformément à l'article 2 de ce décret.

3. Les commissaires de police vérifieront si tous les nantissements existent en magasin, notamment les diamants, l'argenterie, les bijoux et autres objets précieux.

Dans le cas où ces objets ne pourraient être réprésentés, les prêteurs seront interpellés de déclarer les noms et demeures des personnes

————————————————————

(1) V. ce décret à l'appendice.

auxquelles le dépôt en a été confié ; leurs déclarations seront consignées par écrit et transmises au préfet de police.

4. Les commissaires de police feront de fréquentes visites dans les maisons de prêt, pour veiller à ce que les prêteurs opèrent entièrement leur liquidation dans l'année de la clôture de leurs registres ; à ce qu'ils ne reçoivent, pendant le cours de cette liquidation, aucun renouvellement d'engagement échu, et à ce que les nantissements dont la vente est interdite aux prêteurs, dans le cas prévu par l'article 6 du décret impérial, soient déposés au Mont-de-Piété.

Ils constateront successivement l'état de toutes ces opérations et en rendront compte.

5. Les contraventions seront constatées par des procès-verbaux qui seront transmis, dans les vingt-quatre heures, au préfet de police.

6. Il sera pris envers les contrevenants telles mesures de police administrative qu'il appartiendra, sans préjudice des poursuites à exercer contre eux par-devant les tribunaux, conformément aux lois.

7. La présente ordonnance sera imprimée.

Les commissaires de police, l'inspecteur général du quatrième arrondissement de la police générale de l'empire, les officiers de paix et les préposés de la préfecture de police sont chargés, chacun en ce qui le concerne, de tenir la main à son exécution.

Le conseiller d'Etat, préfet de police, DUBOIS.

N° **299.** — *Ordonnance concernant les voituriers et charretiers travaillant sur les ports et dans les chantiers* (1).

Paris, le 18 thermidor an xiii (6 août 1805).

N° **300.** — *Ordonnance concernant des mesures de police relatives à la fête donnée par la ville de Paris, le 27 thermidor, jour anniversaire de la naissance de S. M. l'Empereur et Roi* (2).

Paris, le 24 thermidor an xiii (12 août 1805).

Le conseiller d'État, chargé du quatrième arrondissement de la police générale de l'empire, préfet de police, et l'un des commandants de la Légion d'honneur,

Ordonne ce qui suit :

1. Le jeudi 27 thermidor, les rues, ponts, quais et places seront débarrassés et balayés avant huit heures du matin.

2. A compter de onze heures du matin jusqu'au lendemain, aucune voiture ne pourra entrer ni sortir par les barrières de Passy, de Longchamp, du Réservoir et de l'Etoile.

Les voitures qui se présenteront au pont de Sèvres, pour se rendre à Paris, suivront la route de Vaugirard.

Celles qui arriveront par la route de Neuilly entreront par la barrière du Roule.

(1) V. les ord. des 11 nov. 1808, 13 janv. 1812, 28 août 1816 et 2 avril 1819.
(2) V. l'ord. du 13 août 1813.

3. A compter de la même heure, la circulation et le stationnement des voitures sont interdits sur les quais qui bordent la Seine, depuis le Pont-Neuf jusqu'aux barrières de Passy et de la Cunette, sur la place de la Concorde, dans la rue de la Concorde et dans toutes les avenues des Champs-Elysées.

4. Sont exceptés des dispositions ci-dessus, les voitures du gouvernement, les courriers de la malle et les diligences.

5. Aucun train ni portion de train de bois ne sera laissé sur la rivière, entre le pont des Tuileries et celui de la Concorde.

Les trains ou portions de trains qui s'y trouveraient seront descendus aux frais et risques des propriétaires.

6. Il y aura dans le bassin, entre le pont des Tuileries et celui de la Concorde, un nombre suffisant de bachots montés chacun par un fusilier et deux mariniers nageurs, pour porter des secours, au besoin, et empêcher que personne ne s'introduise sur la rivière.

Il ne pourra y avoir dans ce bassin aucuns autres bachots ou bateaux.

Les bains froids, en amont du pont de la Concorde, seront interdits au public.

7. Le passage de la rivière en bachots ou batelets ne pourra avoir lieu, le jeudi 27 thermidor, depuis le pont de la Concorde jusqu'à la sortie de Paris, qu'aux trois endroits ordinaires, savoir :

Au port des Invalides, à Chaillot et à la barrière des Bons-Hommes.

Les fermiers des droits de ces passages d'eau se pourvoiront de bachots et mariniers en nombre suffisant pour que le service se fasse avec sûreté et célérité.

8. Il ne pourra être admis dans chaque bachot ou batelet plus de douze personnes.

Il est enjoint aux passeurs d'eau de désigner aux officiers de police ou à la garde les individus qui, par imprudence, compromettraient la sûreté des passagers.

9. Il est défendu de monter sur les arbres des Champs-Elysées et des autres promenades publiques ou de les dégrader.

Il est également défendu de se placer sur les berges, depuis le pont des Tuileries jusqu'à celui de la Concorde, comme aussi de monter sur les parapets des ponts et quais et sur les piles de bois dans les chantiers.

10. Les personnes invitées au bal de l'Hôtel-de-Ville et qui s'y rendront en voiture arriveront par le quai Pelletier. Les voitures ne formeront qu'une seule file, à partir du pont Notre-Dame ; elles longeront la façade des maisons opposées à l'Hôtel-de-Ville, pour venir s'arrêter au pied du grand escalier, et fileront ensuite par le port au Blé.

Elles seront rangées sur les quais des Ormes et des Célestins et, au besoin, dans l'île Saint-Louis.

11. Il est défendu à tous particuliers de tirer des fusées, pétards, boîtes, bombes et autres pièces d'artifice dans les rues, promenades, places publiques, cours et jardins ou par les fenêtres des maisons.

12. Les pères et mères et les chefs de maisons sont civilement responsables des faits de leurs enfants et de leurs ouvriers ou domestiques.

13. Il sera pris envers les contrevenants telles mesures de police administrative qu'il appartiendra, sans préjudice des poursuites à exercer contre eux par-devant les tribunaux, conformément aux lois et aux règlements qui leur sont applicables.

14. La présente ordonnance sera imprimée, publiée et affichée.

Les commissaires de police, l'inspecteur général du quatrième arrondissement de la police générale de l'empire, les officiers de paix, l'architecte commissaire de la petite voirie, l'inspecteur général de la navigation et des ports, l'inspecteur général de la salubrité et les autres préposés de la préfecture de police sont chargés, chacun en ce qui le concerne, de tenir la main à son exécution.

Le conseiller d'Etat, préfet de police, DUBOIS.

N° **301**. — *Ordonnance concernant la vérification annuelle des mesures pour le bois de chauffage, les grains et autres matières sèches* (1).

Paris, le 2 fructidor an xiii (20 août 1805).

N° **302**. — *Ordonnance concernant l'usage des ustensiles et vases de cuivre* (2).

Paris, le 3 fructidor an xiii (21 août 1805).

Le conseiller d'État, chargé du qvatrième arrondissement de la police générale de l'empire, préfet de police, et l'un des commandants de la Légion d'honneur,

Vu 1° les articles 2 et 23 de l'arrêté du 12 messidor an viii ;

2° La déclaration du 13 juin 1777, l'article 30 des lettres patentes du 1er novembre 1781 et l'article 20 du titre 1 de la loi du 22 juillet 1791,

Ordonne ce qui suit :

1. Il sera fait des visites des ustensiles et vases de cuivre dont se servent les marchands de vins traiteurs, aubergistes, restaurateurs, pâtissiers, charcutiers et gargotiers établis dans le ressort de la préfecture de police, à l'effet de vérifier l'état de ces ustensiles, sous le rapport de la salubrité.

2. Les ustensiles et vases empreints d'oxide de cuivre (vert-de-gris) seront saisis et envoyés à la préfecture de police avec le procès-verbal constatant la saisie.

3. Les ustensiles de cuivre dont l'usage serait dangereux, par le mauvais état de l'étamage, seront transportés sur le champ chez le chaudronnier le plus voisin, pour être étamés aux frais des propriétaires.

4. Il est défendu aux marchands désignés en l'article 1 de laisser séjourner des aliments dans des vases de cuivre étamés ou non étamés.

5. Les comestibles gâtés, corrompus ou nuisibles qui seraient exposés en vente seront confisqués et détruits. Les délinquants seront poursuivis conformément à l'article 20, titre 1, de la loi du 22 juillet 1791.

6. Il est défendu aux marchands de vins d'avoir des comptoirs revêtus de lames de plomb, aux débitants de sel et de tabac de se servir de balances en cuivre, et aux nourrisseurs de vaches, crémiers et laitiers de déposer le lait dans des vases de cuivre: le tout à peine de confiscation et de 300 francs d'amende. (*Déclar. du 13 juin 1777, art.* **1.**)

---

(1) V. les ord. des 8 sept. et 23 nov. 1807, 14 déc. 1820, 15 déc. 1825, 27 oct. et 29 nov. 1826, 23 nov. 1840, 23 nov. 1842 et 1er déc. 1843.

(2) V. les ord. des 17 juill. 1816, 23 juill. 1832 et 7 nov. 1838.

Les lames de plomb, les balances et les vases de cuivre qui seraient trouvés chez les marchands de vins, les débitants de sel et de tabac, les nourrisseurs de vaches, crémiers et laitiers, seront saisis et envoyés à la préfecture de police avec les procès-verbaux constatant les contraventions.

7. Les commissaires de police, à Paris, les maires et adjoints, dans les communes rurales du ressort de la préfecture de police, sont chargés, chacun en ce qui le concerne, de faire les visites prescrites par la présente ordonnance, et d'en dresser des procès-verbaux qui seront transmis au préfet de police.

8. Le commissaire des halles et marchés, l'inspecteur général des boissons et les inspecteurs des poids et mesures concourront à l'exécution des dispositions ci-dessus, et rendront compte du résultat de leurs opérations.

9. Il sera pris envers les contrevenants telles mesures de police administrative qu'il appartiendra, sans préjudice des poursuites à exercer contre eux par-devant les tribunaux, conformément aux lois et règlements qui leur sont applicables.

10. La présente ordonnance sera imprimée, publiée et affichée.

Les sous-préfets des arrondissements de Saint-Denis et de Sceaux, l'inspecteur général du quatrième arrondissement de la police générale de l'empire, les officiers de paix et les préposés de la préfecture de police sont chargés de tenir la main à son exécution.

Le conseiller d'Etat, préfet de police, DUBOIS.

N° **303**. — *Ordonnance concernant les mesures de police qui doivent être observées, à Saint-Cloud, les 21 et 28 du présent mois de fructidor et dernier jour complémentaire* (1).

Paris, le 10 fructidor an XIII (28 août 1805).

N° **304**. — *Ordonnance concernant l'ouverture de la chasse* (2).

Paris, le 15 fructidor an XIII (2 septembre 1805).

N° **305**. — *Ordonnance qui prescrit la réimpression et la publication, par extrait, de l'ordonnance du 1er messidor an XII (20 juin 1804) concernant les cabriolets* (3).

Paris, le 20 fructidor an XIII (7 septembre 1805).

(1) V. l'ord. du 6 sept. 1843.

(2) V. les ord. des 27 août 1806, 18 août 1812 et 22 août 1843.

(3) Rapportée.—V. l'ord. du 15 janv. 1841, les arrêtés des 15 janv. et 18 fév. 1841 et l'ord. du 25 mai 1842.

N° **306**. — *Ordonnance concernant les mesures de police qui doivent être observées, à Saint-Cloud, les 21 et 28 du présent mois de fructidor et dernier jour complémentaire* (1).

Paris, le 20 fructidor an xiii (7 septembre 1805).

———————◉———————

N° **307**.— *Ordonnance qui restreint à six le nombre des barrières par lesquelles le charbon de bois amené par terre peut entrer dans Paris* (2).

Paris, le 4 vendémiaire an xiv (26 septembre 1805).

Le conseiller d'État, chargé du quatrième arrondissement de la police générale de l'empire, préfet de police, et l'un des commandants de la Légion d'honneur,

Vu les articles 2, 26 et 32 de l'arrêté du gouvernement du 12 messidor an viii, et l'article 1 de l'arrêté du 3 brumaire an ix,

Ordonne ce qui suit :

1. Le charbon de bois amené par terre ne pourra entrer dans Paris que par les barrières de Charenton, Vincennes, la Villette, Monceaux, Bons-Hommes, Fontainebleau et Chaussée-du-Maine.

2. Les ordonnances de police des 20 pluviôse et 5 ventôse an xii, concernant le commerce du charbon de bois, continueront d'être exécutées en tout ce qui n'est pas contraire à la disposition ci-dessus.

3. Il sera pris envers les contrevenants telles mesures de police administrative qu'il appartiendra, sans préjudice des poursuites à exercer contre eux par-devant les tribunaux, conformément aux lois et aux règlements qui leur sont applicables.

4. La présente ordonnance sera imprimée et affichée.

Les commissaires de police, l'inspecteur général du quatrième arrondissement de la police générale de l'empire, les officiers de paix, le contrôleur général du recensement et du mesurage des bois et charbons, et les autres préposés de la préfecture de police sont chargés, chacun en ce qui le concerne, de tenir la main à son exécution.

Le conseiller d'État, préfet de police, DUBOIS.

———————◉———————

N° **308**. — *Ordonnance concernant les armes de guerre* (3).

Paris, le 18 vendémiaire an xiv (10 octobre 1805).

Le conseiller d'État, chargé du quatrième arrondissement de la police générale de l'empire, préfet de police, et l'un des commandants de la Légion d'honneur,

----

(1) V. l'ord. du 6 sept. 1843.

(2) V. les ord. des 2 déc. 1812, 24 fév. 1817, 25 mars 1833 et 15 déc. 1834.

(3) V. les ord. des 5 fév. 1806, 1er août 1820 et 1er juin 1839.

Ordonne ce qui suit :

1. Le décret impérial donné au quartier-général impérial de Strasbourg, le 8 vendémiaire présent mois, concernant la fabrication d'armes ou de pièces d'armes de calibre de guerre, sera imprimé, publié et affiché dans le ressort de la préfecture de police (1).

2. Les fabricants ou chefs d'ateliers qui obtiendront une autorisation du ministre de la guerre pour la fabrication d'armes ou de pièces d'armes de calibre de guerre, feront viser cette autorisation à la préfecture de police.

3. Les contraventions au décret impérial du 8 vendémiaire seront constatées par des procès-verbaux qui seront transmis dans les vingt-quatre heures, au préfet de police.

4. Il sera pris envers les contrevenants telles mesures de police administrative qu'il appartiendra, sans préjudice des poursuites à exercer contre eux par-devant les tribunaux, conformément aux lois.

5. La présente ordonnance sera imprimée, publiée et affichée.

Les sous-préfets des arrondissements de Saint-Denis et de Sceaux, les maires et adjoints des communes rurales du ressort de la préfecture de police, les commissaires de police à Paris, l'inspecteur général du 4e arrondissement de la police générale de l'empire, les officiers de paix et les préposés de la préfecture de police sont chargés, chacun en ce qui le concerne, d'en surveiller l'exécution.

Le conseiller d'Etat, préfet de police, DUBOIS.

N° **309.** — *Avis concernant le ramonage* (2).

Paris, le 1er brumaire an xiv (23 octobre 1805).

N° **310.** — *Ordonnance concernant la police de la rivière et des ports pendant l'hiver et dans les temps de glaces, grosses eaux et débâcles* (3).

Paris, le 11 brumaire an xiv (2 novembre 1805).

N° **311.** — *Ordonnance concernant les porteurs d'eau à tonneau qui s'approvisionnent à la pompe de la rue du Mont-Blanc* (4).

Paris, le 13 brumaire an xiv (4 novembre 1805).

---

(1) V. ce décret à l'appendice.
(2) V. l'avis du 10 janv. 1828 et l'ord. du 24 nov. 1843.
(3) V. les ord. des 1er déc. 1838, 5 déc. 1839 et 25 oct. 1840 (art. 203 et suiv.)
(4) V. l'ord. du 21 fév. 1822.

N° **312.** — *Ordonnance contenant des mesures relatives à l'ouverture et à la fermeture de la halle aux draps et aux toiles* (1).

Paris, le 14 brumaire an xiv (5 novembre 1805).

Le conseiller d'État, chargé du 4° arrondissement de la police générale de l'empire, préfet de police et l'un des commandants de la Légion d'honneur,

Vu les articles 2, 26 et 32 de l'arrêté du gouvernement du 12 messidor an viii;

Ordonne ce qui suit :

1. A compter de ce jour jusqu'au 1er avril prochain, les draps et les toiles seront reçus à la halle depuis huit heures du matin jusqu'à cinq heures du soir, et du 1er avril au 1er septembre, depuis sept heures du matin jusqu'à six heures du soir.

2. Conformément à l'article 16 de l'ordonnance du 13 brumaire an xi, la vente des toiles se fera sous la halle, une fois par mois, et seulement pendant cinq jours francs et consécutifs.

Elle s'ouvrira, le premier lundi de chaque mois, depuis neuf heures du matin jusqu'à quatre heures du soir.

3. La vente à la halle aux toiles s'ouvrira, le lundi 2 nivôse prochain, en la manière accoutumée.

Elle s'ouvrira également le lundi 6 janvier 1806.

4. La présente ordonnance sera imprimée et affichée partout où besoin sera.

Les commissaires de police et notamment le commissaire de police de la division des Marchés, l'inspecteur général du 4° arrondissement de la police générale de l'empire, les officiers de paix, le commissaire des halles et marchés, le commissaire-adjoint et les autres préposés de la préfecture de police sont chargés, chacun en ce qui le concerne, de tenir la main à son exécution.

Le conseiller d'Etat, préfet de police, DUBOIS.

N° **313.** — *Ordonnance concernant les attroupements* (2).

Paris, le 19 brumaire an xiv (10 novembre 1805).

Le conseiller d'État, chargé du 4° arrondissement de la police générale de l'empire, préfet de police et l'un des commandants de la Légion d'honneur,

Vu les extraits des rapports de leurs excellences les ministres de la police générale et du trésor public, imprimés et affichés;

Vu pareillement l'article 10 de l'arrêté du gouvernement du 12 messidor an viii;

Ordonne ce qui suit :

1. Il est défendu à tout individu de se présenter, à l'avenir et jusqu'à ce qu'il en soit autrement ordonné, devant la Banque, sous prétexte d'y échanger ses billets, à moins qu'il ne soit porteur d'un numéro ou d'un bulletin qui lui aura été délivré par l'un des maires de Paris.

(1) V. les ord. des 13 et 25 brum. an xi (4 et 16 nov. 1802), 25 et 29 avril 1808 et 18 oct. 1836.

(2) V. les ord. des 4 juin 1820, 1er mars 1822, 20 nov. 1827, 25 août et 20 déc. 1830, 18 fév. et 13 juill. 1831.

2. Tout individu qui contreviendra à l'article 1er sera considéré comme fauteur d'attroupement et, comme tel, amené devant le préfet de police pour être livré aux tribunaux et poursuivi conformément aux lois et règlements de police qui défendent les attroupements.

3. L'inspecteur générale de la police générale de l'empire, les commissaires de police, les officiers de paix et les autres préposés de la préfecture de police sont chargés de tenir la main à l'exécution de la présente ordonnance qui sera imprimée, publiée, affichée et transmise dans le jour à MM. les maires de Paris.

Le conseiller d'État, préfet de police, DUBOIS.

N° **314.** — *Instruction pour les préposés au recensement et au mesurage des bois et charbons* (1).

Paris, le 9 frimaire an xiv (30 novembre 1805).

1. Les fonctions des préposés au recensement et au mesurage des bois et charbons consistent principalement à assurer l'exécution des lois et règlements concernant le commerce des bois et charbons, notamment des ordonnances de police des 27 ventôse et 1er floréal an x, 20 pluviôse, 5 ventôse et 20 prairial an xii et 4 vendémiaire an xiv.

2. Ces fonctions sont exercées par un contrôleur général;

Deux contrôleurs ambulants dont un pour Paris et l'autre pour les communes rurales, dans le ressort de la préfecture de police;

Cinq inspecteurs;

Et vingt-quatre préposés.

3. Chacun des cinq arrondissements établis par l'ordonnance du 27 ventôse an x est surveillé par un inspecteur et par le nombre de préposés que le contrôleur-général juge nécessaire, suivant l'étendue et à raison du nombre des chantiers ou des places de vente de charbon, sauf à en rendre compte au préfet.

4. Le bureau général du recensement et du mesurage des bois et charbons est à l'île Louviers. Il est composé du contrôleur général, du contrôleur ambulant pour Paris et d'un commis aux écritures.

5. Il y a, dans chaque arrondissement, un bureau d'inspection.

6. Le contrôleur général et les inspecteurs doivent se rendre à leurs bureaux respectifs tous les jours, à l'exception des dimanches et fêtes, avant l'ouverture des chantiers, ports et places de vente.

Contrôleur général.

7. Le contrôleur général recevra les plaintes du public et des marchands, les rapports et notes du contrôleur ambulant et des inspecteurs, ainsi que les états journaliers de situation.

8. Il transmettra à la préfecture tous les renseignements qui lui parviendront et qui pourront intéresser l'administration, relativement au service dont il est chargé.

Il fera, en outre, les observations qu'il jugera nécessaires sur le commerce des bois et charbons, sur les entraves qu'il pourrait éprouver et sur les facilités qu'il conviendrait de lui donner.

9. S'il arrivait quelque événement extraordinaire à l'île Louviers, dans les chantiers et places de vente, comme incendies, éboulements

(1) V. l'instr. du 10 avril 1810 et l'arr. du 26 déc. 1812.

de théâtres ou autres accidents, il prendra provisoirement les mesures que les circonstances exigeront, en se concertant, toutefois, avec les commissaires de police les plus voisins, et en rendra compte de suite au préfet.

10. Il donnera aux inspecteurs les ordres concernant les arrondissements placés sous leur surveillance.

11. Il inspectera par lui-même les différents arrondissements de chantiers, ports et places de vente au charbon.

12. Il tiendra trois principaux registres : l'un pour l'enregistrement sommaire de toutes les pièces qui lui seront adressées;

Le second pour la transcription de ses rapports et de sa correspondance;

Et le troisième pour l'inscription des arrivages, vente et restant de bois, charbons et autres combustibles dans les chantiers, sur les ports et places de vente.

Il adressera, chaque jour, à la préfecture un état général et un état particulier de ces arrivages et ventes.

13. En cas d'absence ou de maladie, le contrôleur général sera remplacé par le contrôleur ambulant.

Contrôleur ambulant.

14. Indépendamment de ses fonctions, le contrôleur ambulant remplira celles d'inspecteur de l'arrondissement de l'île Louviers.

15. Il inspectera les autres arrondissements et vérifiera si les règlements sont observés dans les chantiers, ports ou places de vente au charbon, si les inspecteurs et préposés sont à leur poste. Il en rendra compte au contrôleur général.

Inspecteurs.

16. Les inspecteurs se rendront dans les bureaux de leurs arrondissements respectifs, un quart d'heure avant l'ouverture des chantiers et de la vente sur les ports et places de vente du charbon, pour donner aux préposés les ordres nécessaires, leur faire la remise de leurs mesures et recevoir leur signature sur la feuille de présence.

17. Ils feront, chaque jour, l'inspection de tous les chantiers de leurs arrondissements pour s'assurer si les règlements y sont observés et si les préposés font le service exactement. Ils en rendront compte au contrôleur général.

18. Ils tiendront note de l'entrée et de la sortie des bois dans les chantiers, ainsi que de celle du charbon sur les ports et dans les places de vente, et des quantités de ces combustibles qui resteront dans chaque dépôt.

Ils en dresseront l'état et le feront passer, dans le jour ou le lendemain matin au plus tard, au contrôleur général.

19. Ils veilleront à ce que, à la fermeture des chantiers et des ports, les préposés déposent au bureau d'inspection les mesures qui leur auront été confiées et à ce qu'ils signent la feuille de présence.

20. Les inspecteurs des arrondissements Saint-Antoine, Saint-Bernard, Saint-Honoré et la Grenouillère alterneront tous les deux mois.

Préposés.

Dispositions générales.

21. Les préposés se rendront dans les bureaux de leurs arrondissements respectifs, un quart d'heure avant l'ouverture de la vente, dans les chantiers, sur les ports et aux places au charbon, pour y recevoir les ordres des inspecteurs, prendre leurs double-mètres et chaînettes, et signer la feuille de présence.

22. Chaque jour, après la cessation de la vente, les préposés rendront compte aux inspecteurs de ce qui se sera passé dans l'arrondissement qu'ils auront parcouru.

Ils leur remettront la note des arrivages et ventes des combustibles, déposeront les mesures qui leur auront été confiées et signeront la feuille de présence.

23. Les préposés changeront d'arrondissements tous les mois, et de chantiers tous les quinze jours.

Dispositions particulières.

Chantiers.

24. Les préposés, chargés de la surveillance des chantiers, se transporteront alternativement dans les chantiers confiés à leur surveillance, et notamment dans ceux où la vente aura plus d'activité, pour surveiller et assurer l'exécution des ordonnances précitées concernant le commerce de bois.

25. Ils vérifieront si les stères et double-stères ont la hauteur et la largeur requises et si les membrures sont étalonnées, ainsi que les sous-traits.

Ils vérifieront également si les falourdes, fagots et cotrets ont les dimensions prescrites.

26. Ils déféreront aux réquisitions qui leur seront faites par les acheteurs pour la vérification du mesurage des bois.

27. Ils se transporteront, aussitôt qu'ils en recevront l'ordre du contrôleur général, sur les points qu'il leur indiquera, à l'effet de vérifier les livraisons de bois de chauffage pour les ministères, administrations et établissements publics.

Ports et places de vente du charbon.

28. Les préposés aux ports et places de vente du charbon veilleront à ce que le mesurage ne soit fait que dans des mesures étalonnées qu'ils auront soin de faire renverser, lors de la fermeture de la vente.

29. Ils tiendront la main à l'exécution des dispositions de l'ordonnance du 20 pluviôse an XII, concernant le commerce du charbon.

Ils viseront les lettres de voiture dont doivent être munis les conducteurs de charbon aux places d'Aval et Cisalpine.

Dispositions communes aux inspecteurs et aux préposés.

30. Ils devront, pendant toute la durée de leur service, être revêtus de leur costume et être porteurs de leurs mesures, de leurs commissions et instructions.

31. Ils se conduiront, dans l'exercice de leurs fonctions, avec honnêteté, fermeté et modération.

Lorsqu'il ne s'agira ni de contraventions formelles aux règlements, ni de délits graves, ils pourront régler les différents qui s'élèveraient entre les consommateurs et les marchands, les charretiers, ouvriers et autres, et feront tout ce qui dépendra d'eux pour les concilier.

32. Dans le cas où les marchands, charretiers, garçons de chantiers ou autres se permettraient des insultes, menaces, voies de fait envers les préposés, ils requerront la force armée pour s'assurer des délinquants et les faire traduire devant un commissaire de police auquel ils porteront leurs plaintes. Ils prendront une note exacte des noms, qualités et demeures des délinquants et des témoins, et la transmettront de suite au contrôleur général.

53. Ils ne pourront faire le commerce de bois ni de charbon.

54. Si, pour cause de maladie ou autre motif légitime, ils se trouvaient dans l'impossibilité de remplir momentanément leurs fonctions, ils seront tenus d'en prévenir de suite le contrôleur général, afin qu'il soit pourvu à leur remplacement ou avisé aux moyens d'empêcher que le service ne souffre de leur absence.

Le conseiller d'Etat, préfet de police, DUBOIS.

N° **315.** — *Ordonnance concernant l'ouverture du marché Saint-Joseph.*

Paris, le 13 frimaire an xiv (4 décembre 1805).

Le conseiller d'État, chargé du quatrième arrondissement de la police générale de l'empire, préfet de police et l'un des commandants de la Légion d'honneur,

Vu les articles 32 et 33 de l'arrêté du gouvernement du 12 messidor an viii;

Ordonne ce qui suit :

1. Il sera établi un marché pour la vente en détail des beurres, œufs, fromages, fruits, légumes, poissons et autres comestibles sur l'emplacement de la ci-devant église de Saint-Joseph et des terrains et bâtiments en dépendant situés rue Montmartre, entre celles de Saint-Joseph et du Croissant.

2. Ce marché sera ouvert à compter du 1er nivôse prochain.

3. Les détaillantes qui étaient, rues Montmartre et du Faubourg-Montmartre, seront admises de préférence sur le marché Saint-Joseph, à la charge par elles de se présenter, avant le 25 frimaire, au bureau du commissaire de police de la division de Brutus, pour se faire enregistrer ; et, après ce délai expiré, toutes les détaillantes seront admises indistinctement.

4. A compter dudit jour 1er nivôse prochain, il ne pourra être fait sur la voie publique dans les rues Montmartre, Faubourg-Montmartre et autres adjacentes, aucun étalage de comestibles de telle espèce que ce soit.

5. Le marché Saint-Joseph est assujetti aux dispositions des règlements relatifs aux autres marchés.

6. Il sera pris envers les contrevenants telles mesures de police administrative qu'il appartiendra, sans préjudice des poursuites à exercer contre eux par-devant les tribunaux.

7. l'inspecteur général du quatrième arrondissement de la police générale de l'empire, le commissaire de police de la division de Brutus, le commissaire adjoint des halles et marchés et l'architecte commissaire de la petite voirie sont spécialement chargés de tenir la main à l'exécution de la présente ordonnance qui sera imprimée, publiée et affichée partout où besoin sera.

Le conseiller d'Etat, préfet de police, DUBOIS.

N° **316.** — *Ordonnance concernant les glaces et neiges* (1).

Paris, le 22 frimaire an xiv (13 décembre 1805).

————————⟶◉⟵————————

N° **317.** — *Ordonnance concernant le commerce des cuirs et peaux
à la halle* (2).

Paris, le 27 frimaire an xiv (18 décembre 1805).

Le conseiller d'État, chargé du quatrième arrondissement de la police générale de l'empire, préfet de police, et l'un des commandants de la Légion d'honneur.

Vu les articles 2 et 32 de l'arrêté du gouvernement, du 12 messidor an viii.

Ordonne ce qui suit :

1. Les cuirs et peaux continueront d'être vendus à la halle, située rue et division de Bon-Conseil.

2. La halle sera ouverte pour la réception des marchandises, tous les jours, depuis le lever jusqu'au coucher du soleil.

5. Les voituriers ou conducteurs devront être porteurs de lettres de voiture.

Les lettres de voiture indiqueront la marque, les quantités et espèces de marchandises, le lieu du chargement, et les noms de l'expéditeur, du conducteur et du fondé de pouvoir pour la vente.

4. Les cuirs et peaux seront examinés pour s'assurer si les quantités et espèces sont conformes à l'énoncé des lettres de voiture.

5. Les marchandises amenées à la halle devront être empreintes de la marque particulière du propriétaire.

Celles qui n'auraient pas été marquées le seront des lettres initiales des nom et prénoms du propriétaire, savoir : les cuirs forts, peaux de bœuf, de vache et de cheval, avec de la peinture à l'huile, en rouge ou en noir, sur chaque pièce ; et les peaux de veau, mouton, chèvre, etc., par douzaine, avec de la sanguine.

6. Il sera payé, par les marchands, cinq centimes pour chaque marque à l'huile apposée sur les cuirs et peaux, quel que soit le nombre des lettres ; et dix centimes pour chaque douzaine de peaux marquées avec de la sanguine.

7. La vente aura lieu tous les jours, excepté les dimanches et fêtes, depuis dix heures du matin jusqu'à trois heures de relevée.

8. L'ouverture et la fermeture de la vente seront annoncées au son d'une cloche.

9. Il ne sera admis à la halle d'autres personnes que celles qui font le commerce des cuirs et peaux, ou qui les emploient.

10. La vente des cuirs et peaux continuera de se faire au poids, au compte ou à la pièce, suivant le mode usité jusqu'à ce jour, pour chaque espèce de marchandise.

11. La vente des cuirs et peaux ne se fera que par les propriétaires ou leurs fondés de pouvoirs.

———————————————

(1) V. les ord. des 7 janv. 1835, 26 déc. 1836, 14 déc. 1838 et 7 déc. 1842.
(2) V. les deux ord. portant la même date.

12. Le lotissage aura lieu, s'il est demandé et jugé nécessaire.

13. On ne pourra enlever de la halle aucune partie de marchandise qu'après que la déclaration en aura été faite au contrôleur.

14. Après la cloche sonnée, pour la clôture de la vente, il est défendu à tout acheteur de déranger les piles des marchandises.

15. Il sera fait, tous les ans, un recensement général des cuirs et peaux existant dans la halle.

16. Il sera pris, envers les contrevenants aux dispositions ci-dessus, telles mesures de police administrative qu'il appartiendra, sans préjudice des poursuites à exercer contre eux devant les tribunaux, conformément aux lois et aux règlements qui leur sont applicables.

17. La présente ordonnance sera imprimée, publiée et affichée.

Les commissaires de police, et notamment celui de la division des marchés, l'inspecteur général du quatrième arrondissement de la police générale de l'empire, les officiers de paix, les commissaire et adjoint des halles et marchés et les autres préposés de la préfecture de police sont chargés, chacun en ce qui le concerne, de tenir la main à son exécution.

Le conseiller d'Etat, préfet de police, DUBOIS.

Nº **318.** — *Règlement concernant le service intérieur de la Halle aux Cuirs* (1).

Paris, le 27 frimaire an xiv (18 décembre 1805).

Le conseiller d'État, chargé du quatrième arrondissement de la police générale de l'empire, préfet de police et l'un des commandants de la Légion d'honneur ;

Vu son ordonnance de ce jour, concernant le commerce des cuirs et peaux à la halle ;

Arrête ce qui suit :

1. Tous les employés à la Halle-aux-Cuirs sont supprimés. Le service sera fait suivant l'organisation ci-après déterminée.

2. Les commissaire et adjoint des halles et marchés sont chargés de la surveillance générale de la Halle-aux-Cuirs.

Ils ont sous leur direction, un contrôleur, un concierge et le nombre de forts que le service exige.

Le nombre des forts est fixé à six.

3. Le sieur Chartert (Guillaume) est nommé contrôleur.

Le sieur Pellieux (Joseph) est nommé concierge.

Les sieurs Denœux............ (Antoine-François.)
　　　　Hebrard............ (Pierre.)
　　　　Housseau.......... (Julien.)
　　　　Noël.............. (Michel.)
　　　　Therier........... (Julien.)

seront exclusivement employés en qualité de forts pour tout le service intérieur de la halle et le transport des marchandises à domicile.

Les propriétaires des marchandises pourront néanmoins les transporter par eux-mêmes.

---

(1) V. les deux autres ord. portant la même date.

Du contrôleur.

4. Le contrôleur est autorisé à suspendre les forts qui donneraient des sujets de plainte, à la charge d'en rendre compte dans le jour.

5. Le contrôleur vise les lettres de voiture des marchandises expédiées à la halle. Il s'assure si la marque, les quantités et espèces de marchandises sont conformes à l'énoncé des lettres de voiture.

6. Si le nombre des cuirs et peaux n'était pas conforme aux quantités énoncées dans les lettres de voiture, le contrôleur le constatera, et il en fera mention sur les lettres de voiture.

Il pourra même, lorsqu'il le jugera nécessaire, requérir le commissaire de police d'en dresser procès-verbal.

7. Il tient un registre d'entrée et un registre de sortie des marchandises.

Ces registres doivent être constamment à jour.

Ils seront visés, au moins un fois le mois, par le commissaire ou l'adjoint des halles et marchés.

8. Le contrôleur figure sur le registre d'entrée, à côté de chaque article, les marques apposées sur les cuirs et peaux.

9. Il veille à ce que les marchandises soient placées sous les hangars au fur et à mesure du déchargement, et à ce qu'elles soient classées et rangées avec ordre.

10. Il fait mettre sur les marchandises non marquées les lettres initiales des nom et prénoms du propriétaire, conformément aux articles 5 et 6 de l'ordonnance précitée.

11. Il délivre les bulletins de sortie.

12. Il remet, chaque jour, au commissaire ou adjoint des halles et marchés un état de situation de la halle. Cet état énonce les qualités et espèces des marchandises entrées et sorties, ainsi que les prix auxquels elles ont été vendues.

13. Il constate les contraventions qui peuvent avoir lieu à la halle, et il en rend compte au commissaire ou adjoint des halles et marchés. Il leur fait toutes les observations qu'il juge nécessaires et convenables au bien du service.

14. Le contrôleur ne doit jamais s'absenter de la halle pendant la durée de la vente.

Du concierge.

15. Le concierge ouvre et ferme les portes de la halle pour la réception, la vente et la sortie des marchandises.

Il sonne la cloche aux heures prescrites pour l'ouverture et la fermeture de la vente.

16. Il ne doit laisser sortir les marchandises que pendant le jour et sur la représentation d'un bulletin de sortie.

17. Il s'assure si les marchandises présentées à la sortie sont pour les quantités et espèces conformes à l'énoncé du bulletin.

18. Il retire et conserve les bulletins pour les remettre au contrôleur.

19. Il ne peut quitter son poste, même après la fermeture de la vente, sans la permission du contrôleur.

20. Il ne laisse entrer dans la halle aucune personne étrangère au commerce.

Il veille à ce que personne ne fume dans la halle.

21. Il lui est enjoint de se conformer ponctuellement, pour tout ce qui concerne le service de la halle, aux ordres du contrôleur.

Des forts.

22. Les forts font entre eux bourse commune.

23. Il est rendu compte au contrôleur du produit du travail des forts par chaque semaine, et la répartition s'en fait en sa présence.

24. Les forts ne peuvent retenir à leur profit aucun des objets qui auront servi à l'emballage des marchandises.

25. Les forts autorisés par le préfet de police pourront seuls travailler à la halle.

26. Il est défendu aux forts d'exiger d'autres salaires que ceux fixés par le tarif ci-après.

27. A l'exception des dimanches et fêtes, les forts doivent se rendre à la halle tous les jours à huit heures. Ils ne peuvent en sortir pendant la durée de la vente, si ce n'est pour objets de service ou avec la permission du contrôleur.

28. Les forts ne doivent se livrer à d'autre travail qu'à celui relatif au service intérieur de la halle et au transport des marchandises à domicile.

29. Deux forts, à tour de rôle, seront de garde, tous les jours, à la halle, depuis le lever jusqu'au coucher du soleil.

30. Les forts marquent les cuirs et peaux envoyés à la halle qui ne portent aucune empreinte. Ils sont tenus de se conformer à ce qui est prescrit à cet égard par l'ordonnance précitée, et aux ordres particuliers du contrôleur.

31. Il leur est enjoint de porter directement, et sans s'arrêter en chemin, les marchandises chez les personnes désignées dans les bulletins de sortie.

32. Les forts tiennent dans le plus grand ordre le bureau du contrôleur.

33. Il leur est défendu d'introduire leurs femmes à la halle.

Dispositions générales.

34. Les forts sont solidairement responsables des marchandises déposées à la halle.

35. Le contrôleur fait, tous les soirs, avec le concierge, une tournée dans la halle, pour s'assurer si tout est en ordre.

36. Le présent règlement sera imprimé et affiché dans la halle.

Le commissaire de police de la division des marchés, les commissaire et adjoint des halles et marchés sont chargés, chacun en ce qui le concerne, d'en assurer l'exécution et d'en rendre compte.

Le conseiller d'État, préfet de police, DUBOIS.

N° 319. — *Ordonnance concernant le tarif des salaires des forts employés à la halle aux cuirs* (1).

Paris, le 27 frimaire an XIV (18 décembre 1805).

Il sera payé 1° pour le déchargement, le placement et la manutention des marchandises dans la halle,

Savoir :

Par cuir à l'orge ou à la jusée.........................	6 cent.
Par douzaine de veaux gros ou petits, en croûte, secs d'huile ou corroyés, en blanc ou en noir.............	6
Par douzaine de peaux de chèvres en croûte, séches d'huile, ou corroyées...............................	3
Par bœuf à œuvre en croûte et étiré....................	4
Par vache à œuvre en croûte et étirée..................	4
Par cheval à œuvre en croûte et étiré.................	4
Par ballot de dépouille, au-dessous de cent kilogrammes..	30
Par ballot de dépouille, au-dessus de cent kilogrammes...	60

2° Pour le transport des marchandises à domicile.

1° DANS LES DIVISIONS :

Amis de la Patrie.	Droits de l'Homme.	Mail.
Arcis.	Fidélité.	Marchés.
Bon-Conseil.	Gravilliers.	Muséum.
Bonne-Nouvelle.	Gardes-Françaises.	Pont-Neuf.
Brutus.	Halle au Blé.	Réunion.
Cité.	Homme-Armé.	
Contrat-Social.	Lombards.	

Par cuir à l'orge ou à la jusée.........................	10 cent.
Par bœuf, vache et cheval..............................	6
Par douzaine de veaux ou de chèvres...................	10
Par ballot de dépouille...............................	50
Par douzaine de basanes	5

2° DANS LES DIVISIONS :

Arsenal.	Lepelletier.	Tuileries.
Butte-des-Moulins.	Place Vendôme.	Unité.
Fraternité.	Théâtre-Français.	
Indivisibilité.	Thermes.	

Par cuir à l'orge ou à la jusée.........................	15 cent.
Par bœuf, vache ou cheval.............................	9
Par douzaine de veaux ou de chèvres...................	15
Par ballot de dépouille...............................	75
Par douzaine de basanes..............................	7

---

(1) V. les deux ord. portant la même date.

3° DANS LES DIVISIONS :

Bondy.	Faubourg du Nord.	Poissonnière.
Champs-Elysées.	Luxembourg.	Popincourt.
Finistère.	Montreuil.	Quinze-Vingts.
Fontaine Grenelle.	Mont-Blanc.	Roule.
Jardin-des-Plantes.	Observatoire.	Temple.
Invalides.	Ouest.	
Faubourg Montmartre.	Panthéon.	

Par cuir à l'orge ou à la jusée...................... 20 cent.
Par bœuf, vache ou cheval........................... 12
Par douzaine de veaux ou de chèvres.................. 20
Par ballot de dépouille....................... 1 fr. »
Par douzaine de basanes 10

3° Pour le chargement des voitures qui ne seront pas conduites à domicile, les deux tiers du salaire fixé, par chaque espèce de marchandises, pour le déchargement et la manutention dans la halle.

Le conseiller d'État, chargé du quatrième arrondissement de la police générale de l'empire, préfet de police, et l'un des commandants de la Légion d'honneur,
Ordonne que le tarif ci-dessus sera imprimé et affiché dans la Halle-aux-Cuirs, pour être exécuté selon sa forme et teneur.

Le conseiller d'Etat, préfet de police, DUBOIS.

N° 320.— *Ordonnance concernant les mesures d'ordre à observer, le 1ᵉʳ nivôse, jour où sera chanté un* Te Deum *à l'occasion de la victoire d'Austerlitz.*

Paris, le 28 frimaire an xiv (19 décembre 1805).

Le conseiller d'État, chargé du quatrième arrondissement de la police générale de l'empire, préfet de police, et l'un des commandants de la Légion d'honneur.
Vu les trentième, trente-unième, trente-deuxième et trente-troisième bulletins de la grande armée, imprimés et affichés ;
Invite les habitants de Paris à illuminer la façade de leurs maisons, dimanche prochain, 1ᵉʳ nivôse, jour où sera chanté dans l'église métropolitaine un *Te Deum* solennel, en actions de grâces de la mémorable victoire d'Austerlitz ;
Ordonne à l'inspecteur général du nettoiement de faire déblayer, avant onze heures du matin, tous les abords de l'église métropolitaine, et de faire répandre du sable ou des gravois sur le parvis Notre-Dame et sur les quais et ponts ;
Charge l'inspecteur général de la police, de se concerter avec les commandants de la force armée qui sera sur les lieux, pour le défilé et le placement des voitures.
Le samedi 30 frimaire, tous les spectacles seront ouverts gratis, à cinq heures précises du soir.

Le conseiller d'Etat, préfet de police, DUBOIS.

N° **321**. — *Ordonnance qui prescrit la réimpression de l'ordonnance du 29 prairial an XII (18 juin 1804) concernant les auvents, appentis, plafonds et autres constructions en saillie sur les boulevards intérieurs de Paris (1).*

Paris, le 29 frimaire an XIV (20 décembre 1805).

━━━━━━━◆━━━━━━━

N° **322**. — *Instruction concernant la surveillance de la rivière, des ports, de la halle aux vins, des chantiers et des places de vente du charbon (2).*

Paris, le 7 nivôse an XIV (28 décembre 1805).

━━━━━━━◆━━━━━━━

N° **323**.— *Ordonnance concernant la présentation des drapeaux envoyés par S. M. l'Empereur et Roi au sénat conservateur.*

Paris, le 7 nivôse an XIV (28 décembre 1805).

Le conseiller d'État, chargé du quatrième arrondissement de la police générale de l'empire, préfet de police et l'un des commandants de la Légion d'honneur.

Vu le message de S. M. l'Empereur et Roi, en date du 26 vendémiaire an XIV, annonçant l'envoi au sénat conservateur de quarante drapeaux conquis par la grande armée, dans les différents combats qui ont eu lieu depuis celui de Wertingen,

Ordonne ce qui suit :

1. Le mercredi, 1er janvier 1806, jour où le tribunat en corps doit se transporter au sénat conservateur pour lui remettre solennellement les drapeaux envoyés par S. M. l'Empereur et Roi, la circulation et le stationnement des voitures sont interdits depuis onze heures du matin jusqu'après le passage et le retour du cortége, dans les rues ci-après désignées :

Savoir :

La place du palais du Tribunat et la rue Saint-Honoré jusques et compris celle du Roule, la rue de la Monnaie, le Pont-Neuf, les rues de Thionville, des Fossés-St-Germain-des-Prés, des Quatre-Vents, du Brave et de Tournon.

2. Le balayage et l'enlèvement des boues seront terminés avant huit heures du matin, dans les rues où passera le cortége.

L'inspecteur général du nettoiement est spécialement chargé de prendre toutes les autres précautions que les circonstances exigeront.

3. Il est défendu de monter sur les parapets du Pont-Neuf et des quais.

4. Il sera pris, envers les contrevenants, telles mesures de police administrative qu'il appartiendra, sans préjudice des poursuites à exer-

---

(1) V. les ord. des 9 juin 1824, 14 sept. 1833 et les arr. des 18 fév. 1837 et 11 oct. 1839.

(2) V. les ord. des 24 mars 1824, 26 mars 1829 et 25 oct. 1840.

cer contre eux devant les tribunaux, conformément aux lois et aux règlements.

5. La présente ordonnance sera imprimée, publiée et affichée dans tout Paris.

Les commissaires de police, l'inspecteur général du quatrième arrondissement de la police générale de l'empire, les officiers de paix et les préposés de la préfecture de police sont chargés, chacun en ce qui le concerne, de tenir la main à son exécution.

Le conseiller d'Etat, préfet de police, DUBOIS.

1806.

N° **324.** — *Ordonnance concernant le transport des drapeaux donnés par S. M. l'Empereur et Roi à la ville de Paris.*

Paris, le 3 janvier 1806.

Le conseiller d'Etat, chargé du quatrième arrondissement de la police générale de l'empire, préfet de police, et l'un des commandants de la Légion d'honneur,

Vu la lettre de S. M. l'Empereur et Roi, aux préfet et maires de la ville de Paris, en date du 18 vendémiaire an XIV, annonçant que S. M. fait présent, à sa bonne ville de Paris, des huit drapeaux conquis au combat de Wertingen, par les troupes françaises, commandées par S. A. S. le prince Murat, gouverneur de Paris;

Vu aussi l'article 20 de l'arrêté du gouvernement, du 12 messidor an VIII;

Ordonne ce qui suit :

1. Le dimanche, 5 janvier 1806, jour où la députation du tribunat doit se transporter à l'Hôtel-de-Ville, pour y remettre les drapeaux donnés par S. M. l'Empereur et Roi, à sa bonne ville de Paris, la circulation et le stationnement des voitures sont interdits depuis onze heures du matin jusqu'après le passage et le retour du cortége, dans les rues ci-après désignées :

Savoir :

La place du palais du Tribunat et la rue Saint-Honoré jusques et compris celle du Roule, la rue de la Monnaie, les quais de la Mégisserie, de Gèvres, Pelletier et la place de l'Hôtel-de-Ville.

2. Le balayage et l'enlèvement des boues seront terminés avant huit heures du matin, dans les rues et quais par où passera le cortége.

L'inspecteur général du nettoiement est spécialement chargé de prendre toutes les autres précautions que les circonstances exigeront.

3. Il est défendu de monter sur les parapets des ponts et des quais.

4. Il sera pris, envers les contrevenants, telles mesures de police administrative qu'il appartiendra, sans préjudice des poursuites à

exercer contre eux devant les tribunaux, conformément aux lois et aux règlements.

5. La présente ordonnance sera imprimée et affichée.

Les commissaires de police, l'inspecteur général du quatrième arrondissement de la police générale de l'empire, les officiers de paix, et les préposés de la préfecture de police, sont chargés, chacun en ce qui le concerne, de tenir la main à son exécution.

Le conseiller d'Etat, préfet de police, DUBOIS.

No **325.** — *Ordonnance concernant l'échenillage* (1).

Paris, le 11 janvier 1806.

No **326.** — *Ordonnance concernant le transport à Notre-Dame des drapeaux pris à Austerlitz.*

Paris, le 18 janvier 1806.

Le conseiller d'Etat, chargé du quatrième arrondissement de la police générale de l'empire, préfet de police, et l'un des commandants de la Légion d'honneur;

Vu la lettre de S. M. l'Empereur et Roi, en date du 24 frimaire an xiv, à S. E. le cardinal archevêque de Paris, annonçant l'envoi des drapeaux pris à la bataille d'Austerlitz, pour être déposés dans l'église métropolitaine de Paris;

Vu aussi l'article 20 de l'arrêté du gouvernement du 12 messidor an viii.

Ordonne ce qui suit :

1. Le dimanche 19 janvier 1806, jour où les drapeaux pris à Austerlitz seront transportés de l'Hôtel-de-Ville à l'église Notre-Dame, la circulation et le stationnement des voitures seront interdits depuis dix heures du matin jusqu'après le passage et le retour du cortége, dans les rues et places ci-après désignées, savoir:

La place de l'Hôtel-de-Ville, le quai Pelletier, le pont Notre-Dame, les rues de la Lanterne, de la Juiverie, du marché Palu, Neuve-Notre-Dame, et le Parvis.

2. Le balayage et l'enlèvement des boues seront terminés avant huit heures du matin, dans les rues, places et quais par où passera le cortége.

L'inspecteur général du nettoiement est spécialement chargé de prendre toutes les autres mesures que les circonstances exigeront.

3. Il est défendu de monter sur les parapets des ponts et des quais.

4. Il sera pris envers les contrevenants telle mesure de police administrative qu'il appartiendra, sans préjudice des poursuites à exercer contre eux devant les tribunaux, conformément aux lois et aux règlements.

5. La présente ordonnance sera imprimée et affichée.

---

(1) V. les ord. des 29 janv. 1810 et l'arr. du 1er mars 1837.

Les commissaires de police, l'inspecteur général du quatrième arrondissement de la police générale de l'empire, les officiers de paix, et les préposés de la préfecture de police sont chargés, chacun en ce qui le concerne, de tenir la main à son exécution.

Le conseiller d'État, préfet de police, DUBOIS.

———

N° **327.**— *Ordonnance concernant le marché établi à Paris pour la vente des vaches propres à la boucherie* (1).

Paris, le 29 janvier 1806.

Le conseiller d'État, chargé du quatrième arrondissement de la police générale de l'empire, préfet de police, et l'un des commandants de la Légion d'honneur ;

Vu 1° les articles 2, 32 et 33 de l'arrêté du gouvernement, du 12 messidor an VIII, et l'article 1er de celui du 3 brumaire an IX;

2° La décision du ministre de l'intérieur, du 16 brumaire an XII ;

Ordonne ce qui suit :

1. Dans le ressort de la préfecture de police, les vaches propres à la boucherie continueront d'être conduites et exposées en vente sur les marchés de Sceaux et de Poissy.

2. Néanmoins les propriétaires des vaches propres à la boucherie pourront les exposer en vente les jours ci-après désignés, sur les emplacements suivants :

Savoir :

1° Partie de l'emplacement du Marché-aux-Chevaux, côté du corps de garde, division du Finistère;

2° Le long du mur de la rue des Grésillons, à la Pologne, division du Roule.

3. Ces marchés continueront de tenir alternativement les vendredis, et ils auront lieu toute l'année.

La vente sera ouverte depuis midi jusqu'à trois heures.

L'ouverture et la fermeture seront annoncées au son de la cloche.

4. Il est défendu de vendre et d'acheter des vaches propres à la boucherie, ailleurs que sur les marchés affectés à cette destination.

5. Il sera pris envers les contrevenants aux dispositions ci-dessus telles mesures de police administrative qu'il appartiendra, sans préjudice des poursuites à exercer contre eux devant les tribunaux.

6. La présente ordonnance sera imprimée, publiée et affichée.

Les sous-préfets des arrondissements communaux de Saint-Denis et de Sceaux, les maires et adjoints des communes rurales du ressort de la préfecture de police, les commissaires de police à Paris, l'inspecteur général du quatrième arrondissement de la police générale de l'empire, les officiers de paix, les commissaires des halles et marchés, les autres préposés de la préfecture de police, et les syndic et adjoints des bouchers sont chargés, chacun en ce qui le concerne, de tenir la main à son exécution.

Le conseiller d'État, préfet de police, DUBOIS.

———

(1) V. les ord. des 22 déc. 1807 et 29 oct. 1836.

N° **328.** — *Ordonnance concernant le commerce des beurres, fromages et œufs.*

Paris, le 29 janvier 1806.

Le conseiller d'État, chargé du quatrième arrondissement de la police générale de l'empire, préfet de police, et l'un des commandants de la Légion d'honneur,

Vu les articles 2 et 32 de l'arrêté du gouvernement, du 12 messidor an VIII,

Ordonne ce qui suit :

1. La partie des halles située entre les petits piliers de la Tonnellerie, les piliers d'Etain, le carreau de la Marée et la rue de la Fromagerie, ainsi que le terrain dit de la Pointe-Saint-Eustache, demeurent spécialement affectés à la vente des beurres, fromages et œufs.

2. Cet emplacement se divise en deux parties.

La première, destinée exclusivement aux marchands forains, comprend tout l'espace situé entre les petits piliers de la Tonnellerie et les piliers d'Etain jusqu'à la rue des Prêcheurs, et depuis le ruisseau de la rue des Prêcheurs jusqu'à la rue des Petits-Piliers.

La seconde partie, destinée aux détaillants, comprend la Pointe-Saint-Eustache et l'ancien carreau à la Saline, et s'étend sur une ligne depuis l'angle de la rue de la Cossonnerie jusqu'au bureau du commissaire des halles et marchés.

3. Il est défendu de décharger et de charger sur l'emplacement de la halle aux beurres, fromages et œufs, d'autres espèces de marchandises.

4. Tous les beurres, fromages et œufs, destinés pour l'approvisionnement de Paris, doivent être apportés directement sur le carreau de la halle, dans l'emplacement affecté aux marchands forains.

5. Il ne pourra être expédié des beurres, fromages et œufs à destination, que pour des particuliers étrangers à ce genre de commerce, et pour les marchands qui en font le commerce en boutique.

6. Les beurres, fromages et œufs, expédiés à des particuliers étrangers à ce genre de commerce, pourront être conduits, immédiatement après leur déchargement, sur le carreau de la halle, aux adresses indiquées dans les factures ou lettres de voitures.

Les beurres, fromages et œufs, expédiés à des marchands qui en font le commerce en boutique, ne pourront être enlevés du carreau, et conduits à leur destination, qu'une heure après l'ouverture de la vente en gros.

7. Il est défendu d'aller au-devant des voitures pour acheter ou arrher les beurres, fromages et œufs destinés pour l'approvisionnement de Paris.

8. Les forains qui conduisent eux-mêmes des beurres, fromages et œufs, devront faire la déclaration des quantités et qualités aux commissaires des halles et marchés.

Les conducteurs de voitures seront munis de lettres de voitures en règle, et tenus de les représenter à toute réquisition.

9. Aussitôt que les voitures auront été déchargées, elles devront être conduites dans les rues affectées à leur stationnement.

10. La vente en gros aura lieu, tous les jours, depuis la pointe du jour jusqu'à une heure.

Celle au détail aura lieu, tous les jours, depuis la pointe du jour jusqu'au coucher du soleil.

11. L'ouverture et la fermeture de la vente en gros seront annoncées au son de la cloche.

12. Avant l'ouverture de la vente, les beurres et œufs seront visités; le beurre dénaturé ou avarié et les œufs gâtés seront saisis.

13. Il est défendu à toutes personnes autres que les employés au service de la halle, d'entrer sur le carreau affecté à la vente en gros, avant l'ouverture de la vente.

14. Toute marchandise achetée en gros sur le carreau de la halle ne pourra y être revendue qu'au détail, et sur l'emplacement affecté à la vente au détail.

15. Les forains sont tenus d'évacuer le carreau de la halle lors de la fermeture de la vente en gros.

16. Les denrées non vendues doivent, après la clôture de la vente en gros, être mises en resserre; mais il sera préalablement fait aux commissaires des halles et marchés déclaration des espèces, quantités, et lieux de dépôts de ces denrées.

Les forains ou leurs facteurs seront tenus de les représenter sur le carreau, au marché du lendemain.

17. Il y a quatre facteurs pour la réception et la vente des beurres, fromages et œufs; ils sont commissionnés par le préfet de police.

18. Chaque facteur est tenu de fournir un cautionnement en immeubles ou en cinq pour cent consolidés, de la somme de 20,000 fr., pour la garantie des marchands forains.

19. Les marchands forains qui ne vendent pas eux-mêmes sont tenus de se servir de l'un des quatre facteurs.

20. Il est défendu aux facteurs de vendre ailleurs que sur le carreau de la halle.

Ils sont tenus de déclarer où sont leurs serres ou dépôts.

21. Il est défen du aux facteurs de faire, pour leur compte particulier, le commerce des beurres, fromages et œufs.

22. Les facteurs continueront de tenir registre des marchandises reçues et vendues, avec désignation des espèces, quantités et prix, et d'en remettre, chaque jour, des extraits certifiés aux commissaires des halles et marchés. Ils leur communiqueront, à toutes réquisitions, leurs registres.

23. Les registres des facteurs doivent être sur papier timbré, et cotés et paraphés par les commisssaires des halles et marchés.

24. La vente au détail des beurres, fromages et œufs, continuera d'avoir lieu sur tous les marchés où il est d'usage d'en vendre : la durée de la vente sera la même que sur le carreau de la halle.

25. Les contraventions seront constatées par des procès-verbaux qui seront transmis au préfet de police.

26. Il sera pris envers les contrevenants telles mesures de police administrative qu'il appartiendra, sans préjudice des poursuites à exercer contre eux devant les tribunaux.

27. La présente ordonnance sera imprimée, publiée et affichée.

Les commissaires de police, et notamment celui de la division des marchés, l'inspecteur général du quatrième arrondissement de la police générale de l'empire, les officiers de paix, les commissaires des halles et marchés, et les autres préposés de la préfecture de police, sont chargés, chacun en ce qui le concerne, de tenir la main à son exécution.

Le conseiller d'État, préfet de police, DUBOIS.

N° **329.** — *Ordonnance concernant le remblai des culées du pont du jardin impérial des plantes.*

Paris, le 30 janvier 1806.

N° **330.** — *Ordonnance concernant les masques pendant le carnaval* (1).

Paris, le 1ᵉʳ février 1806.

N° **331.** — *Ordonnance concernant les armes offensives, dangereuses, cachées et secrètes* (2).

Paris, le 5 février 1806.

Le conseiller d'État, chargé du quatrième arrondissement de la police générale de l'empire, préfet de police, et l'un des commandants de la Légion d'honneur,

Vu l'édit de décembre 1666, portant règlement général sur les ports d'armes ;

La loi du 23 mars 1728, concernant les armes offensives, dangereuses, cachées et secrètes ;

Les ordonnances de police des 4 novembre 1778, 8 novembre 1780, 21 mai 1784, 17 ventôse an IX et 15 fructidor an XIII ;

Le décret impérial du 2 nivôse an XIV, qui comprend les fusils et pistolets à vent au nombre des armes dont la fabrication, l'usage et le port sont interdits ;

Et les articles 2 et 18 de l'arrêté du 12 messidor an VIII,

Ordonne ce qui suit :

1. Il est défendu aux fourbisseurs, armuriers, couteliers, marchands et autres, établis dans le ressort de la préfecture de police, de fabriquer, exposer en vente et débiter aucune arme offensive, dangereuse, cachée et secrète, dont la fabrication, l'usage et le port sont interdits par les lois ; tels que fusils et pistolets à vent, poignards, couteaux en forme de poignard, dagues, bâtons et cannes soit à dard, à épée et à baïonnette ou ferrements, à peine de confiscation et de 100 francs d'amende.

2. Il est pareillement défendu de porter des fusils et pistolets à vent, des poignards, couteaux en forme de poignard, dagues, bâtons et cannes soit à dard, à épée et à baïonnette ou ferrements, à peine de 500 francs d'amende.

3. Ceux qui, pour leur défense personnelle, voudront porter des pistolets de poche, seront tenus, sous les mêmes peines, d'obtenir préalablement un permis de port d'armes.

4. Tout individu, non militaire, qui voudra porter des pistolets ordinaires ou d'arçon, sera également tenu de se pourvoir d'une permission.

---

(1) V. les ord. des 10 févr. 1828, 10 févr. 1830 et 23 févr. 1843.

(2) V. les ord. des 1ᵉʳ août 1820 et 1ᵉʳ juin 1839.

5. Les fourbisseurs, armuriers et marchands ne pourront vendre de pistolets aux individus compris aux dispositions des articles 3 et 4 ci-dessus, que sur la représentation d'un permis de port d'armes pour défense personnelle.

Ils inscriront les noms, prénoms et demeures desdits individus sur un registre coté et parafé, a Paris, par les commissaires de police, et dans les communes rurales par les maires et adjoints.

Ce registre sera communiqué, à toute réquisition, aux fonctionnaires et préposés de la police.

6. Il sera fait des visites chez les fourbisseurs, armuriers, couteliers et marchands d'armes ou de cannes, pour vérifier s'ils se conforment aux lois.

Les armes prohibées trouvées chez eux seront saisies et apportées à la préfecture de police pour y être brisées.

7. Les docteurs en chirurgie et les officiers de santé établis dans le ressort de la préfecture de police, qui auront administré des secours à des blessés, seront tenus d'en faire, sur-le-champ, la déclaration, à Paris, aux commissaires de police, et dans les communes rurales, aux maires ou adjoints, à peine de 300 francs d'amende.

Cette déclaration contiendra l'énonciation des noms, prénoms, professions et demeures des blessés : elle indiquera en outre la cause, la nature et la gravité des blessures.

8. Les docteurs en chirurgie et les officiers de santé en chef des hospices du département de la Seine feront la même déclaration pour les blessés admis dans les hospices, à peine de 200 francs d'amende.

9. Les contraventions seront constatées par des procès-verbaux qui seront envoyés au préfet de police.

10. Il sera pris envers les contrevenants telles mesures de police administrative qu'il appartiendra, sans préjudice des poursuites à exercer contre eux par-devant les tribunaux.

11. La présente ordonnance sera imprimée, publiée et affichée.

Les sous-préfets des arrondissements communaux de Saint-Denis et de Sceaux, les maires et adjoints des communes rurales du ressort de la préfecture de police, les commissaires de police à Paris, l'inspecteur général du quatrième arrondissement de la police générale de l'empire, les officiers de paix et les préposés de la préfecture de police sont chargés, chacun en ce qui le concerne, de tenir la main à son exécution.

Le conseiller d'État, préfet de police, DUBOIS.

N° **332**. — *Ordonnance concernant les ateliers, manufactures ou laboratoires* (1).

Paris, le 12 février 1806.

Le conseiller d'État, chargé du quatrième arrondissement de la police générale de l'empire, préfet de police, et l'un des commandants de la Légion d'honneur,

Considérant qu'il s'établit journellement dans la ville de Paris, des ateliers, manufactures ou laboratoires qui, soit par la nature des matières qu'on y travaille, soit par l'usage du feu qu'on y fait, soit enfin par le défaut de précautions suffisantes, peuvent compromettre la salubrité et occasionner des incendies ;

---

(1) V. les ord. des 5 nov. 1810, 20 fév. 1815 et 30 nov. 1837.

Considérant que ces sortes d'établissements excitent des plaintes qui obligent l'autorité d'en prononcer la suppression ou d'en suspendre l'activité, et qu'il en résulte souvent que les frais considérables auxquels ils ont donné lieu, deviennent en pure perte pour les propriétaires ;

Vu l'arrêt du 7 septembre 1497 ;

L'édit de décembre 1577 ;

Les arrêts des 28 octobre 1672, et 24 février 1673 ;

Les lettres patentes du mois d'octobre 1673 ;

L'ordonnance de police du 10 juin 1701;

Les lettres patentes du 7 janvier 1763;

L'ordonnance de police du 15 novembre 1781 ;

La loi du 13 novembre 1791 ;

Et les articles 2 et 23 de l'arrêté du gouvernement du 12 messidor an VIII ,

Ordonne ce qui suit :

1. Il est défendu d'établir, dans la ville de Paris, aucun atelier, manufacture ou laboratoire qui pourraient compromettre la salubrité ou occasionner un incendie, sans avoir préalablement fait, à la préfecture de police, la déclaration de la nature des matières qu'on se proposera d'y préparer et des travaux qui devront y être exécutés.

Il sera déposé en même temps un plan figuré des lieux et des constructions projetées.

2. Aussitôt après cette déclaration, il sera procédé par des gens de l'art, assistés d'un commissaire de police, à la visite des lieux, à l'effet de s'assurer si l'établissement projeté ne peut point nuire à la salubrité ni faire craindre un incendie. Il en sera dressé procès-verbal d'enquête *de commodo et incommodo*, pour être statué ce qu'il appartiendra.

5. La présente ordonnance sera imprimée, publiée et affichée.

Les commissaires de police, l'inspecteur général du quatrième arrondissement de la police générale de l'empire, les officiers de paix, l'architecte commissaire de la petite voirie, l'inspecteur général de la salubrité, les commissaires des halles et marchés et les autres préposés de la préfecture de police sont chargés, chacun en ce qui le concerne, de tenir la main à son exécution.

Le conseiller d'Etat, préfet de police, DUBOIS.

N° **333.** — *Ordonnance concernant la prohibition de la chasse* (1).

Paris, le 15 février 1806.

N° **334.** — *Ordonnance concernant l'ordre à suivre lors du défilé des voitures qui iront à Longchamp* (2).

Paris, le 29 mars 1806.

(1) V. l'ord. du 23 févr. 1843.
(2) V. l'ord. du 10 avril 1843.

N° **335.** — *Ordonnance relative à l'illumination qui aura lieu au palais des Tuileries et au feu d'artifice qui sera tiré sur la place de la Concorde, le mardi 8 avril, à l'occasion du mariage de S. A. E. le prince de Bade avec S. A. I. la princesse Stéphanie-Napoléon.*

Paris, le 4 avril 1806.

Le conseiller d'État, chargé du 4ᵉ arrondissement de la police générale de l'empire, préfet de police, et l'un des commandants de la Légion d'honneur,

Vu le programme des cérémonies du mariage de S. A. E. le prince de Bade avec S. A. I. la princesse Stéphanie-Napoléon, portant que, pendant la célébration du mariage, le palais et le jardin des Tuileries seront illuminés, et qu'à 9 heures 1/2, on tirera un feu d'artifice sur la place de la Concorde,

Ordonne ce qui suit :

1. Le mardi 8 avril, depuis 6 heures du soir jusqu'à minuit, aucunes voitures, autres que celles qui se rendront au palais des Tuileries, ne pourront circuler ni stationner dans les rues et sur les quais, ponts et places ci-après désignés,

Savoir :

Les quais du Louvre et des Tuileries, les ponts des Tuileries et de la Concorde, le quai Bonaparte, le quai de la Conférence jusqu'à la demi-lune de l'allée d'Antin, l'avenue des Champs-Élysées, depuis l'Étoile jusques et compris la place de la Concorde, les rues des Champs Élysées, de la Concorde, Saint-Florentin, de Rivoli et de l'Echelle.

2. Il est défendu de monter sur les arbres, sur les parapets des ponts et des quais, sur les piles de bois dans les chantiers, et sur les bateaux et bâtiments des bains qui sont sur la rivière.

3. Il sera pris envers les contrevenants telles mesures de police administrative qu'il appartiendra, sans préjudice des poursuites à exercer contre eux devant les tribunaux, conformément aux lois et aux règlements.

4. La présente ordonnance sera imprimée et affichée.

Les commissaires de police, l'inspecteur général du 4ᵉ arrondissement de la police générale de l'empire, les officiers de paix et les préposés de la préfecture de police sont chargés, chacun en ce qui le concerne, de tenir la main à son exécution.

Le conseiller d'Etat, préfet de police, DUBOIS.

N° **336.** — *Ordonnance concernant les brocanteurs et les ventes publiques* (1).

Paris, le 29 avril 1806.

Le conseiller d'État, chargé du 4ᵉ arrondissement de la police générale de l'empire, préfet de police, et l'un des commandants de la Légion d'honneur,

(1) V. les ord. des 15 nov. 1822, 5 sept. 1828 et 15 juin 1831.

Vu les articles 2, 10 et 32 de l'arrêté du 12 messidor an VIII;

Et l'article 5 de la loi du 27 ventôse an IX, portant établissement de commissaires-priseurs vendeurs de meubles à Paris,

Ordonne ce qui suit :

1. Les permissions accordées aux brocanteurs, en exécution de l'ordonnance du 4 germinal an X, sont et demeurent annulées.

2. Les brocanteurs qui ont obtenu lesdites permissions et qui voudront les faire renouveler pour continuer d'exercer leur état, se feront enregistrer à la préfecture de police avant le 1er juin prochain.

3. Ceux qui n'ont point encore exercé l'état de brocanteur et qui voudront l'exercer à l'avenir, devront préalablement en obtenir la permission, à peine de confiscation de leurs marchandises et de dix francs d'amende. (*Décl. du 29 mars 1778.*)

Ces permissions seront présentées au commissaire de police de la division du domicile, qui y apposera son visa.

4. Il ne sera accordé de permission qu'à ceux qui sauront lire et écrire et qui justifieront : de leur domicile à Paris depuis un an; d'un certificat du bureau de bienfaisance constatant qu'ils n'ont pas d'autre moyen d'existence; d'un certificat de bonne conduite signé de deux membres du même bureau ou de trois témoins dont les signatures seront légalisées par le commissaire de police qui donnera aussi son avis.

5. Les brocanteurs représenteront leur permission aux commissaires de police, aux commissaires-priseurs, aux officiers de paix et aux préposés de la préfecture de police, toutes les fois qu'ils en seront requis.

6. Ils continueront de porter ostensiblement une plaque de cuivre indicative de leur état et du numéro de leur permission.

7. Il est défendu aux brocanteurs de vendre ou prêter à qui que ce soit leur plaque ou leur permission.

Ceux qui n'auront pas obtenu le renouvellement de leur permission, ou qui abandonneront volontairement leur état, déposeront leur plaque à la préfecture de police.

8. Les brocanteurs continueront aussi d'avoir un registre et d'y inscrire jour par jour, et sans aucun blanc ni rature, les objets qu'ils vendent ou achètent.

Ce registre doit être sur papier timbré, coté et parafé par un commissaire de police. (*Ord. du 8 nov. 1780.*)

9. Il est défendu aux brocanteurs d'acheter ou vendre des marchandises neuves, ni des matières d'or et d'argent autres que de vieux galons ou vieilles hardes brodées ou tissues d'or et d'argent. (*Décl. du 29 mars 1778.*)

10. Il est également défendu aux brocanteurs d'acheter de personnes dont les noms et domiciles leur sont inconnus; de celles qui sont sous la puissance d'autrui et des enfants ou domestiques, sans un consentement par écrit des pères, mères, tuteurs ou maîtres, à peine de quatre cents francs d'amende, et de répondre en leur propre et privé nom des effets volés. (*Ord. du 8 nov. 1780.*)

11. Les brocanteurs pourront se réunir tous les jours dans l'enclos du Temple, et tous les dimanches, jusqu'à midi, sur le quai de Gèvres, entre les bornes et le trottoir.

Il leur est défendu de se rassembler ailleurs, notamment dans les rues de la Ferronnerie, Saint-Honoré, des Arcis et du Temple.

12. Les brocanteurs sont tenus de porter leurs marchandises à découvert.

Il leur est défendu de s'arrêter dans les rues.

13. Les brocanteurs, les fripiers et tous autres marchands fréquentant habituellement les ventes publiques, seront tenus de laisser un libre accès aux particuliers qui se présenteront pour enchérir.

Ils ne pourront s'emparer exclusivement du devant des tables, et il leur est fait défense de dépriser les objets exposés en vente. (*Arrêt du 24 mai 1787.*)

14. Il est défendu aux fripiers, brocanteurs et autres, fréquentant les ventes publiques, de former aucune association pour se faire adjuger les objets mis en vente, et de lotir, revider ou revendre entre eux les marchandises, meubles et effets dont ils se seront rendus adjudicataires, à peine de cinq cents francs d'amende et de confiscation des marchandises et effets. (*Arrêt du 24 mai 1787.*)

15. En cas de trouble, rixes ou émeutes, les commissaires-priseurs, chargés par l'article 5 de la loi du 27 ventôse an IX, de la police dans les ventes, feront arrêter et conduire les délinquants à la préfecture de police.

Ils pourront, en cas de besoin, requérir l'assistance d'un commissaire de police.

16. L'ordonnance du 4 germinal an X continuera de recevoir son exécution en tout ce qui n'y est pas dérogé par la présente.

17. Les contraventions seront constatées par des procès-verbaux qui seront adressés au préfet de police.

18. Il sera pris envers les contrevenants telles mesures de police administrative qu'il appartiendra, sans préjudice des poursuites à exercer contre eux par-devant les tribunaux.

19. La présente ordonnance sera imprimée, publiée et affichée.

Elle sera notifiée aux membres de la chambre des commissaires-priseurs.

Les commissaires de police, l'inspecteur général du 4e arrondissement de la police générale de l'empire, les officiers de paix et tous les préposés de la préfecture de police sont chargés de tenir la main à son exécution.

Le conseiller d'Etat, préfet de police, DUBOIS.

N° **337.** — *Ordonnance concernant le commerce des porcs et de la charcuterie (1).*

Paris, le 30 avril 1806.

Le conseiller d'État, chargé du 4e arrondissement de la police générale de l'empire, préfet de police, et l'un des commandants de la Légion d'honneur,

Vu les articles 2, 23 et 33 de l'arrêté du gouvernement du 12 messidor an VIII et l'article 1 de celui du 3 brumaire an IX,

Ordonne ce qui suit :

1. Dans le ressort de la préfecture de police, il est défendu de vendre et d'acheter des porcs vivants partout ailleurs que sur le marché de la Maison-Blanche, commune de Gentilly, et dans les foires de Cham-

(1) V. les ord. des 3 juill. 1806, 25 et 27 sept. 1815, 24 nov. 1819, 1er avril 1821, 3 déc. 1829, et 12 juin 1843.

pigny, Brie-sur-Marne et Saint-Ouen, à peine de trois cents francs
d'amende. (*Ord. du 22 nov.* 1727.)

2. Les porcs achetés pour l'approvisionnement de Paris sur le marché et dans les foires, mentionnés en l'article précédent, ne pourront
être introduits à Paris que de jour et par les barrières ci-après
désignées,

SAVOIR :

1º Les porcs achetés sur le marché de la Maison-Blanche, par la
barrière de Fontainebleau ;

2º Les porcs achetés dans les foires de Champigny et de Brie-sur-
Marne, par la barrière de Vincennes ;

3º Et les porcs achetés à la foire de Saint-Ouen, par la barrière de
Clichy.

5. Les porcs achetés dans les foires et marchés hors du ressort de
la préfecture de police et destinés pour l'approvisionnement de Paris
ne pourront y entrer que par les barrières Saint-Denis, du Roule et
de Fontainebleau.

4. Les conducteurs des porcs achetés sur le marché de la Maison-
Blanche, devront être munis d'un certificat du préposé chargé de la
surveillance du marché. Ils seront tenus d'en justifier aux employés de
la régie de l'octroi.

Les conducteurs des porcs achetés aux foires établies dans le département de la Seine et sur les foires et marchés hors du ressort de la
préfecture de police, seront tenus de justifier d'un certificat délivré
par le maire du lieu, constatant le nombre de porcs et la foire ou le
marché sur lequel ils auront été achetés.

Ce certificat sera visé par les employés de la régie aux barrières, et
représenté aux agents de la préfecture de police, à toute réquisition.

5. Il est défendu d'abattre et de brûler des porcs ailleurs que dans
des échaudoirs autorisés. (*Lettres patentes du 26 août* 1783, *art.* 11.)

6. La vente du porc frais et salé continuera d'avoir lieu les mercredis et samedis, sur le carreau de la halle et sur le marché Saint-
Germain-des-Prés.

7. Le porc frais et salé devra être apporté directement sur ces
marchés.

Le porc frais sera coupé au moins par quartiers, à la seconde côte
au-dessus du rognon.

Le tout à peine de deux cents francs d'amende. (*Lettres patentes précitées, art.* 6.)

8. La vente du porc frais devra être faite, dans le jour, sur le marché
où il aura été apporté, sans que, sous tel prétexte que ce soit, on
puisse en remporter ou mettre en resserre, à peine de confiscation et
de deux cents francs d'amende. (*Lettres patentes précitées, art.* 6 *et* 8.)

9. L'ordonnance de police du 23 prairial an x, concernant le commerce des porcs, et celle du 4 floréal an XII, relative au commerce
de la charcuterie, continueront d'être exécutées en tout ce qui n'y est
point dérogé par la présente.

10. Les contraventions seront constatées par des procès-verbaux,
qui seront transmis au préfet de police.

11. La présente ordonnance recevra son exécution à compter du
1er juin prochain.

12. Il sera pris envers les contrevenants telles mesures de police
administrative qu'il appartiendra, sans préjudice des poursuites à
exercer contre eux par-devant les tribunaux, conformément aux lois
et aux règlements.

13. La présente ordonnance sera imprimée, publiée et affichée.

Elle sera notifiée aux régisseurs de l'octroi.

Les sous-préfets des arrondissements communaux de Saint-Denis et de Sceaux, les maires et adjoints des communes rurales du ressort de la préfecture de police, les commissaires de police, à Paris, l'inspecteur général du 4ᵉ arrondissement de la police générale de l'empire, les officiers de paix, les commissaires des halles et marchés et les autres préposés de la préfecture de police sont chargés de tenir la main à son exécution.

Le conseiller d'Etat, préfet de police, DUBOIS.

N° **338.** — *Ordonnance concernant les bains dans la rivière, et les écoles de natation* (1).

Paris, le 3 mai 1806.

N° **339.** — *Ordonnance concernant le mode provisoire du service de la navigation au pont d'Austerlitz.*

Paris, le 27 mai 1806.

Le conseiller d'État, chargé du 4ᵉ arrondissement de la police générale de l'empire, préfet de police, et l'un des commandants de la Légion d'honneur,

Ordonne ce qui suit :

1. La décision de S. Exc. le ministre de l'intérieur du 24 mars dernier, sur le mode provisoire du service de la navigation, au pont d'Austerlitz, sera imprimée et affichée avec la présente ordonnance (2).

2. A compter de la publication de la présente ordonnance, le service de la navigation, au pont d'Austerlitz, sera dirigé par les préposés ci-après dénommés :

Emmanuel-Alexandre-Hippolyte Dujarriez, en qualité de commis-indicateur, commandera l'avalage et le passage sous le pont, et dirigera les manœuvres ;

Pierre-Louis Leroy, comme premier marinier, montera sur les bateaux, surveillera les manœuvres avec le commis-indicateur, et conduira les bateaux sous le pont ;

Jean-Baptiste Condamina et Nicolas-Jean Condamina, comme mariniers, monteront aussi sur les bateaux et travailleront sous la direction du commis-indicateur et du premier marinier.

Ces quatre préposés prêteront serment devant le conseiller d'État, préfet de police, de remplir avec zèle et exactitude les fonctions qui leur sont confiées.

3. Il est défendu de descendre aucuns bateaux sous le pont d'Austerlitz, sans qu'il y ait au moins sur chaque bateau un des trois mari-

(1) V. les ord. des 20 mai 1839, et 25 oct. 1840 (art. 187 et suiv. et 225.)
(2) V. cette décision à l'appendice.

niers préposés ; les mariniers conducteurs desdits bateaux seront tenus de recevoir les ordres desdits préposés et de s'y conformer.

4. Les contraventions seront constatées par des procès-verbaux qui seront transmis au préfet de police.

5. Il sera pris envers les contrevenants telles mesures de police administrative qu'il appartiendra, sans préjudice des poursuites à exercer contre eux par-devant les tribunaux.

6. Les commissaires de police, l'inspecteur général du 4e arrondissement de la police générale de l'empire, les officiers de paix, l'inspecteur général de la navigation et des ports, et les autres préposés de la préfecture de police sont chargés de tenir la main à l'exécution de la présente ordonnance.

Le conseiller d'Etat, *préfet de police*, DUBOIS.

———————◦———————

N° 340. — *Ordonnance concernant le droit de commission des facteurs aux beurres, fromages et œufs* (1).

Paris, le 28 mai 1806.

Le conseiller d'État, chargé du 4e arrondissement de la police générale de l'empire, préfet de police, et l'un des commandants de la Légion d'honneur,

Vu l'ordonnance du 29 janvier 1806, concernant le commerce des beurres, fromages et œufs, portant, article 17 :

« Il y a quatre facteurs pour la réception et la vente des beurres, « fromages et œufs. »

Ordonne ce qui suit :

1. Le droit de commission des facteurs aux beurres, fromages et œufs est fixé à deux et demi pour cent du produit de la vente des beurres et œufs amenés sur le carreau.

2. Il est défendu aux facteurs de percevoir d'autres et plus forts droits, sous tel prétexte que ce soit.

3. L'ordonnance du 29 janvier dernier continuera de recevoir son exécution en tout ce qui n'est pas dérogé aux dispositions ci-dessus.

4. La présente ordonnance sera imprimée et affichée.

Les commissaires de police, notamment celui de la division des marchés, l'inspecteur général du 4e arrondissement de la police générale de l'empire, les officiers de paix, les commissaires des halles et marchés et les autres préposés de la préfecture de police sont chargés de tenir la main à son exécution.

Le conseiller d'Etat, *préfet de police*, DUBOIS.

————————————————

(1) V. l'ord. du 3 déc. 1807, les deux ord. du 18 juin 1823, et celles des 19 mai 1826 et 22 sept. 1830.

N° **341.** — *Ordonnance concernant le droit de commission des facteurs à la halle aux grains et aux farines* (1).

Paris, le 28 mai 1806.

Le conseiller d'État, chargé du 4ᵉ arrondissement de la police générale de l'empire, préfet de police, et l'un des commandants de la Légion d'honneur,

Ordonne ce qui suit :

1. Le droit de commission des facteurs à la halle aux grains et farines, est fixé savoir :

Pour les facteurs aux grains et grenailles, à soixante centimes par sac du poids de douze myriagrammes, et pour les facteurs à la vente en gros des farines, à un franc vingt-cinq centimes par sac du poids de seize myriagrammes.

2. Il est défendu aux facteurs de la halle aux grains et farines d'exiger d'autre et plus fort droit sous tel prétexte que ce soit.

3. La présente ordonnance sera imprimée et affichée.

Les commissaires de police, notamment celui de la division des marchés, l'inspecteur général du 4ᵉ arrondissement de la police générale de l'empire, les officiers de paix, les commissaires des halles et marchés et les autres préposés de la préfecture de police sont chargés de tenir la main à son exécution.

Le conseiller d'Etat, *préfet de police*, DUBOIS.

———————

N° **342.** — *Ordonnance concernant la police du Marché-aux-Chevaux* (2).

Paris, le 30 mai 1806.

Le conseiller d'État, chargé du 4ᵉ arrondissement de la police générale de l'empire, préfet de police, et l'un des commandants de la Légion d'honneur,

Vu les ordonnances des 3 juillet 1763 et 14 août 1777 ;

L'arrêt du conseil du 16 juillet 1784 ;

Et les articles 2, 23 et 32 de l'arrêté du gouvernement du 12 messidor an VIII,

Ordonne ce qui suit :

1. Le marché aux chevaux établi à Paris sur l'emplacement situé entre la rue du Marché-aux-Chevaux et le boulevard du Midi, continuera d'avoir lieu les mercredis et samedis.

Si le jour fixé pour la tenue du marché se trouve un jour de fête, le marché tiendra la veille.

———

(1) V. les ord. des 20 sept. 1808, 12 et 19 mai 1812, 14 oct. et 17 juill. 1813, l'arr. du 17 nov. 1815, les ord. des 12 déc. 1821, 7 nov. 1823 et 25 nov. 1829.

(2) V. les ord. des 19 août et 3 déc. 1816, 21 févr. 1820, 3 sept. et 12 déc. 1823, l'arr. du 27 oct. 1828 et l'ord. du 19 déc. 1829.

2. Le marché sera ouvert en tout temps, à deux heures de l'après-midi.

Il sera fermé, savoir : à cinq heures, depuis le 1er octobre jusqu'au 31 mars, et à sept heures, depuis le 1er avril jusqu'au 30 septembre.

L'ouverture et la fermeture seront annoncées au son d'une cloche.

3. Il est défendu de vendre des chevaux sur le marché avant l'ouverture.

Le marché sera évacué immédiatement après l'heure de la fermeture.

4. Les chevaux exposés en vente seront attachés aux anneaux placés dans le marché.

Il est défendu de les attacher aux arbres et aux barrières.

5. Lorsque des chevaux devront être vendus à l'encan, la criée ne pourra en être faite que sur le terrain de l'ancien marché aux porcs.

6. Les jours de marché, il est défendu d'attacher ou faire stationner aucun cheval dans les rues adjacentes au marché.

Il est pareillement défendu d'y faire stationner des voitures. Elles seront rangées sur le boulevard, dans la rue de la Muette, le long des murs du cimetière, et dans la rue de la Cendre, le long du mur, à droite, en entrant par la rue du Marché-aux-Chevaux.

7. Les voitures destinées à être vendues avec les chevaux continueront d'être placées dans la demi-lune, en tête du marché, côté du boulevard.

8. Les chevaux de trait ne pourront être essayés que dans la rue dite de l'Essai, et les chevaux de selle que sur la chaussée du marché.

9. Les chevaux ne devront être essayés que par des personnes capables de les conduire.

L'essayeur ne pourra conduire que deux chevaux à la fois, y compris celui sur lequel il sera monté.

10. Il est défendu de faire sauter des chevaux par-dessus les barrières du marché.

Les chevaux qui seraient vendus comme sauteurs pourront être essayés dans un lieu indiqué pour cet usage.

11. Le vendeur et l'acheteur qui conviendront de déposer le prix des chevaux se présenteront au bureau du commissaire de police pour effectuer le dépôt. L'enregistrement du dépôt sera fait en leur présence et signé d'eux. S'ils ne savent ou ne peuvent signer, il en sera fait mention.

12. Le registre énoncera la nature des espèces dans lesquelles le dépôt aura été fait, ainsi que les noms, prénoms, professions et domiciles du vendeur et de l'acheteur.

Il contiendra aussi le signalement des chevaux vendus et les conditions de la vente.

13. A l'expiration du délai fixé pour la garantie d'usage ou conventionnelle, la somme en dépôt sera remise en mêmes espèces et sans frais au vendeur ou ayant droit, si dans l'intervalle il n'est point survenu d'opposition.

14. Il est défendu d'amener au marché et d'exposer en vente des chevaux attaqués de la morve ou d'autres maladies contagieuses, à peine de cinq cents francs d'amende. (*Arrêt du 16 juill. 1784, art. 7.*)

15. L'inspecteur fera conduire les chevaux soupçonnés d'être attaqués de maladies contagieuses devant l'expert vétérinaire qui les examinera sur-le-champ.

D'après son rapport, le commissaire de police ordonnera provisoirement les mesures d'urgence que les circonstances pourront exiger; et il en rendra compte au préfet de police.

16. Les chevaux reconnus atteints d'une maladie contagieuse susceptible de guérison, pourront être remis aux propriétaires, à la charge par eux de les représenter à toute réquisition.

17. Les chevaux attaqués de maladie contagieuse reconnue incurable, seront, sur l'ordonnance du préfet de police, remis à l'écarrisseur pour être abattus.

Les propriétaires pourront néanmoins requérir la visite contradictoire de leurs chevaux.

Dans ce cas, les chevaux seront placés dans des lieux particuliers à ce destinés, et les frais de fourrière seront à la charge des propriétaires.

18. En cas de partage, le préfet de police nommera, s'il y a lieu, un tiers-expert.

19. Il sera procédé à l'ouverture des chevaux abattus, et dressé procès-verbal du genre et du degré de la maladie.

Les harnais seront brûlés ou échaudés ; les garnitures en métal et les fers du cheval seront remis au propriétaire, sur sa réclamation. (*Arrêt du 16 juill. 1784, art. 5 et 6.*)

20. Il sera pris envers les contrevenants aux dispositions ci-dessus telles mesures de police administrative qu'il appartiendra, sans préjudice des poursuites à exercer contre eux par-devant les tribunaux, conformément aux lois et aux règlements.

21. La présente ordonnance sera imprimée, publiée et affichée.

Les commissaires de police, l'inspecteur général du 4e arrondissement de la police générale de l'empire, les officiers de paix, les commissaires des halles et marchés et les autres préposés de la préfecture de police sont chargés de tenir la main à son exécution.

Le conseiller d'Etat, préfet de police, DUBOIS.

N° **343.**—*Ordonnance qui prescrit la réimpression et la publication de l'ordonnance du* 3 *fructidor an* xiii (21 *août* 1805), *concernant les vases et ustensiles de cuivre* (1).

Paris, le 2 juin 1806.

N° **344.** — *Ordonnance concernant l'arrosement* (2).

Paris, le 9 juin 1806.

(1) V. les ord. des 17 juill. 1806, 23 juill. 1832 et 7 nov. 1838.
(2) V. les ord. des 17 mai 1834, 1er juin 1837 et 27 juin 1843.

N° **345.** — *Ordonnance* (1) *qui prescrit l'impression et la publication des titres 1 et 3 et des dispositions générales du décret impérial du 8 juin 1806, concernant les théâtres* (2).

Paris, le 16 juin 1806.

N° **346.** — *Avis concernant la vente de bestiaux sur les marchés de Sceaux et de Poissy.*

Paris, le 16 juin 1806.

N° **347.** — *Ordonnance concernant les ramoneurs.*

Paris, le 19 juin 1806.

Le conseiller d'Etat, chargé du troisième arrondissement de la police générale de l'empire, préfet de police, et l'un des commandants de la Légion d'honneur,

Vu l'article 24 de l'arrêté du gouvernement du 12 messidor an VIII,

Ordonne ce qui suit :

1. Tous ceux qui exercent, à Paris, l'état de ramoneur, sont tenus de se faire enregistrer.

Les ramoneurs actuellement à Paris se présenteront à cet effet, dans le délai de quinze jours, à dater de la publication de la présente ordonnance, au bureau du commissaire de police de la division des Marchés, établi à la Halle aux Draps, place des Innocents.

2. Les ramoneurs qui viendront travailler à Paris seront tenus, indépendamment des formalités exigées par les lois et règlements concernant les passe-ports, de se présenter, dans les trois jours de leur arrivée, chez le même commissaire de police pour y être enregistrés.

3. Il sera délivré à chaque ramoneur un bulletin de son enregistrement.

Il devra le représenter à toutes réquisitions.

4. En cas de changement de domicile, les ramoneurs en feront la déclaration, dans le délai de trois jours, chez le commissaire de police de leur nouveau domicile.

Lorsqu'un ramoneur cessera d'exercer son état, il en fera également la déclaration au commissaire de police.

Les commissaires de police donneront connaissance de toutes les mutations au commissaire de police chargé de l'enregistrement.

5. Il sera pris envers les contrevenants telles mesures de police administrative qu'il appartiendra, sans préjudice des poursuites à exercer contre eux devant les tribunaux.

6. La présente ordonnance sera imprimée, publiée et affichée.

---

(1) V. les ord. des 10 août 1807, 6 juill. 1816, 23 et 27 mars 1817, l'arr. du 2 déc. 1824, les ord. des 12 févr. 1828, 31 janv. et 9 juin 1829, l'arr. du 8 févr. 1831, les ord. des 26 déc. 1832, 3 oct. 1837, 17 mai et 22 nov. 1838, l'arr. du 10 déc. 1841, la consigne du 14 juin 1842 et l'arr. du 23 nov. 1843.

(2) V. ce décret à l'appendice.

Il en sera délivré une ampliation au commandant en chef du corps des pompiers.

Les commissaires de police, l'inspecteur général du troisième arrondissement de la police générale de l'empire, les officiers de paix, et les préposés de la préfecture de police sont chargés de tenir la main à son exécution.

Le conseiller d'Etat, préfet de police, DUBOIS.

N° **348.** — *Ordonnance concernant les gardes champêtres.*

Paris, le 19 juin 1806.

Le conseiller d'État, chargé du troisième arrondissement de la police générale de l'empire, préfet de police, et l'un des commandants de la Légion d'honneur,

Ordonne ce qui suit :

1. Le décret impérial du 11 juin présent mois, qui charge les gardes champêtres de veiller au maintien de l'ordre et de la tranquillité publique, sera imprimé, publié et affiché dans le ressort de la préfecture de police (1).

2. Aussitôt après la publication de la présente ordonnance, les sous-préfets des arrondissements de Saint-Denis et de Sceaux, et les maires des communes de Saint-Cloud, Sèvres et Meudon, adresseront au préfet de police, chacun pour ce qui le concerne, des états nominatifs de tous les gardes-champêtres actuellement en fonctions.

Ces états seront divisés en deux parties :

La première comprendra les gardes champêtres à la charge des communes ;

La seconde comprendra ceux qui peuvent avoir été nommés par des propriétaires pour la garde de leurs domaines.

Ils lui adresseront pareillement l'état des gardes champêtres qui pourront être nommés à l'avenir, au fur et à mesure de leur nomination.

3. Indépendamment de l'avertissement que les maires doivent donner aux officiers et sous-officiers de gendarmerie, aux termes de l'article 4 du décret impérial susdaté, ils transmettront au préfet de police tous les rapports des gardes champêtres qui concerneront le maintien de l'ordre et de la tranquillité publique, ou qui contiendront des renseignements, soit sur des délits commis, soit sur les individus étrangers à la localité qui viendront s'établir dans leurs communes.

4. Les gardes champêtres qui auront arrêté, soit des conscrits réfractaires, des déserteurs, des hommes évadés des galères ou autres individus, ainsi que ceux qui par leur bonne conduite ou par leur service mériteront d'être appelés aux fonctions de gardes forestiers, seront désignés au préfet de police.

5. Les sous-préfets des arrondissements de Saint-Denis et de Sceaux et les maires des communes rurales tiendront la main à l'exécution du décret impérial du 11 juin, présent mois, et en rendront compte.

Le conseiller d'Etat, préfet de police, DUBOIS.

---

(1) V. ce décret à l'appendice.

Nº **349.** — *Ordonnance concernant le commerce des porcs* (1).

Paris, le 3 juillet 1806.

Le conseiller d'État, chargé du troisième arrondissement de la police générale de l'empire, préfet de police, et l'un des commandants de la Légion d'honneur,

Vu les articles 2 et 33 de l'arrêté du gouvernement du 12 messidor an VIII, et l'article 1er de celui du 3 brumaire an IX;

Vu pareillement le procès-verbal de contravention et d'enquête dressé au Marché de la Maison-Blanche, par le commissaire de police de la division des Marchés, le mercredi 2 juillet, présent mois;

Ordonne ce qui suit:

1. Il est défendu aux charcutiers établis dans le ressort de la préfecture de police de faire le commerce de porcs vivants, à peine de confiscation et de deux cents francs d'amende. (*Lettres patentes du 26 août* 1783, *art.* 13.)

2. Les contraventions seront constatées par des procès-verbaux, qui seront transmis au préfet de police.

3. Il sera pris envers les contrevenants telles mesures de police administrative qu'il appartiendra, sans préjudice des poursuites à exercer contre eux devant les tribunaux.

4. La présente ordonnance sera imprimée, publiée et affichée, notamment au marché de la Maison-Blanche, commune de Gentilly, à la halle à la viande de Paris, et dans la commune de Nanterre.

Les sous-préfets des arrondissements communaux de Sceaux et de Saint-Denis, les maires et adjoints des communes rurales du ressort de la préfecture de police, les commissaires de police à Paris, l'inspecteur général du troisième arrondissement de la police générale de l'empire, les officiers de paix, les commissaires des halles et marchés, et les autres préposés de la préfecture de police, sont chargés de tenir la main à son exécution.

Le conseiller d'Etat, préfet de police, DUBOIS.

Nº **350.** — *Ordonnance concernant le poids des voitures et la police du roulage* (2).

Paris, le 11 juillet 1806.

Le conseiller d'État, chargé du troisième arrondissement de la police générale de l'empire, préfet de police, et l'un des commandants de la Légion d'honneur;

Vu l'article 16 du titre 2 de la loi du 28 pluviôse an VIII; les arrêtés du gouvernement des 12 messidor an VIII et 3 brumaire an IX; la décision du ministre de la police générale du 25 fructidor an IX; la loi du 29 floréal an X, et l'arrêté du gouvernement du 6 messidor suivant;

Ordonne ce qui suit:

1. Les articles 34, 35 et 36 du titre 8, et les articles 38, 39, 40, 41

(1) V. les ord. des 25 et 27 sept. 1815, 24 nov. 1819, 1er avril 1821, 3 déc. 1829 et 12 juin 1843.

(2) V. les ord. des 20 sept. 1808, 27 août 1821, 21 juin 1823 et 31 janv. 1829.

et 42 du titre 9 du décret impérial du 23 juin dernier, concernant le poids des voitures et la police du roulage, seront imprimés, publiés et affichés avec la présente ordonnance (1).

2. Les contraventions aux articles 34, 35 et 36 du décret impérial ci-dessus énoncé, seront constatées, dans les communes rurales du ressort de la préfecture de police, par les maires, et à Paris, par les commissaires de police.

Les préposés au service des ponts à bascule chargés par l'article 39 dudit décret de constater les mêmes contraventions, en adresseront les procès-verbaux aux maires des communes rurales et aux commissaires de police.

5. Les maires, dans les communes rurales, et les commissaires de police, à Paris, statueront de suite sur ces contraventions, conformément à l'article 38, titre 9 du décret impérial, et ils en rendront compte au préfet de police.

Les demandes en recours contre leurs décisions seront adressées au préfet de police, pour être statué en conseil de préfecture.

4. Les sous-préfets des arrondissements communaux de Sceaux et de Saint-Denis, les maires et adjoints des communes rurales du ressort de la préfecture de police, les commissaires de police à Paris, l'inspecteur général du troisième arrondissement de la police générale de l'empire, les officiers de paix, et les préposés de la préfecture de police, sont chargés de tenir la main à l'exécution de la présente ordonnance.

Le conseiller d'Etat, préfet de police, DUBOIS.

No **351.** — *Ordonnance concernant le curage de la Bièvre* (2).

Paris, le 19 juillet 1806.

No **352.** — *Ordonnance concernant l'interdiction momentanée du passage sur le pont d'Austerlitz pour cause de travaux.*

Paris, le 12 août 1806.

No **353.** — *Ordonnance concernant des mesures de police relative à la fête de Saint-Napoléon* (3).

Paris, le 12 août 1806.

---

(1) V. ce déc. à l'appendice.
(2) V. l'ord. du 31 juill. 1838.
(3) V. l'ord. du 13 août 1813.

N° **354.** — *Ordonnance concernant les secours à donner aux noyés, asphyxiés ou blessés, et la levée des cadavres repêchés dans la rivière, ou trouvés sur la voie publique, et partout ailleurs* (1).

Paris, le 25 août 1806.

Le conseiller d'État, chargé du troisième arrondissement de la police générale de l'empire, préfet de police, et l'un des commandants de la Légion d'honneur ;

Considérant qu'il importe non-seulement de renouveler les règlements relatifs aux secours à donner aux noyés, asphyxiés ou blessés, et à la levée des cadavres repêchés en rivière, ou trouvés sur la voie publique et partout ailleurs ; mais encore d'ajouter à ces règlements quelques dispositions dont l'expérience a démontré la nécessité ;

Vu les articles 2, 24 et 42 de l'arrêté du gouvernement du 12 messidor an VIII, et l'article premier de celui du 3 brumaire an IX ;

Ordonne ce qui suit :

Iʳᵉ SECTION.

Secours à donner aux noyés, asphyxiés ou blessés sur la voie publique ou ailleurs.

1. Lorsqu'un individu courra des dangers dans la rivière, sur la voie publique et partout ailleurs, il en sera donné avis au commissaire de police et au commandant du poste le plus voisin, si l'accident a lieu à Paris ; et au maire ou au commandant de la gendarmerie, si c'est dans les communes rurales.

Lorsqu'il s'agira d'un noyé non retrouvé ou d'un individu tombé dans un endroit inaccessible, et d'où il n'aura pu être retiré, l'officier de police sera également averti.

2. Tout individu retiré de l'eau en état de suffocation, ou trouvé blessé sur la voie publique, ou asphyxié soit par les vapeurs méphitiques, soit par le froid, soit par la chaleur, sera transporté de suite (*s'il n'y a pas mort certaine*) dans un endroit commode, et autant que possible dans un corps de garde, à l'effet d'y recevoir les secours nécessaires.

Le commissaire de police, ou le commandant du poste, s'il est le premier averti, les maires dans les communes rurales, requerront sur le champ l'assistance d'un médecin, d'un chirurgien ou d'un officier de santé.

3. S'il s'agit d'un noyé ou asphyxié, il lui sera donné les secours applicables à son état, ainsi qu'il est indiqué dans l'instruction annexée à la présente ordonnance.

A son arrivée, l'homme de l'art prendra la direction des secours, et le maire ou le commissaire de police veillera à ce qu'ils soient administrés avec ordre et sans embarras.

4. Si le malade a besoin de secours ultérieurs, il sera transporté à son domicile, s'il a les moyens de se faire traiter, sinon à l'hôtel-Dieu, et, en cas d'urgence, à l'hospice le plus voisin.

Si les secours sont infructueux et se terminent par la mort de l'individu, il sera procédé de la manière prescrite ci-après, deuxième section.

5. Quand la boîte-entrepôt sera déplacée, l'officier de police et le commandant du poste tiendront la main à ce qu'elle soit fidèlement reportée au lieu du dépôt avec tous les objets qui la composent. Ils veilleront d'ailleurs à ce qu'après l'opération tous les ustensiles et

_____

(1) V. les ord. des 2 déc. 1822 et 1ᵉʳ janv. 1836, l'instr. y annexée et l'arr. du même jour.

médicaments soient réintégrés dans la boîte. Ils feront nettoyer préalablement les ustensiles qui en auront besoin.

S'il manquait des médicaments ou autres objets, l'officier de police devra en informer le préfet de police.

6. Tout médecin, chirurgien ou officier de santé, qui, hors le cas de réquisition légale, aura administré des secours à des blessés, sera tenu d'en faire, sur-le-champ, sa déclaration au commissaire de police à Paris, et aux maires dans les communes rurales, sous peine de trois cents francs d'amende. (*Édit de déc.* 1666, *et ord. de police du* 4 *nov.* 1788.)

Cette déclaration contiendra les noms, prénoms, professions et demeures des blessés, la cause des blessures, leur gravité et, autant que possible, les circonstances qui y auront donné lieu.

7. Les médecins et chirurgiens en chef des hospices feront la même déclaration pour tous les blessés admis dans les hospices, à peine de deux cents francs d'amende. (*Édit de déc.* 1666.) (1).

2ᵉ SECTION.

Des cadavres trouvés dans la rivière, sur la voie publique ou ailleurs.

8. Lorsqu'un cadavre aura été retiré de l'eau ou sera trouvé sur la voie publique et partout ailleurs, avec des signes d'une mort certaine, il en sera donné avis, sur-le-champ, au commissaire de police, si c'est à Paris, et aux maires dans les communes rurales.

L'homme de l'art indiquera les causes de la mort et l'époque à laquelle il croira qu'elle a eu lieu.

9. Si l'individu est reconnu et réclamé, au moment de la levée du cadavre, par des personnes domiciliées, la remise pourra leur en être faite, à la charge, 1° de payer les frais énoncés en l'article 18 ; 2° de faire inhumer le cadavre en la manière accoutumée ; et 3° d'en justifier à l'officier de police qui aura fait la remise. Il leur sera délivré en même temps un extrait du procès-verbal pour servir à dresser l'acte mortuaire.

Dans le cas contraire, le cadavre sera transporté à la Morgue, avec ses vêtements. Les papiers, argent monnayé et effets précieux, s'il en a, seront envoyés à la préfecture de police.

S'il y a présomption d'assassinat, et si le cadavre est reconnu et réclamé, la remise pourra également en être faite, mais l'inhumation n'aura lieu que d'après un ordre du préfet de police.

10. Il sera procédé pour les portions de cadavres trouvées dans la rivière ou ailleurs, de la manière prescrite pour les cadavres entiers.

3ᵉ SECTION.

Dépôt à la morgue, reconnaissances et ordres d'inhumation.

11. A l'arrivée d'un cadavre à la Morgue, le concierge vérifiera si le signalement est conforme à l'ordre d'envoi du cadavre, et si les marques qu'il porterait d'une mort violente sont suffisamment constatées. Dans l'un et l'autre cas, il fera note des différences qu'il aura remarquées.

Il vérifiera également si le signalement du cadavre se trouve conforme à l'un de ceux portés aux déclarations qui lui auraient été adressées. En cas d'identité, il en préviendra le préfet de police et les déclarants.

---

(1) V. l'ord. du 9 juin 1832.

Si le cadavre n'avait pas été visité, le concierge requerra de suite un homme de l'art de le visiter. Il en agira de même si la visite qui aurait été faite, ne paraissait pas suffisante. Mais, dans ce dernier cas, il devra se pourvoir d'un ordre du préfet de police.

12. Tout cadavre envoyé à la Morgue y sera exposé, ainsi que ses vêtements, aux regards du public, pendant trois jours francs, à compter de celui où il aura été apporté.

13. Les personnes qui reconnaîtront le cadavre pendant son exposition à la Morgue, en feront de suite leur déclaration devant le commissaire de police commis à cet effet.

Les réclamations de cadavres seront adressées au préfet de police.

14. A l'expiration du délai fixé pour l'exposition, si le cadavre n'est pas reconnu et réclamé, il sera extrait de la Morgue d'après un ordre du préfet de police pour être inhumé en la manière accoutumée.

15. Les vêtements des individus déposés à la Morgue, seront conservés avec soin, et il n'en sera disposé que d'après un ordre du préfet de police.

4e SECTION.

Dispositions générales.

16. Aussitôt après l'avertissement qui lui sera donné d'un noyé, d'un asphyxié, d'un blessé ou de tout autre accident grave, l'officier de police se transportera à l'endroit où se trouve l'individu, ou au lieu de l'événement, et il en dressera procès-verbal.

Le procès-verbal contiendra, 1° la désignation du sexe, les nom, prénoms et qualité de l'individu, s'il est possible de le savoir, son âge et son signalement ;

2° La déclaration de l'homme de l'art sur l'état de l'individu, les causes réelles ou présumées de cet état, le laps de temps qu'exigera son traitement ;

3° Les renseignements recueillis sur cet accident ;

4° Les dépositions des témoins et de tous ceux qui auraient pris part à l'événement.

S'il s'agit d'un cadavre trouvé dans la rivière, sur la voie publique ou partout ailleurs, l'officier de police fera mention en outre, dans son procès-verbal, 1° des noms, prénoms, professions et demeures de ceux qui auront repêché ou trouvé le cadavre, et du lieu où il aura été repêché ou trouvé ;

2° Des vêtements dont il sera couvert, ainsi que des effets ou papiers dont il sera pourvu ;

3° Des noms, prénoms, professions et demeures des personnes à qui le cadavre sera remis, s'il est reconnu et réclamé avant son transport à la Morgue.

S'il s'agit d'un noyé ou d'un individu dont le corps n'aurait pas été retrouvé, le procès-verbal contiendra la déclaration des témoins sur la nature et les circonstances de l'événement. L'officier de police recueillera, s'il est possible, les nom, prénoms, demeure et signalement de l'individu, ainsi que la désignation de ses vêtements.

Les procès-verbaux seront transmis au préfet de police, dans les vingt-quatre heures. L'officier de police en enverra un extrait au concierge de la Morgue, dans le cas où le cadavre y serait transporté, et même dans le cas où il ne serait point retrouvé (1).

---

(1) Quant à la forme des procès-verbaux et autres actes, on peut voir les modèles imprimés à la fin de l'ordonnance.

17. L'officier de police qui aura ordonné le transport d'un blessé, d'un noyé, d'un asphyxié ou d'un cadavre, veillera à ce que le brancard et les accessoires employés à cet effet, soient rétablis dans le lieu où ils auront été pris.

18. Il sera alloué, à titre de récompense ou indemnité, à ceux qui auront repêché ou secouru un noyé, un asphyxié ou un blessé sur la voie publique et ailleurs,

SAVOIR :

1° Pour le repêchage d'un noyé rappelé à la vie, vingt-cinq francs, ci...................... 25 fr.

2° Pour le repêchage d'un noyé non rappelé à la vie, quinze francs, ci................... 15

3° Pour le transport à l'hospice ou à la Morgue d'un noyé, asphyxié ou blessé, suivant les distances, etc., de trois à cinq francs, ci...... 3 à 5 fr.

4° Au médecin, chirurgien ou officier de santé, pour un noyé ou asphyxié rappelé à la vie, suivant la durée ou l'importance des secours, de six à dix francs, ci........................... 6 à 10 fr.

Et dans tous les autres cas, six francs, ci.... 6 fr.

19. Ces frais seront acquittés par le noyé, asphyxié ou blessé, s'il est rappelé à la vie, et, en cas de mort, par sa famille.

A défaut de facultés (ce qui sera constaté par l'officier de police, et formellement exprimé dans le procès-verbal) les frais seront payés par le préfet de police, trois jours après la réception du procès-verbal, et sur le vu d'un certificat distinct et séparé qui sera délivré aux parties intéressées.

20. Le préfet de police se réserve de faire remettre une médaille à toute personne qui se distinguerait, par son zèle et son dévouement à secourir un noyé ou un asphyxié.

21. Les déclarations relatives aux personnes disparues de leur domicile continueront d'être reçues à la préfecture de police, sur un registre tenu à cet effet.

22. Il sera procédé, deux fois l'an, à une visite générale des boîtes-entrepôts, brancards et autres moyens de secours.

23. Cette visite sera faite par le secrétaire général de la préfecture de police, assisté de deux membres du conseil de salubrité, du pharmacien chargé de la fourniture des drogues et médicaments, et de l'inspecteur général de la navigation et des ports.

24. Il sera dressé de cette visite un procès-verbal, qui indiquera l'état dans lequel tous les objets auront été trouvés et ceux qui pourraient manquer.

25. L'état des boîtes-entrepôts, des brancards et autres moyens de secours, avec l'indication des lieux de leur placement, sera imprimé à la suite de la présente ordonnance, afin qu'on puisse y recourir à tout besoin.

26. Il sera pris envers les contrevenants aux dispositions ci-dessus telles mesures de police administrative qu'il appartiendra, sans préjudice des poursuites à exercer contre eux devant les tribunaux, conformément aux lois et aux règlements de police.

27. La présente ordonnance sera imprimée, publiée et affichée.

Les sous-préfets des arrondissements communaux de Saint-Denis et de Sceaux, les maires et adjoints des communes rurales du ressort de la préfecture de police, les commissaires de police à Paris, l'inspecteur général du troisième arrondissement de la police générale de l'empire, les officiers de paix, l'inspecteur général de la navigation et des ports et les autres préposés de la préfecture de police sont chargés de tenir la main à son exécution.

Le conseiller d'État, préfet de police, DUBOIS.

INSTRUCTION SUR LES SECOURS A DONNER AUX NOYÉS ET AUX ASPHYXIÉS.

NOYÉS.

Lorsqu'un noyé sera retiré de l'eau, et en attendant qu'on puisse le transporter, on le tiendra dans le bateau qui aura servi à le repêcher, ou sur le rivage, couché sur le côté, la tête élevée, et, s'il se peut, couverte d'un bonnet de laine, et le reste du corps enveloppé d'une couverture de laine. Il sera, le plus tôt possible, et dans la même position, transporté, au moyen d'un brancard, d'une civière, d'une voiture ou d'une charrette garnie de paille ou d'un matelas, dans un endroit commode ou au corps de garde le plus voisin. On aura soin que, dans ce transport, le noyé ne soit pas secoué violemment, tous les mouvements rudes pouvant lui devenir plus préjudiciables qu'utiles (1).

Arrivé à sa destination,

1° Le noyé sera déshabillé le plus promptement et le plus doucement possible. (Le mieux, en pareil cas, pour ôter les vêtements mouillés et collés sur le corps, est de les fendre d'un bout à l'autre avec des ciseaux.) On l'enveloppera avec une couverture de laine, et on le couchera sur un ou deux matelas à terre ou sur un lit peu élevé, près d'un grand feu, s'il est possible, et la tête placée sur un ou deux oreillers un peu durs.

On aura l'attention de ne pas laisser longtemps le noyé couché sur le dos, mais plutôt sur l'un ou l'autre côté.

2° Sans déplacer la couverture, on essuiera le noyé avec des flanelles sèches, ou d'autres étoffes de laine, pour lui dessécher toute la surface du corps, en observant que les frictions sur le ventre doivent toujours être faites de bas en haut. On lui essuiera aussi la tête, qu'on recouvrira d'un bonnet de laine. On renouvellera de suite les frictions avec d'autres flanelles ou étoffes de laine imbibées d'eau-de-vie camphrée, animée avec l'esprit volatil de sel ammoniac ou avec une autre liqueur spiritueuse, telle que l'eau de mélisse, l'esprit-de-vin, l'eau de lavande, le vinaigre anti-septique ou des quatre-voleurs.

On fera bien aussi, pour réchauffer le noyé, de lui appliquer sous la plante des pieds, une brique chaude couverte d'un linge.

3° Pendant les frictions, on introduira de l'air dans les poumons du noyé, en plaçant la canule affectée à cet usage ou dans la bouche, ou, ce qui vaut mieux, dans l'une des narines, en comprimant l'autre avec les doigts. A défaut de canule, on peut se servir d'un tuyau quelconque qu'on introduira par la même voie. On aura soin, quand on reprendra haleine, de serrer le tuyau de peau de la canule, afin d'éviter d'aspirer les exhalaisons qui pourraient sortir de l'estomac du noyé.

Si l'on souffle par la bouche, on pincera les narines du noyé,

---

(1) On voit par là combien étaient dangereuses les méthodes de rouler les noyés dans un tonneau, de les suspendre par les pieds, comme on l'a fait généralement pendant longtemps.

afin que l'air qu'on introduit ne se perde pas ; mais il faudra lâcher de temps en temps les doigts, pour laisser échapper l'air par
intervalle.

4° On fera respirer au noyé de l'alcali-fluor (esprit volatil de sel
ammoniac.) On se sert pour cela de rouleaux de papier tortillés en
forme de mèches, qu'on trempe dans un flacon d'alcali-fluor. On
les présente sous le nez du noyé, on les lui introduit même dans
les narines en réitérant plusieurs fois cette opération ; mais, dans ce
cas, il faut observer que l'alcali-fluor ne soit pas trop caustique,
afin d'éviter qu'il ne cautérise les parties sur lesquelles il serait
appliqué.

5° On fera avaler en même temps, s'il est possible, au noyé, une
cuillerée à café de l'eau-de-vie camphrée animée qui se trouve dans
la boîte-entrepôt ; on se sert pour cela de la cuiller de fer étamée :
quelquefois le noyé garde le liquide plus ou moins de temps dans sa
bouche et finit par l'avaler. Mais il faut observer de ne pas trop la
remplir, jusqu'à ce que le mouvement de déglutition soit bien rétabli.

Si le noyé avale, on lui en donne une cuillerée entière ; s'il en
résulte des soulèvements d'estomac sans vomissement réel, ce qui
fatiguerait inutilement le noyé, on lui fait avaler successivement trois
grains d'émétique dissous dans trois ou quatre cuillerées d'eau; s'il
vomit par ce moyen, il faut aider par de l'eau tiède.

Si le remède opère par les selles, il faut fortifier le noyé en lui
faisant avaler quelques cuillerées de vin.

6° La saignée ne doit pas être négligée dans les sujets dont le
visage est rouge, violet, noir et dont les membres sont flexibles et
conservent de la chaleur ; la saignée à la jugulaire est plus efficace
et celle qui fournit le plus promptement une quantité suffisante
de sang ; à défaut de cette saignée, on ferait celle du pied ; mais il
faut éviter toute espèce de saignée, sur des corps froids et dont les
membres commencent à se roidir ; on doit au contraire d'autant plus
s'occuper à réchauffer les noyés qui se trouvent en un tel état.

7° Si le noyé tardait à reprendre ses sens, il faudrait lui donner
des lavements irritants ; on s'est souvent servi avec succès du suivant:
Prenez feuilles sèches de tabac, demi-once, sel ordinaire trois gros ;
faites bouillir dans suffisante quantité d'eau pendant un quart d'heure
et coulez.

8° Il faut presser doucement avec la main, et à diverses reprises,
le bas-ventre du noyé, et enfin pour dernier secours, lui souf-
fler dans les poumons à la faveur d'une ouverture faite à la trachée
artère.

9° On a conseillé d'introduire de la fumée de tabac dans le fondement des noyés ; quoique l'expérience ait prouvé que ce moyen n'é-
tait pas toujours aussi efficace qu'on l'a supposé, on peut cependant
le tenter, et pour cela on disposera la machine fumigatoire de la manière suivante :

Humecter du tabac comme si on voulait le fumer, et charger le corps
de la machine, l'allumer avec un morceau d'amadou ou un charbon,
adapter le soufflet à la machine ; quand on voit que la fumée sort
abondamment par la cheminée et par le bec du chapiteau, y adapter
le tuyau fumigatoire, au bout duquel on ajuste la canule qu'on porte
dans le fondement du noyé.

En faisant mouvoir le soufflet, on introduit de la fumée de tabac
dans les intestins du noyé ; si la canule se bouche en rencontrant des
matières dans le rectum, ce qu'on reconnaîtra à la filtration de la
fumée au travers des jointures de la machine et par la résistance du
soufflet, alors on donne la canule à nettoyer, et on substitue celle de
supplément.

Après un quart-d'heure de fumigation, on détache le tuyau fumigatoire du bec de la machine, on présente ce bec au nez et à la bouche du noyé, et avec quelques coups de soufflet, on lui introduit de la fumée de tabac dans les narines et dans la gorge, afin d'irriter ces parties.

Il faut observer que cette dernière fumigation doit être faite avec beaucoup de prudence, sans quoi elle deviendrait plus préjudiciable qu'utile.

On reprend ensuite la fumigation par le fondement, ainsi que l'introduction dans le nez, de mèches de papier imbibées d'alcali-fluor.

Quelque utiles que soient les secours indiqués, il faut bien se persuader qu'ils ne réussiront qu'autant qu'ils seront administrés avec ordre pendant plusieurs heures et sans interruption ; leurs effets sont lents et presque insensibles, c'est pourquoi il faut les continuer longtemps ; il y a des noyés qu'on n'a rappelé à la vie que sept à huit heures après qu'ils avaient été retirés de l'eau. En général, la putréfaction est le seul vrai signe de la mort.

Détail des objets contenus dans la boîte-entrepôt.

Deux frottoirs de flanelle.

Un bonnet de laine.

Une couverture de laine.

Une bouteille contenant de l'eau-de-vie camphrée animée avec de l'alcali-fluor.

Une petite bouteille d'eau de mélisse, d'eau de Cologne, ou de vinaigre antiseptique ou des quatre-voleurs.

Un gobelet d'étain.

Une canule à bouche avec son tuyau de peau.

Une cuiller de fer étamée.

Un flacon contenant de l'alcali-fluor.

Une petite boîte renfermant plusieurs paquets d'émétique de 18 centigrammes (3 grains chacun.)

Une seringue ordinaire avec ses tuyaux.

Le corps de la machine fumigatoire.

Un soufflet à une âme pour être adapté à la machine.

Quatre rouleaux de tabac à fumer de quinze grammes (1/2 once) chacun.

Une pierre à fusil, de l'amadou, un fer à briquet et une boîte d'allumettes.

Un tuyau et une canule fumigatoire, une autre de supplément, et une aiguille à dégorger.

Des plumes pour chatouiller le dedans du nez et de la gorge.

Deux bandes à saigner.

Il y a aussi dans la boîte un nouet de soufre et de camphre pour la conservation des ustensiles de laine.

Nota.—Il y a des boîtes-entrepôts aux pataches sur la Seine, dans tous les corps de garde qui la bordent à Paris, et dans les principales communes riveraines du ressort de la préfecture de police. Ces boîtes, dont la première composition est due à M. Pia, ancien pharmacien de Paris, ont été augmentées et rectifiées d'après les avis du docteur Portal.

ASPHYXIÉS.

ASPHYXIÉS PAR LES GAZ MÉPHITIQUES.

1° Il faut promptement sortir les asphyxiés du lieu méphitisé, et les exposer au grand air.

2° Les déshabiller, et faire sur leur corps des aspersions d'eau froide.

3° Essayer de leur faire avaler de l'eau froide légèrement acidulée avec du vinaigre.

4° Leur donner des lavements avec deux tiers d'eau froide et un tiers de vinaigre. On pourrait ensuite en prescrire d'autres avec une forte dissolution de sel marin (sel ordinaire) dans de l'eau commune, ou avec le séné et le sel d'epsum.

5° On tâchera d'irriter la membrane pituitaire avec la barbe d'une plume, qu'on remuera doucement dans les narines de l'asphyxié.

6° On poussera de l'air dans les poumons, en soufflant avec un tuyau, soit dans la bouche, soit dans l'une des narines, en comprimant l'autre avec les doigts. On se servira, à cet effet, de la canule existante dans la boîte-entrepôt.

Il faut mettre la plus grande célérité dans l'administration des secours indiqués. Plus on tarde à y recourir, plus on doit craindre qu'ils ne soient infructueux ; et comme la mort peut n'être qu'apparente pendant longtemps, il ne faut en abandonner l'usage que lorsqu'elle est bien confirmée.

ASPHYXIÉS PAR LE FROID.

1° On enveloppera le corps dans une couverture de laine, et on le portera, le plus tôt possible, dans un lieu commode ; on le déshabillera, et on le mettra dans un lit sans le bassiner.

2° On préparera promptement un bain, en observant que l'eau soit à la même température que celle qu'on viendrait de tirer d'un puits, dont on pourrait se servir s'il y en avait près de là. Deux ou trois minutes après y avoir mis l'asphyxié, on y versera un peu d'eau chaude, et l'on continuera, à même intervalle, pour ôter à l'eau successivement et lentement de sa froideur jusqu'à ce qu'elle soit à la chaleur du dixième, douzième, quinzième, dix-huitième, et enfin du vingtième degré du thermomètre de Réaumur. Cette augmentation de chaleur doit prendre environ trois-quarts d'heure. On pourra porter l'eau au vingt-cinquième degré, quand on sentira le pouls se ranimer. A défaut de thermomètre, il faut s'en rapporter à sa propre sensation ; en mettant la main dans l'eau pour en connaître la chaleur.

3° Pendant que l'individu sera dans le bain, on lui fera sur le visage de légères aspersions d'eau froide, après l'avoir légèrement frotté avec un linge sec, ce qu'on réitèrera à plusieurs reprises.

4° On lui chatouillera l'intérieur des narines avec la barbe d'une plume ou des rouleaux de papier tortillés en forme de mèche, le tout trempé dans un flacon d'alcali-fluor, et on lui poussera de l'air avec un tuyau par les narines, afin de gonfler le poumon affaissé.

5° On mettra, s'il est possible, dans la bouche de l'asphyxié, quelques grains de sel marin, et on lui fera avaler, le plus tôt qu'on pourra des cuillerées d'eau froide avec quelques gouttes d'eau de mélisse spiritueuse ou de Cologne ; ensuite, quand la déglutition sera plus libre, on lui donnera un petit bouillon ou un verre de vin mêlé avec un peu d'eau ; on doit éviter, en pareil cas, les liqueurs spiritueuses pures, l'expérience ayant appris qu'elles étaient funestes

6° Si le malade continuait à avoir de la propension à l'engourdissement, on lui fera boire un peu de vinaigre dans de l'eau ; et si cet assoupissement était léthargique, on emploiera les lavements irritants, tels qu'on les donne aux noyés.

7º On ne donnera des aliments solides aux asphyxiés rappelés à la vie, que lorqu'ils auront repris un peu de force.

ASPHYXIÉS PAR LE CHAUD.

Ces asphyxiés doivent être promptement transportés dans un lieu moins chaud, mais pas trop froid.

Il faut les saigner, et surtout à la jugulaire ; s'ils peuvent avaler, il faut leur faire boire de l'eau froide, acidulée avec un peu de vinaigre, leur donner des lavements de la même nature ; mais un peu plus chargés de vinaigre. Les bains de pieds dans de l'eau médiocrement chaude sont utiles. Quelquefois, après ces remèdes, on est obligé de recourir à l'application de sangsues aux tempes.

Jamais, dans ce cas, on ne doit prescrire les boissons échauffantes.

Nota.—La présente instruction est extraite de celle publiée par M. Portal, docteur en médecine, et réimprimée par ordre de S. E. le Ministre de l'intérieur, ainsi que des mémoires publiés par M. Pia, ancien échevin de Paris.

Signé THOURET, DEYEUX, HUZARD, C.-L. CADET.

MODÈLES D'ACTES.

Nº 1.

MODÈLE de procès-verbal de repêchage d'un individu rappelé à la vie.

L'an (*année, jour, mois et heure*); Nous (*nom, prénoms, qualité et demeure de l'officier de police*); sur la clameur publique *ou* informé par le *ou* les .....(*noms, prénoms, qualités et demeures de ou des déclarants*) ; qu'il venait *ou* qu'ils venaient de repêcher ou retirer (*narré succinct du fait et du lieu ou l'événement est arrivé, ainsi que des circonstances qui l'ont accompagné*); lecture à lui *ou* eux faite de leur *ou* de leurs déclarations, il y a *ou* ils y ont persisté, et a *ou* ont signé avec nous......

Transport sur le lieu.

Nous nous sommes de suite transporté (*désigner le lieu du transport*) ; accompagné (*de gendarmerie et autre force armée*) et de M.....(*nom, prénoms, qualité et demeure de l'homme de l'art*), par nous requis, et ce dernier.......(*indiquer la manière dont les secours ont été administrés, et quels succès ils ont eus.*)

(*Recevoir ici la déclaration des personnes qui ont été témoins de l'événement.*)

Interrogatoire de l'individu.

Avons de suite interpellé (*la personne repêchée ou retirée......*) de nous déclarer ses nom, prénoms, âge, lieu de naissance, profession et demeure, a répondu se nommer............interrogé sur les causes de l'événement.......a répondu........

Envoi, de sa demeure, dans un hospice ou à la préfecture de police.

(*Si la personne a besoin de secours ultérieurs, et qu'elle ait les moyens de se faire soigner, on la fait conduire à sa demeure ; dans le cas contraire, elle est portée dans un hospice.*

Quand la personne est suffisamment rétablie, on examine, avant de la renvoyer,

Si elle a les facultés nécessaires pour payer les frais que son événement a occasionnés; dans ce cas, on lui fait acquitter les frais conformément au tarif porté au règlement.)

Et avons de tout ce que dessus dressé le présent.

Fait à.......les jour, mois et an que dessus.

(Timbre du lieu.)　　　　　　　(Signature de l'officier de police.)

N° 2.

MODÈLE de procès-verbal de levée d'un cadavre repêché en rivière, ou trouvé sur la voie publique.

L'an (*année, jour, mois et heure*); Nous (*nom, prénoms, qualité et demeure de l'officier de police*); informé par........(*noms, prénoms, professions et demeures de celui ou de ceux qui a ou ont repêché ou trouvé le cadavre*) qu'il a ou qu'ils ont repêché ou trouvé....(*narré du fait et indication du lieu ou est déposé le cadavre*), qui est tout ce qu'il nous a ou qu'ils nous ont dit......Lecture à lui ou à eux faite de sa ou de leurs déclarations, il y a ou ils y ont persisté, et a ou ont signé......

Transport sur le lieu.

Nous nous sommes de suite transporté (*au lieu sus-désigné*), accompagné(*de gendarmerie ou autre force armée*), et de M....(*nom, prénoms, qualité et demeure de l'homme de l'art*), par nous requis; après avoir scrupuleusement examiné ledit cadavre, et fait examiner par mondit sieur (*l'homme de l'art*), ce dernier nous a déclaré que ledit sujet était bien réellement mort, et qu'aucun secours ne pouvait le rappeler à la vie.

Visite du cadavre.

Nous avons également invité mondit sieur........(*l'homme de l'art*) de nous faire son rapport sur la véritable cause de la mort; et ledit sieur................ l'ayant attentivement examiné sur toute l'habitude du corps, et après nous être assuré qu'il n'avait sur son corps aucun indice ou marque de mort violente (*dans le cas où il y aurait indice ou marque de mort violente, indiquer en quoi elle consiste*), ledit sieur....nous a fait son rapport, ainsi qu'il suit :

Cause de la mort.

La véritable cause de la mort résulte..... (*si c'est un noyé*) de la suffocation de l'individu, occasionnée par son immersion dans l'eau, où il a séjourné environ......(*si c'est un cadavre trouvé sur la voie publique indiquer la cause présumée*); lequel rapport ledit sieur a affirmé sincère et véritable, et a signé.

(*Entendre les personnes qui auraient quelques renseignements sur l'individu ou sur l'événement.*)

Recherche des papiers.

Nous avons fait fouiller ledit cadavre, afin de vérifier s'il n'avait pas sur lui des papiers ou autres documents pouvant nous donner des renseignements sur ses noms, qualité et demeure; (*s'il se trouve des papiers, en donner une description succincte; si au contraire il ne s'en trouve pas, ajouter*); n'ayant rien trouvé qui nous mît à même de le connaître, l'avons signalé ainsi qu'il suit:

Signalement.

Cadavre (*le sexe*) paraissant âgé de......ans, taille d'un mètre.....

centimètres, cheveux.....(*coupés long ou liés en queue*), sourcils......
front.......yeux.......nez.......bouche.......dents.......menton .....barbe......visage.......

Description des vêtements.

Ledit cadavre vêtu (*Donner une description succincte des vêtements, ainsi que des effets, bijoux et argent trouvés sur lui*).
(*Si le cadavre est reconnu et réclamé par une ou plusieurs personnes domiciliées, la remise peut en être faite, conformément à l'article 9 de l'ordonnance de police du 25 août 1806, et le tout sera mentionné au procès-verbal*).

Envoi à la morgue.

Si au contraire le cadavre n'est ni reconnu ni réclamé, et si l'on n'a rien trouvé qui indique ses nom, prénoms, qualité et demeure, ajouter.........
Personne ne réclamant ledit cadavre ni le reconnaissant, et n'ayant pu nous procurer aucuns renseignements sur ses noms, qualité et demeure, et la cause de sa mort étant suffisamment constatée, disons qu'il sera à l'instant transporté avec ses vêtements à la Morgue, sise Marché-Neuf, division de la Cité : en conséquence l'avons remis aux nommés (*noms, prénoms, qualités et demeures des porteurs*) avec ses effets, et l'ordre de le recevoir à ladite Morgue, à la charge d'en rapporter un reçu du concierge.
Disons également qu'il sera délivré à l'homme de l'art, aux repêcheurs et porteurs, les certificats nécessaires pour toucher les récompenses et indemnités fixées par l'article 18 de l'ordonnance de police du 25 août 1806.
Et avons, de tout ce que dessus, dressé le présent procès-verbal, que nous avons signé avec les susnommés.

Fait à......les jour, mois et an que dessus.

(Timbre du lieu.) (Signature de l'officier de police.)

N° 3.

Modèle d'ordre, pour la réception dans un hospice d'un individu repêché ou trouvé sur la voie publique.

Nous (*qualité de l'officier de police qui fait l'envoi*), requérons l'agent de surveillance de l'hospice de.......de recevoir le nommé *ou* la nommée (*nom, prénoms, profession et demeure de l'individu*) repêché *ou* repêchée en rivière, ou trouvé *ou* trouvée (*désigner succinctement l'endroit et la cause de l'événement*), le tout ainsi qu'il est constaté par notre procès-verbal du.............adressé le........à M. le préfet de police.
L'agent de surveillance donnera récépissé de l'individu au nommé ou aux nommés (*désigner leurs noms, prénoms et professions*) chargés de la conduite de l'individu.

Fait à...........le.........

(Timbre du lieu.) (Signature de l'officier de police.)

N° 4.

Modèle d'ordre pour la réception d'un cadavre à la morgue de Paris.

Nous (*qualité de l'officier de police qui fait l'envoi*), requérons le concierge de la Morgue de Paris de recevoir un cadavre du sexe (*désigner le sexe*) repêché en rivière de.. (*désigner l'endroit*) ou trouvé (*désigner l'endroit*); ledit cadavre paraissant âgé de.. ans, taille d'un mètre... centimètres, cheveux.. sourcils.. front.. yeux.. nez.. bouche.... menton.... visage.... vêtu (*désigner les vêtements*) (*indiquer succinctement s'il s'est trouvé sur le cadavre des papiers ou autres objets pouvant aider à sa reconnaissance, quelles peuvent être les causes de sa mort, et le temps qu'il peut avoir séjourné dans l'eau ou sur le terrain où il a été trouvé*); le tout ainsi qu'il est constaté par notre procès-verbal du.... adressé le.... à M. le préfet de police.

Le concierge de la Morgue donnera récépissé du cadavre et des effets détaillés ci-dessus, au nommé *ou* aux nommés (*désigner leurs noms, prénoms et professions*), chargé *ou* chargés par nous du transport dudit cadavre.

Fait à..... le....

(Timbre du lieu.)   (Signature de l'officier de police.)

N° 5.

MODÈLE DE CERTIFICAT, pour faire payer la récompense fixée pour le repêchage d'un individu vivant ou d'un noyé en rivière.

Nous (*qualité de l'officier de police qui délivre le certificat*), certifions que le nommé *ou* les nommés (*noms, prénoms, professions et demeures de celui* ou *de ceux qui ont fait le repêchage*) a *ou* ont repêché en rivière de...... (*désigner l'endroit*) le nommé.... (*nom, prénoms, demeure de l'individu, avec l'énoncé succinct de la cause de l'événement*) ou le cadavre du sexe.... ainsi qu'il est constaté par notre procès-verbal du...... adressé le.... à M. le préfet de police; et que ledit... *ou* lesdits.... .....ont droit à la récompense fixée par l'article 18 de l'ordonnance de police du 25 août 1806.

En foi de quoi nous avons délivré le présent.

Fait à...... le........

(Timbre du lieu.)   (Signature de l'officier de police.)

N° 6.

MODÈLE DE CERTIFICAT pour faire payer l'indemnité déterminée pour secours administrés à un noyé ou autre individu ou pour la visite d'un cadavre repêché en rivière ou trouvé sur la voie publique.

Nous (*qualité de l'officier de police qui délivre le certificat*), certifions que M.... (*nom, prénoms, qualité et demeure du médecin, chirurgien ou officier de santé qui a fait la visite ou administré les secours*) a, d'après notre réquisition, visité et administré les secours de son art à.... (*nom, prénoms, qualité et demeure de l'individu, avec l'énoncé succinct des causes de l'événement*) ou visité le cadavre du sexe...., repêché.... *ou* trouvé (*désigner l'endroit*), ainsi qu'il est constaté par notre procès-verbal du.... adressé le..... à M. le préfet de police......, et que M...... a droit à une indemnité que nous avons fixée à la somme de......., conformément à l'article 18 de l'ordonnance de police, du 25 août 1806.

En foi de quoi nous avons délivré le présent.

Fait à...... le....

(Timbre du lieu.)   (Signature de l'officier de police.)

N° 7.

MODÈLE DE CERTIFICAT, pour faire payer le salaire fixé pour la conduite d'un individu repêché ou trouvé vivant, ou le transport d'un cadavre noyé ou trouvé sur la voie publique.

Nous (*qualité de l'officier de police qui délivre le certificat*), certifions que le nommé... *ou* les nommés... (*noms, prénoms, professions et demeures des conducteurs ou porteurs*) ont, d'après nos ordres, conduit à.... (*désigner le lieu*), le nommé...... (*nom, prénoms et qualité de l'individu*) repêché *ou* trouvé à...... (*désigner l'endroit*)..... *ou* porté à la Morgue de Paris un cadavre du sexe (*désigner le sexe*)..., repêché en rivière de (*désigner l'endroit*).... *ou* trouvé... (*désigner l'endroit*), ainsi qu'il est constaté par notre procès-verbal du......, adressé à M. le préfet de police, le..... et que ledit...... *ou* lesdits...... a *ou* ont droit à un salaire que nous avons fixé à la somme de..........., conformément à l'article 18 de l'ordonnance de police, du 25 août 1806.

En foi de quoi nous avons délivré le présent.

Fait à...... le.......

(Timbre du bureau.)   (Signature de l'officier de police.)

ÉTAT des brancards, matelas, couvertures, bretelles et boîtes-entrepôts, entretenus aux frais de l'administration, et destinés aux secours et transport des noyés, asphyxiés, malades ou blessés, dans le ressort de la préfecture de police.

PLACEMENTS DANS PARIS

Arrondissements.	DIVISIONS.	LIEUX OU SONT DÉPOSÉS	
		Les brancards, matelas, couvertures et bretelles.	Les boîtes-entrepôts pour les noyés.
1.	TUILERIES,.................	Poste du port Saint Nicolas et maison du commissaire de police.	Poste du port Saint-Nicolas.
	PLACE VENDÔME,............	Maison du commissaire de police.	
	CHAMPS-ÉLYSÉES...........	Maison du commissaire de police.	
	ROULE.....................	Maison du commissaire de police.	
2.	LEPELLETIER..............	Mairie de l'arrondissement, rue d'Antin.	
	BUTTE DES MOULINS........	Poste de la rue du Lycée.	
	MONT-BLANC...............	Maison du commissaire de police.	
	FAUBOURG-MONTMARTRE......	Poste de la rue Cadet.	
3.	POISSONNIÈRE.............	Maison du commissaire de police.	
	BRUTUS...................	Poste de Saint-Eustache.	
	CONTRAT-SOCIAL...........	Poste de la Pointe-Saint-Eustache, et maison du commissaire de police.	
	MAIL.....................	Poste des Petits-Pères.	

Arrondissements.	DIVISIONS.	LIEUX OU SONT DÉPOSÉS	
		Les brancards, matelas, couvertures et bretelles.	Les boîtes-entrepôts pour les noyés.
4.	MUSÉUM.	Quai de l'École.	Poste du quai de l'École.
	MARCHÉS.	Maison du commissaire de police.	
	GARDES FRANÇAISES.	Maison du commissaire de police.	
	HALLE AU BLÉ.	Poste de la Halle au Blé.	
5.	BONDY.	Maison du commissaire de police.	
	BON-CONSEIL.	Maison du commissaire de police.	
	BONNE-NOUVELLE.	Poste de la rue du Caire.	
	DU NORD.	Maison du commissaire de police.	
6.	GRAVILLIERS.	Poste de la mairie du 6° arrondissement, à Saint-Martin-des-Champs.	
	AMIS DE LA PATRIE.	Maison du commissaire de police.	
	DU TEMPLE.	Poste du boulevard du Temple.	
	LOMBARDS.	....	
7.	DROITS DE L'HOMME.	Maison du commissaire de police.	
	ARCIS.	Maison du commissaire de police.	Poste du Pont-au-Change.
	HOMME-ARMÉ.	Poste du Mont-de-piété, rue des Blancs-Manteaux.	
	RÉUNION.	Maison du commissaire de police.	
8.	MONTREUIL.	Comité de bienfaisance, rue Saint Bernard.	
	POPINCOURT.	Maison du commissaire de police.	
	INDIVISIBILITÉ.	A la mairie, place des Vosges.	
	QUINZE-VINGTS.	Poste de la rue Traversière, sur le Port au Plâtre.	Bureau des arrivages par eau, à la Râpée. Poste du Port au Plâtre, ou de la rue Traversière.
9.	CITÉ.	Poste du Petit Pont de l'Hôtel-Dieu. Maison du commissaire de police.	
	ARSENAL.	Poste de l'île Louviers. Poste du Port Saint-Paul.	Poste de l'île Louviers. Poste du Port Saint-Paul.
	FRATERNITÉ.	Poste de la rue de la Fraternité, île Saint-Louis.	Poste de l'île.
	FIDÉLITÉ.	Maison du commissaire de police.	Poste du Port au Blé, ou de la Cloche.

Arrondissements.	DIVISIONS.	LIEUX OU SONT DÉPOSÉS	
		Les brancards, matelas, couvertures et bretelles.	Les boîtes-entrepôts pour les noyés.
10.	FONTAINE DE GRENELLE.....	Maison du commissaire de police.	École de Natation du sieur *Deligny*, quai Bonaparte.
	INVALIDES.................	Poste Saint-Dominique, au Gros-Caillou. Poste de la terrasse du Corps Législatif. Patache d'Aval ou du bas.	Poste de la terrasse du Corps-Législatif. Passage d'eau des Invalides, baraque du sieur *Cex.* Patache d'Aval ou du bas.
	OUEST.....................	Maison du commissaire de police.	Poste du Port des Saints-Pères.
	UNITÉ.....................	Maison du commissaire de police.	
11.	THERMES...........	Poste du Petit-Pont.	
	PONT-NEUF.............	Maison du commissaire de police. A la préfecture de police. Poste du Pont-Neuf.	Poste du Pont-Neuf.
	LUXEMBOURG..............	Dans l'escalier qui conduit au télégraphe de Saint-Sulpice.	
	THÉATRE-FRANÇAIS.........	Maison du commissaire de police.	
12.	OBSERVATOIRE............	Maison du commissaire de police.	
	PANTHÉON................	Maison du commissaire de police.	Poste de la place Maubert,
	FINISTÈRE..............	Maison du commissaire de police, et poste de l'Hôpital.	Barrière de la Gare, Bureau de l'Octroi. Poste du boulevard de l'Hôpital
	JARDIN DES PLANTES........	Maison du commissaire de police.	Poste de la Halle-aux-Vins, Poste de la Tournelle.

PLACEMENTS HORS PARIS.

Arrondissements	COMMUNES.	LIEUX OU SONT DÉPOSÉS	
		Les brancards, matelas, couvertures et bretelles.	Les boîtes-entrepôts pour les noyés.
De SAINT-DENIS.	SAINT-DENIS	....	A la Mairie.
	MAISON DE SEINE PRÈS SAINT-DENIS	....	Chez le sieur *Aimé*, cultivateur.
	NEUILLY...............	....	Chez le Chef du Pont.
	PASSY.................	....	Chez le maréchal des logis de la Gendarmerie impériale.
De SCEAUX.	CHOISY.................	....	Chez le sieur *Nanteau*, aubergiste, quai de Choisy.
	CHARENTON.............	....	Aux Carrières, chez le sieur *Le Couteux*, épicier.
	MAISONS ALFORT...........	....	Chez le maire du lieu.
	VITRY.................	....	Au port à l'Anglais, chez le sieur *Fontaine*, passeur d'eau, audit port.
Dépt de Seine-et-O.	SAINT-CLOUD.............	....	Chez un chirurgien près le port.
	SÈVRES.................	....	Chez le sieur *Bernard Vanteclef*, chef du pont.

N° **355.** — *Ordonnance concernant l'ouverture de la chasse* (1).

Paris, le 27 août 1806.

Le conseiller d'État, chargé du troisième arrondissement de la police générale de l'empire, préfet de police, et l'un des commandants de la Légion d'honneur,

Vu la loi du 30 avril 1790, les arrêtés des 12 messidor an VIII, et 3 brumaire an IX ;

La décision de S. E. le sénateur ministre de la police générale, en date du 25 fructidor suivant ;

Le règlement relatif aux chasses dans les forêts et bois des domaines de l'empire, en date du 1er germinal an XIII,

Ordonne ce qui suit :

1. La chasse sera ouverte, cette année, le 1er septembre, dans le ressort de la préfecture de police.

Il est défendu de chasser avant ladite époque, même sous prétexte de tirer des hirondelles le long des rivières.

Il est également défendu de chasser dans les vignes, avant que les vendanges soient entièrement terminées.

2. Personne ne peut chasser sans avoir obtenu un permis de port d'armes pour la chasse, à la préfecture de police.

Il n'en sera délivré qu'aux propriétaires, fermiers de soixante hectares au moins de terres, ou aux porteurs d'une permission accordée par un propriétaire d'une égale quantité de terre.

Les propriétaires ou fermiers justifieront de l'étendue de la propriété par un certificat du maire de la commune où les biens sont situés.

Les permissions accordées par les propriétaires indiqueront également l'étendue de la propriété et seront visées par le maire.

Tous les permis de port d'armes délivrés depuis le 1er janvier 1806, ne seront valables que jusqu'au 1er janvier 1807. Ceux antérieurs au 1er janvier 1806, sont annulés.

3. Tous ceux qui sortiront de Paris avec des fusils de chasse devront exhiber leurs permis de port d'armes aux préposés de l'octroi aux barrières.

4. Il est expressément défendu de tirer sur les boulevards, grandes routes et sur les bords de la rivière.

5. Tout chasseur sera tenu de justifier de son permis à la première réquisition des gendarmes, des gardes champêtres et de tout agent de l'autorité.

6. Les personnes qui auront obtenu une permission de chasse ne devront se servir que de chiens couchants et de fusil.

7. Les battues ou traques, les chiens courants, les lévriers, les furets, les tirasses, les lacets, les panneaux, les pièges de toute espèce et enfin tout ce qui tendrait à détruire le gibier par d'autres moyens que le fusil est défendu.

8. Il est expressément défendu de chasser dans les forêts, bois, enclos, remises et terrains réservés exclusivement pour les chasses de S. M. l'empereur et roi, sans une permission expresse de M. le grand veneur de la couronne, signée de lui, enregistrée au secrétariat général de la vénerie, et visée par le conservateur dans l'arrondissement duquel ces permissions auront été accordées.

---

(1) V. les ord. des 18 août 1812 et 22 août 1843.

9. Il est pareillement défendu de lancer ou poursuivre les bêtes fauves destinées aux plaisirs de S. M., qui pourraient s'échapper de ses domaines et se trouver sur des terrains particuliers; les dégâts qu'elles pourraient y occasionner seront payés après qu'ils auront été dûment constatés.

10. Il sera pris envers les contrevenants aux dispositions ci-dessus, telles mesures de police administrative qu'il appartiendra sans préjudice des poursuites à exercer contre eux par-devant les tribunaux, conformément aux lois et règlements qui leur sont applicables.

11. La présente ordonnance sera imprimée, publiée et affichée.

Les sous-préfets des arrondissements communaux de Sceaux et de Saint-Denis, les maires et adjoints des communes rurales du ressort de la préfecture de police, les commissaires de police, à Paris, l'inspecteur général du troisième arrondissement de la police générale de l'empire, les officiers de paix, les gardes champêtres et les préposés de la préfecture de police sont chargés de tenir la main à l'exécution de la présente ordonnance.

Le conseiller d'Etat, préfet de police, DUBOIS.

N° **356**. — *Ordonnance concernant les mesures de police qui doivent être observées à Saint-Cloud, les 7, 14, 21 et 28 du présent mois de septembre* (1).

Paris, le 1er septembre 1806.

N° **357**. — *Ordonnance concernant les garçons perruquiers ou coiffeurs* (2).

Paris, le 4 septembre 1806.

Le conseiller d'État, chargé du troisième arrondissement de la police générale de l'empire, préfet de police, et l'un des commandants de la Légion d'honneur,

Vu les articles 2 et 10 de l'arrêté du gouvernement du 12 messidor an VIII, et l'arrêté du 9 frimaire an XII,

Ordonne ce qui suit :

1. Aucun garçon perruquier ou coiffeur de femmes ne peut sortir de boutique sans en avoir prévenu son maître, au moins cinq jours à l'avance, si ce n'est du consentement de ce dernier.

2. Tout garçon perruquier ou coiffeur de femmes qui voudra acquérir ou former un établissement sera tenu de laisser entre sa boutique et celle qu'il aura quittée l'intervalle de deux divisions.

Il ne pourra s'établir dans la même division que deux ans après en être sorti, à peine de trois cents francs d'amende. (*Lettres patentes du 17 août 1674.*)

3. Nul garçon perruquier ou coiffeur de femmes, sortant d'une boutique, ne pourra être placé dans une autre, s'il n'existe entre ces boutiques l'intervalle de deux divisions.

(1) V. l'ord. du 6 sept. 1843.
(2) V. l'ord. du 12 germ. an XII (2 avril 1804.)

4. Les aides sont exceptés des dispositions précédentes.

N'est réputé aide que celui qui travaille moins de cinq jours consécutifs dans la même boutique.

5. Il est défendu aux perruquiers et aux coiffeurs de femmes de se pourvoir de garçons ou aides, s'ils ne sont porteurs d'un bulletin de placement, à peine de deux cents francs d'amende. (*Ord. du 18 juillet* 1781.)

6. Il ne sera délivré de bulletin de placement à aucun garçon ou aide, s'il n'est pourvu d'un livret.

7. Il sera pris envers les contrevenants telles mesures de police administrative qu'il appartiendra, sans préjudice des poursuites à exercer contre eux par-devant les tribunaux conformément aux lois et aux règlements.

8. La présente ordonnance sera imprimée, publiée et affichée.

Les commissaires de police, l'inspecteur général du troisième arrondissement de la police générale de l'empire, les officiers de paix, l'inspecteur général des bureaux de placements et les autres préposés de la préfecture de police sont chargés de tenir la main à son exécution.

Le conseiller d'Etat, préfet de police, DUBOIS.

N° **358**. — *Ordonnance concernant le grapillage.*

Paris, le 13 septembre 1806.

Le conseiller d'Etat, chargé du troisième arrondissement de la police générale de l'empire, préfet de police, et l'un des commandants de la Légion d'honneur,

Ordonne ce qui suit :

1. Les articles 6 de la section 4, et 21 du titre 2 de la loi du 6 octobre 1791, concernant les biens et usages ruraux, seront réimprimés, publiés et affichés dans le ressort de la préfecture de police (1).

2. Dans les communes du ressort de la préfecture de police où le ban de vendange est en usage, on ne pourra vendanger dans les vignes non closes qu'après que ce ban aura été publié. (*Art.* 1ᵉʳ, *section cinquième de la loi du* 6 *octobre* 1791.)

5. Les contraventions seront constatées par des procès-verbaux qui seront adressés au préfet de police.

4. Il sera pris envers les contrevenants telles mesures de police administrative qu'il appartiendra, sans préjudice des poursuites à exercer contre eux par-devant les tribunaux.

5. La présente ordonnance sera publiée et affichée.

Les sous-préfets des arrondissements communaux de Sceaux et de Saint-Denis, les maires et adjoints des communes rurales du ressort de la préfecture de police, les commissaires de police à Paris, l'inspecteur général du troisième arrondissement de la police générale de l'empire, les officiers de paix, les gardes champêtres et les préposés de la préfecture de police sont chargés de tenir la main à son exécution.

Le conseiller d'Etat, préfet de police, DUBOIS.

---

(1) V. cette loi à l'appendice.

N° **359**. — *Ordonnance concernant la vérification annuelle des mesures pour le bois de chauffage, les grains et autres matières sèches* (1).

Paris, le 13 septembre 1806.

———————— ❦ ————————

N° **360**. — *Ordonnance concernant la durée de la journée de travail des ouvriers en bâtiments.*

Paris, le 26 septembre 1806.

Le conseiller d'État, chargé du troisième arrondissement de la police générale de l'empire, préfet de police, et l'un des commandants de la Légion d'honneur,

Vu les articles 2 et 10 de l'arrêté du gouvernement du 12 messidor an VIII;

Et les articles 7 et 8, titre 2, de la loi du 22 germinal an XI,

Ordonne ce qui suit :

1. Du 1er avril au 30 septembre, la journée des ouvriers maçons, tailleurs de pierres, couvreurs, carreleurs, plombiers, charpentiers, scieurs de long, bardeurs, paveurs, terrassiers et manœuvres, commence à six heures du matin, et finit à sept heures du soir ;

Du 1er octobre au 31 mars, la journée commence à sept heures du matin, et finit au jour défaillant.

En été, les heures des repas sont de neuf à dix heures, et de deux à trois.

En hiver, l'heure des repas est de dix à onze heures.

2. La journée des ouvriers menuisiers commence, en toute saison, à six heures du matin, et finit à huit heures du soir, lorsqu'ils travaillent à la boutique.

Elle finit à sept heures du soir, lorsqu'ils travaillent en ville.

Dans le dernier cas, les heures des repas sont de neuf à dix heures, et de deux à trois.

3. Pendant toute l'année, la journée des ouvriers serruriers commence à six heures du matin, et finit à huit heures du soir.

4. Les ouvriers en bâtiments qui sont dans l'usage de prendre l'ordre des maîtres soit avant de commencer la journée, soit pendant le cours des travaux qui leur sont confiés, lorsque les travaux sont terminés, se rendront chez les maîtres, une heure avant celles ci-dessus prescrites.

5. Toute coalition de la part des ouvriers pour cesser de travailler, pour empêcher de se rendre dans les ateliers ou d'y rester aux heures prescrites, est défendue sous les peines portées par les articles 7 et 8, titre 2, de la loi du 22 germinal an XI.

6. La présente ordonnance aura son exécution à compter du 1er octobre prochain.

Elle sera soumise à l'approbation de S. Exc. le ministre de l'intérieur.

7. Il sera pris envers les contrevenants telles mesures de police administrative qu'il appartiendra, sans préjudice des poursuites à exercer contre eux par-devant les tribunaux conformément aux lois et aux règlements de police.

———————————————

(1) V. les ord. des 8 sept. et 23 nov. 1807, 14 déc. 1820, 15 déc. 1825, 27 oct. et 29 nov. 1826, 23 nov. 1842 et 1er déc. 1843.

8. La présente ordonnance sera imprimée, publiée et affichée.

Les commissaires de police, l'inspecteur général du troisième arrondissement de la police générale de l'empire, les officiers de paix et les préposés de la préfecture de police sont chargés de tenir la main à son exécution.

Le conseiller d'Etat, préfet de police, DUBOIS.

N° **361.** — *Ordonnance concernant les orfévres, la surveillance du titre et la perception des droits de garantie des matières et ouvrages d'or et d'argent* (1).

Paris, le 28 septembre 1806.

Le conseiller d'État, chargé du troisième arrondissement de la police générale de l'empire, préfet de police, et l'un des commandants de la Légion d'honneur,

Vu l'article 16 de la loi du 28 pluviôse an VIII;

L'avis du conseil d'État du 8 germinal an VIII;

Les articles 2 et 26 de l'arrêté du 12 messidor an VIII, et l'arrêté du 3 brumaire an IX;

La décision du ministre de la police générale du 25 fructidor an IX, et celle du ministre des finances du 5 thermidor an XII,

Ordonne ce qui suit :

1. Les articles 4, 5, 6, 7, 8, 9, 10, 11, 12, 13, 14, 15, 16, 19, 28, 72, 73, 74, 75, 76, 77, 78, 79, 80, 81, 85, 86, 87, 88, 89, 90, 91, 92, 93, 94, 95, 97, 98, 99, 100, 101, 102, 103, 104, 105, 107, 108, 109 et 110 de la loi du 19 brumaire an VI, relative à la surveillance du titre et à la perception des droits de garantie des matières et ouvrages d'or et d'argent; extrait de la délibération de l'administration des monnaies du 17 nivôse suivant, et extrait de l'arrêté du gouvernement du 1er messidor de la même année seront réimprimés, publiés et affichés avec la présente ordonnance, dans le ressort de la préfecture de police (2).

Il sera remis aux fabricants et marchands d'or et d'argent aux fabricants et marchands de galons, tissus, broderies ou autres ouvrages en fils d'or et d'argent, un extrait de la loi du 19 brumaire an VI, en ce qui concerne les titres et la vente des ouvrages d'or et d'argent, ainsi que de la délibération de l'administration des monnaies du 7 nivôse suivant, et de l'arrêté du gouvernement du 1er messidor de la même année, pour être placés dans le lieu le plus apparent de leur magasin ou boutique conformément aux articles 78 et 81 de ladite loi.

2. A compter du jour de la publication de la présente ordonnance, ceux qui voudront exercer, dans le ressort de la préfecture de police, la profession de fabricants d'ouvrages d'or et d'argent, se présenteront à la préfecture de police pour y faire insculper leur poinçon particulier avec leurs noms, prénoms et symboles.

Il leur sera délivré un certificat d'insculpation qui sera visé, à Paris, par les commissaires de police, et, dans les communes rurales, par les maires ou adjoints.

Ils seront tenus de justifier de ce certificat au bureau de garantie établi à l'hôtel des monnaies.

3. Ceux qui n'exercent pas la profession de fabricants et se bornent

---

(1) V. les ord. des 1er sept. 1809 et 6 avril 1811.
(2) V. cette loi et ces extraits à l'appendice.

au commerce d'orfévrerie en feront la déclaration à la préfecture de police, sur un registre ouvert à cet effet.

Il sera délivré extrait de cette déclaration, qui sera visé, à Paris, par le commissaire de police du domicile du déclarant, et, dans les communes rurales par le maire ou l'adjoint.

4. Ceux qui voudront plaquer ou doubler l'or et l'argent sur le cuivre ou sur tout autre métal seront tenus d'en faire la déclaration à la préfecture de police et à l'administration des monnaies.

L'extrait de la déclaration faite à la préfecture de police sera visé conformément à l'article 3, ci-dessus.

5. Tous marchands d'ouvrages d'or et d'argent, ambulants, ou qui viendront en foire, soit à Paris, soit dans une commune du ressort de la préfecture de police, se présenteront, à Paris, aux commissaires de police, et dans les communes rurales, aux maires ou adjoints, pour y justifier des bordereaux des orfévres qui leur ont vendu les ouvrages dont ils sont porteurs, à moins qu'ils n'aient fait marquer ces ouvrages, soit du poinçon de vieux, soit de celui de recense, suivant l'espèce des objets.

6. Les registres des fabricants et marchands d'argent, ceux des orfévres, des joailliers et des fabricants de plaqué ou doublé, des fabricants et marchands de galons, tissus, broderie ou autres ouvrages en fils d'or ou d'argent, seront cotés et parafés, à Paris, par les commissaires de police, et, dans les communes rurales, par les maires ou adjoints.

7. A Paris, les commissaires de police et dans les communes rurales les maires ou adjoints accompagneront les employés du bureau de garantie, dans les visites prescrites par les articles 101, 102 et 103 de la loi précitée et ils en adresseront les procès-verbaux au préfet de police.

8. Il sera pris envers les contrevenants à la loi du 19 brumaire an VI, telles mesures de police administrative qu'il appartiendra, sans préjudice des poursuites à exercer contre eux devant les tribunaux.

9. Il sera adressé une ampliation de la présente ordonnance à l'administration des monnaies, à celle du mont-de-piété et à la chambre des commissaires-priseurs.

Les sous-préfets des arrondissements de Sceaux et de Saint-Denis, les maires et adjoints des communes rurales du ressort de la préfecture de police, les commissaires de police à Paris, l'inspecteur général du troisième arrondissement de la police générale de l'empire, les officiers de paix et les préposés de la préfecture de police sont chargés de tenir la main à son exécution.

Le conseiller d'Etat, préfet de police, DUBOIS.

N° **362.**—*Instruction concernant la surveillance de la rivière, des ports, de la halle aux vins, des chantiers et des places de vente du charbon* (1).

Paris, le 30 septembre 1806.

(1) V. les ord. des 24 mars 1824, 26 mars 1829 et 25 oct. 1840.

N° **363.** — *Ordonnance concernant les élèves en pharmacie* (1).

Paris, le 4 octobre 1806.

Le conseiller d'État, chargé du troisième arrondissement de la police générale de l'empire, préfet de police, et l'un des commandants de la Légion d'honneur;

Vu la loi du 21 germinal an **xi**, contenant organisation des écoles de pharmacie,

Ordonne ce qui suit :

1. Les pharmaciens établis dans le ressort de la préfecture de police feront inscrire leurs élèves sur des registres ouverts à cet effet, savoir : pour Paris, à l'école de pharmacie, et, pour les communes rurales, chez les maires.

Cette inscription contiendra les noms, prénoms, lieux de naissance, âges et domiciles des élèves.

Elle sera renouvelée tous les ans. (*Loi du 21 germinal an* **xi**, *art.* 6.)

2. L'école de pharmacie de Paris et les maires des communes rurales adresseront au préfet de police dans le courant de janvier et juillet de chaque année, la liste des élèves inscrits.

3. Aucun élève ne pourra quitter le pharmacien chez lequel il travaille sans l'avoir prévenu au moins huit jours d'avance et sans en avoir obtenu un certificat de congé. (*Ord. du 23 avril* 1783, *art.* 2.)

L'avertissement sera constaté par une reconnaissance signée du pharmacien.

En cas de refus de la part du pharmacien de donner cette reconnaissance dans les vingt-quatre heures, ou de difficulté sur le certificat de congé, l'élève en fera la déclaration, à Paris, au commissaire de police et, dans les communes rurales, au maire.

Il sera donné acte à l'élève de sa déclaration, qui tiendra lieu de celle ci-dessus prescrite.

Les commissaires de police ou les maires appelleront le pharmacien et l'élève et les concilieront, s'il est possible, sur les difficultés qui se seront élevées relativement à la délivrance du certificat de congé. S'ils ne peuvent y parvenir, ils en rendront compte au préfet de police, qui statuera.

4. Il est défendu à tout pharmacien de recevoir un élève, sans s'être fait représenter le bulletin de son inscription et le certificat de congé dont il doit être porteur, s'il a déjà travaillé dans une autre officine.

5. Aucun élève en pharmacie, sortant d'une officine, ne pourra entrer dans une autre officine qu'après l'année révolue de sa sortie, à moins que l'officine ne soit éloignée de neuf cent soixante-quinze mètres de la première, à peine de cinquante francs d'amende payable tant par l'élève que par le pharmacien qui l'aurait reçu. Le pharmacien sera en outre tenu de le renvoyer. (*Arrêt du parlement de Paris, du 5 sept.* 1764.)

6. Tout élève en pharmacie qui voudrait s'établir devra laisser une distance de neuf cent soixante-quinze mètres entre son officine et celle d'où il sort.

Il ne pourra ouvrir officine à une distance moindre qu'après cinq ans révolus, à peine de cinquante francs d'amende. (*Arrêt précité.*)

7. Dans le ressort de la préfecture de police, aucun pharmacien ne pourra tenir officine, s'il n'a été reçu suivant les formes voulues et

---

(1) V. l'ord. du 9 flor. an **xi** (29 avril 1802).

sans avoir prêté devant le préfet de police le serment prescrit par l'article 16 de la loi du 21 germinal an xi.

8. Les contraventions seront constatées par des procès-verbaux, qui seront adressés au préfet de police.

9. Il sera pris envers les contrevenants telles mesures de police administrative qu'il appartiendra, sans préjudice des poursuites à exercer contre eux devant les tribunaux, conformément aux lois et aux règlements de police.

10. La présente ordonnance sera imprimée, publiée et affichée.

Il en sera adressé une ampliation à l'école de pharmacie.

Les sous-préfets des arrondissements de Saint-Denis et de Sceaux, les maires et adjoints des communes rurales du ressort de la préfecture de police, les commissaires de police à Paris, l'inspecteur général du troisième arrondissement de la police générale de l'empire, les officiers de paix et les préposés de la préfecture de police sont chargés de tenir la main à son exécution.

Le conseiller d'État, préfet de police, DUBOIS.

N° **364.** — *Avis concernant le ramonage* (1).

Paris, le 8 octobre 1806.

N° **365.** — *Ordonnance concernant la police de la rivière et des ports pendant l'hiver, et dans les temps de glace, grosses eaux et débâcles* (2).

Paris, le 5 novembre 1806.

N° **366.** — *Ordonnance concernant les mesures d'ordre à observer le 9 novembre, jour où sera chanté un Te Deum à l'occasion des succès remportés par les armées françaises.*

Paris, le 7 novembre 1806.

N° **367.**—*Ordonnance concernant les cours de dissection* (3).

Paris, le 9 novembre 1806.

(1) V. l'avis du 10 janv. 1828 et l'ord. du 24 nov. 1843.
(2) V. les ord. des 1er déc. 1838, 5 déc. 1839 et 25 oct. 1840 (art. 203 et suiv.).
(3) V. les ord. des 11 janv. 1815 et 25 nov. 1834.

N° 368. — *Ordonnance concernant la fête de l'anniversaire du couronnement de S. M. l'empereur, et de la bataille d'Austerlitz* (1).

Paris, le 5 décembre 1806.

Le conseiller d'Etat, chargé du troisième arrondissement de la police générale de l'Empire, préfet de police, et l'un des commandants de la Légion d'honneur,

Vu le décret impérial donné au palais des Tuileries, le 19 février 1806, portant :

6. La fête de l'anniversaire de notre couronnement et celle de la bataille d'Austerlitz seront célébrées, le premier dimanche du mois de décembre, dans toute l'étendue de l'empire.

8. Il sera prononcé dans les églises, dans les temples, et par un ministre du culte, un discours sur la gloire des armées françaises et sur l'étendue du devoir imposé à chaque citoyen de consacrer sa vie à son prince et à la patrie. Après ce discours un *Te Deum* sera chanté en actions de grâces.

Invite les habitants de Paris à illuminer la façade de leurs maisons dans la soirée de dimanche prochain 7 décembre.

Ordonne à l'Inspecteur général du nettoiement de faire déblayer, avant onze heures du matin, tous les abords de la Métropole.

Charge l'inspecteur général de la police de se concerter avec les commandants de la force armée qui sera sur les lieux, pour le défilé et le placement des voitures.

La circulation des voitures autres que celles des personnes qui se rendront à la Métropole sera interdite rues de la Juiverie, de la Lanterne et du Marché-Palu, depuis onze heures du matin jusqu'à la fin de la cérémonie.

Le conseiller d'Etat, préfet de police, DUBOIS.

1807.

N° 369. — *Ordonnance concernant le commerce de poisson d'eau douce* (2).

Paris, le 21 janvier 1807.

Le conseiller d'Etat, chargé du troisième arrondissement de la police générale de l'empire, préfet de police, et l'un des commandants de la Légion d'honneur,

Vu les articles 2, 32 et 33 de l'arrêté du gouvernement, du 12 messidor an VIII, et l'article 1 de celui du 3 brumaire an IX,

---

(1) V. l'ord. du 3 déc. 1813.
(2) V. les ord. des 25 fév. et 20 sept. 1811, 1er déc. 1814, 7 fév. 1822 et 2 janv. 1840.

Ordonne ce qui suit :

1. Le poisson d'eau douce, destiné pour l'approvisionnement de Paris, doit y être conduit directement.

2. Il est défendu d'aller au devant du poisson destiné à l'approvisionnement de Paris et d'en acheter en route, à peine de confiscation de la marchandise contre le vendeur et de la perte du prix contre l'acheteur. (*Ord. de* 1672, *chap.* III, *art.* 2.)

3. Le poisson d'eau douce, arrivant par terre, sera conduit et vendu à la halle.

4. Il est enjoint à tout conducteur de bateaux chargés de poisson d'eau douce pour l'approvisionnement de Paris, d'être porteur de lettres de voitures. (*Ord. de* 1672, *chap.* II, *art.* 8 et 9.)

5. Les bateaux de poisson d'eau douce ne pourront être garés qu'au port affecté à la vente du poisson.

6. Le port affecté exclusivement à la vente du poisson d'eau douce est en tête du pont Marie, rive gauche, en remontant jusqu'à l'escalier en face de la rue Poultier.

Cet emplacement est divisé en deux parties : l'une destinée aux marchands forains, commence à la tête du pont et s'étend, en remontant, jusqu'à huit mètres au-dessus de l'escalier situé près le pont Marie.

Le surplus est occupé par les boutiques à poisson.

7. Il ne peut être tenu de boutique à poisson sur la rivière, sans une permission du préfet de police.

8. Toutes permissions accordées jusqu'à ce jour pour placement de boutiques au port au poisson, sont annulées.

9. Les marchands ou triqueurs de poisson qui voudront conserver des boutiques seront tenus de se pourvoir d'une permission dans le mois, à compter de la publication de la présente ordonnance.

10. Les marchands forains, ayant bascules ou boutiques sur la rivière, ont la faculté de vendre du poisson à la halle, soit en gros, soit en détail.

La vente devra être terminée à neuf heures du matin, depuis le 1er avril jusqu'au 1er octobre, et à onze heures, depuis le 1er octobre jusqu'au 1er avril.

Il ne pourra en être remporté.

11. Tous marchands de poisson ayant boutiques ou bascules sur la rivière, ou les triqueurs, dépositaires de leur poisson, sont tenus d'approvisionner la halle à la première réquisition qui leur en sera faite par le préfet de police.

12. Le poisson exposé en vente sera visité. Celui qui sera reconnu gâté, corrompu ou nuisible sera saisi et détruit. (*Loi du 22 juillet* 1791, *art.* 20.)

13. Les détaillants du poisson pourront exiger le lotissage du poisson acheté par l'un d'eux.

Le lotissage n'aura lieu qu'autant qu'il aura été demandé sur le bateau même, et à la charge de payer comptant.

14. Il y aura des porteurs spécialement affectés au service du port au poisson.

Ils seront tenus de se faire inscrire par l'inspecteur général de la navigation et des ports, dans un mois au plus tard, à compter de la publication de la présente ordonnance.

Ils seront pourvus d'une médaille qu'ils porteront ostensiblement pendant la durée de leur service.

15. Les contraventions seront constatées par des procès-verbaux qui seront adressés au préfet de police.

16. Il sera pris envers les contrevenants aux dispositions ci-dessus telles mesures de police administrative qu'il appartiendra, sans préju-

dice des poursuites à exercer contre eux par-devant les tribunaux,
conformément aux lois et aux règlements de police.

17. La présente ordonnance sera imprimée, publiée et affichée.

Les sous-préfets des arrondissements de Saint-Denis et de Sceaux,
les maires des communes rurales du ressort de la préfecture de police,
les commissaires de police, à Paris, l'inspecteur général du troisième
arrondissement de la police générale de l'empire, les officiers de paix,
l'inspecteur général de la navigation et des ports, les commissaires des
halles et marchés et les autres préposés de la préfecture de police
sont chargés de tenir la main à son exécution.

Le conseiller d'État, préfet de police, DUBOIS.

N° 370. — *Ordonnance concernant les mesures d'ordre à observer le 25 janvier, jour où sera chanté un Te Deum, à l'occasion
des succès remportés contre l'armée russe, sur les bords du Bug
et de la Narew.*

Paris, le 23 janvier 1807.

N° 371. — *Ordonnance concernant les masques, pendant le
carnaval* (1).

Paris, le 30 janvier 1807.

N° 372. — *Ordonnance concernant l'échenillage* (2).

Paris, le 17 février 1807.

N° 373. — *Ordonnance concernant la prohibition de la chasse* (3).

Paris, le 18 février 1807.

N° 374. — *Ordonnance concernant les glaces et neiges* (4).

Paris, le 19 février 1807.

---

(1) V. les ord. des 10 févr. 1828, 10 févr. 1830 et 23 fév. 1843.
(2) V. l'ord. du 29 janv. 1810 et l'arr. du 1er mars 1837.
(3) V. l'ord. du 23 févr. 1843.
(4) V. les ord. des 7 janv. 1835, 26 déc. 1836, 14 déc. 1838 et 7 décembre 1842.

N° **375**. — *Ordonnance concernant les porteurs d'eau* (1).

Paris, le 6 mars 1807.

N° **376**. — *Ordonnance concernant l'ordre à suivre lors du défilé des voitures qui iront à Longchamp* (2).

Paris, le 23 mars 1807.

N° **377**. — *Ordonnance concernant le commerce du charbon de terre* (3).

Paris, le 8 avril 1807.

Le conseiller d'État, chargé du troisième arrondissement de la police générale de l'empire, préfet de police et l'un des commandants de la Légion d'honneur,

Vu les articles 2, 26 et 32 de l'arrêté du gouvernement du 12 messidor an VIII, et l'article 1 de l'arrêté du 3 brumaire an IX,

Ordonne ce qui suit :

1. Le charbon de terre destiné à l'approvisionnement de Paris doit être conduit directement aux gares de Villeneuve-Saint-Georges et de Charenton, pour être ensuite descendu dans les ports de Paris, sur un permis de l'inspecteur général de la navigation et des ports.

2. Il est enjoint à tout conducteur de charbon de terre pour l'approvisionnement de Paris, d'être porteur de lettres de voitures en règle. (*Ord. de 1672, chap.* II, *art. 8 et 9.*)

3. Il est défendu d'aller au-devant du charbon de terre destiné pour l'approvisionnement de Paris, et d'en acheter en route, sous peine de confiscation de la marchandise contre le vendeur, et de la perte du prix contre l'acheteur. (*Ord. de 1672, chap.* III, *art. 2.*)

4. Le charbon de terre, amené à Paris, ne peut y être vendu qu'aux ports et places à ce destinés ou dans les entrepôts autorisés.

5. Les ports destinés à la vente du charbon de terre sont ceux de Saint-Paul et de la Grève.

6. Il ne doit être mis en vente à la fois ,

SAVOIR :

Au port Saint-Paul, plus de neuf bateaux ;
Et au port de la Grève, plus de trois.

7. Aucun bateau de charbon de terre ne peut être mis en décharge que sur un permis de l'inspecteur général.

Il donnera connaissance au contrôleur général du recensement et du mesurage des bois et charbons des permis par lui délivrés, en indiquant les lieux du déchargement et la destination du charbon.

8. Tout bateau de charbon de terre mis en vente, avant son tour,

---

(1) V. l'arr. du 4 juin 1811 et les ord. des 28 juill. 1819, 24 oct. 1829, 14 juin 1833, 30 mars 1837 et 15 avril 1843.

(2) V. l'ord. du 10 avril 1843.

(3) V. les ord. des 12 janv. 1822 et 25 oct. 1840 (art. 97 et suiv.).

sans permis ou à un port autre que celui indiqué, sera retiré aux frais et risques du propriétaire.

Le bateau ne pourra être remis en vente que d'après une autorisation du préfet de police.

9, Il ne peut être tenu aucun magasin ou entrepôt de charbon de terre sans une permission spéciale du préfet de police.

10. Toutes permissions accordées jusqu'à ce jour sont annulées.

11. Dans le mois, à compter du jour de la publication de la présente ordonnance, tout marchand tenant magasin ou entrepôt de charbon de terre, sera tenu de demander une permission.

Il joindra à sa pétition un plan figuré du local, avec indication des dimensions et des tenants et aboutissants.

12. Le charbon de terre ne peut être livré ni enlevé sans avoir été préalablement mesuré.

13. Le charbon de terre est mesuré au demi-hectolitre.

La mesure doit être remplie à comble.

14. Le marchand est tenu de donner, chaque jour, aux préposés de la préfecture de police la note des quantités de charbon de terre vendues et enlevées soit sur les ports soit dans les entrepôts.

15. Les contraventions seront constatées par des procès-verbaux qui seront adressés au préfet de police.

16. Il sera pris envers les contrevenants aux dispositions ci-dessus telles mesures de police administrative qu'il appartiendra, sans préjudice des poursuites à exercer contre eux par-devant les tribunaux, conformément aux lois et aux règlements de police.

17. La présente ordonnance sera imprimée, publiée et affichée.

Les sous-préfets des arrondissements de Saint-Denis et de Sceaux, les maires et adjoints des communes rurales du ressort de la préfecture de police, les commissaires de police, à Paris, l'inspecteur général du troisième arrondissement de la police générale de l'empire, les officiers de paix, l'inspecteur général de la navigation et des ports, le contrôleur général du recensement et du mesurage des bois et charbons et les autres préposés de la préfecture de police sont chargés de tenir la main à son exécution.

Le conseiller d'Etat, préfet de police, DUBOIS.

N° **378**. — *Ordonnance concernant les bains dans la rivière et les écoles de natation* (1).

Paris, le 4 mai 1807.

N° **379**. — *Ordonnance concernant la translation aux Invalides de l'épée et des décorations du grand Frédéric et des drapeaux conquis dans la dernière campagne.*

Paris, le 15 mai 1807.

Le conseiller d'Etat, chargé du troisième arrondissement de la police générale de l'empire, préfet de police, et l'un des commandants de la Légion d'honneur,

---

(1) V. les ord. des 20 mai 1839 et 25 oct. 1840 (art. 187 et suiv. et 225).

Vu le programme des cérémonies pour la translation aux Invalides de l'épée de Frédéric-le-Grand,

Ordonne ce qui suit :

1. Le dimanche 17 mai présent mois, jour de la translation aux Invalides de l'épée et des décorations du grand Frédéric et des drapeaux conquis dans la dernière campagne, la circulation et le stationnement des voitures sont interdits, depuis midi jusqu'après le passage et le retour du cortége, dans les endroits ci-après désignés,

SAVOIR :

La rue Saint-Nicaise ;

La rue Saint-Honoré, depuis la place du Tribunat jusqu'à la rue de la Concorde,

La rue et la place de la Concorde ;

Le pont et la place du Corps-Législatif ;

La rue de l'Université, depuis la place du Corps-Législatif jusqu'au quinconce des Invalides.

2. Le balayage et l'enlèvement des boues seront terminés avant huit heures du matin, dans les rues et quais par où passera le cortége.

L'inspecteur général du nettoyement est spécialement chargé de prendre toutes les autres précautions que les circonstances exigeront.

3. Il est défendu de monter sur les arbres du boulevard et du quinconce des Invalides ;

Il est également défendu de monter sur les parapets des ponts et des quais, ainsi que sur les piles de bois dans les chantiers.

4. Le passage de la rivière en bachots et en batelets ne pourra avoir lieu, depuis le pont du Corps-Législatif jusqu'à la barrière des Bons-Hommes, qu'aux endroits ci-après, savoir :

Au port des Invalides ;

A Chaillot ;

Et à la barrière.

Les adjudicataires des droits de ces passages se pourvoiront de bachots en nombre suffisant pour que le service se fasse avec sûreté et célérité.

5. Il ne pourra être admis dans chaque bachot plus de douze personnes.

Il est enjoint aux passeurs d'eau d'y maintenir l'ordre et de désigner aux officiers de police ou à la garde ceux qui, par des imprudences, exposeraient la sûreté des passagers.

6. Il sera pris envers les contrevenants telles mesures de police administrative qu'il appartiendra, sans préjudice des poursuites à exercer contre eux devant les tribunaux.

7. La présente ordonnance sera imprimée, publiée et affichée.

Les commissaires de police, l'inspecteur général du troisième arrondissement de la police générale de l'empire, les officiers de paix, les inspecteurs généraux de la navigation et de la salubrité et les préposés de la préfecture de police sont chargés, chacun en ce qui le concerne, de tenir la main à son exécution.

Le conseiller d'Etat, préfet de police, DUBOIS.

N° **380.** — *Ordonnance concernant l'arrosement* (1).

Paris, le 25 mai 1807.

---◦---

N° **381.** — *Ordonnance concernant le lâchage des bateaux et des trains, et le remontage des bateaux vides dans Paris* (2).

Paris, le 6 juin 1807.

Le conseiller d'Etat, chargé du troisième arrondissement de la police générale de l'empire, préfet de police, et l'un des commandants de la Légion d'honneur,

Informé qu'il s'est élevé quelques difficultés entre les chefs des ponts de Paris, et les lâcheurs de trains, et voulant les prévenir par la suite;

Vu les articles 2 et 32 de l'arrêté du gouvernement du 12 messidor an VIII, et l'arrêté du ministre de l'intérieur du 16 pluviôse, an XI;

Ordonne ce qui suit :

1. Les chefs des ponts pourront lâcher, sous les grands ponts, tous les jours, depuis le point du jour jusqu'à la nuit, les bateaux, barquettes, toues et autres qui se descendent à l'aviron.

2. Les bateaux ne pourront être lâchés sur corde par les grands ponts, que les mardis et vendredis, et seulement depuis sept heures du matin jusqu'à cinq heures du soir.

S'il arrivait que ces deux jours ne fussent pas suffisants pour le lâchage de tous les bateaux, les chefs des ponts s'adresseront à l'inspecteur général de la navigation et des ports, qui est autorisé à y pourvoir et qui en rendra compte.

3. Les chefs des ponts pourront faire, tous les jours, le remontage des bateaux par le bras de la rivière dit des petits ponts, lorsqu'il n'y aura pas assez d'eau pour y faire passer les trains de bois flotté ; mais quand les trains pourront passer par les petits ponts, les chefs des ponts ne devront y faire le remontage que les mercredis et samedis.

4. Lorsque les chefs des ponts lâcheront des bateaux sur corde par les grands ponts, ils seront tenus d'arborer, à sept heures du matin, un drapeau au pont de la Tournelle, et un autre au pont des Tuileries, côté des grands ponts.

5. Lorsqu'ils lâcheront sur corde par les grands ponts, en même temps qu'ils remonteront par le petit bras de la rivière, ils seront tenus préalablement d'arborer les deux drapeaux au pont de la Tournelle.

6. Lorsque les chefs des ponts feront des remontages, dans le temps où le lâchage des trains peut se faire par les petits ponts, ils arboreront un drapeau au pont de la Tournelle, et un autre au pont des Tuileries, côté des petits ponts.

7. Le commerce pourra faire lâcher les trains de bois de chauffage ou de charpente, tous les jours, même les mardis et vendredis, par les

---

(1) V. les ord. des 17 mai 1834, 1er juin 1837 et 27 juin 1843.

(2) V. les ord. des 22 mai et 13 déc. 1811, 15 oct. 1812, le cahier des charges du chef des ponts de Paris du 22 avril 1822, les ord. des 19 juill. 1822, 30 juin 1827, 31 mai 1838 et 25 oct. 1840 (art. 31 et suiv. et cahier des charges du chef des ponts).

grands ponts, et, les mercredis et samedis, **par les petits ponts**, lorsque les chefs des ponts n'auront pas fait arborer de drapeau.

8. Les contraventions seront constatées par des procès-verbaux qui seront adressés au préfet de police.

9. Il sera pris envers les contrevenants telles mesures de police administrative qu'il appartiendra, sans préjudice des indemnités dont ils seront tenus pour les dommages qu'ils pourraient avoir causés.

10. La présente ordonnance sera imprimée, publiée et affichée.

Les commissaires de police, l'inspecteur général du troisième arrondissement de la police générale de l'empire, les officiers de paix, l'inspecteur général de la navigation et des ports et les autres préposés de la préfecture de police sont chargés de tenir la main à son exécution.

Le conseiller d'Etat, préfet de police, DUBOIS.

N° **382**. — *Ordonnance concernant les mesures d'ordre à observer le 14 juin, jour où sera chanté un* Te Deum *à l'occasion de la prise de Dantzick.*

Paris, le 12 juin 1807.

N° **383**. — *Avis concernant l'abattage des chiens errants* (1).

Paris, le 16 juin 1807.

N° **384**. — *Ordonnance qui prescrit l'impression et la publication des articles* 1, 2, 3, 9, 10, 11, 12, 13, 14, 15 *et* 19 (4e *section, titre* 1er) *de la loi du* 6 octobre 1791, *relatifs au parcours et à la vaine pâture* (2).

Paris, le 25 juin 1807.

N° **385**. — *Ordonnance qui prescrit l'impression et la publication des articles* 12, 14, 17, 26, 27, 28, 29, 34, 35, 36, 37, 38, 39 *et* 43 *de la loi du* 6 octobre 1791, *relatifs à la police rurale* (3).

Paris, le 25 juin 1807.

N° **386**. — *Ordonnance concernant des mesures d'ordre à observer le 5 juillet, jour où sera chanté un* Te Deum *à l'occasion de la victoire de Friedland.*

Paris, le 3 juillet 1807.

(1) V. les ord. des 25 mai 1808 et 23 juin 1832.
(2) V. cette loi à l'appendice.
(3) V. cette loi à l'appendice.

N° **387**. — *Ordonnance concernant la publication de la paix.*

Paris, le 24 juillet 1807.

Le conseiller d'Etat, chargé du troisième arrondissement de la police générale de l'empire, préfet de police, et l'un des commandants de la Légion d'honneur,

Vu la lettre de son excellence le ministre de l'intérieur, en date d'hier, portant que la publication des traités de paix conclus avec l'empereur de Russie et le roi de Prusse sera faite par les hérauts d'armes, dans la ville de Paris, aujourd'hui 24 juillet, cinq heures du soir, dans les lieux et suivant l'ordre ci-après indiqués :

La place du Tribunat ;
La porte Saint-Honoré ;
La porte Saint-Denis ;
La porte Saint-Martin ;
La place de la Bastille ;
La place de Grève, en face de l'Hôtel-de-Ville ;
La place du Palais de Justice ;
La rue de Tournon, en face du Palais du Sénat ;
L'esplanade des Invalides, en face de l'Hôtel ;
La place du Palais du Corps législatif ;
Et la place du Carrousel ,

Ordonne ce qui suit :

1. Les quais, ponts, places, rues et boulevards que le cortège devra parcourir aujourd'hui , et les rues qui aboutissent immédiatement aux places où se feront les publications, seront débarrassés de tous objets qui pourraient gêner la circulation.

2. Les habitants de Paris arroseront le devant de leurs maisons, notamment dans les rues où passera le cortège.

3. Aucune voiture ne pourra interrompre la marche du cortège.

4. Les habitants de Paris illumineront la façade de leurs maisons, aujourd'hui 24 juillet, à la chute du jour.

5. L'inspecteur général de la police se concertera avec le chef de l'état-major du gouvernement de Paris, pour toutes les autres mesures que nécessiteront les circonstances.

Les commissaires de police, les officiers de paix, l'architecte commissaire de la petite voirie, l'inspecteur général de la salubrité et du nettoiement et les autres préposés de la préfecture de police sont chargés, chacun en ce qui le concerne, de tenir la main à l'exécution de la présente ordonnance, qui sera imprimée et affichée partout où besoin sera.

Le conseiller d'Etat, préfet de police, DUBOIS.

N° **388**. — *Ordonnance concernant les théâtres* (1).

Paris, le 10 août 1807.

Le conseiller d'Etat, chargé du troisième arrondissement de la police générale de l'empire, préfet de police, et l'un des commandants de la Légion d'honneur,

(1) V. les ord. des 16 juin 1806, 6 juill. 1816, 23 et 27 mars 1817, l'arr. du 2 déc. 1824, les ord. des 12 févr. 1828, 31 janv. et 9 juin 1829, l'arr. du 8 fév. 1831, les ord. des 26 déc. 1832, 3 oct. 1837, 17 mai et 22 nov. 1838, l'arr. du 10 déc. 1841, la consigne du 14 juin 1842 et l'ord. du 23 nov. 1843.

Vu l'article 12 de l'arrêté du gouvernement du 12 messidor, an VIII, Ordonne ce qui suit :

1. Le décret impérial du 8 août, présent mois, concernant les théâtres de Paris, sera imprimé, publié et affiché avec la présente ordonnance (1).

2. Les quatre grands théâtres mentionnés en l'article 1 du règlement de S. Exc. le ministre de l'intérieur, en date du 25 avril dernier, savoir : le Théâtre-Français (théâtre de S. M. l'Empereur) ; le Théâtre de l'Impératrice ; le théâtre de l'Opéra (Académie Impériale de Musique) ; le théâtre de l'Opéra-Comique (théâtre de S. M. l'Empereur) ; et les théâtres de la Gaieté, de l'Ambigu-Comique, des Variétés, boulevard Montmartre, et du Vaudeville, étant seuls autorisés par l'article 4 du décret impérial précité, à ouvrir, afficher et représenter, tous autres théâtres non autorisés par ledit article, doivent être fermés avant le 15 août, présent mois, conformément aux dispositions de l'article 5 du même décret impérial.

3. Ces dispositions seront notifiées, dans les vingt-quatre heures, aux propriétaires et entrepreneurs des théâtres non autorisés, pour qu'ils aient à s'y conformer dans le délai prescrit.

4. Les commissaires de police dans les divisions desquelles il se trouve des théâtres, autres que les huit autorisés par le décret impérial, sont chargés spécialement, par la présente ordonnance, de faire cette notification, d'en dresser procès-verbal, et de le transmettre de suite à la préfecture de police.

5. Pour l'entière exécution de l'article 5 du décret impérial précité, pareille notification sera faite aux propriétaires ou locataires des théâtres dits de société où le public était admis gratuitement par des billets imprimés ou à la main.

6. Les commissaires de police, l'inspecteur général du troisième arrondissement de la police générale de l'empire et les officiers de paix sont chargés, chacun en ce qui le concerne, de tenir la main à l'exécution de la présente ordonnance.

Le conseiller d'Etat, préfet de police, DUBOIS.

N° **389.** — *Ordonnance concernant des mesures de police relatives à la fête de saint Napoléon et à l'ouverture de la session du corps législatif* (2).

Paris, le 12 août 1807.

N° **390.** — *Ordonnance concernant l'ouverture de la chasse* (3).

Paris, le 12 août 1807.

---

(1) V. ce décret à l'appendice.
(2) V. les ord. des 13 août 1813 et 31 mai 1814.
(3) V. les ord. des 18 août 1812 et 22 août 1843.

N° **391**. — *Ordonnance portant que la navigation par la première arche du pont Notre-Dame sera interrompue, et qu'elle aura lieu par la seconde arche, pendant la construction du quai Napoléon.*

Paris, le 18 août 1807.

N° **392**. — *Ordonnance relative à l'illumination qui aura lieu au palais impérial des Tuileries, et au feu d'artifice qui sera tiré sur la place de la Concorde, à l'occasion du mariage de S. A. I. le prince Jérôme-Napoléon et de S. A. R. la princesse Frédérique-Catherine-Sophie-Dorothée de Wurtemberg.*

Paris, le 22 août 1807.

Le conseiller d'Etat, chargé du troisième arrondissement de la police générale de l'empire, préfet de police, et l'un des commandants de la Légion d'honneur.

Vu le programme des cérémonies de la signature du contrat, de l'acte civil, de la célébration du mariage de S. A. I. le prince Jérôme-Napoléon, et de S. A. R. la princesse Frédérique-Catherine-Sophie-Dorothée de Wurtemberg ,

Ordonne ce qui suit :

1. L'entrepreneur qui a formé un dépôt de matériaux en pierres et moellons sur la place de la Concorde, à droite en sortant du jardin des Tuileries, sera tenu, dans le jour, de faire entourer ce dépôt d'une barrière.

Faute par lui de le faire, l'architecte commissaire de la petite voirie y mettra d'office des ouvriers aux frais dudit entrepreneur.

2. L'entrepreneur qui a formé un dépôt de carreaux de pierres le long de la balustrade du fossé de la place de la Concorde, parallèle à la route de Versailles, côté des Champs-Elysées, fera enlever ce dépôt dans le jour ; sinon l'architecte commissaire de la petite voirie procédera d'office à cet enlèvement.

3. Il est enjoint à l'entrepreneur qui a formé deux dépôts de pierres vis-à-vis le Garde-Meuble et l'hôtel des Ambassadeurs, de faire décaler ces pierres et de les mettre à plat.

4. L'entrepreneur de la charpente du feu d'artifice tiré sur le pont de la Concorde, le 15 août, sera tenu de faire enlever lesdites charpentes avant demain dimanche 23 août, à midi ; sinon il fera entourer cette charpente avec une barrière en madriers de six pieds de hauteur.

Faute par lui de satisfaire à cette injonction, l'architecte commissaire de la petite voirie procédera d'office à la construction de ladite clôture aux frais de l'entrepreneur.

5. Le 23 août présent mois, depuis six heures du soir jusqu'à minuit, aucune voiture de place, ainsi qu'aucunes voitures bourgeoises, autres que celles qui se rendront au palais impérial des Tuileries, ne pourront circuler ni stationner dans les rues et sur les quais, ponts et places ci-après désignés ,

SAVOIR :

Les quais du Louvre et des Tuileries, les ponts des Tuileries et de la Concorde ;

Le quai Bonaparte ;

Celui de la Conférence jusqu'à la demi-lune de l'allée d'Antin ;

L'avenue des Champs-Elysées depuis l'Etoile jusques et compris la place de la Concorde ;

Les rues des Champs-Elysées, de la Concorde, de Saint-Florentin, de Rivoli et de l'Echelle,

Et la place du Carrousel.

Le pont de la Concorde restera interdit à toutes voitures quelles qu'elles soient.

6. L'inspecteur général de la police aura soin de diriger sur une seule file les voitures qui se rendront au palais impérial des Tuileries. Il exigera le même ordre au retour, et se concertera avec le commandant de la force armée pour que les postes sous ses ordres ne soient levés qu'une heure après le départ de toutes les voitures.

7. Il est défendu de monter sur les arbres des Champs-Elysées, sur les parapets des ponts et des quais, sur les chantiers de bois à brûler, et sur les bateaux et bâtiments des bains qui sont sur la rivière.

8. Il sera pris envers les contrevenants aux dispositions ci-dessus telles mesures de police administrative qu'il appartiendra, sans préjudice des poursuites à exercer contre eux par-devant les tribunaux, conformément aux lois et aux règlements qui leur sont applicables.

9. La présente ordonnance sera imprimée, publiée et affichée.

Les commissaires de police, l'inspecteur général du troisième arrondissement de la police générale de l'empire, les officiers de paix, l'architecte commissaire de la petite voirie et les autres préposés de la préfecture de police sont chargés, chacun en ce qui le concerne, de tenir la main à son exécution.

Le conseiller d'Etat, préfet de police, DUBOIS.

No **393**. — *Ordonnance concernant les mesures de police qui doivent être observées à Saint-Cloud les 6, 13 et 20 septembre* (1).

Paris, le 3 septembre 1807.

No **394**. — *Ordonnance qui interdit momentanément l'usage de l'abreuvoir du port Saint-Nicolas.*

Paris, le 4 septembre 1807.

No **395**. — *Ordonnance concernant la vérification annuelle des mesures pour le bois de chauffage, les grains et autres matières sèches* (2).

Paris, le 8 septembre 1807.

Le conseiller d'Etat, chargé du troisième arrondissement de la police

(1) V. l'ord. du 6 sept. 1843.
(2) V. les ord. des 23 nov. 1807, 14 déc. 1820, 15 déc. 1825, 27 oct. et 29 nov. 1826, 23 nov. 1842 et 1er déc. 1843.

générale de l'empire, préfet de police, et l'un des commandants de la Légion d'honneur,

Vu les articles 2 et 26 de l'arrêté du 12 messidor an viii, l'article 1 de l'arrêté du 3 brumaire an ix et l'article 10 de celui du 29 prairial suivant ;

Vu aussi la décision du ministre de l'intérieur du 15 thermidor an x,

Ordonne ce qui suit :

1. Dans le ressort de la préfecture de police, il sera procédé, pendant les mois d'octobre, novembre et décembre 1807, à la vérification annuelle des mesures pour les bois de chauffage, les grains et autres matières sèches.

2. Après que les mesures auront été vérifiées, elles seront empreintes du poinçon aux armes de l'empire, et de la lettre F.

3. Tous ceux qui font usage de mesures pour les grains et autres matières sèches, sont tenus de les rapporter, dans le délai prescrit par l'article 1, au bureau de vérification établi rue Saint-Louis, près la préfecture de police, pour être lesdites mesures, vérifiées, poinçonnées et marquées de la lettre F.

Avant de présenter ces mesures à la vérification, les propriétaires les feront rajuster, si besoin est.

4. Les mesures pour le bois de chauffage seront vérifiées, poinçonnées et marquées sur les lieux, dans le délai ci-dessus fixé, et aux époques qui seront indiquées.

Les marchands de bois feront préalablement rajuster les mesures qui en auront besoin.

5. A compter du 1ᵉʳ octobre prochain, il est défendu de vendre des mesures qui n'auraient point été poinçonnées et marquées de la lettre F, sous les peines portées par les lois et règlements.

A compter du 1ᵉʳ janvier prochain, il est pareillement défendu, et sous les mêmes peines, de se servir de mesures qui n'auraient pas été poinçonnées et marquées à la lettre F.

6. Les contraventions seront constatées par des procès-verbaux, qui seront adressés au préfet de police.

7. Il sera pris envers les contrevenants aux dispositions ci-dessus, telles mesures de police administrative qu'il appartiendra, sans préjudice des poursuites à exercer contre eux par-devant les tribunaux, conformément aux lois et aux règlements qui leur sont applicables.

8. La présente ordonnance sera imprimée, publiée et affichée.

Les sous-préfets des arrondissements de Saint-Denis et de Sceaux, les maires et adjoints des communes rurales du ressort de la préfecture de police, les commissaires de police à Paris, l'inspecteur général du troisième arrondissement de la police générale de l'empire, les officiers de paix, le contrôleur général du recensement et du mesurage des bois et charbons, les commissaires des halles et marchés, le contrôleur de la halle aux grains et farines, les inspecteurs des poids et mesures et les autres préposés de la préfecture de police sont chargés de tenir la main à son exécution.

Le conseiller d'Etat, préfet de police, DUBOIS.

N° **396.** — *Avis concernant le ramonage* (1).

Paris, le 26 septembre 1807.

N° **397.** — *Instruction concernant la surveillance de la rivière, des ports, de la halle aux vins, des chantiers et des places de vente du charbon* (2).

Paris le 29 septembre 1807.

N° **398.** — *Ordonnance concernant la célébration de l'anniversaire de la bataille d'Iéna.*

Paris, le 12 octobre 1807.

N° **399.** — *Ordonnance concernant la police de la rivière et des ports, pendant l'hiver, et dans les temps de glaces, grosses eaux et débâcles* (3).

Paris, le 29 octobre 1807.

N° **400.** — *Arrêté concernant la mise en fourrière des animaux saisis ou abandonnés* (4).

Paris, le 4 novembre 1807.

Le conseiller d'Etat à vie, chargé du troisième arrondissement de la police générale de l'empire, préfet de police, et l'un des commandants de la Légion d'honneur,

Vu la demande de la dame veuve Thibault,

Arrête :

1. La dame veuve Thibault, aubergiste, demeurant rue des Grands-Augustins, n° 4, division du Théâtre-Français, est nommée provisoirement gardienne de la fourrière des animaux saisis ou abandonnés, au lieu et place de son mari décédé.

2. Les animaux saisis ou abandonnés devront, à l'avenir, être conduits et déposés dans les écuries de la dame Thibault.

3. Expédition du présent arrêté sera adressé aux commissaires de police, à l'inspecteur général du troisième arrondissement de la police générale de l'empire, aux officiers de paix et à tous les chefs de service

(1) V. l'avis du 10 janv. 1828 et l'ord. du 24 nov. 1843.
(2) V. les ord. des 24 mars 1824, 26 mars 1829 et 25 oct. 1840.
(3) V. les ord. des 1er déc. 1838, 5 déc. 1839 et 25 oct. 1840 (art. 203 et suiv.).
(4) V. les arr. des 17 mars 1813, 25 mars 1831, 14 mai et 20 déc. 1832 et 28 févr. 1839.

extérieur de la préfecture de police qui demeurent chargés, chacun en ce qui le concerne, d'en assurer l'exécution.

Il en sera adressé un exemplaire au commissaire du gouvernement près le tribunal de première instance.

Il en sera également remis un à la dame Thibault.

Le conseiller d'Etat, préfet de police, DUBOIS.

⸺◈⸺

No **401.** — *Ordonnance concernant la police des garçons épiciers.*

Paris, le 20 novembre 1807.

Le conseiller d'Etat à vie, chargé du troisième arrondissement de la police générale de l'empire, préfet de police, et l'un des commandants de la Légion d'honneur,

Vu l'ordonnance de police du 11 mars 1786 concernant la discipline des garçons épiciers;

La loi du 22 germinal an XI relative aux manufactures, fabriques et ateliers;

L'arrêté du gouvernement du 9 frimaire an XII relatif au livret dont les ouvriers, travaillant en qualité de compagnons ou garçons, doivent être pourvus;

L'ordonnance du 20 pluviôse de la même année concernant les ouvriers,

Ordonne ce qui suit:

1. Aucun marchand épicier ne pourra admettre un garçon chez lui, s'il n'est pourvu d'un livret, et s'il n'y est fait mention du congé de son dernier maître, à peine de cent francs d'amende contre les marchands. (*Ord. de police du 11 mars 1786, art. 9 et 13.*)

2. Les marchands épiciers et leurs garçons se conformeront aux dispositions de l'ordonnance de police du 20 pluviôse an XII, concernant les ouvriers; laquelle continuera d'être exécutée selon sa forme et teneur.

3. Les contraventions seront constatées par des procès-verbaux qui seront adressés au préfet de police.

4. Il sera pris, envers les contrevenants, telles mesures de police administrative qu'il appartiendra, sans préjudice des poursuites à exercer contre eux devant les tribunaux.

5. La présente ordonnance sera imprimée, publiée et affichée.

Les sous-préfets des arrondissements de Saint-Denis et de Sceaux, les maires des communes rurales du ressort de la préfecture de police, les commissaires de police à Paris, l'inspecteur général du troisième arrondissement de la police générale de l'empire, les officiers de paix, l'inspecteur général des bureaux de placement des ouvriers et garçons et les autres préposés de la préfecture de police sont chargés de tenir la main à son exécution.

Le conseiller d'Etat, préfet de police, DUBOIS.

⸺◈⸺

N° **402.** — *Ordonnance concernant la vérification annuelle des poids et mesures* (1).

Paris, le 23 novembre 1807.

Le conseiller d'Etat à vie, chargé du troisième arrondissement de la police générale de l'empire, préfet de police, et l'un des commandants de la Légion d'honneur,

Vu l'édit du mois de janvier 1704, portant que la vérification des poids et mesures employés dans le commerce, sera faite au moins une fois chaque année;

La loi du 1er vendémiaire an IV relative aux poids et mesures;

Les articles 2 et 26 de l'arrêté du gouvernement du 12 messidor an VIII et l'article 1 de l'arrêté du 3 brumaire an IX;

Les arrêtés du gouvernement des 13 brumaire et 29 prairial an IX;

Et les décisions de S. Exc. le ministre de l'intérieur, sur la vérification annuelle des poids et mesures;

Considérant que, de temps immémorial les règlements de police ont assujetti les marchands à faire vérifier, chaque année, les poids et mesures dont ils faisaient usage dans le commerce;

Que ces règlements n'ont point été abrogés, et qu'il importe, pour la garantie du commerce et la sûreté du consommateur, de les remettre en vigueur,

Ordonne ce qui suit:

1. A compter du 1er janvier 1808, tous les poids et mesures en usage dans le ressort de la préfecture de police seront annuellement vérifiés.

2. Les marchands, négociants, fabricants, entrepreneurs et autres faisant usage de poids et de mesures linéaires et de capacité, seront tenus de les présenter, aux époques ci-après fixées, au bureau de vérification établi rue Saint-Louis, près la préfecture de police, pour être vérifiés et poinçonnés: ils les feront préalablement rajuster, si besoin est.

3. Les poids et mesures seront poinçonnés aux armes de l'empire, et marqués.

La marque de l'année 1808 portera l'empreinte de la lettre G.

4. Il sera procédé à la vérification des mesures linéaires, de celles de capacité pour les liquides et des poids,

SAVOIR:

En janvier, pour les premier et second arrondissements de Paris et le canton de Nanterre;

En février, pour les troisième et quatrième arrondissements de Paris et le canton de Neuilly;

En mars, pour les cinquième et sixième arrondissements de Paris et le canton de Charenton;

En avril, pour les septième et huitième arrondissements de Paris et le canton de Vincennes;

En mai, pour les neuvième et dixième arrondissements de Paris et le canton de Sceaux;

En juin, pour les onzième et douzième arrondissements de Paris et le canton de Villejuif,

_____

(1) V. les ord. des 14 déc. 1820, 15 déc. 1825, 27 oct. et 29 nov. 1826, 23 nov. 1842 et 1er déc. 1843.

Et en juillet, pour les cantons de Saint-Denis et Pantin, et les communes de Saint-Cloud, Sèvres et Meudon.

Les mesures pour le bois de chauffage, les grains et autres matières sèches seront vérifiées pendant les mois d'octobre, novembre et décembre, ainsi qu'il s'est pratiqué jusqu'à présent.

5. Lorsque les marchands, négociants ou autres, ayant au delà de vingt-cinq doubles myriagrammes en fer, désireront que la vérification en soit faite à domicile, ils en adresseront la demande au préfet de police.

6. Les mesures pour les bois de chauffage, servant à l'exploitation des chantiers dans Paris, seront vérifiées, poinçonnées et marquées sur les lieux.

Les marchands de bois feront préalablement rajuster les mesures qui en auront besoin.

7. Le droit de vérification des poids et mesures sera perçu conformément au tarif annexé à l'arrêté du gouvernement du 29 prairial an IX.

Il ne sera néanmoins perçu que quinze centimes pour chaque double myriagramme, qui sera vérifié au bureau.

8. Il est défendu de vendre des poids et des mesures linéaires et de capacité pour les liquides, après le 1er janvier prochain, et des mesures pour le bois de chauffage, les grains et autres matières sèches, après le 1er octobre 1808, si ces poids et mesures n'ont été poinçonnés et marqués de la lettre G.

Il est pareillement défendu de se servir de poids et de mesures linéaires et de capacité pour les liquides, à compter du 1er août prochain, et de mesures pour le bois de chauffage, les grains et autres matières sèches, à compter du 1er janvier 1809, si ces poids et mesures n'ont aussi été poinçonnés et marqués de la lettre G.

Le tout sous les peines portées par les lois et règlements.

9. Les contraventions seront constatées par des procès-verbaux, qui seront adressés au préfet de police.

10. Il sera pris envers les contrevenants aux dispositions ci-dessus telles mesures de police administrative qu'il appartiendra, sans préjudice des poursuites à exercer contre eux par-devant les tribunaux, conformément aux lois et règlements.

11. La présente ordonnance sera soumise à l'approbation de S. Exc. le ministre de l'intérieur.

12. Elle sera imprimée, publiée et affichée.

Les sous-préfets des arrondissements de Saint-Denis et de Sceaux, les maires et adjoints des communes rurales du ressort de la préfecture de police, les commissaires de police à Paris, l'inspecteur général du troisième arrondissement de la police générale de l'empire, les officiers de paix, l'inspecteur général de la navigation et des ports, le contrôleur général du recensement et du mesurage des bois et charbons, les commissaires des halles et marchés, le contrôleur de la halle aux grains et farines, les inspecteurs des poids et mesures et les autres préposés de la préfecture de police sont chargés de tenir la main à son exécution.

Le conseiller d'Etat, préfet de police, DUBOIS.

N° **403**. — *Ordonnance concernant le retour de la garde impériale* (1).

Paris, le 23 novembre 1807.

Le conseiller d'Etat à vie, chargé du troisième arrondissement de la police générale de l'empire, préfet de police, et l'un des commandants de la Légion d'honneur,

Vu le programme des fêtes qui seront données par la ville de Paris, à l'occasion du retour de la garde impériale, le 25 novembre présent mois,

Ordonne ce qui suit :

1. Mercredi prochain, 25 novembre, la voie publique sera balayée et débarrassée avant neuf heures du matin.

2. A compter de dix heures du matin, aucunes voitures, autres que celles du corps municipal, ne pourront stationner, ni circuler dans la rue du faubourg Saint-Martin, depuis la porte Saint-Martin, jusqu'à la barrière de la Villette.

La circulation ne sera rétablie qu'après le passage et le retour du cortége.

3. Les voitures ne pourront traverser le cortége pendant son passage.

4. La circulation des voitures sera interdite pendant toute la journée du 25, dans l'avenue des Champs-Élysées, jusqu'à la barrière de Neuilly.

A compter de midi jusqu'à minuit, sur la place de la Concorde.

Et à compter de deux heures après midi jusqu'à minuit, sur les places ci-après désignées :

Place du Lycée Bonaparte ; place du marché des Jacobins ; place des Victoires ; marché des Innocents ; place de la Fidélité, à Saint-Laurent ; rotonde du Temple ; place de l'Hôtel-de-Ville ; place des Vosges ; place de la Bastille ; place du Corps-Législatif ; place de l'Odéon et place de l'Estrapade.

5. Il est défendu de monter sur les arbres des boulevards et des Champs-Élysées, et de les endommager.

6. Les commissaires de police veilleront à ce que l'ordre soit maintenu pendant le tirage des loteries qui aura lieu sur les douze places désignées au dernier paragraphe de l'article 4.

7. Les habitants de Paris illumineront la façade de leurs maisons dans la soirée du 25 novembre.

8. Il est défendu de tirer des fusées, pétards, boîtes et autres pièces d'artifice, sur la voie publique.

9. Les représentations gratis qui auront lieu jeudi prochain, 26 novembre, commenceront dans tous les spectacles à six heures de relevée.

10. L'inspecteur général de la police du troisième arrondissement est autorisé à prendre toutes les mesures d'ordre et de sûreté que les circonstances nécessiteront.

11. La présente ordonnance sera imprimée et affichée.

Les commissaires de police, l'inspecteur général du troisième arrondissement de la police générale de l'empire, les officiers de paix et les préposés de la préfecture de police sont chargés, chacun en ce qui le concerne, de tenir la main à son exécution.

Le conseiller d'Etat, préfet de police, DUBOIS.

(1) Après le traité de Tilsitt.

N° **404.** — *Ordonnance concernant la démolition des maisons du pont Saint-Michel.*

Paris, le 30 novembre 1807.

Le conseiller d'État à vie, chargé du troisième arrondissement de la police générale de l'empire, préfet de police, et l'un des commandants de la Légion d'honneur,

Vu la lettre du conseiller d'État, préfet du département de la Seine, en date du 26 de ce mois, qui annonce « que les maisons situées tant « sur le pont Saint-Michel que sur la culée du même pont et le long « du Cagnard, ont été adjugées le 21 du même mois, et que la démoli- « tion de ces maisons doit avoir lieu très-incessamment. »

Vu aussi la pétition du sieur Moreau adjudicataire de ces maisons ;

Considérant qu'aux termes du cahier des charges, l'adjudicataire est tenu d'achever la démolition des maisons susénoncées, et de rendre la place nette et débarrassée de tous matériaux, décombres et gravois, dans les trois mois qui suivront le jour de l'adjudication, sans qu'il puisse espérer aucune prorogation de délai ;

Considérant que, pour préserver le public de tout accident, et pour ôter à l'adjudicataire tout prétexte d'outre-passer le terme fixé pour la démolition, il convient d'interdire momentanément la circulation sur le pont,

Ordonne ce qui suit :

1. A compter du jour où commencera la démolition des maisons du pont Saint-Michel, jusqu'à celui où cette démolition sera terminée, le passage sur le pont sera interdit tant aux piétons qu'aux voitures.

2. L'adjudicataire de la démolition sera tenu de faire placer, aux deux extrémités du pont, une barrière en charpente et en planches de hauteur et de solidité convenables, avec des portes charretières qui resteront fermées pendant la nuit.

Il sera également tenu d'établir une barrière au devant des maisons situées sur la culée du pont et le long du Cagnard ; à cet effet, il devra obtenir du conseiller d'État, préfet de police, une permission qui déterminera la saillie et les dimensions de ces barrières.

3. Avant de commencer la démolition, l'adjudicataire fera vider les fosses d'aisances qui peuvent se trouver dans les maisons à démolir, tant sur les culées du pont, que le long du Cagnard, et en fera porter les matières à la voirie de Mont-Faucon, conformément aux règlements de police sur cette partie.

Il lui est défendu de jeter aucune ordure dans la rivière.

4. L'adjudicataire devra faire la démolition en dedans des maisons, c'est-à-dire jeter les matériaux du côté du pont, de manière qu'il ne tombe aucuns matériaux, gravois ou décombres dans la rivière.

5. Pour prévenir tout encombrement de la rivière, l'adjudicataire fera établir au-dessus de l'entablement du pont, et dans toute la largeur de chaque maison du côté de la rivière, un échafaud en saillie, dont la forme et les dimensions seront fixées par la permission qu'il devra obtenir du conseiller d'État, préfet de police.

Néanmoins, si par la négligence ou par le fait dudit adjudicataire ou de ses ouvriers, il tombait dans la rivière des matériaux, gravois ou décombres, ils seront retirés de l'eau ; même la rivière sera curée, s'il y a lieu, le tout aux frais dudit adjudicataire.

6. Une partie des matériaux provenant de démolition pourra être déposée,

Savoir :

1° Sur le pont au Change, le long des trottoirs, après la fête de l'anniversaire du couronnement ;

2° Sur une partie du quai Desaix, du côté de la clôture en planches;

3° Sur le Marché-Neuf, derrière les baraques, le long du mur de parapet seulement ;

4° Rue de la Huchette, sur l'emplacement de l'ancien hôtel du Bœuf ;

5° Place Thionville ;

6° Place Saint-André-des-Arcs, sur l'emplacement de la ci-devant église.

En conséquence l'adjudicataire se pourvoira préalablement auprès du conseiller d'État, préfet de police, d'une permission qui fixera le temps pendant lequel les matériaux pourront rester sur la voie publique, et l'espace qu'ils devront y occuper.

7. Au fur et à mesure de la démolition, l'adjudicataire fera porter les gravois qui en proviendront, aux décharges publiques, à ce affectées, et qui lui seront désignées, afin qu'à l'expiration du délai fixé par le cahier des charges de son adjudication, il ne reste sur le pont, ni sur l'emplacement des maisons, aucun dépôt de matériaux ou décombres.

8. L'adjudicataire sera tenu, en outre, de faire placer des lampions pendant la nuit, et de prendre toutes les autres précautions convenables, pour prévenir des accidents dont il demeure responsable.

9. Faute par l'adjudicataire de se conformer aux dispositions de la présente ordonnance, il y sera pourvu à ses frais, desquels frais il sera fait l'avance par qui de droit, pour en être remboursé, par privilége et préférence, sur le produit des matériaux qui proviendront des démolitions, et, au besoin, sur tous les autres biens et revenus de l'adjudicataire.

10. La présente ordonnance sera notifiée à l'adjudicataire par le commissaire de police de la division du pont Neuf, qui dressera procès-verbal de ladite notification ; elle sera en outre imprimée et affichée.

L'architecte commissaire de la petite voirie, les commissaires de police, notamment ceux des divisions du Pont-Neuf, de la Cité, des Thermes, du Théâtre-Français, des Arcis et du Muséum, l'inspecteur général du troisième arrondissement de la police générale de l'empire, les officiers de paix, l'inspecteur général de la navigation et des ports, pour ce qui le concerne, et tous autres préposés de la préfecture de police sont chargés de tenir la main à son exécution.

Le conseiller d'Etat, préfet de police, DUBOIS.

N° **405**.—*Ordonnance concernant la fête de l'anniversaire du couronnement de S. M. l'empereur, et de la bataille d'Austerlitz* (1).

Paris, le 3 décembre 1807.

(1) V. l'ord. du 3 déc. 1813.

N° **406.** — *Ordonnance concernant la perception du droit établi sur la vente des beurres et œufs* (1).

Paris, le 3 décembre 1807.

Le conseiller d'État à vie, chargé du troisième arrondissement de la police générale de l'empire, préfet de police, et l'un des commandants de la Légion d'honneur,

Vu 1° les articles 8 et 9 du décret impérial du 21 septembre dernier, portant :

8. « L'ordonnance du préfet de police du 28 mai 1806, sur le com-« merce des beurres, œufs, etc., est approuvée, et restera jointe à « notre présent décret.

9. « La moitié du droit de deux et demi pour cent, autorisé au « profit des facteurs, sera versée par eux, chaque mois, et dans les « cinq premiers jours du mois suivant, quitte de tous frais, dans la « caisse du receveur municipal. »

Vu 2° les articles 4, 5, 6 et 7 de l'ordonnance de police du 29 janvier 1806, portant :

4. « Tous les beurres, fromages et œufs, destinés pour l'approvi-« sionnement de Paris, doivent être apportés directement sur le car-« reau de la halle, dans l'emplacement affecté aux marchands forains.

5. « Il ne pourra être expédié des beurres, fromages et œufs à « destination, que pour des particuliers étrangers à ce genre de « commerce, et pour les marchands qui en font le commerce en « boutique.

6. « Les beurres, fromages et œufs expédiés à des particuliers « étrangers à ce genre de commerce, pourront être conduits, immé-« diatement après leur déchargement sur le carreau de la halle, aux « adresses indiquées dans les factures ou lettres de voitures.

« Les beurres, fromages et œufs expédiés à des marchands qui en « font le commerce en boutique, ne pourront être enlevés du car-« reau, et conduits à leur destination qu'une heure après l'ouverture « de la vente en gros.

7. « Il est défendu d'aller au-devant des voitures pour acheter « les beurres, fromages et œufs destinés pour l'approvisionnement « de Paris. »

Vu 3° l'ordonnance de police du 28 mai 1806, portant :

1. « Le droit de commission des facteurs aux beurres, fromages « et œufs est fixé à deux et demi pour cent, du produit de la vente « des beurres et œufs amenés sur le carreau. »

Ordonne ce qui suit :

1. A compter du 1er janvier 1808, il sera perçu un droit de deux et demi pour cent sur le produit de la vente en gros de tous les beurres et œufs.

2. La même perception aura lieu sur les beurres et œufs amenés à destination, soit pour des marchands revendant en boutique, soit pour des marchands employant ces denrées dans leur commerce.

3. Le droit sur les beurres et œufs à destination sera perçu d'a-près le prix courant des beurres et œufs de même espèce et qualité, pendant la première heure de la vente.

4. La présente ordonnance sera soumise à l'approbation de S. Exc. le ministre de l'intérieur.

_____

(1) V. les ord. des 18 juin 1823, 19 mai 1826 et 22 sept. 1830.

5. Elle sera imprimée, publiée et affichée.

Les commissaires de police, et notamment celui de la division des marchés, l'inspecteur général du troisième arrondissement de la police générale de l'empire, les officiers de paix, les commissaires des halles et marchés et les autres préposés de la préfecture de police sont chargés de tenir la main à son exécution.

Le conseiller d'État, préfet de police, DUBOIS.

N° **407.** — *Ordonnance portant suppression de plusieurs usines nuisibles à la navigation dans l'intérieur de Paris.*

Paris, le 8 décembre 1807.

Le conseiller d'État à vie, chargé du troisième arrondissement de la police générale de l'empire, préfet de police, et l'un des commandants de la Légion d'honneur,

Vu 1° l'article 9 du décret impérial du 12 août 1807 ;

2° Les états présentés, le 29 du même mois, par l'ingénieur en chef des ponts et chaussées, dont l'un indique les établissements nuisibles à la navigation dans l'intérieur de Paris, et l'autre les établissements qui, par leur utilité, sont dans le cas d'être conservés ;

3° La lettre du conseiller d'État directeur général des ponts et chaussées, du 22 septembre dernier ;

4° La lettre de S. Exc. le ministre de l'intérieur, en date du 24 du même mois, et sa décision, en date du 5 présent mois de décembre,

Ordonne ce qui suit :

1. Le moulin, possédé par le sieur Barsse, placé sous la seconde arche du pont Notre-Dame, dite du Dideau ;

Le laminoir sur bateau, exploité par le sieur Perelle ; le moulin à farine du sieur Héricourt ; le moulin à farine du sieur Randon, qui sont placés sous les seconde, troisième et quatrième arches du pont au Change, à partir de la rive droite ;

Le moulin à farine du sieur Boucher, placé dans le bassin formé par le pont-au-Change et le pont-Neuf, et les margotas qui supportent les cordes qui servent à fermer ce moulin aux anneaux du pont-au-Change ;

Et enfin, le moulin du sieur Courbon, placé sous le pont-Neuf près de la machine hydraulique,

Sont supprimés.

2. Il est enjoint aux propriétaires des usines ci-dessus de les faire retirer avant le 1er janvier prochain, et de faire commencer l'opération dans quinze jours au plus tard, à compter de celui de la notification qui sera faite de la présente ordonnance, à eux ou à leurs ayants cause, par le commissaire de police de la division du Muséum, qui est commis à cet effet, laquelle notification sera constatée par procès-verbal.

5. Faute par les propriétaires, chacun en ce qui le concerne, de se conformer à cette injonction dans les délais ci-dessus prescrits, le commissaire de police et l'inspecteur général de la navigation et des ports sont chargés de faire disparaître lesdites usines, d'y mettre des ouvriers en nombre suffisant, aux frais et risques des propriétaires, de traiter de gré à gré, tant pour le salaire des ouvriers que pour la location des chevaux, des ustensiles, instruments et agrès nécessaires.

4. Dans ce cas, il sera dressé, par le commissaire de police, un procès-verbal pour constater la dépense que chaque objet aura occasionnée, et il sera transmis de suite à la préfecture de police.

5. Les usines qui auront été retirées par les ordres du commissaire de police et de l'inspecteur général, seront consignées dans les endroits qui seront désignés par l'inspecteur général, et y resteront jusqu'à ce que les frais légitimement dus aient été acquittés.

6. La pêcherie dite du Dideau, établie sous la seconde arche du pont Notre-Dame, à partir de la rive gauche, est provisoirement conservée, à condition toutefois, qu'à compter du jour où le moulin du sieur Barsse, placé sous la même arche, sera retiré, le filet ne pourra être tendu que pendant la nuit, ou qu'en prenant des précautions telles que ce filet ne puisse nuire à la navigation.

7. La présente ordonnance sera notifiée de suite au sieur Lesieur, fermier de la pêche dite du Dideau, par le commissaire de police qui dressera procès-verbal.

8. Elle sera imprimée et affichée.

Les commissaires de police, l'inspecteur général du troisième arrondissement de la police générale de l'empire, les officiers de paix, l'inspecteur général de la navigation et des ports, et les autres préposés de la préfecture de police, sont chargés de tenir la main à son exécution.

Le conseiller d'Etat, préfet de police, DUBOIS.

N° **408.** — *Ordonnance concernant les glaces et neiges* (1).

Paris, le 10 décembre 1807.

N° **409.** — *Ordonnance qui interdit momentanément le passage sur le pont de Sèvres.*

Paris, le 10 décembre 1807.

N° **410.** — *Ordonnance concernant le marché établi à Paris pour la vente des vaches propres à la boucherie* (2).

Paris, le 22 décembre 1807.

Le conseiller d'Etat à vie, chargé du troisième arrondissement de la police générale de l'empire, préfet de police, et l'un des commandants de la Légion d'honneur,

Vu, 1° les articles 2, 32 et 33 de l'arrêté du gouvernement du 12 messidor an VIII, et l'article 1er de celui du 3 brumaire an IX;

2° La décision du ministre de l'intérieur du 16 brumaire an XII,

Ordonne ce qui suit :

1. Dans le ressort de la préfecture de police, les vaches propres à

_____

(1) V. les ord. des 7 janv. 1835, 26 déc. 1836, 14 déc. 1838 et 7 déc. 1842.

(2) V. l'ord. du 29 oct. 1836.

la boucherie continueront d'être conduites et exposées en vente sur les marchés de Sceaux et de Poissy.

2. Néanmoins les propriétaires de vaches propres à la boucherie pourront les exposer eu vente à la halle aux veaux de Paris, dans un emplacement disposé à cet effet.

3. A compter du 9 septembre prochain, le marché aux vaches grasses, qui tenait alternativement au marché aux chevaux et rue des Grésillons, aura lieu dans l'emplacement ci-dessus désigné.

4. Le marché continuera de tenir le vendredi de chaque semaine.
La vente sera ouverte depuis midi jusqu'à trois heures.
L'ouverture et la fermeture seront annoncées au son de la cloche.

5. Il est défendu de vendre et d'acheter des vaches propres à la boucherie, ailleurs que sur les marchés affectés à cette destination.

6. Les contraventions seront constatées par des procès-verbaux, qui seront adressés au préfet de police.

7. Il sera pris envers les contrevenants aux dispositions ci-dessus, telles mesures de police administrative qu'il appartiendra, sans préjudice des poursuites à exercer contre eux devant les tribunaux.

8. La présente ordonnance sera soumise à l'approbation de S. Exc. le ministre de l'intérieur.

9. Elle sera imprimée, publiée et affichée.

Les sous-préfets des arrondissements de Saint-Denis et de Sceaux, les maires et adjoints des communes rurales du ressort de la préfecture de police, les commissaires de police à Paris, l'inspecteur général du troisième arrondissement de la police générale de l'empire, les officiers de paix, les commissaires des halles et marchés, les autres préposés de la préfecture de police, et les syndic et adjoints des bouchers sont chargés de tenir la main à son exécution.

Le conseiller d'Etat, préfet de police, DUBOIS.

———————⊗———————

N° **411.** — *Ordonnance qui prescrit l'impression et la publication des articles* 29, 30, 31, 32, 33, 34, 35, 36 *et* 37 *du Code de commerce et du règlement du ministre de l'intérieur, du* 23 *décembre* 1807 *concernant les sociétés anonymes* (1).

Paris, le 24 décembre 1807.

———————⊗———————

(1) V. ce règlement à l'appendice.

1808.

1808.

No **412**. — *Ordonnance concernant l'échenillage* (1).

Paris, le 19 janvier 1808.

No **413**. — *Ordonnance concernant les incendies* (2).

Paris, le 26 janvier 1808.

No **414**.—*Ordonnance concernant la police extérieure et intérieure des spectacles* (3).

Paris, le 7 février 1808.

No **415**. — *Ordonnance concernant l'établissement d'envergeurs-pareurs de cordes pour le halage dans Paris.*

Approuvée par S. Exc. le ministre de l'intérieur, le 7 avril 1808.

Paris, le 8 février 1808.

Le conseiller d'État à vie, chargé du troisième arrondissement de la police générale de l'empire, préfet de police, et l'un des commandants de la Légion d'honneur,

Vu le mémoire par lequel plusieurs mariniers de la basse Seine, faisant des transports pour Paris, demandent que, pour prévenir des accidents, il soit établi des hommes au fait de la navigation pour enverger et parer les cordes qui servent au halage, depuis la barrière de Passy jusqu'à la destination des bateaux dans Paris;

Les rapports de l'inspecteur général de la navigation et des ports contenant son avis;

---

(1) V. l'ord. du 29 janv. 1810 et l'arr. du 1er mars 1837.

(2) V. l'ord. du 24 nov. 1843.

(3) V. les ord. des 16 juin 1806, 10 août 1807, 6 juill. 1816, 23 et 27 mars 1817, l'arr. du 2 déc. 1824, les ord. des 12 fév. 1828, 31 janv. et 9 juin 1829, l'arr. du 8 fév. 1831, les ord. des 26 déc. 1832, 3 oct. 1837, 17 mai et 22 nov. 1838, l'arr. du 10 déc. 1841, la consigne du 14 juin 1842 et l'arr. du 23 nov. 1843.

Considérant que le halage des bateaux, dans Paris, a occasionné quelques accidents ;

Que, pour en prévenir, dans la suite, il convient de préposer des hommes au fait de la navigation, qui seront chargés de parer et faire voler les cordes de manière que, sur les quais et berges, il y ait sûreté pour le public,

Ordonne ce qui suit :

1. Il sera établi deux envergeurs-pareurs de cordes, pour le halage dans Paris, depuis la barrière de Passy jusqu'au Pont-Neuf.

2. Leurs fonctions consisteront à veiller à ce que les chevaux employés à remonter les bateaux soient bien dirigés ;

À dégager les cordes lorsqu'elles éprouveront quelques obstacles ;

À les enverger sur les ports, lors du passage des bateaux ;

À faire retirer les passants.

3. Il est défendu aux propriétaires des bateaux de les remonter ou faire remonter dans Paris, depuis la barrière de Passy jusqu'au Pont-Neuf, sans le concours des envergeurs-pareurs de cordes ou de l'un d'eux.

4. Le salaire des envergeurs-pareurs de cordes est fixé à un franc par chaque courbe de chevaux employée à remonter les bateaux.

5. Les deux envergeurs-pareurs de cordes sont responsables de leur service.

Ils s'entendront entre eux pour qu'il se fasse, sans retard et avec sûreté, tant pour les mariniers et leurs bateaux que pour le public.

6. Il est défendu aux envergeurs-pareurs de cordes de se faire représenter par d'autres dans leur service.

7. Il leur est aussi défendu d'exiger un salaire plus élevé que celui fixé par la présente ordonnance.

8. Les contraventions seront constatées par des procès-verbaux qui seront adressés au préfet de police.

9. Il sera pris envers les contrevenants telles mesures de police administrative qu'il appartiendra, sans préjudice des poursuites à exercer contre eux par-devant les tribunaux, conformément aux lois et aux règlements.

10. La présente ordonnance sera soumise à l'approbation de S. Exc. le ministre de l'intérieur.

11. Elle sera imprimée et affichée.

Les commissaires de police, l'inspecteur général du troisième arrondissement de la police générale de l'empire, les officiers de paix, l'inspecteur général de la navigation et des ports et les autres préposés de la préfecture de police sont chargés de tenir la main à son exécution.

Le conseiller d'État, préfet de police, DUBOIS.

N° **416.** — *Ordonnance concernant les masques pendant le carnaval* (1).

Paris, le 16 février 1808.

---

(1) V. les ord. des 10 fév. 1828, 10 fév. 1830 et 23 fév. 1843.

N° **417.** — *Ordonnance qui permet le passage des voitures légères sur le pont de Sèvres.*

Paris, le 19 février 1808.

————❖————

N° **418.** — *Ordonnance concernant la prohibition de la chasse* (1).

Paris, le 20 février 1808.

————❖————

N° **419.** — *Arrêté concernant le service des pompiers.*

Paris, le 7 mars 1808.

Le conseiller d'État à vie, chargé du troisième arrondissement de la police générale de l'empire, préfet de police, et l'un des commandants de la Légion d'honneur,

Vu l'article 14 de l'arrêté du gouvernement du 12 messidor an VIII et l'article 18 de l'arrêté du 17 messidor an IX ;

Vu la consigne proposée, le 26 février dernier, par le commandant en chef et le commandant en second des pompiers pour le service de ce corps,

Arrête :

La consigne, en date du 26 février dernier, relative au service des pompiers, est approuvée.

Elle sera imprimée avec le présent arrêté et affichée dans tous les postes des pompiers du ressort de la préfecture de police.

Le commandant en chef et le commandant en second du corps des pompiers sont chargés d'en surveiller l'exécution.

Le conseiller d'État, préfet de police, DUBOIS.

————

CONSIGNE.

1. Tout pompier de garde se rendra, à neuf heures du soir, au chef-lieu, pour y passer l'inspection ; il s'y rendra en uniforme complet, et mis proprement.

2. Lors de l'appel, chaque pompier se tiendra à son poste, et le silence régnera pour que le service ne soit point troublé ; lors de l'appel à l'ordre, les caporaux s'avanceront pour en entendre la lecture, ou, en leur absence, l'un des pompiers de leur garde, à l'effet de la rendre à la garde descendante qui doit être relevée sous le plus bref délai.

3. Les caporaux, en relevant la garde, examineront, avec celui qu'ils relèvent, si tous les agrès relatifs au service sont en bon état, et s'il ne manque rien dans le poste.

4. Tout caporal de service doit veiller à ce que le poste soit toujours

————

(1) V. l'ord. du 23 fév. 1843.

éclairé pendant la nuit ; il doit aussi être prêt à marcher au premier avertissement, ainsi que son détachement : le bien et la sûreté des propriétés l'exigent.

5. Tous caporaux sont tenus, en été, à huit heures du matin, et en hiver, à neuf heures, de veiller à ce que leurs hommes soient propres, ainsi que l'intérieur et l'extérieur de leurs postes, et ils en donneront l'exemple par eux-mêmes.

6. Il est expressément défendu à tous pompiers, étant de service, de s'absenter de leur poste, sous tel prétexte que ce soit.

7. L'entrée dans un corps de garde est absolument défendue à toutes personnes comme étant nuisible au service ; aucune femme ne peut y séjourner. Les caporaux empêcheront qu'il ne soit serré ni étalé aucunes marchandises tant dans l'intérieur qu'à l'extérieur des postes, ni autres objets qui puissent retarder le service.

8. Lorsque l'on avertira pour un incendie, le caporal s'enquerra de la nature du feu, et il retiendra, s'il est possible, celui qui aura averti ; il s'y transportera avec son détachement, et il fera conduire les secours nécessaires sans aucun retard.

9. Le caporal, quand il s'agira d'un feu de cheminée, examinera si les issues sont praticables ; ordonnera à ses gardes de monter sur les combles, et leur procurera les secours nécessaires ; il leur recommandera de faire le moins de dégât possible, et lui-même se tiendra dans l'endroit où est le foyer, afin de surveiller les opérations et de pouvoir répondre aux autorités qui se rendraient, d'après son avertissement, sur le lieu du sinistre.

10. S'il s'agit d'un grand feu où la pompe doive être mise en manœuvre, le caporal examinera promptement l'endroit le plus propice pour son établissement, et ordonnera qu'il soit promptement fourni de l'eau qu'il fera toujours conduire avec lui, autant que faire se pourra ; s'il prévoit avoir besoin de plus grands secours, il fera sur-le-champ avertir les postes les plus voisins de l'incendie, et le commandant ou, en son absence, l'un des officiers qui doivent toujours être avertis lorsque la pompe doit manœuvrer ou que le feu l'exige.

11. Il est ordonné à tous les caporaux d'avoir le plus grand soin d'envoyer leurs rapports dans les vingt-quatre heures, d'y indiquer la nature du feu, ce qui peut l'avoir occasionné, ce qui a été brûlé, les noms des personnes chez lesquelles le sinistre a eu lieu, leur état, le nom du propriétaire de la maison, le nom et le numéro de la rue où elle est située, le nom de la division, celui du commissaire de police qui s'y sera transporté, ou de toutes autres autorités, et l'heure à laquelle le feu a commencé et fini.

12. Il est expressément défendu à tous pompiers, de tel grade qu'ils soient, de recevoir, sous peine de révocation, de l'argent ni aucune espèce de récompense des personnes chez qui le feu aura été ; la réputation du corps en dépend.

13. Tout pompier n'étant point de service, qui sera requis pour un feu, s'y transportera à l'instant, et, aussitôt qu'il y sera arrivé, il y dirigera, autant que faire se pourra, les premiers secours, enverra promptement avertir les pompiers du poste le plus voisin et leur fera désigner la nature du feu, pour qu'ils s'y rendent avec les secours nécessaires.

14. Il est enjoint à tous pompiers d'obéir à leurs chefs en tout ce qui concerne le service tant à leur poste que dans un incendie.

15. Il est ordonné à tous pompiers de tel grade qu'ils soient de se conformer à la présente consigne, et celui qui s'y refusera sera puni selon l'exigence des cas.

16. Il est enjoint aux officiers du corps de tenir très-sévèrement la

main à la présente, et de faire leurs rapports contre ceux qui y contreviendront.

A Paris, le 26 février 1808.

Le commandant en chef,
LE DOUX.

Le commandant en second,
MORISSET.

———————

N° **420.** — *Ordonnance concernant la fabrication du pain au poids métrique* (1).

Paris, le 10 mars 1808.

Le conseiller d'État à vie, chargé du troisième arrondissement de la police générale de l'empire, préfet de police, et l'un des commandants de la Légion d'honneur,

Vu la loi du 1er vendémiaire an iv, relative aux poids et mesures, les articles 2 et 26 de l'arrêté du gouvernement du 12 messidor an viii et l'article 1 de l'arrêté du 3 brumaire an ix ;

Vu aussi la lettre de son excellence le ministre de l'intérieur, du 4 avril 1807 ;

Considérant qu'il importe, pour l'exécution des lois et règlements, de faire concorder le poids du pain avec le système métrique,

Ordonne ce qui suit :

1. Les boulangers établis dans le ressort de la préfecture de police, sont tenus, à compter du 1er avril prochain, de fabriquer au poids métrique les pains qu'ils exposent en vente.

2. Les pains désignés jusqu'à présent sous le nom de pains de quatre livres, seront remplacés par des pains du poids de deux kilogrammes (équivalant, en poids anciens, à quatre livres une once deux gros soixante-dix grains).

Ceux dits de six livres seront remplacés par des pains du poids de trois kilogrammes (six livres deux onces trente-trois grains).

Ceux dits de huit livres seront remplacés par des pains de quatre kilogrammes (huit livres deux onces cinq gros soixante-neuf grains).

Ceux dits de douze livres par des pains de six kilogrammes (douze livres quatre onces soixante-sept grains).

3. Il est enjoint aux boulangers de mettre la quantité de pâte nécessaire pour établir les pains suivant les poids métriques ci-dessus déterminés.

4. Les contraventions seront constatées par des procès-verbaux qui seront adressés au préfet de police.

Il sera pris envers les contrevenants telles mesures de police administrative qu'il appartiendra, sans préjudice des poursuites à exercer contre eux devant les tribunaux.

5. La présente ordonnance sera imprimée, publiée et affichée.

Les sous-préfets des arrondissements de Saint-Denis et de Sceaux, les maires et adjoints des communes rurales du ressort de la préfecture de police, les commissaires de police à Paris, l'inspecteur général du troisième arrondissement de la police générale de l'empire, les officiers de paix, le commissaire des halles et marchés, le contrôleur de la halle aux grains et farines, les inspecteurs des poids et

———————

(1) V. l'ord. du 2 nov. 1840.

mesures et les autres préposés de la préfecture de police sont chargés de tenir la main à son exécution.

Le conseiller d'Etat, préfet de police, DUBOIS.

----------◦------------

N° **421.** — *Ordonnance concernant le commerce du charbon de bois arrivant par eau* (1).

Paris, le 18 mars 1808.

Le conseiller d'État à vie, chargé du troisième arrondissement de la police générale de l'empire, préfet de police, et l'un des commandants de la Légion d'honneur,

Vu la délibération des marchands de charbon de bois arrivant par eau pour l'approvisionnement de Paris, en date du 14 janvier dernier, par laquelle ils sont d'avis que les places à accorder aux bateaux pour la vente du charbon de bois sur les ports, doivent être restreintes au nombre de quinze;

Considérant qu'il y a un nombre trop considérable de bateaux de charbon en vente sur les ports; qu'en le restreignant, aucune rivière ne perdra ses avantages, et que les frais du commerce seront diminués sans que le service puisse en souffrir,

Ordonne ce qui suit:

1. Le charbon de bois voituré par eau sera distingué par la désignation des rivières qui servent à le transporter,

Savoir: Yonne, Haute-Loire, Allier, Marne, Haute-Marne, Haute-Seine, Basse-Loire et canaux, Aube, Ourcq, Aisne, Oise et Basse-Seine.

2. Sont compris dans les charbons de Basse-Loire et des canaux, ceux qui sont chargés sur la rive droite de la Loire, depuis le port de Cosne exclusivement jusqu'à l'embouchure du canal d'Orléans.

3. A compter du 1er avril prochain, il ne pourra être mis en vente que quinze bateaux à la fois et dans l'ordre suivant:

2 au port de la Tournelle........ { 1 bateau de Haute-Loire. Et 1 de Haute-Marne, alternativement avec 1 d'Ourcq.

4 à l'ancienne Place-aux-Veaux.. { 1 bateau de la Marne. 1 de Basse-Loire et des canaux. 1 de la Haute-Loire. 1 d'Yonne, alternativement avec 1 de la Seine.

2 au port de la Grève............ { 1 bateau de l'Allier. 1 bateau de l'Aube.

4 au port de l'École...... ...... { 1 bateau d'Yonne. 1 de la Marne. 1 de la Seine. 1 de la Basse-Loire et des canaux.

2 au port des Quatre-Nations..... { 1 bateau de la Marne. 1 de la Haute-Loire.

----

(1) V. les ord. des 2 déc. 1812, 4 janv. 1813, 25 mars 1833, 15 déc. 1834 et 25 oct 1840 (art. 100 et suiv.).

1 au port Bonaparte............ { 1 de la Basse-Seine , Aisne ou Oise.

4. Dans l'alternat, entre la Haute-Marne et l'Ourcq, il ne passera en vente qu'un bateau d'Ourcq pour un de Haute-Marne.

5. La place destinée aux charbons d'Yonne et de la Haute-Seine, au port de l'ancienne Place-aux-Veaux, sera occupée pendant six mois de suite par les bateaux d'Yonne, et six mois par ceux de la Haute-Seine.

<small>Le tour de l'Yonne a commencé le 1er janvier dernier, et finira le 30 juin prochain.</small>

6. Deux couplages d'Aube ne compteront que pour un bateau de la même rivière.

7. Il sera descendu, dans les mois de mars et d'avril, et dans tous les cas où la hauteur de la rivière le permettra, le nombre de bateaux nécessaire pour garnir convenablement les ports de l'Ecole et des Quatre-Nations, pendant l'été.

8. Aucun des bateaux destinés pour les ports de l'Ecole et des Quatre-Nations, ne pourra être mis en vente dans les ports du haut, même pour alléger par commencement de vente.

9. Les charbons avariés seront mis en vente, à leur tour, sur la liste des bateaux de leur rivière. Néanmoins, si les charbons ont été tellement avariés qu'on ait été obligé de les changer de bateau, ils pourront être mis en vente les premiers.

10. Un marchand, ayant plusieurs bateaux de charbon, pourra en mettre un en vente à la place d'un autre, quand même il serait d'un autre ordinaire, pourvu que le bateau qu'il substituera, n'excède pas le chargement du bateau remplacé et qu'il soit de la même rivière.

11. L'ordonnance du 20 pluviôse an XII continuera d'avoir son exécution en tout ce qui n'est pas contraire aux dispositions de la présente ordonnance.

12. Les contraventions seront constatées par des procès-verbaux qui seront adressés au préfet de police.

13. Il sera pris envers les contrevenants telles mesures de police administrative qu'il appartiendra, sans préjudice des poursuites à exercer contre eux devant les tribunaux.

14. La présente ordonnance sera imprimée, publiée et affichée.

15. Les commissaires de police, l'inspecteur général du troisième arrondissement de la police générale de l'empire, les officiers de paix, l'inspecteur général de la navigation et des ports, le contrôleur général du recensement et du mesurage des bois et charbons et les autres préposés de la préfecture de police sont chargés de tenir la main à son exécution.

Le conseiller d'Etat, préfet de police, DUBOIS.

————————◇————————

N° **422.** — *Ordonnance qui interrompt la navigation par la première arche du pont Notre-Dame, pendant la construction du quai Napoléon.*

Paris, le 4 avril 1808.

————————◇————————

N° **423**. — *Ordonnance concernant les passe-ports* (1).

Paris, le 8 avril 1808.

Le conseiller d'État à vie, chargé du troisième arrondissement de la police générale de l'empire, préfet de police, et l'un des commandants de la Légion d'honneur,

Vu les lois des 28 mars 1792 et 10 vendémiaire an IV (2) ;

Vu le décret impérial du 18 septembre 1807 concernant les passeports ;

Vu enfin l'article 3 de l'arrêté du gouvernement du 12 messidor an VIII, et celui du 3 brumaire an IX,

Ordonne ce qui suit :

1. Le décret impérial du 18 septembre 1807 concernant les passeports, sera imprimé, publié et affiché avec la présente ordonnance dans le ressort de la préfecture de police.

2. Les passe-ports accordés, pour voyager dans l'intérieur de l'empire ou pour en sortir, tant aux Français qu'aux étrangers, n'étant délivrés que sur un papier d'un modèle uniforme, conformément à l'article 1er du décret impérial précité, toute personne du ressort de la préfecture de police ne peut voyager sans avoir obtenu un passe-port dans la forme voulue par ce décret.

3. Tout individu voyageant sans passe-port sera mis en arrestation à moins qu'il n'ait pour répondant un citoyen domicilié. (*Loi du 28 mars 1792, art. 9.*)

4. Tout voyageur arrêté sans passe-port sera détenu jusqu'à ce qu'il ait justifié être inscrit sur le tableau de la commune de son domicile. A défaut d'en justifier sous vingt jours, il sera réputé vagabond et sans aveu et puni comme tel. (*Loi du 10 vend. an IV, titre 3, art. 6 et 7.*)

5. Il est expressément défendu aux maîtres de postes, aux entrepreneurs de messageries, de diligences et de coches d'eau du ressort de la préfecture de police, de donner des chevaux aux voyageurs, de recevoir dans leurs voitures ou coches d'eau des voyageurs qui ne justifieraient pas des formalités voulues par l'article 2 de la présente ordonnance.

Ces dispositions ne sont pas applicables aux militaires porteurs de feuilles de route bien en règle.

6. Les maîtres d'hôtels garnis et logeurs du même ressort ne peuvent recevoir chez eux et loger aucun voyageur sans s'être assurés qu'il est porteur d'un passe-port délivré sur papier uniforme, ou d'une feuille de route bien en règle.

Ils se conformeront d'ailleurs aux diverses dispositions des lois et ordonnances qui les concernent.

7. Il sera pris envers les contrevenants telles mesures de police administrative qu'il appartiendra sans préjudice des poursuites à exercer contre eux par-devant les tribunaux.

8. La présente ordonnance sera imprimée, publiée et affichée.

9. Les sous-préfets des arrondissements de Saint-Denis et de Sceaux, les maires et adjoints des communes rurales du ressort de la préfecture de police, les commissaires de police à Paris, l'inspecteur général de la police générale du troisième arrondissement, les officiers de

_____

(1) V. les ord. des 13 thermid. an VIII (1er août 1800) et 25 avril 1812.
(2) V. ces lois à l'appendice.

paix et autres préposés de la préfecture de police sont chargés, chacun en ce qui le concerne, de tenir la main à son exécution.

Le conseiller d'État, préfet de police, DUBOIS.

Approuvé le 8 avril 1808.

Le sénateur, ministre de la police générale, FOUCHÉ.

N° **424**. — *Ordonnance qui interdit le passage sur le pont de Sèvres, pour cause de réparations.*

Paris, le 8 avril 1808.

N° **425**. — *Ordonnance qui défend de faire passer deux voitures de front sur le pont de Charenton, pour cause de travaux.*

Paris, le 8 avril 1808.

N° **426**. — *Ordonnance concernant l'ordre à suivre lors du défilé des voitures qui iront à Longchamp* (1).

Paris, le 11 avril 1808.

N° **427**. — *Avis concernant l'abattage des chiens errants* (2).

Paris, le 18 avril 1808.

N° **428**. — *Ordonnance concernant la démolition des maisons de la rue Saint-Louis.*

Paris, le 27 avril 1808.

Le conseiller d'État, à vie, chargé du troisième arrondissement de la police générale de l'empire, préfet de police, et l'un des commandants de la Légion d'honneur,

Vu son ordonnance du 30 novembre dernier relative à la démolition des maisons du pont Saint-Michel ;

Informé que les maisons situées rue Saint-Louis, du côté de la rivière, doivent être démolies incessamment ;

Considérant qu'il importe de prendre, de suite, les mesures conve-

---

(1) V. l'ord. du 10 avril 1843.
(2) V. les ord. des 25 mai 1808 et 23 juin 1832.

nables pour préserver le public de tout accident et faciliter la circulation,

Ordonne ce qui suit :

1. A compter du jour où commencera la démolition des maisons de la rue Saint-Louis, le passage sur le pont Saint-Michel sera provisoirement rétabli, nuit et jour, tant pour les piétons que pour les voitures.

2. La circulation des voitures sera interdite dans la rue Saint-Louis pendant tout le temps que durera la démolition.

A cet effet l'adjudicataire de la démolition fera poser à ses frais, aux endroits qui lui seront désignés, les pieux nécessaires pour barrer la rue aux voitures seulement.

3. L'adjudicataire fera également poser, à ses frais, une barrière en charpente et en planches au-devant des maisons à démolir, en observant de laisser, du côté opposé, un passage suffisant tant pour la circulation des piétons que pour le service des maisons voisines.

Cette barrière dont les dimensions et la saillie seront fixées par une permission expresse, ainsi que les pieux destinés à barrer la rue aux voitures, ne pourront rester en place pendant plus de trois mois.

4. L'entrepreneur de l'illumination fera, aux frais de qui il appartiendra, les dispositions nécessaires tant pour éclairer le pont Saint-Michel, que pour prévenir l'interruption de l'éclairage et la fracture des lanternes de la rue Saint-Louis.

5. Avant de commencer la démolition, l'adjudicataire fera vider les fosses d'aisances des maisons à démolir et en fera porter les matières à la voirie de Montfaucon, conformément aux règlements de police sur cette partie.

Il lui est défendu de jeter dans la rivière ni matières, ni ordures, ni décombres.

6. L'adjudicataire fera la démolition des maisons en dedans, c'est-à-dire qu'il jettera, autant que possible, les matériaux sur l'emplacement des maisons même et du côté de la rue Saint-Louis, afin qu'il ne tombe rien dans la rivière.

7. Pour prévenir tout encombrement de la rivière, l'adjudicataire fera établir dans toute la largeur des huit premières maisons, à partir du pont Saint-Michel, du côté de l'eau, un échafaud en saillie dont la forme et les dimensions seront fixées par une permission particulière.

Néanmoins si, par la négligence ou par le fait dudit adjudicataire et de ses ouvriers, il tombait dans le lit de la rivière ou sur la berge des matériaux, gravois ou décombres, ils seront retirés de l'eau, même la rivière sera curée et la berge déblayée, le tout aux frais dudit adjudicataire.

8. Une partie des matériaux provenant de la démolition pourra être déposée, 1° sur la place Thionville ; 2° sur l'un des côtés du Pont-au-Change ; 3° sur une partie de la berge de la rivière, entre la descente à l'abreuvoir de la rue Saint-Louis et le Pont-Neuf, au pied du mur du quai des Orfévres, en laissant un espace suffisant pour le service de l'abreuvoir et celui de la navigation ; à la charge par l'adjudicataire de rendre ces différentes places nettes et entièrement débarrassées de tous matériaux, décombres et immondices pour le 1er août prochain et de se conformer en outre aux conditions de la permission qui lui sera particulièrement délivrée.

9. Au fur et à mesure de la démolition, l'adjudicataire fera porter les gravois qui en proviendront aux décharges publiques à ce affectées.

10. L'adjudicataire sera tenu en outre de faire placer des lampions pendant la nuit, partout où besoin sera, et de prendre toutes les autres précautions convenables pour prévenir des accidents dont il demeure responsable.

11. Faute par lui de se conformer aux dispositions ci-dessus, il y sera pourvu à ses frais, desquels frais il sera fait l'avance par qui de droit, pour en être remboursé, par privilége et préférence sur le produit des matériaux qui proviendront des démolitions, et au besoin, sur tous les autres biens et revenus de l'adjudicataire.

12. La présente ordonnance sera notifiée à l'adjudicataire par le commissaire de police de la division du Pont-Neuf, qui dressera procès-verbal de ladite notification.

Elle sera en outre imprimée et affichée.

L'architecte commissaire de la petite voirie, les commissaires de police, notamment ceux des divisions du Pont-Neuf, de la Cité, des Thermes, du Théâtre-Français, des Arcis et du Muséum, l'inspecteur général du troisième arrondissement de la police générale de l'empire, les officiers de paix, l'inspecteur général de la navigation et des ports, l'inspecteur général de la salubrité et de l'illumination et tous les préposés de la préfecture de police sont chargés de tenir la main à son exécution, chacun pour ce qui le concerne.

Le conseiller d'Etat, *préfet de police,* DUBOIS.

N° 429. — *Ordonnance concernant l'ouverture de la halle aux Toiles* (1).

Paris, le 29 avril 1808.

Le conseiller d'État à vie, chargé du troisième arrondissement de la police générale de l'empire, préfet de police, et l'un des commandants de la Légion d'honneur,

Vu 1° la pétition par laquelle les marchands de toiles qui fréquentent la halle de Paris, demandent que la vente des toiles ne s'ouvre qu'à dix heures du matin pendant toute l'année, attendu que les acheteurs ne viennent pas à la halle avant cette heure;

2° L'avis du commissaire de police de la division des marchés et du commissaire des halles et marchés;

3° L'article 16 de l'ordonnance du 13 brumaire an XI,

Ordonne ce qui suit :

1. En toute saison la vente des toiles s'ouvrira désormais à dix heures du matin.

2. Les ordonnances des 13 brumaire an XI et 14 brumaire an XIV continueront d'être exécutées en tout ce qui n'est pas contraire à la disposition ci-dessus.

3. La présente ordonnance sera imprimée et affichée.

Les commissaires de police, et notamment le commissaire de police de la division des marchés, l'inspecteur général du troisième arrondissement de la police générale de l'empire, les officiers de paix, le commisssaire des halles et marchés et les autres préposés de la préfecture de police sont chargés de tenir la main à l'exécution.

Le conseiller d'Etat, *préfet de police,* DUBOIS.

---

(1) V. les ord. des 13 et 25 brum. an XI (4 et 16 nov. 1802), 14 brum. an XIV (5 nov. 1805), 25 juin 1808 et 18 oct. 1836.

N° **430.** — *Ordonnance concernant les galeries du Palais-Royal* (1).

Paris, le 3o avril 1808.

N° **431.** — *Ordonnance concernant les bains dans la rivière et les écoles de natation* (2).

Paris, le 4 mai 1808.

N° **432.** — *Ordonnance concernant les secours à donner aux noyés, asphyxiés ou blessés, et la levée des cadavres repêchés dans la rivière ou trouvés sur la voie publique et partout ailleurs* (3).

Paris, le 7 mai 1808.

N° **433.** — *Arrêté concernant l'égout de la rue du Ponceau* (4).

Paris, le 12 mai 1808.

N° **434.** — *Ordonnance qui prescrit l'impression et la publication du décret du 24 avril 1808 concernant la confection des balanciers adoptés pour la fabrication des monnaies* (5).

Paris, le 16 mai 1808.

N° **435.** — *Ordonnance concernant l'arrosement* (6).

Paris, le 16 mai 1808.

---

(1) V. l'ord. du 16 août 1819.

(2) V. les ord. des 2o mai 1839 et 25 oct. 1840 (art. 187 et suiv. et 225).

(3) V. les ord. des 2 déc. 1822, 1er janv. 1836, l'instr. y annexée et l'arr. du même jour.

(4) V. pour les dispositions générales, l'ord. du 18 mai 1829 concernant les mesures d'ordre à observer pendant la construction de deux égouts dans les rues de Poitiers, de l'Université et du Bac jusqu'à la rue de Sèvres.

(5) V. ce décret à l'appendice.

(6) V. les ord. des 17 mai 1834, 1er juin 1837 et 27 juin 1843.

N° **436**. — *Ordonnance concernant la translation du cœur du maréchal de Vauban à l'hôtel impérial des Invalides.*

Paris, le 25 mai 1808.

Le conseiller d'État à vie, chargé du troisième arrondissement de la police générale de l'empire, préfet de police, et l'un des commandants de la Légion d'honneur,

Vu le programme de la cérémonie qui doit avoir lieu le 26 mai présent mois, jour anniversaire de la prise de Dantzick, conformément aux décrets de sa majesté l'empereur et roi, pour la translation aux invalides du cœur du maréchal de Vauban,

Ordonne ce qui suit :

1. Le jeudi 26 mai présent mois, jour de la translation du cœur du maréchal de Vauban dans le mausolée qui lui a été érigé sous le dôme de l'hôtel impérial des invalides, la circulation et le stationnement des voitures des personnes étrangères à la cérémonie sont interdits, depuis onze heures du matin jusqu'après le passage et le retour du cortège, dans les endroits ci-après désignés :

Savoir,

La rue de Lille, la place du Corps-Législatif, la rue de Bourgogne, la rue de Varennes, le boulevard des Invalides, la place de Vauban, la cour du dôme des Invalides.

2. Le balayage et l'enlèvement des boues seront terminés avant huit heures du matin dans les rues où passera le cortège.

3. Il est défendu de monter sur les arbres des boulevards et des avenues des invalides.

4. L'inspecteur général du troisième arrondissement de la police générale de l'empire est autorisé à prendre toutes les autres mesures de police que les circonstances pourront nécessiter.

5. Il sera pris envers les contrevenants telles mesures de police administrative qu'il appartiendra, sans préjudice des poursuites à exercer contre eux devant les tribunaux.

6. La présente ordonnance sera imprimée, publiée et affichée.

Les commissaires de police, l'inspecteur général du troisième arrondissement de la police générale de l'empire, les officiers de paix, l'inspecteur général de la salubrité et les autres préposés de la préfecture de police sont chargés, chacun en ce qui le concerne, de tenir la main à son exécution.

Le conseiller d'État, préfet de police, DUBOIS.

N° **437**. — *Ordonnance concernant l'abattage des chiens errants* (1).

Paris, le 25 mai 1808.

Le conseiller d'État à vie, chargé du troisième arrondissement de la police générale de l'empire, préfet de police, et l'un des commandants de la Légion d'honneur,

Considérant que les habitants de Paris ne se sont pas conformés à l'avis publié le 18 avril dernier ; qu'un grand nombre de chiens continue de vaguer dans les rues, et qu'il en est déjà résulté des accidents ;

---

(1) V. l'ord. du 23 juin 1832.

En vertu des lois des 22 juillet 1791 et 3 brumaire an IV, et des articles 22 et 23 de l'arrêté du gouvernement du 12 messidor an VIII,
Ordonne ce qui suit :

1. Les marchands forains fréquentant les halles et marchés, les blanchisseurs et autres, qui sont dans l'usage d'amener des chiens avec eux, les tiendront attachés sous leurs voitures.

Les autres chiens seront enfermés, muselés ou conduits en laisse.

2. Les chiens non muselés vaguant sur la voie publique seront abattus par des hommes commis à cet effet.

5. La présente ordonnance sera imprimée, publiée et affichée.

Les commissaires de police, l'inspecteur général du troisième arrondissement de la police générale de l'empire, les officiers de paix, l'inspecteur général de la salubrité et les autres préposés de la préfecture de police sont chargés de tenir la main à son exécution.

Le conseiller d'État, préfet de police, DUBOIS.

N° **438.** — *Ordonnance concernant le placement des voitures des marchands forains qui approvisionnent les halles du centre* (1).

Paris, le 13 juin 1808.

Le conseiller d'État à vie, chargé du troisième arrondissement de la police générale de l'empire, préfet de police, et l'un des commandants de la Légion d'honneur,

Vu les articles 2 et 22 de l'arrêté du gouvernement du 12 messidor an VIII,

Ordonne ce qui suit :

1. Il est défendu aux marchands forains, jardiniers et maraîchers qui approvisionnent les halles du centre en fruits, légumes et verdure, de faire stationner leurs voitures dans les rues, sur les ponts, quais et places publiques.

2. Les marchands forains, jardiniers et maraîchers feront retirer leurs voitures des carreaux des halles aussitôt après leur déchargement.

Les voitures seront conduites dans les terrains clos de Saint-Jacques-la-Boucherie, des grand et petit Saint-Magloire ou dans le terrain clos, près et dépendant de la maison Batave.

5. Il est défendu de placer des chevaux à l'attache dans les rues, notamment sur la place Gatine.

Il est également défendu d'y faire aucun dépôt de fruits, légumes, paniers de somme et autres.

Néanmoins les marchands forains qui sont dans l'usage de mettre à l'attache des chevaux et autres bêtes de somme dans la rue de l'Aiguillerie, pourront continuer de les y placer.

4. Les marchands de fromages pourront faire stationner leurs voitures au pourtour et dans le passage neuf de la halle à la viande.

5. Les voitures des marchands de pois et haricots verts pourront être placées dans la rue Française et dans la rue Mauconseil, depuis la rue Verdelet jusqu'à celle Montorgueil.

6. Les voitures des marchands de beurres et œufs stationneront dans la rue du Jour.

---

(1) V. les ord. des 19 mai 1813, 21 déc. 1817, 28 janv. 1829, 21 janv. 1832, 29 oct. et 19 déc. 1836 et 27 sept. 1842.

7. Les voitures des marchands de marée et d'huîtres seront placées dans la rue Montorgueil, depuis la rue Ticquetonne jusqu'à la rue du Bout-du-Monde.

8. Les voitures désignées aux articles 4, 5, 6 et 7, seront dételées et, autant que faire se pourra, engerbées.

9. Les boulangers et les bouchers seront tenus de retirer leurs voitures des halles aussitôt après leur déchargement.

10. Les voitures ci-après désignées seront retirées des halles, savoir :

Celles des marchands de beurres, fromages et œufs, une heure après la fermeture de la vente en gros ;

Celles des marchands de pois et de haricots verts, au fur et à mesure des ventes ;

Celles des marchands de marée et d'huîtres, à midi au plus tard en été, et à deux heures au plus tard en hiver.

11. Conformément à l'article 9 de la loi du 3 nivôse an VI, tout marchand forain est tenu d'attacher, au côté gauche de sa voiture, et en avant de la roue, une plaque de métal portant, en caractères apparents et lisibles, son nom, son domicile, ses profession et demeure, à peine de vingt-cinq francs d'amende.

12. Il est défendu aux conducteurs de mener leurs chevaux en guides ; ils devront toujours être à pied et à la tête de leurs chevaux.

13. Dans cinq jours, à compter de la publication de la présente ordonnance, les aubergistes qui logent les chevaux des marchands forains sont tenus de faire, au commissaire de police de la division des marchés, la déclaration des noms, prénoms, âges, demeures et lieux de naissance de leurs garçons.

Ces garçons porterout sur le bras droit une plaque de métal en forme de médaille, afin qu'on puisse les reconnaître.

Ils se conformeront aux règlements de police sur la conduite des chevaux aux abreuvoirs.

Il leur est défendu de faire usage du fouet pour la conduite des chevaux.

14. Les aubergistes auxquels les marchands forains confient la garde de leurs chevaux sont responsables, en leur propre et privé nom, des contraventions aux dispositions de la présente ordonnance.

15. Il est défendu de faire stationner des carrosses de louage, dans la rue de la Ferronnerie, avant neuf heures du matin, depuis le 1er mars jusqu'au 1er octobre, et avant dix heures, depuis le 1er octobre jusqu'au 1er mars.

Les carrosses de louage ne pourront stationner sur cette place après minuit.

16. Les carrosses ou cabriolets de louage ne pourront, dans aucun temps, traverser la place des Innocents.

17. Il est défendu aux cochers et conducteurs de carrosses et cabriolets de traverser les halles du centre avant dix heures du matin en tout temps.

18. La défense portée en l'article précédent sera notifiée aux loueurs de carrosses et cabriolets par les commissaires de police, chacun dans sa division.

19. Les précédentes ordonnances continueront de recevoir leur exécution en tout ce qui n'est pas contraire aux dispositions de la présente.

20. Les contraventions seront constatées par des procès-verbaux qui seront adressés au préfet de police.

21. Il sera pris envers les contrevenants telles mesures de police administrative qu'il appartiendra, sans préjudice des poursuites à exercer contre eux par-devant les tribunaux.

22. La présente ordonnance sera imprimée, publiée et affichée.

Les commissaires de police, l'inspecteur général du troisième arrondissement de la police générale de l'empire, les officiers de paix, les commissaires des halles et marchés et les autres préposés de la préfecture de police sont chargés de tenir la main à son exécution.

Le conseiller d'Etat, préfet de police, DUBOIS.

N° **439.** — *Ordonnance concernant la cérémonie de l'inhumation de S. Em. M. le cardinal de Belloy.*

Paris, le 23 juin 1808.

Nous, Louis-Nicolas-Pierre-Joseph Dubois, commandant de la Légion d'honneur, comte de l'empire, conseiller d'Etat, chargé du troisième arrondissement de la police générale, préfet de police du département de la Seine et des communes de Saint-Cloud, Sèvres et Meudon du département de Seine-et-Oise, etc.;

Vu la lettre de sa majesté impériale et royale à S. Exc. le ministre des cultes, en date du 14 juin 1808, par laquelle sa majesté ordonne que M. le cardinal-archevêque de Paris sera enterré dans l'église métropolitaine,

Ordonnons ce qui suit:

1. Samedi prochain, 25 juin présent mois, jour fixé pour la cérémonie de l'inhumation de M. le cardinal de Belloy, la circulation et le stationnement des voitures des personnes étrangères à la cérémonie sont interdits, depuis neuf heures du matin jusqu'après la cérémonie, dans toutes les rues de la Cité qui aboutissent à l'église métropolitaine.

2. Le balayage et l'enlèvement des boues seront terminés dans les mêmes rues avant huit heures du matin.

Les pierres de taille qui sont en chantier sur la place du Parvis-Notre-Dame et sur celle de Fénelon seront mises à plat.

Il est défendu de monter dessus.

3. Les voitures qui ne pourront pas stationner dans les cours du palais archiépiscopal fileront par le pont de la Cité pour se rendre dans l'île Saint-Louis.

4. L'inspecteur général du troisième arrondissement de la police générale de l'empire est autorisé à faire les dispositions nécessaires pour le défilé et le stationnement des voitures, et à prendre toutes les mesures de police que les circonstances pourront exiger.

5. Il sera pris envers les contrevenants telles mesures de police administrative qu'il appartiendra, sans préjudice des poursuites à exercer contre eux devant les tribunaux.

6. La présente ordonnance sera imprimée, publiée et affichée.

Les commissaires de police, l'inspecteur général du troisième arrondissement de la police générale de l'empire, l'architecte-commissaire de la petite voirie, l'inspecteur général de la salubrité et les autres préposés de la préfecture de police sont chargés, chacun en ce qui le concerne, de tenir la main à son exécution.

Le conseiller d'Etat, préfet de police, comte DUBOIS.

N° **440.** — *Ordonnance concernant les droits à percevoir pour le stationnement des voitures de place sur la voie publique* (1).

Paris, le 25 juin 1808.

Nous, Louis-Nicolas-Pierre-Joseph Dubois, commandant de la Légion d'honneur, comte de l'empire, conseiller d'État, chargé du troisième arrondissement de la police générale, préfet de police du département de la Seine et des communes de Saint-Cloud, Sèvres et Meudon du département de Seine-et-Oise, etc.;

Vu le décret impérial du 9 juin 1808 concernant les places affectées au stationnement des voitures de louage,

Ordonnons ce qui suit :

1. Les articles 5, 6 et 8 du décret impérial du 9 de ce mois, concernant les droits à percevoir, au profit de la ville de Paris, sur les voitures de louage qui, par leur stationnement, occupent des places sur la voie publique, seront imprimés, publiés et affichés, avec la présente ordonnance, dans le ressort de la préfecture de police (2).

2. Tous les propriétaires qui font rouler et stationner des fiacres et cabriolets sur la voie publique seront tenus de se présenter, dans les cinq premiers jours de juillet prochain, à la préfecture de police, et de verser, dans les mains du receveur commis à cet effet, le douzième du droit établi par le décret impérial précité.

A l'avenir, ce versement devra être effectué avant le 1er de chaque mois.

3. L'ordonnance du 11 vendémiaire an IX, concernant les carrosses de place, et celle du 1er messidor an XII, relative aux cabriolets, continueront de recevoir leur exécution.

4. Il sera pris, envers les loueurs en retard de satisfaire aux dispositions de l'article 2, telles mesures de police administrative qu'il appartiendra.

5. Les sous-préfets des arrondissements de Saint-Denis et de Sceaux, les maires et adjoints des communes rurales du ressort de la préfecture de police, les commissaires de police, à Paris, l'inspecteur général du troisième arrondissement de la police générale, les officiers de paix et les préposés de la préfecture de police sont chargés de tenir la main à l'exécution de la présente ordonnance.

Le conseiller d'Etat, préfet de police, comte DUBOIS.

N° **441.** — *Ordonnance concernant le droit à percevoir pour les places de la halle aux Toiles* (3).

Paris, le 25 juin 1808.

Nous, Louis-Nicolas-Pierre-Joseph Dubois, commandant de la Légion d'honneur, comte de l'empire, conseiller d'Etat, chargé du troi-

---

(1) Rapportée. V. l'ord. du 15 janv. 1841, les arr. des 15 janv. et 18 fév. 1841, et l'ord. du 25 mai 1842.

(2) V. ce décret à l'appendice.

(3) V. les ord. des 13 et 25 brum. an XI (4 et 16 nov. 1802), 14 brum. an XIV (5 nov. 1805), 29 avril 1808 et 18 oct. 1836.

sième arrondissement de la police générale, préfet de police du département de la Seine et des communes de Saint-Cloud, Sèvres et Meudon du département de Seine-et-Oise, etc.;

Vu le décret impérial du 9 juin 1808, relatif aux droits de location des places dans les halles, marchés et places de Paris,

Ordonnons ce qui suit :

1. Les articles 1 et 8 du décret impérial précité, concernant le droit à percevoir, au profit de la ville de Paris, pour la location des places occupées par les marchands dans la halle aux Draps et aux Toiles, seront imprimés, publiés et affichés avec la présente ordonnance (1).

2. La perception du droit de location, établi par l'article 1 dudit décret, sera faite, à compter du 1er juillet prochain, par le commis inspecteur de ladite halle.

3. Les précédentes ordonnances concernant la halle aux Draps et aux Toiles continueront de recevoir leur exécution.

4. Le commissaire de police de la division des marchés, le commissaire des halles et marchés et les autres préposés de la préfecture de police sont chargés de tenir la main à l'exécution de la présente ordonnance.

Le conseiller d'Etat, préfet de police, comte DUBOIS.

N° **442**. — *Ordonnance concernant l'arrosement* (2).

Paris, le 13 juillet 1808.

N° **443**. — *Ordonnance concernant la vente de la viande par les bouchers forains* (3).

Paris, le 15 juillet 1808.

Nous, Louis-Nicolas-Pierre-Joseph Dubois, commandant de la Légion d'honneur, comte de l'empire, conseiller d'Etat, chargé du troisième arrondissement de la police générale, préfet de police du département de la Seine et des communes de Saint-Cloud, Sèvres et Meudon du département de Seine-et-Oise, etc. ;

Considérant qu'au mépris de notre ordonnance du 15 nivôse an XI, plusieurs bouchers forains, au lieu d'amener leurs viandes directement à la halle, les mercredis et samedis, pour y être vendues au détail, se permettent d'en conduire une partie à destination et dans des étaux particuliers ;

Considérant que, quoique la vente de la viande ne soit permise aux bouchers forains que deux fois par semaine et à la halle, ces bouchers introduisent journellement des viandes dans Paris,

Ordonnons ce qui suit :

1. A l'avenir, et à compter du jour de la notification qui leur sera faite de la présente ordonnance, les bouchers forains ne pourront introduire de viandes dans Paris que les mercredis et samedis.

---

(1) V. ce décret à l'appendice.

(2) V. les ord. des 17 mai 1834, 1er juin 1837 et 27 juin 1843.

(3) V. les ord. des 5 nov. 1808, 26 mars 1811, 25 nov. 1817, 25 nov. 1823, 3 oct. 1827 et 25 mars 1830.

2. Il leur est défendu d'en amener les mercredis et samedis ailleurs qu'à la halle.

3. Il leur est défendu de vendre à la halle autrement qu'au détail.

4. Les bœufs, vaches et veaux qu'ils feront entrer dans Paris, les mercredis et samedis, seront coupés au moins en demi-quartiers, et les moutons en quartiers.

5. Les contraventions seront constatées par des procès-verbaux qui seront adressés au préfet de police.

6. Il sera pris envers les contrevenants telles mesures de police administrative qu'il appartiendra, sans préjudice des poursuites à exercer contre eux devant les tribunaux.

7. La présente ordonnance sera notifiée aux bouchers forains par les maires de leurs communes respectives.

Elle le sera aux bouchers de Paris par les commissaires de police.

8. Elle sera imprimée et affichée.

Ampliation en sera adressée à la régie de l'octroi.

Les sous-préfets des arrondissements de Sceaux et Saint-Denis, les maires des communes rurales, les commissaires de police, à Paris, l'inspecteur général du troisième arrondissement de la police générale de l'empire, les officiers de paix, les commissaires des halles et marchés et les autres préposés de la préfecture de police sont chargés de tenir la main à son exécution.

Le conseiller d'Etat, préfet de police, comte DUBOIS.

N° **444.**—*Ordonnance concernant les carrosses de louage* (1).

Paris, le 25 juillet 1808.

Nous, Louis-Nicolas-Pierre-Joseph Dubois, commandant de la Légion d'honneur, comte de l'empire, conseiller d'Etat, chargé du troisième arrondissement de la police générale, préfet de police du département de la Seine et des communes de Saint-Cloud, Sèvres et Meudon du département de Seine-et-Oise, etc.;

Vu les articles 2, 22 et 23 de l'arrêté du gouvernement du 12 messidor an VIII;

Vu aussi le décret impérial du 9 juin 1808,

Ordonnons ce qui suit:

1. Toute personne domiciliée dans le ressort de la préfecture de police, qui sera propriétaire d'un carrosse de louage, ne pourra le faire circuler sans en avoir fait la déclaration à la préfecture de police.

2. Les permissions délivrées jusqu'à ce jour, pour le stationnement des carrosses de place, sont annulées.

3. Dans huit jours, à compter de la publication de la présente ordonnance, les loueurs qui voudront faire stationner des carrosses sur les places seront tenus d'en demander la permission au préfet de police.

4. Pour obtenir une permission de stationnement, les loueurs devront justifier qu'ils sont propriétaires du carrosse et des chevaux.

5. Les carrosses de place seront numérotés par un préposé de la préfecture de police.

---

(1) Rapportée. V. l'ord. du 15 janvier 1841, les arr. des 15 janv. et 18 fév. 1841 et l'ord. du 25 mai 1842.

Le numéro sera aussi placé en dedans du carrosse, sur un ruban de fil blanc, attaché sur le devant, au-dessous de l'impériale.

6. Tout conducteur de carrosse de louage doit être muni d'un livret.

7. Tout loueur de carrosse de place, en prenant un conducteur à son service, devra lui remettre la permission délivrée pour le stationnement du carrosse dont il lui confiera la conduite.

Le conducteur lui remettra son livret en échange.

Le loueur inscrira, sur ce livret, la date de l'entrée du conducteur chez lui et celle de la sortie.

8. Les carrosses de place ne pourront stationner sur la voie publique, pour être loués, que dans les endroits a ce affectés.

Il est défendu aux propriétaires de tous autres carrosses de les exposer sur la voie publique pour être loués, sous les peines prononcées par les lois et règlements.

9. Il est défendu de faire stationner des carrosses de place dans la rue de la Ferronnerie, avant neuf heures du matin, depuis le 1er mars jusqu'au 1er octobre, et avant dix heures depuis le 1er octobre jusqu'au 1er mars.

Les carrosses ne pourront stationner sur cette place après minuit.

10. Les conducteurs resteront à la tête de leurs chevaux et attendront qu'on se présente pour louer leurs voitures.

11. Les conducteurs des carrosses de place sont tenus, à toute réquisition, d'exhiber leur permission de stationnement aux préposés de la préfecture de police ou de la direction des droits réunis; ils devront pareillement représenter un exemplaire de la présente ordonnance, à la première réquisition des personnes qu'ils conduiront.

12. Il est enjoint aux conducteurs de visiter, immédiatement après chaque course, l'intérieur de leurs voitures, et de remettre, aux personnes qu'ils auront conduites, les effets qu'elles auraient pu y laisser.

13. A défaut de possibilité de la remise prescrite par l'article précédent, il est enjoint aux conducteurs de carrosses de place de faire, dans le jour, à la préfecture de police, la déclaration et le dépôt des effets qu'ils auront trouvés dans leurs voitures, à peine de trois cents francs d'amende. (Ord. du 1er juillet 1774, art. 20.)

14. Tout conducteur de carrosse stationné sur une des places à ce affectées ne pourra, sous aucun prétexte, refuser de marcher à toute réquisition.

15. Il est défendu à tout propriétaire ou conducteur de carrosse de place de laisser conduire son carrosse par quelque personne que ce soit.

16. Il sera payé au conducteur d'un carrosse de place pour circuler dans Paris, depuis six heures du matin jusqu'à minuit,
Savoir :

	fr.	cent.
Pour chaque course.........................	1	50
Pour la première heure......................	2	»
Pour chacune des suivantes..................	1	50
Pour aller à Bicêtre........................	4	»
Pour y aller, y rester une heure et en revenir..	6	»

17. Les cochers pris avant minuit et gardés passé ladite heure recevront, à compter de minuit, cinquante centimes en sus des prix ci-dessus fixés.

Les cochers pris après minuit seront payés à raison du double des prix fixés par l'article précédent.

18. Si un cocher qu'on aura fait venir de la place est renvoyé sans être employé, il lui sera payé une demi-course.

19. Si, pendant une course, un conducteur de carrosse de place est détourné de son chemin, il sera censé pris à l'heure.

20. Les cochers sont autorisés à se faire payer d'avance, lorsqu'ils amèneront des personnes au spectacle ou au bal de l'Opéra.

21. Les voitures ne pourront arriver aux théâtres que par les rues désignées dans les consignes.

Il est défendu aux cochers de quitter, sous quelque prétexte que ce soit, les rênes de leurs chevaux, pendant que descendront ou remonteront les personnes qu'ils auront amenées.

22. A la sortie des spectacles, les voitures de place ne pourront charger qu'après le défilé des autres voitures.

23. Les voitures ne pourront aller qu'au pas et sur une seule file jusqu'à ce qu'elles soient sorties des rues environnant les spectacles.

24. Les carrosses de louage ne pourront, dans aucun temps, traverser la place des Innocents.

25. Il est défendu aux cochers de traverser les halles du centre avant dix heures du matin, en tout temps.

26. Les propriétaires des carrosses de louage sont tenus, lorsqu'ils changeront de domicile, d'en faire leur déclaration à la préfecture de police.

27. Aucun carrosse de place ne pourra être vendu sans une déclaration préalable à la préfecture de police, tant par le vendeur que par l'acheteur.

28. L'ordonnance du 25 juin 1808, concernant le droit établi sur les voitures de louage qui stationnent sur les places à ce affectées, continuera de recevoir son exécution.

29. Les contraventions seront constatées par des procès-verbaux qui seront adressés au préfet de police.

50. Il sera pris envers les contrevenants aux dispositions ci-dessus telles mesures de police administrative qu'il appartiendra, sans préjudice des poursuites à exercer contre eux devant les tribunaux.

51. La présente ordonnance sera imprimée, publiée et affichée.

Les sous-préfets des arrondissements de Saint-Denis et de Sceaux, les maires et adjoints des communes rurales du ressort de la préfecture de police, les commissaires de police, à Paris, l'inspecteur-général du troisième arrondissement de la police générale, les officiers de paix et les préposés de la préfecture de police sont chargés de tenir la main à son exécution.

Le conseiller d'Etat, préfet de police, comte DUBOIS.

———————————————

N° **445.** — *Ordonnance concernant les cabriolets de louage* (1).

Paris, le 25 juillet 1808.

Nous, Louis-Nicolas-Pierre-Joseph Dubois, commandant de la Légion d'honneur, comte de l'empire, conseiller d'Etat, chargé du troisième arrondissement de la police générale, préfet de police du département de la Seine et des communes de Saint-Cloud, Sèvres et Meudon du département de Seine-et-Oise, etc. ;

Vu les articles 2, 22 et 32 de l'arrêté du gouvernement du 12 messidor an VIII, et l'article 1 de l'arrêté du 3 brumaire an IX ;

Vu le décret impérial du 9 juin 1808,

———————————————

(1) Rapportée. V. l'ord. du 15 janv. 1841, les arr. des 15 janv. et 18 février 1841 et l'ord. du 25 mai 1842.

Ordonnons ce qui suit :

1. Les permissions délivrées jusqu'à ce jour, pour le stationnement des cabriolets de louage, sont annulées.

2. Dans huit jours, à compter de la publication de la présente ordonnance, les loueurs qui voudront faire stationner des cabriolets sur les places seront tenus d'en demander la permission au préfet de police.

Dans le même délai, les loueurs de cabriolets, soit sous remise, soit dans des bureaux, devront faire, à la préfecture de police, la déclaration de leurs cabriolets.

3. Pour obtenir une permission de stationnement, les loueurs devront justifier qu'ils sont propriétaires du cabriolet et du cheval.

4. Les cabriolets de louage seront numérotés par un préposé de la préfecture de police.

Ce numérotage sera divisé en trois séries.

La première série, pour les cabriolets de place dans l'intérieur, commencera au n° 1.

La deuxième série, pour les cabriolets et autres voitures dites des environs de Paris, commencera au n° 1401.

La troisième série, pour les cabriolets loués sous remise ou dans des bureaux, commencera au n° 2001.

5. Les numéros de cabriolets destinés à stationner sur les places seront peints à l'huile, en chiffres arabes rouges, de onze centimètres de hauteur sur neuf millimètres de plein, dans un écusson octogone, fond blanc.

Il sera placé un numéro en dedans du cabriolet, sur un ruban de fil blanc, attaché au-dessous de l'impériale.

6. Les numéros des cabriolets loués sous remise ou dans des bureaux seront en chiffres arabes noirs, de même dimension que les précédents, dans un écusson carré, fond blanc.

7. Les cabriolets de l'intérieur, compris dans la première série, ne pourront stationner sur la voie publique, pour être loués, que dans les endroits à ce affectés.

Les cabriolets pour les environs de Paris, compris dans la deuxième série, ne pourront également stationner que sur les places qui leur sont affectées.

Il est défendu aux propriétaires de tous autres cabriolets de les faire stationner sur la voie publique pour être loués, sans en avoir fait la déclaration et obtenu la permission, sous les peines prononcées par les lois et règlements.

8. Les conducteurs resteront à la tête de leurs chevaux, et attendront qu'on se présente pour louer leurs voitures.

9. Les conducteurs de cabriolets de louage destinés à stationner sont tenus, à toute réquisition, d'exhiber leur permission de stationnement aux préposés de la préfecture de police ou de la direction des droits réunis.

Ils devront pareillement représenter un exemplaire de la présente ordonnance à la première réquisition des personnes qu'ils conduiront.

10. Tout conducteur de cabriolet de louage est tenu de se pourvoir d'un livret, qui lui sera délivré à la préfecture de police.

11. Tout loueur de cabriolet, en prenant un conducteur à son service, devra lui remettre la permission délivrée pour le stationnement du cabriolet dont il lui confiera la conduite.

Le conducteur lui remettra son livret en échange.

Le loueur inscrira, sur ce livret, la date de l'entrée du conducteur chez lui et celle de la sortie.

12. Il sera payé au conducteur d'un cabriolet pris sur la voie publique, pour circuler dans Paris,
Savoir :

	fr.	cent.
Pour chaque course..............	1	»
Pour la première heure...........	1	25
Pour chacune des suivantes.......	1	»

Il est défendu d'exiger un plus haut prix.

13. Si un cocher qu'on aura fait venir de la place est renvoyé sans être employé, il lui sera payé une demi-course.

14. Si, pendant une course, un conducteur de cabriolet de place est détourné de son chemin, il sera censé pris à l'heure.

15. Les cochers sont autorisés à se faire payer d'avance, lorsqu'ils amèneront des personnes au spectacle ou au bal de l'Opéra.

16. Les voitures ne pourront arriver aux théâtres que par les rues désignées dans les consignes.

Il est défendu aux cochers de quitter, sous quelque prétexte que ce soit, les rênes de leurs chevaux, pendant que descendront ou remonteront les personnes qu'ils auront amenées.

17. A la sortie des spectacles, les voitures de place ne pourront charger qu'après le défilé des autres voitures.

18. Les voitures ne pourront aller qu'au pas et sur une seule file, jusqu'à ce qu'elles soient sorties des rues environnant les spectacles.

19. Les cabriolets de louage ne pourront, dans aucun temps, traverser la place des Innocents.

20. Il est défendu aux conducteurs de cabriolets de traverser les halles du centre avant dix heures du matin, en tout temps.

21. Il est enjoint aux conducteurs de visiter, immédiatement après chaque course, l'intérieur de leurs voitures, et de remettre, aux personnes qu'ils auront conduites, les effets qu'elles auraient pu y laisser.

22. A défaut de possibilité de la remise prescrite par l'article précédent, il est enjoint aux conducteurs de cabriolets de louage de faire, dans le jour, à la préfecture de police, la déclaration et le dépôt des effets qu'ils auront trouvés dans leurs voitures, à peine de trois cents francs d'amende. (*Ord. du 14 juillet* 1774. *art.* 20.)

23. Tout conducteur de cabriolet de louage stationné sur une des places à ce affectées ne pourra, sous aucun prétexte, refuser de marcher à toute réquisition.

24. Il est défendu à tout propriétaire ou conducteur de cabriolet de laisser conduire son cabriolet par des femmes, et des enfants âgés de moins de dix-huit ans.

25. Il est défendu aux conducteurs de cabriolets et autres voitures dites des environs de Paris de monter et de laisser monter qui que ce soit sur l'impériale de leurs voitures.

26. Les chevaux de cabriolets porteront au col un fort grelot mobile, dont le bruit puisse avertir les passants.

Pendant la nuit, les cabriolets pour l'intérieur seront garnis de deux lanternes allumées, adaptées à chaque côté de la caisse.

27. Les propriétaires de cabriolets sont tenus, lorsqu'ils changeront de domicile, d'en faire leur déclaration à la préfecture de police.

28. Aucun cabriolet numéroté ne pourra être vendu sans une déclaration préalable à la préfecture de police, tant par le vendeur que par l'acheteur.

29. L'ordonnance du 25 juin 1808, concernant le droit établi sur les voitures de louage qui stationnent sur les places à ce affectées, continuera de recevoir son exécution.

50. Les contraventions seront constatées par des procès-verbaux, qui seront adressés au préfet de police.

51. Il sera pris envers les contrevenants aux dispositions ci-dessus telles mesures de police administrative qu'il appartiendra, sans préjudice des poursuites à exercer contre eux devant les tribunaux.

52. La présente ordonnance sera imprimée, publiée et affichée.

Les sous-préfets des arrondissements de Saint-Denis et de Sceaux, les maires et adjoints des communes rurales du ressort de la préfecture de police, les commissaires de police, à Paris, l'inspecteur général du troisième arrondissement de la police générale, les officiers de paix et les préposés de la préfecture de police sont chargés de tenir la main à son exécution.

Le conseiller d'Etat, préfet de police, comte DUBOIS.

N° **446.** — *Ordonnance concernant l'ouverture de la chasse* (1).

Paris, le 8 août 1808.

N° **447.**—*Ordonnance concernant des mesures de police relatives à la fête de saint Napoléon* (2).

Paris, le 12 août 1808.

N° **448.**— *Ordonnance concernant les vidangeurs* (3).

Paris, le 24 août 1808.

Nous, Louis-Nicolas-Pierre-Joseph Dubois, commandant de la Légion d'honneur, comte de l'empire, conseiller d'Etat, chargé du troisième arrondissement de la police générale, préfet de police du département de la Seine et des communes de Saint-Cloud, Sèvres et Meudon du département de Seine-et-Oise, etc.;

Considérant que les accidents auxquels donne lieu la vidange, la démolition ou la réparation des fosses d'aisance résultent souvent de la négligence qu'apportent les entrepreneurs et ouvriers dans l'emploi des précautions propres à empêcher ces accidents;

Vu les rapports des commissaires de police et de l'inspecteur général de la salubrité;

Vu l'avis du conseil de salubrité;

Vu aussi l'article 23 de l'arrêté du gouvernement du 12 messidor an VIII,

---

(1) V. les ord. des 18 août 1812 et 22 août 1843.
(2) V. l'ord. du 13 août 1813.
(3) V. les ord. des 5 avril 1809, 23 oct. 1819, 4 juin 1831, 5 juin 1834, l'arr. du 6 juin de la même année et l'ord. du 23 sept. 1843.

Ordonnons ce qui suit :

1re PARTIE.

Ordre du service des vidanges.

1. Nul ne peut être entrepreneur de vidanges sans une permission du préfet de police.

2. Dans la huitaine de la publication de la présente ordonnance, les entrepreneurs de vidanges actuellement pourvus de permissions en feront le dépôt à la préfecture de police, pour être renouvelées.

3. Les permissions ne seront renouvelées ou accordées qu'en justifiant par les entrepreneurs qu'ils sont pourvus de voitures, chevaux, tinettes, seaux, bridages et autres ustensiles nécessaires au service des vidanges.

4. Chaque entrepreneur devra, en outre, être muni de l'appareil de ventilation appelé fourneau de Dalesme.

5. Les voitures de vidanges, chargées ou non chargées, ne pourront circuler dans Paris, savoir :

A compter du 1er octobre jusqu'au 1er avril, avant dix heures du soir ni après huit heures du matin ;

Et à compter du 1er avril jusqu'au 1er octobre, avant onze heures du soir et après six heures du matin.

6. Le travail des ateliers, depuis le 1er octobre jusqu'au 1er avril, commencera à dix heures du soir et finira à sept heures du matin.

Et depuis le 1er avril jusqu'au 1er octobre, il commencera à onze heures du soir et finira à cinq heures du matin.

7. Il sera placé une lanterne allumée à la porte de chaque maison où sera établi un atelier de vidanges.

8. Il ne pourra être employé à chaque atelier moins de quatre ouvriers, dont un chef.

9. Le travail de chaque fosse sera fait et continué à jours consécutifs et aux heures désignées par l'article 6.

Il ne pourra être interrompu que dans le cas prévu par l'article 40 ci-après.

10. Les matières extraites des fosses ne pourront être transportées que dans des tinettes hermétiquement fermées.

11. Les voitures de transport seront garnies de traverses assez solides pour empêcher la chute des tinettes.

Les noms et demeure de l'entrepreneur seront inscrits en gros caractères sur la traverse de devant.

12. Les entrepreneurs ne pourront conduire et vider les tinettes ailleurs qu'à la voirie de Montfaucon.

13. Il est défendu aux vidangeurs de laisser des matières entre les acculoirs et les bords ou parapets des bassins de la voirie.

14. Les entrepreneurs feront laver, à la voirie, les tinettes aussitôt après qu'elles auront été vidées.

15. Hors le temps du service, les voitures et tinettes ne pourront être déposées ailleurs que dans les environs de la voirie et dans les endroits qui, au besoin, seront indiqués.

16. Pendant le temps du service, elles seront rangées au-devant des ateliers de vidanges, de manière que la voie publique n'en soit point embarrassée.

17. Après le travail de chaque jour, et avant de quitter l'atelier, les vidangeurs seront tenus de laver les emplacements qu'ils auront occupés.

18. Il leur est défendu de puiser de l'eau avec les seaux destinés aux vidanges.

19. Les ouvriers vidangeurs sont tenus de se faire inscrire à la préfecture de police.

20. Aucun entrepreneur ne pourra employer d'ouvriers vidangeurs, s'ils ne lui représentent le certificat de leur enregistrement.

21. Il est défendu aux ouvriers vidangeurs de se présenter en état d'ivresse aux ateliers.

22. Les ouvriers vidangeurs qui trouveront dans les fosses, soit des objets qui pourraient indiquer un délit, soit des effets quelconques, en feront, dans le jour, la déclaration chez un commissaire de police.

Il leur sera accordé, s'il y a lieu, une récompense.

23. Il est défendu aux ouvriers vidangeurs de demander aux propriétaires ou locataires des maisons où ils seront occupés, de l'argent, de l'eau-de-vie, ni aucune autre chose à titre de gratification.

2e PARTIE.

Dispositions de sûreté.

24. Aucune fosse d'aisance ne pourra être ouverte que par un entrepreneur de vidanges, quels que soient les causes et motifs de l'ouverture.

25. Lorsque l'ouverture d'une fosse aura un motif autre que celui de sa vidange, l'entrepreneur en donnera avis, dans le jour, à la préfecture de police.

26. Tout entrepreneur chargé de la vidange d'une fosse sera tenu de faire, à la préfecture de police, la déclaration du jour de l'ouverture de la fosse.

27. L'entrepreneur, ou l'un de ses chefs d'ateliers, sera présent à l'ouverture de la fosse.

28. Lorsqu'il n'aura pu en trouver la clé, il ne pourra en faire rompre la voûte qu'en vertu d'une permission du préfet de police.

29. La vidange d'une fosse ne pourra être commencée que douze heures au moins après son ouverture.

30. Pendant ces douze heures, l'entrepreneur s'assurera, autant que possible, de l'état de la fosse et des tuyaux.

31. Les propriétaires et locataires sont tenus de donner à l'entrepreneur toutes facilités pour le dégorgement des tuyaux et l'introduction de l'air dans la fosse pendant sa vidange.

En cas de refus de leur part, il en fera sa déclaration à la préfecture de police.

32. Il est défendu aux entrepreneurs de faire descendre des ouvriers dans une fosse dont les tuyaux ne seraient pas complétement dégorgés.

33. L'entrepreneur, outre les seaux destinés au lavage, est tenu de fournir à chaque atelier, pour l'extraction des matières, au moins quatre seaux munis de leurs cordes et crochets.

34. Les seaux seront passés dans des crochets fermés à ressort.

35. Il est expressément défendu aux ouvriers de retirer, avant la fin de la vidange, les seaux qui seraient tombés dans les fosses.

36. L'entrepreneur fournira chaque atelier d'au moins deux bridages.

37. Il est défendu aux ouvriers de travailler à l'extraction des matières, même des eaux vannes, et de descendre dans les fosses, pour quelque cause que ce soit, sans être ceints du bridage.

38. La corde du bridage sera tenue par un ouvrier placé à l'extérieur de la fosse.

Il est défendu à tout ouvrier de se refuser à ce service.

39. Les entrepreneurs sont responsables des suites de toutes contraventions aux sept articles précédents.

40. Lorsque, dans leur travail, des ouvriers auront été frappés du plomb, le chef d'atelier suspendra la vidange de la fosse.

41. L'entrepreneur sera tenu de faire, dans le jour, à la préfecture de police, sa déclaration de suspension de travail, et des causes qui l'auront déterminée.

42 Il ne pourra reprendre le travail qu'avec les précautions et mesures qui lui seront indiquées, selon les circonstances.

43. Aucune fosse ne pourra être allégée sans une autorisation du préfet de police.

44. Il est défendu aux entrepreneurs de laisser des matières au fond des fosses, et de les masquer de quelque manière que ce soit.

3ᵉ PARTIE.

Réparations, remblais et déblais des fosses.

45. Tout entrepreneur ou maçon chargé de la réparation d'une fosse sera tenu d'en faire la déclaration à la préfecture de police.

46. Il est défendu aux entrepreneurs ou maçons de faire ou faire faire par leurs ouvriers l'extraction des eaux vannes et matières qui se trouveraient dans les fosses.

Elle ne pourra être faite que par un entrepreneur de vidanges.

47. Tout maçon chargé de la réparation d'une fosse sera tenu, tant que durera l'extraction des pierres des parties à réparer, d'avoir à l'extérieur de la fosse autant d'ouvriers qu'il en emploiera dans l'intérieur.

48. Chaque ouvrier travaillant à l'extraction des pierres d'une fosse à réparer sera ceint d'un bridage, dont l'attache sera tenue par un ouvrier placé à l'extérieur.

49. Les entrepreneurs et maçons sont responsables des effets des contraventions aux trois articles précédents.

50. Si des ouvriers maçons sont frappés du plomb pendant la démolition ou réparation d'une fosse, elle sera suspendue, et déclaration en sera faite, dans le jour, à la préfecture de police.

51. La démolition ou réparation ne pourra en être reprise qu'avec les précautions et mesures qui seront indiquées à l'entrepreneur.

52. Tout propriétaire qui voudra combler ou déblayer une fosse d'aisance sera tenu d'en faire la déclaration à la préfecture de police.

53. Toute fosse, avant d'être comblée, sera vidée et curée à fond.

54. Aucune fosse, précédemment comblée, ne pourra être déblayée que par un entrepreneur de vidanges.

55. L'entrepreneur apportera à cette opération les mêmes précautions qu'à la vidange.

56. Les contraventions seront constatées par des procès-verbaux qui seront adressés au préfet de police.

57. Il sera pris envers les contrevenants telles mesures de police administrative qu'il appartiendra, sans préjudice des poursuites à exercer contre eux devant les tribunaux.

58. La présente ordonnance sera imprimée, publiée et affichée.

Les commissaires de police, l'inspecteur général du troisième arrondissement de la police générale de l'empire, les officiers de paix, l'inspecteur général de la salubrité et les autres préposés de la préfecture de police sont chargés de tenir la main à son exécution.

Le conseiller d'Etat, préfet de police, comte DUBOIS.

N° **449**. — *Ordonnance concernant les mesures de police qui doi-vent être observées à Saint-Cloud, les* 4, 11 *et* 18 *septembre* (1).

Paris, le 1er septembre 1808.

———————◦◦———————

N° **450**. — *Arrêté concernant la soumission faite par le sieur Albert, d'établir une machine pour remonter et descendre les bateaux près des travaux du pont d'Iéna.*

Paris, le 15 septembre 1808.

Nous, Louis-Nicolas-Pierre-Joseph Dubois, commandant de la Légion d'honneur, comte de l'empire, conseiller d'Etat, chargé du troisième arrondissement de la police générale, préfet de police du département de la Seine et des communes de Saint-Cloud, Sèvres et Meudon du département de Seine-et-Oise, etc.;

Vu, 1° le rapport, etc. ,

Arrêtons ce qui suit :

1. La soumission faite par le sieur Albert pour l'établissement d'une machine destinée au passage des bateaux près des travaux du pont d'Iéna est acceptée :

A condition, 1° etc.

2. Pour indemniser le sieur Albert de ses frais, etc.

3. Il est autorisé à se faire payer par le commerce vingt centimes par mètre de longueur des bateaux chargés, et dix centimes, aussi par mètre de longueur, des bateaux vides, montant ou descendant à l'aide de la machine, toutes les fois que les voituriers fourniront leurs cordes.

4. Ces prix seront doublés lorsque l'on emploiera les cordes du sieur Albert pour remonter ou descendre les bateaux.

5. Les voituriers seront tenus d'arrêter leurs bateaux montants immédiatement au-dessous du passage pratiqué pour les bateaux le long de la culée du pont d'Iéna.

6. Ils seront pareillement tenus, dans le cas où ils se serviraient de leurs cordes, de les enverger sur leurs bateaux, de les porter sur la machine, et de les fauder sur leurs bachots ou flûtes, à mesure qu'elles sortiront de dessus les tambours de la machine.

7. A l'égard des bateaux descendants, les voituriers seront tenus de les arrêter à la machine, d'y porter leurs cordes, s'ils sont dans l'intention de s'en servir, et de les fauder de même sur leurs bachots.

8. Les voituriers seront, sous leur responsabilité, chargés de la conduite et direction de leurs bateaux, et n'auront aucun recours contre le sieur Albert, en cas d'accidents par suite de leurs manœuvres.

Le présent arrêté sera soumis à l'approbation de S. Exc. le ministre de l'intérieur.

Le conseiller d'Etat, préfet de police, comte DUBOIS.

Approuvé : le ministre de l'intérieur, CRETET.

————————————

(1) V. l'ord. du 6 sept. 1843.

N° **451.** — *Ordonnance concernant le droit d'abri à la halle aux grains* (1).

Paris, le 20 septembre 1808.

Nous, Louis-Nicolas-Pierre-Joseph Dubois, commandant de la Légion d'honneur, comte de l'empire, conseiller d'État, chargé du troisième arrondissement de la police générale, préfet de police du département de la Seine et des communes de Saint-Cloud, Sèvres et Meudon du département de Seine-et-Oise, etc. ;

Vu le décret impérial du 16 août 1808, relatif au droit d'abri des places occupées par les marchands grainetiers, revendeurs ou regrattiers à la halle aux grains de Paris,

Ordonnons ce qui suit :

1. Le décret impérial précité sera imprimé, publié et affiché avec la présente ordonnance (2).

2. La perception du droit établi par ledit décret sera faite par le premier commis au bureau du contrôle de la halle aux grains et farines.

5. Le contrôleur de la halle est chargé de tenir la main à l'exécution de la présente ordonnance.

Le conseiller d'État, préfet de police, comte DUBOIS.

N° **452.** — *Ordonnance concernant les entrepreneurs de diligences et de messageries, et la police du roulage* (3).

Paris, le 20 septembre 1808.

Nous, Louis-Nicolas-Pierre-Joseph Dubois, commandant de la Légion d'honneur, comte de l'empire, conseiller d'État, chargé du troisième arrondissement de la police générale, préfet de police du département de la Seine et des communes de Saint-Cloud, Sèvres et Meudon du département de Seine-et-Oise, etc.;

Vu, 1° le décret impérial du 28 août dernier concernant les entrepreneurs de diligences, de messageries ou autres voitures publiques ;

2° Les décrets impériaux des 30 floréal an XIII, concernant les entrepreneurs de diligences ou messageries qui emploient des chevaux de poste, et 23 juin 1806, concernant le poids des voitures et la police du roulage,

Ordonnons ce qui suit :

1. Les articles 1, 2, 3, 4, 5, 6, 7, 8, 9, 10, 11, 12, 13, 14 et 16 du décret impérial du 28 août dernier seront publiés et affichés avec la présente ordonnance (4).

2. Seront également publiés et affichés l'article 5 du décret impé-

---

(1) V. les ord. des 12 et 19 mai 1812, 14 oct. et 17 juill. 1813, l'arr. du 17 nov. 1815, les ord. des 12 déc. 1821, 7 nov. 1823 et 25 nov. 1829.

(2) V. ce décret à l'appendice.

(3) V. les ord. des 12 sept. 1816, 29 déc. 1817, 4 avril 1820, 27 août 1821, 21 juin 1823, 14 août 1824, 15 mars 1826, 25 oct. 1827, 19 août 1828 et 18 avril 1843.

(4) Rapporté. V. à l'appendice l'ord. du roi du 16 juill. 1828.

rial du 30 floréal an xiii, et les articles 6, 16, 17, 18, 27, 28, 29, 33, 34, 35, 36, 37, 38, 39, 40, 41, 42, 43 et 44 du décret impérial du 23 juin 1806 (1).

3. Indépendamment de la déclaration prescrite par l'article 1, § 2, du décret impérial du 28 août dernier, les entrepreneurs de diligences, de messageries ou autres voitures publiques seront tenus de donner connaissance au préfet de police des changements qu'ils apporteraient soit dans la destination ou la capacité de leurs voitures, soit relativement au jour et à l'heure de leur départ, de leur arrivée et de leur retour.

4. Les registres que les propriétaires ou entrepreneurs de diligences, de messageries ou autres voitures publiques sont obligés de tenir, conformément à l'article 4 du décret du 28 août dernier, seront cotés et parafés par le préfet de police.

5. Les livres dont les conducteurs de diligences, de messageries ou autres voitures publiques doivent être pourvus, aux termes de l'article 11 du même décret, continueront d'être délivrés à la préfecture de police.

6. Les contraventions au décret du 28 août dernier seront constatées, dans les communes rurales, par les maires, et à Paris, par les commissaires de police. Les procès-verbaux en seront adressés au préfet de police.

7. Les préposés au service des ponts à bascule, chargés de constater les contraventions aux dispositions du décret du 23 juin 1806, en adresseront les procès-verbaux aux maires, dans les communes rurales, et à Paris, au préfet de police.

8. Les demandes en recours contre les décisions des maires seront adressées au préfet de police, pour être statué en conseil de préfecture.

9. Les ordonnances de police concernant les diligences, les messageries et autres voitures publiques continueront de recevoir leur exécution.

10. La présente ordonnance sera notifiée aux propriétaires ou entrepreneurs de messageries, de diligences et autres voitures publiques par les maires, dans les communes rurales, et par les commissaires de police, à Paris; cette notification sera constatée par des procès-verbaux qui seront adressés au préfet de police.

11. Les sous-préfets des arrondissements de Sceaux et de Saint-Denis, les maires et adjoints des communes rurales du ressort de la préfecture de police, les commissaires de police, à Paris, l'inspecteur général du troisième arrondissement de la police générale de l'empire, les officiers de paix et les préposés de la préfecture de police sont chargés de tenir la main à l'exécution de la présente ordonnance.

Le conseiller d'État, préfet de police, comte DUBOIS.

N° **453.** — *Instruction concernant la surveillance de la rivière, des ports, de la halle aux vins, des chantiers et des places de vente du charbon* (2).

Paris, le 28 septembre 1808.

---

(1) V. ces décrets à l'appendice.

(2) V. les ord. des 24 mars 182   ars 1829 et 25 oct. 1840.

N° 454. — *Ordonnance concernant la police de la rivière et des ports, pendant l'hiver et dans les temps de glaces, grosses eaux et débâcles* (1).

Paris, le 20 octobre 1808.

------●------

N° 455. — *Avis concernant le ramonage* (2).

Paris, le 20 octobre 1808.

------●------

N° 456. — *Ordonnance concernant l'ouverture de la session du corps législatif* (3).

Paris, le 24 octobre 1808.

------●------

N° 457. — *Ordonnance concernant l'alternat des marchands bouchers à la halle à la viande* (4).

Paris, le 5 novembre 1808.

Nous, Louis-Nicolas-Pierre Joseph Dubois, commandant de la Légion d'honneur, comte de l'empire, conseiller d'État, chargé du troisième arrondissement de la police générale, préfet de police du département de la Seine et des communes de Saint-Cloud, Sèvres et Meudon du département de Seine-et-Oise, etc.;

Vu l'arrêté du gouvernement du 12 messidor an VIII;

Celui du 8 vendémiaire an XI;

Les ordonnances de police des 15 nivôse an XI et 25 brumaire an XII;

La délibération des syndic et adjoints des bouchers, du 6 septembre dernier;

Ensemble l'état y annexé des bouchers qui ont demandé à approvisionner la halle, les mercredis et samedis;

Considérant que la vente de la viande à la halle offre au commerce de la boucherie un avantage auquel tous les bouchers ont également droit de participer,

Ordonnons ce qui suit:

1. Tous les bouchers compris dans l'état annexé à la délibération des syndic et adjoints du 6 septembre dernier sont appelés à tour de rôle à vendre au débit, à la halle de Paris, les mercredis et samedis.

2. Le nombre des places assignées à la halle aux bouchers de Paris est fixé à cent six. Il ne pourra excéder cette quantité qu'en vertu d'un

------

(1) V. les ord. des 1er déc. 1838, 5 déc. 1839 et 25 oct. 1840 (art. 203 et suiv.).

(2) V. l'avis du 10 janv. 1828 et l'ord. du 27 nov. 1843.

(3) V. les ord. des 1er déc. 1809 et 31 mai 1814.

(4) V. les ord. des 26 mars 1811, 25 nov. 1817, 25 nov. 1823, 3 oct. 1827 et 25 mars 1830.

arrêté du préfet de police, rendu pour des causes non prévues par la présente ordonnance. Il ne pourra jamais être au-dessous de cent.

3. Le nombre des bouchers compris en l'état mentionné en l'article 1, sera divisé en quatre séries, qui seront formées suivant l'ordre alphabétique des noms des bouchers.

4. L'ordre dans lequel les quatre séries seront appelées à approvisionner la halle, sera déterminé par le sort.

5. Les bouchers compris dans la première série appelée par le sort, approvisionneront la halle pendant le mois de décembre prochain.

Ceux de la seconde, pendant le mois de janvier.

Ceux de la troisième, pendant le mois de février.

Ceux de la quatrième, pendant le mois de mars.

Et ainsi de suite.

6. Les places de la halle seront tirées au sort, pour les bouchers de chaque série, et au retour de chacune.

7. Les syndic et adjoints procéderont, au bureau et en présence des commissaires des halles et marchés, aux deux tirages prescrits par les articles 4 et 6. Il en sera dressé procès-verbal par le commissaire de police de la division des marchés.

8. Le premier tirage des places sera fait, pour les deux premières séries appelées par le sort, dans le mois de novembre ; il sera fait, pour la troisième, à la fin du mois de décembre ; pour la quatrième, à la fin du mois de janvier ; pour la première, à la fin du mois de février et ainsi de suite, de manière à être toujours fait pour une série à l'avance.

9. Les bouchers tiendront leurs places par eux-mêmes, leurs femmes ou leurs enfants, sans pouvoir les faire occuper par des étaliers ou toutes autres personnes.

10. Tout boucher qui manquera d'approvisionner la halle, pendant tout ou partie du temps pour lequel il y est appelé, en sera exclu pour toujours, s'il ne justifie d'empêchement légitime.

11. S'il manquait à l'une des séries un nombre de bouchers tel qu'il y eût moins de cent places occupées, le supplément sera pris dans les premiers numéros du tirage déjà fait de la série suivante, jusqu'à concurrence du nombre manquant, ou choisi d'office par le préfet de police.

Les bouchers appelés par supplément ne perdront pas leur tour dans la série dont ils font partie.

12. Les bouchers forains légalement reconnus continueront d'être admis à la halle, en se conformant aux ordonnances et règlements, notamment à l'ordonnance du 15 juillet dernier.

13. Tous les bouchers approvisionnant la halle placeront au-dessus de leur étalage, une plaque ou écriteau indicatif de leurs noms et demeures.

14. Il ne pourra être vendu de viande en gros, à la halle.

15. La viande apportée à la halle, y sera vendue en totalité, dans le jour.

16. Il est défendu d'y vendre de la viande, avant le lever et après le coucher du soleil.

17. Il est défendu d'y exposer en vente des viandes insalubres.

18. Il sera pris envers les contrevenants telles mesures de police administrative qu'il appartiendra, sans préjudice des poursuites à exercer contre eux devant les tribunaux.

19. La présente ordonnance sera imprimée et notifiée à tous les bouchers par les commissaires de police, chacun dans sa division.

Le commissaire de police de la division des marchés, et les commissaires des halles et marchés sont chargés de tenir la main à son exécution, et d'en rendre compte.

Le conseiller d'Etat, préfet de police, comte DUBOIS.

N° **458**. — *Ordonnance concernant les rouliers, voituriers, charretiers et autres* (1).

Paris, le 11 novembre 1808.

Nous, Louis-Nicolas-Pierre-Joseph Dubois, commandant de la Légion d'honneur, comte de l'empire, conseiller d'Etat, chargé du troisième arrondissement de la police générale, préfet de police du département de la Seine et des communes de Saint-Cloud, Sèvres et Meudon du département de Seine-et-Oise, etc.,

Vu les articles 22 et 32 de l'arrêté du gouvernement du 12 messidor an VIII et l'article 1 de celui du 3 brumaire an IX,

Ordonnons ce qui suit :

1. Les voitures de roulage et autres voitures de transport doivent être munies d'une plaque de métal, indiquant, en caractères apparents, le nom et le domicile du propriétaire. Cette plaque doit être clouée en avant de la roue et au côté gauche de la voiture, à peine de vingt-cinq francs d'amende, et d'une amende double si la plaque porte, soit un nom, soit un domicile faux ou supposé. (*Loi du 3 niv. an VI, art. 9, et décret impérial du 23 juin 1806, art. 34.*)

2. Les propriétaires de charrettes, haquets, tombereaux et autres voitures de transport, domiciliés à Paris, sont tenus de faire à la préfecture de police, avant le 1er janvier prochain, la déclaration de leurs noms et demeures et du nombre des voitures qui leur appartiennent.

Les propriétaires qui ont fait précédemment cette déclaration sont tenus de la renouveler dans le délai ci-dessus fixé.

Ceux qui, à l'avenir, voudront faire usage de charrettes et autres voitures de transport, en feront préalablement la déclaration à la préfecture de police.

3. Les propriétaires de charrettes, haquets et tombereaux employés à un service public, sont tenus de faire peindre sur la plaque le numéro qui leur sera délivré à la préfecture de police.

4. Les voitures de roulage et autres voitures de transport doivent être bien conditionnées et entretenues en bon état.

Celles qui servent au transport du bois, des planches, des pierres, des moellons, des gravois et autres objets qui, en tombant, peuvent occasionner des accidents, ne peuvent être chargées au-dessus des ridelles ou des planches de clôture.

Les falourdes de harts et les fagots pourront être transportés sur des haquets, pourvu qu'ils y soient solidement assujettis.

5. Il est enjoint aux voituriers et charretiers de conduire directement à destination, les marchandises dont le transport leur est confié.

Ils ne pourront s'arrêter en route, ni stationner sur la voie publique, que le temps strictement nécessaire pour le chargement et le déchargement.

6. Il leur est défendu de monter dans leurs voitures ou de s'en

---

(1) V. les ord. des 13 janv. 1812, 28 août 1816 et 2 avril 1819.

éloigner ; ils se tiendront, à pied, à la tête de leurs chevaux, à peine de cent francs d'amende. (*Ord. de police du 21 déc.* 1787.)

Ils ne pourront faire trotter ou galoper leurs chevaux.

7. Il est défendu à tout propriétaire de laisser conduire sa voiture par des personnes âgées de moins de dix-huit ans.

8. Conformément à l'article 16 du décret impérial, du 28 août 1808, les rouliers, voituriers et charretiers sont tenus de céder la moitié du pavé aux voitures des voyageurs, à peine de cinquante francs d'amende, et du double en cas de récidive, sans préjudice des dommages-intérêts des parties, et des peines personnelles portées aux règlements de police.

En cas de contravention, les déclarations seront reçues par les maires, dans les communes rurales, et, à Paris, par les commissaires de police.

9. Dans les communes rurales, les aubergistes sont tenus de placer dans leurs cours les voitures de transport.

Lorsque leurs cours ne seront pas assez spacieuses pour contenir toutes les voitures, ils pourront en faire stationner le long de leurs maisons, en obtenant préalablement l'autorisation du maire de leur commune. Dans ce cas, les aubergistes devront ranger les voitures de manière que la circulation soit libre, et placer une lanterne allumée, pour que les voitures laissées sur la voie publique, soient aperçues des voyageurs, à peine de cinquante francs d'amende. (*Ord. de police du* 17 *juillet* 1781, *art.* 11.)

10. Un homme ne peut mener à l'abreuvoir plus de trois chevaux à la fois ; il lui est enjoint de les conduire au pas (1).

Il est défendu de conduire à l'abreuvoir des chevaux pendant la nuit.

11. Il est défendu d'entrer avec de la lumière dans les lieux qui renferment des fourrages, à moins que cette lumière ne soit contenue dans une lanterne close, à peine de deux cents francs d'amende. (*Ord. de police du* 15 *nov.* 1781.)

Il est enjoint d'avoir dans les écuries, des lanternes fixes, pour prévenir les accidents du feu.

12. Les propriétaires de voitures et chevaux et les aubergistes sont civilement garants des faits de leurs gens de service. (*Ord. de police du* 21 *déc.* 1787, *art.* 9.)

13. Les contraventions seront constatées par des procès-verbaux qui seront adressés au préfet de police.

Les voitures et les chevaux seront, par voie de police administrative, arrêtés et mis en fourrière jusqu'après le jugement de l'affaire, pour sûreté de l'amende encourue, si mieux n'aiment les contrevenants, consigner l'équivalent de l'amende à laquelle ils pourraient être condamnés.

14. La présente ordonnance sera imprimée, publiée et affichée.

Les sous-préfets de Saint-Denis et de Sceaux, les maires et adjoints des communes rurales du ressort de la préfecture de police, les commissaires de police à Paris, l'inspecteur général du troisième arrondissement de la police générale de l'empire, les officiers de paix, l'inspecteur général de la navigation et des ports, l'inspecteur général de la salubrité, le contrôleur général du recensement et du mesurage des bois et charbons, les commissaires des halles et marchés, le contrôleur de la halle aux grains et farines, et les autres préposés de la préfecture de police sont chargés de tenir la main à son exécution.

Le conseiller d'Etat, préfet de police, comte DUBOIS.

---

(3) V. à l'appendice la déclaration du Roi du 28 avril 1782 et l'arrêt de la C. C. du 8 sept. 1808, qui dérogent à cette disposition en faveur des maîtres de poste.

N° **459**. — *Ordonnance concernant la vente du pain sur les marchés* (1).

Paris, le 17 novembre 1808.

Nous, Louis-Nicolas-Pierre-Joseph Dubois, commandant de la Légion d'honneur, comte de l'empire, conseiller d'État, chargé du troisième arrondissement de la police générale, préfet de police du département de la Seine et des communes de Saint-Cloud, Sèvres et Meudon du département de Seine-et-Oise, etc.,

Vu les articles 2, 26, 32 et 33 de l'arrêté du gouvernement du 12 messidor an VIII, et l'article 1 de celui du 3 brumaire an IX,

Ordonnons ce qui suit :

1. Le nombre des marchés affectés à la vente du pain dans Paris, demeure fixé à six,

SAVOIR :

Le marché du cimetière Saint-Jean ; le marché Saint-Martin-des-Champs ; les grands et petits Piliers de la tonnellerie ; la place Maubert ; le marché de l'Abbaye-Saint-Germain ; le marché des Jacobins.

2. La vente du pain continuera d'avoir lieu sur le marché de la Vallée, jusqu'à nouvel ordre.

3. Les marchés au pain tiendront, comme par le passé, les mercredis et samedis, depuis le lever jusqu'au coucher du soleil.

4. Il ne sera exposé sur les marchés que du pain de bonne qualité, bien cuit, et du poids de deux, trois, quatre et six kilogrammes (4, 5, 6, 8 et 12 livres environ).

5. Le pain devra être apporté directement sur les marchés ; il devra y être vendu dans le jour, et il ne pourra en être remporté.

6. Les boulangers de Paris et les boulangers des communes environnantes, exploitant four et boutique, sont admis à vendre du pain sur les marchés.

Ils ne pourront s'y installer sans une permission du préfet de police.

7. Les boulangers garniront suffisamment leurs places, tous les jours de marchés.

8. Ils tiendront leurs places par eux-mêmes, leurs femmes ou leurs enfants, sans pouvoir les faire occuper par des garçons ou toutes autres personnes.

9. Les boulangers, approvisionnant les marchés, placeront au devant de leur étalage une plaque ou écriteau indicatif de leurs noms et demeures.

10. Les boulangers qui voudront quitter leurs places devront préalablement remettre leurs permissions au commissaire des halles et marchés.

11. Tout boulanger, qui serait trois marchés consécutifs sans garnir sa place, en sera privé pour toujours, s'il ne justifie d'empêchement légitime.

12. Il est défendu aux boulangers de colporter du pain sur la voie publique.

13. Il est défendu aux boulangers de vendre du pain ailleurs que dans leurs boutiques et sur les marchés.

14. Il est défendu de vendre du pain au regrat dans quelque lieu que ce soit et d'en former des dépôts.

15. Les contraventions seront constatées par des procès-verbaux qui seront adressés au préfet de police.

(1) V. les ord. des 15, 31 oct. et 10 nov. 1828.

16. Il sera pris envers les contrevenants telles mesures de police administrative qu'il appartiendra, sans préjudice des poursuites à exercer contre eux devant les tribunaux.

17. La présente ordonnance sera imprimée, publiée et affichée.

Les sous-préfets des arrondissements de Saint-Denis et de Sceaux, les maires et adjoints des communes rurales du ressort de la préfecture de police, les commissaires de police à Paris, l'inspecteur général du troisième arrondissement de la police générale de l'empire, les officiers de paix, les commissaires des halles et marchés, le contrôleur de la halle aux grains et farines, les inspecteurs des poids et mesures, et les autres préposés de la préfecture de police sont chargés de tenir la main à son exécution.

Le conseiller d'Etat, préfet de police, comte DUBOIS.

N° 460. — *Ordonnance concernant la vente de l'huile en détail.*

Approuvée par S. Exc. le ministre de l'intérieur, le 6 décembre 1808.

Paris, le 21 novembre 1808.

Nous, Louis-Nicolas-Pierre-Joseph Dubois, commandant de la Légion d'honneur, comte de l'empire, conseiller d'État, chargé du troisième arrondissement de la police générale, préfet de police du département de la Seine et des communes de Saint-Cloud, Sèvres et Meudon du département de Seine-et-Oise, etc.,

Vu la loi du 18 germinal an III et celle du 1er vendémiaire an IV, relatives aux poids et mesures;

Les articles 2 et 26 de l'arrêté du gouvernement, du 12 messidor an VIII, et l'article 1 de l'arrêté du 3 brumaire an IX;

Les arrêtés du gouvernement des 13 brumaire et 29 prairial an IX,

Et les décisions de S. Exc. le ministre de l'intérieur,

Ordonnons ce qui suit :

1. Dans trois mois, à compter du jour de la publication de la présente ordonnance, la vente de l'huile en détail ne pourra avoir lieu que dans des mesures représentant le poids, 1° de cinq hectogrammes (équivalant, en poids anciens, à une livre deux gros cinquante-quatre grains);

2° D'un double hectogramme (six onces quatre gros vingt-un grains);

3° D'un hectogramme (trois onces deux gros onze grains);

4° De cinq décagrammes (une once cinq gros cinq grains);

5° Et d'un double décagramme (cinq gros seize grains).

2. Ces mesures seront établies en fer-blanc, dans une forme cylindrique, suivant les modèles déposés au bureau de la vérification des poids et mesures, près la préfecture de police, où elles devront être vérifiées et marquées du poinçon du gouvernement.

3. Les mesures pour l'huile à manger seront marquées de la lettre M.

Celles pour l'huile à brûler seront marquées de la lettre B.

Les unes et les autres porteront en outre la désignation du poids qu'elles représentent et la marque du fabricant.

4. A l'expiration des trois mois fixés par l'article 1, il est défendu de faire usage, dans le commerce, des autres mesures pour la vente de l'huile en détail, sous les peines portées par les lois et règlements.

5. Les contraventions seront constatées par des procès-verbaux qui seront adressés au préfet de police.

6. Il sera pris envers les contrevenants aux dispositions ci-dessus telles mesures de police administrative qu'il appartiendra, sans préjudice des poursuites à exercer contre eux devant les tribunaux, conformément aux lois et règlements.

7. La présente ordonnance sera soumise à l'approbation de S. Exc. le ministre de l'intérieur.

8. Elle sera imprimée, publiée et affichée.

Les sous-préfets des arrondissements de Saint-Denis et de Sceaux, les maires et adjoints des communes rurales du ressort de la préfecture de police, les commissaires de police à Paris, l'inspecteur général du troisième arrondissement de la police générale de l'empire, les officiers de paix, les commissaires des halles et marchés, les inspecteurs des poids et mesures, et les autres préposés de la préfecture de police sont chargés de tenir la main à son exécution.

Le conseiller d'Etat préfet de police, comte DUBOIS.

———— ⊙ ————

N° **461.** — *Ordonnance concernant la fête de l'anniversaire du couronnement de S. M. l'Empereur et de la bataille d'Austerlitz* (1).

Paris, le 2 décembre 1808.

———— ⊙ ————

N° **462.** — *Ordonnance concernant la vérification annuelle des poids et mesures* (2).

Paris, le 7 décembre 1808.

———— ⊙ ————

N° **463.** — *Ordonnance concernant les charpentiers.*

Paris, le 7 décembre 1808.

Nous, Louis-Nicolas-Pierre-Joseph Dubois, commandant de la Légion d'honneur, comte de l'empire, conseiller d'Etat, chargé du troisième arrondissement de la police générale, préfet de police du département de la Seine et des communes de Saint-Cloud, Sèvres et Meudon du département de Seine-et-Oise, etc.,

Considérant qu'il est important de surveiller les charpentiers, et pour s'assurer de la solidité des constructions, et pour empêcher que des pièces de charpente ne soient placées de manière à occasionner des incendies ;

Considérant que, dans le cas d'incendie, les ouvriers en bâtiments, et notamment les charpentiers, doivent être requis pour porter les secours nécessaires ;

Considérant encore que les outils dont se servent les charpentiers, peuvent devenir dangereux dans les mains de personnes mal intentionnées ;

---

(1) V. l'ord. du 3 déc. 1813.

(2) V. les ord. des 14 déc. 1820, 15 déc. 1825, 27 oct. et 29 nov. 1826, 23 nov. 1842 et 1er déc. 1843.

Vu les articles 2, 10 et 24 de l'arrêté du gouvernement du 12 messidor an VIII, les articles 6, 7, 8 du titre 2 et l'article 11 du titre 3 de la loi du 22 germinal an XI,

Ordonnons ce qui suit :

1. Les maîtres charpentiers de Paris sont tenus de se faire inscrire à la préfecture de police, avant le 1er janvier 1809.

2. Tout maître charpentier doit avoir un chantier suffisant pour la taille de la charpente.

3. Il est défendu de façonner ailleurs que dans lesdits chantiers les bois de charpente.

4. Il est néanmoins permis aux propriétaires et autres de faire façonner et tailler les bois dont ils peuvent avoir besoin, sur le lieu même des constructions.

5. Les outils de chaque maître charpentier seront marqués d'un poinçon particulier.

6. Les maîtres charpentiers feront graver deux poinçons qui porteront en toutes lettres leurs noms de famille.

L'un de ces poinçons sera déposé à la préfecture de police.

7. En exécution de la loi du 22 germinal an XI, et conformément à l'ordonnance de police, du 20 pluviôse an XII, les compagnons charpentiers sont tenus d'avoir des livrets.

8. Il est enjoint aux maîtres charpentiers de ne se servir que d'ouvriers porteurs de livrets.

9. Défenses sont faites aux compagnons charpentiers de se coaliser pour suspendre, empêcher ou enchérir les travaux.

10. Il leur est également défendu d'emporter aucunes fouées, copeaux, bouts de bois et billots.

11. Les maîtres charpentiers et les compagnons se conformeront en toute espèce de construction, aux règles de l'art et aux règlements de police.

12. Tout propriétaire, locataire ou autre qui voudra se servir de compagnons charpentiers, ne pourra les employer plus de deux jours, sans en faire la déclaration à la préfecture de police.

Aucun compagnon charpentier ne pourra travailler pour son compte, plus de deux jours à la même construction, sans s'être assuré que la déclaration ci-dessus prescrite, a été faite par celui qui l'emploie.

13. Il est défendu aux ferrailleurs et à tous autres d'acheter des outils marqués du nom d'un maître charpentier.

14. Il sera pris envers les contrevenants aux dispositions ci-dessus telles mesures de police administrative qu'il appartiendra, sans préjudice des poursuites à exercer contre eux devant les tribunaux.

15. La présente ordonnance sera imprimée, publiée et affichée.

Les commissaires de police, l'inspecteur général de la police du troisième arrondissement, les officiers de paix et les préposés de la préfecture de police sont chargés de tenir la main à son exécution.

Le conseiller d'État, préfet de police, comte DUBOIS.

Nº **464**. — *Ordonnance concernant les glaces et neiges* (1).

Paris, le 19 décembre 1808.

Nº **465**. — *Ordonnance concernant des mesures d'ordre à observer le 25 décembre, jour où un Te Deum sera chanté à l'occasion des succès obtenus en Espagne.*

Paris, le 23 décembre 1808.

Nº **466**. — *Ordonnance concernant le tarif des droits de petite voirie* (2).

Paris, le 28 décembre 1808.

Nous, Louis-Nicolas-Pierre-Joseph Dubois, commandant de la Légion d'honneur, comte de l'empire, conseiller d'Etat, chargé du troisième arrondissement de la police générale, préfet de police du département de la Seine et des communes de Saint-Cloud, Sèvres et Meudon du département de Seine-et-Oise, etc.,

Vu le décret impérial du 27 octobre 1808, contenant un nouveau tarif des droits de voirie pour la ville de Paris,

Ordonnons ce qui suit :

1. Le décret impérial du 27 octobre 1808, ensemble le tarif des droits de petite voirie y annexé, seront imprimés, publiés et affichés dans Paris, avec la présente ordonnance (3).

2. A compter du 1er janvier 1809, il est défendu d'établir ou réparer aucun des objets énoncés au tarif de la petite voirie, avant d'en avoir obtenu la permission du préfet de police.

3. Les contraventions seront constatées par des procès-verbaux ou des rapports, qui seront adressés au préfet de police, pour être pris telles mesures de police administrative qu'il appartiendra.

4. Les commissaires de police, l'architecte commissaire et les architectes inspecteurs de la petite voirie, l'inspecteur général du troisième arrondissement de la police générale de l'empire, les officiers de paix, les inspecteurs de police et tous autres préposés de la préfecture de police sont chargés de tenir la main à l'exécution de la présente ordonnance, et d'en rendre compte.

Le conseiller d'Etat, préfet de police, comte DUBOIS.

---

(1) V. les ord. des 7 janv. 1835, 26 déc. 1836, 14 déc. 1838 et 7 déc. 1842.

(2) V. les ord. des 18 oct. 1810 et 14 janvier 1812.

(3) V. ce décret à l'appendice.

1809.

N° **467**. — *Ordonnance concernant la mendicité* (1).

Paris, le 7 janvier 1809.

Nous, Louis-Nicolas-Pierre-Joseph Dubois, commandant de la Legion d'honneur, comte de l'empire, conseiller d'État, chargé du troisième arrondissement de la police générale, préfet de police du département de la Seine et des communes de Saint-Cloud, Sèvres et Meudon du département de Seine-et-Oise, etc.,

Vu le décret impérial du 5 juillet 1808, qui défend la mendicité dans tout le territoire de l'empire;

Les lettres de création d'une maison de mendicité pour le dépôt de la Seine données par sa majesté le 22 décembre suivant;

Le règlement provisoire de S. Exc. le ministre de l'intérieur pour le dépôt de mendicité du département de la Seine, établi au château de Villers-Cotterets,

Ordonnons ce qui suit :

1. Les articles 3, 4 et 5 du décret impérial du 5 juillet 1808, qui défend la mendicité dans tout le territoire de l'empire, et les lettres données par sa majesté le 22 décembre suivant, et portant création, au château de Villers-Cotterets, d'une maison de mendicité pour le dépôt de la Seine, seront imprimés, publiés et affichés avec la présente ordonnance (2).

Cette publication sera faite et répétée pendant trois dimanches consécutifs, les 15, 22 et 29 janvier présent mois, dans la ville de Paris par les commissaires de police, et dans les communes rurales du département par les maires.

Les procès-verbaux qui en devront être dressés nous seront envoyés le 30 janvier.

2. Il est enjoint aux individus qui se livrent à la mendicité, soit dans la ville de Paris, soit dans l'étendue du département de la Seine, de se présenter, dans le délai prescrit par l'article 4 des lettres de création du 22 décembre dernier, et au plus tard jusqu'au 1er février prochain, devant les commissaires de police à Paris, et dans les communes rurales devant les maires, pour obtenir leur admission dans la maison de mendicité.

Ils devront justifier qu'ils n'ont aucun moyen de subsistance et qu'ils ne peuvent s'en procurer à raison de leur âge ou de leurs infirmités. (*Règl. provisoire de S. Exc. le ministre de l'intérieur, titre 3, art. 9.*)

Les demandes et les pièces à l'appui nous seront transmises, pour être, par nous, statué.

(1) V. l'ord. du 20 sept. 1828.
(2) V. ce décret et ces lettres à l'appendice.

3. A compter du 1er février prochain, les individus qui seront trouvés mendiant, soit dans Paris, soit dans l'étendue du département de la Seine, seront arrêtés et amenés à la préfecture de police, pour être, par nous, envoyés à l'établissement de Saint-Denis. (*Règl. provisoire de S. Exc. le ministre de l'intérieur, art. 1.*)

4. Les mendiants qui seront dans le cas d'être considérés comme vagabonds seront renfermés dans l'établissement de Saint-Denis jusqu'à ce qu'il ait été statué sur leur sort, dans les formes prescrites par les lois. (*Règl. provisoire, art. 3.*)

5. Les mendiants qui ne seront point dans le cas d'être considérés comme vagabonds seront traduits à l'établissement de Saint-Denis, pour être ensuite transférés, sur nos ordres, dans la maison de mendicité, au château de Villers-Cotterets, s'ils ne sont point réclamés dans la huitaine de leur arrestation, et y rester jusqu'à ce qu'il en ait été, par nous, autrement ordonné. (*Règl. provisoire, art. 4.*)

6. La mesure prescrite par l'article 3 sera constatée par des procès-verbaux ou rapports qui nous seront adressés.

7. Les commissaires de police à Paris, les maires dans les communes rurales du département, l'inspecteur général du troisième arrondissement de la police générale de l'empire, les officiers de paix et les préposés de la préfecture de police sont chargés, chacun en ce qui le concerne, de tenir la main à son exécution et d'en rendre compte.

Le conseiller d'Etat, préfet de police, comte DUBOIS.

N° **468.** — *Ordonnance concernant l'échenillage* (1).

Paris, le 12 janvier 1809.

N° **469.** — *Ordonnance concernant les masques pendant le Carnaval* (2).

Paris, le 3 février 1809.

N° **470.**— *Ordonnance concernant la prohibition de la chasse* (3)

Paris, le 15 février 1809.

N° **471.** — *Ordonnance concernant le pesage, mesurage et jaugeage publics* (4).

Paris, le 22 mars 1809.

Nous, Louis-Nicolas-Pierre-Joseph Dubois, commandant de la Légion d'honneur, comte de l'empire, conseiller d'État, chargé du troi‐

(1) V. l'ord. du 29 janv. 1810 et l'arr. du 1er mars 1837.
(2) V. les ord. des 10 fév. 1828, 10 fév. 1830 et 23 fév. 1843.
(3) V. l'ord. du 23 fév. 1843.
(4) V. l'ord. du 28 nov. 1823.

sième arrondissement de la police générale, préfet de police du département de la Seine et des communes de Saint-Cloud, Sèvres et Meudon du département de Seine-et-Oise, etc.,

Vu le décret impérial du 16 juin 1808, portant règlement pour le pesage, mesurage et jaugeage publics dans la ville de Paris ;

Et le règlement arrêté par S. Exc. le ministre de l'intérieur, le 16 février dernier, pour l'exercice et la perception du droit du poids public,

Ordonnons ce qui suit :

1. Les cinq derniers paragraphes de l'article 7 de l'arrêté du gouvernement du 6 prairial an XI, relatif à l'établissement des bureaux de pesage et mesurage dans la ville de Paris, l'article 8 du même arrêté, et les articles 1, 2, 3, 4, 5, 6, 7, 8, 9, 14, 18 et 19 du décret impérial du 16 juin 1808, concernant la perception du droit du poids public, seront imprimés, publiés et affichés avec la présente ordonnance (1).

2. A compter du 1er avril prochain le droit de pesage, mesurage et jaugeage publics sera perçu en conformité des articles 1, 2, 3 et 4 du décret précité, et sur tous les objets y désignés.

3. Conformément au même décret, les régisseurs et employés actuels du poids public cesseront leurs fonctions à compter de ladite époque, 1er avril.

4. Les employés nommés par le préfet de police entreront en fonctions le même jour.

5. Les commissaires de police, l'inspecteur général du troisième arrondissement de la police générale de l'empire, les officiers de paix, l'inspecteur général de la navigation et des ports, le contrôleur général du recensement et du mesurage des bois et charbons, les commissaires des halles et marchés, le contrôleur de la halle aux grains et farines et les autres préposés de la préfecture de police sont chargés de tenir la main à son exécution.

Le conseiller d'Etat, préfet de police, comte DUBOIS.

N° 472. — *Ordonnance concernant l'ordre à suivre lors du défilé des voitures qui iront à Longchamp* (2).

Paris, le 27 mars 1809.

N° 473. — *Ordonnance concernant les fosses d'aisances* (3).

Paris, le 5 avril 1809.

Nous, Louis-Nicolas-Pierre-Joseph Dubois, commandant de la Légion d'honneur, comte de l'empire, conseiller d'État, chargé du troisième arrondissement de la police générale, préfet de police du

---

(1) V. ce décret à l'appendice.

(2) V. l'ord. du 10 avril 1843.

(3) V. les ord. des 23 oct. 1819, 4 juin 1831, 5 juin 1834, l'arr. du 6 juin de la même année, et l'ord. du 23 sept. 1843.

département de la Seine et des communes de Saint-Cloud, Sèvres et Meudon du département de Seine-et-Oise, etc.,

Vu, 1° le décret impérial du 10 mars 1809, contenant règlement pour la construction de fosses d'aisances dans la ville de Paris;

2° L'article 23, paragraphe 3 de l'arrêté du gouvernement du 12 messidor an VIII, qui charge le préfet de police de surveiller la construction, l'entretien et la vidange des fosses d'aisances,

Ordonnons ce qui suit :

1. Le décret impérial du 10 mars 1809, contenant règlement pour la construction de fosses d'aisances dans la ville de Paris, et le paragraphe 3 de l'article 23 de l'arrêté du gouvernement du 12 messidor an VIII seront imprimés, publiés et affichés avec la présente ordonnance (1).

2. Les propriétaires qui feront construire ou réparer des fosses d'aisances seront tenus d'en faire la déclaration à la préfecture de police.

Les entrepreneurs ou maçons chargés de la construction ou réparation des fosses d'aisances en feront également la déclaration.

3. Il ne pourra être fait usage d'une fosse d'aisances nouvellement construite ou réparée qu'après la visite de l'architecte-commissaire de la petite voirie qui délivrera son certificat que les dispositions prescrites par le décret du 10 mars 1809 ont été exécutées.

Un double de ce certificat restera déposé au secrétariat général.

4. L'ordonnance de police du 24 août 1808, concernant les vidangeurs, continuera de recevoir son exécution.

5. Les contraventions seront constatées par des procès-verbaux des commissaires de police, de l'architecte-commissaire et des architectes-inspecteurs de la petite voirie, qui nous les transmettront.

6. Il sera pris envers les contrevenants telles mesures de police administrative qu'il appartiendra, sans préjudice des poursuites à exercer contre eux devant les tribunaux.

7. L'architecte-commissaire et les architectes-inspecteurs de la petite voirie, l'inspecteur général de la salubrité et les commissaires de police sont chargés de surveiller l'exécution de la présente ordonnance.

Le conseiller d'Etat, préfet de police, comte DUBOIS.

N° **474.** — *Ordonnance concernant la vente des champignons* (2).

Paris, le 1er mai 1809.

Nous, Louis-Nicolas-Pierre-Joseph Dubois, commandant de la Légion d'honneur, comte de l'empire, conseiller d'État, chargé du quatrième arrondissement de la police générale, préfet de police du département de la Seine et des communes de Saint Cloud, Sèvres et Meudon du département de Seine-et-Oise, etc.,

Considérant qu'il importe de prendre des mesures pour prévenir les accidents occasionnés par l'usage des champignons de mauvaise qualité;

Vu, 1° les articles 23 et 33 de l'arrêté du gouvernement du 12 messidor an VIII, et l'article 1er de celui du 3 brumaire an IX;

---

(1) Abrogé. V. à l'appendice l'ord. du roi du 24 sept. 1819.
(2) V. l'ord. du 12 juin 1820.

2° L'ordonnance de police du 13 mai 1782 ;

3° Les rapports de l'École de Médecine et du Conseil de Salubrité près la préfecture de police ;

4° L'instruction rédigée par le conseil de salubrité, sur les moyens de distinguer les bons champignons d'avec les mauvais,

Ordonnons ce qui suit :

1. Le marché aux poirées continuera d'être affecté à la vente en gros des champignons.

2. Tous les champignons destinés à l'approvisionnement de Paris devront être apportés sur le marché aux poirées.

3. Il est défendu d'exposer et de vendre aucuns champignons suspects et des champignons de bonne qualité qui auraient été gardés d'un jour à l'autre, sous peine de cinquante francs d'amende. (*Ord. de police du 13 mai 1782.*)

4. Les champignons seront visités et examinés avec soin avant l'ouverture de la vente.

5. Les seuls champignons achetés en gros au marché au poirées pourront être vendus en détail, dans le même jour, sur tous les marchés aux fruits et légumes.

6. Il est défendu de crier, vendre et colporter des champignons sur la voie publique.

Il est pareillement défendu d'en colporter dans les maisons.

7. Les contraventions seront constatées par des procès-verbaux qui nous seront adressés.

8. La présente ordonnance sera imprimée, publiée et affichée, ainsi que l'instruction du conseil de salubrité.

Cette instruction sera adressée aux sous-préfets des arrondissements de Saint-Denis et de Sceaux, aux maires et aux curés des communes rurales, pour y donner la plus grande publicité.

9. Les commissaires de police, l'inspecteur général du quatrième arrondissement de la police générale de l'empire, les officiers de paix, les commissaires des halles et marchés et les autres préposés de la préfecture de police sont chargés de tenir la main à l'exécution de la présente ordonnance.

Le conseiller d'Etat, préfet de police, comte DUBOIS.

INSTRUCTION SUR LES CHAMPIGNONS.

Les champignons les plus propres à servir d'aliments sont, de leur nature, difficiles à digérer. Lorsqu'ils sont mangés en grande quantité, ou qu'ils ont été gardés quelque temps avant d'être cuits, ils peuvent causer des accidents fâcheux.

Il y a des champignons qui sont de vrais poisons, lors même qu'ils sont mangés frais.

Pour les personnes qui ne connaissent point parfaitement ces végétaux et qui ont l'imprudence d'en cueillir dans les bois ou dans les champs, nous allons indiquer les principaux caractères propres à distinguer l'espèce des champignons ; ensuite nous décrirons, en abrégé, plusieurs espèces bonnes à manger ; enfin nous placerons à côté de ces espèces la description des champignons qui en approchent pour la ressemblance, et qui cependant sont pernicieux.

Le champignon est composé d'un chapeau ou tête, et d'une tige, sorte de queue ou pivot qui le supporte. Lorsqu'il est très-jeune, il a la forme d'un œuf, tantôt nu, tantôt renfermé dans une poche ou bourse. Quand le chapeau se développe sous forme de parasol, il laisse quelquefois autour de la tige les débris de la bourse, qui prennent le nom de collet.

Le chapeau est garni en dessous de feuillets serrés qui s'étendent du centre à la circonférence.

Bon champignon.

Champignon ordinaire, *agaricus campestris*. On le trouve dans les pâturages et dans les friches. Il n'a point de bourse, son pivot ou pied à peu près rond, plein et charnu, est garni d'un collet très-apparent. Son chapeau est blanc en dessus, ses feuillets ont une couleur de chair ou de rose plus ou moins claire.

C'est ce champignon que l'on fait venir sur couche, et c'est le seul *champignon de couche* qu'il soit permis de vendre à la halle et dans les marchés de Paris. Il ne peut nuire que lorsqu'on en mange en trop grande quantité, ou qu'il est dans un état trop avancé.

Mauvais champignon.

On peut confondre avec cette bonne espèce une autre qui est très-pernicieuse, c'est le *champignon bulbeux*, *agaricus bulbosus*, ainsi nommé parce que la base de son pivot est renflée en forme de *bulbe*, autour duquel on retrouve des vestiges d'une bourse qui renfermait le chapeau. Il a aussi le collet comme le bon champignon. Les feuillets sont blancs et non point rosés, le dessous du chapeau est tantôt très-blanc, tantôt verdâtre, quelquefois le chapeau verdâtre est parsemé en dessus de vestiges ou débris de la bourse.

C'est ce champignon, surtout celui qui est blanc en dessus, qui a trompé beaucoup de personnes et qui a causé des accidents funestes.

Il faut rejeter tout champignon, ressemblant d'ailleurs au champignon ordinaire, dont la base du pied ou pivot est renflée en forme de bulbe, qui a une bourse dont on retrouve les débris et dont les feuillets du chapeau sont blancs et non point rosés.

Bons champignons.

Oronge vraie, *agaricus aurentiacus*. Ce champignon a une bourse très-considérable. Il est ordinairement plus gros que le champignon de couche. Son chapeau est rouge en dehors, ou rouge orangé, ses feuillets sont d'une belle couleur jaune. Son support ou pied est jaunâtre, très-renflé, surtout par le bas; il est garni d'un collet assez grand et jaunâtre. Ce champignon, qu'on trouve dans les taillis à Fontainebleau et dans le midi de la France, est un mets délicat et très-sain.

Oronge blanche, *agaricus ovoideus*. Elle est moins délicate que la précédente; elle a la même forme, une bourse et un collet pareils, elle n'en diffère qu'en ce que toutes les parties sont blanches.

Mauvais champignon.

Oronge fausse, *agaricus pseudo-aurentiacus*. Son chapeau est en dessus d'un rouge plus vif et non orangé comme celui de l'oronge vraie; il est parsemé de petites taches blanches qui sont les débris de la bourse. Son support est moins épais, plus arrondi, plus élevé; les restes de la bourse ont plus d'adhérence avec la bulbe qui est à la base du support. La réunion de la couleur rouge du chapeau et de la couleur blanche des feuillets, est un indice assuré pour distinguer la fausse oronge de la vraie.

La fausse oronge se trouve dans les environs de Paris et en divers, lieux de la France, notamment dans la forêt de Fontainebleau; c'est un des champignons les plus vénéneux et qui produit les accidents les plus terribles.

Plusieurs autres champignons bulbeux et malfaisants ont des rapports moins marqués avec l'oronge vraie; les uns sont recouverts de tubercules nombreux ou d'un enduit gluant, les autres ont une couleur livide, une odeur désagréable et leur seule vue les fait rejeter.

Bons champignons.

Mousserons. Ils croissent au milieu de la mousse ou dans des friches gazonnées. Ils sont d'une couleur fauve; le chapeau, de forme plus ou moins irrégulière, est couvert d'une peau qui a le luisant et la sécheresse d'une peau de gant. Le pivot plein et ferme peut se tordre sans être cassé. On en distingue de deux espèces; l'une plus grosse, plus irrégulière, à pivot plus gros et par proportion plus court; c'est le *mousseron ordinaire, agaricus mouceron.* L'autre est plus menu, son chapeau est plus mince, son support est plus grêle, c'est le *faux mousseron, agaricus, pseudo-mouceron.* Ils sont bons à manger tous les deux, et d'un goût fort agréable.

Mousserons suspects.

On peut confondre avec ce mousseron plusieurs petits champignons de même couleur et de même forme qui n'ont point son goût agréable. On les distinguera parce que la surface de leur chapeau n'est pas sèche, qu'ils sont d'une consistance plus molle, que leur support est creux et cassant.

Parmi les champignons feuilletés, il en est encore beaucoup que l'on peut manger impunément; mais comme ils ressemblent à d'autres plus ou moins dangereux, il est prudent de s'en abstenir.

On doit cependant encore distinguer *la chanterelle, agaricus cantharellus.* C'est un petit champignon jaune dans toutes ses parties. Son chapeau, à peu près aplati en dessus, prend en dessous la forme d'un cône renversé, couvert de feuillets épais semblables à de petits plis, et est terminé inférieurement en un pied très-court. Cette espèce est recherchée.

Parmi les champignons non feuilletés, nous ne parlerons point du *cepe* ou *bolet, boletus esculentus,* dont une espèce est très-estimée dans le midi, mais dont on fait peu de cas à Paris, non plus que des *vesse-loups, lycoperdon,* dont on fait très-rarement usage, à cause du peu de goût qu'elles ont et parce que leur chair se change trop promptement en poussière.

Bon champignon.

Morille, phallus esculentus. Sur un pivot élargi par le bas, porte le chapeau toujours resserré contre lui, ne s'ouvrant jamais en parasol, inégal et comme celluleux sur sa surface extérieure; ce champignon croît dans les taillis au pied des arbres; il est sain et très-recherché.

Mauvais champignon.

Le *satyre, phallus impudicus,* qui ressemble à la morille par son chapeau celluleux, a un pied très-élevé sortant d'une bourse. Le chapeau est plus petit et laisse suinter une liqueur verdâtre. Ce champignon exhale une très-mauvaise odeur et est très-dangereux.

Bon champignon.

Girole ou clavaire, clavaria coralloides. Ce champignon diffère de tous les précédents. C'est une substance charnue ayant une espèce de tronc qui se ramifie comme le chou-fleur et se termine en pointes mousses ou arrondies. Sa couleur est tantôt blanchâtre, tantôt jaunâtre tirant sur le rouge. Son goût est assez délicat. On ne connaît dans ce genre aucune espèce pernicieuse.

On ne saurait trop recommander à ceux qui ne connaissent pas parfaitement les champignons de ne manger que ceux qui sont généralement reconnus pour bons, le *champignon de couche*, le *champignon ordinaire*, l'*oronge vraie*, l'*oronge blanche*, les deux *mousserons*, la *chanterelle*, le *cepe*, la *morille* et la *girole*.

Accidents causés par les champignons.

Les personnes qui ont mangé des champignons malfaisants éprouvent plus ou moins promptement tous les accidents qui caractérisent un poison âcre stupéfiant; savoir, des nausées, des envies de vomir, des efforts sans vomissement, avec défaillance, anxiétés, sentiment de suffocation, d'oppression; souvent ardeur avec soif, constriction à la gorge; toujours avec douleur à la région de l'estomac, quelquefois des vomissements fréquents et violents, des déjections alvines (*selles* ou *garde-robes*) abondantes, noirâtres, sanguinolentes, accompagnées de coliques, de ténesme, de gonflement et de tension douloureuse du ventre. D'autres fois, au contraire, il y a rétention de toutes les évacuations, rétraction et enfoncement de l'ombilic.

A ces premiers symptômes se joignent bientôt des vertiges, la pesanteur de la tête, la stupeur, le délire, l'assoupissement, la léthargie, des crampes douloureuses, des convulsions aux membres et à la face, le froid des extrémités et la faiblesse du pouls. La mort vient ordinairement terminer, en deux ou trois jours, cette scène de douleur.

La marche, le développement des accidents présentent quelque différence, suivant la nature des champignons, la quantité que l'on en a mangée et la constitution de l'individu. Quelquefois les accidents se déclarent peu de temps après le repas, le plus ordinairement ils ne surviennent qu'après dix à douze heures.

Le premier objet, dans tous ces cas, doit être de procurer la sortie des champignons vénéneux. Ainsi on doit employer un vomitif, tel que tartrite de potasse antimonié ou *émétique ordinaire*; mais pour rendre ce remède efficace, il faut le donner à une dose suffisante, l'associer à quelque sel propre à exciter l'action de l'estomac, délayer, diviser l'humeur glaireuse et muqueuse dont la sécrétion est devenue plus abondante par l'impression des champignons. On fera donc dissoudre dans un demi-kilogramme (une livre ou chopine) d'eau chaude, **deux** à trois décigrammes (quatre ou cinq grains) de tartrite de potasse antimonié (*émétique*) avec douze à seize grammes (deux ou trois gros) de sulfate de soude (sel de Glauber), et on fera boire à la personne malade cette solution par verrées tièdes, plus ou moins rapprochées, en augmentant les doses jusqu'à ce qu'elle ait des évacuations.

Dans les premiers instants, le vomissement suffit quelquefois pour entraîner tous les champignons et faire cesser les accidents; mais si les secours convenables ont été différés, si les accidents ne sont survenus que plusieurs heures après le repas, on doit présumer que partie des champignons vénéneux a passé dans l'intestin, et alors il est nécessaire d'avoir recours aux purgatifs, aux lavements faits avec la casse, le séné et quelque sel neutre pour déterminer des évacuations promptes et abondantes. On emploiera dans ce cas avec succès comme purgatif une mixture faite avec l'huile douce de Ricin et le sirop de pêcher, que l'on aromatisera avec quelques gouttes d'éther alcoolisé (liqueur minérale d'Hoffmann) et que l'on fera prendre par cuillerées plus ou moins rapprochées.

Après ces évacuations, qui sont d'une nécessité indispensable, il faut, pour remédier aux douleurs, à l'irritation produite par le poison, avoir recours à l'usage des mucilagineux, des adoucissants que l'on associe aux fortifiants, aux nervins. Ainsi on prescrira aux malades l'eau de riz gommée, une légère infusion de fleurs de sureau coupée avec le lait et à laquelle on ajoutera de l'eau de fleurs d'oranger, de l'eau de menthe simple et un sirop. On emploiera aussi avec avantage le émulsions, les potions huileuses aromatisées avec une certaine quantité d'éther sulfurique. Dans quelques cas on sera obligé d'avoir recours aux toniques, aux potions camphrées ; et lorsqu'il y aura tension douloureuse du ventre, il faudra employer les fomentations émollientes, quelquefois même les bains, les saignées ; mais l'usage de ces moyens ne peut être déterminé que par les médecins qui les modifient suivant les circonstances particulières ; car l'efficacité du traitement consiste essentiellement, non pas dans les spécifiques ou antidotes, à l'aide desquels on abuse si souvent le public, mais dans l'application faite à propos de remèdes simples et généralement bien connus.

Les membres composant le conseil de salubrité,

Signés, Parmentier, Deyeux, Thouret, Huzard
Leroux, Dupuytren, C. L. Cadet.

N° **475.**—*Ordonnance concernant le commerce des veaux* (1).

Paris, le 1er mai 1809.

Nous, Louis-Nicolas-Pierre-Joseph Dubois, commandant de la Légion d'honneur, comte de l'empire, conseiller d'État, chargé du quatrième arrondissement de la police générale, préfet de police du département de la Seine et des communes de Saint-Cloud, Sèvres et Meudon, du département de Seine-et-Oise, etc.,

Vu les articles 2, 32 et 33 de l'arrêté du gouvernement du 12 messidor an VIII,

Ordonnons ce qui suit :

1. Les veaux amenés à Paris par les marchands forains continueront d'être vendus à la halle, division du Jardin-des-Plantes.

2. Le marché tiendra, comme par le passé, les mardis et les vendredis.

3. L'ouverture et la fermeture de la vente seront annoncées au son de la cloche.

La vente aura lieu depuis dix heures du matin jusqu'à trois heures, du 1er octobre au 1er avril, et depuis neuf heures jusqu'à deux pendant le reste de l'année.

4. Les veaux destinés pour l'approvisionnement de Paris seront conduits directement à la halle.

Il ne peut, sous aucun prétexte, en être vendu dans Paris ailleurs qu'à la halle, à peine de confiscation des veaux, et de cent francs d'amende. (*Lettres patentes du 1er juin 1782, art.* 23.)

5. Il est défendu de vendre et d'acheter des veaux avant l'ouverture et après la fermeture du marché, sous peine de confiscation et de cinquante francs d'amende. (*Ord. du 21 déc. 1787, art.* 3.)

6. A leur arrivée à la halle, les marchands déclareront aux commissaires des halles et marchés le nombre des veaux qu'ils auront amenés.

Ils exhiberont à l'appui de leur déclaration la quittance du receveur de l'octroi.

---

(1) V. les ord. des 18 juill. et 14 déc. 1826, et 5 janv. 1829.

7. Les veaux devront porter la marque particulière de chaque marchand.

8. Les veaux seront mis en rang sur de la paille, au moins une demi-heure avant l'ouverture de la vente. Il sera laissé entre les rangs un espace de soixante-six centimètres (deux pieds environ).

9. Il est défendu d'exposer en vente des veaux âgés de moins de six semaines, à peine de confiscation et de trois cents francs d'amende. (*Lettres patentes du 1er juin 1782, art. 7.*)

10. Avant l'ouverture de la vente, le commissaire des halles et marchés examinera les veaux, pour s'assurer s'ils peuvent être livrés à la consommation.

11. Les veaux arrivés trop tard pour être placés sur le marché et ceux qui n'auront pu être vendus seront resserrés dans les caves de la halle. Ils seront exposés en vente le lendemain, depuis onze heures du matin jusqu'à deux.

12. Les marchands sont libres d'employer qui bon leur semble pour le déchargement et la mise en place de leurs veaux.

13. Il est défendu aux bouchers d'aller au-devant des marchands forains qui amènent des veaux pour l'approvisionnement de Paris, et d'en acheter ailleurs qu'à la halle.

Il est également défendu d'arrher des veaux, soit à la halle, soit ailleurs, sous les peines portées en l'article 4.

14. Les seuls bouchers de Paris pourront acheter des veaux à la halle.

Il leur est défendu de se faire accompagner par qui que ce soit pendant leurs achats.

15. Il est défendu aux bouchers d'acheter des veaux à la halle pour les revendre sur le même marché ou ailleurs, à peine de confiscation et de cent francs d'amende. (*Lettres patentes du 1er juin 1782, art. 24.*)

16. Les étaliers ou garçons bouchers ne pourront entrer à la halle qu'une demi-heure après l'ouverture de la vente, pour charger les veaux des bouchers chez lesquels ils travaillent.

17. Il est défendu d'allumer du feu dans l'enceinte et au pourtour de la halle aux veaux, à peine de cent francs d'amende. (*Ord. du 15 nov. 1781, art. 7.*)

18. L'ordonnance du 28 brumaire an XIII, concernant la vente des veaux provenant de vaches nourries dans Paris, continuera de recevoir son exécution (1).

19. Les contraventions seront constatées par des procès-verbaux qui nous seront adressés.

20. Il sera pris envers les contrevenants telles mesures de police administrative qu'il appartiendra, sans préjudice des poursuites à exercer contre eux devant les tribunaux.

21. La présente ordonnance sera imprimée, publiée et affichée.

Elle sera notifiée aux syndic et adjoints des bouchers de Paris.

Ampliation en sera adressée à la régie de l'octroi municipal et de bienfaisance.

Les commissaires de police, l'inspecteur général du quatrième arrondissement de la police générale de l'empire, les officiers de paix, les commissaires des halles et marchés et les autres préposés de la préfecture de police sont chargés de tenir la main à son exécution.

Le conseiller d'État, préfet de police, comte DUBOIS.

---

(1) Art. 1er de l'ord. du 28 brum. an XIII.

Les veaux provenant des vaches nourries dans Paris, et qui n'auront pas l'âge requis pour être livrés à la consommation, ne pourront être vendus qu'à des *nourrisseurs établis dans les communes rurales.*

Ces veaux seront exposés en vente à la halle, dans l'emplacement qui sera désigné.

La vente s'en fera les *mardis* et *vendredis*, en même temps que celle des veaux destinés à la boucherie.

N° **476**. — *Ordonnance qui défend de faire passer deux voitures de front sur le pont de Saint-Cloud.*

Paris, le 2 mai 1809.

———————

N° **477**. — *Ordonnance concernant les bains dans la rivière et les écoles de natation* (1).

Paris, le 4 mai 1809.

———————

N° **478**. — *Ordonnance concernant des mesures d'ordre à observer le 7 mai, jour où sera chanté un Te Deum à l'occasion des victoires de Tann, Eckmull et Ratisbonne.*

Paris, le 5 mai 1809:

———————

479. — *Ordonnance concernant l'arrosement* (2).

Paris, le 10 mai 1809.

———————

480. — *Avis concernant l'abattage des chiens errants* (3).

Paris, le 10 mai 1809.

———————

481. — *Ordonnance pour la fixation des heures d'ouverture de la vente du bois dans les chantiers et à l'île Louviers* (4).

Paris, le 15 mai 1809.

Nous, Louis-Nicolas-Pierre-Joseph Dubois, commandant de la Légion d'honneur, comte de l'empire, conseiller d'Etat, chargé du quatrième arrondissement de la police générale, préfet de police du département de la Seine et des communes de Saint-Cloud, Sèvres et Meudon du département de Seine-et-Oise, etc.;

Vu, 1° la pétition par laquelle plusieurs marchands de bois nous ont exposé que la disposition de notre ordonnance, qui prescrit que les chantiers de bois à brûler seront fermés depuis midi jusqu'à deux heures, apporte un grand retard dans la livraison des bois aux consommateurs, parce que ces deux heures sont celles où se fait principale-

———

(1) V. les ord. des 20 mai 1839 et 25 oct. 1840 (art. 187 et suiv. et 225).
(2) V. les ord. des 17 mai 1834, 1ᵉʳ juin 1837 et 27 juin 1843.
(3) V. l'ord. du 23 juin 1832.
(4) V. les ord. des 4 mai 1812, 1ᵉʳ sept., 1ᵉʳ et 15 nov. 1834, 15 déc. 1835 et 6 juin 1837.

ment la vente; et ils demandent que, pour obvier à cet inconvénient, nous ordonnions que, pendant l'été, la vente soit ouverte dans les chantiers, depuis sept heures du matin jusqu'à cinq heures du soir ;

2° Le vœu émis par le commerce dans une assemblée tenue le 14 de ce mois, à la préfecture de police, dans laquelle assemblée tous les marchands présents ont été d'avis unanime de demander que la vente du bois soit ouverte, pendant l'été, depuis six heures du matin jusqu'à quatre heures du soir, et que, pendant l'hiver, elle soit ouverte depuis huit heures du matin jusqu'à quatre heures ; et qu'il n'y ait pas d'interruption,

Ordonnons ce qui suit :

1. A compter du 1er avril de chaque année jusqu'au 31 octobre inclusivement la vente sera ouverte dans les chantiers de bois de chauffage, depuis six heures du matin jusqu'à quatre heures du soir, sans interruption.

A compter du 1er novembre jusqu'au 1er avril de l'année suivante, la vente sera ouverte depuis huit heures du matin jusqu'à quatre heures du soir, sans interruption.

2. Il est défendu de vendre du bois, dans les chantiers, hors les heures fixées par la présente ordonnance.

3. L'exécution de la présente ordonnance aura lieu à compter du 20 de ce mois.

4. Les contraventions seront constatées par des procès-verbaux qui nous seront adressés.

5. La présente ordonnance sera imprimée, publiée et affichée.

Les commissaires de police, l'inspecteur général du quatrième arrondissement de la police générale de l'empire, les officiers de paix, le contrôleur général du recensement et du mesurage des bois et charbons, l'inspecteur général de la navigation et des ports et les autres préposés de la préfecture de police sont chargés de tenir la main à son exécution.

Le conseiller d'Etat, préfet de police, comte DUBOIS.

482. — *Ordonnance concernant des mesures d'ordre à observer le 28 mai, jour où sera chanté un Te Deum, à l'occasion de l'entrée des troupes de S. M. l'empereur et roi dans Vienne.*

Paris, le 26 mai 1809.

483. — *Ordonnance concernant la fixation du prix de la location des places sur le Marché aux fleurs et arbustes* (1).

Approuvée le 18 juillet 1809, par S. Exc. le sénateur ministre de la police générale, ministre de l'intérieur par *intérim.*

Paris, le 7 juillet 1809.

Nous, Louis-Nicolas-Pierre-Joseph Dubois, commandant de la Légion d'honneur, comte de l'empire, conseiller d'Etat, chargé du quatrième arrondissement de la police générale, préfet de police du dé-

(1) V. les ord. des 5 août 1809, 10 juin 1824 et 11 août 1836.

partement de la Seine et des communes de Saint-Cloud, Sèvres et Meudon du département de Seine-et-Oise, etc.:

Vu les articles 10, 11, 12, 13 et 14 du décret impérial du 21 septembre 1807,

Ordonnons ce qui suit :

1. Il sera payé, à titre de location, par les jardiniers-fleuristes qui occuperont des places fixes sur le Marché aux fleurs et arbustes, au quai Desaix, vingt-cinq centimes par chaque place et par chaque jour de marché.

2. Ce droit sera payable par mois et d'avance.

Le produit en sera versé dans la caisse du receveur municipal de la ville de Paris.

3. Le droit sera perçu à compter du jour de la publication de la présente ordonnance.

4. Elle sera soumise à l'approbation de S. Exc. le ministre de l'intérieur.

5. Elle sera imprimée, publiée et affichée.

Le commissaire des halles et marchés est chargé de tenir la main à son exécution.

Le conseiller d'Etat, préfet de police, comte DUBOIS.

---

484. — *Ordonnance concernant le passage des voitures sur le pont provisoire de Saint-Cloud.*

Paris, le 10 juillet 1809.

---

485. — *Ordonnance concernant des mesures d'ordre à observer le 23 juillet, jour où un* Te Deum *sera chanté à l'occasion des victoires d'Enzersdorf et de Wagram.*

Paris, le 22 juillet 1809.

---

486. — *Ordonnance concernant le Marché aux fleurs et arbustes* (1).

Paris, le 5 août 1809.

Nous, Louis-Nicolas-Pierre-Joseph Dubois, commandant de la Légion d'honneur, comte de l'empire, conseiller d'Etat, chargé du quatrième arrondissement de la police générale, préfet de police du département de la Seine et des communes de Saint-Cloud, Sèvres et Meudon du département de Seine-et-Oise, etc.,

Vu les articles 2, 32 et 33 de l'arrêté du gouvernement du 12 messidor an VIII, et le décret impérial du 21 janvier 1808,

Ordonnons ce qui suit :

1. A compter du mercredi 16 du présent mois d'août, l'exposition en vente des arbres, arbrisseaux, arbustes, plans, fleurs sur tige, fleurs en pots ou en caisse, oignons de fleurs et graines, cessera d'avoir lieu sur le quai de la Mégisserie.

---

(1) V. les ord. des 10 juin 1824 et 11 août 1836.

A compter de la même époque, cette vente aura lieu sur le terrain bordant le quai Desaix, conformément au décret impérial du 21 janvier 1808.

2. Il est défendu aux jardiniers-fleuristes de vendre sur le marché, au quai Desaix, des fleurs coupées.

Les détaillantes seules pourront y vendre des fleurs coupées, les jours que le marché ne tiendra pas.

3. Le marché tiendra, comme par le passé, les mercredis et samedis. Il aura lieu depuis le lever jusqu'au coucher du soleil.

Néanmoins la vente des arbres de pépinière cessera à une heure de relevée.

4. Les jardiniers fleuristes vendant habituellement sur le marché, y seront placés dans l'ordre qui sera déterminé.

Les places seront marquées et numérotées.

5. Il ne sera accordé de permission aux jardiniers fleuristes, pour occuper des places sur le marché, qu'autant qu'ils justifieront qu'ils cultivent par eux-mêmes vingt-cinq ares (un demi arpent au moins) en arbustes, plants ou fleurs.

6. Les pépiniéristes qui apporteront habituellement des arbres sur le marché devront se munir d'un certificat du maire de leur commune, qui constate qu'ils exploitent des pépinières.

7. Les pépiniéristes sont tenus de marquer leurs arbres.

Les arbres non marqués seront saisis.

8. Les particuliers qui apporteront accidentellement des arbres sur le marché seront tenus de justifier de leur propriété.

A défaut de justification, les arbres apportés seront saisis et vendus par le commissaire des halles et marchés qui en dressera procès-verbal.

9. Il est défendu de faire entrer des arbres dans Paris avant six heures du matin.

10. Il est défendu d'apporter, sur le marché, des arbres, arbrisseaux, arbustes et plants dont les racines seraient gelées ou gâtées.

11. Les arbres, arbrisseaux, arbustes et plants seront visités par le commissaire des halles et marchés, assisté d'un des jardiniers experts.

Les arbres, arbrisseaux, arbustes et plants dont les racines seront reconnues gelées ou gâtées, seront détruits sur place, en présence du propriétaire, et il en sera dressé procès-verbal.

12. Les pépiniéristes et les jardiniers-fleuristes sont tenus de retirer des quais et des rues adjacentes au marché leurs voitures et chevaux, aussitôt après le déchargement des marchandises.

Ils pourront conduire, comme par le passé, leurs voitures sur le Pont-au-Change, où elles seront rangées le long du trottoir, côté d'aval.

13. Il sera pris, envers les contrevenants aux dispositions ci-dessus, telles mesures de police qu'il appartiendra, sans préjudice des poursuites à exercer contre eux devant les tribunaux, conformément aux lois.

14. La présente ordonnance sera imprimée, publiée et affichée.

Ampliation en sera adressée à la régie de l'octroi municipal et de bienfaisance.

Les commissaires de police, l'inspecteur général du quatrième arrondissement de la police générale, les officiers de paix, les commissaires des halles et marchés et les autres préposés de la préfecture de police sont chargés de tenir la main à son exécution.

Le conseiller d'Etat, préfet de police, comte DUBOIS.

487. — *Ordonnance concernant l'ouverture de la chasse* (1).

Paris, le 8 août 1809.

—————————

488. — *Ordonnance concernant des mesures de police relatives à la fête de Saint-Napoléon* (2).

Paris, le 12 août 1809.

—————————

489. — *Ordonnance concernant les nouveaux poinçons pour la garantie des matières et ouvrages d'or et d'argent* (3).

Paris, le 1er septembre 1809.

Nous, Louis-Nicolas-Pierre-Joseph Dubois, commandant de la Légion d'honneur, comte de l'empire, conseiller d'Etat, chargé du quatrième arrondissement de la police générale, préfet de police du département de la Seine et des communes de Saint-Cloud, Sèvres et Meudon du département de Seine-et-Oise, etc.,

Vu l'article 2, de l'arrêté du gouvernement du 12 messidor an VIII ;

L'arrêté du 3 brumaire an IX ;

Et la décision du ministre de la police générale, du 25 fructidor suivant,

Ordonnons ce qui suit :

1. Le décret impérial du 7 juillet dernier, concernant les nouveaux poinçons pour la garantie des matières et ouvrages d'or et d'argent, et l'arrêté pris par S. Exc. le ministre des finances, pour l'exécution de ce décret, le 1er août suivant, seront imprimés, publiés et affichés avec la présente ordonnance, dans le ressort de la préfecture de police (4).

2. Les sous-préfets des arrondissements de Saint-Denis et de Sceaux, les maires et adjoints des communes rurales du ressort de la préfecture de police, les commissaires de police à Paris, l'inspecteur général du quatrième arrondissement de la police générale de l'empire, les officiers de paix et les préposés de la préfecture de police sont chargés, chacun en ce qui le concerne, d'en surveiller l'exécution.

Le conseiller d'Etat, préfet de police, comte DUBOIS.

—————————

490. — *Ordonnance concernant les mesures de police qui doivent être observées à Saint-Cloud, les 10, 17 et 24 septembre* (5).

Paris, le 8 septembre 1809.

—————————

(1) V. les ord. des 18 août 1812 et 22 août 1813.
(2) V. l'ord. du 13 août 1813.
(3) V. les ord. des 28 sept. 1806 et 6 avril 1811.
(4) V. ce décret et cet arrêté à l'appendice.
(5) V. l'ord. du 6 sept. 1843.

N° 491. — *Avis* (1).

Paris, le 22 septembre 1809.

Les personnes qui se rendront aux courses du Champ-de-Mars, dimanche prochain 24 septembre, sont invitées à y tenir leurs chiens en laisse pour éviter les accidents qu'ils peuvent occasionner en courant après les chevaux.

Le conseiller d'Etat, préfet de police, comte DUBOIS.

———

N° 492. — *Instruction concernant la surveillance de la rivière, des ports, de la halle aux Vins, des chantiers et des places de vente du charbon* (2).

Paris, le 28 septembre 1809.

———

N° 493. — *Ordonnance* (3) *qui prescrit l'impression et la publication des articles 3* (§ 1er), *4, 5, 6, 7, 8, 9, 10, 11, 12, 13, 14, 17, 18, 19, 20, 24, 25 et 26 de l'arrêté du gouvernement du 27 prairial an x* (16 *juin* 1802), *concernant les bourses de commerce et de l'avis du conseil d'Etat, approuvé le 17 mai* 1809 (4).

Paris, le 2 octobre 1809.

———

494. — *Ordonnance concernant la translation et la police de la Bourse* (5).

Paris, le 2 octobre 1809.

Nous, Louis-Nicolas-Pierre-Joseph Dubois, commandant de la Légion d'honneur, comte de l'empire, conseiller d'Etat, chargé du quatrième arrondissement de la police générale, préfet de police du département de la Seine et des communes de Saint-Cloud, Sèvres et Meudon du département de Seine-et-Oise, etc. ;

Vu les articles 2 et 25 de l'arrêté du gouvernement du 12 messidor an VIII, l'article 14 de celui du 29 germinal an IX et le décret impérial du 3 janvier 1809 ;

Vu le procès-verbal dressé le 21 septembre dernier, en exécution de l'article 2 de l'arrêté du gouvernement du 27 prairial an x,

———

(1) V. l'avis du 11 oct. 1843.
(2) V. les ord. des 24 mars 1824, 26 mars 1829 et 25 oct. 1840.
(3) V. les ord. des 18 mars 1818, 14 avril 1819, 24 janv. 1823, 2 nov. 1826 et 12 janv. 1831.
(4) V. cet arrêté et cet avis à l'appendice.
(5) V. les ord. des 18 mars 1818, 14 avril 1819, 24 janv. 1823, 2 nov. 1826 et 12 janv. 1831.

Ordonnons ce qui suit :

1. A compter du 9 octobre prochain, la Bourse cessera de tenir dans l'église des Petits-Pères.

A compter de la même époque, elle tiendra provisoirement dans la galerie dite de Virginie, au palais du ci-devant Tribunat, conformément au décret impérial du 3 janvier 1809.

2. La Bourse continuera de tenir tous les jours, excepté les jours de repos indiqués par la loi.

3. La Bourse tiendra depuis deux heures jusqu'à trois pour les négociations des effets publics, et depuis deux heures jusqu'à quatre pour les opérations commerciales.

4. Il ne pourra être fait à la Bourse aucune négociation des effets publics, ni aucune opération commerciale après les heures fixées par l'article précédent.

5. L'ouverture et la fermeture de la Bourse seront annoncées au son d'une cloche.

6. La cloche sera aussi sonnée à trois heures, pour annoncer la clôture des négociations des effets publics.

La Bourse sera évacuée à quatre heures précises.

7. Pendant la tenue de la Bourse, aucune voiture ne pourra entrer dans le palais du ci-devant Tribunat, que par l'arcade du milieu, et en sortir que par l'arcade près du grand escalier.

8. Il est défendu de faire stationner, pendant la durée de la bourse, des voitures de place et des cabriolets de louage dans les cours du palais du ci-devant Tribunat.

Les conducteurs seront tenus de se retirer sur les places qui leur sont affectées.

9. Les contraventions seront constatées par des procès-verbaux qui nous seront adressés.

10. Il sera pris envers les contrevenants telles mesures de police administrative qu'il appartiendra, sans préjudice des poursuites à exercer contre eux devant les tribunaux, conformément aux lois.

11. La présente ordonnance sera imprimée, publiée et affichée.

Ampliation en sera adressée aux syndics et adjoints des agents de change et des courtiers de commerce.

Le commissaire de police de la division de la Butte-des-Moulins, le commissaire de police de la Bourse, l'inspecteur général du quatrième arrondissement de la police générale et les officiers de paix sont chargés de tenir la main à son exécution.

Le conseiller d'Etat, préfet de police, comte DUBOIS.

---

495. — *Ordonnance qui prescrit des mesures pour la navigation près des travaux du pont de Choisy.*

Paris, le 14 octobre 1809.

Nous, Louis-Nicolas-Pierre-Joseph Dubois, commandant de la Légion d'honneur, comte de l'empire, conseiller d'Etat, chargé du quatrième arrondissement de la police générale, préfet de police du département de la Seine et des communes de Saint-Cloud, Sèvres et Meudon du département de Seine-et-Oise, etc.;

Vu l'arrêté et le rapport du maire de la commune de Choisy, des 15 et 22 septembre dernier, et le rapport de l'inspecteur général de la navigation et des ports, du 29 du même mois, desquels il résulte que les travaux commencés pour la construction du pont de Choisy pourraient occasionner des accidents et des avaries, s'il n'était pas pris des mesures convenables;

Vu l'article 32 de l'arrêté du gouvernement du 12 messidor an VIII et l'article 1er de l'arrêté du 3 brumaire an IX,

Ordonnons ce qui suit :

1. Il sera placé à trente mètres en amont du pont de Choisy un poteau surmonté d'une flamme; il en sera posé un en aval du pont. Ces poteaux serviront à indiquer les travaux, et ils seront de hauteur suffisante pour être en vue, même dans les plus hautes eaux.

2. Les conducteurs de coches ou de bateaux, soit montants, soit descendants, arrivant avec traits, seront tenus de débiller avant que les bateaux ou coches soient parvenus auxdits poteaux.

3. Aucun bateau ne devant naviguer pendant la nuit, il est enjoint aux conducteurs de coches ou de bateaux, de quelque espèce qu'ils soient, tant en montant qu'en descendant, de garer lesdits coches ou bateaux, à la nuit tombante, en avant des poteaux indicateurs.

Les conducteurs de trains de bois, soit de chauffage, soit à œuvrer, soit de charpente, sont tenus de se conformer à la disposition précédente.

Il est défendu de passer les poteaux indicateurs avant la pointe du jour.

4. Les contraventions seront constatées par des procès-verbaux qui nous seront transmis.

5. La présente ordonnance sera imprimée et affichée.

Le sous-préfet de l'arrondissement de Sceaux, le maire de la commune de Choisy, l'inspecteur général du quatrième arrondissement de la police générale, les officiers de paix, l'inspecteur général de la navigation et des ports et les autres préposés de la préfecture de police sont chargés, chacun en ce qui le concerne, d'en surveiller l'exécution.

Le conseiller d'État, préfet de police, comte DUBOIS.

496. — *Avis concernant le ramonage* (1).

Paris, le 17 octobre 1809.

497. — *Ordonnance concernant la police de la rivière et des ports, pendant l'hiver, et dans les temps de glaces, grosses eaux et débâcles* (2).

Paris, le 20 octobre 1809.

498. — *Ordonnance qui maintient, au mercredi de chaque semaine, la vente en gros des beurres d'Isigny* (3).

Paris, le 26 octobre 1809.

Nous, Louis-Nicolas-Pierre-Joseph Dubois, commandant de la Lé-

(1) V. l'avis du 10 janv. 1828 et l'ord. du 24 nov. 1843.
(2) V. les ord. des 1er déc. 1838, 5 déc. 1839 et 25 oct. 1840 (art. 203 et suiv.).
(3) V. l'ord. du 1er mai 1828.

gion d'honneur, comte de l'empire, conseiller d'Etat, chargé du quatrième arrondissement de la police générale, préfet de police du département de la Seine et des communes de Saint-Cloud, Sèvres et
Meudon du département de Seine-et-Oise, etc. ;

Vu l'article 32 de l'arrêté du gouvernement, du 12 messidor an VIII ;

Les articles 4, 5 et 6 de l'ordonnance de police, du 29 janvier 1806 ;

Et la lettre du maire d'Isigny, du 10 de ce mois ;

Considérant que, de temps immémorial, les beurres connus sous le
nom générique de beurres d'Isigny, et expédiés des départements
du Calvados et de la Manche, pour l'approvisionnement de Paris,
n'ont été amenés et exposés sur le carreau de la Halle de Paris que le
mercredi de chaque semaine ;

Que cet usage résulte de la fixation, au mercredi de chaque semaine,
du marché principal de ces beurres établi dans la ville d'Isigny, se
coordonne avec le temps nécessaire pour le transport à Paris, et qu'il
n'y a jamais été dérogé, même pour les beurres expédiés à destination ;

Que contrairement à cet usage des particuliers ont récemment jugé
à propos de se faire adresser des beurres de cette espèce, à d'autres
jours que le mercredi ;

Considérant que ces arrivages irréguliers, loin de présenter aucun
avantage, ne peuvent qu'appauvrir les marchés forains et le marché
périodique de Paris, et par là jeter de l'incertitude dans cette partie
de l'approvisionnement de la capitale,

Ordonnons ce qui suit :

1. Conformément à l'usage immémorial suivi jusqu'à ce jour, la
vente en gros des beurres expédiés pour l'approvisionnement de Paris,
des départements du Calvados et de la Manche, et connus sous le nom
de beurres d'Isigny, n'aura lieu à la Halle que le mercredi de chaque
semaine, à moins de force majeure.

2. Les beurres de l'espèce désignée en l'article précédent, qui seraient amenés tout autre jour que le mercredi, ne seront exposés
sur le marché, mis en vente, ou remis à leur destination, que le mercredi suivant.

3. Il n'est point dérogé au surplus aux dispositions de l'ordonnance
du 29 janvier 1806.

4. La présente ordonnance sera publiée et affichée dans les halles.

5. Le commissaire de police de la division des marchés et les commissaires des halles et marchés sont chargés de tenir la main à son
exécution.

Le conseiller d'Etat, préfet de police, comte DUBOIS.

Vu et approuvé :

Le ministre de l'intérieur, MONTALIVET.

499. — *Ordonnance concernant la publication de la paix.*

Paris, le 29 octobre 1809.

Nous, Louis-Nicolas-Pierre-Joseph Dubois, commandant de la Légion d'honneur, comte de l'empire, conseiller d'Etat, chargé du quatrième arrondissement de la police générale, préfet de police du département de la Seine et des communes de Saint-Cloud, Sèvres et
Meudon du département de Seine-et-Oise, etc. ;

Vu la lettre de S. Exc. le ministre de l'intérieur, en date de ce jour,
portant que la publication du traité de paix, conclu avec l'empereur
d'Autriche, sera faite par les hérauts d'armes, dans la ville de Paris,
aujourd'hui 29 octobre, heure de midi, dans les lieux et suivant l'ordre
ci-après indiqués :

La place du Palais-Royal; la porte Saint-Honoré; la porte Saint-Denis; la porte Saint-Martin; la place de la Bastille; la place de l'Hôtel-de-Ville; la place du Palais-de-Justice; la rue de Tournon, en face du palais du Sénat; l'esplanade des Invalides; la place du Corps-Législatif et la place du Carrousel;

Ordonnons ce qui suit:

1. Les quais, ponts, places, rues et boulevards que le cortége devra parcourir aujourd'hui, et les rues qui aboutissent immédiatement aux places où se feront les publications, seront débarrassés de tous objets qui pourraient gêner la circulation.

2. Aucune voiture ne pourra interrompre la marche du cortége.

3. Les habitants de Paris illumineront la façade de leurs maisons, aujourd'hui 29 octobre, à la chute du jour.

4. Il est défendu de vendre, d'acheter et de tirer des fusées, pétards, boîtes, bombes et autres pièces d'artifice dans les rues, promenades, places publiques, cours et jardins, ou par les fenêtres des maisons.

Les pères et mères et les chefs de maisons sont civilement responsables des faits de leurs enfants et de leurs ouvriers ou domestiques.

Les marchands de pièces d'artifice sont personnellement responsables de l'exécution du présent article, en ce qui les concerne.

5. L'inspecteur général du quatrième arrondissement de la police générale de l'empire prendra toutes les mesures nécessaires pour assurer la libre circulation du cortége.

Les commissaires de police, les officiers de paix, l'architecte-commissaire de la petite voirie, l'inspecteur général de la salubrité et du nettoiement, et les autres préposés de la préfecture de police sont chargés, chacun en ce qui le concerne, de tenir la main à l'exécution de la présente ordonnance qui sera imprimée et affichée partout où besoin sera.

Le conseiller d'Etat, préfet de police, comte DUBOIS.

---

500. — *Ordonnance relative à des dispositions préliminaires, à l'occasion de l'anniversaire du couronnement de S. M. l'empereur.*

Paris, le 24 novembre 1809.

Nous, Louis-Nicolas-Pierre-Joseph Dubois, commandant de la Légion d'honneur, comte de l'empire, conseiller d'Etat, chargé du quatrième arrondissement de la police générale, préfet de police du département de la Seine et des communes de Saint-Cloud, Sèvres et Meudon du département de Seine-et-Oise, etc.;

Vu l'itinéraire que doit suivre le cortége de S. M. l'empereur et roi, pour les fêtes des 3 et 4 décembre prochain;

Vu aussi les articles 20, 21 et 22 de l'arrêté du gouvernement du 12 messidor an VIII,

Ordonnons ce qui suit:

1. Les pierres de taille, moellons et autres matériaux destinés aux travaux du temple de la Gloire, qui sont actuellement déposés sur le boulevard de la Madeleine jusqu'à la rue du Mont-Blanc, du côté du nord, seront redressés sur l'accotement de cette partie du boulevard, et du même côté, de manière à ne pas empiéter sur le bord de la chaussée pavée.

2. Les matériaux destinés à la construction du palais de la Bourse, dont les dépôts existent sur le boulevard des Italiens et sur le boulevard Montmartre, du côté du faubourg, seront rangés sur l'accotement, également sans pouvoir empiéter sur le bord de la chaussée pavée.

3. Il en sera de même de ceux affectés à la restauration de la porte Saint-Denis, dont les dépôts règnent depuis le boulevard Poissonnière jusqu'à la porte Saint-Denis.

4. Dans les parties des boulevards où l'accotement est pavé, les matériaux ne pourront occuper une étendue de plus de six mètres de largeur, à partir du premier rang d'arbres de la contre-allée jusqu'à la chaussée.

5. Les matériaux restants des travaux du quai Napoléon qui sont encore déposés sur le Pont-au-Change, seront enlevés et transportés sur ledit quai Napoléon, ou en tout autre endroit qui sera désigné par l'architecte-commissaire de la petite voirie.

6. Les pierres qui existent place Fénelon, derrière l'archevêché, près la grille, seront également enlevées et transportées sur le quai Napoléon.

7. Les échoppes du Marché-Neuf seront enlevées dans la journée du 2 décembre.

8. Il sera fait les dispositions nécessaires pour que le passage sur le pont Saint-Michel soit libre avant le 3 décembre, tant pour les piétons que pour les voitures.

9. Les pierres, moellons et autres matériaux existants sur le trottoir du quai Voltaire, et provenant des réparations du mur de parapet seront enlevés.

10. Les pierres de taille placées rue de l'Université, du côté de l'entrée du palais du Corps Législatif, par l'allée des accacias, seront également enlevées.

11. Celles déposées rue de Bourgogne, depuis le quai Bonaparte et la culée du pont de la Concorde jusqu'à la place du palais du Corps Législatif, seront enlevées ou rangées de manière à laisser le passage entièrement libre pour la circulation des piétons et des voitures.

12. Les pierres et moellons déposés sur la place du Carrousel, entre l'Arc-de-Triomphe et les trois guichets, le long du trottoir de la grille du château des Tuileries, seront enlevés.

La rue Impériale et la place d'Austerlitz, ci-devant du Vieux Louvre, seront débarrassées dans une largeur égale à celle de l'avant-corps du dôme du Louvre.

13. Les pierres, dalles, pavés et autres matériaux dépendant des travaux qui s'exécutent aux trottoirs du quai de l'Ecole, seront enlevés ou rangés dans la partie basse du quai, derrière et à l'alignement de la fontaine située sur le quai vis-à-vis la rue des Poulies.

14. Les pierres qui resteront sur place au moyen de l'arrangement et du redressement ordonnés par les articles précédents, seront rangées et calées de manière à n'occasionner aucun accident.

Il ne sera laissé aucun passage ni espace vide entre ces pierres.

15. Les recoupes, gravois et autres débris seront enlevés et portés aux décharges publiques.

16. Tous les entrepreneurs de maçonnerie, charpentes ou autres qui ont fait les dépôts de matériaux sus-énoncés, et les architectes qui dirigent les travaux se conformeront, dans les vingt-quatre heures qui suivront la notification qui leur sera faite de la présente ordonnance, aux dispositions des articles précédents ; à cet effet, la présente sera notifiée de suite à tous et chacun d'eux par les commissaires de police des divisions où sont déposés les matériaux.

Ces commissaires dresseront, de cette notification, et de l'exécution des dispositions ordonnées, des procès-verbaux qu'ils nous transmettront sans retard.

17. Faute par lesdits architectes et entrepreneurs de se conformer aux dispositions de la présente ordonnance, chacun en ce qui le concerne, l'architecte-commissaire de la petite voirie est autorisé à faire enlever, redresser ou ranger les matériaux dont il s'agit, suivant l'exigence du cas, et à y mettre des ouvriers, à l'expiration du délai fixé par l'article 16 ci-dessus, le tout aux frais des entrepreneurs.

18. L'ingénieur en chef du pavé de Paris et des boulevards fera procéder, avant le 3 décembre prochain, à la réparation des dégradations et enfoncements de pavé qui pourraient exister sur tous les points que doit parcourir le cortége.

Il fera également enlever les terres qui se trouvent sur les accotemens non pavés du boulevard; les ornières seront remplies avec des recoupes, du sable ou du cailloutis.

19. Les commissaires de police et l'architecte-commissaire de la petite voirie, veilleront à ce qu'il ne soit formé aucun échafaud; ils feront détruire ceux qui pourraient être établis et feront disparaître de la façade des maisons, notamment des toits et des croisées, tous les objets dont la chute pourrait blesser les passants.

Ils feront également enlever dans la soirée du 2 décembre, les échoppes et autres objets qui n'auraient pas été déplacés.

20. La présente ordonnance sera imprimée et affichée.

Les commissaires de police, l'architecte-commissaire et les architectes-inspecteurs de la petite voirie, l'inspecteur général du quatrième arrondissement de la police générale de l'empire, les officiers de paix et l'inspecteur général du nettoiement sont chargés de tenir la main à son exécution, chacun en ce qui le concerne.

Il en sera transmis une ampliation à l'ingénieur en chef du pavé de Paris et des boulevards.

Le conseiller d'Etat, préfet de police, comte DUBOIS.

N° **501.** — *Ordonnance concernant la vérification annuelle des poids et mesures* (1).

Paris, le 25 novembre 1809.

N° **502.** — *Ordonnance concernant les chapeliers* (2).

Paris, le 28 novembre 1809.

Nous, Louis-Nicolas-Pierre-Joseph Dubois, commandant de la Légion d'honneur, comte de l'empire, conseiller d'Etat, chargé du quatrième arrondissement de la police générale, préfet de police du département de la Seine et des communes de Saint-Cloud, Sèvres et Meudon du département de Seine-et-Oise, etc.;

Considérant que les foules de chapeliers peuvent présenter des dangers sous le rapport des incendies et des inconvéniens sous le rapport de la salubrité;

Considérant que des individus font le commerce de chapeaux sans être pourvus de patente, ni du registre prescrit par les lois et règle-

---

(1) V. les ord. des 14 déc. 1820, 15 déc. 1825, 27 oct. et 29 nov. 1826, 23 nov. 1842 et 1er déc. 1843.

(2) V. l'ord. du 12 juill. 1818.

ments aux revendeurs et brocanteurs, et que ces abus donnent lieu à des vols fréquents dans les fabriques ;

Considérant que ces vols sont encore favorisés par l'usage dans lequel sont des maîtres chapeliers d'abandonner aux ouvriers les chapeaux mal confectionnés, à la charge par les ouvriers de leur en payer la valeur ;

Vu les articles 2, 10, 23, 30 et 32 de l'arrêté du gouvernement du 12 messidor an VIII, les articles 6, 7 et 8 du titre 2 et l'article 11 du titre 3 de la loi du 22 germinal an XI,

Ordonnons ce qui suit :

1. Les marchands chapeliers sont tenus de se faire inscrire à la préfecture de police avant le 1er janvier 1810 et d'y représenter leurs patentes.

2. Il ne peut-être établi de foules qu'au rez-de-chaussée.

3. Aucune foule ne pourra être établie sans notre permission.

4. Il est enjoint aux maîtres chapeliers de ne se servir que d'ouvriers porteurs de livrets.

5. Défenses sont faites aux compagnons chapeliers de se coaliser pour suspendre, empêcher ou enchérir les travaux.

6. Chaque fabricant est tenu d'appliquer, au moyen d'un fer chaud, son nom en toutes lettres, dans l'intérieur des chapeaux qu'il fabrique.

7. Il est défendu aux teinturiers de teindre et aux apprêteurs d'apprêter aucun chapeau qui ne porterait point le nom d'un fabricant.

8. Il ne pourra être exposé en vente que des chapeaux revêtus de la marque du fabricant.

9. Il est défendu aux marchands chapeliers et à tous autres d'acheter des chapeaux, même en blanc, s'ils ne sont empreints de la marque du fabricant.

10. Il est défendu aux fabricants et détaillants de donner à leurs ouvriers des chapeaux en payement.

11. Il leur est également défendu de laisser aux ouvriers les chapeaux mal confectionnés, sauf leur recours contre les ouvriers pour les malfaçons.

12. Il est défendu aux colporteurs, aux marchands de vieux habits, revendeurs et brocanteurs de vendre des chapeaux neufs.

13. Il leur est également défendu de vendre de vieux chapeaux remis à neuf.

14. Les contraventions seront constatées par des procès-verbaux qui nous seront adressés.

15. Il sera pris, envers les contrevenants aux dispositions ci-dessus, telles mesures de police administrative qu'il appartiendra, sans préjudice des poursuites à exercer contre eux devant les tribunaux, conformément aux lois et aux règlements.

16. La présente ordonnance sera imprimée, publiée et affichée.

Les commissaires de police, l'inspecteur général du quatrième arrondissement de la police générale, les officiers de paix, l'inspecteur général des bureaux de placement, l'inspecteur général de la salubrité, l'architecte commissaire de la petite voirie et les autres préposés de la préfecture de police sont chargés de tenir la main à son exécution.

Le conseiller d'État, préfet de police, comte DUBOIS.

N° **503**. — *Ordonnance concernant la cérémonie du* Te Deum, *l'ouverture de la session du corps législatif, le 3 décembre, et les fêtes et réjouissances publiques et municipales qui auront lieu le 4 du même mois* (1).

Paris, le 1er décembre 1809.

Nous, Louis-Nicolas-Pierre-Joseph Dubois, commandant de la Légion d'honneur, comte de l'empire, conseiller d'État, chargé du quatrième arrondissement de la police générale, préfet de police du département de la Seine et des communes de Saint-Cloud, Sèvres et Meudon du département de Seine-et-Oise, etc.;

Vu le programme de la cérémonie du *Te Deum* qui sera chanté dans l'église métropolitaine de Paris, le 3 décembre 1809;

De celle de l'ouverture de la session du corps législatif, qui aura lieu le même jour;

Vu aussi le programme des fêtes et réjouissances publiques municipales, qui auront lieu dans la ville de Paris, lundi 4 décembre,

Ordonnons ce qui suit:

Dispositions pour le 2 décembre.

1. Le samedi 2 décembre, veille du jour où S. M. l'empereur et roi re rendra en grand cortége à la métropole et de là au palais du corps législatif, il sera fait, de quatre à cinq heures du soir, un balayage extraordinaire:

1° Sur la place et la rue de la Concorde; sur les boulevards depuis la porte Saint-Honoré jusqu'à la porte Saint-Denis; la rue Saint-Denis; la place du Châtelet; le pont au Change; la rue de la Barillerie; celles du Marché-Neuf, Neuve-Notre-Dame et Parvis-Notre-Dame;

2° Sur la place du Carrousel; la rue Saint-Nicaise; la rue du faubourg Saint-Honoré, depuis l'Élysée-Napoléon jusqu'à la rue Saint-Honoré; la rue Saint-Honoré jusques et y compris la rue du Roule; celle de la Monnaie; la place des Trois-Maries; le Pont-Neuf; le quai des Orfévres;

3° La rue Cérutty et la rue de Richelieu;

4° Sur la place du Palais-de-Justice, dans les rues de la Calandre et de Saint-Christophe;

5° Sur la rue de Vaugirard, à partir de celle Servandoni jusques et y compris la rue de Tournon, la rue du Brave, celle des Quatre-Vents, la rue de Condé, la rue des Fossés-Saint-Germain-des-Prés, le carrefour de Bussy et la rue de Thionville;

6° Sur les quais de la Monnaie, Malaquais et de Voltaire; le quai Bonaparte; la rue de Bellechasse et celle de l'Université; la place du Corps-Législatif; le Pont-Royal; le quai du Louvre jusqu'aux trois guichets du Carrousel.

2. Les habitants des rues désignées en l'article précédent sont tenus, chacun en ce qui les concerne, de faire effectuer ce balayage.

3. L'inspecteur général du nettoiement fera procéder pendant la nuit à l'enlèvement des boues.

4. A compter de l'heure fixée pour le balayage extraordinaire, jusqu'après le passage des cortéges, il est défendu de déposer aucunes ordures ni de jeter ou de laisser couler des eaux ménagères sur les parties de la voie publique désignées en l'article 1er.

---

(1) V. l'ord. du 31 mai 1814.

5. Les représentations gratis qui auront lieu dans les spectacles, samedi 2 décembre, commenceront toutes à cinq heures de relevée.

Dispositions pour le 3 décembre.

6. Le dimanche 3 décembre, il sera fait un nouveau balayage, à six heures précises du matin, dans toutes les parties de la voie publique désignées dans l'article 1er.

7. A compter de huit heures du matin, aucunes voitures autres que celles des cortéges, ne pourront circuler ni stationner, pendant leur passage sur les parties de la voie publique ci-après désignées, savoir :

La place et la rue de la Concorde, les boulevards depuis la porte Saint-Honoré jusqu'à la porte Saint-Denis ; la rue Saint-Denis, la place du Châtelet, le Pont-au-Change, la rue de la Barillerie, celles du Marché-Neuf, Neuve-Notre-Dame et le Parvis-Notre-Dame.

La place du Carrousel, la rue Saint-Nicaise, la rue du faubourg Saint-Honoré depuis l'Élysée-Napoléon jusqu'à la rue Saint-Honoré, la rue Saint-Honoré jusques et y compris la rue du Roule, celle de la Monnaie, la place des Trois-Maries, le Pont-Neuf, le quai des Orfèvres ; la rue de Provence, la rue de Cérutty et celle de Richelieu ;

La place du Palais-de-Justice, les rues de la Calendre et Saint-Christophe ;

La rue de Vaugirard à partir de la rue Servandoni jusques et y compris la rue de Tournon, la rue du Brave, celle des Quatre-Vents, la rue de Condé, la rue des Fossés-Saint-Germain-des-Prés, le carrefour de Bussy et la rue de Thionville ;

Les quais de la Monnaie, Malaquais, de Voltaire et Bonaparte, la rue de Belle-Chasse, celle de l'Université.

Le Pont-Royal et le quai du Louvre jusqu'aux trois guichets du Carrousel.

Sont exceptés de cette disposition les courriers de la malle et les diligences et les voitures avec escorte.

8. Il est défendu de traverser les cortéges.

9. Il est défendu de traverser la rivière pour s'introduire dans la Cité.

Le passage d'eau du port de la Grève au port Saint-Landri sera fermé le 3 et le 4.

10. Il est défendu de monter sur les monuments et édifices publics, sur les parapets des quais et ponts, sur les pierres rangées, sur les toits des maisons, les entablements, les auvents, les piles et théâtres de bois dans les chantiers, et les barrières au-devant des maisons.

Il est également défendu de monter sur les arbres du boulevard.

11. Les voitures des autorités qui doivent se rendre, avant neuf heures, à la Métropole, fileront ensuite par le pont de la Cité, la rue Blanche-de-Castille jusqu'à la rue des Deux-Ponts, pour aller stationner sur le quai des Ormes.

12. Les voitures de la cour de cassation, des grands officiers de la Légion d'honneur, de la cour des comptes et de l'université fileront également dans l'île Saint-Louis par la rue Blanche-de-Castille, et iront stationner sur le même quai.

13. Les voitures du sénat, du conseil d'État et du corps diplomatique fileront de même par le pont de la Cité et seront rangées sur les quais d'Alençon et d'Anjou.

14. Le Parvis et la place Fénelon sont exclusivement réservés pour les voitures du cortége de S. M. l'empereur et roi.

15. L'inspecteur général du quatrième arrondissement de la police générale est chargé de prendre les autres mesures nécessaires pour le placement des voitures de la cour.

16. Il est défendu aux cochers de quitter les rênes de leurs chevaux.

17. Après la cérémonie, les voitures des autorités qui doivent se rendre au palais du corps législatif, suivront immédiatement le cortége de S. M.

Dispositions pour le 4 décembre.

18. Le lundi 4 décembre, la voie publique sera balayée et débarrassée avant huit heures du matin.

19. A la même heure, la place Beauveau, la place Sainte-Croix-Chaussée-d'Antin, la place des Victoires, le marché des Innocents, la place de la Fidélité à Saint-Laurent, les rue et place du Temple, le carrefour de la rue de Bretagne et de celle de Boucherat, au bout de la rue de Turenne, les places des Vosges et de la Bastille, de l'Abbaye-Saint-Germain, de l'Odéon et de l'Estrapade disposées pour des réjouissances publiques, seront également débarrassées.

20. Les commissaires de police veilleront à ce que l'ordre soit maintenu pendant le tirage des loteries de comestibles et des distributions de vin, qui auront lieu sur les différentes places désignées en l'article précédent.

En cas de trouble, les commissaires de police feront suspendre le tirage et la distribution jusqu'à ce que l'ordre soit rétabli.

21. Le même jour, à compter d'une heure après midi jusqu'au lendemain matin aucunes voitures autres que celles des personnes qui se rendront à l'Hôtel-de-Ville, ne pourront circuler sur les quais Pelletier et des Ormes, depuis la rue Planche-Mibrai jusqu'à celle des Nonaindières, sur la place de Grève, dans les rues du Martois, du pourtour Saint-Gervais, de la Tixeranderie, du Mouton et de la Vannerie.

22. Les personnes invitées aux fêtes municipales et qui s'y rendront en voiture, arriveront par le quai Pelletier jusqu'à quatre heures.

Les voitures ne formeront qu'une seule file à partir du pont Notre-Dame; elles longeront la façade des maisons opposées à l'Hôtel-de-Ville pour venir s'arrêter au pied du grand escalier; elles fileront ensuite par le Port-au-Blé et seront rangées sur les quais des Ormes et des Célestins, et, au besoin, dans l'île Saint-Louis.

23. Les voitures des personnes qui se rendront après quatre heures à l'Hôtel-de-Ville ne pourront arriver que par la rue du Tourniquet, en suivant la rue de la Tixeranderie et celle des Vieilles-Garnisons.

Les mêmes voitures fileront par les rues du Monceau-St-Gervais et Saint-Antoine jusqu'à la rue Culture-Sainte-Catherine où commencera le stationnement.

24. A compter de quatre heures de relevée, aucunes voitures autres que celles de la cour, ne pourront circuler ni stationner sur la place du Carrousel depuis l'Arc-de-Triomphe jusqu'à la rue Impériale;

Dans la rue Impériale; la rue des Poulies; sur le quai de l'École; le quai de la Mégisserie; le quai de Gèvres; le quai Pelletier; et la place de l'Hôtel-de-Ville.

25. La place de l'Hôtel-de-Ville et le port au Blé jusqu'au Pont-Marie sont exclusivement réservés pour le stationnement des voitures de la cour.

26. Les habitants de Paris illumineront la façade de leurs maisons dans les soirées des 3 et 4 décembre.

27. Il est défendu de vendre et d'acheter des fusées, pétards, boîtes, bombes et autres pièces d'artifice, et d'en tirer dans les rues, promenades, places publiques, cours et jardins ou par les fenêtres des maisons.

Les pères et mères et les chefs de maisons sont civilement responsables des faits de leurs enfants et de leurs ouvriers ou domestiques.

Les marchands de pièces d'artifices sont personnellement responsables de l'exécution du présent article en ce qui les concerne.

28. L'inspecteur général de la police prendra toutes les autres mesures non prévues qui seraient nécessaires pour le maintien de l'orde et de la sûreté publique, pour la libre circulation et le placement des voitures qui se rendront à la métropole, au palais du corps législatif et à l'Hôtel-de-Ville et se concertera pour l'exécution avec les commandants de la force armée qui seront sur les lieux.

29. Il sera pris envers les contrevenants telles mesures de police administrative qu'il appartiendra sans préjudice des poursuites à exercer contre eux par-devant les tribunaux conformément aux lois et règlements.

50. La présente ordonnance sera imprimée, publiée et affichée.

Les commissaires de police, l'inspecteur général du quatrième arrondissement de la police générale de l'empire, les officiers de paix, l'architecte commissaire de la petite voirie, l'inspecteur général de la navigation et des ports, l'inspecteur général de la salubrité et les autres préposés de la préfecture de police sont chargés, chacun en ce qui le concerne, de tenir la main à son exécution.

Le conseiller d'Etat, préfet de police, comte DUBOIS.

1810.

No **504.** — *Ordonnance concernant les glaces et neiges* (1).

Paris, le 15 janvier 1810.

N° **505.** — *Ordonnance concernant les entrepreneurs de maçonnerie.*

Paris, le 15 janvier 1810.

Nous, Louis-Nicolas-Pierre-Joseph Dubois, commandant de la Légion d'honneur, comte de l'empire, conseiller d'Etat, chargé du quatrième arrondissement de la police générale, préfet de police du département de la Seine et des communes de Saint-Cloud, Sèvres et Meudon du département de Seine-et-Oise, etc. ;

Considérant qu'il importe, en ce qui concerne les constructions et réparations des maisons et bâtiments de la ville de Paris, de prévenir tous les vices et malfaçons qui peuvent compromettre la sûreté publique et individuelle ;

Considérant que cette surveillance doit être plus active lorsque des propriétaires ou locataires emploient des compagnons qui souvent n'ont pas les connaissances nécessaires, et qui presque toujours ne présentent aucune espèce de garantie ;

(1) V. les ord. des 7 janv. 1835, 26 déc. 1836, 14 déc. 1838 et 7 déc. 1842.

Considérant enfin, que, dans le cas d'incendie, les ouvriers en bâtiments peuvent être requis pour porter des secours ;

Vu les articles 2, 10, 24 et 30 de l'arrêté du gouvernement, du 12 messidor an VIII; les articles 6, 7 et 8 du titre 2, et l'article 11 du titre 3 de la loi du 22 germinal an XI,

Ordonnons ce qui suit :

1. Les entrepreneurs de maçonnerie, demeurant à Paris, seront tenus de se faire inscrire à la préfecture de police avant le 15 février prochain, et d'y représenter leurs patentes.

2. Les entrepreneurs patentés ont seuls, à Paris, le droit de travailler à la construction et réparation de toutes sortes d'édifices et à tous ouvrages de maçonnerie. (*Loi du 1er brum. an VII.*)

3. Il est défendu à tous compagnons maçons, manœuvres ou autres, de s'immiscer en ladite profession.

4. Les propriétaires et locataires pourront néanmoins faire travailler à la journée, des compagnons maçons, mais sous la condition :

1° De déclarer préalablement à la préfecture de police, la nature des ouvrages qu'ils voudront construire ou réparer, et le nombre des compagnons qu'ils se proposeront d'employer ;

2° De fournir auxdits compagnons les matériaux et tous les équipages nécessaires.

5. Aucun compagnon, aucun manœuvre ne pourra travailler pour des propriétaires ou locataires, sans s'être assuré que la déclaration ci-dessus prescrite a été faite par celui qui l'emploie.

6. Sont dispensés de faire aucune déclaration, les propriétaires et locataires qui n'emploieront qu'un ou deux compagnons ou manœuvres à de légères réparations, et ce, pendant l'espace de deux jours au plus.

7. Tout entrepreneur de maçonnerie, chargé de continuer des travaux de construction commencés par un autre entrepreneur, doit faire visiter préalablement les travaux déjà faits.

8. Les entrepreneurs de maçonnerie, les compagnons maçons, les propriétaires et les locataires sont tenus de se conformer pour toutes les constructions, aux règles de l'art et aux règlements.

9. En exécution de la loi du 22 germinal an XI, et conformément à l'ordonnance de police du 20 pluviôse an XII, les tailleurs et les scieurs de pierres, et les compagnons maçons sont tenus d'avoir des livrets.

10. Il est enjoint aux entrepreneurs de ne se servir que d'ouvriers porteurs de livrets.

11. Défenses sont faites aux compagnons maçons et manœuvres de se coaliser pour suspendre, empêcher et enchérir les travaux.

12. Il leur est également défendu d'emporter des matériaux ou des équipages.

13. Les contraventions seront constatées par des procès-verbaux qui nous seront adressés.

14. Il sera pris envers les contrevenants aux dispositions ci-dessus, telles mesures de police administrative qu'il appartiendra, sans préjudice des poursuites à exercer contre eux devant les tribunaux.

15. La présente ordonnance sera imprimée, publiée et affichée.

Les commissaires de police, l'inspecteur général du quatrième arrondissement de la police générale, les officiers de paix, l'architecte commissaire et les architectes inspecteurs de la petite voirie, l'inspecteur général des bureaux du placement des ouvriers, et les autres préposés de la préfecture de police sont chargés de tenir la main à son exécution.

Le conseiller d'Etat, préfet de police, comte DUBOIS.

N° 506. — *Ordonnance portant règlement général pour les prisons du ressort de la préfecture de police* (1).

Paris, le 26 janvier 1810.

Nous, Louis-Nicolas-Pierre-Joseph Dubois, commandant de la Légion d'honneur, comte de l'empire, conseiller d'Etat, chargé du quatrième arrondissement de la police générale, préfet de police du département de la Seine et des communes de Saint-Cloud, Sèvres et Meudon du département de Seine-et-Oise, etc.,

Ordonnons ce qui suit :

Dispositions générales.

1. Les concierges, ainsi qu'il est prescrit par la loi, tiennent un registre coté et parafé à toutes les pages, sur lequel ils inscrivent de suite, et sans aucun blanc, les prisonniers qui leur sont amenés, ainsi que l'acte ou l'ordre d'envoi ; ils y portent également en marge l'acte ou l'ordre de la remise de chaque prisonnier, la date de la sortie, ainsi que l'ordonnance, l'arrêt ou le jugement en vertu duquel elle a lieu.

2. Le concierge de chaque maison et le commis au greffe ne pourront jamais s'absenter l'un et l'autre à la fois, l'un d'eux sera toujours présent au greffe ou dans la maison.

Les concierges ne pourront jamais découcher sans y être autorisés.

3. Tous les employés dans les prisons sont subordonnés aux concierges, dont ils reçoivent et exécutent les ordres.

4. Tous les prisonniers entrant, avant d'être introduits parmi les autres, seront visités par le médecin de la maison, afin d'être assuré qu'ils ne sont point malades ; ceux qui seraient reconnus malades seront placés à l'infirmerie.

5. Les chambres et dortoirs des prisonniers non condamnés seront ouverts à six heures du matin, depuis le 1er avril jusqu'au 1er octobre, et à huit heures le reste de l'année.

6. Les prisonniers seront renfermés dans les dortoirs et chambres, savoir : ceux qui ont des chambres particulières à neuf heures du soir, depuis le 1er avril jusqu'au 1er octobre, et à six heures le reste de l'année.

Les autres seront renfermés, en tous temps, une demi-heure avant la nuit. Lors de la fermeture, il sera fait un appel nominal de tous les prisonniers.

7. Les concierges visiteront tous les jours les prisonniers placés au secret. Ils leur feront prendre l'air lorsque les autres prisonniers ne se trouveront pas dans les cours, et ils les feront toujours accompagner par un employé.

8. Il est défendu aux prisonniers de troubler l'ordre et la tranquillité qui doivent régner dans les cours et promenoirs, pendant les heures de la promenade.

Ceux qui contreviendraient à cette défense seront punis, pour la première fois, par la privation de promenades pendant trois jours, et, en cas de récidive, pendant huit jours.

9. Aucun prisonnier ne pourra travailler dans le greffe ni pour les affaires du greffe ; il ne pourra y rester momentanément que pour ses affaires personnelles et après y avoir été appelé par le concierge.

10. Aucun prisonnier ne pourra, sous quelque prétexte que ce soit, s'arrêter dans les guichets ; il ne pourra même passer d'un corps de logis à l'autre sous le prétexte de visiter les autres prisonniers ou autrement ; les gardiens qui le souffriraient seront punis, pour la pre-

(1) V. l'ord. du 10 sept. 1811.

mière fois, par la privation de sortie pendant un mois, et la seconde fois ils seront destitués.

11. Les chambres particulières, lorsqu'elles n'auront point été données par nous, appartiendront de droit aux prisonniers les plus anciens et contre lesquels il ne nous sera parvenu aucune plainte, sans qu'il puisse être exigé d'eux, à ce sujet, aucune espèce de rétribution.

Dans les chambres où il y a plusieurs lits et dans les dortoirs, les places les plus commodes appartiendront aux prisonniers les plus anciens, aux mêmes conditions que celles ci-dessus.

12. Tous les jours, à neuf heures du matin, depuis le 1er avril jusqu'au 1er octobre, et à dix heures le reste de l'année, les lits des prisonniers non condamnés seront faits, et les chambres et dortoirs seront balayés, nettoyés et aérés.

13. Le pain ne sera distribué chaque jour qu'après ce service.

14. Les prisonniers seront soigneusement fouillés en entrant dans la prison, mais avec tous les égards et la décence que le malheur commande; ils le seront également toutes les fois que la sûreté l'exigera, pour être assuré qu'ils n'ont point d'armes ou d'instruments propres à favoriser l'évasion.

Il sera fait en outre de fréquentes visites dans les chambres et dortoirs de jour ou de nuit, et les barreaux des croisées et grilles seront sondés chaque jour.

Les prisonniers qui seront extraits seront également fouillés, ainsi qu'à leur rentrée, s'ils sont ramenés.

Cette fouille sera faite par les gardiens.

15. Il est défendu aux anciens prisonniers d'exiger ou de prendre aucune chose des nouveaux venus, en argent, vivres ou effets, ni de prendre ou cacher leurs vêtements, ni de les maltraiter sous prétexte du droit de bienvenue.

Les contrevenants seront, outre la restitution à laquelle ils seront tenus, placés pendant dix jours dans la chambre de punition : ils seront punis plus sévèrement suivant la gravité des cas dont il nous sera rendu compte.

16. Il est défendu aux prisonniers d'insulter le concierge et les autres employés de la maison.

Les contrevenants seront placés, pendant deux jours, dans la chambre de punition; ils seront punis plus sévèrement s'ils opposaient de la résistance ou des voies de fait à l'exécution des ordres du concierge, indépendamment de la poursuite devant les tribunaux, s'il y a lieu.

17. Il est défendu aux employés de tutoyer, injurier, battre ou maltraiter les prisonniers, de rien exiger d'eux, sous quelque prétexte que ce soit, de boire ou manger avec eux, ou de souffrir qu'ils s'enivrent, à peine de destitution et de plus forte peine, s'il y a lieu.

Il leur est recommandé de traiter les prisonniers avec douceur et humanité.

18. On ne peut communiquer avec les prisonniers qu'après en avoir obtenu la permission ; cette permission est limitée, et elle est personnelle.

Les avoués et avocats connus, ou munis de leur diplôme, chargés des affaires des prisonniers qui sont en jugement, sont seuls exceptés de cette disposition.

L'entrée de la prison, pour les personnes munies de permission, aura lieu de dix heures du matin jusqu'à cinq heures du soir, depuis le 1er avril jusqu'au 1er octobre, et jusqu'à trois heures seulement le reste de l'année. Le concierge y tiendra soigneusement la main ; aucune exception ne pourra avoir lieu sans notre autorisation spéciale.

19. Les permissions étant personnelles, le concierge et les employés veilleront avec soin à ce que les personnes qui se présenteront soient bien celles désignées dans les permissions.

Les inspecteurs des prisons vérifieront ces permissions lors de leurs visites dans les prisons.

20. La communication des personnes, munies de permissions, avec les prisonniers non condamnés, ne peut avoir lieu que dans les parloirs établis à cet effet, et pendant une heure seulement, ou sur un ordre exprès dans une pièce désignée à cet effet, en présence du concierge ou d'un employé commis par lui, qui ne pourra en sortir tant que durera la communication.

Les avoués ou avocats communiqueront de droit avec leurs clients dans cette salle.

Les salles qui servaient à la Force et à Sainte-Pélagie au restaurant, sont désignées pour cet usage.

Il est expressément défendu aux concierges et employés de souffrir que les personnes qui vont visiter les prisonniers, boivent et mangent avec eux.

21. Les employés veilleront à ce que la décence et les bonnes mœurs règnent dans les parloirs pendant les communications.

22. Les personnes munies de permission pour communiquer avec les prisonniers, seront fouillées en entrant et en sortant, savoir : les hommes par les gardiens, et les femmes par celle préposée à ce service.

Cette mesure de sûreté sera exécutée avec toute l'honnêteté et la décence nécessaires.

Les personnes qui seraient trouvées nanties d'instruments ou d'objets contraires à la sûreté seront de suite renvoyées avec le rapport du concierge, leur permission et les pièces de conviction, à la préfecture de police, pour être statué ce qu'il appartiendra ; et il est laissé à la prudence du concierge d'excepter de la fouille les personnes qui, par leur état ou leurs fonctions, mériteraient sa confiance et ne seraient pas dans le cas de compromettre sa responsabilité.

23. Toute espèce de commerce, vente et achat sont expressément défendus aux prisonniers, soit entre eux, soit avec les employés, et sous quelque prétexte que ce soit.

Ceux qui contreviendraient à cette défense seront punis par la confiscation au profit des pauvres, des marchandises saisies ou des objets provenants de ce commerce ; ils seront en outre placés, pendant vingt-quatre heures, dans la chambre de punition.

Les employés qui se rendraient coupables de cette contravention seront destitués.

24. Le prêt sur gages est expressément défendu parmi les prisonniers ; ces prêts et toutes autres dettes usuraires contractées entre eux, ne seront point reconnus. Les nantissements seront confisqués au profit des pauvres, et les prêteurs seront placés, pendant vingt-quatre heures, dans la chambre de punition, et plus longtemps s'il y a lieu.

25. Toute espèce de jeux de hasard est interdite aux prisonniers.

Ceux qui contreviendraient à cette défense seront punis par la confiscation, au profit des pauvres, des objets servant aux jeux et de l'argent saisi; ils seront en outre placés pendant trois jours dans la chambre de punition, pour la première fois ; et, en cas de récidive, pendant huit jours.

26. Les concierges auront soin de classer les prisonniers suivant l'espèce de délit dont ils sont prévenus, suivant leur âge et condamnation.

Les enfants seront placés dans un bâtiment particulier, et jamais ils ne seront confondus avec les autres prisonniers.

Le concierge et les gardiens veilleront avec grand soin à ce qu'il ne se passe rien, dans les chambres ou dans les dortoirs, de contraire aux bonnes mœurs; ils empêcheront les prisonniers de se quereller et de se battre.

27. Les concierges feront de fréquentes visites et à heures différentes, tant de jour que de nuit, dans les chambres et dans les dortoirs, ils écouteront les plaintes que pourraient faire les prisonniers contre les employés sous leurs ordres, ils les examineront, y feront droit provisoirement et en feront rapport dans les vingt-quatre heures.

Ils veilleront à ce qu'aucun prisonnier malade ne reste dans les chambres ou dans les dortoirs; ils feront visiter incontinent par le médecin, ceux qui se plaindraient, et s'ils sont reconnus malades, ils les feront passer à l'infirmerie pour y être soignés.

Le prisonnier pour dettes, s'il est dans une chambre où sont logés plusieurs prisonniers, sera placé dans une chambre particulière pour y être traité à ses frais s'il en a les moyens, et s'il est dénué de facultés il sera placé à l'infirmerie.

28. Il est défendu aux prisonniers de conserver de la lumière dans les chambres et dortoirs une heure après la fermeture, sans l'autorisation du concierge, qui ne doit l'accorder qu'après s'être assuré de l'indispensable nécessité; et, en ce cas, il devient responsable de tout événement.

Les contrevenants à cette défense seront privés de lumière pendant cinq jours.

29. Les prisonniers peuvent faire venir de chez eux ou du dehors leur nourriture et leur boisson, ainsi que tous les effets et linge qui leur sont nécessaires, mais pour leur usage seulement, et ce, sous la surveillance et responsabilité des concierges, qui doivent visiter le tout.

30. Il est défendu aux commissionnaires attachés aux prisons d'y introduire aucuns aliments, boissons ou effets sans avoir été visités par les concierges ou par les employés préposés à cet effet.

31. Les concierges veilleront à ce que les aliments, boissons, effets ou linge que les prisonniers feront venir du dehors, ne soient, par l'effet de la visite, détériorés en quoi que ce soit, qu'il n'en soit point ôté, et qu'ils leur soient remis à l'instant même.

Il est défendu aux concierges de faire appliquer sur ces linges et effets aucune espèce de marque.

32. Les concierges veilleront également à ce que les commissionnaires attachés à la maison ne trompent pas les prisonniers sur les prix, mesures, poids, qualités et quantités des objets qu'ils seraient chargés de leur aller chercher au dehors, à ce qu'ils ne fassent point de conventions avec les marchands de l'extérieur, et à ce que les prix des commissions ne soient pas trop élevés.

Ils feront connaître ceux des commissionnaires qui se trouveraient en contravention, et en feront rapport par écrit.

33. L'usage du charbon et de la braise est interdit dans la prison; les concierges prendront les mesures nécessaires pour qu'il n'en soit point introduit.

34. Pour l'avantage des prisonniers et pour leur épargner les frais de commission, les concierges sont autorisés à leur fournir les comestibles et les boissons qu'ils leur demanderont.

35. Les aliments fournis par les concierges seront de bonne qualité et en suffisante quantité suivant les prix fixés; ces prix ne pourront jamais excéder ceux des mêmes objets pris au dehors, sans exiger celui de commission.

36. Les boissons fournies par les concierges seront aussi de bonne qualité, mesurées exactement et aux mêmes prix que chez les marchands du dehors.

Ces boissons seront dégustées au moins tous les quinze jours, par les dégustateurs de la préfecture à jours et heures imprévus, il sera dressé procès-verbal de cette visite, lequel sera envoyé à la préfecture de police.

37. Les prix des comestibles préparés et tous autres sont indiqués à l'avance, par plat ou par objet, de manière que chaque prisonnier puisse prendre ce qui lui convient le mieux. Les inspecteurs des prisons devront en prendre connaissance, et en rendre compte chaque jour dans leur rapport.

38. Les concierges sont également autorisés à fournir aux prisonniers non obligés au travail, qui leur en demanderaient, des lits qui seront, au moins, composés d'un lit de sangle, d'une paillasse, d'un matelas, d'une couverture et d'un traversin, au prix de quatre francs par mois, et de six francs aussi par mois pour ceux auxquels il sera ajouté une paire de draps.

Les draps seront changés au plus tard tous les mois.

Les lits doubles, c'est-à-dire composés de deux matelas, deux couvertures et deux paires de draps, seront au prix de dix francs.

Ces prix seront exigibles et payés par chaque dizaine de jours.

39. Les concierges ne pourront employer aucun prisonnier pour leur service particulier, comme domestique ou autrement.

Ils ne pourront également détourner de ses fonctions, même momentanément, pour leur service particulier, aucun employé de leur maison.

40. Il est défendu d'avoir, dans l'intérieur des prisons, des poules, lapins, pigeons et cochons et d'y établir des buanderies.

41. La correspondance des prisonniers sera visitée et visée par les concierges.

42. Les lettres adressées aux autorités par les prisonniers seront transmises à leur destination par les concierges. Il leur est défendu de les ouvrir.

43. Les concierges feront leur rapport sur-le-champ des punitions qu'ils auront été obligés d'infliger et des motifs qui les y auront déterminés.

44. Les prisonniers punis pourront adresser leurs réclamations ou justifications à la préfecture de police, ou les remettre par écrit ou verbalement aux inspecteurs des prisons, qui s'en chargeront, ou en feront rapport de suite.

45. Lorsqu'un prisonnier sera atteint de maladie qui nécessitera son transport à l'infirmerie, le concierge fera recueillir ses effets en présence du malade, pour être conservés.

Si le prisonnier vient à décéder, le concierge aura soin de requérir le juge de paix ou le commissaire de police, pour constater les effets, papiers, argent, bijoux, etc., laissés par le défunt.

Il en donnera avis de suite à la préfecture de police.

46. Les gardiens ne devant pas être détournés de leurs fonctions pendant la durée du service, ils ne pourront recevoir dans la prison aucun étranger.

Leurs épouses ne pourront avoir entrée auprès d'eux qu'après la fermeture des prisonniers.

47. Les concierges surveilleront avec le plus grand soin, pour ce qui concerne leur maison, l'exécution des articles du cahier des charges de l'entreprise générale du service économique des prisons, et ils nous rendront compte journellement et par écrit, des infractions et défaut de fournitures qui pourraient avoir lieu.

Ils s'assureront chaque jour par eux-mêmes de la qualité et de la quantité des aliments fournis par l'entrepreneur aux prisonniers, tant valides que malades.

Ils visiteront régulièrement, au moins une fois par jour, les infirmeries, et s'assureront des soins donnés aux malades, et ils y feront maintenir la propreté et la salubrité.

48. La messe se dira depuis le 1er avril jusqu'au 1er octobre à neuf heures du matin et le reste de l'année à dix heures.

Tout individu détenu, de quelque religion qu'il soit, peut, en cas de maladie principalement, demander un prêtre ou ministre de son culte, lequel sera admis dans la prison, à toute heure, en se faisant préalablement reconnaître et autoriser par nous.

Dispositions particulières relatives aux prisons où il existe des condamnés.

49. Les prisonniers condamnés, étant tous obligés au travail, se lèveront à cinq heures du matin, depuis le 1er avril jusqu'au 1er octobre, et après avoir fait leurs lits et nettoyé leurs chambres ou dortoirs, ils entreront dans leurs ateliers respectifs à six heures. Ils prendront leur repas à onze heures et reprendront le travail à midi, qu'ils continueront jusqu'à sept heures du soir.

En sortant des ateliers, ils jouiront de la promenade jusqu'à sept heures et demie ou environ, suivant la croissance ou diminution des jours.

Dans les prisons des Madelonnettes, Saint-Lazare et de la Petite-Force, le repas et la récréation auront lieu en tous temps, depuis midi jusqu'à deux heures.

50. Depuis le 1er octobre jusqu'au 1er avril, ils se lèveront à sept heures, et entreront dans les ateliers à huit ; ils prendront leur repas à midi, et rentreront à une heure dans les ateliers, d'où ils sortiront, savoir : ceux dont les travaux ne permettent pas la veillée, à quatre heures, ou environ, suivant la croissance ou la diminution des jours. Ils jouiront de la promenade, s'il y a lieu, pendant une demi-heure, et seront renfermés ensuite ; et ceux placés dans les ateliers où la veillée est établie, n'en sortant qu'à huit heures, seront renfermés aussitôt.

51. Il est enjoint aux concierges de surveiller par eux-mêmes les travaux, de les activer de tous leurs moyens ; de maintenir l'ordre et la tranquillité dans les ateliers ; de ne pas permettre aux condamnés de s'en absenter, si ce n'est pour des besoins indispensables ; d'empêcher qu'il leur soit fourni du vin ou de l'eau-de-vie, pendant les heures du travail.

Il leur est également enjoint de faire respecter les contre-maîtres, chefs d'atelier ou surveillants ; d'entendre leurs plaintes contre les travailleurs, de les vérifier, d'y faire droit provisoirement, et d'en rendre compte de suite à la préfecture.

Dans les maisons de Bicêtre, de Saint-Lazare et de la Petite-Force, les détenus par mesure administrative, y seront également obligés au travail.

Les concierges nous rendront compte, chaque mois, des progrès et du produit des travaux de chacun des ateliers.

52. Les concierges prendront toutes les mesures et précautions nécessaires pour qu'il ne résulte aucun inconvénient pour la sûreté de la prison ou pour celle des individus, des outils ou instruments mis à la disposition des condamnés.

53. Il ne peut être établi de nouveaux ateliers dans les prisons sans notre autorisation.

54. Les concierges veilleront à ce que la somme formant la portion due aux ouvriers leur soit payée exactement aux époques fixées par le cahier des charges de l'entreprise générale du service économique des prisons.

55. Les condamnés seront, aussitôt leur arrivée, revêtus des habits de la maison, et ne pourront en porter d'autres tant que durera leur détention.

56. Pour éviter la perte de temps, les personnes munies de permissions ne pourront visiter les condamnés et communiquer avec eux que deux fois par semaine; savoir, les jeudis et les dimanches, depuis neuf heures du matin jusqu'à trois heures, et pendant une heure seulement.

Dispositions particulières pour les prisonniers pour dettes.

57. Les chambres des prisonniers pour dettes seront ouvertes aux mêmes heures que celles des prisonniers non travailleurs.

Les prisonniers seront renfermés dans les corridors à huit heures du soir depuis le 1er avril jusqu'au 1er octobre, et dans leurs chambres à dix heures.

Et depuis le 1er octobre jusqu'au 1er avril, ils seront renfermés dans leurs corridors à sept heures, et dans leurs chambres à neuf heures.

58. Pour obtenir la permission de communiquer avec un prisonnier pour dettes, il faut en représenter la demande faite par le prisonnier, et visée par le concierge.

Ces prisonniers ont la faculté de communiquer dans leurs chambres avec les personnes du dehors munies de permissions ou avec leurs avoués ou avocats, et de manger avec eux sous la surveillance du concierge et des employés.

Les personnes en communication sortiront de la maison au plus tard une heure avant la fermeture des corridors, elles en seront averties à l'avance par le son de la cloche.

Les personnes qui ont été détenues ne peuvent obtenir de permission que pour communiquer en présence du concierge.

59. Les aliments consignés par les créanciers seront distribués aux prisonniers pour dettes tous les trois jours, dès neuf heures du matin.

60. Les prisonniers pour dettes ne peuvent jamais, et dans aucun cas, être confondus avec les prisonniers d'une autre classe, soit à la promenade, soit ailleurs.

L'article 33 des dispositions générales ne leur est point applicable; mais il leur est défendu de placer des fourneaux ou autres ustensiles de cuisine dans les corridors, d'y déposer leurs ordures, ni résidus d'aliments; il leur est enjoint de les descendre dans le lieu qui leur sera indiqué par le concierge.

Le concierge veillera avec le plus grand soin à ce que l'usage du charbon ne donne lieu à aucun inconvénient, et à ce que tous les fourneaux soient éteints une demi-heure avant l'époque fixée pour l'extinction des lumières.

Dispositions particulières pour les enfants détenus par forme de correction paternelle.

61. Les enfants détenus par forme de correction paternelle seront inscrits sur un registre particulier.

Ils seront placés dans des locaux séparés et complétement isolés hors de la vue des autres prisonniers; ils seront logés seuls, et n'auront de communication dans la prison qu'avec le concierge et leur instituteur surveillant.

62. Les surveillants enseigneront aux enfants à lire, écrire et compter, ils les feront travailler et ils conduiront ceux qui professent la religion catholique à la messe, ainsi qu'il est prescrit à l'article 48. Ils y seront dans un endroit séparé des autres détenus; les chambres de ces enfants seront ouvertes et fermées aux mêmes heures que pour les prisonniers travailleurs.

Les surveillants ne les quitteront que pour le coucher; ils les accompagneront à la promenade, et ils ne permettront pas qu'ils communiquent avec les autres.

63. Les personnes de dehors qui auront obtenu la permission de communiquer avec eux, ne pourront le faire qu'en présence des surveillants, et dans leur logement.

64. Nos précédentes ordonnances concernant la police intérieure des prisons, notamment celle du 19 prairial an XII, continueront d'être exécutées dans toutes celles de leurs dispositions auxquelles il n'est point dérogé par la présente.

65. Les inspecteurs des prisons sont chargés de veiller à l'exécution de la présente ordonnance; ils feront à cet effet des visites journalières dans ces maisons le matin ou le soir, seuls ou avec le concierge ou autres employés, et ils feront chaque jour leur rapport qui sera mis sous nos yeux avant dix heures du matin.

66. La présente ordonnance sera imprimée, elle sera affichée au greffe, dans les guichets, dans les cours et parloirs, ainsi que dans les chambres et dortoirs des prisonniers.

Il est défendu aux prisonniers et aux employés de l'enlever ou de la déchirer.

Les employés qui se permettraient cette contravention seront destitués.

Les prisonniers qui s'en rendraient coupables seront mis à la chambre de punition pendant cinq jours. Si le coupable n'était point connu, les détenus de la chambre ou du dortoir seront punis par la privation de communication avec les personnes du dehors pendant dix jours, et de la promenade pendant le même temps.

Le conseiller d'Etat, préfet de police, comte DUBOIS.

———————

N° **507.** — *Ordonnance concernant l'échenillage* (1).

Paris, le 29 janvier 1810.

Nous, Louis-Nicolas-Pierre-Joseph DUBOIS, commandant de la Légion d'honneur, comte de l'empire, conseiller d'Etat, chargé du quatrième arrondissement de la police générale, préfet de police du département de la Seine et des communes de Saint-Cloud, Sèvres et Meudon du département de Seine-et-Oise, etc.,

Vu la loi du 26 ventôse an IV;

Les arrêtés du gouvernement des 12 messidor an VIII et 3 brumaire an IX;

Et la décision du ministre de la police générale, en date du 25 fructidor an IX,

Ordonnons ce qui suit:

1. Aussitôt après la publication de la présente ordonnance, tous propriétaires, fermiers ou locataires de terrains situés dans le ressort de la préfecture de police, seront tenus d'écheniller ou de faire écheniller les arbres, haies et buissons qui sont sur lesdits terrains, ainsi que ceux qui bordent les grandes routes et les chemins vicinaux, sous les peines portées par l'article 1 de la loi du 26 ventôse an IV.

2. Il leur est enjoint, sous les même peines, de brûler, sur-le-

(1) V. l'arr. du 1er mars 1837.

champ, les bourses et toiles provenant desdits arbres, haies ou buissons, en prenant les précautions nécessaires pour prévenir le danger du feu.

3. L'échenillage sera terminé avant le 1er mars prochain.

4. En cas de négligence de la part des propriétaires, fermiers ou locataires, les maires et adjoints des communes feront faire l'échenillage aux dépens de ceux qui l'auront négligé, conformément à l'article 7 de la loi précitée.

5. Les contraventions seront constatées par des procès-verbaux qui nous seront adressés.

6. Il sera pris envers les contrevenants telles mesures de police administrative qu'il appartiendra, sans préjudice des poursuites à exercer contre eux par-devant les tribunaux, conformément aux lois et aux règlements.

7. La présente ordonnance sera imprimée, publiée et affichée.

Il en sera adressé une ampliation à l'administration générale des eaux et forêts.

8. Les sous-préfets des arrondissements de Saint-Denis et de Sceaux, les maires et adjoints des communes rurales du ressort de la préfecture de police, les commissaires de police à Paris, l'inspecteur-général du quatrième arrondissement de la police générale de l'empire, les officiers de paix, et les préposés de la préfecture de police sont chargés d'en surveiller l'exécution.

Le conseiller d'Etat, préfet de police, comte DUBOIS.

N° **508**. — *Avis concernant l'abattage des chiens errants* (1).

Paris, le 7 février 1810.

N° **509**. — *Ordonnance concernant la prohibition de la chasse* (2).

Paris, le 15 février 1810.

N° **510**. — *Ordonnance concernant les masques pendant le carnaval* (3).

Paris, le 20 février 1810.

N° **511**. — *Arrêté concernant les porteurs de charbon et les garçons de pelle.*

Paris, le 2 mars 1810.

Nous, Louis-Nicolas-Pierre-Joseph DUBOIS, commandant de la Légion d'honneur, comte de l'empire, conseiller d'Etat, chargé du

(1). V. l'ord. du 23 juin 1832.
(2) V. l'ord. du 23 fév. 1843.
(3) V. les ord. des 10 fév. 1828, 10 fév. 1830 et 23 fév. 1843.

quatrième arrondissement de la police générale, préfet de police du
département de la Seine et des communes de Saint-Cloud, Sèvres et
Meudon du département de Seine-et-Oise, etc.,

Arrêtons ce qui suit :

1. Toutes les médailles délivrées jusqu'à ce jour aux porteurs de
charbon et aux garçons de pelle seront renouvelées et changées selon
le modèle qui nous en sera soumis, et au prix que nous nous ré-
servons de fixer pour le graveur.

2. Les nouvelles médailles porteront, outre le numéro d'enregistrement dont il va être parlé, les prénoms, nom et sobriquet du porteur
de charbon ou du garçon de pelle.

3. La permission qui devra accompagner la médaille, contiendra,
à la marge, le signalement de celui qui l'aura obtenue.

4. Les certificats tendant à obtenir des médailles ne pourront être
délivrés par les commissaires de police que sur la représentation des
papiers de sûreté.

Ces certificats constateront que les réclamants ont satisfait à la
conscription.

Ils contiendront aussi leur signalement.

5. Les certificats mentionnés en l'article précédent seront déposés
dans les mains de l'inspecteur général de la navigation et des ports.

6. L'inspecteur général de la navigation et des ports tiendra registre, par ordre de date et de numéro, de tous les certificats déposés
dans ses mains, ainsi que des médailles qu'il délivrera aux porteurs
de charbon et aux garçons de pelle.

7. Aucun porteur de charbon ou garçon de pelle, partant pour
son pays ou cessant son état, ne pourra conserver sa médaille.

Il sera tenu de la déposer, avec sa permission, dans les mains de
l'inspecteur général de la navigation, sous peine d'être renvoyé des
ports et places de vente, et de n'y pouvoir plus travailler.

A cet effet, il sera tenu registre des contrevenants.

8. Chaque médaille vacante, soit par la mort d'un porteur de charbon ou garçon de pelle, soit parce qu'il est allé dans son pays, soit
enfin pour telle cause que ce puisse être sera délivrée, sur-le-champ,
à celui qui sera le plus ancien inscrit, si sa moralité ne s'y oppose
point.

9. Il est défendu à tous les préposés indistinctement de recevoir
soit médailles, soit certificats tendant à en obtenir.

Il leur est enjoint, dans le cas où on leur en présenterait, de renvoyer les individus à l'inspecteur général de la navigation.

10. Le chef de la division du secrétariat général, le chef de la troisième division et l'inspecteur général de la navigation et des ports,
sont chargés, chacun en ce qui le concerne, de tenir la main à l'exécution du présent arrêté, dont un exemplaire sera adressé aux commissaires de police.

Le conseiller d'Etat, préfet de police, comte DUBOIS.

N° **512.** — *Ordonnance relative à l'exécution des articles* 11,
12, *et* 48 *du décret impérial du* 5 *février* 1810, *contenant
règlement sur l'imprimerie et la librairie* (1).

Paris, le 3 mars 1810.

Nous, Louis-Nicolas-Pierre-Joseph Dubois, commandant de la Lé-

---

(1) V. l'ord. du 29 déc. 1810.

gion d'honneur, comte de l'empire, conseiller d'Etat, chargé du quatrième arrondissement de la police générale, préfet de police du
département de la Seine et des communes de Saint-Cloud, Sèvres et
Meudon du département de Seine-et-Oise, etc.,

Vu les lettres de M. le comte Portalis, conseiller d'État, directeur
général de l'imprimerie et de la librairie, en date des 23 et 24 février,
et 2 mars, présente année;

Vu la décision de S. Exc. le ministre de l'intérieur, du 2 mars
présent mois;

Vu enfin les articles 11, 12 et 48 du décret impérial du 5 février
dernier, contenant règlement sur l'imprimerie et la librairie,

Ordonnons ce qui suit:

1. Chaque imprimeur établi dans le ressort de la préfecture de
police est tenu d'avoir un livre coté et parafé où il inscrira, par ordre
de date, le titre de chaque ouvrage qu'il voudra imprimer et le nom
de l'auteur, s'il lui est connu.

Ce livre doit être sur papier timbré.

Tous les jours, à dater d'aujourd'hui (même les fêtes et dimanches depuis neuf heures du matin jusqu'à midi), les imprimeurs peuvent déposer au premier bureau de la première division de notre préfecture les livres dont est question ci-dessus, pour, par nous, être cotés
et parafés, et ensuite leur être remis.

Il en sera tenu registre par ordre de dates et de numéros. Ce registre sera clos le 1er avril prochain, et à cette époque il sera dressé
un état des imprimeurs qui se seront conformés aux dispositions de
l'article 11 du décret impérial précité, et une ampliation de cet état
sera adressée à son excellence le ministre de l'intérieur et au directeur général de l'imprimerie et de la librairie.

Après la clôture du registre, tout imprimeur qui ne se sera pas
conformé aux dispositions ci-dessus ne pourra continuer d'exercer
son état.

2. Le livre dont il est question dans l'article précédent sera représenté à toute réquisition, et visé, s'il est jugé convenable, par tout
officier de police.

En conséquence, les commissaires de police dans leurs divisions respectives, se transporteront fréquemment dans les diverses imprime-
ries, se feront représenter le livre de l'imprimeur, et constateront
leur visite, en apposant leur visa daté et signé d'eux, au bas de la
dernière transcription qui aura été faite sur ledit livre.

Si les commissaires de police sont informés ou acquièrent la preuve
dans leur visite qu'il aura été imprimé, ou que l'on imprime quelque ouvrage, sans que l'inscription prescrite ci-dessus ait été faite sur
le livre de l'imprimeur, ou sans la déclaration préalable dont il sera
question dans l'article suivant, ils dresseront procès-verbal de cette
contravention, et nous l'enverront sur-le-champ, pour être pris telle
mesure qu'il appartiendra.

Ils dresseront de même procès-verbal de toutes autres contraventions qu'ils pourraient découvrir.

3. Chaque imprimeur, après avoir inscrit sur son livre le titre de
l'ouvrage qu'il voudra imprimer, remettra ou adressera sur-le-champ
au directeur général de l'imprimerie et de la librairie, et en outre à
nous, copie de ladite transcription, et la déclaration qu'il a l'intention
d'imprimer l'ouvrage: il lui en sera donné un récépissé à notre préfecture, sans préjudice de celui qu'il est tenu d'obtenir du directeur
général de l'imprimerie et de la librairie, conformément aux diposi-
tions de l'article 12 du décret impérial précité.

4. Le registre constatant la remise des cinq exemplaires de chaque
ouvrage, ordonnée par l'article 48 du décret impérial précité, sera ou-

vert au premier bureau de la première division de notre préfecture, tous les jours depuis neuf heures du matin jusqu'à quatre heures.

La remise de ces cinq exemplaires devra toujours être faite au moins quarante-huit heures avant la publication de l'ouvrage.

5. Les commissaires de police, l'inspecteur général du quatrième arrondissement de la police générale de l'empire, les officiers de paix sont chargés, chacun en ce qui le concerne, de tenir la main à l'exécution de la présente ordonnance qui sera imprimée et affichée partout où besoin sera.

Le conseiller d'Etat, préfet de police, comte DUBOIS.

N° **513.** — *Ordonnance relative à des dispositions préparatoires, pour les fêtes et cérémonies publiques qui auront lieu lors du mariage de S. M. l'empereur et roi.*

Paris, le 9 mars 1810.

Nous, Louis-Nicolas-Pierre-Joseph Dubois, commandant de la Légion d'honneur, comte de l'empire, conseiller d'Etat, chargé du quatrième arrondissement de la police générale, préfet de police du département de la Seine et des communes de Saint-Cloud, Sèvres et Meudon du département de Seine-et-Oise, etc.,

Vu la lettre de S. Exc. le ministre de l'intérieur, en date du 2 mars présent mois ;

Vu la lettre de S. Exc. le grand-maître des cérémonies, en date du 5 du même mois ;

Et les articles 20, 21 et 22 de l'arrêté du gouvernement du 12 messidor an VIII,

Ordonnons ce qui suit :

1. Les matériaux déposés
Sur le quai de l'Ecole, en face de la rue des Poulies ;
En avant de la porte d'entrée du Louvre, en face du pont des Arts ;
Et sur le quai du Louvre, depuis le pont des Arts, jusqu'à la grille des Tuileries,
Seront enlevés et transportés sur le port Saint-Nicolas, ou en tout autre endroit qui sera désigné par l'architecte commissaire de la petite voirie, de concert avec les commissaires de police des divisions des Tuileries et du Muséum.

2. Les matériaux déposés sur le quai des Tuileries seront rangés au pied de la terrasse du jardin, de manière à n'occuper que le revers du pavé.

3. Le bureau de l'octroi, les deux bureaux des inspecteurs du port au charbon, les baraques et les tonneaux des marchands de cidre, seront enlevés.

4. Les bois de charpente déposés entre les barrières en planches, au-devant de l'entrée principale du Louvre, du côté de la place d'Iéna, seront enlevés et transportés dans l'enceinte desdites barrières.

5. Les matériaux déposés sur les places d'Iéna et de Marengo, entre les rues des Poulies et de la Bibliothèque, seront enlevés ou rangés le long des maisons, de manière à laisser un espace libre de dix mètres de largeur entre ces matériaux et les barrières du Louvre.

6. La rue Impériale et la place d'Austerlitz, jusqu'aux rues des

Orties et Saint-Thomas-du-Louvre, seront entièrement débarrassées des
matériaux, recoupes et décombres qui y sont déposés.

Toute la place sera régalée et nivelée.

Des barrières seront placées :

Au-devant de la partie démolie de la rue Froidmanteau ;

Et en avant des terres en contre-bas du sol, à l'angle des maisons
de la place et de la rue Impériale.

7. Les dépôts de pierres de taille et autres matériaux qui existent
sur la place du Carrousel, seront enlevés ou rangés de manière à laisser des passages suffisants pour les voitures et les piétons, ainsi qu'il
est expliqué ci-après.

Le passage parallèle aux grilles de la cour impériale du palais des
Tuileries devra être d'une largeur égale à celle des cinq grands guichets du Louvre.

Celui au droit de l'Arc-de-Triomphe devra être de trente mètres au
moins.

Celui de la rue Saint-Nicaise, et en retour du côté de la galerie du
Muséum, devra être au moins de vingt mètres.

8. Les matériaux déposés dans la rue des Orties, à partir du guichet
Froidmanteau jusqu'à la place du Carrousel, seront enlevés.

9. Les pierres de taille, moëllons, bois de charpente et autres matériaux déposés dans toutes les rues ouvertes perpendiculairement à
la rue de Rivoli, ou qui aboutissent aux places d'Austerlitz, de la
Concorde et du Carrousel, seront enlevés.

10. Les matériaux déposés dans la rue de Rivoli, qui ne pourront
être transportés sur les terrains vagues non encore en construction,
seront rangés au delà du ruisseau, du côté des maisons, de manière
que toute la chaussée et le trottoir de cette rue soient entièrement
libres.

11. Les barrières de clôture d'un atelier de charpente établi sur la
place de la Concorde seront détruites.

Les bois de charpente et autres matériaux qui peuvent exister dans
leur enceinte seront enlevés.

12. Seront pareillement enlevés les amas de pavés neufs et de rebut
qui existent sur la même place.

13. Les pierres de taille destinées aux travaux du temple de la
Gloire et qui sont déposées sur la place de la Concorde, près la pompe
d'arrosement ;

Celles qui excèdent les deux rangs placés au-devant des colonnades ;

Et celles qui ont été placées entre les barrières des Champs-Élysées
et l'un des fossés de la place,

Seront enlevées.

14. Les décombres qui existent au-devant de plusieurs maisons qui
bordent les contre-allées de la grande avenue des Champs-Élysées et
de l'avenue de Neuilly, seront enlevés.

15. Les pierres de taille et autres matériaux, destinés aux travaux
de l'Arc-de-Triomphe de l'Étoile, seront enlevés et transportés hors
de l'enceinte de l'Étoile.

Cette enceinte sera, en outre, entièrement déblayée de toutes les recoupes ou décombres qui pourront s'y trouver.

16. Les pierres et moellons déposés sur la place du Palais du Corps
Législatif du côté du quai, seront rangés de manière à laisser les
passages entièrement libres pour la circulation des piétons et des
voitures.

17. Les pierres qui resteront sur place au moyen de l'arrangement
ordonné par les précédents articles, seront assurées et calées de manière à n'occasionner aucun accident.

Il ne sera laissé aucun passage ni espace vide entre ces pierres.

18. Les recoupes, gravois et autres débris seront enlevés et portés aux décharges publiques.

19. Il est défendu d'amener de nouveaux matériaux sur les endroits débarrassés, déblayés et nettoyés.

20. Tous les entrepreneurs de maçonnerie, charpente ou autres qui ont fait les dépôts de matériaux dans les lieux désignés ci-dessus, et les architectes qui dirigent les travaux, mettront le nombre d'ouvriers nécessaires pour exécuter complétement toutes les dispositions prescrites par la présente ordonnance, dans le délai de six jours, à compter de la notification qui leur en sera faite par les commissaires de police des divisions où sont déposés lesdits matériaux.

Ces commissaires dresseront, de cette notification, des procès-verbaux qu'ils nous transmettront sans retard.

21. Faute par les architectes et entrepreneurs de se conformer aux dispositions de la présente ordonnance, chacun en ce qui le concerne, l'architecte commissaire de la petite voirie est autorisé à faire enlever, redresser ou ranger les matériaux dont il s'agit ; suivant l'exigence du cas, et à y mettre des ouvriers, à l'expiration du délai fixé par l'article précédent, le tout aux frais des entrepreneurs.

22. Tous les fossés des contre-allées des Champs-Élysées devant être comblés, l'inspecteur général du nettoiement fera diriger les tombereaux de gravatiers dans les endroits qui seront indiqués par les ingénieurs ou architectes commis à cet effet par S. Exc. le ministre de l'intérieur, et par notre collègue le conseiller d'État, préfet de la Seine.

23. Indépendamment des barrières qui doivent être établies sur la place d'Austerlitz, conformément à l'article 6, il en sera placé dans tous les autres endroits où elles seront reconnues nécessaires.

Il sera, à cet effet, adressé des réquisitoires à notre collègue le préfet du département de la Seine.

24. L'ingénieur en chef du pavé de Paris fera procéder, sans délai, à la réparation des dégradations et enfoncements de pavé qui pourraient exister dans la voie publique, notamment sur tous les points ci-devant désignés.

25. Les commissaires de police, et l'architecte commissaire de la petite voirie, veilleront à ce qu'il ne soit formé aucun échafaud ; ils feront détruire ceux qui pourraient être établis et feront disparaître de la façade des maisons, notamment des toits et des croisées, tous les objets dont la chute pourrait blesser les passants.

26. La présente ordonnance sera imprimée et affichée.

Les commissaires de police, l'architecte commissaire et les architectes inspecteurs de la petite voirie, l'inspecteur général du quatrième arrondissement de la police générale de l'empire, les officiers de paix, l'inspecteur général du nettoiement et les autres préposés de la préfecture de police sont chargés, chacun en ce qui le concerne, de tenir la main à son exécution.

Il en sera transmis une ampliation à notre collègue le préfet du département de la Seine, et à l'ingénieur en chef du pavé de Paris.

Le conseiller d'État, préfet de police, comte DUBOIS.

N° **514.** — *Ordonnance concernant l'interdiction momentanée du passage des voitures sur le pont de Saint-Cloud.*

Paris, le 17 mars 1810.

N° **515.** — *Ordonnance qui interdit la circulation de toute espèce de voitures dans la grande avenue des Champs-Élysées.*

Paris, le 24 mars 1810.

N° **516.** — *Ordonnance concernant l'échenillage* (1).

Paris, le 29 mars 1810.

N° **517.** — *Ordonnance concernant des mesures de police relatives aux fêtes et cérémonies publiques qui auront lieu à l'occasion du mariage de S. M. l'empereur et roi.*

Paris, le 29 mars 1810.

Nous, Louis-Nicolas-Pierre-Joseph Dubois, commandant de la Légion d'honneur, comte de l'empire, conseiller d'État chargé du quatrième arrondissement de la police générale, préfet de police du département de la Seine et des communes de Saint-Cloud, Sèvres et Meudon du département de Seine-et-Oise, etc.,

Vu les programmes des cérémonies du mariage de leurs majestés;

Vu le programme des fêtes municipales qui auront lieu dans Paris;

Vu les lettres de S. Exc. le ministre de l'intérieur, de S. Exc. le grand maître des cérémonies et de S. Exc. le grand maréchal du palais;

Vu les rapports de l'ingénieur en chef des ponts et chaussées du département de la Seine, de l'architecte commissaire de la petite voirie et de l'inspecteur général de la navigation et des ports;

Vu les articles 20, 21 et 22 de l'arrêté du gouvernement du 12 messidor an VIII,

Ordonnons ce qui suit:

PREMIÈRE PARTIE.

TRANSLATION DU MANTEAU IMPÉRIAL ET DE LA COURONNE IMPÉRIALE DU SACRE DE L'IMPÉRATRICE.

1. Le vendredi 30 mars, jour où le chambellan maître de la garde-robe se rendra à Notre-Dame, pour recevoir le manteau impérial et la couronne impériale, bénis lors du sacre, les rues, places et quais, depuis le palais des Tuileries jusqu'à l'église métropolitaine, seront nettoyés et débarrassés.

(1) V. l'arr. du 1er mars 1837.

Aucune voiture ne pourra stationner sur le quai des Orfévres ni sur le parvis Notre-Dame, pendant le passage du cortége.

DEUXIÈME PARTIE.

SAINT-CLOUD.

MARIAGE CIVIL.

SECTION Ire.

Circulation.

2. Pendant la journée du samedi 31 mars, le passage sur le pont de Sèvres sera interdit à toutes les voitures qui circuleront sur la route de Versailles à Paris.

Ces voitures seront dirigées sur Vaugirard.

3. Le même jour, le passage sur les ponts de Sèvres et de Saint-Cloud sera pareillement interdit aux charrettes et aux voitures dites des environs de Paris.

Le pont de Saint-Cloud sera, en outre, interdit aux voitures des personnes étrangères à la cour.

Ces voitures seront dirigées sur le pont de Sèvres, ainsi qu'il sera expliqué article 5.

4. Le pont de Saint-Cloud sera exclusivement réservé pour les voitures des personnes qui doivent se rendre au palais de Saint-Cloud.

5. Les voitures des personnes étrangères à la cour passeront sur le pont de Sèvres jusqu'à deux heures.

Celles qui stationneront à Sèvres seront rangées le long du mur du parc, sur le bord de la route de Versailles.

Leur retour, par le pont de Sèvres, ne pourra avoir lieu qu'à compter de huit heures du soir et sur une seule file.

6. Les voitures qui arriveront au pont de Sèvres après deux heures, seront rangées en deçà de ce pont sur le bord de la route et sur une seule file.

7. Le chemin de Sèvres à Saint-Cloud, entre le mur du parc et la rivière sera entièrement intercepté aux voitures et aux personnes à pied.

SECTION II.

Galiotes, batelets.

8. Les bachots ou batelets partiront de la rive droite de la Seine, au-dessus du pont des Tuileries.

Ils seront préalablement visités, pour s'assurer qu'ils sont en bon état.

Il ne sera admis dans chaque bachot ou batelet, plus de douze personnes.

Il ne pourra être exigé de chaque personne plus de soixante centimes.

Les bachots ou batelets aborderont au-dessus du port des galiotes où ils seront garés.

9. Les galiotes et autres embarcations tirées par des chevaux, ne pourront être descendues ni remontées que par la machine placée au pont d'Iéna.

Elles ne pourront aborder qu'au pont de Sèvres.

Au retour, elles ne pourront débarquer qu'au-dessous du pont d'Iéna, près de l'escalier pratiqué en aval de la culée du pont, rive droite.

10. Il est défendu aux conducteurs des bachots ou batelets, ainsi qu'aux mariniers et conducteurs de galiotes ou autres embarcations, de recevoir aucunes personnes en route.

SECTION III.

Dispositions diverses.

11. Les marchands qui voudront étaler ou vendre dans les rues et places de Saint-Cloud, devront en obtenir la permission du maire, qui leur indiquera les endroits où ils se placeront.

12. Les habitans de Saint-Cloud illumineront la façade de leurs maisons dans la soirée du samedi 31 mars.

13. Les représentations gratuites qui auront lieu dans les spectacles de Paris, le samedi 31 mars, commenceront toutes à cinq heures de relevée.

TROISIÈME PARTIE.

PARIS.

TIRAGE DES LOTERIES DE COMESTIBLES.

Distributions.

SECTION Ire.

Tirages.

14. Le samedi 31 mars, les places,

Sainte-Croix-Chaussée-d'Antin,	pour le premier arrondissement ;
Du marché des Jacobins......	pour le deuxième ;
Des Victoires................	pour le troisième ;
Du Marché-des-Innocens......	pour le quatrième;
De la Fidélité à Saint-Laurent.	pour le cinquième ;
Du Temple..................	pour le sixième ;
De l'Hôtel-de-Ville...........	pour le septième;
Des Vosges.................	pour le huitième ;
De la Bastille...............	pour le neuvième;
Du Corps-Législatif...........	pour le dixième ;
De l'Odéon.................	pour le onzième ,
Et de l'Estrapade.............	pour le douzième ,

Où les tirages de loteries de comestibles se feront à trois heures du soir,

Seront nettoyées et débarrassées avant huit heures du matin.

SECTION II.

[Distribution.

15. Les distributions aux porteurs de billets de loteries seront faites aux Champs-Élysées le lendemain dimanche 1er avril, le long de l'avenue des Princes et du cours la Reine.

Elles auront lieu deux heures après que le cortége de LL. MM. aura défilé, aux douze buffets dont les numéros depuis 1 jusqu'à 12 correspondront à ceux des billets de loteries des douze places publiques.

16. Les commissaires de police veilleront à ce que l'ordre soit maintenu pendant les tirages et distributions.

En cas de trouble, le tirage et la distribution seront suspendus jusqu'à ce que l'ordre soit rétabli.

QUATRIEME PARTIE.

NETTOIEMENT ET DÉBLAIEMENT DE LA VOIE PUBLIQUE.

17. Le samedi 31 mars, de cinq à sept heures du soir, il sera fait un balayage extraordinaire dans tous les quartiers de la ville.

Les habitants seront tenus de faire effectuer ce balayage, chacun en ce qui le concerne, au-devant de leurs maisons, murs, jardins et terrasses.

18. L'inspecteur général du nettoiement fera procéder pendant la nuit à l'enlèvement des boues.

19. A compter de l'heure fixée pour le balayage extraordinaire jusqu'au lundi 2 avril, il est défendu de déposer aucunes ordures, et de jeter ou de laisser couler aucunes eaux ménagères sur la voie publique.

20. Il est itérativement défendu de construire ou faire construire aucuns échafauds, amphithéâtres, estrades ou établissements de ce genre.

Il est également défendu de placer sur la voie publique des chaises et des bancs.

Les commissaires de police et l'architecte commissaire de la petite voirie feront détruire ou enlever tous les objets susdésignés.

CINQUIÈME PARTIE.

CIRCULATION DES VOITURES.

SECTION Ire.

Voitures des personnes étrangères aux cérémonies.

21. Pendant la journée du dimanche 1er avril, le passage sur le pont de Sèvres continuera d'être interdit à toutes les voitures qui circuleront sur la route de Versailles à Paris.

Elles seront dirigées, comme la veille, sur Vaugirard.

22. Les voitures de toute espèce qui arriveront par Neuilly seront conduites immédiatement après le passage du pont sur le chemin de Villiers.

Elles ne pourront entrer dans Paris que par les barrières de Clichy ou du faubourg Montmartre.

23. Le pont de Saint-Cloud, la principale rue de Boulogne,

L'avenue qui conduit de la porte du bois de Boulogne au rond Saint-Lambert et à la porte Maillot,

L'avenue de Neuilly, depuis Neuilly jusqu'à l'Arc-de-Triomphe de l'Étoile,

Seront exclusivement réservés pour le cortége impérial.

Il est défendu de faire circuler et stationner aucunes voitures sur ces avenues, ni sur toutes celles qui y aboutissent le dimanche 1er avril, à compter de six heures du matin jusqu'après l'entrée du cortége impérial à Paris.

24. Le même jour dimanche 1er avril, à compter de six heures du matin jusqu'au lendemain même heure, aucune voiture ne pourra circuler ni stationner dans Paris.

SECTION II.

Exception.

25. Seront seuls exceptés des dispositions de l'article 24 :

Les voitures des personnes de la cour ;

Celles des corps ou des personnes appelées aux cérémonies;
Les courriers de la malle et les diligences.

SIXIÈME PARTIE.

ENTRÉE PUBLIQUE DE LL. MM. A PARIS.

26. Les cortéges des autorités de la ville, qui doivent recevoir LL. MM. sous l'Arc-de-Triomphe des Champs-Élysées, se mettront en marche deux heures avant l'arrivée de LL. MM., dans l'ordre qui va être ci-après déterminé :

Cortége du conseiller d'État, préfet du département de la Seine, des douze maires et des membres du conseil municipal.

27. Ce cortége partira de l'Hôtel-de-Ville, suivra les quais jusqu'à celui des Tuileries, la place de la Concorde et la grande avenue des Champs-Élysées.

Cortége du conseiller d'État, préfet de police, et des fonctionnaires sous ses ordres.

28. Ce cortége partira de l'hôtel de la préfecture de police, traversera le Pont-Neuf à l'extrémité du quai des Orfévres, suivra les quais jusqu'à celui des Tuileries, la place de la Concorde et la grande avenue des Champs-Élysées.

Cortége du général de division commandant de Paris et de l'état-major.

29. Ce cortége partira de la place Vendôme, suivra la rue Saint-Honoré, la rue et la place de la Concorde et la grande avenue des Champs-Élysées.

Cortéges de la cour d'appel, de la cour de justice criminelle, du tribunal de première instance et des juges de paix.

30. Ces cortéges partiront du Palais-de-Justice, iront joindre les quais en traversant le Pont-au-Change, suivront jusqu'à la place de la Concorde et la grande avenue des Champs-Élysées.

Cortége du tribunal de commerce.

31. Ce cortége ira joindre le boulevard par la rue Saint-Martin, suivra jusqu'à la place de la Concorde et la grande avenue des Champs-Élysées.

Cortége du clergé de Paris et du chapitre métropolitain.

32. Ce cortége partira de l'église métropolitaine, ira joindre les quais en traversant le Pont-Notre-Dame, suivra jusqu'à la place de la Concorde et la grande avenue des Champs-Élysées.

33. Aussitôt après leur arrivée, les voitures des autorités de la ville seront rangées dans l'avenue dite du Roule.

Elles rentreront à vide dans Paris par la barrière du Roule, suivront la rue du faubourg du Roule, la rue Saint Honoré, la rue du Coq et viendront stationner dans les cours du Louvre en laissant libre la chaussée du milieu dans l'axe de la rue impériale.

SEPTIÈME PARTIE.

MARIAGE A LA CHAPELLE.

SECTION Iʳᵉ.

Galerie du muséum.

Arrivée.

34. Les personnes invitées pour la galerie du Muséum, entreront dans cette galerie depuis sept heures du matin jusqu'à midi, par deux escaliers construits, l'un sur le quai, l'autre sur le Carrousel, au pavillon de l'Horloge.

Elles devront être munies de leurs billets d'invitation.

Celles qui habitent les quartiers de la rive gauche de la Seine, arriveront à la galerie par le Pont-Neuf, où la file s'établira.

Leurs voitures suivront le quai de l'École et celui du Louvre jusqu'aux grilles d'entrée de la galerie du rez-de-chaussée qui conduit à l'escalier construit sur le quai du Louvre.

Aussitôt après le déchargement, elles seront dirigées sur une seule file, par le Pont-Royal et la rue du Bac jusqu'à la rue de l'Université, et tourneront à gauche dans cette rue où elles stationneront sur une seule file.

Le stationnement se prolongera au besoin dans les rues du Colombier et Saint-André-des-Arts.

La tête de file, pour le retour, sera au coin de la rue de l'Université et de celle du Bac.

35. Les personnes qui habitent les quartiers de la rive droite de la Seine, arriveront à la galerie du Muséum par la rue Saint-Nicaise, où la file s'établira.

Leurs voitures longeront les maisons qui bordent la place du Carrousel jusqu'aux grilles d'entrée de la galerie du rez-de-chaussée qui conduit à l'escalier construit sur le Carrousel, au pavillon de l'Horloge.

Aussitôt après le déchargement elles traverseront sur une seule file, l'un des guichets Marigny, passeront sur le Pont-Royal et dans la rue du Bac jusqu'à la rue de l'Université et tourneront à droite dans cette rue, où elles stationneront sur une seule file.

Le stationnement se prolongera, au besoin, sur l'esplanade des Invalides.

La tête de file pour le retour sera au coin de la rue de l'Université et de celle du Bac.

36. Toutes les portes de la galerie du Muséum devant être fermées à midi précis, les personnes invitées qui ne seront pas entrées à cette heure dans la galerie seront tenues de faire rétrograder leurs voitures.

Ces voitures ne pourront plus former de file sur la voie publique.

SECTION II.

Chapelle.

Arrivée des personnes invitées.

37. Les personnes invitées pour la chapelle y arriveront depuis neuf heures du matin jusqu'à midi, par la place d'Austerlitz.

Elles devront être munies de leurs billets d'invitation.

Leurs voitures arrivées, place d'Iéna, par la rue des Fossés-Saint-Germain-l'Auxerrois, où la file sera établie, traverseront la cour du Louvre, tourneront à gauche sur la place d'Austerlitz et s'arrêteront à la porte du Muséum de sculpture.

Aussitôt après le déchargement elles seront dirigées sur une seule file, par les rues Impériale et Saint-Thomas-du-Louvre, jusqu'aux rues du Lycée, d'Arcole et de Quiberon, où elles stationneront sur une seule file, et au besoin sur la place des Victoires.

La tête de la file, pour le retour, sera au coin des rues du Lycée et de Saint-Honoré.

Arrivée des députations du sénat, du conseil d'Etat et du corps législatif.

38. Les voitures de la députation du sénat, qui doit se rendre à midi et demi à la chapelle, arriveront par la rue de Tournon, la rue du Brave, la rue des Quatre-Vents, la rue de Thionville, le Pont-Neuf, la place des Trois-Maries, la rue de la Monnaie, la rue des Fossés-Saint-Germain-l'Auxerrois, la cour du Louvre et la place d'Austerlitz.

39. Les voitures de la députation du conseil d'État, qui doit se rendre à la même heure à la chapelle, arriveront par la rue Impériale.

40. Les voitures de la députation du corps législatif arriveront à la chapelle par la rue de Bourgogne, le quai Bonaparte, le quai Voltaire, le quai Malaquais, le quai des Quatre-Nations, le quai de la Monnaie, le Pont-Neuf, la place des Trois-Maries, la rue de la Monnaie, la rue des Fossés-Saint-Germain-l'Auxerrois, la cour du Louvre et la place d'Austerlitz.

41. Aussitôt après le déchargement, les voitures des députations du sénat, du conseil d'État et du corps législatif, seront dirigées sur une seule file, par les rues Impériale et de Saint-Thomas-du-Louvre jusqu'à la place du Palais-Royal, où elles stationneront et au besoin dans les cours de ce palais.

La tête de file, pour le retour, sera sur la place du Palais-Royal, à côté de l'entrée de la rue Saint-Thomas-du-Louvre.

42. Il est défendu aux cochers de quitter les rênes de leurs chevaux.

Section III.

Départ.

43. Les cérémonies du mariage terminées, toutes les voitures des personnes qui auront assisté à ces cérémonies seront mises en mouvement pour le retour et le départ en suivant l'ordre qui va être réglé par les articles ci-après.

Départ de la galerie du muséum.

44. Les voitures en stationnement dans toute la rue de l'Université, rentreront sur deux files parallèles dans la rue du Bac, sur le Pont-Royal et sur le quai du Louvre.

La file de droite suivra ce quai jusqu'aux grilles de sortie de la galerie du rez-de-chaussée où aboutit l'escalier construit sur le quai du Louvre.

Aussitôt après le chargement, elles seront dirigées sur une seule file, sur les quais du Louvre, de l'École et traverseront le Pont-Neuf.

La file de gauche passera sous l'un des guichets Marigny et tournera à droite pour charger aux grilles de sortie de la galerie du rez-de-chaussée qui aboutit à l'escalier construit sur le Carrousel, au pavillon de l'Horloge.

Aussitôt après le chargement, les voitures longeront, sur une seule file, les maisons qui bordent la place du Carrousel, entreront dans la rue Saint-Nicaise et tourneront dans la rue Saint-Honoré, à gauche.

Départ des députations.

45. Les voitures des députations du sénat, du conseil d'État et du corps législatif, rentreront sur une seule file, dans la rue Saint-Thomas-du-Louvre et arriveront par la rue Impériale sur la place d'Austerlitz.

Après le chargement, les voitures des députations du sénat et du corps législatif seront dirigées sur une seule file par la cour du Louvre et la rue des Fossés-Saint-Germain-l'Auxerrois, jusqu'à la rue de la Monnaie.

Celles du conseil d'État seront dirigées sur la place du Carrousel par la rue Impériale.

Départ des personnes invitées.

46. Les voitures en stationnement dans les rues du Lycée, d'Arcole, de Quiberon et sur la place des Victoires, ne pourront être mises en mouvement qu'après le défilé des voitures des députations du sénat, du conseil d'État et du corps législatif.

Elles rentreront sur une seule file, dans la rue Saint-Thomas-du-Louvre et arriveront par la rue Impériale sur la place d'Austerlitz.

Après le chargement, ces voitures seront dirigées sur une seule file, par la cour du Louvre et la rue des Fossés-Saint-Germain-l'Auxerrois jusqu'à la rue de la Monnaie.

Section IV.

Dispositions particulières.

47. L'ordre du départ sera donné aux cochers des voitures qui formeront les têtes de file, par les officiers de paix, chargés du maintien de l'ordre sur les lieux.

48. Les maîtres sont invités à donner l'ordre formel à leurs cochers, de ne pas rompre la file et d'aller au pas.

HUITIÈME PARTIE.

FÊTES MUNICIPALES.

Section Ire.

Jeux aux Champs-Élysées.

49. Le passage de la rivière en bachots ou batelets ne pourra avoir lieu, le dimanche premier avril, depuis le pont de la Concorde jusqu'à la sortie de Paris, qu'aux trois endroits ordinaires, savoir :

Au port des Invalides, à Chaillot et à la barrière des Bons-Hommes.

Les fermiers du droit de ces passages d'eau se pourvoiront de bachots et de mariniers en nombre suffisant pour que le service se fasse avec sûreté et célérité.

50. Il ne pourra être admis dans chaque bachot ou batelet plus de douze personnes.

Il est enjoint aux passeurs d'eau de désigner aux officiers de police ou à la garde, les individus qui, par imprudence compromettraient la sûreté des passagers.

SECTION II.

Illumination générale. — Concert. — Feu d'artifice.

51. Le passage sur le pont des Arts aura lieu pendant le jour du 1er avril jusqu'à sept heures du soir.

Les personnes qui le traverseront ne pourront s'y arrêter.

A compter de sept heures du soir le passage sur ce pont sera entièrement interdit jusqu'après le tirage du feu d'artifice.

52. Le public entrera dans le jardin impérial des Tuileries,

Du côté du Pont-Royal ;

Du côté de la rue Dauphine, par la traversée ouverte au pied du pavillon Marsan.

Le long de la rue de Rivoli , par la grille en face de la rue Neuve-du-Luxembourg.

Et au Pont-Tournant, par la droite de l'Arc-de-Triomphe.

Les passages non désignés pour l'entrée seront réservés pour la sortie.

53. Les habitants de Paris illumineront la façade de leurs maisons dans la soirée de dimanche 1er avril.

54. Il est défendu de vendre et d'acheter des fusées, pétards, boîtes, bombes et autres pièces d'artifice et d'en tirer dans les rues, promenades, places publiques, cours et jardins, ou par les fenêtres des maisons.

Les pères et mères et les chefs de maison sont civilement responsables des faits de leur enfants et de leurs ouvriers ou domestiques.

Les marchands de pièces d'artifice sont personnellement responsables de l'exécution du présent article, en ce qui les concerne.

55. Des pompes, des tonneaux et seaux à incendies seront placés en nombre suffisant partout où il sera jugé nécessaire.

Il est défendu aux pompiers de quitter leurs pompes ni leur poste.

SECTION III.

Spectacles gratis.

56. Les représentations gratuites qui auront lieu dans les spectacles de Paris, le lundi 2 avril prochain, commenceront toutes à cinq heures du soir.

NEUVIÈME PARTIE.

BANQUET IMPÉRIAL.

57. Les voitures des personnes invitées au banquet impérial arriveront au palais des Tuileries,

Savoir :

De la rive gauche de la Seine, par le Pont-Neuf, la rue de la Monnaie, celle des Fossés-Saint-Germain-l'Auxerrois, les places d'Iéna , de Marengo, d'Austerlitz et la rue Impériale ;

Et de la rive droite de la Seine par la place du Palais-Royal, la rue Saint-Thomas-du-Louvre et la rue Impériale où les deux files se réuniront pour n'en plus former qu'une seule.

Ces voitures pourront stationner dans la rue de Richelieu, à droite sur une seule file, à partir du café Minerve.

Elles ne pourront stationner sur les quais ni dans la rue de Rivoli.

58. A compter de sept heures du soir, aucune voiture ne pourra circuler, ni stationner dans la rue de l'Echelle.

Cette rue sera exclusivement réservée pour les personnes à pied.

DIXIÈME PARTIE.

DISPOSITIONS GÉNÉRALES.

59. Il est défendu de traverser les cortèges.

60. Il est défendu de monter sur les monuments et édifices publics, sur les parapets des quais et ponts, sur les balustrades des fossés de la place de la Concorde, sur les pierres rangées, sur les toits, les entablements et les auvents des maisons, sur les piles ou théâtres de bois dans les chantiers, ni sur les barrières au-devant des maisons.

61. Il est pareillement défendu de monter sur les arbres du bois de Boulogne, de l'avenue de Neuilly, de toutes les allées qui y aboutissent sur ceux des boulevards et des Champs-Elysées.

62. Aucun commissaire de police, aucun officier de paix ne pourra quitter le poste qui lui aura été confié, qu'après la retraite du public.

Les commissaires de police et les officiers de paix feront toutes les réquisitions nécessaires aux commandants de la troupe, pour qu'elle reste en activité jusqu'au moment où ils pourront se retirer eux-mêmes.

63. L'inspecteur général de la police prendra toutes les mesures non prévues, qui seraient nécessaires pour le maintien de l'ordre et de la sûreté publique, pendant les fêtes et cérémonies.

Il se concertera, pour l'exécution, avec les commandants de la force armée.

64. Il sera pris envers les contrevenants telles mesures de police administrative qu'il appartiendra, sans préjudice des poursuites à exercer contre eux devant les tribunaux, conformément aux lois et règlements.

65. La présente ordonnance sera imprimée, publiée et affichée.

L'inspecteur général du quatrième arrondissement de la police générale de l'empire, les maires des communes de Saint-Cloud, Sèvres, Boulogne, Auteuil, Neuilly, Clichy et Passy, les commissaires de police, les officiers de paix, le commandant en chef du corps des pompiers, l'architecte commissaire et les architectes inspecteurs de la petite voirie, le contrôleur général du recensement et mesurage des bois et charbons, l'inspecteur général de la navigation et des ports, l'inspecteur général de la salubrité et les autres préposés de la préfecture de police sont chargés, chacun en ce qui le concerne, de tenir la main à son exécution.

Le conseiller d'État, préfet de police, comte DUBOIS.

N° 518. — *Ordonnance relative aux mesures d'ordre et de police prescrites par l'ordonnance du 29 mars; à l'occasion des fêtes et cérémonies publiques qui auront lieu lors du mariage de S. M. l'empereur et roi.*

Paris, le 30 mars 1810.

Nous Louis-Nicolas-Pierre-Joseph Dubois, commandant de la Légion d'honneur, comte de l'empire, conseiller d'État, chargé du quatrième arrondissement de la police générale, préfet de police du département de la Seine et des communes de Saint-Cloud, Sèvres et Meudon du département de Seine-et-Oise, etc.;

Vu les lettres de S. Exc. le ministre de l'intérieur et de S. Exc. le grand maître des cérémonies annonçant que le mariage civil n'aurait lieu que dimanche 1er avril et le mariage religieux lundi 2 du même mois ;

Ordonne ce qui suit :

1. Les mesures d'ordre et de police prescrites par notre ordonnance du jour d'hier, pour les 30, 31 mars, 1er et 2 avril seront exécutées les 31 mars, 1er, 2 et 3 avril, aux mêmes heures que celles indiquées par cette ordonnance, à l'exception de l'heure d'entrée dans la galerie du muséum, le 2 avril. Les portes de la galerie qui devaient être ouvertes à sept heures du matin, et fermées à midi, ne seront ouvertes qu'à neuf heures du matin et fermées à une heure au plus tard.

Ces portes étant fermées, on ne les ouvrira plus que pour laisser entrer les autorités de Paris qui auront suivi le cortége de leurs majestés.

2. L'article 52 de notre ordonnance du jour d'hier, en ce qui concerne l'entrée dans le jardin impérial des Tuileries, au Pont-Tournant, par la droite de l'Arc-de-Triomphe est modifié ainsi qu'il suit :

Le public pourra entrer dans le jardin impérial des Tuileries par la droite de l'Arc-de-Triomphe, au Pont-Tournant, pendant le jour seulement.

A compter du moment des illuminations, l'Arc-de-Triomphe et tous les passages latéraux seront exclusivement réservés pour la sortie du jardin.

Les autres dispositions de notre ordonnance d'hier, auxquelles il n'est pas dérogé par la présente sont maintenues.

3. Notre ordonnance du 24 mars présent mois, portant que la circulation des voitures de toute espèce, autres que les voitures de transport employées aux travaux qui s'exécutent aux Champs-Élysées et à l'Arc-de-Triomphe de l'Étoile, est interdite dans la grande avenue des Champs-Élysées, continuera de recevoir son exécution jusqu'au 3 avril prochain.

4. A compter d'aujourd'hui 30 mars jusqu'au 3 avril, il est défendu de circuler à cheval dans la grande avenue des Champs-Elysées, depuis la place de la Concorde jusqu'à l'Arc-de-Triomphe de l'Étoile.

5. Il sera pris envers les contrevenants telles mesures de police administrative qu'il appartiendra.

6. La présente ordonnance sera imprimée, publiée et affichée.

L'inspecteur général du quatrième arrondissement de la police générale de l'empire, les maires des communes de Saint-Cloud, Sèvres, Boulogne, Auteuil, Neuilly, Clichy et Passy, les commissaires de police, les officiers de paix, le commandant et l'ingénieur en chef du corps des pompiers, l'architecte commissaire et les architectes inspecteurs de la petite voirie, le contrôleur général du recensement et mesurage des bois et charbons, l'inspecteur général de la navigation et des ports, l'inspecteur général de la salubrité et les autres préposés de la préfecture de police sont chargés, chacun en ce qui le concerne, de tenir la main à son exécution.

Le conseiller d'Etat, préfet de police, comte **DUBOIS.**

N° 519. — *Ordonnance concernant l'arrivage à Paris des bestiaux achetés sur le marché de Sceaux, le lundi 2 avril 1810.*

Paris, le 31 mars 1810.

Nous, Louis-Nicolas-Pierre-Joseph Dubois, commandant de la Légion d'honneur, comte de l'empire, conseiller d'Etat, chargé du quatrième arrondissement de la police générale, préfet de police du département de la Seine et des communes de Saint-Cloud, Sèvres et Meudon du département de Seine-et-Oise, etc.;

Vu les fêtes et cérémonies publiques qui doivent avoir lieu dans Paris à l'occasion du mariage de S. M. l'empereur et roi;

Ordonnons ce qui suit:

1. Les bestiaux achetés pour l'approvisionnement de Paris sur le marché de Sceaux, lundi prochain, 2 avril, ne pourront être introduits dans Paris que le lendemain, mardi, 3 avril.

2. La présente ordonnance sera imprimée et affichée.

Elle sera notifiée aux syndics et adjoints des bouchers et aux caissier et adjoint du commerce de la boucherie.

Il en sera dressé une ampliation à la Régie de l'octroi.

Les commissaires et les inspecteurs sur les marchés de Sceaux et de Poissy sont chargés de tenir la main à son exécution.

Le conseiller d'Etat, préfet de police, comte DUBOIS.

520. — *Instruction pour les préposés au recensement et au mesurage des charbons et des Tourbes* (1).

Paris, le 10 avril 1810.

1. Le préposé en chef au recensement et au mesurage des charbons est placé sous la direction de l'inspecteur général de la navigation et des ports.

2. Il surveille l'exécution des règlements concernant le commerce du charbon de bois, du charbon de terre et de la tourbe, et notamment des ordonnances de police des 20 pluviôse an XII, 8 avril 1807, 18 mars 1808, et de l'arrêté du 2 mars dernier.

3. Le préposé en chef a sous ses ordres le nombre de préposés que nous désignons, tous les trimestres, sur sa proposition et d'après l'avis de l'inspecteur général.

4. Les préposés se rendent auprès du préposé en chef, tous les jours, après la fermeture des ports et des places de vente.

5. Le préposé en chef se transporte sur les divers points où se fait la vente des charbons de toute espèce, et il surveille le service des préposés placés sous ses ordres.

6. Il combine son service de manière que, deux fois la semaine, au moins, il inspecte tous les ports et places de vente.

7. Il tient la main à ce que le mesurage soit fait dans des mesures en bon état, dûment vérifiées et poinçonnées.

Il veille à ce que les mesures soient renversées, aussitôt après la fermeture de la vente.

8. Sur la demande du préposé en chef, l'inspecteur général assigne aux préposés les ports et places de vente où ils doivent exercer leur surveillance.

9. Les préposés fournissent, tous les jours, au préposé en chef, chacun pour sa partie, un bulletin certifié de la vente des charbons.

Ils fournissent également le bulletin des quantités de charbon arrivées aux places Cisalpine et d'Aval, et des quantités restantes.

(1) V. l'arr. du 26 décembre 1812.

Ces bulletins, visés par le préposé en chef, sont par lui transmis immédiatement à l'inspecteur général.

10. Le préposé en chef des charbons surveille les porteurs, les garçons de pelle et les détaillants.

11. L'inspecteur général fournit au préposé en chef tous les documents dont il peut avoir besoin pour exercer une surveillance efficace envers les porteurs, les garçons de pelle et les détaillants de charbon.

12. En cas de contravention de la part des porteurs et des garçons de pelle, le préposé en chef peut se faire remettre leur médaille et les suspendre de leur travail pendant vingt-quatre heures, à la charge d'en rendre compte sur-le-champ à l'inspecteur général.

13. Le préposé en chef tient la main à ce que les porteurs, les garçons de pelle et les détaillants de charbon n'exercent point, sans être pourvus de la permission requise.

En cas de contravention, il en rend compte, par écrit, à l'inspecteur général.

14. S'il s'élève des difficultés entre les consommateurs et les marchands, les charretiers, les garçons de pelle et les porteurs, les préposés emploient tous les moyens capables de les concilier.

15. Si les marchands, leurs agents, les charretiers, les porteurs et autres se permettaient des insultes, menaces ou voies de fait envers les préposés, ceux-ci requerront la force armée pour s'assurer des délinquants, et les traduire devant le commissaire de police.

Le préposé en chef sera tenu d'en faire rapport, sans retard, à l'inspecteur général.

16. Les préposés doivent exercer leurs fonctions avec honnêteté, fermeté et modération.

17. Le préposé en chef rend compte à l'inspecteur général de tout ce qui peut intéresser le service qui lui est confié.

18. Si, pour cause de maladie ou autre motif légitime, le préposé en chef se trouve dans l'impossibilité de remplir momentanément ses fonctions, il est tenu d'en prévenir l'inspecteur général, afin qu'il soit pourvu à son remplacement, ou avisé aux moyens d'empêcher que le service ne souffre de son absence. L'inspecteur général en rend compte au préfet.

19. La présente instruction sera imprimée, et il en sera remis un exemplaire à chacun des préposés.

Le conseiller d'État, préfet de police, comte DUBOIS.

---

521. — *Ordonnance concernant l'ordre à suivre lors du défilé des voitures qui iront à Longchamp* (1).

Paris, le 16 avril 1810.

(1) V. l'ord. du 10 avril 1843.

N° **522**. — *Ordonnance qui prescrit l'impression et la publication du décret impérial du 22 décembre 1809, portant défense d'introduire dans le vinaigre des acides minéraux ou des mèches soufrées* (1).

Paris, le 17 avril 1810.

N° **523**. — *Ordonnance concernant le placement des cochers des carrosses et cabriolets de place* (2).

Paris, le 10 mai 1810.

Nous, Louis-Nicolas-Pierre-Joseph Dubois, commandant de la Légion d'honneur, comte de l'empire, conseiller d'Etat, chargé du quatrième arrondissement de la police générale, préfet de police du département de la Seine et des communes de Saint-Cloud, Sèvres et Meudon du département de Seine-et-Oise, etc.,

Vu l'arrêté du gouvernement du 12 messidor an VIII,

Ordonnons ce qui suit :

1. Il y aura à Paris un bureau de placement pour les cochers des carrosses et cabriolets de place et sous remise.

2. Il est défendu à tout particulier de s'immiscer dans le placement des cochers des voitures de louage.

3. Il ne sera délivré de bulletin de placement à aucun cocher, s'il n'est pourvu d'un livret.

4. Chaque cocher payera au préposé, lors de son placement, un franc cinquante centimes, pour indemniser ledit préposé des frais de location de bureau, tenue de registres et de toutes autres dépenses quelconques.

5. Les cochers qui sont placés, sont tenus, sous la responsabilité du propriétaire-loueur de voitures, de se présenter dans un mois au bureau, pour déclarer leur placement actuel et leur domicile,

Il ne sera perçu aucune rétribution pour cette déclaration.

6. La dame Sautereau, demeurant rue de la Calandre, n° 17, division de la Cité, est nommée préposé au placement des cochers.

Les registres seront cotés et parafés par le secrétaire général de la préfecture. Ils seront communiqués, sans déplacement, à toute réquisition de l'inspecteur général de la police, du commissaire de police de la division de la Cité, chargé de la surveillance dudit bureau, des chefs des deuxième et troisième divisions et de l'inspecteur général des bureaux de placement des ouvriers.

7. Il sera pris envers les contrevenants aux dispositions ci-dessus telles mesures de police administrative qu'il appartiendra.

8. La présente ordonnance sera imprimée.

L'inspecteur général du quatrième arrondissement de la police générale de l'empire, les commissaires de police, les officiers de paix et les préposés de la préfecture de police, sont chargés de tenir la main à son exécution.

Le conseiller d'Etat, préfet de police, comte DUBOIS.

---

(1) V. ce décret à l'appendice.

(2) Rapportée.—V. l'ord. du 15 janv. 1841, les arr. des 15 janv. et 18 fév. 1841 et l'ord. du 25 mai 1842.

N° **524**. — *Ordonnance concernant les propriétaires et les cochers des carrosses et cabriolets de louage* (1).

Paris, le 11 mai 1810.

Nous, Louis-Nicolas-Pierre-Joseph Dubois, commandant de la Légion d'honneur, comte de l'empire, conseiller d'Etat, chargé du quatrième arrondissement de la police générale, préfet de police du département de la Seine et des communes de Saint-Cloud, Sèvres et Meudon du département de Seine-et-Oise, etc.,

Vu les articles 2, 22 et 32 de l'arrêté de gouvernement du 12 messidor an VIII, et l'article 1er de l'arrêté du 3 brumaire an IX ;

Vu le décret impérial du 9 juin 1808,

Ordonnons ce qui suit :

1. Les propriétaires loueurs de carrosses et de cabriolets, tant de place que sous remise, continueront de se faire inscrire à la préfecture de police.

2. Ils seront tenus de justifier de leur patente et de la propriété des voitures et des chevaux qu'ils emploient.

3. Les propriétaires et loueurs de voitures ne pourront louer que des carrosses et des cabriolets bien conditionnés, garnis de bonnes soupentes et tout ce qui est nécessaire pour la sûreté de ceux qui s'en servent.

Ils ne pourront employer des chevaux vicieux.

4. Les cochers desdits carrosses et cabriolets seront proprement vêtus.

5. Il est défendu aux selliers, carrossiers, ferrailleurs, dépeceurs de voitures et à tous autres non inscrits à la préfecture de police, de louer à qui que ce soit, aucuns carrosses et cabriolets.

6. En exécution de la loi du 22 germinal an XI, et conformément à nos ordonnances des 20 pluviôse an X, et 25 juillet 1808, les cochers sont tenus d'avoir des livrets.

Ils se conformeront à notre ordonnance du 10 du présent mois de mai, concernant le placement des cochers.

7. Il est enjoint aux propriétaires de voitures, tant de remise que de place, de ne se servir que de cochers porteurs de livrets.

8. Les apprentis seront tenus de se pourvoir d'une permission. Elle ne leur sera délivrée que sur le certificat des loueurs chez lesquels ils seront en apprentissage.

9. Les livrets seront remis par les cochers aux loueurs qui les emploieront.

10. Les cochers de voitures de louage sont tenus de porter sur eux, outre la permission de stationnement, leur carte de sûreté ou passe contenant leur signalement et le numéro du livret qui leur aura été délivré.

11. Défenses sont faites aux cochers de se coaliser pour fixer ou réduire de quelque manière que ce soit, le produit des courses ou du service de chaque journée, revenant au propriétaire de la voiture.

12. Aucun cocher ne pourra quitter le loueur qui l'emploiera, sans l'avoir prévenu cinq jours d'avance.

13. L'avertissement sera porté sur le livret du cocher.

---

(1) Rapportée.—V. l'ord. du 15 janv. 1841, les arr. des 15 janv. et 18 fév. 1841 et l'ord. du 25 mai 1842.

14. Le propriétaire loueur, qui a plusieurs cochers, ne pourra être forcé de recevoir plus d'un congé à la fois.

15. Le livret du cocher qui aura quitté son maître sans lui avoir tenu compte du produit des courses, ou sans l'avoir averti, sera déposé, par le propriétaire des carrosses ou cabriolets, à la troisième division de la préfecture de police, dans le délai de quarante-huit heures.

16. Si le cocher doit au maître qu'il a quitté, le livret ne sera rendu au cocher qu'après qu'il l'aura payé.

17. Le livret néanmoins sera remis à l'instant où le nouveau maître consentira à garantir la dette du cocher qu'il prendra.

18. Il est défendu aux cochers de confier leurs voitures à qui que ce soit, même à d'autres cochers porteurs de livrets.

19. Les ordonnances de police des 25 juin et 25 juillet 1808, continueront d'être exécutées, quant aux dispositions auxquelles il n'est pas dérogé par la présente.

20. Il sera pris envers les contrevenants aux dispositions ci-dessus telles mesures de police administrative qu'il appartiendra.

21. La présente ordonnance sera imprimée et affichée.

Les sous-préfets des arrondissements de Saint-Denis et de Sceaux, l'inspecteur général du quatrième arrondissement de la police générale de l'empire, les maires des communes rurales, les commissaires de police à Paris, les officiers de paix et les préposés de la préfecture de police sont chargés, chacun en ce qui le concerne, de tenir la main à son exécution.

Le conseiller d'Etat, préfet de police, comte DUBOIS.

N° **525.** — *Ordonnance concernant les bains dans la rivière et les écoles de natation* (1).

Paris, le 17 mai 1810.

N° **526.** — *Ordonnance concernant des mesures de police relatives à la fête qui sera donnée à LL. MM. impériales et royales par la ville de Paris, le dimanche 10 juin.*

Paris, le 7 juin 1810.

Nous, Louis-Nicolas-Pierre-Joseph Dubois, commandant de la Légion d'honneur, comte de l'empire, conseiller d'Etat, chargé du quatrième arrondissement de la police générale, préfet de police du département de la Seine et des communes de Saint-Cloud, Sèvres et Meudon du département de Seine-et-Oise, etc.,

Vu la lettre de S. Exc. le ministre de l'intérieur, du 5 juin présent mois;

Vu la lettre de S. Exc. le duc de Frioul, grand maréchal du palais en date du même jour;

Vu le programme de la fête qui sera donnée par la ville de Paris, le dimanche 10 juin;

---

(1) V. les ord. des 20 mai 1839 et 25 oct. 1840 (art. 187 et suiv., et 225.).

Vu les articles 20, 21 et 22 de l'arrêté du gouvernement du 12 messidor an VIII ,

Ordonnons ce qui suit :

PREMIÈRE PARTIE.

DISPOSITIONS PRÉPARATOIRES.

1. Tous les bateaux, tant chargés que vides, qui se trouvent dans le grand bras de la rivière au-dessus du pont Notre-Dame jusqu'à la pointe occidentale de l'île Saint-Louis, seront remontés.

Les bateaux à lessive du bas port de la Grève seront descendus près le pont Notre-Dame.

Il est enjoint aux propriétaires de ces bateaux de faire placer sur chacun, deux mariniers munis de seaux.

2. Des barrières seront placées sur le bord de la rivière, au bas port de la Grève et sur le port au Blé.

Il en sera également placé dans la Cité, à l'extrémité des rues et passages qui aboutissent sur le quai Napoléon, depuis le pont de la Cité jusqu'au pont Notre-Dame.

3. Toutes les lucarnes pratiquées aux toits des maisons de la Cité, seront fermées.

DEUXIÈME PARTIE.

DÉBLAIEMENT ET NETTOIEMENT DE LA VOIE PUBLIQUE.

4. Les marchandises, les sous-traits, les baraques et tous les bureaux qui sont sur le port au Blé, seront enlevés.

5. Il est défendu de laisser aucuns haquets, charrettes et autres voitures sur les ports et quais de la rive droite de la Seine, depuis le pont Marie jusqu'au pont Notre-Dame.

6. La place Baudoyer et le marché Saint-Jean seront entièrement déblayés et débarrassés.

7. Les baraques et tonneaux des marchands de cidre seront enlevés du quai du Louvre et transportés sur le port Saint-Nicolas, ou en tout autre endroit qui sera désigné par l'architecte commissaire de la petite voirie.

8. Il est défendu de construire ou faire construire aucuns échafauds, amphithéâtres, estrades ou autres établissements de ce genre.

Il est également défendu de placer sur la voie publique des chaises et des bancs.

Les commissaires de police et l'architecte commissaire de la petite voirie feront enlever tous ces objets.

9. Le dimanche 10 juin, présent mois, la voie publique sera balayée et débarrassée à huit heures du matin au plus tard.

Il est défendu d'y déposer aucunes ordures, à compter de la même heure jusqu'au lendemain matin.

TROISIÈME PARTIE.

TIRAGE DE LOTERIES DE COMESTIBLES.

Distributions.

SECTION Ire.

Tirages.

10. Le dimanche 10 juin, les places
Sainte-Croix, Chaussée-d'Antin, pour le premier arrondissement ;
Du marché des Jacobins,..... pour le deuxième;

Des Victoires,...............	pour le troisième ;
Du marché des Innocents,....	pour le quatrième ;
De la Fidélité à Saint-Laurent,.	pour le cinquième;
Rue et place du Temple,......	pour le sixième;
Carrefour de la rue de Bretagne et de celle de Boucherat, au bout de la rue de Turenne,.....	pour le septième;
Places des Vosges,...........	pour le huitième;
De la Bastille,...............	pour le neuvième;
Du Corps Législatif,..........	pour le dixième;
De l'Odéon,.................	pour le onzième;
Et de l'Estrapade,............	pour le douzième;

Où les tirages de loteries de comestibles se feront à midi,
Seront nettoyées et débarrassées avant huit heures du matin.

Section II.

Distributions.

11. Les distributions aux porteurs de billets de loteries, seront faites aux Champs-Elysées, le long de l'avenue des Princes et du Cours-la-Reine.

Elles auront lieu, à sept heures du soir, aux douze buffets, dont les numéros depuis un jusqu'à douze correspondront à ceux des billets de loteries des douze places publiques.

12. Les commissaires de police veilleront à ce que l'ordre soit maintenu pendant les tirages et distributions.

En cas de trouble, le tirage et la distribution seront suspendus jusqu'à ce que l'ordre soit rétabli.

QUATRIÈME PARTIE.

JEUX AUX CHAMPS-ÉLYSÉES.

13. A compter de deux heures, aucunes voitures ne pourront circuler ni stationner sur les quais des Tuileries et de la Conférence, dans la rue de Rivoli, sur la place de la Concorde, dans les rues Saint-Florentin, de la Concorde, des Champs-Elysées, de Marigny et dans la grande avenue des Champs-Elysées, depuis la place de la Concorde jusqu'à la barrière de l'Etoile; ni dans les rues qui aboutissent sur cette avenue. Les inspecteurs de l'arrosement veilleront à ce que le service des tonneaux d'arrosage soit terminé à une heure de relevée au plus tard.

Les voitures qui arriveront par Neuilly seront conduites immédiatement, après le passage du pont, sur le chemin de Villiers; elles ne pourront entrer dans Paris que par les barrières de Clichy ou du faubourg Montmartre.

Celles qui arriveront par la route de Versailles, seront dirigées par Vaugirard.

14. Le passage de la rivière en bachots ou batelets ne pourra avoir lieu, le dimanche 10 juin, depuis le pont de la Concorde jusqu'à la sortie de Paris, qu'aux trois endroits ordinaires, savoir :

Au port des Invalides, à Chaillot et à la barrière des Bons-Hommes.

Les fermiers du droit de ces passages d'eau se pourvoiront de bachots et de mariniers en nombre suffisant pour que le service se fasse avec sûreté et célérité.

15. Il ne sera admis dans chaque bachot ou batelet, plus de douze personnes.

Il est enjoint aux passeurs d'eau de désigner aux officiers de police ou à la garde, les individus qui, par imprudence, compromettraient la sûreté des passagers.

CINQUIÈME PARTIE.

FÊTE A L'HÔTEL-DE-VILLE.

SECTION Ire.

Voitures des personnes étrangères à la fête.

16. Dimanche prochain, 10 juin présent mois, à compter de quatre heures du soir, aucunes voitures, autres que celles des personnes qui se rendront à l'Hôtel-de-Ville, ne pourront circuler ni stationner sur :

Les quais de la Mégisserie, de Gèvres, Lepelletier, la place de l'Hôtel-de-Ville, le quai de la Grève, le quai des Ormes jusqu'à la rue des Nonaindières, la place des Trois-Maries, la rue Saint-Germain-l'Auxerrois, la place du Châtelet, la rue Saint-Jacques-la-Boucherie, celle de la Planche-Mibray, les rues de la Tannerie, de la Vannerie, de la Coutellerie, de Jean-de-l'Epine, de la Tixeranderie, de Jean-Pain-Mollet, de Saint-Bon, de la Poterie, des Coquilles, du Coq, des Deux-Ponts, des Mauvais-Garçons, le Marché-Saint-Jean, les rues du Martois, du Monceau, du Pourtour-Saint-Gervais et Saint-Antoine.

SECTION II.

Arrivée à l'Hôtel-de-Ville.

17. Les personnes qui se rendront à l'Hôtel-de-Ville, devront être munies de leurs billets d'invitation.

18. Les personnes qui seront munies de billets rouges ou de billets verts, arriveront à l'Hôtel-de-Ville par la rue du Tourniquet.

Celles qui habitent les quartiers de la rive gauche de la rivière, passeront par le Pont-Neuf, la place des Trois-Maries et la rue Saint Germain-l'Auxerrois.

Celles qui habitent les quartiers de la rive droite, passeront par la rue Saint-Denis.

Leurs voitures se réuniront, sur une seule file, à l'angle des rues Saint-Denis et Saint-Jacques-la-Boucherie, et suivront cette dernière rue, celle de la Coutellerie, de Tixeranderie, des Vieilles-Garnisons, la place du Sanhédrin et la rue du Tourniquet.

19. Les personnes qui seront munies de billets blancs, arriveront au pied du grand escalier de l'Hôtel-de-Ville par la place de l'Hôtel-de-Ville.

Celles qui habitent les quartiers de la rive gauche de la Seine, passeront par le Pont-Neuf.

Celles qui habitent les quartiers de la rive droite, passeront par la rue du Roule, la rue de la Monnaie, et la place des Trois-Maries.

Leurs voitures se réuniront, sur une seule file, au droit du Pont-Neuf, et suivront les quais de la Mégisserie, de Gèvres et Lepelletier.

Ces voitures devront arriver à l'Hôtel-de-Ville à huit heures au plus tard.

A compter de cette heure, elles ne pourront plus rester en file.

20. Les maîtres sont invités à donner l'ordre formel à leurs cochers de ne pas rompre la file et d'aller au pas.

21. Il est défendu de traverser les cortéges.

SECTION III.

Stationnement des voitures.

22. Les voitures des personnes arrivées à l'Hôtel-de-Ville par le

grand escalier, fileront à vide par l'arcade Saint-Jean, la rue du Martois, du Monceau-Saint-Gervais, du Pourtour, la place Baudoyer et la
rue Saint-Antoine.

Les voitures des personnes arrivées à l'Hôtel-de-Ville par la rue du
Tourniquet, fileront à vide par les rues du Monceau-Saint-Gervais, du
Pourtour, la place Baudoyer et la rue Saint-Antoine.

Toutes ces voitures stationneront dans la rue Saint-Antoine, à partir
de la rue Saint-Paul, où la tête de file sera établie, jusqu'à la place de
la Bastille, et, au besoin, sur les boulevards.

23. Le marché Saint-Jean et la place Baudoyer seront exclusivement réservés pour les voitures du cortége impérial, celles des princes,
princesses, grands dignitaires et des ministres.

24. Il est défendu aux cochers de quitter les rênes de leurs chevaux.

SECTION IV.

Départ des voitures.

25. L'ordre de départ sera donné aux cochers des voitures qui
formeront la tête de file, au coin de la rue Saint-Antoine et de la rue
Saint-Paul, par les officiers de paix chargés du maintien de l'ordre
sur les lieux.

26. Les voitures stationnées dans les lieux désignés article 22, ne
pourront être mises en mouvement qu'après le départ du cortége impérial, pour retourner à l'Hôtel-de-Ville.

Les voitures fileront par les rues Saint-Antoine, du Pourtour, du
Monceau-Saint-Gervais, du Martois et de l'arcade Saint-Jean, jusqu'au
pied du grand escalier de l'Hôtel-de-Ville.

Elles suivront les quais.

SIXIÈME PARTIE.

ILLUMINATION GÉNÉRALE.

27. A compter de huit heures jusqu'au lendemain matin, aucune
voiture ne pourra circuler ni stationner dans Paris.

Seront seuls exceptés de cette disposition les courriers de la malle
et les diligences.

28. Les habitants de Paris illumineront la façade de leurs maisons
dans la soirée du dimanche 10 juin.

29. Il est défendu de vendre et d'acheter des fusées, pétards, boi-
tes, bombes et autres pièces d'artifice, et d'en tirer dans les rues, promenades, places publiques, cours et jardins ou par les fenêtres des
maisons.

Les pères et mères et les chefs de maisons sont civilement responsables des faits de leurs enfants, et de leurs ouvriers ou domestiques.

Les marchands de pièces d'artifice sont personnellement responsables de l'exécution du présent article, en ce qui les concerne.

SEPTIEME PARTIE.

FEU D'ARTIFICE.

30. Pendant toute la journée du 10 juin, le passage par eau du port
Saint-Landry à la Grève, sera interdit.

31. Des pompes, des tonneaux et seaux à incendie seront placés,
en nombre suffisant, partout où il sera jugé nécessaire.

Il est défendu aux pompiers de quitter leurs pompes ni leurs postes.

32. Des bachots seront placés sur la rivière au-dessus et au-dessous du lieu où sera tiré le feu d'artifice, pour porter des secours au besoin, et faciliter le service des pompiers.

Ces bachots seront montés par des mariniers nageurs.

Aucun individu étranger au service ne pourra y être admis.

HUITIÈME PARTIE.

DISPOSITIONS GÉNÉRALES.

33. Il est défendu de monter sur les monuments et édifices publics, sur les trains et bateaux, sur les parapets des quais et ponts, sur les pierres rangées, sur les toits des maisons, les entablements, les auvents, les piles et théâtres de bois dans les chantiers et les barrières au devant des maisons.

Il est également défendu de monter sur les arbres.

34. Aucun commissaire de police, aucun officier de paix ne pourra quitter le poste qui lui aura été confié qu'après la retraite du public.

Les commissaires de police et les officiers de paix feront toutes les réquisitions nécessaires aux commandants de la troupe, pour qu'elle reste en activité jusqu'au moment où ils pourront se retirer eux-mêmes.

35. L'inspecteur général du quatrième arrondissement de la police générale de l'empire, prendra toutes les mesures non prévues par la présente ordonnance, et qui seraient nécessaires pour le maintien de l'ordre et de la sûreté publique.

Il se concertera pour l'exécution avec les commandants de la force armée.

36. Il sera pris envers les contrevenants telles mesures de police administrative qu'il appartiendra, sans préjudice des poursuites à exercer contre eux devant les tribunaux, conformément aux lois et règlements.

37. La présente ordonnance sera imprimée, publiée et affichée.

L'inspecteur général du quatrième arrondissement de la police générale de l'empire, les maires des communes de Sèvres, Neuilly et Clichy, les commissaires de police, les officiers de paix, le commandant et l'ingénieur en chef du corps des pompiers, l'architecte commissaire et les architectes-inspecteurs de la petite voirie, le contrôleur général du recensement et mesurage des bois et charbons, l'inspecteur général de la navigation et des ports, l'inspecteur général de la salubrité et les autres préposés de la préfecture de police sont chargés, chacun en ce qui le concerne, de tenir la main à son exécution.

Le conseiller d'Etat, préfet de police, comte DUBOIS.

N° **527.**—*Ordonnance concernant l'arrosement* (1).

Paris, le 13 juin 1810.

---

(1) V. les ord. des 17 mai 1834, 1er juin 1837 et 27 juin 1843.

N° **528**. — *Ordonnance concernant des mesures de police relatives à la fête qui sera donnée à leurs majestés impériales et royales par la garde impériale, le dimanche 24 juin.*

Paris, le 23 juin 1810.

Nous, Louis-Nicolas-Pierre-Joseph Dubois, commandant de la Légion d'honneur, comte de l'empire, conseiller d'État, chargé du quatrième arrondissement de la police générale, préfet de police du département de la Seine et des communes de Saint-Cloud, Sèvres et Meudon du département de Seine-et-Oise, etc.,

Vu les lettres de S. Exc. le duc de Frioul, grand maréchal du palais, en date des 5 et 15 juin présent mois;

Vu la note de S. Exc. le duc d'Istrie, portant envoi du programme de la fête qui sera donnée au Champ-de-Mars et dans l'intérieur du quartier Napoléon, par la garde impériale, à l'occasion du mariage de leurs majestés, le 24 juin;

Vu les articles 20, 21 et 22 de l'arrêté du gouvernement du 12 messidor an VIII,

Ordonne ce qui suit :

1. Dimanche, 24 juin présent mois, la voie publique sera balayée et débarrassée à huit heures du matin au plus tard.

Il est défendu d'y déposer des ordures à compter de la même heure jusqu'au lendemain matin.

2. L'architecte commissaire de la petite voirie est chargé de faire enlever, dans le jour, aux frais de qui de droit, les sapines et autres pièces de bois qui se trouvent déposées sur le trottoir du pont de la Concorde ou au bas dudit trottoir.

3. Il veillera à ce qu'il ne reste, sur aucun des quais bordant les rives de la Seine, aucune pierre qui puisse gêner la circulation.

4. Les avenues de Tourville, de Lamothe-Piquet, de Lowendal et la place Fontenay seront arrosées.

Les inspecteurs de l'arrosement veilleront à ce que le service des tonneaux d'arrosage soit terminé à quatre heures au plus tard.

5. A compter de midi, aucunes voitures, autres que celles des personnes qui se rendront au quartier Napoléon, ne pourront circuler, ni stationner sur le quai de Chaillot, le quai de la Conférence, la place de la Concorde, le pont de la Concorde, le quai des Tuileries et le pont Royal; elles ne pourront également circuler ni stationner dans les rues du Bac, depuis le pont Royal jusqu'à la rue de Sèvres; dans cette rue, depuis la rue du Bac jusqu'à la barrière de Sèvres; depuis cette barrière jusqu'à celle de la Cunette;

Sur le quai Bonaparte, depuis la barrière de la Cunette jusqu'au pont Royal;

Ni dans les rues et places comprises dans cette enceinte.

Les voitures qui arriveront par la route de Versailles seront dirigées par Vaugirard.

6. Aucunes personnes ne pourront circuler à cheval dans les endroits désignés par l'article 5.

Ne sont exceptées que celles qui se rendront au Champ-de-Mars pour concourir dans les courses.

7. Le passage de la rivière en bachots ou batelets ne pourra avoir lieu, le dimanche 24 juin, depuis le pont de la Concorde jusqu'à la sortie de Paris, qu'aux trois endroits ordinaires, savoir :

Au port des Invalides, à Chaillot et à la barrière des Bons-Hommes.

Les fermiers du droit de ces passages d'eau se pourvoiront de bachots et de mariniers en nombre suffisant pour que le service se fasse avec sûreté et célérité.

Il ne sera admis dans chaque bachot ou batelet plus de douze personnes.

Il est enjoint aux passeurs d'eau de désigner aux officiers de police ou à la garde les individus qui, par imprudence, compromettraient la sûreté des passagers.

8. Les personnes qui se rendront au quartier Napoléon devront être munies de leurs billets d'invitation ; elles entreront par la grille du Midi.

Les voitures qui ne pourront stationner dans l'intérieur du quartier Napoléon seront rangées dans l'avenue de Saxe.

La tête de file sera à l'entrée de la place Fontenay.

9. Aucunes voitures ne pourront stationner sur la place Fontenay, dans les avenues de Lamothe-Piquet, de Tourville, de Lowendal et de Labourdonnais, ni dans les rues de Grenelle et de Saint-Dominique.

10. Il est défendu aux cochers de quitter les rênes de leurs chevaux.

11. Les voitures stationnées dans les lieux désignés article 8 ne pourront être remises en mouvement qu'après le départ des voitures impériales et des personnes de la cour.

12. L'ordre de départ sera donné aux cochers des voitures qui formeront la tête de file, à l'entrée de l'avenue de Saxe, par les officiers de paix chargés du maintien de l'ordre sur les lieux.

13. Des pompes, des tonneaux et seaux à incendies seront placés, en nombre suffisant, partout où il sera jugé nécessaire.

Il est défendu aux pompiers de quitter leurs pompes ni leur poste.

14. Il est défendu de monter sur les trains et bateaux, sur les parapets des quais et ponts, sur les pierres rangées, les piles et théâtres de bois dans les chantiers.

Il est également défendu de monter sur les arbres.

15. Aucun commissaire de police, aucun officier de paix ne pourra quitter le poste qui lui aura été confié qu'après la retraite du public.

Les commissaires de police et les officiers de paix feront toutes les réquisitions nécessaires aux commandants de la troupe, pour qu'elle reste en activité jusqu'au moment où ils pourront eux-mêmes se retirer.

16. L'inspecteur général du quatrième arrondissement de la police générale de l'empire prendra toutes les mesures non prévues par la présente ordonnance et qui seraient nécessaires au maintien de l'ordre et de la sûreté publique.

Il se concertera, pour l'exécution, avec les commandants de la force armée.

17. Il sera pris envers les contrevenants telles mesures de police administrative qu'il appartiendra, sans préjudice des poursuites à exercer contre eux devant les tribunaux, conformément aux lois et règlements.

18. La présente ordonnance sera imprimée, publiée et affichée.

L'inspecteur général du quatrième arrondissement de la police générale de l'empire, les maires des communes de Sèvres, Boulogne, Auteuil, Passy et Vaugirard, les commissaires de police, les officiers de paix, le commandant et l'ingénieur en chef du corps des pompiers, l'architecte commissaire et les architectes inspecteurs de la petite voirie, le contrôleur général du recensement et mesurage des bois et charbons, l'inspecteur général de la navigation et des ports, l'inspecteur général de la salubrité et les autres préposés de la préfecture de police sont chargés, chacun en ce qui le concerne, de tenir la main à son exécution.

Le conseiller d'Etat, préfet de police, comte DUBOIS.

N° **529.** — *Ordonnance concernant des mesures de police à l'occasion des honneurs funèbres décernés au maréchal duc de Montebello.*

Paris, le 3o juin 1810.

Nous, Louis-Nicolas-Pierre-Joseph Dubois, commandant de la Légion d'honneur, comte de l'empire, conseiller d'État, chargé du quatrième arrondissement de la police générale, préfet de police du département de la Seine et des communes de Saint-Cloud, Sèvres et Meudon du département de Seine-et-Oise, etc.,

Vu la lettre de S. Exc. le duc de Feltre, ministre de la guerre, en date du 14 juin présent mois, portant envoi d'un extrait du programme, approuvé par sa majesté, sur les honneurs qui doivent être rendus aux restes du feu duc de Montebello, depuis leur arrivée à Paris, le 2 juillet prochain, jusqu'à l'issue de la cérémonie funèbre qui doit être célébrée le 6 du même mois;

Vu l'extrait du programme ci-dessus énoncé,

Ordonnons ce qui suit :

1. Lundi prochain, 2 juillet, jour où le corps du maréchal duc de Montebello sera conduit et exposé sous le dôme de l'hôtel impérial des Invalides, où le public sera admis, pendant quatre jours, depuis midi jusqu'à quatre heures, la circulation et le stationnement des voitures étrangères à la cérémonie seront interdits depuis onze heures du matin jusqu'après le passage du cortége dans les endroits ci-après désignés, savoir: la barrière Saint-Denis, la rue du faubourg Saint-Denis, les boulevards, depuis la porte Saint-Denis jusqu'à la rue de la Concorde, la rue, la place et le pont de la Concorde; la rue de Bourgogne jusqu'à la rue de Varennes, cette rue, depuis celle de Bourgogne, le boulevard des Invalides et la place Vauban.

2. Il est défendu de monter sur les arbres des boulevards.

3. Vendredi prochain, 6 juillet, jour anniversaire de la bataille de Wagram, et où le corps du maréchal duc de Montebello sera transporté de l'église de l'hôtel impérial des Invalides au Panthéon, aucunes voitures, autres que celles des personnes qui feront partie du cortége, ne pourront, à compter de une heure, circuler ni stationner, jusqu'après le passage du cortége, dans les endroits ci-après désignés, savoir : le quinconce des Invalides, la place du Corps-Législatif, la rue de Bourgogne, les quais jusqu'au pont Saint-Michel, la rue de la Vieille-Bouclerie, la rue Saint-Séverin et la rue Saint-Jacques jusques et compris la place du Panthéon.

4. Il est défendu de traverser les cortéges.

5. L'architecte commissaire de la petite voirie fera enlever tous les dépôts de matériaux qui existent sur les parties de la voie publique indiquées dans la présente ordonnance.

6. L'ingénieur en chef chargé du pavé de Paris fera réparer toutes les dégradations qui pourraient exister sur les mêmes parties.

7. Les échoppes des marchands de volaille et de gibier seront enlevées.

8. La voie publique sera balayée et nettoyée avant huit heures du matin.

9. L'inspecteur général du quatrième arrondissement de la police générale de l'empire est autorisé à prendre toutes les autres mesures de police non prévues par la présente ordonnance.

10. Il sera pris envers les contrevenants telles mesures de police administrative qu'il appartiendra, sans préjudice des poursuites à exercer contre eux devant les tribunaux, conformément aux lois et règlements.

11. La présente ordonnance sera imprimée, publiée et affichée.

L'inspecteur général du quatrième arrondissement de la police générale de l'empire, les commissaires de police, les officiers de paix, l'architecte commissaire de la petite voirie, le commissaire des halles et marchés, l'inspecteur général de la salubrité et les autres préposés de la préfecture de police sont chargés, chacun en ce qui le concerne, de tenir la main à son exécution.

Le conseiller d'Etat, préfet de police, comte DUBOIS.

N° 530. — *Ordonnance concernant des mesures de police à l'occasion des obsèques de S. Em. M. le cardinal Caprara.*

Paris, le 21 juillet 1810.

Nous, Louis-Nicolas-Pierre-Joseph Dubois, commandant de la Légion d'honneur, comte de l'empire, conseiller d'État, chargé du quatrième arrondissement de la police générale, préfet de police du département de la Seine et des communes de Saint-Cloud, Sèvres et Meudon du département de Seine-et-Oise, etc.,

Ordonnons ce qui suit :

1. Lundi prochain, 23 juillet, jour où le corps de S. Em. M. le cardinal Caprara sera transporté processionnellement à la basilique de Notre-Dame, et de là à Sainte-Geneviève, la voie publique sera balayée et débarrassée avant huit heures du matin.

2. L'architecte commissaire de la petite voirie fera enlever tous les dépôts de matériaux qui peuvent exister sur les parties de la voie publique ci-après désignées.

3. Le même jour, 23 juillet, aucunes voitures autres que celles des personnes qui assisteront à la cérémonie ne pourront circuler ni stationner, à compter de huit heures du matin jusqu'après le passage du cortège, dans les endroits ci-après désignés, savoir : le parvis Notre-Dame, la rue Neuve-Notre-Dame, le Marché-Neuf, le quai Saint-Louis, le quai des Orfévres, le Pont-Neuf, le quai de la Monnaie, le quai Malaquais, le quai Voltaire, le quai Bonaparte, la rue de Bourgogne et la rue de Varennes;

Et, à compter de midi jusqu'après le passage du cortège, sur le petit pont de l'Hôtel-Dieu, à partir de la rue Neuve-Notre-Dame, dans la rue du Petit-Pont et dans la rue Saint-Jacques jusques et compris la place du Panthéon.

4. Il est défendu de traverser le cortège.

5. L'inspecteur général du quatrième arrondissement de la police générale de l'empire est autorisé à faire les dispositions nécessaires pour le défilé et le stationnement des voitures et à prendre toutes les mesures de police que les circonstances pourront exiger.

6. Il sera pris envers les contrevenants telles mesures de police administrative qu'il appartiendra, sans préjudice des poursuites à exercer contre eux devant les tribunaux, conformément aux lois et aux règlements.

7. La présente ordonnance sera imprimée, publiée et affichée.

L'inspecteur général du quatrième arrondissement de la police générale de l'empire, les commissaires de police, les officiers de paix, l'architecte commissaire de la petite voirie, l'inspecteur général de la salubrité et les autres préposés de la préfecture de police sont chargés, chacun en ce qui le concerne, de tenir la main à son exécution.

Le conseiller d'Etat, préfet de police, comte DUBOIS.

N° **531.** — *Ordonnance concernant le commerce des vins dans Paris* (1).

Paris, le 4 août 1810.

Nous, Louis-Nicolas-Pierre-Joseph Dubois, commandant de la Légion d'honneur, comte de l'empire, conseiller d'État, chargé du quatrième arrondissement de la police générale, préfet de police du département de la Seine et des communes de Saint-Cloud, Sèvres et Meudon du département de Seine-et-Oise, etc.,

Vu les articles 2, 26, 30, 31 et 32 de l'arrêté du gouvernement du 12 messidor an VIII;

Et l'article 1er de l'arrêté du 3 brumaire an IX,

Ordonnons ce qui suit :

1. Dans un mois, à compter de la publication de la présente ordonnance, les marchands de vins de Paris, actuellement patentés, seront tenus de se faire inscrire à la préfecture de police.

Ils déclareront où sont situés leurs magasins, boutiques et caves, et ils justifieront de leurs patentes.

2. Il est enjoint à tout marchand de vins qui, à l'avenir, voudra ouvrir une boutique ou cave en ville ou achètera un fonds, d'en faire la déclaration à la préfecture de police.

3. Toute boutique fermée pendant six semaines ne pourra être rouverte sans la déclaration prescrite par l'article précédent.

4. Les marchands de vins, soit en gros, soit en détail, seront tenus, dans les huit jours qui suivront la publication de la présente ordonnance, de faire inscrire en gros caractères, au-dessus de la principale entrée de leurs magasins, boutiques ou caves, leurs noms, les lettres initiales de leurs prénoms, ou leur raison de commerce.

5. Il est défendu aux marchands de vins de prêter leurs noms.

6. Les marchands de vins seront tenus de vendre du vin franc, loyal et marchand, non mixtionné ni falsifié avec des substances étrangères ou nuisibles.

7. Il est défendu aux marchands de vins d'avoir dans leurs caves ou magasins, cidre, poiré, vins gâtés et aucune autre matière étrangère propre à faire des mixtions quelconques.

8. Tout marchand de vins qui cessera le commerce ou fermera une cave en ville sera tenu, dans la huitaine, d'en faire la déclaration à la préfecture de police.

9. Il est enjoint aux marchands de vins de ne se servir que de mesures autorisées par la loi et conformes aux étalons.

Il leur est également enjoint de tenir lesdites mesures dans le plus grand état de propreté, ainsi que tous les ustensiles de leur commerce.

10. Il leur est défendu de faire revêtir en plomb leurs comptoirs.

11. Il leur est défendu de se servir de garçons qui ne seraient pas pourvus de livrets, ou dont les livrets ne seraient pas revêtus du

---

(1) V. les ord. des 11 janv. 1814, 25 sept. 1815 et 23 sept. 1820.

congé d'acquit de leurs précédents maîtres, sous les peines portées par la loi du 22 germinal an XI.

12. Il est défendu d'acheter des vins sur les ports de Paris, dans les halles, marchés ou entrepôts, pour les revendre sur place. (*Art. 11, chap. 8 de l'ord. de 1672.*)

13. Défenses sont faites à tous marchands, propriétaires, forains ou autres d'aller dans l'étendue du ressort de la préfecture de police au-devant des vins et de les acheter pour les revendre sur les ports, dans les halles ou entrepôts. (*Art. 6, chap. 8 de l'ord. de 1672.*)

14. Tout vin vendu sera de suite marqué près la bonde, à la marque de l'acquéreur.

15. Les contraventions seront constatées par des procès-verbaux qui nous seront adressés.

16. Il sera pris envers les contrevenants telles mesures de police administrative qu'il appartiendra, sans préjudice des poursuites à exercer contre eux devant les tribunaux, conformément aux lois et règlements.

17. La présente ordonnance sera soumise à l'approbation de S. Exc. le ministre de l'intérieur.

18. Elle sera imprimée, publiée et affichée.

Les sous-préfets des arrondissements de Saint-Denis et de Sceaux, les maires des communes rurales du ressort de la préfecture de police, l'inspecteur général du quatrième arrondissement de la police générale de l'empire, les commissaires de police, les officiers de paix, l'inspecteur général de la navigation et des ports, l'inspecteur général des boissons, les inspecteurs des poids et mesures, et les autres préposés de la préfecture de police, sont chargés, chacun en ce qui le concerne, de tenir la main à son exécution.

Le conseiller d'Etat, préfet de police, comte DUBOIS.

Approuvé l'ordonnance ci-dessus.

Le ministre de l'intérieur, comte MONTALIVET.

N° **532.**—*Ordonnance concernant l'ouverture de la chasse* (1).

Paris, le 12 août 1810.

N° **533.** — *Ordonnance concernant des mesures de police relatives aux puits* (2).

Paris, le 13 août 1810.

Nous, Louis-Nicolas-Pierre-Joseph Dubois, commandant de la Légion d'honneur, comte de l'empire, conseiller d'Etat, chargé du quatrième arrondissement de la police générale, préfet de police du département de la Seine et des communes de Saint-Cloud, Sèvres et Meudon du département de Seine-et-Oise, etc.,

Vu les règlements de police des 18 novembre 1701 et 4 septembre 1716, les ordonnances des 20 janvier 1727, 15 mai 1734 et 15 novembre 1781;

(1) V. les ord. des 18 août 1812 et 22 août 1843.
(2) V. les ord. des 20 fév. 1812, 8 mars 1815 et 20 juill. 1838.

Vu les arrêtés du gouvernement des 12 messidor an VIII et 3 brumaire an IX,

Ordonnons ce qui suit :

1. Il est enjoint aux propriétaires ou aux principaux locataires des maisons où il y a des puits, de les maintenir en bon état.

Il leur est pareillement enjoint d'entretenir leurs puits de cordes, poulies et seaux, de manière qu'on puisse s'en servir en cas d'incendie.

Le tout à peine de cent francs d'amende. (*Ord. de police des 20 janv. 1727, 15 mai 1734 et 15 nov. 1781.*)

2. Les puits, quel que soit leur genre de construction, seront entourés de mardelles, pieux ou palissades, pour prévenir les accidents.

Le tout à peine de deux cents francs d'amende. (*Règlem. de police des 18 nov. 1701 et 4 sept. 1716.*)

5. Les maires dans les communes rurales, et les commissaires de police à Paris, s'assureront, par de fréquentes visites, si les dispositions prescrites par les articles précédents sont exactement observées.

Les contraventions seront constatées par des procès-verbaux qui nous seront adressés pour y être donné telle suite qu'il appartiendra.

La présente ordonnance sera imprimée, publiée et affichée.

Les sous-préfets des arrondissements de Saint-Denis et de Sceaux, les maires des communes rurales, les commissaires de police, l'inspecteur général du quatrième arrondissement de la police générale de l'empire, les officiers de paix, l'architecte commissaire et les architectes inspecteurs de la petite voirie, l'inspecteur général de la salubrité et les autres préposés de la préfecture de police sont chargés de tenir la main à son exécution, chacun en ce qui le concerne.

Le conseiller d'Etat, préfet de police, comte DUBOIS.

N° **534.** — *Ordonnance concernant des mesures de police relatives à la fête de saint Napoléon* (1).

Paris, le 13 août 1810.

N° **535.** — *Ordonnance* (2) *qui prescrit l'impression et la publication du décret impérial du* 18 *août* 1810, *concernant les remèdes secrets* (3).

Paris, le 28 août 1810.

N° **536.** — *Ordonnance concernant les mesures de police qui doivent être observées à Saint-Cloud les* 2, 9, 16 *et* 23 *septembre* (4).

Paris, le 30 août 1810.

---

(1) V. l'ord. du 13 août 1813.
(2) V. les ord. des 22 nov. 1810 et 21 juin 1828.
(3) V. ce décret à l'appendice.
(4) V. l'ord. du 6 sept. 1843.

N° **537.** — *Ordonnance concernant les pièces d'or de 48 et de 24 livres, et les pièces d'argent de 3 et de 6 livres.*

Paris, le 13 septembre 1810.

Nous, Louis-Nicolas-Pierre-Joseph Dubois, commandant de la Légion d'honneur, comte de l'empire, conseiller d'État, chargé du quatrième arrondissement de la police générale, préfet de police du département de la Seine et des communes de Saint-Cloud, Sèvres et Meudon du département de Seine-et-Oise, etc.,

Ordonnons ce qui suit :

1. Le décret impérial du 12 septembre 1810, concernant les pièces d'or de 48 et de 24 livres tournois, et les pièces d'argent de 6 et de 3 livres, sera imprimé, publié et affiché, avec la présente ordonnance, dans le ressort de la préfecture de police (1).

Les sous-préfets des arrondissements de Sceaux et de Saint-Denis, les maires des communes rurales, l'inspecteur général du quatrième arrondissement de la police générale, les commissaires de police, les officiers de paix et tous les préposés de la préfecture de police sont chargés, chacun en ce qui le concerne, de tenir la main à son exécution et de nous en rendre compte.

Le conseiller d'État, préfet de police, comte DUBOIS.

————⋐◉⋑————

N° **538.** — *Ordonnance qui interdit momentanément le passage sur le pont de Saint-Cloud.*

Paris, le 17 septembre 1810.

————⋐◉⋑————

N° **539.** — *Ordonnance concernant la fixation du prix de la location des places sur le marché dit du Légat, affecté à la vente des pommes de terre et de la verdure (2).*

Paris, le 18 septembre 1810.

Nous, Louis-Nicolas-Pierre-Joseph Dubois, commandant de la Légion d'honneur, comte de l'empire, conseiller d'État, chargé du quatrième arrondissement de la police générale, préfet de police du département de la Seine et des communes de Saint-Cloud, Sèvres et Meudon du département de Seine-et-Oise, etc.,

Vu 1° les articles 12, 13 et 14 du décret impérial du 21 septembre 1807 ;

2° La décision de S. Exc. le ministre de l'intérieur, en date du 2 août dernier,

Ordonnons ce qui suit :

1. Il sera payé à titre de droit d'abri, par les détaillantes sur le marché dit du Légat, vingt centimes par place et par jour.

2. Le droit sera payé par semaine et d'avance.

————

(1) V. ce décret à l'appendice.
(2) V. les deux ord. du 17 mars 1819.

Le produit en sera versé dans la caisse du receveur municipal de la ville de Paris.

3. Le droit sera perçu à compter du jour de la publication de la présente ordonnance.

4. Elle sera imprimée, publiée et affichée.

Le commissaire de police de la division des marchés et le commissaire des halles et marchés sont chargés de tenir la main à son exécution.

Le conseiller d'Etat, préfet de police, comte DUBOIS.

N° **540.** — *Ordonnance portant établissement, en tête du pont de Saint-Cloud, d'un passage en bachots pour le public.*

Paris, le 21 septembre 1810.

Nous, Louis-Nicolas-Pierre-Joseph Dubois, commandant de la Légion d'honneur, comte de l'empire, conseiller d'Etat, chargé du quatrième arrondissement de la police générale, préfet de police du département de la Seine et des communes de Saint-Cloud, Sèvres et Meudon du département de Seine-et-Oise, etc.,

Vu 1° notre ordonnance du 17 du présent mois de septembre, qui interdit le passage sur le pont de Saint-Cloud ;

2° Les rapports du maire de Saint-Cloud et de l'inspecteur général de la navigation et des ports des 17 et 18 de ce mois ;

Considérant qu'attendu l'interruption du passage sur le pont de Saint-Cloud, il est nécessaire d'établir près de ce pont un passage par eau,

Ordonnons ce qui suit :

1. Il sera placé en tête du pont de Saint-Cloud, à l'abreuvoir, six forts bachots bordés pour le passage du public.

Ce passage sera dirigé par le sieur Germain, chef du pont.

2. Les six bachots seront conduits par six mariniers bons nageurs.

3. Dans le cas où ces six bachots ne suffiraient pas, le sieur Germain sera tenu de fournir sur-le-champ et sur la réquisition du maire de Saint-Cloud, ou de l'inspecteur général de la navigation et des ports, le nombre de bachots et de mariniers que les circonstances exigeraient.

4. Le sieur Germain établira à ses frais les chemins en plats-bords, nécessaires sur les ports d'embarquement et de débarquement.

5. Il ne pourra être exigé plus de cinq centimes par chaque passager, ni plus que cette somme quand il ne passerait qu'une seule personne à la fois.

6. Il est défendu d'admettre dans un desdits bachots plus de douze personnes en même temps, y compris le conducteur.

7. Pierre Maître, Antoine Germain, Jean Germain, François Germain, Christophe Germain et Félix Vernot sont nommés pour faire le service journalier de ce passage.

8. Le sieur Germain, chef du pont de Saint-Cloud, est autorisé à mettre hors de service celui des mariniers qui serait en état d'ivresse, ou qui commettrait quelque contravention pendant son service. Il en rendra compte sur-le-champ au maire de Saint-Cloud, qui nous en fera un prompt rapport.

9. Chaque marinier ne pourra conduire que le bachot enregistré sous son nom.

10. Les mariniers ci-dessus nommés et le sieur Germain, chef du pont de Saint-Cloud, ne pourront, sous aucun prétexte, réclamer d'indemnité soit pour les chemins, soit pour toute autre cause.

11. Le service ne pourra être fait que par les mariniers nommés par la présente ordonnance.

12. Le passage sera ouvert au point du jour et fermé à la nuit tombante.

13. La présente ordonnance sera imprimée et affichée,

L'inspecteur général du quatrième arrondissement de la police générale de l'empire, les maires des communes de Saint-Cloud et de Boulogne, les officiers de paix, l'inspecteur général de la navigation et des ports et les autres préposés de la préfecture de police sont chargés de tenir la main à son exécution.

Le conseiller d'Etat, préfet de police, comte DUBOIS.

N° **541.** — *Instruction concernant la surveillance de la rivière, des ports, de la halle aux Vins, des chantiers et des places de vente du charbon* (1).

Paris, le 28 septembre 1810.

N° **542.** — *Ordonnance concernant le commerce des bois coursins, tortillards ou défectueux.*

Paris, le 29 septembre 1810.

Nous, Louis-Nicolas-Pierre-Joseph Dubois, commandant de la Légion d'honneur, comte de l'empire, conseiller d'Etat, chargé du quatrième arrondissement de la police générale, préfet de police du département de la Seine et des communes de Saint-Cloud, Sèvres et Meudon du département de Seine-et-Oise, etc.,

Vu la lettre du 21 du présent mois de septembre, par laquelle M. le conseiller d'Etat, directeur général des ponts et chaussées, nous annonce qu'il a donné des ordres aux inspecteurs de la navigation pour qu'à l'ouverture des flottages en trains (1810), sur les rivières d'Yonne et de la Cure, tous les bois coursins et défectueux fussent rigoureusement extraits des piles des bois d'approvisionnement; que ces bois fussent empilés séparément, et que leurs quantités fussent constatées par procès-verbal; que depuis il a été ordonné, 1° que les bois coursins dont la consignation a été faite seraient rendus à la libre disposition des propriétaires, à la charge d'en faire faire l'arrivage à Paris; 2° que les bois tortillards et défectueux, aussi consignés, concourraient également à l'approvisionnement de la capitale; 3° que les bois coursins, tortillards et défectueux seraient flottés séparément de tous autres bois; 4° que la réception de ces bois serait faite et constatée d'après les instructions particulières que nous donnerions, et que nous serions invité à imposer aux propriétaires l'obligation d'avoir des dépôts particuliers où ces bois ne courraient pas le risque d'être confondus ou mélangés;

(1) V. les ord. des 24 mars 1824, 26 mars 1829 et 25 oct. 1840.

Considérant que, d'après l'article 15, titre 27, de l'ordonnance de 1669, et l'article 1 du chapitre 17 de l'ordonnance de 1672, les bûches de bois de chauffage doivent être coupées à trois pieds six pouces de longueur ; que cependant nous sommes informé qu'il doit arriver en train des bois qui n'ont pas la longueur requise, ainsi que des bois tortillards et autres bois prohibés par les ordonnances, qu'il convient de prendre des mesures pour empêcher que les consommateurs ne soient trompés,

Arrêtons ce qui suit :

1. Les marchands de bois pour le compte desquels il arrivera à Paris des bois coursins, tortillards ou défectueux, faisant partie de ceux qui ont été consignés sur les ports d'Yonne et de la Cure, seront tenus de nous en faire la déclaration dans le jour de l'arrivée desdits bois à Paris.

2. Lesdits bois coursins, tortillards et défectueux seront empilés séparément des autres bois, et les piles assez éloignées pour qu'il n'y ait pas le risque que lesdits bois soient confondus ou mélangés avec d'autres.

3. Sur les piles des bois coursins il sera mis un écriteau portant ces mots : *Bois qui n'ont pas les dimensions prescrites par les ordonnances.*

4. Sur les piles des bois tortillards, il sera mis un écriteau portant ces mots : *Bois défectueux.*

5. Les contraventions seront constatées par des procès-verbaux qui nous seront adressés.

6. Il sera pris envers les contrevenants telles mesures de police administrative qu'il appartiendra, sans préjudice des poursuites à exercer contre eux devant les tribunaux.

7. Le présent arrêté sera imprimé.

Il sera notifié aux marchands de bois de Paris, savoir : à ceux de l'île Louviers, par le commissaire de police de la division de l'Arsenal ; à ceux de l'arrondissement Saint-Antoine, par le commissaire de police de la division de Popincourt ; aux marchands de bois de l'arrondissement Saint-Bernard, par le commissaire de police de la division du Jardin-des-Plantes ; à ceux de l'arrondissement de la Grenouillère, par le commissaire de police de la division des Invalides ; et à ceux de l'arrondissement Saint-Honoré, par le commissaire de police de la division de la place Vendôme.

Les commissaires de police dresseront procès-verbal de la notification, et nous le transmettront.

8. Les commissaires de police, l'inspecteur général de la navigation et des ports, le contrôleur général du recensement et du mesurage des bois et charbons et les autres préposés de la préfecture de police sont chargés de tenir la main à l'exécution du présent arrêté.

Le conseiller d'Etat, préfet de police, comte DUBOIS.

N° **543.** — *Avis concernant le ramonage* (1).

Paris, le 9 octobre 1810.

(1) V. l'avis du 10 janv. 1828 et l'ord. du 24 nov. 1843.

DÉCRET IMPÉRIAL.

Au palais de Fontainebleau, le 14 octobre 1810.

NAPOLÉON, empereur des Français et roi d'Italie, etc.,
Nous avons décrété et décrétons ce qui suit :

1. Le baron Pasquier, conseiller d'Etat, est nommé préfet de police.

2. Notre ministre de la police générale est chargé de l'exécution du présent décret.

Signé NAPOLÉON.

N° **544.** — *Ordonnance qui prescrit l'impression et la publication de l'arrêté du ministre de l'intérieur, du 13 octobre 1810, concernant les matériaux destinés aux grandes constructions dans Paris* (1).

N° **545.** — *Ordonnance concernant la police de la rivière et des ports pendant l'hiver et dans les temps de glaces, grosses eaux et débâcles* (2).

Paris, le 27 octobre 1810.

N° **546.** — *Ordonnance concernant la fixation du prix des places à la halle aux veaux.*

Paris, le 3o octobre 1810.

Nous, Etienne-Denis Pasquier, chevalier de la Légion d'honneur, baron de l'empire, conseiller d'Etat, chargé du quatrième arrondissement de la police générale, préfet de police du département de la Seine et des communes de Saint-Cloud, Sèvres et Meudon, du département de Seine-et-Oise, etc.,

Vu l'article 3 de l'arrêté de S. Exc. le ministre de l'intérieur du 20 du présent mois d'octobre, relatif à la location des places à la halle aux veaux de Paris ;

Vu aussi les articles 13 et 14 du décret du 21 septembre 1807,
Ordonnons ce qui suit :

1. L'article 3 de l'arrêté précité, concernant le prix à percevoir au profit de la ville de Paris, pour la location des places occupées par les marchands de veaux à la halle de Paris, sera imprimé. publié et affiché avec la présente ordonnance (3).

(1) V. cet arrêté à l'appendice.
(2) V. les ord. des 1er déc. 1838, 5 déc. 1839 et 25 oct. 1840 (art. 2o3 et suiv.).
(3) V. cet arrêté à l'appendice.

2. La perception du prix des places établi par l'article 3 dudit arrêté sera faite par l'inspecteur de la halle, à compter du jour de la publication de la présente ordonnance.

3. Le prix des places sera payé par chaque jour de marché.

Le produit en sera versé, chaque semaine, dans la caisse du receveur municipal de la ville de Paris.

4. L'ordonnance du 1er mai 1809, concernant le commerce des veaux, continuera de recevoir son exécution.

5. Le commissaire de police de la division des marchés et le commissaire des halles et marchés sont chargés de tenir la main à l'exécution de la présente ordonnance.

Le conseiller d'Etat, préfet de police, baron PASQUIER.

N° 547. — *Ordonnance concernant les manufactures et ateliers qui répandent une odeur insalubre ou incommode* (1).

Approuvée par S. Exc. le ministre de l'intérieur, le 17 novembre 1810.

Paris, le 5 novembre 1810.

Nous, Etienne-Denis Pasquier, chevalier de la Légion d'honneur, baron de l'empire, conseiller d'Etat, chargé du quatrième arrondissement de la police générale, préfet de police du département de la Seine et des communes de Saint-Cloud, Sèvres et Meudon du département de Seine-et-Oise, etc.,

Vu les articles 2 et 23 de l'arrêté du gouvernement du 12 messidor an VIII et l'article 1 de celui du 3 brumaire an IX,

Ordonnons ce qui suit :

1. Le décret impérial du 15 octobre 1810, relatif aux manufactures et ateliers qui répandent une odeur insalubre ou incommode, ensemble le tableau y annexé, seront imprimés, publiés et affichés, avec la présente ordonnance, dans le ressort de la préfecture de police (2).

2. Les demandes en autorisation pour former des manufactures ou ateliers compris dans la première classe du tableau annexé au décret précité, nous seront adressées pour être par nous procédé conformément aux articles 3, 4, 5, 6 et 9 du décret.

3. Les demandes en autorisation pour former des manufactures ou ateliers compris dans la deuxième classe seront adressées, savoir :

1° Pour Paris, au préfet de police;

2° Pour les communes rurales du département de la Seine, aux sous-préfets de Saint-Denis et de Sceaux;

3° Et pour les communes de Saint-Cloud, Sèvres et Meudon, aux maires de ces communes.

Il sera par nous statué sur ces demandes, conformément à l'article 7 du décret.

4. Les demandes en autorisation pour former des manufactures ou ateliers compris en la troisième classe nous seront adressées pour être par nous statué, conformément à l'article 8 du décret.

5. Les propriétaires ou entrepreneurs énonceront dans leurs de-

---

(1) V. les ord. des 20 février 1815 et 30 nov. 1837.

(2) V. ce décret à l'appendice.

mandes la nature des matières qu'ils se proposent de préparer dans leurs manufactures ou ateliers, et des travaux qui devront être exécutés; ils déposeront en même temps un plan figuré des lieux et des constructions projetées.

6. Indépendamment des formalités prescrites par le décret, il sera procédé, par le conseil de salubrité établi près la préfecture de police assisté de l'architecte-commissaire de la petite voirie, à la visite des lieux, à l'effet de s'assurer si l'établissement projeté ne peut nuire à la salubrité, ni faire craindre un incendie.

7. Les propriétaires d'une manufacture ou d'un atelier, aujourd'hui en activité dans le ressort de la préfecture de police, seront tenus d'en faire la déclaration avant le 1er janvier prochain, savoir :

1° Dans Paris, à la préfecture de police ;

2° Dans les communes rurales du département de la Seine, aux sous-préfets de Saint-Denis et de Sceaux ;

3° Dans les communes de Saint-Cloud, Sèvres et Meudon, aux maires de ces communes.

8. Les sous-préfets des arrondissements de Saint-Denis et de Sceaux et les maires des communes de Saint-Cloud, Sèvres et Meudon enverront à la préfecture de police l'état des déclarations qu'ils auront reçues.

9. La présente ordonnance sera soumise à l'approbation de S. Exc. le ministre de l'intérieur.

10. Les sous-préfets des arrondissements de Saint-Denis et de Sceaux, les maires des communes rurales du ressort de la préfecture de police, les commissaires de police, l'inspecteur général du quatrième arrondissement de la police générale de l'empire, les officiers de paix, l'architecte-commissaire de la petite voirie, les commissaires des halles et marchés, l'inspecteur général de la salubrité et les autres préposés de la préfecture de police sont chargés de tenir la main à son exécution.

Le conseiller d'Etat, préfet de police, baron PASQUIER.

N° 548. — *Ordonnance concernant le prix des places au marché d'aval.*

Paris, le 6 novembre 1810.

Nous, Etienne-Denis Pasquier, chevalier de la Légion d'honneur, baron de l'empire, conseiller d'Etat, chargé du quatrième arrondissement de la police générale, préfet de police du département de la Seine et des communes de Saint-Cloud, Sèvres et Meudon, du département de Seine-et-Oise, etc.,

Vu l'article 4 de l'arrêté de S. Exc. le ministre de l'intérieur du 20 octobre dernier, relatif à la location des places au marché de la place de vente du charbon, située rue d'Aval,

Ordonnons ce qui suit :

1. L'article 4 de l'arrêté précité, concernant le prix à percevoir au profit de la ville de Paris, pour la location des places occupées par les marchands de charbon au marché de la rue d'Aval sera imprimé, publié et affiché avec la présente ordonnance (1).

2. La perception du prix des places établi par l'article 4 dudit arrêté sera faite par le contrôleur dudit marché, à compter du jour de la promulgation de la présente ordonnance.

---

(1) V. cet arrêté à l'appendice.

3. Le prix des places sera payé au fur et à mesure de la vente.

Le produit en sera versé, chaque semaine, dans la caisse du receveur municipal de la ville de Paris.

4. L'inspecteur général de la navigation et des ports et le préposé en chef des charbons sont chargés de tenir la main à l'exécution de la présente ordonnance.

Le conseiller d'Etat, préfet de police, baron PASQUIER.

N° **549.** — *Ordonnance concernant la vente en gros et en détail des plantes médicinales, indigènes, fraîches ou sèches* (1).

Paris, le 8 novembre 1810.

Nous, Etienne-Denis Pasquier, chevalier de la Légion d'honneur, baron de l'empire, conseiller d'Etat, chargé du quatrième arrondissement de la police générale, préfet de police du département de la Seine et des communes de Saint-Cloud, Sèvres et Meudon, du département de Seine-et-Oise, etc.,

Vu 1° les articles 2 et 33 de l'arrêté du gouvernement du 12 messidor an VIII et l'article 1 de celui du 3 brumaire suivant;

2° L'article 37 de la loi du 21 germinal an XI, contenant organisation des écoles de pharmacie, et l'article 46 de l'arrêté du gouvernement du 25 thermidor an XI, contenant règlement pour l'exercice de la pharmacie,

Ordonnons ce qui suit:

1. Le marché aux plantes médicinales indigènes, fraîches ou sèches, tiendra à l'avenir rue de la Petite-Friperie, à partir du Marché-du-Légat, et en retour rue de la Tonnellerie, le long des murs de la halle aux toiles et aux draps.

2. Ce marché aura lieu tous les jours, depuis le lever du soleil jusqu'à neuf heures, à compter du 1er avril jusqu'au 1er octobre, et, pendant les autres mois, depuis le lever du soleil jusqu'à dix heures.

3. L'ouverture et la clôture du marché seront annoncées au son d'une cloche.

4. Les herbages seront vendus à la hottée ou à la grosse botte;

Les racines par bottes pesant chacune au moins quinze hectogrammes;

Les fleurs par sachées ou au poids de cinq kilogrammes au moins;

La réglisse par bottes pesant chacune six kilogrammes au moins.

5. Il est défendu de mélanger dans les bottes ou sachées des plantes, racines ou fleurs de différentes espèces.

6. Il est défendu d'acheter sur le marché des plantes médicinales pour les y revendre, soit en gros, soit en détail.

7. Les marchands forains qui sont dans l'intention d'approvisionner habituellement le marché aux plantes médicinales sont tenus d'en faire leur déclaration au commissaire des halles et marchés, dans le délai d'un mois.

Cette déclaration devra énoncer s'ils sont cultivateurs ou non.

8. Des places leur seront assignées; elles seront numérotées.

9. Il sera réservé une place pour les forains qui ne fréquentent pas habituellement le marché.

10. Les herboristes de Paris pourront avoir place au marché, en

(1) V. l'ord. du 25 nov. 1813.

justifiant qu'ils font valoir, en plantes médicinales, au moins 25 ares 50 centiares (un demi-arpent) de terrain.

11. Les places seront retirées soit aux forains, soit aux herboristes-cultivateurs, lorsqu'elles n'auront point été occupées par eux pendant huit jours consécutifs, à moins d'empêchement légitime.

12. Sont exceptés les cultivateurs qui justifieront n'avoir qu'une culture spéciale.

13. Les marchands forains et les herboristes ayant des places sur le marché sont tenus de les occuper par eux-mêmes, leurs femmes ou leurs enfants âgés au moins de dix-huit ans.

14. L'ordonnance de police du 14 nivôse an XII continuera de recevoir son exécution en tout ce qui n'est pas contraire aux dispositions de la présente.

15. Les contraventions seront constatées par des procès-verbaux qui nous seront adressés.

16. Il sera pris envers les contrevenants aux dispositions ci-dessus telles mesures de police administrative qu'il appartiendra, sans préjudice des poursuites à exercer contre eux devant les tribunaux, conformément aux lois et aux règlements.

17. La présente ordonnance sera imprimée, publiée et affichée.

Ampliation en sera adressée aux directeurs et professeurs des écoles de médecine et de pharmacie.

Les sous-préfets des arrondissements de Saint-Denis et de Sceaux, les maires des communes rurales du ressort de la préfecture de police, les commissaires de police, l'inspecteur général du quatrième arrondissement de la police générale, les officiers de paix, les commissaires des halles et marchés, et les autres préposés de la préfecture de police sont chargés de tenir la main à son exécution.

Le conseiller d'Etat, préfet de police, baron PASQUIER.

N° **550.** — *Ordonnance concernant la distribution des places sur le marché des Jacobins.*

Paris, le 14 novembre 1810.

Nous, Etienne-Denis Pasquier, chevalier de la Légion d'honneur, baron de l'empire, conseiller d'Etat, chargé du quatrième arrondissement de la police générale, préfet de police du département de la Seine et des communes de Saint-Cloud, Sèvres et Meudon, du département de Seine-et-Oise, etc.,

Vu 1° les pétitions qui nous ont été adressées par les détaillantes de comestibles sur le marché des Jacobins, concernant la distribution des places ;

2° Les rapports qui nous ont été faits à ce sujet ;

3° Les articles 2 et 32 de l'arrêté du gouvernement du 12 messidor an VIII.

Considérant que les détaillantes de comestibles sur les halles du centre sont classées par genre de commerce, et que l'expérience a démontré que cet ordre de choses produisait des effets avantageux,

Ordonnons ce qui suit :

1. Les détaillantes de fruits et légumes seront placées, sur le marché des Jacobins, du côté gauche, en entrant par la rue Neuve-des-Petits-Champs.

Les détaillantes des autres denrées seront placées du côté droit, dans l'ordre suivant :

1° Les tripières ;
2° Les détaillantes de volaille et de gibier ;
3° Les détaillantes de beurres et œufs ;
4° Les détaillantes de marée et de poisson d'eau douce.

2. Les boulangers et les charcutiers seront placés du côté droit, sur la ligne faisant face à la place Vendôme.

3. La vente en détail des fruits, légumes, marée, poisson d'eau douce, volaille, gibier et triperie, aura lieu tous les jours, depuis le lever jusqu'au coucher du soleil.

4. La vente du pain aura lieu les mercredis et les samedis, depuis le lever jusqu'au coucher du soleil, conformément à l'article 3 de l'ordonnance du 17 novembre 1808, concernant la vente du pain sur les marchés.

5. La vente du porc frais et salé aura lieu, les mercredis et samedis, depuis le lever jusqu'au coucher du soleil, conformément à l'article 6 de l'ordonnance du 30 avril 1806, concernant le commerce des porcs et de la charcuterie.

6. Les personnes qui occuperont des places sur le marché seront tenues de mettre au-devant de leurs étalages un écriteau portant leurs noms.

7. La présente ordonnance sera imprimée, publiée et affichée.

Les commissaires de police des divisions des marchés et de la Butte-des-Moulins, et le commissaire des halles et marchés sont chargés de tenir la main à son exécution.

Le conseiller d'Etat, préfet de police, baron PASQUIER.

N° **551**. — *Ordonnance concernant le balayage des rues* (1).

Paris, le 20 novembre 1810.

N° **552**. — *Ordonnance concernant les galeries du Palais-Royal* (2).

Paris, le 20 novembre 1810.

N° **553**. — *Ordonnance concernant les domestiques* (3).

Paris, le 22 novembre 1810.

Nous, Etienne-Denis Pasquier, chevalier de la Légion d'honneur, baron de l'empire, conseiller d'Etat, chargé du quatrième arrondissement de la police générale, préfet de police du département de la Seine

---

(1) V. les ord. des 14 nov. 1817, 29 oct. 1836, 28 oct. 1839 et 1er avril 1843.
(2) V. l'ord. du 16 août 1819.
(3) V. les od. des 15 germin. an x (5 avril 1803) et 22 janvier 1811.

et des communes de Saint-Cloud, Sèvres et Meudon du département de Seine-et-Oise, etc.,

Ordonnons ce qui suit :

1. Le décret impérial du 3 octobre 1810, concernant les individus de l'un et de l'autre sexe qui sont ou qui voudront se mettre en service, à Paris, en qualité de domestiques, sera imprimé, publié et affiché avec la présente ordonnance, dans la ville de Paris (1).

2. Les inscriptions ordonnées par le susdit décret seront faites et reçues chez les commissaires de police des divisions dans lesquelles résident les maîtres.

3. Les domestiques actuellement en service qui se présenteront pour demander à être inscrits, devront être munis d'un certificat du maître qu'ils servent, constatant depuis quel temps ils sont à son service.

4. A l'avenir tout individu qui voudra se mettre en service, devra, à l'instant où il aura trouvé un maître qui l'agrée, se présenter avec un certificat du maître pour prendre son inscription.

5. Les bulletins d'inscription délivrés aux domestiques inscrits seront signés des commissaires de police et des individus auxquels ils auront été délivrés.

La remise leur en sera faite sans frais.

6. Les bulletins d'inscription des domestiques qui sortiront de chez leurs maîtres seront déposés par les maîtres entre les mains des commissaires de police qui, après en avoir fait mention sur leurs registres, les transmettront à la préfecture de police où les domestiques seront tenus de se présenter pour y faire la déclaration prescrite par l'article 4 du décret.

7. Toutes contraventions au décret impérial du 3 octobre dernier et à la présente ordonnance seront constatées par des procès-verbaux qui nous seront adressés.

8. Les commissaires de police, l'inspecteur général du quatrième arrondissement de la police générale, les officiers de paix et les préposés de la préfecture de police sont chargés de tenir la main à son exécution.

Le conseiller d'Etat, préfet de police, baron PASQUIER.

N° 554.—*Ordonnance (2) qui prescrit l'impression et la publication du plan de travail arrêté le 15 octobre 1810, pour la commission des remèdes secrets, et de l'instruction pour l'exécution du décret du 18 août de la même année (3).*

Paris, le 22 novembre 1810.

N° 555. — *Ordonnance concernant la fête de l'anniversaire du couronnement de S. M. l'Empereur et de la bataille d'Austerlitz (4).*

Paris, le 30 novembre 1810.

(1) V. ce décret à l'appendice.
(2) V. l'ord. du 21 juin 1828.
(3) V. à l'appendice.
(4) V. l'ord. du 3 déc. 1813.

N° **556**. — *Ordonnance concernant la vérification annuelle des poids et mesures* (1).

Paris, le 15 décembre 1810.

N° **557**. — *Ordonnance qui prescrit la réimpression et la publication de l'ordonnance du 9 frimaire an x (30 novembre 1801), concernant le commerce de la marée* (2).

Paris, le 24 décembre 1810.

N° **558**. — *Ordonnance rendue en exécution du décret impérial du 18 novembre 1810* (3).

Paris, le 29 décembre 1810.

Nous, Etienne-Denis Pasquier, chevalier de la Légion d'honneur, baron de l'empire, conseiller d'Etat, chargé du quatrième arrondissement de la police générale préfet, de police du département de la Seine et des communes de Saint-Cloud, Sèvres et Meudon du département de Seine-et-Oise, etc.,

Ordonnons ce qui suit :

A dater du 1er janvier 1811, il sera ouvert à notre préfecture (au 3e bureau de la 1re division) un registre pour y recevoir les déclarations prescrites par les articles 1 et 4 du décret impérial dont la teneur précède (4).

La présente ordonnance sera imprimée et affichée dans le ressort de notre préfecture.

Le conseiller d'Etat, préfet de police, baron PASQUIER.

(1) V. les ord. des 14 déc. 1820, 15 déc. 1825, 27 oct. et 29 nov. 1826, 23 nov. 1842 et 1er déc. 1843.
(2) V. les ord. des 21 fév. 1811, 7 fév. 1822 et 2 janv. 1840.
(3) V. l'ord. du 3 mars 1810.
(4) V. ce décret à l'appendice.

1811.

N° **559**. — *Ordonnance concernant les glaces et neiges* (1).

Paris, le 2 janvier 1811.

Le conseiller d'Etat, baron de l'empire, préfet de police du département de la Seine et des communes de Saint-Cloud, Sèvres et Meudon du département de Seine-et-Oise, etc.,

Vient d'ordonner des travaux extraordinaires pour faire casser et enlever les glaces dans les rues de Paris. Il compte sur le zèle des habitants à seconder ses efforts et à coopérer à l'exécution de ces travaux, en prenant les mesures prescrites par son ordonnance du 20 novembre 1810, concernant le balayage des rues, et notamment par les articles ci-après :

« **11**. Dans les temps de neige et de gelée, les propriétaires ou locataires seront tenus de balayer la neige et de casser les glaces, au-devant de leurs maisons, boutiques, cours, jardins et autres emplacements, jusques et compris le ruisseau.

« Ils mettront en tas les neiges et glaces; en cas de verglas, ils jetteront des cendres, du sable ou des gravois.

« **12**. Il est défendu de déposer, dans les rues, aucunes neiges et glaces provenant des cours ou de l'intérieur des habitations, sous les peines prononcées par la loi.

« **13**. Il est également défendu aux propriétaires ou entrepreneurs de bains et autres établissements tels que teinturiers, blanchisseurs, etc., qui emploient beaucoup d'eau, de laisser couler sur la voie publique les eaux provenant de leurs établissements pendant les gelées.

« **14**. Les concierges, portiers ou gardiens des établissements publics et des maisons domaniales, sont personnellement responsables de l'exécution des dispositions ci-dessus, en ce qui concerne les établissements et maisons auxquelles ils sont attachés.

« **15**. Les contraventions seront constatées par des procès-verbaux qui nous seront adressés.

« **16**. Il sera pris envers les contrevenants telles mesures de police administrative qu'il appartiendra, sans préjudice des poursuites à exercer contre eux devant les tribunaux.

Le conseiller d'Etat, préfet de police, baron PASQUIER.

N° **560**.—*Ordonnance qui prescrit l'impression des articles* 318, 387, 475, 477 *et* 478 *du Code pénal, relatifs aux boissons falsifiées.*

Paris, le 3 janvier 1811.

(1) V. les ord. des 7 janv. 1835, 26 déc. 1836, 14 déc. 1838 et 7 déc. 1842.

N° **561.** — *Ordonnance concernant les aubergistes, les maîtres d'hôtels garnis et les logeurs* (1).

Paris, le 18 janvier 1811.

N° **562.** — *Ordonnance concernant les domestiques* (2).

Paris, le 23 janvier 1811.

Nous, Étienne-Denis Pasquier, chevalier de la Légion d'honneur, baron de l'empire, conseiller d'État, chargé du quatrième arrondissement de la police générale, préfet de police du département de la Seine et des communes de Saint-Cloud, Sèvres et Meudon du département de Seine-et-Oise, etc.;

Vu le décret impérial du 3 octobre 1810, concernant les individus de l'un et de l'autre sexe qui sont ou qui voudront se mettre en service à Paris en qualité de domestiques;

Considérant que les domestiques sont obligés, par l'article 1er de ce décret, de se faire inscrire dans les bureaux désignés par l'article 2 de notre ordonnance du 22 novembre dernier, à peine de détention;

Que le délai qui leur a été accordé pour satisfaire à cette disposition est expiré, et que l'affluence qui a eu lieu aux bureaux des commissaires de police, pour l'exécution de cette mesure, n'a pas permis que toutes les inscriptions fussent faites dans le susdit délai,

Ordonnons ce qui suit :

1. Le décret impérial du 3 octobre 1810, concernant les individus de l'un et de l'autre sexe, qui sont ou qui voudront se mettre en service à Paris en qualité de domestiques (3), et notre ordonnance du 22 novembre suivant, seront réimprimés, publiés et affichés dans la ville de Paris.

2. Les inscriptions des domestiques en service au 3 octobre dernier, et qui ne sont pas compris dans l'article 9 du décret impérial du même jour, continueront d'être faites et reçues pendant un mois, à compter du jour de la publication de la présente ordonnance, chez les commissaires de police des divisions dans lesquelles résident les maîtres.

3. Les contraventions seront constatées par des procès-verbaux, qui nous seront adressés, pour être pris telles mesures qu'il appartiendra.

4. Les commissaires de police, l'inspecteur-général du quatrième arrondissement de la police générale, les officiers de paix et les préposés de la préfecture de police sont chargés de tenir la main à l'exécution de la présente ordonnance.

Le conseiller d'État, préfet de police, baron PASQUIER.

(1) V. les ord. des 10 juin 1820, 19 nov. 1831 et 15 juin 1832.

(2) V. les ord. des 15 germ. an x (5 avril 1802) et 22 nov. 1810.

(3) V. ce décret à l'appendice.

N° **563**. — *Ordonnance concernant les étalages des bouchers et des charcutiers* (1).

Paris, le 29 janvier 1811.

Nous, Etienne-Denis Pasquier, officier de la Légion d'honneur, baron de l'empire, conseiller d'État, chargé du quatrième arrondissement de la police générale, préfet de police du département de la Seine et des communes de Saint-Cloud, Sèvres et Meudon du département de Seine-et-Oise, etc.,

Considérant que depuis quelque temps les bouchers et les charcutiers se permettent pour la plupart, d'exposer au-devant de leurs étaux et boutiques des pièces de viande d'un aspect très-repoussant, et d'une dimension telle que leur volume fait une saillie qui gêne la liberté et la sûreté de la voie publique ; qu'un pareil étalage exposant une grande quantité de pièces de boucherie et charcuterie aux miasmes qui s'exhalent des ruisseaux, et au contact de tout ce qui circule dans les rues, ne peut que nuire à la conservation des viandes ;

Considérant que par suite il a été placé au-devant d'un grand nombre desdits étaux et boutiques des crochets tringles et râteliers à une hauteur qui expose les passants à des accidents graves et journaliers ;

Vu les articles 21, 22 et 23 de l'arrêté du gouvernement, en date du 12 messidor an VIII,

Ordonnons ce qui suit :

1. Il est défendu aux bouchers d'étaler au-devant de leurs boutiques des quartiers de bœufs, des colliers et palerons, des trains de côtes, des veaux et moutons entiers ou fendus par moitié, et aux charcutiers d'étaler au-devant de leurs boutiques, des porcs entiers ou demi-porcs.

2. Les bouchers et les charcutiers ne pourront faire, au-devant de leurs étaux et boutiques, aucun étalage de viandes à une hauteur moindre de deux mètres, à partir du rez-de-chaussée jusqu'à la partie inférieure des viandes étalées.

3. Dans le délai d'un mois, à compter du jour de la notification de la présente ordonnance, les bouchers et les charcutiers seront tenus de disposer leurs tringles, rateliers et crochets d'une manière conforme aux dispositions de l'article précédent, ou de les supprimer.

4. A l'expiration du délai ci-dessus fixé, les étalages, crochets, tringles et rateliers laissés en nuisance au-devant des étaux et boutiques des bouchers et charcutiers, seront enlevés d'office et à leurs frais, sans préjudice des poursuites à exercer contre eux, conformément aux lois et aux règlements concernant la liberté et la sûreté de la voie publique.

5. La présente ordonnance sera imprimée et affichée.

Elle sera notifiée individuellement aux bouchers et aux charcutiers par les commissaires de police qui en remettront à chacun un exemplaire, et qui en dresseront procès-verbal qui nous sera transmis.

Ampliation de l'ordonnance sera adressée aux syndic et adjoints des bouchers et aux délégués des charcutiers.

6. Les commissaires de police, l'inspecteur général du quatrième arrondissement de la police générale de l'empire, les officiers de paix,

(1) V. les ord. des 3 nov. 1829, 25 mars 1830 et 19 déc. 1835.

l'architecte commissaire de la petite voirie, les commissaires des halles et marchés et les autres préposés de la préfecture de police sont chargés, chacun en ce qui le concerne, de tenir la main à son exécution.

Le conseiller d'Etat, préfet de police, baron PASQUIER.

N° **564.** — *Ordonnance concernant la jauge des tonneaux à bière* (1).

Approuvée par son excellence le ministre de l'intérieur, le 9 février 1811.

, Paris, le 2 février 1811.

Nous, Etienne-Denis Pasquier, chevalier de la Légion d'honneur, baron de l'empire, conseiller d'Etat, chargé du quatrième arrondissement de la police générale, préfet de police du département de la Seine et des communes de Saint-Cloud, Sèvres et Meudon du département de Seine-et-Oise, etc.,

Vu 1° la lettre de M. le conseiller d'Etat, directeur général de l'administration des droits réunis, en date du 30 novembre dernier, par laquelle il nous invite à faire revivre l'ancien usage que suivaient les brasseurs de Paris, d'entonner et vendre la bière dans des vaisseaux dits quarts, de la contenance de dix veltes (environ soixante-quinze litres); et nous observe, que ce n'est que depuis l'organisation des droits réunis que des brasseurs ont cessé de s'astreindre à cet usage, en élevant la contenance de leurs tonneaux à quatre-vingts, quatre-vingt-dix et cent litres; que, par ce moyen, ils éludent le contrôle des employés chargés de percevoir les droits sur la fabrication et qu'il en résulte qu'en fraudant les droits ils sont à portée de donner leur bière à meilleur marché, au détriment de ceux qui font le commerce de bonne foi;

2° L'avis des délégués des brasseurs, par lequel, en reconnaissant la nécessité de faire revivre l'ancien usage dont il s'agit, ils demandent que la mesure soit prise dans le plus court délai;

3° La loi du 1er vendémiaire an IV, relative aux poids et mesures;

4° L'arrêté du gouvernement, du 11 thermidor an VII, au sujet des mesures de capacité pour les liquides;

5° Celui du 13 brumaire an IX, qui déclare le système décimal des poids et mesures définitivement obligatoire;

6° Et la lettre de S. Exc. le ministre de l'intérieur, en date du 18 pluviôse an XIII, concernant le maintien, dans toute son intégrité, du nouveau système des poids et mesures;

Vu aussi les articles 2 et 26 de l'arrêté du gouvernement du 12 messidor an VIII et l'article 1 de l'arrêté du 3 brumaire an IX;

Considérant qu'il est constant que les brasseurs de Paris étaient autrefois dans l'usage d'entonner et de vendre la bière dans des vaisseaux dits quarts contenant dix veltes (environ soixante-quinze litres); que quelques brasseurs n'ont abandonné cet usage, qui mettait de l'uniformité dans la perception des droits sur la bière, et dans la vente au consommateur, que pour frauder les droits et tromper sur la contenance de tonneau, et qu'il importe de faire cesser cet abus qui

---

(1) V. les ord. des 7 sept 1813, 27 mai 1820 et 1er déc. 1824.

nuit également à l'intérêt du commerce, à celui du trésor　　à
celui des consommateurs.

Ordonnons ce qui suit :

1 Les tonneaux qui seront employés à entonner et vendre la bière
dans le ressort de la préfecture de police devront être de la contenance de *soixante-quinze* litres, et porter la marque particulière du
brasseur.

2. A partir du 15 mars prochain, il est défendu aux brasseurs d'entonner et vendre de la bière dans des tonneaux d'une autre contenance que celle déterminée par l'article précédent.

3. Les contraventions seront constatées par des procès-verbaux
qui nous seront adressés.

4. Il sera pris envers les contrevenants aux dispositions ci-dessus
telles mesures de police administrative qu'il appartiendra, sans préjudice des poursuites à exercer contre eux devant les tribunaux.

5. La présente ordonnance sera soumise à l'approbation de S. Exc.
le ministre de l'intérieur.

6. Elle sera imprimée publiée et affichée.

Les sous-préfets des arrondissements de Saint-Denis et de Sceaux,
les maires des communes rurales du ressort de la préfecture de
police, les commissaires de police, l'inspecteur général du quatrième
arrondissement de la police générale, les officiers de paix, les commissaires des halles et marchés, les inspecteurs des poids et mesures
et les autres préposés de la préfecture de police sont chargés de tenir
la main à son exécution.

Ampliation en sera adressée à M. le conseiller d'Etat, directeur général de l'administration des droits réunis.

Le conseiller d'Etat, préfet de police, baron PASQUIER.

N° 565. — *Ordonnance concernant les masques pendant le carnaval* (1).

Paris, le 8 février 1811.

N° 566. — *Ordonnance concernant la vente des vieux linges et
hardes sur le marché établi dans l'enclos du Temple* (2).

Paris, le 8 février 1811.

Nous, Etienne-Denis Pasquier, chevalier de la Légion d'honneur,
baron de l'empire, conseiller d'Etat, chargé du quatrième arrondissement de la police générale, préfet de police du département de la
Seine et des communes de Saint-Cloud, Sèvres et Meudon du département de Seine-et-Oise, etc.,

Vu 1° l'arrêté du gouvernement du 29 vendémiaire an IX et le décret impérial du 16 mars 1807, portant que les marchés aux vieux linges
et hardes qui se tiennent sur le carreau des Innocents et à la place
aux Veaux, seront transférés dans l'enclos du Temple ;

---

(1) V. les ord. des 10 fév. 1828, 10 fév. 1830 et 23 fév. 1843.
(2) V. les ord. des 8 fév. 1810 et 15 mai 1837.

Vu aussi les articles **2** et **32** de l'arrêté du gouvernement du **12** messidor an VIII,

Ordonnons ce qui suit :

1. En exécution de l'arrêté du gouvernement du 29 vendémiaire au XI et du décret impérial du 16 mars 1807, les marchands fripiers, les marchands de vieilles hardes, de vieux linges et chiffons, qui étaient sur le carreau des Innocents et à la place aux Veaux, seront transférés sur le marché établi dans l'enclos du Temple.

2. Cette translation aura lieu le 18 du présent mois de février.

3. Les places du marché du Temple seront tirées au sort.

4. Les marchands qui vendent sur le carreau des Innocents désigneront douze d'entre eux, et les marchands déjà établis sur le marché du Temple en désigneront six pour être présents au tirage.

Il en sera dressé procès-verbal par le commissaire de police de la division des marchés.

5. A compter du même jour, 18 février, il est défendu de vendre des objets de friperie, du vieux linge et des chiffons sur le marché des Innocents et à la halle aux Veaux.

6. Il est pareillement défendu aux marchands fripiers, colporteurs, brocanteurs et autres marchands de vieilles hardes et linges de se rassembler dans les rues adjacentes au marché du Temple et sur tous autres points de la voie publique.

7. Les marchands fripiers seront placés séparément des marchands de vieux linges et chiffons.

8. Le marché tiendra tous les jours, depuis le lever jusqu'au coucher du soleil.

Il est défendu d'y apporter de la lumière.

9. Il est défendu d'exposer en vente des hardes ou marchandises neuves quelconques.

Les marchands qui contreviendront à cette défense seront privés de leurs places.

10. Il est défendu d'étaler des marchandises dans les passages réservés pour la circulation du public.

11. Il est défendu à tous marchands et colporteurs de crier leurs marchandises dans le marché.

12. Les personnes qui occuperont des places sur le marché seront tenues de mettre au-devant de leurs étalages un écriteau portant leurs noms et demeures.

13. Les contraventions seront constatées par des procès-verbaux, qui nous seront adressés.

14. Il sera pris envers les contrevenants aux dispositions ci-dessus telles mesures de police administrative qu'il appartiendra, sans préjudice des poursuites à exercer contre eux devant les tribunaux, conformément aux lois et aux règlements.

15. La présente ordonnance sera imprimée, publiée et affichée.

Les commissaires de police, et notamment celui de la division du Temple, l'inspecteur général du quatrième arrondissement de la police générale de l'empire, les officiers de paix, le commissaire des halles et marchés et les autres préposés de la préfecture de police sont chargés, chacun en ce qui le concerne, de tenir la main à son exécution.

Le conseiller d'Etat, préfet de police, baron PASQUIER.

N° **567.**—*Ordonnance concernant la fixation et la perception du prix des places au marché du Temple* (1).

Paris, le 8 février 1811.

Nous, Etienne-Denis Pasquier, chevalier de la Légion d'honneur, baron de l'empire, conseiller d'Etat, chargé du quatrième arrondissement de la police générale, préfet de police du département de la Seine et des communes de Saint-Cloud, Sèvres et Meudon du département de Seine-et-Oise, etc.,

Vu :

1° L'article 2 de l'arrêté de S. Exc. le ministre de l'intérieur du 20 octobre 1810, relatif à la location des places sur le marché du Temple;

2° Les articles 13 et 14 du décret du 21 septembre 1807,

Ordonnons ce qui suit:

1. L'article 2 de l'arrêté précité, concernant le prix à percevoir au profit de la ville, pour la location des places sur le marché du Temple, sera imprimé, publié et affiché avec la présente ordonnance.

2. La perception du prix des places sera faite par le préposé sur le marché.

3. Le prix sera payé par semaine et d'avance.

Le produit en sera versé, chaque semaine, dans la caisse du receveur municipal de la ville de Paris.

4. Les commissaires de police des divisions du Temple et des marchés, et le commissaire des halles et marchés sont chargés de tenir la main à l'exécution de la présente ordonnance.

Le conseiller d'Etat, préfet de police, baron PASQUIER.

N° **568.** — *Ordonnance concernant les porteurs d'eau à tonneau qui s'approvisionnent à la pompe de la rue du Mont-Blanc* (2).

Paris, le 14 février 1811.

N° **569.**—*Ordonnance concernant la prohibition de la chasse* (3).

Paris, le 16 février 1811.

N° **570.** — *Ordonnance concernant les échelles des carrières à puits.*

Paris, le 16 février 1811.

Nous, Etienne-Denis Pasquier, chevalier de la Légion d'honneur, baron de l'empire, conseiller d'Etat, chargé du quatrième arrondisse-

(1) V. l'ord. du 15 mai 1837.
(2) V. l'ord. du 21 fév. 1822.
(3) V. l'ord. du 23 fév. 1843.

ment de la police générale, préfet de police du département de la Seine et des communes de Saint-Cloud, Sèvres et Meudon, du département de Seine-et-Oise, etc. ;

Vu les anciens règlements, notamment l'ordonnance de police du 28 septembre 1786, relative aux visites à faire dans les carrières en exploitation, aux environs de Paris, par les préposés de l'administration publique ;

Considérant que les échelles en bois, avec lesquelles on s'introduit dans les carrières à puits, ne sont point assez solides ; qu'elles sont d'ailleurs mal entretenues, et qu'en général ces échelles ne sont pas convenablement fixées et suspendues à l'ouverture des puits ; que, dans cet état de choses, il y a danger pour les préposés de l'administration et pour les ouvriers, et qu'il importe, pour la sûreté commune, de prendre des mesures préservatives pour l'avenir ;

En vertu des arrêtés du gouvernement des 12 messidor an VIII et 3 brumaire an IX,

Ordonnons ce qui suit :

1. Dans deux mois, à compter de la publication de la présente ordonnance, les propriétaires ou exploitants de carrières pratiquées à puits dans le ressort de la préfecture de police seront tenus conjointement et solidairement, sauf le recours des uns contre les autres, s'il y a lieu, d'établir les échelles placées à l'entrée des trous de service desdites carrières avec des échelons de fer de trois centimètres de diamètre, et de quatre décimètres de longueur.

2. Les échelles seront suspendues à l'ouverture des puits par un double tour de chaîne en fer assujettie par un crochet aussi en fer, fermé sur place, et non avec des câbles et cordages, comme la plupart des carriers l'ont pratiqué jusqu'à ce jour.

3. Les propriétaires et exploitants entretiendront lesdites échelles, leurs armures et autres accessoires en bon état de solidité.

4. A l'expiration du délai fixé par la présente ordonnance, il sera fait une visite générale des échelles servant à descendre dans les carrières, par l'ingénieur en chef des mines, inspecteur général en cette partie, et par l'architecte de la préfecture de police, commissaire de la petite voirie, qui sont autorisés à faire supprimer toutes celles qui n'auraient pas été mises en bon état de service, ainsi que les treuils et tous autres moyens de descente dans les carrières.

5. La présente ordonnance sera imprimée et affichée dans les communes rurales du ressort de la préfecture de police.

Les sous-préfets de Sceaux et de Saint-Denis, les maires des communes rurales, l'ingénieur en chef des mines, inspecteur général des carrières, l'architecte de la préfecture de police, commissaire de la petite voirie, et tous les autres préposés de la préfecture de police sont chargés de tenir la main la main à son exécution.

Le conseiller d'Etat, préfet de police, baron PASQUIER.

N° **571.** — *Ordonnance concernant les passages sous les piliers des halles.*

Approuvée par S. Exc. le ministre de l'intérieur, le 2 mars 1811.

Paris, le 18 février 1811.

Nous, Etienne-Denis Pasquier, chevalier de la Légion d'honneur, baron de l'empire, conseiller d'Etat, chargé du quatrième arrondissement de la police générale, préfet de police du département de la Seine et des communes de Saint-Cloud, Sèvres et Meudon du département de Seine-et-Oise, etc.;

Vu l'article 22 de l'arrêté du 12 messidor an VIII, ainsi conçu : « Le préfet de police procurera la liberté et la sûreté de la voie publique. »

Considérant : 1° que partout où passage est livré au public sur des propriétés particulières, cette faculté résulte, soit d'une servitude imposée aux propriétés, soit du consentement volontaire des propriétaires;

2° Que, dans le premier cas, le passage étant de droit, la portion de propriété sur laquelle il est réservé se trouve aussi, de droit, soumise, sous ce rapport, à tous les règlements concernant la liberté de la voie publique;

3° Que, dans le second cas, le passage est toujours accordé au public, dans l'intérêt des propriétaires et de leurs locataires;

Qu'en se dessaisissant, ainsi en faveur du public et dans leur intérêt, de l'usage d'une partie de leur propriété, en la convertissant, soit temporairement, soit invariablement, en voie publique, les propriétaires contractent, de fait, envers le public et l'autorité, l'engagement d'en garantir la liberté et la sûreté;

Qu'à l'instant où cet engagement est violé, l'autorité, dans l'intérêt de la sûreté publique, a droit d'interdire le passage, en laissant les propriétaires maîtres de reprendre en entier l'usage de la possession de leurs propriétés;

Considérant que les propriétaires et locataires des maisons situées sur et en arrière des piliers de la Tonnellerie et des piliers des Potiers-d'Etain, tout en laissant sous la galerie formée par ces piliers une apparence de passage au public, ont pour la plupart restreint et obstrué ce passage de manière que la circulation est très-gênée, et que la sûreté y est compromise presque à chaque pas;

Considérant que si les arrêts contradictoires du conseil des 15 janvier 1775 et 2 octobre 1677 abandonnent aux propriétaires desdites maisons la propriété et jouissance des places situées entre les piliers et la façade du rez-de-chaussée, à l'exception de celles situées entre la rue des Prêcheurs et celle de la Cossonnerie, dont la propriété est restée au domaine, aux termes de l'arrêt du 2 octobre 1677, lesdits propriétaires ont néanmoins consenti à livrer au public un passage invariable de jour et de nuit sous lesdites galeries, passage dont il résulte d'ailleurs le plus grand avantage pour eux, attendu la valeur qu'il donne à leur propriété;

Qu'en conséquence des principes précédemment établis, ce passage doit, d'une part, avoir une largeur suffisante pour la circulation, et, de l'autre, être dégagé de tous les objets qui pourraient en embarrasser l'usage et le rendre dangereux pour le public, faute de quoi l'autorité serait obligée d'en ordonner la clôture, malgré le désavantage qui pourrait en résulter pour les propriétaires,

Ordonnons ce qui suit :

1. A partir de la rue Saint-Honoré jusqu'à la pointe Saint-Eustache, il sera laissé entre l'alignement des piliers de la Tonnellerie et celui de la façade des rez-de-chaussée des maisons construites sur ces piliers, un espace de trois mètres de largeur, pour l'usage du public.

2. Cet espace sera mesuré à compter du nu des murs de face des rez-de-chaussée.

3. A partir de la pointe Saint-Eustache jusqu'à la rue Pirouette, l'espace compris entre les piliers et la façade des rez-de-chaussée restera entièrement libre.

4. A partir de la rue Pirouette jusqu'à la rue de la Cossonnerie, l'espace compris entre le second rang des piliers et la façade des rez-de-chaussée des maisons sera entièrement réservé au public.

5. Il est défendu, soit aux propriétaires et locataires des maisons et boutiques situées sous les piliers et sous leurs galeries, soit aux propriétaires, locataires, tenanciers et usagers des places situées entre les piliers, d'anticiper, sous quelque prétexte que ce soit, sur les espaces réservés au passage public, et d'obstruer ce passage de quelque manière que ce soit, sous les peines portées aux lois et règlements en cette partie.

6. Les propriétaires, locataires, tenanciers et usagers seront tenus, dans le délai du 1er avril prochain, de supprimer toutes les saillies fixes qu'ils auraient établies sur les espaces réservés au passage public par la présente ordonnance.

7. Tout propriétaire qui se refusera à laisser au public le passage prescrit par la présente ordonnance sera tenu, dans les vingt-quatre heures de la sommation qui lui en sera faite, d'enclore les travées situées au-devant et au-dessous de sa propriété; sinon, il y sera pourvu d'office et à ses frais.

8. Les contraventions seront constatées par des procès-verbaux qui seront transmis aux autorités compétentes, pour être statué ce qu'il appartiendra.

9. Le commissaire de police de la division des marchés et l'architecte-commissaire de la petite voirie sont spécialement chargés de l'exécution de la présente ordonnance, qui sera imprimée et affichée.

Le conseiller d'Etat, préfet de police, baron PASQUIER.

N° **572.** — *Ordonnance concernant le droit à percevoir sur la vente des huîtres.*

Paris, le 21 février 1811.

Nous, Etienne-Denis Pasquier, chevalier de la Légion d'honneur, baron de l'empire, conseiller d'Etat, chargé du quatrième arrondissement de la police générale, préfet de police du département de la Seine et des communes de Saint-Cloud, Sèvres et Meudon du département de Seine-et-Oise, etc.,

Vu l'article 4 du décret impérial du 10 février 1811, relatif à l'établissement d'un droit de quatre pour cent sur la vente des huîtres, au profit de la ville;

Vu aussi l'article 1 du décret du 21 septembre 1807,

Ordonnons ce qui suit :

1. L'article 4 du décret du 10 février 1811, concernant l'établissement d'un droit de quatre pour cent sur la vente des huîtres, sera imprimé, publié et affiché avec la présente ordonnance (1).

2. Le droit de quatre pour cent, établi par le décret précité sur le produit de la vente des huîtres, sera perçu à compter du 1er mars prochain.

3. Les marchands ou les voituriers qui amèneront des huîtres à Paris seront tenus de se munir de lettres de voitures, énonçant le nombre des paniers et le lieu du départ.

Les lettres de voitures devront être signées par les expéditeurs ou autres personnes par eux autorisées.

---

(1) V. ce décret à l'appendice.

4. Les lettres de voitures seront présentées au préposé sur le marché, qui en vérifiera l'exactitude et en prendra note.

Elles seront remises ensuite aux factrices à la vente des huîtres, qui en tiendront registre.

5. Le prix des huîtres sera fait à haute et intelligible voix.

6. Le préposé constatera le montant des ventes.

Il établira le produit du droit sur un bordereau, qui sera visé par le commissaire des halles et marchés.

7. Pour assurer le versement du droit, le préposé remettra le bordereau de chaque vente au caissier de la marée.

8. Le versement du produit du droit sera fait tous les jours, par les factrices, dans la caisse de la marée.

9. Le caissier de la marée tiendra un registre particulier de la perception du droit sur la vente des huîtres.

Il en versera le produit de mois en mois, et dans les cinq premiers jours du mois, dans la caisse du receveur municipal.

10. L'ordonnance du 24 fructidor an XII, concernant la vente des huîtres, continuera de recevoir son exécution.

11. Le commissaire de police de la division des marchés et le commissaire des halles et marchés sont chargés de tenir la main à l'exécution de la présente ordonnance.

Le conseiller d'Etat, préfet de police, baron PASQUIER.

N° **573.** — *Ordonnance concernant l'augmentation du droit sur la vente de la marée* (1).

Paris, le 21 février 1811.

Nous, Etienne-Denis Pasquier, chevalier de la Légion d'honneur, baron de l'empire, conseiller d'Etat, chargé du quatrième arrondissement de la police générale, préfet de police du département de la Seine et des communes de Saint-Cloud, Sèvres et Meudon du département de Seine-et-Oise, etc.,

Vu l'article 5 du décret impérial du 10 février 1811, relatif à l'augmentation du droit sur la vente de la marée;

Vu aussi l'article 1 du décret du 21 septembre 1807,

Ordonnons ce qui suit :

1. L'article 5 du décret du 10 février 1811, concernant l'augmentation, au profit de la ville, du droit sur la vente de la marée, sera imprimé, publié et affiché avec la présente ordonnance (2).

2. La perception de l'augmentation du droit établi par le décret précité sera faite à compter du 1er mars prochain.

Le produit en sera versé, chaque mois et dans les cinq premiers jours du mois suivant, dans la caisse du receveur municipal, conformément à l'article 3 du décret du 21 septembre 1807.

3. Le commissaire de police de la division des marchés et le commissaire des halles et marchés sont chargés de tenir la main à l'exécution de la présente ordonnance.

Le conseiller d'Etat, préfet de police, baron PASQUIER.

---

(1) V. les ord. des 9 frim. an X (30 nov. 1801), 7 fév. 1822 et 2 janv. 1840.
(2) V. ce décret à l'appendice.

N° **574.** — *Ordonnance concernant l'augmentation du droit sur la vente de la volaille et du gibier.*

Paris, le 21 février 1811.

Nous, Etienne-Denis Pasquier, chevalier de la Légion d'honneur, baron de l'empire, conseiller d'Etat, chargé du quatrième arrondissement de la police générale, préfet de police du département de la Seine et des communes de Saint-Cloud, Sèvres et Meudon du département de Seine-et-Oise, etc.,

Vu l'article 3 du décret impérial du 10 février 1811, relatif à l'augmentation du droit sur la vente de la volaille et du gibier;

Vu aussi l'article 3 du décret du 21 septembre 1807,

Ordonnons ce qui suit :

1. L'article 3 du décret du 10 février 1811, concernant l'augmentation, au profit de la ville, du droit sur la vente de la volaille et du gibier, sera imprimé, publié et affiché avec la présente ordonnance.

2. La perception de l'augmentation du droit établi par le décret précité sera faite à compter du 1er mars prochain.

Le produit en sera versé de mois en mois, et dans les cinq premiers jours du mois, dans la caisse du receveur municipal, conformément à l'article 3 du décret du 21 septembre 1807.

3. Le commissaire de police de la division des marchés et le commissaire des halles et marchés sont chargés de tenir la main à l'exécution de la présente ordonnance.

Le conseiller d'Etat, préfet de police, baron PASQUIER.

N° **575.** — *Ordonnance concernant la vente en gros du poisson d'eau douce* (1).

Paris, le 25 février 1811.

Nous, Etienne-Denis Pasquier, chevalier de la Légion d'honneur, baron de l'empire, conseiller d'Etat, chargé du quatrième arrondissement de la police générale, préfet de police du département de la Seine et des communes de Saint-Cloud, Sèvres et Meudon du département de Seine-et-Oise, etc.,

Ordonnons ce qui suit :

1. Le facteur, les contrôleurs, les crieurs et les forts attachés au service de la vente en gros du poisson d'eau douce se rendront sur le carreau une demi-heure au moins avant l'ouverture de la vente.

2. Le facteur et les deux contrôleurs tiendront chacun un registre sur lequel ils inscriront, article par article, sans blanc ni interligne, les noms des marchands, l'espèce et le prix de chaque lot vendu et les noms des acquéreurs.

3. Immédiatement après la vente et la vérification, les trois registres seront remis au bureau du commissaire des halles et marchés.

4. Le commissaire examinera s'il y a conformité, et, en cas de différence, il prendra pour constant le résultat de deux contre un.

5. Aussitôt après la vérification, les contrôleurs feront les borde-

(1) V. les ord. des 18 mars et 20 sept. 1811, 1er déc. 1814, 5 juill. 1819, 7 fév. 1822 et 2 janv. 1840.

reaux de chaque marchand de poisson, lesquels seront visés par le commissaire pour être remis au caissier.

6. Le caissier remettra, tous les mois, au préfet de police l'état de situation de sa caisse.

7. Les crieurs annonceront à haute voix l'espèce et la quantité de chaque lot mis en vente, le mettront à prix, recevront et proclameront les enchères.

8. Les crieurs avertiront de l'extinction des enchères les contrôleurs qui adjugeront.

9. Les forts formeront et mettront à la vente les lots de poisson. Ils placeront les voitures à leur arrivée et ils en feront le déchargement.

10. La présente ordonnance sera imprimée, publiée et affichée.

11. Le commissaire de police de la division des marchés, le commissaire des halles et marchés et les autres préposés de la préfecture de police sont tenus d'en assurer l'exécution.

Le conseiller d'Etat, préfet de police, baron PASQUIER.

N° 576. — *Ordonnance relative à l'ordre à suivre par les voitures à l'arrivée et à la sortie du Théâtre-Français.*

Paris, le 15 mars 1811.

Nous, Etienne-Denis Pasquier, chevalier de la Légion d'honneur, baron de l'empire, conseiller d'Etat, chargé du quatrième arrondissement de la police générale, préfet de police du département de la Seine et des communes de Saint-Cloud, Sèvres et Meudon du département de Seine-et-Oise, etc.;

Ayant reconnu qu'il s'est glissé plusieurs erreurs dans l'impression de notre ordonnance du 23 février 1811, relative à l'ordre à suivre par les voitures à l'arrivée et à la sortie du Théâtre-Français,

Avons ordonné et ordonnons qu'elle sera réimprimée ainsi qu'il suit :

1. La rue Quiberon, à partir de la rue de Richelieu jusqu'à la maison n° 31, vis-à-vis le café de Foy, est réservée, 1° pour les voitures de leurs majestés impériales et royales, pour celles des princes, des princesses du sang et des personnes qui accompagneront leurs majestés; 2° pour celles des princes grands dignitaires; 3° pour celles des grands officiers de l'empire; 4° pour celles des ministres; 5° pour celles des grands officiers civils de la couronne.

2. Les voitures des ambassadeurs et envoyés des cours étrangères seront placées rue de Richelieu, à partir du café Minerve et en descendant du côté de la rue Neuve-des-Petits-Champs.

3. A leur arrivée au Théâtre-Français, les voitures à l'usage des particuliers ne pourront tourner pour changer leur direction.

Les voitures qui arriveront par la rue Saint-Honoré suivront la rue de Richelieu et celle Neuve-des-Petits-Champs jusqu'au passage du Perron.

Les voitures qui arriveront par la rue de Richelieu fileront par la même rue et celle Saint-Honoré jusqu'aux rues du Lycée, d'Arcole et de Quiberon.

Elles seront rangées sur une seule file rue de Quiberon, à partir de la maison n° 31, vis-à-vis le café de Foy, et rues d'Arcole et du Lycée, du côté opposé au Palais-Royal.

Les voitures qui ne pourront tenir dans cette file seront placées dans les cours du Palais-Royal ; mais, lors du défilé, elles prendront la file par la rue du Lycée.

Les voitures de place qui ne seront pas retenues iront stationner sur les places à ce affectées.

4. Il est enjoint aux cochers de laisser libre le débouché des rues, passages et portes cochères. Ils conduiront doucement leurs chevaux sur une seule file.

Il leur est défendu de couper d'autres voitures.

5. Les voitures à l'usage des particuliers ne pourront se mettre en mouvement qu'après le départ des voitures de leurs majestés et de celles désignées dans les articles 1 et 2.

A la sortie du spectacle, les voitures qui auront stationné rue de Quiberon et rue d'Arcole jusqu'au passage du Perron suivront la file rue de Quiberon.

Les voitures qui auront stationné rue d'Arcole, de l'autre côté du passage du Perron, et rue du Lycée, pourront suivre la première file rue de Quiberon, ou bien former une seconde file, en suivant, vis-à-vis le Perron, par les rues Neuve-des-Petits-Champs et de Richelieu.

Les voitures qui suivront la rue de Quiberon chargeront à la porte latérale du spectacle, côté de cette dernière rue.

Les voitures qui suivront la rue de Richelieu chargeront à la porte principale du Théâtre-Français.

6. Aucune voiture, pendant le défilé, n'entrera dans la rue de Richelieu par celle Saint-Honoré.

7. A compter de cinq heures du soir, les cabriolets de place se retireront de la rue de Quiberon.

Il leur est permis de stationner, pendant le temps du spectacle, sur la place des Victoires.

8. Les carrosses de place resteront sur la place du Palais-Royal ; ils y seront rangés suivant les limites de la place.

Ils ne pourront se mettre en mouvement qu'autant qu'ils seront appelés pour venir charger, en observant toujours une seule file.

9. La présente ordonnance sera envoyée à M. le général commandant de la place.

Le conseiller d'Etat, préfet de police, baron PASQUIER.

N° **577.** — *Ordonnance* (1) *qui prescrit l'impression et la publication du décret impérial du 28 janvier 1811, relatif à la vente du poisson d'eau douce* (2), *et des ordonnances de police du 25 février de la même année, concernant le même objet.*

Paris, le 18 mars 1811.

---

(1) V. les ord. des 1er déc. 1814, 5 juill. 1819, 7 fév. 1822 et 2 janv. 1840.

(2) V. ce décret à l'appendice.

N° **578**. — *Ordonnance relative à la naissance du Roi de Rome.*

Paris, le 20 mars 1811.

Nous, Etienne-Denis Pasquier, chevalier de la Légion d'honneur, baron de l'empire, conseiller d'État, chargé du quatrième arrondissement de la police générale, préfet de police du département de la Seine et des communes de Saint-Cloud, Sèvres et Meudon du département de Seine-et-Oise, etc.;
Vu le cérémonial pour la naissance du Roi de Rome,

Ordonnons ce qui suit :

1. Dans la soirée de ce jour, les habitants de Paris illumineront la façade de leurs maisons.
Depuis six heures du soir jusqu'au lendemain, la circulation et le stationnement des voitures seront interdits sur la place du Carrousel, dans les rues de Rivoli, des Pyramides, de la Convention, de Castiglione, de Mont-Thabor et de Saint-Florentin; sur la place et sur le pont de la Concorde, et depuis le pont de la Concorde sur les quais qui bordent la rive droite de la Seine jusqu'au pont des Arts.
Sont exceptés de cette disposition les voitures de la cour, celles des personnes qui se rendront au palais des Tuileries, ainsi que les courriers de la malle et les diligences.
2. La présente ordonnance sera imprimée, publiée et affichée.
Les commissaires de police, l'inspecteur général du quatrième arrondissement de la police générale de l'empire, les officiers de paix et les autres préposés de la préfecture de police sont chargés, chacun en ce qui le concerne, de tenir la main à son exécution.

Le conseiller d'Etat, préfet de police, baron PASQUIER.

N° **579**. — *Ordonnance qui interdit momentanément la circulation des voitures sur la chaussée qui conduit de Saint-Cloud à Neuilly.*

Paris, le 22 mars 1811.

N° **580**. — *Ordonnance concernant la vente de la viande de boucherie à la halle de Paris (1).*

Paris, le 26 mars 1811.

Nous, Etienne-Denis Pasquier, chevalier de la Légion d'honneur, baron de l'empire, conseiller d'Etat, chargé du quatrième arrondissement de la police générale, préfet de police du département de la Seine et des communes de Saint-Cloud, Sèvres et Meudon du département de Seine-et-Oise, etc.,
Vu les arrêtés du gouvernement des 12 messidor an VIII et 8 vendémiaire an XI ;

(1) V. les ord. des 25 nov. 1817, 25 nov. 1823, 3 oct. 1827 et 25 mars 1830.

Les ordonnances de police des 15 nivôse an xi, 25 brumaire an xii et 5 novembre 1808;

Considérant que des abus se sont introduits dans le service et la tenue du marché en détail de la viande de boucherie qui a lieu à la halle, les mercredis et samedis,

Ordonnons ce qui suit :

1. A compter du 1er mai prochain, la halle à la viande sera approvisionnée par soixante-quinze bouchers de Paris et vingt-cinq bouchers forains du département de la Seine.

2. Les vingt-cinq bouchers forains seront désignés par nous sur le rapport collectif du commissaire de police de la division des marchés et du commissaire des halles et marchés.

3. Dans la quinzaine de la publication de la présente ordonnance, les bouchers de Paris seront tenus de déclarer individuellement, au bureau des syndic et adjoints, s'ils entendent concourir à l'approvisionnement de la halle.

4. Les bouchers de Paris qui auront déclaré vouloir approvisionner la halle y seront appelés à tour de rôle pendant un mois.

5. Le tour de rôle sera déterminé entre lesdits bouchers par la voie du sort.

6. Il sera procédé au tirage au sort par les syndic et adjoints, en présence du commissaire de police de la division des marchés et du commissaire des halles et marchés, dans la forme déterminée par l'article suivant.

7. Il sera formé une série de numéros en nombre égal à celui des bouchers qui auront déclaré vouloir approvisionner la halle.

Les noms de chacun desdits bouchers seront portés sur autant de bulletins séparés, lesquels seront placés dans une boîte à ce destinée.

A l'appel de chaque numéro, un bulletin sera tiré.

Les bouchers auxquels seront échus les soixante-quinze premiers numéros approvisionneront la halle pendant le mois de mai,

Ceux auxquels seront échus les soixante-quinze numéros suivants, pendant le mois de juin;

Et ainsi de suite jusqu'au retour de la série des soixante-quinze premiers numéros.

Il sera dressé procès-verbal du tirage et de ses résultats par le commissaire de police.

8. Tout boucher compris au procès-verbal, qui, sans cause légitime et sans en avoir averti, manquera à son tour à approvisionner la halle, en sera irrévocablement exclu.

9. Les bouchers manquants seront remplacés par un nombre égal de bouchers pris dans la série suivante, d'après l'ordre des numéros.

10. Le remplacement ne préjudiciera point à l'ordre du tour de rôle.

11. Dans le cas où, conformément à l'article 3 ci-dessus, il ne se présenterait pas un nombre suffisant de bouchers pour approvisionner la halle, il y sera pourvu par l'appel d'un nombre proportionné de bouchers forains.

12. Les places que les bouchers de Paris devront occuper à la halle, à chaque tour de rôle, seront tirées au sort par les syndic et adjoints, en présence du commissaire des halles et marchés, qui en dressera le tableau.

13. Les bouchers sont tenus d'occuper leurs places par eux-mêmes, leurs femmes ou leurs enfants âgés d'au moins seize ans.

14. Il leur est défendu de faire desservir leurs places par aucune autre personne, sous tel prétexte que ce soit, à peine d'être exclus de la halle.

15. Il est défendu aux bouchers d'employer qui que ce soit, même leurs enfants, pour appeler et arrêter le public.

16. Les bouchers forains ne pourront amener leurs viandes que dans des voitures couvertes.

17. Les bouchers forains sont tenus d'amener leurs viandes directement à la halle. Il leur est défendu d'en vendre et déposer ailleurs, sous quelque prétexte que ce soit.

18. Les bouchers forains apporteront leurs viandes coupées, savoir: les bœufs en demi-quartiers, les veaux et moutons en quartiers.

19. Les bouchers forains, en arrivant à la halle, représenteront aux préposés la quittance du droit d'octroi par eux payé.

20. Si la quittance énonce des quantités plus ou moins considérables que celles apportées, le boucher sera irrévocablement exclu de la halle.

21. La vente en gros et le regrat sont défendus.

22. Il est défendu à tout boucher de peser et vendre autrement qu'au poids métrique et de faire usage de contre-poids.

23. Il est défendu de faire aucune vente aux lumières, sous peine d'exclusion de la halle.

24. L'ordonnance du 15 nivôse an XI, concernant le commerce de la boucherie dans Paris, continuera de recevoir son exécution en tout ce qui n'est pas contraire à la présente ordonnance.

25. Les contraventions seront constatées par des procès-verbaux qui nous seront adressés.

26. Il sera pris envers les contrevenants telles mesures de police administrative qu'il appartiendra, sans préjudice des poursuites à exercer contre eux devant les tribunaux.

27. La présente ordonnance sera imprimée, publiée et affichée.

Les commissaires de police, et notamment le commissaire de police de la division des marchés, le commissaire des halles et marchés, et les inspecteurs des poids et mesures et les autres préposés de la préfecture sont chargés, chacun en ce qui le concerne, de tenir la main à son exécution.

Ampliation de la présente ordonnance sera adressée à la régie de l'octroi et aux syndic et adjoints des bouchers.

Le conseiller d'Etat, préfet de police, baron PASQUIER.

N° **581.**—*Ordonnance concernant les remblais du quai de Billy et du quai Montebello.*

Paris, le 6 avril 1811.

N° **582.**—*Ordonnance concernant le commerce de la joaillerie* (1).

Approuvée par S. Exc. le ministre de l'intérieur, le 24 mai 1811.

Paris, le 6 avril 1811.

Nous, Étienne-Denis Pasquier, chevalier de la Légion d'honneur, baron de l'empire, conseiller d'État, chargé du quatrième arrondisse-

(1) V. les ord. des 28 sept. 1806 et 1er sept. 1809.

ment de la police générale, préfet de police du département de la Seine et des communes de Saint-Cloud, Sèvres et Meudon du département de Seine-et-Oise, etc.,

Ordonnons ce qui suit:

SECTION Ire.

1. Tout joaillier, fabricant ou marchand est tenu de se faire inscrire à la préfecture de police, dans un mois à compter de la publication de la présente ordonnance.

2. Tout marchand joaillier est tenu d'avoir, outre les registres voulus par la loi, un registre particulier coté et parafé, sur lequel il inscrira les opérations de son commerce faites par l'intermédiaire des agents colporteurs.

3. Sur ce registre tenu jour par jour sans ratures, lacunes ni surcharges, seront portés:

1º La nature des objets confiés aux agents colporteurs;

2º Le nom de l'agent colporteur;

3º Le prix demandé.

4. Si l'agent colporteur a vendu l'objet à lui confié, mention sera faite sur le même registre:

1º Du jour de la vente;

2º Du prix et des conditions de la vente;

3º Du nom de l'acquéreur.

5. Si l'agent colporteur n'a pu vendre, mention sera également faite, sur le même registre, du jour où il aura remis l'objet à lui confié.

6. Tout marchand joaillier donnera aux acquéreurs facture signée des objets par lui vendus.

7. Cette facture énoncera la nature, le poids, le prix de l'objet vendu et la somme payée pour les façons.

8. Si les objets vendus sont de hasard, mention expresse en sera faite dans la facture.

9. En vertu de la loi du 22 germinal an XI, les compagnons joailliers sont tenus d'avoir des livrets.

10. Il est enjoint aux joailliers de ne se servir que d'ouvriers porteurs de livrets.

11. Tout fabricant, tout marchand joaillier est tenu de donner connaissance, dans les vingt-quatre heures, à la préfecture de police, de tous les objets qui lui seraient présentés et qu'il soupçonnerait avoir été volés ou perdus.

SECTION II.

12. Nul ne peut être agent colporteur s'il n'est présenté par trois joailliers et commissionné par le préfet de police.

13. Le nombre des agents colporteurs est fixé, pour la ville de Paris, à vingt-cinq.

14. Néanmoins toute personne remplissant actuellement les fonctions d'agent colporteur pourra être commissionnée sur la présentation de trois joailliers.

15. Aucune commission ne sera délivrée par la suite à de nouveaux agents colporteurs, qu'après que le nombre des colporteurs actuels aura été réduit à vingt-cinq.

16. Les agents colporteurs doivent avoir trente ans révolus.

17. Il est défendu à tout joaillier de se servir d'autres intermédiaires que des agents colporteurs commissionnés.

18. Il est défendu à tout individu non commissionné de s'immiscer dans les fonctions d'agent colporteur.

19. Les agents colporteurs seront tenus d'avoir un carnet coté et parafé.

20. Ils inscriront sur ce carnet, sans lacune ni surcharge :

1° L'objet confié ;

2° La remise ou la vente de l'objet confié.

21. S'ils ont vendu l'objet confié, ils porteront sur leur carnet :

1° L'objet vendu avec sa désignation ;

2° Le nom du vendeur ;

3° Le nom de l'acquéreur ;

4° Les conditions de la vente.

22. Il est défendu à tout agent colporteur de vendre ou d'acheter pour son compte des marchandises de joaillerie.

23. Il est défendu aux agents colporteurs de se dessaisir, sans une permission expresse et par écrit du propriétaire, des objets qui leur auront été confiés.

24. Les agents colporteurs sont tenus de remettre aux propriétaires, tous les samedis, les objets à eux confiés.

25. Si l'agent colporteur est retenu chez lui pour quelque cause que ce puisse être, pendant plus de vingt-quatre heures, il lui est enjoint de faire la remise des objets confiés.

26. Les contraventions seront constatées par des procès-verbaux qui nous seront adressés.

27. Il sera pris envers les contrevenants telles mesures de police administrative qu'il appartiendra, sans préjudice des poursuites à exercer contre eux devant les tribunaux.

28. La présente ordonnance sera soumise à l'approbation de S. Exc. le ministre de l'intérieur.

29. Elle sera imprimée, publiée et affichée.

Les commissaires de police, l'inspecteur général du quatrième arrondissement de la police générale, les officiers de paix et les préposés de la préfecture de police sont chargés de tenir la main à son exécution.

Le conseiller d'Etat, préfet de police, baron PASQUIER.

N° **583**. — *Ordonnance concernant l'ordre à suivre lors du défilé des voitures qui iront à Longchamp* (1).

Paris, le 8 avril 1811.

N° **584**.— *Ordonnance qui prescrit la réimpression et la publication des articles* 29, 30, 33, 34, 38, 39, 40, 41, 42, 44, 45, 46, 47, 48, 49, 50, 51, 52, 53 *et* 58 *de l'ordonnance du* 20 *pluviôse an* XII (10 *février* 1804) *concernant le commerce du charbon de bois* (2).

Paris, le 23 avril 1811.

---

(1) V. l'ord. du 10 avril 1843.

(2) V. les ord. des 4 janv. 1813, 24 fév. 1817, 25 mars 1833, 15 déc. 1834 et 25 oct. 1840 (art 100 et suiv.).

N° **585.**— *Ordonnance concernant le passage sur le chemin pavé de Saint-Maur au bac de Créteil.*

Paris, le 9 mai 1811.

⸺⸺⸺◦⸺⸺⸺

N° **586.** — *Ordonnance concernant le service des dérouleurs des vins, sur les ports de Paris* (1).

Paris, le 10 mai 1811.

Nous, Étienne-Denis Pasquier, chevalier de la Légion d'honneur, baron de l'empire, conseiller d'Etat, chargé du quatrième arrondissement de la police générale, préfet de police du département de la Seine et des communes de Saint-Cloud, Sèvres et Meudon du département de Seine-et-Oise, etc.,

Considérant qu'il importe au maintien de l'ordre et à l'intérêt du commerce de régulariser le service des dérouleurs des vins, sur les ports de Paris;

Vu les articles 32 et 33 de l'arrêté du gouvernement du 12 messidor an VIII,

Ordonnons ce qui suit :

1. Le nombre des dérouleurs des vins, sur les ports de Paris, demeure fixé à soixante-quinze.

2. Les quatre-vingt-cinq dérouleurs actuellement en activité continueront d'exercer leur profession ; mais il n'en sera admis aucun jusqu'à ce que leur réduction au nombre fixé par l'article précédent ait été effectuée.

3. Les dérouleurs porteront ostensiblement une médaille qui leur sera délivrée par l'administration.

4. Lorsqu'une place vaquera parmi les dérouleurs, il y sera pourvu par nous, sur la présentation qui nous sera faite par le commerce des vins d'un sujet valide et propre au service.

5. Les dérouleurs auront un chef.

Le chef des dérouleurs sera nommé par eux et il nous en sera donné connaissance.

Il ne pourra être en même temps chef des tonneliers.

6. Le chef des dérouleurs reçoit le montant de leurs salaires et il leur en fait la distribution.

Il est comptable envers eux.

7. Le chef des dérouleurs dirige les travaux et distribue les équipes selon les besoins de chaque port.

8. Les dérouleurs sont tenus de se rendre tous les jours au bureau principal du déroulage avant l'ouverture des ports, pour être répartis par le chef, conformément à l'article précédent.

9. Le chef des dérouleurs inscrira, tous les jours, les dérouleurs présents, sur une feuille qui sera affichée aussitôt au bureau principal.

Cette feuille indiquera les dérouleurs répartis journellement sur chaque port.

Le chef en remettra, tous les jours, un double à l'inspecteur des ports de l'arrondissement du bureau principal du déroulage.

⸺⸺⸺⸺⸺⸺

(1) V. l'arr. du 22 janv. 1840.

10. Lorsque le nombre des dérouleurs présents sera insuffisant pour le service, le chef des dérouleurs y pourvoira par l'appel d'une partie ou de la totalité des dérouleurs absents, lesquels seront tenus de se rendre à l'appel.

Lorsque l'appel sera partiel, il sera fait à tour de rôle.

11. Tout dérouleur qui, dans les cas prévus par l'article précédent, refusera de répondre à l'appel, pourra être privé de sa médaille et rayé de l'état des dérouleurs.

12. A compter du jour de la publication de la présente ordonnance, le déroulage et la mise en débord des vins seront faits par les dérouleurs pourvus de médailles, exclusivement à tous autres individus, quels qu'ils soient.

13. Le prix des déroulage et mise en débord des vins sera déterminé par un tarif réglé entre le commerce des vins et les dérouleurs, et soumis à notre approbation.

14. Provisoirement le tarif actuellement existant est maintenu.

15. Il est défendu d'exiger des prix plus élevés que ceux portés au tarif.

16. Le prix du rangeage et celui des travaux extraordinaires sera réglé de gré à gré entre le commerce et le chef des dérouleurs.

17. Tout bateau de vins mis à port sera déchargé sans délai.

Le déchargement ne pourra en être interrompu sous quelque prétexte que ce soit.

18. Les contraventions seront constatées par des procès-verbaux qui nous seront adressés.

19. Il sera pris envers les contrevenants aux dispositions ci-dessus telles mesures de police administrative qu'il appartiendra.

20. La présente ordonnance sera imprimée et affichée sur les ports.

Les commissaires de police, l'inspecteur général du quatrième arrondissement de la police générale, les officiers de paix, l'inspecteur général de la navigation et des ports et les autres préposés de la préfecture de police sont chargés de tenir la main à son exécution.

Le conseiller d'Etat, préfet de police, baron PASQUIER.

N° **587**. — *Ordonnance concernant les bains dans la rivière et les écoles de natation* (1).

Paris, le 11 mai 1811.

N° **588**. — *Ordonnance concernant l'arrosement* (2).

Paris, le 11 mai 1811.

(1) V. les ord. des 20 mai 1839 et 25 oct. 1840 (art. 187 et suiv., et 225).
(2) V. les ord. des 17 mai 1834, 1er juin 1837 et 27 juin 1843.

N° **589**. — *Ordonnance concernant le lâchage des bateaux et des trains, et le remontage des bateaux vides dans Paris* (1).

Approuvée par S. Exc. le ministre de l'intérieur, le 12 juin 1811.

Paris, le 22 mai 1811.

Nous, Étienne-Denis Pasquier, chevalier de la Légion d'honneur, baron de l'empire, conseiller d'État, chargé du quatrième arrondissement de la police générale, préfet de police du département de la Seine et des communes de Saint-Cloud, Sèvres et Meudon du département de Seine-et-Oise, etc.,

Vu l'article 18 du décret impérial du 28 janvier dernier, relatif au service de la navigation sous les ponts de Paris,

Ordonnons ce qui suit :

1. Les articles 1, 2, 3, 4, 5, 6, 7, 8, 9, 10, 11, 12 et 18 du décret impérial du 28 janvier dernier, relatif au service de la navigation sous les ponts de Paris, ainsi que le tarif y annexé, seront imprimés, publiés et affichés avec la présente ordonnance (2).

2. Les chefs de ponts tiendront deux registres, l'un destiné à recevoir les déclarations à fin de lâchage, et l'autre les déclarations à fin de remontage.

Ces registres seront cotés et parafés.

3. Les déclarations seront inscrites sur ces registres par ordre de numéros et de dates, sans blancs, ratures ni interlignes.

4. Il sera délivré à chaque marchand ou voiturier un bulletin indicatif du numéro, de la date et de l'objet de sa déclaration.

5. Les chefs de ponts seront tenus, la veille de chaque jour de lâchage et de remontage, de remettre à l'inspecteur général de la navigation un état des bateaux à descendre ou à remonter le lendemain.

Cet état indiquera les noms des marchands ou voituriers, les numéros et dates des déclarations et la devise des bateaux.

6. Il ne pourra dans le même temps être fait, par les grands ponts, des lâchages à l'aviron et des lâchages sur corde.

7. Le lâchage des bateaux qui se descendent à l'aviron pourra avoir lieu tous les jours par les grands ponts, depuis le point du jour jusqu'à la nuit, lorsqu'il n'y aura point de lâchage sur corde.

8. Le lâchage sur corde par les grands ponts aura lieu aux jours ci-après indiqués, savoir :

Lorsque les trains de bois flotté et de charpente peuvent passer sous les petits ponts, les lundis, mercredis et vendredis.

Dans le cas contraire, les mardis et vendredis seulement.

9. Le lâchage sur corde pourra avoir lieu depuis le point du jour jusqu'à la nuit.

10. Les bateaux disposés pour être descendus sur corde seront lâches consécutivement et sans interruption.

11. Lorsque le lâchage sur corde ne peut avoir lieu que deux fois par semaine, il ne pourra être fait, la veille, aucun approchage.

12. Lorsque les chefs de ponts auront à effectuer un lâchage sur corde, ils seront tenus d'arborer, le soir du jour précédent, un drapeau au pont de la Tournelle et un autre au pont des Tuileries, côté de la rive droite.

---

(1) V. les ord. des 13 déc. 1811, 15 oct. 1812, le cahier des charges du chef des ponts de Paris du 22 avril 1822, les ord. des 19 juill. 1822, 30 juin 1827, 31 mai 1838 et 25 oct. 1840 (art. 31 et suiv. et cahier des charges du chef des ponts).

(2) V. ce décret à l'appendice.

13. Les chefs de ponts pourront faire, tous les jours, le remontage des bateaux vides par les petits ponts, lorsque les trains de bois flottés et de charpente ne pourront plus descendre par le petit bras de la rivière.

Dans les cas contraire, les chefs de ponts ne pourront faire de remontages par les petits ponts que les mercredis et samedis.

14. Le remontage des bateaux sera annoncé la veille au soir par un drapeau placé au pont de la Tournelle et au pont des Tuileries, côté de la rive gauche.

15. Si le remontage par les petits ponts a lieu les mêmes jours que le lâchage sur corde par les grands ponts, il sera arboré deux drapeaux à chacun des ponts de la Tournelle et des Tuileries, l'un du côté de la rive droite et l'autre du côté de la rive gauche.

16. Le commerce pourra faire lâcher tous les jours, même les jours affectés au lâchage sur corde et remontage, les trains de bois flottés et de charpente, soit par les grands ponts, soit par les petits ponts, lorsque les chefs de ponts n'auront point fait arborer les drapeaux indicatifs du lâchage sur corde ou remontage.

17. Lorsqu'il existera plus de trois bateaux vides dans les ports du bas, les chefs de ponts seront tenus, si la chose est nécessaire pour l'entière évacuation de ces ports, de faire deux barrages par chaque jour de remontage.

18. Les contraventions tant aux dispositions des articles précités du décret impérial du 28 janvier dernier qu'à la présente ordonnance seront constatées par des procès-verbaux qui nous seront adressés.

19. Il sera pris, envers les contrevenants, telles mesures de police administrative qu'il appartiendra, sans préjudice des poursuites à exercer contre eux devant les tribunaux, conformément aux lois et aux règlements.

20. La présente ordonnance sera soumise à l'approbation de S. Exc. le ministre de l'intérieur.

21. Les commissaires de police, l'inspecteur général du quatrième arrondissement de la police générale, les officiers de paix, l'inspecteur général de la navigation et des ports et les autres préposés de la préfecture de police sont chargés d'en surveiller l'exécution.

Le conseiller d'Etat, préfet de police, baron PASQUIER.

N° **590.** — *Ordonnance concernant l'arrosement* (1).

Paris, le 25 mai 1811.

N° **591.** — *Ordonnance* (2) *qui prescrit la réimpression de l'article 12 de la loi du 22 germinal an XI, ainsi que des articles 1, 3, 4, 5, 6, 7, 8, 9, 10, 11, 12, 13, de l'arrêté du gouvernement du 9 frimaire an XII, concernant les livrets dont les ouvriers, travaillant en qualité de compagnons ou de garçons, doivent être pourvus* (3).

Paris, le 28 mai 1811.

(1) V. les ord. des 17 mai 1834, 1er juin 1837 et 27 juin 1843.

(2) V. les ord. des 21 déc. 1816, 25 mars 1818, 18 juin 1822, 1er avril 1831 et 30 déc. 1834.

(3) V. cette loi et cet arrêté à l'appendice.

N° **592.** — *Arrêté concernant les porteurs d'eau* (1).

Paris, le 4 juin 1811.

Nous, Etienne-Denis Pasquier, chevalier de la Légion d'honneur, baron de l'empire, conseiller d'État, chargé du quatrième arrondissement de la police générale, préfet de police du département de la Seine et des communes de Saint-Cloud, Sèvres et Meudon du département de Seine-et-Oise, etc.,

Informé que, pendant la vente en gros des denrées, les halles du centre sont journellement obstruées par des voitures étrangères au service de l'approvisionnement et notamment par celles des porteurs d'eau à tonneaux et des gravatiers;

Considérant qu'il peut en résulter des accidents;

En vertu des articles 2 et 22 de l'arrêté du gouvernement du 12 messidor an VIII,

Arrêtons ce qui suit :

1. Il est défendu aux porteurs d'eau à tonneaux et aux gravatiers de traverser les halles du centre avant dix heures du matin, en tout temps.

2. Les contraventions seront constatées par des procès-verbaux qui nous seront adressés.

3. Il sera pris, envers les contrevenants aux dispositions ci-dessus, telles mesures de police administrative qu'il appartiendra, sans préjudice des poursuites à exercer contre eux devant les tribunaux.

4. Le présent arrêté ne sera point affiché. Il sera notifié aux porteurs d'eau à tonneaux et aux gravatiers, par les commissaires de police, qui en dresseront procès-verbal qu'ils nous transmettront.

Ampliation en sera adressée à l'inspecteur général du quatrième arrondissement de la police générale, aux officiers de paix, au commissaire des halles et marchés, à l'inspecteur général de la salubrité et aux autres préposés de la préfecture de police, chargés de tenir la main à son exécution et de nous en rendre compte.

Le conseiller d'Etat, préfet de police, baron PASQUIER.

───────────────

N° **593.** — *Ordonnance concernant des mesures de police relatives aux fêtes et cérémonies qui auront lieu à l'occasion du baptême de S. M. le roi de Rome.*

Paris, le 7 juin 1811.

Nous, Etienne-Denis Pasquier, chevalier de la Légion d'honneur, baron de l'empire, conseiller d'Etat, chargé du quatrième arrondissement de la police générale, préfet de police du département de la Seine et des communes de Saint-Cloud, Sèvres et Meudon du département de Seine-et-Oise, etc.,

Vu les programmes de la cérémonie du baptême de S. M. le roi de Rome;

Vu le programme des fêtes, jeux, exercices et divertissements pu-

────────

(1) V. les ord. des 28 juill. 1819, 24 oct. 1829, 14 juin 1833, 30 mars 1837 et 15 avril 1843.

blics qui auront lieu dans la ville de Paris à l'occasion de cette cérémonie;

Vu les lettres de S. Exc. le ministre de l'intérieur et de S. Exc. le
grand-maître des cérémonies;

Vu les articles 20, 21 et 22 de l'arrêté du gouvernement du 12 messidor an VIII,

Ordonnons ce qui suit :

SECTION Iʳᵉ.

Spectacle gratis.

1. Les représentations gratuites qui auront lieu dans les spectacles,
samedi 8 juin, commenceront toutes à quatre heures du soir.

SECTION II.

Nettoiement de la voie publique.

2. Le dimanche 9 juin, la voie publique sera balayée et nettoyée à
six heures du matin.

Le service de l'enlèvement des boues et immondices sera terminé au
plus tard à onze heures.

Il sera fait deux arrosements extraordinaires, le premier à six heures
du matin, et le deuxième à midi; il devra être terminé à quatre
heures.

SECTION III.

Tirage des loteries et distributions de comestibles.

3. Le dimanche 9 juin, les places

Sainte-Croix, chaussée d'Antin..........	1ᵉʳ arrondissement,
Vendôme........................	2ᵉ
Des Victoires.........................	3ᵉ
Du Marché des Innocents..............	4ᵉ
De la Fidélité, à Saint-Laurent.........	5ᵉ
Rue et place du Temple............	6ᵉ
Le carrefour des rues de Bretagne et Bou-	
cherat, au Marais...................	7ᵉ
Place des Vosges......................	8ᵉ
De la Bastille......................	9ᵉ
De l'Abbaye Saint-Germain-des-Prés.....	10ᵉ
De l'Odéon...........................	11ᵉ
Et de l'Estrapade....................	12ᵉ

où les tirages des loteries de comestibles se feront, à midi, seront nettoyées et débarrassées avant huit heures du matin.

4. Les distributions aux porteurs de billets de loteries seront faites
le même jour, à quatre heures du soir, des deux côtés de l'avenue des
Champs-Élysées.

Les distributions de comestibles auront lieu à douze buffets, dont
les numéros, depuis un jusqu'à douze, correspondront à ceux des
billets de loteries des douze places publiques.

Les distributions de vin commenceront à la même heure.

Elles se feront à vingt-quatre fontaines, garnies chacune de quatre
pièces de vin, et à quarante-huit chevalets, garnis chacun d'une
pièce.

5. Les commissaires de police veilleront à ce que l'ordre soit maintenu pendant les tirages et les distributions.

En cas de trouble, les tirages et les distributions seront suspendus jusqu'à ce que l'ordre soit rétabli.

SECTION IV.

Jeux aux Champs-Élysées.

6. Le passage de la rivière en bachots ou batelets ne pourra avoir lieu, le dimanche 9 juin, depuis le pont de la Concorde jusqu'à la sortie de Paris, qu'aux trois endroits ordinaires, savoir :

Au port des Invalides, à Chaillot et à la barrière des Bons-Hommes.

Les passeurs d'eau se pourvoiront de bachots en nombre suffisant pour que le service se fasse avec sûreté et célérité.

7. Il ne pourra être admis dans chaque bachot ou batelet plus de douze personnes.

Il est enjoint aux passeurs d'eau de désigner aux officiers de police ou à la garde les individus qui, par imprudence, compromettraient la sûreté des passagers.

SECTION V.

Cérémonie à Notre-Dame.

8. Le dimanche 9 juin, à compter de deux heures après midi jusqu'à huit heures du soir, la circulation et le stationnement des voitures autres que celles des personnes qui se rendront à la Métropole et à l'Hôtel-de-Ville sont interdits, savoir :

Pour la rive droite de la rivière, à partir du pont d'Austerlitz, sur les boulevards du Nord, dans les rues du faubourg Saint-Honoré, du faubourg du Roule jusqu'à la barrière du Roule; depuis cette barrière jusqu'à celle de Passy; et depuis la barrière de Passy, sur les quais qui bordent la rive droite de la Seine jusqu'au pont d'Austerlitz, et dans toutes les parties de la voie publique comprises dans cette enceinte;

Pour la rive gauche, dans toutes les parties de la voie publique enclavées par le quinconce des Invalides, le boulevard du Midi jusqu'à la rue de Vaugirard, la rue de Vaugirard, des Francs-Bourgeois, la place Saint-Michel, la rue Saint-Hyacinthe et la rue Saint-Jacques, depuis celle Saint-Hyacinthe jusqu'à la rue des Noyers, la rue de Bièvre, le quai des Miramiones, le pont de la Tournelle, l'île Saint-Louis, et sur les quais de la rive gauche, à partir du pont de la Cité jusqu'au quinconce des Invalides.

9. Les voitures qui arriveront par la route de Sèvres seront dirigées sur Vaugirard.

Celles qui arriveront par les routes de Neuilly et de Saint-Germain ne pourront entrer dans Paris que par les barrières de Clichy ou du faubourg Montmartre.

10. Il est défendu de traverser la rivière pour se rendre dans la Cité.

11. Le parvis, la place Fénelon et, au besoin, le quai d'Orléans, depuis le pont de la Cité jusqu'au numéro seize, sont exclusivement réservés pour les voitures du cortège de LL. MM. II. et RR.

12. Les voitures de S. A. R. le grand-duc de Francfort fileront par le pont de la Cité, et seront rangées sur le quai d'Orléans immédiatement après celles du cortège de LL. MM. II. et RR.

13. Les voitures du corps diplomatique seront rangées immédiatement après celles de S. A. R. le grand-duc de Francfort.

14. Les voitures du sénat, du conseil d'Etat et du corps législatif seront rangées immédiatement après celles du corps diplomatique.

15. Les voitures de la Cour de cassation, de la Cour des comptes, du conseil de l'Université et de la cour impériale seront rangées immédiatement après celles du corps législatif.

16. Les voitures des maires et députés des villes seront rangées immédiatement après celles de la cour impériale.

17. Les voitures du corps municipal de Paris stationneront rues Saint-Christophe et de la Juiverie : elles retourneront à l'Hôtel-de-Ville par le pont Notre-Dame, le quai Pelletier et la place de l'Hôtel-de-Ville jusqu'à la grande porte.

SECTION VI.

Fête à l'Hôtel-de-Ville.

18. Les personnes qui se rendront à l'Hôtel-de-Ville devront être munies de leurs billets d'invitation.

19. Les voitures des personnes qui habitent les quartiers de la rive gauche de la rivière passeront par le Pont-Neuf et la place des Trois-Maries.

Les voitures des personnes qui habitent les quartiers de la rive droite enclavés par la rue Saint-Denis, les boulevards Saint-Denis, Poissonnière, Montmartre, de la Chaussée-d'Antin, de la Madeleine et par la rue de la Concorde, arriveront par la rue de la Monnaie jusqu'à la place des Trois-Maries, où elles se réuniront à celles venant de la rive gauche, pour être dirigées par les rues Saint-Germain-l'Auxerrois, Saint-Jacques-la-Boucherie, jusqu'à la rue Planche-Mibrai.

Les personnes qui habitent les quartiers situés au-delà des boulevards ci-dessus désignés ne pourront traverser le boulevard qu'à la porte Saint-Martin. Elles suivront la rue Saint-Martin et la rue des Arcis jusqu'au coin de la rue Saint-Jacques-la-Boucherie.

Les voitures des personnes qui habitent les autres quartiers de la rive droite, jusqu'au faubourg Saint-Antoine, arriveront également par la rue Saint-Martin.

Toutes les files de ces voitures, réunies en une seule à l'angle des rues Planche-Mibrai et Saint-Jacques-la-Boucherie, partiront de ce point pour arriver à l'Hôtel-de-Ville, par les rues de la Coutellerie, de la Tixeranderie, des Vieilles-Garnisons et du Tourniquet.

Les voitures des personnes qui, après avoir assisté aux cérémonies du baptême, sont invitées à se rendre à l'Hôtel-de-Ville, passeront par les rues Neuve-Notre-Dame et de la Juiverie, le pont Notre-Dame, la rue Planche-Mibrai jusqu'à l'angle de la rue de la Coutellerie, où elles seront mises en file pour arriver à la rue du Tourniquet.

20. Les maîtres sont invités à donner l'ordre formel à leurs cochers de ne pas rompre la file et d'aller au pas.

21. Les voitures des personnes arrivées à l'Hôtel-de-Ville fileront à vide par les rues du Monceau, du Pourtour-Saint-Gervais, Saint-Antoine, et iront stationner, soit dans la Vieille rue du Temple, soit dans la rue Saint-Antoine, à partir de la Vieille rue du Temple, où la tête de file sera établie.

22. La place de l'Hôtel-de-Ville et le port au Blé, jusqu'au corps de garde, sont exclusivement réservés pour les voitures du cortége de LL. MM. II. et RR.

Les voitures des personnes de la cour, autres que celles faisant partie du cortége impérial, stationneront sur le port au Blé, à partir du corps de garde, sur le quai des Ormes, et, au besoin, sur le quai des Célestins.

23. L'ordre de départ sera donné aux cochers des voitures qui formeront la tête de file par les officiers de paix chargés du maintien de l'ordre sur les lieux.

SECTION VII.

Illumination générale. — Feu d'artifice.

24. Les habitants de Paris illumineront la façade de leurs maisons dans la soirée du dimanche 9 juin.

25. A compter de huit heures du soir jusqu'au lendemain matin, aucune voiture ne pourra circuler ni stationner dans Paris.

Sont seules exceptées de cette disposition :

Les voitures des personnes qui se rendront au palais impérial des Tuileries,

Et celles des personnes qui sortiront de l'Hôtel-de-Ville.

Sont aussi exceptés de cette disposition et de celles de l'article 8, les courriers de la malle et les diligences.

26. Il est défendu de vendre et d'acheter des fusées, pétards, boîtes, bombes et autres pièces d'artifice, et d'en tirer dans les rues, promenades, places publiques, cours et jardins, ou par les fenêtres des maisons.

Les pères et mères et les chefs de maisons sont civilement responsables des faits de leurs enfants ou domestiques.

Les marchands de pièces d'artifice sont personnellement responsables de l'exécution du présent article, en ce qui les concerne.

27. Des pompes, des tonneaux et des seaux à incendie seront placés en nombre suffisant partout où il sera nécessaire.

Il est défendu aux pompiers de quitter leurs pompes ni leur poste.

SECTION VIII.

Dispositions générales.

28. Il est défendu aux cochers de quitter les rênes de leurs chevaux.

29. Il est défendu de traverser les cortéges.

30. Il est défendu de monter sur les monuments et édifices publics, sur les parapets des quais et des ponts, sur les balustrades de la place de la Concorde, sur les toits, les entablements et les auvents des maisons; sur les piles ou théâtres de bois dans les chantiers, ni sur les barrières au-devant des maisons.

31. Il est pareillement défendu de monter sur les arbres des boulevards et des Champs-Elysées.

32. Il est défendu de construire ou faire construire aucuns échafauds, amphithéâtres, estrades ou autres établissements de ce genre.

Il est également défendu de placer sur la voie publique des chaises et des bancs.

Les commissaires de police et l'architecte-commissaire de la petite voirie feront détruire ou enlever tous les objets ci-dessus désignés.

33. Les commissaires de police ainsi que les officiers de paix ne pourront quitter le poste qui leur aura été confié, qu'après la retraite du public.

Ils feront toutes les réquisitions nécessaires aux commandants de la force armée pour qu'elle reste en activité jusqu'au moment où ils pourront se retirer eux-mêmes.

34. L'inspecteur général de la police prendra toutes les mesures non prévues qui seraient nécessaires pour le maintien de l'ordre et de la sûreté publique pendant les fêtes et cérémonies.

Il se concertera pour l'exécution avec les commandants de la force armée.

55. Il sera pris envers les contrevenants telles mesures de police administrative qu'il appartiendra, sans préjudice des poursuites à exercer contre eux devant les tribunaux, conformément aux lois et aux règlements.

56. La présente ordonnance sera imprimée, publiée et affichée.

L'inspecteur général du quatrième arrondissement de la police générale de l'empire, les commissaires de police, les maires des communes de Sèvres, de Neuilly et de Clichy, les officiers de paix, le commandant et l'ingénieur du corps des pompiers, l'architecte commissaire de la petite voirie, le contrôleur général du recensement et du mesurage des bois et charbons, l'inspecteur général de la navigation et des ports, l'inspecteur général de la salubrité et les autres préposés de la préfecture de police sont chargés, chacun en ce qui le concerne, de tenir la main à son exécution.

Le conseiller d'Etat, préfet de police, baron PASQUIER.

N° **594.**—*Ordonnance qui prescrit la réimpression et la publication des articles* 6, 16, 17, 18, 27, 28, 29, 33, 34, 35, 36, 37, 38, 39, 40, 41, 43 *et* 44 *du décret impérial du* 23 *juin* 1806 (1), *et des articles* 2, 3, 4, 5, 6, 7, 8, 9, 10, 11 *et* 13 *du décret impérial du* 28 *août* 1808 (2), *concernant les propriétaires ou entrepreneurs de diligences, de messageries et autres voitures publiques allant à destination fixe* (3).

Paris, le 12 juin 1811.

N° **595.** — *Ordonnance concernant les artificiers* (4).

Approuvée par S. Exc. le ministre de l'intérieur, le 15 juin 1811.

Paris, le 12 juin 1811.

Nous, Etienne-Denis Pasquier, chevalier de la Légion d'honneur, baron de l'empire, conseiller d'État, chargé du quatrième arrondissement de la police générale, préfet de police du département de la Seine et des communes de Saint-Cloud, Sèvres et Meudon du département de Seine-et-Oise, etc.,

Considérant que les accidents les plus graves résultent souvent de l'impéritie ou de la négligence des artificiers, soit dans la composition, soit dans l'emploi des pièces d'artifice; que, notamment, ils sont dans l'usage d'employer des baguettes de bois dans la composition des fusées volantes; que ces baguettes peuvent, par leur chute, occasionner des incendies, blesser des personnes, et mettre leur vie en dan-

---

(1) V. ce décret à l'appendice.

(2) Rapporté. — V. à l'appendice l'ord. du roi du 16 juillet 1828.

(3) V. les ord. des 12 sept. 1816, 29 déc. 1817, 4 avril 1820, 27 août 1821, 21 juin 1823, 14 août 1824, 15 mars 1826, 25 oct. 1827, 19 août 1828, 31 janvier 1829 et 18 avril 1843.

(4) V. l'arrêté du 24 juin 1841.

ger ; que, dès lors, il importe qu'il soit pris des mesures afin d'empêcher qu'à l'avenir de semblables accidents ne se renouvellent ;

Vu les articles 319 et 320 du Code pénal ;

Vu la lettre de S. Exc. le ministre de l'intérieur, en date du 19 avril 1810,

Ordonnons ce qui suit :

1. Toutes et chaque fois qu'il arrivera un accident par l'effet d'une pièce d'artifice, il sera fait une information, et il en sera dressé un procès-verbal, lequel constatera si l'accident provient du fait de l'artificier, soit par contravention aux ordonnances, soit par négligence, soit par impéritie : ce procès-verbal nous sera transmis sans délai.

2. Il est défendu aux artificiers d'employer, dans la composition des fusées volantes, aucune baguette de bois ni d'aucune espèce de corps dur.

3. Ils seront tenus de substituer à ces baguettes tel autre moyen qu'ils jugeront convenable, pourvu toutefois qu'il n'en puisse résulter aucun danger.

4. Il est défendu de vendre et d'acheter des fusées volantes fabriquées avec des baguettes de bois ou autres corps durs, et d'en tirer dans un lieu quelconque, soit public, soit particulier.

Les artificiers et les marchands de pièces d'artifice sont personnellement responsables de l'exécution du présent article, en ce qui les concerne.

5. Il sera fait de fréquentes visites chez les artificiers et les marchands de pièces d'artifice, à l'effet de saisir toutes les fusées volantes qui seront trouvées dans leurs boutiques ou magasins, et qui auront été fabriquées avec des baguettes prohibées par l'article 2.

6. Il sera pris envers les contrevenants telles mesures de police administrative qu'il appartiendra, sans préjudice des poursuites à exercer contre eux devant les tribunaux, conformément aux articles 319 et 320 du Code pénal.

7. La présente ordonnance sera soumise à l'approbation de S. Exc. le ministre de l'intérieur.

8. Elle sera imprimée, publiée et affichée.

Les sous-préfets des arrondissements de Saint-Denis et de Sceaux, les maires des communes rurales du ressort de la préfecture, les commissaires de police, l'inspecteur général du quatrième arrondissement de la police générale, les officiers de paix et les préposés de la préfecture de police sont chargés, chacun en ce qui le concerne, de tenir la main à son exécution.

Le conseiller d'Etat, préfet de police, baron PASQUIER.

N° **596**.— *Ordonnance concernant les mesures de police relatives à l'ouverture de la session du corps législatif et au concert public qui aura lieu sur la terrasse du palais des Tuileries* (1).

Paris, le 14 juin 1811.

_____

(1) V. l'ord. du 31 mai 1814.

N° **597.**—*Ordonnance concernant des mesures de police à l'occasion de la fête de cour et publique qui aura lieu à Saint-Cloud, le dimanche 23 juin.*

Paris, le 21 juin 1811.

Nous, Etienne-Denis Pasquier, chevalier de la Légion d'honneur, baron de l'empire, conseiller d'Etat, chargé du quatrième arrondissement de la police générale, préfet de police du département de la Seine et des communes de Saint-Cloud, Sèvres et Meudon du département de Seine-et-Oise, etc.,

Vu les lettres de S. Exc. M. le ministre secrétaire d'Etat, et de S. Exc. M. le duc de Frioul, grand-maréchal du palais, concernant la fête de cour et publique qui aura lieu dimanche prochain, 23 juin, à Saint-Cloud,

Ordonnons ce qui suit :

SECTION Ire.

Tirage des loteries et distributions de comestibles.

1. Le samedi 22 juin, les places

Sainte-Croix, chaussée d'Antin..........	1er arrondissement,
Vendôme.....................	2e
Des Victoires.........................	3e
Du Marché des Innocents..............	4e
De la Fidélité, à Saint-Laurent.........	5e
Rue et place du Temple................	6e
De l'Hôtel-de-Ville....................	7e
Des Vosges........................	8e
De la Bastille........................	9e
De l'Abbaye Saint-Germain-des-Prés.....	10e
De l'Odéon.........................	11e
Et de l'Estrapade.....................	12e

où se feront les tirages des loteries de comestibles, à six heures du soir, seront nettoyées et débarrassées.

Le même jour et à la même heure, il sera fait des tirages de loteries de comestibles dans les communes de Saint-Cloud, Passy, Auteuil, Boulogne, Sèvres et Meudon, aux emplacements désignés par les maires.

2. Les distributions de comestibles aux porteurs de billets de loterie seront faites le lendemain à quatre heures du soir, dans le parc de Saint-Cloud, à douze buffets disposés à cet effet.

Les distributions de vin commenceront à la même heure, et se feront dans le même lieu, à des fontaines garnies de pièces de vin.

3. Les commissaires de police de Paris et les maires des communes désignées dans l'article 1 veilleront à ce que l'ordre soit maintenu pendant les tirages ; et, en cas de trouble, ils les feront suspendre jusqu'à ce que l'ordre soit rétabli.

SECTION II.

Arrosement extraordinaire. — Circulation des voitures.

4. Dimanche 23 juin, toute la route de Saint-Cloud devant être arrosée, il sera fait, par l'entrepreneur général des arrosements de la ville de Paris, un arrosement extraordinaire depuis la place de la Concorde jusqu'à la barrière de Passy.

5. Le même jour, jusqu'au lendemain, aucune voiture quelconque ne passera sur le pont de Saint-Cloud, exclusivement réservé pour les personnes à pied.

6. Les voitures des environs de Paris et les charrettes couvertes seront dirigées vers le pont de Saint-Cloud, depuis le Point-du-Jour.

Les conducteurs s'arrêteront en deçà du pont (côté de Paris) et retourneront à vide pour aller stationner dans la commune de Boulogne.

Pour retourner à Paris, les voitures et charrettes passeront par le bois de Boulogne, et entreront par la barrière de l'Étoile ou par celle du Roule.

7. Les voitures des personnes qui seront invitées à la fête de cour, ainsi que celles des particuliers qui se rendront à la fête publique, ne pourront arriver que par le pont de Sèvres.

Les voitures des personnes qui ne sont pas invitées à la fête de cour stationneront dans la commune de Sèvres, le long des murs du parc, depuis la grille en remontant le village.

Dans le cas où ce local ne suffirait pas, les voitures qui ne pourront y être placées retourneront pour aller stationner sur la route de Sèvres à Paris, en deçà du dépôt des matériaux destinés pour les travaux du nouveau pont.

8. Les voitures de place, quelle que soit l'heure de leur arrivée, seront dirigées vers le pont de Sèvres, et s'arrêteront en deçà dudit pont et des matériaux déposés sur la route.

Elles seront rangées sur la route immédiatement après les voitures particulières.

9. Il est défendu aux cochers de quitter les rênes de leurs chevaux.

10. Aucunes des voitures stationnées le long des murs du parc ne pourront être remises en mouvement pour retourner à Paris, qu'après le feu d'artifice et lorsque les officiers de police, qui seront sur les lieux, jugeront qu'elles peuvent traverser le pont sans danger.

11. Les voitures et charrettes qui iront à Versailles le jour de la fête suivront la route de la plaine de Vaugirard, du bas de Meudon, de Chaville et de Viroflay.

SECTION III.

Galiotes, bachots et batelets.

12. Les bachots et batelets partiront de la rive droite de la Seine, au-dessous du pont des Tuileries; ils seront préalablement visités, pour s'assurer qu'ils sont en bon état.

Il ne sera admis dans chaque bachot ou batelet plus de douze personnes.

Les conducteurs de bachots ou batelets ne pourront exiger de chaque voyageur plus de soixante centimes.

Il est défendu aux conducteurs de bachots ou batelets, ainsi qu'aux mariniers et conducteurs de galiotes ou autres embarcations, de recevoir aucune personne en route.

13. Les galiotes ne pourront aborder qu'au pont de Sèvres; et les bachots aborderont et seront garés au-dessus du port des galiotes.

14. Les galiotes et autres embarcations tirées par des chevaux, qui transporteront des personnes à Saint-Cloud le 23 juin, ne pourront être descendues et remontées que par la machine placée au pont d'Iéna.

15. Dans le cas où la grande galiote de Paris à Sèvres, appartenant

au sieur Dallot, n'aurait pas été réparée conformément à notre arrêté du 13 juin présent mois, le départ en serait suspendu.

16. A compter de sept heures du soir, le retour des galiotes, de Saint-Cloud à Paris, sera interdit jusqu'au lendemain.

17. Aucun bachot ou batelet ne pourra, sous quelque prétexte que ce soit, être descendu, soit en tête, soit au-dessous du pont de Sèvres.

18. Il est défendu de traverser la rivière, soit au-dessus, soit au-dessous du pont de Saint-Cloud.

SECTION IV.

Feu d'artifice.

19. Il est expressément défendu à toutes personnes de s'introduire dans l'enceinte de la plaine de Boulogne, comprise entre la rivière, le chemin de Saint-Cloud, le chemin de la Révolte et la route de Sèvres.

20. Il est également défendu aux cochers et conducteurs de voitures de les abandonner dans les endroits affectés à leur stationnement, pendant le feu d'artifice.

SECTION V.

Dispositions générales.

21. L'inspecteur général de la police prendra toutes les mesures non prévues qui seraient nécessaires pour le maintien de l'ordre et de la sûreté publique, pendant la journée et la nuit du dimanche 23 juin.

Il se concertera, pour l'exécution, avec les commandants de la force armée.

22. Il sera pris envers les contrevenants telles mesures de police administrative qu'il appartiendra, sans préjudice des poursuites à exercer contre eux devant les tribunaux.

23. La présente ordonnance sera imprimée, publiée et affichée.

L'inspecteur général du quatrième arrondissement de la police générale de l'empire, les maires des communes de Saint-Cloud, Sèvres, Meudon, Boulogne, Auteuil, Vaugirard et Passy, les commissaires de police, les officiers de paix, l'inspecteur général de la salubrité et les agents de la préfecture de police sont chargés de tenir la main à son exécution.

Le conseiller d'Etat, préfet de police, baron PASQUIER.

N° 598. — *Ordonnance concernant des mesures à prendre pendant l'exécution des travaux préliminaires pour la distribution dans Paris des eaux de l'Ourcq.*

Paris, le 8 juillet 1811.

Nous, Etienne-Denis Pasquier, officier de la Légion d'honneur, baron de l'empire, conseiller d'État, chargé du quatrième arrondissement de la police générale, préfet de police du département de la Seine et des communes de Saint-Cloud, Sèvres et Meudon du département de Seine-et-Oise, etc. ;

Vu notre arrêté du 12 novembre 1810 ;

Vu les lettres à nous adressées, tant par M. le maître des requêtes, chargé du service des ponts et chaussées dans le département de la

Seine, que par l'ingénieur en chef, directeur du canal de l'Ourcq et des eaux de Paris, desquelles il résulte : « que la distribution des eaux de l'Ourcq dans Paris, ordonnée par S. M. l'empereur et roi, nécessite : 1° le défoncement de la partie de l'égout Montmartre qui règne depuis la rue de Provence jusqu'à celle des Jeûneurs ; 2° la reconstruction à neuf de la partie de cet égout qui s'étend depuis la rue des Jeûneurs jusqu'à celle Jean-Jacques-Rousseau ; 3° enfin, la construction d'une galerie voûtée le long des rues du Mail, des Petits-Pères, Neuve-des-Petits-Champs, le perron du Palais-Royal et partie des rues d'Arcole et de Quiberon ; »

Vu aussi le rapport de l'architecte-commissaire et des architectes-inspecteurs de la petite voirie, qui ont visité les lieux, de concert avec les ingénieurs et l'entrepreneur chargés de diriger et d'exécuter ces travaux ;

Considérant que les travaux dont il s'agit intéressent l'universalité des habitants de Paris, qu'ils doivent être terminés dans cette campagne, et qu'il convient, par conséquent, de les faciliter, afin d'en abréger la durée, et de diminuer la gêne qui doit en résulter pour la circulation et pour les riverains ;

Considérant, en outre, qu'en accordant à l'entrepreneur les facilités nécessaires il importe de prendre des mesures pour le maintien de l'ordre et de la sûreté publique ;

En vertu des règlements généraux et des arrêtés du gouvernement sur cette matière,

Ordonnons ce qui suit :

SECTION Iʳᵉ.

Défoncement de l'égout Montmartre, depuis la rue de Provence jusqu'à la rue des Jeûneurs.

1. Cette partie des travaux étant souterraine, les ouvertures ou trous de service à établir, de distance en distance, dans la voûte de l'égout, seront entourés d'une barrière en charpente et en planches de hauteur et de solidité convenables.

Les trous à chaux et bassins à mortier seront pratiqués dans l'intérieur de cette barrière, ou dans toute autre enceinte particulière, également fermée en charpente et en planches.

2. On évitera, autant que faire se pourra, de placer lesdites ouvertures ou trous de service à des carrefours ou au point de traverse de plusieurs rues.

Ces carrefours ou points de traverse devront rester libres pour le passage des voitures.

3. Le sieur Fournier, entrepreneur des travaux, fera transporter aux voiries à ce destinées les vases et immondices provenant du curage et cavage de la partie d'égout susdésignée.

4. L'entrepreneur est autorisé à déposer des matériaux sur le milieu de la chaussée Montmartre, entre les encaissements susénoncés, en observant néanmoins de laisser, de trente mètres en trente mètres, des passages suffisants pour traverser la rue.

Il sera, en outre, laissé le long des maisons, lorsque les localités le permettront, savoir, sur l'un des côtés de la rue, un passage pour les piétons, et, de l'autre, un passage pour les voitures.

Le passage pour les voitures sera pratiqué, autant que possible, du côté de la rue où le nombre des portes cochères est plus nombreux que du côté opposé.

5. Dans le cas où les emplacements susdésignés seraient insuffisants pour le dépôt des matériaux nécessaires à cette partie des travaux, il est permis à l'entrepreneur d'en déposer dans les rues Richer et de Provence, et sur le revers de la chaussée du boulevard, depuis la rue Montmartre jusqu'à la rue Poissonnière, du côté du Nord.

Il sera laissé au droit de chaque poteau, auquel est attachée la boîte des lanternes de l'illumination de la ville, un sentier d'un mètre de largeur, et au-devant de chaque porte cochère un espace suffisant pour le passage d'une voiture.

6. Les barrières ou encaissements qui doivent enceindre les trous de service seront enlevées et supprimées au fur et à mesure de l'exécution ou de l'achèvement des travaux.

Le pavé sera rétabli de suite.

SECTION II.

Reconstruction de l'égout Montmartre, depuis la rue des Jeûneurs jusqu'à celle J.-J. Rousseau.

7. Ce travail devant être fait à tranchée ouverte, et par épaulées, la circulation devra être libre sur tous les points qui ne seront pas attaqués.

8. A mesure de l'ouverture des fouilles et tranchées, et pendant tout le temps que dureront les travaux, l'ingénieur et l'entrepreneur feront poser un nombre suffisant d'étrésillons, de plates-formes et de couches, tant verticales qu'horizontales, pour contre-buter la poussée des terres, et ôter aux propriétaires riverains toute inquiétude sur la solidité de leurs maisons.

Ils prendront, en outre, toutes les mesures et précautions convenables pour l'écoulement des eaux pluviales et ménagères, notamment dans les temps d'orages et d'averses; enfin, ils feront placer, au-devant et de chaque côté des fouilles, une barrière en charpente, à hauteur d'appui, avec courant de lisses.

9. Les dépôts de chaux et de sable, les trous à chaux et les bassins à mortier, seront établis dans le milieu de la rue où se feront les travaux, en amont ou en aval des ateliers.

On ne pourra les former le long des maisons, ni sur les parties affectées au passage des piétons et des voitures.

Ils seront entourés de barrières.

10. Les matériaux nécessaires à cette partie des travaux seront déposés sur la partie du boulevard du Nord précédemment désignée; dans la rue Montmartre, sur le milieu de la chaussée, en remontant vers le premier atelier; et dans la rue de Cléry, également sur la chaussée, en observant de ne pas obstruer le cours du ruisseau, et de laisser, dans cette dernière rue, un passage pour les piétons, d'un côté, et un passage pour les voitures, de l'autre.

Il sera, en outre, laissé, au-devant de chaque porte cochère, un espace suffisant pour l'entrée et la sortie d'une voiture.

Les accès de la rue du Gros-Chenet devront être dégagés de toute entrave.

11. Les fouilles et tranchées ne pourront être entreprises et poussées qu'en proportion de l'avancement des travaux de maçonnerie.

En conséquence, aussitôt après l'achèvement d'une partie de la maçonnerie, l'entrepreneur devra la faire remblayer et paver par-dessus, et faire travailler en même temps à écrêter les terres en avant de l'atelier, mais seulement dans une longueur égale à celle de la travée de maçonnerie qui viendra d'être terminée, et ainsi de suite jusqu'à la fin des travaux, hors le cas d'une circonstance extraordinaire.

12. Il sera établi, par-dessus les fouilles, le nombre de ponts de service nécessaires pour le passage des gens de pied, et la communication d'un côté à l'autre de chaque rue.

13. Il sera laissé le long des maisons un passage suffisant pour le service des maisons et boutiques.

Si les localités le permettent, il sera également pratiqué, de l'un ou de l'autre côté de la rue, un passage pour les voitures.

14. L'ancien égout de la rue Montmartre ne sera démoli et remblayé qu'après l'entier achèvement du nouveau.

SECTION III.

Construction d'une galerie souterraine le long des rues du Mail , des Petits-Pères, Neuve-des-Petits-Champs, le perron du Palais-Royal, et partie des rues d'Arcole et de Quiberon.

15. Ce travail devant être fait à tranchée ouverte, comme celui énoncé dans la section II ci-dessus, il sera procédé conformément aux dispositions des articles 7, 8, 9, 10, 11, 12 et 13 de la présente ordonnance.

16. Les matériaux nécessaires pour cette partie des travaux seront déposés, savoir : 1° une partie dans les rues mêmes où se feront les travaux ; 2° place des Victoires, entre la rue de la Feuillade et la rue Vide-Gousset ; même place, entre la rue de la Feuillade et la petite rue de la Vrillère ; 3° rue Croix-des-Petits-Champs , depuis la rue de la Vrillière jusqu'au n° 35, entre le ruisseau et les maisons.

Le revers du pavé, sur la place des Victoires, et les abords des rues latérales devront rester entièrement libres.

Dans la rue Croix-des-Petits-Champs, les abords des rues Baillif et Coquillière et des portes cochères resteront également libres ; il sera laissé un passage de deux mètres entre les matériaux et les maisons, pour le service des riverains.

Les matériaux seront éloignés d'environ un mètre du ruisseau, afin de ne pas en obstruer le cours.

SECTION IV.

Dispositions générales.

17. Les emplacements susdésignés, qui sont affectés au dépôt des matériaux, seront plus particulièrement déterminés sur les lieux, par les commissaires de police des divisions respectives, et par l'architecte-commissaire et les architectes-inspecteurs de la petite voirie.

18. Les ateliers et les dépôts de matériaux, notamment les trous à chaux et les bassins à mortier, ainsi que tous les points de la voie publique qui pourraient présenter quelque danger pour la circulation, seront éclairés pendant la nuit avec des lampions, aux frais et par les soins de l'entrepreneur, sous la direction et surveillance des commissaires de police du quartier.

19. Indépendamment des dépôts de matériaux susénoncés, l'entrepreneur sera tenu de se conformer aux dispositions du titre III de l'arrêté de S. Exc. le ministre de l'intérieur, du 13 octobre 1810, en ce qui est relatif aux approvisionnements et aux dépôts de matériaux, à la proximité des carrières et des grandes routes.

20. Les pavés arrachés ou enlevés pour l'exécution des travaux ne pourront être déposés sur les ateliers ni le long des maisons. Ils seront transportés sur les boulevards extérieurs, ou dans des terrains particuliers, que l'entrepreneur sera tenu de se procurer aux frais de qui il appartiendra.

21. L'entrepreneur fera transporter régulièrement , aux décharges publiques, les débris, recoupes, glaises, terres et gravois qui ne pourront être employés dans les remblais.

22. Les travaux seront poussés avec la plus grande activité, particulièrement à chaque carrefour, et au point de traverse de plusieurs rues.

23. L'ingénieur et l'entrepreneur des travaux feront réparer, aux frais de qui de droit, par l'entrepreneur du pavé de Paris, et non par d'autres, sous la direction de l'ingénieur en chef en cette partie, le pavé qui aura été levé, cassé ou dérangé, pour l'exécution des travaux susénoncés, ou par l'effet du séjour ou transport des matériaux dans les rues susdésignées ; à cet effet, ils délivreront les attachements nécessaires à l'ingénieur en chef du pavé.

24. Les travaux devront être terminés, le pavé rétabli, et la voie publique débarrassée de tous décombres et immondices, avant le premier novembre prochain.

25. Dans le cas où, par des événements imprévus, les travaux ne pourraient être entièrement exécutés pour l'époque fixée, les rues et autres parties de la voie publique où ils seront suspendus seront mises en bon état de service, afin que la circulation y soit libre et sûre.

L'entrepreneur sera tenu, en outre, de faire enlever, avant ladite époque du premier novembre prochain, tous les matériaux restant sur place, sans pouvoir, sous aucun prétexte, en laisser la moindre partie dans les rues pour y passer l'hiver.

26. A défaut, par l'entrepreneur, de se conformer aux dispositions des deux articles précédents, il encourra l'amende prononcée par les lois et règlements, et sera traduit au tribunal de police, et en outre les matériaux qui resteront sur la voie publique seront vendus au plus offrant et dernier enchérisseur, en un ou plusieurs lots, sur une simple affiche, sans autre formalité préalable, par le sieur Commendeur, commissaire-priseur, à la charge, par les adjudicataires, de payer comptant le prix de la vente, et d'enlever de suite les objets vendus, pour, le prix en provenant, distraction faite des frais, être remis à l'entrepreneur, à la charge par lui d'en donner bonne et valable décharge, et en cas de refus ou empêchement, être versé ou déposé, par le sieur Commendeur, à la caisse d'amortissement, à la conservation des droits de qui il appartiendra, conformément à la loi du 28 nivôse an XIII (18 janvier 1805), moyennant lequel versement, dont il retirera une reconnaissance en bonne forme, ledit sieur Commendeur sera bien et valablement déchargé et libéré du prix de la vente.

27. L'architecte-commissaire et les architectes-inspecteurs de la petite voirie sont de plus autorisés à faire enlever, en se concertant avec l'inspecteur général de la salubrité, tous décombres, recoupes, terres, gravois, sables et autres immondices provenant des travaux, et ce, aux frais de l'entrepreneur, lesquels frais seront prélevés sur le montant de la vente ordonnée par l'article précédent.

28. Les habitants des maisons au-devant desquelles les tombereaux du nettoiement ne pourraient pénétrer, seront tenus de porter les ordures et immondices à l'entrée de la rue, pour en faciliter l'enlèvement.

29. Les carrosses et cabriolets de louage qui stationnent dans la rue du faubourg Montmartre, dans celle Montmartre et dans une partie des rues du Mail, Croix-des-Petits-Champs, d'Arcole et de Quiberon, ainsi que sur la place des Victoires, seront tenus de se retirer aussitôt que les travaux commenceront ou que l'entrepreneur fera approcher des matériaux pour s'en occuper.

Les carrosses de louage pourront stationner provisoirement: 1° rue du Gros-Chenet, le long d'un grand mur de clôture, depuis le n° 2 jusqu'au n° 4.

Une tête d'une seule voiture sera placée à l'extrémité de la rue et du marché Saint-Joseph, près la rue Montmartre.

2° Rue du Caire, le long du passage du même nom.

Une tête de plusieurs voitures stationnera sur le carrefour qui longe la rue d'Aboukir.

Les cabriolets de louage se placeront aussi provisoirement rue du Lycée, du côté opposé au Palais-Royal.

Il est défendu à toutes voitures de stationner rue d'Arcole, entre le perron du Palais-Royal et la rue du Lycée.

30. Notre arrêté du 12 novembre 1810 sera exécuté en tout ce qui n'est pas contraire aux dispositions de la présente ordonnance.

31. La présente ordonnance sera imprimée et affichée ; elle sera notifiée au sieur Fournier, en son domicile, rue Clocheperche, n° 8, par le commissaire de police de la division de Brutus, qui nous transmettra, sans retard, le procès-verbal qu'il dressera de cette notification.

Il en sera transmis une ampliation à l'ingénieur en chef, directeur du canal de l'Ourcq et des eaux de Paris, et à l'inspecteur en chef du pavé de Paris et des boulevards.

32. Les commissaires de police, notamment ceux des divisions du Mont-Blanc, du faubourg Montmartre, Lepelletier, de Brutus, du Mail, du Contrat-Social, de la Halle-au-Blé et de la Butte-des-Moulins, le sieur Happe, architecte-commissaire, et les sieurs Croissant, Chabouillé et Chevalier, architectes-inspecteurs de la petite voirie, l'inspecteur général de la salubrité, l'inspecteur général du quatrième arrondissement de la police générale de l'empire et tous autres préposés de la préfecture de police sont chargés d'en assurer l'exécution, chacun en ce qui le concerne, et d'en rendre compte.

Le conseiller d'Etat, préfet de police, baron PASQUIER.

N° **599.** — *Arrêté relatif à l'ordre à observer pour les voitures des personnes qui se rendront au jardin de Tivoli.*

Paris, le 13 juillet 1811.

Nous, Etienne-Denis Pasquier, officier de la Légion d'honneur, baron de l'empire, conseiller d'Etat, chargé du quatrième arrondissement de la police générale, préfet de police du département de la Seine et des communes de Saint-Cloud, Sèvres et Meudon du département de Seine-et-Oise, etc.,

Arrêtons ce qui suit :

SECTION Ire.

Arrivée des voitures.

1. Les personnes qui se rendront en voiture au jardin de Tivoli arriveront de la rue Saint-Lazare par celle de Clichy ; les voitures formeront une seule file et suivront la chaussée du milieu de cette rue, en sorte que les deux côtés soient entièrement libres pour les personnes à pied.

2. A leur arrivée, les voitures entreront par la première grille, située après la porte cochère numérotée 34 ; elles suivront le chemin circulaire intérieur jusqu'au rond-point, d'où elles fileront à vide, et sortiront par la seconde grille.

3. Les voitures qui n'attendront pas les personnes qu'elles auront amenées descendront la rue de Clichy, et suivront pour leur retour la chaussée du milieu de cette rue.

4. Les voitures particulières qu'on voudra faire stationner remonteront la rue de Clichy, et seront placées en file de chaque côté de cette rue.

La tête de chaque file commencera à la hauteur de la maison numérotée 38.

Il sera laissé un passage libre le long des maisons.

Aucune voiture ne pourra stationner devant la porte d'entrée des maisons.

5. L'entrée du jardin, par la porte cochère numérotée 34, est exclusivement réservée pour les personnes à pied.

SECTION II.

Sortie du jardin.

6. Les voitures en stationnement dans la rue de Clichy entreront, à mesure qu'elles seront appelées, par la grille à gauche du jardin ; elles suivront le chemin circulaire, s'arrêteront au rond-point pour prendre les personnes qu'elles devront ramener, et sortiront par l'autre grille.

7. Toutes les voitures, en sortant de cette grille, descendront la rue de Clichy et suivront la chaussée du milieu jusqu'à la rue Saint-Lazare.

Les cochers les conduiront au pas.

8. Les personnes à pied pourront sortir du jardin par la porte cochère numérotée 34, et par le passage qui donne dans la rue Blanche où le stationnement des voitures de place est autorisé.

9. Les voitures de place seront rangées sur une seule file dans la rue Blanche, à droite.

La tête de la file commencera à la maison numérotée 16, et pourra se prolonger jusqu'à la rue Saint-Lazare.

Les voitures de place pourront également stationner dans la rue Saint-Lazare.

La tête de la file et des chevaux sera du côté de la rue du Mont-Blanc, en face de la rue Blanche.

10. Les voitures de place seront dirigées, à leur retour, par la rue Saint-Lazare.

Il est défendu aux cochers de les conduire autrement qu'au pas.

11. A la sortie du jardin de Tivoli, et pendant le défilé des voitures, aucune voiture ne pourra entrer dans la rue de Clichy, à l'exception toutefois de celles qui ramèneraient des personnes dans cette rue.

12. L'inspecteur général de police du quatrième arrondissement de la police générale de l'empire, les commissaires de police des divisions du Mont-Blanc, du Roule et de la place Vendôme, les officiers de paix et les préposés de la préfecture de police sont chargés de tenir la main à l'exécution du présent arrêté.

Le conseiller d'Etat, préfet de police, baron PASQUIER.

N° **600.** — *Ordonnance concernant la fixation du prix de location des places sur le marché des Innocents* (1).

Paris, le 17 juillet 1811.

Nous, Etienne-Denis Pasquier, officier de la Légion d'honneur, baron de l'empire, conseiller d'Etat, chargé du quatrième arrondissement de la police générale, préfet de police du département de la Seine et des communes de Saint-Cloud, Sèvres et Meudon du département de Seine-et-Oise, etc.;

Vu 1° les articles 12, 13 et 14 du décret impérial du 21 septembre 1807;

2° La décision de S. Exc. le ministre de l'intérieur, en date du 20 juin dernier,

Ordonnons ce qui suit :

1. Il sera payé, à titre de droit d'abri, par les détaillantes sur le marché des Innocents,

Savoir :

Par les détaillantes de fruits, trente centimes par jour et par place.

Par les détaillantes de légumes, vingt centimes par jour et par place.

2. Le droit sera payé par semaine et d'avance.

Le produit en sera versé dans la caisse du receveur municipal de la ville de Paris.

3. La perception du prix des places sera faite par un des préposés sur le marché, à compter du jour de la publication de la présente ordonnance.

4. Elle sera imprimée, publiée et affichée.

Le commissaire de police de la division des marchés et le commissaire des halles et marchés sont chargés de tenir la main à son exécution.

Le conseiller d'Etat, préfet de police, baron PASQUIER.

N° **601.** — *Ordonnance concernant le commerce du suif* (2).

Paris, le 17 juillet 1811.

Nous, Etienne-Denis Pasquier, officier de la Légion d'honneur, baron de l'empire, conseiller d'Etat, chargé du quatrième arrondissement de la police générale, préfet de police du département de la Seine et des communes de Saint-Cloud, Sèvres et Meudon du département de Seine-et-Oise, etc.;

Considérant que le suif est une marchandise de première nécessité, et qu'il importe d'en régulariser et d'en faciliter la vente, afin de remédier aux désordres qui se sont introduits dans cette branche de commerce;

Vu les articles 2, 23 et 33 de l'arrêté du gouvernement du 12 messidor an VIII et l'article 4 de celui du 7 thermidor suivant,

---

(1) V. l'ord. du 23 août 1834.

(2) V. l'ord. du 5 déc. 1831.

Ordonnons ce qui suit :

1. Le marché aux suifs continuera d'avoir lieu, les mercredis, à la halle aux veaux.

2. Le marché aux suifs tiendra depuis onze heures du matin jusqu'à deux heures.

3. L'ouverture et la fermeture du marché seront annoncées au son d'une cloche.

4. Il est défendu de vendre du suif en pain partout ailleurs qu'au marché.

5. La vente du suif en pain sera faite sur échantillons.

6. Les bouchers qui ne fondent point par eux-mêmes leur suif en branche, ou qui ne le font pas fondre pour leur compte par des tiers, seront tenus de faire, tous les dimanches, aux commissaires de police de leurs divisions respectives, la déclaration des quantités de suif en branche et dégrais par eux vendus pendant la semaine, et d'indiquer le nom du boucher, fondeur ou chandelier auquel ils en auront fait la vente.

7. Un état sommaire des quantités déclarées par chaque boucher nous sera adressé le lendemain par les commissaires de police.

8. Les bouchers et fondeurs faisant le commerce de suif en pain seront tenus d'apporter au marché un échantillon de chacune des espèces et qualités de suif qu'ils auront à vendre.

9. Chaque échantillon sera du poids de trois kilogrammes au moins.

Il portera une étiquette indicative du nom du boucher ou fondeur, et des quantités à vendre conformes à l'échantillon.

Les bouchers ou fondeurs qui apporteront plusieurs échantillons seront tenus de les numéroter.

10. Les bouchers ou fondeurs faisant le commerce de suif en pain seront tenus de faire, au bureau du préposé sur le marché, la déclaration des quantités de suif conformes à chaque échantillon qu'ils auront à vendre.

11. Ces déclarations seront inscrites sur un registre à ce destiné.

Elles ne pourront être faites que depuis onze heures jusqu'à midi.

12. Les bouchers et fondeurs seront tenus de faire au préposé la déclaration des quantités vendues sur chaque échantillon.

Ces déclarations seront inscrites à la suite de celles qui sont prescrites par l'article 10 de la présente ordonnance.

13. Les quantités relatives à chaque échantillon qui n'auront pas été vendues seront rapportées en déclaration au marché suivant, pour être remises en vente.

14. Il est défendu aux bouchers et fondeurs de remporter les échantillons sur lesquels il restera des ventes à faire.

15. Aucune déclaration de vente ne sera reçue après deux heures.

16. Aussitôt après la clôture du marché, le préposé fera retirer et resserrer les échantillons sur lesquels il restera des suifs à vendre.

Mention des quantités restant à vendre sera faite sur chaque étiquette.

Les échantillons resserrés seront réexposés au marché suivant.

17. Il est défendu aux bouchers, fondeurs et chandeliers de former des rassemblements hors du marché, sous quelque prétexte que ce soit.

18. Les contraventions seront constatées par des procès-verbaux qui nous seront adressés.

19. Il sera pris envers les contrevenants telles mesures de police administrative qu'il appartiendra, sans préjudice des poursuites à exercer contre eux par-devant les tribunaux, conformément aux lois et aux règlements.

20. La présente ordonnance sera imprimée, publiée et affichée.

Elle sera notifiée aux syndic et adjoints des bouchers.

Les commissaires de police, notamment celui de la division du Jardin-des-Plantes, l'inspecteur général du quatrième arrondissement de la police générale, les officiers de paix, le commissaire des halles et marchés et les autres préposés de la préfecture de police sont chargés, chacun en ce qui le concerne, de tenir la main à son exécution.

Le conseiller d'Etat, préfet de police, baron PASQUIER.

N° 602. — *Ordonnance concernant les commissionnaires stationnant sur la voie publique* (1).

Paris, le 29 juillet 1811.

Nous, Etienne-Denis Pasquier, officier de la Légion d'honneur, baron de l'empire, conseiller d'État, chargé du quatrième arrondissement de la police générale, préfet de police du département de la Seine et des communes de Saint-Cloud, Sèvres et Meudon du département de Seine-et-Oise, etc. ;

Considérant qu'il importe que les commissionnaires stationnant dans les rues et places publiques ne puissent abuser de la confiance des personnes qui les emploient ou au domicile desquelles ils sont introduits ; que surtout il importe que les gens sans aveu ne puissent pas prendre momentanément le costume de commissionnaires, à l'aide duquel il leur serait si facile de commettre de graves infidélités ;

Vu l'article 5 de l'arrêté du 12 messidor an VIII, §§ 2, 3 et 4,

Ordonnons ce qui suit :

1. Dans le mois de la publication de la présente ordonnance, tout individu exerçant à Paris la profession de commissionnaire, stationnant sur un point quelconque de la voie publique, sera tenu de se pourvoir d'une médaille.

2. Ceux qui, à l'avenir, voudront se livrer à cette profession seront soumis à la même obligation.

3. Les médailles des commissionnaires leur seront délivrées à la préfecture de police ; chaque médaille portera le numéro d'enregistrement, le nom et les lettres initiales des prénoms de celui qui en sera porteur.

4. Tout commissionnaire, pour obtenir sa médaille, sera tenu de faire, par-devant le commissaire de police de l'arrondissement de son domicile, une déclaration énonciative de ses nom, prénoms, âge, demeure, lieu de naissance, et de l'époque de son arrivée à Paris. La déclaration fera connaître également s'il est célibataire ou marié, s'il a des enfants, et la place sur laquelle il stationne ou se propose de stationner.

5. Les déclarations seront certifiées par deux citoyens domiciliés :

---

(1) V. l'ord. du 1er juill. 1839.

elles contiendront en outre le signalement et la signature des commissionnaires, ou la mention qu'ils ne savent ni écrire ni signer.

6. Ces déclarations nous seront transmises sans délai.

7. Dans la huitaine de la date de chaque déclaration, la médaille sera
délivrée, s'il n'y a cause contraire.

8. Aucun commissionnaire ne pourra stationner sur la voie publique
s'il n'est pourvu de médaille.

9. Tout commissionnaire stationnant sur la voie publique est tenu
de porter sa médaille d'une manière assez ostensible pour que les
personnes qui l'emploieront puissent en prendre facilement le numéro.

10. Tout commissionnaire qui stationnera sur la voie publique sans
être porteur de médaille sera considéré comme vagabond.

11. Il est expressément défendu à tout commissionnaire de stationner sur une place autre que celle énoncée en sa déclaration, sans en
avoir obtenu la permission.

12. Il est également défendu aux commissionnaires de prêter leurs
médailles à qui que ce soit, sous peine d'en être privés irrévocablement.

13. Tout commissionnaire qui changera de domicile sera tenu d'en
donner avis aux commissaires de police de l'arrondissement qu'il
quitte et de celui dans lequel il entre.

14. Tout commissionnaire qui quittera Paris, soit momentanément, soit définitivement, ou qui renoncera à sa profession, sera tenu
de déposer sa médaille au bureau où elle aura été délivrée.

15. En cas de décès, les commissionnaires de la place où station-
nait le décédé seront tenus d'en donner avis au commissaire de police
de l'arrondissement, qui se fera remettre la médaille de ce dernier
par ses héritiers ou ayants cause.

16. Il sera pris envers les contrevenants telles mesures de police
administrative qu'il appartiendra.

17. La présente ordonnance sera imprimée, publiée et affichée.

18. Les commissaires de police, l'inspecteur général du quatrième
arrondissement de la police générale, les officiers de paix, et les préposés de la préfecture de police sont chargés de tenir la main à son
exécution.

Le conseiller d'Etat, préfet de police, baron PASQUIER.

N° **603.** — *Ordonnance concernant des mesures de police relatives
à la fête de saint Napoléon* (1).

Paris, le 13 août 1811.

N° **604.** — *Ordonnance concernant l'ouverture de la chasse* (2).

Paris, le 17 août 1811.

(1) V. l'ord. du 13 août 1813.
(2) V. les ord. des 18 août 1812 et 22 août 1843.

N° **605.** — *Ordonnance concernant les passages ouverts au public sur des propriétés particulières.*

Paris, le 20 août 1811.

Nous, Etienne-Denis Pasquier, officier de la Légion d'honneur, baron de l'empire, conseiller d'Etat, chargé du quatrième arrondissement de la police générale, préfet de police du département de la Seine et des communes de Saint-Cloud, Sèvres et Meudon du département de Seine-et-Oise, etc. ;

Vu, 1° notre ordonnance du 20 novembre 1810 concernant les passages sous les galeries du Palais-Royal ;

2° Celle du 18 février 1811 relative aux passages sous les piliers des halles, approuvée par S. Exc. le ministre de l'intérieur, le 2 mars suivant ;

Considérant que les principes qui ont dicté les susdites ordonnances s'appliquent évidemment à tous les passages ouverts au public sur des propriétés particulières ; que, dans la plupart de ces passages, la circulation est entravée par des dépôts de meubles et par les étalages de toute espèce des marchands en boutique ;

Considérant que cet abus, qui est surtout très-sensible dans les passages couverts, où il règne toujours plus ou moins d'obscurité, doit être réprimé sans délai,

Ordonnons ce qui suit :

1. Il est défendu d'établir aucune devanture de boutique saillante, de former aucun dépôt de meubles ou effets, ni aucun étalage fixe ou mobile de marchandises hors des boutiques situées dans les passages publics qui ont moins de deux mètres et demi de largeur.

Les devantures de boutique actuellement existantes ne pourront être réparées.

Les étalages mobiles seront supprimés sur-le-champ.

2. Les propriétaires ou locataires de boutiques situées dans les passages de deux mètres et demi à trois mètres de largeur et au-dessus, ne pourront, dans aucun cas, établir d'une manière fixe, même mobile, aucune devanture, fermeture, étalage, enseigne, montre, lanterne, tableau ou écusson faisant saillie de plus de seize centimètres en avant du corps de bâtiment dans lequel sont situées les boutiques.

Toute devanture actuellement existante, dont la saillie serait de plus de seize centimètres, ne pourra être réparée.

Tous étalages et autres saillies mobiles ayant plus de seize centimètres seront retirés de suite.

3. Il est défendu aux propriétaires ou locataires, de quelque profession qu'ils soient, de gêner ou embarrasser les passages dont il s'agit, soit par des dépôts de marchandises, soit par des ateliers de travail autres que ceux nécessaires à la réparation des bâtiments du passage.

Il est également défendu d'y placer des bancs, chaises, tréteaux, comptoirs et tous autres objets, de telle nature que ce soit, qui pourraient gêner la circulation.

4. Les marchands établis dans les passages, ne pourront induire de la présente ordonnance le droit de faire un étalage à l'extérieur de leurs boutiques, s'ils n'en ont obtenu l'agrément des propriétaires.

Dans tous les cas, ils seront tenus de se conformer aux dispositions des articles ci-dessus qui les concernent.

5. Les propriétaires ou locataires tiendront en bon état le sol des passages, ils auront soin, en outre, de les faire balayer et éclairer,

et de les tenir fermés, le soir, aux heures prescrites par les règlements.

6. En cas de contravention, les commissaires de police et l'architecte-commissaire de la petite voirie sont autorisés, en vertu de la présente ordonnance, et sans qu'il en soit besoin d'autre, à faire démolir les devantures de boutique et enlever les étalages et saillies mobiles, et ce, aux frais des contrevenants; ils en dresseront des procès-verbaux qu'ils nous transmettront sans retard; le tout sans préjudice des poursuites à exercer devant les tribunaux, conformément au code des délits et des peines, et sauf la fermeture des passages, s'il y a lieu.

7. A l'avenir, aucun passage ne sera ouvert au public sur des propriétés particulières, qu'en vertu d'une permission du préfet de police.

8. Il n'est aucunement dérogé aux dispositions de nos ordonnances des 20 novembre 1810 et 18 février 1811, relatives aux passages sous les galeries du Palais-Royal et sous les piliers des halles, qui continueront de recevoir leur exécution.

9. La présente ordonnance sera imprimée et affichée.

Les commissaires de police, l'inspecteur général du quatrième arrondissement, l'architecte-commissaire et les architectes inspecteurs de la petite voirie, les officiers de paix, et tous les préposés de la préfecture de police tiendront la main à son exécution, chacun en ce qui le concerne, et en rendront compte.

Le conseiller d'Etat, préfet de police, baron PASQUIER.

N° **606.**— *Ordonnance concernant les équarrisseurs* (1).

Paris, le 24 août 1811.

Nous, Etienne-Denis Pasquier, officier de la Légion d'honneur, baron de l'empire, conseiller d'Etat, chargé du quatrième arrondissement de la police générale, préfet de police du département de la Seine et des communes de Saint-Cloud, Sèvres et Meudon du département de Seine-et-Oise, etc.;

Vu l'article 23 de l'arrêté du gouvernement du 12 messidor an VIII et l'article 1 de celui du 3 brumaire an IX,

Ordonnons ce qui suit :

1. Dans dix jours, a compter de celui de la publication de la présente ordonnance, les équarrisseurs actuellement en activité dans le ressort de la préfecture de police, seront tenus d'y présenter leurs permissions et de les faire renouveler.

2. Les permissions ne seront renouvelées et ne seront accordées à l'avenir qu'après que les équarrisseurs auront justifié qu'ils sont pourvus de voitures, de chevaux, de cordages et des autres ustensiles nécessaires pour l'équarrissage.

3. Les voitures qui transporteront les animaux morts à l'équarrissage seront couvertes.

4. Conformément à l'article 9 de la loi du 3 nivôse an VI, les voitures des équarrisseurs porteront une plaque de métal indiquant, en caractère apparent, le nom et le domicile du propriétaire; cette plaque

---

(1) Rapportée. — V. les ord. des 15 oct. 1841 et 15 sept. 1842.

sera clouée en avant de la roue et au côté gauche de la voiture, à peine de vingt-cinq francs d'amende , et d'une amende double si la plaque porte soit un nom , soit un domicile faux ou supposé.

5. Il est défendu d'équarrir dans l'intérieur de Paris.

6. Le travail de l'équarrissage continuera d'être fait dans les emplacements affectés à cette destination ou qui seront autorisés à cet effet.

7. Il est enjoint aux équarrisseurs d'enlever, à la première réquisition , les animaux morts sur la voie publique.

8. Les animaux vivants envoyés à l'équarrissage seront abattus et équarris dans le jour.

9. Les animaux morts ou atteints de maladies charbonneuses ne pourront être équarris qu'en présence d'un expert vétérinaire qui indiquera les précautions à prendre.

L'expert vétérinaire en dressera un rapport qu'il nous transmettra sans retard.

10. Il est défendu aux équarrisseurs et à tous autres de vendre de la chair de cheval et d'autres animaux livrés à l'équarrissage.

11. Les débris des animaux équarris seront enfouis ou brûlés , suivant que les localités et les circonstances l'exigeront ou qu'elles le permettront.

12. Il est enjoint aux équarrisseurs de laver et balayer, tous les jours , leurs ateliers et de les entretenir en état de propreté.

13. Les contraventions seront constatées par des procès-verbaux qui nous seront adressés.

14. Il sera pris envers les contrevenants aux dispositions ci-dessus telles mesures de police administrative qu'il appartiendra, sans préjudice des poursuites à exercer contre eux devant les tribunaux, conformément aux lois et aux règlements.

15. La présente ordonnance sera imprimée, publiée et affichée.

Les sous-préfets des arrondissements de Saint-Denis et de Sceaux, les maires des communes rurales du ressort de la préfecture de police, les commissaires de police, l'inspecteur général du quatrième arrondissement de la police générale, le commissaire des halles et marchés, l'inspecteur général de la salubrité et les autres préposés de la préfecture de police sont chargés de tenir la main à son exécution.

Ampliation en sera adressée à l'adjudicataire de la voirie de Montfaucon pour qu'il s'y conforme en ce qui le concerne relativement au clos de l'équarrissage établi près de cette voirie.

Le conseiller d'Etat, préfet de police, baron PASQUIER.

N° **607.** — *Ordonnance concernant les mesures de police qui doivent être observées les 8, 15 et 22 septembre à Saint-Cloud* (1).

Paris, le 6 septembre 1811.

(1) V. l'ord. du 6 sept. 1843.

N° **608.** — *Ordonnance portant règlement général pour les prisons du ressort de la préfecture de police.*

Paris, le 10 septembre 1811.

Nous, Etienne-Denis Pasquier, officier de la Légion d'honneur, baron de l'empire, conseiller d'État, chargé du quatrième arrondissement de la police générale, préfet de police du département de la Seine et des communes de Saint-Cloud, Sèvres et Meudon du département de Seine-et-Oise, etc. ;

Vu le chapitre 2 du titre 7, livre 2 du Code d'instruction criminelle, relatif aux prisons, maisons d'arrêt et de justice ;

Et le titre 15 du livre 5 du Code de procédure civile, relatif à l'emprisonnement ;

Vu l'ordonnance du 26 janvier 1810, portant règlement général pour les prisons du ressort de la préfecture de police ;

Considérant que l'expérience a prouvé qu'il importait d'apporter quelques modifications à la susdite ordonnance, comme aussi de la compléter en quelques-unes de ses parties,

Ordonnons ce qui suit :

SECTION Ire.

Des concierges et des employés sous leurs ordres.

1. Les concierges sont spécialement, et sous leur responsabilité personnelle, chargés de l'exécution et du maintien des lois et règlements en tout ce qui touche les prisonniers et les prisons.

2. Tous les employés des prisons leur sont subordonnés, reçoivent et exécutent leurs ordres.

3. Les concierges apporteront le plus grand soin à la parfaite régularité des registres pour l'inscription des prisonniers ; ils en demeurent garants, bien qu'ils soient tenus par le commis greffier.

Ces registres seront tenus suivant ce qui est prescrit par les articles 607, 608, 609 et 610 du Code d'instruction criminelle.

Ils seront cotés et parafés à toutes les pages, les prisonniers y seront inscrits de suite et sans aucun blanc, ainsi que l'acte ou l'ordre de leur envoi. L'acte ou l'ordre de la remise de chaque prisonnier y sera aussi porté en marge, ainsi que la date de sortie, l'ordonnance, l'arrêt ou le jugement en vertu duquel elle aura eu lieu.

4. Immédiatement après l'inscription, les concierges feront visiter les prisonniers par le médecin de la maison.

Ils ne les admettront parmi les autres prisonniers qu'autant qu'ils seront en santé.

Ils les feront placer à l'infirmerie s'ils sont reconnus malades.

5. Les concierges veilleront à ce que les prisonniers soient soigneusement fouillés en entrant dans la prison, et à ce qu'ils le soient toutes les fois que les circonstances l'exigeront, pour être assurés qu'ils n'ont point d'armes ou d'instruments propres à favoriser l'évasion.

Ils feront pareillement fouiller les prisonniers qui seront extraits, tant à leur sortie qu'à leur rentrée, s'ils sont ramenés.

Cette fouille sera faite par les gardiens dans les maisons d'hommes, et par les fouilleuses dans les maisons de femmes.

Elle devra avoir lieu avec égards et décence.

6. Les concierges classeront les prisonniers suivant le délit dont ils sont prévenus, ou la peine à laquelle ils sont condamnés.

Les enfants ne seront jamais confondus avec les autres prisonniers.

Ils seront placés, autant que faire se pourra, dans un bâtiment sé paré.

7. Les concierges veilleront à ce que les barreaux des croisées et grilles soient sondés tous les jours.

8. Les concierges visiteront, tous les jours, les prisonniers placés au secret ; ils leur feront prendre l'air lorsque les autres prisonniers ne se trouveront pas dans les cours ; ils les feront toujours accompagner par un employé.

9. Les concierges feront des visites fréquentes et inopinées, tant de jour que de nuit, dans les chambres et dans les dortoirs. Ils écouteront les plaintes des prisonniers contre les employés sous leurs ordres examineront ces plaintes, y feront droit provisoirement, s'il y a lieu, et nous en rendront compte dans les vingt-quatre heures.

Ils feront visiter, sur-le-champ, par le médecin de la maison, les prisonniers qui se plaindraient de leur santé, et les feront passer à l'infirmerie s'ils sont reconnus malades.

Ils veilleront à ce qu'aucun prisonnier malade ne reste dans les chambres ou dans les dortoirs.

10. Lorsqu'un prisonnier sera atteint d'une maladie qui nécessitera son transport à l'infirmerie, le concierge fera recueillir ses effets, en présence du malade, pour être conservés.

Si le prisonnier vient à décéder, le concierge aura soin de requérir le juge de paix, ou, à son défaut, le commissaire de police, pour constater les effets, papiers, argent, bijoux, etc., laissés par le défunt.

Il nous en donnera avis sur-le-champ.

11. Les concierges nous feront connaître, chaque jour, si le service de santé est fait exactement.

12. Les concierges prendront connaissance de la correspondance des prisonniers et la viseront.

Les lettres adressées aux autorités sont exceptées de cette disposition.

Il est enjoint aux concierges de les faire parvenir sur-le-champ à leur destination.

13. Toutes les fois qu'il aura été fait un dépôt d'argent, ou d'autres objets, par ou pour un prisonnier dans les mains d'un concierge, celui-ci sera tenu de nous transmettre, le jour où le dépôt aura été fait, un bordereau énonciatif des valeurs ou des objets et de leur destination. Il transcrira dans ce bordereau tous les détails portés sur son registre : il nous fera savoir dans le délai fixé ci-dessus de quelle manière il se sera dessaisi de ce dépôt.

14. Dans le cas où un prisonnier userait de menaces, injures ou violences, soit à l'égard du concierge ou de ses employés, soit à l'égard des autres prisonniers, il nous en sera rendu compte, pour être statué conformément à l'article 614 du Code d'instruction criminelle.

Néanmoins, le concierge pourra prendre des mesures provisoires pour assurer l'ordre et la tranquillité de la maison, à la charge par lui de nous en informer sur-le-champ.

Le prisonnier pourra nous adresser ses réclamations, ou les remettre aux inspecteurs des prisons, qui s'en chargeront et nous en feront de suite un rapport.

15. Les concierges ne pourront employer aucun prisonnier pour leur service particulier, comme domestique ou autrement.

Ils ne pourront également détourner de leurs fonctions, même momentanément, pour leur service particulier, aucun employé de leur maison.

16. Les concierges veilleront à ce qu'aucun prisonnier ne puisse travailler dans le greffe ni pour les affaires du greffe, et à ce qu'aucun prisonnier ne puisse y rester que momentanément pour ses affaires personnelles, et après y avoir été appelé par eux.

17. Il est défendu aux employés dans les prisons de tutoyer, battre ou injurier les prisonniers, de boire ou manger avec eux, ni d'en exiger quoi que ce soit, à peine de destitution, et de plus forte peine, s'il y a lieu.

Il leur est recommandé de les traiter avec douceur et humanité.

18. Les gardiens ne pourront recevoir aucun étranger dans les prisons.

Leurs épouses ne pourront avoir accès auprès d'eux qu'après la rentrée des prisonniers.

19. Le concierge et le commis au greffe d'une prison ne pourront jamais s'absenter en même temps.

L'un d'eux sera toujours présent au greffe ou dans la maison.

Un concierge ne peut jamais découcher sans y être autorisé.

20. Il est défendu d'avoir dans l'intérieur des prisons, des poules, lapins, pigeons et cochons. Il est également défendu d'y établir des buanderies.

SECTION II.

Des prisonniers prévenus ou détenus par mesure administrative.

21. Les chambres et dortoirs des prisonniers prévenus ou détenus par mesure administrative, seront ouverts à six heures du matin depuis le 1er avril jusqu'au 1er octobre, et à huit heures le reste de l'année.

22. Tous les jours, à neuf heures du matin, depuis le 1er avril jusqu'au 1er octobre et à dix heures le reste de l'année, les lits des prisonniers mentionnés en l'article précédent, seront faits, les chambres et dortoirs seront balayés, nettoyés et aérés.

Le pain ne sera distribué qu'après ce service.

23. Lesdits prisonniers seront renfermés dans les dortoirs et dans les chambres communes, en tout temps, une demi-heure avant la nuit.

Ceux qui ont des chambres particulières seront renfermés à neuf heures du soir, depuis le 1er avril jusqu'au 1er octobre, et à six heures le reste de l'année.

SECTION III.

Des prisonniers condamnés.

24. Les prisonniers condamnés seront, aussitôt leur arrivée, revêtus des habits de la maison, et ils ne pourront en porter d'autres pendant leur détention.

25. Les prisonniers condamnés seront classés dans les ateliers de travail, selon leur capacité, leur force et le besoin d'ouvriers.

L'offre qu'ils feraient de se nourrir et de se coucher à leurs frais, ne sera point un motif d'exemption du travail auquel la loi les assujettit.

26. Les prisonniers condamnés se lèveront à cinq heures du matin, depuis le 1er avril jusqu'au 1er octobre.

A six heures, ils entreront dans leurs ateliers respectifs, après avoir fait leurs lits et nettoyé leurs chambres et dortoirs.

Ils prendront leur repas à onze heures, et reprendront le travail depuis midi jusqu'à sept heures du soir.

En sortant des ateliers ils jouiront de la promenade jusqu'à sept heures et demie ou environ, selon la croissance ou la diminution des jours.

27. Depuis le 1er octobre jusqu'au 1er avril, les prisonniers condamnés se lèveront à sept heures, et entreront à huit dans les ateliers.

Ils prendront leur repas à midi, et rentreront à une heure dans les ateliers.

Ceux dont les travaux ne peuvent être continués à la lumière, sortiront des ateliers à quatre heures ou environ, selon la croissance ou la décroissance des jours.

Ils jouiront de la promenade, s'il y a lieu, pendant une demi-heure, et seront renfermés ensuite.

Ceux dont les travaux peuvent être continués sortiront des ateliers à huit heures, et seront enfermés aussitôt.

28. Dans les prisons des Madelonettes, de Saint-Lazare et de la Petite-Force, le repas et la récréation auront lieu, en tout temps, depuis midi jusqu'à deux heures.

29. Il est enjoint aux concierges de surveiller eux-mêmes les travaux, de maintenir l'ordre et la tranquillité dans les ateliers, de ne pas permettre aux condamnés de s'en absenter sans nécessité, d'empêcher qu'il ne leur soit fourni du vin et de l'eau-de-vie pendant les heures du travail.

Il leur est également enjoint de faire respecter les contre-maîtres, chefs d'ateliers ou surveillants ; d'entendre leurs plaintes contre les travailleurs, de les vérifier, d'y faire droit provisoirement, s'il y a lieu, et de nous en rendre compte de suite.

30. Dans les maisons de Saint-Lazare, de Bicêtre et de la Petite-Force, les détenus par mesure administrative seront tenus au travail comme les condamnés.

31. Tout prisonnier condamné, ou autre détenu astreint au travail et qui refuserait de travailler, sera placé dans la chambre de punition où il ne recevra que du pain et de l'eau, jusqu'à ce qu'il demande à rentrer dans les ateliers.

32. Le prisonnier ouvrier qui ne remplirait pas bien ses devoirs, ou qui, par malice ou méchanceté, confectionnerait mal l'ouvrage qui lui aura été confié, le détériorerait ou briserait les instruments et ustensiles nécessaires à ce travail, sera mis, pendant cinq jours, à la chambre de punition et obligé de payer le dégât sur la partie du produit de son travail qui lui est remise journellement.

33. Les concierges nous rendront compte chaque mois des progrès et du produit des travaux de chacun des ateliers ; ils nous feront connaître, tous les jours, le nombre des détenus restés oisifs, et les motifs de cette oisiveté.

34. Les concierges prendront toutes les mesures et précautions nécessaires pour qu'il ne résulte, relativement à la sûreté de la prison et à celle des individus, aucun inconvénient des outils et instruments mis à la disposition des condamnés.

35. Aucune introduction dans les prisons, de travaux qui n'y auraient pas encore été établis, ne pourra avoir lieu sans qu'il en ait été donné préalablement avis, par le concierge, au préfet de police, lequel les examinera sous les rapports de la sûreté et de la salubrité. Dans le cas où ils lui paraîtraient présenter quelque inconvénient sous ces rapports, il en sera référé au ministre de l'intérieur, conformément à sa décision du 23 juin 1810.

36. Les concierges veilleront à ce que la somme formant la portion due aux prisonniers ouvriers leur soit payée exactement aux époques fixées par le cahier des charges de l'entreprise générale du service économique des prisons.

SECTION IV.

Des prisonniers pour dettes.

37. Les prisonniers pour dettes ne doivent jamais être confondus avec les prisonniers d'une autre classe, ni pour le logement, ni à la promenade, ni dans aucun autre lieu de réunion.

38. Les chambres des prisonniers pour dettes seront ouvertes aux mêmes heures que celles des prisonniers prévenus.

39. Les prisonniers pour dettes seront renfermés dans les corridors à huit heures du soir depuis le 1er avril jusqu'au 1er juin, à neuf heures depuis le 1er juin jusqu'au 1er août, à huit heures depuis le 1er août jusqu'au 1er octobre, et dans les chambres à dix heures depuis le 1er avril jusqu'au 1er octobre.

Depuis le 1er octobre jusqu'au 1er avril, ils seront renfermés dans les corridors à sept heures, et dans les chambres à neuf heures.

40. Les aliments consignés par les créanciers seront distribués aux prisonniers pour dettes tous les trois jours, dès neuf heures du matin.

41. La consignation des aliments ne pourra être reçue par les concierges, passé neuf heures du soir, heure de la fermeture du greffe pour le public. Chaque soir, aussitôt la fermeture du greffe, les concierges délivreront les certificats de manque d'aliments, pour être remis aux détenus le lendemain matin à l'ouverture des chambres.

42. Le prisonnier pour dettes qui tomberait malade dans une chambre commune à d'autres prisonniers, sera placé dans une chambre particulière pour y être traité à ses frais, s'il le juge à propos ; sinon il sera placé à l'infirmerie.

SECTION V.

Des enfants détenus par forme de correction paternelle.

43. Les enfants détenus par forme de correction paternelle continueront d'être inscrits sur un registre particulier.

Ils seront placés dans des locaux séparés, complétement isolés et hors de la vue des autres prisonniers.

Ils seront logés seuls, et n'auront de communication qu'avec le concierge, et leur instituteur surveillant.

44. Les surveillants enseigneront aux enfants à lire, écrire, compter et travailler.

Ils conduiront à la messe ceux qui professent la religion catholique. Ils y seront placés dans un endroit séparé de celui des détenus.

45. Les chambres des enfants seront ouvertes et fermées aux mêmes heures que pour les prisonniers condamnés.

46. Les surveillants resteront constamment auprès des enfants. Ils les accompagneront à la promenade, et ne les quitteront qu'au moment du coucher.

Ils ne leur permettront pas de communiquer avec les autres détenus.

SECTION VI.

Des aliments, boissons, fournitures, etc.

47. Les concierges surveilleront, avec le plus grand soin, l'exécution du cahier des charges de l'entreprise du service économique des prisons.

Ils s'assureront, chaque jour, par eux-mêmes, de la qualité et de la quantité des aliments fournis par l'entrepreneur aux prisonniers valides ou malades.

Ils visiteront régulièrement, au moins une fois par jour, les infirmeries, et s'assureront des soins donnés aux malades.

Ils y feront maintenir la propreté et la salubrité.

Les concierges nous rendront compte journellement, et par écrit, des infractions commises par l'entrepreneur.

48. A dater du 1er octobre 1811, il est défendu aux concierges et aux employés ou préposés sous leurs ordres, de faire aucun commerce de comestibles ou boissons dans les maisons confiées à leurs soins.

Il leur est également défendu de prendre ou accepter aucun bénéfice ou intérêt dans les fournitures qui sont faites aux prisonniers, et d'exiger ou recevoir aucune rétribution, gratification ou remise de la part des marchands ou fournisseurs, sous les peines prononcées par les articles 177 et 178 du Code pénal.

49. Les prisonniers ont le droit, sous la surveillance, visite et inspection des concierges, de faire venir du dehors, soit de chez eux ou d'ailleurs, leur nourriture en comestibles et boissons, ainsi que tous les effets, lits, matelas, hardes et linge nécessaires, mais pour leur usage seulement.

50. Il est défendu aux commissionnaires attachés aux prisons d'y introduire aucuns aliments, boissons ou effets, sans les avoir soumis à la visite du concierge ou de ses préposés.

51. Les concierges veilleront à ce que les aliments, boissons, effets ou linge que les prisonniers feront venir du dehors, ne soient détériorés en quoi que ce soit par l'effet de la visite, à ce qu'il n'en soit distrait aucune partie, et à ce qu'ils leur soient remis à l'instant même.

Il est défendu aux concierges de faire appliquer aucune espèce de marque sur les effets ni sur le linge.

52. Les concierges veilleront également à ce que les commissionnaires attachés à la maison ne trompent pas les prisonniers sur les prix, mesure, qualité, poids et quantité des objets qu'ils apportent du dehors, à ce qu'ils ne fassent aucune convention avec les marchands, et à ce que leurs salaires ne soient pas trop élevés.

Ils nous signaleront les contrevenants.

53. Tous les jours, il nous sera rendu, par les inspecteurs des prisons, un compte particulier du prix auquel se vendent, dans chaque prison, les aliments et principaux objets de consommation. Ce compte contiendra les noms des fournisseurs qui sont en possession de faire ce service ; il y sera fait aussi mention du prix que prennent les commissionnaires attachés aux prisons pour chaque commission.

54. Pareil compte nous sera rendu, tous les quinze jours, par l'auditeur au conseil d'État attaché à la préfecture de police, et auquel nous aurons confié l'attribution des prisons.

55. Dans le cas où l'eau viendrait à manquer par le dérangement des pompes ou par toute autre cause, les concierges veilleront à ce qu'elle ne puisse jamais être vendue aux prisonniers plus cher qu'elle ne le serait dans la ville au prix commun de la voie.

56. L'usage du charbon et de la braise est interdit dans les prisons.

Néanmoins les prisonniers pour dettes sont exceptés de cette disposition.

Mais il leur est défendu de placer des fourneaux et autres ustensiles de cuisine dans les corridors, d'y déposer des ordures ni résidus d'aliments, il leur est enjoint de les descendre dans le lieu qui leur sera indiqué par le concierge.

Le concierge veillera à ce que l'usage du charbon ne donne lieu à aucun inconvénient, et à ce que les fourneaux soient éteints une demi-heure avant l'époque fixée pour l'extinction des lumières.

57. Les concierges sont autorisés à fournir aux prisonniers non obligés au travail, sur leur demande, des lits composés, au moins, d'un lit de sangle, d'une paillasse, d'un matelas, d'une couverture et d'un traversin, au prix de trois francs par mois, et de cinq francs aussi par mois pour ceux auxquels il sera ajouté une paire de draps.

Les draps seront changés au plus tard tous les mois.

Les lits doubles, c'est-à-dire, composés de deux matelas, deux couvertures et deux paires de draps, seront au prix de huit francs. Ces prix seront exigibles et payés tous les dix jours.

58. Il ne pourra, sans notre autorisation, être fourni des lits, par le concierge, aux détenus condamnés au travail.

SECTION VII.

Des communications de l'extérieur avec les prisonniers.

59. On ne peut communiquer avec les prisonniers qu'après en avoir obtenu la permission.

Les avocats ou avoués connus, ou munis de leurs diplômes, chargés des affaires des prisonniers en jugement, sont seuls exceptés de cette disposition.

60. Les permissions sont personnelles.

En conséquence, les concierges et les employés veilleront avec soin à ce que les personnes qui se présenteront soient bien celles désignées dans les permissions.

Les inspecteurs des prisons vérifieront les permissions lors de leurs visites.

61. Les personnes munies de permissions pour communiquer avec les prisonniers seront fouillées en entrant et en sortant, savoir : les hommes par le gardien, et les femmes par la personne préposée à ce service.

Cette mesure de sûreté sera exécutée avec honnêteté et décence.

Les personnes qui seraient trouvées nanties d'instruments ou d'objets contraires à la sûreté intérieure, seront de suite envoyées à la préfecture de police avec leurs permissions, les pièces à conviction et le rapport du concierge, pour être statué ce qu'il appartiendra.

Il est laissé à la prudence des concierges d'excepter de la fouille les personnes qui, par leur état ou leurs fonctions, mériteraient sa confiance, et ne seraient pas dans le cas de compromettre sa responsabilité.

62. L'entrée des prisons, pour les personnes munies de permissions de communiquer avec les prisonniers, aura lieu depuis dix heures du matin jusqu'à cinq heures du soir, du 1er avril au 1er octobre, et jusqu'à trois heures seulement le reste de l'année.

Aucune exception ne pourra avoir lieu sans notre autorisation spéciale.

Les concierges y tiendront soigneusement la main.

La communication avec les prisonniers, autres que ceux pour dettes, ne peut avoir lieu que dans les parloirs établis à cet effet, et pendant une heure seulement, ou, sur un ordre exprès, dans une salle particulière, en présence du concierge ou d'un employé qui ne pourra en sortir tant que durera la communication.

Les avocats et les avoués communiqueront, de droit, avec leurs clients dans cette salle.

63. Les personnes munies de permissions pour communiquer avec des prisonniers condamnés, ne peuvent les visiter que deux fois par se-

maine, savoir; les jeudis et les dimanches, depuis neuf heures du matin jusqu'à trois heures, et pendant une heure seulement.

64. Il est expressément défendu aux concierges et aux employés
de souffrir que les personnes qui communiquent avec les prisonniers,
autres que ceux pour dettes, boivent ou mangent avec eux.

65. Les employés veilleront à ce que la décence et les bonnes
mœurs soient respectées pendant les communications.

66. On ne peut obtenir la permission de communiquer avec un
prisonnier pour dettes, que sur sa demande, visée par le concierge.

67. Les prisonniers pour dettes ont la faculté de communiquer
dans leurs chambres avec les personnes du dehors munies de permissions, et de manger avec elles, sous la surveillance du concierge et des
employés.

Les avoués ou avocats reconnus peuvent aussi communiquer dans
les chambres de ces prisonniers.

68. Le concierge et les employés veilleront à ce qu'il ne résulte
aucun désordre de la faculté accordée par l'article précédent aux
prisonniers pour dettes, et à ce qu'il ne s'introduise dans leurs chambres aucune femme de mauvaise vie.

Il leur est enjoint de les faire sortir, et de retenir les permissions
qu'elles auraient obtenues, ou qu'elles se seraient procurées sous un
autre nom.

69. Les personnes en communication avec les prisonniers pour
dettes, sortiront de la maison au plus tard une heure avant la fermeture des corridors. Elles en seront averties à l'avance par le son d'une
cloche.

Les personnes qui auront été détenues ne peuvent obtenir de permission que pour communiquer en présence du concierge.

70. Les personnes qui auront obtenu la permission de communiquer avec les enfants détenus par forme de correction paternelle, ne
pourront le faire qu'en présence des surveillants et dans leur logement.

SECTION VIII.

Dispositions communes à tous les prisonniers.

71. Chaque jour, lors de la fermeture des corridors, chambres ou
dortoirs, il sera fait un appel nominal de tous les prisonniers.

72. Il est défendu aux anciens prisonniers d'exiger ou de prendre
aucune chose des nouveaux venus, en argent, vivres ou effets, sous
prétexte du droit de bienvenue.

Tout prisonnier qui contreviendrait à cette défense, ou qui se permettrait d'exercer aucune espèce de mauvais traitements contre un
nouveau venu, de prendre ou de cacher ses vêtements, sera placé,
pendant dix jours, dans une chambre de punition; il pourra être puni
plus sévèrement suivant la gravité du cas.

73. Les chambres particulières ne pourront être données que par
notre autorisation.

Celles dont nous n'aurons pas disposé appartiendront de droit aux
prisonniers les plus anciens, et contre lesquels il ne nous sera parvenu aucune plainte, sans qu'il puisse être exigé d'eux aucune rétribution.

Dans les chambres où il y a plusieurs lits et dans les dortoirs, les
places les plus commodes appartiendront aux plus anciens prisonniers, aux mêmes conditions que celles ci-dessus.

74. Tout prisonnier qui troublerait l'ordre et la tranquillité qui
doivent régner dans les cours et promenoirs, pendant les heures de
la promenade, sera puni, pour la première fois, par la privation de

promenade pendant trois jours, et, en cas de récidive, pendant huit jours.

75. Tout prisonnier qui insulterait le concierge ou les employés et préposés sous ses ordres, sera placé, pendant deux jours, dans la chambre de punition. Il sera puni plus sévèrement s'il oppose de la résistance ou des voies de fait à l'exécution des ordres du concierge, indépendamment de la poursuite à exercer devant les tribunaux, s'il y a lieu.

76. Aucun prisonnier ne pourra, sous quelque prétexte que ce soit, s'arrêter dans les guichets ; il ne pourra même passer d'un département à l'autre, sous le prétexte de visiter les autres prisonniers, ou autrement.

Les gardiens qui le souffriraient seront punis par la privation de sortie pendant un mois, et la seconde fois ils seront destitués.

77. Toute espèce de commerce, vente et achats sont expressément défendus aux prisonniers soit entre eux, soit avec les employés.

Ceux qui contreviendraient à cette défense seront punis par la confiscation, au profit des pauvres, des marchandises saisies ou des objets provenant de ce commerce. Ils seront, en outre, placés pendant vingt-quatre heures dans la chambre de punition.

Les employés qui se rendraient coupables de cette contravention seront destitués.

78. Ne devra pas être considéré comme commerce, l'espèce d'association que peuvent former des prisonniers peu aisés pour préparer et prendre leurs repas en commun ; cette faculté n'étant cependant accordée que sous l'obligation imposée au concierge de nous rendre compte, s'il avait lieu de croire qu'elle dégénérât en spéculation de commerce de la part de quelques détenus.

79. Le prêt sur gage est expressément défendu parmi les prisonniers.

Ces prêts, et toutes autres dettes usuraires contractées entre eux, ne seront pas reconnues. Les nantissements seront confisqués au profit des pauvres, et les prêteurs seront placés, pendant vingt-quatre heures, dans la chambre de punition, plus longtemps même, s'il y a lieu.

80. Toute espèce de jeux de hasard est interdite aux prisonniers.

Les contrevenants seront punis par la confiscation, au profit des pauvres, des objets servant aux jeux et de l'argent saisi. Ils seront, en outre, placés, pendant trois jours, dans la chambre de punition, pour la première fois, et, en cas de récidive, pendant huit jours.

81. Il est défendu aux prisonniers de conserver de la lumière dans les chambres et dortoirs, une heure après la fermeture, sans l'autorisation du concierge, qui ne doit l'accorder qu'après s'être assuré de l'indispensable nécessité ; et, en ce cas, il devient responsable de tout événement.

Les contrevenants à cette défense seront privés de lumière pendant cinq jours.

SECTION IX.

De l'exercice du culte.

82. La messe sera célébrée dans les prisons, à neuf heures du matin, depuis le 1er avril jusqu'au 1er octobre, et à dix heures, le reste de l'année.

83. Tout détenu, de quelque religion qu'il soit, peut, en cas de maladie principalement, demander un prêtre ou ministre de son culte, lequel sera admis dans la prison à toute heure, en se faisant préalablement reconnaître et autoriser par nous.

TOME I. 35

SECTION X.

Dispositions générales.

84. Les inspecteurs des prisons sont chargés de veiller à l'exécution de la présente ordonnance.

Ils feront, à cet effet, des visites journalières dans ces maisons, le matin et le soir, seuls ou avec le concierge et autres employés.

Ils feront, chaque jour, leur rapport qui sera mis sous nos yeux avant dix heures du matin.

85. La présente ordonnance sera imprimée.

Elle sera affichée aux greffes, dans les guichets, dans les cours et parloirs, ainsi que dans les chambres et dortoirs des prisonniers.

Il est défendu aux prisonniers et aux employés de l'enlever ou de l'arracher.

Les employés qui se permettraient cette contravention seront destitués.

Les prisonniers qui s'en rendraient coupables seront mis à la chambre de punition pendant cinq jours.

Si le coupable n'est point connu, les détenus de la chambre ou du dortoir seront punis par la privation de communication avec les personnes du dehors, pendant dix jours, et de la promenade pendant le même temps.

Le conseiller d'État, préfet de police, baron PASQUIER.

N° 609. — *Ordonnance concernant les porteurs d'eau* (1).

Paris, le 12 septembre 1811.

N° 610. — *Ordonnance concernant le placement des bateaux et boutiques de poisson d'eau douce.*

Paris, le 20 septembre 1811.

Nous, Etienne-Denis Pasquier, officier de la Légion d'honneur, baron de l'empire, conseiller d'Etat, chargé du quatrième arrondissement de la police générale, préfet de police du département de la Seine et des communes de Saint-Cloud, Sèvres et Meudon du département de Seine-et-Oise, etc.;

Vu les articles 2, 32 et 33 de l'arrêté du gouvernement du 12 messidor an VIII, et le décret impérial du 17 prairial an XII,

Ordonnons ce qui suit:

1. Le poisson d'eau douce destiné à l'approvisionnement de Paris et arrivant par eau, continuera d'être amené au port affecté à la vente de cette marchandise et situé en tête du Pont-Marie.

2. Ce port se divise en deux parties: l'une est destinée au garage des bascules des marchands forains et l'autre au stationnement des boutiques pour le triage du poisson.

3. Les marchands forains de poisson d'eau douce sont libres de

---

(1) V. les ord. des 28 juill. 1819, 24 oct. 1829, 14 juin 1833, 30 mars 1837 et 15 avril 1843.

trier leur poisson par eux-mêmes ou de le faire trier par qui bon leur semble.

4. Les bascules des marchands forains seront vidées dans huit jours francs, à compter de celui de leur arrivée au port.

Immédiatement après leur vidange, les bascules seront retirées du port pour être remontées dans le pays haut, ou descendues à l'île des Cygnes pour y être déchirées.

5. Les marchands forains ont la faculté, pour faciliter le triage de leur poisson, d'établir des boutiques sur la rivière concurremment avec celles qui y sont déjà établies; mais ils ne peuvent exercer cette faculté qu'après en avoir obtenu notre permission et à la charge d'acquitter le prix de la location, conformément au décret impérial du 17 prairial an XII.

6. Les boutiques des détaillantes de poisson d'eau douce seront placées dans le bassin du Pont-au-Change au Pont-Neuf.

Elles seront rangées près l'Arche-Marion, de manière à ne pas nuire au service de la navigation et des ports.

7. Les ordonnances de police des 21 janvier 1807 et 25 février 1811, continueront de recevoir leur exécution en tout ce qui n'est pas contraire aux dispositions de la présente ordonnance.

8. Les contraventions seront constatées par des procès-verbaux qui nous seront adressés.

9. Il sera pris envers les contrevenants aux dispositions ci-dessus, telles mesures de police administrative qu'il appartiendra, sans préjudice des poursuites à exercer contre eux devant les tribunaux, conformément aux lois et aux règlements.

10. La présente ordonnance sera imprimée, publiée et affichée.

Les commissaires de police, notamment ceux des divisions de la Fraternité, des marchés et du Muséum, l'inspecteur général de la navigation et des ports, le commissaire des halles et marchés et les autres préposés de la préfecture de police sont chargés de tenir la main à son exécution.

Le conseiller d'État, préfet de police, baron PASQUIER.

N° **611.** — *Ordonnance concernant les pigeons fuyards* (1).

Paris, le 21 septembre 1811.

N° **612.** — *Instruction concernant la surveillance de la rivière, des ports, de la halle aux vins, des chantiers et des places de vente du charbon* (2).

Paris, le 24 septembre 1811.

N° — **613.** *Avis concernant le ramonage* (3).

Paris, le 11 octobre 1811.

---

(1) V. l'ord. du 3 juill. 1812.

(2) V. les ord. des 24 mars 1824, 26 mars 1829 et 25 oct. 1840.

(3) V. l'avis du 10 janv. 1828 et l'ord. du 24 nov. 1843.

N° **614**. — *Ordonnance concernant la police de la rivière et des ports, pendant l'hiver, et dans les temps des glaces, grosses eaux et débâcles* (1).

Paris, le 14 octobre 1811.

N° **615**. — *Ordonnance concernant l'anniversaire du couronnement de S. M. l'empereur et de la bataille d'Austerlitz* (2).

Paris, le 29 novembre 1811.

N° **616**. — *Ordonnance concernant le balayage des rues* (3).

Paris, le 9 décembre 1811.

N° **617**. — *Ordonnance concernant la vérification annuelle des poids et mesures* (4).

Paris, le 12 décembre 1811.

N° **618**. — *Ordonnance concernant le lâchage des bateaux sous les ponts de Paris* (5).

Paris, le 13 décembre 1811.

Nous, Etienne-Denis Pasquier, officier de la Légion d'honneur, baron de l'empire, conseiller d'Etat, chargé du quatrième arrondissement de la police générale, préfet de police du département de la Seine, et des communes de Saint-Cloud, Sèvres et Meudon du département de Seine-et-Oise, etc.:

Vu le décret impérial, du 28 janvier 1811, relatif au service de la navigation sous les ponts de Paris;

Notre ordonnance du 22 mai de la même année, approuvée par S. Exc. le ministre de l'intérieur, le 12 juin suivant;

L'arrêté interprétatif de S. Exc. le ministre de l'intérieur, en date du 25 novembre dernier, sur l'exécution du décret impérial pré-

---

(1) V. les ord. des 1er déc. 1838, 5 déc. 1839 et 25 oct. 1840 (art. 203 et suiv.).

(2) V. l'ord. du 3 déc. 1813.

(3) V. les ord. des 14 nov. 1817, 29 oct. 1836, 28 oct. 1839 et 1er avril 1843.

(4) V. les ord. des 14 déc. 1820, 15 déc. 1825, 27 oct. et 29 nov. 1826, 23 nov. 1842 et 1er déc. 1843.

(5) V. les ord. des 15 oct. 1812, le cahier des charges du chef des ponts de Paris du 22 avril 1822, les ord. des 19 juill. 1822, 30 juin 1827, 31 mai 1838 et 25 oct. 1840 (art. 31 et suiv. et cahier des charges du chef des ponts).

cité, et notamment des dispositions contenues aux articles 1, 2 et 7, Ordonnons ce qui suit :

1. L'arrêté de S. Exc. le ministre de l'intérieur, en date du 25 novembre dernier, sera imprimé, publié et affiché avec la présente ordonnance, pour être exécuté à compter du jour de la publication (1).

2. Les bateaux destinés à passer sous les ponts de Paris, par le ministère des chefs de ponts, seront provisoirement garés dans le bassin de la Rapée.

3. Le bureau des déclarations à recevoir par les chefs de ponts pour le lâchage des bateaux sera établi, pour la commodité du commerce, à proximité de la Rapée.

Ce bureau sera ouvert, sans interruption, en toutes saisons, depuis le point du jour jusqu'à la nuit.

L'ancien bureau des chefs de ponts, actuellement établi sur le port de la Grève, sera conservé pour recevoir les déclarations à fin de remontage.

4. Le bulletin d'enregistrement pour le lâchage qui doit être délivré au marchand ou voiturier, en exécution de l'article 4 de notre ordonnance du 22 mai dernier, indiquera, outre le numéro et la date de la déclaration, l'heure à laquelle elle sera reçue.

5. Les bateaux seront descendus dans le plus bref délai. Ils ne pourront, dans aucun cas, rester plus de deux jours dans le bassin de la Rapée ;

6. Notre ordonnance du 22 mai dernier continuera de recevoir son exécution.

7. Les contraventions, tant à l'arrêté de S. Exc. le ministre de l'intérieur, du 25 novembre dernier, qu'à la présente ordonnance, seront constatées par des procès-verbaux qui nous seront adressés.

8. Il sera pris envers les contrevenants, telles mesures de police administrative qu'il appartiendra, sans préjudice des poursuites à exercer contre eux, devant les tribunaux.

9. Les commissaires de police, l'inspecteur général de la navigation et des ports et les autres préposés de la préfecture de police sont chargés de tenir la main à son exécution.

Le conseiller d'Etat, préfet de police, baron PASQUIER.

N° 619. — *Ordonnance concernant la police extérieure et intérieure des spectacles* (2).

Paris, le 27 décembre 1811.

N° 620. — *Ordonnance concernant les remblais de l'ancien chemin de Meaux, près la voirie de Monfaucon.*

Paris, le 28 décembre 1811.

---

(1) V. cet arr. à l'appendice.

(2) V. les ord. des 16 juin 1806, 10 août 1807, 6 juill. 1816, 23 et 27 mars 1817, l'arr. du 2 déc. 1824, les ord. des 12 février 1828, 31 janv. et 9 juin 1829, l'arr. du 8 fév. 1831, les ord. des 26 déc. 1832, 3 oct. 1837, 17 mai et 22 nov. 1838, l'arr. du 10 déc. 1841, la consigne du 14 juin 1842 et l'arr. du 23 nov. 1843.

1812.

N° **621**. — *Ordonnance concernant le remblai sur le terrain de l'abattoir situé au delà du boulevard de l'Hôpital.*

Paris, le 11 janvier 1812.

N° **622**. — *Ordonnance concernant la police des voitures employées au service des ports et des chantiers.*

Paris, le 13 janvier 1812.

Nous, Etienne-Denis Pasquier, officier de la Légion d'honneur, baron de l'empire, conseiller d'Etat, chargé du quatrième arrondissement de la police générale, préfet de police du département de la Seine et des communes de Saint-Cloud, Sèvres et Meudon du département de Seine-et-Oise, etc. ;

Vu les articles 2, 22, 32 et 38 de l'arrêté du gouvernement du 12 messidor an VIII,

Ordonnons ce qui suit :

1. Les voitures employées au service des ports ou des chantiers continueront d'être déclarées à la préfecture de police.

Il est défendu de faire stationner sur les ports ou près des chantiers d'autres voitures que celles pour lesquelles les propriétaires auront fait la déclaration prescrite.

2. Conformément à l'article 9 de la loi du 3 nivôse an VI, tout propriétaire de voitures employées sur les ports ou pour les chantiers, est tenu de faire peindre, sur une plaque de métal, en caractères apparents et lisibles, son nom et son domicile. Cette plaque doit être clouée en avant de la roue et au côté gauche de la voiture, à peine de vingt-cinq francs d'amende.

L'amende sera double, si la plaque portait soit un nom, soit un domicile faux ou supposé.

Le propriétaire est tenu de faire peindre sur la même plaque le numéro qui lui aura été donné à la préfecture de police.

3. Aucune voiture sans ridelles ne doit être employée au transport des bois.

Néanmoins, les falourdes de harts et les fagots peuvent être transportés sur des haquets, pourvu que le chargement soit solidement assujetti.

Les tonneaux vides ne doivent être transportés sur les haquets qu'avec les mêmes précautions.

Le tout sous les peines portées aux articles 475 et 476 du Code pénal.

4. Il est défendu aux voituriers de s'éloigner de leurs voitures et de les conduire en guides, de monter sur leurs chevaux et de les faire trotter ou galoper; ils se tiendront à la tête de leurs chevaux.

Il leur est enjoint de se détourner ou ranger devant toutes autres voitures, et, à leur approche, de leur laisser libre au moins la moitié des rues.

Le tout sous sous les peines portées aux articles 475 et 476 du Code pénal.

5. Il est défendu aux voituriers de confier leurs charrettes ou haquets à des personnes hors d'état de les conduire ou guider, sous les peines portées aux articles 475 et 476 du Code pénal.

6. Il est défendu aux voituriers, aux charretiers, à leurs femmes, à leurs enfants, aux scieurs de bois et autres ouvriers de se rassembler et de se coaliser pour empêcher les acheteurs de choisir le voiturier qui leur convient. (*Ord. du 31 août 1787, art.* 3.)

7. Il leur est également défendu d'aller au-devant des acheteurs et de leur proposer un marchaud de préférence à un autre, comme aussi d'employer, à cet effet, aucunes personnes à eux attitrées, vulgairement connues sous les noms de chercheurs et de chercheuses, à peine de trois cents francs d'amende contre les voituriers et charretiers, et de cinquante francs contre les chercheurs et chercheuses. (*Arrêt du 24 juill. 1724, art.* 15.)

8. Les charretiers ne doivent entrer dans les chantiers qu'autant qu'ils y sont appelés par les marchands ou par les acheteurs. Ils ne peuvent y faire stationner leurs voitures que le temps nécessaire pour le chargement.

Ils ne peuvent charger leurs voitures que pendant les heures où la vente est ouverte sur les ports et dans les chantiers.

Ils ne doivent s'immiscer, en aucune manière, dans le mesurage des bois. (*Ord. du 31 août* 1787, *art.* 3.)

9. Il est défendu aux charretiers de demander et de recevoir des marchands la gratification anciennement connue sous le nom de nivet, pour leur amener des acheteurs et leur procurer du débit. (*Ord. du 31 août 1787 art.* 3.)

10. Il est défendu aux marchands de bois d'envoyer des voituriers, des garçons de chantier et autres personnes au-devant des acheteurs, pour solliciter la préférence au préjudice des autres marchands, ou d'autoriser cette manœuvre pour un salaire quelconque, à peine de cent francs d'amende. (*Ord. du 31 août* 1787.)

11. Il est défendu aux voituriers et charretiers de détourner ou laisser détourner aucune partie des marchandises chargées sur leurs voitures, à peine d'être poursuivis devant les tribunaux, comme coupables de vol.

12. Il leur est enjoint de conduire directement chez les acheteurs les marchandises dont le transport leur est confié, sans qu'ils puissent s'arrêter en route.

Ils sont tenus de ramasser les portions de marchandises qui seraient tombées et de les remettre sur la voiture.

Ils ne peuvent exiger pour le transport que le prix qui aura été convenu de gré à gré.

Le tout à peine de cinquante francs d'amende pour chaque contravention. (*Ord. du 31 août 1787, art.* 4.)

13. Il est défendu de charger les voitures au-dessus des ridelles, même lors du transport des bois des ports dans les chantiers.

Les ridelles ne pourront, dans aucun cas, être suppléées ni surélevées par des bûches ou piquets placés perpendiculairement pour retenir le chargement.

14. Il est défendu de faire passer les voitures sur les chemins au bord de la rivière, dans l'île Louviers.

15. Il est défendu aux voituriers de transporter du bois d'un chantier dans un autre, à moins que ce transport ait été autorisé par nous.

16. Les charretiers ne pourront enlever aucunes marchandises des ports et des chantiers pendant les heures de fermeture.

Sont exceptés de cette disposition les trains de bois à brûler et de charpente, dont l'enlèvement continuera d'avoir lieu depuis le point du jour jusqu'à la nuit, et les marchandises pour l'enlèvement desquelles il aurait été délivré des permis particuliers.

17. Les voituriers et charretiers habitués des ports ou des chantiers, sont tenus, au surplus, de se conformer à l'ordonnance de police du 11 novembre 1808, concernant les rouliers, voituriers, charretiers et autres.

18. Les contraventions seront constatées par des procès-verbaux qui nous seront adressés.

19. Il sera pris envers les contrevenants telles mesures de police administrative qu'il appartiendra, sans préjudice des poursuites à exercer contre eux devant les tribunaux.

20. La présente ordonnance sera imprimée, publiée et affichée.

Les commissaires de police, l'inspecteur général de police, les officiers de paix, l'inspecteur général de la navigation et des ports et les autres préposés de la préfecture de police sont chargés de tenir la main à son exécution.

Le conseiller d'Etat, préfet de police, baron PASQUIER.

N° **623.** — *Ordonnance concernant les entrepreneurs de pavé* (1).

Approuvée par S. Exc. le ministre de l'intérieur, le 15 février 1812.

Paris, le 14 janvier 1812.

Nous Etienne-Denis Pasquier, officier de la Légion d'honneur, baron de l'empire, conseiller d'Etat, chargé du quatrième arrondissement de la police générale, préfet de police du département de la Seine et des communes de Saint-Cloud, Sèvres et Meudon du département de Seine-et-Oise, etc.,

Vu les articles 2, 10, 24 et 30 de l'arrêté du gouvernement du 12 messidor an VIII, les articles 6, 7 et 8 du titre II, et l'article 11 du titre III de la loi du 22 germinal an XI,

Ordonnons ce qui suit :

1. Les entrepreneurs de pavé, demeurant à Paris, seront tenus de se faire inscrire à la préfecture de police avant le 1er avril prochain, et d'y représenter leurs patentes.

2. Les entrepreneurs patentés ont seuls le droit de faire le pavage dans l'intérieur des maisons et au dehors, pour les travaux qui ne concernent point l'entrepreneur du pavé de Paris.

3. Il est défendu à tous compagnons-paveurs, manœuvres et autres de s'immiscer en ladite profession.

4. Tout entrepreneur de pavé, chargé de continuer des travaux commencés par un autre entrepreneur, doit faire viser et constater préalablement les travaux déjà faits.

5. Les entrepreneurs sont tenus de se conformer aux règles prescrites pour le pavage.

6. Les outils des entrepreneurs de pavé seront marqués d'un poinçon portant, en toutes lettres, leurs noms de famille : ils en feront graver deux.

---

(1) V. les ord. des 28 déc. 1808 et 18 oct. 1810.

L'un des poinçons sera déposé à la préfecture.

7. Eu exécution de la loi du 22 germinal an xi, et conformément à l'ordonnance de police du 20 pluviôse an xii, les compagnons paveurs sont tenus d'avoir des livrets.

8. Il est enjoint aux entrepreneurs de pavé de ne se servir que d'ouvriers porteurs de livrets.

9. Défenses sont faites aux compagnons paveurs de se coaliser pour suspendre ou enchérir les travaux.

10. Il est défendu aux ferrailleurs et à tous autres d'acheter des outils marqués du nom d'un entrepreneur du pavé.

11. Les entrepreneurs paveurs ne pourront, dans aucun cas, prêter leurs noms et outils à des compagnons et cimentiers, ni leur vendre du pavé.

12. Il sera pris envers les contrevenants aux dispositions ci-dessus telles mesures de police administrative qu'il appartiendra, sans préjudice des poursuites à exercer contre eux devant les tribunaux, conformément aux lois et règlements de police.

13. La présente ordonnance sera soumise à l'approbation de S. Exc. le ministre de l'intérieur.

Elle sera imprimée et affichée dans Paris.

Les commissaires de police, l'inspecteur général de police, les officiers de paix et les préposés de la préfecture de police sont chargés, chacun en ce qui le concerne, de tenir la main à son exécution.

Le conseiller d'Etat, préfet de police, baron PASQUIER.

N° 624.— *Ordonnance concernant la fixation du prix des places sur le marché à la volaille et au gibier* (1).

Paris, le 27 janvier 1812.

Nous Etienne-Denis Pasquier, officier de la Légion d'honneur, baron de l'empire, conseiller d'Etat, chargé du quatrième arrondissement de la police générale, préfet de police du département de la Seine et des communes de Saint-Cloud, Sèvres et Meudon du département de Seine-et-Oise, etc.;

Vu, 1o les articles 12, 13 et 14 du décret impérial du 21 septembre 1807;

2o La décision de son excellence le ministre de l'intérieur, en date du 24 décembre dernier,

Ordonnons ce qui suit:

1. Il sera payé, à titre de droit d'abri, par les détaillantes sur le marché de la volaille et du gibier, trente centimes par chaque jour et par place, y compris la serre.

2. Le droit sera payé par semaine et d'avance.

Le produit en sera versé dans la caisse du receveur municipal de la ville de Paris.

3. Le droit sera perçu à compter du 1er février prochain.

4. La présente ordonnance sera imprimée, publiée et affichée.

Le commissaire de police de la division des Marchés et le commissaire des halles et marchés sont chargés de tenir la main à son exécution.

Le conseiller d'Etat, préfet de police, baron PASQUIER.

(1) V. les ord. des 23 avril 1816 et 20 avril 1820.

N° **625**. — *Ordonnance concernant la vente de la volaille et du gibier sur le nouveau marché* (1).

Paris, le 27 janvier 1812.

Nous, Etienne-Denis Pasquier, officier de la Légion d'honneur, baron de l'empire, conseiller d'Etat, chargé du quatrième arrondissement de la police générale, préfet de police du département de la Seine et des communes de Saint-Cloud, Sèvres et Meudon du département de Seine-et-Oise, etc.;

Vu, 1° l'article 5 du décret impérial du 21 septembre 1807, portant que le marché à la volaille et au gibier sera transféré sur le terrain, vis-à-vis le quai de la Vallée;

2° Les articles 2, 32 et 33 de l'arrêté du gouvernement du 12 messidor an VIII, et l'arrêté du 3 brumaire an IX;

Ordonnons ce qui suit:

1. En exécution de l'article 5 du décret impérial du 21 septembre 1807, le marché en gros et le marché en détail de la volaille et du gibier seront transférés, le 1er février prochain, dans les nouveaux emplacements disposés à cet effet.

2. Le marché en détail tiendra dans la première galerie parallèle au quai des Augustins.

Le marché en gros sera établi dans la cour couverte étant ensuite de la première galerie, et dans la seconde galerie.

3. L'emplacement du marché en gros sera partagé entre les huit facteurs, de manière que la place de chacun d'eux s'étende sur la largeur tant de la cour ouverte que de la seconde galerie.

4. Les places seront numérotées dans l'ordre suivant:

Le facteur auquel le numéro 1 sera échu, occupera la première travée du côté du couchant.

Les facteurs auxquels les numéros suivants jusqu'au numéro 8 seront échus, occuperont les autres travées du même côté;

Et le facteur qui aura obtenu le numéro 8, occupera les dernières travées du côté du levant.

5. La distribution des places entre les facteurs sera faite par la voie du sort.

Il en sera dressé procès-verbal par le commissaire de police de la division des Marchés.

6. Les détaillantes seront placées sur trois rangs, parallèlement au quai.

7. Les places des détaillantes seront, par elles, tirées au sort.

Il en sera dressé procès-verbal par le commissaire de police de la division des Marchés.

8. Il est accordé à chaque détaillante un mètre et demi (quatre pieds et demi) de longueur de table, sur un mètre de largeur.

9. Les détaillantes sont tenues de faire à leurs frais des tables et étalages de forme et dimension semblables au modèle qui leur a été donné.

10. Les détaillantes sont tenues de mettre au-devant de leurs étalages un écriteau portant leurs noms, demeures et le numéro de leurs places.

11. Les détaillantes qui quitteront leurs places pour quelque cause que ce soit seront tenues d'y laisser leurs étalages. La valeur leur

---

(1) V. les ord. des 23 avril 1816 et 20 avril 1820.

en sera payée de gré à gré ou à dire d'experts par les détaillantes qui les remplaceront.

12. La vente en gros de la volaille et du gibier ne pourra avoir lieu que sur le marché.

Il est défendu aux marchands forains d'en décharger et d'en vendre sur d'autres marchés et partout ailleurs, à peine de trois cents francs d'amende. (*Ord. du 26 juill. 1782, art. 1.*)

13. Les marchandises expédiées à destination pour les personnes qui en font le commerce, seront conduites et déposées sur le carreau de la vente en gros. Elles ne seront remises qu'une heure après l'ouverture de la vente et après que le droit aura été acquitté.

14. Il est défendu aux marchands forains de remporter du carreau aucune pièce de volaille et de gibier, à peine de confiscation et de cent francs d'amende. (*Lettres patentes du 1er nov. 1781, art. 14.*)

15. Il est défendu aux détaillantes, aux rôtisseurs, traiteurs, restaurateurs, pâtissiers et autres faisant le commerce de la volaille et du gibier, d'aller au-devant des voitures chargées de volaille, gibier, agneaux, cochons de lait, moutons de présalé et veaux de rivière, pour les détourner du marché, en acheter ou arrher le chargement en tout ou en partie, à peine de confiscation et de cent francs d'amende. (*Lettres patentes du 1er nov. 1781, art. 15.*)

16. Il est défendu d'acheter en gros de la volaille et du gibier pour en faire la revente en gros.

17. Il est défendu de colporter de la volaille morte ou vivante et du gibier sur aucun point de la voie publique, à peine de confiscation et de deux cents francs d'amende. (*Lettres patentes du 1er nov. 1781, art. 12.*)

18. Les détaillantes ne pourront entrer sur le marché qu'après l'ouverture de la vente en gros.

19. Il est défendu aux détaillantes de tuer sur le marché ou dans les serres en dépendant, des agneaux, cochons de lait et toute espèce de volaille, à l'exception du pigeon.

Les pigeons ne pourront être saignés que sur place et dans des baquets.

20. Les détaillantes seront tenues de nettoyer, tous les soirs, leurs places, le dessous de leurs étales et leurs serres.

21. Les détaillantes qui contreviendraient aux dispositions contenues dans les trois articles précédents seront privées de leurs places.

22. Le marché en détail sera fermé tous les jours à dix heures du soir.

23. L'ordonnance de police du 22 ventôse an XII, concernant le commerce de la volaille et du gibier, continuera de recevoir son exécution.

24. Les contraventions seront constatées par des procès-verbaux qui nous seront transmis.

25. Il sera pris envers les contrevenants aux dispositions ci-dessus telles mesures de police administrative qu'il appartiendra, sans préjudice des poursuites à exercer contre eux devant les tribunaux.

26. La présente ordonnance sera imprimée, publiée et affichée.

Les sous-préfets des arrondissements de Saint-Denis et de Sceaux, les maires des communes rurales du ressort de la préfecture de police, les commissaires de police et notamment le commissaire de police de la division des Marchés, l'inspecteur général de police, les officiers de police, le commissaire des halles et marchés et les autres préposés de la préfecture de police sont chargés, chacun en ce qui le concerne, de tenir la main à son exécution.

Le conseiller d'Etat, préfet de police, baron PASQUIER.

N° **626.** — *Ordonnance concernant les masques pendant le carnaval* (1).

Paris, le 28 janvier 1812.

━━━━━━━━━◦━━━━━━━━━

N° **627.** — *Ordonnance concernant le transport des pierres destinées aux constructions publiques et particulières dans Paris* (2).

Paris, le 4 février 1812.

Nous, Étienne-Denis Pasquier, officier de la Légion d'honneur, baron de l'empire, conseiller d'État, chargé du quatrième arrondissement de la police générale, préfet de police du département de la Seine et des communes de Saint-Cloud, Sèvres et Meudon du département de Seine-et-Oise, etc. ;

Vu, 1° le décret impérial du 11 juin 1811, relatif au mesurage des pierres destinées aux constructions publiques et particulières dans la ville de Paris ;

2° La lettre de notre collègue M. le conseiller d'État, préfet du département de la Seine, en date du 10 janvier dernier ;

3° Les articles 22 et 32 de l'arrêté du gouvernement du 12 messidor an VIII, et l'article 1 de l'arrêté du 3 brumaire an IX ;

Ordonnons ce qui suit :

1. Les voitures chargées de pierres de taille et moellons destinés pour Paris et provenant des carrières du département de la Seine ou amenés des départements voisins, suivront, dans Paris, l'itinéraire déterminé ci-après.

2. Les pierres de taille et moellons provenant de la rive gauche de la Seine ou des départements situés de ce côté, entreront dans Paris par les barrières d'Italie, de la Santé, Saint-Jacques, d'Enfer, du Maine et de Vaugirard.

Les voitures destinées pour la rive droite, traverseront la Seine sur le pont de la Concorde, le Pont-Neuf et le pont d'Austerlitz.

Elles seront dirigées par les rues les plus larges jusqu'au lieu du déchargement.

3. Les pierres de taille et moellons provenant des carrières de la rive droite de la Seine ou des départements situés de ce côté, entreront par les barrières du Roule, de la rue Blanche, Saint-Denis, de Ménilmontant et du Trône.

Les voitures destinées pour la rive gauche passeront la Seine sur le pont de la Concorde, le Pont-Neuf et le pont d'Austerlitz, en se dirigeant au lieu du déchargement par les rues les plus larges.

4. Dans le choix des barrières, les voituriers seront tenus de préférer celle qui conduira par la ligne la plus courte au lieu de destination, en se dirigeant par les rues les plus larges.

5. Les voitures de pierres de taille et de moellons chargées aux ports d'arrivage, ne pourront passer sur la rive opposée que par le pont de la Concorde, le Pont-Neuf et le pont d'Austerlitz ; elles seront dirigées, autant que possible, par les quais, et se rendront au lieu de destination en suivant les rues les plus larges.

_____

(1) V. les ord. des 10 fév. 1828, 10 fév. 1830 et 23 fév. 1843.
(2) V. les ord. des 16 mars 1812, 12 mai 1828 et 30 mai 1833.

6. Il est défendu aux voituriers-conducteurs de pierres de taille et moellons de s'introduire dans Paris par d'autres barrières que celles qui sont désignées aux articles 2 et 3 ci-dessus, comme aussi de s'écarter de la direction qui leur est prescrite.

7. Il leur est enjoint de se tenir à la tête de leurs chevaux et de laisser libre au moins la moitié des routes, des rues et des ponts, sous les peines portées aux articles 475 et 476 du Code pénal.

8. Il leur est enjoint de se rendre directement au lieu du déchargement indiqué sur le bulletin du mesurage délivré en exécution du décret précité.

Il leur est permis de stationner momentanément, pour faire reposer leurs chevaux, sur les places publiques qui se trouveront sur leur route, mais à la charge de ranger leurs voitures, de manière qu'elles ne puissent apporter aucun empêchement à la circulation.

Ils ne pourront, sous aucun prétexte, hors le cas d'accident, s'arrêter sur nul autre point de la voie publique, à peine de cent francs d'amende et de trois cents francs, en cas de récidive. (*Décret précité, art.* 13.)

9. Conformément à l'article 12 dudit décret, les voitures chargées de pierres de taille et moellons ne pourront entrer dans Paris que jusqu'à cinq heures du soir, du 1er avril au 1er octobre, et jusqu'à quatre heures du soir, du 1er octobre au 1er avril, de manière qu'elles puissent arriver sur les ateliers avant la retraite des ouvriers.

Les voitures qui se présenteraient aux barrières après les heures fixées par le paragraphe précédent, seront dételées et n'entreront que le lendemain ; elles stationneront sur le revers de la chaussée des boulevards extérieurs, à la suite l'une de l'autre et sans qu'elles puissent occuper à la fois les deux côtés du boulevard ni les routes ou chemins adjacents.

Celles qui ne pourront quitter les ports d'arrivage avant les heures fixées, stationneront ou sur le port ou sur le quai, le plus près possible du mur du quai et sur une seule file.

10. Les voituriers-conducteurs de pierres seront toujours munis, lors de leur passage dans Paris, du bulletin de mesurage dûment quittancé, accompagné de la quittance du droit d'octroi; ils seront tenus de les représenter à toute réquisition des commissaires de police et des préposés de la police.

11. Les pierres de taille ne pourront être transportées que sur les voitures à ce destinées, garnies de roues à doubles jantes ; elles y seront solidement assujetties avec câbles et barres en fer, sous les peines portées aux articles 475 et 476 du Code pénal.

12. Chaque voiture ne pourra être chargée de plus de trois mètres cubes de pierres de taille, sous les peines portées à l'article 479 du Code pénal.

13. Les moellons et pierres à plâtre seront transportés dans des voitures garnies de ridelles devant, derrière et des côtés, de manière qu'aucune partie du chargement ne puisse tomber sur la voie publique, sous les peines portées aux articles 475 et 476 du Code pénal.

14. On ne pourra charger sur chaque voiture plus de deux mètres et demi cubes de moellons ou pierres à plâtre.

Dans aucun cas, le chargement ne pourra s'élever au-dessus des ridelles sur toute la superficie.

Le tout sous les peines portées aux articles 475, 476 et 479 du Code pénal.

15. Les voituriers-conducteurs de pierres se conformeront, en outre, aux dispositions de l'ordonnance de police du 11 novembre 1808, concernant les rouliers, voituriers, charretiers et autres.

16. Conformément au décret impérial précité, les vendeurs et acheteurs seront personnellement responsables des faits de leurs voituriers, et seront garants aussi respectivement des condamnations qui pourraient être prononcées contre eux.

17. Les contraventions seront constatées par des procès-verbaux qui nous seront adressés.

18. Il sera pris envers les contrevenants telles mesures de police administrative qu'il appartiendra, sans préjudice des poursuites à exercer contre eux devant les tribunaux.

19. La présente ordonnance sera imprimée, publiée et affichée tant dans l'intérieur de Paris qu'aux barrières et dans les communes rurales du ressort de la préfecture de police.

Les sous-préfets des arrondissements de Saint-Denis et de Sceaux, les maires et adjoints des communes rurales du ressort de la préfecture de police, les commissaires de police, l'inspecteur général de police, l'architecte-commissaire de la petite voirie, l'inspecteur général de la navigation et des ports, et les autres préposés de la préfecture de police sont chargés d'en assurer l'exécution.

Le conseiller d'Etat, préfet de police, baron PASQUIER.

N° **628.** — *Ordonnance qui prescrit l'impression et la publication du décret du 2 février 1812, relatif à la distribution gratuite de l'eau à toutes les fontaines de Paris* (1).

Paris, le 18 février 1812.

N° **629.** — *Ordonnance concernant l'entretien, le curage et la réparation des puits* (2).

Paris, le 20 février 1812.

Nous, Etienne-Denis Pasquier, officier de la Légion d'honneur, baron de l'empire, conseiller d'Etat, chargé du quatrième arrondissement de la police générale, préfet de police du département de la Seine et des communes de Saint-Cloud, Sèvres et Meudon du département de Seine-et-Oise, etc. ;

Vu les règlements de police des 18 novembre 1701 et 4 septembre 1716, les ordonnances des 20 janvier 1727, 15 mai 1734 et novembre 1781 ;

Vu les arrêtés du gouvernement des 12 messidor an VIII et 3 brumaire an IX.

Ordonnons ce qui suit :

1. Les propriétaires ou principaux locataires des maisons où il y a des puits doivent les maintenir en bon état. Il leur est enjoint de les tenir garnis de cordes, poulies et seaux, de manière qu'on puisse s'en servir en cas d'incendie, à peine de cent francs d'amende. (*Ord. de police des 20 janv. 1727, 15 mai 1734 et 15 nov. 1781.*)

---

(1) V. ce décret à l'appendice.
(2) V. les ord. des 8 mars 1815 et 20 juill. 1838.

2. Les puits, quel que soit leur genre de construction, seront entourés de mardelles, pieux ou palissades, pour prévenir les accidents, à peine de deux cents francs d'amende. (*Règl. de police des 18 nov.* 1701 *et* 4 *sept* 1716.)

3. Les maires des communes rurales et les commissaires de police, à Paris, s'assureront par de fréquentes visites si les dispositions prescrites par les articles précédents sont exactement observées.

4. Le curage des puits ne pourra se faire que par les ouvriers qui ont l'habitude de ce travail.

5. Les cureurs de puits ne pourront descendre dans les puits, pour quelque cause que ce soit, sans être ceints d'un bridage dont l'extrémité sera tenue par un ouvrier placé à l'extérieur.

6. Avant de commencer le curage d'un puits et d'y faire descendre des ouvriers, le cureur s'assurera de l'état de l'air qu'il renferme. Il procédera, à cet effet, conformément à l'instruction annexée à la présente ordonnance.

7. Si, nonobstant les précautions indiquées par l'instruction, un ouvrier était frappé du plomb, les travaux seront suspendus sur-le-champ.

L'entrepreneur en fera la déclaration, à Paris, au commissaire de police et au maire dans les communes rurales.

Les travaux ne seront continués qu'avec les précautions qui seront indiquées par l'autorité locale, sur l'avis des gens de l'art.

8. A Paris, les eaux et immondices provenant des puits méphitisés seront transportées à la voirie de Montfaucon dans des tinettes hermétiquement fermées.

Il est défendu de les faire couler dans les ruisseaux.

9. Les ouvriers maçons appelés pour travailler à la réparation ou à la reconstruction d'un puits dont l'eau aura été trouvée corrompue, ne pourront y travailler qu'avec les précautions indiquées ci-après.

10. Tout maçon chargé de la réparation d'un puits sera tenu, tant que durera l'extraction des pierres des parties à réparer, d'avoir à l'extérieur du puits autant d'ouvriers qu'il en emploiera dans l'intérieur.

11. Chaque ouvrier travaillant à l'extraction des pierres d'un puits à réparer, sera ceint d'un bridage dont l'attache sera tenue par un ouvrier placé à l'extérieur.

12. Si des ouvriers maçons sont frappés du plomb pendant la démolition ou réparation d'un puits, les travaux seront suspendus et déclaration en sera faite, dans le jour, à Paris, chez un commissaire de police, et aux maires dans les communes rurales.

La démolition ou réparation ne pourra en être reprise qu'avec les précautions qui seront indiquées par l'autorité locale, sur l'avis des gens de l'art.

13. Les entrepreneurs de maçonnerie sont responsables des contraventions aux articles précédents.

14. Les ouvriers qui trouveraient dans les puits soit des objets qui pourraient faire soupçonner un délit, soit des effets quelconques, en feront, dans le jour, la déclaration chez un commissaire de police, à Paris, et au maire dans les communes rurales.

Il leur sera donné une récompense s'il y a lieu.

15. Les contraventions seront constatées par des procès-verbaux qui nous seront adressés.

16. Il sera pris envers les contrevenants telles mesures de police administrative qu'il appartiendra, sans préjudice des poursuites à exercer contre eux devant les tribunaux.

17. La présente ordonnance sera imprimée, publiée et affichée.

Les sous-préfets des arrondissements de Saint-Denis et de Sceaux, les maires des communes rurales du ressort de la préfecture de police, les commissaires de police, l'inpecteur général de police, les officiers de paix, l'architecte commissaire de la petite voirie, l'inspecteur général de la salubrité et les autres préposés de la préfecture de police, sont chargés, chacun en ce qui le concerne, de tenir la main à son exécution.

Le conseiller d'Etat, préfet de police, baron PASQUIER.

INSTRUCTION RELATIVE AU CURAGE ET A LA RÉPARATION DES PUITS.

Lorsqu'il est est nécessaire de curer un puits ou d'y descendre pour y faire quelques réparations, le premier soin que l'on doit avoir est de s'assurer de l'état de l'air qu'il renferme. Cet air peut être vicié par différentes causes, et donner lieu à des accidents très-graves. Il faut donc commencer par descendre une lanterne allumée jusqu'à la surface de l'eau. Si elle ne s'éteint pas on la retire, et par le moyen d'un poids attaché à une corde on agite fortement l'eau jusqu'à son fond ; on redescend la lanterne ; si à cette seconde épreuve la lumière ne s'éteint pas, les ouvriers peuvent commencer leurs travaux, en se munissant par précaution d'un petit appareil désinfectant de Guyton-Morveau : il est important que les ouvriers soient revêtus d'un bridage.

Si la lumière s'éteint, on remarquera la profondeur à laquelle elle cesse de brûler. On ne descendra point dans le puits, parce qu'on y serait asphyxié. Le gaz ou air méphitique qui ne permet ni la combustion, ni la respiration, peut être du gaz azote, du gaz acide carbonique, du gaz oxide de carbone, de l'hydrogène sulfuré. Dans l'incertitude où l'on est sur sa nature, il faut, quel qu'il soit, renouveler l'air du puits, et pour cela le moyen le plus prompt et le plus certain est un ventilateur.

Pour l'établir, il faut avec des planches, du plâtre et de la glaise boucher hermétiquement l'ouverture du puits. Au milieu de cette espèce de couvercle pratiquer un trou d'un décimètre environ de large, sur lequel on placera un fourneau ou réchaud de terre, qui ne pourra recevoir d'air que celui du puits. On ajoutera près la mardelle un tuyau de plomb ou fer-blanc qui descendra dans le puits, jusqu'à un décimètre de la surface de l'eau. Cet appareil une fois établi on remplira le fourneau de braise ou de charbon allumé, et on le couvrira d'un dôme de terre cuite ou de tôle, surmonté d'un bout de tuyau de poêle, afin de donner au fourneau la propriété d'attirer beaucoup d'air. Quand le fourneau a été en activité pendant une heure ou deux, suivant la profondeur du puits, on l'enlève et l'on descend dans lepuits la lanterne. Si elle s'éteint encore à peu de distance de la surface de l'eau, c'est que le gaz méphitique s'y renouvelle.

Alors il faut mettre le puits à sec, attendre quelques jours, l'épuiser de nouveau et recommencer l'application du fourneau ventilateur, ou si l'on ne peut établir cet appareil y substituer un ou deux forts soufflets de forge que l'on adaptera au tuyau prolongé jusqu'à la surface de l'eau. Ces soufflets mis en action pendant un quart d'heure ou deux déplaceront l'air vicié du puits. Enfin on redescendra la lanterne et si elle s'éteint, il faut renoncer à l'usage du puits et le condamner.

Si, par un essai préliminaire fait par un homme de l'art, on a reconnu la nature du gaz délétère que l'on veut détruire, on peut employer les réactifs suivants:

Pour neutraliser l'acide carbonique, on verse dans le puits avec des arrosoirs, plusieurs seaux de lait de chaux, et l'on agite ensuite l'eau fortement.

Pour détruire le gaz hydrogène sulfuré ou carboné, on fait descendre au fond du puits par le moyen d'une corde, un vase ouvert contenant un mélange de manganèze et de muriate de soude arrosé d'acide sulfurique. Mais lorsque le gaz est de l'azote, il faut avoir recours au fourneau ventilateur ou au soufflet, et en vérifier l'effet par l'épreuve de la lanterne allumée.

Les membres composant le conseil de salubrité près la préfecture de police,

Signés PARMENTIER, DEYEUX, C.-L. CADET DE GASSICOURT, J.-J. LEROUX, HUZARD, DUPUYTREN, PARISET ET PETIT.

Pour copie conforme :

Le secrétaire général PIIS.

N° **630.**—*Ordonnance concernant la prohibition de la chasse* (1),

Paris, le 24 février 1812.

N° **631.** — *Ordonnance concernant les cabriolets* (2).

Paris, le 29 février 1812.

Nous, Étienne-Denis Pasquier, officier de la Légion d'honneur, baron de l'empire, conseiller d'État, chargé du quatrième arrondissement de la police générale, préfet de police du département de la Seine et des communes de Saint-Cloud, Sèvres et Meudon du département de Seine-et-Oise, etc.;

Considérant que les règlements de police, et notamment les ordonnances des 1er messidor an XII et 25 juillet 1808 ont prescrit des mesures pour empêcher que la sûreté publique ne soit compromise par la circulation des cabriolets, et qu'il importe de rappeler les principales dispositions des ordonnances précitées, et d'en assurer la stricte exécution,

Ordonnons ce qui suit :

1. Conformément aux ordonnances des 1er messidor an XII et 25 juillet 1808, toute personne domiciliée dans le ressort de la préfecture de police, propriétaire d'un cabriolet, ne peut le faire circuler sans en avoir fait la déclaration à la préfecture de police.

2. Les cabriolets à l'usage personnel des propriétaires et les cabriolets de louage continueront d'être numérotés comme par le passé.

3. Il est défendu à tous propriétaires ou conducteurs de cabriolets de laisser conduire leurs cabriolets par des femmes ou des enfants âgés de moins de dix-huit ans.

4. Les chevaux des cabriolets porteront un fort grelot mobile, dont le bruit puisse avertir les passants.

---

(1) V. l'ord. du 23 fév. 1843.

(2) Rapportée. — V. l'ord. du 15 janv. 1841, les arr. des 15 janv. et 18 fév. 1841, et les ord. des 25 mai 1842 et 20 avril 1843.

Pendant la nuit, les cabriolets pour l'intérieur de Paris seront garnis de deux lanternes allumées, adaptées à chaque côté de la caisse.

5. Sont exceptés des dispositions de l'article précédent les cabriolets attelés de deux chevaux et conduits par un postillon.

6. Aucun cabriolet numéroté ne pourra être vendu sans une déclaration préalable à la préfecture de police, tant par le vendeur que par l'acheteur.

7. L'ordonnance de police du 1er messidor an XII, concernant les cabriolets, et celle du 25 juillet 1808, concernant les cabriolets de louage, continueront d'avoir leur exécution.

8. Les contraventions seront constatées par des procès-verbaux qui nous seront adressés.

9. Il sera pris envers les contrevenants aux dispositions ci-dessus, telle mesure de police administrative qu'il appartiendra, sans préjudice des poursuites à exercer contre eux devant les tribunaux.

10. La présente ordonnance sera imprimée, publiée et affichée.

Les sous-préfets des arrondissements de Saint-Denis et de Sceaux, les maires des communes rurales du ressort de la préfecture de police, les commissaires de police, l'inspecteur général de police, les officiers de paix et les préposés de la préfecture de police sont chargés de tenir la main à son exécution.

Le conseiller d'Etat, préfet de police, baron PASQUIER.

———————

N° **632.** — *Ordonnance relative à des mesures d'ordre pendant l'exécution des travaux de l'égout Montmartre* (1).

Paris, le 7 mars 1812.

———————

N° **633.** — *Arrêté concernant la comptabilité et la perception des droits de location et d'abri dans les marchés.*

Paris, le 9 mars 1812.

Nous, Étienne-Denis Pasquier, officier de la Légion d'honneur, baron de l'empire, conseiller d'Etat, chargé du quatrième arrondissement de la police générale, préfet de police du département de la Seine et des communes de Saint-Cloud, Sèvres et Meudon du département de Seine-et-Oise, etc. ;

Considérant que la perception et la comptabilité des droits de location ou d'abri dans les marchés doivent être établies et réglées d'une manière invariable,

Arrêtons ce qui suit :

§ Ier. — Perception.

1. Conformément aux ordonnances des 18 septembre et 14 novembre 1810, 8 février et 17 juillet 1811 et 27 janvier 1812, le droit d'abri établi dans les marchés des Jacobins, du Légat, du Temple, des Innocents et de la Vallée sera payé par semaine et d'avance.

———

(1) V. pour les dispositions générales, l'ord. du 18 mai 1819 concernant les mesures d'ordre pendant la construction de deux égouts dans les rues de Poitiers, de l'Université et du Bac jusqu'à la rue de Sèvres.

2. Le droit de location établi au marché aux fleurs et arbustes sera payé par mois et d'avance.

3. Les détaillants placés dans les marchés désignés en l'article 1 sont tenus d'effectuer le payement du droit par eux dû pour chaque semaine, dans le délai du jeudi au samedi de la semaine précédente.

4. Ce payement sera fait au bureau même du préposé à la perception.

5. Tout détaillant, qui aura manqué de payer le droit par lui dû dans les termes et de la manière prescrits par les deux articles précédents, sera privé de sa place.

6. Les préposés à la perception sont tenus de présenter, le lundi de chaque semaine, dans les bureaux de la préfecture de police, les bordereaux des sommes qu'ils ont dû recouvrer, dans le courant de la semaine précédente, pour en effectuer ensuite le versement.

§ II. — Comptabilité.

7. Dans le délai du 15 mai prochain, il sera dressé, par le commissaire de police de la division des marchés, assisté du commissaire des halles et marchés, un procès-verbal qui constatera, 1° le nombre total des places existantes ; 2° le nombre des places occupées dans chacun des marchés où il est établi un droit de location ou d'abri.

8. Ce procès-verbal sera dressé pour le marché aux fleurs et arbustes le 20 juin prochain.

9. Il sera dressé un nouveau procès-verbal aux-mêmes fins et par le même commissaire, dans le délai du 15 décembre, et pour le marché aux fleurs, le troisième samedi de décembre de chaque année.

10. Ces procès-verbaux nous seront remis dans les vingt-quatre heures.

11. Les préposés à la perception des droits seront par nous chargés en recette, en conséquence desdits procès-verbaux.

12. Il sera tenu par le commissaire des halles et marchés un compte ouvert à chaque préposé.

En tête de ce compte sera transcrit l'arrêté qui chargera en recette chaque préposé, en conséquence de l'article précédent.

13. Le débit d'un compte sera formé, 1° du montant du droit dû par semaine pour le nombre de places dont le préposé aura été chargé ; 2° du montant du droit dû pour le nombre de places qui, non comprises à cause de leur vacance dans l'arrêté qui aura chargé le préposé, auront été occupées depuis.

Le débit de chaque semaine sera établi par le débit de la semaine précédente, déduction faite des places allouées en décharge avec accroissement du droit dû pour les places accordées pendant la semaine.

Le crédit dudit compte sera formé semaine par semaine des sommes effectivement recouvrées sur le débit, et balancé par le prix des places qui, comptées au débit comme occupées seront devenues vacantes.

14. Ces comptes seront clos le 31 décembre de chaque année.

15. De nouveaux comptes seront ouverts pour l'année suivante, conformément à l'article 11 du présent arrêté d'après les procès-verbaux prescrits par l'article 9.

16. Il sera tenu par le préposé de chaque marché un registre à souche sur lequel il inscrira ses recettes semaine par semaine.

17. Ce registre sera divisé en autant de cases qu'il existe de places dans chaque marché.

18. Pour tous les marchés où le prix des places est le même, les numéros des places seront portés sur ce registre dans leur ordre naturel, depuis le numéro premier jusqu'au dernier.

Pour les marchés où le prix des places est varié, l'inscription des numéros sera faite selon l'ordre de chaque série.

19. Les cases portant des numéros de places occupées seront chargées au talon et au coupon du montant du droit pour la semaine, lequel sera tiré hors ligne au talon.

Elles seront en outre chargées au coupon du nom du redevable.

20. Le préposé est tenu de remettre à chaque redevable, pour lui servir de quittance, le coupon de la case contenant le numéro de la place qu'il occupe.

21. Aussitôt qu'une place vacante sera accordée, le commissaire des halles et marchés en fera charger la case au registre à souche.

22. Lorsqu'une place occupée deviendra vacante, le préposé en donnera avis sur-le-champ au commissaire de police de la division des marchés, qui constatera la vacance par un procès-verbal.

Ce procès-verbal sera remis au commissaire des halles et marchés, qui fera en conséquence décharger le registre à souche.

23. Il sera dressé pour chaque semaine par les préposés des états détaillés des places qui seront devenues vacantes ; ces états seront certifiés par le commissaire des halles et marchés, sur les procès-verbaux mentionnés en l'article précédent.

24. Le commissaire des halles et marchés dressera également par chaque semaine un état des permissions par lui nouvellement délivrées pour chaque marché.

25. Ces états nous seront adressés pour être arrêtés, et expéditions en être remises aux préposés pour leur servir de pièces de comptabilité.

26. Les dispositions du présent arrêté recevront leur exécution à compter du 25 mai prochain pour la première semaine du mois de juin suivant, et, pour le marché aux fleurs, à compter du 27 juin prochain, pour le trimestre suivant.

27. Les préposés à la perception seront au surplus tenus de se conformer aux instructions qui leur seront données par le commissaire de police de la division des marchés et le commissaire des halles et marchés.

28. Il n'est point dérogé aux ordonnances des 7 juillet 1809, 18 septembre et 14 novembre 1810, 8 février et 17 juillet 1811, et 27 janvier dernier, qui continueront d'être exécutées en toutes leurs dispositions.

29. Le présent arrêté sera notifié à chacun des préposés à la perception, par le commissaire de police de la division des marchés.

30. Les articles 1, 2, 3, 4, 5 et 20 seront publiés et affichés dans les marchés où le droit est établi.

31. Le présent arrêté sera imprimé.

32. Le commissaire de police de la division des marchés, le commissaire des halles et marchés et les préposés sont chargés de tenir la main à son exécution.

Le conseiller d'État, préfet de police, baron PASQUIER.

———————◦———————

N° **634.** — *Arrêté concernant les marchands détaillants qui occupent des places dans les halles et marchés* (1).

Paris, le 9 mars 1812.

Nous, Étienne-Denis Pasquier, officier de la Légion d'honneur, baron de l'empire, conseiller d'État, chargé du quatrième arrondissement de la police générale, préfet de police du département de la Seine

———————

(1) V. l'ord. du 11 juin 1829.

et des communes de Saint-Cloud, Sèvres et Meudon du département de Seine-et-Oise, etc.,

Considérant que les détaillants placés dans les marchés et notamment dans ceux où il est établi un droit de location, ne peuvent occuper plus d'une place, ni quitter leurs places pour en prendre d'autres sans y être autorisés,

Arrêtons ce qui suit :

1. Aucun détaillant ne peut occuper plus d'une place dans un marché sans en avoir obtenu la permission par écrit.

2. Il est défendu à tout détaillant de quitter sa place pour en occuper une autre qui serait vacante dans le même marché, sans en avoir également obtenu la permission par écrit.

3. Sont exceptés, quant à présent, les détaillants établis au marché du Temple qui seront tenus seulement d'avertir le préposé.

4. Néanmoins cet avertissement devra être donné une semaine entière à l'avance ; faute de quoi le détaillant sera tenu de reprendre sa première place.

5. Le présent arrêté sera imprimé et affiché dans les halles et marchés.

6. Le commissaire des halles et marchés et les préposés des marchés sont chargés de tenir la main à son exécution.

Le conseiller d'Etat, préfet de police, baron PASQUIER.

***

N° 635. — *Ordonnance concernant le transport des pierres dans Paris* (1).

Paris, le 16 mars 1812.

Nous, Étienne-Denis Pasquier, officier de la Légion d'honneur, baron de l'empire, conseiller d'État, chargé du quatrième arrondissement de la police générale, préfet de police du département de la Seine et des communes de Saint-Cloud, Sèvres et Meudon du département de Seine-et-Oise, etc. ;

Vu notre ordonnance du 4 février dernier concernant le transport des pierres destinées aux constructions publiques et particulières dans Paris ;

Considérant qu'il est nécessaire pour la régularité et l'activité du service d'apporter quelques modifications aux dispositions de l'article 3 de notre ordonnance précitée ;

Ordonnons ce qui suit :

1. Le passage des voitures chargées de pierres ou de moellons provenant des carrières de la rive droite de la Seine, ou des départements situés de ce côté est interdit par les barrières de la rue blanche, de Saint-Denis et de Ménilmontant.

Les voitures qui se dirigeaient sur ces trois barrières entreront à l'avenir par les barrières de Rochechouart, de la Villette et du Combat.

Les voitures de pierres ou de moellons provenant de la rive droite pourront entrer également par la barrière de Marengo.

2. L'art. 3 et les autres dispositions de notre ordonnance du 4 février dernier continueront d'être exécutés en tout ce qui n'est pas contraire à la présente ordonnance.

(1) V. les ord. des 12 mai 1828 et 30 mai 1833.

5. La présente ordonnance sera imprimée, publiée et affichée tant dans l'intérieur de Paris qu'aux barrières et dans les communes rurales du ressort de la préfecture de police.

Les sous-préfets des arrondissements de Saint-Denis et de Sceaux, les maires des communes rurales du ressort de la préfecture de police, les commissaires de police, l'inspecteur général de police, l'architecte commissaire de la petite voirie et les autres préposés de la préfecture de police sont chargés d'en assurer l'exécution.

Le conseiller d'Etat, préfet de police, baron PASQUIER.

N° **636**. — *Ordonnance concernant la police du port de Bercy* (1).

Paris, le 19 mars 1812.

Nous, Étienne-Denis Pasquier, officier de la Légion d'honneur, baron de l'empire, conseiller d'État, chargé du quatrième arrondissement de la police générale, préfet de police du département de la Seine et des communes de Saint-Cloud, Sèvres et Meudon du département de Seine-et-Oise, etc.;

Considérant que l'ordre public et l'intérêt du commerce exigent qu'il soit pris de nouvelles mesures pour régulariser le service du port de Bercy;

Vu les articles 2, 22, 32 et 33 de l'arrêté du gouvernement du 12 messidor an VIII, et l'article 1 de l'arrêté du 3 brumaire an IX,

Ordonnons ce qui suit :

1. Le port de Bercy se divise en deux parties, savoir : le port de déchargement et le port de garage.

Le port de déchargement commence à l'angle inférieur du mur du grand Bercy, et s'étend en descendant, jusqu'à la dernière maison du quai, près le boulevard.

Le port de garage comprend toute la rive depuis l'angle inférieur du mur du grand Bercy en remontant indéfiniment.

On ne pourra placer plus de deux bateaux en double dans le port de déchargement.

Dans le port de garage, les bateaux seront rangés de manière à ne point gêner la navigation.

Dans l'un et l'autre port, ils seront fermés solidement à terre.

2. Le port de déchargement est exclusivement affecté au déchargement des marchandises destinées pour la commune de Bercy et pour les communes rurales extra-muros.

Aucun bateau ne pourra y être déchargé s'il a une autre destination.

3. Le port de Bercy sera ouvert depuis six heures du matin jusqu'à sept heures du soir, à compter du 1er avril jusqu'au 1er octobre, et depuis sept heures du matin jusqu'à quatre heures du soir, du 1er octobre au 1er avril.

4. Il ne sera enlevé ni chargé aucune marchandise pendant la fermeture du port.

5. Les bateaux seront enregistrés au bureau des arrivages à la Râpée et à mesure des arrivages.

Ils ne seront déchargés que sur un permis délivré par ce bureau, lequel permis sera donné dans l'ordre des arrivages.

(1) V. les ord. des 22 mars 1820, 11 fév. 1822, 9 fév. 1827, 15 avril 1834, l'arr. du 8 janv. 1838 et l'ord. du 25 oct. 1840 (art. 79 et suiv.)

6. Les bateaux seront vidés dans les trois jours de leur arrivée au port.

Le déchargement d'un bateau une fois commencé ne pourra être interrompu.

7. Aussitôt qu'un bateau aura été déchargé, il devra être retiré du port, faute de quoi il le sera aux frais et risques du propriétaire.

8. Les marchandises destinées pour Bercy seront emmagasinées sur-le-champ.

Les marchandises destinées pour les autres communes ne pourront séjourner sur le port plus de trois jours, non compris le temps du déchargement.

9. Les voituriers qui font le service du port de Bercy seront tenus de ranger leurs voitures, savoir : pour la partie supérieure du port de déchargement dans la rue Grange-aux-Merciers, et pour la partie inférieure, le long du boulevard à la suite les unes des autres, ainsi qu'il leur sera indiqué par le maire de la commune de Bercy, et par l'inspecteur général de la navigation et des ports.

Il est défendu aux voituriers de se présenter sur le port, si ce n'est pour charger.

10. Les haquets et autres voitures faisant le service du port ne pourront stationner à moins de vingt-cinq mètres de la barrière de la Râpée.

Il est enjoint aux charretiers de se tenir constamment à la tête de leurs chevaux.

11. Tout voiturier qui causera des avaries aux marchandises déposées sur le port sera garant des dommages-intérêts envers le propriétaire.

12. Les maîtres voituriers seront civilement responsables des faits de leurs charretiers.

13. Les voituriers se conformeront en outre aux dispositions de l'ordonnance de police du 11 novembre 1808, concernant les rouliers, voituriers, charretiers et autres.

14. Il est défendu aux mariniers, remplisseurs, dérouleurs et autres ouvriers des ports de se rassembler près de la barrière de la Râpée, et de gêner en aucune manière le service des préposés de l'octroi.

15. Les contraventions seront constatées par des procès-verbaux qui nous seront adressés.

16. Il sera pris envers les contrevenants telles mesures de police administrative qu'il appartiendra, sans préjudice des poursuites à exercer contre eux devant les tribunaux.

17. La présente ordonnance sera imprimée, publiée et affichée.

Le sous-préfet de l'arrondissement de Sceaux, le maire de la commune de Bercy, l'inspecteur général de police, l'inspecteur général de la navigation et des ports et les autres préposés de la préfecture de police sont chargés de tenir la main à son exécution.

Le conseiller d'Etat, préfet de police, baron PASQUIER.

N° **637.** —*Ordonnance concernant l'ordre à suivre lors du défilé des voitures qui iront à Longchamp* (1).

Paris, le 24 mars 1812.

(1) V. l'ord. du 10 avril 1843.

N° **638**. — *Ordonnance qui interdit momentanément le passage des voitures sur le pont d'Iéna.*

Paris, le 22 avril 1812.

------------ ◊ ------------

N° **639**. — *Ordonnance concernant les passe-ports gratuits* (1).

Paris, le 25 avril 1812.

Nous, Étienne-Denis Pasquier, officier de la Légion d'honneur, baron de l'empire, conseiller d'État, chargé du quatrième arrondissement de la police générale, préfet de police du département de la Seine et des communes de Saint-Cloud, Sèvres et Meudon du département de Seine-et-Oise, etc.;

Vu l'article 9 du décret impérial du 11 juillet 1810, concernant la fourniture, la distribution et le prix des passe-ports ;

Vu l'avis du conseil d'État du 17 décembre 1811, approuvé par sa majesté le 22 du même mois, portant que les passe-ports à délivrer aux personnes véritablement indigentes et reconnues hors d'état d'en acquitter le prix, seront accordés gratuitement ;

Vu la lettre de S. Exc. le ministre des finances, en date du 6 mars dernier, tendant à régler le mode d'exécution de cette disposition ;

Vu enfin la lettre de S. Exc. le ministre de la police générale, en date du 22 avril présent mois, annonçant que S. Exc. le ministre des finances a approuvé les modifications que nous avons proposées,

Arrêtons ce qui suit pour l'exécution de la décision du conseil d'État :

1. Les personnes domiciliées à Paris, et qui réclameront un passe-port gratuit pour voyager, devront justifier de leur indigence par un certificat du commissaire de police de leur division.

Le commissaire de police consultera le comité de bienfaisance sur la demande du réclamant, et s'assurera qu'il est véritablement dans l'indigence par tous les moyens qu'il jugera convenables.

2. Les personnes résidant à Paris et qui réclameront un passe-port gratuit, en remplacement de celui qui leur a été délivé par le maire de leur domicile, devront pareillement justifier de leur indigence par un certificat du commissaire de police de la division.

Le commissaire de police prendra des renseignements sur leur compte, soit auprès des personnes qui leur ont donné du travail, soit soit auprès de celles qui les ont logées, et par tout autre moyen qu'il croira devoir employer pour asseoir son opinion (2).

3. Lorsque des personnes non domiciliées réclameront un passe-port gratuit sans justifier des passe-ports des maires des communes de leur domicile, ou sans donner un répondant domicilié, conformément à l'article 9 de la loi du 28 mars 1792, il sera procédé à leur égard suivant la loi du 10 vendémiaire an IV.

En conséquence, il sera écrit aux maires de ces communes pour

---

(1) V. les ord. des 13 therm. an VIII (1er août 1800) et 8 avril 1808.

(2) Ceci ne s'entend que des passe-ports surannés.

Les passe-ports non surannés continueront d'être visés à la préfecture.

Si, indépendamment du visa, le porteur du passe-port a besoin du secours accordé aux indigents par la loi du 13 juin 1790, il devra faire constater son indigence de la manière indiquée par cet article. (*Note jointe à l'ordonnance.*)

leur demander des renseignements sur l'inscription des réclamants au tableau communal, et sur leur état d'indigence.

Et s'il en résulte que les réclamants sont véritablement indigents et hors d'état d'acquiter le prix du passe-port dont ils ont besoin, la délivrance leur en sera faite gratuitement.

4. Les mendiants arrêtés à Paris recevront un passe-port gratuit. Ce passe-port leur sera délivré sur le procès-verbal ou rapport énonciatif de la cause de leur arrestation.

5. Les mendiants ou vagabonds qui seront renvoyés dans leurs communes, après avoir été détenus soit dans la maison de mendicité de Villers-Cotterets, ou au dépôt de Saint-Denis, recevront un passe-port gratuit sur la représentation d'un certificat de l'agent en chef de la maison; ou du concierge du dépôt, constatant que les détenus ne se sont occupés d'aucun travail lucratif, ou que, sur le produit de ce travail, il ne leur reste pas assez pour acquitter le prix de ce passe-port.

6. Les personnes qui, à l'avenir auront besoin d'un passe-port et du secours de quinze centimes par lieue accordé par l'article 7 de la loi du 13 juin 1790, ne recevront plus de feuille de route, distincte du passe-port qui leur sera délivré.

Le secours qu'elles auront reçu et la route qu'elles devront tenir seront mentionnés au dos du passe-port.

Ampliation du présent arrêté sera adressée aux chefs des première et deuxième divisions de la préfecture, aux commissaires de police, aux officiers de paix, à l'agent en chef de la maison de Villers-Cotterets et et au concierge du dépôt de Saint-Denis, pour qu'ils tiennent la main à son exécution, chacun en ce qui le concerne.

Le conseiller d'Etat, préfet de police, baron PASQUIER.

N° **640.** — *Ordonnance concernant les bains dans la rivière et les écoles de natation* (1).

Paris, le 4 mai 1812.

N° **641.** — *Ordonnance concernant le commerce de bois de chauffage à l'île Louviers.*

Paris, le 4 mai 1812.

Nous, Etienne-Denis Pasquier, officier de la Légion d'honneur, baron de l'empire, conseiller d'Etat, chargé du quatrième arrondissement de la police générale, préfet de police du département de la Seine et des communes de Saint-Cloud, Sèvres et Meudon du département de Seine-et-Oise, etc.;

Considérant que l'intérêt du commerce et de l'approvisionnement exige que les mesures de police concernant le dépôt et la vente du bois de chauffage à l'île Louviers, soient renouvelées ou modifiées;

Vu les articles, 2, 32 et 33 de l'arrêté du gouvernement du 12 messidor an VIII,

---

(1) V. les ord. des 20 mai 1839 et 25 oct. 1840 (art. 187 et suiv. et 225).

Ordonnons ce qui suit :

1. L'île Louviers continuera d'être exclusivement affectée au dépôt et à la vente du bois neuf de chauffage.

2. Il est défendu de déposer à l'île Louviers aucuns bois arrivés par terre ou qui auraient été déchargés ailleurs que sur les ports de l'île.

Sont exceptés les bois amenés de la Basse-Seine par les marchands forains.

3. Les marchands de bois qui auront obtenu des places dans l'arrondissement de l'île Louviers ne pourront avoir de chantiers dans les autres arrondissements.

4. Les permissions accordées jusqu'à ce jour pour occuper des places dans l'île Louviers sont révoquées.

Les marchands seront tenus de se pourvoir de nouvelles permissions, dans le délai d'un mois, à compter du jour de la publication de la présente ordonnance.

5. La distribution de l'île Louviers, en massifs numérotés, est conservée.

Il sera réservé trois massifs entiers, au moins, pour le dépôt et la vente des bois amenés par les marchands forains.

En attendant que ces massifs soient disponibles, il sera accordé aux marchands forains des permissions pour déposer et vendre leurs bois sur les places actuellement vacantes.

Les pointes de l'île Louviers demeurent affectées au déchargement des bateaux en danger ou des bateaux qu'il serait nécessaire d'alléger.

6. Immédiatement après la publication de la présente ordonnance, il sera dressé, par un commissaire de police, assisté de l'inspecteur général de la navigation et des ports et de l'architecte commissaire de la petite voirie, un procès-verbal constatant l'état actuel de l'île Louviers, et indiquant la distribution des places et le nom des occupants ; il sera joint à ce procès-verbal un plan détaillé des lieux, pour le tout nous être transmis.

7. Avant le 1er avril de chaque année, les marchands de bois occupant des places dans l'île Louviers, seront tenus de justifier qu'ils sont en état de les garnir pendant un an.

8. Au 1er septembre de chaque année, les places devront être suffisamment garnies ; celles qui ne le seraient pas seront accordées à d'autres marchands, à moins d'empêchement de force majeure à l'arrivage des bois, ce dont les marchands seront tenus de justifier.

9. La vente du bois à l'île Louviers sera ouverte, du 1er avril au 31 octobre, depuis six heures du matin, jusqu'à quatre heures du soir, sans interruption.

Du 1er novembre au 1er avril, la vente sera ouverte, depuis huit heures du matin jusqu'à quatre heures du soir, sans interruption.

10. Il est défendu aux marchands d'occuper des places dans l'île Louviers sous des noms interposés, et à toute personne de prêter son nom à cet effet.

11. Il est défendu aux marchands de déposer ou de vendre sur leurs places des bois qui ne leur appartiendraient pas.

12. Les marchands forains qui voudront déposer des bois à l'île Louviers seront tenus d'en obtenir notre permission.

Il leur sera assigné, sur les places à eux réservées par l'article 5, une étendue de terrain proportionnée à la quantité de bois qu'ils auront amenée ; mais sous la condition qu'ils justifieront de l'achat des bois dans les ventes, qu'ils seront porteurs de lettres de voiture en bonne forme, énonçant la quantité de bois amenée, et qu'ils en feront transporter la totalité à l'île Louviers.

Les marchands ne pourront déposer sur les places qu'ils auront obtenues d'autres bois que ceux mentionnés dans les permissions qui leur seront délivrées, à moins d'une nouvelle autorisation.

Les forains mettront à leur place une inscription portant ces mots : Marchand forain.

Ils seront tenus d'avoir vente ouverte et permanente à leurs places ; faute de quoi la permission qu'ils auraient obtenue, sera annulée et la place évacuée.

13. Chaque marchand sera tenu de mettre à sa place, en lieu apparent, un tableau indiquant, en caractères lisibles, son nom et le numéro de sa place.

14. Il est défendu de placer des bois sur les berges et dans les rues et ruelles, même sous prétexte de montre.

Il est enjoint de laisser un espace vide d'un mètre au moins, en tous sens, autour des pieds d'amarre.

15. Les théâtres qui ont été indûment avancés sur les berges, dans les rues et ruelles, ne pourront être repris que dans les limites des bornes placées à cet effet.

16. Les bois seront empilés solidement avec grenons de deux longueurs de bûches à chaque encoignure.

Les théâtres seront faits d'aplomb ; les marchands seront tenus de lier, de deux mètres en deux mètres, les roseaux avec le corps des piles par le moyen de perches et de bûches qui y seront entrelacées et formeront des espèces de grilles.

17. La hauteur des théâtres sera calculée sur les dimensions de la base.

Dans tous les cas, cette hauteur ne pourra excéder seize mètres (50 pieds environ).

18. Si les théâtres n'étaient pas construits avec solidité, l'inspecteur général de la navigation et des ports fera suspendre l'empilage et il nous en rendra compte sur-le-champ.

19. Les marchands seront tenus d'établir leur vente et de placer la montre, les membrures et les sous-traits de manière que la voie publique n'en soit point embarrassée.

20. Ils seront tenus d'avoir au moins un stère double à chaque vente ; il ne pourra y avoir plus d'un stère simple à chaque place.

21. Il est défendu de sortir des bois de l'île Louviers pour les conduire dans d'autres chantiers.

22. Il est défendu de faire passer aucune voiture sur les chemins réservés au bord de la rivière.

23. Il est défendu de charger les voitures au-dessus des ridelles.

Les ridelles ne pourront, dans aucun cas être suppléées ni surélevées par des bûches ou piquets placés perpendiculairement pour retenir le chargement.

24. Il est défendu aux voituriers d'entrer dans l'île avec leurs voitures, à moins qu'ils n'y soient appelés par les marchands ou par les acheteurs.

Les voitures n'y pourront rester que le temps nécessaire pour le chargement

25. Il est défendu de fumer dans l'île Louviers.

Il est défendu d'y porter du feu, même dans des chaudrons grillés.

On ne pourra y porter de la lumière que dans des lanternes fermées.

26. Les marchands qui auront obtenu des places dans l'île, feront, à frais communs, balayer les rues et ruelles, et enlever les boues.

27. Il ne pourra être formé que deux rangs de bateaux ou quatre rangs de toues le long des berges de la grande rivière à l'île Louviers, et un seul rang de bateaux ou deux rangs de toues, tant au-dessous de la grande estacade, que dans le bras du Mail.

Dans les basses eaux, il ne sera laissé qu'un seul rang de bateaux et de toues dans les bras du Mail et au-dessous de la grande estacade.

Les bateaux seront placés à la suite les uns des autres.

28. Les marchands de bois à l'île Louviers se conformeront à l'ordonnance du 27 ventôse an x, concernant l'arrivée, le dépôt et la vente des bois de chauffage dans Paris, quant aux dispositions qui leur sont applicables.

29. Les contraventions seront constatées par des procès-verbaux qui nous seront adressés.

30. Il sera pris envers les contrevenants aux dispositions ci-dessus, telle mesure de police administrative qu'il appartiendra, sans préjudice des poursuites à exercer contre eux devant les tribunaux.

31. La présente ordonnance sera imprimée, publiée et affichée.

Les commissaires de police, l'inspecteur général de police, les officiers de paix, l'inspecteur général de la navigation et des ports, et les autres préposés de la préfecture de police sont chargés d'en assurer l'exécution.

Le conseiller d'Etat, préfet de police, baron PASQUIER.

N° **642.** — *Ordonnance concernant l'arrosement* (1).

Paris, le 11 mai 1812.

N° **643.** *Ordonnance concernant les grains et farines*

Paris, le 12 mai 1812.

Nous, Etienne-Denis Pasquier, officier de la Légion d'honneur, baron de l'empire, conseiller d'Etat, chargé du quatrième arrondissement de la police générale, préfet de police du département de la Seine et des communes de Saint-Cloud, Sèvres et Meudon du département de Seine-et-Oise, etc.;

Vu le décret impérial du 4 mai présent mois, relatif à la circulation des grains et farines, et à l'approvisionnement et à la police des marchés,

Ordonnons ce qui suit:

1. Le décret impérial du 4 mai, présent mois, relatif à la circulation des grains et farines, et à l'approvisionnement et à la police des marchés, sera imprimé, publié et affiché avec la présente ordonnance, dans le ressort de la préfecture de police (2).

2. Le contrôleur de la halle aux grains et farines de Paris est autorisé à recevoir les déclarations prescrites par l'article 2 du décret précité, à tous les commerçants, commissionnaires ou autres, qui auraient à faire des achats de grains et farines pour approvisionner les départements qui peuvent avoir des besoins.

Ces déclarations nous seront transmises sans délai.

3. Le contrôleur de la halle est spécialement chargé de tenir la main à l'exécution de l'article 9 dudit décret, et de veiller à ce qu'il n'y soit

---

(1) V. les ord. des 17 mai 1834, 1er juin 1837 et 27 juin 1843.

(2) V. ce décret à l'appendice.

fait aucune infraction. Il nous rendra compte sur-le-champ de celles qui pourraient avoir lieu.

Le conseiller d'Etat, préfet de police, baron PASQUIER.

N° **644**. — *Ordonnance relative à la fixation du prix des blés* (1).

Paris, le 12 mai 1812.

Nous, Etienne-Denis Pasquier, officier de la Légion d'honneur, baron de l'empire, conseiller d'Etat, chargé du quatrième arrondissement de la police générale, préfet de police du département de la Seine et des communes de Saint-Cloud, Sèvres et Meudon du département de Seine-et-Oise, etc.,

Vu le décret impérial du 8 mai, présent mois, relatif à la fixation du prix des blés ;

Considérant que le département de la Seine est dans le cas prévu par l'article 3 du décret précité, en ce que le marché de Paris, le seul qui existe dans ce département pour les grains et farines, n'est point approvisionné uniquement par le département même ; que la plus grande partie des blés et farines qui y sont apportés proviennent des départements environnants ; que dès lors le prix des blés et farines doit être calculé pour ceux qui sont apportés des départements environnants, en ajoutant aux trente-trois francs, prix de l'hectolitre du blé, le prix de transport et les légitimes bénéfices du commerce,

Ordonnons ce qui suit :

1. Le décret impérial du 8 du présent mois de mai, relatif à la fixation du prix des blés, sera imprimé, publié et affiché avec la présente ordonnance, dans le ressort de la préfecture de police (2).

2. A compter de demain, 13 du présent mois de mai, le blé apporté à la halle de Paris, ne pourra y être vendu, s'il provient du département de la Seine, au-dessus de cinquante francs le septier, mesure de Paris, et le sac de farine du poids de trois cent vingt-cinq livres, ne pourra être vendu au-dessus de cent francs.

3. A compter pareillement de demain 13 mai, le blé apporté à la halle de Paris, provenant des départements environnants, ne pourra être vendu au-dessus de cinquante-trois francs le septier, mesure de Paris, et le sac de farine du poids de trois cent vingt-cinq livres, ne pourra être vendu au-dessus de cent cinq francs.

4. Le contrôleur de la halle est chargé de tenir la main à l'exécution de la présente ordonnance, et de nous en rendre compte.

Le conseiller d'Etat, préfet de police, baron PASQUIER.

N° **645**. — *Ordonnance concernant la fixation du prix du seigle et de l'orge* (3).

Paris, le 19 mai 1812.

Nous, Etienne-Denis Pasquier, officier de la Légion d'honneur, ba-

---

(1) V. les ord. des 19 mai 1812, 17 juill. et 14 oct. 1813, l'arr. du 17 nov. 1815, les ord. des 12 déc. 1821, 7 nov. 1823 et 25 nov. 1829.

(2) V. ce décret à l'appendice.

(3) V. les ord. des 17 juill. et 14 oct. 1813, l'arr. du 17 nov. 1815, les ord. des 12 déc. 1821, 7 nov. 1823 et 25 nov. 1829.

ron de l'empire, conseiller d'État, chargé du quatrième arrondissement de la police générale, préfet de police du département de la Seine
et des communes de Saint-Cloud, Sèvres et Meudon du département
de Seine-et-Oise, etc.,

Vu 1° le décret impérial du 8 mai, présent mois, relatif à la fixation
du prix des blés;

2° Notre ordonnance du 12 du même mois;

Considérant que de tout temps le prix du seigle et de l'orge a été
dans une proportion connue et inférieure à celui du blé, et qu'il importe de maintenir cette proportion,

Ordonnons ce qui suit:

1. A compter de demain, 20 du présent mois de mai, le seigle apporté
à la halle de Paris, ne pourra y être vendu, s'il provient du département de la Seine, au-dessus de trente-quatre francs le septier, mesure
de Paris, et au-dessus de trente-six francs, s'il provient des départements environnants.

2. A compter pareillement de demain 20 mai, l'orge apportée à la
Halle de Paris ne pourra y être vendue, si elle provient du département
de la Seine, au-dessus de vingt-cinq francs le septier, mesure de Paris,
et au-dessus de vingt-six francs cinquante centimes, s'il provient des
départements environnants.

3. La présente ordonnance sera imprimée et affichée.

Le contrôleur de la Halle est chargé de tenir la main à son exécution,
et de nous en rendre compte.

Le conseiller d'État, préfet de police, baron PASQUIER.

N° **646.** — *Ordonnance concernant l'interdiction momentanée du
passage des voitures sur le chemin de Saint-Cloud à Suresnes.*

Paris, le 21 mai 1812.

N° **647.** — *Ordonnance concernant la vente, la préparation et la
cuisson des tripes* (1).

Paris, le 28 mai 1812.

Nous, Etienne-Denis Pasquier, officier de la Légion d'honneur, baron
de l'empire, conseiller d'État, chargé du quatrième arrondissement de
la police générale, préfet de police du département de la Seine et des
communes de Saint-Cloud, Sèvres et Meudon du département de Seine-
et-Oise, etc.;

Considérant qu'au mépris de l'article 8 des lettres patentes du
1er juin 1782, et de l'ordonnance de police du 25 brumaire an XII, des
bouchers retiennent et débitent, dans leur commerce, une partie des
issues des bestiaux qu'ils font abattre; et que plusieurs tripières se
permettent de préparer clandestinement des issues et abatis de boucherie;

Considérant que les moyens qu'exigent la préparation et la cuisson

(1) Rapportée. — V. les ord. des 11 janv. 1813, 25 nov. 1819, 19 juillet 1824 et 25 mar
1830.

des issues et abattis peuvent donner lieu à des causes très-graves d'insalubrité;

Considérant qu'aux termes de l'article 2 du décret impérial du 15 octobre 1810, relatif aux manufactures et ateliers qui répandent une odeur insalubre ou incommode, et conformément à l'état y annexé, il ne peut être établi d'atelier de triperie qu'en vertu d'un décret impérial et hors du voisinage des habitations particulières ; que néanmoins, aux termes de l'article 11 du même décret, tous les établissements de l'espèce de ceux compris dans l'état y annexé, qui étaient alors en activité, ont dû continuer à être exploités librement sous les réserves contenues audit article et à l'article suivant;

Considérant qu'à ladite époque du 15 octobre 1810, le seul atelier de triperie en activité à Paris, le seul autorisé par la police, conformément à l'article 23, § 6 de l'arrêté du 12 messidor an VIII, était celui établi dans l'île des Cygnes, en vertu de lettres patentes du 7 janvier 1763, et que depuis, cet atelier n'a cessé d'être exploité; qu'en conséquence, la préparation et la cuisson des issues et abattis ne peuvent avoir lieu, à Paris, quant à présent, dans aucun autre atelier;

Vu les ordonnances de police des 11 avril 1786 et 25 brumaire an XII, ensemble les articles 2 et 23 de l'arrêté du gouvernement du 12 messidor an VIII;

Ordonnons ce qui suit :

1. Il est défendu aux bouchers de Paris de retenir, vendre et débiter par eux-mêmes, sous quelque prétexte que ce soit, aucune partie des issues de bœuf, vache et mouton qu'ils abattent pour leur commerce, à peine d'amende. (*Ord. du* 11 *avril* 1786.)

2. Les bouchers continueront, comme par le passé, de traiter de gré à gré avec les tripières ; mais ils ne pourront en faire livraison que suivant le mode prescrit par les articles suivants.

3. Les bouchers livreront les issues rouges aux tripières, immédiatement.

Les tripières seront tenues de les enlever tous les jours.

4. Les issues blanches ne pourront être livrées par les bouchers qu'à l'entrepreneur de la préparation et de la cuisson des abatis, pour le compte des tripières.

5. Les issues blanches sont composées, savoir :

1º Celles de bœuf ou vache, des quatre pieds avec leurs patins, de la panse, de la franche mule, des feuillets, des muffles, palais et mamelles;

2º Celles du mouton, de la tête avec la langue et la cervelle, des quatre pieds, de la panse et de la caillette.

6. Il est défendu aux bouchers et à leurs garçons de retrancher aucune partie desdites issues, et notamment les patins, de les altérer, détériorer et couteler.

7. L'entrepreneur de la cuisson des abattis et issues est tenu de les enlever ou faire enlever, tous les jours, des échaudoirs et étaux; après les avoir préalablement marqués de la marque de la tripière à laquelle ils appartiennent.

8. Défenses sont faites aux bouchers et à leurs garçons de livrer immédiatement aux tripières aucune partie des issues désignées en l'article 5 et aux tripières d'en enlever, préparer ou faire cuire en particulier, sous les peines portées en l'article 4 de l'ordonnance du 11 avril 1786.

9. Dans la dernière semaine du mois de juin prochain, les bouchers seront tenus de faire aux commissaires de police de leurs divisions respectives la déclaration des noms et demeures des tripières avec lesquelles ils auront traité de la vente de leurs issues.

10. Dans le même délai, il sera fait, par les commissaires de police, un recensement général des tripières établies soit en boutique, soit dans les rues, soit dans les marchés de leurs divisions.

11. Le résultat des opérations prescrites par les deux articles précédents nous sera transmis le premier juillet prochain.

12. Le marché aux deux espèces d'issues continuera d'avoir lieu à la halle, aux jours et heures accoutumés.

13. L'entrepreneur de la cuisson des abattis est tenu de les rapporter au marché en bon état, bien préparés et bien cuits, et de livrer exactement à chaque tripière la portion qui lui appartient.

14. Dans le cas où une tripière négligerait ou refuserait de recevoir ses issues et abattis, l'entrepreneur sera tenu d'en faire sur-le-champ la déclaration, ensuite de laquelle il sera autorisé à vendre lesdits issues et abattis, aux risques et périls de la tripière.

15. Dans le cas où le refus de la tripière aurait pour motif un vice de préparation ou de cuisson, elle sera tenue d'en faire la déclaration, et, si le motif est reconnu légitime, les abattis refusés seront vendus sur-le-champ, à l'enchère, aux frais et risques de l'entrepreneur.

16. L'entrepreneur tiendra compte aux tripières des parties d'abattis perdues ou détériorées.

17. L'entrepreneur est autorisé, comme par le passé, à retenir pour son compte la totalité des pieds de bœuf et vache en déduction du prix de la cuisson.

18. Il est également autorisé, suivant l'usage, à retenir le dixième des pieds de mouton pour indemnité des pertes, accidents et déchets.

19. Au moyen des retenues autorisées par les deux articles précédents, l'entrepreneur ne pourra percevoir, à quelque titre et sous quelque prétexte que ce soit, pour frais d'enlèvement, transport, préparation et cuisson, plus de trente centimes par abattis de bœuf ou vache, et de huit centimes par abattis de mouton.

Il est autorisé, en outre, à percevoir un franc vingt-cinq centimes par chaque cent de paires de pieds de mouton, composées chacune de quatre pieds, par lui rapportées. (*Ord. du* 11 *avril* 1786, *art.* 14 *et* 16.)

20. A défaut de payement, par les tripières, des sommes par elles dues à l'entrepreneur, ce dernier est autorisé à retenir et vendre sur le marché, jusqu'à due concurrence, les abattis desdites tripières, à leurs risques et périls. (*Ord. du* 11 *avril* 1786, *art.* 18.)

21. Les contraventions seront constatées par des procès-verbaux, qui nous seront adressés.

22. Il sera pris, envers les contrevenants aux dispositions ci-dessus, telles mesures de police administrative qu'il appartiendra, sans préjudice des poursuites à exercer contre eux devant les tribunaux conformément aux lois et règlements.

25. La présente ordonnance sera imprimée, publiée et affichée.

Les commissaires de police, et spécialement celui de la division des marchés, le commissaire des halles et marchés, et les autres préposés de la préfecture de police sont chargés de tenir la main à son exécution.

Le conseiller d'Etat, préfet de police, baron PASQUIER.

N° **648**. — *Ordonnance* (1) *qui prescrit l'impression et la publication des articles* 3 (§ 1ᵉʳ), 4, 5, 6, 7 *et* 10 *de l'arrêté du gouvernement du* 27 *prairial an* x (16 *juin* 1802) (2), *concernant les
bourses de commerce et des articles* 76 *et* 78 *du livre* 1ᵉʳ *du Code
de commerce.*

Paris, le 16 juin 1812.

N° **649**. — *Ordonnance concernant l'emploi des nouveaux poids
et des nouvelles mesures* (3).

Approuvée par S. Exc. le ministre de l'intérieur, le 18 juillet 1812.

Paris, le 2 juillet 1812.

Nous, Etienne-Denis Pasquier, officier de la Légion d'honneur, baron de l'empire, conseiller d'Etat, chargé du quatrième arrondissement de la police générale, préfet de police du département de la
Seine et des communes de Saint-Cloud, Sèvres et Meudon du département de Seine-et-Oise, etc.;

Vu le décret impérial du 12 février dernier, concernant les poids et
mesures;

L'arrêté pris le 28 mars suivant, par S. Exc. le ministre de l'intérieur pour l'exécution de ce décret;

Les articles 2 et 26 de l'arrêté du gouvernement du 12 messidor
an VIII et l'article 1 de l'arrêté du 3 brumaire an IX,

Ordonnons ce qui suit:

1. Le décret impérial du 12 février dernier et l'arrêté pris le 28 mars
suivant, par S. Exc. le ministre de l'intérieur, pour l'exécution de ce
décret, seront imprimés, publiés et affichés avec la présente ordonnance (4).

2. Les poids et mesures désignés dans l'arrêté précité seront fabriqués conformément aux modèles déposés au bureau de vérification,
établi près la préfecture de police.

3. Les poids et mesures qui seront fabriqués dans d'autres formes et
dimensions que celles prescrites, ne seront pas reçus à la vérification.
Ceux qui seront trouvés dans le commerce, seront saisis.

4. Il sera établi de nouvelles mesures en fer-blanc pour la vente en
détail de l'huile. Elles seront faites dans les dimensions qui seront
données au bureau de vérification, d'après nos instructions.
L'ordonnance du 21 novembre 1808, concernant la vente de l'huile
en détail, continuera de recevoir son exécution en ce qui n'est pas
contraire à la présente disposition.

5. Les nouveaux poids et mesures pourront être présentés à la vérification, à compter du 1ᵉʳ août prochain.

6. Il est défendu aux fabricants de poids et mesures d'exposer en
vente et d'expédier hors du ressort de la préfecture de police, des

(1) V. les ord. des 18 mars 1818, 14 avril 1819, 24 janv. 1823, 2 nov. 1826 et 12 janv.
1831.

(2) V. cet arrêté à l'appendice.

(3) V. les ord. des 18 mars 1816, 30 déc. 1839 et 13 avril 1842.

(4) V. ce décret et cet arr. à l'appendice.

578 [2 juillet.]   **1812.**

poids et mesures qui n'auraient pas été vérifiés au bureau établi à cet effet.

7. Le droit de vérification des nouveaux poids et mesures, sera payé suivant le tarif annexé à la présente ordonnance.

8. Il est défendu de fabriquer des poids usuels au-dessus d'une livre.

9. Les poids à godets seront confectionnés de telle manière qu'un poids détaché d'une pile puisse être placé dans une autre, suivant son ordre et valeur.

10. L'émission des nouveaux poids et des nouvelles mesures de détail aura lieu, à compter du 20 août prochain. Les marchands vendant en détail devront, chacun en ce qui concerne son commerce, en être pourvus au 1er novembre suivant, terme de rigueur.

11. Les marchands devront, néanmoins, conserver les mesures et poids décimaux destinés à la vente en détail, mais seulement pour la livraison de leurs marchandises, aux consommateurs qui feraient des demandes d'après le système décimal.

Ces poids et mesures continueront à être soumis à la vérification annuelle, prescrite par notre ordonnance du 12 décembre dernier.

12. Les mesures et poids décimaux destinés à la vente en détail seront toujours séparés des poids et mesures usuels, de manière à ne jamais être confondus.

13. Les contraventions seront constatées par des procès-verbaux qui nous seront adressés.

14. Il sera pris envers les contrevenants aux dispositions ci-dessus, telles mesures de police administrative qu'il appartiendra, sans préjudice des poursuites à exercer contre eux devant les tribunaux.

15. La présente ordonnance et le tarif énoncé dans l'article 7 ci-dessus, seront soumis à l'approbation de S. Exc. le ministre de l'intérieur.

16. Les sous-préfets des arrondissements de Saint-Denis et de Sceaux, les maires des communes rurales du ressort de la préfecture de police, les commissaires de police, l'inspecteur général de police, les officiers de paix, l'inspecteur général de la navigation et des ports, le commissaire des halles et marchés, le contrôleur de la halle aux grains et farines, les inspecteurs des poids et mesures et les préposés de la préfecture de police sont chargés de tenir la main à l'exécution de l'arrêté de S. Exc. le ministre de l'intérieur du 28 mars dernier, et de la présente ordonnance.

TARIF DE LA RÉTRIBUTION POUR LA VÉRIFICATION DES POIDS ET MESURES USUELS.

Mesures linéaires.

Toise.. 20 centimes.
Pied... 10
Aune... 10
Demi-aune.................................... 10

Mesures de capacité pour les grains.

Double boisseau.............................. 20
Boisseau..................................... 15
Demi-boisseau 10
Quart de boisseau............................ 07
Litre.. 05
Demi-litre................................... 05

Quart de litre............................. 05
Demi-quart idem.. 05
Seizième de litre...................... 05

Mesures pour les liquides.

Quart de litre........................... 10
Huitième de litre....................... 10
Seizième de litre........................ 10
Trente-deuxième de litre............... 10

Mesures à lait en fer-blanc.

Quart de litre........................... 05
Demi-quart de litre..................... 05

Mesures représentant le poids de l'huile.

Demi-livre............................... 10
Quarteron............................... 10
Deux onces.............................. 10
Une once................................ 10
Une demi-once.......................... 10

Poids en cuivre séparés.

Livre.................................... 15
Demi-livre............................... 15
Quarteron............................... 15
Deux onces.............................. 075
Une once................................ 075
Une demi-once.......................... 075
Deux gros............................... 075
Un gros................................. 075
Un demi-gros........................... 075

Poids divisés et réunis en pile.

Livre.................................... 30
Demi-livre............................... 30
Quarteron............................... 30
Demi-quarteron......................... 30

Poids en fer.

Livre.................................... 10
Demi-livre............................... 10
Quatre onces............................ 05
Deux onces.............................. 05

Disposition générale.

Il ne sera fait aux fabricants aucune remise sur les prix portés au tarif ci-dessus.

Celle accordée à titre d'encouragement par le tarif annexé à l'arrêté du gouvernement du 29 prairial an IX, cessera d'avoir lieu à compter de la publication de notre ordonnance de ce jour.

Le conseiller d'Etat, préfet de police, baron PASQUIER.

N° **650.** — *Ordonnance concernant les dégâts commis par les pigeons fuyards dans les communes rurales.*

Paris, le 3 juillet 1812.

Nous, Etienne-Denis Pasquier, officier de la Légion d'honneur, baron de l'empire, conseiller d'État, chargé du quatrième arrondissement de la police générale, préfet de police du département de la Seine et des communes de Saint-Cloud, Sèvres et Meudon du département de Seine-et-Oise, etc.;

Considérant que les lois et règlements exigent que les pigeons soient enfermés dans le temps des récoltes et des semailles ; que dès lors il est nécessaire de fixer, suivant les convenances locales, les époques de l'année auxquelles doit commencer et finir la fermeture des colombiers, et que, d'ailleurs, dans les circonstances actuelles, cette mesure devient plus nécessaire pour préserver les grains des dégâts que peuvent commettre les pigeons fuyards ;

Vu 1° l'avis des sous-préfets des arrondissements de Saint-Denis et de Sceaux ;

2° L'article 2 de la loi du 3 novembre 1789, et l'article 12 du titre 2 de la loi du 6 octobre 1791, concernant les biens et usages ruraux et la police rurale ;

3° Les arrêtés du gouvernement des 12 messidor an VIII, et 3 brumaire an IX,

Ordonnons ce qui suit :

1. L'article 2 de la loi du 3 novembre 1789, et l'article 12 du titre 2 de la loi du 6 octobre 1791, concernant les biens et usages ruraux et la police rurale, seront réimprimés, publiés et affichés avec la présente ordonnance (1).

2. Conformément à l'article 2 de la loi précitée du 3 novembre 1789, les propriétaires des colombiers et tous autres propriétaires de pigeons dans les communes rurales du ressort de la préfecture de police seront tenus de les enfermer, depuis le 1er mars jusqu'au 20 avril, depuis le 15 juillet jusqu'au 20 août, et depuis le 1er octobre jusqu'au 15 novembre.

3. Les contraventions seront constatées par des procès-verbaux qui nous seront adressés.

4. Il sera pris envers les contrevenants telles mesures de police administrative qu'il appartiendra, sans préjudice des poursuites à exercer contre eux devant les tribunaux.

5. Les sous-préfets des arrondissements de Saint-Denis et de Sceaux, les maires des communes rurales du ressort de la préfecture de police, l'inspecteur général de police, les officiers de paix, les préposés de la préfecture de police et les gardes champêtres sont chargés de tenir la main à l'exécution de la présente ordonnance.

Le conseiller d'Etat, préfet de police, baron PASQUIER.

(1 V. ces lois à l'appendice.

N° **651**. — *Ordonnance concernant les charpentiers* (1).

Paris, le 11 juillet 1812.

N° **652**. — *Ordonnance concernant le curage et l'entretien de la Bièvre et du faux ru de cette rivière* (2).

Paris, le 14 juillet 1812.

N° **653**. — *Ordonnance relative à des mesures d'ordre pendant l'exécution des travaux d'une galerie souterraine à construire dans le quartier de la place Vendôme.*

Paris, le 24 juillet 1812.

Nous, Etienne-Denis Pasquier, officier de la Légion d'honneur, baron de l'empire, conseiller d'Etat, chargé du quatrième arrondissement de la police générale, préfet de police du département de la Seine et des communes de Saint-Cloud, Sèvres et Meudon du département de Seine-et-Oise, etc.;

Vu la demande de l'ingénieur en chef des ponts et chaussées, directeur du canal de l'Ourcq et des eaux de Paris, tendant à obtenir la permission de déposer sur la voie publique une partie des matériaux destinés à la construction d'une galerie souterraine qui régnera depuis la rue du Mont-Blanc jusqu'à l'extrémité de la rue Napoléon, vers la rue Neuve-des-Petits-Champs;

Ensemble la pétition du sieur Fournier, entrepreneur des travaux;

Vu aussi les rapports à nous faits, desquels il résulte qu'il n'existe pas dans le quartier de terrains particuliers dont on puisse disposer pour le dépôt de ces matériaux;

En vertu de l'arrêté du gouvernement du 12 messidor an VIII et conformément aux règlements généraux sur les grandes constructions qui s'exécutent dans Paris,

Ordonnons ce qui suit:

1. Il est permis au sieur Fournier, entrepreneur de maçonnerie, de déposer sur l'accotement du boulevard des Capucines, du côté du nord, depuis la rue du Mont-Blanc jusque vis-à-vis la rue Caumartin, une partie de la pierre de taille, ainsi que la meulière et autres matériaux destinés aux travaux dont il s'agit.

Il pourra également y établir les bassins à chaux et à mortier, en observant de les entourer d'une barrière.

2. Ces dépôts ne pourront anticiper sur le pavé de la chaussée et seront éloignés des arbres de la contre-allée d'environ un mètre.

Les toisés de meulières auront au plus trois mètres de largeur, sur un mètre trente-deux centimètres de hauteur.

Il sera pratiqué, entre les toisés, des sentiers d'un mètre de largeur

(1) V. l'ord. du 7 déc. 1808.
(2) Voir l'ord du 31 juill. 1838.

pour communiquer d'un côté du boulevard à l'autre, notamment vis-à-vis la rue Napoléon et celle Neuve-Saint-Augustin.

3. Il est défendu au sieur Fournier de déposer des matériaux sur aucun autre point de la voie publique.

4. Les travaux seront disposés et suivis de manière que la circulation ne soit jamais interrompue, tant pour les piétons que pour les voitures.

Sur l'un des côtés de la rue Napoléon il sera laissé entre les fouilles et le trottoir un espace suffisant pour le passage de deux voitures de front.

5. A mesure de l'ouverture des fouilles et tranchées, et pendant tout le temps que dureront les travaux, l'ingénieur et l'entrepreneur feront poser un nombre suffisant d'étrésillons, de plates-formes et de couches tant verticales qu'horizontales pour contre-bouter la poussée des terres et ôter aux propriétaires riverains toute inquiétude sur la solidité de leurs maisons.

Ils prendront, en outre, toutes les mesures et précautions convenables pour l'écoulement des eaux pluviales et ménagères, notamment dans les temps d'orages et d'averses; enfin ils feront placer au devant et de chaque côté des fouilles une barrière en charpente à hauteur d'appui avec courant de lisses.

6. Les fouilles et tranchées ne pourront être entreprises et poussées qu'en proportion de l'avancement des travaux de maçonnerie.

En conséquence, aussitôt après l'achèvement d'une partie de la maçonnerie, l'entrepreneur devra faire remblayer et paver par-dessus, et faire travailler en même temps à écréter les terres en avant de l'atelier, mais seulement dans une longueur égale à celle de la travée de maçonnerie qui viendra d'être terminée, et ainsi de suite jusqu'à la fin des travaux, hors le cas d'une circonstance extraordinaire.

7. Il sera établi par-dessus les fouilles le nombre de ponts de service nécessaire pour le passage des gens de pied et la communication d'un côté à l'autre de la rue.

Ces ponts de service, ainsi que ceux destinés au passage des voitures, seront munis de garde-fous; leur solidité sera vérifiée et reconnue par l'architecte-commissaire ou les architectes-inspecteurs de la petite voirie.

8. Les pavés arrachés ou enlevés pour l'exécution des travaux ne pourront être déposés sur les ateliers ni le long des maisons. Ils seront transportés sur les boulevards extérieurs, ou dans des terrains particuliers que l'entrepreneur sera tenu de se procurer aux frais de qui il appartiendra.

9. Les ateliers et les dépôts de matériaux, notamment les trous à chaux et les bassins à mortier, ainsi que tous les points de la voie publique, qui pourraient présenter quelque danger pour la circulation, seront éclairés pendant la nuit avec des lampions, aux frais et par les soins de l'entrepreneur, sous la direction et surveillance des commissaires de police du quartier.

10. Les travaux seront poussés avec la plus grande activité, particulièrement à l'angle du boulevard, et des rues Napoléon et du Mont-Blanc.

11. L'entrepreneur fera transporter régulièrement aux décharges publiques les débris, recoupes, glaises, terres et gravois qui ne pourront être employés dans les remblais.

12. L'ingénieur et l'entrepreneur des travaux feront réparer aux frais de qui de droit, par l'entrepreneur du pavé de Paris, et non par d'autres, sous la direction de l'ingénieur en chef en cette partie, le pavé qui aura été levé, cassé ou dérangé pour l'exécution des travaux sus-énoncés, ou par l'effet du séjour ou transport des matériaux dans

les rues sus-désignées; à cet effet, ils délivreront les attachements nécessaires à l'ingénieur en chef du pavé.

13. Les travaux devront être terminés, le pavé rétabli et la voie publique débarrassée de tous décombres et immondices avant le 1ᵉʳ novembre prochain.

14. Dans le cas où, par des événements imprévus, les travaux ne pourraient être entièrement exécutés pour l'époque fixée, les rues et autres parties de la voie publique où ils seront suspendus, seront mises en bon état de service, afin que la circulation y soit libre et sûre.

L'entrepreneur sera tenu, en outre, de faire enlever avant ladite époque du 1ᵉʳ novembre prochain, tous les matériaux restant sur place, sans pouvoir, sous aucun prétexte, en laisser la moindre partie sur la voie publique pour y passer l'hiver.

15. A défaut par l'entrepreneur de se conformer aux dispositions des deux articles précédents, il encourra l'amende prononcée par les lois et règlements, et sera traduit au tribunal de police, et, en outre, les matériaux qui resteront sur la voie publique, seront vendus au plus offrant et dernier enchérisseur, en un ou plusieurs lots, sur une simple affiche, sans autres formalités préalables, par le sieur Commendeur, commissaire-priseur, à la charge par les adjudicataires de payer comptant le prix de la vente, et d'enlever de suite les objets vendus, pour le prix en provenant, distraction faite des frais, être remis à l'entrepreneur, à la charge par lui d'en donner bonne et valable décharge; et, en cas de refus ou empêchement, être versé ou déposé par le sieur Commandeur à la caisse d'amortissement, à la conservation des droits de qui il appartiendra, conformément à la loi du 28 nivôse an xiii (18 janvier 1805), moyennant lequel versement, dont il retirera une reconnaissance en bonne forme, ledit sieur Commendeur sera bien et valablement déchargé et libéré du prix de la vente.

16. L'architecte commissaire et les architectes inspecteurs de la petite voirie sont, de plus, autorisés à faire enlever en se concertant avec l'inspecteur général de la salubrité, tous décombres, recoupes, terres, gravois, sables et autres immondices provenant des travaux, et ce, aux frais de l'entrepreneur, lesquels frais seront prélevés sur le montant de la vente ordonnée par l'article précédent.

17. La présente ordonnance sera imprimée et affichée. Elle sera notifiée au sieur Fournier, en son domicile, rue Cloche-Perche, n° 8, par le commissaire du quartier de la place Vendôme, qui nous transmettra sans retard le procès-verbal qu'il dressera de cette notification.

Il en sera transmis une ampliation à l'ingénieur en chef, directeur du canal de l'Ourcq et des eaux de Paris, et à l'ingénieur en chef du pavé de Paris et des boulevards.

18. Les commissaires de police, notamment ceux des quartiers de la Chaussée-d'Antin et de la place Vendôme, l'inspecteur général du quatrième arrondissement de la police générale de l'empire, le sieur Happe, architecte commissaire, et les sieurs Croissant, Chabouillé et Chevalier, architectes inspecteurs de la petite voirie, l'inspecteur général de la salubrité, et tous préposés de la préfecture de police sont chargés d'en assurer l'exécution, chacun en ce qui le concerne, et d'en rendre compte.

Le conseiller d'Etat, préfet de police, baron PASQUIER.

N° 654. — *Ordonnance concernant le remblai sur le terrain de l'abattoir de Ménilmontant.*

Paris, le 30 juillet 1812.

N° 655. — *Ordonnance concernant des mesures de police relatives à l'anniversaire de la naissance de S. M. l'empereur et roi* (1).

Paris, le 13 août 1812.

N° 656. — *Ordonnance concernant l'ouverture de la chasse* (2).

Paris, le 27 août 1812.

Nous, Étienne-Denis Pasquier, officier de la Légion d'honneur, baron de l'empire, conseiller d'État, chargé du quatrième arrondissement de la police générale, préfet de police du département de la Seine et des communes de Saint-Cloud, Sèvres et Meudon du département de Seine-et-Oise, etc.;

Vu la loi du 30 avril 1790;

Les arrêtés des 12 messidor an VIII et 3 brumaire an IX;

La décision de S. Exc. le ministre de la police générale, en date du 25 fructidor suivant;

Et le décret impérial du 4 mai 1812,

Ordonnons ce qui suit:

1. L'extrait du décret impérial, du 4 mai 1812, contenant des dispositions pénales contre ceux qui chassent sans permis de port d'armes de chasse, sera imprimé, publié et affiché avec la présente ordonnance (3).

2. La chasse sera ouverte le 1er septembre prochain, dans le ressort de la préfecture de police.

Il est défendu de chasser avant cette époque, même sous prétexte de tirer des hirondelles le long des rivières.

Il est également défendu de chasser dans les vignes avant que les vendanges soient entièrement terminées, et dans les champs ensemencés et plantés de légumes, avant la fin de la récolte.

3. Les lois, règlements et ordonnances de police sur la chasse continueront d'être exécutés selon leur forme et teneur.

4. Il sera pris envers les contrevenants, telles mesures de police administrative qu'il appartiendra, sans préjudice des poursuites à exercer contre eux par-devant les tribunaux.

5. Les sous-préfets des arrondissements de Saint-Denis et de Sceaux, les maires et adjoints des communes rurales du ressort de la préfecture de police, les commissaires de police, l'inspecteur général du quatrième arrondissement de la police générale de l'empire, les offi-

---

(1) V. l'ord. du 13 août 1813.

(2) V. l'ord. du 22 août 1843.

(3) V. ce décret à l'appendice.

ciers de paix, les gardes champêtres et les préposés de la préfecture de police sont chargés de tenir la main à l'exécution de la présente.

Le conseiller d'Etat, préfet de police, baron PASQUIER.

N° **657**. — *Ordonnance concernant l'usage des ustensiles et vases de cuivre et les comptoirs des marchands de vins* (1).

Paris, le 27 août 1812.

N° **658**. — *Ordonnance concernant les mesures de police qui doivent être observées les 6, 13 et 20 septembre à Saint-Cloud* (2).

Paris, le 4 septembre 1812.

N° **659**. — *Instruction concernant la surveillance de la rivière, des ports, de la halle aux Vins, des chantiers et des places de vente du charbon* (3).

Paris, le 22 septembre 1812.

N° **660**. — *Ordonnance concernant les mesures d'ordre à observer le 4 octobre, jour où sera chanté un Te Deum à l'occasion des succès remportés dans la campagne de Russie.*

Paris, le 2 octobre 1812.

N° **661**. — *Avis portant défense de mener des chiens aux courses de chevaux au Champ-de-Mars* (4).

Paris, le 9 octobre 1812.

---

(1) V. les ord. des 17 juill. 1816, 23 juill. 1832 et 7 nov. 1838.
(2) V. l'ord. du 6 sept. 1843.
(3) V. les ord. des 24 mars 1824, 26 mars 1829 et 25 oct. 1840.
(4) V. l'avis du 11 oct. 1843.

N° **662.** — *Ordonnance concernant le lâchage des bateaux sous les ponts de Paris* (1).

Paris, le 15 octobre 1812.

Nous, Étienne-Denis Pasquier, officier de la Légion d'honneur, baron de l'empire, conseiller d'État, chargé du quatrième arrondissement de la police générale, préfet de police du département de la Seine et des communes de Saint-Cloud, Sèvres et Meudon du département de Seine-et-Oise, etc.;

Vu 1° le décret impérial, du 28 janvier 1811, relatif au service de la navigation sous les ponts de Paris;

2° Notre ordonnance du 22 mai suivant, approuvée par S. Exc. le ministre de l'intérieur, le 12 juin de la même année;

3° La décision de S. Exc. le ministre de l'intérieur, du 25 novembre dernier;

4° Et notre ordonnance du 13 décembre suivant,

Ordonnons ce qui suit :

1. Le registre des chefs de pont servant à l'inscription des déclarations à fin de lâchage des bateaux, sera divisé en neuf colonnes;

La première sera destinée à inscrire le numéro des déclarations; la deuxième le jour; la troisième l'heure où elles seront faites; la quatrième sera destinée à la désignation des marchandises dont les bateaux seront chargés; la cinquième à l'indication des ports où les bateaux devront être lâchés, soit pour l'approvisionnement de Paris, soit pour être entreposés, soit en passe-debout; la sixième à inscrire les numéros particuliers pour l'ordre du lâchage des bateaux dans les différents ports affectés au déchargement d'une même marchandise; la septième sera réservée pour les déclarations; la huitième servira à inscrire la date des lâchages, et la neuvième sera réservée pour les observations auxquelles les lâchages auront donné lieu.

Ce registre sera coté et parafé par nous.

2. Les chefs de pont adresseront chaque jour à l'inspecteur général de la navigation et des ports, un relevé exact et détaillé des déclarations inscrites de lâchage sur leur registre.

L'inspecteur général en transmettra des extraits aux inspecteurs particuliers, chacun pour les ports compris dans leur surveillance respective.

3. L'inspecteur général de la navigation et des ports adressera au fur et à mesure et tous les jours, si besoin est aux chefs de pont, un état indicatif du nombre des bateaux qui pourront être lâchés dans les ports.

Ce nombre sera réglé d'après l'étendue de chaque port et l'état de la rivière.

4. Les chefs de pont seront tenus de lâcher les bateaux dans les ports, aussitôt que l'inspecteur général leur aura fait connaître qu'il y a place pour les recevoir.

5. Les bateaux destinés, soit pour l'approvisionnement de Paris, soit pour être entreposés ou à être descendus en passe-debout, continueront à être lâchés selon l'ordre des déclarations inscrites sur le registre des chefs de pont.

---

(1) V. le cahier des charges du chef des ponts de Paris du 22 avril 1822, les ord. des 19 juill. 1822, 30 juin 1827, 31 mai 1838 et 25 oct. 1840 (art. 31 et suiv. et cahier des charges du chef des ponts).

Dans le cas où le lâchage ne pourrait avoir lieu pour cause de force majeure et imprévue, il nous en sera rendu compte dans le jour.

6. Il est défendu aux marchands ou mariniers d'empêcher ou retarder, en aucune manière, le lâchage de leurs bateaux quand le tour en est arrivé.

7. Les bateaux destinés à être lâchés en passe-debout seront garés au-dessus de la barrière de la Râpée.

8. Les bateaux destinés à l'approvisionnement de Paris, et ceux destinés pour y être entreposés, seront garés au-dessous de la barrière de la Râpée, en observant toutefois les dispositions prescrites par l'article 9 ci-après.

Lesdits bateaux ne pourront être descendus au-dessous de cette barrière qu'après que la déclaration de lâchage aura été faite au bureau des chefs de pont ; ils ne pourront, une fois descendus à cette gare, être remontés sans notre autorisation spéciale.

9. Les bateaux qui seront placés sur la rive droite de la rivière, entre la barrière de la Râpée et la patache d'amont, ne pourront occuper plus de sept longueurs de toues sur trois rangs, quand il n'y aura pas de tirage de bois sur ce point ; et plus de six, lorsque le tirage des bois aura lieu.

10. Nos ordonnances des 22 mai et 13 décembre 1811, continueront de recevoir leur exécution, quant aux dispositions auxquelles il n'est pas formellement dérogé par la présente.

11. Les contraventions seront constatées par des procès-verbaux qui nous seront adressés.

12. Il sera pris envers les contrevenants telles mesures de police administrative qu'il appartiendra, sans préjudice des poursuites à exercer contre eux devant les tribunaux.

13. La présente ordonnance sera imprimée, publiée et affichée.

Les commissaires de police, l'inspecteur général de la navigation et des ports et les préposés de la préfecture de police sont chargés d'en assurer l'exécution.

Le conseiller d'Etat, préfet de police , baron PASQUIER.

N° **663**. — *Ordonnance concernant les voitures de place* (1).

Paris, le 20 octobre 1812.

Nous , Étienne-Denis Pasquier, officier de la Légion d'honneur, baron de l'empire, conseiller d'État, chargé du quatrième arrondissement de la police générale , préfet de police du département de la Seine et des communes de Saint-Cloud, Sèvres et Meudon du département de Seine-et-Oise, etc.,

Ordonnons ce qui suit :

1. Indépendamment de la surveillance journalière qui doit être exercée sur les places de stationnement des voitures publiques, à l'effet de constater l'état des voitures et des chevaux, il sera fait chaque année deux visites générales des chevaux et voitures de place ; elles auront lieu, l'une au mois d'avril et l'autre au mois d'octobre.

La visite générale sera faite incessamment, pour cette année, sur le

---

(1) Rapportée. — V. l'ord. du 15 janv. 1841, les arr. des 15 janv. et 18 fév. 1841 et l'ord. du 25 mai 1842.

quai des orfévres, par le commissaire de police du quartier du Palais-de-Justice, assisté d'un officier de paix de l'attribution, d'un délégué des loueurs de voitures, de l'expert vétérinaire de la préfecture et du préposé au numérotage des voitures.

Il en sera dressé procès-verbal qui nous sera transmis.

2. Il sera constaté par le procès-verbal ,

1° Si chaque voiture est construite avec la solidité convenable dans toutes ses parties;

2° Si les harnais sont en bon état ;

3° Si les chevaux sont propres au service.

3. Il sera fait avec un poinçon une marque sur le train et les roues des voitures qui seront visitées.

Il ne sera payé aucune rétribution pour cette marque.

4. Dans le cas où les voitures seraient reconnues en mauvais état, le commissaire de police en interdira provisoirement l'usage ; à cet effet, il en fera effacer le numéro par le peintre de la préfecture.

Dans son procès-verbal, le commissaire de police fera mention des voitures interdites et des causes de leur interdiction ; il y désignera aussi les loueurs qui auraient des chevaux incapables de servir.

Les chevaux qui seront atteints de maladie contagieuse non contestée, seront marqués pour être livrés à l'équarrissage.

En cas de contestation, il nous en sera référé.

5. Dans quinze jours, à compter de la publication de la présente ordonnance , les livrets dont les cochers sont actuellement pourvus seront rapportés par les loueurs, qui en sont dépositaires, et renouvelés à la préfecture de police.

6. Dans la huitaine, à compter du dépôt prescrit par l'article précédent, les loueurs se présenteront à la préfecture, pour retirer les nouveaux livrets de leurs cochers.

7. Les cochers qui se trouvent actuellement sans place et qui sont porteurs de leurs livrets, seront tenus de se présenter dans le même délai à la préfecture de police et d'y rapporter leurs livrets pour en recevoir de nouveaux s'il y a lieu.

8. Il est défendu à tout loueur de prendre à son service un cocher, s'il n'est pourvu d'un nouveau livret.

9. Il est enjoint à tout loueur, dans le jour de l'entrée d'un cocher à son service, d'en faire la déclaration à la préfecture de police ; il en sera fait mention sur le livret, et sur un registre tenu à cet effet.

10. Lors de la sortie d'un cocher, le loueur est tenu d'inscrire sur son livret un congé d'acquit, et de déposer le livret le lendemain avant midi, à la préfecture de police pour être visé et être remis au cocher s'il y a lieu.

11. Dans le cas où le loueur aurait refusé d'inscrire le congé d'acquit, il nous en sera référé et le livret ne sera rendu au cocher que d'après notre décision.

12. Les loueurs et les cochers seront tenus , lorsqu'ils changeront de domicile d'en faire la déclaration à la préfecture de police.

13. Il est expressément défendu aux délégués des loueurs de prononcer sur les congés d'acquit et de recevoir en dépôt les livrets des cochers.

14. La présente ordonnance sera imprimée et affichée.

Les commissaires de police, l'inspecteur général de police, les officiers de paix, l'expert vétérinaire de la préfecture et les préposés de la préfecture de police sont chargés de tenir la main à son exécution.

Le conseiller d'Etat, préfet de police, baron PASQUIER.

N° **664.** — *Ordonnance concernant la police de la rivière et des ports, pendant l'hiver, et dans les temps de glaces, grosses eaux et débâcles* (1).

Paris, le 27 octobre 1812.

— ⊙ —

N° **665.** — *Ordonnance concernant les billards publics* (2).

Paris, le 6 novembre 1812.

Nous, Etienne-Denis Pasquier, officier de la Légion d'honneur, baron de l'empire, conseiller d'Etat, chargé du quatrième arrondissement de la police générale, préfet de police du département de la Seine et des communes de Saint-Cloud, Sèvres et Meudon du département de Seine-et-Oise, etc.,

Ordonnons ce qui suit :

1. Aucun particulier, soit à Paris, soit dans les communes rurales du ressort de la préfecture de police, ne peut tenir un billard public sans notre permission.

Est réputé billard public, tout billard établi dans une maison ouverte au public.

2. Toutes personnes tenant actuellement un billard public devront en faire la déclaration dans les huit jours de la publication de notre présente ordonnance ; pour Paris, chez le commissaire de police de leur quartier ; et, pour les communes rurales, chez le maire de leur commune. Ces déclarations nous seront immédiatement envoyées pour être par nous délivrée, s'il y a lieu, la permission nécessaire.

3. Dans un mois, à compter du jour de la publication de la présente ordonnance, tout billard public dont déclaration ne nous aura pas été faite conformément à l'article précédent, sera démonté.

4. A l'avenir tout billard public qui s'établirait sans notre permission sera immédiatement démonté.

5. Tout maître de billard est tenu de mettre à l'extérieur de son établissement une inscription portant les mots : billard public.

6. Il est défendu aux maîtres de billard de recevoir dans leur jeu les vagabonds et gens sans aveu. Tout billard qui sera connu pour être fréquenté habituellement par ces individus sera fermé.

7. Sont également tenus les maîtres de billard de veiller à ce qu'il ne se commette aucune malversation au jeu dans leur maison, à peine de retirement de la permission, et sans préjudice des poursuites à exercer contre eux judiciairement.

8. Les règles connues du jeu de billard seront toujours affichées dans les salles.

9. Il sera pris envers les contrevenants telles mesures de police administrative qu'il appartiendra, sans préjudice des poursuites à exercer contre eux devant les tribunaux.

10. La présente ordonnance sera imprimée, publiée et affichée.

Les sous-préfets des arrondissements de Sceaux et de Saint-Denis,

---

(1) V. les ord. des 1er déc. 1838, 5 déc. 1839 et 25 oct. 1840 (art. 203 et suiv.).

(2) V. l'arr. du 18 juin 1835.

les maires des communes rurales, les commissaires de police, l'inspecteur général de police, les officiers de paix et les préposés de la préfecture de police sont chargés d'en surveiller l'exécution.

Le conseiller d'Etat, préfet de police, baron PASQUIER.

N° **666**. — *Ordonnance concernant les brocanteurs* (1).

Paris, le 25 novembre 1812.

N° **667**. — *Ordonnance concernant le commerce du charbon de bois* (2).

Approuvée par S. Exc. le ministre de l'intérieur, le 17 déc. 1812.

Paris, le 2 décembre 1812.

Nous, Etienne-Denis Pasquier, officier de la Légion d'honneur, baron de l'empire, conseiller d'État, chargé du quatrième arrondissement de la police générale, préfet de police du département de la Seine et des communes de Saint-Cloud, Sèvres et Meudon du département de Seine-et-Oise, etc.;

Considérant qu'il s'est introduit, dans le commerce du charbon de bois, des abus préjudiciables aux intérêts des marchands et des consommateurs; que, pour remédier à ces désordres, il importe de renouveler ou modifier les dispositions des anciennes ordonnances rendues sur cette matière, et de prescrire de nouvelles mesures que les circonstances rendent nécessaires;

Vu les articles 2, 26 et 32 de l'arrêté du gouvernement, du 12 messidor an VIII, et l'article 1 de l'arrêté du 3 brumaire an IX,

Ordonnons ce qui suit :

SECTION Ire.
Commerce du charbon en général.

1. Le charbon de bois, destiné à l'approvisionnement de Paris, ne peut y être vendu qu'aux ports et places à ce destinés.

Les ports de vente du charbon de bois, sont ceux : de la Tournelle, de l'ancienne place aux Veaux, de la Grève, de l'École, des Quatre-Nations, de Bonaparte.

Les places de vente sont celles : de la rue Daval, quartier Saint-Antoine; de la rue Cisalpine, quartier du Roule.

2. Le charbon de bois destiné à l'approvisionnement de Paris, doit y être conduit directement.

3. Les propriétaires de bois pourront, comme par le passé, faire amener directement à leur domicile, les charbons provenant de leurs propriétés, mais pour leur consommation seulement, à la charge de justifier de l'origine de ces charbons, par un certificat du maire de la commune où ils auront été fabriqués, et de se pourvoir de notre permission pour les faire entrer dans Paris.

---

(1) V. les ord. des 15 nov. 1822, 5 sept. 1828 et 15 juin 1831.

(2) V. les ord. des 4 janv. 1813, 24 fév. 1817, 25 mars 1833, 15 déc. 1834 et 25 oct. 1840 (art. 100 et suiv.).

4. Il est enjoint à tous conducteurs de charbon, soit par terre, soit par eau, pour l'approvisionnement de Paris, d'être porteurs de lettres de voitures en bonne forme. (*Ord. de* 1672, *chap.* 2, *art. 8. Arrêt du* 28 *juin* 1778, *et ord. du* 11 *sept.* 1789, *art.* 8.)

Les lettres de voiture délivrées aux conducteurs de charbons expédiés par terre devront, en outre, faire mention des forêts où les charbons ont été fabriqués, et être certifiés par les maires des communes de la situation de ces forêts.

5. Il est défendu d'aller au-devant du charbon destiné à l'approvisionnement de Paris, et d'en vendre et acheter en route, à peine de confiscation de la marchandise, contre le vendeur, et de la perte du prix contre l'acheteur. (*Ord. de déc.* 1672, *chap.* 3, *art.* 2.)

6. Il est défendu d'entrer du charbon à col dans Paris.

SECTION II.

Commerce du charbon par eau.

7. Conformément à l'arrêté du gouvernement du 23 floréal an vi, le charbon de bois amené par eau, sera distingué par le nom de la rivière sur laquelle il est chargé. Il sera désigné ainsi qu'il suit:

Allier; Aube; Basse-Loire et Canaux; Haute-Loire; Marne; Haute-Marne; Haute-Seine; Ourcq; Yonne; Aisne; Oise; Basse-Seine.

8. Sont compris dans les charbons des canaux, ceux qui sont chargés sur la rive droite de la Loire, en aval, depuis le port de Cosne exclusivement jusqu'à l'embouchure du canal d'Orléans.

Les bateaux chargés au port de Cosne et au-dessus, et ceux qui pourraient l'être au-dessous sur la rive gauche de la Loire, jusqu'à l'embouchure du canal d'Orléans, continueront à être compris dans les charbons de la Loire.

9. Le charbon qui sera chargé sur l'Aube, au-dessous des canaux d'Anglure, sera vendu comme charbon de Haute-Seine.

10. Le charbon amené par eau doit être vendu sur bateau.

11. Il est défendu d'établir plus d'une mesure sur chaque bateau de charbon, sans notre permission.

12. Au mois de mars de chaque année, il sera fait par nous une distribution des places de vente du charbon de bois sur les ports, entre toutes les rivières qui approvisionnent Paris.

13. Dans le cas où quelques places de vente ne seraient pas garnies par les rivières auxquelles elles sont affectées, il sera pourvu, par nous, à leur occupation momentanée par d'autres rivières.

14. Les bateaux de charbon de chaque rivière, seront mis en vente dans l'ordre établi par les listes formées tous les ans, en exécution de l'arrêté du gouvernement, du 23 floréal an vi.

15. Il est enjoint aux marchands de charbon, de mettre leurs bateaux en vente à leur tour de liste.

En cas de refus ou de négligence, il sera pris, contre eux, telle mesure de police administrative qu'il appartiendra.

16. Lorsque des charbons auront été avariés de manière à être nécessairement changés de bateau, ils pourront être mis en vente avant leur tour de liste, sur une permission spéciale délivrée par nous.

Si le propriétaire a d'autres bateaux sur la même liste, celui qui aurait dû être mis le premier en vente, sera rayé de son rang et porté au rang du bateau vendu extraordinairement pour cause d'avarie.

Aucun bateau de charbon avarié, ne pourra être mis en vente qu'avec une inscription portant en caractères ostensibles: charbon avarié.

17. Dans le cas où un marchand, propriétaire de plusieurs bateaux de charbon, serait obligé, par quelque cause extraordinaire, de mettre un bateau en vente à la place d'un autre dont le tour serait arrivé, il ne pourra le faire qu'en vertu d'une permission spéciale émanée de nous.

Le bateau substitué devra être de la même contenance et de la même rivière que le bateau remplacé.

Le bateau remplacé perdra son tour sur la liste, et reprendra le rang du bateau substitué.

18. Aucun bateau de charbon ne pourra être mis en vente que d'après un permis délivré à la préfecture de police.

19. Les chefs de ponts sont tenus de mettre le bateau à port dans le jour de la représentation du permis.

20. S'il y avait nécessité d'alléger un bateau, l'allége aura le même rang que le bateau, et sera vendu immédiatement avant ou après le bateau allégé comme en faisant partie.

21. Il sera descendu, dans le mois de mars et d'avril, et dans tous les cas où la rivière le permettra, le nombre de bateaux nécessaires pour garnir convenablement les ports de l'Ecole, des Quatre-Nations et du quai Bonaparte, jusqu'au mois de décembre.

A cet effet, il nous sera préalablement rendu compte par l'inspecteur général de la navigation et des ports, du nombre de bateaux qu'il sera nécessaire de descendre.

22. Dans le cas où les couplages qui se trouveront dans les ports de Paris, au 1er décembre de chaque année, auraient moins de trente-deux centimètres de bord au milieu, le charbon dont ils seraient chargés sera mis dans d'autres bateaux et faute par les propriétaires de faire procéder à cette opération, au premier ordre qui leur en sera donné, il y sera pourvu à leurs frais et risques.

SECTION III.

Commerce du charbon par terre.

23. Le charbon de bois amené par terre, ne peut entrer, dans Paris, que par les barrières de Charenton, de Vincennes, de la Villette, de Mousseaux, des Bons-Hommes, de la chaussée du Maine, de Fontainebleau.

24. Le charbon sera conduit directement aux places de vente, savoir:

Le charbon arrivé par les barrières de Fontainebleau, de Charenton, de Vincennes, de la Villette, à la place de la rue Daval.

Le charbon arrivé par les barrières de Mousseaux, des Bons Hommes, du Maine, à la place située rue Cisalpine.

25. Tout charbon qui serait trouvé dans une autre direction, sera saisi, envoyé à l'une des places de vente et consigné sous la surveillance du concierge.

26. Il est défendu de faire stationner sur aucun point de la voie publique, dans Paris, les voitures chargées de charbon, à peine de cinq cents francs d'amende et de confiscation. (*Ord. de* 1672, *chap.* 21, *art.* 3; *Ord. du* 19 juin 1735, *confirmée par arrêt du* 16 juill. 1776.)

27. Le nombre de mesures qui seront mises en activité dans les places de vente, sera déterminé par nous, au mois de mars de chaque année.

28. La vente du charbon de bois, aux places de vente n'aura lieu que par le ministère de facteurs commissionnés par nous.

29. Il ne peut y avoir, sur chaque place, qu'un seul tas de charbon pour chaque marchand.

30. Il est défendu aux facteurs de faire directement ou indirectement, le commerce de charbon pour leur compte.

Il leur est enjoint d'occuper leur poste par eux-mêmes.

SECTION IV.
Vente du charbon.

31. La vente du charbon, aux ports et sur les places, sera ouverte, du 1er avril au 31 octobre, depuis six heures du matin, jusqu'à midi, et depuis deux heures jusqu'à cinq.

Elle sera ouverte du 1er novembre au 31 mars, depuis sept heures du matin jusqu'à midi, et depuis deux heures jusqu'à quatre.

32. Le prix du charbon sera affiché en caractères ostensibles sur chaque bateau, et aux places de vente, au-dessus de chaque tas.

L'inscription de chaque bateau portera aussi le nom de la rivière sur laquelle le charbon a été chargé.

33. Il est défendu aux marchands de charbon, aux facteurs et aux préposés du commerce, de faire aux porteurs aucune remise sous le nom de nivet, numéro, ou sous telle autre dénomination que ce soit, sur le prix de la marchandise.

Il est défendu aux porteurs de recevoir cette remise.

34. Lorsqu'un marchand, un facteur ou un préposé du commerce sera convaincu d'avoir donné du nivet, il sera poursuivi, conformément aux dispositions de l'ordonnance du 4 juin 1790.

Indépendamment de ces poursuites:

Le marchand sur bateau perdra son tour de mise à port, pour le premier bateau qu'il aurait à mettre en vente après celui sur lequel le nivet aurait eu lieu.

La vente du marchand aux places de vente sera suspendue pour un mois, au moins; nous réservant de prolonger cette suspension suivant la gravité des circonstances.

Les facteurs seront révoqués; les préposés du commerce seront renvoyés des ports.

35. Tout porteur de charbon qui aura reçu le nivet sera pour toujours privé de la médaille, sans préjudice de plus grande peine, si le cas y échet.

36. Les marchands de charbon sur bateaux sont tenus de nous remettre l'état des préposés qu'ils emploient à la vente de leurs charbons.

Ils rendront compte des mutations à mesure qu'elles s'opéreront.

SECTION V.
Du mesurage du charbon.

37. Il ne peut être livré ni enlevé de charbon sans qu'il ait été préalablement mesuré.

38. La mesure doit être remplie, charbon sur bord et non comble.

39. Il est enjoint de se servir, pour le mesurage du charbon, de pelles conformes au modèle déposé à la préfecture de police.

40. Le mesurage est surveillé et réglé par les préposés de la préfecture de police.

L'acheteur a droit de surveiller le mesurage; mais il lui est interdit de toucher à la mesure, soit pour fouler, soit pour briser le charbon.

41. Les porteurs de charbon ne doivent pas s'immiscer dans le mesurage, à peine de privation de leur médaille.

42. Les fumerons ne doivent pas être mis dans la mesure avec le charbon.

Les fumerons seront vendus séparément et à tous venants.

Il est défendu aux marchands d'en vendre aux garçons de pelle et aux porteurs.

Il est défendu aux garçons de pelle et aux porteurs d'en acheter.

43. Il est défendu de séparer la braise du poussier.

La braise et le poussier doivent être livrés au consommateur.

La mesure en sera faite sur bord, comme du charbon.

Dans le cas où il ne se présenterait aucun consommateur pour acheter la braise et le poussier, ils pourront être vendus aux détaillants.

Il est expressément défendu aux garçons de pelle et aux porteurs, d'en acheter et enlever pour leur compte. (*Ord. du 19 juin* 1755.)

SECTION VI.
Des porteurs de charbon et garçons de pelle.

44. Nul ne peut être porteur de charbon ou garçon de pelle, sans une permission délivrée par la préfecture de police.

Les porteurs de charbon seront, en outre, pourvus d'une médaille délivrée pareillement à la préfecture de police.

Il est enjoint aux porteurs de charbon d'avoir toujours leur médaille en évidence.

45. Les garçons de pelle sont nommés par nous sur la présentation du commerce.

Le commerce les paye et les dirige; il peut, lorsque les circonstances l'exigent, les suspendre provisoirement de leur service. Il sera statué par nous dans le cas de renvoi définitif.

46. La permission contiendra en marge le signalement du porteur ou du garçon de pelle auquel elle aura été délivrée.

La médaille portera, avec le numéro d'enregistrement, les prénoms, nom et surnom du porteur.

47. Tout individu qui voudra obtenir une permission de porteur de charbon ou de garçon de pelle sera tenu de produire un certificat de bonne conduite délivré par le commissaire de police de son domicile, sur la représentation de ses papiers de sûreté.

Ce certificat contiendra, en outre, le signalement du pétitionnaire et mentionnera toujours qu'il a satisfait à la conscription.

48. Les porteurs de charbon seront divisés en séries.

Chaque série sera composée de cent hommes qui seront distingués par les numéros de leurs médailles.

49. Il y aura pour chaque série un chef et un sous-chef choisis et nommés parmi les porteurs.

Les chefs et sous-chefs auront une médaille d'une forme particulière.

50. En cas de changement de domicile, les garçons de pelle et les porteurs de charbon en feront, dans les trois jours, la déclaration à l'inspecteur général de la navigation et des ports, à peine d'être privés de leurs permissions et de leurs médailles.

Le résultat de ces déclarations nous sera transmis par l'inspecteur général.

51. Tout porteur de charbon ou garçon de pelle qui s'absentera de Paris, ou qui renoncera, même momentanément, à porter du charbon, sera tenu de remettre sa permission à l'inspecteur général de la navigation et des ports, qui nous en rendra compte.

Les porteurs de charbon lui remettront également leurs médailles.

52. Les porteurs de charbon et garçons de pelle, sont tenus, en même temps, de déclarer si leur renonciation est définitive ou seulement momentanée.

Dans ce dernier cas, les permissions et médailles pourront rester en dépôt pendant un temps qui sera déterminé.

53. Les porteurs de charbon ne peuvent être garçons de pelle.

Il est défendu aux garçons de pelle de porter du charbon, des fumerons et du poussier.

54. Il est défendu aux garçons de pelle et aux porteurs de charbon, à leurs femmes et à leurs enfants, de faire le commerce de charbon en détail, à peine de cent francs d'amende et de confiscation. (*Ord. du 19 juin* 1755.)

55. Il est défendu aux porteurs de charbon d'être plus de cinq à la fois dans un bateau.

56. Il leur est défendu d'entrer dans les bateaux pendant les heures de suspension de la vente.

SECTION VII.
Transport du charbon dans Paris.

57. Les porteurs de charbon pourvus de permissions et de médailles, ont seuls le droit de transporter du charbon dans Paris.

58. Il est défendu de transporter le charbon en voiture sans une permission délivrée par la préfecture de police.

59. Le charbon doit être enlevé des bateaux, ports et places de vente, aussitôt après qu'il est mesuré et mis en sac.

60. Il est défendu aux porteurs de laisser, sous aucun prétexte, des sacs de charbon dans les bateaux, dans les places de vente, sur les quais, sur aucune partie de la voie publique, ni en dépôt dans des maisons.

Il est défendu à tout particulier de recevoir lesdits dépôts, à peine de trois cents francs d'amende. (*Ord. du 8 juin* 1787.)

61. Il est défendu aux porteurs d'avoir des sacs qui contiennent moins de deux hectolitres.

Il leur est enjoint de les entretenir en bon état.

62. Il est enjoint aux porteurs de prendre le chargement entier de chaque sac, dans un seul bateau, aux ports ; dans un seul tas, aux places.

Tout porteur convaincu d'avoir mélangé le charbon de différentes qualités, sera, pour toujours, privé de sa médaille, sans préjudice de plus grande peine, si le cas l'exige.

63. Il est enjoint aux porteurs de porter directement le charbon à sa destination, à peine de privation de leurs médailles.

64. Il est défendu de porter du charbon d'un port à un autre ou d'une place de vente à une autre.

65. Il est défendu de transporter du charbon dans Paris, une heure après la fermeture des ports et des places.

SECTION VIII.
Commerce en détail du charbon.

66. Il est défendu d'établir, sans notre permission, dans le ressort de la préfecture de police, aucun magasin ou entrepôt de charbons de bois, à peine de confiscation et de cinquante francs d'amende. (*Ord. de* 1672, *chap.* 21, *art.* 3. *Ord. du* 11 *sept.* 1789.)

67. Il est défendu de faire le commerce de charbon de bois en détail, dans le ressort de la préfecture de police, sans en avoir obtenu notre permission.

68. Le charbon de bois ne peut être vendu en détail qu'en boutique ouverte.

69. Il est défendu aux détaillants de vendre le charbon au sac et au demi-sac.

70. Il est défendu aux débitants d'avoir chez eux plus de douze hectolitres de charbon ou de poussier, y compris leur consommation, à

peine de trois cents francs d'amende. (*Règl. du 3 oct. 1666 et ord. de déc. 1672, chap. 22, art. 6.*)

71. Il est défendu aux détaillants de faire du feu dans les lieux où ils déposent leur charbon.

SECTION IX.
Dispositions générales.

72. Les contraventions aux dispositions de la présente ordonnance seront constatées par des procès-verbaux ou rapports qui nous seront transmis.

73. Il sera pris envers les contrevenants telles mesures de police administrative qu'il appartiendra, sans préjudice des poursuites à exercer contre eux devant les tribunaux.

74. La présente ordonnance sera soumise à l'approbation de S. Exc. le ministre de l'intérieur.

75. Elle sera imprimée, publiée et affichée.

Les sous-préfets des arrondissements de Saint-Denis et de Sceaux, les maires des communes rurales du ressort de la préfecture de police, les commissaires de police, l'inspecteur général de police, les officiers de paix, l'inspecteur général de la navigation et des ports, les inspecteurs des poids et mesures et les préposés de la préfecture de police sont chargés de tenir la main à son exécution.

Le conseiller d'Etat, préfet de police, baron PASQUIER.

N° **668.** — *Ordonnance concernant l'anniversaire du couronnement de S. M. l'Empereur et de la bataille d'Austerlitz* (1).

Paris, le 4 décembre 1812.

N° **669.** — *Ordonnance concernant la vérification annuelle des poids et mesures* (2).

Paris, le 14 décembre 1812.

N° **670.** — *Ordonnance concernant les glaces et neiges* (3).

Paris, le 17 décembre 1812.

N° **671.** — *Arrêté portant instruction pour le recensement et la surveillance du mesurage des bois et charbons dans Paris.*

Paris, le 26 décembre 1812.

Nous, Etienne-Denis Pasquier, officier de la Légion d'honneur, baron de l'empire, conseiller d'Etat, chargé du quatrième arrondis-

---

(1) V. l'ord. du 3 déc. 1813.
(2) V. les ord. des 14 déc. 1820, 15 déc. 1825, 27 oct. et 29 nov. 1826, 23 nov. 1842 et 1er déc. 1843.
(3) V. les ord. des 7 janv. 1835, 26 déc. 1836, 14 déc. 1838 et 7 déc. 1842.

sement de la police générale, préfet de police du département de la Seine et des communes de Saint-Cloud, Sèvres et Meudon du département de Seine-et-Oise, etc.,

Arrêtons ce qui suit :

1. Les fonctions des employés chargés du recensement et de la surveillance du mesurage des bois et charbons dans Paris consistent principalement dans l'obligation d'assurer l'exécution des lois et règlements concernant le commerce des bois et charbons.

2. Le service du recensement et de la surveillance du mesurage des bois et charbons est fait par :

Un contrôleur général ;

L'inspecteur général de la navigation et des ports, chargé de la surveillance de l'approvisionnement en combustibles ;

L'inspecteur général adjoint ;

Trois inspecteurs particuliers de la navigation et des ports ;

Un contrôleur ambulant ;

Quatre inspecteurs ;

Quarante-six préposés.

Il y a un préposé en chef pour la surveillance des porteurs de charbon.

Contrôleur général et inspecteur général.

3. Le contrôleur général et l'inspecteur général surveilleront l'exécution des lois et règlements relatifs à l'approvisionnement en combustibles, à la police des ports, des chantiers et des places de vente du charbon.

Ils recueilleront et nous transmettront tous les renseignements qui leur parviendront et qui pourront intéresser l'administration relativement au service. Ils y joindront leurs observations.

4. Ils donneront aux inspecteurs et aux préposés les instructions particulières nécessaires au bien du service.

5. Ils feront des rondes fréquentes dans les chantiers, sur les ports et aux places de vente du charbon, pour assurer le maintien des règlements et vérifier si les préposés sont à leur poste.

6. En cas d'événements extraordinaires dans les chantiers et sur les ports et places de vente du charbon, comme éboulement de théâtres, incendies et autres accidents, l'inspecteur général prendra provisoirement les mesures que les circonstances pourront exiger, en se concertant toutefois avec le commissaire de police du quartier. Il nous en rendra compte sur-le-champ.

7. Il adressera, chaque jour, à la préfecture de police, le double des états qui lui seront remis par les inspecteurs du recensement et du mesurage des bois et charbons, indiquant le montant des arrivages et ventes dans chaque chantier ; il transmettra en outre, et jour par jour, un relevé des arrivages et ventes en charbon de bois, charbon de terre et tourbe aux gares dans Paris, sur les ports et aux places de vente.

Il fera connaître les bateaux de charbon de bois qui seront successivement mis en vente sur les ports, en indiquant leur contenance, la rivière d'où ils proviennent, leur numéro sur la liste et le propriétaire du chargement.

8. Il transmettra, toutes les semaines, un relevé des quantités de bois neuf ou flotté entré dans Paris pendant le cours de la semaine précédente ; ce relevé sera fait sur les lettres de voiture que les conducteurs de bateaux et de trains sont tenus de faire viser aux patâches d'amont et d'aval ; les quantités seront divisées par chaque marchand.

9. Il fera connaître, tous les quinze jours au moins, le cours des combustibles, c'est-à-dire du bois de corde, des fagots et cotrets, du charbon de bois, du charbon de terre et de la tourbe sur les ports, dans les chantiers et aux places de vente.

Inspecteur général adjoint.

10. Les fonctions attribuées à l'inspecteur général sont communes à l'inspecteur général adjoint, qui sera tenu, en conséquence, de se conformer à tout ce qui est prescrit par les articles 3, 4, 5 et 6 ci-dessus. Il supplée l'inspecteur général en cas d'absence ou d'empêchement, et, dans ce cas, il correspond directement avec nous.

Inspecteurs particuliers de la navigation et des ports.

11. Les inspecteurs particuliers de la navigation et des ports concourront, par tous les moyens qui sont à leur disposition, à assurer l'exécution des règlements relatifs à l'approvisionnement en bois et charbons et à la police des chantiers et des ports aux charbons; à cet effet, ils feront, aussi souvent que leurs fonctions le permettront, des rondes dans les chantiers et sur les ports; ils surveilleront la conduite des inspecteurs et des préposés et rendront compte des résultats de leurs observations à l'inspecteur général.

Contrôleur ambulant.

12. Le contrôleur ambulant inspectera également les chantiers, ports et places de vente au charbon; il vérifiera si les préposés sont à leur poste, et il en rendra compte à l'inspecteur général.

Il remplira, en outre, les fonctions d'inspecteur de l'arrondissement de l'île Louviers.

Inspecteurs du recensement et du mesurage des bois et charbons.

13. Les inspecteurs du recensement et du mesurage des bois et charbons se rendront dans les bureaux de leurs arrondissements respectifs avant l'ouverture des chantiers et des ports et places de vente, pour transmettre aux préposés les instructions particulières qui pourraient être données par l'inspecteur général, recevoir leur signature sur une feuille de présence et leur remettre leurs mesures.

14. Ils feront, chaque jour, l'inspection de tous les chantiers, ports et places de vente des charbons de bois et de terre qui se trouveront dans leurs arrondissements, pour s'assurer si les règlements y sont observés et si les préposés font le service exactement. Ils en rendront compte à l'inspecteur général.

Ils tiendront principalement la main à ce qu'il ne soit donné aux charretiers et aux porteurs de charbon, dans les chantiers, aux ports et aux places de vente du charbon, aucune remise ou nivet sur le prix du bois et du charbon.

15. Ils veilleront à ce qu'à la fermeture des chantiers et des ports, les préposés déposent au bureau d'inspection les mesures qui leur auront été confiées et signent la feuille de retraite.

16. La feuille de présence et la feuille de retraite seront transmises, jour par jour, à l'inspecteur général.

17. Les inspecteurs tiendront note des quantités de bois qui arriveront, chaque jour, dans les chantiers, ainsi que des quantités qui en sortiront. Ils feront le calcul de ce qui y restera, lequel sera toujours reporté sur la feuille suivante, afin d'avoir, chaque jour, la situation réelle.

Ils dresseront du tout un état double qui sera remis à l'inspecteur général.

Ils formeront, d'après les notes qui leur seront remises par les préposés, un bulletin des arrivages et des ventes en charbon de bois, charbon de terre et tourbe sur les ports et aux places de vente ; ils transmettront ce bulletin, jour par jour, à l'inspecteur général.

Préposés.

18. Les préposés au recensement et au mesurage public des bois et charbons se rendront dans les bureaux d'inspection de leurs arrondissements respectifs, avant l'ouverture de la vente dans les chantiers, sur les ports et aux places au charbon, pour y recevoir les instructions particulières que les inspecteurs pourraient avoir à leur communiquer pour prendre leurs doubles mètres ou chaînettes, et signer la feuille de présence.

19. A la fermeture des chantiers, ports et places, les préposés rendront compte aux inspecteurs des résultats de leur surveillance.

Ils leur remettront la note des arrivages et des ventes en combustibles ; ils déposeront les mesures qui leur auront été confiées et signeront la feuille de retraite.

Police du commerce de bois.

20. Les préposés à la surveillance des chantiers, recensement et mesurage public des bois à brûler tiendront principalement la main à l'exécution des dispositions prescrites par les titres 4 et 5 de l'ordonnance du 27 ventôse an x.

Ils vérifieront si les stères, doubles stères et sous-traits ont la hauteur et la largeur requises ; si les membrures sont étalonnées, ainsi que les sous-traits.

Ils veilleront à ce que la membrure et les sous-traits soient placés sur un terrain égal.

Ils s'opposeront à ce qu'il soit mis aucune cale ou coin sous la sole de la mesure ni sous les sous-traits, dans l'intention d'en déranger le niveau.

Ils surveilleront exactement le mesurage ; à cet effet, ils se transporteront alternativement dans les divers chantiers qui leur sont affectés, notamment dans ceux où la vente aura le plus d'activité.

Indépendamment de la surveillance continue qu'ils sont obligés d'exercer d'office sur le mesurage dans les chantiers qui leur sont assignés, ils s'empresseront de déférer aux réquisitions qui leur seraient faites accidentellement par les acheteurs. Ils les accompagneront à la mesure et veilleront à ce que la livraison soit loyale et conforme au vœu des règlements.

La membrure doit être pleine et la charge élevée sur toute la superficie jusqu'au niveau des deux montants de la mesure. Le bois doit être mesuré de la manière la plus favorable à l'acheteur ; il ne doit exister dans la mesure aucun vide qu'il soit possible de remplir.

Les préposés s'opposeront à ce qu'il soit mis dans la membrure des bois tellement tortus que la mesure en éprouve une diminution sensible.

Ils s'assureront :

Que les bois flottés mis en vente sont parfaitement ressuyés ;

Qu'on ne met dans la membrure que des bois ayant la longueur requise et au moins seize centimètres de circonférence ;

Que les falourdes de perches, les fagots de menuise, les fagots de bois taillis et les cotrets ont en longueur et en grosseur les dimensions requises, et qu'ils sont en tout conformes à ce qui est prescrit par les articles 7, 8, 9 et 10 de l'ordonnance du 21 ventôse an XI;

Que les marchands sont pourvus de la chaîne indiquée par l'article 11 de la même ordonnance, afin de pouvoir, en toutes circonstances, vérifier les dimensions des falourdes, fagots et cotrets.

Ils empêcheront la vente et la livraison de tout bois de corde qui n'aurait pas été exactement mesuré, des falourdes, fagots et cotrets qui n'auraient pas les dimensions requises.

Ils veilleront à ce qu'il ne soit donné aux charretiers et à tous autres intermédiaires aucune remise ou nivel sur le prix du bois.

Ils tiendront la main à ce qu'aucune voiture ne soit chargée de bois au-dessus des ridelles sur les ports et dans les chantiers.

Ils assureront l'exécution de l'ordonnance du 13 janvier 1812, concernant la police des voitures employées au service des ports et des chantiers.

Police du commerce de charbon.

21. Les préposés sur les ports et aux places de vente du charbon, chargés du recensement et de la surveillance du mesurage public, assureront l'exécution des dispositions des ordonnances concernant le commerce du charbon.

Ils veilleront à ce que le mesurage ne soit fait que dans des mesures étalonnées.

Ils tiendront la main à ce que le mesurage soit fait loyalement et conformément aux dispositions des règlements, sans fumerons, sans braise ni poussier.

Ils feront renverser les mesures lors de la cessation de la vente.

Ils veilleront à ce que le prix du charbon soit affiché ostensiblement aux ports et aux places, à ce que le bateau porte aussi le nom de la rivière où le charbon est chargé.

Ils tiendront principalement la main à ce qu'il ne soit point donné de nivet aux porteurs sur le prix du charbon, sous tel prétexte et sous telle dénomination que ce soit. Ils rendront compte sur-le-champ de toutes les contraventions qu'ils remarqueraient sous ce rapport.

Ils veilleront à ce qu'il n'y ait sur les places qu'un seul tas pour chaque marchand.

A ce qu'il ne soit vendu aux porteurs et garçons de pelle ni fumerons, ni braise, ni poussier, et à ce qu'aucun garçon de pelle et porteur n'en enlève pour son compte;

A ce que les porteurs aient des sacs en bon état, contenant au moins deux hectolitres;

A ce que les porteurs ne mélangent pas le charbon de différentes qualités; à ce qu'ils prennent leur chargement entier dans un seul bateau au port, dans un seul tas aux places.

22. Ils viseront les lettres de voitures dont les conducteurs de charbon sur les places de vente doivent être porteurs.

23. Ils seconderont le commerce dans les mesures qu'il jugera à propos de prendre pour assurer le service des garçons de pelle.

24. Ils remettront, chaque jour, à l'inspecteur de l'arrondissement, une note indiquant le montant des ventes en charbons aux ports et sur les places, et le montant des arrivages.

Préposé en chef à l'inspection des porteurs de charbon.

25. Le préposé en chef à l'inspection des porteurs de charbon constatera les contraventions que les porteurs pourraient se permettre.

Il est autorisé à retirer provisoirement la médaille à tout porteur en contravention.

Le charbon ne sera saisi que lorsqu'il sera abandonné sur la voie publique, et qu'il ne sera réclamé à l'instant par personne.

Tout charbon saisi sera transporté sur-le-champ et consigné à la place de vente la plus prochaine.

26. Le préposé en chef inspectera, en outre, les ports et places de vente aux charbons. Il veillera à ce que les règlements y soient exactement exécutés et à ce que les préposés se trouvent constamment à leur poste.

Il tiendra la main à ce que le charbon arrivant par terre soit conduit directement à la place de vente où il doit parvenir suivant la situation de la barrière par laquelle il est entré, et à ce qu'il ne prenne pas une autre direction ; comme aussi à ce qu'on ne fasse stationner sur aucun point de la voie publique, dans Paris, les voitures chargées de charbon ;

A ce qu'il ne soit point donné de nivet aux porteurs sur le prix du charbon et à ce que les porteurs n'en reçoivent pas ;

A ce que les porteurs de charbon et les garçons de pelle ne fassent pas le commerce de charbon non plus que leurs femmes et leurs enfants.

A ce qu'il ne soit pas transporté de charbon en voiture sans une permission expresse ;

A ce qu'on n'établisse ni magasin, ni entrepôt de charbon de bois ; à ce qu'on ne vende pas de charbon de bois et de charbon de terre en détail sans notre permission.

27. Le préposé en chef rendra compte sur-le-champ à l'inspecteur général des observations qu'il aura faites et des mesures qu'il aura été dans le cas de prendre dans l'exercice de ses fonctions.

Dispositions générales.

28. Les employés au recensement et au mesurage des bois et charbons alterneront tous les trois mois.

29. Ils devront, pendant toute la durée de leur service, être revêtus de leur costume et porteurs de leurs mesures, de leurs commissions et instructions.

30. Ils se conduiront avec honnêteté, fermeté et modération.

31. Leur devoir est de concilier les différends qui pourraient s'élever entre le public, les marchands et les ouvriers ; ils en rendront compte par un rapport. En cas de non-conciliation, de délits ou de contraventions graves aux règlements, ils requerront le commissaire de police du quartier pour constater et dresser procès-verbal.

32. Dans le cas où l'on se permettrait des insultes, menaces, voies de fait envers eux, ils requerront la force armée pour s'assurer des délinquants et les faire traduire devant un commissaire de police auquel ils porteront leur plainte ; ils en rendront compte à l'inspecteur général.

33. Ils ne pourront faire par eux-mêmes le commerce de bois et de charbon, ni s'immiscer, de quelque manière que ce soit, dans l'un ou l'autre genre de commerce.

34. Ils ne doivent, sous aucun prétexte, abandonner leur poste. S'ils étaient dans l'impossibilité de remplir momentanément leurs fonctions, ils sont tenus d'en prévenir à l'avance l'inspecteur général qui y pourvoira.

35. Le contrôleur général et l'inspecteur général sont chargés d'assurer l'exécution de toutes les dispositions ci-dessus.

36. Le présent arrêté sera imprimé ; il en sera remis un exemplaire à chacun des employés chargés de la surveillance du recensement et du mesurage des bois et charbons dans Paris, pour qu'ils aient à s'y conformer, chacun en ce qui le concerne.

Le conseiller d'Etat, préfet de police, baron PASQUIER.

1813.

N° **672.**— *Ordonnance* (1) *qui prescrit l'impression et la publication des articles* 1, 2 *et* 3 *de la décision du ministre de l'intérieur du* 22 *décembre* 1812 *concernant les bateaux de charbon de bois* (2).

Paris, le 4 janvier 1813.

N° **673.** — *Ordonnance concernant la perception de l'octroi de navigation dans le sixième arrondissement du bassin de la Seine.*

Paris, le 4 janvier 1813.

Nous, Etienne-Denis Pasquier, officier de la Légion d'honneur, baron de l'empire, conseiller d'État, chargé du quatrième arrondissement de la police générale, préfet de police du département de la Seine et des communes de Saint-Cloud, Sèvres et Meudon du département de Seine-et-Oise, etc.;

Vu les arrêtés du gouvernement des 12 messidor an VIII et 3 brumaire an IX;

Et la lettre à nous adressée le 28 octobre dernier, par M. le directeur receveur général des droits réunis du département de la Seine,

Ordonnons ce qui suit :

1. Les articles 12 et suivants jusques et compris l'article 20 de l'arrêté du gouvernement du 19 messidor an XI, portant règlement pour la perception de l'octroi de navigation sur la Seine, dans le sixième arrondissement, seront imprimés avec la présente ordonnance, publiés et affichés dans le ressort de la préfecture de police (3).

2. Dans un mois, à compter du jour de la publication de cette ordonnance, tout propriétaire de bateaux employés à la navigation de la Marne et de la Seine, dans le ressort de la préfecture de police, sera tenu de faire la déclaration prescrite par les articles 12 et 13 de l'arrêté du 19 messidor an XI.

3. Cette déclaration sera faite, savoir, par les propriétaires domiciliés à Paris, dans les bureaux de la direction générale des droits réunis, et par les propriétaires domiciliés dans les communes rurales, aux bureaux de navigation établis à Alfort, Choisy, Sèvres et Neuilly.

4. A l'avenir, ceux qui feront construire des bateaux seront tenus de faire la même déclaration, lorsque les bateaux seront achevés.

---

(1) V. les ord. des 15 déc. 1834 et 25 oct. 1840 (art. 100 et suiv.).

(2) V. cette déc. à l'appendice.

(3) V. cet arrêté à l'appendice.

5. Aussitôt que la déclaration aura été faite et reconnue exacte, les propriétaires seront tenus de faire peindre, à leurs frais, à l'arrière et aux deux côtés de chaque bateau, en lettres blanches de dix centimètres de hauteur, sur un fond noir, leurs noms, leur demeure, la largeur des bateaux, la classe dont ils font partie, et l'indication du port auquel ils appartiennent.

6. Les contraventions seront constatées par des procès-verbaux qui nous seront adressés.

7. Il sera pris envers les contrevenants telles mesures de police administrative qu'il appartiendra, sans préjudice des poursuites à exercer contre eux devant les tribunaux.

8. Les sous-préfets des arrondissements de Saint-Denis et de Sceaux, les maires des communes riveraines du ressort de la préfecture de police, l'inspecteur général de la navigation et des ports, et les préposés de la préfecture sont chargés de tenir la main à l'exécution de la présente ordonnance.

Le conseiller d'État, préfet de police, baron PASQUIER.

N° 674. — *Ordonnance concernant le commerce des tripes* (1).

Paris, le 11 janvier 1813.

Nous, Étienne-Denis Pasquier, officier de la Légion d'honneur, baron de l'empire, conseiller d'État, chargé du quatrième arrondissement de la police générale, préfet de police du département de la Seine et des communes de Saint-Cloud, Sèvres et Meudon du département de Seine-et-Oise, etc.;

Considérant que l'exécution de notre ordonnance du 28 mai dernier, concernant la vente, la préparation et la cuisson des tripes, a donné lieu à des difficultés qui n'ont pas été prévues, et que pour les faire cesser il importe de modifier quelques articles de cette ordonnance et de prescrire de nouvelles dispositions;

Vu les ordonnances de police du 11 avril 1786 et 25 brumaire an XII, ensemble les articles 2 et 23 de l'arrêté du gouvernement du 12 messidor an VIII,

Ordonnons ce qui suit :

1. Les bouchers sont libres de traiter de gré à gré de la vente des patins de bœufs ou vaches par eux achetés pour leur commerce.

2. Il est défendu aux bouchers et à leurs garçons de retrancher ou retenir aucune autre partie des issues provenant de leurs abats.

3. Il est défendu aux bouchers d'employer dans leurs pesées, aucune partie des issues, à peine d'être poursuivis, conformément à l'article 8, des lettres patentes du 1er juin 1782, et à l'article 423 du Code pénal.

4. À l'avenir, et à compter de la publication de la présente ordonnance, l'entrepreneur de la cuisson des abatis ne pourra percevoir pour frais d'enlèvement, préparation, cuisson et transport par chaque abattis de bœuf ou vache, les pieds compris, plus de vingt centimes.

5. À compter de la même époque, l'entrepreneur ne pourra percevoir pour frais d'enlèvement, préparation, cuisson et transport, par panse, caillette et pieds d'un mouton, plus de cinq centimes.

---

(1) V. les ord. des 25 nov. 1819, 19 juillet 1824 et 25 mars 1830.

6. Les bouchers sont tenus de livrer les têtes de moutons, entiè-res, aux tripiers et tripières immédiatement.

Il leur est défendu de livrer aucunes parties des issues aux marchan-des d'abats de veaux.

Les tripiers et tripières et les marchandes d'abats de veaux sont te-nus de livrer à l'entrepreneur de la cuisson, les têtes de moutons qui ne seront point employées dans la consommation.

Ils seront tenus de les livrer fraîches.

L'entrepreneur ne pourra les refuser lorsqu'il n'en aura été re-tranché que les langues et cervelles.

7. Les têtes de moutons seront rapportées par les marchandes d'abats et les tripiers et tripières sur le carreau de la halle aux tripes, et l'entrepreneur sera tenu de les enlever tous les jours.

Il payera à ceux qui les lui livreront un franc par cent de têtes de moutons vides.

8. L'article 3 de la présente ordonnance sera placardé d'une ma-nière ostensible dans l'étal de chaque boucher.

Le placard sera renouvelé à la diligence des commissaires de police, toutes les fois qu'il en sera besoin.

Il est défendu aux bouchers d'arracher, déchirer, maculer, ou cou-vrir les placards, sous les peines de droit.

9. Notre ordonnance précitée du 28 mai dernier continuera de rece-voir son exécution en tout ce qui n'est pas contraire aux dispositions de la présente.

10. Les contraventions seront constatées par des procès-verbaux qui nous seront adressés.

11. Il sera pris, envers les contrevenants aux dispositions ci-dessus, telles mesures de police administrative qu'il appartiendra, sans préju-dice des poursuites à exercer contre eux devant les tribunaux, confor-mément aux lois et règlements.

12. La présente ordonnance sera imprimée, publiée et affichée.

Les commissaires de police, et spécialement celui du quartier des marchés, le commissaire des halles et marchés et les préposés de la préfecture de police sont chargés de tenir la main à son exécution.

Le conseiller d'Etat, préfet de police, baron PASQUIER.

N° **675.** — *Ordonnance concernant le tirage du sable en rivière* (1).

Paris, le 21 janvier 1813.

Nous, Etienne-Denis Pasquier, officier de la Légion d'honneur, ba-ron de l'empire, conseiller d'Etat, chargé du quatrième arrondisse-ment de la police générale, préfet de police du département de la Seine et des communes de Saint-Cloud, Sèvres et Meudon du département de Seine-et-Oise, etc.;

Vu les lettres qui nous ont été adressées par M. l'ingénieur en chef, directeur des ponts et chaussées du département de la Seine, relati-vement aux dégradations des abords des ponts et des murs de quais, par suite du tirage du sable dans le lit de la rivière,

Ordonnons ce qui suit :

1. Il ne pourra être tiré du sable dans le lit des rivières de Seine et

---

(1) V. les ord. des 15 juill. 1813 et 25 oct. 1840 (art. 192 et 193).

Marne, qu'à cinquante mètres tant en amont qu'en aval du pont des Tuileries, à vingt-cinq mètres des têtes d'amont et à quarante mètres des têtes d'aval des autres ponts établis dans le ressort de la préfecture de police.

A vingt mètres de la partie de quai correspondant à la pointe orientale de l'île Notre-Dame, et à dix mètres des murs des autres quais.

2. Il est expressément défendu aux mariniers et à tous autres de tirer du sable dans l'intérieur des limites ci-dessus déterminées.

3. Les contraventions seront constatées par des procès-verbaux qui nous seront adressés.

4. Il sera pris, envers les contrevenants aux dispositions ci-dessus, telles mesures de police administrative qu'il appartiendra, sans préjudice des poursuites à exercer contre eux devant les tribunaux, conformément aux lois et règlements.

5. La présente ordonnance sera imprimée, publiée et affichée.

Les sous-préfets des arrondissements de Saint-Denis et de Sceaux, les maires des communes riveraines, les commissaires de police, l'inspecteur général de la navigation et des ports et les préposés de la préfecture de police sont chargés de tenir la main à son exécution.

Le conseiller d'État, préfet de police, baron PASQUIER.

N° **676.** — *Ordonnance concernant des mesures de police relatives à l'ouverture de la session du Corps législatif* (1).

Paris, le 12 février 1813.

N° **677.** — *Ordonnance concernant les masques pendant le carnaval* (2).

Paris, le 13 février 1813.

N° **678.** —*Ordonnance concernant la prohibition de la chasse* (3).

Paris, le 24 février 1813.

N° **679.** — *Ordonnance concernant la translation de la foire aux jambons sur le quai de la Vallée* (4).

Paris, le 24 février 1813.

Nous, Etienne-Denis Pasquier, officier de la Légion d'honneur, baron de l'empire, conseiller d'Etat, chargé du quatrième arrondissement de la police générale, préfet de police du département de la

---

(1) V. l'ord. du 31 mai 1814.

(2) V. les ord. des 10 fév. 1828, 10 fév. 1830 et 23 février 1843.

(3) V. l'ord. du 23 fév. 1843.

(4) V. les ord. des 12 avril 1832, 11 mars 1833, 17 mars 1834 et 7 avril 1843.

Seine et des communes de Saint-Cloud, Sèvres et Meudon, du département de Seine-et-Oise, etc.;

Vu, 1° les rapports du commissaire de police du quartier des marchés et du commissaire des halles et marchés, desquels il résulte que l'emplacement affecté à la tenue de la foire aux jambons, qui a lieu sur le parvis Notre-Dame, est trop resserré et trop fréquenté, et que la foire serait plus convenablement placée sur le quai de la Vallée;

2° La lettre de S. Exc. le ministre des manufactures et du commerce, en date du 19 du présent mois de février, portant qu'elle ne voit aucun inconvénient à ce que la foire aux jambons soit transférée du parvis Notre-Dame sur le quai de la Vallée;

3° Les articles 32 et 33 de l'arrêté du gouvernement du 12 messidor an VIII,

Ordonnons ce qui suit :

1. La foire aux jambons cessera d'avoir lieu sur le parvis Notre-Dame.

2. A compter du mardi 13 avril prochain, elle se tiendra sur le quai de la Vallée, le long du trottoir depuis le Pont-Neuf jusqu'à la rue Pavée.

3. La foire aura lieu, pendant trois jours consécutifs, les mardi, mercredi et jeudi de la semaine sainte, depuis le lever jusqu'au coucher du soleil.

4. Les charcutiers peuvent y exposer en vente toute espèce de marchandises de leur profession, à l'exception du porc frais. (*Lettres patentes du 26 août* 1783, *art.* 7.)

5. Les marchands seront placés sur deux rangs et classés par département.

6. Il est défendu d'exposer à la foire aucunes marchandises gâtées ou défectueuses.

7. Les contraventions seront constatées par des procès-verbaux, qui nous seront adressés.

8. Il sera pris envers les contrevenants telles mesures de police administrative qu'il appartiendra, sans préjudice des poursuites à exercer contre eux devant les tribunaux, conformément aux lois et aux règlements.

9. La présente ordonnance sera imprimée, publiée et affichée.

Les commissaires de police des quartiers des marchés et de l'École de Médecine, les commissaires des halles et marchés, et les préposés de la préfecture sont chargés de tenir la main à son exécution.

Le conseiller d'Etat, préfet de police, baron PASQUIER.

N° **680.** — *Arrêté concernant la mise en fourrière des animaux saisis ou abandonnés* (1).

Paris, le 17 mars 1813.

Nous, Etienne-Denis Pasquier, officier de la Légion d'honneur, baron de l'empire, conseiller d'Etat, chargé du quatrième arrondissement de la police générale, préfet de police du département de la Seine et des communes de Saint-Cloud, Sèvres et Meudon du département de Seine-et-Oise, etc.,

---

(1) V. les arr. des 25 mars 1831, 14 mai 1832, 20 déc. 1832 et 28 fév. 1839.

Arrêtons ce qui suit :

1. A compter du 20 du présent mois de mars, les animaux saisis ou abandonnés devront être conduits et déposés dans la fourrière de la préfecture de police établie rue Guénégaud, n° 31, quartier de la Monnaie.

La fourrière établie chez le sieur Lafosse, quai de la Vallée, n° 55, est supprimée.

2. Le sieur Folâtre est nommé gardien de la fourrière.

3. La ration des animaux, pour vingt-quatre heures de séjour, est fixée ainsi qu'il suit :

Pour un cheval........ { Douze litres d'avoine. (1 boisseau anc. mesure.)
Une botte de foin.
Deux bottes de paille.

Pour un mulet........ { Un décalitre d'avoine.
Une botte de foin.
Une botte de paille.

Pour un âne......... { Une demi-botte de luzerne.
Une botte de paille.
Un décalitre de son.

Pour un bœuf ou une vache.............. { Douze litres de son.
Une botte de luzerne.

Pour une chèvre ou mouton............ { Six litres de son.
Une demi-botte de luzerne.

Pour un porc........ Cinq décalitres de son.

4. Le gardien de la fourrière sera tenu de diviser la ration des chevaux et de la donner aux heures ci-après ;

Savoir :

A six heures du matin. { Quatre litres d'avoine.
Un tiers de botte de foin,
Et une demi-botte de paille.

A une heure......... { Pareille quantité d'avoine.
Et une demi-botte de paille.

A sept heures du soir. { Quatre litres d'avoine.
Les deux tiers restant de la botte de foin.
Et une botte de paille.

Pour les autres animaux, la ration sera divisée en deux portions égales.
A neuf heures du matin, il en sera donné la moitié ;
Et à sept heures de relevée l'autre moitié.

5. Les animaux saisis ou abandonnés, déposés à la fourrière, seront visités, dans les vingt-quatre heures, par le commissaire de police du quartier de la Monnaie, qui se fera assister, au besoin, par l'expert vétérinaire de la préfecture de police.

6. Le commissaire de police nous rendra compte, chaque jour, du résultat de sa visite ; il indiquera dans son rapport, 1° le nombre et l'espèce des animaux ;

2° Leur valeur approximative ;

3° Leur signalement ;

4° La description des harnais, voitures et autres objets ;

5° Les jour et heure de la mise en fourrière ;

6° Par qui ils ont été envoyés ;

7° Le montant des frais de garde et nourriture.

7. Le commissaire de police s'assurera si les animaux sont nourris et soignés convenablement.

Il veillera à ce que les harnais et autres objets déposés ne puissent se détériorer.

8. Il constatera, tous les quinze jours au moins, la qualité des fourrages, il sera accompagné à cet effet, du commissaire des halles et marchés.

9. Les animaux et autres objets déposés ne seront rendus qu'en vertu d'une autorisation, soit des fonctionnaires qui les auront envoyés en fourrière, soit du chef de la troisième division de nos bureaux, ou du chef du premier bureau de la même division.

Les frais de garde et de nourriture seront préalablement acquittés par le propriétaire.

10. Lorsque les animaux et effets déposés ne seront pas réclamés, ils seront vendus à l'enchère, sur un marché. Le produit de la vente sera versé dans la caisse de la préfecture de police, à la conservation des droits de qui il appartiendra.

Le commissaire de police provoquera la vente des animaux, harnais et autres objets, pour empêcher leur dépérissement et éviter que les frais de garde et nourriture n'excèdent leur valeur.

11. A chaque trimestre, il nous proposera, de concert avec le commissaire des halles et marchés, le tarif des frais de fourrière, qui sera par nous arrêté.

12. Les frais de fourrière jusqu'au 1er juillet prochain, sont fixés pour chaque jour, savoir :

Pour un cheval....................	2 fr.	50 cent.
Pour un mulet....................	2	
Pour un âne.....................	1	10
Pour un bœuf ou une vache.......	1	25
Pour une chèvre ou mouton......	»	60
Pour un porc....................	2	»
Pour la garde d'une voiture........	»	25

13. Le présent arrêté sera imprimé.

Il sera adressé aux maires des communes rurales du ressort de la préfecture de police, aux commissaires de police, à l'inspecteur général de police, aux officiers de paix, aux chefs de division de service extérieur de la préfecture de police, et à l'expert vétérinaire, qui sont chargés d'en assurer l'exécution.

Il en sera transmis un exemplaire à M. le procureur impérial près le tribunal de première instance du département de la Seine, à M. le président du tribunal de commerce et aux juges de paix.

Le conseiller d'État, préfet de police, baron PASQUIER.

N° **681.** — *Ordonnance concernant l'instruction et le service des sapeurs-pompiers de la ville de Paris.*

Paris, le 24 mars 1813.

Nous, Etienne-Denis Pasquier, officier de la Légion d'honneur, baron de l'empire, conseiller d'État, chargé du quatrième arrondissement de la police générale, préfet de police du département de la Seine et des communes de Saint-Cloud, Sèvres et Meudon du département de Seine-et-Oise, etc.;

Considérant : 1° qu'il importe d'assurer l'exécution du décret du 18 septembre 1811, portant création d'un corps de sapeurs-pompiers pour la ville de Paris, et notamment de l'article 38, ainsi conçu :

« Les sapeurs-pompiers seront instruits par leurs officiers et sous-« officiers, dans les manœuvres nécessaires pour éteindre les incen-« dies, et au service des pompes établies sur bateaux pour la sûreté « des approvisionnements en combustibles garés sur la rivière.

« Ils seront également occupés dans les casernes, sous les ordres « de l'ingénieur et la surveillance des capitaines et autres officiers, à « l'entretien et réparation des pompes, seaux, tuyaux et autres « agrès servant à l'extinction des incendies.

« Ils seront, de plus, instruits du maniement des armes et des ma-« nœuvres de l'infanterie, jusques et compris l'école de bataillon. »

2° Que l'art de prévenir et d'arrêter les incendies est l'objet principal du bataillon des sapeurs-pompiers, et que leur instruction, dans cette partie surtout, doit être suivie avec un soin particulier,

Ordonnons ce qui suit :

1. A compter du 15 avril jusqu'au 15 octobre, l'exercice des pompes et les manœuvres nécessaires pour arrêter les incendies, auront lieu les lundis, mardis, mercredis, vendredis et samedis, depuis six heures du matin jusqu'à neuf.

Pendant le reste de l'année, ces exercices commenceront à huit heures du matin et finiront à dix heures.

L'exercice des armes et manœuvres de l'infanterie auront lieu, les dimanches et jeudis, aux heures ci-dessus déterminées.

2. En exécution de l'article précédent, le chef de bataillon commandera, tous les jours, une compagnie pour faire les exercices et manœuvres prescrites par l'article 38 du décret du 18 septembre 1811.

3. Aucun sapeur-pompier ne pourra être dispensé de se trouver aux manœuvres des pompes, au maniement des armes et à l'exercice de l'infanterie.

Les sapeurs qui n'ont pas atteint l'âge requis pour la conscription sont tenus de faire les mêmes exercices que les sapeurs enrôlés.

Les autres sapeurs qui ne sont dans le corps qu'à titre d'auxiliaires pourront s'abstenir de l'exercice des armes et manœuvres de l'infanterie.

4. Pour faire connaître aux sapeurs-pompiers les points d'un bâtiment qu'il conviendrait d'attaquer, en cas d'incendie, l'architecte-commissaire de la petite voirie remettra au chef de bataillon la note des bâtiments dont la démolition sera ordonnée.

L'ingénieur et l'adjudant-major conduiront sur les lieux, les sapeurs-pompiers et leur donneront des leçons.

5. L'adjudant-major se rendra tous les jours aux exercices et manœuvres relatifs aux incendies ; il y commandera des attaques de feu simulées.

Il veillera à ce que les manœuvres soient exécutées d'une manière uniforme par tout le bataillon.

6. L'ingénieur assistera aux manœuvres des pompes, à l'effet de constater les réparations dont elles seront susceptibles ; il en dressera un devis estimatif qui nous sera transmis par le chef de bataillon.

7. A la fin de chaque mois, l'adjudant-major nous remettra la liste des officiers, sous-officiers et sapeurs-pompiers qui se seront rendus exactement à l'exercice des pompes et aux manœuvres pour arrêter les incendies, et qui auront montré le plus de zèle et d'intelligence. Il désignera ceux qui y auront manqué.

Il en remettra un double au chef de bataillon.

8. L'adjudant-major rédigera un manuel pour l'instruction des sapeurs-pompiers et la manœuvre des pompes; il nous en soumettra le projet dans un mois, à compter de ce jour.

9. Dans le même (délai, l'ingénieur nous remettra un dessin de chaque espèce de pompes et des pièces qui les composent.

10. Le chef de bataillon viendra ou nous enverra tous les jours, à quatre heures de relevée, l'adjudant-major ou, en son absence, un autre officier du bataillon, pour prendre le mot d'ordre, et nous remettre la feuille de service du jour.

11. Aucun sapeur-pompier, hors le cas de maladie constatée par le chirurgien-major, ne peut être dispensé de faire son service.

12. Il ne sera accordé aucune permission de travailleur sans notre autorisation.

Les capitaines proposeront les sapeurs auxquels il pourra en être délivré; à cet effet, ils en remettront, le premier de chaque mois, la liste par eux certifiée au chef de bataillon qui nous la transmettra.

13. L'ingénieur et l'adjudant-major feront, toutes les semaines, la visite des postes et dépôts, à l'effet de constater l'état des pompes, agrès, tonneaux et paniers à incendie; ils remettront leur rapport au chef de bataillon qui nous le transmettra.

En cas de partage d'opinion, ils feront séparément leur rapport, qui nous sera adressé avec l'avis du chef de bataillon.

14. Il sera fait, chaque jour et pendant la nuit, des rondes d'officiers dans les postes de sapeurs-pompiers.

Le chef de bataillon déterminera les heures auxquelles elles auront lieu.

Elles seront faites par les capitaines et les lieutenants, chacun à son tour.

15. Les chefs de poste recevront une feuille sur laquelle ils feront mention des événements relatifs aux incendies et de ceux qui pourraient intéresser l'ordre public.

Dans leurs rondes, les officiers signeront ces feuilles et ils y énonceront l'heure de leur passage.

Les feuilles seront remises, tous les jours, au chef de bataillon, qui nous les transmettra immédiatement.

16. A leur arrivée dans un poste ou dans une salle de spectacle, les officiers ou chefs de poste examineront les pompes, seaux, robinets, sonnettes et agrès.

Ils veilleront à ce que tout soit en bon état.

17. Les sapeurs-pompiers empêcheront que les abords des pompes et robinets soient embarrassés, notamment dans les salles de spectacle.

18. Le service des sapeurs-pompiers dans les spectacles continuera d'avoir lieu conformément à notre arrêté du 9 mai 1812.

19. Dans les salles de spectacle, il sera procédé, tous les mois, à la visite des pompes et agrès destinés à arrêter les incendies.

Cette visite sera faite, le premier mercredi du mois, dans les salles de l'Académie impériale de Musique, des Théâtres-Français et de l'Opéra-Comique.

Elle sera faite, le premier lundi du mois, dans les théâtres des Variétés, de l'Ambigu et de la Gaieté.

Elle aura lieu, le premier vendredi du mois, dans les théâtres de l'Odéon, du Vaudeville et du Cirque-Olympique.

20. La visite prescrite par l'article précédent sera faite par le commissaire de police du quartier, assisté du chef de bataillon, de l'adjudant-major et de l'ingénieur.

Le commissaire de police recevra les dires et observations de chacun d'eux sur l'état des pompes : il les insérera dans son procès-verbal, qu'il nous transmettra sans retard.

21. L'eau des réservoirs sera renouvelée autant que besoin sera.

22. Pour faciliter la visite des sapeurs-pompiers malades, qui demeurent dans différents quartiers de Paris, les sergents – majors enverront, tous les jours avant midi, chez le chirurgien-major, les noms et l'adresse des sapeurs malades.

Ils en enverront copie à l'adjudant-major qui en rendra compte au chef de bataillon.

Les sapeurs qui n'auront que de légères indispositions se rendront, avant midi, chez le chirurgien-major.

Après que le chirurgien-major les aura visités, il en fera son rapport au chef de bataillon.

23. Le chirurgien-major nous fera connaître les hommes qui pourraient être attaqués de maladies incurables.

24. Il nous adressera, tous les lundis, un état certifié des sapeurs qu'il aura reconnus, à raison de leur maladie, hors d'état de faire leur service; il distinguera ceux qui seront entrés à l'hôpital.

Il en enverra copie au chef de bataillon et à l'inspecteur aux revues.

25. L'adjudant-major nous adressera, chaque mois, un état certifié des sapeurs-pompiers qui n'auront point fait le service; il en remettra un double au chef de bataillon.

26. Les sapeurs-pompiers qui n'auront point fait le service seront privés de leur solde, sans préjudice des peines déterminées par les règlements militaires.

Les capitaines en remettront la liste certifiée au chef de bataillon, pour être par lui envoyée à l'inspecteur aux revues.

Ils nous transmettront un double de cette liste.

27. Le chef de bataillon, les capitaines, l'ingénieur et l'adjudant-major ne pourront s'absenter de Paris, même pendant une seule nuit, sans notre autorisation.

28. A l'expiration de chaque trimestre, il nous sera remis un contrôle des compagnies, certifié tant par le capitaine que par l'adjudant-major, visé par le chef de bataillon.

29. La consigne approuvée par notre arrêté du 11 juillet 1812, concernant l'ordre du service, notamment en cas d'incendie, continuera de recevoir son exécution.

30. En cas d'avancement de grade ou de nomination d'un sous-officier, le chef de bataillon, d'après la proposition du capitaine, nous présentera ceux qui y auront le plus de droit.

31. L'adjudant major tiendra un registre des punitions infligées aux sous-officiers et sapeurs-pompiers; il y énoncera le motif de la punition, le jour de l'entrée et celui de la sortie de prison; il nous en remettra, tous les mois, un état certifié de lui et visé par le chef de bataillon.

32. Aucun sapeur-pompier ne sera rayé des contrôles du bataillon que d'après notre décision.

Les congés pour réforme ou pour toute autre cause que ce soit seront accordés par nous, d'après l'avis du chirurgien-major, du capitaine et du chef de bataillon.

Ils seront visés par l'inspecteur aux revues.

33. Il est défendu aux sapeurs-pompiers ou autres maîtres d'escrime ou maîtres d'armes de donner des leçons dans les casernes et dans les corps de garde des sapeurs-pompiers.

34. Le chef de bataillon, les capitaines et ingénieur, le chirurgien major, l'adjudant-major et les autres officiers sont chargés, chacun en ce qui le concerne, de tenir la main à l'exécution de la présente ordonnance, qui sera imprimée et affichée dans les casernes et les postes des sapeurs-pompiers.

Elle sera transcrite sur le registre d'ordre de l'état-major; elle sera lue par les capitaines, à la tête de leurs compagnies.

Ampliation en sera adressée au directeur du génie de Paris et à l'inspecteur aux revues.

Le conseiller d'État, préfet de police, baron PASQUIER.

N° **682**. — *Ordonnance concernant le repêchage des bois de chauffage sur les rivières, dans le ressort de la préfecture de police* (1).

Paris, le 1er avril 1813.

N° **683**. — *Ordonnance concernant l'ordre à suivre lors du défilé des voitures qui iront à Longchamp* (2).

Paris, le 13 avril 1813.

N° **684**. — *Ordonnance concernant les bains dans la rivière et les écoles de natation* (3).

Paris, le 14 avril 1813.

N° **685**. — *Ordonnance concernant les chiens errants* (4).

Paris, le 3 mai 1813.

N° **686**. — *Ordonnance concernant les fiacres et les cabriolets de place de l'intérieur de Paris* (5).

Paris, le 4 mai 1813.

Nous, Étienne-Denis Pasquier, officier de la Légion d'honneur, commandeur de l'ordre impérial de la Réunion, baron de l'empire, conseiller d'État, chargé du quatrième arrondissement de la police générale, préfet de police du département de la Seine et des communes de Saint-Cloud, Sèvres et Meudon du département de Seine-et-Oise, etc.;

---

(1) V. l'arr. du 28 avril 1838 et l'ord. du 25 oct. 1840.
(2) V. l'ord. du 10 avril 1843.
(3) V. les ord. des 20 mai 1839 et 25 oct. 1840 (art. 187 et suiv. et 225.).
(4) V. l'ord. du 23 juin 1832.
(5) Rapportée. — V. l'ord. du 15 janv. 1841, les arr. des 15 janv. et 18 fév. 1841 et l'ord. du 25 mai 1842.

Vu les articles 2, 22 et 31 de l'arrêté du gouvernement du 12 messidor an VIII et l'article 1 de celui du 3 brumaire an IX;

Vu le décret impérial du 9 juin 1808,

Ordonnons ce qui suit:

§ 1er. — Des voitures de place.

1. Avant le 1er juin prochain, les propriétaires de fiacres et de cabriolets de place de l'intérieur de Paris devront faire à la préfecture
de police une nouvelle déclaration de leurs voitures.

2. Dans un mois, à compter du 1er juin, le numérotage des fiacres
et des cabriolets de place de l'intérieur et les permis de stationnement seront renouvelés.

3. Le numérotage sera adjugé au rabais, par voie de soumissions
cachetées, à la préfecture de police, en présence de trois loueurs par
nous désignés à cet effet.

4. Il est défendu aux loueurs et à tous autres de s'immiscer dans le
numérotage des voitures, en quelque temps et sous quelque prétexte
que ce soit.

5. Tout loueur de carrosses et de cabriolets de place sera tenu,
dans le délai fixé par l'article 2, de se présenter à la préfecture de
police, pour obtenir le numéro et le permis de stationnement de chacune de ses voitures.

6. Ce délai passé, aucun loueur ne pourra faire stationner des voitures dont le numéro et le permis n'auraient pas été renouvelés.

7. Les numéros seront placés dans la partie supérieure du panneau de derrière et sur les deux panneaux de côté de chaque
voiture.

Ils seront peints à l'huile, en noir, sur un écusson blanc et en
chiffres arabes, suivant les dimensions qui seront déterminées.

Ils seront peints aussi sur une tablette en fer battu, ayant treize
centimètres de long sur sept centimètres de hauteur, laquelle sera
fixée à vis et écrous dans l'intérieur de chaque voiture.

8. Les nouveaux numéros ne pourront être effacés ni changés sans
notre autorisation.

9. Les nouveaux numéros et permis de stationnement ne seront
accordés qu'après visite des chevaux, voitures et harnais.

10. Cette visite sera faite par le commissaire de police du quartier,
assisté d'un officier de paix et de l'expert vétérinaire de la préfecture
de police.

Il en sera dressé procès-verbal qui nous sera transmis.

11. Il sera constaté par le procès-verbal:

1° Si chaque voiture est construite avec la solidité convenable dans
toutes ses parties;

2° Si les harnais sont en bon état;

3° Si les chevaux sont propres au service.

12. Il sera fait annuellement de pareilles visites, dans les mois d'avril
et d'octobre.

Les voitures visitées seront marquées.

13. Il sera fait, en outre, par les commissaires de police, et aux
mêmes fins, de fréquentes visites chez les loueurs de leurs quartiers
respectifs.

14. Dans le cas où ils trouveraient des voitures en mauvais état, ils
pourront provisoirement en interdire l'usage.

15. Les procès-verbaux de visite nous seront transmis dans les
vingt-quatre heures.

Il y sera fait mention des voitures interdites et des causes de leur
interdiction.

16. L'expert vétérinaire de la préfecture de police fera également de fréquentes visites chez les loueurs, à l'effet de s'assurer de l'état de leurs chevaux.

Il nous fera connaître les loueurs qui auraient des chevaux incapables de servir.

17. Dans le cas où il trouverait chez les loueurs des chevaux atteints de maladies contagieuses, il requerra le commissaire de police de s'y transporter et d'en dresser procès-verbal.

18. Si la maladie n'est pas constatée, le cheval qui en sera atteint sera marqué pour être livré à l'équarrissage.

En cas de contestation, il nous en sera référé.

Provisoirement le cheval sera déposé dans un lieu séparé.

19. Les voitures stationnant sur place, qui seront reconnues en mauvais état, seront envoyées sur-le-champ à la fourrière de la préfecture de police.

20. A l'avenir, il ne sera point accordé de permis de stationnement pour des carrosses, s'ils ne sont construits en forme de berlines.

21. Les voitures coupées, dites diligences ou trois quarts, dont les numéros et permis de stationnement auront été renouvelés, conformément à l'article 2, continueront à être mises sur place tant qu'elles seront reconnues en état de solidité convenable.

§ II. — Des loueurs.

22. Il ne sera accordé de permis à aucun loueur s'il ne présente une garantie suffisante à l'autorité et au public.

23. Tout loueur est tenu de placer au-dessus de la porte de son établissement un tableau indicatif de ses noms et profession.

24. Aucun carrosse ou cabriolet de place ne pourra être vendu sans une déclaration préalable à la préfecture de police, tant par le vendeur que par l'acheteur.

25. Il est défendu aux loueurs de prêter leurs noms à qui que ce soit, pas même aux acquéreurs de leurs équipages et chevaux, pour faire stationner et circuler des carrosses ou cabriolets.

26. Les loueurs ne pourront mettre sur place que des voitures en bon état.

Il leur est défendu d'employer des chevaux vicieux, trop faibles ou atteints de maladies.

27. Les loueurs ne pourront se servir que de cochers porteurs d'un livret délivré par la préfecture de police, et d'une carte de sûreté ou permis de séjour.

28. Tout loueur de voitures, en prenant un cocher, est tenu d'inscrire sur son livret la date de son entrée à son service.

29. Chaque loueur tiendra un registre sur lequel il inscrira de suite les noms et domicile de chacun de ses cochers et le numéro de la voiture qu'il lui aura donnée à conduire.

30. Les loueurs remettront à chacun de leurs cochers ou conducteurs, le livret de maître contenant la présente ordonnance, le numéro et le permis de stationnement de la voiture qu'ils lui auront confiée.

31. Tout cocher prévenu de délit, contravention ou dommages doit être représenté par le loueur qui l'emploie à la préfecture de police.

S'il ne peut être représenté, le loueur sera tenu de faire, dans le jour, à la préfecture, le dépôt de son livret.

Si le livret n'est pas déposé, il pourra être consigné une ou plusieurs des voitures du loueur.

32. Les voitures et chevaux qui, pour raison de délit, contravention ou dommages commis ou causés par un cocher ou conducteur, auront été mis en fourrière, pourront être rendus au loueur auquel ils appartiennent, si la garantie civile est suffisamment assurée à son égard.

33. Lorsqu'un cocher quittera le service d'un loueur, celui-ci sera tenu d'inscrire, sur le livret du cocher ou conducteur, un congé d'acquit avec mention de la date de sa sortie.

Le loueur est tenu d'envoyer le livret à la préfecture dans les vingt-quatre heures.

34. Dans le cas où un loueur refuserait le congé d'acquit, il sera tenu de déposer, dans le jour, le livret du cocher à la préfecture et d'y faire connaître les motifs de son refus, pour être statué par nous.

35. Aucunes dettes, autres que celles des cochers envers les loueurs, ne peuvent être inscrites sur les livrets des cochers.

§ III. — Des cochers.

36. Tout cocher ou conducteur doit être inscrit à la préfecture de police et y avoir obtenu un livret.

37. Aucun cocher ne sera inscrit s'il n'est âgé au moins de 18 ans, et s'il n'est porteur d'une carte de sûreté ou permis de séjour.

38. Les livrets délivrés aux cochers et conducteurs des voitures de place resteront en dépôt à la préfecture de police jusqu'à ce que les cochers ou conducteurs aient trouvé à se placer.

39. Lorsqu'un cocher ou conducteur aura quitté le service d'un loueur, son livret restera déposé à la préfecture de police jusqu'à ce qu'il ait trouvé du service chez un autre loueur.

40. En échange des livrets déposés aux termes des deux articles précédents, il sera délivré aux cochers ou conducteurs un bulletin de dépôt.

Ce bulletin sera rapporté, dans le jour, par le loueur chez lequel ils auront pris du service..

41. Les livrets ne seront remis qu'aux loueurs au service desquels entreront les cochers ou conducteurs.

Les loueurs retiendront les livrets entre leurs mains.

42. Tout cocher ou conducteur conduisant une voiture doit être muni : 1° du livret de maître contenant le numéro, le permis de stationnement et la présente ordonnance; 2° de sa carte de sûreté ou permis de séjour.

43. Aucun cocher ne peut quitter le service d'un loueur sans l'avoir prévenu cinq jours d'avance.

Le loueur sera tenu d'en faire mention sur le livret du cocher.

44. Les loueurs ne peuvent être forcés de recevoir plus d'un congé le même jour.

45. Tout cocher ou conducteur en quittant le service d'un loueur, lors même que le loueur lui aurait refusé un congé d'acquit, est tenu de lui remettre le livret de maître contenant le permis de stationnement de la voiture qu'il était chargé de conduire.

46. Toute coalition tendant à imposer des conditions aux loueurs est défendue aux cochers sous les peines de droit.

47. Tout apprenti devra être muni d'une permission délivrée par nous.

Cette permission ne lui sera donnée que sur le certificat de son maître.

48. Les apprentis ne pourront jamais conduire seuls.

49. Les apprentis ne pourront monter sur le siége pendant la nuit.

§ IV. — Stationnement, louage et conduite.

50. Il est défendu aux loueurs, cochers et conducteurs de faire stationner leurs voitures, sous quelque prétexte que ce soit, ailleurs que sur les places à ce affectées, à moins que leurs voitures ne soient louées.

51. Il est défendu de faire stationner aucune voiture sur la place de la rue de la Ferronnerie avant neuf heures du matin, du 1er avril au 1er octobre, et avant dix heures, du 1er octobre au 1er avril.

Aucune voiture de louage ne peut stationner sur cette place après minuit.

52. Dans les rues et places de stationnement, il est enjoint aux cochers et conducteurs de laisser, entre les voitures et les maisons, un passage libre pour la circulation.

53. Les cochers et conducteurs se tiendront sur leur siége ou à la tête de leurs chevaux. Ils conserveront le rang de leur arrivée aux places de stationnement.

Il leur est défendu d'interrompre la file de stationnement.

54. Aucun cocher ou conducteur de voiture stationnée sur une place de louage ne peut, sous quelque prétexte que ce soit, se refuser à marcher à toute réquisition.

55. Il est défendu à tout cocher de carrosse de place de le laisser conduire par qui que ce soit, même par un autre cocher.

56. Il est défendu aux cochers de laisser monter qui que ce soit sur leur siége, à l'exception des apprentis autorisés.

57. Les cochers ne pourront être contraints de recevoir dans leurs voitures plus de quatre personnes et un enfant.

58. Il est défendu à tout conducteur de cabriolet de le laisser conduire par des femmes ou des enfants, à peine, contre le propriétaire du cabriolet, d'être privé de son permis de stationnement et sans préjudice de la garantie civile en cas de délit, contravention ou dommages.

59. Il est défendu aux cochers et conducteurs de traverser les halles du centre avant dix heures du matin.

Ils ne doivent en aucun temps traverser la place des Innocents.

60. Les cochers et conducteurs en traversant les halles et marchés ne doivent conduire leurs chevaux qu'au pas.

61. Les loueurs et conducteurs de cabriolets sont tenus d'attacher au col de leurs chevaux un fort grelot mobile.

62. Il est enjoint aux cochers et conducteurs de visiter, immédiatement après chaque course, l'intérieur de leurs voitures, et de remettre aux personnes qu'ils auront conduites les effets qu'elles y auraient laissés.

Dans le cas où cette remise serait impossible, il leur est enjoint de faire, dans le jour, le dépôt de ces effets à la préfecture de police.

63. Il est défendu aux cochers et conducteurs de circuler à vide, soit de jour, soit de nuit, pour offrir leurs voitures.

§ V. — Tarif du louage.

64. Le prix des courses, pour les carrosses de place, continuera d'être réglé ainsi qu'il suit :

Pour chaque course........................	1 fr.	50 c.
Pour la première heure.....................	2	»
Pour chacune des heures suivantes...........	1	50
Pour aller à Bicêtre........................	4	»
Pour aller à Bicêtre, y rester une heure et revenir......................................	6	»

65. Les cochers pris après minuit, soit à la course, soit à l'heure, recevront le double des prix fixés par l'article précédent.

66. Il sera payé au conducteur d'un cabriolet, pris sur place pour circuler dans Paris :

Pour chaque course........................... 1 fr. » c.
Pour la première heure...................... 1   25
Pour chacune des suivantes................. 1   »

67. Tout cocher ou conducteur qui aura été appelé et qui sera renvoyé sans être employé, recevra le prix d'une demi-course pour indemnité de son déplacement.

68. Tout cocher ou conducteur qui, dans une course, aura été détourné de son chemin, est censé avoir été pris à l'heure et doit être payé en conséquence.

69. Les cochers se feront payer d'avance, lorsqu'ils conduiront des personnes aux spectacles, bals et lieux de réunion ou divertissements publics.

§ VI. — Dispositions générales.

70. Tout cocher ou conducteur est tenu de représenter le livret contenant le numéro, le permis de stationnement et la présente ordonnance à toute réquisition des préposés de la police et de l'administration des droits réunis, ainsi que des personnes qui auront fait usage de sa voiture.

71. Les loueurs, cochers et conducteurs, sont tenus, lorsqu'ils changeront de domicile, d'en faire au moins huit jours d'avance leur déclaration à la préfecture de police.

72. Les contraventions à la présente ordonnance seront constatées soit par des procès-verbaux, soit par des rapports des officiers de paix et des préposés de la préfecture de police.

73. Il sera pris envers les contrevenants telles mesures de police administrative qu'il appartiendra, sans préjudice des poursuites à exercer contre eux devant les tribunaux.

74. La présente ordonnance sera imprimée, publiée et affichée.

Les commissaires de police, l'inspecteur général de police, les officiers de paix et les préposés de la préfecture de police sont chargés d'en surveiller l'exécution.

Le conseiller d'Etat, préfet de police, baron PASQUIER.

N° **687.** — *Arrêté contenant des dispositions de régime intérieur pour l'exécution de l'ordonnance concernant les fiacres et cabriolets de place de l'intérieur de Paris* (1).

Paris, le 5 mai 1813.

Nous, Etienne-Denis Pasquier, officier de la Légion d'honneur, commandeur de l'ordre impérial de la Réunion, baron de l'empire, conseiller d'Etat, chargé du quatrième arrondissement de la police générale, préfet de police du département de la Seine et des communes de Saint-Cloud, Sèvres et Meudon du département de Seine-et-Oise, etc. ;

---

(1) Rapporté. — V. l'ord. du 15 janv. 1841, les arr. des 15 janv. et 18 fév. 1841, et l'ord. du 25 mai 1842.

Vu notre ordonnance du 4 du présent mois de mai, concernant la police des carrosses et cabriolets de louage de l'intérieur de Paris,

Arrêtons ce qui suit :

1. Dans les visites prescrites par les articles 9, 10, 12 et 13 de notre ordonnance du 4 de ce mois, les commissaires de police pourront être assistés par un ou plusieurs des délégués des loueurs de carrosses qui seront à cet effet désignés par nous.

2. Les demandes à fin d'obtention de permis de stationnement seront communiquées, s'il y a lieu, aux délégués.

3. Les numéros et permis de stationnement seront, dans les vingt-quatre heures de leur délivrance, enregistrés au bureau des délégués.

4. Il ne sera accordé aucun livret de cocher ou de conducteur que sur la représentation d'un certificat de capacité et de bonne conduite délivré par les délégués.

5. Lorsqu'un loueur aura refusé le congé d'acquit à un cocher sortant de son service, il sera donné, s'il y a lieu, communication des motifs du refus aux délégués, qui nous en feront leur rapport et donneront leur avis.

6. Les loueurs tiendront un registre sur lequel ils inscriront, jour par jour, les recettes rapportées par chacun de leurs cochers ou conducteurs.

Ce registre leur sera fourni gratuitement par le bureau des délégués.

7. Les loueurs de carrosses et de cabriolets tiendront la main à ce que leurs cochers et conducteurs soient vêtus proprement.

8. Les officiers de paix et les préposés de la préfecture de police feront connaître les cochers et conducteurs dont la malpropreté serait habituelle.

9. Les délégués sont autorisés à rechercher les individus qui s'immisceraient dans l'exercice de la profession de loueurs de carrosses ou de cabriolets, sans avoir rempli les formalités prescrites.

Ils sont tenus de les signaler à la préfecture de police.

10. Les délégués sont tenus de faire connaître à la préfecture de police les abus et contraventions de toute espèce, tant de la part des loueurs que de celle des cochers, qui parviendraient à leur connaissance.

Ils présenteront les observations qu'ils jugeront convenable pour le maintien de l'ordre et le bien du service.

11. Le compte à rendre par le caissier du bureau des délégués, conformément à l'article 46 de la délibération des loueurs de voitures du 22 mars 1810, sera présenté à l'assemblée générale des électeurs.

12. L'assemblée générale nommera trois commissaires pour examiner, vérifier ce compte et en faire rapport à l'assemblée.

13. Ce compte, arrêté par l'assemblée, nous sera transmis par les délégués.

14. Le présent règlement sera imprimé seulement.

15. Il en sera adressé un exemplaire aux délégués.

16. Il en sera fourni, aux frais du bureau des délégués, un exemplaire à chacun des loueurs de carrosses et de cabriolets.

Le conseiller d'Etat, préfet de police, baron PASQUIER.

N° **688**. — *Ordonnance concernant le placement des voitures des marchands forains qui approvisionnent les halles du centre* (1).

Paris, le 19 mai 1813.

Nous, Étienne-Denis Pasquier, officier de la Légion d'honneur, commandeur de l'ordre impérial de la Réunion, baron de l'empire, conseiller d'État, chargé du quatrième arrondissement de la police générale, préfet de police du département de la Seine et des communes de Saint-Cloud, Sèvres et Meudon du département de Seine-et-Oise, etc.;

Vu les articles 2 et 22 de l'arrêté du gouvernement du 12 messidor an 8,

Ordonnons ce qui suit :

1. Il est défendu aux marchands forains, jardiniers et maraîchers qui approvisionnent les halles du centre en fruits, légumes et verdure, et aux marchands de son, grains et grenailles, qui approvisionnent la halle au blé, de faire stationner leurs voitures dans les rues, sur les ponts, quais et places publiques.

2. Les marchands forains de fruits, les jardiniers et maraîchers, les marchands de son, grains et grenailles feront retirer leurs voitures des carreaux des halles et des environs de la halle au blé aussitôt après leur déchargement.

3. Celles de ces voitures qui devront rester en stationnement seront conduites dans l'emplacement des maisons démolies rues du Four et des Prouvaires, dans les terrains clos de Saint-Magloire, ou tous autres, de manière qu'il n'en reste aucune sur la voie publique.

4. Il est défendu de placer des chevaux à l'attache dans les rues et places, et notamment sur la place Gatine.

Néanmoins les marchands forains qui sont dans l'usage de mettre leurs bêtes de somme à l'attache dans la rue de l'Aiguillerie pourront continuer à les y placer.

5. Les marchands de fromages sont tenus d'envoyer leurs voitures dans les terrains des rues du Four ou des Prouvaires, ou dans tous autres terrains clos.

Il leur est défendu de les faire stationner dans la halle à la viande et partout ailleurs.

6. Les voitures des marchands de beurre et œufs stationneront dans la rue du Jour.

7. Les voitures des marchands de pois et haricots verts stationneront jusqu'à huit heures du matin dans les rues Française et Mauconseil, depuis la rue Verdelet jusqu'à la rue Montorgueil.

Passé huit heures, celles qui seront stationnées sur la voie publique seront conduites dans les terrains clos.

8. Les voitures des marchands de marée et d'huîtres seront placées dans la rue Montorgueil, depuis la rue Tiquetonne jusqu'à la rue du Cadran.

9. Les voitures stationnées sur la voie publique seront dételées, et, autant que faire se pourra, engerbées.

10. Il est défendu aux boulangers, bouchers et charcutiers qui approvisionnent les halles de laisser stationner leurs voitures sur aucun point de la voie publique.

---

(1) V. les ord. des 31 déc. 1817, 28 janv. 1829, 21 janv. 1832, 29 oct. et 19 déc. 1836, et 27 sept. 1842.

11. Les voitures ci-après désignées seront retirées des lieux de stationnement, savoir :

Celles des marchands de beurre et œufs, une heure après la fermeture de la vente en gros;

Celles des marchands de pois et haricots verts, au fur et à mesure des ventes ;

Celles des marchands de marée et d'huîtres, à midi au plus tard en été, et à deux heures au plus tard en hiver.

12. Il est défendu aux marchands forains, et notamment aux marchands de beurre, œufs, marée et huîtres, de faire amener sur les points de stationnement des meubles, effets et marchandises quelconques pour en faire le chargement.

13. Les aubergistes et gardiens auxquels les marchands forains confient la garde de leurs chevaux et voitures sont garants envers eux des contraventions à la présente ordonnance.

14. Les garçons d'auberge sont tenus de se pourvoir de livrets de domestiques.

15. Il est défendu aux garçons d'auberge de se servir de fouets pour conduire les chevaux.

16. Les garçons d'auberge se conformeront aux règlements de police sur la conduite des chevaux aux abreuvoirs.

17. Les précédentes ordonnances continueront à recevoir leur exécution en tout ce qui n'est pas contraire aux dispositions de la présente.

18. Les contraventions seront constatées par des procès-verbaux qui nous seront adressés.

19. Il sera pris envers les contrevenants, et notamment envers les aubergistes, telles mesures de police administrative qu'il appartiendra, sans préjudice des poursuites à exercer contre eux devant les tribunaux.

20. La présente ordonnance sera imprimée, publiée et affichée.

Elle sera en outre notifiée à chacun des aubergistes qui reçoivent en garde des chevaux et voitures de marchands-forains, par le commissaire de police du quartier des marchés.

21. Les commissaires de police, l'inspecteur général de police, les officiers de paix, le commissaire des halles et marchés et les préposés de la préfecture de police sont chargés de tenir la main à son exécution.

Le conseiller d'Etat, préfet de police, baron PASQUIER.

N° **689.** — *Ordonnance concernant des mesures de police relatives au* Te Deum *qui sera chanté, le* 23 mai, *à l'occasion de la victoire de Lutzen.*

Paris, le 21 mai 1813.

N° **690.** — *Ordonnance concernant l'arrosement* (1).

Paris, le 3 juin 1813.

(1) V. les ord. des 17 mai 1834, 1er juin 1837 et 27 juin 1843.

N° **691.**—*Ordonnance concernant des mesures de police relatives au* Te Deum *qui sera chanté le 13 juin à l'occasion de la victoire de Wurtchen.*

Paris, le 11 juin 1813.

------------◊------------

N° **692.** — *Ordonnance concernant les porteurs dans les halles et marchés* (1).

Paris, le 15 juin 1813.

Nous, Etienne-Denis Pasquier, officier de la Légion d'honneur, commandeur de l'ordre impérial de la Réunion, baron de l'empire, conseiller d'Etat, chargé du quatrième arrondissement de la police générale, préfet de police du département de la Seine et des communes de Saint-Cloud, Sèvres et Meudon du département de Seine-et-Oise, etc.;

Considérant qu'il importe de rappeler les mesures d'ordre relatives aux porteurs dans les halles et marchés, et d'y ajouter de nouvelles dispositions dont l'expérience a démontré la nécessité;

Vu l'article 32 de l'arrêté du gouvernement du 12 messidor an VIII,

Ordonnons ce qui suit:

1. Le nombre des porteurs dans les halles et marchés ne pourra pas excéder huit cents.

2. Les porteurs actuellement en activité, continueront d'exercer leur état, en remplissant les formalités prescrites ci-après; mais il n'en sera point admis de nouveaux jusqu'à ce que la réduction reconnue nécessaire ait été effectuée.

3. Nul ne peut être porteur dans les halles et marchés sans une permission délivrée par la préfecture de police.

Les porteurs seront, en outre, pourvus d'une médaille délivrée pareillement par la préfecture de police. Il leur est enjoint d'avoir toujours cette médaille fixée à une boutonnière de la veste.

4. Les permissions délivrées jusqu'à ce jour aux porteurs dans les halles et marchés, sont annulées.

Dans un mois, à compter du jour de la publication de la présente ordonnance, les permissions et les médailles dont les porteurs sont actuellement pourvus seront rapportées pour être renouvelées, s'il y a lieu.

5. La permission contiendra, en marge, le signalement du porteur. La médaille portera, avec le numéro d'enregistrement, les prénoms, nom et surnom du porteur.

6. Tout individu qui voudra obtenir une permission de porteur dans les halles et marchés, sera tenu de produire un certificat de domicile et de bonne conduite délivré par le commissaire de police de son quartier, sur la représentation des papiers de sûreté.

Ce certificat contiendra, en outre, le signalement du demandeur, et mentionnera toujours que les pétitionnaires sujets à la conscription, ont satisfait à la loi.

7. Au mois de décembre de chaque année, il sera fait un recensement des porteurs.

A cet effet, les porteurs seront tenus de se présenter au bureau du

----

(1) V. l'ord. du 13 mai 1831.

commissaire des halles et marchés pour y faire vérifier leurs permissions et leurs médailles.

8. Dans le courant du même mois, les médailles seront marquées d'un poinçon représentant une lettre de l'alphabet. La lettre A servira pour 1814, et successivement les autres lettres pour les années suivantes.

9. Il est défendu à tout individu non pourvu de permission et de médaille, de faire le service de porteur dans les halles et marchés.

10. Ce service est également interdit à ceux dont les médailles ne porteraient pas le poinçon de l'année.

Dans ce cas, les médailles seront retirées.

11. Il sera pris envers les contrevenants aux dispositions ci-dessus telles mesures de police administrative qu'il appartiendra.

12. La présente ordonnance sera imprimée, publiée et affichée.

Les commissaires de police, l'inspecteur général de police, les officiers de paix, le commissaire des halles et marchés et les préposés de la préfecture de police sont chargés de tenir la main à son exécution.

Le conseiller d'Etat, préfet de police, baron PASQUIER.

N° **693.** — *Ordonnance concernant les ferrailleurs et autres marchands qui étalent sur les quais de Gèvres, de la Mégisserie et ponts adjacents* (1).

Paris, le 25 juin 1813.

Nous, Etienne-Denis Pasquier, officier de la Légion d'honneur, commandeur de l'ordre impérial de la Réunion, baron de l'empire, conseiller d'Etat, chargé du quatrième arrondissement de la police générale, préfet de police du département de la Seine et des communes de Saint-Cloud, Sèvres et Meudon du département de Seine-et-Oise, etc.;

Considérant que les ferrailleurs, les marchands de vieux chapeaux, souliers, habits et autres objets, encombrent les quais de la Mégisserie, de Gèvres, les ponts au Change, Notre-Dame et Saint-Michel;

Considérant qu'il importe de laisser libre la voie publique sur ces divers points qui sont très-fréquentés;

Considérant d'ailleurs que les étalagistes dont il s'agit peuvent être placés sous les abris du marché du Temple;

Vu les articles 10, 22 et 32 de l'arrêté du gouvernement du 12 messidor an VIII;

Ordonnons ce qui suit:

1. A compter du 1er août prochain, il est défendu de vendre de la ferraille, des vieux chapeaux, souliers, habits et autres objets semblables, sur les quais de la Mégisserie, de Gèvres, sur les ponts au Change, Notre-Dame et Saint-Michel.

Il est pareillement défendu de vendre ces sortes d'objets, sur tout autre point de la voie publique.

2. Les marchands qui étalent aux endroits ci-dessus désignés pourront être placés sous les abris du marché du Temple.

Ceux qui désireront obtenir des places dans ce marché en feront

(1) V. les ord. des 1er oct. 1830 et 20 janv. 1832.

la déclaration au bureau du commissaire des halles et marchés, à la halle aux beurres et œufs.

3. Le commissaire des halles et marchés placera les ferrailleurs et les marchands de vieux chapeaux, souliers et habits, de la manière la plus convenable.

Les places leur seront assignées à leur choix, autant que faire se pourra, suivant l'ordre de leurs déclarations.

4. Les ferrailleurs, les marchands de vieux chapeaux, souliers et habits sont tenus de se conformer, en ce qui peut les concerner, aux dispositions de nos ordonnances du 8 février 1811, relative à la vente des vieux linges et hardes sur le marché du Temple, et du 25 novembre 1812, concernant les brocanteurs.

5. Les contraventions seront constatées par des procès-verbaux qui nous seront adressés.

6. Il sera pris envers les contrevenants aux dispositions ci-dessus telles mesures de police administrative qu'il appartiendra, sans préjudice des poursuites à exercer contre eux devant les tribunaux, conformément aux lois et aux règlements.

7. La présente ordonnance sera imprimée, publiée et affichée.

Les commissaires de police et notamment ceux des quartiers du Louvre, des Arcis, de la Cité, de l'École de Médecine et du Temple, l'inspecteur général de police, les officiers de paix, le commissaire des halles et marchés et les préposés de la préfecture de police sont chargés, chacun en ce qui le concerne, de tenir la main à son exécution.

Le conseiller d'Etat, préfet de police, baron PASQUIER.

N° **694.** — *Ordonnance concernant les bateaux employés au tirage du sable en rivière* (1).

Paris, le 15 juillet 1813.

Nous, Etienne-Denis Pasquier, officier de la Légion d'honneur, commandeur de l'ordre impérial de la Réunion, baron de l'empire, conseiller d'Etat, chargé du quatrième arrondissement de la police générale, préfet de police du département de la Seine et des communes de Saint-Cloud, Sèvres et Meudon du département de Seine-et-Oise, etc.,

Considérant que les mariniers emploient indifféremment toutes espèces d'embarcations pour le tirage du sable en rivière, et qu'il peut en résulter des accidents,

Ordonnons ce qui suit :

1. A compter de la publication de la présente ordonnance, il est défendu de se servir de margotas pour le tirage du sable en rivière.

2. Les bateaux, dits Lavandières, ne pourront être employés au tirage du sable, que jusqu'au 1er novembre prochain.

3. A compter du 1er mars 1814, il ne pourra plus être employé, pour le tirage du sable, que des double-bachots solidement établis.

4. Les contraventions seront constatées par des procès-verbaux qui nous seront adressés.

5. Il sera pris envers les contrevenants aux dispositions ci-dessus,

---

(1) V. l'ord. du 25 oct. 1840 (art. 192 et 193).

telles mesures de police administrative qu'il appartiendra, sans préjudice des poursuites à exercer contre eux devant les tribunaux, conformément aux lois et aux règlements.

6. La présente ordonnance sera imprimée, publiée et affichée.

Les sous-préfets des arrondissements de Saint-Denis et de Sceaux, les maires et adjoints des communes rurales du ressort de la préfecture de police, les commissaires de police, l'inspecteur général de la navigation et des ports, et les préposés de la préfecture de police sont chargés, chacun en ce qui le concerne, de tenir la main à son exécution.

Le conseiller d'État, préfet de police, baron PASQUIER.

N° 695. — *Ordonnance concernant le commerce des grains et grenailles* (1).

Paris, le 17 juillet 1813.

Nous, Etienne-Denis Pasquier, officier de la Légion d'honneur, commandeur de l'ordre impérial de la Réunion, baron de l'empire, conseiller d'État, chargé du quatrième arrondissement de la police générale, préfet de police du département de la Seine et des communes de Saint-Cloud, Sèvres et Meudon du département de Seine-et-Oise, etc.,

Considérant que des marchands de la campagne colportent et vendent dans les rues de Paris, des grains et grenailles ; ce qui diminue d'autant l'approvisionnement de la halle et contribue à faire augmenter le prix de ces denrées ;

Considérant que la vente des grains et grenailles sur la voie publique, ne pouvant être surveillée, les acheteurs sont exposés à être trompés sur la quantité et la qualité des marchandises, et que d'ailleurs la circulation se trouve entravée par le stationnement des voitures ;

Vu les articles 2, 22 et 32 de l'arrêté du gouvernement du 12 messidor an VIII,

Ordonnons ce qui suit :

1. Il est défendu de colporter des grains et grenailles, d'en vendre et d'en acheter sur la voie publique, sous peine de confiscation et de mille francs d'amende. (*Déclar. du roi du 19 avril 1723.*)

2. Les grains et grenailles amenés pour l'approvisionnement de Paris seront conduits sur le carreau de la halle ou sur le port, pour y être vendus.

Sont exceptés les grains et grenailles amenés à destination particulière.

3. Les conducteurs de grains et grenailles expédiés, à destination, devront être porteurs d'un certificat du maire de leur commune, constatant la destination.

Faute par les conducteurs d'être munis de ce certificat, les grains et grenailles seront conduits sur le carreau de la halle.

4. Les contraventions seront constatées par des procès-verbaux qui nous seront adressés.

5. Il sera pris envers les contrevenants aux dispositions ci-dessus

---

(1) V. l'arr. du 17 nov. 1815, les ord. des 12 déc. 1821, 7 nov. 1823 et 25 nov. 1829.

telles mesures de police administrative qu'il appartiendra, sans préjudice des poursuites à exercer contre eux devant les tribunaux, conformément aux lois et aux règlements.

6. La présente ordonnance sera imprimée, publiée et affichée.

Les commissaires de police, l'inspecteur général de police, les officiers de paix, le contrôleur de la halle aux grains et farines, le commissaire des halles et marchés et les préposés de la préfecture de police sont chargés, chacun en ce qui le concerne, de tenir la main à son exécution.

Le conseiller d'État, préfet de police, baron PASQUIER.

———————◦———————

Nº **696**. — *Ordonnance concernant la vente du lait.*

Paris, le 20 juillet 1813.

Nous, Etienne-Denis Pasquier, officier de la Légion d'honneur, commandeur de l'ordre impérial de la Réunion, baron de l'empire, conseiller d'État, chargé du quatrième arrondissement de la police générale, préfet de police du département de la Seine et des communes de Saint-Cloud, Sèvres et Meudon du département de Seine-et-Oise, etc.;

Vu les articles 2, 23 et 26 de l'arrêté du gouvernement du 12 messidor an VIII, et l'article 1 de celui du 3 brumaire suivant,

Ordonnons ce qui suit:

1. Il est défendu de mettre dans des vaisseaux de cuivre, le lait qui doit être exposé en vente, à peine de confiscation et de trois cents francs d'amende. (*Déclar. du roi du 13 juin 1777, art. 1.*)

2. Il ne doit être exposé en vente que du lait de bonne qualité et sans mélange, à peine de deux cents francs d'amende. (*Ord. de police du 20 avril 1742, art. 3.*)

3. Les marchands de lait sont tenus de se servir de mesures dûment vérifiées et poinçonnées.

4. Les contraventions seront constatées par des procès-verbaux qui nous seront adressés.

5. Il sera pris envers les contrevenants aux dispositions ci-dessus, telles mesures de police administrative qu'il appartiendra, sans préjudice des poursuites à exercer contre eux devant les tribunaux, conformément aux lois et aux règlements.

6. La présente ordonnance sera imprimée, publiée et affichée.

Les sous-préfets des arrondissements de Saint-Denis et de Sceaux, les maires et adjoints des communes rurales du ressort de la préfecture de police, les commissaires de police, l'inspecteur général de police, les officiers de paix, le commissaire des halles et marchés, les inspecteurs des poids et mesures, et les préposés de la préfecture de police sont chargés, chacun en ce qui le concerne, de tenir la main à son exécution.

Le conseiller d'État, préfet de police, baron PASQUIER.

———————◦———————

Nº **697**. — *Ordonnance portant défenses de tirer des fusées, pétards, boîtes, bombes, etc.*

Paris, le 26 juillet 1813.

Nous, Etienne-Denis Pasquier, officier de la Légion d'honneur, commandeur de l'ordre impérial de la Réunion, baron de l'empire, conseiller d'Etat, chargé du quatrième arrondissement de la police générale, préfet de police du département de la Seine et des communes de Saint-Cloud, Sèvres et Meudon du département de Seine-et-Oise, etc.;

Vu l'article 24 de l'arrêté du gouvernement du 12 messidor, an VIII,

Ordonnons ce qui suit :

1. Nul ne pourra, sous quelque prétexte que ce soit, tirer dans des maisons particulières, cours, jardins et terrains en dépendant, aucune pièce d'artifice, sans une permission du préfet de police.

2. Il est défendu de tirer, sur la voie publique, des fusées, pétards, boîtes, bombes et autres artifices.

3. Les pères et mères et les chefs de maisons, sont civilement responsables, suivant la loi, des contraventions aux dispositions ci-dessus.

4. Il sera pris envers les contrevenants, telles mesures administratives qu'il appartiendra, sans préjudice des poursuites à exercer par-devant les tribunaux.

5. La présente ordonnance sera imprimée, publiée et affichée.

Les sous-préfets des arrondissements de Saint-Denis et de Sceaux, les maires et adjoints des communes rurales du ressort de la préfecture de police, les commissaires de police, à Paris, l'inspecteur général de police du quatrième arrondissement, les officiers de paix et les autres préposés de la préfecture de police sont chargés, chacun en ce qui le concerne, de tenir la main à son exécution.

Le conseiller d'Etat, préfet de police, baron PASQUIER.

N° **698.** — *Ordonnance concernant la vente des veaux provenant des vaches nourries dans Paris* (1).

Paris, le 29 juillet 1813.

Nous, Etienne-Denis Pasquier, officier de la Légion d'honneur, commandeur de l'ordre impérial de la Réunion, baron de l'empire, conseiller d'Etat, chargé du quatrième arrondissement de la police générale, préfet de police du département de la Seine et des communes de Saint-Cloud, Sèvres et Meudon du département de Seine-et-Oise, etc.;

Vu les articles 32 et 33 de l'arrêté du gouvernement du 12 messidor an VIII,

Ordonnons ce qui suit :

1. Les veaux provenant des vaches nourries dans Paris, et qui n'auront pas l'âge requis pour être livrés à la consommation, ne pourront être vendus qu'à des nourrisseurs établis dans des communes rurales.

Ces veaux seront exposés en vente, à la halle, dans l'emplacement désigné à cet effet.

La vente s'en fera, les mardis et vendredis, en même temps que celle des veaux destinés à la boucherie.

2. Il est enjoint aux nourrisseurs de vaches laitières dans Paris, de

---

(1) V. l'ord. du 25 mars 1830 concernant le commerce de la boucherie et les ord. concernant le commerce des veaux.

faire, aux commissaires de police de leurs quartiers respectifs, la déclaration des vaches qui seront pleines.

Les commissaires de police devront nous transmettre sans retard ces déclarations.

Les veaux seront visités quelques jours avant d'être exposés en vente. Cette visite sera faite par le commissaire des halles et marchés.

3. Les contraventions seront constatées par des procès-verbaux qui nous seront adressés.

4. Il sera pris envers les contrevenants aux dispositions ci-dessus telles mesures de police administrative qu'il appartiendra, sans préjudice des poursuites à exercer contre eux devant les tribunaux, conformément aux lois et aux règlements.

5. La présente ordonnance sera imprimée, publiée et affichée.

Les commissaires de police, le commissaire des halles et marchés et les préposés de la préfecture de police sont chargés de tenir la main à son exécution.

Le conseiller d'Etat, préfet de police, baron PASQUIER.

N° **699**. — *Ordonnance concernant le remblai de la rue d'Ulm, quartier de l'Observatoire.*

Paris, le 5 août 1813.

N° **700**. — *Ordonnance concernant des mesures de police relatives à l'anniversaire de la naissance de S. M. l'empereur et roi.*

Paris, le 13 août 1813.

Nous, Etienne-Denis Pasquier, officier de la Légion d'honneur, commandeur de l'ordre impérial de la Réunion, baron de l'empire, conseiller d'Etat, chargé du quatrième arrondissement de la police générale, préfet de police du département de la Seine et des communes de Saint-Cloud, Sèvres et Meudon du département de Seine-et-Oise, etc.;

Vu le décret impérial du 19 février 1806;

Et la lettre de S. Exc. le ministre de l'intérieur, en date du 5 août présent mois, portant envoi du programme arrêté pour la fête de l'anniversaire de la naissance de S. M. l'empereur et roi,

Ordonnons ce qui suit:

14 août, spectacle gratis.

1. Les représentations gratuites qui auront lieu dans les spectacles, samedi 14 août, commenceront toutes à quatre heures et demie du soir.

Les portes seront ouvertes au public à quatre heures.

Nettoiement et arrosement de la voie publique.

2. Le dimanche 15 août, la voie publique sera balayée à six heures du matin, et les boues et immondices seront enlevées au plus tard à huit heures.

L'arrosement sera terminé à dix heures.

Jeux sur la rivière et aux Champs-Élysées.

5. Depuis midi jusqu'au lendemain, la circulation et le stationnement des voitures sont interdits sur les quais qui bordent les deux rives de la Seine, à partir du pont des Arts, d'un côté jusqu'à l'esplanade des Invalides, et de l'autre côté jusques et compris le quai de la Conférence ; sur le pont de la Concorde, sur la place de la Concorde, dans les rues de la Concorde et des Champs-Elysées et dans toutes les avenues des Champs-Elysées.

Les voitures qui viendront à Paris par Sèvres, fileront soit par Vaugirard, soit par le bois de Boulogne, l'avenue de Neuilly, le nouveau boulevard et la barrière du Roule.

Celles qui arriveront par la route de Neuilly, entreront aussi par la barrière du Roule.

4. Aucun bateau, train ni portion de train de bois ne sera laissé sur la rivière, entre le Pont-Royal et le pont de la Concorde.

Les bateaux, trains ou portions de trains qui s'y trouveraient, seront descendus ou remontés aux frais et risques des propriétaires.

5 Il y aura, dans le bassin entre le Pont-Royal et celui de la Concorde, un nombre suffisant de bachots montés chacun par un fusilier et deux mariniers nageurs pour porter des secours au besoin, et empêcher que personne ne s'introduise sur la rivière.

Il ne pourra y avoir, dans ce bassin, aucuns bachots, autres que ceux nécessaires pour les jeux sur la rivière.

A compter de dix heures du matin, l'école de natation, les bains froids, les bains chauds et les bateaux à lessive situés dans le même bassin, seront interdits au public.

6. Il est défendu à toutes personnes, autres que celles qui seront munies de cartes, de s'introduire sur le port de la rive droite de la rivière, entre le Pont-Royal et celui de la Concorde.

7. Il est défendu de monter sur les parapets des ponts et des quais.

Il est également défendu d'élever des échafaudages, gradins ou autres objets semblables sur la voie publique, et de monter sur les arbres des Champs-Elysées et de les dégrader.

Cérémonie à Notre-Dame.

8. A compter de deux heures après midi, aucunes voitures, autres que celles des personnes qui se rendront à la Métropole, ne pourront circuler ni stationner sur le quai Pelletier ni dans la Cité, à partir du pont de la Cité jusques et compris le pont Notre-Dame, les rues de la Lanterne, de la Juiverie, du Marché-Palu et le Petit-Pont.

La circulation des voitures ne sera rétablie qu'une heure après la cérémonie.

Illumination.

9. Les habitants de Paris illumineront la façade de leurs maisons dans la soirée du dimanche 15 août.

10. A compter de sept heures du soir, la circulation et le stationnement des voitures sont interdits, jusqu'au lendemain, sur la place du Carrousel et dans les rues de Rivoli, des Pyramides, de la Convention, de Castiglione, Mont-Thabor, Neuve du Luxembourg et de Saint-Florentin.

11. Les dispositions relatives à la circulation des voitures ne sont point applicables aux voitures des personnes qui se rendront à la cour, ni aux courriers de la malle ni aux diligences.

Fusées, pétards.

12. Il est défendu de vendre, d'acheter des fusées, pétards, boîtes, bombes et autres pièces d'artifice, et d'en tirer dans les rues, promenades, places publiques, cours et jardins ou par les fenêtres des maisons.

Les pères et mères et les chefs de maisons sont civilement responsables de leurs enfants, de leurs ouvriers ou domestiques.

Les marchands de pièces d'artifice sont personnellement responsables de l'exécution du présent article en ce qui les concerne.

Feu d'artifice.

13. Il sera placé des pompes, des tonneaux et des seaux à incendie, en nombre suffisant, sur la place de la Concorde et autres lieux où il sera jugé nécessaire.

Il est défendu aux pompiers de quitter leurs pompes.

Mesures imprévues.

14. L'inspecteur général de la police et l'inspecteur général de la navigation et des ports sont autorisés, chacun en ce qui le concerne, à prendre toutes les mesures de police que les circonstances nécessiteront et qui n'auraient pas été prévues par la présente ordonnance.

15. Il sera pris envers les contrevenants telles mesures de police administrative qu'il appartiendra, sans préjudice des poursuites à exercer contre eux devant les tribunaux.

16. La présente ordonnance sera imprimée, publiée et affichée.

17. Le colonel d'armes de la ville de Paris est spécialement chargé d'en assurer le maintien par tous les moyens qui sont à sa disposition.

18. L'inspecteur général du quatrième arrondissement de la police générale de l'empire, les commissaires de police de Paris, les maires des communes de Sèvres, de Boulogne, Auteuil, Clichy, Neuilly, Passy et Vaugirard, les officiers de paix, le chef du bataillon des sapeurs pompiers et l'ingénieur de ce corps, l'inspecteur général de la navigation et des ports, l'inspecteur général de la salubrité et les préposés de la préfecture de police tiendront la main à son exécution.

Le conseiller d'Etat, préfet de police, baron PASQUIER.

N° **701.** — *Ordonnance concernant l'ouverture de la chasse* (1).

Paris, le 18 août 1813.

N° **702.** — *Arrêté concernant l'arrivage et la vente des bois de faix.*

Paris, le 28 août 1813.

Nous, Etienne-Denis Pasquier, officier de la Légion d'honneur, commandeur de l'ordre impérial de la Réunion, baron de l'empire, con-

---

(1) V. l'ord. du 22 août 1843.

seiller d'Etat, chargé du quatrième arrondissement de la police générale, préfet de police du département de la Seine et des communes de Saint-Cloud, Sèvres et Meudon du département de Seine-et-Oise, etc. ;

Vu la lettre du 23 du courant, par laquelle M. le conseiller d'Etat, directeur général des ponts et chaussées, nous annonce qu'il a accueilli la demande à lui présentée par plusieurs marchands, de faire arriver à Paris des bois de faix existants sur les ports de la Haute-Yonne ; mais sous la condition que les marchands de Paris seraient tenus de faire frapper toutes les bûches de faix de leurs marteaux particuliers, et que les facteurs chargés de flotter ces bois, seraient tenus de demander une lettre de voiture au juré compteur de l'arrondissement où les bois seront flottés, et nous invite à ordonner les dispositions nécessaires pour la réception et la vente des bois, de manière à prévenir tous abus préjudiciables aux consommateurs,

Arrêtons ce qui suit :

1. Les marchands de bois pour le compte desquels il arrivera à Paris des bois de faix venant des ports de la Haute-Yonne, seront tenus de nous en faire la déclaration dans le jour de l'arrivée de ces bois à Paris.

2. Les bois de faix seront empilés séparément des autres bois, et les piles seront assez éloignées pour qu'il n'y ait pas de risque qu'ils soient confondus ou mélangés avec d'autres.

3. Il sera mis sur les piles de ces bois un écriteau portant ces mots : bois de faix.

4. Les contraventions seront constatées par des procès-verbaux qui nous seront adressés.

5. Il sera pris envers les contrevenants telles mesures de police administrative qu'il appartiendra, sans préjudice des poursuites à exercer contre eux devant les tribunaux.

6. Le présent arrêté sera imprimé.

Il sera notifié aux marchands de bois de Paris, savoir : à ceux de l'arrondissement Saint-Antoine, par le commissaire de police du quartier de Popincourt ; à ceux de l'arrondissement Saint-Bernard, par le commissaire de police du quartier du Jardin-des-Plantes ; à ceux de l'arrondissement de la Grenouillère, par le commissaire de police du quartier des Invalides ; et à ceux de l'arrondissement Saint-Honoré, par le commissaire de police du quartier de la place Vendôme.

Les commissaires de police dresseront procès-verbal de la notification et ils nous le transmettront.

7. Les commissaires de police, l'inspecteur général de la navigation et des ports, et les préposés de la préfecture de police sont chargés de tenir la main à l'exécution du présent arrêté, et de nous en rendre compte.

Le conseiller d'Etat, préfet de police, baron PASQUIER.

N° **703**. — *Ordonnance concernant les habitants de la campagne qui ramassent du fumier dans les rues de Paris* (1).

Paris, le 3o août 1813.

Nous, Etienne-Denis Pasquier, officier de la Légion d'honneur, commandeur de l'ordre impérial de la Réunion, baron de l'empire, conseiller d'Etat, chargé du quatrième arrondissement de la police générale, préfet de police du département de la Seine et des communes de Saint-Cloud, Sèvres et Meudon du département de Seine-et-Oise, etc.;

Considérant que les habitants de la campagne abusent de la facilité dont ils jouissent de ramasser des immondices et du fumier dans les rues de Paris, pour en faire, en contravention aux ordonnances de police, l'enlèvement à toutes heures de la journée ; que, pour choisir celles de ces immondices qui leur conviennent le mieux, ils disséminent les ordures sur la voie publique, ce qui nuit à la propreté de la ville et à l'exactitude du service du nettoiement ;

Vu les articles 2 et 22 de l'arrêté du gouvernement du 12 messidor an VIII,

Ordonnons ce qui suit :

1. Les habitants de la campagne qui ramassent des immondices et du petit fumier dans Paris, ne pourront le faire que de grand matin ; ils se serviront de charrettes closes en planches, claies ou toiles. Il leur est défendu d'éparpiller les tas de boues ou de fumier.

Leurs voitures devront être sorties de Paris à huit heures du matin, pendant les mois d'octobre, novembre, décembre, janvier, février et mars, et à sept heures pendant les six autres mois.

2. Les contrevenants aux dispositions prescrites par l'article précédent seront arrêtés : leurs voitures seront déchargées à la voirie la plus proche et conduites à la fourrière de l'administration, rue Guénégaud.

3. Il n'est rien changé aux autres dispositions de notre ordonnance du 9 décembre 1811, concernant le balayage des rues, qui continueront de recevoir leur exécution.

4. La présente ordonnance sera imprimée et affichée.

Les commissaires de police, l'inspecteur général de police, les officiers de paix, l'architecte-commissaire de la petite voirie, l'inspecteur général de la salubrité et préposés de la préfecture de police sont chargés de tenir la main à son exécution.

Le conseiller d'Etat, préfet de police, baron PASQUIER.

N° **704**. — *Ordonnance concernant les mesures de police qui doivent être observées, les 5, 12 et 19 septembre à Saint-Cloud* (2).

Paris, le 3 septembre 1813.

(1) Rapportée. — V. l'ord. du 23 nov. 1831.
(2) V. l'ord. du 6 sept. 1843.

N° **705.** — *Ordonnance concernant le commerce de la brasserie* (1).

Paris, le 7 septembre 1813.

Nous, Etienne-Denis Pasquier, officier de la Légion d'honneur, commandeur de l'ordre impérial de la Réunion, baron de l'empire, conseiller d'Etat, chargé du quatrième arrondissement de la police générale, préfet de police du département de la Seine et des communes de Saint-Cloud, Sèvres et Meudon du département de Seine-et-Oise, etc. ;

Vu, 1° les articles 2, 23, 26 et 30 de l'arrêté du gouvernement du 12 messidor an VIII ;

2° L'article 1 de l'arrêté du 3 brumaire an IX ;

3° L'article 12 de la loi du 22 germinal an XI ;

4° L'arrêté du gouvernement du 9 frimaire an XII ;

5° Et le décret impérial du 15 octobre 1810 ,

Ordonnons ce qui suit :

1. Conformément à l'article 11 du décret impérial du 15 octobre 1810, les brasseries actuellement existantes dans le ressort de la préfecture de police sont maintenues.

Il ne pourra en être établi de nouvelles sans notre permission.

2. Dans un mois, à compter du jour de la publication de la présente ordonnance , les brasseurs seront tenus de se faire inscrire à la préfecture de police, et de justifier de leurs patentes.

3. Les brasseurs feront inscrire en gros caractères, au-dessus de la principale porte d'entrée de leurs maisons, leurs noms et les lettres initiales de leurs prénoms.

4. Les brasseurs qui suspendront les travaux de leurs brasseries, seront tenus d'en faire, sans délai, la déclaration à la préfecture de police.

Ceux qui céderont leurs établissements seront pareillement tenus d'en faire la déclaration, dans la huitaine, à la préfecture. Les cessionnaires se feront inscrire dans le même délai.

Les brasseurs qui fermeront définitivement leurs brasseries devront en faire la déclaration dans le mois qui suivra la cessation de leur commerce.

5. Aux termes des articles 8 et 13 du décret impérial du 15 octobre 1810, toute brasserie qui aura été fermée plus de six mois ne pourra être remise en activité sans notre permission.

6. Il est défendu de vendre et débiter de la bière falsifiée ou contenant des mixtions nuisibles à la santé, sous les peines portées par les articles 318 et 475 du Code pénal.

Il est aussi défendu aux charretiers et à leurs aides d'altérer, par des mixtions quelconques, la bière qui leur sera confiée, sous les peines portées par les articles 387 et 475 du même Code.

7. Les brasseurs ne peuvent se servir de garçons, charretiers ou aides qui ne seraient pas pourvus de livrets ou dont les livrets ne seraient pas revêtus du congé d'acquit de leurs précédents maîtres. (*Loi du 22 germinal an XI.*)

8. Notre ordonnance du 2 février 1811, qui fixe la contenance des tonneaux à bière, continuera de recevoir son exécution.

---

(1) V. les ord. des 27 mai 1820 et 1er déc. 1824.

9. Les contraventions seront constatées par des procès-verbaux qui nous seront adressés.

10. Il sera pris envers les contrevenants aux dispositions ci-dessus, telles mesures de police administrative qu'il appartiendra, sans préjudice des poursuites à exercer contre eux devant les tribunaux.

11. La présente ordonnance sera imprimée, publiée et affichée.

Les sous-préfets des arrondissements de Saint-Denis et de Sceaux, les maires et adjoints des communes rurales du ressort de la préfecture de police, les commissaires de police, l'inspecteur général des boissons, les inspecteurs des poids et mesures et les préposés de la préfecture de police sont chargés, chacun en ce qui le concerne, de tenir la main à son exécution.

Le conseiller d'Etat, préfet de police, baron PASQUIER.

N° **706.** — *Ordonnance concernant des mesures de police relatives au* Te Deum *qui sera chanté, le 19 septembre, à l'occasion des victoires remportées par S. M. l'empereur et roi, sous les murs de Dresde.*

Paris, le 17 septembre 1813.

N° **707.** — *Ordonnance portant défense d'allumer des feux dans les champs, à proximité des habitations, des bois et des dépôts de matières combustibles.*

Paris, le 21 septembre 1813.

Nous, Etienne-Denis Pasquier, officier de la Légion d'honneur, commandeur de l'ordre impérial de la Réunion, baron de l'empire, conseiller d'Etat, chargé du quatrième arrondissement de la police générale, préfet de police du département de la Seine et des communes de Saint-Cloud, Sèvres et Meudon du département de Seine-et-Oise, etc.;

Informé que dans des communes rurales du ressort de la préfecture de police, on allume des feux à proximité des habitations, des bois ou des dépôts de matières combustibles;

Considérant qu'il peut en résulter des dangers d'incendie qu'il importe de prévenir;

Vu l'article 10 du titre 2 de la loi du 6 octobre 1791, concernant les biens et usages ruraux et la police rurale, et l'article 458 du Code pénal;

Et les arrêtés du gouvernement des 12 messidor an VIII et 3 brumaire an IX,

Ordonnons ce qui suit :

1. Il est défendu d'allumer des feux dans les champs, plus près que cent mètres des maisons, édifices, forêts, bruyères, bois, vergers, plantations, haies, meules et tas de grains, pailles, foins, fourrages ou de tout autre dépôt de matières combustibles, sous les peines portées par l'article 10 du titre 2 de la loi du 6 octobre 1791.

2. Dans le cas où les feux allumés en contravention à l'article pré-

cédent, auraient occasionné l'incendie des propriétés voisines, les contrevenants seront punis conformément à l'article 458 du Code pénal qui prononce une amende de cinquante à cinq cents francs.

3. Les délits seront constatés par des procès-verbaux qui nous seront adressés.

4. Il sera pris envers les délinquants telles mesures de police administrative qu'il appartiendra, sans préjudice des poursuites à exercer contre eux devant les tribunaux.

5. La présente ordonnance sera imprimée, publiée et affichée.

Les sous-préfets des arrondissements de Saint-Denis et de Sceaux, les maires et adjoints des communes rurales du ressort de la préfecture de police, l'inspecteur général de police, les officiers de paix, les gardes champêtres et les préposés de la préfecture de police sont chargés de tenir la main à l'exécution de la présente ordonnance.

Le conseiller d'Etat, préfet de police, baron PASQUIER.

N° **708**. — *Instruction concernant la surveillance de la rivière, des ports, de l'entrepôt général des vins et eaux-de-vie, des chantiers et des places de vente du charbon* (1).

Paris, le 30 septembre 1813.

N° **709**. — *Ordonnance concernant les chantiers de bois de déchirage* (2).

Paris, le 1er octobre 1813.

Nous, Etienne-Denis Pasquier, officier de la Légion d'honneur, commandeur de l'ordre impérial de la Réunion, baron de l'empire, conseiller d'Etat, chargé du quatrième arrondissement de la police générale, préfet de police du département de la Seine et des communes de Saint-Cloud, Sèvres et Meudon du département de Seine-et-Oise, etc.;

Vu l'article 24 de l'arrêté du gouvernement du 12 messidor an VIII, et l'article 1 de l'arrêté du 3 brumaire an IX,

Ordonnons ce qui suit :

1. Il ne peut être tenu aucun chantier de bois de déchirage dans le ressort de la préfecture de police, sans notre permission.

2. Dans un mois, à compter du jour de la publication de la présente ordonnance, tout marchand qui voudra continuer le commerce de bois de déchirage, sera tenu d'en demander la permission.

Il joindra à sa pétition le plan figuré du local, lequel indiquera les dimensions et les tenants et aboutissants.

3. Les contraventions aux dispositions de la présente ordonnance seront constatées par des procès-verbaux qui nous seront adressés.

4. Il sera pris envers les contrevenants telles mesures de police ad-

---

(1) V. les ord. des 24 mars 1824, 26 mars 1829 et 25 oct. 1840.

(2) V. l'ord. du 25 oct. 1840 (art. 196 et suiv.).

ministrative qu'il appartiendra, sans préjudice des poursuites à exercer contre eux devant les tribunaux.

5. La présente ordonnance sera imprimée, publiée et affichée.

Les sous-préfets des arrondissements de Saint-Denis et de Sceaux, les maires des communes rurales du ressort de la préfecture de police, les commissaires de police, l'architecte de la préfecture, commissaire de la petite voirie, l'inspecteur général de la navigation et des ports et les préposés de la préfecture de police sont chargés de tenir la main à son exécution.

Le conseiller d'Etat., préfet de police, baron PASQUIER.

N° **710.** — *Ordonnance concernant le commerce des grains et grenailles dans les communes rurales du ressort de la préfecture de police* (1).

Paris, le 14 octobre 1813.

Nous, Etienne-Denis Pasquier, officier de la Légion d'honneur, commandeur de l'ordre impérial de la Réunion, baron de l'empire, conseiller d'Etat, chargé du quatrième arrondissement de la police générale, préfet de police du département de la Seine et des communes de Saint-Cloud, Sèvres et Meudon du département de Seine-et-Oise, etc.;

Considérant que des cultivateurs et des marchands de divers départements colportent et vendent des grains et grenailles dans les communes rurales du ressort de la préfecture de police, ce qui diminue d'autant l'approvisionnement de la halle de Paris, et contribue à faire augmenter le prix de ces denrées;

Considérant d'ailleurs que ces sortes de ventes ne pouvant être surveillées, les acheteurs sont exposés à être trompés sur la quantité et la qualité des marchandises;

Vu les articles 2, 22 et 32 de l'arrêté du gouvernement du 12 messidor an VIII et l'article 1 de l'arrêté du 3 brumaire an IX;

Ordonnons ce qui suit:

1. Il est défendu de colporter des grains et grenailles, d'en vendre et d'en acheter sur bateaux ou sur la voie publique, dans les communes rurales du ressort de la préfecture de police, sous peine de confiscation et de mille francs d'amende. (*Déclar. du roi du 19 avril* 1723.)

2. Les grains et grenailles amenés dans le ressort de la préfecture de police, et qui doivent être livrés au commerce, seront conduits à Paris; savoir, ceux venant par terre, à la halle aux grains et farines, et ceux venant par eau, au port de la Grève.

Sont exceptés les grains et grenailles amenés à destination particulière.

3. Les conducteurs de grains et grenailles expédiés à destination, devront être porteurs; savoir, pour les expéditions par terre, d'un certificat du maire de leur commune, constatant la destination, et pour les expéditions par eau, d'une lettre de voiture en bonne forme.

Faute par les conducteurs d'être munis de ces certificats ou lettres de voitures, les grains et grenailles seront conduits, selon la nature de leur arrivage, sur le carreau de la halle ou sur le port.

---

(1) V. l'ord. du 17 juill. 1813, l'arr. du 17 nov. 1815, les ord. des 12 déc. 1821, 7 nov. 1823 et 25 nov. 1829.

4. Les contraventions seront constatées par des procès-verbaux qui nous seront adressés.

5. Il sera pris envers les contrevenants telles mesures de police administrative qu'il appartiendra, sans préjudice des poursuites là exercer contre eux devant les tribunaux, conformément aux lois et aux règlements.

6. La présente ordonnance sera imprimée, publiée et affichée.

Les sous-préfets des arrondissements de Saint-Denis et de Sceaux, les maires des communes rurales du ressort de la préfecture de police, l'inspecteur général de la navigation et des ports, le contrôleur de la halle aux grains et farines et les préposés de la préfecture de police sont chargés, chacun en ce qui le concerne, de tenir la main à son exécution.

Le conseiller d'État, préfet de police, baron PASQUIER.

───────◦───────

N° **711.** — *Ordonnance concernant les amphithéâtres d'anato-*
mie et de chirurgie (1).

Paris, le 15 octobre 1813.

───────◦───────

N° **712.** — *Ordonnance concernant la police de la rivière et des*
ports, pendant l'hiver et dans les temps des glaces, grosses eaux
et débâcles (2).

Paris, le 28 octobre 1813.

───────◦───────

N° **713.** — *Ordonnance concernant la translation du marché*
aux plantes médicinales indigènes, fraîches ou sèches.

Paris, le 25 novembre 1813.

Nous, Etienne-Denis Pasquier, officier de la Légion d'honneur, commandeur de l'ordre impérial de la Réunion, baron de l'empire, conseiller d'État, chargé du quatrième arrondissement de la police générale, préfet de police du département de la Seine et des communes de Saint-Cloud, Sèvres et Meudon du département de Seine-et-Oise, etc.;

Considérant que les motifs qui nous avaient déterminé à ordonner la translation du marché aux plantes médicinales indigènes, fraîches ou sèches, rue de la Petite-Friperie, n'existent plus et que l'ordre public exige que ce marché soit reporté rue de la Poterie;

Vu les articles 2 et 33 de l'arrêté du gouvernement du 12 messidor an VIII,

Ordonnons ce qui suit :

1. A compter du 1er décembre prochain, le marché aux plantes médicinales indigènes, fraîches ou sèches tiendra, rue de la Poterie, le long du trottoir de la halle aux draps et aux toiles.

───────────

(1) V. les ord. des 11 janvier 1815 et 25 nov. 1834.
(2) V. les ord. des 1er déc. 1838, 5 déc. 1839 et 25 oct. 1840 (art. 203 et suiv.).

2. Les marchands seront placés par ordre d'ancienneté, et leurs places seront numérotées.

3. Il n'est point dérogé aux autres dispositions de notre ordonnance du 8 novembre 1810, lesquelles continueront de recevoir leur exécution.

4. La présente ordonnance sera imprimée, publiée et affichée.

Le commissaire de police du quartier des marchés, le commissaire des halles et marchés et les préposés de la préfecture de police sont chargés de tenir la main à son exécution.

Le conseiller d'Etat, préfet de police, baron PASQUIER.

N° **714**. — *Ordonnance concernant les glaces et neiges* (1).

Paris, le 1er décembre 1813.

N° **715**. — *Ordonnance concernant la fête de l'anniversaire de S. M. l'empereur et de la bataille d'Austerlitz.*

Paris, le 3 décembre 1813.

Nous, Etienne-Denis Pasquier, officier de la Légion d'honneur, commandeur de l'ordre impérial de la Réunion, baron de l'empire, conseiller d'Etat, chargé du quatrième arrondissement de la police générale, préfet de police du département de la Seine et des communes de Saint-Cloud, Sèvres et Meudon du département de Seine-et-Oise, etc.;

Vu le décret impérial du 19 février 1806, concernant la fête de l'anniversaire du couronnement de S. M. l'empereur et roi;

Vu aussi la lettre à nous adressée par S. Exc. le ministre de l'intérieur,

Ordonnons ce qui suit :

1. Les représentations gratuites qui auront lieu dans les spectacles, samedi 4 décembre, commenceront à quatre heures et demie de relevée.

Les portes seront ouvertes au public à quatre heures.

2. Dimanche prochain 5 décembre, la voie publique sera balayée et débarrassée avant huit heures du matin.

3. A compter de dix heures aucunes voitures autres que celles des personnes qui se rendront à la Métropole, pour assister à la fête et au *Te Deum*, ne pourront circuler ni stationner dans la Cité, à partir du pont de la Cité jusques et compris le pont Notre-Dame, les rues de la Lanterne, de la Juiverie, du Marché-Palu, le Petit-Pont, le Marché-Neuf et le quai des Orfévres.

La circulation des voitures ne sera rétablie qu'après la fin de la cérémonie.

4. Les habitants de Paris illumineront la façade de leurs maisons dans la soirée du dimanche 5 décembre.

5. Depuis six heures du soir jusqu'au lendemain, la circulation et

---

(1) V. les ord. des 7 janv. 1835, 26 déc. 1836, 14 déc. 1838 et 7 déc. 1842.

le stationnement des voitures seront interdits sur la place du Carrousel, dans les rues de Rivoli, des Pyramides, de la Convention, de Castiglione, Mont-Thabor et de Saint-Florentin; sur la place et sur le pont de la Concorde, et depuis le pont de la Concorde sur les quais qui bordent les deux rives de la Seine jusqu'au pont des Arts.

Sont exceptés de cette disposition, les voitures des personnes qui se rendront au palais des Tuileries, les courriers de la malle et les diligences.

6. Il est défendu de vendre et d'acheter des fusées, pétards, boîtes, bombes et autres pièces d'artifice, et d'en tirer dans les rues, promenades, places publiques, cours et jardins ou par les fenêtres des maisons.

Les pères et mères et les chefs de maisons sont civilement responsables des faits de leurs enfants et de leurs ouvriers ou domestiques.

Les marchands de pièces d'artifice sont personnellement responsables de l'exécution du présent article, en ce qui les concerne.

7. L'inspecteur général du quatrième arrondissement de la police générale de l'empire prendra toutes les mesures non prévues par la présente ordonnance et qui seraient nécessaires pour le maintien de l'ordre et de la sûreté publique.

Il se concertera pour l'exécution avec les commandants de la force armée.

8. Il sera pris envers les contrevenants telles mesures de police administrative qu'il appartiendra, sans préjudice des poursuites à exercer contre eux devant les tribunaux.

9. La présente ordonnance sera imprimée, publiée et affichée.

Le colonel d'armes de Paris en assurera le maintien par tous les moyens qui sont à sa disposition.

L'inspecteur général du quatrième arrondissement de la police générale de l'empire, les commissaires de police, les officiers de paix, l'architecte-commissaire et les architectes inspecteurs de la petite voirie, l'inspecteur général de la salubrité et les préposés de la préfecture de police sont chargés, chacun en ce qui le concerne, de tenir la main à son exécution.

Le conseiller d'Etat, préfet de police, baron PASQUIER.

N° **716**. — *Avis concernant le ramonage* (1).

Paris, le 17 décembre 1813.

N° **717**. — *Ordonnance concernant des mesures de police relatives à l'ouverture de la session du corps législatif* (2).

Paris, le 17 décembre 1813.

N° **718**. — *Ordonnance concernant la vérification annuelle des poids et mesures* (3).

Paris, le 30 décembre 1813.

---

(1) V. l'avis du 10 janv. 1828 et l'ord. du 24 nov. 1843.

(2) V. l'ord. du 31 mai 1814.

(3) V. les ord. des 14 déc. 1820, 15 déc. 1825, 27 oct. et 29 nov. 1826, 23 nov. 1842 et 1er déc. 1843.

1814.

N° **719**. — *Ordonnance qui interdit le passage des voitures sur le pont provisoire, pratiqué port de l'Arsenal.*

Paris, le 7 janvier 1814.

N° **720**. — *Ordonnance concernant le commerce des vins, à Paris* (1).

Paris, le 11 janvier 1814.

Nous, Etienne-Denis Pasquier, officier de la Légion d'honneur, commandeur de l'ordre impérial de la Réunion, baron de l'empire, conseiller d'État, chargé du quatrième arrondissement de la police générale, préfet de police du département de la Seine et des communes de Saint-Cloud, Sèvres et Meudon du département de Seine-et-Oise, etc.;

Vu le décret impérial du 15 décembre 1813, portant règlement sur le commerce des vins, à Paris;

Vu aussi les articles 2, 23, 26, 30, 31, 32 et 33 de l'arrêté du gouvernement du 12 messidor an VIII;

Et l'article 1 de l'arrêté du 3 brumaire an IX;

Ordonnons ce qui suit :

1, Le décret impérial, du 15 décembre 1813, portant règlement sur le commerce des vins , à Paris, sera imprimé, publié et affiché avec la présente ordonnance (2).

2. Dans six mois, à compter de la publication du décret du 15 décembre dernier, les marchands de vin actuellement établis à Paris, et qui désireront continuer leur profession, seront tenus, conformément à l'article 3 dudit décret, de faire leur déclaration à la préfecture de police, d'indiquer la situation de leurs établissements et de justifier de la patente réglée par l'article 1.

Les déclarations seront inscrites sur un registre qui sera ouvert, à cet effet, à la préfecture de police.

3. Pour l'exécution de l'article 4 du décret du 15 décembre dernier, il sera pareillement ouvert, à la préfecture de police, un registre pour y inscrire la déclaration des personnes qui voudront, à l'avenir, exercer la profession de marchand de vin, à Paris.

4. Tout marchand de vin qui cessera le commerce ou fermera une cave en ville, sera tenu d'en faire la déclaration à la préfecture de police.

5. Toute boutique ou cave, fermée pendant six semaines, ne pourra être ouverte sans notre autorisation.

_____

(1) V. les ord. des 25 sept. 1815 et 23 sept. 1820.

(2) V. ce décret à l'appendice.

6. Les marchands de vin seront tenus d'avoir des comptoirs couverts en étain au titre, et marqués du poinçon du fabricant. Il leur est défendu de les faire couvrir en plomb, à peine de confiscation et de trois cents francs d'amende. (*Déclar. du* 13 *juin* 1777, *art.* 1.)

7. Il est défendu aux marchands de vin de se servir de garçons qui ne seraient pas pourvus de livrets ou dont les livrets ne seraient pas revêtus du congé d'acquit de leurs précédents maîtres, sous les peines portées par la loi du 22 germinal an XI.

8. Les propriétaires qui voudront vendre le vin de leur crû, devront joindre à la déclaration prescrite par l'article 8 du décret du 15 décembre dernier, un certificat du maire de la commune où leurs vignes sont situées, constatant que les vins qu'ils expédient à Paris, proviennent de leur récolte. Ils en représenteront les lettres de voiture, à toute réquisition.

9. Dans le cas où ces propriétaires voudraient débiter leurs vins, ils seront tenus, ainsi que les marchands de vin en détail, d'avoir au moins une série complète de mesures usuelles dûment vérifiées et étalonnées.

Il est enjoint aux uns et aux autres de tenir ces mesures dans le plus grand état de propreté, ainsi que tous les ustensiles de leur commerce.

10. Il est défendu aux traiteurs, restaurateurs et aubergistes de vendre du vin à d'autres qu'aux personnes auxquelles ils donnent à manger, et pour être consommé dans leurs établissements.

Ils ne peuvent avoir de comptoirs à l'usage des marchands de vin.

11. Il est défendu d'acheter des vins sur les ports de Paris ou dans les entrepôts pour les revendre sur place. (*Ord. de* 1672, *art.* 11, *chap.* 8.)

12. Il est aussi défendu d'aller, dans l'étendue du ressort de la préfecture de police, au-devant des vins et de les acheter pour les revendre sur les ports ou dans les entrepôts. (*Ord. de* 1672, *art.* 6, *chap.* 8.)

13. Les commissionnaires de vins seront tenus de se faire inscrire à la préfecture de police, et de justifier de leurs patentes.

14. Les dispositions de l'ordonnance du 7 floréal an XII, concernant la police des garçons marchands de vin, sont maintenues en ce qui n'est pas contraire aux dispositions de la présente ordonnance.

15. Les contraventions seront constatées par des procès-verbaux qui nous seront adressés.

16. Il sera pris envers les contrevenants telles mesures de police administrative qu'il appartiendra, sans préjudice des poursuites à exercer contre eux devant les tribunaux, conformément aux lois et règlements.

17. Les sous-préfets des arrondissements de Saint-Denis et de Sceaux, les maires des communes rurales du ressort de la préfecture de police, les commissaires de police, l'inspecteur général de police, les officiers de paix, l'inspecteur général de la navigation et des ports, chargé de l'inspection des boissons, les inspecteurs des poids et mesures et les préposés de la préfecture de police sont chargés, chacun en ce qui le concerne, de tenir la main à l'exécution de la présente ordonnance.

Le conseiller d'Etat, préfet de police, baron PASQUIER.

Nº **721.** — *Ordonnance concernant les masques pendant le carnaval* (1).

Paris, le 16 février 1814.

—◦—

Nº **722.**—*Ordonnance concernant la prohibition de la chasse* (2).

Paris, le 1ᵉʳ mars 1814.

—◦—

Nº **723.** — *Ordonnance qui prescrit l'impression et la publication de l'arrêté du gouvernement provisoire, du 4 avril 1814, concernant les emblêmes, chiffres et armoiries qui ont caractérisé le gouvernement de Bonaparte* (3).

Paris, le 5 avril 1814.

—◦—

Nº **724.** — *Ordonnance concernant les mesures d'ordre à observer à l'occasion de l'entrée de S. A. R. Monsieur, frère du Roi, lieutenant général du royaume, à Paris, et du* Te Deum *qui sera chanté dans l'église métropolitaine.*

Paris, le 11 avril 1814.

Nous, Etienne-Denis Pasquier, officier de la Légion d'honneur, baron, conseiller d'Etat, préfet de police du département de la Seine et des communes de Saint-Cloud, Sèvres et Meudon du département de Seine-et-Oise, etc.;

Vu la lettre par laquelle le gouvernement provisoire nous informe que S. A. R. Monsieur, frère du Roi, lieutenant général du royaume, fait demain 12 son entrée dans la ville de Paris; que S. A. R. se rend directement à l'église métropolitaine où elle entendra le *Te Deum* qui doit y être chanté en action de grâces, pour, de là, venir prendre sa résidence aux Tuileries;

Voulant maintenir de tout notre pouvoir l'ordre le plus parfait dans une si grande et si mémorable cérémonie, et en même temps assurer à tous les citoyens de toutes les classes le moyen de faire éclater leur allégresse, et d'approcher le plus possible du prince auguste dont le retour met un terme aux maux qui pèsent sur eux depuis si longtemps, et leur garantit paix et bonheur pour eux et pour leurs enfants;

Ordonnons ce qui suit :

1. Demain mardi, 12 avril, à compter de neuf heures du matin, la circulation et le stationnement des voitures seront interdits pendant le passage du cortége qui partira du palais des Tuileries pour aller au devant de S. A. R.,

---

(1) V. les ord. des 10 fév. 1828, 10 fév. 1830 et 23 fév. 1843.

(2) V. l'ord. du 23 fév. 1843.

(3) V. cet arr. à l'appendice.

Dans la rue de l'Echelle ;

Dans la rue Saint-Honoré, depuis la rue de l'Échelle jusqu'à la place Vendôme ;

Sur la place Vendôme ;

Dans la rue de la paix ;

Sur les boulevards, depuis la rue de la paix jusqu'à la porte Saint-Denis ;

Et dans les rues du faubourg Saint-Denis, de la Fidélité, du faubourg Saint-Martin et du chemin de Pantin jusqu'à la barrière.

2. Le même jour, à compter de neuf heures du matin jusqu'après la fin de la cérémonie, aucunes voitures, autres que celles des cortéges, ne pourront stationner ni circuler,

Sur les boulevards extérieurs, depuis la barrière Poissonnière jusqu'à celle du Combat ;

Sur les boulevards intérieurs, depuis la rue Poissonnière jusqu'à la porte Saint-Martin ;

Dans les rues de l'Hôpital-Saint-Louis, Grange-aux-Belles, de Lancry et de Bondi, jusqu'à la porte Saint-Martin ;

Dans les rues Saint-Martin, des Arcis et Planche-Mibrai ;

Sur le quai Pelletier ;

Dans la place de l'Hôtel-de-Ville ;

Sur les quais, depuis la place de l'Hôtel-de-Ville jusqu'au Pont-Marie exclusivement ;

Sur le quai des Miramiones ;

Dans les rues des Grands-Degrés, de la Bucherie et de la Huchette ;

Sur les quais de la rive gauche de la rivière, depuis le pont Saint-Michel jusqu'au Pont-Royal ;

Sur le Pont-Royal ;

Sur la place Louis XV ;

Sur les quais de la rive droite, depuis la place Louis XV jusqu'à la place de l'Hôtel-de-Ville ;

Sur la place des Trois-Maries ;

Dans les rues de la Monnaie, du Roule, des Prouvaires, Trainée, jusqu'à la pointe Saint-Eustache ;

Dans les rues Montorgueil et Poissonnière, jusqu'à la barrière Poissonnière ;

Et dans toutes les parties de la voie publique qui se trouvent comprises dans cette enceinte.

3. Sont seuls exceptés des dispositions ci-dessus les voitures des personnes qui se rendront à l'église métropolitaine, les courriers de la malle et les diligences.

4. Les personnes qui se rendront en voiture au *Te Deum* devront arriver à l'église métropolitaine avant onze heures.

Celles qui arriveront des quartiers de la rive gauche de la Seine, passeront sur le Pont-Neuf et le quai des Orfévres.

Celles qui arriveront des quartiers de la rive droite passeront rue de la Barillerie.

Ces voitures seront placées sur les quais qui bordent le quartier de la Cité.

5. Le parvis Notre-Dame, la rue et la place Fénelon seront exclusivement réservés pour le stationnement des voitures des cortéges.

6. Il est défendu aux personnes à cheval ou à pied de traverser les cortéges.

7. Les habitants de Paris et notamment ceux des rues du Faubourg-Saint-Martin, de la Fidélité, de Saint-Denis, de la Lanterne, de la Juiverie, Neuve-Notre-Dame et du Parvis feront disparaître tous objets placés sur leurs croisées et dont la chute pourrait occasionner des accidents, tels que caisses, pots à fleurs, etc.

8. Il est défendu de monter sur les parapets des ponts et des quais.

9. Il est défendu de construire ou faire construire aucuns écha-fauds, estrades ou établissements de ce genre et de placer sur la voie publique des bancs et des chaises.

Tous ces objets seront détruits ou enlevés.

10. La présente ordonnance sera communiquée au comte Sacken, gouverneur général de la ville de Paris.

Elle sera pareillement communiquée à M. le commandant général de la garde nationale, afin qu'il veuille bien disposer les troupes né-cessaires pour en assurer l'exécution.

11. L'inspecteur général de la police prendra toutes les mesures non prévues qui seraient nécessaires pour le maintien de l'ordre et de la sûreté publique. Il se concertera avec les commandants de la force armée.

12. La présente ordonnance sera imprimée, publiée et affichée.

L'inspecteur général de la police, les commissaires de police, les officiers de paix, l'architecte-commissaire de la petite voirie, l'inspec-teur général de la salubrité, et tous les préposés de la préfecture de police sont chargés, chacun en ce qui le concerne, de tenir la main à son exécution.

Le conseiller d'Etat, préfet de police, baron PASQUIER.

———※———

N° **725.** — *Ordonnance concernant les recéleurs des meubles et effets militaires soustraits dans les casernes.*

Paris, le 18 avril 1814.

Nous, Étienne-Denis Pasquier, officier de la Légion d'honneur, ba-ron, conseiller d'Etat, préfet de police du département de la Seine et des communes de Saint-Cloud, Sèvres et Meudon du département de Seine-et-Oise, etc.;

Informé que plusieurs personnes, dans Paris, se sont permis d'ache-ter, au plus vil prix, différents objets appartenant aux casernes, tels que matelas, traversins, couvertures et draps de lits, etc., quoique ces objets portent une marque de l'administration française ou des corps auxquels ils appartiennent, et voulant assurer le recouvrement de ces effets dont la conservation est très-importante pour le service de l'Etat et dont le bon emploi est, d'ailleurs, de la plus grande utilité pour celui des corps des troupes alliées réparties dans divers établis-sements,

Ordonnons ce qui suit :

1. Il est expressément défendu à toutes personnes et notamment aux brocanteurs et marchands de vieux meubles d'acheter, de quelque personne que ce soit, les meubles appartenant aux casernes et qui por-tent la marque de l'administration française ou des corps auxquels ils appartiennent.

2. Les personnes qui auraient acheté de qui que ce soit des matelas, traversins, couvertures, draps de lits, etc., provenant des casernes, seront tenus d'en faire la déclaration au commissaire de police de leurs quartiers, dans le délai de trois jours, sous les peines pronon-cées par les lois contre le crime de vol et de recel.

3. Les contrevenants aux articles précédents seront arrêtés et pour-suivis devant les tribunaux.

4. La présente ordonnance sera imprimée, publiée et affichée.

644 [1er mai.]   **1814.**

5. Les commissaires de police, les officiers de paix et tous les préposés de la préfecture de police sont chargés de veiller, chacun en ce qui le concerne, à son exécution.

Le conseiller d'Etat, préfet de police, baron PASQUIER.

———————————◦———————————

N°. **726**. — *Ordonnance concernant des mesures d'ordre à observer à l'occasion de l'entrée de S. M. Louis XVIII dans sa capitale.*

Paris, le 1er mai 1814.

Nous, baron Pasquier, officier de la Légion d'honneur, conseiller d'État, préfet de police du département de la Seine et des communes de Saint-Cloud, Sèvres et Meudon du département de Seine-et-Oise, etc.;

Vu le programme pour la fête de l'entrée de S. M. le roi Louis XVIII dans sa capitale, à nous adressé par S. Exc. M. le grand-maître des cérémonies de France et par M. le commissaire provisoire au département de l'intérieur,

Ordonnons ce qui suit :

Dispositions pour le 2 mai.

. Nettoiement extraordinaire sur la route du cortége de S. M.

1. Le lundi 2 mai, de cinq à sept heures du soir, il sera fait un balayage extraordinaire dans les rues du Faubourg-Saint-Denis, dans la rue Saint-Denis, sur le marché des Innocents, sur l'apport Paris, sur le Pont-au-Change, sur la place du Palais-de-Justice, dans les rues de la Barillerie et du Marché-Neuf, sur la place du Marché-Neuf, dans la rue Neuve-Notre-Dame, sur le parvis Notre-Dame, sur le quai des Orfévres, sur le Pont-Neuf et la place des Trois-Maries, dans les rues de la Monnaie et du Roule, dans la rue Saint-Honoré, à partir de la rue du Roule jusqu'à la rue de l'Echelle et dans la rue de l'Echelle.

Les habitants seront tenus de faire effectuer ce balayage, chacun en ce qui le concerne, au-devant de leurs maisons, murs, jardins et terrasses.

2. L'inspecteur général du nettoiement fera procéder pendant la nuit, à l'enlèvement des boues.

3. A compter de l'heure fixée pour le balayage extraordinaire jusqu'au lendemain 3 mai, il est défendu de déposer aucunes ordures et de jeter ou laisser couler aucunes eaux ménagères sur les parties de la voie publique désignées par l'article 1 de la présente ordonnance.

Spectacles gratis.

4. Les représentations gratuites qui auront lieu dans les spectacles de Paris, le lundi 2 mai présent mois, commenceront toutes à quatre heures et demie du soir.

Les portes seront ouvertes au public à quatre heures.

Dispositions pour le 3 mai.

Nettoiement général.

5. Le mardi 3 mai présent mois, toutes les parties de la voie publique

seront balayées, nettoyées et débarrassées avant sept heures du matin.

Les habitants de Paris seront tenus de faire effectuer ce balayage, chacun en ce qui le concerne.

L'arrosement sera terminé à dix heures.

Pots à fleurs.

6. Le même jour, les habitants de Paris feront disparaître les caisses, pots à fleurs ou autres objets exposés sur leurs croisées, notamment dans tous les endroits désignés par l'article 1.

Entrée de S. M. par la barrière Saint-Denis.

7. A compter de huit heures du matin jusqu'à l'arrivée du cortége de S. M. dans la rue Saint-Denis, la circulation et le stationnement des voitures seront interdits :

Sur le boulevard extérieur du nord, depuis la barrière des Martyrs jusqu'à celle de Belleville ;

Dans les rues des Martyrs, du Faubourg-Montmartre et du Faubourg-du-Temple, depuis les barrières des Martyrs et de Belleville jusqu'au boulevard intérieur du nord ,

Et dans toutes les parties de la voie publique qui se trouvent comprises dans cette enceinte.

8. A compter de la même heure, jusqu'à sept heures du soir, aucunes voitures particulières ou de place ne pourront circuler ni stationner sur le boulevard intérieur du nord depuis la porte Saint-Honoré jusqu'à la rue du Temple, dans les rues du Temple, Sainte-Avoye, Bar-du-Bec, des Coquilles, dans la place de l'Hôtel-de-Ville, sur les quais, depuis la place de l'Hôtel-de-Ville jusqu'au pont Marie exclusivement ;

Sur le quai des Miramiones ;

Dans les rues des Grands-Degrés, de la Bucherie et de la Huchette ;

Sur les quais de la rive gauche de la rivière, depuis le pont Saint-Michel jusqu'à l'esplanade des Invalides ;

Sur les quais de la rive droite, depuis la place de l'Hôtel-de-Ville jusqu'à la barrière de la Conférence ;

Dans toutes les avenues des Champs-Élysées ;

Dans la rue des Champs-Elysées ;

Dans la rue Royale ;

Et dans toutes les parties de la voie publique qui se trouvent comprises dans cette enceinte.

9. Sont exceptés des dispositions ci-dessus les voitures des personnes qui feront partie des cortéges ou qui se rendront à la métropole, les courriers de la malle et les diligences.

Sont aussi exceptées les voitures destinées à l'approvisionnement des halles et marchés.

Celles de ces voitures qui approvisionnent les grandes halles ne pourront sortir de l'enceinte déterminée par l'article précédent, que par les rues Montmartre ou Montorgueil.

10. Il est défendu aux personnes à cheval ou à pied de traverser les cortéges.

Cérémonie à Notre-Dame.

11. Les voitures des personnes invitées à la cérémonie devront arriver à l'église métropolitaine avant onze heures ;

Celles qui arriveront des quartiers de la rive gauche de la Seine passeront sur le Pont-Neuf et le quai des Orfévres ;

Celles qui arriveront des quartiers de la rive droite passeront les rues de la Lanterne et de la Juiverie.

Ces voitures iront stationner sur le quai des Miramiones par le petit pont de l'Hôtel-Dieu et les rues de la Bucherie et des Grands-Degrés.

12. Les voitures des corps de l'État seront mises en stationnement sur les quais situés au nord du quartier de la Cité.

13. Le parvis Notre-Dame, la rue, la place Fénelon et le quai de l'Archevêché seront exclusivement réservés pour le stationnement des voitures du cortége de S. M.

14. Il est défendu aux cochers de quitter les rênes de leurs chevaux.

15. Il est défendu de monter sur les monuments et édifices publics, sur les parapets des quais et ponts, sur les balustrades des fossés de la place Louis XV, sur les toits, les entablements et les auvents des maisons, sur les piles ou théâtres de bois dans les chantiers et sur les barrières au-devant des maisons.

16. Il est également défendu de construire ou faire construire aucuns échafauds, estrades ou établissements de ce genre et de placer, sur la voie publique, des bancs et des chaises.

Tous ces objets seront détruits ou enlevés.

Illumination générale.

17. Les habitants de Paris feront illuminer la façade de leurs maisons dans la soirée du mardi 3 mai présent mois.

18. Il est défendu de vendre et d'acheter des fusées, pétards, boîtes, bombes et autres pièces d'artifice, et d'en tirer dans les rues, promenades, places publiques, cours et jardins ou par les fenêtres des maisons.

Les pères et mères et les chefs de maisons sont civilement responsables des faits de leurs enfants, et de leurs ouvriers ou domestiques.

Les marchands de pièces d'artifice sont personnellement responsables de l'exécution du présent article, en ce qui les concerne.

Feu d'artifice sur le pont Louis XVI.

19. Il est défendu de se placer sur les berges des deux rives de la Seine pour voir le feu d'artifice, et spécialement depuis le Pont Royal jusqu'aux pompes à feu de Chaillot et du Gros-Caillou.

20. Des bachots seront placés dans les bassins près le pont Louis XVI, pour interdire l'entrée desdits bassins et porter du secours au besoin.

Ces bachots seront montés par des mariniers-nageurs.

21. Les bateaux, batelets ou trains, qui se trouveront sur la rivière, seront éloignés de deux cents mètres au moins du pont Louis XVI.

22. Le passage sur le pont des Arts aura lieu, pendant le jour du 3 mai, jusqu'à sept heures du soir.

Les personnes qui le traverseront ne pourront s'y arrêter.

A compter de sept heures du soir, le passage sur ce pont sera entièrement interdit jusqu'après le tirage du feu d'artifice.

23. Des pompes, des tonneaux et seaux à incendie seront placés en nombre suffisant partout où il sera jugé nécessaire.

Il est défendu aux pompiers de quitter leurs pompes et leur poste.

24. Aucunes voitures, autres que celles des personnes qui se rendront à la cour, ne pourront circuler dans Paris, le 3 mai présent mois, depuis sept heures du soir jusqu'au lendemain matin.

25. La présente ordonnance sera communiquée à M. le commandant général de la garde nationale, afin qu'il veuille bien disposer les troupes nécessaires pour en assurer l'exécution.

Elle sera pareillement communiquée à M. le général de division, commandant de Paris pour les troupes françaises.

26. L'inspecteur général chargé du service extérieur prendra, sur les cas imprévus, toutes les mesures qui seraient nécessaires pour le maintien de l'ordre et de la sûreté publique. Il se concertera avec les commandants de la force armée.

27. Il sera pris envers les contrevenants telles mesures de police administrative qu'il appartiendra, sans préjudice des poursuites à exercer contre eux devant les tribunaux.

28. La présente ordonnance sera imprimée, publiée et affichée.

L'inspecteur général chargé du service extérieur, les commissaires de police, les officiers de paix, les commandants du corps des sapeurs-pompiers, l'architecte-commissaire de la petite voirie, l'inspecteur général de la navigation et des ports, le contrôleur général du recensement et mesurage des bois et charbons, l'inspecteur général de la salubrité, et les préposés de la préfecture de police sont chargés, chacun en ce qui le concerne, de tenir la main à son exécution.

Le conseiller d'Etat, préfet de police, baron PASQUIER.

N° **727.** — *Ordonnance concernant les bains dans la rivière et les écoles de natation* (1).

Paris, le 12 mai 1814.

Paris, le 13 mai 1814.

Le Roi a nommé :

M. le comte BEUGNOT, directeur général de la police du royaume.

N° **728.** — *Ordonnance concernant des mesures de police relatives à la convocation du Corps législatif.*

Paris, le 31 mai 1814.

Nous, directeur général de la police du royaume,

Vu l'arrêt du conseil d'Etat, en date du 30 mai présent mois, par lequel S. M. a fixé la convocation du Corps législatif au quatrième jour du mois de juin de la présente année ;

Et le programme de S. Exc. le grand-maître des cérémonies de France,

Ordonnons ce qui suit :

1. Le samedi 4 juin prochain, jour où le roi se rendra au palais du

(1) V. les ord. des 20 mai 1839 et 25 oct. 1840 (art. 187 et suiv., et 225).

Corps législatif, la circulation et le stationnement des voitures, autres que celles des autorités ou des personnes invitées, seront interdits à compter de midi jusqu'après le retour de S. M. au palais des Tuileries,

Sur les quais de la rive droite de la Seine, depuis la rue du Petit-Bourbon jusques et compris le quai de la Conférence.

Sur les quais de la rive gauche, depuis le Pont-Neuf jusqu'à l'esplanade des invalides,

Dans la rue de Bourgogne,

Dans la rue de l'Université, depuis l'avenue de la Bourdonnais jusqu'à la rue du Bac,

Dans la rue du Bac depuis celle de l'Université jusqu'au pont Royal,

Sur le pont Royal,

Sur la place Louis XV,

Et sur celle du Carrousel.

2. Les voitures des autorités ou des personnes qui se rendront des quartiers de la rive gauche de la Seine au palais du Corps législatif, arriveront aux cours de ce palais, par les rues du Bac et de l'Université.

Celles des autorités ou des personnes qui s'y rendront des quartiers de la rive droite, arriveront par le Pont-Neuf, et suivront les quais depuis la rue Dauphine jusqu'à la rue du Bac; pour arriver au palais du Corps législatif par les rues du Bac et de l'Université.

3. Les personnes invitées qui se rendront en voiture au palais du Corps législatif ne pourront y arriver que depuis onze heures jusqu'à une heure et demie.

4. Il est défendu de traverser le cortége.

5. Il est pareillement défendu de monter sur les parapets des ponts et des quais.

6. L'inspecteur général chargé du service extérieur prendra toutes les mesures qui pourraient être nécessaires au maintien de l'ordre et de la sûreté publique.

7. La présente ordonnance sera imprimée et affichée.

L'inspecteur général chargé du service extérieur, les commissaires de police, les officiers de paix et les préposés de la direction générale sont chargés de tenir la main à son exécution, chacun en ce qui le concerne.

Le directeur général de la police du royaume, comte BEUGNOT.

N° **729.** — *Ordonnance concernant l'observation des dimanches et fêtes* (1).

Paris, le 7 juin 1814.

Nous, directeur général de la police du royaume,

Considérant que l'observation des jours consacrés aux solennités religieuses est une loi commune à tous les peuples policés, qui remonte au berceau du monde, et qui intéresse au même degré la religion et la politique;

Que l'observation du dimanche s'est maintenue avec une pieuse sévérité dans toute la chrétienté, et qu'il y a été pourvu, pour la France en particulier, par différentes ordonnances de nos rois, des arrêts des cours souveraines, et, en dernier lieu, par le règlement du 8 novembre 1782;

---

(1) V. l'ord. du 25 nov. 1814.

Que ces lois et règlements n'ont point été abrogés; qu'ils ont été seulement perdus de vue durant les troubles; mais qu'ils ont été implicitement rappelés par les lois des 18 et 29 germinal an x qui ont rétabli l'observation du dimanche et des fêtes réduites à un très-petit nombre;

Et qu'il est nécessaire aujourd'hui de rappeler explicitement ces mêmes règlements pour attester à tous les yeux le retour des Français à l'ancien respect de la religion et des mœurs, et à la pratique des vertus qui peuvent seules fonder pour les peuples une prospérité durable,

Ordonnons ce qui suit :

1. Les travaux seront interrompus, les dimanches et les jours de fêtes.

En conséquence, il est défendu à tous maçons, charpentiers, couvreurs, terrassiers, menuisiers, serruriers, et généralement à tous artisans et ouvriers de travailler à aucun ouvrage de leur profession, et à tous marchands de faire aucun commerce ni débit de marchandises, les dimanches et les jours de fêtes. Il leur est ordonné de tenir leurs ateliers, boutiques et magasins exactement fermés, à peine de deux cents francs d'amende pour chaque contravention dont les maîtres seront responsables pour leurs garçons, ouvriers et domestiques.

2. Il est également défendu à tous porte-faix et hommes de journée de travailler de leur état les dimanches et jours de fêtes.

Les charretiers et voituriers ne pourront faire aucun chargement ni charrois, à peine d'une amende de cent francs pour la sûreté de laquelle les chevaux et harnais, charrettes, voitures, ou traîneaux seront mis en fourrière jusqu'à consignation.

3. Ne pourront les particuliers, pendant ces mêmes jours, employer à des travaux aucuns artisans, ouvriers et gens de journée, à peine d'être personnellement responsables des amendes que ces ouvriers auraient encourues.

4. Il est également défendu à tous marchands de menue mercerie, quincaillerie, tabletterie, ferrailles, etc., à tous revendeurs et revendeuses, marchands d'estampes, d'images ou de vieux livres et à tous les étalagistes, sans exception, de colporter leurs marchandises ni de les exposer en vente, les dimanches et les jours de fêtes, à peine de saisie des marchandises et de cent francs d'amende.

5. Il est expressément ordonné aux marchands de vins, maîtres de café, ou de lieux dits estaminets, marchands d'eau-de-vie, de bière ou de cidre, maîtres de paume ou de billard de tenir leurs boutiques, cabarets ou établissements fermés les dimanches et les jours de fêtes, pendant le temps de l'office divin, depuis huit heures du matin jusqu'à midi; ils refuseront l'entrée à tous ceux qui se présenteraient chez eux, dans cet intervalle, pour y manger, boire ou jouer, à peine de trois cents francs d'amende.

6. Il est défendu à tous saltimbanques, faiseurs de tours, maîtres de curiosités, chanteurs ou joueurs d'instruments d'exercer leur métier dans leurs salles ou sur la voie publique, les dimanches et les jours de fêtes, avant cinq heures de l'après midi, sous peine d'interdiction.

7. Nulle réunion pour la danse ou pour la musique n'aura lieu avant la même heure, dans aucun établissement ouvert au public, à peine de cinq cents francs d'amende contre le maître de l'établissement.

8. Pourront tenir leurs boutiques entr'ouvertes, les dimanches et jours de fêtes, les pharmaciens et les herboristes, les épiciers, les boulangers, les bouchers, les charcutiers, les traiteurs et les pâtissiers; mais il leur est défendu d'exposer ou étaler leurs marchandises.

9. Les défenses prescrites par notre présente ordonnance ne sont pas applicables aux ouvriers employés par les cultivateurs aux travaux de la moisson et des récoltes que l'état de la saison ou la crainte des intempéries rendraient urgents.

10. La même tolérance aura lieu pour des travaux que des particuliers seraient obligés de faire faire dans des cas de péril imminent; mais ils ne pourront les faire exécuter qu'après en avoir obtenu la permission d'un officier de police.

11. Les contraventions aux dispositions de la présente ordonnance seront constatées par des procès-verbaux.

Il sera pris envers les contrevenants telles mesures de police administrative qu'il appartiendra, sans préjudice des poursuites à exercer contre eux par-devant les tribunaux.

12. La présente ordonnance sera imprimée, publiée et affichée par tout le royaume.

13. MM. les préfets et sous-préfets, et, sous leurs ordres, les commissaires de police, les officiers de paix sont chargés de tenir la main à son exécution,

Le directeur général de la police du royaume, comte BEUGNOT.

N° **730.** — *Ordonnance concernant les processions de la Fête-Dieu* (1).

Paris, le 10 juin 1814.

Nous, directeur général de la police du royaume,

Vu les ordonnances et règlements rendus pour la solennité de la Fête-Dieu, et notamment celles des 10 juin 1702, 18 mai et 10 juin 1720, et les divers arrêts des cours souveraines intervenus sur cette matière;

Voulant pourvoir à ce que cette solennité, généralement réclamée, reprenne avec l'ordre et la pompe qui l'ont dès longtemps caractérisée,

Ordonnons ce qui suit:

1. Dimanche prochain, 12 juin, jour de la Fête-Dieu, et le dimanche suivant, jour de l'Octave, la voie publique sera balayée avant six heures du matin, et débarrassée à sept heures au plus tard; le service de l'arrosement sera terminé à la même heure.

2. La circulation et le stationnement des voitures sont interdits depuis huit heures du matin jusqu'à trois heures de l'après midi.

Sont seuls exceptés les courriers de la malle, les diligences et les voitures des personnes qui se rendront au palais des Tuileries.

3. Il est ordonné à tous les particuliers de tendre ou faire tendre le devant de leurs maisons, dans toutes les rues par lesquelles doivent passer les processions du Saint-Sacrement. Ils ne commenceront à détendre ou faire détendre qu'une demi-heure après que les processions seront entièrement passées.

4. Les anciennes défenses de tirer des pétards, boîtes et autres pièces d'artifice, pendant le passage des processions, sont particulièrement renouvelées.

Les pères et mères et les chefs de maisons sont civilement responsables des faits de leurs enfants et de leurs ouvriers ou domestiques.

---

(1) V. l'ord. du 9 juin 1830.

5. La présente ordonnance sera imprimée et affichée dans Paris; les commissaires de police, l'inspecteur général de police, les officiers de paix et l'inspecteur général du nettoiement sont chargés, chacun en ce qui le concerne, de tenir la main à son exécution.

Le directeur général de la police du royaume, comte BEUGNOT.

N° 731. — *Ordonnance concernant l'arrosement* (1).

Paris, le 25 juillet 1814.

N° 732. — *Ordonnance concernant les chiens errants* (2).

Paris, le 29 juillet 1814.

N° 733. — *Ordonnance concernant l'ouverture de la chasse* (3).

Paris, le 3 août 1814.

N° 734. — *Instruction concernant les procédés de désinfection.*

Paris, le 9 août 1814.

S. Exc. le directeur général de la police du royaume, par sa lettre en date du 11 juillet 1814, a demandé à la commission de salubrité une instruction théorique et pratique sur les procédés connus de désinfection appropriés aux diverses localités.

La commission a pensé qu'elle remplirait l'intention de S. Exc. en donnant plus d'extension au travail qu'elle lui présente, c'est-à-dire en traitant deux autres objets aussi intéressants que la simple désinfection des localités, et qui sont intimement liés avec elle, afin que, dans des cas semblables à ceux qui viennent d'avoir lieu, l'administration pût trouver, sur-le-champ, des conseils applicables aux circonstances.

Dans la première partie de cette instruction, nous traiterons de la manière de désinfecter les diverses localités.

Dans la seconde, nous indiquerons les précautions à prendre pour empêcher l'infection de naître ou de renaître.

La troisième partie sera consacrée à tracer la conduite que l'on doit tenir, lorsque la contagion existe dans un hôpital ou dans une ville.

---

(1) V. les ord. des 17 mai 1834, 1er juin 1837 et 27 juin 1843.
(2) V. l'ord. du 23 juin 1832.
(3) V. l'ord. du 22 août 1843.

Ire PARTIE.

Désinfection.

Nous nous étendrons très-peu sur la théorie, nous nous contenterons de rappeler quelques vérités appuyées sur l'expérience, sur des faits authentiques, parce qu'il est nécessaire de résumer ces faits pour rendre sensibles les moyens de désinfection que nous allons proposer.

La fièvre d'hôpital, fièvre des prisons, etc., qui vient de régner, ou toute autre maladie dépendant de miasmes, peut naître spontanément par des causes qu'il serait inutile d'énumérer ici, et qui sont indiquées dans l'instruction sur le typhus, imprimée par ordre de S. Exc. le ministre de l'intérieur.

Lorsque cette maladie existe, les miasmes délétères qu'elle a engendrés peuvent, comme l'expérience journalière le démontre, s'attacher à la surface du corps des individus, à leurs vêtements, aux ustensiles dont ils se servent, aux lits qu'ils occupent, aux parois des locaux qu'ils habitent. Ils peuvent se communiquer aux personnes saines par le contact d'une personne malade ou qui, seulement, porterait sur son corps ou dans ses vêtements le germe de la maladie; par le contact de toute partie de vêtements ou d'ustensiles, ou de meubles infectés. Ces miasmes peuvent s'accumuler dans l'air, l'infecter et le rendre conducteur de l'infection en agissant sur le poumon, sur les voies alimentaires, sur les pores de la peau. Ils s'attachent aux murs, aux planchers et y conservent leurs vertus délétères. Ils peuvent, enfin, rester déposés sur le corps, dans les vêtements d'un individu qui n'est point encore malade et qui, cependant, est susceptible de porter au loin le germe de la maladie et de la faire développer dans les lieux qu'il habitera.

On ne peut enlever à ces miasmes leurs qualités délétères qu'en les disséminant, les absorbant ou les décomposant. Les grands moyens que la nature met entre nos mains pour parvenir à ce but sont l'air, l'eau, le feu. Mais la chimie nous en procure un plus prompt et plus puissant; ce sont certains acides minéraux qui, par leur énergie, leur grande expansibilité, leur affinité, attaquent les miasmes disséminés dans l'air, attachés aux différentes surfaces; détruisent leurs propriétés délétères et en forment des composés nouveaux.

On peut avoir à désinfecter un hôpital, une caserne, un dépôt, une prison, un navire, une infirmerie, une maison ou une chambre particulière.

Si c'est un édifice entier, on peut le désinfecter à la fois et dans son ensemble, ou successivement et partie par partie.

Les moyens de désinfection sont absolument les mêmes pour toute espèce de localité, savoir : des fumigations, plus ou moins fortes, plus ou moins répétées, d'acides minéraux, et les soins généraux et particuliers de propreté.

Fumigations des locaux.

Que ce soit un bâtiment entier, caserne, hôpital, ou que ce soit une des pièces de l'édifice, salle, chambre, cachot, il faut :

1° Evacuer le local de tous les individus qui l'habitent, malades ou sains; et de tous les vêtements et ustensiles à leur usage;

2° Y faire circuler, pendant au moins vingt-quatre heures, un air libre, en tenant ouvertes toutes les portes et toutes les fenêtres.

3° Au bout de ce temps, fermer les portes et les fenêtres, excepté la porte par laquelle on doit sortir; établir, selon l'étendue du local, un ou plusieurs appareils désinfectants.

4º Préparer la poudre ci-après, suivant le procédé de M. Guyton de Morveau.

Muriate de soude (sel commun) grossièrement pulvérisé, trois cents grammes (dix onces),

Oxyde noir de manganèse en poudre, soixante grammes (deux onces).

On mélange ces deux substances, on les met dans un vase de verre ou de poterie de terre dure que l'on place sur un bain de sable ou de cendre chaude, ou sur un réchaud allumé; puis on verse dessus, en une seule fois, deux cent quarante grammes (environ huit onces) d'acide sulfurique concentré (huile de vitriol du commerce) (1).

5º Lorsque l'acide est versé, on se retire promptement en fermant la dernière porte, et l'on ne rentre dans la pièce où la fumigation a été faite qu'environ douze heures après. Le premier soin alors doit être d'ouvrir toutes les portes et toutes les fenêtres.

6º Si le local avait été très-infecté et qu'il l'eût été pendant longtemps, répéter au bout de vingt-quatre heures la fumigation indiquée ci-dessus, et la faire de la même manière.

7º Avant de faire les fumigations, avoir soin de huiler toutes les ferrures et plaques de métal, serrures, pênes, tringles, gonds, etc., parce que les vapeurs produites pendant les fumigations ne manqueraient pas de les rouiller. Cette remarque s'applique à toutes les localités et à tous les ustensiles que l'on veut désinfecter.

8º Après les fumigations pratiquées, retirer des locaux tous les meubles quelconques.

9º Gratter jusqu'au vif les murs et le plafond, les laver, les badigeonner avec du lait de chaux. Gratter également le sol, ou carreau, ou parquet, le frotter avec du sable fin ou du grès écrasé, le laver à grande eau et le faire sécher parfaitement.

Tous ces soins s'appliquent non-seulement aux salles, dortoirs, chambres, etc., mais encore aux corridors, aux escaliers, en un mot à tous les lieux qui ont été infectés; avec cette seule différence que la

---

(1) **Ces** proportions sont suffisantes pour une salle de treize mètres de long (quarante pieds) sur six de large (dix-neuf pieds) et trois de hauteur (dix pieds). Ainsi, pour obtenir une désinfection complète on augmente ou on diminue, suivant l'étendue du local, les proportions indiquées.

Pour la désinfection d'un grand local, et pour l'usage journalier dans un hôpital, dans une prison, etc., on doit toujours avoir en réserve une certaine quantité des substances nécessaires aux fumigations; ainsi d'un côté on prépare une poudre avec : muriate de soude (sel commun) cinq parties en poids; oxyde noir de manganèse une partie; d'un autre côté on a quelques bouteilles d'acide sulfurique de soixante-trois à soixante-six degrés.

Lorsqu'on veut faire une fumigation, on prend une ou deux poignées de la poudre que l'on pèse et que l'on met dans un vase de terre ou dans une capsule de poterie dure, ou dans un tesson; on verse dessus environ quatre parties en poids d'acide sulfurique.

Cette fumigation est assurément la meilleure, la plus efficace pour les salles qui ne sont point habitées; mais il faut les faire beaucoup plus faibles lorsque les salles sont occupées par des malades. Dans ce cas, on doit se borner à mettre dans une capsule, que l'on place sur un réchaud allumé, quelques pincées de la poudre fumigatoire; puis on verse, peu à peu et seulement par petites doses à la fois, l'acide sulfurique que l'on a affaibli avec une partie d'eau. On promène cet appareil dans les salles, on l'entretient, ou on le renouvelle plusieurs fois par jour.

Outre ce genre de fumigations *muriatiques* ou *guytoniennes*, on peut aussi employer avec grand avantage, comme moyen propre à corriger ou à prévenir l'infection, les fumigations *acides sulfureuses* que l'on prépare de la manière suivante :

On prend parties égales de soufre et de nitrate de potasse (salpêtre), on mêle exactement ces deux substances, on en fait des paquets du poids d'un demi-gramme (environ neuf grains) que l'on projette sur un réchaud allumé. L'expérience a prouvé l'efficacité de ce moyen.

On ne doit faire usage des fumigations acides sulfureuses qu'à défaut des fumigations muriatiques ou guytoniennes qui leur sont préférables pour l'énergie. Mais nous les avons indiquées parce qu'on ne peut pas toujours se procurer de l'oxyde noir de manganèse.

désinfection par le moyen des fumigations se fait en même temps dans toutes les diverses localités du bâtiment, si l'hôpital, la caserne, etc., a été évacué entièrement ; ou successivement dans une salle, un dortoir, etc,, si l'on ne peut évacuer ces locaux l'un après l'autre.

Fumigation et désinfection totale des meubles.

Tous les meubles et ustensiles en bois , couchettes, tables, armoires, planches, chaises percées, etc., qui ont été déjà soumis aux premières fumigations dans les locaux où ils étaient placés, doivent ensuite être exposés en plein air, lavés avec une forte lessive alcaline et brossés fortement, puis lavés à grande eau et séchés parfaitement.

Ce qui compose les lits doit être désinfecté de la manière suivante : il faut vider les paillasses; en brûler la paille ; découdre les matelas ; en séparer la laine et le crin en petites poignées; les étendre sur des claies ; les fumiger ; puis les laver ; les faire bien sécher et avant de les carder et de les remettre dans les toiles.

Les couvertures et les bonnets de laine doivent être soumis aux fumigations ; ensuite lavés dans une eau courante; enfin exposés pendant longtemps à l'air libre.

Les oreillers, les traversins, à plus forte raison les lits de plumes, doivent être décousus ; la plume doit être battue, étendue sur des claies ou des planches, soumise aux fumigations, exposée, pendant six ou huit heures, dans un four chauffé à quarante degrés au thermomètre de Réaumur, battue de nouveau et tenue longtemps à l'air libre.

Toutes les toiles, tous les coutils doivent être également fumigés, lessivés et bien lavés avant de les employer à refaire les matelas, les paillasses, les lits de plumes, les oreillers et les traversins.

Les draps, les rideaux des lits et des fenêtres, tout le linge de corps, tout le linge à pansement doivent être soumis aux fumigations, puis lessivés soigneusement et bien séchés.

Tous les vêtements : habits , redingotes, capotes, vestes, gilets, culottes, pantalons, caleçons, bas, souliers, bottes, chapeaux, schakos , bonnets, etc. Tous les ustensiles, tels que gibernes, havre-sacs, ceinturons, etc., dont on aura enlevé les plaques en métal et autres garnitures, doivent être soumis aux fumigations et ensuite exposés longtemps à l'air libre.

Quant aux armes : fusils, baïonnettes, pistolets, sabres, etc., et aux plaques de métal, qui sont tous susceptibles de se rouiller, il suffit de les nettoyer à la manière ordinaire, parce qu'il est prouvé que les substances métalliques, surtout quand elles sont polies, ne peuvent que très-peu recéler les germes contagieux.

Manière de faire les fumigations des fournitures des lits, des vêtements et des ustensiles.

La purification des hardes et vêtements, des fournitures des lits et autres objets qui ont servi aux individus ayant habité des locaux infectés , ou porté sur eux le germe de l'infection, doit se faire dans un endroit destiné à cette opération. Là les différents effets seront étalés sur des perches ou étendus sur des claies et soumis à une forte fumigation, suivant le procédé de M. Guyton de Morveau. On se conduira de la même manière que pour désinfecter les salles, chambres, etc. (page 653, n° 4).

Précautions à prendre à l'extérieur.

Ce serait vainement qu'on désinfecterait tout l'intérieur d'un bâtiment, si on laissait au dehors des causes renaissantes d'infection. Il faut donc, avant même de pratiquer des fumigations désinfectantes dans un bâtiment quelconque ou dans quelques parties de ce bâtiment, enlever, avec un soin particulier, toutes les immondices, toutes les substances putréfiées ou susceptibles de se putréfier, matières fécales, urines, fumier, vieille paille; toutes les substances animales ou végétales qui se trouvent autour de l'édifice, dans les cours et les terrains qui en dépendent, ou sont dans le voisinage. Il faut brûler tout ce qui en est susceptible, porter au loin dans la campagne tout ce qui doit être enterré ou déposé dans des lieux destinés à ces usages. Il faut que le sol des cours ou terrains environnants soit nettoyé, gratté, balayé et lavé, ou couvert de sable.

2e PARTIE.

Moyens de prévenir l'infection dans les hôpitaux, dans les casernes, dans les prisons, etc., lorsqu'il ne règne point de contagion.

Après qu'un local a été parfaitement désinfecté, ou lorsqu'il n'a pas été infecté, mais que l'on craint qu'il ne le devienne, il faut :

1° Pour le service des malades, des militaires ou des prisonniers, et pour celui de tous les employés, ne donner que des lits complets, des meubles, des ustensiles et des vêtements, ou neufs ou parfaitement désinfectés. Il faut, dans les prisons, fournir souvent de la paille fraîche et très-sèche, et brûler celle qui a servi.

2° Entretenir dans les différentes pièces, corridors, escaliers, un courant d'air, soit en ouvrant les fenêtres, soit par le moyen d'un ventilateur; mais toujours de manière que l'air de ces différents locaux soit souvent renouvelé.

3° Enlever soigneusement, à l'intérieur et à l'extérieur, toutes les immondices qui peuvent entrer en putréfaction et altérer la pureté de l'air.

4° Employer tous les soins de propreté, lavage, arrosement, balayage et même badigeonnage au lait de chaux.

5° Prévenir l'altération de l'air dans les hôpitaux, et pour cela défendre expressément aux convalescents et autres personnes qui circuleraient dans les salles, de fumer, non-seulement à cause de l'odeur qui pourrait incommoder les malades, mais encore à cause de la sputation ou crachement abondant de mucus et de salive qui, par son séjour sur le sol, devient en même temps cause d'humidité et de putréfaction.

Enjoindre aux infirmiers d'enlever, sur-le-champ, toutes les excrétions des malades et de ne les transporter qu'après avoir bouché les vases qui les contiennent.

Exiger qu'il soit fait, plusieurs fois par jour, des visites dans les salles par l'agent de surveillance, pour faire observer les règles de propreté et de tranquillité.

6° Entretenir autour des bâtiments, hôpitaux, dépôts, casernes, prisons, si la disposition des locaux le permet, des arbres, des arbustes et des plantes en pleine végétation; ce qui est un puissant moyen d'assainir l'air ambiant. Mais planter les arbres à une distance convenable des bâtiments pour prévenir l'humidité que leur trop grand voisinage y entretiendrait.

7° Ne placer jamais, dans un hôpital, qu'un seul malade dans un lit. N'avoir, dans chaque salle, que le nombre de lits qu'elle doit contenir pour qu'ils soient suffisamment espacés, c'est-à-dire suivre à cet égard les règlements des hôpitaux. Ce précepte est de la plus haute importance, parce que l'encombrement est la cause la plus puissante, la plus propre à favoriser la naissance de la contagion, si elle n'a pas encore lieu; et à l'entretenir, si elle existe.

8° Classer les malades suivant le genre de leurs affections. Ce soin ne peut regarder que les médecins et les chirurgiens.

5° PARTIE.

Moyens de s'opposer à la propagation et à la communication de l'infection, lorsqu'il existe des maladies contagieuses.

Dans le cas où une maladie contagieuse régnerait, et particulièrement celle qui est connue sous le nom de fièvre d'hôpital, fièvre des prisons, etc., il faut :

1° Consacrer spécialement un hôpital à recevoir les malades affectés de la contagion, ou suspectés d'en porter le germe pour s'être trouvés dans les circonstances propres à la contracter.

2° Si l'on ne peut pas consacrer un hôpital entier à ces malades, il faut, au moins, avoir des salles uniquement destinées à contenir les maladies contagieuses. Il faut isoler ces salles de manière qu'il n'y ait aucune communication entre elles et le reste de l'hôpital ; il faut que tous les employés, en chefs ou subalternes, médecins, chirurgiens, sœurs, infirmiers, infirmières, gens de peine, attachés au service de ces salles, n'aient aucun rapport, aucune communication avec les autres salles.

3° Il est essentiel de ne placer, dans des lits, les malades atteints d'affections contagieuses ou qui en porteraient le germe, qu'après qu'ils auront été soumis aux fumigations qui seront pratiquées de la manière suivante :

Dans une pièce destinée à cet usage, et chauffée convenablement s'il fait froid, placez les malades nus ou n'ayant qu'une chemise sur le corps.

Prenez un vase de verre, ou une capsule peu profonde d'une poterie dure ; placez ce vase sur le sol ou sur un siége de manière que, dans les différents mouvements, on ne puisse pas le renverser. Alors mettez-y quinze à vingt grammes d'huile de vitriol (acide sulfurique concentré à soixante-six degrés). Ensuite projetez peu à peu une égale quantité de nitrate de potasse. La chaleur qui se développe dans le mélange suffit pour en dégager un gaz acide ou vapeurs nitriques qui s'élève doucement, se répand lentement dans l'atmosphère, attaque et détruit les miasmes contagieux, sans exciter la toux ni incommoder les malades qui peuvent y rester exposés pendant une demi-heure, une heure et même deux heures.

Remuez, de temps en temps, le mélange avec une baguette de bois, ou mieux avec un tube de verre ou un tesson de porcelaine, mais jamais avec un instrument quelconque de métal ; ce qui formerait des vapeurs rutilantes très-dangereuses pour les personnes soumises aux fumigations.

La dose indiquée pour une fumigation nitrique peut suffire pour une chambre de trois cents vingt-cinq centimètres (dix pieds) sur chaque dimension. Mais si le local est plus grand, ou si on y admet à la fois un plus grand nombre de malades, au lieu d'augmenter la dose de substances dans le même vase, il faut multiplier les appareils ou capsules et les placer à quelques distances les uns des autres, afin d'éviter la formation des vapeurs rutilantes qui deviendraient irritantes.

4° Après avoir été fumigés, les malades seront baignés, ou, au moins, bien lavés avec un mélange d'eau tiède et de vinaigre, ensuite couverts de vêtements propres et parfaitement désinfectés.

5° Il est nécessaire de faire presque continuellement de pareilles fumigations dans les salles mêmes des malades, et pour cela on placera, d'espace en espace et dans l'intervalle des lits, des capsules contenant de l'acide sulfurique et dans lesquelles on projettera, de temps en temps, du nitrate de potasse, avec les précautions indiquées ci-dessus (page 653, alinéa 6e de la note), ou bien on fera par intervalles des fumigations muriatiques, mais extrêmement faibles (page 653, 3e alinéa de la note).

6° Il faut enlever à tous ceux qui seront admis dans des lits tous leurs vêtements, tous les ustensiles qui ont été à leur usage pour les désinfecter de la manière ci-dessus. (page 654).

7° Dans un hôpital ou dans des salles infectées, il est très-essentiel de soumettre régulièrement aux fumigations tous les lits qu'auront occupés les malades atteints de la contagion, avant d'y placer d'autres malades, fussent-ils même pris de l'infection. A plus forte raison doit-on, dans un hôpital ou dans une salle non infectée, fumiger et désinfecter entièrement les lits dans lesquels ont été placés des individus atteints de la contagion, et que l'on a évacués ou sur l'hôpital ou dans les salles destinées à les recevoir. Sans cette précaution que commande l'humanité, on s'expose à faire contracter la maladie à ceux qui ne l'ont point.

8° On doit exiger que les pansements se fassent très-régulièrement, et avec le soin le plus scrupuleux et qu'on emporte, sur-le-champ, les appareils de ces pansements.

9° On doit faire régner l'abondance et le choix relativement aux choses essentiellement utiles aux malades, comme médicaments, aliments, surtout le vin, linge de lit, linge de corps, linge à pansements, qui doivent être toujours très-propres, très-secs et très-souvent renouvelés.

10° Attacher à l'hôpital ou aux salles particulières un nombre suffisant de médecins, de chirurgiens et d'élèves, de sœurs hospitalières, d'infirmiers, d'infirmières, de gens de peine; pour que le service des malades se fasse avec célérité, avec ponctualité et de manière à bien remplir les vues des médecins et des chirurgiens. Leur fournir des aliments et du vin qui, pour la quantité et la qualité, répondent aux très-rudes travaux auxquels ils sont obligés; et que jamais ces travaux n'excèdent leurs forces; rien ne disposant plus à contracter une maladie contagieuse, et particulièrement la fièvre d'hôpital, que les fatigues excessives, une nourriture qui ne serait pas convenable et le découragement qui est la suite de la détresse.

11° Obliger tous les employés, tous les gens de peine à se soumettre, eux et leurs vêtements, à l'usage journalier des fumigations indiquées pour les malades entrants et à faire des lotions fréquentes avec l'eau et le vinaigre.

12° Consigner tous les infirmiers, infirmières et gens de peine dans l'hôpital même qui récèle la contagion, afin de prévenir le grand inconvénient de les voir porter et répandre l'infection au dehors. On doit être très-sévère sur l'exécution de cette mesure.

13° Inviter les médecins, les chirurgiens et leurs élèves à prendre, pour eux-mêmes, les précautions qu'ils conseillent à leurs malades, et qu'ils doivent exiger de ceux qui les secondent.

14° On doit faire chaque jour, au moins deux fois, des fumigations guytoniennes très-fortes dans la salle des morts, éviter d'y amonceler les cadavres, les faire enlever dans des chariots couverts que l'on désinfectera chaque jour, en y faisant une fumigation; les enterrer dans des fosses particulières et très-profondes, les couvrir, sur-le-champ, de plusieurs pieds de terre, et marquer ces fosses, afin de ne les fouiller de nouveau qu'après un grand nombre d'années et avec les précautions recommandées dans ces circonstances. Par là on préservera de la contagion ceux qui rendent les derniers devoirs aux morts, on empêchera le voisinage des cimetières d'être infecté, et l'on préviendra le retour de maladies dévastatrices (1).

15° Pour transporter les malades, soit de leurs demeures dans un hôpital, soit d'un hôpital non infecté à un hôpital consacré à la contagion, il est nécessaire de destiner un certain nombre de voitures, soit de place, soit construites pour ce service, mais qui portent des marques distinctives et qui ne servent, uniquement et certainement, qu'à ces transports ; ensuite d'avoir des brancards garnis de leurs matelas et de leurs couvertures, qui ne soient employés, dans chaque hôpital, qu'à transférer les malades infectés de la contagion.

Les voitures, les brancards, avec leurs garnitures, seront fumigés chaque jour.

Cette mesure est d'une très-grande importance. Le conseil qu'en donne la commission de salubrité est du ressort de la médecine, le mode d'exécution doit être l'objet d'une ordonnance particulière.

16° Enfin, ne jamais perdre de vue que dans tous les cas où il règne une maladie contagieuse, plus ou moins meurtrière, plus ou moins étendue, et de quelque nature qu'elle soit, il doit exister un accord parfait, des relations intimes et habituelles entre les magistrats et les médecins et chirurgiens qui peuvent seuls être leur conseil.

Signé CHAUSSIER, GEOFFROY, PETIT, FOUQUIÈR, DEYEUX, BAYLE, LEROUX.

Pour copie conforme :

J.-J. LEROUX, *Doyen de la Faculté de Médecine de Paris, président de la commission de salubrité.*

N° **735.**—*Ordonnance concernant le placement des ouvriers en filature et tissus de coton.*

Paris , le 20 août 1814.

Nous, directeur général de la police du royaume,

Vu , 1° le mémoire par lequel le sieur Lebry sollicite l'établissement d'un bureau pour le placement des ouvriers en filature et tissus de coton, et demande d'être nommé préposé à ce placement ;

Ensemble les observations du commissaire de police du quartier des Marchés ;

2° Les articles 2 et 20 de l'arrêté du gouvernement du 21 messidor an VIII, et l'article 13 de l'ordonnance de police du 20 pluviôse an XII,

Ordonnons ce qui suit :

1. Il sera établi, à Paris , un bureau de placement pour les ouvriers en filature et tissus de coton , c'est-à-dire filateurs , tisserands , tourneurs en cardes , dévideurs ou dévideuses , rattacheurs et éplucheurs ou éplucheuses.

2. Le sieur Lebry , demeurant rue Jarente , n° 36, marché Sainte-Catherine, quartier du Marais, est nommé préposé au placement des ouvriers désignés en l'article précédent.

5. Il ne sera délivré de bulletin de placement à aucun ouvrier, s'il n'est porteur d'un livret.

---

(1) C'est aux magistrats qui veillent à la salubrité publique, à donner les ordres nécessaires aux fossoyeurs, à leur fournir un terrain assez spacieux et placé loin des lieux habités, et à les indemniser des frais extraordinaires qu'ils seraient obligés de faire pour obéir à cette ordonnance particulière de police, dont l'exécution doit être surveillée avec le plus grand soin.

4. La rétribution pour le placement des ouvriers est fixée ainsi qu'il suit, savoir :

Pour chaque fileur . . . . 1 fr. 50 c.
     Tisserand . . . . » 75
     Tourneur en carde. . . . . » 50
     Dévideur ou dévideuse. . . . . . » 50
     Rattacheur. . . . . » 25
     Éplucheur ou éplucheuse. . . . . » 25

5. Le sieur Lebry se conformera à ce qui est prescrit ci-dessus, et par l'arrêté de M. le préfet de police du 21 décembre 1810.

Il se conformera aussi aux instructions et ordres qui lui seront donnés par le commissaire de police du quartier du Marais.

6. Expédition de la présente ordonnance sera envoyée au commissaire de police du quartier du Marais, qui la notifiera au sieur Lebry, en assurera l'exécution et nous en rendra compte.

Une expédition en sera adressée au commissaire de police du quartier des Marchés.

Le directeur général de la police du royaume, comte BEUGNOT.

Nº 736. — *Ordonnance concernant des mesures de police à l'occasion du jour de la Saint-Louis* (1).

Paris, le 23 août 1814.

Nous, directeur général de la police du royaume,

Vu la lettre de S. Exc. le ministre de l'intérieur et celle de M. le gouverneur du palais des Tuileries,

Ordonnons ce qui suit ·

1. Les représentations gratuites qui auront lieu dans les spectacles, demain mercredi 24 août, commenceront toutes à trois heures et demie du soir.

Les portes seront ouvertes au public à trois heures.

2. Le même jour, à compter de six heures du soir jusqu'à minuit, la circulation et le stationnement des voitures, autres que celles des personnes qui se rendront à la cour, sont interdits sur les quais qui bordent les deux rives de la Seine, à partir du pont des Arts jusqu'au pont Louis XVI, sur ce pont, sur la place Louis XV, dans la rue Royale, dans la rue Saint-Honoré, depuis la rue Royale jusqu'à celle des Poulies, et dans toutes les parties de la voie publique comprise dans cette enceinte.

3. La présente ordonnance sera imprimée et affichée.

L'inspecteur général de la police, les commissaires de police et les officiers de paix sont chargés de tenir la main à son exécution.

Le directeur général de la police du royaume, comte BEUGNOT.

(1) V. l'ord. du 23 août 1824.

N° **737.** — *Ordonnance concernant l'illumination générale.*

Paris, le 24 août 1814.

Nous, directeur général de la police du royaume,
Vu la lettre de S. Exc. le ministre de l'intérieur,

Ordonnons ce qui suit :

1. Les habitants de Paris illumineront la façade de leurs maisons dans la soirée du 25 août.

2. Il est défendu de vendre, d'acheter des fusées, pétards, boîtes, bombes et autres pièces d'artifice, et d'en tirer dans les rues, promenades, places publiques, cours et jardins, ou par les fenêtres des maisons.

Les pères et mères et les chefs de maison sont civilement responsables de leurs enfants, de leurs ouvriers ou domestiques.

Les marchands de pièces d'artifice sont personnellement responsables en ce qui les concerne.

3. La présente ordonnance sera imprimée et affichée.

Les commissaires de police sont chargés de tenir la main à son exécution.

Le directeur général de la police du royaume, comte BEUGNOT.

N° **738.** — *Ordonnance concernant des mesures de police relatives aux fêtes et cérémonies qui auront lieu, le 29 août, jour de la réception de S. M. à l'Hôtel-de-Ville.*

Paris, le 27 août 1814.

Nous, directeur général de la police du royaume,
Vu le programme des dispositions relatives aux fêtes et cérémonies qui auront lieu le 29 août, jour de la réception de sa Majesté à l'Hôtel-de-Ville,

Ordonnons ce qui suit :

Voie publique.

1. Lundi prochain, 29 août, la voie publique sera balayée à six heures du matin.

Les boues et immondices seront enlevées au plus tard à dix heures.

Et l'arrosement devra être terminé à onze.

2. Il est défendu de construire ou faire construire aucuns échafauds, amphithéâtres, estrades ou autres établissements de ce genre.

Il est également défendu de placer sur la voie publique, des chaises et des bancs.

Les commissaires de police et l'architecte-commissaire de la petite voirie feront enlever tous ces objets.

Interdiction des voitures.

3. A compter de dix heures du matin jusqu'au lendemain, aucunes voitures ne pourront circuler ni stationner dans Paris.

Sont exceptés les voitures des personnes qui se rendront à la cour ou à l'Hôtel-de-Ville, les courriers de la malle et les diligences.

4. Les voitures des personnes qui viendront de Sèvres à Paris, file ront par Vaugirard ou par le bois de Boulogne, l'avenue de Neuilly, le nouveau boulevard et la barrière du Roule.

Celles qui arriveront par la route de Neuilly fileront aussi par la barrière du Roule.

Jeux aux Champs-Élysées.

5. Le passage de la rivière en bachots ou batelets ne pourra avoir lieu le lundi 29 août, depuis le pont Louis XVI jusqu'à la sortie de Paris, qu'au port des Invalides.

Les passeurs d'eau se pourvoiront de bachots en nombre suffisant pour que le service se fasse avec sûreté et célérité.

6. Il ne pourra être admis dans chaque bachot ou batelet plus de douze personnes.

Il est enjoint aux passeurs d'eau de désigner aux officiers de police ou à la garde les individus qui, par imprudence, compromettraient la sûreté des passagers.

7. Les commissaires de police veilleront à ce que l'ordre soit maintenu pendant les distributions de comestibles qui se feront aux Champs-Élysées.

En cas de trouble, la distribution sera suspendue jusqu'à ce que l'ordre soit rétabli.

Joûte sur la rivière.

8. Il ne sera laissé aucun bateau, train ou portion de train de bois sur la rivière, entre le pont Royal et le pont Louis XVI, ni au-dessous de ce pont dans un espace de deux cents mètres au moins.

Les bateaux, trains ou portions de trains qui s'y trouveraient seront descendus ou remontés aux frais et risques des propriétaires.

9. Des bateaux, montés chacun par deux mariniers nageurs, seront placés en nombre suffisant dans le bassin entre le pont Royal et le pont Louis XVI pour porter des secours au besoin, et empêcher que personne ne s'introduise sur la rivière.

Il ne pourra y avoir dans ce bassin aucuns bachots autres que ceux nécessaires au service.

A compter de midi, l'école de natation, les bains froids, les bains chauds et les bateaux à lessive situés dans le même bassin, seront interdits au public.

10. Il est défendu à toute personne de s'introduire sur le port de la rive droite de la rivière, entre le pont Royal et le pont Louis XVI.

Sont seules exceptées celles qui seront munies de cartes.

Feu d'artifice sur le pont Louis XVI.

11. Il est défendu de se placer sur les berges des deux rives de la Seine pour voir le feu d'artifice, et spécialement depuis le pont Royal jusques aux pompes à feu de Chaillot et du Gros-Caillou.

12. Il est défendu de monter sur les monuments et édifices publics, sur les parapets des quais et des ponts, sur les pierres rangées, sur les toits, les entablements, les auvents et sur les barrières au-devant des maisons.

Il est également défendu de monter sur les arbres.

13. Le passage sur le pont des Arts aura lieu, pendant le jour du 29 août, jusqu'à sept heures du soir.

Les personnes qui le traverseront ne pourront s'y arrêter.

A compter de sept heures du soir, le passage sur ce pont sera entièrement interdit jusqu'après le tirage du feu d'artifice.

Fête à l'Hôtel-de-Ville.

14. Les personnes qui se rendront à l'Hôtel-de-Ville devront être munies de leurs billets d'invitation.

15. Les personnes munies de lettres manuscrites, de billets bleus et de billets gris, pour les salles de réception et de banquet, entreront à l'Hôtel-de-Ville par la rue du Martrois.

Elles devront y arriver, de deux à cinq heures.

Les personnes munies de billets verts, roses et rouges, pour les salles de concert et de bal, entreront à l'Hôtel-de-Ville par le grand escalier sur la place.

Elles devront également y arriver de deux à cinq heures.

Les personnes munies de billets blancs, pour le bal, entreront à l'Hôtel-de-Ville par le même escalier.

Elles devront arriver, de dix heures à minuit.

Arrivée à l'Hôtel-de-Ville par la rue du Martrois.

16. Les voitures des personnes munies de lettres manuscrites, et de billets bleus et gris, seront dirigées, savoir :

Celles des personnes qui habitent les quartiers de la rive gauche de la Seine, par le Pont-au-Change, sur le quai de Gèvres.

Et celles des personnes qui habitent les quartiers de la rive droite, par la rue Saint-Honoré, la rue de l'Arbre-Sec, la place de l'École, les quais de l'École et de la Mégisserie.

Réunion des voitures.

Toutes ces voitures se réuniront en une seule file sur le quai de Gèvres pour arriver à la rue du Martrois.

Stationnement.

Elles fileront à vide par la place Baudoyer, la rue des Barres, pour aller stationner sur le port au Blé à partir du corps de garde, sur le quai des Ormes, et, au besoin, sur le quai des Célestins.

La place de l'Hôtel-de-Ville et le port de la Grève, jusqu'au corps de garde, sont exclusivement réservés pour le stationnement des voitures du cortége de S. M.

Arrivée à l'Hôtel-de-Ville par le grand escalier.

17. Les voitures des personnes munies de billets verts, roses et rouges, seront dirigées, savoir :

Celles des personnes qui habitent les quartiers de la rive gauche de la Seine, par le Pont-Neuf, la place des Trois-Maries, la rue Saint-Germain-l'Auxerrois et celle Saint-Jacques-la-Boucherie,

Et celles des personnes qui habitent les quartiers de la rive droite, par la rue Saint-Martin, jusqu'à l'angle de la rue de la Vannerie.

Réunion des voitures.

Toutes ces voitures se réuniront, en une seule file, dans la rue de la Vannerie, pour arriver au pied du grand escalier de l'Hôtel-de-Ville.

Stationnement.

Elles fileront à vide par les rues du Mouton, de la Tixeranderie, la place Baudoyer et la rue Saint-Antoine, pour y stationner, à partir de la rue Saint-Paul jusqu'à la place de la Bastille, et, au besoin, sur les boulevards.

Arrivée pour le bal.

18. Les voitures des personnes munies de billets blancs seront dirigées sur la rue de la Vannerie où elles se formeront en une seule file pour arriver au pied du grand escalier de l'Hôtel-de-Ville.

Stationnement des voitures.

Ces voitures fileront à vide par les rues du Mouton, de la Tixeranderie, la place Baudoyer, le marché Saint-Jean, pour stationner rue Bourtibourg et vieille rue du Temple.

19. Les maîtres sont invités à donner l'ordre formel à leurs cochers de ne pas rompre les files, et d'aller au pas.

20. Les têtes de file des voitures seront établies, savoir :

Pour celles en stationnement sur le Port-au-Blé, au corps de garde,

Pour celles en stationnement rue Saint-Antoine, à l'angle de la rue Saint-Paul,

Et pour celles en stationnement vieille rue du Temple, au marché Saint-Jean.

21. Il est défendu aux cochers de quitter les rênes de leurs chevaux.

22. Les voitures en stationnement dans les lieux désignés articles 16, 17 et 18, ne pourront être mises en mouvement qu'après le départ du cortége royal de l'Hôtel-de-Ville, et sur l'ordre précis qui en sera donné aux cochers par les officiers de police.

23. Les personnes qui voudront se retirer immédiatement après le départ du cortége royal sortiront de l'Hôtel-de-Ville par la porte dite du Tourniquet.

Leurs voitures viendront les recevoir au coin des rues du Tourniquet et du Martrois, par les rues des Barres et Saint-Antoine.

24. Le départ des voitures, du lieu de leur stationnement respectif, s'effectuera dans l'ordre suivant :

Celles qui auront été mises en stationnement sur le quai des Ormes et des Célestins seront dirigées sur la place de l'Hôtel-de-Ville, par le Port-au-Blé,

Celles mises en stationnement rue Saint-Antoine seront dirigées sur la place de l'Hôtel-de-Ville, par la rue du Martrois,

Et celles stationnées dans la rue Bourtibourg et vieille rue du Temple seront dirigées sur la place de l'Hôtel-de-Ville, par les rues de la Tixeranderie et du Mouton.

Toutes ces voitures sortiront de la place de l'Hôtel-de-Ville par le quai Pelletier.

Illumination.

25. Les habitants de Paris illumineront la façade de leurs maisons dans la soirée du lundi 29 août.

26. Il est défendu de vendre, d'acheter des fusées, pétards, boîtes, bombes et autres pièces d'artifice, et d'en tirer dans les rues, promenades, places publiques, cours et jardins, ou par les fenêtres des maisons.

Les pères et mères et chefs de maison sont civilement responsables de leurs enfants, de leurs ouvriers ou domestiques.

Les marchands de pièces d'artifice sont personnellement responsables de l'exécution du présent article, en ce qui les concerne.

27. Il sera placé des pompes, des tonneaux et des seaux à incendie partout où il sera jugé nécessaire, pour porter des secours au besoin.

Dispositions générales.

28. Aucun commissaire de police, aucun officier de paix ne pourra quitter le poste qui lui aura été confié qu'après la retraite du public.

Les commissaires de police et les officiers de paix feront toutes les réquisitions nécessaires aux commandants de la troupe pour qu'elle reste en activité jusqu'au moment où ils pourront se retirer eux-mêmes.

Mesures imprévues.

29. L'inspecteur général de la police est autorisé à prendre toutes les mesures de police que les circonstances nécessiteront et qui n'auraient pas été prévues par la présente ordonnance.

30. Il sera pris envers les contrevenants telle mesure de police administrative qu'il appartiendra, sans préjudice des poursuites à exercer contre eux devant les tribunaux.

31. La présente ordonnance sera imprimée et affichée.

L'inspecteur général de la police du département de la Seine, les commissaires de police de Paris, les maires des communes de Sèvres, Neuilly et Vaugirard, les officiers de paix, le commandant du corps des sapeurs pompiers, l'architecte-commissaire de la petite voirie, l'inspecteur général de la navigation et des ports et l'inspecteur général de la salubrité, sont chargés de tenir la main à son exécution.

Le colonel d'armes de Paris est spécialement chargé d'en assurer le maintien par tous les moyens qui sont à sa disposition.

Le directeur général de la police du royaume, comte BEUGNOT.

N° 739. — *Ordonnance concernant le remblai sur le terrain de l'abattoir situé au delà du boulevard de l'Hôpital.*

Paris, le 2 septembre 1814.

N° 740. — *Ordonnance concernant la distribution des drapeaux et étendards à la garde nationale de Paris.*

Paris, le 5 septembre 1814.

Nous, directeur général de la police du royaume,

Vu la lettre du ministre d'Etat, pair de France, major-général des gardes nationales du royaume, commandant en chef la garde nationale de Paris, par laquelle S. Exc. nous informe que, mercredi prochain, le roi doit se rendre avec la famille royale au Champ-de-Mars, pour y faire la distribution des drapeaux et étendards à la garde nationale de Paris,

Ordonnons ce qui suit :

1. Mercredi prochain, 7 septembre, à compter de huit heures du matin, la circulation et le stationnement des voitures seront interdits sur le quai du Louvre, sur le pont Royal, sur le pont Louis XVI, sur le quai d'Orsai, sur le pont d'Iéna, dans les rues du Bac et de Grenelle, sur la place des Invalides, dans l'avenue de la Motte-Piquet, dans les avenues extérieures du Champ-de-Mars et dans le pourtour de l'École militaire.

La circulation n'y sera rétablie qu'une heure après le retour du cortége de S. M. au château des Tuileries.

2. Les personnes qui habitent les quartiers de la rive gauche de la Seine, ne pourront arriver sur les talus du Champ-de-Mars que par la grille située au milieu de l'avenue de la Bourdonnaie en face de la rue Saint-Dominique.

Celles qui habitent les quartiers de la rive droite, ne pourront y arriver que par le pont d'Iéna et la grille située au milieu de l'avenue de Suffren, en face de la rue de Kléber.

3. Les voitures seront mises en stationnement, dans les lieux qui seront désignés par les officiers de police.

4. Le passage d'eau en bachots ou batelets ne pourra avoir lieu qu'au port des Invalides.

Il ne pourra y avoir plus de douze personnes dans chaque bachot.

Les passeurs d'eau seront tenus de se pourvoir de bachots en nombre suffisant pour que le service se fasse avec sûreté et célérité.

Il leur est enjoint de désigner aux officiers de police bu à la garde les individus qui, par imprudence, exposeraient la sûreté des passagers.

5. Il est défendu de monter sur les arbres et sur les parapets.

6. La présente ordonnance sera imprimée et affichée.

L'inspecteur général de la police, les commissaires de police, les officiers de paix et l'inspecteur général de la navigation et des ports sont chargés, chacun en ce qui le concerne, de tenir la main à son exécution.

Le directeur général de la police du royaume, comte BEUGNOT.

N° **741**. — *Ordonnance concernant les mesures de police qui doivent être observées les 11, 18 et 25 septembre, à l'occasion de la fête de Saint-Cloud* (1).

Paris, le 9 septembre 1814.

N° **742**. — *Ordonnance concernant des mesures d'ordre à observer à l'occasion de la distribution et bénédiction des drapeaux de la première division militaire.*

Paris, le 17 septembre 1814.

N° **743**. — *Instruction concernant la surveillance de la rivière, des ports, des chantiers de bois de chauffage et des places de vente du charbon de bois* (2).

Paris, le 29 septembre 1814.

---

(1) V. l'ord. du 6 sept. 1843.

(2) V. les ord. des 24 mars 1824, 26 mars 1829 et 25 oct. 1840.

N° 744. — *Avis concernant le ramonage et les secours à porter en cas d'incendie* (1).

Paris, le 21 octobre 1814.

N° 745. — *Ordonnance concernant le balayage des rues* (2).

Paris, le 7 novembre 1814.

N° 746. — *Ordonnance concernant les cabriolets* (3).

Paris, le 14 novembre 1814.

Nous, directeur général de la police du royaume,

Considérant que la liberté et la sûreté de la voie publique sont journellement compromises par les cabriolets qui circulent dans Paris; qu'il en est résulté de graves accidents qui ont excité des plaintes multipliées, et que, pour rétablir l'ordre dans cette partie, il importe de renouveler les règlements concernant les cabriolets;

Vu les articles 2, 22 et 32 de l'arrêté du gouvernement du 12 messidor an VIII et l'article 1 de celui du 3 brumaire an IX,

Ordonnons ce qui suit:

1. Dans un mois, à compter du jour de la publication de la présente ordonnance, toute personne domiciliée dans le département de la Seine et dans les communes de Meudon, Sèvres et Saint-Cloud, qui sera propriétaire d'un cabriolet pour son usage particulier, devra en faire la déclaration à l'administration de la police.

2. Les propriétaires de cabriolets loués sous remise à des particuliers, pour la journée, au mois ou à l'année, seront tenus de faire la même déclaration.

Il leur est défendu de les exposer et faire stationner sur aucun point de la voie publique, pour être loués.

3. Il sera délivré à ceux qui feront les déclarations prescrites par les articles précédents des numéros pour être mis sur leurs cabriolets.

4. Les cabriolets destinés uniquement à l'usage personnel de leurs propriétaires, seront numérotés au-dessous de la capote sur le panneau de derrière et sur les deux panneaux de côté.

Les numéros seront en chiffres arabes noirs de 81 millimètres (trois pouces) de hauteur, et de 7 millimètres (trois lignes) de plein sur un écusson fond blanc conforme au modèle ci-contre, numéro 1.

5. Les cabriolets loués sous remise continueront d'être numérotés par le préposé de l'administration de la police, qui est chargé de ce service.

Les numéros seront dans les mêmes dimensions que ceux des cabriolets bourgeois, sur un écusson fond blanc, conforme au modèle ci-contre, numéro 2.

6. Les chevaux de cabriolets porteront au col un grelot mobile de cuivre battu, et dont le bruit puisse avertir les passants.

---

(1) V. l'avis du 10 janv. 1828 et l'ord. du 24 nov. 1843.

(2) V. les ord. des 14 nov. 1817, 29 oct. 1836, 28 oct. 1839 et 1er avril 1843.

(3) Rapportée. — V. l'arr. du 25 fév. 1842 et les ord. des 20 avril, 5, 6 et 10 oct. 1843.

Pendant la nuit, les cabriolets seront garnis de deux lanternes adaptées à chaque côté de la caisse et allumées à la chute du jour.

7. Toute personne conduisant un cabriolet dans les rues de Paris, ne pourra mener son cheval qu'au petit trot. Il ne sera conduit qu'au pas dans les marchés, ainsi que dans les rues étroites où deux voitures ne peuvent passer de front.

8. Les propriétaires de cabriolets seront tenus, lorsqu'ils changeront de domicile, d'en faire préalablement la déclaration à l'administration de la police.

En cas de vente des cabriolets, il en sera fait aussi la déclaration.

9. Les personnes qui ne sont point domiciliées dans le département de la Seine et dans les communes de Saint-Cloud, Sèvres et Meudon, et qui viendront à Paris avec un cabriolet à leur usage particulier, exhiberont leur passe-port dans le cas où leur cabriolet serait arrêté comme ne portant point de numéros, lanternes ni grelots.

10. Il n'est point dérogé aux ordonnances de police concernant les cabriolets de place, et notamment à celle du 4 mai 1813, lesquelles continueront de recevoir leur exécution.

Les loueurs de cabriolets sur place seront tenus d'avoir également un grelot mobile de cuivre battu au col de leurs chevaux, et d'adapter, à chaque côté de la caisse de leurs cabriolets, des lanternes allumées à la chute du jour.

11. Les contraventions aux dispositions ci-dessus seront constatées, soit par des procès-verbaux, soit par des rapports des officiers de paix ou préposés de la police.

12. Il sera pris envers les contrevenants telles mesures de police administrative qu'il appartiendra, sans préjudice des poursuites à exercer contre eux devant les tribunaux.

13. La présente ordonnance sera imprimée, publiée et affichée.

Les sous-préfets des arrondissements de Saint-Denis et de Sceaux, les maires des communes rurales du ressort de la police de Paris, les commissaires de police, l'inspecteur général de police, les officiers de paix et les préposés de la police sont chargés de tenir la main à son exécution.

Le directeur général de la police du royaume, comte BEUGNOT.

———————— ⚬ ————————

N° **747**. — *Ordonnance concernant la police de la rivière et des ports, pendant l'hiver, et dans les temps des glaces, grosses eaux et débâcles* (1).

Paris, le 15 novembre 1814.

———————— ⚬ ————————

N° **748**. — *Ordonnance concernant les coutres des charrues et les pinces et leviers des carriers.*

Paris, le 18 novembre 1814.

Le directeur général de la police du royaume,

Vu l'ordonnance de police du 22 mars 1777, § 7 de l'article 471 du Code pénal,

Ordonne ce qui suit :

1. Les fermiers, laboureurs et cultivateurs seront tenus, à compter du jour de la publication de la présente ordonnance, de faire mettre leurs noms sur le coutre de leur charrue.

———

(1) V. les ord. des 1er déc. 1838, 5 déc. 1839 et 25 oct. 1840 (art. 203 et suiv.).

Ces noms seront empreints dans la partie supérieure du coutre, et de manière à ce qu'ils ne puissent point être effacés.

2. Il leur est enjoint d'enlever tous les soirs, après le travail, les coutres des charrues et de les transporter à leur domicile.

3. Il est défendu aux carriers, tailleurs de pierre et autres ouvriers qui font usage de pinces ou leviers de quelque nature qu'ils soient, de les laisser pendant la nuit dans les carrières ou sur les ateliers.

4. Les coutres qui ne porteraient pas le nom du propriétaire, ou qui, ainsi que les pinces et leviers, seraient trouvés dans les champs après le travail des laboureurs ou des ouvriers, seront enlevés et déposés chez les commissaires de police ou à leur défaut chez les maires.

5. Il sera fait, envers les contrevenants, toutes poursuites par-devant les tribunaux, conformément aux lois et règlements qui leur sont applicables.

6. La présente ordonnance sera imprimée, publiée et affichée.

Les préfets et sous-préfets, les maires ou adjoints des communes, les commissaires de police, les gardes champêtres et autres agents de l'autorité, sont chargés, chacun en ce qui le concerne, de tenir la main à son exécution.

Le directeur général de la police du royaume, comte BEUGNOT.

N° **749.** — *Mesures pour empêcher que la circulation des charrettes n'occasionne des accidents.*

Paris, le 21 novembre 1814.

Le directeur général de la police du royaume,

Informé que des rouliers et charretiers compromettent journellement la sûreté publique, en contrevenant aux lois et règlements de police, croit devoir en rappeler les principales dispositions.

Ces règlements enjoignent aux rouliers et charretiers de se tenir à pied, à la tête de leurs chevaux et leur défendent de monter dessus et surtout de les faire trotter ou galoper, à peine d'amende et d'emprisonnement, conformément aux articles 475 et 476 du Code pénal, indépendamment des dommages-intérêts dont sont passibles les propriétaires des charrettes, lorsqu'il en résulte des accidents.

Les mêmes règlements enjoignent aux rouliers et charretiers de se détourner ou ranger devant toutes autres voitures, et, à leur approche, de leur laisser libre au moins la moitié des rues et chaussées.

Les conducteurs de charrettes attelées d'un seul cheval, peuvent monter dans les charrettes, mais seulement lorsqu'elles sont chargées et que le cheval est retenu par des guides en bon état et solides ; dans tous les cas, ils doivent les conduire avec prudence.

Il est défendu de charger au-dessus des ridelles ou des planches de clôture, les voitures qui servent à transporter du bois, des planches, des moëllons, des gravois et autres objets qui, en tombant, peuvent blesser les passants.

Il est également défendu aux propriétaires de charrettes de les laisser conduire par des personnes âgées de moins de dix-huit ans.

En cas de contravention, les charrettes doivent être mises en fourrière.

Cette mesure est aussi applicable aux garçons bouchers qui, malgré les défenses souvent réitérées, conduisent leurs charrettes avec trop de rapidité.

Les sous-préfets des arrondissements de Saint-Denis et de Sceaux, les maires et adjoints des communes rurales du ressort de la police de Paris, les commissaires de police, l'inspecteur général de la police, les officiers de paix, les chefs de service extérieur et les préposés de la police sont chargés de tenir la main à l'exécution des dispositions ci-dessus.

M. le lieutenant général, colonel d'armes de la ville de Paris, est invité à y concourir par tous les moyens qui sont en son pouvoir.

Le directeur général de la police du royaume, comte BEUGNOT.

————◦————

N° 750. — *Ordonnance qui prescrit l'impression de la loi du 18 novembre 1814, relative à la célébration des fêtes et dimanches* (1).

Paris, le 25 novembre 1814.

————◦————

N° 751. — *Ordonnance concernant la vente du poisson d'eau douce à la halle de Paris* (2).

Paris, le 1er décembre 1814.

Nous, directeur général de la police du royaume,

Vu l'ordonnance du roi, en date du 13 septembre dernier, relative au mode de vente du poisson d'eau douce à la halle de Paris,

Ordonnons ce qui suit :

1. L'ordonnance du roi, en date du 13 septembre dernier, relative au mode de vente du poisson d'eau douce à la halle de Paris, sera imprimée, publiée et affichée avec le présent règlement de police (3).

2. La vente du poisson d'eau douce faite de gré à gré, conformément à ladite ordonnance, sera constatée par des feuilles de vente.

Ces feuilles énonceront les noms des marchands, les quantités, l'espèce du poisson et la désignation des lieux d'origine.

3. Le marchand forain fera inscrire sur la feuille, par l'un des contrôleurs à la vente, chacun des articles par lui vendus de gré à gré, le prix de la vente et les noms des acquéreurs, soit au comptant, soit au crédit.

Les contrôleurs sont tenus, sous leur responsabilité :

1° D'inscrire sur leurs registres les ventes faites de gré à gré ;

2° De faire émarger par le facteur, sur la feuille du marchand, chaque article vendu au comptant.

Ils remettront ensuite la feuille au marchand.

4. Les ventes à l'enchère dans les cas prévus par le deuxième paragraphe de l'article 1 de l'ordonnance du roi du 13 septembre dernier, continueront d'être faites conformément au règlement de police du 25 février 1811.

5. Les ventes à l'enchère terminées et vérifiées, les contrôleurs en porteront le produit sur chaque feuille à la suite du montant des ventes volontaires, s'il y en a eu d'effectuées.

---

(1) V. cette loi à l'appendice.
(2) V. les ord. des 7 fév. 1822 et 2 janv. 1840.
(3) V. cette ord. à l'appendice.

Les contrôleurs additionneront la feuille, indiqueront le droit à distraire et la somme nette à payer au marchand forain, après quoi, ils signeront la feuille et la remettront audit marchand.

6. Le marchand forain muni de sa feuille, se présentera à la caisse pour recevoir le produit net de la vente.

Il est défendu au facteur de payer directement le marchand forain.

7. Il est interdit de remporter ou resserrer du poisson mort, sous les peines de droit.

8. A défaut d'acheteur, le poisson vivant sera resserré et mis en étui, à la charge par le marchand :

1° De déclarer les quantités et espèces resserrées ;

2° De les représenter et remettre en vente dans la huitaine au plus tard.

9. Le poisson d'eau douce amené à destination de personnes faisant le commerce de poisson, sera déclaré et le droit en sera perçu au cours du jour, pour les mêmes espèces et qualités.

A défaut de ce cours, le droit sera perçu sur le cours du marché précédent.

A cet effet, il sera dressé une feuille de vente conformément aux articles 2 et 3 du présent règlement.

10. Le droit sera perçu par le facteur et versé par lui, chaque jour à la caisse de la marée.

11. Les règlements de police du 21 janvier 1807 et 25 février 1811, continueront de recevoir leur exécution en tout ce qui n'est pas contraire aux dispositions du présent règlement.

12. Les contraventions seront constatées par des procès-verbaux qui nous seront adressés. Les contrevenants seront immédiatement déférés aux tribunaux, conformément aux lois et règlements.

13. Les commissaires de police du quartier des marchés, le commissaire inspecteur général des halles et marchés et les préposés de la police sont chargés d'assurer l'exécution du présent règlement.

Le directeur général de la police du royaume, comte BEUGNOT.

———— ◉ ————

Paris, le 3 décembre 1814.

Le Roi a nommé :

M. D'ANDRÉ, directeur général de la police du royaume.

———— ◉ ————

N° **752.** — *Arrêté relatif au changement de couleur des numéros des cabriolets bourgeois* (1).

Paris, le 8 décembre 1814.

Nous, directeur général de la police du royaume,

Vu 1° l'article 4 de l'ordonnance de police du 14 novembre dernier, concernant les cabriolets ;

———————————

(1) Rapporté. — V. l'ord. du 20 avril 1843.

2° Les réclamations de différents propriétaires de cabriolets ,

Arrêtons ce qui suit :

1. Conformément au premier paragraphe de l'article 4 de notre ordonnance du 14 novembre dernier, les cabriolets destinés uniquement à l'usage personnel de leurs propriétaires, seront numérotés au-dessous de la capote sur le panneau de derrière et sur les deux panneaux de côté.

Les numéros seront en chiffres arabes blancs de 81 millimètres (3 pouces) de hauteur, et de 7 millimètres (3 lignes) de plein, sur un écusson fond noir conforme au modèle ci-contre.

En conséquence, la dernière disposition de l'article 4 de ladite ordonnance est rapportée.

2. Expédition du présent arrêté sera envoyée aux sous-préfets des arrondissements de Saint-Denis et de Sceaux, aux maires des communes rurales du ressort de la police de Paris, aux commissaires de police, à l'inspecteur général de police, aux officiers de paix, et aux préposés de la police, chargés de tenir la main à son exécution.

Pour S. Exc. M. le directeur général,

Le maître des requêtes délégué pour la salubrité et la voie publique,

HÉRICART DE THURY.

Nº **753**. — *Ordonnance concernant la vérification annuelle des poids et mesures* (1).

Paris, le 16 décembre 1814.

Nº **754**. — *Ordonnance concernant la fabrication et la vente de la chandelle et de la bougie* (2).

Paris, le 27 décembre 1814.

Le directeur général de la police du royaume ;

Considérant que la chandelle et la bougie ne sont point encore généralement vendues au poids métrique; que quelques fabricants continuent à se servir de moules établis d'après l'ancien système, et que le consommateur peut être trompé en ce que les chandelles ou les bougies qu'il achète, ne comportent pas le poids nominal pour lequel elles lui sont livrées ; qu'il est nécessaire, pour l'intérêt public et la pleine exécution des règlements, de faire cesser cet état de choses ;

Vu les lois des 18 germinal an III et 1er vendémiaire an IV, relatives aux poids et mesures ;

Le décret du 12 février 1812 et l'arrêté de S. Exc. le ministre de l'intérieur du 28 mars de la même année sur l'exécution de ce décret ;

En vertu des articles 2 et 26 de l'arrêté du gouvernement du 12 messidor an VIII et de l'arrêté du 3 brumaire an IX,

---

(1) V. les ord. des 14 déc. 1820, 15 déc. 1825, 27 oct. et 29 nov. 1826, 23 nov 1842 et 1er déc. 1843.

(2) V. l'ord. du 18 avril 1818.

Ordonnons ce qui suit :

1. A compter du 1er mars prochain, la chandelle moulée sera fabriquée dans des moules dont la contenance donnera exactement huit, dix, douze, seize, vingt, vingt-quatre, trente-deux chandelles au kilogramme.

2. La chandelle, dite à la baguette, sera fabriquée de manière à donner également huit, dix, douze, seize, vingt, vingt-quatre, trente-deux chandelles pour un kilogramme.

3. La bougie sera de même fabriquée au poids métrique, c'est-à-dire, que le poids du kilogramme devra toujours être représenté par un nombre déterminé de bougies qui soient entre elles de pareille dimension.

4. La vente de la chandelle et de la bougie pourra continuer à se faire par paquets représentant et donnant exactement, savoir : pour la chandelle le poids de deux kilogrammes et demi, et, pour la bougie, le poids de demi-kilogramme, compris l'enveloppe.

Les papiers et ficelles employés à l'enveloppe des paquets de chandelles ne pourront excéder le poids de trois à quatre décagrammes.

L'enveloppe des paquets de bougie ne pourra peser plus de quinze grammes, à peine de saisie et de confiscation, conformément aux dispositions de la sentence de police, portant règlement pour la bougie, du 13 avril 1736.

5. Néanmoins, et dès à présent, le consommateur aura le droit de faire peser la chandelle et la bougie qui lui seront livrées par le marchand.

6. Tout marchand, fabricant ou détaillant de chandelles et de bougies, est tenu d'avoir dans sa boutique des balances et une série des poids établis par la loi, dûment vérifiés et poinçonnés.

7. Les moules de chandelles établis conformément à l'article 1 ne pourront être fabriqués que sur des modèles-matrices revêtus de la marque du fondeur-fabricant, et du poinçon légal.

8. A compter du 1er mars prochain, les moules de chandelles et les matrices qui ne seraient pas établis dans les proportions voulues par l'article 1 de la présente ordonnance, seront saisis et confisqués, comme fausses mesures, aux termes de l'article 2 de la loi du 1er vendémiaire an IV.

9. Les contraventions seront constatées par des procès-verbaux qui nous seront adressés.

Les contrevenants seront poursuivis devant les tribunaux, conformément aux lois et règlements.

10. La présente ordonnance sera imprimée, publiée et affichée.

Les sous-préfets des arrondissements de Saint-Denis et de Sceaux, les maires et adjoints des communes rurales du ressort de la police de Paris, les commissaires de police et les inspecteurs des poids et mesures sont chargés de tenir la main à son exécution.

Le directeur général de la police du royaume, D'ANDRÉ.

FIN DU PREMIER VOLUME.

TABLE ALPHABÉTIQUE

DES

MATIÈRES CONTENUES DANS LE PREMIER VOLUME.

FIN DE LA TABLE.

www.ingramcontent.com/pod-product-compliance
Lightning Source LLC
Chambersburg PA
CBHW071131270326
41929CB00012B/1713